Entwurf mit Motiven

zu einem

Strafgesetzbuche

für den

Norddeutschen Bund.

Von

Dr. Richard Ed. John,
ordentlichem Professor der Rechte an der Universität Kiel.

Berlin.
Verlag von J. Guttentag.
1868.

Vorwort.

Nachdem für Preußen das Gesetz vom 30. Mai 1859 publicirt war, konnte darüber ein Zweifel nicht bestehen bleiben, daß eine durchgreifende Reform des Preußischen Strafgesetzbuches nothwendig geworden sei.

Einzelne Vorarbeiten zu einer solchen Revision unternahm ich noch während des Jahres 1859 und habe dieselben, wenn auch mit mancherlei Unterbrechungen seit jener Zeit fortgesetzt.

Die Ausführung der vorliegenden Arbeit begann ich unmittelbar nachdem die politischen Ereignisse des Jahres 1866 auch die Voraussetzungen zu einer gedeihlichen einheitlichen Rechtsentwickelung in Deutschland dargeboten hatten.

Möchte dasjenige, was ich geleistet, für die bevorstehende deutsche Strafgesetzgebung nicht ohne Nutzen sein.

Wenn in Deutschland trotz des Partikularisirens der Gesetzgebung das Streben nach Rechtseinheit nicht verloren gegangen ist, so verdanken wir dies an erster Stelle der deutschen Rechtswissenschaft. Jetzt, wo die seit lange erstrebte Rechtseinheit bestimmte Gestaltungen annehmen soll, entsteht auch der deutschen Rechtswissenschaft die Aufgabe, daran mitzuarbeiten, daß diejenige Gesetzgebung, durch welche das neue gemeine deutsche Recht begründet werden soll, so gut wie irgend möglich werde. Daß in dieser Richtung weiter gearbeitet werde, dazu wünschte ich auch meinerseits eine Anregung gegeben zu haben.

Ein Ereigniß habe ich nicht berühren können, weil ich von demselben erst Kenntniß erhielt, als der betreffende Theil meiner Arbeit bereits zum Druck gegeben war; ich meine den am 30. Mai des Jahres von der Königlich Sächsischen Regierung kund gegebenen Entschluß, mit Ausnahme der kriegsrechtlich und standrechtlich abzuurtheilenden Fälle die Todesstrafe aufheben zu wollen. Es ist dies ein epochemachendes Ereigniß in der Geschichte des Deutschen und nicht blos des Sächsischen Strafrechts. Denn durch dieses Vorgehen der Königlich Sächsischen Regierung dürfte es entschieden sein, daß in dem Strafgesetzbuche für den Norddeutschen Bund die Todesstrafe keinen Platz mehr finden wird.

Kiel, im September 1868.

Dr. John.

Inhalt.

Seite

Die legislatorische Aufgabe und die Methode ihrer Lösung.

Die Verfassung des Norddeutschen Bundes trifft in Art. 4. Bestimmungen darüber, welche Angelegenheiten der Beaufsichtigung des Bundes und der Gesetzgebung desselben unterliegen sollen.

Unter diesen Angelegenheiten wird unter Nr. 13. „die gemeinsame Gesetzgebung über das Obligationenrecht, Strafrecht, Handels- und Wechselrecht und das gerichtliche Verfahren" aufgeführt.

Es gehört mithin zur Kompetenz des Bundes auch die gemeinsame Gesetzgebung über das Strafrecht.

Die Verhandlungen des konstituirenden Reichstages über die Nr. 13. des Art. 4. der Verfassung des Norddeutschen Bundes lassen darüber keinen Zweifel, daß der Bundesgesetzgebung die Aufgabe geworden, an Stelle der verschiedenen Partikular-Gesetzbücher ein Strafgesetzbuch des Norddeutschen Bundes — und zwar als absolut gemeines Recht — zu stellen.*)

Aber dieses Strafgesetzbuch für den Norddeutschen Bund wird weder alle diejenigen Bestimmungen enthalten, welche das „gemeinsame Strafrecht" ausmachen, noch wird dasselbe die Existenz von partikulärem Strafrecht gänzlich zu beseitigen im Stande sein. Denn die legislatorische Kompetenz des Norddeutschen Bundes erstreckt sich über eine nicht geringe Anzahl solcher Angelegenheiten, deren vollständige Regelung ohne Strafbestimmungen nicht wohl möglich ist — man denke beispielsweise nur an das Militärwesen, die Medicinalpolizei, das Steuerwesen, den Gewerbebetrieb, den Schutz des geistigen Eigenthums u. s. w. — und es wird eines Beweises weder dafür bedürfen, daß die mit den angedeuteten Gesetzen in Verbindung zu bringenden Strafbestimmungen nicht in das Strafgesetzbuch für den Norddeutschen Bund gehören, noch auch dafür, daß derartige Strafbestimmungen einen Theil des gemeinsamen in Norddeutschland geltenden Strafrechts ausmachen werden, resp. schon jetzt ausmachen.

---

*) Stenographische Berichte S. 284. ff. Vergl. Hermann Schulze Einleitung in das Deutsche Staatsrecht S. 446.

Partikularrechtlich muß aber das gesammte Gebiet der s. g. Polizeistrafgesetze geregelt werden, weil eine nicht geringe Zahl derselben, durch lokale Verhältnisse bedingt, den Karakter der gemeinsamen Gültigkeit gar nicht erlangen kann, und weil es nicht als eine Aufgabe der Bundesgesetzgebung betrachtet werden darf, jede unbedeutende Kleinigkeit vor ihr Forum zu ziehen, selbst wenn ihr hierzu die Kompetenz auch nicht im Entferntesten zu bestreiten wäre. Deshalb wird denn auch ein Theil solcher Strafbestimmungen, welche den s. g. Polizeistrafgesetzen nicht zuzuzählen sind, wegen ihrer geringeren Bedeutsamkeit von der Bundesgesetzgebung übergangen und der Partikulargesetzgebung zugewiesen werden können. Die Frage, wie weit demnach die Grenzen für den Begriff des gemeinsamen, d. h. des durch den Bund zu regelnden Strafrechtes reichen, wird zum großen Theile eine Frage de lege ferenda bleiben. Das gemeinsame Strafrecht wird gerade so weit reichen, als dies durch die Gesetzgebung des Bundes bestimmt werden wird, und die Beantwortung der Frage, ob die eine oder die andere Strafbestimmung in das „Strafgesetzbuch für den Norddeutschen Bund" aufzunehmen, oder ob dieselbe der Partikulargesetzgebung anheim zu geben, wird nicht durch Grundsätze des bestehenden Verfassungsrechtes, sondern lediglich durch legislatorische Zweckmäßigkeitsgründe zu entscheiden sein.

Zunächst versteht es sich nun von selbst, daß, da das Norddeutsche Strafgesetzbuch ein Bundesgesetz im Sinne des Art. 2. der Verfassung des Norddeutschen Bundes sein wird, kein Partikulargesetz Strafbestimmungen treffen darf, welche Materien betreffen, auf welche das Bundesstrafgesetz sich bezieht. Soll dieses nun ein gemeines deutsches Strafrecht schaffen, so müssen die Bestimmungen desselben so umfassend sein, daß durch dieselben alle diejenigen Handlungen und Unterlassungen mit Strafe bedroht werden, welche in hervorragender Weise strafbar sind, oder mit andern Worten: das Bundesstrafgesetz ist innerhalb gewisser durch dieses Gesetz selbst festzustellender Grenzen das ausschließliche Strafgesetz innerhalb des Bundesgebietes. Diese Grenzen selbst sind freilich nur durch eine rein positive Bestimmung, die sich aus diesem Grunde auch dem Vorwurfe der Willkührlichkeit nicht wird entziehen können, festzusetzen.

Der Entwurf bestimmt in dieser Beziehung (§. 3.), daß durch die Landesstrafgesetze keine höhere als eine sechsmonatliche Freiheitsstrafe oder eine Geldbuße bis zu Einhundert Thalern festgesetzt werden darf; und zugleich beschränkt derselbe die Kompetenz der Landesstrafgesetzgebung auf die beiden Strafarten der Geldbuße und der Freiheitsstrafe. Daß die letztere nicht Zuchthausstrafe sein kann, ergiebt sich daraus, daß der Entwurf selbst für diese Freiheitsstrafe das Minimum von zwei Jahren aufgestellt hat.

Durch diese Bestimmung des §. 3. des Entwurfes wird somit behauptet, daß es keine Handlung oder Unterlassung gäbe, die mit einer höheren als sechsmonatlichen Freiheitsstrafe zu belegen wäre, außer denjenigen, die der Entwurf selbst, oder ein neben demselben zur Geltung gelangendes Bundesgesetz als strafwürdig erklärt.

Ist so einerseits für die Kompetenz der Landesstrafgesetzgebung eine bestimmte Maximalgrenze gezogen, so konnte daraus keineswegs folgen, daß dasjenige, was für die Landesstrafgesetzgebung Maximalgrenze wäre, für die Bundesstrafgesetzgebung Minimalgrenze sein müßte. Denn wenn die Bundesstrafgesetzgebung auch ganz gewiß in der Lage ist, die gesetzliche Regelung einer ihrer Kompetenz zugewiesenen Angelegenheit innerhalb gewisser Grenzen der Landesgesetzgebung zuzuweisen, so braucht sie deswegen innerhalb dieser Grenzen sich ihrer Herrschaft keineswegcs gänzlich zu entäußern. Auch innerhalb des von ihr der Landesgesetzgebung zugewiesenen Gebietes behält die Bundesgesetzgebung das Recht, Alles dasjenige anzuordnen, was ihr anzuordnen im gemeinsamen Interesse als nützlich und zweckmäßig erscheint, so daß für die Landesgesetzgebung selbst innerhalb der ihr gesetzten Grenze nur da zu strafrechtlichen Anordnungen Platz bleibt, wo die Bundesgesetzgebung eine Anordnung selbst zu treffen nicht für erforderlich erachtet hat.

Die Landesstrafgesetzgebung ist also in doppelter Weise beschränkt. Erstens hinsichtlich der von ihr zu treffenden Strafbestimmung, die nach Qualität und Quantität durch die Bundesgesetzgebung begrenzt ist; und zweitens hinsichtlich des Inhaltes desjenigen, was mit Strafe bedroht werden darf, indem überall da, wo die Bundesgesetzgebung eine Strafbestimmung getroffen, diese ausschließlich Gültigkeit hat, auch wenn die von der Bundesgesetzgebung festgesetzte Strafbestimmung eine solche wäre, welche nach Art und Größe der Strafe auch von der Landesgesetzgebung hätte aufgestellt werden können.

Denn wollte die Bundesgesetzgebung sich auf den Erlaß solcher Strafvorschriften beschränken, die unter ein gewisses Minimum nicht heruntergehen, so würde dieselbe dasjenige nicht erreichen, was man als Aufgabe der Bundesgesetzgebung bezeichnen darf, nämlich die Herstellung eines gemeinsamen Strafrechts. Soll dieses Ziel durch das Bundesstrafgesetzbuch erreicht werden, so muß letzteres in dem Grade umfassend und vollständig sein, daß aus demselben nicht nur die allgemeinen strafrechtlichen Grundsätze entnommen werden, sondern daß sich auch auf der Basis desselben eine Strafrechtspflege bilden kann, welche selbst über die Grenzen des gemeinsamen Strafgesetzbuches hinaus eine allgemeine Einwirkung auf das der partikularrechtlichen Regelung verbleibende Strafrecht gewinnt, wenn auch diese Einwirkung nicht in formeller Weise zu erfolgen braucht, sondern eine Einwirkung der Autorität des Bundesrechtes bleiben kann. Das Hauptsächlichste Alles dessen, was für die Strafrechtspflege wissenswerth ist, muß durch die auf der Basis des gemeinsamen Strafgesetzbuches sich bildende Praxis herausgestellt werden können. Und in sofern muß denn auch das Strafgesetzbuch für den Norddeutschen Bund ein systematisches in sich selbst abgeschlossenes Ganzes ausmachen.

So viel über den Inhalt des Bundesstrafgesetzbuches gegenüber dem Inhalte der partikulären Strafbestimmungen.

Es ist nun noch folgender Gesichtspunkt hervorzuheben.

Die Bestrebungen nach Rechtseinheit datiren ja in Deutschland nicht erst seit der Publikation der Norddeutschen Bundesverfassung, sondern es haben dieselben zur Zeit des Deutschen Bundes ebenfalls existirt. Selbstverständlich hielten aber derartige Bestrebungen in früherer Zeit diejenige Richtung inne, welche durch den auf der Bundesakte beruhenden staatlichen Zustand in Deutschland geboten war. Es konnte selbstverständlich nur davon die Rede sein, Gesetze zu schaffen, welche, wenn dieselben in den einzelnen Bundesstaaten publicirt wurden, für diese einzelnen Staaten gleiches Recht schufen, in soweit nämlich die Gleichheit des Rechts durch die Gleichheit des Gesetzes bedingt ist. In dieser Weise, aber freilich auch nur in dieser Weise ist für Deutschland ein gemeinsames Wechselrecht, ein gemeinsames Handelsrecht entstanden.

Seit der Publikation der Verfassung für den Norddeutschen Bund ist nun aber die Sache eine wesentlich andere geworden. Es handelt sich jetzt nicht mehr darum, ein Gesetzbuch zu schaffen, welches ein und dasselbe wäre für die einzelnen zum Norddeutschen Bunde gehörenden Staaten, sondern es handelt sich jetzt darum, für das staatlich geeinigte Ganze des Norddeutschen Bundes, für die der legislatorischen Kompetenz desselben zugewiesenen Angelegenheiten gleiches Recht zu schaffen. Wenn demnach der Gesetzgebung des Bundes die gemeinsame Strafgesetzgebung zugewiesen ist, so heißt das nicht: Der Bund solle ein Strafgesetzbuch schaffen, welches an Stelle der bis jetzt in den einzelnen zum Norddeutschen Bunde gehörenden Staaten geltenden Partikular-Strafrechte zu treten bestimmt sei, — sondern es heißt das: Der Bund soll ein Strafgesetzbuch schaffen, welches in Folge seiner Publikation durch das Bundesgesetzblatt Gültigkeit erlangt für das staatlich geeinigte Ganze des Norddeutschen Bundes.

Dies ergiebt sich ja auch mit Nothwendigkeit aus Art. 2 der Verfassung des Norddeutschen Bundes. Denn, wenn dieser Artikel mit den Worten beginnt:

> „Innerhalb dieses Bundesgebiets übt der Bund das Recht der Gesetzgebung" u. s. w.

so ist damit gesagt, daß das Gebiet, für welches die Bundesgesetze Wirksamkeit erlangen, nicht besteht in der Addition der einzelnen Staatsgebiete, sondern daß es besteht in dem Ganzen des Bundesgebietes. Und wenn weiter gesagt wird:

> „die Bundesgesetze erhalten ihre verbindliche Kraft durch ihre Verkündigung von Bundeswegen, welche vermittelst eines Bundesgesetzblattes geschieht" —

so folgt daraus, daß die Bundesgewalt auch kein anderes Organ, daß sie namentlich kein einzelstaatliches Organ hat, um ihre Gesetze zu verkündigen, als eben nur das Bundesgesetzblatt. Die durch dieses Organ publicirten Gesetze haben aber Gültigkeit in dem ganzen Bundesgebiete, sie werden durch diese Publikation Bundesgesetze; Bundesgesetze, die als solche zwar den partikularen Landesgesetzen derogiren, aber niemals selbst Landesgesetze sein können.

Es wäre vielleicht überflüssig gewesen, diesen Ausführungen hier noch einen Platz einzuräumen, da sich das Gesagte, im Grunde genommen, ganz von selbst versteht. Es waren aber doch zwei Umstände, welche es nicht überflüssig erscheinen ließen, darauf noch einen besonderen Nachdruck zu legen, daß das Strafgesetzbuch für den Norddeutschen Bund nicht dazu bestimmt sein könne, ein und dasselbe Gesetz für die einzelnen zum Norddeutschen Bunde gehörenden Staaten zu schaffen, sondern daß seine Bestimmung nur die sein könne, für die Gesammtheit des Bundes gleiches Recht zu schaffen.

Der erste Umstand findet sich in der Verfassung des Norddeutschen Bundes selbst. Hier heißt es Art. 74:

„Jedes Unternehmen gegen die Existenz, die Integrität, die Sicherheit, oder die Verfassung des Norddeutschen Bundes, endlich die Beleidigung des Bundesrathes, des Reichstages, eines Mitgliedes des Bundesrathes oder des Reichstages, einer Behörde oder eines öffentlichen Beamten des Bundes, während dieselben in der Ausübung ihres Berufes begriffen sind oder in Beziehung auf ihren Beruf, durch Wort, Schrift, Druck, Zeichen, bildliche oder andere Darstellung, werden in den einzelnen Bundesstaaten beurtheilt und bestraft nach Maßgabe der in den letzteren bestehenden oder künftig in Wirksamkeit tretenden Gesetze, nach welchen eine gleiche gegen den einzelnen Bundesstaat, seine Verfassung, seine Kammern oder Stände, seine Kammern- oder Stände-Mitglieder, seine Behörden und Beamten begangene Handlung zu richten wäre."

Diese Bestimmung der Verfassung des Norddeutschen Bundes setzt zu ihrer Existenz voraus, daß das Strafrecht innerhalb des Norddeutschen Bundes ein partikuläres Strafrecht sei, und daß die partikulären Strafgesetzbücher Bestimmungen über Hochverrath, Landesverrath, Beamtenbeleidigung u. s. w. enthalten. Ja es wird in diesem Artikel nicht nur Rücksicht genommen auf die bereits bestehenden Gesetzgebungen, sondern auch auf die „künftig in Wirksamkeit tretenden", wodurch es mindestens den Anschein gewinnt, als ob man bei Abfassung des Art. 74. sich die Sache so gedacht habe, daß auch in Zukunft das gemeinsame Strafrecht nur in einem gleichen Strafrecht der einzelnen Bundesstaaten bestehen, und das gemeinsame Bundesstrafrecht lediglich in Art. 74. der Bundesverfassung enthalten sein würde.

Daß dieses aber der Bestimmung des Art. 2. der Verfassung des Norddeutschen Bundes nicht entsprechend ist, wurde oben bereits ausgeführt.

Dazu kommt aber noch Folgendes. Auf die Existenz, Sicherheit und Integrität eines Staates beziehen sich in den einzelnen Strafgesetzbüchern nicht blos die Bestimmungen über den Hochverrath, sondern auch die über den Landesverrath. Soweit nun die Bestimmungen der letzteren Art den sog. diplomatischen Landesverrath betreffen, können dieselben auch jetzt noch auf die einzelnen zum Norddeutschen Bunde gehörenden Staaten in Anwendung gebracht werden. So kann ganz gewiß auch heute noch ein einzelner der zum Norddeutschen Bunde gehörenden Staaten dadurch geschädigt werden, daß Jemand Staatsgeheimnisse u. s. w. einer fremden Regierung mittheilt — (vergl. Preußisches Strafgesetzbuch §. 71.). Dagegen hat der sog. militärische Landesverrath in den einzelnen Partikularstrafgesetzbüchern überhaupt keinen Platz mehr. Soll beispielsweise die Bestimmung des Preußischen Strafgesetzbuches §. 67:

„Ein Preuße, welcher mit einer fremden Regierung in Verbindung tritt, um dieselbe zu einem Kriege gegen Preußen zu veranlassen", u. s. w.

einen Sinn haben, so ist dies nur dann möglich, wenn Preußen das jus belli ac pacis hat. So gewiß dieses bis zur Gründung des Norddeutschen Bundes der Fall war, so gewiß ist dies nach der Publikation der Verfassung des Norddeutschen Bundes nicht mehr der Fall. Jetzt hat keiner der zum Norddeutschen Bunde gehörenden Staaten das selbständige jus belli ac pacis, vielmehr ist dieses lediglich ein Attribut der Bundesgewalt geworden*), und somit fehlt den einzelnen Staaten diejenige völkerrechtliche Voraussetzung, die es ihnen allein möglich machen würde, Strafbestimmungen über den militärischen Landesverrath aufzustellen. Der Norddeutsche Bund kann daher derartige seinem Interesse dienenden Strafbestimmungen gar nicht mehr in den Landesstrafgesetzen suchen; er kann dieselben vielmehr von jetzt ab nur in einem Bundesstrafgesetz niederlegen und dann dieses Bundesstrafgesetz in Anwendung bringen.

Aus diesen Gründen erscheint die Ansicht gerechtfertigt, daß der erwähnte Art. 74. lediglich den Karakter einer vorübergehenden Bestimmung an sich trägt, einer Bestimmung, die nothwendig erschien, weil ein allgemeines Bundesstrafgesetzbuch noch nicht existirte, die aber von selbst ihre Bedeutsamkeit verlieren muß, sobald dieses Bundesstrafgesetzbuch publicirt ist. Aus diesen Gründen ist denn auch der Inhalt des Art. 74. in die Bestimmungen des Entwurfes mit aufgenommen. Dieselben sollen ausreichend sein, nicht nur die Existenz und Sicherheit der einzelnen deutschen Staaten, sondern vor Allem auch die des Bundes selbst zu sichern.

Der zweite Umstand aber, welcher es nicht überflüssig erscheinen ließ, darauf hinzuweisen, daß das Strafgesetzbuch für den Norddeutschen Bund nicht blos dazu bestimmt sein könne, ein und dasselbe Strafgesetz für die einzelnen Staaten des Norddeutschen Bundes zu schaffen, sondern daß seine Bestimmung darin gefunden werden müsse, gleiches Recht für die Gesammtheit des Bundes zu schaffen, hängt mit der Erörterung der Frage zusammen, wie in Zukunft die Rechtsprechung innerhalb des Norddeutschen Bundes beschaffen sein werde.

Dies ist eine Frage, welche bei den Bestrebungen nach Rechtseinheit, welche während der Dauer des Deutschen Bundes stattfanden, kaum aufgeworfen werden konnte. Denn es verstand sich von selbst, daß in den einzelnen deutschen Staaten die Rechtsprechung durch die höchsten Gerichtshöfe der einzelnen deutschen Bundesstaaten geregelt werden würde. Man konnte zur Zeit des Deutschen Bundes für die

*) Schulze a. a. O. S. 473.

Einheit des Rechts in Deutschland eben nichts weiter thun, als in den verschiedenen souveränen Staaten ein und dasselbe Gesetz publiciren. In den einzelnen souveränen Staaten entwickelte sich dann das ursprünglich gleiche Gesetz theils durch die Praxis, theils durch die dem gemeinschaftlichen Gesetz sich anschließende partikuläre Gesetzgebung in verschiedenartiger Weise, und die gleiche Basis für die Rechtsentwickelung enthielt noch keineswegs eine Garantie für die Gleichheit der Entwickelung selbst.

Gegenüber diesen Zuständen wird nun allerdings ein Nachtheil durch die Gesetzgebungsbefugniß des Norddeutschen Bundes beseitigt. Gesetze, welche seitens der Bundesgewalt durch das Bundesgesetzblatt publicirt sind, können nicht durch die Landesgesetzgebung, sondern nur durch die Bundesgesetzgebung abgeändert werden. Insoweit demnach die Einheit des Rechtes von der Gesetzgebung abhängt, kann für die der Gesetzgebung des Bundes übertragenen Angelegenheiten auch Einheit des Rechtes geschaffen werden. Aber die Einheit des Rechtes hängt nicht blos von der Gesetzgebung ab, sie hängt auch ab von der Rechtsprechung. Wenn es innerhalb des Norddeutschen Bundes dabei verbleibt, daß die Bundesgewalt nur für die Justizgesetzgebung kompetent ist, aber kein gemeinsames Organ für die Rechtsprechung erlangt, so wird die seit so lange erstrebte, und bei der Berathung der Bundesverfassung von so maßgebenden Personen in so warmer Weise befürwortete Rechtseinheit durch den Norddeutschen Bund nicht gewährt werden. Mag immerhin der Bund ein gemeinsames Obligationenrecht, ein gemeinsames Strafgesetzbuch u. s. w. publiciren, so lange die praktische Handhabung dieser Gesetze nicht durch einen, sondern durch die verschiedenen zur Zeit innerhalb des Norddeutschen Bundes bestehenden höchsten Gerichtshöfe geregelt wird, so lange wird trotz des einen Gesetzes das Recht innerhalb des Norddeutschen Bundes durch die verschiedenen höchsten Gerichtshöfe zu einem verschiedenartigen gestaltet werden.

Als es sich unlängst in den Preußischen Kammern darum handelte, die zur Zeit in Preußen bestehenden beiden höchsten Gerichtshöfe in einen zu verschmelzen, wurde von maßgebender Seite darauf hingewiesen, daß es nicht statthaft sei, die gleichen Streitigkeiten in einem und demselben Staate in verschiedenartiger Weise entschieden zu sehen. Und doch trifft diese Bemerkung da nicht zu, wo innerhalb eines und desselben Staates die gleiche Rechtsstreitigkeit bald nach den Vorschriften des code civil, bald nach denen des gemeinen Rechts, bald nach denen des Allgemeinen Landrechts zu entscheiden ist. Dagegen trifft diese Bemerkung vollkommen zu, wenn die verschiedenen höchsten Gerichtshöfe auf Grund eines und desselben Gesetzes in gleichen Fällen verschiedene Entscheidungen fällen.

Und so bleibt denn nur noch die Frage zu erörtern, ob dasjenige, was für den einzelnen Staat unzweifelhaft richtig ist, auch für die Gesammtheit des Norddeutschen Bundes als richtig anerkannt werden muß. Ich nehme keinen Anstand diese Frage zu bejahen. Denn ihre Beantwortung hängt keineswegs zusammen mit der Verschiedenartigkeit der Verfassung des Einheitsstaates und des Bundesstaates, noch auch damit, ob oder in wie weit der Norddeutsche Bund ein Bundesstaat sei oder nicht; sondern es beantwortet sich diese Frage lediglich aus dem Wesen und der Bedeutsamkeit des Gesetzes. Es soll aber jedes Gesetz — mag es nun ein Gesetz des Bundesstaates oder ein Gesetz des Einheitsstaates oder was sonst für einer Staatenformation sein — Rechtssicherheit schaffen. Ein Gesetz aber, welches von verschiedenen an sich koordinirten höchsten Gerichtshöfen hier so, dort anders interpretirt wird, erzeugt Rechtsunsicherheit. Denn es kann da nicht das Bewußtsein entstehen und befestigt werden, daß gerade das und nur das erkannt sei, was dem Rechte entspricht, wenn beispielsweise die unterliegende Partei in der Entscheidung eines anderen höchsten Gerichtshofes den Beweis dafür findet, daß wenn ihr Rechtsstreit nach der Praxis dieses Gerichtshofes entschieden wäre, sie nicht unterlegen, sondern den Sieg davon getragen hätte. Ferner aber soll jedes Gesetz Autorität für sich nicht blos beanspruchen, sondern auch zu behaupten wissen. Es ist daher jede Einrichtung verkehrt, welche dazu führen muß, die Autorität des Gesetzes abzuschwächen; und man wird nicht in Abrede stellen mögen, daß abweichende, vielleicht widersprechende Entscheidungen, welche von verschiedenen höchsten Gerichtshöfen auf Grund des gleichen Gesetzes gefällt werden, wohl geeignet sind, der Autorität des Gesetzes Abbruch zu thun.

Soll daher in demjenigen Theile der Justizgesetzgebung, welche der Kompetenz der Bundesgesetzgebung zugewiesen ist, Einheit des Rechtes geschaffen werden, so muß auch ein höchster Gerichtshof bestimmt werden, welcher die letztinstanzliche Entscheidung bei Anwendung dieser Gesetze trifft.

Für das Strafrecht ist diese Forderung namentlich eine sehr wichtige. Ein gutes Strafgesetz — und ein anderes soll der Norddeutsche Bund nicht erlassen — muß frei sein von Bestimmungen, die den Lehrbuchskarakter haben. Und doch werden bei Handhabung eines Strafgesetzes, welches gar nicht Lehrbuch, sondern nur Gesetz ist, die theoretischen Grundsätze der Strafrechtswissenschaft unzweifelhaft in praktische Anwendung kommen müssen. Ja es kann und soll auch gar nicht geleugnet werden, daß der hier vorliegende Entwurf höhere Anforderungen an die Kriminalisten stellt, als dies bisher irgend ein Strafgesetzbuch gethan hat. Wenn ich mir aber denke, daß die allgemeinen strafrechtlichen Grundsätze, wie sie bisher bei den verschiedenen höchsten Gerichtshöfen in Anwendung gekommen sind, auch fernerhin bei der praktischen Handhabung dieses Entwurfes in Anwendung kommen sollten, so wird die Zeit nicht fern sein, in welcher das Bewußtsein davon, daß innerhalb des Norddeutschen Bundes ein gemeinsames Strafrecht bestehe, nur noch allenfalls durch die in allen Staaten des Norddeutschen Bundes gleichmäßig erfolgende Paragraphen-Citirung wach gehalten wird.

Ich kann bei dieser Gelegenheit eine wenigstens beiläufige Bemerkung nicht unterdrücken, welche durch die Bestimmung des Art. 75. der Verfassung des Norddeutschen Bundes angeregt wird. Hier heißt es:

„Für diejenigen in Art. 74. bezeichneten Unternehmungen gegen den Norddeutschen Bund, welche, wenn gegen einen der einzelnen Bundesstaaten gerichtet, als Hochverrath oder Landesverrath zu qualificiren wären, ist das gemeinschaftliche Oberappellationsgericht der drei freien und Hansestädte in Lübeck die zuständige Spruchbehörde in erster und letzter Instanz.

Die näheren Bestimmungen über die Zuständigkeit und das Verfahren des Ober-Appellationsgerichts erfolgen im Wege der Bundesgesetzgebung. Bis zum Erlasse eines Bundesgesetzes bewendet es bei der seitherigen Zuständigkeit der Gerichte in den einzelnen Bundesstaaten und den auf das Verfahren dieser Gerichte sich beziehenden Bestimmungen.“

Nehmen wir an, dieses in Absatz 2. des Art. 75. verheißene Bundesgesetz werde erlassen und zwar vor dem gemeinsamen deutschen Strafgesetzbuche. Käme dann der Fall vor, daß ein Unternehmen, welches darauf abzielte, einen Theil des Bundesgebietes einem fremden Staate einzuverleiben, von einem Preußen, einem Lübecker und einem Oldenburger begangen wäre, so würde durch ein und dasselbe Gericht in einem und demselben Erkenntnisse der Preuße zur Todesstrafe, der Oldenburger zu lebenslänglichem Zuchthause, der Lübecker zu einer zeitigen Zuchthausstrafe von 5—20 Jahren zu verurtheilen sein. Es zeigt dieses Beispiel, wie wünschenswerth es sein muß, das gemeinsame deutsche Strafgesetzbuch möglichst bald zu Stande gebracht zu sehen.

Aber wenn dies geschehen, und wenn dann auch jenes in Art. 75. der Verfassung des Norddeutschen Bundes in Aussicht genommene Bundesgesetz erlassen ist, dann wird für die Verbrechen des Hochverraths und Landesverraths nicht nur das gleiche Gesetz, sondern es wird auch das gleiche Recht in Deutschland gelten; in allen übrigen strafrechtlichen Materien dagegen nur das gleiche Gesetz.

Und von dieser Specialität aus mag es eben auch gestattet sein, den Blick auf das Allgemeine zu richten.

Das Recht, Gesetze zu erlassen, ist praktisch werthlos, wenn derjenige, der das Recht der Gesetzgebung hat, nicht auch befugt ist, die Befolgung der Gesetze zu beaufsichtigen, und geeignetenfalls zu erzwingen. Dem entsprechend beginnt denn auch Art. 4 der Verfassung des Norddeutschen Bundes mit den Worten:

„Der Beaufsichtigung seitens des Bundes und der Gesetzgebung desselben unterliegen die nachstehenden Angelegenheiten“:

Aus diesen Worten würde dann von selbst folgen, daß, soweit eine Bundesjustizgesetzgebung reicht, dem Bunde auch das Recht zustehen müsse, für eine gleichmäßige Befolgung der Bundesjustizgesetze Sorge zu tragen, oder mit anderen Worten, da unabhängige Gerichte die einzigen Organe sind, welche für die Befolgung der Justizgesetze wirksam werden können, daß die Bundesjustiz ebensoweit reichen müsse, wie die Bundesjustizgesetzgebung.

Will man dagegen aus den Worten der Nr. 13. des Art. 4., welche mit den Einleitungsworten desselben Artikels in Verbindung gebracht folgendermaßen lauten würden:

„Der Beaufsichtigung seitens des Bundes und der Gesetzgebung desselben unterliegen die nachstehenden Angelegenheiten:

13. Die gemeinsame Gesetzgebung über das Obligationenrecht, Strafrecht, Handels- und Wechselrecht und das gerichtliche Verfahren;“ —

schließen, daß in Betreff der in Nr. 13. genannten Angelegenheiten nur von der Gesetzgebung gesprochen werde, daß mithin von einer Thätigkeit des Bundes, welche für die Befolgung dieser Gesetze Sorge zu tragen hätte, nicht die Rede sein könne, daß vielmehr für die Befolgung der Bundesjustizgesetze ausschließlich die einzelnen zum Norddeutschen Bunde gehörenden Staaten aufzukommen hätten, so würde man damit zu folgendem Satze gelangen:

Es existirt zwar eine Bundesjustizgesetzgebung, aber es existirt keine Bundesjustiz. Die Bundesjustizgesetze verfallen der partikularen Justiz mit einziger Ausnahme (Art. 75.) der für die Verbrechen des Hochverraths und des Landesverraths etwa zu erlassenden Bundesgesetze.

Dieser Satz würde erklärlich sein, wenn man für die Erlangung der Rechtseinheit in Deutschland noch die Verfassung der Bundesakte als staatsrechtliche Voraussetzung hätte; aber gegenüber der heute geltenden Verfassung für den Norddeutschen Bund würde dieser Satz vollkommen unerklärlich bleiben.

Soll das Bestreben nach Rechtseinheit realisirt werden, so genügt es nicht, die Basis für die einheitliche Rechtsentwickelung in dem Bundesgesetze gegeben zu haben, es müssen vielmehr auch diejenigen Einrichtungen getroffen werden, welche eine gleichmäßige Entwickelung der gemeinsamen Grundlage herbeiführen können.

Die Verfassung des Norddeutschen Bundes enthält für die Art und Weise, wie dies geschehen könne, eine gewiß sehr praktische Andeutung.

Indem man für die Fälle des Hochverraths und des Landesverraths gegen den Norddeutschen Bund das Oberappellationsgericht zu Lübeck zur ausschließlich zuständigen Spruchbehörde machte, that man dieses gewiß nicht aus irgend welcher den Hansestädten als Mitgliedern des Norddentschen Bundes gewährten Höflichkeit, sondern man entschied sich für diesen Gerichtshof wegen seiner altehrwürdigen historischen Vergangenheit, wie wegen des hohen Ansehens, welche die Urtheile dieses Gerichtshofes in der Wissenschaft wie in der Praxis bis auf die Gegenwart hin sich zu erhalten gewußt haben. Ein Gerichtshof, dessen Rechtsprechung sich einer allgemein anerkannten Autorität erfreut und der wie kein anderer geeignet ist, allen etwa entstehenden staatlichen Eifersüchteleien als neutraler Punkt gegenübergestellt zu werden, ein solcher Gerichtshof erscheint wie prädestinirt dazu, der höchste Gerichtshof des Norddeutschen Bundes zu werden, und in dieser seiner Eigenschaft dafür thätig zu sein, daß eine einheitliche Rechtsentwickelung den gemeinsamen von der Bundesgewalt ausgehenden Justizgesetzen zu Theil werde, und so nicht bloß Gleichheit der Gesetze, sondern Einheit des Rechtes geschaffen werde.

Diese Erwägungen in die entsprechende Gesetzesformel zu bringen, ist hier allerdings nicht der Ort. Denn das Gesagte bezieht sich ja nicht auf das Strafrecht allein, sondern auf alle diejenigen Gegenstände der Justizgesetzgebung, deren Regelung der Bundesgesetzgebung angehört. Letztere wird aber, falls das allgemeine deutsche Civilproceßgesetz auch die Organisation der Gerichte mit umfassen sollte, es wohl zu erwägen haben, ob fortan in Deutschland nur Gleichheit der Gesetze oder ob Einheit des Rechts hergestellt werden soll.

Der hier vorliegende Entwurf eines Strafgesetzbuches für den Norddeutschen Bund hat zu seiner Grundlage das Preußische Strafgesetzbuch genommen. Die Aufgabe, die ich mir gestellt habe, war in der That keine andere als die Beantwortung der Frage:

Wie muß das Preußische Strafgesetzbuch aussehen, wenn dasselbe zu einem Strafgesetzbuche für den Norddeutschen Bund erhoben werden soll?

Diese Formulirung der Aufgabe erfordert eine Rechtfertigung.

Es versteht sich von selbst, daß die Bundesgesetzgebung wie jede Gesetzgebung omnipotent ist. Man könnte also ganz gewiß bei dem Entwurfe eines gemeinsamen Strafrechts sich auf den Standpunkt stellen, daß man von allem Bestehenden gänzlich absieht, und etwas der Form und dem Inhalte nach vollkommen Neues schafft. Aber ehe man sich auf diese Höhe der Anschauung stellt, wird man wohl erwägen, welch' ein reiches Kapital von Arbeit die in Deutschland bestehenden partikularen Strafgesetzbücher repräsentiren. Es würde unklug sein, wollte man die bis dahin im Interesse der einzelnen Staaten geleistete Arbeit nicht im gemeinsamen deutschen Interesse ausnutzen. Auch würde es, selbst wenn man es wollte, kaum möglich sein, sich dem Einfluß der bestehenden Partikularrechte gänzlich zu entziehen. Denn mag man in Zukunft diejenigen, welche das gemeinsame Strafgesetzbuch zu bearbeiten haben, hernehmen woher man will, ihre Auffassung strafrechtlicher Gegenstände wird doch zum guten Theil durch dasjenige Strafrecht bedingt sein, unter dessen Herrschaft sie selbst gelebt haben. Will man nun nicht das zukünftige deutsche Strafgesetzbuch den Gefahren des Eklekticismus aussetzen, so wird es sich empfehlen, von vorneherein ein Strafgesetzbuch als Grundlage für die legislatorischen Erwägungen anzuerkennen, was ja in keiner Weise ausschließt, für einzelne Bestimmungen, wenn nöthig selbst für ganze Materien, auch ein anderes Strafgesetzbuch in bestimmender Weise einwirken zu lassen. Der Entwurf hat dafür, daß dieses geschehen, mehr als ein Beispiel aufzuweisen.

Bei der Wahl des für den Entwurf zu Grunde zu legenden Strafgesetzbuches mußten zwei Rücksichten maßgebend sein, einmal die größere oder die geringere praktische Bedeutsamkeit der Gesetzbücher und sodann der innere Werth derselben.

Denn so gewiß auch jede neue Gesetzgebung die auf Grund des früheren Gesetzes entstandene Praxis vollständig beseitigen kann, wenn sie dieses für nöthig erachtet, so wird es doch sehr viel vortheilhafter sein, wenn die bestehende Praxis, soweit dies angänglich ist, trotz des neuen Gesetzes möglichst geschont wird; wenn man ihr so viel von ihren Gewohnheiten läßt, als mit dem Zweck der neuen Gesetzgebung nur irgend zu vereinbaren ist. In dieser Hinsicht konnte es nun einem Zweifel nicht unterliegen, daß das Preußische Strafgesetzbuch bei Abfassung des für Norddeutschland bestimmten gemeinsamen Strafrechtes die meiste Berücksichtigung in Anspruch zu nehmen hat. Das Gesetzbuch hat ja Gültigkeit nicht blos in dem größten Theile Norddeutschlands, sondern in dem größten Theile Deutschlands überhaupt; durch seine Geltung in Hohenzollern hat es auch in Süddeutschland festen Fuß gefaßt, und selbst der Einfluß, den dasselbe auf die Bearbeitung des Bairischen Strafgesetzbuches (1861) ausgeübt, darf, wenigstens für die weitere Entwickelung Deutschlands, nicht unterschätzt werden.

Aber auch, wenn man die Deutschen Gesetzbücher nur nach dem Maßstabe ihres inneren Werthes messen wollte, würde das Preußische Strafgesetzbuch — namentlich wenn man demselben die Bearbeitungen, welche es für Oldenburg und Lübeck erfahren, mit zu Gute schreibt — die erste Stelle unter den Deutschen Strafgesetzbüchern einnehmen.

Es ist hier natürlich nicht der Ort, durch eine auch nur irgendwie eingehende Vergleichung der übrigen Deutschen Strafgesetzbücher mit dem Preußischen den Beweis für diese Behauptung zu führen; auch ist es wohl mehr als zweifelhaft, ob Jemand ernstlich gemeint sein möchte, die Richtigkeit dieser Behauptung zu bestreiten. Nur einzelne Worte der Verständigung mögen hier einen Platz finden. Das Preußische Strafgesetzbuch ist deshalb das beste, weil es das kürzeste ist, und das kürzeste konnte es sein, weil es am wenigsten unter allen sich einer schädlichen, mindestens überflüssigen Kasuistik überläßt, es ist das beste, weil die Begriffsbestimmungen der einzelnen Verbrechen am klarsten, am präcisesten und — abgesehen von Einzelnheiten — am korrektesten sind.

Aber diese Vorzüge sind lange nicht ausreichend, um das Strafgesetzbuch für Norddeutschland in ähnlicher Weise herzustellen, wie man etwa durch die Verordnung vom 25. Juni 1867 ein gemeinsames Strafgesetzbuch für die alten und für die neuen Provinzen Preußens gewonnen hat.

In wie weit die Verordnung vom 25. Juni 1867 ein Akt der politischen Nothwendigkeit gewesen sein mag, das zu untersuchen ist hier nicht der Ort. Es mag auch dahingestellt bleiben, ob es nicht besser gewesen wäre, wenn man auf ein gemeinsames Strafrecht in Preußen verzichtet, und sofort die Herstellung eines gemeinsamen Strafrechts für den Norddeutschen Bund in Angriff genommen hätte. Denn, war auch nach dem Entwurf der Verfassung für den Norddeutschen Bund das Strafrecht nicht eine der Angelegenheiten, deren Regelung dem Bunde überwiesen werden sollte, so wurde doch in Folge eines Antrages des Abgeordneten Lasker die Gesetzgebung über das allgemeine Strafrecht durch den Reichstag den durch die Gesetzgebung des Bundes zu regelnden Angelegenheiten zugewiesen. Mit diesem Zusatz wurde die Bundesverfassung am 16. April 1867 vom Reichstage angenommen; am 17. April 1867 erklärte darauf der Vorsitzende der Bundeskommission „die Verfassung des Norddeutschen Bundes, so wie sie aus der Berathung des Reichstages hervorgegangen ist, für angenommen durch die zu dem Norddeutschen Bunde verbündeten Regierungen.“ Und nachdem die Landtage sämmtlicher zum Norddeutschen Bunde gehörenden Staaten diese Verfassung ebenfalls angenommen hatten, wurde dieselbe in allen Deutschen Staaten publicirt. Und zwar erfolgte die Publikation derselben überall vor dem 25. Juni — mit Ausnahme von Anhalt, wo sie am 25., und in Waldeck und Lübeck, wo sie am 27. Juni publicirt wurde. In Preußen namentlich erfolgte die Publikation der Verfassung des Norddeutschen Bundes am 24. Juni 1867. Und nachdem an diesem Tage es unter Beobachtung jeder staatsrechtlichen Form sicher gestellt war, daß die Gesetzgebung über das gemeinsame Strafrecht durch die Bundesgesetzgebung geregelt werden solle, erfolgte Tags darauf die Publikation der Verordnung vom 25. Juni 1867, — eine Verordnung, durch welche eine der Angelegenheiten, welche Tags zuvor als zur Kompetenz des Bundes gehörig endgültig bezeichnet waren, für Preußen allein geregelt wurde.

Der Umstand aber, daß das Preußische Strafgesetzbuch seit dem 1. September 1867 auch in solchen Territorien gilt, für welche dasselbe ursprünglich gar nicht berechnet war, ist in keinem Falle geeignet, die unveränderte Ausdehnung desselben auf das übrige Gebiet des Norddeutschen Bundes in höherem Maße empfehlenswerth erscheinen zu lassen, als dies vor diesem Tage der Fall gewesen wäre. Denn die Verordnung vom 25. Juli 1867, wenn sie auch das Gebiet der Wirksamkeit des Preußischen Strafgesetzbuches erweitert hat, konnte doch den inneren Werth desselben nicht erhöhen, noch konnte sie für den Werth desselben überhaupt einen Beweis abgeben.

Trotz der Vorzüge nun, die eben dem Preußischen Strafgesetzbuche zuzuerkennen waren, ist dasselbe dennoch nicht geeignet, ohne sehr erhebliche Aenderungen als Strafgesetzbuch des Norddeutschen Bundes publicirt zu werden.

Die Gründe hierfür sind folgende:

1. Das Preußische Strafgesetzbuch ist, sowie dasselbe jetzt, mit den dasselbe ergänzenden Gesetzen vorliegt, ein durchaus unfertiges, in wesentlichen Fundamentalprinzipien sich selbst widersprechendes Gesetzeswerk.

Um dies zu beweisen, ist nichts weiter erforderlich, als auf die Vorgänge bei der Gesetzgebung des Jahres 1859 hinzuweisen. Mögen dieselben in Kürze hier in Erinnerung gebracht werden.

Die Königliche Staatsregierung legte einen Gesetz-Entwurf vor, betreffend die Abänderung der §§. 35, 243, 263, 316, 349 des Preußischen Strafgesetzbuches vom 14. April 1851. Gemäß dieses Gesetzesvorschlages der Königl. Staatsregierung sollte namentlich der §. 35. folgende Aenderung erfahren:

§. 35. in der Fassung des Strafgesetzbuches vom 14. April 1851.

Auf den Theilnehmer an einem Verbrechen oder Vergehen oder an einem strafbaren Versuche eines Verbrechens oder Vergehens ist dasselbe Strafgesetz anzuwenden, welches auf den Thäter Anwendung findet. Wird festgestellt, daß im Falle des §. 34. Nr. 2.*) die Theilnahme keine wesentliche war, so tritt statt der Todesstrafe oder lebenslänglichen Zuchthausstrafe zeitige Zuchthausstrafe, und, wenn außerdem festgestellt wird, daß mildernde Umstände vorhanden sind, Gefängniß von zwei bis zu zehn Jahren ein.

§. 35. in der Fassung des Regierungs-Entwurfes.

Auf den Theilnehmer an einem Verbrechen oder Vergehen oder an einem strafbaren Versuche eines Verbrechens oder Vergehens ist dasselbe Strafgesetz anzuwenden, welches auf den Thäter Anwendung findet.

Wird festgestellt, daß im Falle des §. 34. Nr. 2. die Theilnahme keine wesentliche war, so tritt statt der Todesstrafe oder lebenslänglichen Zuchthausstrafe zeitige Zuchthausstrafe ein.

Gegenüber dieser Gesetzesvorlage stellte im Herrenhause Dr. Götze den Antrag:

> daß mit einstweiliger Ablehnung des vorgelegten Entwurfs zu §. 35. des Strafgesetzbuches die Königliche Staatsregierung zu ersuchen,
>
> > die im §. 31. sq. und §. 34. sq. des Strafgesetzbuches enthaltenen Bestimmungen über Versuch und Theilnahme einer Revision zu unterwerfen.

In Betreff dieses Antrages äußerte sich der damalige Justizminister Simons unter Anderem dahin:

„Wenngleich ich mich nun nicht zu einer absoluten Bestreitung des gestellten Antrages:

> die Lehre vom Versuche und der Theilnahme einer Revision zu unterwerfen

bestimmt habe, so folgt doch aus dem Gesagten, daß die Sache von einer so großen Bedeutung ist, daß an eine nahe Lösung der gestellten Aufgabe nicht gedacht werden kann. Es ist das um so weniger möglich, als es sich hier nicht etwa darum handelt, die §§. 31. und folgende und §. 35. des Strafgesetzbuches einer Aenderung zu unterwerfen, sondern, wenn man an die Revision gehen will, so muß auch das ganze Detail der Bestimmungen des Strafgesetzbuchs einer Revision unterworfen werden, da dieselben mit Rücksicht auf die gewählte Theorie vom Versuch und Theilnahme ihre Abfassung erhalten haben. Ich bin also völlig außer Stande, und ich glaube, Jeder wird das sein, irgend eine Verheißung darüber geben zu können, bis zu welcher Frist etwa die gewünschte Revision zu beendigen wäre. Es würde dann auch gewiß in Betracht zu ziehen sein, ob noch in irgend einem anderen Punkte die Grundanschauungen des Gesetzbuches zu modificiren wären, und die Erfahrung vergangener Zeiten hat sattsam gelehrt, zu welchen weit ausgedehnten Verhandlungen dergleichen Anträge sich ausspinnen.“

Gegen die Auffassung des Justiz-Ministers erklärte sich darauf Herr von Kleist-Retzow:

„Aber nicht allein in Bezug auf unser Vaterland, sondern in Bezug auf das ganze Deutsche Vaterland, soweit es mir wenigstens aus meiner frühern

---

*) Bezieht sich auf die Beihülfe im Gegensatze zur Anstiftung.

juristischen Laufbahn bekannt ist, muß ich bestreiten, daß in dieser Frage tiefgreifende unlösbare Differenzen stattgefunden, wie der Herr Justizminister angeführt hat; soweit mir es bekannt ist — und es ist Ihnen von kompetenter Seite vom Herrn Dr. Götze noch heute eingehend mitgetheilt worden — herrscht die vollkommenste Uebereinstimmung in Theorie und Praxis. Deswegen ist, um aus diesen Schwierigkeiten herauszukommen, gründlich in keiner andern Weise zu helfen, als entweder, wie in Frankreich, allgemein mildernde Umstände zuzulassen — dagegen hat sich das Justiz-Ministerium bestimmt ausgesprochen, aus Gründen, welche die Kommission gebilligt hat — oder wir müssen zu der richtigen Theorie zurückkehren und darnach alle diejenigen Punkte im Strafgesetze abändern, die darauf beruhen.

Dies ist der erste Antrag der Kommission und darüber hat in derselben Einstimmigkeit geherrscht. Wenn aber über diese Frage eine solche Einstimmigkeit herrscht, dann glaube ich, ist auch die nothwendige Konsequenz, daß Sie den zweiten Antrag des Dr. Götze annehmen müssen."

Und weiter äußerte derselbe Redner:

„Der Herr Justiz-Minister hat ausgeführt — und es ist das in der Kommission viel eingehender geschehen — wie schwierig eine Revision des Strafgesetzbuches sei. Ja, meine Herren, wenn man bei diesen wirklichen Schwierigkeiten abhängt von dem freien Willen der betreffenden Beamten, dann werden wir sehr lange warten müssen. Deswegen, wenn wir diese angebliche Verbesserung annehmen, so wird es erst nach Jahren, ja vielleicht erst nach zehn Jahren und später zu einer Verbesserung kommen, wenn wir sie aber ablehnen, dann werden wir sie früher haben. Nun, meine Herren, wenn wir eine feste Ueberzeugung von irgend einer Sache gewonnen haben, dann werden wir auch die Energie haben, sie zur Geltung zu bringen. Lehnen wir die Vorlage ab, so ist der Herr Justiz-Minister dafür verantwortlich, wenn er nicht bald abhilft; nehmen wir sie an, so sind wir verantwortlich für das Unrecht, was geschieht, bis solche Abhülfe erfolgt."

Bei der demnächstigen Abstimmung wurde der Antrag des Präsidenten Dr. Götze angenommen.

Hierauf beschloß das Abgeordnetenhaus eine andere Fassung des §. 35.:

„Auf den Theilnehmer an einem Verbrechen oder Vergehen oder an einem strafbaren Versuche eines Verbrechens oder Vergehens ist dasselbe Strafgesetz anzuwenden, welches auf den Thäter Anwendung findet.

Wird festgestellt, daß im Falle des §. 34 Nr. 2. die Theilnahme eine nicht wesentliche war, so sind nachstehende Bestimmungen maßgebend:

1. Statt der Todesstrafe oder ausschließlich lebenslänglichen Zuchthausstrafe tritt zeitige Zuchthausstrafe von mindestens sechs Jahren und Stellung unter Polizei-Aufsicht ein.
2. In allen übrigen Fällen kann die Strafe bis auf die Hälfte des niedrigsten Maßes der auf das Verbrechen oder Vergehen angedrohten Freiheitsstrafe und Geldbuße ermäßigt werden.

Findet bei einem mit Zuchthausstrafe bedrohten Verbrechen der Richter bei dieser Ermäßigung eine kürzere als zweijährige Freiheitsstrafe angemessen, so ist nicht auf Zuchthausstrafe, sondern auf Gefängnißstrafe und auf zeitige Untersagung der Ausübung der bürgerlichen Ehrenrechte zu erkennen.

Im Uebrigen bleiben die in den §§. 10., 15., 17. enthaltenen Vorschriften über das geringste Maß der Zuchthausstrafe, der übrigen Freiheitsstrafen und der Geldbuße anwendbar.

Dieser Gesetzes-Vorschlag des Abgeordnetenhauses ist denn nun auch Gesetz geworden.*)

Aber seit den Aenderungen, welche im Jahre 1859 das Strafgesetzbuch erfahren hat, ist ein totaler Stillstand hinsichtlich der weiteren in Aussicht genommenen Reformen eingetreten. Und doch sind die Erwägungen, welche damals weitere Aenderungen des Strafgesetzbuches nothwendig erscheinen ließen, deshalb gewiß nicht gegenstandlos geworden, weil in einem Zeitraum von neun Jahren zur Beseitigung der bereits im Jahre 1859 anerkannten — auch von dem damaligen Justiz-Minister nicht vollständig in Abrede gestellten — Mißstände nichts geschehen ist.

Uebersehen wir aber nicht, worin damals der Kern der legislatorischen Erwägungen im Herrenhause bestand. Nicht, daß die einzelnen Strafbestimmungen über Versuch und Theilnahme inkorrekt seien und einer Verbesserung bedürften, nicht dies war der leitende Gedanke bei jener Debatte, sondern das Wesentliche, wenn auch nicht ausdrücklich Ausgesprochene, war der Kampf der deutschen gegen die französischen Prinzipien. Der Justiz-Minister führte auch in der That sehr dürftige Vertheidigungsgründe gegen die Ausführungen seiner Gegner an. Denn, wenn derselbe sagte, mit der bloßen Reform der Bestimmungen über Versuch und Theilnahme sei es nicht geschehen, nehme man diese in Angriff, so müßten auch alle Special-Bestimmungen des Strafgesetzbuches geändert werden, da diese unter Rücksichtnahme auf die allgemeinen Bestimmungen über Versuch und Theilnahme abgefaßt seien, so weiß man in der That kaum, was auf ein solches Argument zu erwidern. Denn der Thatbestand der einzelnen Verbrechen kann doch dadurch unmöglich alterirt werden, daß man für die Bestrafung des Versuchs und der Theilnahme das deutschrechtliche statt des französischen Prinzips in Anwendung bringt; es blieben also nur noch die Vorschriften über das Strafmaß übrig. Nun sagt das französische Recht resp. das Preußische Strafgesetzbuch, der Versuch, die Theilnahme sollen ebenso gestraft werden wie das vollendete Verbrechen resp. die Thäterschaft, während nach deutschrechtlichen Grundsätzen der Versuch geringer als die Vollendung und die Beihülfe geringer als die Thäterschaft zu strafen ist. Wenn nun nach der Ansicht des früheren Justiz-Ministers Simons die Strafbestimmungen für die einzelnen Verbrechen und Vergehen sich nur dadurch rechtfertigen, daß die Versuchs- und Beihülfe-Bestimmungen nach französischen, also nach den strengeren Prinzipien geregelt sind, wenn die für die einzelnen Verbrechen festgesetzten Strafbestimmungen eine Aenderung erfahren

*) Vergl. die Verhandlungen bei Goltdammer Archiv Bd. 7. S. 125. 239. 419.

müßten, sobald man für die Bestrafung des Versuchs und der Beihülfe die deutschrechtlichen, d. h. die milderen Prinzipien adoptirte, so könnte eine derartige Aenderung konsequenterweise doch nur so gedacht werden, daß man die Strafbestimmungen für die einzelnen Verbrechen und Vergehen erhöhte. Daß dieses aber nöthig, daß es selbst möglich sei, das wird Herrn Simons heute ebenso wenig Jemand glauben, wie man es ihm auch schon im Jahre 1859 schwerlich geglaubt hat.

In Wahrheit lag die Sache so: Unter dem wesentlichsten Einfluß des Justiz=Ministers Simons waren in das Preußische Strafgesetzbuch die französischen Prinzipien recipirt worden, und jene Verhandlung im Jahre 1859 hatte keine geringere Bedeutung als die, die französischen Prinzipien aus dem Preußischen Strafgesetzbuche zu entfernen und an deren Stelle die deutschrechtlichen Grundsätze treten zu lassen. Daher der Antrag, die Grundsätze über Versuch und Theilnahme einer Revision zu unterwerfen, daher auch die Bedenken, welche seitens des Justiz=Ministers gegen diesen Antrag geltend gemacht wurden.

Und wenn nun im Jahre 1859 bereits die Nothwendigkeit erkannt wurde, das Preußische Strafgesetzbuch im Interesse der deutschrechtlichen Prinzipien zu reformiren, den fremden französischen Blutstropfen aus dem Preußischen Rechtsleben zu entfernen, so wird man es heute gewiß nicht unternehmen mögen, dem Preußischen Strafgesetzbuche eine erweiterte Geltung zu geben, ehe die Grundsätze des französischen Rechtes aus demselben entfernt sind; man wird dieses um so weniger dann thun dürfen, wenn es sich darum handelt, diese erweiterte Geltung des Gesetzbuches in Ländern eintreten zu lassen, deren strafrechtliche Verhältnisse durchweg von deutschrechtlichen Prinzipien geregelt sind.

Aber noch mehr als das! Schließlich erfolgte im Jahre 1859 eine von den französischen Prinzipien abweichende Gesetzesbestimmung über die Theilnahme an einem Verbrechen. Es wird weiter unten auf diese Bestimmung noch näher einzugehen sein. Aber schon hier ist darauf hinzuweisen, daß der gegenwärtige §. 35. des Strafgesetzbuches eine fortdauernde, nicht abzuweisende Mahnung zur weiteren gesetzgeberischen Reform enthält. Bei nicht wesentlicher Theilnahme soll statt der Todesstrafe, statt der lebenslänglichen Zuchthausstrafe zeitige Zuchthausstrafe bis herab zu sechs Jahren eintreten. Bei nicht wesentlicher Theilnahme soll in allen übrigen Fällen die Strafe bis auf die Hälfte der für das Verbrechen oder Vergehen festgesetzten Strafe herabgesetzt werden. Nun unterscheidet sich aber die sog. wesentliche von der nicht wesentlichen Theilnahme nur quantativ; die wesentliche Theilnahme ist die strafbarere, die nicht wesentliche Theilnahme die minder strafbare. Ist nun wohl ein Gesetz haltbar, welches bestimmt: die minder schweren Fälle der Theilnahme sollen nach deutschrechtlichen, die schwereren Fälle der Theilnahme nach französischen Prinzipien gestraft werden; was aber zu den schwereren, was zu den minder schweren Fällen der Theilnahme gehört, das soll gesetzlich nicht bestimmt sein? Kann man wirklich ernstlich daran denken, ein solches Gesetz aufrecht zu halten, wenn man nicht von der stillschweigenden

Voraussetzung ausgeht, die Praxis werde auf dem Wege der Strafzumessung solche Resultate herbeizuführen wissen, daß auch der wesentliche Gehülfe nach deutschrechtlichen Grundsätzen gestraft werde? Und darf ein Gesetz sich selbst damit rechtfertigen, daß es von der Voraussetzung ausgeht, in der Praxis werde das Gegentheil von dem geschehen, was in Befolgung des Gesetzes geschehen müßte? — Weiter! Für die Theilnahme am Verbrechen gilt der Satz — wenigstens theilweise —: Wer eine verbrecherische Rechtsverletzung wollte, und selbst beging, ist strafbarer als derjenige, welcher zwar die Rechtsverletzung auch wollte, sie aber nicht selbst beging. Dagegen heißt es bei dem Versuch noch immer: Es ist prinzipiell ganz gleichgültig, ob Jemand eine verbrecherische Rechtsverletzung wollte und beging, oder ob er sie nur wollte und nicht beging. Ist es möglich und zulässig, in ein und demselben Gesetze zwei so vollständig sich widersprechende Prinzipien aufrecht zu erhalten? Weiter! In Folge der von dem Preußischen Strafgesetzbuche dem französischen Rechte nachgebildeten Dreitheilung der strafbaren Handlungen (§. 1. des St.=G.=B.) ist es ohne die Vermittelung der „mildernden Umstände“ nicht möglich, daß ein und dieselbe strafbare Handlung sowohl mit Zuchthaus wie auch mit Gefängniß gestraft werden könne. Denn eine strafbare Handlung kann nicht sowohl Verbrechen wie auch Vergehen sein, sie kann nur entweder Verbrechen oder Vergehen sein. Dies galt bis zum Jahre 1859 ganz allgemein; seit dem Jahre 1859 gilt dies aber nur noch für die Handlungen des Thäters, nicht für die Handlungen des Gehülfen. Jetzt hat das Preußische Strafrecht den Satz: Die strafbaren Handlungen, welche von dem Thäter begangen werden, können nur entweder Verbrechen oder Vergehen, niemals aber sowohl Verbrechen, wie auch Vergehen sein; die strafbaren Handlungen dagegen, welche von dem Gehülfen begangen werden, sind entweder Verbrechen, oder Vergehen, oder sowohl Verbrechen wie auch Vergehen.

2. Das Preußische Strafgesetzbuch enthält Vorschriften, welche nicht nur in prinzipiellem Gegensatze zu anderen Vorschriften des Gesetzbuches, sondern mit sich selbst im Widerspruche stehen.

Hierdurch wird Inkorrektheit für die strafrechtliche Jurisdiktion herbeigeführt und die juristische Basis der richterlichen Unabhängigkeit erschüttert.

Vorschriften dieser Art sind namentlich die über die Bestrafung des Versuches, der Beihilfe, der Konkurrenz und die über die Anwendung der mildernden Umstände.

Die in das Einzelne eingehende Begründung der hier aufgestellten Behauptung wird an der Stelle erfolgen, wo die oben erwähnten Materien für die Zwecke des Entwurfs zu bearbeiten sind. Hier will ich nur auf Folgendes aufmerksam machen.

Wenn das Preußische Strafgesetzbuch beispielsweise für die Bestrafung des Versuches der Verbrechen es als Prinzip aufstellt, daß der Versuch ebenso zu bestrafen sei, wie das vollendete Verbrechen, so will das Gesetz die Befolgung dieses Prinzipes als die Regel. Fügt das

Gesetz hinzu: „Es kann jedoch“ u. s. w., so ist dasjenige, was nun folgt, eine Ausnahme von der Regel, die in den einzelnen Fällen, wo sie zur Anwendung kommt, auch ihre besondere Begründung erfahren muß. Dies ist der Sinn, wenn man will der „Geist“ des Gesetzes. Freilich, da das Gesetz die Ausnahmsfälle, welche es von seiner Regel gestattet, nicht specialisirt, so kann auch der Richter in der Praxis die vom Gesetze aufgestellte Regel ganz unberücksichtigt lassen, und immer so erkennen, wie das Gesetz doch nur ausnahmsweise zu erkennen gestattet. Der Richter handelt dann freilich dem Sinne und Geiste des Gesetzes entgegen, aber er wird durch den Wortlaut des Gesetzes gedeckt. Trifft nun ein Gesetz mehr als eine solche Bestimmung, welche, wie dieses bei den Bestimmungen über den Versuch der Fall ist, den Richter nöthigen, sich auf den Wortlaut des Gesetzes zu stützen, um dem bestehenden Rechtsbewußtsein gerecht zu werden, dann bildet sich allmälig die gesammte Rechtsprechung dahin aus, die Interpretation des Gesetzes nicht aus dem Sinne und dem Geiste des Gesetzes vorzunehmen, sondern lediglich an dem Wortlaute desselben hängen zu bleiben.

Es ist die Aufgabe der Strafgesetzgebung des Norddeutschen Bundes, ein Strafgesetz zu schaffen, welches, wenn es entsprechend seinem Sinne und Geiste gehandhabt wird, und nur dann, wenn dieses der Fall ist, zu den dem Rechtsbewußtsein entsprechenden Resultaten führt. Dann wird auch in der deutschen Kriminalpraxis eine Interpretationsmethode heimisch werden, resp. heimisch bleiben, welche durch das Wort des Gesetzes zu dem Geiste desselben hindurchzudringen versteht.

Wie wesentlich es aber für das Rechtsleben ist, daß auf der Grundlage des Gesetzes eine richtige Interpretationsmethode sich entwickele, das ist oben durch die Worte angedeutet, daß durch Inkorrektheiten in der Rechtsprechung die juristische Basis der richterlichen Unabhängigkeit erschüttert werde.

Es ist ja richtig; wenn ein Richter nicht disciplinirt wird, so kann er nicht abgesetzt und auch nicht ohne seinen Willen versetzt werden. Ob damit die richterliche Unabhängigkeit nach der materiellen Seite hin sicher gestellt ist, das zu untersuchen ist hier nicht der Ort. Es kommt nur darauf an, festzustellen, welche Voraussetzungen erfüllt sein müssen, damit der Richter in Ausübung seiner richterlichen Funktion unabhängig bleiben könne. Es ist dieses nicht der Fall, wenn der Sinn des Gesetzes die eine Entscheidung fordert, der Wortlaut des Gesetzes aber auch eine andere Entscheidung gestattet. Nur dann ist es der Fall, wenn bei Anwendung einer korrekten juristischen Methode das Gesetz nur eine Entscheidung gestattet, eine Entscheidung, die so wurde, wie sie geworden ist, weil sie eben nicht anders werden konnte, als sie geworden ist.

Wie soll sich aber wohl eine korrekte juristische Methode auf der Basis eines Strafgesetzes entwickeln, welches, um Anderes zu übergehen, vorschreibt, daß der Versuch ebenso bestraft werden solle, wie das vollendete Verbrechen, aber auch gestattet, daß er geringer gestraft werden könne, als das vollendete Verbrechen; welches vorschreibt, daß bei vorhandener Verbrechenskonkurrenz die durch die einzelnen Verbrechen verwirkten Strafen kumulirt werden sollen, und zu gleicher Zeit gestattet, daß sie auch nicht kumulirt zu werden brauchen; welches den Geschwornen vorschreibt, daß sie ihr Verdikt über Schuld oder Nichtschuld abgeben sollen, ohne auf die Größe der den Schuldigen etwa treffenden Strafe zu rücksichtigen, und zugleich, indem es die mildernden Umstände, die Unterscheidung zwischen wesentlicher und nicht wesentlicher Theilnahme zu Bestandtheilen der sog. Thatfrage macht, die Geschwornen nöthigt, auf die Größe der den Schuldigen treffenden Strafe Rücksicht zu nehmen?

3. **Das Preußische Strafgesetzbuch bleibt in seinen Strafdrohungen hinter den Anforderungen der heutigen Zeit zurück.**

Ich kann es mir nicht versagen, an dieser Stelle ein Wort Iherings*) anzuführen. Derselbe sagt:

„Auf dem ganzen Gebiete des Rechts giebt es keinen Begriff, der an kulturhistorischer Bedeutung sich nur von fern mit dem der Strafe messen könnte, kein anderer ist so wie er das getreue Spiegelbild der zeitlichen Denk- und Empfindungsweise des Volks, der Höhenmesser seiner Gesittung, kein anderer macht so wie er alle Phasen der sittlichen Entwickelung des Volks mit durch, weich und biegsam wie das Wachs, in dem jeder Eindruck sich ausprägt. An den übrigen Begriffen des Rechts geht oft ein Zeitraum von mehreren Jahrhunderten spurlos vorüber, die Grundbegriffe des Römischen Sachenrechts: das Eigenthum, der Besitz, die Servituten sind heutzutage im Wesentlichen noch dieselben, wie vor zwei Jahrtausenden, und vergebens würde man ihnen eine Antwort abzugewinnen hoffen über die Wandlungen, welche die Völker, bei denen sie galten, inzwischen bestanden haben.

Sie repräsentiren gewissermaßen die festen, unedleren Theile des Rechtsorganismus, die Knochen, die sich nicht erheblich mehr ändern, wenn sie einmal ausgewachsen sind. Aber das Strafrecht ist der Knotenpunkt, wo die feinsten und zartesten Nerven und Adern zusammenlaufen, und wo jeder Eindruck, jede Empfindung sich fühlbar macht und äußerlich sichtbar wird, das Antlitz des Rechts, auf dem die ganze Individualität des Volks, sein Denken und Fühlen, sein Gemüth und seine Leidenschaft, seine Gesittung und seine Rohheit sich kundgiebt, kurz auf dem seine Seele sich wiederspiegelt — das Strafrecht ist das Volk selbst, die Geschichte des Strafrechts der Völker ist ein Stück der Psychologie der Menschheit."

Soll nun, um an diese Worte anzuknüpfen, das Strafgesetzbuch für den Norddeutschen Bund „das Spiegelbild der zeitlichen Denk- und Empfindungsweise des Deutschen Volkes", soll es „der Höhenmesser seiner Gesittung" sein, so wird man wohl in ernstlichster Weise bemüht sein müssen, zu untersuchen, welche Strafdrohungen ein solches Strafgesetzbuch überhaupt enthalten darf.

Es ist hier an einen Vorgang zu erinnern, welcher zwar nicht mit der Konstituirung des Norddeutschen Bundes, sondern mit der Inkorporation der neuen Provinzen in den Preußischen Staat und mit

*) „Das Schuldmoment im römischen Privatrecht." Gießen, 1867. S. 2.

der schon oben erwähnten Verordnung vom 25. Juni 1867 zusammenhängt.

In dem ehemaligen Herzogthume Nassau existirte seit dem Jahre 1849 die Todesstrafe nicht mehr. In Folge der Verordnung vom 25. Juni 1867 ist sie daselbst wieder eingeführt. Achtzehn Jahre lang hatte so dieses Land die Todesstrafe nicht mehr gekannt. Es hatten sich während dieser ganzen Zeit die Zahl der früher todeswürdigen Verbrechen nicht vermehrt; es hatten in Folge dessen die Gerichte trotz wiederholter Anfragen seitens der Regierung die Wiedereinführung der Todesstrafe nicht beantragt*) — — — nichts desto weniger ist die Todesstrafe durch die Verordnung vom 25. Juni 1867 in Nassau wieder eingeführt worden. Es ist darüber nichts bekannt geworden, welches die Gründe waren, die diesen Schritt nothwendig machten. Und es dürfte vielleicht überhaupt schwer werden, Gründe hierfür anzuführen, wenn nicht den einen, daß ein einheitliches Staatsganze nicht in seinen einzelnen Theilen verschiedenartiges Strafrecht vertrage, und daß der kleinere Theil sich nach dem größeren zu richten habe, nicht aber das umgekehrte Verhältniß stattfinden dürfe. In wie weit eine solche Argumentation berechtigt sein mag für eine Provinz, die aus äußeren Gründen vorübergehend vom 20. September 1866 bis zum 1. Oktober 1867 absolutistisch regiert wurde,**) das mag ununtersucht bleiben. Jedenfalls wird das Strafgesetzbuch für den Norddeutschen Bund ein Akt der Bundesgesetzgebung werden; und die Frage über Beibehaltung oder Beseitigung der Todesstrafe wird hier von Neuem zur Erörterung kommen müssen. Denn damit, daß man diese Strafart in Nassau wieder einführte, ist nicht das Resultat erreicht, daß nun innerhalb der Grenzen des Norddeutschen Bundes überall die Todesstrafe existirte. Sie existirt nicht in Oldenburg, nicht in Bremen, nicht in Anhalt. Man wird demnach bei den zum Zwecke des Erlasses eines Strafgesetzbuches für Norddeutschland zu pflegenden Berathungen die Frage nicht umgehen können, ob die kleinen Staaten den Rückschritt in der Civilisation machen müssen, weil sie ein Theil der größeren deutschen Gesammtheit geworden sind, oder ob die Gesammtheit den Fortschritt in der Civilisation thun wolle, den jene kleinen Staaten schon seit lange gethan haben.

Schon als das jetzt geltende Preußische Strafgesetzbuch vorbereitet wurde, ist die Frage nach Abschaffung oder Beibehaltung der Todesstrafe lebhaft diskutirt. Damals — es war im Jahre 1845 — gab auch Savigny ein Gutachten über diese Frage ab. Und bei demselben übernahm er es nicht, die prinzipielle Richtigkeit der Todesstrafe zu rechtfertigen, sondern er stellte sich von vorne herein auf den Standpunkt, daß er erklärte, für Preußen handele es sich nicht um Einführung der Todesstrafe, sondern um Beseitigung der bestehenden Todesstrafe. Nur für die Beseitigung der Todesstrafe, da, wo sie be-

*) Vergl. Mittermaier, die Todesstrafe S. 97. 98.

**) In so weit nicht vom 1. Juli bis zum 1. Oktober 1867 die Verfassung des Norddeutschen Bundes dem absoluten Regimente Schranken auferlegte.

stehe, glaubte Savigny im Jahre 1845 nicht ausreichende Gründe auffinden zu können. Daß aber die Todesstrafe da einzuführen sei, wo sie nicht besteht, das hat Savigny nicht behauptet, das hätte er aber behaupten müssen, wenn er die Todesstrafe für eine prinzipiell richtige anerkannt hätte. Und dies war so wenig der Fall, daß Savigny in dieser Strafe nur ein nothwendiges Uebel erblickte, welches so viel als möglich beschränkt werden müsse.*)

Dies war im Jahre 1845. Heute, nachdem seit jener Zeit beinahe ein viertel Jahrhundert verflossen ist, nachdem während dieser Zeit beinahe die ganze gebildete Welt sich an der Arbeit betheiligt hat, die Diskussion über Nothwendigkeit oder Entbehrlichkeit der Todesstrafe zum Abschlusse zu bringen, heute würde es schwer werden, mit Gründen, d. h. mit Anführungen, welche den Namen von Gründen verdienen, die Beibehaltung der Todesstrafe da, wo sie besteht, zu rechtfertigen.**) Wie man es aber unternehmen wollte, durch Gründe die Wiedereinführung der Todesstrafe da, wo sie nicht besteht, zu rechtfertigen, das muß Jedem, der mit dem gegenwärtigen Stande der Frage auch nur einigermaßen vertraut ist, als etwas vollkommen Undenkbares erscheinen.

Wollte man also in dem Strafgesetzbuche für Norddeutschland die Todesstrafe beibehalten, so würde sich die Sache so gestalten, daß man sagen müßte: Es ist allerdings kein Grund anzugeben, weshalb die Staaten Oldenburg, Bremen, Anhalt die Todesstrafe wieder einführen sollten, wenn sie nicht Mitglieder des Norddeutschen Bundes wären; da sie aber Mitglieder des Norddeutschen Bundes sind, so muß dieses geschehen. Denn civilisatorische Fortschritte in der Rechtsentwickelung zu machen, das ging zwar, so lange diese kleinen Staaten zum Deutschen Bunde gehörten; der Norddeutsche Bund verträgt dagegen in seiner Gesammtheit diejenigen civilisatorischen Fortschritte in der Rechtsentwickelung nicht, welche zur Zeit des Deutschen Bundes einzelne seiner Bestandtheile vertragen haben; der Norddeutsche Bund kann diejenige civilisatorische Entwickelung nicht gestatten, welche der frühere Deutsche Bund wenigstens in theils größeren theils kleineren Enklaven sich wohl gefallen lassen konnte.

Aber mit der Frage, ob Todesstrafe oder nicht Todesstrafe, ist es ja gar nicht abgethan. Gesetzt, man könnte sich für Todesstrafe entscheiden. Hat man sich dann damit auch schon für die Beibehaltung der Todesstrafe in allen denjenigen Fällen entschieden, in denen das Preußische Strafgesetzbuch diese Strafe androht? Oder soll die Todesstrafe nur da beibehalten werden, wo das Bairische Strafgesetzbuch diese Strafe androht; oder nur da, wo dies im Lübischen Strafgesetzbuche geschehen ist? —

An dieser Stelle sollen ja nur die Gründe aufgeführt werden, weshalb es unzulässig ist, die Strafrechtseinheit für Norddeutschland in der gleichen Weise herzustellen, wie durch die Verordnung vom

*) Vergl. dieses Gutachten bei Goltdammer, Materialien. Bd. I. S. 86.
**) Vergl. Kuntze über die Todesstrafe (Leipzig, 1868).

25. Juni 1867 die Strafrechtseinheit für den Preußischen Staat hergestellt worden. Dabei mußte denn auch der Todesstrafe Erwähnung geschehen. Die näheren Erörterungen über diese Strafart, und die Gründe, weshalb der Entwurf dieselbe nicht recipirte, folgen weiter unten.

Doch nicht auf die Todesstrafe allein kann es hier ankommen. Auch sonst wird man nicht in Abrede stellen können, daß, namentlich veranlaßt durch die dem französischen Rechte entnommene Dreitheilung die Strafdrohungen des Preußischen Rechtes zu harte sind. Die Praxis hat sich im Allgemeinen dahin entschieden, daß das Strafminimum nicht leicht und nicht ohne besondere Gründe und wenn, nicht um ein Bedeutendes zu überschreiten sei; und der Fälle, in denen das Strafminimum sich als ein zu hartes herausgestellt hat, sind nicht wenige.

Fassen wir also das Resultat dieser allgemeinen einleitenden Bemerkungen zusammen:

Das Preußische Strafgesetzbuch — so dürfen wir sagen — ist geeignet, bei der Bearbeitung eines Entwurfes für das Strafgesetzbuch des Norddeutschen Bundes zu Grunde gelegt zu werden; aber das Preußische Strafgesetzbuch ist in keinem Falle geeignet, das Strafgesetzbuch des Norddeutschen Bundes zu sein, bedarf vielmehr, damit dieses möglich werde, der durchgreifendsten Umarbeitung.

Vielleicht ist die Zeit nicht fern, wo es sich nicht mehr um ein gemeinsames Strafrecht für Norddeutschland handelt, sondern wo es darauf ankommt, ein gemeinsames Strafrecht für ganz Deutschland zu schaffen. In dieser Rücksicht mag denn noch die Bemerkung Platz finden, daß die allgemeinen Grundsätze bei Bearbeitung eines Strafrechts für das gesammte Deutschland keine anderen sein würden, wie diejenigen, welche bei der Bearbeitung des Strafrechts für Norddeutschland maßgebend gewesen sind. Der Entwurf ist so gearbeitet, daß, wenn derselbe für Norddeutschland brauchbar ist, er auch brauchbar sein wird, nachdem die süddeutschen Staaten dem Norddeutschen Bunde beigetreten sind. Die Abänderung einzelner Worte würde in diesem Falle zwar nöthig werden, weiter aber auch nichts.

Einleitende Bestimmungen.

§. 1.

Die Strafgesetze des Norddeutschen Bundes finden Anwendung auf alle innerhalb des Norddeutschen Bundesgebietes gegen die Vorschriften derselben begangenen Zuwiderhandlungen, auch wenn der Thäter ein Ausländer ist.

§. 2.

Wegen der im Auslande begangenen Verbrechen findet innerhalb des Norddeutschen Bundes in der Regel keine Verfolgung und Bestrafung statt.

Jedoch kann nach den Vorschriften dieses Strafgesetzbuches verfolgt und bestraft werden:

1) ein Ausländer, welcher im Auslande gegen den Norddeutschen Bund oder einen der zum Norddeutschen Bunde gehörenden Staaten eine in diesem Strafgesetzbuche als eine hochverrätherische oder als eine Majestätsbeleidigung bezeichnete Handlung oder ein Münzverbrechen begangen hat;

2) ein Inländer, welcher im Auslande gegen den Norddeutschen Bund oder einen der zum Norddeutschen Bunde gehörenden Staaten eine hochverrätherische oder eine landesverrätherische Handlung, eine Majestätsbeleidigung oder ein Münzverbrechen begangen hat;

3) ein Inländer, welcher im Auslande eine Handlung begangen hat, welche sowohl durch dieses Strafgesetzbuch, wie auch durch die Gesetze des Orts, wo sie begangen wurde, mit Strafe bedroht ist. Die Verfolgung und Bestrafung bleibt jedoch in diesem Falle ausgeschlossen, wenn von den Gerichten des Auslandes über die Handlung rechtskräftig erkannt und die etwa erkannte Strafe vollzogen oder durch Begnadigung erlassen ist.

§. 3.

Neben den Strafgesetzen des Norddeutschen Bundes haben nur solche strafrechtliche Bestimmungen der Landesgesetze Gültigkeit, welche Materien betreffen, in Hinsicht deren die Strafgesetze des Norddeutschen Bundes nichts bestimmen, und welche keine höhere Strafe als eine Freiheitsstrafe von höchstens sechs Monaten oder eine Geldbuße von Einhundert Thalern festsetzen. Andere als die genannten Strafarten, namentlich Landesverweisung, Polizei-Aufsicht, Verlust oder Untersagung der Ausübung der bürgerlichen Ehrenrechte, dürfen durch die Landesgesetze nicht festgesetzt werden.

§. 4.

Die Landesstrafgesetze (§. 3.) finden nur Anwendung auf die innerhalb des betreffenden Staates gegen die Vorschriften derselben begangenen Zuwiderhandlungen.

Die vorstehenden „Einleitenden Bestimmungen" entsprechen den „Einleitenden Bestimmungen" des Preußischen Strafgesetzbuches §§. 1 bis 6.

Von diesen Vorschriften des Preußischen Strafgesetzbuches sind in den Entwurf folgende nicht übergegangen:

1. Die Vorschrift des §. 1.:

„Eine Handlung, welche die Gesetze mit der Todesstrafe, mit Zuchthausstrafe oder mit Einschließung von mehr als fünf Jahren bedrohen, ist ein Verbrechen.

Eine Handlung, welche die Gesetze mit Einschließung bis zu fünf Jahren, mit Gefängnißstrafe von mehr als sechs Wochen oder mit Geldbuße von mehr als funfzig Thalern bedrohen, ist ein Vergehen.

Eine Handlung, welche die Gesetze mit Gefängnißstrafe bis zu sechs Wochen oder mit Geldbuße bis zu funfzig Thalern bedrohen, ist eine Uebertretung."

Wenn eine Bestimmung, wie die vorstehende, für ein deutsches Strafgesetzbuch überhaupt nothwendig wäre, so müßte sie wenigstens so redigirt sein, daß sie gegen die Grundsätze der Logik nicht verstößt. Will man eine Dreitheilung der strafbaren Handlungen vornehmen, und als principium divisionis die Höhe der Strafe benutzen, so kann man sich dabei entweder für das Strafminimum oder für das Strafmaximum entscheiden. Unterscheidet man aber die „Verbrechen" von den „Vergehen" und von den „Uebertretungen" durch das Strafminimum, dagegen die „Vergehen" und die „Uebertretungen" von den „Verbrechen" durch das Strafmaximum, so macht man eine Eintheilung und benutzt bei dieser einen Eintheilung zwei principia divisionis.

Es ist aber keine Veranlassung, diesen Fehler gegen die Logik zu korrigiren, und, nachdem dieses geschehen, eine Nachbildung des citirten §. 1. in das Norddeutsche Strafgesetzbuch aufzunehmen.

Denn von allem Anderen ist abzusehen, und nur zu fragen, welche praktische Bedeutsamkeit der §. 1. des Preußischen Strafgesetzbuches hat.

Für diese praktische Bedeutsamkeit führt man zunächst an die Regelung der Kompetenz. Verbrechen sollen von Geschwornengerichten, Vergehen von Richterkollegien, Uebertretungen von dem Einzelrichter abgeurtheilt werden. So bestimmt es Art. XIII. und Art. XIV. des Einführungs-Gesetzes zum Preußischen Strafgesetzbuche. Diese Bestimmung ist aber in Folge der zahlreichen Ausnahmen, welche spätere Gesetze herbeigeführt haben, nur noch in sofern geltendes Recht in Preußen, als in ihr eine Regel enthalten ist, deren Kenntniß ohne gleichzeitige Kenntniß sämmtlicher Ausnahmen gar nichts nützt. Die Ausnahmen selbst aber liefern den zweifellosen Beweis, daß die kriminalistische Natur der als „Verbrechen" resp. Vergehen und Uebertretungen bezeichneten Handlungen weder die Kompetenz des einen noch die des anderen Gerichts fordern kann.

Ueberhaupt wird es Aufgabe des Bundesstrafproceßgesetzes sein, die Vorschriften über die Kompetenz der Strafgerichte festzustellen und hat demnach eine gesetzliche Bestimmung, welche um dieses Zweckes willen zu treffen wäre, gar nicht ihren Platz in dem das Strafrecht regelnden Gesetze.

Eine Konsequenz der Dreitheilung und zwar speciell der durch das Strafminimum erfolgten Begriffsbestimmung der Verbrechen sind die „mildernden Umstände." Der Entwurf hat die „mildernden Umstände" überhaupt beseitigt. Will man sie aber haben, so braucht man dazu ganz gewiß nicht die Dreitheilung. Man kann ja ganz unzweifelhaft jede beliebige Strafposition in zwei Theile zerlegen, und bestimmen, daß die eine anwendbar sein solle bei dem Vorhandensein mildernder Umstände, die andere bei dem Nichtvorhandensein derselben. Daß das sehr gut angeht, hat ja das Preußische Strafgesetzbuch in allen denjenigen Fällen bewiesen, wo dasselbe bei seinen „Vergehen" eine Strafbestimmung mit, und eine andere Strafbestimmung ohne mildernde Umstände aufgestellt hat.

So könnte denn höchstens noch der die Dreitheilung enthaltende Paragraph den Sinn haben, die historische Begründung für das Institut der mildernden Umstände abzugeben. Wenn es aber schon gewiß nicht die Aufgabe des Strafgesetzes ist, Lehrbuchsätze des dogmatischen Theiles des Strafrechts aufzustellen, so kann es noch viel weniger von ihm verlangt werden, daß es historische Notizen über die Geschichte des Preußisch-Französischen Strafrechts enthalte.

Daß man im nicht juristischen Sprachgebrauche eine mit einer verhältnißmäßig geringeren Strafe bedrohte Handlung mit dem milderen Ausdrucke „Vergehen" oder „Uebertretung" bezeichnen und den Ausdruck „Verbrechen" auf die schwereren strafbaren Handlungen beschränken wird, das mag richtig sein. Für die Kriminaljustiz ist indessen dieser Sprachgebrauch ganz indifferent, und das Gesetz hat sich darauf zu beschränken, mit denjenigen Ausdrücken einen bestimmten Sinn zu verbinden, welche für die praktische Handhabung des Strafrechts zu benutzen sind; keineswegs aber ist es seine Aufgabe, einen sprachbildenden Einfluß auszuüben, wo dieser mit der praktischen Handhabung des Gesetzes nichts zu thun hat.

Das Lübische Strafgesetzbuch, welches beiläufig gesagt, trotz der Verwerfung der Dreitheilung dennoch, wenigstens an einzelnen Stellen die mildernden Umstände beibehalten hat, sagt in §. 1.:

> „Handlungen und Unterlassungen, durch welche ein Strafgesetz verletzt wird und deren Untersuchung und Bestrafung ausschließlich den Gerichten zugewiesen ist, sind Verbrechen."

In ähnlicher Weise hätte auch in den Entwurf eine Bestimmung aufgenommen werden können, welche gesagt hätte:

> „Handlungen und Unterlassungen, welche in diesem Strafgesetzbuche mit Strafe bedroht sind, heißen Verbrechen;"

aber eine solche Bestimmung wäre vollkommen nichtssagend gewesen. Denn gegenüber derselben würde die Frage aufzuwerfen gewesen sein: Was folgt daraus? Und auf diese Frage hätte man nichts Anderes antworten können, als: Daraus folgt gar nichts.

Dies die Gründe, weshalb eine dem §. 1. des Preußischen Strafgesetzbuches entsprechende Reproduktion in dem Entwurfe nicht aufgenommen ist. Es ist wie gesagt, diese Auslassung vollkommen unpräjudicirlich. Man behält nichts destoweniger vollkommen freie Hand, mit oder ohne mildernde Umstände die Strafpositionen aufzustellen; man behält namentlich auch vollkommen freie Hand, die Kompetenzverhältnisse zu regeln, so, wie man dieses für das Geeignetste hält.

2. Ebenso wie §. 1. ist auch §. 2. des Preußischen Strafgesetzbuches in dem Entwurfe fortgelassen. Dieser bestimmt:

> „Kein Verbrechen, kein Vergehen und keine Uebertretung kann mit einer Strafe belegt werden, die nicht gesetzlich bestimmt war, bevor die Handlung begangen wurde."

Diese Bestimmung kann bedeuten: Es soll keine Kabinetsjustiz stattfinden. Das braucht aber nicht mehr festgesetzt zu werden, denn dieses Verbot ist bereits in den Reichsgesetzen, in der Wiener Schlußakte und in den Verfassungsurkunden der einzelnen deutschen

Staaten enthalten. Es ist dies überhaupt ein so selbstverständlicher Satz, daß man in Betreff desselben einer gesetzlichen Bestimmung nur dann bedürfen würde, wenn die Nichtbefolgung desselben angeordnet werden sollte.

Diese Bestimmung kann weiter bedeuten: Es sollen strafrechtliche Ansprüche nur auf Grund eines Gesetzes, niemals auf Grund eines Gewohnheitsrechtes geltend gemacht werden. Dieses zu verhindern ist überflüssig, weil gewohnheitsrechtliches Strafrecht, auf Grund dessen Strafverfolgungen stattfinden, überhaupt nicht existirt.

Diese Bestimmung kann drittens heißen: Es soll für das Strafrecht die Analogie ausgeschlossen bleiben. Dies zu verhindern, wäre Veranlassung vorhanden, wenn man befürchten müßte, die bestehenden oder zu erlassenden Vorschriften möchten so unvollständig sein, daß das praktische Bedürfniß die Erweiterung der Strafgesetze auf dem Wege der Analogie forderte. Nun steht die Sache aber in der That so, daß man viel eher unter einem zu großen Reichthum als unter der Kärglichkeit der Strafbestimmungen zu leiden hat. Das Verbot der Analogie ist für die Praxis überflüssig.

Diese Bestimmung kann aber auch endlich heißen: Es soll dasjenige, was geschehen ist, hinsichtlich seiner Strafbarkeit oder Nicht-Strafbarkeit sowie hinsichtlich der Größe seiner Strafbarkeit nach dem zur Zeit der Handlung **bestehenden**, nicht aber nach einem erst später erlassenen Strafgesetz beurtheilt werden. Sollte dies ausgedrückt werden, so hätte man den rein theoretischen Satz aufstellen müssen:

Die Strafgesetze haben keine rückwirkende Kraft.

Dieser Satz hat aber viel weniger praktische Bedeutung als die Ausnahmen von demselben. Diese aber finden ihren richtigen Platz in dem Einführungsgesetze, nicht in dem Strafgesetzbuche selbst.

3. Fortgelassen sind endlich die §§. 5. und 6. des Preußischen Strafgesetzbuches.

> §. 5. „Auf Preußische Militärpersonen finden die allgemeinen Strafgesetze insoweit Anwendung, als nicht die Militärgesetze ein Anderes bestimmen.

Die Strafgesetze, welche seitens des Bundes für das Norddeutsche Bundes-Heer und die Bundes-Marine publicirt sind,*) oder publicirt werden, haben den Karakter des Specialgesetzes. Daß ein solches, soweit der Kreis seiner Wirksamkeit reicht, dem allgemeinen Gesetze derogirt, ist ein Rechtsgrundsatz, der nicht erst durch Gesetz festgestellt zu werden braucht. Daß aber, soweit die Militärpersonen von den Militärgesetzen nicht betroffen werden, auch auf sie die allgemeinen Strafgesetze anwendbar sind, folgt daraus, daß die Militärpersonen weder Souveräne noch Exterritoriale sind. Nicht daß die Militärpersonen den Strafgesetzen unterworfen sind, kann Veranlassung zu einer gesetzlichen Bestimmung

---

*) Verordnung betreffend die Einführung Preußischer Militärgesetze im ganzen Bundesgebiete vom 7. November 1867.

geben; eine Bestimmung in dieser Hinsicht wäre im Gegentheile nur nothwendig, wenn man anordnen wollte, daß die Militärpersonen den Strafgesetzen nicht unterworfen sein sollten. Eine solche Anordnung wird die Bundesgesetzgebung aber wohl nicht treffen. Der Entwurf hatte wenigstens nicht die geringste Veranlassung einen Vorschlag dieser Art zu machen.

§. 6. „Das Recht des Beschädigten auf Schadensersatz ist von der Bestrafung unabhängig."

Ueber diesen Grundsatz läßt sich in einer Vorlesung über Strafrecht manches Nützliche sagen. Damit dies geschehe, ist es aber keineswegs nöthig, daß der Grundsatz selbst in dem Gesetze sich finde.

Die §§. 1. und 2. des Entwurfes entsprechen im Allgemeinen den §§. 3. und 4. des Preußischen Strafgesetzbuches. Die Aenderungen, welche der Entwurf an diesen Bestimmungen vorgenommen, sind dadurch bedingt, daß an die Stelle des Preußischen Strafrechts Bundesstrafrecht zu setzen war. Für letzteres mußte der Grundsatz des Territorialitäts-Prinzipes festgehalten, und demnach eine Bestimmung getroffen werden, welche darüber keinen Zweifel läßt, daß auch der innerhalb des Bundesgebietes gegen die Vorschriften des Bundesgesetzes handelnde Ausländer den Bundesgesetzen unterworfen sei, daß dagegen der Inländer der Regel nach nur innerhalb des Bundesgebietes durch die Strafgesetze desselben gebunden werde. Dies ist durch §. 1. und §. 2. al. 1. des Entwurfes geschehen. Auch die Ausnahmen, welche §. 4. des Preußischen Strafgesetzbuches von dem Territorialitäts-Prinzipe gemacht hat, konnten — in der fakultativen Fassung, die sie schon im Preußischen Strafgesetzbuche erhalten — unbedenklich mit aufgenommen werden.

Wenn aber das Preußische Strafgesetzbuch sagt:

„Die Preußischen Strafgesetze finden Anwendung auf alle in Preußen begangene Verbrechen, Vergehen und Uebertretungen, auch wenn der Thäter ein Ausländer ist" —

so durfte diese Bestimmung in dem Entwurfe nicht in der Weise wiedergegeben werden, daß man gesagt hätte:

„Die Bundesstrafgesetze finden Anwendung auf alle innerhalb des Norddeutschen Bundes begangene strafbaren Handlungen" u. s. w.

denn der Entwurf will gar nicht, auch nicht einmal in dem Umfange, wie dieses bei dem Preußischen Strafgesetzbuche der Fall ist, eine General-Kodifikation aller im Bundesgebiete geltenden Strafbestimmungen herbeiführen, auch erwartet derselbe keinesweges, daß alle strafrechtlichen Bestimmungen, die später in Deutschland gelten werden, durch Bundesgesetze herbeizuführen seien; im Gegentheil der Entwurf überläßt (§. 3.) der Landesstrafgesetzgebung einen nicht unbeträchtlichen Spielraum neben der Bundesstrafgesetzgebung, und das Resultat wird demnach sein, daß in Zukunft — wenigstens nach der Auffassung des Entwurfes — innerhalb des Norddeutschen Bundes Anwendung finden werden, sowohl die Bundes- wie auch die Landesstrafgesetze, letztere freilich nur in der ihnen durch §. 3. des Entwurfes zugewiesenen Sphäre.

Wenn sodann das Preußische Strafgesetzbuch sagt: (§. 4.)

„Jedoch kann in Preußen nach Preußischen Strafgesetzen verfolgt und bestraft werden:

1. ein Ausländer, welcher im Auslande gegen Preußen eine in diesem Strafgesetzbuche als eine hochverrätherische oder als eine Majestätsbeleidigung bezeichnete Handlung oder ein Münzverbrechen begangen hat;
2. ein Preuße, welcher im Auslande gegen Preußen eine hochverrätherische oder eine landesverrätherische Handlung, eine Majestätsbeleidigung oder ein Münzverbrechen begangen hat" —

so mußte in der Fassung des Entwurfes darauf Rücksicht genommen werden, daß als Angriffsobjekte dieser im Auslande begangenen Verbrechen nicht blos der Norddeutsche Bund selbst, sondern ebenso auch die einzelnen zum Norddeutschen Bunde gehörenden Staaten aufzufassen seien. Die hieraus sich ergebende Fassung der Nr. 1. und 2. in §. 2. des Entwurfes findet ihre weitere Motivirung übrigens in der Art und Weise, wie die Bestimmungen über Hochverrath und Landesverrath in dem Entwurfe abgefaßt sind. Zwischen diesen Bestimmungen und dem §. 2. durfte natürlich die Konformität nicht fehlen.

Wenn dann endlich das Preußische Strafgesetzbuch in §. 4. Nr. 3. sagt:

„Jedoch kann in Preußen nach Preußischen Strafgesetzen verfolgt und bestraft werden:

3. ein Preuße, welcher im Auslande eine Handlung begangen hat, welche nach Preußischen Gesetzen als ein Verbrechen oder ein Vergehen bestraft wird, und auch durch die Gesetze des Orts, wo sie begangen wurde, mit Strafe bedroht ist" u. s. w.

so durfte der Entwurf statt dessen sagen:

3. ein Inländer, welcher im Auslande eine Handlung begangen hat, welche *sowohl durch dieses Strafgesetzbuch*, wie auch" u. s. w.

Es ist dies allerdings eine Einschränkung der Strafverfolgung gegenüber den Bestimmungen des Preußischen Strafgesetzbuches, da ja die Vorschriften „*dieses Strafgesetzbuches*" nicht so weit reichen, wie die Preußischen Gesetze über Verbrechen und Vergehen.

Aber es ist auch in der erwähnten Nr. 3. des Preußischen Strafgesetzbuches nicht sowohl eine Anerkennung des Personalitäts-Prinzipes zu finden, als ein Ausspruch darüber, wie weit der Preußische Staat gesonnen sei gegenüber seinen Unterthanen diejenigen strafrechtlichen Ansprüche selbst zu verfolgen, welche ein fremder Staat gegen dieselben zu haben glaubt. Die völkerrechtliche Stellung des Norddeutschen Bundes ist heute aber eine andere als die völkerrechtliche Stellung des Preußischen Staates im Jahre 1851. Mochte letztere zu der Bestimmung des §. 4. Nr. 3. des Preußischen Strafgesetzbuches führen — der Norddeutsche Bund thut heute gewiß alles Mögliche, wenn er seine Angehörigen für die im Auslande etwa begangenen Delikte vor sich selbst so weit verantwortlich macht, als die Bestimmungen des wichtigsten seiner Strafgesetze, des Strafgesetzbuches für den Norddeutschen Bund, reichen.

Aus gleichem Grunde ist auch der Schlußsatz des Preußischen §. 4.:

> „Uebertretungen, die im Auslande begangen werden, sollen in Preußen nur dann bestraft werden, wenn dies durch besondere Gesetze oder Staatsverträge angeordnet ist" —

in dem Entwurfe fortgelassen.

Derartige, die Strafbarkeit gewisser im Auslande begangener Handlungen für das Inland anordnende Gesetze haben selbstverständlich überall nur Landesstrafrecht geschaffen. Inwieweit das Landesstrafrecht in Zukunft neben dem Bundesstrafrecht Geltung haben wird, bestimmt aber §. 3. des Entwurfes. Da nun durch §. 2. des Entwurfes die Frage entschieden wird, wie weit die im „Auslande" — d. h. außerhalb des Bundesgebietes — begangenen Verbrechen im Inlande zu verfolgen und zu bestrafen sind, da überdem §. 4. des Entwurfes vorschreibt, daß die Wirksamkeit der Landesstrafgesetze nur auf die innerhalb des betreffenden Staates gegen dieselben begangenen Kontraventionen Anwendung finden, so folgt daraus, daß diejenigen der bestehenden auf besonderen Gesetzen basirenden Strafbestimmungen, welche sich auf Bestrafung der im Auslande begangenen Delikte beziehen, soweit dieselben über den Inhalt des §. 2. des Entwurfs hinausgehen, ihre Anwendbarkeit verlieren müssen, sobald der Entwurf Gesetz geworden ist.

Da indessen Art. 11. der Verfassung des Norddeutschen Bundes Folgendes bestimmt:

> „Das Präsidium des Bundes steht der Krone Preußens zu, welche in Ausübung desselben den Bund völkerrechtlich zu vertreten, im Namen des Bundes Krieg zu erklären und Frieden zu schließen, Bündnisse und andere Verträge mit fremden Staaten einzugehen, Gesandte zu beglaubigen und zu empfangen berechtigt ist.
>
> Insoweit die Verträge mit fremden Staaten sich auf solche Gegenstände beziehen, welche nach Art. 4. in den Bereich der Bundesgesetzgebung gehören, ist zu ihrem Abschlusse die Zustimmung des Bundesrathes und zu ihrer Gültigkeit die Genehmigung des Reichstages erforderlich" —

so ist es ganz unzweifelhaft, daß zu jeder Zeit das Bundes-Präsidium unter Beobachtung der Art. 11. al. 2. getroffenen Vorschriften Verträge mit anderen Staaten schließen kann, welche sich auf die Bestrafung der im Auslande begangenen strafbaren Handlungen beziehen.

In Betreff der bestehenden Verträge, welche sich auf diesen Gegenstand beziehen, ist zu bemerken, daß mit der Publikation des Strafgesetzbuches für den Norddeutschen Bund alle diejenigen von selbst ihre strafrechtliche Wirksamkeit verlieren, welche zwischen denjenigen Staaten abgeschlossen sind, die zur Zeit zum Norddeutschen Bunde gehören. Die übrigen müssen, insoweit aus Ihnen ein fremder Staat berechtigt ist, ihre Gültigkeit behalten. Aufgabe des Bundes ist es aber, diese Verträge einer Revision zu unterwerfen, und von Bundeswegen zu bestimmen, welche der im Auslande begangenen Delikte im Inlande etwa zu strafen sind, auch über den Bereich des §. 2. des Entwurfes hinaus. Daß dann derartige durch den Bund vertragsmäßig festgesetzten Bestimmungen Gültigkeit neben dem Strafgesetzbuche des Norddeutschen Bundes haben müssen, bedarf keines Beweises.

Zu §. 3. und §. 4.

Das Wesentlichste von dem, was zur Motivirung der §§. 3. und 4. des Entwurfes anzuführen ist, ist bereits oben angeführt worden. Hier ist indessen noch auf ein Bedenken mehr formeller Natur einzugehen. Der §. 3. des Entwurfes findet sein Vorbild in Art. II. des Einführungsgesetzes zum Preußischen Strafgesetzbuche.

Hier heißt es, nachdem in Art. I. der Zeitpunkt der beginnenden Gesetzeskraft des Strafgesetzbuches bestimmt ist:

> „Mit diesem Zeitpunkte (Art. I.) werden außer Wirksamkeit gesetzt: alle Strafbestimmungen, die Materien betreffen, auf welche das gegenwärtige Strafgesetzbuch sich bezieht: namentlich u. s. w.
>
> Dagegen bleiben in Kraft die besonderen Strafgesetze, insoweit sie Materien betreffen, in Hinsicht, deren das gegenwärtige Strafgesetzbuch nichts bestimmt, namentlich u. s. w."

Es ist sonach die Entscheidung darüber, was an Strafgesetzen neben dem Preußischen Strafgesetzbuche noch gelten soll, in dem Einführungsgesetze zum Preußischen Strafgesetzbuche getroffen, während hier die Entscheidung der gleichen Angelegenheit einen Bestandtheil des Gesetzes selbst ausmacht. Der Grund hiefür ist folgender:

Wenn die Bundesgesetzgebung es übernehmen wollte, sämmtliche — auch die bis in's Kleinste hineingehenden — Strafbestimmungen zu treffen, so könnte durch dieselbe auch angeordnet werden, welche strafrechtlichen Bestimmungen an einem bestimmten Termine innerhalb des gesammten Gebietes des Norddeutschen Bundes noch Geltung haben sollten. Wäre dann die Abänderung der Gesammtheit dieser strafrechtlichen Bestimmungen nur durch die Bundesgesetze allein herbeizuführen, so würde sich alles Uebrige ganz von selbst machen. Nun vindicirt sich aber die Bundesgesetzgebung nicht die Feststellung sämmtlicher im Bundesgebiete etwa erforderlichen Strafbestimmungen, sondern sie überläßt — aus Gründen, die oben ausgeführt sind — einen Theil dieser Anordnungen der Landesgesetzgebung. Diese kann demnach auch nach der Publikation des Strafgesetzbuches für den Norddeutschen Bund, innerhalb der ihr gewährten Grenzen thätig werden. Damit aber die Landesgesetzgebung innerhalb der ihr gesetzten Grenzen bleibe, dazu bedarf es eines Gesetzes, welches seine Wirksamkeit äußert, nicht blos bis zu der Zeit, von der das Bundesstrafgesetzbuch Gesetzeskraft erlangt hat, sondern auch nach der Zeit, wo dieses geschehen ist. Es mußte ausgedrückt werden, daß, so lange das Strafgesetzbuch für den Norddeutschen Bund Geltung habe, auch diejenige Bestimmung desselben Geltung behalte, durch welche die Kompetenz der Landesgesetzgebung beschränkt wird. Die betreffende Bestimmung desselben ist daher nicht eine solche, welche blos den Zweck hat, das neu entstehende

Recht in die Verhältnisse des zur Zeit seiner Emanation bestehenden Rechts einzuführen, sondern sie hat den Zweck, das Verhältniß zweier verschiedener Gesetzgebungen — der Bundesgesetzgebung und der Landesgesetzgebung — im Gebiete des Strafrechts für die Dauer zu regeln. Deshalb gehörte dieselbe nicht in die Uebergangsbestimmungen, sondern in das Gesetz selbst.

Der §. 3. des Entwurfs — darauf ist aufmerksam zu machen — stellt übrigens der Landesgesetzgebung die Aufgabe, die zur Zeit bestehenden strafrechtlichen Vorschriften einer Revision zu unterwerfen. Diese neue Arbeit könnte Anstoß erregen. Und in dieser Beziehung will ich nur das eine sagen. Für Preußen kann ich den Umfang dieser Arbeit vollkommen übersehen, und weiß, daß dieselbe ohne Mühe in kürzester Zeit zu Stande gebracht werden kann. Sollte aber diese Arbeit in anderen Staaten größere Mühe machen, so würde dieser Umstand selbst genügend darauf hindeuten, daß die Partikulargesetzgebung einmal geordnet werden muß — und bei diesem Ordnungschaffen werden andere Staaten, die schon bessere Ordnung hergestellt haben, gerne ihre hülfreiche Hand leisten.

§. 4. des Entwurfes bestimmt sodann für die Partikulargesetze die ausschließliche Geltung des Territorialitäts-Prinzipes. Denn, welche Ausnahmen hier von dem Territorialitäts-Prinzipe zu machen wären, ist nicht wohl ersichtlich, wenn man sich vergegenwärtigt, daß die Landesstrafgesetze nur bis sechs Monate Freiheitsstrafe oder zweihundert Thaler Geldbuße hinaufgehen, und nur solche Gegenstände betreffen dürfen, hinsichtlich deren die Bundesgesetze Nichts bestimmen. Aber gegenüber der Prinziplosigkeit, die sich über die Anwendung des Territorialitäts- und des Personalitäts-Prinzipes in den einzelnen deutschen Strafgesetzbüchern findet, hat die ausschließliche Anerkennung des Territorialitäts-Prinzips für die Landesgesetzgebung ihre Bedeutung.

Erster Theil.
Allgemeine Bestimmungen.

Erster Titel.
Von den Strafen.

§. 5.

Die Zuchthausstrafe ist entweder eine lebenslängliche oder eine zeitige.

Die Dauer der zeitigen Zuchthausstrafe ist mindestens zwei Jahre und höchstens zwanzig Jahre.

§. 6.

Die Zuchthausstrafe wird in der Weise vollstreckt, daß beim Beginne derselben jeder Sträfling in eine besondere Zelle gebracht, und hier bei Tage und bei Nacht außer Gemeinschaft mit anderen Sträflingen gehalten wird.

Nach Verbüßung der Einzelhaft, welche über die Zeit von neun Monaten nicht ausgedehnt werden soll, sind die Sträflinge zu gemeinschaftlicher Zwangsarbeit und zwar der Regel nach im Freien anzuhalten.

Die zur zeitigen Zuchthausstrafe Verurtheilten sind, im Falle sich dieselben während der gemeinschaftlichen Zwangsarbeit hierzu als tauglich bewährt haben, vor ihrer Freilassung oder Beurlaubung (§. 7.) in eine Zwischenanstalt zu versetzen.

§. 7.

Die Beurlaubung soll nur Denjenigen gewährt werden, welche in die Zwischenanstalten aufgenommen, und in denselben bis zur eintretenden Beurlaubung belassen werden konnten.

Die Zeitdauer der Beurlaubung soll bei einer Verurtheilung zu zwei oder drei Jahren nicht mehr als ein Sechstel, bei einer Verurtheilung zu vier oder fünf Jahren nicht mehr als ein Fünftel, bei einer Verurtheilung zu sechs bis zwölf Jahren nicht mehr als ein Viertel, und bei einer Verurtheilung zu einer höheren als zwölfjährigen Zuchthausstrafe nicht mehr als ein Drittel der gesammten Strafzeit betragen.

§. 8.

Die Vertheilung der gesammten Strafdauer auf die einzelnen Strafstadien (Einzelhaft, gemeinschaftliche Zwangsarbeit, Zwischenanstalten), sowie die Kürzungsfähigkeit eines jeden der Strafstadien mit Rücksicht auf die gesammte für die Beurlaubung nachgelassene Zeit, ist, abgesehen von der Bestimmung des §. 6. Abs. 2. durch besondere Verordnung festzusetzen.

§. 9.

Während ihrer Detention in den Strafanstalten sind die zur Zuchthausstrafe Verurtheilten unfähig, ihr Vermögen zu verwalten und unter Lebenden darüber zu verfügen; sie werden nach den Formen, die zur Ernennung der Vormünder vorgeschrieben sind, unter Vormundschaft gestellt; auch darf ihnen während ihrer Detention in den Strafanstalten kein Theil ihres Vermögens oder ihrer Einkünfte verabfolgt werden.

§. 10.

Der Beurlaubte ist verpflichtet, unmittelbar nach seiner Entlassung aus der Strafanstalt sich an den ihm von der Strafanstaltsdirektion bezeichneten Ort zu begeben und hier innerhalb der ersten vierundzwanzig Stunden sich bei der Ortspolizeibehörde persönlich zu melden und diese Meldung in regelmäßigen, von der Ortspolizeibehörde zu bestimmenden Fristen zu wiederholen.

Eine Zuwiderhandlung gegen diese Bestimmungen, sowie schlechte oder tadelnswerthe Führung des Beurlaubten bewirken den Widerruf der Urlaubsertheilung und zwar mit der Wirkung, daß dem Verurtheilten die in der Beurlaubung verbrachte Zeit auf die Gesammtdauer der wider ihn erkannten Zuchthausstrafe nicht angerechnet wird.

§. 11.

Die Strafe der Einschließung besteht in Freiheits-Entziehung mit Beaufsichtigung der Beschäftigung und Lebensweise der Gefangenen; sie wird in Festungen oder in anderen besonders dazu bestimmten Räumen vollstreckt.

Die Einschließung kann nicht über zwanzig Jahre erkannt werden.

§. 12.

Die zur Gefängnißstrafe Verurtheilten werden in einer Gefangenanstalt eingeschlossen und können daselbst in einer ihren Fähigkeiten und Verhältnissen angemessenen Weise beschäftigt werden.

Die zur Gefängnißstrafe Verurtheilten können auch zu Arbeiten außerhalb der Gefangenanstalt angehalten werden.

Die Dauer der Gefängnißstrafe soll, insofern das Gesetz ein Anderes nicht bestimmt, höchstens drei Jahre betragen.

§. 13.

Schärfungen der Freiheitsstrafen dürfen weder kraft des Gesetzes eintreten, noch mittels richterlichen Urtheils verhängt werden.

Die körperliche Züchtigung ist auch als Disciplinarstrafe in allen Strafanstalten ausgeschlossen.

§. 14.

Bei den nach Tagen, Wochen oder Monaten bestimmten Freiheitsstrafen wird der Tag zu vierundzwanzig Stunden, die Woche zu sieben Tagen, der Monat zu dreißig Tagen gerechnet.

Die Dauer einer Freiheitsstrafe soll mindestens einen Tag betragen.

§. 15.

Wenn bei Freiheitsstrafen eine Umwandlung der gesetzlich vorgeschriebenen Strafart erfolgen muß, so ist einjährige Einschließung einer achtmonatlichen Gefängnißstrafe und einjährige Gefängnißstrafe einer achtmonatlichen Zuchthausstrafe gleich zu achten.

§. 16.

Geldbußen können nicht unter dem Betrage Eines Thalers erkannt werden. An die Stelle einer Geldbuße, welche wegen Unvermögens des Verurtheilten nicht beigetrieben werden kann, soll Gefängnißstrafe treten. Die Dauer derselben soll vom Richter so bestimmt werden, daß der Betrag von Einem Thaler bis zu drei Thalern einer Gefängnißstrafe von Einem Tage gleichgeachtet wird; die Dauer der Gefängnißstrafe beträgt mindestens Einen Tag und höchstens sechs Monate.

§. 17.

Läßt das Gesetz zwischen zwei verschiedenartigen Freiheitsstrafen die Wahl, so ist auf minder schwere Freiheitsstrafe in den milderen Fällen zu erkennen.

Läßt das Gesetz zwischen Freiheitsstrafe und Geldbuße die Wahl, so ist auf Geldbuße in den milderen Fällen zu erkennen.

§. 18.

Gegenstände, welche durch die strafbare Handlung hervorgebracht, oder welche zur Begehung derselben gebraucht oder bestimmt worden sind, können, sofern sie dem Thäter oder einem Theilnehmer gehören, konfiscirt werden.

§. 19.

Geldstrafen können in den Nachlaß eines Angeschuldigten nur dann vollstreckt werden, wenn derselbe bei Lebzeiten rechtskräftig verurtheilt worden ist.

Die Konfiskation einzelner Gegenstände kann nach dem Tode des Angeschuldigten in dessen Nachlaß geltend gemacht werden, selbst wenn zu seinen Lebzeiten noch kein Urtheil ergangen ist.

§. 20.

Die Untersagung der Ausübung der bürgerlichen Ehrenrechte soll auf die Dauer von Einem bis zu fünf Jahren erkannt werden.

Die Wirkungen der Untersagung der Ausübung der bürgerlichen Ehrenrechte beginnen mit der Rechtskraft des Urtheils, in welchem sie ausgesprochen ist. Die Dauer dieser Strafe wird jedoch erst von dem Tage an berechnet, an welchem die Freiheitsstrafe verbüßt ist.

§. 21.

Die Untersagung der Ausübung der bürgerlichen Ehrenrechte hat den Verlust aller aus früheren öffentlichen Wahlen für den Verurtheilten hervorgegangenen Rechte, ingleichen den Verlust der öffentlichen Aemter, Würden, Titel, Orden und Ehrenzeichen, sowie den Verlust des Adels von Rechtswegen zur Folge.

Die Entfernung aus der Armee tritt ein, soweit die Militärgesetze dies vorschreiben.

§. 22.

Die Untersagung der Ausübung der bürgerlichen Ehrenrechte bewirkt während der im Urtheile bestimmten Zeit die Unfähigkeit:

1) öffentliche Aemter, Würden, Titel, Orden und Ehrenzeichen zu erlangen;
2) als Geschworner, Schöffe oder in anderer Weise bei der Entscheidung von Rechtsstreitigkeiten mitzuwirken, in öffentlichen Angelegenheiten zu stimmen, zu wählen, gewählt zu werden;
3) Vormund, Nebenvormund, Kurator, gerichtlicher Beistand oder Mitglied eines Familienraths zu sein, es sei denn, daß es sich um die eigenen Kinder handle und die obervormundschaftliche Behörde oder der Familienrath die Genehmigung ertheile;
4) in die Armee einzutreten.

§. 23.

Auf die Untersagung der Ausübung der bürgerlichen Ehrenrechte kann bei jeder Verurtheilung zur Zuchthausstrafe erkannt werden. Dasselbe ist der Fall, wenn auf Gefängniß erkannt wird, wo das Gesetz die Gefängnißstrafe neben der Zuchthausstrafe androht.

In anderen Fällen darf auf die Untersagung der Ausübung der bürgerlichen Ehrenrechte nur dann erkannt werden, wenn das Gesetz die Zulässigkeit dieser Strafe ausdrücklich bestimmt.

§. 24.

Ist ein Inländer im Auslande wegen einer Handlung bestraft worden, welche nach den Vorschriften dieses Strafgesetzbuches die Ausübung der bürgerlichen Ehrenrechte nach sich ziehen kann, so kann ein neues Strafverfahren vor einem Gerichtshofe der zum Norddeutschen Bunde gehörenden Staaten eingeleitet und gegen den Schuldigen in Gemäßheit dieses Strafgesetzbuches auf Untersagung der Ausübung der bürgerlichen Ehrenrechte erkannt werden.

§. 25.

Alle Strafurtheile, in welchen auf Zuchthausstrafe erkannt wird, sollen von Amtswegen durch das erkennende Gericht im Auszuge öffentlich bekannt gemacht werden.

I. Die Strafarten.

Der Entwurf geht von der Voraussetzung aus, daß zum Zwecke der Herbeiführung einer geeigneten Strafe weitere als die vom Preußischen Strafgesetzbuch aufgestellten Strafmittel nicht nothwendig seien. Aber selbst von den diesem Gesetzbuche bekannten Strafmitteln sind einige in den Entwurf nicht aufgenommen. Der Entwurf glaubt entbehren zu können:

die Todesstrafe — den Verlust der bürgerlichen Ehrenrechte — die Stellung unter Polizei-Aufsicht — die Landesverweisung.

1. Die Todesstrafe.

Wenn man in Betreff der Todesstrafe die Frage ganz allgemein so stellt:

„Soll die Todesstrafe beseitigt werden?"

so ist dies für die Bedeutsamkeit, welche die Todesstrafe heute noch hat, eine nicht zweckmäßige Fragestellung.

Vor hundert Jahren freilich durfte Beccaria die Frage in dieser Allgemeinheit stellen. Und hätten wir heute noch ein Strafsystem wie das der Peinlichen Gerichtsordnung Kaiser Karls V., so würde auch heute noch die Frage so gestellt werden können, wie sie Beccaria seiner Zeit gestellt hat.

In dem Strafensystem der heute geltenden deutschen Strafgesetzbücher ist die Todesstrafe aber nur eine vereinzelte Erscheinung. Die Frage ist also nicht die:

„Ist die Todesstrafe überhaupt beizubehalten?"

sondern nur noch die:

„Ist die Todesstrafe in den einzelnen Fällen beizubehalten, in denen dieselbe noch heute von den Strafgesetzbüchern angedroht wird?"

Die Gründe, welche für und wider die Todesstrafe im Allgemeinen beizubringen sind, dürften so ziemlich als erschöpft anzusehen sein.*) Soll die Frage in Betreff dieses Strafmittels weiter gefördert und vielleicht zum Abschluß gebracht werden, so ist die Frage zu specialisiren.

Ehe nun aber darauf eingegangen wird, die einzelnen Fälle zu betrachten, in denen die Todesstrafe angedroht ist und die Berechtigung der Todesstrafe in diesen einzelnen Fällen zu prüfen, ist noch Folgendes vorauszuschicken.

Die einzelnen Verbrechen, in denen die Todesstrafe angedroht ist, mögen sein, welche sie wollen, es wird immer nur die Frage entstehen:

„Soll bei diesem Verbrechen die Todesstrafe beibehalten werden oder nicht?"

Vollkommen unzulässig würde es dagegen sein, das „Ja" oder „Nein", welches diese Frage fordert, damit zu umgehen, daß man da, wo die Todesstrafe angedroht wird, nebenbei auch noch eine Freiheitsstrafe androht und so den Richter darüber befinden läßt, ob in der Rechtspflege die Todesstrafe einen Platz behaupten solle oder nicht.

Zu dieser Bemerkung werde ich durch Folgendes veranlaßt.

Das Lübische Strafgesetzbuch verlangt die Todesstrafe nur in einem Falle, nämlich im Falle des Mordes, der in §. 144. ebenso definirt wird, wie im Preußischen Strafgesetzbuch.

Dem Lübischen Strafgesetzbuch ist nun ein Entwurf für ein Hamburger Strafgesetzbuch nachgebildet**), in welchem verlangt wird, es solle statt des Lübischen §. 144.:

„Wer vorsätzlich und mit Ueberlegung einen Menschen tödtet, begeht einen Mord und wird mit dem Tode bestraft"

der spätere Hamburger §. 144. also lauten:

„Wer vorsätzlich und mit Ueberlegung einen Menschen tödtet, begeht einen Mord und wird mit Zuchthaus oder mit dem Tode bestraft."

Auch sonst ist wohl schon auf dies Aushülfsmittel zur Beilegung der Kontroverse über die Todesstrafe hingewiesen.†) Daß dies aber unzulässig ist, ergiebt sich aus Folgendem:

In den meisten Fällen binden die Strafgesetze den Richter nicht an eine absolut bestimmte Strafe, sondern geben ihm durch das relativ bestimmte Strafgesetz die Möglichkeit, innerhalb bestimmter Straf-

---

*) Neuerdings sind diese Gründe in treffender Weise in dem von Prof. Dr. Heinze erstatteten Majoritätsvotum der ersten Deputation der ersten Sächsischen Kammer, welches für Beseitigung der Todesstrafe sich ausspricht, zusammengestellt. Die so dankenswerthe Schrift des Dr. Schwarze „Aphorismen über die Todesstrafe" ist mir erst nach Absendung des Manuskripts zugegangen.

**) Ein Vorschlag zur Umgestaltung der Strafrechtspflege in Hamburg von A. Klauhold und E. v. Stemann.

†) So von Kräwel „Entwurf nebst Gründen" (Halle 1862) S. 27 ff. und neuerdings in Goltdammers Archiv Bd. XVI. S. 165.

grenzen die Größe der Strafe in Einklang zu bringen mit der Schwere des einzelnen zur Bestrafung vorliegenden Verbrechens. Aber überall, wo dieses geschicht, ist innerhalb der Strafgrenzen selbst keine Lücke, sondern in kontinuirlicher Steigerung schreitet die Strafe von dem gesetzlichen Minimum bis zum gesetzlichen Maximum fort. Es würde ein sehr großer Fehler sein, den ein Strafgesetz beginge, wollte dasselbe für irgend ein Verbrechen beispielsweise anordnen: Dieses Verbrechen soll bestraft werden mit Zuchthaus von zwei bis fünf oder von zehn bis zwanzig Jahren. Denn die Schwere eines Verbrechens schreitet nicht sprungweise vorwärts, sondern wächst allmälig, und so dürfen auch da, wo relativ bestimmte Strafen angedroht werden, diese selbst keine Strafsprünge nothwendig machen, wie ein solcher beispielsweise in der eben angegebenen Strafposition enthalten ist. Würde nun aber eine Strafposition, welche einen Strafsprung über den Zwischenraum zwischen fünf und zehn Jahren Zuchthaus statuirte, unzweifelhaft für fehlerhaft anerkannt werden, so würde eine Strafposition, welche es dem Ermessen des Richters anheim giebt, ob Todesstrafe oder Zuchthausstrafe zu erkennen sei, nur in dem Falle eine fehlerhafte nicht sein, wenn ein Strafsprung zwischen Zuchthausstrafe und Todesstrafe nicht existirte, letztere sich vielmehr an erstere ebenso anschlösse, wie sich etwa eine Gefängnißstrafe von sieben Tagen an eine Gefängnißstrafe von sechs Tagen anschließt. Nun ist man aber doch wohl darüber einig, daß eine größere Strafdifferenz als die zwischen der Freiheitsstrafe, selbst der lebenslänglichen, und der Todesstrafe gar nicht gedacht werden kann, denn es giebt nicht wohl eine größere Strafdifferenz als wie diejenige, welche zwischen der Erhaltung und der Vernichtung des Verbrechers besteht. Deshalb darf man die Todesstrafe, wenn überhaupt, nur als absolut bestimmte Strafe androhen.*)

Bei jedem relativ bestimmten Strafgesetz hat der Richter die Verpflichtung, die Größe der Strafe innerhalb der ihm bestimmten Grenzen auszumessen. Durch die Strafzumessung übernimmt der Richter die Verantwortlichkeit für die Richtigkeit des von ihm dem Verbrecher zuerkannten Strafübels. Hat nun der Richter die Wahl, ob Freiheitsstrafe oder Todesstrafe, so hat er allein die Verantwortlichkeit für die am Verbrecher vollzogene Todesstrafe zu übernehmen. Diese Verantwortlichkeit dem Richter zuweisen, heißt mehr auf die Schultern eines Menschen laden, als ein Mensch tragen kann. Dem Gesetze gegenüber mag es allenfalls noch möglich sein, die Fiktion der Unfehlbarkeit wenigstens mit der Wirkung aufrecht zu erhalten, daß, wenn dasjenige geschieht, was nach den Vorschriften des Gesetzes nicht anders geschehen kann und soll, dann auch das Richtige geschieht. Dem einzelnen Richter gegenüber — gleichviel ob es ein Einzelrichter oder ein Kollegium ist — ist jedoch diese Fiktion unmöglich aufrecht zu erhalten; am aller-

*) Ich bemerke, daß das hier von der Todesstrafe Gesagte auch von der lebenslänglichen Freiheitsstrafe gilt. Die Differenz zwischen dieser und der zeitigen Freiheitsstrafe ist zwar nicht so groß, wie die zwischen Freiheitsstrafe und Todesstrafe, aber es existirt auch hier eine vollständig unmeßbare Strafdifferenz.

wenigsten aber wird der Richter vor sich selbst durch diese Fiktion beruhigt sein, wenn er die Todesstrafe erkennt, nicht da, wo er dieselbe in Gemäßheit des Gesetzes erkennen muß, sondern da, wo er dieselbe in Gemäßheit des Gesetzes nur erkennen darf.

Es gebietet mithin die Rücksicht auf den Richter, daß, wenn die Todesstrafe überhaupt angedroht werden soll, dieselbe als eine absolut bestimmte Strafe angedroht wird.

Das Gleiche wird aber auch geboten mit Rücksicht auf den Angeklagten. Wir dürfen es uns nicht verhehlen, daß die Todesstrafe ihre Anhänger und ihre Gegner auch unter den Richtern hat, und daß Anhänger und Gegner der Todesstrafe existiren werden, bis das Gesetz selbst die Todesstrafe beseitigt hat. Wenn nun das Gesetz die Todesstrafe auch nur in der Weise anerkennt, wie dies hinsichtlich eines Verbrechens in jenem oben mitgetheilten „Vorschlage" für ein Hamburger Strafgesetz geschehen ist, so werden Anhänger wie Gegner der Todesstrafe über den Angeklagten zu urtheilen haben. Das Schicksal des Angeklagten wird sich dann wesentlich danach bestimmen, ob der über ihn urtheilende Richter ein Anhänger oder ein Gegner der Todesstrafe ist. Soll nun der Angeklagte einen Richter rekusiren dürfen, wenn derselbe ein Anhänger der Todesstrafe ist, oder soll etwa der Staatsanwalt einen Richter rekusiren dürfen, der ein Gegner der Todesstrafe ist, oder soll vielleicht gar zum Urtheilen über diejenigen Verbrechen, welche gewissermaßen ad libitum mit der Todesstrafe oder mit Freiheitsstrafe bedroht sind, nur ein solcher Richter deputirt werden, welcher hinsichtlich der Todesstrafe überhaupt gar keine Meinung hat?

Aber vielleicht soll auch jene alternative Androhung der Todesstrafe neben der Freiheitsstrafe nichts weiter sein, als eine bloß verschämte Aufhebung der Todesstrafe, wenn man nämlich annimmt, daß der Richter, welchem die Möglichkeit offen gelassen ist, die Todesstrafe nicht erkennen zu brauchen, die Todesstrafe auch nicht erkennen werde. Es mag dahin gestellt bleiben, ob dieses Resultat auf dem bezeichneten Wege zu erreichen ist. Ginge aber die Tendenz des Gesetzes dahin, daß dieses Resultat herbeigeführt werde, so muß das Gesetz einen derartigen Weg verschmähen. Denn, wenn irgend wer, so muß doch gewiß der Gesetzgeber den moralischen Muth haben, diejenigen rechtlichen Zustände, die er für die richtigen hält, und denen er in Folge dessen Existenz verschaffen will, klar und unzweideutig zu bezeichnen. Ein Gesetz dagegen, welches sagt, die Todesstrafe sei zulässig, und dabei hofft, die Todesstrafe werde nicht erkannt werden, ein solches Gesetz ist unwahr — und unwahr darf ein Gesetz niemals sein, das Strafgesetz vielleicht am wenigsten.

Genug, man mag die Sache betrachten von welcher Seite man will, es wird sich immer das Resultat ergeben, wenn die Todesstrafe angedroht werden soll, so muß dieselbe als absolut bestimmte Strafe angedroht werden; die elektive Strafandrohung von Todesstrafe und Freiheitsstrafe würde ein Fehler der Gesetzgebung sein.

Beiläufig kann hier übrigens an dieser Stelle gleich bemerkt werden, daß auch das Preußische Strafgesetzbuch diesen eben gerügten Fehler wenigstens an einer Stelle macht, nämlich bei §. 74. Hier wird nämlich bestimmt:

„Wer sich einer Thätlichkeit gegen die Person des Königs schuldig macht, wird mit dem Tode bestraft.

In minder schweren Fällen ist anstatt der Todesstrafe auf Zuchthaus von zehn bis zu zwanzig Jahren zu erkennen.

Wird festgestellt, daß mildernde Umstände vorhanden sind, so tritt Einschließung von zehn bis zu zwanzig Jahren ein."

Hier ist die Todesstrafe zwar bestimmt, aber nur fakultativ. Und ob die Todesstrafe oder die zeitige Zuchthausstrafe (die lebenslängliche Zuchthausstrafe ist fehlerhafter Weise gänzlich übergangen), oder endlich Einschließung eintritt, das ist lediglich Gegenstand der Strafzumessung. Mag das Gesetz dies immerhin verdecken durch die Wendungen „minder schwere Fälle" und „mildernde Umstände", die Sache bleibt deshalb doch dieselbe, und um so mehr, als dieses Verbrechen (Ges. vom 25. April 1853) der Kompetenz der Geschwornengerichte entzogen ist. Aber, selbst wenn dies nicht der Fall wäre, wenn die Geschwornen über das Vorhandensein der „mildernden Umstände", vielleicht selbst über das Vorhandensein der „minder schweren Fälle" abzuurtheilen hätten; die Sache würde sich dann nur darin ändern, daß die Strafzumessung zwischen Todes- und Freiheitsstrafe statt von den rechtsgelehrten Richtern, von den Geschwornen vorgenommen würde, wodurch ganz gewiß nicht das Geringste gebessert wird. *)

Nachdem durch die vorstehenden Erörterungen festgestellt sein dürfte, daß in allen Fällen, in denen überhaupt Todesstrafe angedroht wird, dieselbe als absolut bestimmte Strafe anzudrohen ist, wenden wir uns zu einer Betrachtung der einzelnen Fälle, in denen die Todesstrafe angedroht wird.

Das Preußische Strafgesetzbuch droht die Todesstrafe in folgenden Fällen an:

Beim Hochverrath (§. 61.), beim Landesverrath (§§. 67., 68., 69.), bei der Majestätsbeleidigung, falls dieselbe in einer Thätlichkeit gegen den König besteht (§. 74.), beim Morde (§. 175.), bei jeder dolosen Tödtung, wenn dieselbe begangen wird bei Unternehmung eines Verbrechens oder Vergehens (§. 178.), beim Todtschlage an einem leiblichen Verwandten der aufsteigenden Linie (§. 179.), bei der Brandstiftung, wenn durch den Brand ein Mensch das Leben verloren hat (§. 285.),

---

*) Das Bairische Gesetzbuch bestimmt Art. 121.: „Wer außer dem Falle des Hochverraths den König thätlich mißhandelt oder an ihn beleidigend Hand anlegt, soll mit dem Tode oder in minder schweren Fällen mit Zuchthaus nicht unter sechszehn Jahren bestraft werden." Vermieden ist hier der Fehler des Preußischen Rechts, welcher in der undefinirbaren Unterscheidung zwischen „minder schweren Fällen" und „mildernden Umständen" besteht; ebenso ist der Strafsprung des Preußischen Rechts — von 20 Jahren Zuchthaus zur Todesstrafe nicht gemacht. Aber der Fehler der fakultativen Androhung von Todes- und Freiheitsstrafe liegt hier auch vor.

Durch die im Texte gegebenen Ausführungen ist auch dasjenige widerlegt, was neuerdings von Kräwel für die Todesstrafe als eines Bestandtheils einer relativ bestimmten Strafdrohung gesagt hat (Goltdammer's Archiv Bd. XVI. S. 165.).

bei vorsätzlich verübter Ueberschwemmung, wenn dadurch ein Mensch das Leben verloren hat (§. 290.), und unter gleicher Voraussetzung bei vorsätzlicher Beschädigung von Eisenbahnanlagen (§. 294.), bei Zerstörung der zur Sicherung der Schifffahrt bestimmten Feuerzeichen (§. 302.), bei dem Stranden, oder Sinkenmachen eines Schiffes (§. 303.) und bei dem vorsätzlichen Vergiften von Brunnen, Wasserbehältern oder Waaren (§. 304.)

Ob ein Anhänger der Todesstrafe noch weitere Fälle aufführen will, in denen die Todesstrafe nothwendig sein möchte, wird abzuwarten sein. Ich kenne derartige Fälle nicht, und muß mich demgemäß auf die Beurtheilung derjenigen Fälle beschränken, in denen das Preußische Strafgesetzbuch die Todesstrafe angedroht hat.

Für diese Fälle sind aber drei verschiedene Kategorieen zu sondern: I. Die Todesstrafe bei vorsätzlichen Tödtungen. II. Die Todesstrafe bei gemeingefährlichen Verbrechen, in dem Falle, daß ein Mensch das Leben verloren hat. III. Die Todesstrafe bei den sog. politischen Verbrechen.

Jede dieser Kategorieen ist besonders zu erörtern.

I. Die Todesstrafe bei vorsätzlichen Tödtungen.

Es wird zweckmäßig sein, die Bestimmungen verschiedener deutscher Strafgesetzbücher über die Anwendung der Todesstrafe bei vorsätzlichen Tödtungen voraufzuschicken.

1. Preußen droht hier, wie erwähnt, die Todesstrafe in drei Fällen an, bei dem Morde (§. 175.), bei jeder vorsätzlichen Tödtung, welche bei Unternehmung eines Verbrechens oder Vergehens begangen wird, um ein der Ausführung entgegenstehendes Hinderniß zu beseitigen, oder um sich der Ergreifung auf frischer That zu entziehen (§. 178.), endlich bei dem Todtschlage an einem leiblichen Verwandten der aufsteigenden Linie (§. 179.).

Mit Rücksicht auf andere dem Gebiete des Norddeutschen Bundes angehörende Strafgesetzbücher darf man sagen, daß Preußen noch einen vierten Fall der vorsätzlichen Tödtung mit dem Tode bestrafe, nämlich die Tödtung eines Einwilligenden. Mag es in Betreff dieses letzten Falles immerhin kontrovers sein, ob das Preußische Strafgesetzbuch, richtig interpretirt, die Todesstrafe bei der vorsätzlichen Tödtung eines Einwilligenden androhe; so viel steht fest, daß die Praxis sich dafür entschieden hat, daß dies der Fall sei, und so wird man die vorsätzlich und mit Ueberlegung ausgeführte Tödtung eines Einwilligenden zu den todeswürdigen Verbrechen des Preußischen Rechts zählen müssen.

2. Lübeck will nur auf den Mord die Todesstrafe angewandt wissen (§. 144.); Bestimmungen, welche den Preußischen §§. 178., 179. entsprächen, sind in dieses Gesetzbuch gar nicht aufgenommen, und die Tödtung des Einwilligenden ist mit einer Freiheitsstrafe bis zu zehn Jahren bedroht. (Das Wort „Freiheitsstrafe" bedeutet im Lübischen Gesetzbuche: Zuchthausstrafe oder Gefängniß.)

3. Großherzogthum Hessen. Dieses Gesetzbuch kennt die Todesstrafe nur beim Morde (Art. 252.), erwähnt den Fall des

Preußischen §. 178. gar nicht, den des §. 179. nur als Zumessungsgrund bei dem mit relativ bestimmter Strafe bedrohten Todtschlag (Art. 253.) und bestraft die Tödtung des Einwilligenden mit Correktionshaus von sechs Monaten bis zu drei Jahren oder mit Zuchthaus bis zu zehn Jahren (Art. 257.).

4. Königreich Sachsen kennt die Todesstrafe nur beim Morde (Art. 155.), erwähnt die beiden anderen in Preußen für todeswürdig erachteten Arten der Tödtung gar nicht und bedroht die Tödtung des Einwilligenden (Art. 157.) mit Gefängniß- oder Arbeitshausstrafe bis zu vier Jahren.

5. Thüringen kennt die Todesstrafe nur beim Morde (Art. 119.), Meiningen bestraft den Mörder mit dem Tode, und Reuß belegt ihn mit der Todesstrafe. — Parallelen zu den §§. 178. und 179. des Preußischen Strafgesetzbuches findet man nicht, und die Tödtung des Einwilligenden wird bald mit Arbeitshausstrafe bis zu vier Jahren, bald mit Gefängnißstrafe von vier Wochen bis zu drei Jahren bestraft.

6. Braunschweig kennt die Todesstrafe nur beim Morde (§. 145.), hat keinen den Preußischen §§. 178. und 179. entsprechende Bestimmungen und bestraft die Tödtung des Einwilligenden bald mit Gefängniß nicht unter einem Jahr, bald mit Gefängniß von drei Monaten bis zu einem Jahre.

Das Oldenburgische Strafgesetzbuch kennt die Todesstrafe überhaupt nicht; also auch nicht bei den vorsätzlichen Tödtungen, und das Gleiche gilt für Bremen und für Anhalt.

Nehmen wir von den süddeutschen Gesetzbüchern noch auf das Bairische Strafgesetzbuch Rücksicht, so finden wir in demselben nur den Mord mit der Todesstrafe bedroht (Art. 228.), den Todtschlag an Ascendenten (Preußen §. 179.) zwar besonders erwähnt, aber nicht mit dem Tode, sondern mit lebenslänglichem Zuchthause bedroht (Art. 230.). Der Preußische §. 178. findet gar keine entsprechende Bestimmung, und die Tödtung des Einwilligenden ist hier ebensowenig erwähnt, wie in Preußen.

Diese Differenzen der deutschen Strafgesetzbücher unter einander verdienen gewiß alle Beachtung.

Wollte man nämlich die Todesstrafe nur für den Mord verlangen, so würde diesem Verlangen schon entgegentreten: Oldenburg, Bremen, Anhalt; und Nassau würde bis zum 25. Juli 1867 sich dieser Opposition angeschlossen haben.

Geht man dagegen noch weiter und verlangt außer für den Mord auch noch die Todesstrafe als Strafe für den an Ascendenten begangenen Todtschlag, so opponiren alle so eben aufgeführten Strafgesetzbücher, mit Ausnahme von Preußen, und das Gleiche würde der Fall sein, wenn man die Todesstrafe für jede bei Ausführung eines Verbrechens begangene dolose Tödtung, sowie bei der Tödtung eines Einwilligenden über Preußen hinaus verallgemeinern wollte.

Welche Stellung kann nun dieser Lage der Dinge gegenüber die Strafgesetzgebung für den Norddeutschen Bund einnehmen?

Vielleicht wird man einen Augenblick daran denken, sich an Oldenburg, Bremen, Anhalt ebenso wenig zu kehren, wie sich die Preußische Verordnung vom 25. Juli 1867 an Nassau gekehrt hat, d. h. man würde vielleicht überhaupt die Todesstrafe auch in diesen Ländern wieder einführen mögen.

Aber man wird Bedenken tragen, in Lübeck, Sachsen, Hessen, Thüringen, Braunschweig solche Tödtungen mit der Todesstrafe zu bedrohen, auf welche die Todesstrafe bis jetzt nicht Anwendung gefunden hat.

Und darauf kann sich denn auch wohl hier die Untersuchung beschränken, ob die Todesstrafe beim Morde zulässig ist. Sollte sich als Resultat derselben ergeben, daß dies nicht der Fall ist, so wird damit auch dargethan sein, daß die anderen Fälle der dolosen Tödtung nicht mit dem Tode zu bestrafen sind.

Die Todesstrafe beim Morde.*)

Wenn man behauptet:

bei dem Verbrechen des Mordes muß die Todesstrafe beibehalten werden,

so ist mit einer derartigen Behauptung selbstverständlich Nichts gesagt, wenn dieselbe nicht eine feststehende Begriffsbestimmung des „Mordes" zu ihrer Voraussetzung hat.

Nun ist aber in den deutschen Strafgesetzbüchern der Begriff des „Mordes" keineswegs ein feststehender, vielmehr muß bemerkt werden, daß bei der Begriffsbestimmung dieses Verbrechens die Gesetzgebungen eine durchaus verschiedenartige Methode einschlagen.

Die eine Kategorie von Gesetzbüchern — es gehören hieher außer dem Preußischen Gesetzbuche und seinen Bearbeitungen in Oldenburg und Lübeck, das Sächsische Gesetzbuch, sowie von den süddeutschen Gesetzbüchern das Bairische — stellen ein generelles Verbrechen der dolosen Tödtung auf. Man könnte die Gesetzesformel für dieses generelle Verbrechen in die Worte fassen:

„Wer vorsätzlich einen Menschen tödtet, wird u. s. w. bestraft."

In dieser Weise ist nun freilich das generelle Verbrechen der vorsätzlichen Tödtung in den genannten Gesetzbüchern nicht formulirt worden, sondern, da in denselben die Strafvorschriften für die vorsätzlichen Tödtungen in der Reihenfolge aufgezählt sind, daß man zuerst einen speciellen Fall dieses generellen Verbrechens der vorsätzlichen Tödtung voranstellte, und zwar den, in welchem der Vorsatz des Handelnden durch die stattgehabte Ueberlegung specialisirt war, so mußte man durch Ausschluß dieses specialisirenden Momentes den Thatbestand des generellen Verbrechens erst wieder herstellen. Und so heißt es denn:

---

*) Vergl. meine Abhandlung: Die Bestimmungen der deutschen Strafgesetzgebungen über Mord und Todtschlag in der Holtzendorff'schen Strafrechtszeitung 1866 S. 321 ff.

Preußen §. 176. (Oldenburg Art. 158. Lübeck §. 146.) Wer vorsätzlich, jedoch nicht mit Ueberlegung einen Menschen tödtet, begeht einen Todtschlag —

Sachsen (Art. 156.): „Ist die vorsätzliche und widerrechtliche Tödtung eines Menschen nicht mit Ueberlegung ausgeführt, so ist sie als Todtschlag anzusehen" —

Baiern (Art. 229.): „Wer in der Absicht einen anderen zu tödten, ohne überlegten Entschluß rechtswidrig den Tod desselben verursacht, ist wegen Todtschlags u. s. w. zu bestrafen."

Wir ersehen hieraus, daß die genannten Gesetzbücher das generelle Verbrechen der dolosen Tödtung Todtschlag nennen. Ebenso erfahren wir aus dieser Definition des Todtschlags, wie der Thatbestand des Mordes in denselben Gesetzbüchern beschaffen ist. Wenn nämlich dasjenige vorhanden ist, wovon die Definition des Todtschlags sagt, daß es nicht vorhanden sein soll, so verwandelt sich der Begriff des Todtschlages in den Begriff des Mordes. In Preußen also, wenn die vorsätzliche Tödtung mit Ueberlegung begangen, in Sachsen, wenn die vorsätzliche und rechtswidrige Tödtung mit Ueberlegung ausgeführt, in Baiern, wenn der Tod eines andern mit überlegtem Entschluß verursacht wurde.

In anderen deutschen Gesetzbüchern fehlt indessen dieses generelle Verbrechen der dolosen Tödtung ganz und gar. Zwar machen die beiden Verbrechen „Mord und Todtschlag" auch den gesammten Inhalt der dolosen Tödtungen aus, aber der Mord ist nach diesen Gesetzbüchern dolose Tödtung, bei welcher der dolus specialisirt ist durch das Moment der Ueberlegung — oder wie die Gesetze den Ausdruck wählen — und der Todtschlag ist dolose Tödtung, bei welcher der dolus specialisirt ist durch den Affekt.

Es mögen hier die Worte derjenigen deutschen Gesetzbücher, welche bei der Bearbeitung eines Strafgesetzbuches für den norddeutschen Bund zunächst in Betracht kommen, einen Platz finden:

1. Braunschweig §. 145. „Wer die von ihm verursachte Tödtung eines Menschen mit Vorbedacht oder Ueberlegung oder in Folge eines mit Vorbedacht gefaßten Entschlusses ausgeführt hat, soll mit dem Tode bestraft werden."

   §. 146. „Wer ohne Vorbedacht oder Ueberlegung, in leidenschaftlicher Aufwallung eine Tödtung beschließt und ausführt, erleidet zeitliche Kettenstrafe."

2. Großherzogthum Hessen Art. 252. „Wer die rechtswidrige Tödtung eines Menschen mit Vorbedacht verübt oder wer die That zwar im Affekt vollbringt, aber in Folge eines mit Vorbedacht gefaßten Entschlusses, wird als Mörder mit dem Tode bestraft."

   Art. 253. „Wer ohne Vorbedacht im Affekt den Entschluß zur Tödtung eines Anderen faßt und ausführt, wird als Todtschläger mit Zuchthaus von acht bis sechszehn Jahren und unter besonders erschwerenden Umständen mit lebenslänglichem Zuchthaus bestraft."

3. Altenburg Art. 121. „Wer die von ihm verursachte Tödtung in Folge eines mit Vorbedacht gefaßten Entschlusses oder mit Ueberlegung ausgeführt hat, ist als Mörder mit dem Tode zu bestrafen."

Art. 123. „Eine ohne Vorbedacht in aufwallender Leidenschaft verübte Tödtung soll mit zehn- bis fünfundzwanzigjähriger Zuchthausstrafe geahndet werden."

4. Thüringen Art. 119. Wer die Tödtung eines Menschen in Folge eines mit Vorbedacht oder Ueberlegung gefaßten Entschlusses ausgeführt hat, ist als Mörder mit dem Tode zu bestrafen."

Art. 123. „Wer ohne Vorbedacht oder Ueberlegung in leidenschaftlicher Aufwallung eine Tödtung verübt, wird mit fünf- bis zwanzigjähriger Zuchthausstrafe bestraft."

Diesen Gesetzbüchern gegenüber, deren Zahl noch durch das Württembergische, theilweise auch durch das frühere Hannoversche Gesetzbuch vermehrt werden könnte, kommt man in folgendes Dilemma:

Entweder man muß annehmen, daß jeder dolus, welcher durch das Moment der Ueberlegung nicht specialisirt ist, identisch sei mit Affekt;

Oder daß jeder dolus, welcher durch das Moment des Affektes nicht specialisirt ist, identisch sei mit Prämeditation;

Oder daß ein dolus gar nicht gedacht werden könne, es sei denn entweder specialisirt durch Affekt, oder specialisirt durch Prämeditation.

Einem Zweifel kann es nicht unterliegen, daß die Praxis, welche von den zuletzt aufgeführten Gesetzbüchern beherrscht wird, sich für die letzte Alternative entscheiden muß, und daß sie demgemäß an jeden Fall doloser Tödtung die ernstlichste Anforderung zu stellen hat, daß sich in ihm außer dem dolus auch noch eines der beiden den dolus specialisirenden Momente, entweder der Affekt, oder die Prämeditation vorfinden müsse; denn sollte dies nicht der Fall sein, so könnte ja die dolose Tödtung in Braunschweig, Hessen, Thüringen, Altenburg, Württemberg überhaupt gar nicht gestraft werden.

Wenn man also, um über die Nothwendigkeit der Todesstrafe beim Morde zu entscheiden, eine sichere Begriffsbestimmung dieses Verbrechens gewinnen will, so muß man sich zunächst entscheiden, ob man hiezu die Methode von Preußen, Bayern und Sachsen; oder die Methode von Braunschweig, Hessen, Thüringen u. s. w. einschlagen will.

Jedenfalls ist die erstere Methode die korrektere. Denn hat man einen generellen Verbrechensbegriff der dolosen Tödtung aufgestellt, so ist das eine sicher, daß nämlich keine dolose Tödtung, sie mag übrigens beschaffen sein wie sie wolle, straflos bleiben, und daß jede dolose Tödtung gestraft werden kann, ohne in dasjenige, was geschehen ist, entweder den Affekt oder die Prämeditation hineinzuzwängen. Hat man dann das generelle Verbrechen, so kann man dasselbe überdem specialisiren so viel man will und durch jede Specialisirung den Umfang des generellen Verbrechens um die Fälle des specialisirten Verbrechens verengern. Der Fehler in der Methode von Hessen, Braunschweig, Thüringen u. s. w. ist überdem klar. Er besteht darin, daß diese Gesetzgebungen es unternommen haben, von zwei nebeneinander gestellten Arten eines Verbrechens zu behaupten, daß das ganze Genus dieses Verbrechens nur aus diesen zwei Arten bestehe. Wenn man es aber unternimmt, einen generellen Begriff dadurch zu erschöpfen, daß man statt desselben die zu demselben gehörenden Species in vermeintlicher Vollständigkeit aufstellt, so kann man sich eben in Betreff dieser vermeintlichen Vollständigkeit auch irren, wie dies beispielsweise auch den genannten Gesetzgebungen begegnet ist.

Befolgt man also für die Herstellung des Begriffes des Mordes die von Preußen, Sachsen u. s. w. befolgte Methode, d. h. will man aus dem generellen Thatbestande der dolosen Tödtung durch irgend eine Specialisirung dieses Thatbestandes — mag die Specialisirung mit Bezug auf das Objekt des Angriffs, oder mit Bezug auf die Willensbestimmung, oder endlich mit Bezug auf die Ausführungsart des Verbrechens erfolgen — den Begriff des Mordes, d. h. also des mit der Todesstrafe zu bedrohenden Verbrechens gewinnen, während das generelle Verbrechen der dolosen Tödtung mit der Todesstrafe nicht bedroht wird, so wird man, wenn man den Anforderungen der Gerechtigkeit überhaupt nachkommen will, darauf zu sehen haben, daß dasjenige specialisirende Moment, welches den Mord von dem generellen Begriffe der dolosen Tödtung unterscheidet, auch die Schuld des Thäters ebenso vergrößert, wie die Todesstrafe eine größere Strafe ist als die Freiheitsstrafe.

Läge nun die Sache so, daß die Todesstrafe etwas nothwendig Gebotenes wäre, stände es fest, daß die Todesstrafe bei einer neuen deutschen Gesetzgebung in Anwendung gebracht werden müßte, wäre demnach für dieses feststehende Strafmittel das geeignete Verbrechen zu suchen, so würde man sich zu bemühen haben, ein Specialisirungsmoment für das generelle Verbrechen der dolosen Tödtung zu finden, welches den so eben aufgestellten Anforderungen wenigstens möglichst nahe käme.*)

Daß man aber für feststehende Strafmittel die geeigneten Verbrechen suchen müßte, das ist jedenfalls nicht die Aufgabe der Strafgesetzgebung, sondern umgekehrt, für die gegebenen Verbrechen sind die geeigneten Strafmittel zu suchen.

Und so haben wir auch hier nur zu untersuchen, ob dasjenige Moment, welches man benutzt hat, um aus dem generellen Thatbestande der dolosen Tödtung das Verbrechen des Mordes zu bilden, geeignet ist, die Freiheitsstrafe in die Todesstrafe zu verwandeln.

Dieses Moment ist die Ueberlegung. Auf die in den verschiedenen Gesetzen gewählten verschiedenenartigen Ausdrücke kann es dabei nicht ankommen.

---

*) Diese Methode befolgt auch Dr. Kuntze in seiner oben citirten Schrift. Er will die Todesstrafe, welche „seit Jahrtausenden als ein staatliches Grundrecht ist geachtet worden," nicht aufgeben. Sie soll aber beibehalten werden für den „planmäßigen Mord" (S. 61.), der auch S. 75. der „eigentliche" Mord genannt wird.

In Betreff der Ueberlegung wird nun aber zu unterscheiden sein, ob die Ueberlegung während der That oder vor der That vorhanden gewesen ist.

Die Ueberlegung während der That.

Die Ueberlegung während der That wird gänzlich bei keinem dolosen Verbrechen fehlen können. Man erwäge, was es heißt: Jemand handelt ohne alle Ueberlegung! Und obwohl nun dem Verbrecher jede Ueberlegung fehlt, so ist er doch im Stande, eine Tödtung zu beabsichtigen; obwohl ihm jede Ueberlegung fehlt, so ist er doch im Stande, so zu handeln, wie er handeln muß, wenn er seine Absicht realisiren will; obwohl ihm jede Ueberlegung fehlt, realisirt er wirklich seine Absicht und tödtet einen Menschen. Der Widerspruch, welcher in dem Satze liegt: „Jemand handelt absichtlich, aber dennoch ohne Ueberlegung" ist so klar, daß er eines weiteren Beweises gar nicht bedarf.

Richtig ist nur, daß derjenige, welcher einen Menschen tödtet, entweder mit viel oder mit wenig Ueberlegung handelt. Hält man dies aber fest, so entsteht sofort die Frage, wieviel Ueberlegung muß vorhanden sein, um mit den Strafgesetzbüchern zu sagen, der Thäter habe mit Ueberlegung gehandelt, und wie viel Ueberlegung kann noch vorhanden sein, um dessen ungeachtet mit den Strafgesetzbüchern die Fiktion anzunehmen, der Thäter habe ohne Ueberlegung gehandelt. Die Beantwortung dieser Fragen können wir füglich scholastischen Disputationen überlassen. Hier ist nur noch eine Bemerkung hinzuzufügen.

Wie gezeigt, begründet dieses mit und ohne Ueberlegung handeln nur den Unterschied zwischen Viel und Wenig, es begründet nur einen quantitativen Unterschied, der seinen Einfluß, soweit dies überhaupt angänglich, auch auf die Strafbarkeit der dolosen Tödtungen äußern mag. Ein qualitativer Unterschied wird aber durch dieses Moment nicht bedingt. Ist nun die Todesstrafe nicht blos eine größere, sondern auch eine andere Strafe als die Freiheitsstrafe, so kann dieses in dem Thatbestande des Verbrechens nur einen quantitativen Unterschied begründende Moment nicht geeignet sein, ein von der Freiheitsstrafe nicht blos durch die Größe, sondern auch durch die Art verschiedenes Strafmittel zu rechtfertigen. Nun ist es ja allerdings richtig, daß quantitative Aenderungen in der Eigenschaft eines Begriffes auch die Qualität des Begriffes ändern können. Wasser bleibt Wasser, gleichviel ob seine Temperatur + 30 oder + 1° R. beträgt; wenn aber die Temperatur des Wassers unter 0 heruntergeht, so verwandelt sich der tropfbar flüssige Körper in einen festen Körper. Wenn man nun auch in dem Viel oder Wenig der Ueberlegung einen solchen Nullpunkt festlegen könnte! Man kann das nicht, und wenn man es könnte, wenn es möglich wäre, das in dem einzelnen Falle der dolosen Tödtung vorhandene Quantum von Ueberlegung wie an einer Skala zu messen, so würde das noch immer nichts helfen. Denn, wie schon wiederholt darauf aufmerksam zu machen war, von der lebenslänglichen

Freiheitsstrafe bis zur Todesstrafe ist der denkbar größte Strafsprung. Und den Punkt kann man nicht finden, welcher die denkbaren Fälle der dolosen Tödtungen so von einander sonderte, daß man sagen kann, der letzte Fall diesseits des betreffenden Punktes und der erste Fall jenseits desselben differiren in ihrem Quantum von Ueberlegung so weit, die Ueberlegung macht hier in ihrem quantitativen Fortschreiten einen solchen Sprung, daß sich aus demselben der Uebergang von der Freiheitsstrafe zur Todesstrafe rechtfertigen ließe.

Die Ueberlegung vor der That.

In vielen Fällen wird die Ueberlegung vor der That zu Vorbereitungshandlungen führen; diese als facta externa werden sich nachweisen lassen, und aus ihnen wird der Schluß auf das factum internum der stattgehabten Ueberlegung möglich sein.

Wenn nun aber auch die Ueberlegung vor der That zu Vorbereitungshandlungen führen **kann**, daß sie dazu führen **müsse**, ist doch ganz gewiß nicht nothwendig. Mithin wird die stattgehabte Ueberlegung aus den Vorbereitungshandlungen bald nachgewiesen werden können, bald nicht. Dies führt dann zu folgendem Resultat:

> Wenn die Ueberlegung vor der That sich in Vorbereitungshandlungen geäußert hat, so ist die Schuld des Thäters so groß, daß sie richtig mit der Todesstrafe geahndet wird; wenn dagegen die Ueberlegung vor der That **zwar auch vorhanden gewesen**, sich aber nicht in Vorbereitungshandlungen geäußert hat, dann ist die Schuld des Thäters so sehr viel geringer, daß nur noch die Freiheitsstrafe gerechtfertigt erscheint.

Daß man nun diesen Satz zur Rechtfertigung der Todesstrafe nicht wird verwerthen können, bedarf keines Beweises.

Der Umstand aber, daß sich die Ueberlegung vor der That keineswegs überall da nachweisen läßt, wo sie wirklich vorhanden gewesen, dieser Umstand beruht keineswegs auf dem allgemeinen menschlichen Unvermögen, das Geschehene mit Sicherheit erkennen zu können, sondern es folgt dasselbe **aus der Natur der Ueberlegung selbst**. Die Ueberlegung ist, wenigstens in vielen Fällen ein von äußeren Umständen vollkommen unabhängiger autochthoner psychischer Vorgang. Die Ueberlegung, einmal begonnen, wächst, ohne daß dies irgendwie äußerlich wahrnehmbar zu sein braucht. Je reiflicher eine Sache überlegt ist, um so eher wird die einer solchen Ueberlegung entsprechende Handlung plötzlich dastehen. Nur da, wo unvollkommener, unverständiger überlegt ist, da wird die stattgehabte Gedankenoperation bald hier bald da in äußerlich wahrnehmbaren Spuren sich entdecken lassen. Dies führt denn zu folgendem Resultat:

> Je besser, je sicherer die Ueberlegung vor der That, je größer also die Schuld, um so **unwahrscheinlicher ist das Eintreten der höheren Strafe**; je weniger intensiv die Ueberlegung, je geringer also die Schuld, um so **wahrscheinlicher ist das Eintreten der härteren Strafe**.

Zu diesen Resultaten würde man gelangen, wollte man die Ueberlegung vor der That dazu benutzen, um aus dem generellen Verbrechen der dolosen Tödtung das todeswürdige Verbrechen des Mordes hervorgehen zu lassen.

Gegenüber dieser Deduktion wird ein Einwand wohl nicht ausbleiben, nämlich der, daß das gemeine deutsche Strafrecht den Mord von anderen Arten der dolosen Tödtung durch das Moment der Ueberlegung unterschieden habe.

In einer vom Württembergischen Justizministerium herausgegebenen Schrift, welche den Zweck hatte, eine im Jahre 1865 von der Abgeordnetenkammer eingereichte Petition um Einbringung eines Gesetz-Entwurfes zur Abschaffung der Todesstrafe zu beantworten*), heißt es in dieser Beziehung:

„Wenn sodann auch die Ausdrücke, mit welchen in den verschiedenen Gesetzbüchern die Bestimmung der Begriffe von Mord und Todtschlag gegeben ist, unter sich abweichen, so war doch bei dem bei weitem größeren Theil der Gesetzbücher mit der Wahl der Fassung nichts Anderes bezweckt, als einen genauen, jeden Zweifel ausschließenden Ausdruck für die gemeinrechtlichen Begriffe, die in der That in das Gesetzbuch aufgenommen werden wollten, zu gewinnen; wonach denn also unter dem Mord nach den fraglichen Gesetzbüchern die vorsätzliche Tödtung zu verstehen ist, welche mit Vorbedacht (Ueberlegung) oder in Folge eines vorbedachten (mit Ueberlegung vorher gefaßten) Entschlusses begangen worden ist. Unter diese Kategorie fallen, außer dem Württembergischen Strafgesetzbuch (Art. 237.) die Gesetzbücher von Hannover, §. 227.; das Criminalgesetzbuch von Sachsen von 1838, §. 121., 123.; Altenburg, §. 121.; Großherzogthum Hessen, §. 252.; Braunschweig, §. 145.; Preußen, §. 175.; Oldenburg, §. 158.; Bayern, §. 228. und wohl auch noch Thüringen, §. 119."

Wir wollen es der legislatorischen Weisheit des württembergischen Justizministeriums überlassen, zu erwägen, ob es bei einem Strafgesetz irgendwie darauf ankommen kann, was in das Strafgesetz aufgenommen werden wollte, oder ob es nicht vielmehr darauf ankommt, was in das Strafgesetz wirklich aufgenommen ist; wir wollen mit der kritischen Schärfe nicht rechten, die es möglich erscheinen ließ, die gleiche Unterscheidung zwischen Mord und Todtschlag in den Gesetzbüchern von Württemberg, Braunschweig, Hessen, Thüringen zu finden, wie in denen von Preußen, Oldenburg und Bayern —

wir wollen nur auf den einen Umstand aufmerksam machen, daß, wenn man sich auf das „gemeine Recht" beruft, man sich darüber klar geworden sein muß, ob man sich auf die gemeinrechtlichen Quellen,

---

*) Ueber die Todesstrafe. Vortrag im Königl. Württembergischen Justizministerium erstattet von dem Obertribunalsrath Anton Beyerle. Stuttgart 1867.

oder auf dasjenige berufen will, was Praxis und Doctrin aus den gemeinrechtlichen Quellen gemacht haben.

Für die Unterscheidung zwischen Mord und Todtschlag ist nun aber gemeinrechtliche Quelle CCC. art. 137.*) Und auf diese Stelle darf man sich nicht berufen, wenn man die Specialisirung des Verbrechens der dolosen Tödtung durch die Prämeditation rechtfertigen will. Denn in dem citirten Artikel der Peinlichen Halsgerichts-Ordnung Kaiser Karl's V. ist zwar von doloser Tödtung die Rede, auch von Tödtung, die im Affekt begangen ist; aber von prämeditirter Tödtung handelt dieser Artikel gar nicht, und hat auch — wie sofort gezeigt werden wird — gar keine Veranlassung, hiervon zu handeln. Die Prämeditation wird weder durch das Wort „Mörder" noch durch das Wort fürsetzlicher oder mutwilliger, noch auch durch die Verbindung dieser beiden Adjektiva bezeichnet; darüber läßt namentlich CCC. art. 134. keinen Zweifel. Wohl aber sind in Art. 137. den dolosen Tödtungen überhaupt die im Affekt begangenen Tödtungen gegenübergestellt. Darüber lassen die Worte gecheyt vnd zorn keinen Zweifel.

Also: CCC. art. 137., die gemeinrechtliche Quelle, auf welcher der Gegensatz von Mord und Todtschlag beruht, unterscheidet nicht dolose Tödtungen und dolose mit Ueberlegung begangene Tödtungen, sondern es werden durch diese Bestimmung gegenübergestellt dolose Tödtungen und dolose im Affekt begangene Tödtungen.

Und, wie erwähnt, CCC. art. 137. hatte auch mit Bezug auf den Rechtszustand, welchen diese Quelle vorfand, gar keine Veranlassung, der mit Ueberlegung begangenen Tödtungen irgendwie Erwähnung zu thun.

Denn, wie aus den Worten des art. 137. selbst hervorgeht: Schwarzenberg findet die Gewohnheit vor, daß jeder, der sich einer dolosen Tödtung schuldig gemacht hatte, ohne weitere Unterscheidung mit dem Rade vom Leben zum Tode gebracht wurde. Dieser Gewohnheit will er entgegentreten und für diejenigen, welche im Affekte eine Tödtung begangen hatten, die minder schwere Strafe des Schwertes eintreten lassen. So mußte also in den Worten des Gesetzes der Affekt als Strafmilderungsgrund erwähnt werden. Aber die Prämeditation zu erwähnen, dazu wäre nur Veranlassung gewesen, wenn Schwarzenberg einen Rechtszustand vorgefunden hätte, welcher etwa die Schwertstrafe für jede dolose Tödtung ohne Unterschied festgesetzt hätte, und wenn er dem gegenüber die schwerere Strafe des Rades für die

---

*) Item eyn jeder mörder oder todtschläger wo er desshalb nit rechtmässig entschuldigung ausfüren kan, hat das leben verwürckt. Aber nach gewonheyt etlicher gegent, werden die fürsetzlichen mörder vnd die todtschleger eynander gleich mit dem radt gericht, darinnen soll vnderscheydt gehalten werden, vnnd also dass der gewonheyt nach, ein fürsetzlicher mutwilliger mörder mit dem rade, vnnd eyn ander der eyn todtschlag auss gecheyt vnd zorn gethan, vnd sunst auch gemelte entschuldigung nit hat, mit dem schwert vom leben zum todt gestrafft werden sollen. Ueber die Interpolation des Wortes (oder) zwischen den Worten todtschlag und auss gecheyt — eine Interpolation, die undenkbar ist, weswegen Zöpfl in seiner Ausgabe der CCC. dieses Wort auch nur in Parenthese aufgenommen, vergl. Allgem. Strafrechtszeitung 1866 S. 384. 385.

prämeditirte Tödtung hätte bestimmen wollen — lauter Voraussetzungen, die nach dem Wortlaute des Art. 137. nicht vorgelegen haben.

Also die gemeinrechtliche Quelle specialisirt nicht die dolosen Tödtungen durch das Moment der Prämeditation, sondern — ohne die Prämeditation überhaupt zu erwähnen — spricht dieselbe nur von dolosen Tödtungen und von dolosen Tödtungen, die im Affekt begangen wurden.

Und so wenig wie die Prämeditation geeignet ist, den generellen Thatbestand der dolosen Tödtungen zu specialisiren, so sehr eignet sich hierzu der Affekt. Denn: entsteht der Affekt, so wird derselbe durch ein äußeres Ereigniß hervorgerufen sein, und letzteres bietet als factum externum die Möglichkeit des Erwiesenwerdens. Wo also Affekt bei Begehung einer Tödtung vorhanden gewesen, darf man auf die Möglichkeit rechnen, das den Affekt veranlassende Ereigniß und somit den Affekt selbst nachzuweisen. Dazu kommt aber noch Folgendes: Die Ueberlegung, obwohl ihrer Natur nach schwieriger nachzuweisen als der Affekt, bildet ein Belastungsmoment. Der Angeklagte hat daher alles Interesse daran, diesen Beweis zu erschweren, die Spuren, welche auf die stattgehabte Ueberlegung hinführen könnten, zu verwischen. Der Affekt dagegen bildet ein Entlastungsmoment. Der Angeklagte hat daher alle Veranlassung, den Beweis des Affektes zu erleichtern; er selbst wird es versuchen, die Existenz des Affektes nachzuweisen, auch wo derselbe nicht existirte, aber da, wo derselbe existirte, wird er die Möglichkeit, denselben zu erweisen, gewiß nicht erschweren.

Um also auf die gemeinrechtliche Quelle zurückzukommen, so hat dieselbe den Thatbestand der dolosen Tödtung durch ein hierzu geeignetes Moment, nämlich den Affekt, specialisirt, nicht aber hat dieselbe den Thatbestand der dolosen Tödtung specialisirt durch ein hierzu nicht geeignetes Moment, nämlich die Prämeditation.

Vergegenwärtigen wir uns nun den Unterschied zwischen dem, was die Quelle des gemeinen Rechts bestimmt, und dem, was Praxis, Doktrin und moderne Gesetzgebung aus der gemeinrechtlichen Quelle gemacht haben.

Schwarzenberg sagt: Jede dolose Tödtung ist mit dem Tode zu bestrafen; kann festgestellt werden, daß der Thäter im Affekt gehandelt hat, so soll die Todesstrafe die Schwertstrafe sein; kann dies nicht festgestellt werden, so tritt die Strafe des Rades ein. Vom Vorhandensein oder Nicht-Vorhandensein des Affektes hängt also nur die Frage ab, ob Köpfen oder Rädern.

Heute heißt es: Nicht jede dolose Tödtung ist mit dem Tode zu bestrafen, sondern nur diejenige dolose Tödtung, welche mit prämeditirtem Vorsatze begangen ist. Kann die stattgehabte Prämeditation nicht festgestellt werden, so tritt Freiheitsstrafe ein.

Will man sich demnach für das heutige Recht auf die gemeinrechtliche Quelle berufen, so muß man folgende Sätze behaupten:

1. Die Schulddifferenz zwischen doloser Tödtung und doloser im Affekt begangener Tödtung ist die gleiche wie die zwischen doloser

Tödtung mit Prämeditation und doloser Tödtung ohne Prämeditation.

2. Die Strafdifferenz zwischen der Strafe des Rades und der Strafe des Schwertes ist dieselbe wie die zwischen der Todesstrafe und der Freiheitsstrafe.

Und dazu käme dann noch:

3. Daß die Quelle des gemeinen Rechts von dem Beweise des Affektes nicht Tod oder Leben des Verbrechers abhängen ließ, sondern nur, ob der so wie so zum Tode zu verurtheilende Verbrecher die eine oder die andere Todesstrafe zu erdulden hätte, während das heutige Recht von dem Beweise der Prämeditation es abhängen läßt, ob der Verbrecher erhalten oder vernichtet werden soll.

Ziehen wir das Resultat.

Die Ueberlegung während der That, sowie die Ueberlegung vor der That sind überhaupt nicht geeignet, den Thatbestand des generellen Begriffes der dolosen Tödtung zu specialisiren, am wenigsten aber ist, wenn dieses dennoch geschieht, von dem Momente der Ueberlegung die Todesstrafe abhängig zu machen.

Gegen die vorstehende Ausführung wird noch ein Einwand möglicherweise erhoben werden, nämlich der, daß dasjenige, was gegen die Prämeditation bei der Tödtung gesagt sei, auch passe auf die Prämeditation bei anderen Verbrechen, daß mithin zu viel bewiesen sei.

Auf diesen etwaigen Einwand will ich erwidern, daß ich keineswegs der Ansicht bin, die Prämeditation sei nur bei den dolosen Tödtungen ein nicht zulässiges qualificirendes Moment, sondern daß ich im Gegentheil der Ansicht bin, daß die Prämeditation als qualificirendes Moment überhaupt nicht zu benutzen ist. In dem vorliegenden Entwurf findet sich denn auch die Prämeditation an keiner Stelle.

Hierfür ist aber der Grund nicht allein in den obigen, speciell das Verbrechen der Tödtung in's Auge fassenden Ausführungen enthalten, sondern es kommen dabei noch andere Umstände in Betracht.

Will man in der strafrechtlichen Praxis mit der Prämeditation arbeiten, so setzt das ein Strafverfahren voraus, bei welchem es möglich wird, dasjenige, was geschehen ist, durch dasjenige, was der Angeschuldigte gedacht hat, zu illustriren. Das kann bei dem Inquisitionsprocesse erreicht werden, auch ohne Folter; es genügt vollkommen, wenn der Voruntersuchungsrichter und der die Hauptverhandlung leitende Richter durch das Proceßgesetz berechtigt ist, den Angeschuldigten über dasjenige, was er gewollt, was er gedacht, zu befragen, und wenn andererseits der Angeschuldigte zur Vermeidung dessen, was man processualischen Ungehorsam nennt, genöthigt ist, auf die an ihn gestellten Fragen zu antworten.

Obwohl hier nicht der Ort ist, über die Grundsätze einer zukünftigen Proceßordnung zu diskutiren, so darf doch gesagt werden, daß bei Abfassung des Entwurfes die Hoffnung nicht unterdrückt werden konnte, es werde auch für Deutschland die Zeit nicht mehr fern sein, in welcher man von den jetzt noch dominirenden Grundsätzen des Inquisitionsprocesses sich frei gemacht und die Prinzipien des Anklageprocesses angenommen hat. Dann fällt dasjenige, was der Angeklagte selbst zur Illustration seiner Handlung anführen dürfte, als etwas, was man im Strafprocesse mit in Rechnung ziehen könnte, fort, und man bleibt darauf beschränkt, mit dem zu rechnen, was geschehen ist, und was aus dem als geschehen Erwiesenen sich gegen den Angeklagten folgern läßt.

Nun kann auch die Prämeditation zu äußerlich erkennbaren Thatsachen geführt haben, und wenn dies der Fall, wird man aus dem Vorhandensein derartiger Thatsachen auch den Schluß ziehen können, daß der Angeschuldigte mit Prämeditation gehandelt habe. Aber ebenso kann auch der Angeschuldigte mit vollster überlegender Berechnung gehandelt haben, ohne daß seine Prämeditation zu irgendwelchen äußerlich erkennbaren Thatsachen geführt hat. Es würde in diesem Falle — wenn man sich bei dem Verfahren lediglich an das Geschehene zu halten hat — die Möglichkeit nicht vorhanden sein, die stattgehabte Prämeditation zu erweisen. Erhöht sich nun durch die Prämeditation die Schuld des Angeklagten und will man strafrechtlich auf dieses die Schuld erhöhende Moment Rücksicht nehmen, so braucht man ein Strafverfahren, welches nicht nur in einem, sondern in jedem Falle den Erweis der stattgehabten Prämeditation ermöglicht. Hat man dagegen ein Strafverfahren, welches den Erweis der Prämeditation nur in dem Falle gestattet, wenn dieselbe zu äußerlich erkennbaren Thatsachen geführt hat, so kann man auch für die Bestrafung die Prämeditation nur in diesem Falle verwerthen, nicht aber in dem anderen, wo die Prämeditation zu keinen äußerlich erkennbaren Thatsachen geführt hat.

Die Sache steht demnach so:

Das Strafrecht verlangt, wenn die Prämeditation als strafschärfender Umstand benutzt werden soll, so muß sie in jedem Falle und nicht blos dann als strafschärfender Umstand benutzt werden, wenn sie zu äußerlich erkennbaren Thatsachen geführt hat. Dieser strafrechtliche Anspruch läßt sich aber nur durchführen, wenn ein Strafverfahren existirt, welches durch inquisitorische Maßregeln es möglich macht, die Prämeditation auch in dem Falle zu erweisen, wo dieselbe zu äußerlich erkennbaren Thatsachen nicht geführt hat.

Hat man dagegen einen Strafproceß, welcher darauf beschränkt ist, aus dem Geschehenen die Schuld des Angeklagten und die Größe der Schuld desselben nachzuweisen, so kann die Prämeditation nur dann als Strafschärfungsgrund benutzt werden, wenn dieselbe zu äußerlich erkennbaren Thatsachen geführt hat — und das widerspricht den Anforderungen, welche das Strafrecht im Interesse der Gerechtigkeit festhalten muß.

Hieraus ergiebt sich dann das Resultat, daß man zu wählen haben wird:

Entweder im Strafrecht die Prämeditation; dann aber ein auf inquisitorischen Prinzipien basirendes Strafverfahren;

Oder ein Strafverfahren, welches auf akkusatorischen Prinzipien basirt; dann aber im Strafrecht keine Prämeditation.

Der Entwurf hat sich für die letztere Alternative entschieden, glaubend, daß die etwaigen Nachtheile, welche aus dem gänzlichen Fortfalle der Prämeditation entstehen könnten, unmöglich die Vortheile aufwiegen können, welche aus der Anerkennung des Akkusationsprocesses für die Strafrechtspflege sich ergeben würden.

Wenn nun in den bestehenden Gesetzgebungen die Todesstrafe bei den dolosen Tödtungen von dem Momente der Prämeditation abhängig gemacht ist,

wenn in der voraufgehenden Darstellung der Beweis geführt ist, daß die Prämeditation überhaupt nicht geeignet ist, bei irgend welchem Verbrechen als Qualifikationsgrund verwerthet zu werden, daß, wenn dieses jedoch überhaupt möglich wäre, die Prämeditation bei der dolosen Tödtung ganz gewiß nicht ein ausreichender Grund ist, um den Strafsprung von der Freiheitsstrafe zur Todesstrafe zu rechtfertigen,

so bleibt nur noch die Erörterung der Frage übrig, in welcher Weise unter Fortfall der Todesstrafe die Strafbestimmungen für dolose Tödtungen zu formuliren sind.

In dieser Beziehung ist vorzugsweise das Oldenburgische Strafgesetzbuch von wesentlichem Interesse, weil dasselbe im Allgemeinen an die Bestimmungen des Preußischen Strafgesetzbuches sich anschließend doch die Todesstrafe dieses letzteren Gesetzbuches nicht recipirt hat. Ebenso kann das frühere Nassauische Strafgesetzbuch herangezogen werden, welches in seinen Bestimmungen zwar im Allgemeinen die des Großh. Hessischen Gesetzbuches wiederholt, ohne jedoch die Todesstrafe mit aufzunehmen.

Stellen wir zunächst die Bestimmungen des Oldenburger Gesetzbuches denen des Preußischen und die des Nassauischen Gesetzbuches denen des Hessischen gegenüber:

Oldenburg.	Preußen.
Art. 157. Wer vorsätzlich und mit Ueberlegung einen Menschen tödtet, begeht einen Mord und wird mit lebenslänglichem Zuchthause bestraft.	§. 175. Wer vorsätzlich und mit Ueberlegung einen Menschen tödtet, begeht einen Mord und wird mit dem Tode bestraft.
Art. 158. Wer vorsätzlich, jedoch nicht mit Ueberlegung einen Menschen tödtet, begeht einen Todtschlag, und wird mit Zuchthaus von zwölf bis zwanzig Jahren bestraft.	§. 176. Wer vorsätzlich, jedoch nicht mit Ueberlegung einen Menschen tödtet, begeht einen Todtschlag, und soll mit lebenslänglichem Zuchthaus bestraft werden.
Nassau.	**Großherzogthum Hessen.**
Art. 245. Wer die rechtswidrige Tödtung eines Menschen mit Vorbedacht verübt, oder wer die That zwar im Affekte vollbringt, aber in Folge eines mit Vorbedacht gefaßten Entschlusses, wird als Mörder mit lebenslänglichem Zuchthause bestraft.	Art. 252. Wer die rechtswidrige Tödtung eines Menschen mit Vorbedacht verübt, oder wer die That zwar im Affekte vollbringt, aber in Folge eines mit Vorbedacht gefaßten Entschlusses, wird als Mörder mit dem Tode bestraft.
Art. 246. Wer ohne Vorbedacht, im Affekt den Entschluß zur Tödtung eines Andern faßt und ausführt, wird als Todtschläger mit Zuchthaus von sechs bis zwölf Jahren, und unter besonders er-	Art. 253. Wer ohne Vorbedacht, im Affekt den Entschluß zur Tödtung eines Anderen faßt und ausführt, wird als Todtschläger mit Zuchthaus von acht bis sechszehn Jahren, und unter besonders

Nassau.

schwerenden Umständen mit lebenslänglichem Zuchthaus bestraft.

Bei Zumessung dieser Strafe haben die Gerichte unter Anderen als einen erschwerenden Umstand zu betrachten, wenn die That von dem Urheber eines Raufhandels oder an Blutsverwandten in auf- oder absteigender Linie, an dem Bruder oder der Schwester, oder von dem einen Ehegatten an dem andern, oder an einer Schwangeren, deren Zustand aber dem Thäter bekannt war, oder an einem im Dienste befindlichen öffentlichen Beamten verübt worden ist.

Großherzogthum Hessen.

erschwerenden Umständen mit lebenslänglichem Zuchthaus bestraft.

Bei Zumessung dieser Strafe u. s. w. wörtlich übereinstimmend mit Nassau.

Aus diesen Strafbestimmungen ist nun zu ersehen, daß Oldenburg, weil es die preußische Todesstrafe in lebenslängliche Zuchthausstrafe verwandelte, Veranlassung genommen hat, auch die lebenslängliche Zuchthausstrafe des preußischen Rechtes, auf zeitige Zuchthausstrafe herabzusetzen. Desgleichen hielt es Nassau für erforderlich, weil die Todesstrafe für den Mord fortfiel selbst die zeitige Zuchthausstrafe, welche Hessen für den Todtschlag bestimmt, zu verringern; zwar nicht um ein Bedeutendes. Denn statt der Hessischen 8—16 Jahre finden sich in Nassau 6—12 Jahre. Aber gerade weil diese nassauische Strafherabsetzung eine so geringe ist, wird man zu dem Gedanken gedrängt, daß, weil Nassau bei dem Morde eine Strafherabsetzung vornahm, es aus diesem Grunde auch eine Herabsetzung der Strafe für den Todtschlag als geboten erachtete.

Nun ist auf Folgendes aufmerksam zu machen:

Im Laufe der Zeit verringern sich die Strafsatzungen für die einzelnen Verbrechen, und dies trifft namentlich auch zu bei den Strafdrohungen für Tödtungen. Die Schärfungen der qualificirten Todesstrafe, welche für dieses Verbrechen noch nach den Bestimmungen der CCC. eintreten sollten bei dem Morde an hohen trefflichen Personen, des Thäters eigenem Herrn, zwischen Eheleuten oder an nahend gesipten freunden fielen fort; es verschwand die Strafe des Räderns; und die Schärfungen der einfachen Todesstrafe, welche das Preußische Recht in dem Verluste der bürgerlichen Ehrenrechte noch heutzutage kennt, und welche das Hannöverische Strafgesetzbuch in der Schleifung des Verbrechers zur Richtstätte kannte, das alles sind, obwohl theilweise noch dem geltenden Rechte angehörend, doch nichts weiter als historische Reminiscenzen, welche andere Gesetzgebungen, und mit Recht, nicht konserviren mochten.

Läßt man nun Schärfungen einer Strafart fort, oder geht man dazu über, eine bis dahin anerkannte Strafart überhaupt zu beseitigen, so sind zwei Auffassungen möglich.

Entweder man sagt: Die Strafunterschiede sind durch die Schuldunterschiede so sehr bedingt, daß die einmal bestehende Strafdifferenz — die schwerere Strafe sei, welche sie wolle — beibehalten werden muß. Wenn also die CCC. für den Mord die Strafe des Rades bestimmte und für den Todtschlag die Strafe des Schwertes, so wird diese Strafdifferenz durch die Schulddifferenz begründet. Mag man daher mit der Strafe für den Mord herabgehen, so weit man will, es wird immer für den Todtschlag eine noch geringere Strafe festgesetzt werden müssen. Oder: Wenn die neueren Strafgesetzbücher für die prämeditirte Tödtung die Todesstrafe, für die nicht prämeditirte dolose Tödtung lebenslängliches Zuchthaus bestimmen, so ist auch diese Strafdifferenz durch die Schulddifferenz bedingt, welche zwischen prämeditirter und nicht prämeditirter doloser Tödtung besteht. Mag man mithin die Strafe für die prämeditirte Tödtung herabsetzen, so weit man will, immer wird die Strafe für die nicht prämeditirte eine noch geringere sein müssen; denn die Strafdifferenz, welche zwischen Todesstrafe und lebenslänglicher Zuchthausstrafe besteht, muß bestehen bleiben, auch wenn statt der Todesstrafe für die prämeditirte Tödtung lebenslängliche Freiheitsstrafe bestimmt wird. Von diesen Anschauungen sind die Strafgesetzbücher von Oldenburg und Nassau bei ihren oben mitgetheilten Nachbildungen des Preußischen resp. Hessischen Gesetzbuches ohne Zweifel ausgegangen.

Aber einem derartigen Vorgehen tritt sofort folgendes historische Bedenken entgegen.

Als die qualificirten Todesstrafen fortfielen, da fielen auch die qualificirten Tödtungen fort. Der Giftmord, der Banditenmord, der Meuchelmord, der Verwandtenmord u. s. w. wurden nach Fortfall der qualificirten Todesstrafen nicht anders gestraft, als der gemeine Mord. Aber der gemeine Mord behielt die Strafe, welche bis dahin auf dieses Verbrechen gesetzt war; man setzte die Strafe des gemeinen Mordes nicht herab, weil man Veranlassung gefunden hatte, die Strafe des qualificirten Mordes herabzusetzen. Hieraus folgte: Weil die qualificirte Todesstrafe fortfiel, erweiterte sich der Umfang des Thatbestandes des gemeinen Mordes. Der gemeine Mord inkorporirte sich alle diejenigen Tödtungsfälle, welche bis dahin eine gesonderte strafrechtliche Existenz als qualificirte Arten des Mordes geführt hatten.

Hieraus ergiebt sich denn für die Gesetzgebung folgende andere Auffassung. Man muß sich fragen, bis zu welcher Höhe die Strafen überhaupt festgesetzt werden sollen, festgesetzt werden dürfen. Wird hiefür eine bestimmte Grenze fixirt, so folgt daraus noch keineswegs, daß die höchste in einem Strafsysteme zulässige Strafe lediglich für das denkbar schwerste Verbrechen festzusetzen sei. Die höchste Strafe ist vielmehr schon dann verwirkt, wenn ein Verbrechen ein so schweres ist, daß die dem Strafgesetze bekannte schwerste Strafe als eine gerechte erscheint. Was dann noch an schwereren Verbrechen begangen wird, das bleibt für das Strafrecht incommensurabel, weil eine definitive Grenze in der als schwersten bestimmten Strafe gegeben ist. Wie das menschliche Auge den Unterschied der Entfernungen nur innerhalb bestimmter Grenzen wahrzunehmen vermag, so wird auch der Unterschied in der Strafbarkeit für den Gesetzgeber nur innerhalb bestimmter Grenzen wahrnehmbar; und diese Grenzen sind nach der einen Seite erreicht, sobald ein Verbrechen mit der dem Strafensysteme bekannten höchsten, und nach der anderen Seite, wenn ein Verbrechen mit der dem Strafensysteme bekannten geringsten Strafe in gerechter Weise bestimmt wird.

Muß man nun anerkennen, daß die Prämeditation kein genügendes Moment ist, um die Todesstrafe für dolose Tödtungen beibehalten zu können, sieht man sich also genöthigt, als höchste Strafe für dolose Tödtungen die lebenslängliche Freiheitsstrafe festzusetzen, so würde, selbst wenn man in der Prämeditation einen brauchbaren Qualifikationsgrund finden könnte, hieraus noch lange nicht folgen, daß die lebenslängliche Freiheitsstrafe lediglich auf die mit Ueberlegung begangenen dolosen Tödtungen beschränkt, und für die übrigen nicht mit Ueberlegung begangenen dolosen Tödtungen lediglich eine zeitige Freiheitsstrafe bestimmt werden müßte. Denn ebenso, wie beim Fortfall der qualificirten Todesstrafe auch die qualificirten Arten des Mordes in den Thatbestand des gemeinen Mordes aufgenommen wurden, ebenso würden beim Fortfall der Todesstrafe die Fälle der mit Prämeditation begangenen dolosen Tödtungen in den generellen Thatbestand der dolosen Tödtungen überhaupt aufzunehmen sein; und ebensowenig, wie die Strafe für den gemeinen Mord herabgesetzt wurde, weil die Strafen für die qualificirten Arten des Mordes fortfielen, ebensowenig ist eine Veranlassung gegeben, die Strafe des generellen Verbrechens der dolosen Tödtung herabzusetzen, weil der qualificirte Fall dieses Verbrechens — die mit Prämeditation begangene dolose Tödtung — mit sammt der Todesstrafe fortgefallen ist. Zu diesem Resultate würde man gelangen, selbst wenn man die Prämeditation als einen tauglichen Qualifikationsgrund anerkennen wollte; kann man aber die Prämeditation als Qualifikationsgrund überhaupt nicht brauchen, so wird man um so eher dazu gelangen, die lebenslängliche Freiheitsstrafe als die für das generelle Verbrechen der dolosen Tödtungen entsprechende Strafe anzudrohen.

Die erste Gesetzesformel, welche wir demnach aufzustellen haben, ist die in den Entwurf aufgenommene, und lautet dieselbe:

„Wer vorsätzlich einen Menschen tödtet, begeht einen Mord und wird mit lebenslänglichem Zuchthause bestraft."

Es wurde oben gezeigt, daß, ebenso wie die Prämeditation nicht geeignet sei, den generellen Thatbestand der dolosen Tödtung zu specialisiren, der Affekt hiezu vollkommen geeignet sei. Die deutschen Gesetzbücher benutzen denn auch den Affekt, um durch dies specialisirende Moment eine besondere Art der dolosen Tödtung herauszustellen.

Aber es geschieht dies in verschiedener Weise.

Schon oben wurden nämlich zwei Kategorieen von Gesetzbüchern einander gegenübergestellt. Die eine derselben (Hessen, Braunschweig, Altenburg, Thüringen, Württemberg) stellte die Tödtung mit Prämeditation der Tödtung im Affekte gegenüber, ohne eine Art der dolosen Tödtung, welche weder durch Prämeditation, noch auch durch Affekt specialisirt wäre, überhaupt zu kennen; die andere dagegen (Preußen, Oldenburg, Lübeck, Sachsen, Bayern) kennt den generellen Begriff der dolosen Tödtung, auch wenn keine der genannten Specialisirungen des dolus vorliegt.

Bei den Gesetzbüchern der ersten Kategorie heißt Todtschlag diejenige dolose Tödtung, welche im Affekt, bei denen der zweiten Kategorie ist dagegen der Todtschlag jede dolose Tödtung, welche ohne Prämeditation begangen ist. Mithin ist das Verbrechen des Todtschlags in der einen Kategorie von Gesetzbüchern ein vollkommen anderes Verbrechen als der Todtschlag der anderen Kategorie. In den heute geltenden Strafgesetzbüchern von Preußen, Oldenburg, Lübeck, Sachsen ist der Todtschlag im Wesentlichen nichts anderes als dasjenige Verbrechen, welches der Entwurf in der oben aufgestellten Gesetzesformel als Mord bezeichnet,*) während der Todtschlag des Württembergischen, Hessischen, Braunschweigischen u. s. w. Gesetzbuches neben dem im Entwurfe als Mord bezeichneten Verbrechen noch vollkommen seine Stelle findet.

Und die folgende Darstellung wird zeigen, daß, wenn dieses geschieht, dies nur dazu beitragen kann, die Strafbestimmungen für die dolosen Tödtungen so zu treffen, wie dieselben von einem korrekt redigirten Gesetze gefordert werden dürfen.

Denn auch diejenigen Gesetzgebungen, welche wie Preußen, Sachsen u. s. w. zur Begriffsbestimmung des Todtschlags den Affekt überhaupt nicht benutzen, kennen mit den übrigen Strafgesetzbüchern wenigstens eine specielle Art des Affektes. Diese specielle Art des Affektes ist im Preußischen Strafgesetzbuche §. 177. näher präcisirt und diesen §. 177. des Preußischen Strafgesetzbuches hat auch der Entwurf reproducirt. Das Preußische Strafgesetzbuch sagt:

> „War der Todtschläger ohne eigene Schuld durch eine ihm selbst oder seinen Angehörigen zugefügte Mißhandlung oder schwere Beleidigung von dem Getödteten zum Zorne gereizt, und dadurch auf der Stelle zur That hingerissen worden, so bleibt die lebenslängliche Zuchthausstrafe ausgeschlossen und es soll auf Gefängniß nicht unter zwei Jahren erkannt werden.“

Der Entwurf läßt von dieser Bestimmung die hervorgehobenen Worte fort, weil, wenn ein Gesetz eine bestimmte Strafe für ein Delikt androht, damit selbstredend alle anderen Strafen ausgeschlossen sind. Wenn sodann der Entwurf statt der Preußischen Strafposition — Gefängniß nicht unter zwei Jahren — die Strafposition Gefängniß bis zu drei Jahren aufstellt, so ist dies aus den allgemeinen Grundsätzen zu rechtfertigen, nach denen für diesen Entwurf überhaupt die Strafpositionen geordnet sind, und die weiter unten darzulegen sein werden.

Setzen wir nun einmal die beiden für den Entwurf gewonnenen Gesetzesformeln neben einander:

---

*) Der Unterschied ist nur der, daß im Preußischen u. s. w. Strafgesetzbuch jede dolose Tödtung — aber exklusive der prämeditirten — Todtschlag heißt, während die obige Gesetzesformel jede dolose Tödtung — aber inklusive der prämeditirten — Mord nennt.

„Wer vorsätzlich einen Menschen tödtet, begeht einen Mord und wird mit lebenslänglichem Zuchthause bestraft."

„War der Thäter ohne eigene Schuld durch eine ihm selbst oder seinen Angehörigen zugefügte Mißhandlung oder schwere Beleidigung von dem Getödteten zum Zorne gereizt und dadurch auf der Stelle zur That hingerissen worden, so ist auf Gefängniß bis zu drei Jahren zu erkennen." —

so ergiebt sich sofort, daß wenn man bei diesen beiden Bestimmungen stehen bleiben wollte, man einen Fehler begehen würde, der gerade so groß ist, wie der Strafsprung über den gesammten Raum der zeitigen Zuchthausstrafe, der, beiläufig gesagt, dadurch nicht geringer wird, daß ihn das Preußische Strafgesetzbuch auch begeht, und der in der durch die Strafpositionen ausgedrückten Behauptung liegt, daß es zwar dolose Tödtungen gäbe, welche eine so große Schuld involvirten, daß sie mit lebenslänglicher Freiheitsstrafe geahndet werden müßten, und solche, die so unbedeutend wären, daß sie nur noch mit Gefängniß in richtiger Weise gestraft werden könnten, daß aber zwischen jenen schwersten und diesen leichtesten Fällen der dolosen Tödtungen gar keine Mittelglieder existirten, so daß das gesammte Gebiet der zeitigen Zuchthausstrafen auf dolose Tödtungen unanwendbar sei.

Das Lübische Gesetzbuch hat diesen Fehler des Preußischen Strafgesetzbuches empfunden und bestimmt:

§. 146. „Wer vorsätzlich, jedoch nicht mit Ueberlegung, einen Menschen tödtet, begeht einen Todtschlag und soll mit Zuchthausstrafe von mindestens zwei Jahren, die bis zur lebenslänglichen Dauer erstreckt werden kann, bestraft werden."

Damit ist denn wenigstens dafür gesorgt, daß auch dolose Tödtungen mit zeitiger Zuchthausstrafe belegt werden können. Aber das ist noch nicht genug.

Denn der Affekt, von welchem §. 177. des Preußischen Strafgesetzbuches handelt, ist nur eine besondere Art des Affektes. Seine Eigenthümlichkeit besteht darin, daß der Getödtete den Affekt selbst hervorgerufen hatte und daß er durch die in seinem Angriffe liegende Provokation zu nicht geringem Theil selbst Schuld war an demjenigen Angriffe, der nun gegen ihn gerichtet wurde und den tödtlichen Ausgang zur Folge hatte.

Aber durch Nichts ist es gerechtfertigt, den Affekt auf diesen einen speciellen Fall zu beschränken. Es ist vielmehr erforderlich, dem Affekte überhaupt einen Einfluß auf die Strafbarkeit der dolosen Tödtungen einzuräumen.

Deshalb bestimmt denn auch der Entwurf Folgendes:

1. „Wer vorsätzlich einen Menschen tödtet, begeht einen Mord und wird mit lebenslänglichem Zuchthause bestraft."
2. „Wer vorsätzlich, jedoch im Affekt, einen Menschen tödtet, begeht einen Todtschlag und wird mit Zuchthaus bis zu zwanzig Jahren bestraft."
3. „War der Todtschläger ohne eigene Schuld durch eine ihm selbst oder seinen Angehörigen zugefügte Mißhandlung oder

schwere Beleidigung von dem Getödteten zum Zorn gereizt und dadurch auf der Stelle zur That hingerissen worden, so ist auf Gefängniß bis zu drei Jahren zu erkennen.

Die Unterscheidung, welche der Entwurf zwischen Mord und Todtschlag macht, stimmt nicht überein mit den Gesetzbüchern von Preußen, Sachsen, Bayern u. s. w., denn diese Gesetzbücher verlangen für den Mord die Prämeditation und für den Todtschlag nicht den Affekt;

es stimmt diese Unterscheidung auch nicht mit den Gesetzbüchern von Württemberg, Hessen, Braunschweig u. s. w., da diese Gesetzbücher zwar zum Begriffe des Todtschlages den Affekt, aber auch zum Begriffe des Mordes die Prämeditation verlangen;

wohl aber stimmt diese Unterscheidung überein mit der gemeinrechtlichen Quelle, mit der Unterscheidung, welche die CCC. art. 137. zwischen Mord und Todtschlag macht. Und so führt denn der Entwurf die Unterscheidung zwischen Mord und Todtschlag auf ihre gemeinrechtliche Basis zurück, droht aber nicht mehr mit Schwert und Rad, sondern mit lebenslänglicher oder zeitiger Freiheitsstrafe.

Todesstrafe bei gemeingefährlichen Verbrechen, wenn in Folge derselben ein Mensch das Leben verloren hat.

Das Preußische Strafgesetzbuch verlangt die Todesstrafe bei folgenden gemeingefährlichen Verbrechen, wenn dadurch ein Mensch das Leben verloren hat:

1) Bei Brandstiftung an bewohnten Gebäuden u. s. w. (§. 285.)
2) Bei der Verursachung einer Ueberschwemmung. (§. 290.)
3) Bei der Beschädigung von Eisenbahnen u. s. w. (§. 294.)
4) Bei dem Zerstören der zur Sicherung der Schifffahrt bestimmten Feuerzeichen. (§. 302.)
5) Bei dem Strandenmachen eines Schiffes. (§. 303.)
6) Bei dem Vergiften von Brunnen u. s. w. (§. 304.)

Hier ist nun zunächst anzuführen, daß außer dem Preußischen Strafgesetzbuche keines der anderen deutschen Gesetzbücher die Todesstrafe für die unter Nr. 2—6 aufgeführten Fälle kennt. Will man also nicht im Interesse des Preußischen Strafgesetzbuches die Todesstrafe neu einführen, wo sie nicht existirt, so wird man von vornherein auf die Todesstrafe in den unter Nr. 2—6 angeführten Fällen verzichten müssen. Das Gleiche gilt auch, wenn auch in beschränkterem Umfange, für den unter Nr. 1. angeführten Fall. Die Todesstrafe wird bei Brandstiftungen angedroht in Reuß, Altenburg und Sachsen. Die Bestimmungen selbst sind folgende:

Thüringisches Strafgesetzbuch Art. 161:*) „Wer bewohnte Gebäude, oder andere Gebäude, wo sich gewöhnlich Menschen aufhalten, oder zum zeitlichen Aufenthalt dienende Gebäude zu einer Zeit, wo sich seiner Wissen-

*) Diese Bestimmung gilt nur für Reuß. Die anderen Staaten, in denen das Thüringische Strafgesetzbuch gilt, kennen die Todesstrafe bei der Brandstiftung mit tödtlichem Erfolge überhaupt gar nicht.

schaft nach Personen in denselben befinden, oder Gegenstände, durch welche das Feuer an Gebäude der angegebenen Art fortgepflanzt werden kann, vorsätzlich in Brand steckt, wird mit dem Tode bestraft, wenn durch das entstandene Feuer ein Mensch getödtet oder lebensgefährlich beschädigt worden ist und dieser Erfolg den Umständen nach von dem Verbrecher vorauszusehen war."

Altenburgisches Strafgesetzbuch Art. 171. „Wer eine Feuersbrunst in bewohnten oder anderen Gebäuden erregt, wo sich gewöhnlich oder wenigstens zu der Zeit, wo sie ausbrechen soll, Menschen aufhalten, und zwar ohne Unterschied, ob die dazu angewendete Materie an diesen Gebäuden selbst angebracht worden ist, oder an anderen Gegenständen, durch welche das Feuer dahin fortgepflanzt werden konnte, soll mit dem Tode bestraft werden:

1. wenn durch das entstandene Feuer ein Mensch getödtet oder lebensgefährlich beschädigt worden ist, und dieser Erfolg unter den im vorliegenden Falle vorhandenen Umständen von dem Verbrecher vorauszusehen war; oder
2. wenn von dem Verbrecher allein oder von mehreren Personen auf vorgängige Verabredung an verschiedenen Orten einer Stadt oder eines Dorfes zugleich Feuer angelegt worden und dieses wenigstens an einem Orte zum Ausbruche gekommen ist; oder
3. wenn der ausgebrochene Brand in der Absicht angestiftet worden ist, um unter dessen Begünstigung Raub oder Mord auszuführen; oder
4. wenn drei oder mehrere Personen sich zusammengerottet haben, um das Verbrechen mit offener Gewalt auszuführen; oder auch
5. wenn der Verbrecher, um die Löschung zu verhüten, die Löschmittel entfernt, oder unbrauchbar gemacht hat."

Sächsisches Strafgesetzbuch Art. 209. „Das Verbrechen der Brandstiftung wird geahndet:

1) mit dem Tode
   a. wenn durch das entstandene Feuer ein Mensch um das Leben gekommen ist und dieser Erfolg unter den obwaltenden besonderen Umständen von dem Thäter vorausgesehen werden konnte;
   b. wenn von dem Verbrecher allein, oder von Mehreren auf vorgängige Verabredung, an verschiedenen Orten einer Stadt oder eines Dorfes zugleich Feuer angelegt worden ist, und wenigstens an einem Orte der zur Vollendung gehörige Erfolg (Art. 211) eingetreten ist;
   c. wenn der Brand in der Absicht angestiftet worden ist, um unter dessen Begünstigung Raub oder Mord auszuführen;
   d. wenn drei oder mehrere Personen sich zusammengerottet haben, um das Verbrechen mit offener Gewalt auszuführen."

Gegenüber diesen Bestimmungen ist aber auch darauf hinzuweisen, daß das Bayrische Gesetzbuch in keinem der Fälle, wo in Folge eines gemeingefährlichen Verbrechens ein Mensch das Leben verloren hat, die Todesstrafe androht.

Wir wollen von der Verschiedenartigkeit der Gesetzbücher, welche bei gemeingefährlichen Verbrechen die Todesstrafe androhen, ganz absehen; denn die Frage braucht hier nicht so gestellt zu werden, daß man zu untersuchen hätte, ob, wenn bei der Brandstiftung die Todesstrafe zulässig sein sollte, dieselbe nur für zulässig zu erklären wäre in dem vom Preußischen Gesetzbuche aufgestellten Falle, oder auch in den von Sachsen und Altenburg aufgestellten Fällen. Man darf sich darauf beschränken, zu untersuchen, ob die Todesstrafe bei gemeingefährlichen Verbrechen, welche den Tod eines Menschen zur Folge hatten, gerechtfertigt werden kann; denn die Möglichkeit, daß die noch darüber hinausgehenden Todesdrohungen von Sachsen und Altenburg in ein neues Strafgesetzbuch recipirt werden könnten, liegt zu fern, als daß auf dieselbe noch Rücksicht zu nehmen wäre.

Nun steht die Sache so: Entweder anerkennt man bei den dolosen Tödtungen — bei dem Morde, der irgendwie definirt sein mag — die Nothwendigkeit der Todesstrafe, oder man verwirft die Todesstrafe bei allen Arten doloser Tödtungen.

Ist letzteres der Fall, hat man sich dafür entschieden, die Todesstrafe bei dolosen Verbrechen nicht anzuerkennen, so versteht es sich von selbst, daß es unmöglich sein würde, in einem und demselben Strafgesetzbuche folgende beiden Bestimmungen neben einander zu stellen:

1) Wer vorsätzlich einen Menschen tödtet, begeht einen Mord und wird mit lebenslänglichem Zuchthause bestraft.
2) Wer vorsätzlich ein Gebäude in Brand setzt, wird mit dem Tode gestraft, wenn bei dem Brande ein Mensch das Leben verloren hat.

Ist aber ersteres der Fall, behält man die Todesstrafe bei dem Morde bei, so rechtfertigt sich die Todesstrafe in den hier zu besprechenden Fällen dennoch nicht, namentlich auch nicht mit Bezug auf sonstige Vorschriften, selbst des Preußischen Strafgesetzbuches.

Denn jedenfalls unterscheidet sich die Brandstiftung — um bei diesem Beispiele stehen zu bleiben — bei welcher ein Mensch nicht das Leben verloren hat, von derjenigen Brandstiftung, bei welcher ein Mensch das Leben verloren hat, nur dadurch, daß in letzterem Falle eine nicht gewollte Tödtung zu dem Verbrechen der vorsätzlichen Brandstiftung hinzugetreten ist. Hieraus würde denn auch folgen, daß der letztere Fall von dem ersteren hinsichtlich der Größe der Strafbarkeit nur um soviel höher stehen kann, als die Strafe für die nicht gewollte Tödtung beträgt. Nun bestimmt das Preußische Strafgesetzbuch als Strafe für die nicht gewollte, für die fahrlässige Tödtung, Gefängniß von 2 Monaten bis zu 2 Jahren. In dieser Strafe ist aber nicht bloß die Strafe für den eingetretenen tödtlichen Erfolg, sondern auch die Strafe für die Vornahme derjenigen gefährlichen Handlung mit enthalten, welche letztere in dem Falle, wo der Tod eines Menschen die Folge einer Brandstiftung ist, in der für die Brandstiftung festgesetzten Strafe mit enthalten ist. Man würde also, wenn die Brandstiftung den Tod eines Menschen zur Folge hatte, die für die Brandstiftung bestimmte Strafe nicht einmal um den ganzen Betrag der für die fahrlässige Tödtung festgesetzten Strafe erhöhen dürfen. Sehen wir aber von diesem immerhin geringfügigen Umstande ab, und nehmen wir für die dolose Brandstiftung, im Preußischen Rechte mit zehn= bis zwanzigjähriger, selbst lebenslänglicher Zuchthausstrafe bedroht, die höchste Strafe an, so ergiebt sich doch im günstigsten Falle immer nur folgendes Resultat:

dolose Brandstiftung = lebenslängliche Zuchthausstrafe;
fahrlässige Tödtung = Gefängniß von zwei Monaten bis zu zwei Jahren;
dolose Brandstiftung mit tödtlichem Erfolge = Todesstrafe;

folglich:

Differenz zwischen lebenslänglicher Freiheitsstrafe und Todesstrafe = zwei Monate bis zwei Jahre Gefängniß.

Und dabei muß bemerkt werden, daß die lebenslängliche Zuchthausstrafe als Strafmaximum **nur** bei der Brandstiftung und bei der vorsätzlichen Erregung einer Ueberschwemmung zulässig ist, daß dagegen in den anderen Fällen, wo bei gemeingefährlichen Verbrechen die Todesstrafe angedroht ist, wenn ein Mensch das Leben verloren hat, die Strafe ohne diesen Umstand bis zu lebenslänglichem Zuchthause nicht hinauf geht.

So viel zur Beurtheilung der Todesstrafe in den oben angegebenen Fällen des Preußischen Strafgesetzbuches — und damit würde denn auch wohl genug gesagt sein, um die Nothwendigkeit der Todesstrafe in diesen Fällen in Abrede stellen, und die Unzulässigkeit derselben behaupten zu können.

Es ist hier aber gleich der geeignete Ort, über die Regelung der Strafpositionen bei denjenigen Verbrechen zu handeln, bei denen der Tod eines Menschen nicht nur die Folge eines gemeingefährlichen, sondern eines dolosen Verbrechens überhaupt ist.

Gehen wir dabei aus von den Bestimmungen des **Preußischen** und des **Lübischen** Strafgesetzbuches, und halten wir bei Beurtheilung derselben fest, daß die fahrlässige Tödtung im Preußischen Strafgesetzbuche mit Gefängniß von 2 Monaten bis zu zwei Jahren bedroht ist.

Die Fälle, welche hier in Betracht kommen, sind im Preußischen Strafgesetzbuche folgende:

1) §. 144. **Nothzucht.** Ohne tödtlichen Erfolg: zwei bis zwanzig Jahre Zuchthaus; **mit** tödtlichem Erfolge: lebenslängliches Zuchthaus. Mithin: 2 Monate bis 2 Jahre Gefängniß = der Differenz zwischen 2—20jährigem und lebenslänglichem Zuchthaus.
2) §. 182. **Abtreibung der Leibesfrucht.** Ohne tödtlichen Erfolg: fünf bis zwanzig Jahre Zuchthaus; **mit** tödtlichem Erfolge: lebenslängliches Zuchthaus. Mithin: 2 Monate bis 2 Jahre Gefängniß = der Differenz zwischen 5—20jährigem und lebenslänglichem Zuchthaus.
3) §. 183. **Aussetzung.** Ohne tödtlichen Erfolg: Gefängniß von drei Monaten bis zu fünf Jahren; mit tödtlichem Erfolge: Zuchthaus von zwei bis zu zehn Jahren. Mithin: 2 Monate bis 2 Jahre Gefängniß =

der Differenz zwischen 3 Monaten bis 5 Jahren Gefängniß und 2 bis 10 Jahren Zuchthaus.

4) §. 194. (193.) Körperverletzung. Ohne tödtlichen Erfolg: Zuchthaus von zwei bis funfzehn Jahren; mit tödtlichem Erfolge: Zuchthaus von zehn bis zwanzig Jahren. Mithin 2 Monate bis 2 Jahre Gefängniß = der Differenz zwischen 2 — 15 und 10 — 20 Jahren Zuchthaus. (In Betreff dieses Falles ist zu bemerken, daß hier nicht genau die Bestimmung des Preußischen Strafgesetzbuches wiedergegeben ist. Hier ist angenommen, die Verstümmelung sei von dem Thäter gewollt. So wird die Sache auch von dem Entwurf aufgefaßt; das Preußische Strafgesetzbuch freilich will nur die Körperverletzung in Betracht ziehen und faßt die Verstümmelung selbst schon als Folge der Körperverletzung auf. Danach müßte man eine viel größere Differenz als hier geschehen ist, mit 2 Monaten bis 2 Jahren gleich setzen.)

5) §. 197. Vergiftung. Ohne tödtlichen Erfolg: zwei bis zehn Jahre Zuchthaus; mit tödtlichem Erfolg: lebenslängliches Zuchthaus. Mithin: 2 Monate bis 2 Jahre Gefängniß = der Differenz zwischen 2 — 10 Jahren und lebenslänglichem Zuchthaus.

6) §. 233. Raub. Ohne tödtlichen Erfolg: fünf bis funfzehn Jahre Zuchthaus; mit tödtlichem Erfolg: lebenslängliches Zuchthaus. Mithin: 2 Monate bis 2 Jahre Gefängniß = der Differenz 5 — 15 Jahren und lebenslänglichem Zuchthaus.

7. §. 285. Brandstiftung. Ohne tödtlichen Erfolg: zehn Jahre bis lebenslängliches Zuchthaus; mit tödtlichem Erfolg: Todesstrafe. Mithin: 2 Monate bis 2 Jahre Gefängniß = der Differenz zwischen zehnjährigem bis lebenslänglichem Zuchthaus und der Todesstrafe.

8) §. 290. Verursachen einer Ueberschwemmung: Ebenso wie bei §. 285.

9) §. 294. Zerstören von Eisenbahnen. Ohne tödtlichen Erfolg: zwei bis zehn Jahre Zuchthaus; mit tödtlichem Erfolge: Todesstrafe. Mithin 2 Monate bis 2 Jahre Gefängniß = der Differenz zwischen 2 bis 10 Jahren Zuchthaus und der Todesstrafe.

10) §. 297. (296.) Zerstören von Telegraphenanstalten. Ohne tödtlichen Erfolg: Gefängniß von drei Monaten bis zu drei Jahren; mit tödtlichem Erfolg: Zuchthaus von zehn bis zwanzig Jahren. Mithin: 2 Monate bis 2 Jahre Gefängniß = der Differenz zwischen 3 Monaten bis 3 Jahren Gefängniß und 10 — 20 Jahren Zuchthaus.

11) §. 301. Zerstören von Wasserleitungen, Schleusen u. s. w. Ohne tödtlichen Erfolg: Gefängniß von drei Monaten bis fünf Jahren; mit tödtlichem Erfolg: zehnjähriges bis lebenslängliches Zuchthaus. Mithin 2 Monate bis 2 Jahre Gefängniß = der Differenz zwischen 3 Monate bis 5 Jahre Gefängniß und 10jährigem bis lebenslänglichem Zuchthause.

12) §. 302. Zerstören der zur Sicherung der Schiffahrt bestimmten Feuerzeichen u. s. w. Ohne tödtlichen Erfolg: Zuchthaus von zwei bis zehn Jahren; mit tödtlichem Erfolg: Todesstrafe. Mithin: 2 Monate bis 2 Jahre Gefängniß = der Differenz zwischen 2 — 10 Jahren Zuchthaus und der Todesstrafe.

13) §. 303. Strandenmachen eines Schiffes. Ohne tödtlichen Erfolg: zehn bis zwanzig Jahre Zuchthaus; mit tödtlichem Erfolg: Todesstrafe. Mithin: 2 Monate bis 2 Jahre Gefängniß = der Differenz zwischen 10 — 20 Jahren Zuchthaus und der Todesstrafe.

14) §. 304. Vergiften von Brunnen u. s. w. Ohne tödtlichen Erfolg: Zuchthaus von fünf bis funfzehn Jahren; mit tödtlichem Erfolg: Todesstrafe. Mithin: 2 Monate bis zwei Jahre Gefängniß = der Differenz zwischen 5 — 15 Jahren Zuchthaus und der Todesstrafe.

Stellen wir diese Fälle zusammen, so ergiebt sich:

Die für die kulpose Tödtung angedrohte Strafe von 2 Monaten bis 2 Jahren Gefängniß ist gleich der Differenz zwischen:

- Gefängniß von 3 Monaten bis 3 Jahr und Zuchthaus 10 — 20 Jahren (§. 297.)
- Gefängniß von 3 Monaten bis 5 Jahr und Zuchthaus 2 — 10 Jahren (§. 183.)
- Gefängniß von 3 Monaten bis 5 Jahr und Zuchthaus 10 Jahr bis lebenslänglich (§. 301.)
- Zuchthaus von 2 — 10 Jahr und Zuchthaus lebenslänglich (§. 197.)
- Zuchthaus von 2 — 10 Jahr und Todesstrafe (§. 294.)
- Zuchthaus von 2 — 10 Jahr und Todesstrafe (§. 302.)
- Zuchthaus von 2 — 15 Jahr und Zuchthaus 10 — 20 Jahr (§. 194.)
- Zuchthaus von 2 — 20 Jahr und Zuchthaus — lebenslänglich (§. 144.)
- Zuchthaus von 5 — 15 Jahr und Zuchthaus — lebenslänglich (§. 233.)
- Zuchthaus von 5 — 15 Jahr und Todesstrafe (§. 304.)
- Zuchthaus von 5 — 20 Jahr und Zuchthaus — lebenslänglich (§. 182.)
- Zuchthaus von 10 — 20 Jahr und Todesstrafe (§. 303.)
- Zuchthaus von 10 bis lebenslänglich und Todesstrafe (§. 285.)
- Zuchthaus von 10 bis lebenslänglich und Todesstrafe (§. 290.)

Ein überwältigenderes Beispiel dafür, daß bei Aufstellung der einzelnen Strafpositionen ein irgendwie erkennbares Prinzip nicht maßgebend gewesen ist, kann nicht wohl gewünscht werden.

Für das Lübische Strafgesetzbuch, auf welches wir hier allein noch eingehen wollen, gestaltet sich die Sache einigermaßen anders. Das Lübische Recht hat zunächst keine dem Preußischen Strafgesetzbuche §. 290. und §. 301. entsprechende Strafbestimmungen und, sodann ist bei §. 242. (entsprechend dem §. 285. des Preußischen Strafgesetzbuches) der tödtliche Erfolg des Verbrechens gar nicht erwähnt. Ferner bestimmt das Lübische Gesetzbuch als Strafe für die kulpose Tödtung nicht 2 Monate bis 2 Jahre Gefängniß, sondern Gefängniß bis zu 2 Jahren; und endlich operirt, wie bekannt, das Lübische Gesetzbuch bei seinen Strafpositionen nicht blos mit Gefängniß und Zuchthaus, sondern auch mit dem diese beiden Strafarten zusammenfassenden Begriff der „Freiheitsstrafe."

Nun ergiebt sich für das Lübische Recht Folgendes:

Die für kulpose Tödtung angedrohte Strafe von Gefängniß bis zu zwei Jahren ist gleich der Differenz zwischen:

Gefängniß bis 2 Jahre und Zuchthaus 1—15 Jahre. (§. 250. Preußen §. 297.)

Gefängniß bis 5 Jahre und Zuchthaus 1—10 Jahre. (§. 151. Preußen §. 183.)

Freiheitsstrafe bis 5 Jahre und Zuchthaus 2 Jahre bis lebenslänglich. (§. 247. Preußen §. 294.)

Freiheitsstrafe bis 8 Jahre und Freiheitsstrafe bis 10 Jahre. (§. 158. Preußen §. 194.)

Freiheitsstrafe bis 10 Jahre und Zuchthaus 2 Jahre bis lebenslänglich. (§. 254. Preußen §. 302.)

Freiheitsstrafe bis 15 Jahre und kann bis zur lebenslänglichen Zuchthausstrafe ausgedehnt werden. (§. 161. Preußen §. 197.)

Freiheitsstrafe bis 20 Jahre und kann bis zur lebenslänglichen Zuchthausstrafe ausgedehnt werden. (§. 150. Preußen §. 182.)

Zuchthaus 1—15 Jahre und kann bis zur lebenslänglichen Zuchthausstrafe ausgedehnt werden. (§. 256. Preußen §. 304.)

Zuchthaus 2—15 Jahre und Zuchthaus fünf Jahre bis lebenslänglich. (§. 197. Preußen §. 233.)

Zuchthaus 2—20 Jahre und lebenslängliche Zuchthausstrafe, absolut bestimmt. (§. 114. Preußen §. 144.)

Zuchthaus 2—20 Jahre und kann bis zur lebenslänglichen Zuchthausstrafe ausgedehnt werden. (§. 255. Preußen §. 303.)

Weiter kommen wir mit dieser Zusammenstellung auch nicht, und dasselbe würde der Fall sein, wollten wir in der angegebenen Weise noch ein halb Dutzend andere Strafgesetzbücher heranziehen.

Es kommt darauf an, ein bestimmtes Prinzip für die Bestrafung derjenigen Fälle zu finden, in denen die nicht gewollte Tödtung eines Menschen die Folge eines gewollten, das Menschenleben gefährdenden Verbrechens ist.

Hiefür könnte zunächst der Gesichtspunkt maßgebend sein, daß in derartigen Fällen eine Konkurrenz eines gewollten — des das Menschenleben gefährdenden — und eines nicht gewollten Verbrechens, nämlich der Tödtung, vorläge. Man könnte demnach die Sache so angreifen, daß man sagte: das Gesetz hat die Strafbestimmungen für die gewollten, das Menschenleben gefährdenden Verbrechen aufzustellen, es hat dasselbe die Strafbestimmung für die culposen Tödtungen zu treffen und hat dann der Praxis es zu überlassen, welche Strafe dieselbe in dem einzelnen Falle — unter Berücksichtigung der etwa für die Konkurrenz getroffenen Vorschriften — für das von tödtlichem Erfolge begleitete Verbrechen als geeignete Strafe festzusetzen gemeint ist, d. h. das Gesetz würde gar keine besonderen Strafbestimmungen für diejenigen Fälle festzusetzen haben, in denen der Tod eines Menschen die Folge eines gewollten Verbrechens gewesen ist.

Gegen diese Auffassung entstehen indessen folgende Bedenken:

Erstens ist es kriminalistisch nicht ganz richtig, zu sagen, es läge in jenen Fällen der culpa dolo determinata, wie es in der Doktrin ausgedrückt wird, ein Konkurrenzfall eines dolosen und eines kulposen Verbrechens in derselben Weise vor, wie dies bei anderen Konkurrenzfällen doloser und kulposer Verbrechen der Fall ist.

Man denke sich nur folgende beiden Fälle einander gegenüberstehend: A. zündet ein Haus an; und am folgenden Tage jagt er mit einem schweren Wagen durch belebte Straßen einer Stadt, so daß er dadurch einen Menschen tödtet. — B. dagegen zündet ein Haus an und durch den Brand verliert ein Mensch das Leben. Sowohl dem A. wie auch dem B. ist die fahrlässige Tödtung nur eines Menschen zuzurechnen; aber dem A. sind zwei gefährliche Handlungen — eine mit tödtlichem Erfolge, die andere ohne tödtlichen Erfolg — zuzurechnen; dem B. dagegen nur eine gefährliche Handlung. Man dürfte daher, strenge genommen, in dem Falle einer Brandstiftung, bei welcher ein Mensch das Leben verloren hat, nicht zusammenstellen *) die Strafe für die dolose Brandstiftung und die Strafe für die kulpose Tödtung, sondern nur die Strafe für die dolose Brandstiftung und die für den eingetretenen tödtlichen Erfolg, also diejenige Strafe, welche übrig bleibt, wenn man von der für die kulpose Tödtung bestimmten Strafe denjenigen Straftheil abzöge, welcher die gefährliche Handlung allein treffen würde. Das führt aber zu Unterscheidungen von so haarspaltender Natur, daß es sich nicht empfehlen würde, dieselben der Praxis auch nur anheimzugeben, geschweige denn dieselben von der Praxis zu verlangen.

Sodann aber darf nicht übersehen werden, daß bei dieser Auffassung der Sache es sich immer an erster Stelle um die Bestrafung des gewollten — die Gefahr für Menschenleben enthaltenden — Verbrechens handeln, und daß der doch gewiß gewichtige Umstand, daß ein Mensch sein Leben verloren hat, eben nur so als Appendix, als etwas ganz nebensächliches aufzufassen sein würde, eine Auffassung, welche derjenigen Bedeutsamkeit, welche das menschliche Leben für die Strafgesetzgebung haben muß, in keiner Weise entspricht.

Und endlich kommen die Strafpositionen in Betracht, welche für die Bestrafung der kulposen Tödtungen selbst bestimmt sind. Wenn das Preußische Strafgesetzbuch für die kulposen Tödtungen Gefängnißstrafe von zwei Monaten bis zu zwei Jahren, wenn das Lübische Recht Gefängnißstrafe bis zu zwei Jahren androht, wenn auch der Entwurf sich nicht getraut hat, die Strafe für die kulposen Tödtungen über drei Jahre Gefängniß hinaus zu erhöhen, so stellt sich diese Strafe im Verhältniß zu dem eingetretenen schädlichen Erfolge als eine immerhin geringfügige dar, als eine so geringfügige, daß ihr Hinzutreten zu einer zwanzigjährigen, vielleicht selbst darüber hinausgehenden Zuchthausstrafe von keinem Belang erscheint.

*) Ob nach Kumulations-Prinzip, Absorptions-Prinzip oder Strafschärfungs-Prinzip kann hier ganz auf sich beruhen bleiben.

Hierin aber dürfte auch der Gesichtspunkt angedeutet sein, welcher bei der Bestrafung der hier in Betracht kommendeu Verbrechen von entscheidender Bedeutung ist.

Denn wenn die Gesetze die Bestrafung der kulposen Tödtung auf eine verhältnißmäßig so geringe Strafe beschränken, so ist dies nur unter der Voraussetzung denkbar, daß die Schuld, welche in der Vornahme der gefährlichen, die Tödtung veranlassenden Handlung liegt, eine verhältnißmäßig geringe sei. Nun wird man aber nicht leugnen können, daß die Vornahme von gefährlichen, auch das Menschenleben gefährdenden Handlungen eine so große Schuld involviren kann, daß dieselbe durch eine Gefängnißstrafe von höchstens zwei oder drei Jahren keineswegs gesühnt erscheint. Das Gesetz wird demnach in folgender Weise disponiren können. Es wird bestimmen: Wenn diese das Menschenleben gefährdende Handlung vorgenommen wird und dieselbe zu einem tödtlichen Erfolge führt, so soll diese kulpose Tödtung mit dieser Strafe geahndet werden, und wenn diese andere gefährliche Handlung vorgenommen und dadurch der Tod eines Menschen verursacht wird, so soll dafür diese andere Strafe eintreten; und so wird das Gesetz fortfahren, alle diejenigen einzelnen für das Menschenleben gefährlichen Handlungen aufzuzählen, die dasselbe als eminent gefährlich für das Menschenleben hält und wird die besonderen Strafbestimmungen für die auf solche Weise verursachten kulposen Tödtungen festsetzen. Ja noch mehr, das Gesetz wird derartige gefährliche Handlungen, auch ohne daß dieselben zu dem Tode eines Menschen geführt hätten, lediglich wegen ihrer Gefährlichkeit für das Menschenleben mit Strafe bedrohen.

Aber von derartigen, das Menschenleben gefährdenden Handlungen können der Natur der Sache nach immer nur einige und verhältnißmäßig wenige von dem Gesetze hervorgehoben werden und demzufolge wird das Gesetz neben dieser Specialisirung immer noch eine allgemeine Vorschrift brauchen, deren Zweck der ist, als allumfassende clausula generalis diejenigen Fälle kulposer Tödtungen zusammenzufassen, welche durch Handlungen von verhältnißmäßig so wenig erkennbarer Gefährlichkeit verursacht wurden, daß das Gesetz sich außer Stande sah, dieselben noch näher zu specialisiren.

Demnach heißt also die Strafbestimmung:

> „Wer durch Fahrlässigkeit den Tod eines Menschen herbeiführt, wird mit Gefängniß bis zu drei Jahren bestraft" —

durchaus nicht so viel als:

> „Keine kulpose Tödtung wird mit einer härteren als einer dreijährigen Gefängnißstrafe belegt,"

sondern es heißt diese Strafbestimmung vielmehr:

> „Die Gefängnißstrafe bis zu drei Jahren findet nur bei denjenigen kulposen Tödtungen Anwendung, für welche eine höhere Strafe nicht festgesetzt ist."

Will man nun für die speciellen Fälle der kulposen Tödtungen die Strafpositionen richtig fixiren, so wird man zunächst darauf zu sehen haben, daß ein Strafsprung zwischen der Strafposition dieser speciellen

Fälle und derjenigen für die generelle Bestimmung nicht vorkomme. Die selbstverständliche Voraussetzung ist dabei natürlich die, daß die vom Gesetze besonders hervorgehobene gefährliche Handlung nicht schon als selbständiges Delikt eine so große Strafe bedingt, daß aus diesem Grunde es unmöglich wird, die durch eine solche Handlung verursachte Tödtung im niedrigsten Maße mit 3 Jahren Gefängniß, resp. 2 Jahren Zuchthaus zu bestrafen. Aber irgend welche der durch ein selbständiges Delikt verursachten nicht gewollten Tödtungen müssen auch mit der an die 3jährige Gefängnißstrafe unmittelbar sich anschließenden Strafe belegt werden können.

Nun ist weiter darauf aufmerksam zu machen, daß unter den das Menschenleben gefährdenden, als besondere Delikte hervorgehobenen Handlungen sich theils solche befinden, welche, weil sie einen Angriff gegen einen einzelnen bestimmten Menschen voraussetzen, auch nur das Leben eines einzelnen Menschen gefährden, theils solche, welche in unbestimmtem und unbestimmbarem Umfange das Menschenleben gefährden. Wenn im ersteren Falle die Tödtung nur eines Menschen erfolgte, so ergab sich dieses Resultat aus der Natur und Beschaffenheit der Handlung; wenn dagegen auch bei Handlungen der letzteren Art — bei den gemeingefährlichen — der Tod nur eines Menschen eingetreten ist, so liegt der Grund hiefür nicht in der Beschaffenheit der gefährlichen Handlung, sondern es hat dann eben ein glücklicher Umstand stattgefunden, während, wenn das Glück weniger günstig gewesen wäre, die Beschaffenheit der Handlung auch den Tod von mehr als einem Menschen hätte herbeiführen können.

Deshalb ist auch bei den Strafpositionen zu unterscheiden zwischen den Fällen, in denen der Tod eines Menschen durch ein gemeingefährliches, und denen, in welchen der Tod eines Menschen durch ein solches Delikt veranlaßt wurde, welches lediglich den Angriff gegen einen einzelnen Menschen enthielt.

Zu den Fällen der ersteren Art würden gehören:

Der eingetretene tödtliche Erfolg bei Brandstiftung, Verursachen einer Ueberschwemmung, Zerstören von Eisenbahnen, Zerstören von Telegraphenanstalten, Zerstören von Wasserleitungen, Zerstören der zur Sicherung der Schifffahrt bestimmten Feuerzeichen, dem Strandenmachen eines Schiffes, dem Vergiften von Brunnen.

Zu den Fällen der letzteren Art gehören:

Der eingetretene tödtliche Erfolg bei der Nothzucht, der Abtreibung der Leibesfrucht, der Aussetzung, der Körperverletzung, der Vergiftung, dem Raube.

Aus den Fällen der ersteren Art läßt der Entwurf aus Gründen, welche weiter unten — bei Motivirung der für die gemeingefährlichen Verbrechen aufgestellten Bestimmungen — zu entwickeln sind, den eingetretenen tödtlichen Erfolg bei der Zerstörung von Telegraphenleitungen fort. Alle übrigen Fälle aber werden mit lebenslänglichem Zuchthause bedroht.

Die Fälle der letzteren Art werden dagegen mit Zuchthausstrafe bis zu zwanzig Jahren bedroht, mit alleiniger Ausnahme des Falles, in welchem bei dem Raube der Tod eines Menschen herbeigeführt wurde. Hiefür ist lebenslängliches Zuchthaus angedroht aus Gründen, die weiter unten darzulegen sein werden.

Die Todesstrafe bei den s. g. politischen Verbrechen.

Das Preußische Strafgesetzbuch droht bei den s. g. politischen Verbrechen die Todesstrafe in folgenden Fällen an:

1) §. 61. Für die drei Fälle des Hochverraths:

„Ein Unternehmen, welches darauf abzielt:

1. den König zu tödten, gefangen zu nehmen, in Feindes Gewalt zu liefern oder zur Regierung unfähig zu machen, oder
2. die Thronfolge oder die Staatsverfassung gewaltsam zu ändern, oder
3. das Gebiet des Preußischen Staates ganz oder theilweise einem fremden Staate einzuverleiben, oder einen Theil des Gebietes vom Ganzen loszureißen,

ist Hochverrath und soll mit dem Tode bestraft werden."

2) §. 67. „Ein Preuße, welcher mit einer fremden Regierung in Verbindung tritt, um dieselbe zu einem Kriege gegen Preußen zu veranlassen, macht sich des Landesverraths schuldig, und wird mit Zuchthaus von zehn bis zu zwanzig Jahren bestraft.

Ist der Krieg wirklich ausgebrochen, so soll der Thäter mit dem Tode und dem Verluste der bürgerlichen Ehre bestraft werden."

3) §. 68. „Ein Preuße, welcher während eines gegen den Preußischen Staat ausgebrochenen Krieges im feindlichen Heere Dienste nimmt, und die Waffen gegen Preußen oder dessen Bundesgenossen trägt, wird als Landesverräther mit dem Tode bestraft."

4) §. 69. „Ein Preuße, welcher während eines gegen Preußen ausgebrochenen Krieges einer feindlichen Macht wissentlich Vorschub leistet, oder den Truppen Preußens oder seiner Bundesgenossen wissentlich Nachtheil zufügt, wird mit Zuchthaus bis zu zehn Jahren bestraft.

Die Todesstrafe tritt ein, wenn der Thäter:

1. Festungen, Pässe, besetzte Plätze oder andere Vertheidigungsposten, ingleichen Preußische oder verbündete Truppen oder einzelne Offiziere oder Soldaten in feindliche Gewalt bringt;
2. Festungswerke, Kriegsschiffe, Kassen, Zeughäuser, Magazine oder andere Vorräthe von Waffen, Munition oder anderen Kriegsbedürfnisse in feindliche Gewalt bringt, zerstört oder unbrauchbar macht;
3. dem Feinde Mannschaften zuführt, oder Soldaten des Preußischen oder verbündeten Heeres verleitet, zum Feinde überzugehen;
4. Operationspläne oder Pläne von Festungen oder festen Stellungen dem Feinde mittheilt;
5. dem Feinde als Spion dient, oder feindliche Spione aufnimmt, verbirgt oder ihnen Beistand leistet, oder
6. einen Aufstand unter den Preußischen oder verbündeten Truppen erregt."

5) §. 74. „Wer sich einer Thätlichkeit gegen die Person des Königs schuldig macht, wird mit dem Tode bestraft.

In minder schweren Fällen ist anstatt der Todesstrafe auf Zuchthaus von zehn bis zwanzig Jahren zu erkennen.

Wird festgestellt, daß mildernde Umstände vorhanden sind, so tritt Einschließung von zehn bis zu zwanzig Jahren ein."

Das Lübische Gesetzbuch bestimmt statt der Todesstrafe des Preußischen §. 61. No. 2. 3. Zuchthaus von fünf bis zu zwanzig Jahren; statt der Todesstrafe der §§. 67. 68. 69. nur Zuchthaus von zwei bis zehn Jahren, und überdem soll bei Annahme mildernder Umstände in allen Fällen des Hoch- und Staatsverraths statt der Zuchthausstrafe Gefängnißstrafe eintreten. (Lübisches Strafgesetzbuch §§. 60. 62. 64.)

Der Hamburger Entwurf will die gesetzlich fixirten Strafminima des Lübischen Rechts noch fortfallen lassen, und überdem unter Beibehaltung des Einflusses der Lübischen mildernden Umstände selbst Einschließung von unbestimmter Dauer dann zulassen, wenn durch die Geschworenen festgestellt wird, daß das Verbrechen „den Thäter oder den Theilnehmer in der öffentlichen Meinung nicht herabgesetzt habe".

Oldenburg nimmt in allen denjenigen Fällen, in welchen Preußen die Todesstrafe eintreten läßt, lebenslängliche Zuchthausstrafe an (Art. 58. 64. 65. 66.) und ebenso verwandelte auch das Nassauische Strafgesetzbuch die von dem Hessischen Strafgesetzbuche für den hochverrätherischen Angriff festgesetzte Todesstrafe in lebenslängliche Zuchthausstrafe.

Doch ist andererseits neben diesen kleineren Staaten auch des zweitgrößten Deutschen Staates, Bayerns, zu erwähnen. In dem Bayrischen Strafgesetzbuche werden in den Artikeln 101. 110. 111. 112. die Preußischen §§. 61. 67. 68. 69. reproducirt und wird ebenso wie im Preußischen Strafgesetzbuche die Todesstrafe angedroht.

Daß Hochverrath und Landesverrath Verbrechen seien, welche mit den schwersten Strafen, die es überhaupt giebt, zu ahnden sind, das gehört auch so zu denjenigen Dingen, die man als Axiome der Strafgesetzgebung hinzustellen pflegt.

Zum Theil hat dies in einer historischen Tradition seinen Grund. Eine Konstitution der Römischen Kaiser Arkadius und Honorius bestimmte:*)

Quisquis cum militibus vel privatis, barbaris etiam, scelestam inierit factionem, aut factionis ipsius susceperit sacramenta vel dederit, de nece etiam virorum illustrium, qui consiliis et consistorio nostro intersunt, senatorum etiam (nam et ipsi pars corporis nostri sunt) vel cujuslibet prostremo, qui nobis militat, cogitaverit (eadem enim severitate voluntatem sceleris, qua effectum puniri jura voluerunt) ipse quidem utpote majestatis reus, gladio feriatur, bonis ejus omnibus fisco nostro addictis. §. 1. Filii vero ejus, quibus vitam imperatoria specialiter lenitate concedimus (paterno enim deberent perire supplicio, in quibus paterni, hoc est hereditarii criminis exempla metuuntur) a materna vel avita, omnium etiam proximorum hereditate ac successione habeantur alieni, testamentis extraneorum nihil capiant, sint perpetuo

*) Const. 5. Cod. ad legem Juliam majestatis.

egentes et pauperes, infamia eos paterna semper comitetur, ad nullos unquam honores, nulla prorsus sacramenta perveniant, sint postremo tales, ut his perpetua egestate sordentibus sit et mors solatium et vita supplicium.

Dieses von der Verrücktheit des Römischen Cäsarismus diktirte Gesetz wurde durch den deutschen Kaiser Karl IV. in die goldene Bulle cap. 24. aufgenommen, mit nur wenigen Aenderungen in dem Thatbestande des Deliktes:

Si quis cum principibus, militibus vel privatis, seu quibuscunque personis plebeiis, etiam scelestam faccionem aut faccionis ipsius inierit sacramentum, vel dederit de nece venerabilium et illustrium nostrorum et Sacri Romani Imperii, tam ecclesiasticorum, quam secularium Principum Electorum, seu alterius eorundem. Nam et ipsi pars corporis nostri sunt. u. s. w.

während dagegen die Strafen der kaiserlich-Römischen Constitution vollkommen ungeändert blieben.

So wurde dieses Römische Gesetz nicht bloß in Folge der allgemeinen Reception des Römischen Rechts, sondern noch außerdem durch besondere Publikation eines deutschen Reichsgesetzes die gemeinrechtlich deutsche Strafbestimmung für das Staatsverbrechen und verfehlte nicht, seinen Einfluß auch auf die späteren Partikulargesetze zu äußern.

Als Beispiele hierfür mögen dienen:

Allgemeines Landrecht (Preußen) Thl. II. Tit. 20. §. 93—96.

„Wer sich dessen" (nämlich des Hochverraths) „schuldig macht, soll nach Verhältniß seiner Bosheit, und des angerichteten Schadens, mit der härtesten und schreckhaftesten Leibes- und Lebensstrafe hingerichtet werden.

Diese Strafe trifft sowohl den Rädelsführer, als diejenigen, welche an dem Verbrechen als Miturheber Theil genommen haben.

Dergleichen Hochverräther werden nicht nur ihres sämmtlichen Vermögens und aller bürgerlichen Ehre verlustig; sondern tragen auch die Schuld des Unglücks ihrer Kinder, wenn der Staat zur Abwendung künftiger Gefahren, dieselben in beständiger Gefangenschaft zu behalten, oder zu verbannen nöthig finden sollte.

Auch diejenigen, welche bei einem Hochverrath auf entferntere Art, es sei durch Rath oder That, behüflich gewesen sind, sollen mit dem Schwerte hingerichtet werden."

Bayrisches Strafgesetzbuch (1813) Art. 301. „Ein solcher Missethäter soll enthauptet, und vor der Hinrichtung mit einer Tafel auf Brust und Rücken, welche die Aufschrift „Hochverräther" führt, übrigens so wie im Art. 5. und 6. verordnet ist, eine halbe Stunde lang von dem Scharfrichterknechte ausgestellt werden.

Auf seinem Grabe wird eine Schandsäule errichtet.

Seine Familie soll ihren Namen verändern."

Mit diesen Traditionen muß gebrochen werden; daß die Härte der Strafen für die Staatsverbrechen zum Theil mit auf diesen Traditionen beruht, kann nicht bezweifelt werden, soweit dieses der Fall, sind demnach die Strafhärten zu beseitigen.

Was nun aber speciell die Todesstrafe bei den politischen Verbrechen betrifft, so wird man diese Strafe, wenn überhaupt, doch nur da in Anwendung bringen dürfen, wo nicht bloß Gefahr hervorgerufen, sondern auch ein Schaden und zwar irreparabler Schaden entstanden ist. Das kann der Fall sein sowohl beim Hochverrathe, wie auch beim Landesverrathe. Aber es ist doch auf diese abstrakte Möglichkeit nicht allein zu rücksichtigen, sondern gleichzeitig auch auf die Erfahrung Rücksicht zu nehmen, und zu fragen, ob denn ein Staatswesen durch hochverrätherische Angriffe vernichtet, ob ein Staat durch Landesverrath in einen Krieg verwickelt worden ist, und ob, wenn dergleichen Fälle — von denen aber Fälle des bloßen Parteikampfes auszuschließen — festgestellt sein sollten, dieselben der heutigen Zeit noch so nahe stehen, daß sie einen Einfluß auf die heutige Strafgesetzgebung haben könnten. Bei einem gesunden Staatswesen ist die Gefahr des Gelingens eines hochverrätherischen oder landesverrätherischen Angriffes keine große; und ein krankes Staatswesen durch Androhung einer exceptionell schweren Strafe zu schützen, würde weder politisch richtig, noch gerecht gegen diejenigen sein, welche eine derartige Strafe erdulden müßten. Denn nicht ihre Schuld, sondern die Ungesundheit des Staatswesens würden sie büßen müssen.

Hierzu kommt aber noch, daß die Strafbestimmungen wegen politischer Verbrechen die Gefahr darbieten, dazu mißbraucht zu werden, um unter den Formen des Rechts sich eines politischen Gegners zu entledigen, oder den Hochverrathsproceß zu irgend welchen sonstigen politischen Zwecken auszubeuten. Daß Hochverrathsprocesse von denen, die sie brauchten, gemacht worden sind, ist eine historisch feststehende Thatsache; daß Verurtheilungen auch bei Processen dieser Art erfolgt sind, ist ebenfalls bekannt. Solchen Thatsachen gegenüber erscheint es unmöglich, die irreparable Todesstrafe bei politischen Verbrechen androhen zu können.

Dazu kommt, daß zwar Todesstrafen wegen politischer Verbrechen in neuerer Zeit erkannt, aber nicht vollstreckt worden sind. Soll denn also die Todesstrafe bei politischen Verbrechen angedroht sein, wie ein kinderschreckender Popanz, der zwar droht aber nicht trifft? Oder soll etwa, bloß um einmal die Existenz des Gesetzes fühlbar zu machen, ein Hochverrathsproceß in Scene gesetzt und die Todesstrafe vollstreckt werden, obgleich dieselbe an anderen ebenso oder selbst mehr Schuldigen bei früheren Gelegenheiten nicht vollstreckt wurde?

Doch wenden wir uns von diesen allgemeinen Betrachtungen zu den einzelnen durch das Preußische Strafgesetzbuch mit der Todesstrafe bedrohten politischen Verbrechen.

In Betreff des unter §. 74. aufgestellten Falles war bereits oben darauf hingewiesen, daß diese Strafbestimmung fehlerhaft sei, weil man die Todesstrafe nicht zur Grenze eines relativ bestimmten Strafgesetzes machen dürfe.

Es blieben sonach die Fälle der Todesstrafe bei Hochverrath und Landesverrath übrig.

Was nun das letztere Verbrechen anbetrifft, so sind die Fälle des sog. militärischen Landesverrathes jedenfalls so schwere Verbrechen, daß für sie ausschließlich Zuchthausstrafe anzudrohen ist.

Der Entwurf glaubte jedoch gegenüber den Bestimmungen des Preußischen Strafgesetzbuches folgende Aenderungen vornehmen zu sollen:

1. Die Schlußbestimmung des §. 67. — „ist der Krieg wirklich ausgebrochen, so soll der Thäter mit dem Tode bestraft werden" — ist fortgelassen. Denn man muß doch erwägen, was man überhaupt als möglich sich denken soll. Nun wird man zugeben, daß Fälle vorkommen, in denen Angehörige des Norddeutschen Bundes eine fremde Macht zu einem Kriege gegen den Norddeutschen Bund veranlassen möchten. Daß aber die fremde Macht — und es handelt sich hier doch auch nicht um beliebige, in der Luft schwebende Mächte, sondern um diejenigen jetzt existirenden Mächte, die denkbarer Weise Lust zu einem Kriege mit Norddeutschland haben könnten — veranlaßt durch die Agitation eines Angehörigen des Norddeutschen Bundes, einen Krieg mit Norddeutschland anfangen sollte, daß eine fremde Macht einen solchen Krieg im Interesse eines Privatmannes beginnen sollte, das liegt außerhalb des Denkens. Jene Schlußbestimmung des Preußischen §. 67. bleibt füglich fort aus Achtung vor denjenigen fremden Mächten, an die man etwa bei einer derartigen Bestimmung denken könnte.

2. Der Entwurf reproducirt zwar die Bestimmung des Preußischen Strafgesetzbuches §. 69.:

> „Ein Preuße, welcher während eines gegen Preußen ausgebrochenen Krieges einer feindlichen Macht wissentlich Vorschub leistet, oder den Truppen Preußens oder seiner Bundesgenossen wissentlich Nachtheil zufügt, wird u. s. w. bestraft" —

aber der Entwurf nimmt diejenigen Specialisirungen dieser Strafbestimmung, an welche das Preußische Strafgesetzbuch die Todesstrafe geknüpft hat, gar nicht auf. In Folge dessen ist aber auch in dem Entwurfe statt der für die generelle Bestimmung vom Preußischen Strafgesetzbuche angedrohten Zuchthausstrafe von 2—10 Jahren, eine Zuchthausstrafe von zwei bis zu *zwanzig* Jahren angedroht.

Denn mit dem Specialisiren ist es eine mißliche Sache. Die Garantie kann nicht übernommen werden, daß man nicht denjenigen Fall, der sich später einmal in der Praxis als ein besonders schwerer herausstellt, bei dem Specialisiren gerade vergessen habe. Und dies wird um so bedenklicher, wenn es sich um die Specialisirung von Fällen eines Verbrechens handelt, in Betreff dessen man — wie dies doch mit vollster Befriedigung anerkannt werden muß — recht sehr wenig Erfahrungen zu machen Gelegenheit hatte. Fallen aber jene Specialisirungen fort, so wird die im Entwurfe angedrohte Zuchthausstrafe bis zu zwanzig Jahren eine vollkommen ausreichende sein.

In §. 68. unterscheidet das Preußische Strafgesetzbuch zwei Fälle, der eine ist der, daß ein Preuße, wenn der Krieg ausgebrochen ist, sich jetzt erst der feindlichen Macht zuwendet und bei dieser dem Preußischen Staate feindlichen Macht militärische Dienste *gegen* Preußen leistet. Hierfür wird Todesstrafe angedroht. Der andere ist der, daß ein Preuße bei einer mit dem Preußischen Staate im Frieden lebenden Macht Kriegsdienste nimmt, und in diesen Kriegsdiensten verbleibt, nachdem die betreffende fremde Macht an Preußen den Krieg erklärt hat. Hierfür wird Zuchthaus von drei bis zu zehn Jahren und bei Annahme mildernder Umstände Einschließung von gleicher Dauer angedroht. Der Entwurf zieht beide Fälle zusammen. Er bestimmt, daß ein Inländer, welcher während eines gegen den Norddeutschen Bund ausgebrochenen Krieges ungezwungen die Waffen gegen den Norddeutschen Bund oder dessen Bundesgenossen trägt, gestraft werden solle. Für dieses Verbrechen wird Zuchthausstrafe bis zu zwanzig Jahren angedroht und alles Uebrige der Strafzumessung überlassen. Die Todesstrafe würde selbst in den schwersten Fällen nicht gerechtfertigt sein. Denn das Verbrechen setzt voraus, daß ein Krieg bereits entstanden sei. Für den Erfolg dieses Krieges wird es aber gewiß sehr gleichgültig sein, ob ein Landesverräther mehr gegen den Norddeutschen Bund, oder für denselben ein Angehöriger des Norddeutschen Bundes kämpft, der sich lediglich durch eine Strafvorschrift an dem Uebergange zum Feinde hindern läßt.

Um nun die Berechtigung der Todesstrafe beim Hochverrathe zu untersuchen, wird es nothwendig sein, den hochverrätherischen Angriff gegen die Person des Landesherrn zu sondern von den sonstigen Fällen des Hochverrathes.

Für letztere droht der Entwurf Zuchthaus oder Einschließung bis zu zwanzig Jahren. Denn auf diese Fälle von Hochverrath kann es Anwendung finden, was Stemann a. a. O. S. 31. anführt, daß neben den schlimmsten den Verbrecher bestimmenden Motiven, auch aus ursprünglich edlen, durch jugendlichen Eifer irregeleiteten Ansichten das Verbrechen hervorgegangen sein kann. Hat nun auch der Entwurf Bedenken tragen müssen, die von Stemann a. a. O. vorgeschlagene Gesetzesformel:

„Wird festgestellt, daß das Verbrechen den Thäter oder Theilnehmer in der öffentlichen Meinung nicht herabgewürdigt hat, so ist der Richter verpflichtet, auf Einschließung zu erkennen."

sich anzueignen — denn es ist doch vom kriminal-politischen Gesichtspunkte aus etwas anderes, ob eine Strafe, wie die der Einschließung erkannt und damit indirekt ausgesprochen wird, der Verurtheilte sei einer custodia honesta werth, oder ob eine direkte thatsächliche Feststellung durch Fragestellung an die Geschworenen darüber provocirt wird, daß der Angeklagte trotz seines hochverrätherischen Unternehmens an Achtung nicht verloren habe — so konnte doch den von Stemann angeführten Gründen insoweit Rechnung getragen werden, als neben die Zuchthausstrafe auch die Strafe der Einschließung gestellt und es der richterlichen Strafzumessung überlassen wurde, sich für die eine oder die andere Freiheitsstrafe zu entscheiden.

Eine andere Erwägung erfordert der im Preußischen Strafgesetzbuch §. 61. Nr. 1. aufgestellte Fall des Hochverraths.

„Ein Unternehmen, welches darauf abzielt:
den König zu tödten, gefangen zu nehmen, in Feindes Gewalt zu liefern oder zur Regierung unfähig zu machen,
ist Hochverrath und soll mit dem Tode bestraft werden."

Nehmen wir von den mehreren hier zusammengestellten Fällen den schwersten, den Angriff auf das Leben des Königs. Es kann einem Zweifel nicht unterliegen, daß die Empfindung, bei diesem Verbrechen müsse, wenn bei irgend einem die Todesstrafe gefordert werden, ihre volle Berechtigung hat; und ich würde es erklärlich finden, wenn selbst konsequente Gegner der Todesstrafe sich scheuen möchten, auch für dieses Verbrechen den Fortfall der Todesstrafe zu verlangen.

Man könnte vom specifisch strafrechtlichen Standpunkte zwar anführen, das Gesetz sage nicht: „Wer den König tödtet“ — sondern es spreche nur von einem „Unternehmen, welches darauf abziele“, den König zu tödten; es habe somit das Gesetz selbst darauf verzichtet, den äußersten Fall auch nur zu denken, weil es klar sei, daß hierfür eine entsprechende Strafe doch nicht — und wenn es auch die Todesstrafe wäre — gefunden werden könne. Müsse sich aber das Gesetz darauf beschränken, lediglich den erfolglos gebliebenen Angriff auf das Leben des Königs mit Strafe zu bedrohen, so dürfe für dieses Verbrechen diejenige Strafe, welche sonst bei vollendeter doloser Tödtung eintrete, als eine entsprechende anerkannt werden.

Aber derartige specifisch kriminalistische Deduktionen würden nicht im Stande sein, irgend welches Gewicht zu beanspruchen. Hier kann die Sache lediglich vom kriminal-politischen Gesichtspunkte aus entschieden werden.

Wenn man überhaupt sagen darf, die gedrohte Strafe schütze dies oder jenes Recht, es werde durch die Strafdrohung ein strafrechtlicher Schutz gewährt, und wenn man dann beweisen oder auch nur wahrscheinlich machen könnte, daß die gedrohte Todesstrafe Angriffe gegen das Leben des Königs unwahrscheinlicher machen würde, als die angedrohte lebenslängliche Zuchthausstrafe, so wäre ja die Sache ohne Weiteres entschieden.

Nun scheint aber gerade das Gegentheil der Fall zu sein.

Die Erfahrung hat dargethan, daß durch die für den Mord und auch für den Todtschlag angedrohte Todesstrafe das Menschenleben keineswegs in höherem Maße geschützt wird, als durch die Androhung einer geeigneten Freiheitsstrafe; eher noch könnte man aus den gemachten Erfahrungen auf das Gegentheil schließen. Wenn nun aber die Todesstrafe zum Schutze des Menschenlebens überhaupt keine abschreckende Wirksamkeit gezeigt hat, so ist nicht wohl einzusehen, wie dieselbe eine abschreckende Wirksamkeit äußern sollte, wenn sie angedroht würde, um das Leben des Königs zu schützen.

Und wenn dies der Fall wäre, wenn der Satz erwiesen werden könnte, daß zwar für jedes Menschenleben die Androhung der lebenslänglichen Freiheitsstrafe den höchsten strafrechtlichen Schutz gewähre, der überhaupt gewährt werden könne, daß jedoch dem Leben des Königs ein noch höherer Schutz durch die Androhung der Todesstrafe gewährt werden könne; würde es dann — so müßte man doch fragen — politisch klug sein, es durch das Strafgesetz offen auszusprechen, daß das Leben des Königs einen größeren Schutz gegen etwaige Angriffe brauche, als das Leben anderer Menschen; würde es politisch klug sein, offen zu erklären, dem Leben des Königs drohen mehr, drohen gefährlichere Angriffe, als dem Leben anderer Menschen?

Käme man aber auch über dieses Bedenken fort, so würde endlich noch Folgendes in Betracht zu ziehen sein.

Der Verbrecher, welcher einen Angriff auf das Leben des Königs macht, wird hierzu durch politischen Fanatismus getrieben. Der politische Fanatismus aber ist, wie der Fanatismus überhaupt, durchaus geneigt, die vermeintliche Glorie des Märtyrerthums nicht nur auf sich zu nehmen, sondern dieselbe sogar zu erstreben. Je Größeres der Thäter zu erdulden hat, um so höher erscheint ihm das Märtyrium, um so heroischer die That. Daher verstößt es gegen alle Grundsätze der Kriminalpolitik, bei einem Verbrechen, welches von politischem Fanatismus erzeugt wird, eine Strafe aufrecht zu erhalten, die, wenn sie überhaupt einen psychischen Einfluß auf den Thäter ausübt, den Fanatismus desselben eher zu erhöhen, als zu vermindern geeignet ist.

2. Die Freiheitsstrafen.

Verschiedene Arten der Freiheitsstafen.

Das Preußische Strafgesetzbuch kennt drei Arten von Freiheitsstrafen, die Zuchthausstrafe, die Einschließung und die Gefängnißstrafe.

Das Oldenburgische Gesetzbuch recipirt diese drei Arten von Freiheitsstrafen.

Das Lübische Strafgesetzbuch (§. 9.) kennt nur zwei Arten von Freiheitsstrafen, die Zuchthausstrafe und die Gefängnißstrafe.

Von anderen Strafgesetzbüchern führe ich folgende an:

Das Braunschweigische Strafgesetzbuch (§. 8.) hat vier Freiheitsstrafen, Kettenstrafe, Zuchthaus, Zwangsarbeit, Gefängniß.

Das Strafgesetzbuch für das Großherzogthum Hessen hat Zuchthausstrafe, Correktionshausstrafe, Festungsstrafe und die Strafe des bürgerlichen Gefängnisses. (Art. 7.)

Das Königreich Sachsen kennt Zuchthausstrafe (Art. 11. ff.), Arbeitshausstrafe (Art. 15. 16.), Gefängnißstrafe (Art. 17. 18.), Festungsstrafe (Art. 19.), welche letztere gegen Civilpersonen nur im Wege der Begnadigung eintreten kann.

Das Thüringische (Art. 7.) und das Altenburgische (Art. 7 bis 13.) haben dieselben Freiheitsstrafen wie Königreich Sachsen.

Das Bayrische Strafgesetzbuch endlich hat Zuchthausstrafe (Art. 16.) Gefängnißstrafe (Art. 17. 18.) und Arreststrafe (Art. 20.) In Art. 19. ist aber auch noch die Festungsstrafe aufgenommen und für diese bestimmt, daß die Zuchthaus- oder Gefängnißstrafe in einer Festung zu vollziehen sei, wenn das Gericht solches der Bildungsstufe oder den bürgerlichen Verhältnissen des Verurtheilten, sowie den besonderen Umständen der That oder der derselben zu Grunde gelegenen Gesinnung angemessen findet. Die Festungsstrafe wird dann durch das Strafurtheil angeordet.

Die Strafe der Einschließung als custodia honesta.

„Surrogatstrafen sollen nicht stattfinden; alle Staatsbürger müssen vor dem Gesetz gleich sein; Bildung und Wohlhabenheit sind so erhebliche Präservative gegen die Versuchung, ein Verbrechen zu begehen, daß, wer mit diesen Gütern ausgestattet, dennoch einer strafbaren Handlung sich schuldig macht, irgend welche Rücksicht auf seine Bildung, gesellschaftliche Stellung, sonstige Lebensgewohnheiten bei Vollstreckung der Strafe nicht beanspruchen darf.“

In dieser Weise wird ja ganz allgemein argumentirt, und die Argumentation ist ja auch richtig, wenn man eine Anerkennung des Satzes für eine Gesetzgebung beanspruchen oder in einer Gesetzgebung finden sollte, daß der höhere Stand, der größere Reichthum den Verbrecher vor dem Richter privilegire, daß es somit zwei Strafrechte gäbe, das eine für die Privilegirten und das andere für das gemeine Volk.

Aber damit ist die Sache denn doch nicht abgemacht.

Wenn man und mit Recht verlangt, daß alle Staatsbürger vor dem Strafgesetz gleich sein sollen, so heißt diese Forderung nichts Anderes, als daß Niemand wegen seines Standes u. s. w. ein leichteres Strafübel erdulden dürfe als ein Anderer; hoffentlich heißt dies aber doch auch, daß Niemand wegen seines Standes u. s. w. ein schwereres Strafübel erdulden dürfe, als ein Anderer. Man wird nun zwar sagen können, daß, ebenso wie ein Diebstahl an einem Thaler immer gleich sei einem Diebstahl an einem Thaler, ebenso auch eine Strafe von zwei Jahren Zuchthaus gleich sei einer Strafe von zwei Jahren Zuchthaus; denn ein Thaler ist immer ein Thaler und zwei Jahre Zuchthaus sind immer zwei Jahre Zuchthaus. Da es nun aber doch nicht gleich ist, ob der eine Thaler einem Millionär, oder einem Manne gestohlen wird, dessen ganzer Reichthum dieser eine Thaler ausmacht — obgleich doch ein Thaler immer nur ein Thaler ist — eben so wenig ist es gleich, ob man den vollkommen entblößten, an keine Genüsse der Bildung und Civilisation gewöhnten Proletarier, oder ob man Jemanden, der höherer geistiger und materieller Vorzüge theilhaftig geworden, auf die Dauer von zwei Jahren in's Zuchthaus sperrt — obgleich doch zwei Jahre Zuchthaus immer gleich zwei Jahren Zuchthaus sind. Verlangt man, die Staatsbürger sollen vor dem Gesetze gleich sein, so verlangt man damit, daß, gleichviel, ob A oder X ein Verbrechen beging, jeder derselben von der Strafe gleich schwer getroffen werde.

Die Strafe ist inhaltslos, wenn sie für sich allein gedacht wird, sie erlangt erst dadurch einen Inhalt, daß sie von einem bestimmten Individuum verbüßt wird. Man kann daher die Schwere der Strafen nicht an und für sich, sondern immer nur unter Bezugnahme auf ein bestimmtes und dieselbe verbüßendes Individuum beurtheilen. Der Forderung also, daß die Staatsbürger vor dem Gesetze gleich sein sollen, kommt man nicht schon dadurch nach, daß man für alle dieselben Strafen bestimmt; man würde vielmehr erst dann dieser Forderung gerecht werden, wenn man Gleichheit derjenigen Resultate erlangt, welche sich aus der Beziehung der einzelnen Strafe auf das einzelne bestrafte Individuum ergeben.

Vollständig kann dies freilich keine Gesetzgebung erreichen. Denn jedes Gesetz muß eine Regel enthalten, es muß entsprechend seiner Natur verschiedene Fälle generalisiren. Wollte man aber in jedem Straffalle die richtige Strafe unter Rücksichtnahme auf diejenige Wirkung finden, welche das anzuwendende Strafmittel auf das zu bestrafende Individuum äußert, so würde man die Strafen vollständig individualisiren müssen, und dies ist, so lange die Strafrechtspflege auf der Basis des Strafgesetzes beruht, eben etwas Unmögliches. So viel aber kann durch das Strafgesetz gewährt werden, daß die Vollstreckungsart der Strafen, vor Allem der Freiheitsstrafen so geregelt werde, daß innerhalb gewisser Grenzen auf die Individualität des zu Bestrafenden Rücksicht genommen werde; nicht um diese oder jene persönliche Privilegien auch in die Strafrechtspflege zu übertragen, — wie dies die Tendenz der Surrogatstrafen ist — sondern um so viel als möglich der Gerechtigkeit nachzukommen, welche, weil sie Individuen gegenübertritt, die Nichtbeachtung der Individualität sich nicht darf zu Schulden kommen lassen.

Wenn aber weiter gesagt wird, es könne ohne Rücksicht auf die individuellen Verhältnisse des zu Bestrafenden das Strafübel verhängt werden, weil der Gebildetere, Wohlhabendere u. s. w. weniger in Versuchung komme, Verbrechen zu begehen als der Ungebildete, der Arme u. s. w., daß es mithin Jenem ganz recht sei, wenn ihn das zu erduldende Strafübel härter treffe als diesen, so ist diese Behauptung zwar für einzelne aber keineswegs für alle Verbrechen richtig. Es wird niemand leugnen wollen, daß ohne eine gewisse Bildung eine ganze Reihe von Verbrechen überhaupt nicht begangen werden könne — wie z. B. die Preßverbrechen — daß andere Verbrechen wenigstens in sehr zahlreichen Fällen eine gewisse Bildung, wenn auch immerhin Halbbildung, und auch das Vorhandensein von Vermögen voraussetzen, wie dies bei den politischen Verbrechen der Fall ist. Soll man nun sagen: Weil Bildung, weil Vermögen u. s. w. einen nicht geringen Schutz verleihen gegen die Begehung von Diebstahl, Raub, Nothzucht und dergleichen Verbrechen, dagegen aber Bildung u. s. w. nicht selten gerade die Veranlassung abgeben zur Begehung von politischen und ähnlichen Verbrechen, so müssen dennoch alle zu bestrafenden Individuen über einen Kamm geschoren werden? Ein derartiges Verlangen würde in sich selbst widersprechend sein.

Das Strafgesetz wird vielmehr unterscheiden müssen. Es wird eine Reihe von strafbaren Handlungen als solche bezeichnen, welche nur unter der Voraussetzung einer gemeinen Gesinnung begangen werden können; und in Betreff derartiger Verbrechen wird es geboten sein, vorzuschreiben, daß, da Jeder, welcher dieselben begeht, er möge übrigens eine Stellung im Leben einnehmen, welche er wolle, dennoch unzweifelhaft ein gemeiner Mensch ist, er auch den gemeinen Strafen unterworfen werden müsse. Aber das Gesetz wird auch eine Reihe von strafbaren Handlungen als solche anerkennen müssen, die auch von einem anständigen Menschen wenigstens begangen werden können; es wird das Gesetz der Auffassung Rechnung tragen müssen, daß, obwohl Jemand eine strafbare Handlung dieser Art begangen, er dennoch ein anständiger Mensch bleiben kann. Es wird daher für derartige Straffälle die Wahl des Strafübels unter der Rücksichtnahme erfolgen müssen, daß man es mit der Bestrafung eines anständigen Individuums zu thun hat.

Nachdem dieses vorausgeschickt, wird es zulässig sein, die oben mitgetheilten Bestimmungen einzelner deutscher Strafgesetzbücher wenigstens in einer Beziehung zu prüfen.

Das System des Bayrischen Strafgesetzbuches, welches die Möglichkeit gewährt, die Zuchthaus- und Gefängnißstrafe nach richterlichem Ermessen in allen Fällen in Festungsstrafe zu verwandeln, kann um deswillen nicht gebilligt werden, weil die custodia honesta sich nicht bei allen, sondern bei nur bei einzelnen Straffällen rechtfertigt.

Wenn dagegen das Lübische Recht die custodia honesta gänzlich beseitigt, so übersieht dasselbe, daß eine nicht geringe Anzahl von strafbaren Handlungen diese Art der Freiheitsstrafe als nothwendig erscheinen lassen. Möglich ist es zwar, daß das Lübische Strafrecht, indem dasselbe im §. 13. anordnet, es solle die Gefängnißstrafe der Regel nach in Einzelhaft verbüßt werden, hiedurch in geeigneter Weise die Individualität des zu Bestrafenden berücksichtigen zu können glaubt. Aber abgesehen davon, daß sich im Lübischen Strafrecht manche Verbrechen würden auffinden lassen, welche wenigstens die Möglichkeit der custodia honesta zu erfordern scheinen, und abgesehen davon, ob es nachahmungswürdig sein möchte, eine möglicherweise bis zu zwanzig Jahren zu extendirende Gefängnißstrafe als Einzelhaft zu vollstrecken; so ist doch auch noch zu berücksichtigen, daß es für die Bedeutung einer Strafe nicht blos darauf ankommt, was der Sträfling während der Verbüßung derselben erduldet, daß es also nicht blos darauf ankommt, was die Strafe im konkreten Falle ist, sondern auch darauf, wie sie heißt und wie der allgemeine Karakter der Strafe ist, dem dieselbe ja eben ihren Namen verdankt. Und da möchte man denn doch sagen, daß eine Gefängnißstrafe, welche durch Beschränkung der Kost auf Wasser und Brod verschärft werden kann, ihrer allgemeinen Beschaffenheit nach nicht eine solche Strafart ist, welche man mit Recht eine custodia honesta nennen könnte.

Sachsen, Thüringen und Altenburg wollen es der Begnadigung anheimgeben, ob die custodia honesta eintreten solle oder nicht. Diese Vorschrift ist einmal nicht nöthig, da das Recht der Begnadigung nicht nur das Recht des Straferlasses, sondern auch das Recht der Strafherabsetzung auf eine mildere Strafart involvirt; und sodann ist diese Vorschrift unrichtig, da die custodia honesta sich als eine Strafart darstellt, welche entsprechend den Grundsätzen der Gerechtigkeit gewährt werden muß und daher nicht von dem Belieben der Begnadigungs-Instanz abhängig gemacht werden kann.

Das richtige System ist demnach das von Preußen und Oldenburg adoptirte, nach welchem

1. unter einem besonderen Namen und durch bestimmte Merkmale karakterisirt, eine besondere Freiheitsstrafe als custodia honesta den übrigen Freiheitsstrafen gegenübergestellt und
2. diese Freiheitsstrafe entweder ausschließlich oder in elektiver Verbindung mit einer anderen Freiheitsstrafe angeordnet wird.

Zu bezweifeln ist es jedoch, daß das Preußische Strafgesetzbuch der Strafe der Einschließung eine genügende Ausdehnung gegeben habe. Es ist diese Strafe beschränkt auf den Zweikampf und auf die in den §§. 63. 64. 65. 68. Absatz 2. 74. 76. 78. aufgestellten politischen Verbrechen.

Abgesehen von dem Zweikampfe, wo die Einschließung allein angedroht ist, tritt sie bei den übrigen Verbrechen nur noch in Verbindung mit der Zuchthausstrafe auf.

Da nun die Einschließung eine minder schwere Strafe ist als die Gefängnißstrafe, so ist es nicht wohl einzusehen, weßhalb die Einschließung nicht auch elektiv neben die Gefängnißstrafe treten könnte. Der Entwurf hat denn auch diese Kombination von Freiheitsstrafen aufgestellt, so daß also die Einschließung neben der Zuchthausstrafe **und** neben der Gefängnißstrafe sich findet.

Der Zweck jedoch, welcher durch diese Kombination der Freiheitsstrafen erreicht werden soll, wird in anderer Weise auch dann erreicht, wenn neben die Gefängnißstrafe elektiv die Geldbuße gestellt ist. In diesem Falle könnte noch folgender Zweifel entstehen. Wenn nämlich auf Geldbuße erkannt ist, die Geldbuße aber wegen Unvermögens des Verurtheilten in eine Freiheitsstrafe zu verwandeln ist, könnte dann nicht — wenigstens unter Umständen — die Umwandlung in die Strafe der Einschließung zweckmäßiger sein, als die Umwandlung in die Gefängnißstrafe?

Prinzipiell würde sich diese Frage vielleicht schwer verneinen lassen; aber es ist kaum anzunehmen, daß ein praktisches Bedürfniß vorhanden sei, eine Bestimmung des Inhalts zu treffen, daß Geldbußen für den Fall des Unvermögens des Verurtheilten theils in Gefängnißstrafe theils in die Strafe der Einschließung umzuwandeln seien. Denn diejenigen Fälle, bei denen die Voraussetzungen der custodia honesta vorhanden sind und bei welchen zugleich der zu einer Geldbuße Verurtheilte den Betrag derselben aufzubringen außer Stande sein sollte, diese Fälle stehen jedenfalls so vereinzelt da, daß das Strafgesetz eine besondere Berücksichtigung derselben nicht braucht eintreten zu lassen.

Sonstige Freiheitsstrafen.

Mit Bezug auf die oben angeführten Bestimmungen der innerhalb des Norddeutschen Bundes geltenden Strafgesetzbücher würde weiter die Frage zu beantworten sein, ob außer der **Einschließung** noch **zwei** oder noch **drei** andere Freiheitsstrafen in einem neuen Gesetzbuche aufzunehmen sind.

Diese Frage ist indessen gelegentlich der Vorberathungen zum Preußischen Strafgesetzbuche bereits auf das Ausführlichste erörtert worden. Und mit dem bei dieser Gelegenheit angenommenen, in das Preußische Strafgesetzbuch übergegangenen Systeme wird man sich denn auch lediglich einverstanden erklären können. *)

In den deutschen Gesetzbüchern ist es nicht zu verkennen, daß das ganze Strafensystem zum Theil wenigstens noch von dem Gedanken befangen ist, daß, da die Strafe ein Uebel sei, dieselbe auch für den Sträfling eine Qual, eine Pein sein müsse. Es ist das heutige deutsche Strafrecht ein Abkömmling des älteren peinlichen deutschen Rechts und kann diesen seinen Ursprung noch immer nicht vollständig verleugnen.

Wenn man indessen den Gesichtspunkt aufgiebt, daß die Strafe dazu bestimmt sei, den Sträfling zu quälen, so wird man damit auch diejenigen Anordnungen fallen lassen müssen, welche lediglich den Zweck haben, die eine Strafe vor der anderen als eine schwerer zu erduldende hinzustellen, durch die eine Strafe den Gefangenen mehr zu quälen als durch die andere. Nur unter Beibehaltung dieses, für den Bildungszustand der heutigen Zeit nicht mehr passenden Gesichtspunktes, wird es möglich sein, neben der custodia honesta nicht blos weitere drei, sondern beliebig viele sonstige Freiheitsstrafen aufzustellen.

Sieht man dagegen in der Strafe lediglich das Mittel, welches nothwendig ist, um denjenigen, welcher sich durch eine verbrecherische Handlung mit der Rechtsordnung in Widerspruch gesetzt hat, in der Rechtsordnung wieder zu retabliren, so wird man über zwei Freiheitsstrafen schon um deswillen nicht hinauskommen, weil wesentliche unterscheidende Kriterien für noch mehr Freiheitsstrafen kaum aufgefunden werden können.

Für die beiden Freiheitsstrafen aber, um die es sich noch handelt, für die Zuchthausstrafe und die Gefängnißstrafe, läßt sich das prinzipielle Unterscheidungsmoment wohl aufstellen. Es besteht dasselbe in Folgendem:

Entweder die Natur des begangenen Verbrechens ist von der Art, daß der Staat sich genöthigt sieht, den Verbrecher im Interesse der Rechtsordnung einer methodischen Zucht zu unterwerfen,

oder die Natur des begangenen Verbrechens ist nicht von der Art, daß der Staat ein derartiges Einschreiten für erforderlich erachtet, es vielmehr für ausreichend hält, durch die Freiheitsentziehung demjenigen, der gegen die Rechtsordnung fehlte, lediglich die Macht und die Autorität derselben zum Bewußtsein zu bringen.

Ersteres soll durch die Zuchthausstrafe, letzteres durch die Gefängnißstrafe erreicht werden.

Wenn nun aber die Gefängnißstrafe nichts mehr sein soll, als ein dem Sträflinge im Interesse der Autorität der Rechtsordnung auferlegter Zwang, wenn andererseits die Zuchthausstrafe es ermöglichen soll, daß der Sträfling einer methodischen Zucht unterworfen werde, so darf weder die Gefängnißstrafe ein bestimmtes, nicht zu hoch gegriffenes Maximum übersteigen, noch auch die Zuchthausstrafe unter

*) Vergl. Goltdammer Materialien Bd. I S. 91. ff.

dasjenige Minimum hinuntergehen, welches nothwendigerweise erforderlich ist, um den Sträfling einer irgendwie wirksamen Zucht zu unterziehen.

In dieser Beziehung ist es nicht zu billigen, wenn das Lübische Gesetzbuch die Gefängnißstrafe bis auf 20 Jahre ausdehnen und die Zuchthausstrafe bis auf das Minimum von drei Monaten herabsetzen will. (§. 10. al. 2. 3.) Der Entwurf für Hamburg will dagegen das Maximum der Gefängnißstrafe nur bis auf 5 Jahre ausdehnen und das Minimum der Zuchthausstrafe nicht unter ein Jahr herabgesetzt wissen. Das Preußische und Oldenburgische Strafgesetzbuch haben für die Gefängnißstrafe das Maximum von fünf Jahren, für die Zuchthausstrafe das Minimum von zwei Jahren.

Um die Frage zu beantworten, wie hoch das Maximum der Gefängnißstrafe, wie hoch das Minimum der Zuchthausstrafe sein müsse, ist zunächst von folgender Betrachtung auszugehen.

In der gesammten Strafskala, von der geringsten Geldbuße an, bis zur lebenslänglichen Zuchthausstrafe darf, soweit dies möglich, irgend eine Lücke nicht existiren.*) Diese Forderung ist geboten, weil die Größe der Strafe entsprechen muß der Größe der verbrecherischen Schuld, und weil die Größe der verbrecherischen Schuld, wie sich dieselbe in der Gesammtheit der strafbaren Handlungen darstellt, nicht sprungweise, sondern in allmäliger Entwickelung fortschreitet.**)

Nun sind aber die einzelnen Strafarten der Intensität ihrer Wirkung nach verschieden; und in sofern kann man auch sagen, die einzelnen Strafarten unterscheiden sich hinsichtlich ihrer Schwere von einander. Soll nun mit Sicherheit eine Lücke in der Strafskala vermieden werden, so muß es möglich sein, zu bestimmen, bis zu welcher Höhe die minder schwere Strafe fortschreiten müsse, um an das Minimum der nächst höheren Strafart sich anschließen zu können. Die Bestimmung dieses Verhältnisses der einzelnen Strafarten zu einander wird etwas Willkürliches immer haben; dieselbe muß daher durch ein positives Gesetz erfolgen und dieses wird um so besser sein, je mehr es sich an bereits bestehendes Recht anschließt. Da nun diejenige Bestimmung, welche in §. 16. des Preußischen Strafgesetzbuches das Verhältniß der einzelnen Freiheitsstrafen zu einander bestimmt, in der Praxis Bedenken gegen sich nicht hat entstehen lassen, dieselbe auch in dem Oldenburgischen Gesetzbuche (Art. 11.) dem Hamburger Entwurf (§. 15.) und, wenigstens für das Verhältniß der Gefängniß- und der Zuchthausstrafe zu einander, auch in dem Lübischen Gesetzbuche (§. 15.) recipirt ist, so wird diese Bestimmung auch für ein neues Strafgesetzbuch aufrecht zu erhalten sein.

---

*) Eine solche existirt allerdings zwischen der höchsten zeitigen und der lebenslänglichen Zuchthausstrafe. Hierüber wird weiter unten zur Rechtfertigung der lebenslänglichen Zuchthausstrafe das Erforderliche beigebracht werden.

**) Einzelne Ausnahmen von diesem Grundsatze können anerkannt werden; es sind das diejenigen Fälle, welche die lebenslängliche Zuchthausstrafe als absolut bestimmte Strafe rechtfertigen würden.

Wäre demnach das Minimum der Zuchthausstrafe festgestellt, so würde zugleich auch feststehen, bis wie weit wenigstens die Gefängnißstrafe ausgedehnt werden müßte, damit eine Lücke in der Strafskala nicht entstehe.

Wenn nun auch das Oldenburgische Strafgesetzbuch (Art. 6.) ebenso wie das Preußische ein zweijähriges Minimum der Zuchthausstrafe aufstellt, wenn das gleiche Minimum auch in dem Braunschweigischen (§. 14.) und Großherzoglich Hessischen (Art. 7.) Gesetzbuche angenommen ist, so ist damit die Sache doch nicht erledigt. Wir finden in den Strafgesetzbüchern des Königreichs Sachsen (Art. 32.), Thüringens (Art. 10.), Altenburgs (Art. 17.) die Zuchthausstrafe mit einjährigem Minimum, welches auch der Hamburger Entwurf empfiehlt (§. 10.), während Lübeck (§. 10.) mit einem Minimum von drei Monaten sich begnügen zu können glaubt. Ergänzungsweise kann angeführt werden, daß Bayern (Art. 16.) die Zuchthausstrafe mindestens in der Dauer von vier Jahren festgesetzt haben will.

Hiezu kommt Folgendes. Im Jahre 1856 beantragte die Preußische Staats-Regierung in einer Gesetzesvorlage, den §. 10. des Strafgesetzbuches dahin zu ändern, daß statt des zweijährigen ein einjähriges Minimum der Zuchthausstrafe aufgenommen werde. Dieser Gesetzesvorschlag wurde indessen in beiden Häusern des Landtags abgelehnt. Die Gründe hiefür sind in den Berichten der betreffenden Kommissionen für das Justizwesen zu finden. Die Justiz-Kommission des Abgeordnetenhauses ließ sich durch folgende Erwägungen zu ihrem ablehnenden Votum bestimmen:

1) Die Zuchthausstrafe und deren Dauer bei jedem einzelnen Verbrechen ist im Strafgesetzbuche nicht für sich, sondern nur im Verhältnisse zu dem ganzen Systeme der Freiheitsstrafen regulirt; eine durchgängige Herabsetzung der in dem Strafgesetzbuche angenommenen geringsten Dauer von 2 Jahren würde nach Ansicht der Kommission nicht eher und anders erfolgen können, als wenn eine sorgfältige Prüfung des Systems der Freiheitsstrafen überhaupt vorher vorgenommen worden.

2) Wollte man aber auch von einer solchen allgemeinen Prüfung des Systems absehen, so erachtet es die Kommission doch für bedenklich, auf die beantragte allgemeine Herabsetzung der Zuchthausstrafe einzugehen, ohne bei jedem einzelnen mit Zuchthausstrafe bedrohten Verbrechen vorher eine Erörterung eintreten zu lassen, ob sein Thatbestand es zulasse, die Strafe zu ermäßigen.

Die Kommission vergegenwärtigte sich, um nur eines Beispiels zu erwähnen, daß für Herabsetzung der auf den wissentlichen Meineid gesetzten Strafe von 2 bis 10 Jahren Zuchthaus bewegende Gründe gewiß nicht gefunden werden könnten.

Zu einer solchen für nothwendig erachteten Prüfung, welche ihrer Natur nach sehr umfassend sein müßte und würde, liegt aber vorbereitendes Material zur Zeit nicht vor.

3) Wenn aus der Praxis heraus viele Anträge auf Herabsetzung der Zuchthausstrafe in ihrem Minimalsatze eingegangen sind, so werden dieselben zu einem großen Theile ihre Erledigung durch diejenigen neuen Bestimmungen

finden, welche in Betreff der Beschränkung der Qualifikation der schweren Körperverletzung (§. 193.) und des schweren Diebstahls (§. 218.) und durch Zulassung der Annahme mildernder Umstände in den Fällen der Urkundenfälschung im §. 251. gegeben sind. Es wird dadurch eine nicht unbeträchtliche Anzahl strafbarer Handlungen künftig gar nicht mehr mit Zuchthausstrafe, sondern mit Gefängnißstrafe geahndet, und damit dem Zwecke der Strafermäßigung gedient werden.

4) Die Kommission stimmt den Gründen bei, welche nach Inhalt der Motive für die Festsetzung der geringsten Dauer der Zuchthausstrafe auf zwei Jahre maßgebend gewesen sind. Es sind deshalb nach ihrer Ansicht die Bedenken gegen die Herabsetzung der Dauer um so erheblicher, als jene Gründe, in der gegenwärtigen Zeit, in welcher die Verbrechen sich vermehrt haben, recht eigentlich zur vollen Geltung gelangen. Wenn in den Motiven darauf hingewiesen ist, daß das Minimum der festgesetzten Strafe überhaupt nur für die leichteren Fälle bestimmt, und nicht etwa als Regel aufzufassen sei, so ist dem entgegengesetzt worden, daß die Gerichtshöfe der Erfahrung gemäß zu sehr geneigt sind, bei dem niedrigsten Strafmaße stehen zu bleiben, wenn nicht ganz besondere Umstände sich herausgestellt haben, welche ein Hinausgehen über dasselbe fordern."

In dem Berichte der Justiz-Kommission des Herrenhauses wird sodann ausgeführt:

„Nach dem Gesetz-Entwurf soll der §. 10. des Strafgesetzbuches insoweit abgeändert werden, daß das Minimum der Zuchthausstrafe von zwei Jahren auf ein Jahr herabgesetzt werde.

Der Antrag ist durch vielfache Beschwerden hervorgerufen, welche bei der Staats-Regierung darüber eingegangen sind, daß die Strafen im Strafgesetzbuche in vielen Fällen zu hoch gegriffen seien und im zu schroffen Mißverhältnisse zu den früheren, milderen Strafen ständen. Es empfehle sich daher, das Arbitrium des Richters in Beziehung auf die Anwendung der Zuchthausstrafe zu erweitern.

Die Kommission trug jedoch Bedenken, dieses Argument für durchgreifend zu erachten. Man erwog, daß, bevor man auf die Herabsetzung des Minimums der Zuchthausstrafe von zwei auf ein Jahr eingehen könne, man nothwendig vorher feststellen müsse, welche einzelne Straffälle davon betroffen werden würden? Einzelne Straffälle möge es geben, welche solche Herabsetzung gestatten, bei andern dagegen, wie z. B. bei dem wissentlich falschen Eide (§. 125.), bei der Bigamie (§. 139.) u. s. w. würde solche Herabsetzung ganz unangemessen erscheinen, um so mehr, als die Erfahrung lehrt, daß die Richter, wenn der Strafgrad von ihrem Arbitrio abhängig ist, geneigt sind, bei den geringsten, oder doch bei den geringeren Strafgraden stehen zu bleiben und nicht darüber hinaus zu erkennen.

Nachdem noch der Regierungs-Kommissar erklärt hatte, daß die Staatsregierung nicht geneigt sei, auf eine Specialisirung derjenigen Fälle einzugehen, in welchen das Minimum der Zuchthausstrafe auf ein Jahr herabzusetzen und andrerseits derjenigen Fälle, in welchen das jetzige Minimum von zwei Jahren beizubehalten sei, weil diese Maßregel zu der „nicht beabsichtigten" allgemeinen Revision des Strafgesetzbuches führen würde, beschloß die Kommission einstimmig:

den §. 10. abzulehnen, indem sie Bedenken trägt, denselben in seiner jetzigen Fassung anzunehmen, und in dessen Allgemeinheit das Minimum der Zuchthausstrafe auf ein Jahr herabzusetzen; denn sie erkennt zwar an, daß in einigen Fällen solche Herabsetzung angemessen erscheinen mag, in anderen Fällen würde dagegen die Beibehaltung der jetzigen Strafbestimmung nothwendig sein."

Der Abänderungsvorschlag, wie er von der Regierung ausging, war allerdings von der Art, daß er nicht angenommen werden konnte. Denn, wenn man sagt: In einzelnen Fällen hat sich das Bedürfniß gezeigt, statt auf eine zweijährige nur auf eine einjährige Zuchthausstrafe zu erkennen; diesem Bedürfnisse will ich dadurch abhelfen, daß ich, ohne darauf einzugehen, welches diese einzelnen Fälle sind, in allen Fällen statt der zweijährigen die einjährige Zuchthausstrafe zulasse — so ist das jedenfalls eine Methode der Gesetzgebung, wie man sie sich inkorrekter nicht wohl denken kann. Aber, daß es an sich keinem Bedenken unterliegen würde, in geeigneten Fällen auch eine einjährige Zuchthausstrafe zuzulassen, mithin den zweiten Absatz des §. 10. dahin zu formuliren:

„Die Dauer der zeitigen Zuchthausstrafe ist mindestens ein Jahr und höchstens zwanzig Jahre —"

unter der Voraussetzung natürlich, daß nun auch im speciellen Theile die einzelnen Fälle angegeben würden, wo die einjährige Zuchthausstrafe als Strafminimum in Anwendung zu bringen, darüber war weder in der Justiz-Kommission des Abgeordnetenhauses, noch in der des Herrenhauses irgend ein Zweifel. Die Revision des speciellen Theiles schien nur zur Zeit nicht indicirt; das Bedürfniß nach Herabsetzung der Zuchthausstrafe bis auf ein Jahr erschien theils durch das Abschreckungs-Bedürfniß neutralisirt, theils glaubte man demselben gerecht werden zu können, indem man für einzelne Fälle, wo sie bis dahin nicht zulässig gewesen waren, die „mildernden Umstände" und mit diesen die Gefängnißstrafe neben der Zuchthausstrafe einführte.

Und so konnte denn bald nach der Gesetzgebung des Jahres 1856 ein angesehener Preußischer Praktiker mit dem „Vorschlage" hervortreten, in dazu geeigneten Fällen das Minimum der Zuchthausstrafe auf ein Jahr herabzusetzen, und mit diesem Vorschlage zugleich diejenigen einzelnen Paragraphen des Strafgesetzbuches bezeichnen, bei denen diese Herabsetzung zulässig sein möchte.*)

Bei diesen legislatorischen Untersuchungen ist man denn aber davon ausgegangen, daß die Zuchthausstrafe ihrer Natur und ihrem Wesen nach eine Herabsetzung auf den Zeitraum von nur einem Jahre zulasse. Und von dieser Voraussetzung durfte man damals auch mit einigem Rechte ausgehen. War doch die Art und Weise, wie die Zuchthausstrafe vollstreckt wurde, bei Emanation des Strafgesetzbuches im Jahre 1851 dieselbe geblieben, wie sie zur Zeit des Landrecht-Strafrechts war. Und wenn man bis zum 1. Juli 1851 entsprechend den Bestimmungen des Allgemeinen Landrechts die Zuchthausstrafe nach

*) Kräwel Vorschläge u. s. w. Berlin 1857. S. 20 ff.

Monaten, selbst nach Wochen abmessen durfte, so war es nicht wohl abzusehen, weshalb bei im Wesentlichen unverändert gebliebener Vollstreckungsart die Zuchthausstrafe nicht auch nach dem 1. Juli 1851 ein Strafmittel sein sollte, dessen Minimal-Dauer nach sonstigen legislatorischen Bedürfnissen beliebig zu fixiren wäre. Nur ganz schüchtern tritt in den Motiven der Regierung der Gesichtspunkt hervor, daß die Zuchthausstrafe, wenn sie etwas leisten solle, eine bestimmte Zeitdauer für sich beanspruchen müsse. Daß dieser Gesichtspunkt aber irgendwie von entscheidender Bedeutung gewesen sei, das geht aus den Motiven keinesweges hervor. Zunächst nämlich wird darauf hingewiesen, daß schon früher in dem von dem Staatsrath vorgelegten Entwurfe das Minimum der Zuchthausstrafe auf ein Jahr festgesetzt worden wäre. Und dann heißt es weiter: „Später glaubte man mit Rücksicht auf die größere Intensität dieser mit Verlust der bürgerlichen Ehrenrechte verbundenen Strafe, die nur bei eigentlichen Verbrechen, also der schwersten Kategorie der strafbaren Handlungen, zur Anwendung kommt, die Dauer auf das Minimum von 2 Jahren ermäßigen zu müssen, um einerseits den durch dieselbe getroffenen Verbrechen die genügende strafrechtliche Ahndung zu Theil werden zu lassen, andererseits aber den zwischen der Zuchthausstrafe und den anderen Freiheitsstrafen obwaltenden inneren und wesentlichen Unterschied auch äußerlich schärfer hervorzuheben." Und an einer anderen Stelle wird dann hinzugefügt: „Andererseits könne aber auch eine zu kurze Detention in einer Strafanstalt weder eine ernste Reue und eine sittliche Besserung, noch den festen Entschluß und die praktische Heranbildung zu irgend einem die künftige Lebensexistenz sichernden Lebensberufe herbeiführen."

Von dem also, was die Zuchthausstrafe leisten solle, und daß sie dasjenige, was sie leisten solle, in zu kurzer Frist nicht leisten könne, davon ist schon beiläufig die Rede.

Nun erwäge man aber! Es soll erreicht werden: Reue, sittliche Besserung, praktische Heranbildung zu einem die künftige Existenz sichernden Lebensberufe — das Alles soll erreicht werden, bei einjähriger Zuchthausstrafe in gemeinschaftlicher Haft! Setzen wir hinzu: Gewiß ebenso gut als bei einer zweijährigen, in gemeinschaftlicher Haft verbüßten Zuchthausstrafe; aber geben wir uns dabei nicht dem Glauben hin, daß die in gemeinschaftlicher Haft verbüßte Zuchthausstrafe überhaupt dasjenige Resultat herbeiführen werde, welches sie nach der Ansicht der Preußischen Staatsregierung im Jahre 1856 herbeiführen sollte, und wenn man die Zeitdauer derselben auch noch so lange ausdehnte. Das „je länger, je besser" findet hier gewiß keine Anwendung; eher das Gegentheil.

So kommt man denn also zu der ganz unvermeidlichen Frage, ob die Zuchthausstrafe, welche ein neues deutsches Gesetzbuch zu recipiren hat, die in gemeinschaftlicher Haft zu verbüßende Zuchthausstrafe, wie dieselbe am 14. April 1851 in Preußen existirte, sein könne.

Man wird diese Frage ganz gewiß verneinen müssen.

Zunächst mit Bezug auf die thatsächlichen Verhältnisse, wie sie heute in Preußen bestehen.

Das Strafgesetzbuch schreibt vor, daß die zur Zuchthausstrafe Verurtheilten in einer Strafanstalt verwahrt und zu den in derselben eingeführten Arbeiten angehalten werden sollen. Das Gesetz vom 14. April 1854 gestattet die Vollstreckung der Zuchthausstrafe auch außerhalb der Strafanstalt durch Beschäftigung der Sträflinge im Freien.

Das Strafgesetzbuch geht von der Voraussetzung aus, daß die Zuchthausstrafe in gemeinschaftlicher Haft vollstreckt werde. In Preußen wird aber seit längerer Zeit die Zuchthausstrafe auch in der Einzelhaft vollstreckt. Daß diese Strafart einer gesetzlichen Basis nicht entbehre, weil auch bei der Einzelhaft die Sträflinge in einer Strafanstalt verwahrt und zu den in derselben eingeführten Arbeiten angehalten werden, wird bekanntlich von nicht juristischer Seite vielfach behauptet; während von juristischer Seite, und gewiß nicht ohne Grund, dieser Behauptung widersprochen wird.

Handelte es sich mithin um nichts weiter, als lediglich um eine erneute Kodifikation des Preußischen Strafgesetzbuches, so würde das neue Gesetz die Vorschriften über die Vollstreckungsart der Zuchthausstrafe unter Rücksichtnahme auf die Einzelhaft, und unter Rücksichtnahme auf die Beschäftigung der Sträflinge gemäß den Bestimmungen des Gesetzes vom 14. April 1854 zu treffen haben.

Dazu kommt aber noch, daß in der Oldenburgischen Strafanstalt zu Vechta die Strafvollstreckung in einer Nachbildung des Irischen Systems erfolgt; daß in Sachsen mit dem glücklichsten Erfolge die provisorische Beurlaubung gehandhabt wird; thatsächliche Verhältnisse, welche bei der gesetzlichen Regelung der Zuchthausstrafe in einem allgemeinen norddeutschen Strafgesetzbuch gewiß nicht übersehen werden dürfen.

Und nicht blos auf das in Deutschland Bestehende darf man seinen Blick beschränken; bei einer neuen Gesetzgebung hat man auch auf dasjenige zu rücksichtigen, was in anderen Ländern günstige Erfahrungen geliefert hat. Es läßt sich heute eine neue Strafgesetzgebung nicht mehr in Angriff nehmen, ohne auf die Erfolge und auf die Verwerthung des Irischen Systems gebührende Rücksicht zu nehmen. Eine Gesetzgebung, welche dies unterlassen, welche gegen dasjenige, was die neuere Gefängnißwissenschaft an praktischen Resultaten gewonnen, sich verschließen wollte, eine solche Gesetzgebung würde nicht in ihrer Zeit stehen, sie würde vielmehr, vielleicht aus der sehr unbegründeten Besorgniß, ihrer Zeit voranzueilen, lediglich hinter ihrer Zeit zurückbleiben.

Mögen Einzelnheiten auch in der neueren Gefängnißwissenschaft noch streitig sein, die wesentlichen Grundsätze sind es nicht mehr; sind es nicht mehr trotz einzelner Angriffe, die ebenso wenig die Richtigkeit dieser Hauptgrundsätze abschwächen können, wie ein allgemein anerkannter Rechtssatz dadurch erschüttert und zu einem kontroversen gemacht werden kann, daß irgend ein des Rechtes Unkundiger denselben zu bestreiten unternimmt.

Diese bei einer neuen Strafgesetzgebung nicht zu übergehenden Grundsätze sind aber:

1. Die Zuchthausstrafe darf weder in ausschließlicher gemeinschaftlicher, noch auch in ausschließlicher Einzelhaft bestehen; es muß dieselbe

vielmehr in verschiedenen Strafstadien, deren erstes in Einzelhaft, deren zweites in gemeinschaftlicher Haft besteht, vollstreckt werden.

2. Der Uebergang zur Freiheit ist durch Zwischenanstalten zu vermitteln, welche Zwischenanstalten für die dazu geeigneten Sträflinge das dritte Stadium der Zuchthausstrafe ausmachen.

3. Während der Dauer der Zuchthausstrafe muß es dem Sträflinge möglich gemacht werden, durch eigene Kraft seine Lage zu verbessern, namentlich die Dauer der gegen ihn erkannten Strafe abzukürzen, d. h. neben der Strafvollstreckung in verschiedenen Strafstadien ist das System der provisorischen Beurlaubungen zu recipiren.

Eine Begründung dieser Sätze ist an dieser Stelle nicht vorzunehmen; denn es kann hier nicht die Aufgabe sein, diejenigen Erfahrungen zusammenzustellen, welche jene Grundsätze haben entstehen lassen. Jede Gesetzgebung braucht gewisse Voraussetzungen, auf denen sie basiren muß, und jede Gesetzgebung wird sich, so lange die Freiheitsstrafen das überwiegend wichtigste Strafmittel bilden, dazu entschließen müssen, gewisse Grundsätze der Gefängnißwissenschaft zu adoptiren. Denn die bloße Zeitdauer giebt der Freiheitsstrafe noch nicht einen bestimmten Inhalt; noch weniger thut dies der Name, oder die der Freiheitsstrafe etwa nachfolgenden Nebenstrafen, weil letztere eben außerhalb der Freiheitsstrafe selbst liegen. Die Gesetzgebung muß vielmehr durch Hervorhebung bestimmter wesentlicher Merkmale die Natur, das Wesen der einzelnen Freiheitsstrafe zu karakterisiren bemüht sein. Um dieses aber zu können, muß sie einzelne bestimmte Grundsätze adoptirt haben, welche für die Vollstreckung der Freiheitsstrafe maßgebend sein sollen; und diese Grundsätze müssen so beschaffen sein, daß bei ihrer Befolgung die Aufgabe der Zuchthausstrafe, welche darin besteht, den der methodischen Zucht im Interesse der Rechtsordnung unterworfenen Sträfling als ein brauchbares Glied der Rechtsgemeinschaft wiederzugeben, erfahrungsmäßig am besten erreicht werden kann. Zur Zeit aber liefert die Gefängnißwissenschaft keine Grundsätze, welche erfahrungsmäßig günstigere Resultate herbeigeführt hätten, als die oben aufgestellten.

Nimmt man aber diese Grundsätze an als Basis für die Vollstreckung der Zuchthausstrafe, so ergiebt sich für deren legislatorische Verwerthung zunächst das Resultat, daß es nicht möglich ist, die Minimaldauer dieser Zuchthausstrafe auf eine geringere als eine zweijährige Dauer herabzusetzen. In England und Irland ist die Strafknechtschaft (penal servitude) in Folge der Akte vom 26. Juni 1857 auf eine Dauer von mindestens drei Jahren festgesetzt worden.*) Die Reception dieser Minimalfrist würde aber aus doppeltem Grunde Bedenken haben; zunächst würden nicht unerhebliche Mißstände schon allein daraus entstehen, daß ein seit längerer Zeit praktisch gehandhabtes Strafminimum um die Dauer eines ganzen Jahres erhöht wird, und sodann würden weitere Schwierigkeiten entstehen, um mit der in ihrem Minimum erhöhten Zuchthausstrafe die übrigen Freiheitsstrafen, und

*) v. Holtzendorff, das irische Gefängnißsystem. Leipzig 1859. S. 11. 23.

namentlich da in Uebereinstimmung zu bringen, wo die Gefängnißstrafe oder die Einschließung neben der Zuchthausstrafe anzudrohen ist. Ueberdem ist es möglich, die Grundsätze des irischen Systems auch noch bei einer zweijährigen Dauer in Anwendung zu bringen. Nimmt man nämlich bei einer zweijährigen Dauer die bewegliche Frist ebenso an, wie sie in Irland für eine dreijährige Dauer bestimmt ist, d. h. auf $1/6$ der Strafzeit, berücksichtigt man, daß dieses Sechstel der Strafdauer nur dann vollständig der provisorischen Beurlaubung zu gute kommt, wenn die Einzelhaft nicht länger als 8 Monate gedauert hat, so bliebe noch immer auf die Stadien der gemeinschaftlichen Haft und der Zwischenanstalten eine Zeit von 12 Monaten zu vertheilen, ein Zeitraum, der allerdings um 10 Monate geringer ist, als er sich bei übrigens gleichen Voraussetzungen für eine dreijährige Zuchthausstrafe herausstellen würde, der aber doch die Anwendung der Zwischenanstalt neben der gemeinschaftlichen Arbeit wenigstens noch möglich macht.

Will man aber das Irische System für die Vollstreckung der Zuchthausstrafe in ein deutsches Strafgesetzbuch recipiren, so entstehen allerdings noch praktische Schwierigkeiten ganz anderer Art. Diese liegen zunächst darin, daß die Anwendbarkeit des Irischen Systems das Vorhandensein gewisser Anstalten, Baulichkeiten u. s. w. voraussetzt. Die Schwierigkeiten, die sich hieraus ergeben, sind nicht zu finden für das Stadium der gemeinschaftlichen Arbeit. Denn für dieses ist theils in den vorhandenen, für das System der gemeinschaftlichen Haft berechneten Zuchthäusern, theils durch die gesetzliche Möglichkeit, die Zuchthausstrafe durch Arbeiten im Freien zu vollstrecken, in genügender Weise — wenigstens in den älteren Provinzen des Preußischen Staates — gesorgt. Auch die äußeren Schwierigkeiten, welche die Einrichtung der Zwischenanstalten darbieten möchten, sind nicht als unüberwindliche zu bezeichnen. Denn auf ein Kopiren der Irischen Anstalten kann es ja nicht ankommen, sondern lediglich darauf, daß die Sträflinge in den Zwischenanstalten nach denselben Prinzipien behandelt werden, wie dies in Irland geschieht. Was die äußeren Einrichtungen betrifft, so ist in dieser Beziehung in Preußen bereits der Einführung der Zwischenanstalten mehr vorgearbeitet, als man dies vielleicht glauben mag. Die durch das Gesetz vom 14. April 1854 ermöglichte Beschäftigung der Sträflinge im Freien bezieht sich ja bekanntlich nicht blos auf die zur Zuchthausstrafe, sondern ebenso auch auf die zur Gefängnißstrafe Verurtheilten.

Wer nun Gelegenheit gehabt hat, die Art und Weise kennen zu lernen, wie die Gefängnißstrafe vollstreckt wird, wenn die Sträflinge zu Arbeiten im Freien angehalten werden, der wird, wenn er damit die Beschreibungen der Thätigkeit in den Irischen Zwischenanstalten vergleicht, einen erheblichen Unterschied kaum wahrnehmen können. Das Erstaunen, welches ein französischer Besucher von Lusk-Common empfand, als er daselbst Leute beim Drainiren beschäftigt sah, ohne daß äußerlich, sei es in der Kleidung der Arbeiter, sei es durch die Anwesenheit eines bewaffneten Aufsehers, die Thatsache hervorgetreten, daß hier Sträflinge beschäftigt seien, dieses Erstaunen könnte sich durchaus wiederholen, wenn jener Besucher von Lusk-Common einige von den Landgütern in Preußen besuchen wollte, auf welchen für Sträflinge, die zu Gefängnißstrafen verurtheilt sind, Gefangenstationen eingerichtet sind. Auch hier würde er Arbeiter beim Drainiren, bei sonstigen Meliorationen bemerken, er würde sie finden bei Ernte-Arbeiten theils auf dem Felde, theils auf der Scheune; die Kleidung dieser Arbeiter, wenn sie ihm überhaupt auffiele, würde ihm höchstens dadurch bemerklich werden, daß sie vielleicht etwas reinlicher wäre, als die der übrigen ländlichen Arbeiter; auch hier würde er einen Beamten in Amtstracht, mit Schuß- oder Hiebwaffe versehen, vergeblich suchen, er würde lediglich einen Aufseher finden, der in seiner ganzen äußeren Erscheinung sich in keiner Weise von solchen Wirthschaftsbeamten unterscheidet, wie dieselben zur Beaufsichtigung einer größeren Anzahl ländlicher Arbeiter benutzt werden. Und doch arbeiten diese Leute, wenn auch vielleicht nicht immer mit der gleichen Kraft wie die übrigen, die freien Arbeiter, so doch mit nicht geringerer Anstrengung. Und dieses Resultat wird erreicht durch die Anwendung desselben einen Disciplinarmittels, welches auch das einzige den Irischen Zwischen-Anstalten bekannte ist. Derjenige Sträfling, welcher sich gegen die Disciplin vergeht, wird in die Gefangenanstalt zurückgebracht. Dieses Disciplinarmittel reicht aus und ist für den Sträfling empfindlich genug. Statt der ihm meistentheils gewohnteren, seiner Gesundheit zuträglicheren Arbeit im Freien erwartet ihn die Detention in den nichts weniger als behaglichen Räumen des Gefängnisses; statt der reichlichen und kräftigen Beköstigung, die für ihn keine andere ist, als für die übrigen Dienstleute des Gutes, sieht er der auf das Nothdürftigste beschränkten Gefangenenkost entgegen; während sonst seine Arbeits- und Erholungszeit dieselbe ist, wie die der freien Arbeiter, wird er in der Gefangenanstalt der strafferen Disciplin unterworfen — dies Alles genügt, um für die im Freien beschäftigten Gefängniß-Sträflinge das Zurückbringen in die Strafanstalt zu einem empfindlichen und ausreichenden Disciplinarmittel zu gestalten.

Ich bin allerdings weit entfernt, zu behaupten, daß die Gefängnißstrafe, wenn dieselbe im Freien vollstreckt wird, mit den Irischen Zwischenanstalten identisch sei. Es werden in Irland die Sträflinge für die Zwischenanstalten ganz anders vorbereitet als hier; und so mögen denn auch die Resultate dort andere und günstigere sein. Ich wollte nur zu zeigen versuchen, daß in Preußen bereits Einrichtungen bestehen und in täglichem Gebrauch sind, welche der Einführung der Irischen Zwischenanstalten auf das Erheblichste vorgearbeitet haben, so daß man wohl sagen darf, daß gerade in diesem Punkte keine erheblichen Schwierigkeiten der Reception des Irischen Strafsystems im Wege stehen.

In einer Beziehung würde das Irische System in Preußen einen noch empfänglicheren Boden finden als in England und auch in Irland selbst. Die Hauptschwierigkeit nämlich, um die in den Strafanstalten gewonnenen Resultate sicher zu stellen, besteht doch anerkanntermaßen darin, daß der entlassene Sträfling so bald als möglich eine lohnende

Beschäftigung findet. Wenn nun, wie dieses namentlich in den östlichen Provinzen der Fall ist, eine Uebervölkerung und vorzugsweise an ländlichen Arbeitern in keiner Weise stattfindet, so ist dies eine Erleichterung für die Einführung eines rationellen Systems der Freiheitsstrafen gegenüber denjenigen Ländern, die, wie England und Irland, sich genöthigt sehen, dem entlassenen Sträflinge die Auswanderung zu erleichtern, weil ihm eine lohnende Beschäftigung im Mutterlande nicht in Aussicht gestellt werden kann. Auch für die Erhaltung der Zwischenanstalten selbst fällt dieser Umstand nicht unerheblich in's Gewicht. Denn die Erfahrung lehrt, daß sich nicht selten Grundbesitzer darum bemüht haben, Gefangenstationen für Gefängnißsträflinge von der Verwaltung der Strafanstalten zu erlangen, daß sich aber Grundbesitzer geweigert hätten, derartige Stationen auf ihrem Territorium herzustellen, das ist wohl nur in seltenen Ausnahmsfällen geschehen, und muß da, wo es geschehen ist, mit ganz eigenthümlichen lokalen Verhältnissen in Zusammenhang stehen. Im Allgemeinen gilt es gewiß als Regel, daß die durch die Strafanstalten dem Grundbesitz zugeführte Arbeitskraft von diesem durchaus gerne angenommen wird.

Die meisten Bedenken stellt das erste Stadium des Irischen Strafsystems seiner Einführung in Deutschland entgegen. Dieses erste Strafstadium, welches als Einzelhaft verbüßt werden soll, setzt zu seiner praktischen Realisirung die Existenz einer genügenden Zahl von Isolirzellen voraus. Nimmt man nun einerseits an, daß nach den Grundsätzen des Irischen Systems die Einzelhaft neun, mindestens acht Monate lang dauern soll, nimmt man ferner an, daß jährlich allein in den alten Provinzen des Preußischen Staates etwa 4000 Individuen zur Zuchthausstrafe verurtheilt werden, so müßten allein schon für die älteren Preußischen Provinzen etwa 3000 Zellen hergestellt werden. Dieser Forderung gegenüber würde aber auf Folgendes hinzuweisen sein. Zunächst dürfte es nicht erforderlich werden, die Zellen mit demjenigen Aufwande herzustellen, wie wir denselben beispielsweise in der Strafanstalt zu Moabit in Anwendung gebracht sehen, und wie derselbe der Strafvollstreckung nach den Grundsätzen der reinen Einzelhaft entsprechend sein mag. Wo es sich um die Durchführung eines Systems handelt, bei welchem die Einzelhaft nur den ersten, kleineren Theil der gesammten Strafhaft ausmacht, da wird es nicht nöthig sein, die Zellengefängnisse nach dem panoptischen Systeme und dem damit zusammenhängenden architektonischen Luxus herzustellen; es wird nicht erforderlich sein, die Lokalitäten für Kirche und Schule nach dem Isolirsystem herzustellen, es werden die Kosten für die Spazierhöfchen und für manches Andere fortfallen können. Man wird selbst, wenn man die Beschäftigung der Züchtlinge im Freien nicht als einen Nothbehelf gegen die Ueberfüllung der Zuchthäuser, sondern als die regelmäßige, weil zweckmäßigste Art der gemeinschaftlichen Haft in Anwendung bringt, manche der Räumlichkeiten zur Herstellung wenigstens provisorischer Zellen gebrauchen können, welche jetzt durch die gemeinschaftliche Arbeit der Gefangenen im Inneren der Strafanstalten in Anspruch genommen werden. Es wird allerdings auch so ein nicht ganz unerheblicher Kostenaufwand erforderlich werden; aber ich glaube, man darf den Satz unbedenklich aussprechen, daß das beste Gefängnißsystem auch jedenfalls das am wenigsten kostspielige sei, und man wird demgemäß die zur Herstellung der erforderlichen Einzelzellen, soweit dieselben für die Durchführung des Irischen Systems erforderlich sind, nicht als ein unübersteigliches Hinderniß zur Einführung dieses Systems betrachten dürfen.

Allerdings läßt sich das Gesetz, welches die Vollstreckung der Zuchthausstrafe nach den Grundsätzen des Irischen Systems anordnet, schneller herstellen als die äußeren Anstalten, und namentlich die Einzelzellen, welche zur Durchführung dieses Strafsystems erforderlich sind. Es bleiben mithin nur zwei Möglichkeiten geboten. Entweder das Gesetz, welches die Vollstreckung der Zuchthausstrafe nach den Grundsätzen des Irischen Systems anordnet, wird nicht früher erlassen, als bis sämmtliche dazu erforderlichen Vorbereitungen getroffen sind, oder das betreffende Gesetz wird sofort erlassen und mit demselben eine Uebergangsbestimmung verbunden, welche es ermöglicht, die zur Zeit noch fehlenden Voraussetzungen für diese Art der Strafvollstreckung im Laufe der Zeit zu gewinnen.

Der letztere Weg dürfte für eine neue Gesetzgebung sich als der bessere empfehlen. Das neue Gesetz nämlich muß sich entscheiden, welchem Systeme der Freiheitsstrafen der Vorzug einzuräumen ist; ein neues Gesetz darf nicht einem veralteten, als fehlerhaft erkannten Systeme von Neuem die gesetzliche Sanktion ertheilen, während es doch zugleich Willens ist, dieses fehlerhafte System mit einem besseren zu vertauschen. Sodann würde die gesetzliche Sanktionirung des Irischen Systems in dem Gesetze selbst, wenn auch mit hinzugefügter Uebergangsbestimmung, ein nicht zu unterschätzendes Stimulans zur vollständigen Durchführung desselben und zur Beseitigung der nur provisorischen Uebergangsbestimmung enthalten. Endlich aber ist nicht zu übersehen, daß das Irische System, und gewiß noch weniger als dies bei dem System der reinen Einzelhaft der Fall ist, nicht in den Anstalten allein besteht, sondern daß geeignete Beamte zur Handhabung desselben vorhanden sein müssen. Diese aber lassen sich vielleicht noch weniger schnell gewinnen, als die erforderlichen Isolirzellen.

Eine allmälige Einführung des Irischen Systems würde übrigens auch juristisch wohl möglich sein. Die Zuchthausstrafe wird im Gesetze auf eine bestimmte Dauer arbitrirt, und diese kann unter der Voraussetzung, daß der Sträfling nach dem Irischen System behandelt ist, in bestimmtem Maße gekürzt werden. Diese Kürzungen der Freiheitsstrafe müssen da natürlich fortfallen, wo die nothwendige Voraussetzung derselben fehlt. Die Strafdauer wird von dem Richter unter allen Umständen und ohne Rücksicht auf das Vorhandensein oder Nicht-Vorhandensein des Irischen Systems erkannt; aber von dem Vorhandensein oder Nicht-Vorhandensein desselben wird es abhängen, ob der Verurtheilte in der Lage ist, seine Strafzeit sich selbst abzukürzen, oder nicht. Dies wird zu Inkonvenienzen führen, wie sie jedem Uebergangsstadium eigenthümlich sind, zu Inkonvenienzen aber, die jedenfalls nicht größer sein werden als diejenigen, welche wir zur Zeit auch in Preußen und schon seit einer Reihe von Jahren erleben, und die darin bestehen, daß hier nach dem System der reinen Einzelhaft, dort nach dem System der gemeinschaftlichen Haft die Zuchthausstrafe vollstreckt wird.

Wenn es nun aber feststeht, daß durch das neue deutsche Strafgesetz die Vollstreckung der Zuchthausstrafe nach Irischem Systeme angeordnet werden soll, so fragt sich weiter, welche Bestimmungen das Gesetz selbst aufzunehmen, und welche Anordnungen es der Ausführungsverordnung zu überlassen hat.

Mit Rücksicht darauf, daß das gegenwärtige Preußische Strafgesetzbuch die Zuchthausstrafe nur im Allgemeinen karakterisirt, und daß auch das Gesetz vom 11. April 1854 hiervon nicht abweicht, wird es auch für ein neues deutsches Strafgesetz ausreichend sein, wenn dasselbe von den Grundsätzen des Irischen Systems nur die wesentlichsten Momente aufnimmt und es dann innerhalb des so gesetzlich bestimmten Rahmens der Verwaltung überläßt, wie die Vollstreckung der Strafe näher zu detailliren ist. In das Gesetz muß aufgenommen werden, daß die Zuchthausstrafe mit der Verbüßung der Einzelhaft beginnt, daß sich an diese die gemeinschaftliche Zwangsarbeit anschließt. Die Maximaldauer der Einzelhaft ist in dem Gesetze anzugeben. Desgleichen muß gesetzlich bestimmt werden, daß an die gemeinschaftliche Zwangsarbeit sich die Zwischenanstalten für die dazu Qualifizirten anschließen sollen, daß jedoch die Zwischenanstalten nur für die zur zeitigen Zuchthausstrafe Verurtheilten in Anwendung zu bringen sind. Es ist endlich gesetzlich festzustellen, welcher Theil der erkannten Strafzeit jedenfalls verbüßt werden muß, und welchen Theil der Strafzeit der Sträfling beurlaubt werden darf. In dieser Beziehung ist daran zu erinnern, daß auch bereits das Preußische Gesetz vom 11. April 1854 die Kürzungsfähigkeit der Freiheitsstrafen kennt. Es bestimmt dieses Gesetz nämlich in §. 7.: „Die Behörden sind ermächtigt, gewisse Tagewerke dergestalt zu bestimmen, daß die Verurtheilten, wenn sie durch angestrengte Thätigkeit mit der ihnen zugewiesenen Arbeit früher zu Stande kommen, auch früher entlassen werden können.“ Diese Bestimmung läßt die Kürzungsfähigkeit der Freiheitsstrafen von den Anordnungen derjenigen öffentlichen Behörden abhängen, welchen die Sträflinge zur Verrichtung der Arbeiten überwiesen werden. Man darf aber bei dieser gesetzlichen Bestimmung nicht unbeachtet lassen, daß sich dieselbe lediglich auf die polizeiliche Haft von höchstens sechs Wochen (St.-G.-B. §. 334.) bezieht und daß bei dieser Manches zulässig erscheinen mag, was in anderen Fällen sich keineswegs rechtfertigen würde. Im Allgemeinen ist es gewiß richtig, wenn man behauptet, daß die Zeitdauer, innerhalb deren ein Verurtheilter der Strafvollstreckung zu unterwerfen, nur von dem richterlichen Urtheil und von dem Gesetz, niemals aber von den Anordnungen der Verwaltungsbehörde abhängig sein darf.

Dagegen aber wird es der Verwaltungsbehörde überlassen werden können, durch eine allgemeine Anordnung zu bestimmen, in welchem Verhältnisse unter Rücksichtnahme auf die verschiedene Dauer der Zuchthausstrafe die einzelnen Strafstadien gegen einander abzugrenzen sind.

Es dürfte über die Grenzen der gesetzlichen Anordnungen hinausgehen, zu bestimmen, wie viel Zeit bei einer zweijährigen, wie viel bei einer drei-, vierjährigen u. s. w. Zuchthausstrafe auf die gemeinschaftliche Zwangsarbeit, wie viel auf die Zwischenanstalten zu rechnen ist. Hier kann selbst der Verwaltung der einzelnen Strafanstalt ein gewisser Spielraum, zur Berücksichtigung der Individualität des Verurtheilten eingeräumt werden. Ebenso wenig dürfte es die Aufgabe des Gesetzes sein, zu bestimmen, wie viel, beispielsweise von der sechs Monate betragenden Kürzungsfrist, bei der Einzelhaft, wie viel bei der gemeinschaftlichen Zwangsarbeit, wie viel in der Zwischenanstalt gekürzt werden müsse, damit dem Sträflinge die ganze Dauer der möglichen Kürzungsfrist zu Gute komme, oder wie sich das Verhältniß zu gestalten habe, wenn es dem Sträflinge zwar nicht in der Einzelhaft, wohl aber während der gemeinschaftlichen Zwangsarbeit gelingt, einen Theil der möglichen Urlaubszeit sich zu erwerben. Das sind Anordnungen, die zu detaillirt, zu kasuistisch sind, als daß sie durch die Bestimmungen des Strafgesetzes selbst geregelt werden könnten. Dies sind Dinge, welche durch Ausführungsverordnungen des Gesetzes zu regeln sind, und deren Regelung auf diesem Wege die Befugnisse der Gesetzgebung in keiner Weise verletzen dürfte.

Eine Gesetzesformel aber, welche den vorstehenden Erfordernissen entsprechen möchte, ist in den §§. 6—8 des Entwurfes enthalten.

Als Maximum der zeitigen Zuchthausstrafe haben Preußen, Oldenburg, Lübeck übereinstimmend die zwanzigjährige Dauer festgestellt. Braunschweig (§. 14.) will die Zuchthausstrafe nur bis zu dem Maximum von 15 Jahren zulassen, eine Bestimmung, die sich daraus erklärt, daß nach dem Braunschweigischen Strafgesetzbuche die Zuchthausstrafe erst an zweiter Stelle steht, an erster dagegen die Kettenstrafe, für welche das Maximum von 25 Jahren festgesetzt ist. Das Strafgesetzbuch des Großherzogthums Hessen (Art. 7.) bestimmt für die Zuchthausstrafe das Maximum von 18 Jahren; Königreich Sachsen (Art. 32.) läßt das Maximum von 30 Jahren; Altenburg (Art. 17.) von 25 Jahren und Thüringen (Art. 10.) wieder nur von 20 Jahren zu.

Die Originaltität des hessischen Gesetzbuches, welches sich für das Maximum der Zuchthausstrafe die 18jährige Frist ausgesucht, zeigt, daß in jeder derartiger Fristbestimmung bis zu einem gewissen Grade etwas Willkürliches liegt. Vielleicht würden die Bearbeiter des hessischen Gesetzbuches auch nichts gegen die Maximalfrist von 19 Jahren gehabt haben. Die zwanzigjährige Frist, welche die meisten Gesetzbücher aufstellen, empfiehlt sich gerade aus diesem Grunde auch für die Beibehaltung im deutschen Strafgesetzbuche. Begnügt sich doch auch das Bayrische Strafgesetzbuch mit dieser Maximalfrist. (Art. 16.) Diese Frist ist genügend lang ausgedehnt. Denn, hat die zeitige Freiheitsstrafe den Sinn, den Verurtheilten durch Verbüßung der Strafe wieder der Rechtsgemeinschaft mit den übrigen Staatsangehörigen zuzuführen, und getraut man sich nicht, dieses Resultat durch eine zwanzigjährige Freiheitsstrafe zu erreichen, so muß man sich dahin bescheiden, dieses Resultat überhaupt nicht erreichen zu können, dann aber auch statt der zeitigen die lebenslängliche Freiheitsstrafe in Anwendung bringen. Andererseits ist aber auch die zwanzigjährige Dauer keine zu lange Frist für eine zeitige Zuchthausstrafe. Derjenige nämlich, der ein so schweres Verbrechen begangen hat, daß er durch richterliches Urtheil zu zwanzigjähriger Zuchthausstrafe verurtheilt wird, kann noch immer durch gute Führung in der Strafanstalt diese Strafe dadurch mindern, daß er während des ganzen letzten Drittels der Strafzeit beurlaubt wird; somit statt zwanzig Jahren nur 13 Jahre 4 Monate in der Strafanstalt verbleibt; eine Zeitdauer, die unter Berücksichtigung der Schwere des begangenen Verbrechens nur eine angemessene genannt werden kann.

Wir würden somit als Grenzen für die zeitige Zuchthausstrafe die jetzt im Preußischen Strafgesetzbuche festgesetzten lediglich beibehalten können.

Ist so die Zeitdauer der zeitigen Zuchthausstrafe auf zwei bis zwanzig Jahre festgesetzt, ist ferner das Verhältniß zwischen Zuchthaus- und Gefängnißstrafe nach den Bestimmungen des Preußischen Strafgesetzbuches §. 16. bestimmt, so ergiebt sich in Anerkennung des Grundsatzes, daß in der Strafskala irgend welche Sprünge nicht vorkommen dürfen, daß die Gefängnißstrafe bis zu einem Maximum von mindestens drei Jahren ausgedehnt werden muß. Denn diese Dauer der Gefängnißstrafe korrespondirt erst dem zweijährigen Minimum der Zuchthausstrafe.

Es entsteht nun die Frage, ob die Gefängnißstrafe über dieses durch das Minimum der Zuchthausstrafe bedingte dreijährige Maximum noch zu erhöhen ist.

Diese Frage ist von verschiedenen Gesichtspunkten aus zu beleuchten.

Zunächst kommt es darauf an, ob das Wesen der Gefängnißstrafe überhaupt auf eine längere Dauer hinweist.

Wenn oben der Zweck der Gefängnißstrafe darin gefunden wurde, durch die Freiheitsentziehung demjenigen, der gegen die Rechtsordnung fehlte, die Macht und die Autorität derselben zum Bewußtsein zu bringen, nicht aber darin, daß der Verbrecher im Interesse der Rechtsordnung einer methodischen Zucht unterworfen werde, so ergiebt sich hieraus, daß bei der Gefängnißstrafe der Staat keine andere als eine lediglich negative Thätigkeit zu entwickeln hat. Gegenüber den zur Gefängnißstrafe Verurtheilten genügt es, wenn der Staat die gleiche Aufgabe verfolgt, die nach Schiller's Worten Paulet der Maria Stuart gegenüber sich stellt:

„ich werde sie bewahren,
daß sie nichts Böses thun soll, noch erfahren!"

Und für den zur Gefängnißstrafe Verurtheilten genügt im Allgemeinen auch eine passive Haltung; er soll nicht gegen die Gefängnißordnung sich vergehen — damit leistet er, was bei Verbüßung der Gefängnißstrafe von ihm verlangt werden kann. Bei der Zuchthausstrafe stellt sich die Sache dagegen ganz anders. Der Staat greift positiv thätig ein; durch die Zucht, welcher er den Verurtheilten unterwirft, verfolgt der Staat die Aufgabe, etwas anderes aus dem Sträfling zu machen, als derselbe bis dahin gewesen; und ebenso wird auch an den Sträfling die Anforderung bestimmter Thätigkeit gestellt, der physischen Arbeit, die erzwungen, und der psychischen Arbeit, zu der wenigstens in geeigneter Weise die Anregung gewährt werden kann und gewährt werden soll. Somit kann die Zuchthausstrafe lange Zeit hindurch vollstreckt werden, ohne daß eine Stagnation der physischen und psychischen Kräfte des Verurtheilten eintritt, während bei der auf ganz anderen Voraussetzungen beruhenden Gefängnißstrafe die Gefahr eines derartigen Erfolges nahe liegt, wenn dieselbe auf Jahre hinaus ausgedehnt wird. Die Natur der Gefängnißstrafe weist somit darauf hin, daß diejenige Maximaldauer derselben, welche durch die Minimaldauer der Zuchthausstrafe geboten ist, nicht überschritten werde.

Es ist aber auch noch weiter auf die zur Zeit geltenden Bestimmungen des Preußischen Strafgesetzbuches Rücksicht zu nehmen und zu untersuchen, ob in denjenigen Fällen, in denen jetzt die Gefängnißstrafe bis auf fünf Jahre ausgedehnt werden kann, eine Herabsetzung bis auf die Maximaldauer von drei Jahren zulässig ist.

Zwei Fälle sind hier von einander zu sondern. Die bis zu fünf Jahren ausgedehnte Gefängnißstrafe tritt entweder allein auf, in einzelnen dieser Fälle auch mit Geldstrafe kumulirt, oder sie erscheint elektiv neben der Zuchthausstrafe.

I. Gefängnißstrafe bis fünf Jahre mit Geldstrafe kumulirt, findet statt:
   a. bei den Betrugsfällen der §§. 241—243,
   b. bei den Fällen der qualificirten Untreue (§. 246.)

II. Gefängnißstrafe bis fünf Jahre für sich allein kommt vor und zwar:
   1. mit einem Minimum von 2 Jahren Gefängniß.
      a. bei der Tödtung im Affekt (§. 177.)
      b. bei dem Erregen einer Ueberschwemmung, um sein Eigenthum vor Gefahr zu schützen (§. 292.)
   2. mit einem Minimum von einem Jahre Gefängniß.
      a. beim Zwange gegen die Ausübung des Wahlrechts (§. 87.)
      b. bei der Selbstverstümmelung, um sich dem Militärdienste zu entziehen (§. 113.)
      c. bei der Entführung einer minderjährigen Person (§. 206.)
   3. mit einem Minimum von sechs Monaten.
      a. beim Aufruhr (§. 91.)
      b. bei der Meuterei (§. 96.)
      c. bei der gewohnheitsmäßigen Kuppelei (§. 147.)
      d. bei der erheblichen Körperverletzung (§. 192. a.)
      e. bei der erheblichen Körperverletzung, welche nicht einem bestimmten, sondern nur einer Gesammtheit von Thätern zuzuschreiben ist (§. 195. al. 2.)
      f. bei der Verwundung mit tödtlichem Erfolge im Raufhandel und Tödtung im Raufhandel bei vorhandenem Affekt (§. 196.)
      g. bei Nichterfüllung von Lieferungsverträgen (§. 308.)
      h. bei Unterschlagung amtlich anvertrauter Gelder (§. 324.)

4. mit einem Minimum von drei Monaten.
   a. bei dem Zwange zur Vornahme oder Unterlassung einer Amtshandlung, wenn dieselbe von einer Person ausgeübt wird (§. 90.)
   b. beim Beiseiteschaffen von Akten u. s. w. durch einen Beamten (§. 106.)
   c. bei der Täuschung, um sich dem Militärdienste zu entziehen (§. 113. al. 2.)
   d. bei der falschen Anschuldigung (§. 133.)
   e. bei der Aussetzung (§. 183.)
   f. bei der vorsätzlichen gegen Ascendenten verübten Körperverletzung (§. 191.)
   g. bei der Betheiligung beim Raufhandel (§. 195. al. 1.)
   h. bei der Verstümmelung, die im Affekt oder sonst unter mildernden Umständen begangen ist (§. 196.)
   i. bei der Entführung einer Frauensperson mit ihrem Willen (§. 208.)
   k. bei der Einsperrung eines Menschen (§. 210.)
   l. bei der einfachen Erpressung (§§. 234. 235. al. 1.)
   m. bei der einfachen Untreue (§. 246.)
   n. bei der Fälschung von Stempelpapier und Postfreimarken (§. 253.)
   o. bei der qualificirten Jagdkontravention (§. 276.)
   p. bei der Beschädigung von Wasserleitungen (§. 301.)
   q. bei Mißhandlungen oder Körperverletzungen, deren sich ein Beamter bei Ausübung seines Amtes schuldig macht (§. 316.)
   r. bei der rechtswidrigen Freiheitsentziehung durch einen Beamten (§. 317.)
   s. bei dem rechtswidrigen Erheben von Steuern und Abgaben und dem Nichtabführen derselben an die öffentlichen Kassen (§. 327.)
   t. wenn ein Beamter bei Zahlungen rechtswidrig Abzüge macht und die Ausgaben als vollständig geleistete in Rechnung stellt (§. 327. al. 2.)
   u. bei dem Eröffnen oder Unterdrücken von Briefen oder Packeten durch Postbeamte (§. 328.)
   v. bei der tergiversatio eines Rechtsanwaltes (§. 329.)
5. Mit einem Minimum von zwei Monaten.
   a. bei der Verletzung der Ehrfurcht gegen den König (§. 75.)
   b. bei der qualificirten Sachbeschädigung (§. 283.)
6. Mit einem Minimum von einem Monate.
   bei der durch einen Beamten begangenen Nöthigung (§. 315.)
7. Mit einem Minimum von vier Wochen
   bei der erheblichen Körperverletzung, welche im Affekt oder sonst unter mildernden Umständen begangen wird (§. 196.)
8. Mit einem Minimum von vierzehn Tagen.
   a. beim einfachen Diebstahl unter erschwerenden Umständen (§. 217.)
   b. bei der qualificirten Sachbeschädigung (§. 282.)
9. Mit einem Minimum von einer Woche.
   a. beim gemeinen Diebstahl (§. 216.)
   b. bei der gemeinen Hehlerei (§. 237.)
10. Ohne Minimum.
   a. bei unterlassener Denunciation (§. 32.)

b. bei der Unterschlagung (§§. 225—227.)
c. bei der aktiven Bestechung (§. 311.)

Hinzuzufügen ist noch ein Fall, welcher der Preußischen Gesetzgebung zu einer besonderen Strafposition, welche auch über drei Jahre Gefängniß hinausreicht, Veranlassung gegeben hat. Es soll nämlich gestraft werden:

III. Bis zu vier Jahren Gefängniß bei einem Minimum von von sechs Monaten
widernatürliche Unzucht (§. 143.)

Hieran schließen sich:

IV. diejenigen Fälle, in welchen die mehr als dreijährige Gefängnißstrafe elektiv mit der Zuchthausstrafe konkurrirt.

1. Zuchthaus 2—20 Jahre; Gefängniß 1—5 Jahre.
   a. Diebstahl im zweiten Rückfalle, wenn der dritte Diebstahl ein schwerer ist (§. 219. Nr. 2.)
   b. Hehlerei im zweiten Rückfalle, wenn die dritte Hehlerei eine schwere ist (§. 240. Nr. 2.)
2. Zuchthaus 2—15 Jahre; Gefängniß 6 Monate bis 5 Jahre.
   a. Diebstahl im zweiten Rückfalle, wenn der dritte Diebstahl nicht unter §. 218. fällt (§. 219. Nr. 1.)
   b. Hehlerei im zweiten Rückfalle, wenn die dritte Hehlerei eine einfache ist (§. 240. Nr. 1.)
3. Zuchthaus 2 — 15 Jahre; Gefängniß 3 Monate bis 5 Jahre.
   Betrüglicher Bankerott (§§. 259. 262.)
4. Zuchthaus 2—10 Jahre; Gefängniß 6 Monate bis 5 Jahre.
   a. qualificirter Diebstahl (§. 218.)
   b. schwere Hehlerei (§. 238.)
5. Zuchthaus 2 — 10 Jahre; Gefängniß 3 Monate bis 5 Jahre.
   Betrügliches Unterstützen eines Bankerottes (§§. 260. 262.)
6. Zuchthaus 2—5 Jahre; Gefängniß 1 Tag bis 2 Jahre.
   Rechtswidriges Unverfolgtlassen einer strafbaren Handlung seitens eines Beamten (§. 321.)

Die Gefängnißstrafe in dem Maximum bis zu fünf Jahren tritt endlich in dem Preußischen Strafgesetzbuche noch in einer anderen Kombination auf. Wie es nämlich einzelne Fälle giebt (vergl. oben unter I.), in denen die Gefängnißstrafe und die Geldstrafe kumulativ neben einander gestellt sind, so giebt es auch einzelne Fälle, in denen die Geldstrafe kumulativ neben die Zuchthausstrafe tritt (§§. 244, 255 al. 1. u. 2., 323.) und andere, in denen die durch das Hinzutreten der Geldstrafe erhöhte Zuchthausstrafe elektiv mit der durch Geldbuße erhöhten Gefängnißstrafe konkurrirt. Letzteres kommt freilich nur in zwei Fällen vor; dafür ist aber auch für jeden der vorkommenden Fälle eine besondere Strafposition gebildet worden. Nämlich:

1. Zuchthaus von 2—10 Jahren **und** Geldbuße von 100—2000 Thalern; **oder** Gefängniß von 6 Monaten bis 5 Jahren **und** Geldbuße nicht unter 10 Thalern.

Diese Strafe ist bestimmt für die qualificirte Urkundenfälschung des §. 251.

2. Zuchthaus von 2—5 Jahren **und** Geldbuße von 50—1000 Thalern; **oder** Gefängniß von 3 Monaten bis zu 5 Jahren **und** Geldbuße nicht unter 5 Thalern.

Diese Strafe ist bestimmt für die einfache Urkundenfälschung des §. 250.

Hiermit dürften denn diejenigen Fälle erschöpft sein, bei denen das Preußische Strafgesetzbuch eine höhere als dreijährige Gefängnißstrafe für nothwendig erachtet.

Die nicht unbeträchtliche Zahl derselben ist wohl geeignet, nicht geringes Bedenken gegen die Herabsetzung der Gefängnißstrafe bis auf das Maximum von drei Jahren entstehen zu lassen.

Fassen wir zunächst diejenigen Fälle in's Auge, bei denen die Gefängnißstrafe elektiv mit der Zuchthausstrafe konkurrirt. Die oben unter IV. aufgeführten Strafbestimmungen erschöpfen das Vorkommen dieser Strafenkombination, und überall mit Ausnahme des unter Nr. 6. angeführten Falles geht das Gesetz — wenn auch die Minima verschiedenartig bestimmt sind — bis auf das Maximum der fünfjährigen Gefängnißstrafe hinauf. Und die einzige Ausnahme von dieser Regel Str.-G.-B. §. 321. enthält eine unrichtige Strafposition. Denn die Schuld desjenigen Beamten, welcher vermöge seines Amtes bei Ausübung der Strafgewalt oder bei Vollstreckung der Strafe in der Absicht, Jemanden der gesetzlichen Strafe zu entziehen, die Verfolgung einer strafbaren Handlung unterläßt u. s. w., schreitet innerhalb der für dieses Verbrechen festgesetzten Strafgrenzen nicht sprungweise vor. Nun soll aber ein solcher Beamter entweder mit Gefängniß von einem Tage bis zu zwei Jahren oder mit Zuchthaus von zwei bis fünf Jahren bestraft werden. Da nun zwei Jahre Zuchthaus gleich sind drei Jahren Gefängniß, so ist eine Lücke in der für dieses Verbrechen bestimmten Strafskala vorhanden, und dies ist jedenfalls ein Fehler der Gesetzgebung.

Der Umstand aber, daß das Preußische Strafgesetzbuch, wenn es die Gefängnißstrafe neben die Zuchthausstrafe stellt, die Gefängnißstrafe nicht bloß bis zu drei Jahren, sondern regelmäßig bis zu fünf Jahren ausdehnt, dieser Umstand hat zum guten Theil seinen Grund auch darin, daß nach dem bestehenden Preußischen Recht die Zuchthausstrafe nicht bloß während ihrer Dauer, sondern namentlich auch in ihren Folgen eine wesentlich andere ist als die Gefängnißstrafe. Berücksichtigt man, daß die Zuchthausstrafe (§. 11.) unter allen Umständen den Verlust der bürgerlichen Ehrenrechte von Rechtswegen nach sich zieht, daß dagegen die Gefängnißstrafe diese Folge niemals hat, daß vielmehr neben der Gefängnißstrafe nur auf die Untersagung der Ausübung der bürgerlichen Ehrenrechte erkannt werden darf; berücksichtigt man namentlich, daß in den hier zur Betrachtung vorliegenden Fällen auf diese accessorische Strafe nur dann erkannt werden muß, wenn auf Grund der §§. 218, 219, 238, 240, 251. die Gefängnißstrafe eintritt, während die Ehrenstrafe bei den §§. 250, 259, 260, 262, 321. nur fakultativ neben der Gefängnißstrafe angedroht ist; so wird man gewiß nicht ohne Berechtigung die Behauptung aufstellen dürfen, daß, wenn auch immerhin eine dreijährige Gefängnißstrafe einer zweijährigen Zuchthausstrafe, abgesehen von den Ehrenfolgen gleichgeachtet werden darf, doch die zweijährige Zuchthausstrafe durch eine dreijährige Gefängnißstrafe dann noch keineswegs gedeckt wird, wenn man auf die Ehrenfolgen mit Rücksicht nimmt. Wenn z. B. bei der Konkurrenz zweier Verbrechen, von denen eines nur mit Zuchthausstrafe, das andere nur mit Gefängnißstrafe bedroht wäre, die Reduktion der Gefängnißstrafe auf die Zuchthausstrafe nach der Vorschrift des §. 16. erfolgt, so kann man gern zugeben, daß in diesem Falle drei Jahre Gefängniß gleich zwei Jahren Zuchthaus sein mögen. Aber etwas ganz anderes ist es, nun auch zu behaupten, daß drei Jahre Gefängniß ohne Aberkennung der bürgerlichen Ehrenrechte oder mit zeitigem Verluste derselben gleichgesetzt werden könnten zwei Jahren Zuchthaus nebst dauerndem Verluste dieser Rechte.

Nimmt man dagegen an, daß das Strafgesetz weder den Verlust der Ehrenrechte überhaupt, noch auch namentlich den dauernden Verlust dieser Rechte als eine unausbleibliche Folge der Zuchthausstrafe hingestellt hätte — und es wird weiter unten nachgewiesen werden, daß dies nicht nur geschehen kann, sondern sogar geschehen muß, wenn man ein rationelles Gesetz erlassen will — dann würde der Grund, welcher jetzt dafür angeführt werden kann, daß das Preußische Strafgesetzbuch niemals die dreijährige, sondern immer erst die fünfjährige Gefängnißstrafe in die Zuchthausstrafe übergehen läßt, vollkommen fortfallen und es würde kaum mehr ein Grund abzusehen sein, weshalb man in allen diesen Fällen mit der dreijährigen Gefängnißstrafe sich nicht sollte begnügen können.

Hat man die Wahl zwischen einer länger dauernden aber weniger intensiven, oder einer intensiver wirkenden Freiheitsstrafe von kürzerer Dauer, so wird man letzterer aus nahe liegenden Gründen den Vorzug geben. Deshalb genügt es vollkommen, wenn bei einer mit Gefängniß oder Zuchthaus zu ahndenden strafbaren Handlung die Gefängnißstrafe so weit ausgedehnt wird, daß ihr höchstes Maß mit dem für die Zuchthausstrafe festgesetzten geringsten Maße sich berührt. Ist dann eine derartig bedrohte strafbare Handlung so beschaffen, daß sie mit drei Jahren Gefängniß nicht genügend bestraft erscheint, so wird der Richter auf die Zuchthausstrafe, und erachtet man die zweijährige Zuchthausstrafe als zu hart, so wird von der Zuchthausstrafe auf die Gefängnißstrafe herabzugehen sein. Daß von zwei gleich schweren Verbrechen das eine mit zwei Jahren Zuchthaus, das andere mit drei Jahren Gefängniß gestraft wird, ist nicht zu vermeiden und hat auch bei einer richtigen gesetzlichen Regelung der Ehrenstrafen keinen rechtlichen Nachtheil.

Selbstverständlich wird man bei den mit Zuchthaus oder Gefängniß bedrohten Verbrechen die Gefängnißstrafe nur dann auf drei Jahre beschränken dürfen, wenn die in einem solchen Falle angedrohte Zuchthausstrafe mit dem Minimum von zwei Jahren beginnt. Dies geschieht in dem Preußischen Strafgesetzbuche überall, und es ist auch nicht wohl möglich, hievon abzuweichen. Denn wollte man selbst die fünfjährige Gefängnißstrafe beibehalten, so würde damit doch nichts Weiteres erreicht werden, als daß man das Minimum der elektiv konkurrirenden Zuchthausstrafe bis auf drei Jahre und vier Monate erhöhen könnte. Eine derartige, nach Jahren und Monaten berechnete Minimaldauer der Zuchthausstrafe würde aber etwas ganz Unerhörtes sein, und da bei Annahme der vierjährigen Zuchthausstrafe bereits zwischen dieser und der fünfjährigen Gefängnißstrafe eine Lücke in der Strafskala entsteht, so würde doch höchstens die elektiv neben der Gefängnißstrafe stehende Zuchthausstrafe in ihrem Minimum auf eine dreijährige Dauer erhöht werden können. Nun kennt allerdings das Preußische Strafgesetzbuch unter seinen mehr als zahlreichen Strafpositionen auch zwei, bei welchen das Minimum einer dreijährigen Zuchthausstrafe vorkommt, einmal mit unbestimmt gelassenem Maximum, das andere Mal mit dem Maximum von zehn Jahren. Die beiden Verbrechen aber, durch welche die Preußische Gesetzgebung veranlaßt wurde, zwei sonst gar nicht vorkommende Strafpositionen aufzunehmen, sind.

1. §. 316. „Ein Beamter, welcher in Ausübung oder in Veranlassung der Ausübung seines Amtes vorsätzlich Mißhandlungen oder Körperverletzungen verübt oder verüben läßt, wird mit Gefängniß nicht unter drei Monaten bestraft; auch kann gegen denselben auf Unfähigkeit zu öffentlichen Aemtern erkannt werden.

   Ist die Mißhandlung oder Körperverletzung eine schwere (§. 193.) und findet keiner der im §. 196. vorgesehenen Milderungsgründe statt, so tritt Zuchthaus nicht unter drei Jahren ein."
2. §. 325. „Sind in Beziehung auf die Unterschlagung die zur Eintragung oder Kontrole der Einnahmen oder Ausgaben bestimmten Rechnungen, Register unrichtig geführt, verfälscht oder unterdrückt u. s. w. u. s. w., so ist die Strafe Zuchthaus von drei bis zu zehn Jahren."

Die Aufgabe, welche eine Revision der Strafgesetzgebung zu leisten hat, kann aber unmöglich darin bestehen, solche vereinzelte, und gerade wegen ihrer Vereinzelung vollkommen überflüssige Strafpositionen noch zu vermehren und zu befestigen; im Gegentheil, es muß ihre Aufgabe sein, durch eine zweckmäßige Verminderung der Strafpositionen das ganze System der Strafbestimmungen klarer und durchsichtiger zu machen. Aus diesem Grunde würde es auch ein ganz unverzeihlicher Fehler sein, bei den mit Zuchthaus oder Gefängnißstrafe bedrohten Verbrechen, nicht bei dem ausschließlichen zweijährigen Minimum der Zuchthausstrafe stehen zu bleiben. Ein Abweichen von diesem bisher von dem Preußischen Strafgesetzbuche anerkannten Grundsatze würde keine Verbesserung, sondern lediglich eine Verschlechterung des Gesetzbuches herbeiführen.

Durch diese Ausführungen dürften die Gründe dargelegt sein, weshalb die Gefängnißstrafe in ihrem Maximum bis auf drei Jahre ermäßigt werden kann, in denjenigen Fällen, wo sie elektiv mit der Zuchthausstrafe für ein Verbrechen angedroht ist.

Bei Erörterung der Frage, ob diese Herabsetzung der Gefängnißstrafe auch bei denjenigen Delikten zulässig sei, welche ausschließlich mit Gefängnißstrafe, resp. mit Gefängnißstrafe und Geldbuße bedroht sind,*) könnte zunächst an die Möglichkeit gedacht werden, statt der vier- und fünfjährigen Gefängnißstrafe, Zuchthausstrafe von entsprechender Dauer eintreten zu lassen. Da es sich indessen hiebei nur um eine zwei-, höchstens dreijährige Zuchthausstrafe handeln könnte, da die Strafposition „bis drei Jahre Zuchthaus" als eine dem Preußischen Strafrechte bisher unbekannte, dieses lediglich verschlechtern würde, da endlich eher eine Verminderung als eine Vermehrung der mit Zuchthaus zu bestrafenden Verbrechen im Interesse der Rechtspflege liegen möchte, so ist von dieser Möglichkeit wohl gänzlich abzusehen.

Man könnte im Allgemeinen sagen, daß die Freiheitsstrafen im Preußischen Strafgesetzbuche überhaupt hoch gegriffen und einer Herabsetzung nicht nur fähig, sondern auch bedürftig seien; man könnte auf die Erfahrungen der Praxis hinweisen, die, gerade in Folge der hoch arbitrirten Freiheitsstrafen fast nie Gelegenheit findet, dem Maximum derselben sich auch nur zu nähern; man könnte darauf hinweisen, daß die Zeit von drei Jahren eine so lange ist, daß eine dreijährige Gefängnißstrafe unter allen Umständen eine ausreichende Strafe für die dieser Strafart überhaupt zugewiesenen Delikte sein müsse; — und in der That, da jede Frist-Bestimmung ihrer Natur nach zum Theil etwas Willkürliches hat, wird man zur Vertheidigung der dreijährigen Frist als der Maximaldauer für die Gefängnißstrafe auf diese allgemeinen Gesichtspunkte wohl zurückkommen dürfen.

Aber außer diesen allgemeinen würden auch noch andere, mehr das Specielle berührende Gründe für die Aufstellung des dreijährigen Maximums bei der Gefängnißstrafe anzuführen sein.

Zunächst die Vergleichung mit dem Lübischen Strafgesetzbuche, welches gegenüber dem Preußischen Strafgesetzbuche eine Herabsetzung der fünfjährigen Gefängnißstrafe in folgenden Fällen vorgenommen hat:

1. Das Zwingen eines Beamten zur Vornahme einer Amtshandlung (Preußen §. 90.) wird nach Lübischem Recht im Maximum nur mit zwei Jahren Gefängniß bedroht. (Lübeck §. 69.)

Auf dasselbe Maximum von zwei Jahren beschränkt sich Lübeck:

2. Bei der Vernichtung u. s. w. von Urkunden. (Preußen §. 106. Lübeck §. 82.)
3. Bei der falschen Denunciation. (Preußen §. 133. Lübeck §. 104.)
4. Bei der erheblichen Körperverletzung. (Preußen §. 192a. und Lübeck §. 157.)

*) Da, wo das Preußische Recht Gefängniß oder Geldbuße androht, geht die Gefängnißstrafe nicht über zwei Jahre hinaus.

5. Bei der Schlägerei. (Preußen §. 195. Lübeck §. 160.)
6. Bei der Erpressung. (Preußen §. 235. Lübeck §. 199.)
7. Bei dem Anfertigen unächten Stempelpapiers. (Preußen §. 253. Lübeck §. 219.)
8. Bei dem Unterdrücken von Briefen durch Postbeamte. (Preußen §. 328. Lübeck §. 274.)
9. Bei der tergiversatio. (Preußen §. 329. Lübeck §. 275.)

In einigen Fällen begnügt sich Lübeck selbst mit dem Maximum von 6 Monaten, wo Preußen fünf Jahre Gefängniß zuläßt:

1. Bei der Kuppelei. (Preußen §. 147. Lübeck §. 118.) In diesem Falle hat Lübeck als Strafmaximum das Preußische Strafminimum angenommen.
2. Bei dem einfachen Betruge, bis zum Betrage von 200 Mark. (Preußen §. 242. Lübeck §. 207.)
3. Bei der Erregung einer Ueberschwemmung, um sein Eigenthum vor Gefahr zu schützen. (Preußen §. 292. Lübeck §. 246.)
4. Bei der widerrechtlichen Verhaftung durch einen Beamten. (Preußen §. 317. Lübeck §. 266.)

In zwei Fällen wählt Lübeck als Maximum die dreijährige Gefängnißstrafe:

1. Bei der Entführung einer minderjährigen Person durch List oder Gewalt. (Preußen §. 206. Lübeck §. 169.)
2. Bei der Entführung einer minderjährigen Person mit ihrem Willen. (Preußen §. 208. Lübeck §. 171.)

Endlich hat das Lübische Recht, abgesehen von der Majestätsbeleidigung, die in dem republikanischen Staate natürlich nicht vorkommen kann, einzelne derjenigen Delikte, die Preußen mit einer Gefängnißstrafe bis zu fünf Jahren bedroht, gar nicht aufgeführt, nämlich:

1. Die gewaltsame Verhinderung, zu stimmen. (§. 84.)
2. Die Selbstverstümmelung u. s. w., um sich dem Militairdienst zu entziehen. (§. 113.) *)
3. Den Fall der Körperverletzung des §. 196.
4. Die gewerbsmäßige Wilddieberei (§. 276.)
5. Mißhandlung oder Körperverletzung, durch einen Beamten verübt. (§. 316.)

Doch nicht blos die Vergleichung mit dem Lübischen Recht ist geeignet, Bedenken gegen die fünfjährige Gefängnißstrafe des Preußischen Rechts entstehen zu lassen; sondern die Bestimmungen des Preußischen Strafgesetzbuches selbst zeigen, daß keineswegs überall eine innere Nothwendigkeit zu diesem Strafmaße geführt hat.

Hier ist denn namentlich darauf aufmerksam zu machen, daß die Bestrafung des Diebstahls (§. 216, 217), der Unterschlagung (§. 227), des Betruges (§. 242, 243), der Hehlerei (§. 237) für vollkommen ausreichend zu erachten ist, wenn man sich mit dem Maximum der dreijährigen Gefängnißstrafe begnügt. Der Beweis hierfür könnte freilich nur dann geführt werden, wenn statistische Nachweise existirten, aus

*) Diese Bestimmung fehlt auch in Oldenburg.

denen zu entnehmen wäre wie oft auf Grund der §§. 216, 217, 227, 237, 242, 243 auf Gefängnißstrafe von längerer als dreijähriger Dauer wirklich anerkannt worden ist. Daß die Praxis, selbst unter Mitbenutzung der Bestimmungen über Konkurrenz und Rückfall, die fünfjährige Gefängnißstrafe nicht braucht, kann, trotz des Nichtvorhandenseins derartiger den direkten Beweis ermöglichenden statistischen Angaben, in indirekter Weise dargethan werden.

Vergleichen wir die Strafpositionen:

1. Der einfache Diebstahl (§. 216.) soll gestraft werden mit Gefängniß von einer Woche bis zu fünf Jahren.
2. Der einfache Diebstahl unter erschwerenden Umständen (§. 217) soll gestraft werden mit Gefängniß von vierzehn Tagen bis zu fünf Jahren.
3. Die Unterschlagung (§. 225, 226, 227) soll gestraft werden mit Gefängniß von einem Tage bis zu fünf Jahren.
4. Die einfache Hehlerei (§. 237) soll gestraft werden mit Gefängniß von einer Woche bis zu fünf Jahren.
5. Der einfache Betrug (§. 242.) soll gestraft werden mit Geldbuße von fünf Thalern bis zu Gefängniß von fünf Jahren und Geldbuße bis zu eintausend Thalern.
6. Der Betrug unter erschwerenden Umständen (§. 243.) soll gestraft werden mit Gefängniß von drei Monaten und fünfzig Thalern bis zu fünf Jahren Gefängniß und eintausend Thalern.

Dagegen soll bestraft werden:

Der schwere Diebstahl (§. 218.), wenn derselbe unter mildernden Umständen begangen, wird mit Gefängniß von sechs Monaten bis zu fünf Jahren.

Hieraus geht hervor, daß der schwere Diebstahl (§. 218.) selbst unter mildernden Umständen begangen, nach der Auffassung des Preußischen Strafgesetzbuches ein schwereres Delikt ist, als sämmtliche so eben unter 1—6 aufgeführten Delikte, dieselben mögen nun mit oder ohne mildernde Umstände begangen sein. Daß mithin der schwere Diebstahl (§. 218.) unter mildernden Umständen und im Rückfalle (§. 58.) begangen erst recht ein schwereres Delikt ist, als die anderen mit ihm in Vergleich gestellten Vergehen, das leuchtet von selbst ein. Man müßte also annehmen, daß, wenn bei irgend einem Delikt die schwereren Gefängnißstrafen häufig in Anwendung zu bringen wären, dies vorzugsweise bei dem im Rückfalle begangenen schweren Diebstahle mit mildernden Umständen der Fall sein müßte. Da dieses Delikt zur Kompetenz der Schwurgerichte gehört, so giebt über die Frage, wie dasselbe während der Jahre 1860 bis 1865 wirklich bestraft ist, die im Justiz-Ministerium angefertigte Statistik der Preußischen Schwurgerichte wenigstens eine theilweise Antwort. Leider hat diese Statistik für Gefäuguißstrafen nur zwei Kolonnen, eine für die Gefängnißstrafen bis zu einem Jahr und eine zweite für die Gefängnißstrafen von einem Jahr und darüber. Positiv also läßt sich aus diesen Angaben nicht ersehen, wie oft die Schwurgerichtshöfe auf mehr als drei Jahre Gefängniß erkannt haben; aber es läßt sich doch annähernd bestimmen. Es ist nämlich wegen schweren Diebstahls im Rückfalle auf Gefängnißstrafe überhaupt erkannt worden:

1860: in 417 Fällen; davon in 301 Fällen unter und in 116 Fällen über ein Jahr; 1861: in 483 Fällen; davon in 339 Fällen unter und in 144 Fällen über ein Jahr; 1862: in 418 Fällen; davon in 285 Fällen unter und in 133 Fällen über ein Jahr; 1863: in 352 Fällen; davon in 253 Fällen unter und in 99 Fällen über ein Jahr; 1864: in 346 Fällen; davon in 257 Fällen unter und in 89 Fällen über ein Jahr; 1865: in 434 Fällen; davon in 301 Fällen unter und in 133 Fällen über ein Jahr.

In dem ganzen Zeitraum von sechs Jahren mithin, wo die Schwurgerichte bei 2450 Fällen die Strafe innerhalb der Grenzen 6 Monate bis 7 Jahre 6 Monate*) zu arbitriren hatten, wo also die mittlere Strafdauer vier Jahre Gefängniß betrug, hat man in nicht weniger als 1736 Fällen die einjährige Gefängnißstrafe nicht erreicht. Es ist unter diesen Umständen nicht gewagt, die Behauptung auszusprechen, daß in den übrigen 714 Fällen über 3 Jahre Gefängniß nicht hinausgegangen sein wird; und selbst wenn dieses geschehen wäre, wenn man in einzelnen jener 714 Fälle auf vier Jahre, selbst auf vier Jahre und sechs Monate Gefängniß erkannt hätte, so würde man nicht vergessen dürfen, daß es sich nicht um die Bestrafung des schweren Diebstahls allein, sondern um die Bestrafung des schweren Diebstahls im Rückfalle handelte, daß demnach also, selbst wenn diese höhere Strafe erkannt sein sollte, den schweren Diebstahl für sich allein noch immer eine geringere Strafe getroffen haben würde.

Da nun der schwere Diebstahl (§. 218.) unter mildernden Umständen ein schwereres Delikt ist, als die in den §§. 216. 217. 227. 237. 242. 243. bedrohten, so folgt daraus wohl mit ziemlicher Bestimmtheit, daß auch bei diesen Delikten das Maximum einer dreijährigen Gefängnißstrafe zu überschreiten, keine Veranlassung vorliegt.

Unterstützend für diese Ansicht tritt noch Folgendes hinzu. Der schwere Diebstahl im wiederholten Rückfalle soll nach §. 219. Nr. 2. mit Gefängniß von einem bis zu fünf Jahren oder mit Zuchthaus von zwei bis fünf Jahren bestraft werden, wenn mildernde Umstände angenommen werden. Aus der Schwurgerichts-Statistik geht nun hervor, daß erkannt worden ist:

1860: in 270 Fällen 84 mal; 1861: in 356 Fällen 113 mal; 1862: in 273 Fällen 83 mal; 1863: in 282 Fällen 116 mal; 1864: in 233 Fällen 64 mal; 1865: in 251 Fällen 85 mal auf Gefängniß „unter einem Jahr" — wie dies die Kolonne in den Tabellen sagt. (Auf Zuchthaus wurde in den gleichen Fällen erkannt in resp. 232, 313, 249, 246, 227, 241, zusammen in 1508 Fällen.)

---

*) Unter Rücksichtnahme auf §. 58.

Die Kolonne „unter einem Jahre“ konnte zwar entsprechend der Vorschrift des §. 219. gar nicht in Anwendung kommen. Wir müssen also annehmen, daß diejenigen Bestrafungen, welche „unter einem Jahre“ stattgefunden haben sollen, Bestrafungen gerade von einem Jahre gewesen sind. Wenn aber die Praxis bei 1665 Fällen, die innerhalb der Strafgrenzen von einem bis zu fünf Jahren Gefängniß zu bestrafen waren, in 545 Fällen bei dem Strafminimum stehen bleibt, so ist anzunehmen, daß in den übrigen mit Gefängniß geahndeten Fällen die dreijährige Gefängnißstrafe kaum überschritten sein wird, und es ergeben sich hieraus die Konsequenzen für das bei den minder schweren Delikten (§. 216. 217. 227. 237. 242. 243.) zu arbitrirende Strafmaximum von selbst.

Eine Schwurgerichts-Statistik des Schwurgerichts zu Naumburg vom Jahre 1855*) zeigt, daß während dieses Jahres das genannte Schwurgericht in 48 Fällen auf Gefängnißstrafe erkannt hat, daß aber von diesen 48 Strafen keine einzige sich findet, welche fünf oder vier Jahre betragen hätte, daß nur einmal auf zwei Jahre Gefängniß — und zwar bei einfacher Körperverletzung — und nur einmal auf drei Jahre Gefängniß erkannt wurde. Diese drei Jahre Gefängniß waren die Strafe für fünf unter mildernden Umständen begangene Diebstähle, von denen mindestens einer im Rückfall begangen sein mußte, da sonst die Verhandlung dieser Diebstähle im Jahre 1855 gar nicht zur Kompetenz der Schwurgerichte gehört hätte. In allen übrigen Fällen ist die Gefängnißstrafe nicht über ein Jahr und sechs Monate hinausgegangen.

Wenn so für die am häufigsten vorkommenden Delikte der Nachweis — wenn auch nur indirekt — geführt ist, daß eine Gefängnißstrafe bis zu drei Jahren den praktischen Bedürfnissen genüge, so werden in Betreff der übrigen im Preußischen Strafgesetzbuche mit einer höheren als dreijährigen Gefängnißstrafe bedrohten Delikte jene oben angeführten allgemeinen Gründe um so schwerer in's Gewicht fallen und wird demnach die Beschränkung der Gefängnißstrafe auf die Maximaldauer von drei Jahren kaum irgend welchen nennenswerthen Bedenken mehr unterliegen.**)

Bei der legislatorischen Behandlung der Freiheitsstrafen ist noch darauf Rücksicht zu nehmen, daß im Preußischen Strafgesetzbuche mit der Zuchthausstrafe sowohl, wie auch mit der Gefängnißstrafe an einzelnen Stellen kumulativ eine Geldstrafe verbunden ist.

Dies tritt ein:

---

*) v. Kräwel Vorschläge S. 116 ff.

**) Aus der Vergleichung mit anderen Gesetzbüchern ist für die vorliegende Frage nichts zu gewinnen. Sachsen giebt überhaupt nur Minima und das Maximum von 30 Jahren für alle zeitigen Freiheitsstrafen. Thüringen, Altenburg, Hessen wollen die Gefängnißstrafe nicht über drei Monate ausdehnen; haben aber noch Arbeits- resp. Korrektionshausstrafen, die bis zu zehn resp. (Altenburg) sechs Jahren reichen. Braunschweig bestimmt vierzehn Tage bis drei Jahre; Bayern stimmt mit Preußen überein.

1. Bei dem qualificirten Betruge (§. 244.)
2. Bei der qualificirten Urkundenfälschung (§. 252. al. 1. 2.)
3. Bei dem falschen Ausstellen öffentlicher Urkunden oder Verfälschen ächter, oder Beiseiteschaffen anvertrauter durch einen Beamten (§. 323.)

In diesen Fällen tritt neben die Zuchthausstrafe von 2—10 Jahren Geldbuße von 100—2000 Thlr.

4. Bei der qualificirten Urkundenfälschung des §. 251.

In diesem Falle tritt ein, entweder Zuchthaus von 2—10 Jahren und Geldbuße von 100 bis 2000 Thlr., oder Gefangnißstrafe von 6 Monaten bis zu 5 Jahren und Geldbuße nicht unter 10 Thlr.

5. Bei der einfachen Urkundenfälschung des §. 250.

Hier ist die Strafe entweder Zuchthaus von 2—5 Jahren neben einer Geldbuße von 50—1000 Thlr., oder Gefängniß von 3 Monaten bis zu 5 Jahren neben einer Geldbuße nicht unter 5 Thalern.

6. Bei dem qualificirten Betruge des §. 243.

(Von den daselbst aufgeführten acht verschiedenen Fällen ist Nr. 6. durch das Gesetz vom 30. Mai 1859 in der Weise eximirt, daß für die betrügliche Abwendung einer Exekution die Annahme mildernder Umstände zugelassen und in diesem Falle die Kumulation von Geld- und Gefängnißstrafe aufgegeben ist.)

7. Bei der qualificirten Untreue (§. 246. al. 2.)

In diesen Fällen (§. 243. mit Ausnahme der Nr. 6. und §. 246. al. 2.) ist Gefängnißstrafe von 3 Monaten bis zu 5 Jahren neben einer Geldbuße von 50—1000 Thlr. bestimmt worden.

8. Bei dem gewerbsmäßigen Hazardspielen (§. 266.)

Hier soll neben der Gefängnißstrafe von 3 Monaten bis zu 2 Jahren auf Geldbuße von 100—2000 Thlr. erkannt werden.

9. Bei dem Wucher (§. 263.)

Neben Gefängnißstrafe von 3 Monaten bis zu einem Jahre tritt Geldbuße von 50—1000 Thlr.

10. Bei dem furtum usus der öffentlichen Pfandleiher (§. 265.)

Die Strafe ist auf Gefängniß von einem Monate bis zu einem Jahre und Geldbuße von 20—500 Thlr. festgesetzt.

11. Bei dem einfachen Betruge (§. 241.)

Für dieses Delikt existiren drei verschiedene Strafpositionen: a. Geldbuße von 5 bis 1000 Thalern. b. Gefängniß von einer Woche bis zu 5 Jahren. c. Gefängniß von einem Monate bis zu fünf Jahren und Geldbuße von 50—1000 Thalern.

12. Bei dem wissentlich falschen Bezeichnen von Waaren (§. 269.), wenn dies Delikt im Rückfalle begangen wird.

Zu der Geldbuße bis 1000 Thlr. tritt unter dieser Voraussetzung Gefängniß bis zu 6 Monaten.

An diesen Strafbestimmungen des Preußischen Rechts ändert Oldenburg nur Folgendes:

1. Bei §. 252. des Preußischen Strafgesetzbuches wird die zwei- bis fünfjährige Zuchthausstrafe in eine ebenso lange dauernde Gefängnißstrafe verändert.

2. Die Aenderung, welche durch das Gesetz vom 30. Mai 1859 mit §. 243. Nr. 6. vorgenommen ist, konnte das Oldenburger Gesetz nicht berücksichtigen und ist daher mit diesem wundersamen Delikt auf dem Standpunkte des Preußischen Gesetzes vom 14. April 1856 stehen geblieben.

3. Die Strafbestimmung für den Wucher (§. 263.) ist ganz fortgelassen.

Im Prinzipe aber anerkennt auch das Oldenburgische Strafgesetzbuch die Kumulation der Freiheits- und Geldstrafen als eine zweckmäßige an.

Dagegen ist eine derartige Kumulation verschiedenartiger Strafen im Lübischen Gesetzbuche abgesehen von dem Falle des §. 84. nicht adoptirt.*)

Ebensowenig findet sich dieselbe in den Gesetzbüchern von Braunschweig, Hessen, Sachsen, Altenburg, Thüringen.

Das Bairische Gesetzbuch kennt zwar die beregte Kumulation, beschränkt dieselbe aber darauf, Geldbußen neben die Gefängnißstrafe treten, und die Kumulation durch die Geldbuße überhaupt nur fakultativ sein zu lassen. Dies geschieht beispielsweise bei den Artikeln 159. 170. 173. 182. 184. 187 al. 2. 188 al. 2. 189. 315. 316. 331.

Diese Kumulation von Freiheits- und Geldstrafen aus irgend welchen rationellen Gründen zu rechtfertigen, dürfte in der That schwierig sein. Denn, wenn man sagen wollte, derjenige, der zum Zwecke seiner Bereicherung ein Verbrechen beging, müsse deswegen an seinem Vermögen gestraft werden, so reicht man mit diesem Grunde so weit, um alle diejenigen Strafen zu rechtfertigen, mittels deren der Verbrecher gerade an demjenigen Gliede gestraft wird, durch welches er gesündigt hat.

Nun ist dieser Gesichtspunkt aber auch nicht einmal mit Konsequenz durchgeführt. Denn, wäre dies der Fall, so müßte nicht blos Geld- und Gefängnißstrafe, sondern auch die Geldstrafe allein auf diejenigen Delikte beschränkt bleiben, welche durch Eigennutz hervorgerufen wurden. Dies durchzuführen, ist aber, selbst den Willen hiezu vorausgesetzt, vollkommen unmöglich.

Ferner müßte die Kumulation von Geld- und Gefängnißstrafen nicht, wie dies geschehen, auf Delikte ausgedehnt sein, bei welchen die „gewinnsüchtige Absicht“ gar nicht mitgewirkt zu haben braucht. Von unbedeutenderen Fällen, wie, wenn der öffentliche Pfandleiher eine bei ihm versetzte goldene Uhr anlegt, um seiner Eitelkeit nachzugeben — ein Vergehen, welches nach §. 265. mit mindestens einem Monate Gefängniß und zwanzig Thalern Geldbuße zu ahnden wäre — wollen wir absehen. Aber wie steht es mit der Urkundenfälschung? Dieses Verbrechen wird doch begangen:

---

*) §. 84. Schiffer, welche die Lübeckische Flagge unbefugterweise führen, werden mit Gefängniß bis zu sechs Monaten und mit einer Geldbuße bis zu dreihundert Mark bestraft.

1. Wenn Jemand in der Absicht, sich Gewinn zu verschaffen, eine Urkunde verfälscht oder fälschlich anfertigt, und von derselben zum Zwecke der Täuschung Gebrauch macht;
2. Wenn Jemand in der Absicht, Anderen Gewinn zu verschaffen, eine Urkunde verfälscht, u. s. w.;
3. Wenn Jemand in der Absicht, Anderen Schaden zuzufügen, eine Urkunde verfälscht, u. s. w.

Soll nun die zur Freiheitsstrafe hinzutretende Geldstrafe die „gewinnsüchtige Absicht“ treffen, so würde man es verstehen, wie die Geldstrafe für die erste Art der Urkundenfälschung angedroht ist, aber man würde es nicht verstehen, wie auch für die zweite und dritte Art die Geldbuße angedroht werden kann, da doch von demjenigen, der für Andere einen Gewinn erzielen will, oder von demjenigen, der überhaupt nicht, weder für sich noch für Andere etwas zu lukriren, sondern nur Andere zu beschädigen gedenkt, gewiß nicht behauptet werden kann, er habe aus Eigennutz gehandelt. Und dieser so eben auseinandergelegte Thatbestand der Urkundenfälschung wiederholt sich nach dem Vorbilde des §. 247. in dem §. 248. und §. 249; wird lediglich durch qualificirende Momente specialisirt in den §§. 251 und 252; aber auf Geldstrafe muß in allen Fällen erkannt werden, der Thäter mag eigennützig gehandelt haben oder nicht.

Man muß aber ferner auch die Frage aufwerfen: Wenn der Eigennutz des Verbrechers die zur Freiheitsstrafe hinzutretende Geldstrafe motivirt, warum hat denn diese Strafen-Kombination nur bei den oben genannten Delikten stattgefunden, und nicht noch bei vielen anderen, bei denen hiezu die ganz gleiche Veranlassung vorlag?

Ich will zunächst zwei Stellen des Strafgesetzbuches anführen, in denen nicht blos der Sache nach, sondern auch den Worten nach die „gewinnsüchtige Absicht“ gerade so aufgenommen ist, wie bei dem Betruge:

1. §. 106. „Wer Urkunden, Register u. s. w., welche sich an einem öffentlichen Verwahrungsorte aufbewahrt finden, oder einem Beamten, zu dessen Amte die Verwahrung derselben gehört, in amtlicher Eigenschaft übergeben worden sind, vorsätzlich vernichtet oder bei Seite schafft, wird mit Gefängniß nicht unter drei Monaten bestraft.

   Ist die Handlung in gewinnsüchtiger Absicht begangen, so soll zugleich auf zeitige Untersagung der Ausübung der bürgerlichen Ehrenrechte erkannt werden.“
2. §. 137. „Wer unbefugt eine Leiche oder einen Theil derselben aus dem Gewahrsam der dazu berechtigten Personen wegnimmt, ingleichen, wer unbefugt Gräber zerstört oder beschädigt, oder an denselben beschimpfenden Unfug verübt, soll mit Gefängniß von einem Monat bis zu zwei Jahren bestraft werden.

   Liegt der Handlung gewinnsüchtige Absicht zu Grunde, so ist zugleich auf zeitige Untersagung der Ausübung der bürgerlichen Ehrenrechte zu erkennen.“

An einer dritten Stelle finden sich fast genau dieselben Worte wieder, von denen man annehmen darf, daß sie bei der Urkundenfälschung das Hinzutreten der Geldbuße veranlaßt haben:

§. 260. Mit Zuchthaus bis zu zehn Jahren wird bestraft:

1) . . . . .

2) wer im Interesse eines solchen Gemeinschuldners, oder um sich oder Anderen Vortheil zu verschaffen, erdichtete Forderungen im eigenen Namen oder durch dazwischengeschobene Personen geltend gemacht hat.

Ob es in §. 247. gelegentlich der Urkundenfälschung heißt: „Wer in der Absicht, sich oder Anderen Gewinn zu verschaffen", oder ob es in §. 260. heißt: „Wer, um sich oder anderen Vortheil zu verschaffen", das ist der Sache nach vollkommen gleich.

Nun muß man doch fragen: Wenn §. 241. (Betrug), wenn §. 247. (Urkundenfälschung) die Geldstrafe neben der Freiheitsstrafe erforderten, warum ist dieselbe bei §. 106. 137. 260. überflüssig?

Aber abgesehen von diesen einzelnen Fällen! Wie steht es denn mit den Verbrechen, denen — um die Worte des §. 137. zu gebrauchen — gewinnsüchtige Absicht mindestens regelmäßig zu Grunde liegt, dem Diebstahl, dem Raube, der Erpressung? Wenn man sagt, der animus lucrifaciendi gehöre nicht zum Thatbestande dieser Verbrechen — eine Behauptung, welche dem vom Gesetze gegebenen Thatbestande der Erpressung gegenüber gewiß nicht aufrecht erhalten werden könnte — so wird man doch nicht in Abrede stellen wollen, daß der animus lucrifaciendi, da wo diese Verbrechen vorkommen, in den bei weitem meisten Fällen vorhanden ist. Wenn daher durch Gewinnsucht die Geldbuße neben der Freiheitsstrafe bedingt würde, so hätte man die Geldbuße mindestens fakultativ als kumulirendes Strafmittel neben die Freiheitsstrafe stellen müssen.

So sehen wir also das Strafgesetzbuch inkonsequent gegen sich selbst, und diese Inkonsequenz wird durch folgende Umstände noch gesteigert.

Erstens werden wir uns daran erinnern, daß das Strafgesetzbuch einen besonderen Titel hat, welcher die Ueberschrift führt: „Strafbarer Eigennutz". Hier müßten wir vermuthen, entweder nur Geldstrafen oder Gefängniß- mit Geldstrafen kumulirt anzutreffen, nicht aber Gefängnißstrafe allein oder Gefängnißstrafe alternativ neben der Geldstrafe. Nun findet sich in diesem Titel die Geldbuße allein nur in den §§. 267. 268.; Gefängniß- und Geldstrafe nur in den Fällen der §§. 263. 265. 266. 269. — bei §. 269. nur dann, wenn das Delikt im Rückfalle begangen wird, sonst tritt nur Geldbuße ein; dagegen ist wegen strafbaren Eigennutzes ausschließlich Gefängniß angedroht in den §§. 264. 271. 272. 276. 278. 279.; und die Gefängnißstrafe oder Geldbuße in den Fällen der §§. 270. 273. 274. 275. 280.

Wenn auch immerhin in diesen 25. Titel des Strafgesetzbuches Delikte gebracht sind, welche sonst nicht recht unterzubringen waren, das steht schon fest, daß bei allen diesen in dem genannten Titel aufgeführten Delikten das Gesetz die Existenz des Eigennutzes vorausgesetzt hat, wenn auch der Eigennutz nicht überall thatsächlich festgestellt zu werden braucht, und wenn er auch in manchen Fällen thatsächlich nicht vorhanden gewesen sein mag.

Weiter aber ist anzuführen, daß Eigennutz, Gewinnsucht ja keineswegs das Motiv blos bei den direkt gegen das Vermögen Anderer gerichteten Verbrechen gewesen zu sein braucht, sondern daß das gleiche Motiv auch andere Verbrechen veranlaßt haben kann, z. B. die Bestechung, den Meineid, die Veränderung des Personenstandes und andere.

Also entweder das Gesetz spricht allgemein den Satz aus: Ueberall, wo ein Verbrechen durch Gewinnsucht veranlaßt ist, soll außer der Freiheitsstrafe auch noch auf Geldbuße erkannt werden; oder, wenn das Gesetz diese Vorschrift nicht treffen will, so wird es sich entweder mit der Freiheitsstrafe allein begnügen müssen, oder es wird die Gefahr nicht vermeiden können, durch theilweise Ausführung dieser Maßregel mit sich selbst in Widerspruch zu gerathen.

Zu dem allen kommt aber noch, daß die Kumulation von Freiheits- und Geldstrafen sich praktisch nur alsdann realisiren läßt, wenn der Verurtheilte vermögend genug ist, die Geldbuße zu entrichten; denn im Unvermögensfalle muß ja die neben der Freiheitsstrafe zu erkennende Geldbuße in die Gefängniß- resp. Zuchthausstrafe verwandelt werden. Wir gewinnen somit zwei verschiedene Strafandrohungen:

1. Wer in gewinnsüchtiger Absicht ein Verbrechen begeht, und wohlhabend ist, der wird mit Geldbuße und einer kürzer dauerden Freiheitsstrafe belegt;

2. Wer in gewinnsüchtiger Absicht ein Verbrechen begeht, und nicht wohlhabend ist, hat eine dem Betrage der Geldbuße entsprechende längere Gefängnißstrafe zu erdulden.

Das heißt: den aus Gewinnsucht handelnden Wohlhabenden trifft eine leichtere Strafe als den aus Gewinnsucht handelnden Armen.

Wenn jedoch für irgend welche Verbrechen verlangt werden muß, daß der Reiche nicht nur dem Armen gleich, sondern eher härter als der Arme zu bestrafen ist, so tritt dieser Fall ganz gewiß bei denjenigen Verbrechen ein, welche aus Gewinnsucht begangen sind, da dieses Motiv eher bei dem Armen als bei dem Reichen Entschuldigung finden darf.

Hieraus folgt nicht, daß die Geldbußen überhaupt zu verwerfen sind, sondern es folgt daraus nur, daß bei denjenigen Verbrechen, zu deren Thatbestand die gewinnsüchtige Absicht gehört, weder die Geldbuße allein, noch die mit der Freiheitsstrafe kumulirte Geldbuße ein geeignetes Strafmittel ist.

Die Preußische Gesetzgebung hat die Richtigkeit dieser Ansicht durch das Gesetz vom 14. April 1856 übrigens selbst anerkannt. Der §. 349. wurde ursprünglich in Nr. 3 in folgender Weise publicirt:

„Wer, ohne gesetzlich erschwerende Umstände des Diebstahls, Früchte, Eßwaaren oder Getränke entwendet und auf der

Stelle verzehrt — wird mit Geldbuße bis zu funfzig Thalern oder Gefängniß bis zu sechs Wochen bestraft."

Im Jahre 1856 wurde aber diese Strafbestimmung dahin abgeändert:

„Mit Geldbuße bis zu funfzig Thalern oder Gefängniß bis zu sechs Wochen wird bestraft:

3) Wer Früchte, Eßwaaren oder Getränke von unbedeutendem Werthe oder in geringer Quantität entwendet, selbst wenn die Entwendung vermittelst Einbruchs oder Einsteigens in ein unbewohntes Gebäude oder in einen demselben gleichstehenden umschlossenen Raum erfolgt.

Geschieht die Entwendung unter einem andern der im §. 218. bezeichneten erschwerenden Umstände oder in gewinnsüchtiger Absicht, so kommen die Strafen des Diebstahls zur Anwendung."

Das Nichtvorhandensein der gewinnsüchtigen Absicht ermöglicht die Zulassung der Geldbuße, das Vorhandensein der gewinnsüchtigen Absicht dagegen macht das Eintreten der Freiheitsstrafe, und zwar der Freiheitsstrafe allein, erforderlich.

Schließlich ist aber gegen die Kumulation der Geld- und Freiheitsstrafen noch folgender Grund geltend zu machen.

Die Strafen des Preußischen Strafgesetzbuches sind verschieden schwere. An die leichteste, die Geldbuße, schließt sich — abgesehen von der Einschließung, die hier nicht in Betracht kommt — die Gefängnißstrafe, an diese die Zuchthausstrafe. Wenn es nun strafrechtlich überhaupt zulässig sein sollte, eine schwerere mit einer leichteren Strafart zu kumuliren, warum ist denn niemals die Zuchthausstrafe mit der Gefängnißstrafe bei ein und demselben Delikt kumulirt? Die Antwort auf diese Frage kann keine andere sein als die, daß die Anwendung der schwereren Strafe, der Zuchthausstrafe, die Anwendbarkeit der leichteren Strafe ausschließen müsse. Ist es nun aber unzulässig, die Gefängnißstrafe neben der Zuchthausstrafe bei einem Delikte in Anwendung zu bringen, so muß das Gleiche auch unzulässig sein mit Bezug auf die Gefängniß- und Geldstrafe; am unzulässigsten aber muß es erscheinen, die durch eine dazwischen liegende Strafart von einander getrennten Strafarten, die Zuchthaus- und die Geldstrafe mit einander zu kumuliren. Dazu kommt noch, daß da, wo mehrere konkurrirende Verbrechen zu bestrafen sind, verschiedenartige Freiheitsstrafen durch die ausdrückliche Bestimmung des §. 57. Nr. 2. ausgeschlossen sind. Der Wortlaut dieser Bestimmung, welche bereits von der 1853 erfolgten Aenderung des §. 56. ebenso lautete wie jetzt:

„Sind die in Vereinigung zu erkennenden Strafen von verschiedener Art, so ist, unter Verkürzung ihrer Gesammtdauer (§. 16.) auf die schwerste dieser Strafen zu erkennen"

läßt sogar einen wohlberechtigten Zweifel zu, ob nicht auch die durch eines der konkurrirenden Delikte verwirkte Geldbuße in die höhere Strafart zu verwandeln sei. Bestreitet man dies nämlich, so sind lediglich durch die Interpretation, die Worte des Gesetzes: „Strafen von verschiedener Art" — so zu restringiren, daß statt derselben gesagt werden müßte: „Strafen verschiedener Art, insofern dieselben Freiheitsstrafen sind", eine Interpretation, die den Fehler begeht, da zu unterscheiden, wo das Gesetz selbst nicht unterscheidet. Begeht man diesen Interpretationsfehler nicht, so machen die Worte: „unter Verkürzung ihrer Gesammtdauer (§. 16.)" allerdings deswegen einige Schwierigkeit, weil von Dauer der Strafen nur bei Freiheitsstrafen gesprochen werden kann, auch der in §. 57. inserirte §. 16. lediglich von der Verwandelung der Freiheitsstrafen spricht. Da indessen auch bei der dem Preußischen Strafgesetzbuche bekannten Todesstrafe von einer Dauer derselben nicht gesprochen werden kann, und da nichtsdestoweniger Doktrin und Praxis darin einig sind, daß bei konkurrirenden Verbrechen, von denen eines mit dem Tode bedroht ist, diese nicht dauernde Strafart die außerdem verwirkten dauernden Strafen absorbire, so würde man, wenn überhaupt, so doch gewiß keinen großen Fehler machen, wenn man den §. 57. in folgender Weise versteht:

„Sind die in Vereinigung zu erkennenden Strafen verschiedener Art, so ist auf die schwerste dieser Strafen zu erkennen.

Bei verschiedenartigen Freiheitsstrafen ist unter Verkürzung ihrer Gesammtdauer (§. 16.) auf die schwerste derselben zu erkennen."

Hiermit stimmt denn vollständig überein, wenn es in Nr. 3. heißt:

„Die Gefängnißstrafe kann in diesem Falle die Dauer von fünf Jahren, jedoch niemals die Dauer von zehn Jahren übersteigen."

eine Bestimmung, die unter der Voraussetzung, daß neben der Gefängnißstrafe auf Geldbuße zu erkennen wäre, schlechterdings keinen Sinn hätte.

Doch dies dahingestellt! Ich glaube, man darf wenigstens zur Unterstützung der übrigen Gründe es ebenfalls anführen, daß, wenn das Streben nach Gleichartigkeit der zu erkennenden Strafe dahin geführt hat, selbst bei der Konkurrenz der Verbrechen verschiedenartige Freiheitsstrafen auszuschließen, bei ein und demselben Verbrechen die Kumulation von Freiheits- und Geldstrafe ebenfalls unzuläßig sein müsse. Denn die Kumulation dieser Strafarten bei ein und demselben Verbrechen erscheint jedenfalls als eine größere Anomalie, als es die Kumulation verschiedenartiger Freiheitsstrafen in Folge der Verbrechenskonkurrenz sein würde.

Somit dürfte denn wohl die Kumulation der Freiheits- und Geldstrafen aufzugeben und diejenigen Verbrechen, bei denen dieselbe vorkommt, lediglich mit einer dieser Strafen zu bedrohen sein.

Einzelne der zur Zeit in Norddeutschland geltender Strafgesetzbücher kennen Schärfungen der Freiheitsstrafen, welche theils von Rechtswegen mit einzelnen Freiheitsstrafen verbunden sind, theils durch richterliches Erkenntniß festgesetzt werden. Dies ist der Fall bei den Gesetzbüchern von Sachsen (Art. 12, 13, 14, 16, 18.), Thüringen (Art. 12, 13.), Altenburg (Art. 8, 12, 22.), Hessen (Art. 16.). Dagegen finden sich dergleichen Schärfungen nicht in Preußen, Oldenburg, Lübeck, Braunschweig, und ebensowenig im bayrischen Gesetzbuch. Die Schärfungsmittel selbst sind: hartes Lager, Entziehung warmer Kost, körperliche Züchtigung, das Tragen eines Beineisens, das Tragen eines mit einer Kette am Fuße befestigten Klotzes,*) einsame Einsperrung, Dunkelarrest, Anhaltung der Detinirten zu öffentlicher Arbeit.

Daß derartige Strafschärfungen mit einer rationellen Vollstreckungsart der Freiheitsstrafen unvereinbar sind, darüber ist unter den Kundigen wohl kaum noch ein Zweifel. Was in der CCC. das Reißen mit glühenden Zangen neben der Todesstrafe war, das sind die Schärfungen der Freiheitsstrafen in denjenigen Gesetzbüchern, welche dieselben heute noch kennen. Wenn der Verbrecher in die Strafanstalt abgeliefert wird, und die Strafe für ihn eine Sühne und nicht eine ihn verbitternde Qual werden soll, so muß er wissen, daß es von ihm abhängt, daß mindestens kein Tag schlechter für ihn vergehen werde als jeder andere; ja man darf mehr verlangen, nämlich, daß der Verbrecher wisse, er könne durch seine Führung Vortheile für sich erlangen. Das Eine wie das Andere wird jedoch durch die von Rechtswegen eintretenden, oder durch richterliches Erkenntniß festgesetzten Strafschärfungen vollkommen vereitelt, die Schärfungsmittel mögen übrigens bestehen, worin sie wollen. Das Schlimmste in dieser Beziehung leistet in diesen Strafschärfungen wohl das Strafgesetzbuch für das Königreich Sachsen; namentlich in Betreff der körperlichen Züchtigung. Es heißt hier Art. 12. al. 4. wörtlich:

„Bei Zuchthausgefangenen, welche bereits wenigstens einmal Zuchthausstrafe verbüßt haben und deren körperliche Beschaffenheit es gestattet, kann statt der obgedachten Schärfungsmittel körperliche Züchtigung von zwanzig bis zu sechszig Hieben, welche mit einer am Angriffe nicht über einen Viertelzoll starken Ruthe, oder mit einer Ruthe von zusammengebundenen Birkenreisern, und zwar in beiden Fällen entweder auf den Rücken oder auf das Gesäß vollstreckt wird, angewendet werden.

Ueber die Anwendung dieses Schärfungsmittels, das Maaß und die Art seiner Vollstreckung, entscheidet ebenfalls die Direktion der Anstalt nach vernommenem Gutachten des Arztes.

*) Das Sächsische Strafgesetzbuch bedient sich übrigens des einen Strafschärfungsmittels, nämlich der körperlichen Züchtigung, auch dazu, um dasselbe als selbständiges Strafmittel an Stelle der Gefängnißstrafe zu setzen. Dies ist der Fall bei Bestrafung von Vagabunden und Bettlern und bei denjenigen, welche sich einer Verletzung der Eigenthumsrechte aus Eigennutz, Bosheit oder Muthwillen, oder der vorsätzlichen Körperverletzung, oder der widernatürlichen Unzucht schuldig gemacht, und wegen desselben oder eines gleichartigen Verbrechens bereits zweimal Freiheits- oder Handarbeitsstrafe erlitten haben. (Art. 24.) Diese Bestimmung hat auch Altenburg (Art. 22.); während aber Sachsen drei Hiebe gleich einem Tage erachtet, will Altenburg dreißig Hiebe für gleichbedeutend mit einer Woche Freiheitsstrafe angesehen wissen. Ueberdem bestimmt Sachsen (Art. 25.), daß ein Vagabunde u. s. w. (vergl. Art. 24.), wenn er Lust hat zu hungern, durch 60 Tage Hungerkost sich dreißig Tage Gefängniß ersparen kann, resp. muß, wenn ihm vom Richter diese Enthaltsamkeit im Interesse der Freiheit auferlegt wird.

Die Schärfung wird, insofern nicht ärztliche Bedenken einen Aufschub nöthig machen, gleich bei der Einlieferung vollstreckt."

Dies wurde in einem deutschen Strafgesetze im Jahre 1855 bestimmt! Einer weiteren Erörterung wird es nicht bedürfen, um die Resultate einer Strafvollstreckung klar zu legen, welche damit beginnt, zunächst den Sträfling so weit herabzuwürdigen, wie dies durch menschliche Handlungen überhaupt nur geschehen kann.

Es könnte höchstens die Frage entstehen, ob in einem neuen deutschen Gesetzbuche die Unzulässigkeit der Strafschärfungen ausdrücklich festgestellt werden müsse. Wenn es feststeht, daß nur diejenigen Strafen erkannt und vollstreckt werden dürfen, welche das Gesetz ausdrücklich bezeichnet hat, so würde die bloße Nichterwähnung der Schärfungen schon gleichbedeutend mit deren Beseitigung sein. Aber andrerseits darf man nicht übersehen, daß langen und feststehenden mißbräuchlichen Gewohnheiten gegenüber die ausdrückliche gesetzliche Beseitigung derselben wohl am Platze sein dürfte. Wenn Schwarzenberg z. B. bestimmt, daß die Erben der Selbstmörder ihr Erbrecht nicht verlieren sollen, so setzt er noch hinzu, daß dawider kein alter Gebrauch, Gewohnheit oder Satzung statthaben, sondern hiermit revocirt, kassirt und abgethan sein solle. (CCC. Art. 135. a. E.) Die Stimmung, mit der Schwarzenberg diese Worte geschrieben, überkommt einen unwillkürlich, wenn man den Schärfungsmitteln der Freiheitsstrafen gegenübersteht, und so mögen diese denn auch hier revocirt, kassirt und aufgehoben werden.

Von den Schärfungen der Freiheitsstrafen unterscheiden sich die in den Strafanstalten zu benutzenden Disciplinarmittel. Mit diesen hat das Strafgesetz im Allgemeinen nichts zu thun. Wenn indessen ein oder das andere Disciplinarmittel nicht in Anwendung kommen soll, so kann dies im Strafgesetz namentlich auch deswegen angeordnet werden, weil durch eine solche die Disciplin betreffende Bestimmung der ganze Charakter der Freiheitsstrafen in ein helleres Licht gestellt wird. Und da ist es denn eine Bestimmung des bayrischen Strafgesetzbuches, welche wohl in ein deutsches Strafgesetzbuch aufzunehmen wäre. Es ist Art. 25. Abs. 1.:

„Körperliche Züchtigung ist auch als Disciplinarstrafe in allen Strafanstalten und Gefängnissen unbedingt ausgeschlossen."

Diese Bestimmung des bayrischen Gesetzbuches würde mit der die Beseitigung der Schärfungen der Freiheitsstrafen betreffenden in einen Gesetzes-Paragraphen zu vereinigen, und derselbe dahin zu fassen sein:

„Schärfungen der Freiheitsstrafen dürfen weder kraft des Gesetzes eintreten noch mittels richterlichen Urtheils verhängt werden.

Die körperliche Züchtigung ist auch als Disciplinarstrafe in allen Strafanstalten ausgeschlossen."

Es ist hier noch auf die Bestimmung des Lübischen Rechts §. 9. aufmerksam zu machen. Hier wird Folgendes bestimmt:

„Die Freiheitsstrafe ist entweder Zuchthausstrafe oder Gefängnißstrafe.

Ist im Allgemeinen Freiheitsstrafe angedroht, so steht die Wahl unter diesen beiden Arten zum richterlichen Ermessen."

Die Frage liegt nahe, ob nicht auch für ein neues deutsches Strafgesetzbuch dieser Vorgang des Lübischen Rechts verwerthet werden könnte, um so mehr, als der Hamburger Entwurf dieses gethan hat.

Diese Frage ist indessen meiner Ansicht nach zu verneinen.

Denn einmal hat Lübeck ganz andere Zeitgrenzen für die Dauer seiner Freiheitsstrafen angenommen, als dieses im Entwurf geschehen ist. Lübeck nämlich läßt für die Gefängnißstrafe eine Maximaldauer von zwanzig Jahren zu, die gleiche, welche auch für die Zuchthausstrafe anerkannt ist, während in dem Entwurf für die Gefängnißstrafe nur eine Maximaldauer von drei Jahren angenommen ist. Dagegen bestimmt Lübeck für die Zuchthausstrafe eine Minimaldauer von nur drei Monaten, während der Entwurf für dieselbe mindestens die Dauer von zwei Jahren in Anspruch nehmen mußte. Wenn also Lübeck beispielsweise androht: „Freiheitsstrafe bis zu zehn Jahren", so heißt dies nach lübischem Recht: „Entweder Gefängniß von einem Tage bis zu zehn Jahren, oder Zuchthaus von drei Monaten bis zu zehn Jahren"; der Richter hat dann also innerhalb des Zeitraums von drei Monaten bis zu zehn Jahren die Wahl, ob er die Zuchthaus- oder die Gefängnißstrafe festsetzen will. Ganz anders dagegen gestaltet sich die Sache, wenn die gleiche Dauer der Freiheitsstrafe angedroht wäre unter der Voraussetzung, daß die Gefängnißstrafe nicht höher als bis zu drei Jahren hinauf und Zuchthausstrafe nicht weiter als zwei Jahre hinunter reicht. Unter dieser Voraussetzung würde die Strafposition: „Freiheitsstrafe bis zu zehn Jahren" heißen: Entweder Gefängnißstrafe von einem Tage bis zu drei Jahren, oder Zuchthausstrafe von zwei bis zehn Jahren. Der Richter hätte also nur innerhalb des Zeitraums von zwei bis zu drei Jahren die Wahl, ob er Gefängniß- oder Zuchthausstrafe erkennen will, und da wegen des festgestellten Verhältnisses zwischen Gefängniß- und Zuchthausstrafe und wegen der Unmöglichkeit, in einer und derselben Strafposition eine Lücke entstehen zu lassen,*) in allen Fällen, wo Gefängniß- und Zuchthausstrafe gemeinschaftlich angedroht werden, weder 2—3 Jahre Gefängniß noch auch 2—3 Jahre Zuchthaus fehlen dürfen, so würde es vollkommen überflüssig sein, neben den speciellen Begriffen „Gefängnißstrafe" und „Zuchthausstrafe" noch den diese beiden Specialitäten umfassenden generellen Begriff „Freiheitsstrafe" einzuführen.

Dazu kommt aber noch, daß man der Sprache Gewalt anthun würde, wenn man den Ausdruck „Freiheitsstrafe" lediglich auf zwei Arten der Freiheitsstrafen beschränken wollte, wenn das Gesetz selbst drei verschiedene Arten von Freiheitsstrafen kennt; es würde doch unmöglich sein, im Gesetze selbst zu sagen: 1. Es giebt drei Arten

*) Vergl. §. 219. Ursprünglich war für den dritten schweren Diebstahl Zuchthaus von 5—20 Jahren angedroht. Da man auch für diesen Fall Gefängniß zulassen wollte, so setzte man durch „mildernde Umstände" zunächst 5—20 Jahre auf 2—5 herab und ließ dann folgen: „oder auf Gefängniß nicht unter einem Jahre" u. s. w.

von Freiheitsstrafen, Zuchthaus, Gefängniß und Einschließung. 2. Wenn aber das Gesetz von Freiheitsstrafen spricht, so ist darunter die Einschließung nicht mit zu verstehen. — Das Lübische Gesetzbuch kennt nun bloß zwei Arten von Freiheitsstrafen: die Zuchthaus- und die Gefängnißstrafe, bei ihm ist also der Ausdruck „Freiheitsstrafe" wirklich die generelle Bezeichnung für alle Arten von Freiheitsstrafen. In einem anderen Gesetzbuche dagegen, welches, wie dies auch hier in Aussicht genommen ist, neben der Zuchthaus- und Gefängnißstrafe auch die Strafe der Einschließung mit aufnimmt, würde man den generellen Ausdruck „Freiheitsstrafe" nur auf diejenigen Fälle anwenden können, welche sowohl mit Zuchthausstrafe, wie auch mit Gefängnißstrafe, wie auch mit Einschließung gestraft werden sollen.

Der Hamburger Entwurf glaubt die drei Freiheitsstrafen des Preußischen Rechts mit dem erwähnten generellen Ausdrucks des Lübischen Rechts vereinigen zu können.

Der §. 9. des Lübischen Strafgesetzbuches wird zu diesem Zwecke in folgender Weise reproducirt:

> „Die Freiheitsstrafe ist entweder Zuchthausstrafe, Gefängnißstrafe oder Einschließung. Ist im Allgemeinen Freiheitsstrafe angedroht, so steht die Wahl zwischen diesen Strafarten zum richterlichen Ermessen."

Nun leuchtet wohl soviel ein, daß es in abstracto nicht undenkbar ist, es könne Delikte geben, welche in geeigneter Weise mit jeder der drei genannten Freiheitsstrafen geahndet werden könnten. Aber ebenso klar ist es auch, daß es etwas vollkommen Anderes ist, ob ich sage: Dies Delikt eignet sich zu einer Bestrafung sowohl mit Zuchthaus wie auch mit Gefängniß; oder ob ein Anderer sagt: Weil dies Delikt sowohl mit Zuchthaus, wie auch mit Gefängniß bestraft werden kann, so kann es auch mit Einschließung bestraft werden. Man hätte daher erwarten müssen, daß, nachdem der §. 9. des Lübischen Rechtes so geändert worden, wie geschehen, die Fälle, in denen das Lübische Recht die „Freiheitsstrafe" androht, darauf hin geprüft werden würden, ob sie außer mit Zuchthaus- und Gefängnißstrafe auch in geeigneter Weise mit Einschließung geahndet werden können, und es mußte dies um so eher erwartet werden, als die Verfasser des Hamburger Entwurfs den Karakter der Einschließung ebenso aufgefaßt haben, wie derselbe im Preußischen Rechte bisher allgemein aufgefaßt wird. Es heißt hierüber S. 26:

> „§. 13 a. (einzuschalten: Die Strafe der Einschließung besteht in Freiheitsberaubung mit Beaufsichtigung der Beschäftigung und Lebensweise der Gefangenen. Sie wird in besonders dazu bestimmten Räumen vollstreckt und kann nicht über 20 Jahre erkannt werden."

Zur Motivirung dieser dem Lübischen Rechte fremden Bestimmung wird dann gesagt:

> „Diese Strafart ist aus dem Preußischen Strafgesetzbuche beibehalten. Als die ihrer Vollstreckung nach mildeste Freiheitsstrafe, als sogenannte custodia honesta, ist sie beim Duell

eine angemessenere Strafart als Gefängniß, und bei Annahme mildernder Umstände ist sie überhaupt nicht wohl zu entbehren, insonderheit wenn es um politische Verbrechen sich handelt."

Und dessen ungeachtet will der Hamburger Entwurf seine „Freiheitsstrafe", d. h. die Wahl der drei Freiheitsstrafen inklusive der Einschließung, überall da angewandt wissen, wo das Lübecker Gesetz seine „Freiheitsstrafe", d. h. die Wahl von Zuchthaus und Gefängniß exklusive der Einschließung in Anwendung gebracht hat. Selbst da, wo die Verfasser des Hamburger Entwurfs Veranlassung nahmen, das Lübische Gesetzbuch zu amendiren, führten sie ihre „Freiheitsstrafe" gerade so ein, als ob es die des Lübischen Rechtes wäre. So sagt das Lübische Strafgesetzbuch §. 178:

„Der einfache Diebstahl steht, sofern der Werth der gestohlenen Sachen die Summe von 30 Mark übersteigt, oder der Dieb wegen Diebstahls schon einmal gerichtlich oder polizeilich bestraft ist, ausschließlich zur Untersuchung und Bestrafung der Gerichte.

In diesem Falle wird derselbe, wenn der Werth der gestohlenen Sachen die Summe von zweihundert Mark nicht übersteigt, mit Gefängniß bis zu sechs Monaten bestraft; übersteigt er dagegen die Summe von zweihundert Mark, so tritt Freiheitsstrafe bis zu fünf Jahren ein, und es kann zugleich, wenn Zuchthausstrafe ausgesprochen ist, auf Stellung unter Polizeiaufsicht erkannt werden."

Die Verfasser des Hamburger Entwurfes amendiren diese Stelle des Lübischen Rechts in folgender Weise:

„Der einfache Diebstahl wird, wenn der Werth der gestohlenen Sache die Summe von 200 Mark nicht übersteigt, mit Gefängniß bis zu sechs Monaten bestraft; übersteigt er dagegen diese Summe, so tritt Freiheitsstrafe bis zu fünf Jahren ein."

In ähnlicher Weise gab §. 202., wo von der schweren Hehlerei gehandelt wird, zu einer Amendirung Veranlassung. Diese besteht darin, daß Lübeck vorschreibt, die schwere Hehlerei solle mit „Freiheitsstrafe von einem bis zu zehn Jahren" bestraft werden, der Hamburger Entwurf dagegen Freiheitsstrafe bis zu zehn Jahren, jedoch ohne Angabe des Minimums der Strafe, proponirt.

Daraus aber, daß es die Verfasser des Hamburger Entwurfes versäumten, zu prüfen, ob ihre „Freiheitsstrafe" auch überall da passe, wo die „Freiheitsstrafe" des Lübischen Rechts vollkommen passend sein mochte, haben sich zwei sehr erhebliche Mißstände ergeben, Mißstände, die es absolut unmöglich machen, bei einer neuen Gesetzgebung den vom Hamburger Entwurf bezeichneten Weg zu betreten.

Zunächst würde man nämlich dazu gelangen, eine nicht kleine Anzahl von Verbrechen implicite auch mit der Einschließung bestraft zu sehen, auf welche diese Art der Freiheitsstrafe in keiner Weise paßt. So droht das Lübische Recht „Freiheitsstrafe", also Zuchthaus oder Gefängniß, beispielsweise an, bei dem Incest (§. 111.) und bei sonstigen Unzuchtsverbrechen, darunter die widernatürliche Unzucht, die Nothzucht, die qualificirte Kuppelei u. s. w. (§§. 112. 113. 116. 119. 120.); ferner bei dem Kindesmorde (§. 148.), der Abtreibung der Leibesfrucht (§§. 149. 150.), der Vergiftung (§. 161.), der Entführung zum Zwecke des Bettelns oder anderer Unsittlichkeiten (§. 168.), dem Diebstahl (§§. 178. 179. 181. 182.), der Unterschlagung (§. 191.), der Hehlerei (§§. 201. 202.), dem Betruge (§§. 207. 209.), der Urkundenfälschung (§§. 216. 217. 218.) — lauter Verbrechen, bei denen nicht wohl einzusehen ist, wie auf dieselben eine custodia honesta Anwendung finden könnte, wenn auch Gefängniß und Zuchthaus durchaus indicirte Strafmittel sein mögen.

Dann aber steht die Sache doch in Lübeck folgendermaßen: Wenn dieses Gesetzbuch Gefängniß androht, so stellt es seine der Art des Vollzuges nach leichteste Freiheitsstrafe auf. Wird dagegen „Freiheitsstrafe" angedroht, so kann außer dieser leichtesten auch auf die schwerste der beiden Lübischen Strafarten erkannt werden. Nehmen wir also an, das Lübische Recht bestimme für das nicht qualificirte Delikt: Gefängnißstrafe bis zu fünf Jahren, und für das qualificirte Delikt: Freiheitsstrafe bis zu fünf Jahren, so hätte das einen ganz guten Sinn. Wenn dagegen der Hamburger Entwurf mit seiner „Freiheitsstrafe" in gleicher Weise operirt, so führt dies zu dem Widerspruch, daß die der Art ihres Vollzuges nach leichteste Freiheitsstrafe, nämlich die Einschließung, erst bei dem qualificirten Delikte eingeführt würde, während sie für das einfache Delikt unzulässig war.

So soll z. B. nach Lübecker Recht, wie auch nach dem Hamburger Entwurf, ein Beamter, welcher für eine in sein Amt einschlagende, nicht pflichtwidrige Handlung Geschenke annimmt u. s. w., mit Gefängniß bis zu sechs Monaten, dagegen ein Beamter, der sich zum Zwecke der Verletzung seiner amtlichen Pflicht bestechen läßt, mit Freiheitsstrafe bis zu fünf Jahren bestraft werden.

Das heißt nach Lübecker Recht: Der Beamte, welcher sich des schwereren Deliktes schuldig macht, kann zwar auch mit Gefängniß von einem Tage bis zu fünf Jahren bestraft werden, aber ebenso ist es zuläßig, ihn zu einer Zuchthausstrafe von drei Monaten bis zu fünf Jahren zu verurtheilen.

Wäre aber der Hamburger Entwurf Gesetz, so würde die gleiche Bestimmung nach Hamburger Strafrecht bedeuten:

Ein Beamter, welcher sich der schwereren Bestechung schuldig macht, kann bestraft werden:

1. Mit Gefängniß bis zu fünf Jahren,
2. Mit Zuchthaus bis zu fünf Jahren, und endlich
3. Mit Einschließung von einem bis zu fünf Jahren; und da in dieser Frist auch jedenfalls der Zeitraum von einem Tage bis sechs Monaten enthalten ist, möglicherweise mit einem Tage Einschließung.

Während also derjenige Beamte, der sich zum Zwecke einer pflichtmäßigen Amtshandlung bestechen läßt, mindestens mit einem Tage Gefängniß zu bestrafen ist, würde derjenige Beamte, welcher sich zu einer pflichtwidrigen Amtshandlung bestechen läßt, möglicherweise mit einem Tage Einschließung bestraft werden können. Mithin ließe das schwerere Delikt eine leichtere Strafe zu.

Weitere Beispiele derartiger Widersprüche liefern die §§. 178, 238, 268 und andere.

Aus diesen Gründen ist es nicht zulässig, den generellen Begriff „Freiheitsstrafe" in ein Gesetzbuch aufzunehmen, welches außer Gefängniß- und Zuchthausstrafe auch noch die Strafe der Einschließung in Anwendung zu bringen gedenkt.

Der Umstand, daß das Lübische Recht die „Freiheitsstrafe" geschaffen, hat seinen Einfluß nicht blos darauf geäußert, daß dieses Gesetzbuch die mildernden Umstände in sehr viel geringerem Umfange kennt als das Preußische Strafgesetzbuch, sondern es ist hieraus noch die weitere Folge hervorgegangen, daß das Lübische Recht, in einer Reihe von Fällen, in denen Preußen ausschließlich die Zuchthausstrafe in Anwendung bringt, statt derselben die „Freiheitsstrafe" d. h. Zuchthaus oder Gefängniß androht. Hieraus ergiebt sich für das Lübische Recht eine erhebliche Strafherabsetzung gegenüber den Bestimmungen des Preußischen Rechts, und es entsteht somit die Frage, ob diese Strafherabsetzungen nicht auch bei einem neuen deutschen Strafgesetzbuche in Anwendung zu bringen wären. In einzelnen dieser Fälle hat auch das Oldenburgische Strafgesetzbuch Strafherabsetzungen vorgenommen, und stellen sich dieselben in folgender Tabelle zusammen:

Bezeichnung des Delikts.	Preußen. Zuchthaus.	Lübeck. Freiheitsstrafe.	Oldenburg.
Veränderung des Personenstandes	§. 138. 2 bis 10.	§. 108. bis 5.	Art. 131. Bei mildernd. Umständen Einschließung bis 5 Jahre.
Unzüchtige Handlungen der Vormünder mit ihren Pflegebefohlenen, u. s. w. Unzüchtige Handlungen der Beamten mit Personen, gegen die sie eine Untersuchung zu führen haben, u. s. w. Unzüchtige Handlungen von Beamten, Aerzten 2c. mit Personen, die in Gefängnissen u. s. w. aufgenommen sind.	§. 142. 2 bis 5.	§. 112. bis 5.	Art. 135. Gefängniß 1 bis 5.
Unzüchtige Handlungen mit Personen unter 14 Jahren	§. 144. Nr. 3. 2 bis 20.	§. 116. Nr. 3. bis 10.	
Qualificirte Kuppelei	§. 148. 2 bis 5.	§. 119. bis 5.	Art. 141. Gefängniß nicht unter 2 Jahren.
Kindesmord	§. 180. 5 bis 20.	§. 148. 2 bis 15.	
Abort, von der Schwangeren selbst oder mit ihrer Einwilligung begangen . . .	§. 181. 2 bis 5.	§. 149. bis 5.	Art. 163. Gefängniß nicht unter 2 Jahren.

Bezeichnung des Delikts.	Preußen. Zuchthaus.	Lübeck. Freiheitsstrafe.	Oldenburg.
Abort, ohne Einwilligung der Schwangeren begangen	§. 182. 5 bis 20.	§. 150. bis 20.	
Verstümmelung	§. 193. 2 bis 15.	§. 158. bis 8.	
Körperverletzung mit tödtlichem Erfolge.*)	§. 194. 10 b. 20.	§. 159. bis 10.	Art. 177. Zuchth. 6 b. 20.
Wenn in Folge einer Schlägerei eine Verstümmelung oder der Tod des Verletzten eingetreten ist	§. 195. 2 bis 10.	§. 160. bis 10.	
Vergiftung.	§. 197. 2 bis 10, wenn die Folgen d. §. 193. 10 bis 20.	§. 161. für beide Fälle gemeinschaftlich bis 15.	
Entführung eines Menschen unter 16 Jahren, um ihn zum Betteln u. s. w. zu gebrauchen	§. 205. 2 bis 15.	§. 168. bis 15.	
Widerrechtliche Einsperrung in qualificirten Fällen	§. 210. 2 bis 15.	§. 173. bis 15.	
Betrügerisches in Brand setzen von Sachen, welche gegen Feuersgefahr versichert sind	§. 244. erster Fall. 2 bis 10.	§. 209. bis 5.	
Ausstellen falscher öffentlicher Urkunden in gewinnsüchtiger Absicht.	§. 252. 2 bis 10.	§. 218. 1 bis 10.	
Friedensbruch (Zusammenrotten mehrerer Personen, welche das Eigenthum eines Anderen plündern, verwüsten, zerstören).	§. 284. 2 bis 15.	§. 241. bis 10.	
Gefährdung des Verkehrs auf Eisenbahnen;	§. 294. 2 bis 10.	§. 247. bis 5.	
wenn dabei ein Mensch verstümmelt wurde.	§. 294. 10 b. 20.	§. 247. bis 10.	
Zerstören der zur Sicherheit der Schifffahrt bestimmten Zeichen u. s. w. . .	§. 302. 2 bis 10.	§. 254. al. 1. bis 10.	
Eröffnung oder Fortsetzung einer strafgerichtlichen Untersuchung seitens eines Beamten, wenn die Unschuld der betreffenden Person ihm bekannt ist . .	§. 320. al. 1. 2 bis 20.	§. 268. bis 5.	
Das vorsätzliche Entweichenlassen eines Gefangenen durch einen Beamten. . .	§. 322. al. 1. 2 bis 5.	§. 269. al. 1. bis 5.	Art. 299. Gefängniß nicht unter 2 Jahren.
Ausstellen falscher öffentlicher Urkunden durch einen Beamten.	§. 323. 2 bis 10.	§. 270. bis 10.	
Fälschung von Büchern u. s. w. zur Verdeckung der von einem Beamten begangenen Unterschlagung	§. 325. 3 bis 10.	§. 272. bis 10.	

In die Reihe dieser Verbrechen gehören ferner nach Lübischem Rechte noch sämmtliche Fälle des Hoch- und Staatsverraths. Diese Verbrechen werden zwar im Lübischen Rechte mit Zuchthausstrafe bedroht; §. 60:

*) In den Fällen der §. 193 und 194 des Preußischen Strafgesetzbuches erklärt sich die Strafherabsetzung des Lübischen Rechts auch dadurch, daß der §. 196 des Preußischen Rechts, der die mildernden Umstände enthält, im Lübischen Recht durch die §§. 158, 159 mit absorbirt ist.

Zuchthaus 5 bis 20, §. 61: Zuchthaus 1 bis 10, §. 62: Zuchthausstrafe 2 bis 10. Dann aber heißt es §. 64:

„Sind mildernde Umstände vorhanden, so kann der Richter in allen Fällen des Hochverraths und des Staatsverraths Gefängnißstrafe statt Zuchthausstrafe erkennen."

Da nun im Lübischen Recht der Sache nach „Freiheitsstrafe" überall da vorgeschrieben ist, wo ein Verbrechen entweder mit Zuchthaus- oder mit Gefängnißstrafe bestraft werden soll,

da es unzweifelhaft ist, daß für die leichteren Fälle die Gefängniß-, für die schwereren dagegen die Zuchthausstrafe in Anwendung zu bringen ist,

da endlich auch nach Lübischem Recht ein Unterschied zwischen „leichteren Fällen des Hochverraths" und „Hochverrath unter mildernden Umständen" sich juristisch nicht wird fixiren lassen, —

so folgt daraus, daß das Lübische Recht mit dem gleichen Effekte auch hätte disponiren können:

§. 60. Freiheitsstrafe von fünf bis zwanzig; §. 61. Freiheitsstrafe von einem bis zehn; §. 62. Freiheitsstrafe von zwei bis zehn Jahren.

Die Bestimmung des §. 64. hätte sich dann auf Folgendes zu beschränken gehabt:

„Wenn in den Fällen der §§. 60—63 auf Gefängnißstrafe erkannt wird, so soll das Urtheil zugleich den Verlust oder die Untersagung der Ausübung nachstehender bürgerlicher Ehrenrechte auf Zeit aussprechen:

1) u. s. w." *)

In anderen Fällen hat das Lübische Recht zwar ebenso wie das Preußische ausschließlich Zuchthausstrafe angedroht, eine Strafherabsetzung gegenüber dem Preußischen Strafgesetzbuche aber dadurch herbeiführen können, daß das Lübische Minimum der Zuchthausstrafe drei Monate beträgt und nicht zwei Jahre wie in Preußen. Auch diese Fälle sind zur Entscheidung der Frage, ob und welche im Preußischen Rechte mit Zuchthaus bedrohten Delikte die elektive Androhung der Gefängnißstrafe zulassen, mit zu berücksichtigen. Es können dieselben in folgender Tabelle zusammengestellt werden:

Bezeichnung des Delikts.	Lübeck. Zuchthaus.	Preußen. Zuchthaus.
Münzfälschung	§§. 92. 93; 1-10	§§. 121. 122. 5—15
Meineid	§§. 96. 97. al. 1. 98. 99. 1—10.	§§. 125. 126. al. 1. 127. 128. 2—10
Bigamie; (Oldenburg Art. 132. Gefängniß nicht unter 2 Jahren)	§. 109; 1—5	§. 139. 2—5

*) Dasselbe, was mit Bezug auf die §§. 60. ff. des Lübischen Rechts gesagt ist, gilt auch für andere Fälle, in denen das Lübische Recht durch die Vermittelung der „mildernden Umstände" von Zuchthaus zu Gefängniß oder zu „Freiheitsstrafe" gelangt, z. B. §§. 182. 223. Diese Fälle waren oben nicht anzuführen, weil das Preußische Recht bei den entsprechenden Bestimmungen ebenfalls nicht bei der Zuchthausstrafe stehen bleibt.

Bezeichnung des Delikts.	Lübeck. Zuchthaus.	Preußen. Zuchthaus.
Verleitung eines Frauenzimmers zur Gestattung des Beischlafs durch Vorspiegelung der Trauung 2c. (Oldenburg Art. 138. Gefängniß nicht unter 2 Jahren)	§. 117. 1—5	§. 145. 2—5
Aussetzung, wenn in Folge dieses Verbrechens der Tod der verlassenen Person eintritt.	§. 151. al. 2. 1—10	§. 183. 2—10
Entführung einer Frauensperson durch List oder Gewalt, um sie zur Unzucht oder zur Ehe zu bringen	§. 170. 1—10	§. 207. 2—10
Brandstiftung an fremdem Eigenthum ohne Gefahr für Menschenleben	§. 243. 3 Monate bis 10 Jahre	§. 286. 2—10
Zerstörung von Telegraphen-Anstalten, wenn ein Mensch das Leben verloren hat	§. 250. 1—15	§. 297. 10—20
Vergiftung von Brunnen und Wasserbehältern 2c. .	§. 256. 1—15	§. 304. 5—15
Passive Bestechung des Richters zum Nachtheile eines Angeklagten im Strafprocesse (Oldenburg Art. 289. Zuchthaus bis 10 Jahren)	§. 263. 1—10	§. 312. 2—20

Für ein Verbrechen, welches das Lübische Recht ausschließlich mit Zuchthausstrafe bedroht, findet sich im Preußischen Strafgesetzbuche keine korrespondirende Bestimmung. Das ist Lübisches Recht §. 86. Nr. 4., — wenn nach voraufgegangener Verabredung zwei oder mehrere Seeleute den Schiffer durch Gewalt oder Drohung oder Verweigerung der Dienste zu einer Handlung oder Unterlassung, welche sich auf die Leitung des Schiffes, sowie auf die Aufsicht über das Schiff oder die Ladung bezieht, zu nöthigen suchen, so sollen die Anstifter oder Rädelsführer mit Zuchthaus von 2 bis 10 Jahren und die übrigen Theilnehmer mit Zuchthaus von 1 bis 5 Jahren bestraft werden.

Zwei Verbrechen finden sich dagegen im Lübischen Rechte ausschließlich mit Zuchthausstrafe bedroht, für welche das Preußische Recht neben der Zuchthausstrafe elektiv die Gefängnißstrafe aufgestellt hat. Dies ist der Fall bei dem dritten Diebstahl und bei der dritten Hehlerei (§. 183. und §. 205.) Hier bestimmt Lübeck: Zuchthaus 1 bis 5 (wenn der im zweiten Rückfalle begangene Diebstahl resp. die im zweiten Rückfalle begangene Hehlerei einfach ist) und Zuchthaus von 2 bis 15 (wenn der dritte Diebstahl oder die dritte Hehlerei ein Fall des schweren Diebstahls resp. der schweren Hehlerei ist). Das Preußische Recht hat statt der Lübischen Strafe: Zuchthaus 1 bis 5 Jahren: Zuchthaus 2 bis 15, oder Gefängniß von 6 Monaten bis zu 5 Jahren; und statt der Lübischen Strafe 2 bis 15 Jahre Zuchthaus hat das Preußische Recht: Zuchthaus von 5 bis 20 Jahren oder Zuchthaus von 2 bis 5 Jahren, oder Gefängniß von einem bis zu 5 Jahren.

Im Vorstehenden waren diejenigen Abweichungen des Lübischen von dem Preußischen Rechte zusammenzustellen, welche ihren Grund hatten theils in der vom Lübischen Rechte adoptirten „Freiheitsstrafe", theils darin, daß das Lübische Recht für die Zuchthausstrafe ein geringeres Minimum hat, als dies beim Preußischen Rechte der

Fall ist. In wie weit das Eine oder das Andere einen Einfluß auf die Strafpositionen eines neuen deutschen Strafgesetzbuches zu äußern im Stande ist, kann nicht hier, sondern erst bei Bestimmung der Strafpositionen für die einzelnen Delikte festgestellt werden.

3. Die Ehrenstrafen.

Die Ehrenstrafen sind Straffolgen, welche über die Verbüßung der Freiheitsstrafe hinaus, dem Verurtheilten bestimmte Rechte entziehen. Der Rechtsgrund für diese Strafen ist, wie für die Bestrafung überhaupt, das begangene Verbrechen. Wäre durch die Verbüßung der Freiheitsstrafe das Verbrechen vollkommen gesühnt, so würde es für die Verhängung der Ehrenstrafen an jedem Rechtsgrunde fehlen. Wenn daher die neueren Gesetzbücher, unter ihnen das Preußische, Lübische, Oldenburgische, die Ehrenstrafen als Straffolgen nach verbüßter Freiheitsstrafe androhen, so erklären diese Gesetzbücher damit, daß die von ihnen angedrohten Freiheitsstrafen eine genügende Sühne für das begangene Verbrechen nicht enthalten, eine solche vielmehr auch nach der Verbüßung der Freiheitsstrafe noch erforderlich sei. Betrachtet man es dagegen als eine Aufgabe der Freiheitsstrafen, eine vollkommene Sühnung der Verbrechen herbeizuführen, geht man ferner davon aus, daß die Vollstreckung der Freiheitsstrafen in der Weise geordnet ist, um dieses Resultat erreichen zu können, so würde eine nach der vollständigen Absolvirung der Freiheitsstrafe noch fortdauernde Entziehung von Rechten sich nicht rechtfertigen lassen. Die Frage also, ob Ehrenstrafen neben den Freiheitsstrafen überhaupt für zulässig zu erklären sind, hängt wesentlich davon ab, wie die Vollstreckungsart der Freiheitsstrafe beschaffen ist. Je mehr diese sich der Vollkommenheit nähert, um so mehr wird es möglich werden, von den Ehrenstrafen im Strafensysteme absehen zu können.

Es ist auch sodann nicht außer Acht zu lassen, daß die Freiheitsstrafen den Zweck erreichen sollen, denjenigen, welcher sich durch das begangene Verbrechen außerhalb der Rechtsgemeinschaft gestellt hat, wieder innerhalb der Rechtsgemeinschaft zu rehabilitiren. Kriminalpolitisch würde sich daher ein Strafmittel, welches diese Rehabilitation erschwert, vielleicht selbst unmöglich macht, ganz gewiß nicht empfehlen. Daß aber zu derartigen Strafmitteln die Ehrenstrafen auch gehören, wird nicht bestritten werden können. Mögen immerhin die heutigen Ehrenstrafen von der früheren Ehrlosigkeit, Rechtlosigkeit, Infamie verschieden sein, mag man dieselben immerhin darauf beschränken, daß der zu den Ehrenstrafen Verurtheilte von der Ausübung öffentlich-rechtlicher Befugnisse ausgeschlossen bleibe, so wird doch immer schon das bloße Faktum, daß Jemand nicht im Vollgenusse der Ehrenrechte sich befindet, eine Präsumtion gegen seine Ehrenhaftigkeit, gegen seine Moralität entstehen lassen; eine Präsumtion, die mit vollem Grunde schon an die Begehung des Verbrechens sich knüpfen wird, die indessen keinesweges durch das Strafurtheil gefördert und erhöht zu werden braucht. Ueberdem aber muß doch der aus der Strafanstalt Entlassene mindestens die Möglichkeit haben, sich das Vertrauen seiner Mitbürger erwerben zu können. Der hervorragendste Beweis aber dafür, daß Jemand sich das Vertrauen seiner Mitbürger erworben, ist jedenfalls dann geliefert, wenn diese selbst ihm eine öffentlich rechtliche Befugniß übertragen. Dekretirt nun der Staat selbst durch das Strafgesetz, daß der aus der Strafanstalt Entlassene von allen öffentlich-rechtlichen Befugnissen ausgeschlossen bleiben solle, so wird damit implicite ausgesprochen, daß ein solcher Mensch überhaupt nicht qualificirt sei, sich das volle Vertrauen seiner Mitbürger von Neuem erwerben zu können.

Doch, wollte man die Ehrenstrafen aus einem Strafgesetzbuch der jetzigen Zeit gänzlich entfernen, so würde man damit Strafanstalten voraussetzen, die zur Zeit noch nicht existiren, man würde eine Vorurtheilslosigkeit der menschlichen Gesellschaft annehmen, die ebenfalls nicht vorhanden ist, und man würde endlich übersehen, daß ein Gesetz niemals brauchbar ist, welches statt die Rechtsentwickelung zu fördern, derselben zumuthet, ein Institut aufzugeben, welches überall noch für nothwendig gehalten wird. Es darf ausgesprochen werden, daß auch die Zeit herankommen wird, in welcher man auch der Ehrenstrafen wird entrathen können. Heute aber die gänzliche Beseitigung derselben zu fordern, hieße nichts Anderes, als eine Forderung aufstellen, deren Realisirung in einem für die praktische Geltung bestimmten Gesetz eine Unmöglichkeit sein würde.

Für heute muß man vielmehr davon ausgehen, daß es ein kleineres Uebel sei, wenn man annimmt, die Strafanstalten seien nicht im Stande, eine vollkommene Sühne der verbrecherischen Schuld herbeizuführen, wenn man diesen Mißstand zusammen mit der Erschwerung, welche die Aberkennung der Ehrenrechte dem aus den Strafanstalten Entlassenen bereitet, für das geringere Uebel gegenüber dem größeren erachtet, welches daraus entstehen würde, wenn jeder der Freiheit zurückgegebene Verbrecher die staatsbürgerlichen Rechte ebenso auszuüben befugt wäre, wie dies den nicht bestraften Staatsangehörigen zusteht.

Damit ist aber die Frage, in welcher Weise in einem neuen deutschen Strafgesetzbuche die Ehrenstrafen zu regeln sind, keineswegs eine überflüssige geworden, und die Beantwortung derselben wird eine um so dringendere, als die dem Preußischen Strafgesetzbuche nachgebildeten Strafgesetzbücher von Lübeck und Oldenburg sowohl unter einander, wie auch vom Preußischen Strafgesetzbuche in nicht unerheblicher Weise abweichen.

Will man nun die Frage, wie die Ehrenstrafen gesetzlich zu regeln sind, beantworten, so sind zunächst diejenigen Rechte festzustellen, welche durch Verhängung der Ehrenstrafen verloren gehen, falls der Verurtheilte bereits im Besitze derselben war, und die zu erwerben er durch die Ehrenstrafen unfähig wird.

Am zweckmäßigsten wird es sein, für diese Betrachtung die Bestimmungen des Preußischen Rechtes (§. 12.) zu Grunde zu legen und die Abweichungen hervorzuheben, welche Oldenburg und Lübeck von diesen Bestimmungen gemacht haben.

1. Verlust des Rechts, die Preußische Nationalkokarde zu tragen. Ein Strafgesetzbuch für Deutschland müßte jedenfalls statt der Preußischen, erst eine deutsche, resp. norddeutsche Nationalkokarde schaffen, ehe das Recht, dieselbe zu tragen, durch Aberkennung der Ehrenrechte verloren gehen könnte. Dies wird indessen wohl nicht geschehen. Den abgesehen davon, daß wir eine dem Preußischen Verluste der Nationalkokarde entsprechende Strafbestimmung nicht in Oldenburg, nicht in Lübeck, nicht in Bayern, nicht in Sachsen finden, würde gegen eine solche Strafe namentlich Folgendes anzuführen sein. So lange es nicht erreicht werden kann, — und in Preußen konnte es erfahrungsmäßig nicht erreicht werden — daß jeder, welcher die Nationalkokarde zu tragen berechtigt ist, dieselbe auch wirklich trägt, so lange ist in dem Nichttragen der Nationalkokarde der Verlust eines Rechtes in Folge einer Strafe vollkommen unerkennbar. Wäre es aber selbst möglich, diese Voraussetzung für die Strafe zu schaffen, so würde diese selbst eine zu rechtfertigende nicht sein. Denn es ist zwar zu verstehen, wie man Jemanden, der sich gegen die Rechtsordnung vergangen hat, von jeder näheren oder entfernteren Betheiligung am Rechtsleben ausschließen mag; es ist zu verstehen, wie man die Ausübung von Rechten untersagt; aber der heutigen Zeit würde es nicht mehr entsprechen, wollte man durch ein äußeres Kennzeichen die Verachtung gegen eine bestimmte Person provociren, es würde dieses, wenn auch in der Form von ihr verschieden, doch der Sache nach mit der einer überwundenen Rechtsanschauung angehörenden Brandmarkung vollkommen übereinstimmen.

2. Unfähigkeit, öffentliche Aemter, Würden, Titel, Orden und Ehrenzeichen zu führen oder zu erlangen, sowie den Verlust des Adels.

Das Lübische Recht erwähnt nur die „Staats-, Kirchen- und Gemeindeämter", ein Ausdruck, der lediglich eine Auseinanderlegung des Preußischen Ausdruckes „öffentliche Aemter" enthält — erwähnt dagegen nicht die Würden, Titel, Ehrenzeichen und den Adel. Oldenburg läßt die Schlußworte: „sowie den Verlust des Adels" fort. Bayern (Art. 28.) erwähnt zwar unter den Ehrenstrafen den Verlust des Adels und zwar an erster Stelle; will dagegen (Art. 28.) nur solche „Aemter, Dienste, Würden, Auszeichnungen" verloren gehen lassen, welche „unmittelbar oder mittelbar vom Staate ausgehen oder eine Genehmigung von Seiten des Staates voraussetzen" — eine Beschränkung, welche übrigens nicht unerheblich durch die Vorschrift des Art. 30. *) modificirt sein dürfte.

*) Art. 30. „Inwiefern eine Verurtheilung auf das Recht des Verurtheilten, bei Landtags-, Landraths-, Distriktraths- und Gemeindewahlen zu wählen und gewählt zu werden, sowie auf seine Befähigung zum Geschwornenamte, zum Dienste im Heere und in der Landwehr, zur Führung von Jagdkarten und zu anderen einzelnen, in dem gegenwärtigen Abschnitte nicht speciell bezeichneten Befugnissen Einfluß hat, ist in einschlägigen besonderen Gesetzen bestimmt." Zu vergleichen ist auch Art. 21. des Einführungsgesetzes zum Bairischen Strafgesetzbuche.

Der Gesichtspunkt des bayrischen Rechts, wonach der Staat nur dasjenige nehmen kann, was er selbst gegeben hat, scheint für den ersten Augenblick etwas Bestechendes zu haben. Durchzuführen ist dieser Gesichtspunkt freilich in keiner Weise. Denn abgesehen von den Ehrenstrafen! auch das Vermögen, auch die Freiheit, welche durch den strafenden Staat entzogen werden, hat der Staat nicht gegeben. Und, wenn die Ehrenstrafen den Bestraften vor Allem von der Betheiligung am Rechtsleben ausschließen sollen, so wird man eine derartige Betheiligung auch in solchen Verhältnissen finden können, die nicht staatlicher Natur sind.

Titel, Orden und Ehrenzeichen können auf sich beruhen; streitig bleibt dagegen der Adel und die „Würden", unter diesen namentlich die Doktorwürde.

Was den Adel anbetrifft, so hat derselbe überhaupt nur eine juristische Bedeutung, wenn man in demselben entweder eine höhere Rechtsfähigkeit oder eine s. g. ausgezeichnete bürgerliche Ehre erblickt. Es würde nun aber ein Widerspruch in sich selbst sein, Jemanden zu einer geringeren als der allgemeinen Rechtsfähigkeit zu verurtheilen und ihm doch die — gleichviel ob wirkliche oder blos vermeintliche — höhere Rechtsfähigkeit zu belassen, welche durch den Adel begründet sein mag; es würde ein Widerspruch sein, Jemanden durch Entziehung der Ehrenrechte zu bestrafen, und ihm dennoch vor den nicht Bestraften eine, wenn auch nur sogenannte ausgezeichnete bürgerliche Ehre zu belassen.*) Ob, wenn das Gesetz den „Verlust des Adels" verlangt, damit der Verlust blos des niederen oder auch der des hohen Adels bestimmt ist, das ist eine Kontroverse, welche gegenüber den bestehenden Gesetzen ebenso entstehen konnte, wie sie einem neuen Gesetze gegenüber entstehen mag, welches sich darauf beschränkt, den Verlust des „Adels" auszusprechen. Bisher hat diese Kontroverse noch kein Bedürfniß entstehen lassen, die bestehenden Gesetze zu ändern, es kann daher auch für ein neues Gesetz kein Bedürfniß anerkannt werden, diese etwa entstehende Kontroverse gesetzlich zu entscheiden.

Der Verlust der „Würden" ist namentlich dann von praktischer Bedeutung, wenn die Würde, z. B. die Doktor=, die Priesterwürde die Voraussetzung zur Ausübung eines Amtes ist. Letzteres kann der Staat unzweifelhaft untersagen. Wenn indessen seitens einer Korporation eine Würde mit einem indeleblen Karakter bekleidet ist, so wird der betreffenden Korporation gegenüber dieser Karakter auch bestehen bleiben — es würde z. B. eine Fakultät nicht in der Lage sein, Jemandem, der durch richterliches Erkenntniß die Doktorwürde verloren hätte, dieselbe von Neuem zu ertheilen — in allen staatlichen Beziehungen jedoch wird diese Würde als verloren gegangen zu erachten sein. So wird, wenn von der Existenz der medicinischen Doktorwürde das Recht zur Ausübung der ärztlichen Praxis abhängig ist, letztere

*) Von einer „Degradirung in den Bürgerstand" kann um deswillen nicht die Rede sein, weil niemals der Adel allein, sondern mit dem Adel sämmtliche bürgerlichen Ehrenrechte aberkannt werden. Der „Verlust des Adels" bewirkt also zugleich Degradirung unter den Bürgerstand. —

durch den Verlust der Doktorwürde von selbst verloren gehen, und das Gleiche würde von der Advokatur zu sagen sein, wenn deren Ausübung von der juristischen Doktorwürde abhängig sein sollte. Man wird nun freilich zwischen den Pflichten eines Amtes und der Berechtigung zu einem Gewerbebetriebe unterscheiden müssen, und es würde keineswegs gerechtfertigt sein, auch den Verlust eines Gewerbebetriebes für erloschen zu erachten, weil der Verlust eines Amtes auszusprechen war. Weil derjenige, der die Priesterwürde verlor, nicht mehr Pfarrer sein kann, so ist dies kein Grund dafür, daß derjenige, welcher die medicinische Doktorwürde verlor, auch das ärztliche Gewerbe verlieren müsse. Es würde richtiger sein, wenn die Gesetzgebung da, wo die Ausübung eines bestimmten Gewerbes eine besondere Ehrenhaftigkeit voraussetzt, die Beantwortung der Frage, ob das Recht zum Gewerbebetriebe entzogen werden solle, einem judicium parium überlassen möchte. Wenn dieses aber auch geschehe, so könnte deshalb noch immer für die staatlichen Beziehungen die „Würde" als erloschen erklärt werden; es ist dann die Entziehung derselben nichts Weiteres als die Entziehung eines Titels und kann nicht abgesehen werden, weshalb, wenn alle übrigen Titel verloren gehen, die auf den Würden basirenden Titel beibehalten werden sollten.

3. Unfähigkeit, Geschworner zu sein, in öffentlichen Angelegenheiten zu stimmen, zu wählen und gewählt zu werden, oder die aus öffentlichen Wahlen hervorgegangenen oder andere politische Rechte auszuüben.

Oldenburg sagt: „Geschworner und Schöffe". Dieser Zusatz weist darauf hin, daß es unzweifelhaft auch die Meinung des Preußischen Rechtes gewesen, durch die Aberkennung der bürgerlichen Ehrenrechte überhaupt jede Mitwirkung bei der Rechtsprechung zu verhindern und nicht blos diejenige, welche durch die Thätigkeit eines Geschwornen erfolgt. Wem die bürgerlichen Ehrenrechte aberkannt sind, muß selbstverständlich ebenso für unfähig erachtet werden, Schiedsmann, Schiedsrichter, Mitglied eines Gewerbegerichts, oder eines Handels- und Schiffahrtsgerichtes zu sein, wie er unfähig ist, Geschworner zu sein. Ein neues Gesetz könnte sich damit begnügen, lediglich des Geschwornen, als des wesentlichsten Beispiels einer nicht rechtsgelehrten, bei der Entscheidung von Rechtsstreitigkeiten mitthätigen Persönlichkeit zu erwähnen und es der Interpretation überlassen, diesem Ausdrucke die richtige Extension angedeihen zu lassen; da indessen eines der bestehenden Strafgesetzbücher neben den Geschwornen ausdrücklich noch die Schöffen erwähnt, so würde ein neues Gesetzbuch, welches mit Ausschluß der Schöffen lediglich der Geschwornen Erwähnung thäte, Veranlassung geben können, diesen letzteren Ausdruck gegen die Absicht des Gesetzes zu restriktiv zu interpretiren. Um dieses zu verhindern, scheint es zweckmäßig, der Nr. 3 folgende Fassung zu geben:

„Unfähigkeit, als Geschworner, Schöffe oder in anderer Weise bei der Entscheidung von Rechtsstreitigkeiten mitzuwirken, in öffentlichen Angelegenheiten zu stimmen, u. s. w."

4. Unfähigkeit, als Zeuge oder Sachverständiger eidlich vernommen zu werden, oder als Zeuge bei der Aufnahme von Urkunden zu dienen.

Oldenburg nimmt nur die Unfähigkeit, „als Zeuge bei der Aufnahme von Urkunden zu dienen", in das Gesetz auf, beläßt dagegen die Eidesfähigkeit den zu den Ehrenstrafen Verurtheilten. Lübeck läßt durch die Ehrenstrafen selbst die Fähigkeit, als Urkunds-Zeuge zu dienen, nicht verloren gehen.

Es kann nun einem Zweifel nicht unterliegen, daß die Praxis mit der Vorschrift des Preußischen Strafgesetzbuches — wenigstens so weit sich dieselbe auf die eidliche Vernehmung der Zeugen bezieht — nicht durchzukommen im Stande ist. Man hilft sich in nicht seltenen Fällen damit, eidesunfähige Zeugen informatorisch zu vernehmen, und auf Grund derartiger unbeeidigter Aussagen thatsächliche Feststellungen vorzunehmen; d. h. man begnügt sich, um überhaupt zu einem Resultate zu gelangen, bei dem Zeugen, welchem die bürgerlichen Ehrenrechte aberkannt sind, mit einem nicht beeidigten Zeugnisse, während diejenigen, welche im Vollbesitze der Ehrenrechte sind, ihr Zeugniß beeidigen müssen.*) Geht man nun davon aus, daß die Aberkennung der Ehrenrechte die Zuverlässigkeit des Zeugen erheblich herabsetzt, daß dagegen das beeidigte Zeugniß eine höhere Garantie seiner Richtigkeit gewährt als das unbeeidigte, so ergiebt sich das gewiß wunderbare Resultat, daß die Praxis von dem unglaubwürdigen Zeugen geringere Garantieen für die Richtigkeit seines Zeugnisses verlangt als von dem glaubwürdigen Zeugen. Diesem Uebelstande muß abgeholfen werden, und, nachdem die Praxis einmal den falschen Weg betreten hat, auf Grund unbeeidigter informatorischer Zeugenaussagen thatsächliche Feststellungen vorzunehmen, ist demselben nicht anders abzuhelfen als dadurch, daß man die Unfähigkeit, als Zeuge eidlich vernommen zu werden, unter die Ehrenstrafen nicht mit aufnimmt.

Aber, selbst wenn die Praxis diese Anforderung nicht auf das Dringendste erheben sollte, so würde diese Ehrenstrafe sich kaum rechtfertigen lassen. Die Ablegung des Zeugnisses, die Beeidigung desselben ist eine allgemeine staatsbürgerliche Pflicht — und daß sie dieses ist, beweisen die in alten deutschen Gesetzgebungen aufgenommenen Zwangsmittel gegen renitente Zeugen. — Darf man nun annehmen, daß derjenige, welcher sich eines entehrenden Verbrechens schuldig gemacht, einer allgemeinen staatsbürgerlichen Pflicht, und zwar aus diesem Grunde ledig geworden sei? Man verwechselt hier offenbar zweierlei. Einmal das Recht, welches Jeder hat, sich zum Beweise einer von ihm aufgestellten Behauptung des Eides als eines Beweismittels zu bedienen, ein Recht, welches nicht blos im Civilprocesse, sondern auch im Strafprocesse, und zwar dann Geltung erlangt, wenn Jemand als Damnifikat Zeuge ist, wo er richtiger hätte Ankläger sein müssen — und die Pflicht, die Jeder hat, durch Ablegung des Zeugnisses die Rechtspflege zu unterstützen. Die Aberkennung der Ehrenrechte kann die Auf-

*) Vergl. meine „Kritiken" — S. 166. ff. S. 181. ff.

hebung von Rechten, aber nicht die Beseitigung von Pflichten herbeiführen, und — fügen wir hinzu — selbst dann nicht, wenn der zu den Ehrenstrafen Verurtheilte sich eines Meineides schuldig gemacht hätte.

Es ist dieses hervorzuheben, weil die Gesetzbücher von Oldenburg (Art. 119, 120, 121, 122.), Lübeck (§. 101.), Sachsen (Art. 226.), Bayern (Art. 31, 192, 258.), welche die Eidesunfähigkeit im Allgemeinen nicht als Folge der Ehrenstrafen hinstellen,*) doch in Folge des Meineides (Bayern Art. 258. selbst bei den schwereren Fällen der Verleumdung) diese Straffolge eintreten lassen. Wenn man behaupten will, daß derjenige, welcher wegen Meineides verurtheilt ist, einen wahren Eid überhaupt nicht mehr schwören könne, so würden die angeführten Strafgesetzbücher eine zweifellos richtige Bestimmung getroffen haben. Nun wird man aber doch nur behaupten dürfen, daß der wegen Meineides Verurtheilte einmal die Heiligkeit des Eides nicht geachtet hat; man wird hieraus nicht schließen dürfen, daß dieses immer und unter allen Umständen der Fall sein müsse. Das Motiv, das den Meineidigen bestimmte, in einer Rechtssache einen falschen Eid zu leisten, braucht in einem anderen Falle gar nicht vorhanden zu sein; und wenn dem unbestraft gebliebenen Meineidigen gegenüber die Gefahr eine eminente ist, es könne derselbe — unter übrigens gleichen Umständen — von Neuem einen Meineid schwören, so ist diese Gefahr bei dem bestraften Meineidigen jedenfalls eine geringere. Der nicht bestrafte Meineidige bleibt aber eidesfähig. Also da, wo die größere Gefahr des Meineides vorhanden, da bleibt Eidesfähigkeit; — und wo wegen der voraufgegangenen Strafe die mindere Gefahr einer Wiederholung des Verbrechens angenommen werden darf, da tritt Eidesunfähigkeit ein! Was man also zugeben kann, ist, daß der wegen Meineides Verurtheilte ein in hohem Grade unglaubwürdiger Zeuge ist; was man aber nicht zugeben kann, ist, daß die Aussage eines wegen Meineides Verurtheilten niemals Glauben verdienen könne, daß ein derartiger Zeuge mithin ein vollkommen untauglicher Zeuge unter allen Umständen sein müsse. Wenn es möglich wäre, daß man sich — und namentlich im Strafprocesse — die Zeugen aussuchen könnte, so würde man sich natürlich nur und ausschließlich Zeugen von der höchsten Glaubwürdigkeit aussuchen. Da man dieses aber nicht kann, da man dasjenige, was geschehen, nur durch diejenigen reproduciren kann, welche bei dem betreffenden Vorgange zufällig gegenwärtig gewesen, so wird man darauf verzichten müssen, lediglich die Aussagen klassischer Zeugen entgegenzunehmen, man wird vielmehr suchen müssen, auch dasjenige zu verwerthen, was mehr oder minder unglaubwürdige Zeugen über diesen oder jenen Vorgang mittheilen. Nun steht es doch unzweifelhaft fest, daß der Richter bei jedem Zeugen zu prüfen hat, ob derselbe so glaubwürdig ist, daß er vereidigt werden kann, und es wird die Vereidigung überall da unterbleiben, wo der Richter Grund

*) Bayern Art. 31. bestimmt die Eidesunfähigkeit während der Dauer der Zuchthausstrafe in allen Fällen.

hat, anzunehmen, der Zeuge werde eine unwahre Aussage beeidigen. Ein Zeuge, der wegen Meineids verurtheilt war, hat nun aber gewiß von vornherein den höchsten Verdacht gegen sich, daß er die Unwahrheit sagen, und allenfalls auch beeidigen werde. Um so mehr wird also hier gerade der Richter vorsichtig sein, ehe er diesen Zeugen zum Eide zuläßt; man wird einen solchen Zeugen übergehen, wenn er durch andere Beweismittel ersetzt werden kann. Aber, wenn der Fall einträte, daß die wichtigsten Umstände des Belastungs- oder des Entlastungsbeweises nur durch einen Zeugen bekundet werden könnten, welcher früher wegen Meineides verurtheilt war, der aber jetzt dokumentirt, daß seine Angaben vollen Glauben verdienen; würde man dann auf dieses Zeugniß auch verzichten wollen? Heute würde die Preußische Praxis kein Bedenken tragen, einen solchen Zeugen zwar zu vernehmen, aber nicht zu vereidigen, und auf Grund der Aussage eines solchen unvereidigten Zeugen würde man verurtheilen oder freisprechen, je nachdem die unbeeidigte Aussage als glaubwürdig oder unglaubwürdig sich darstellte. Will man nun nicht behaupten, daß die Aussage durch ihre Beeidigung an Glaubwürdigkeit verliere, muß man vielmehr annehmen, daß die wegen des Meineides erduldete Strafe den Bestraften an der Begehung eines neuen Meineides hindern werde, so wird man nicht umhin können, zuzugeben, daß eine absolute Eidesunfähigkeit des wegen Meineides Bestraften sich nicht rechtfertigen läßt. Dagegen würde es sich wohl rechtfertigen, dem Meineidigen das Recht zu entziehen, in eigenen Angelegenheiten einen Eid zu leisten. Denn dieses Verbot berührt ausschließlich die Rechtssphäre des Meineidigen selbst, während durch die absolute Eidesunfähigkeit Andere in ihren Rechten gekränkt werden können, welche an der Begehung jenes Verbrechens auch nicht den entferntesten Antheil haben.

Was nun weiter die Eidesunfähigkeit der Sachverständigen und der Urkundszeugen anbetrifft, so würde es möglich sein, dieselbe mit den praktischen Bedürfnissen zu vereinbaren; denn Sachverständige und Urkundszeugen kann man sich aussuchen, und weil man dies kann, wird man sich glaubwürdige, und nicht solche Personen wählen, die eines mit den Ehrenstrafen bedrohten Verbrechens sich schuldig gemacht haben. Aber gerade weil dieses der Fall ist, braucht man nicht erst gesetzlich die Eidesunfähigkeit derartiger Personen festzustellen, und dies um so weniger, als Fälle mindestens eintreten können, wo man auf einen Sachverständigen, der zu den Ehrenstrafen verurtheilt ist, angewiesen bleibt, oder wo Personen als Urkundszeugen zugezogen sind, denen die bürgerlichen Ehrenrechte aberkannt sind. Soll in einem derartigen Falle ein Kaufkontrakt oder ein anderer notarieller Akt ungültig sein, weil durch ein Versehen irgend welcher Art eine Person als Urkundszeuge mit unterzeichnet hat, der die bürgerlichen Ehrenrechte abgesprochen sind?

Ein neues deutsches Gesetzbuch wird in diesen Fragen wesentlich dem Lübischen Rechte folgen, d. h. die Nr. 4. des §. 12. des Preußischen Strafgesetzbuches ganz fortlassen, und die Eidesunfähigkeit der Meineidigen auf die Eidesunfähigkeit in eigenen Angelegenheiten beschränken dürfen.

5. **Unfähigkeit, Vormund, Nebenvormund, Kurator, gerichtlicher Beistand oder Mitglied eines Familienrathes zu sein, es sei denn, daß es sich um die eigenen Kinder handle und die obervormundschaftliche Behörde oder der Familienrath die Genehmigung ertheile.**

Das Lübische Gesetzbuch braucht hier den Ausdruck „alle Vormundschaften und Kuratelen" und erwähnt nicht besonders die Mitgliedschaft des Familienrathes und das Recht, gerichtlicher Beistand zu sein. Oldenburg hat dagegen die Bestimmung des Preußischen Rechtes wörtlich wiederholt und dasselbe ist in Bayern (Art. 28. Nr. 5.) geschehen. Ein Grund, von den Bestimmungen des Preußischen Rechtes abzugehen, ist nicht vorhanden.

6. **Verlust des Rechts, Waffen zu tragen, und die Unfähigkeit, in die Armee einzutreten.**

In Lübeck und Oldenburg fehlt der Verlust des Rechts, Waffen zu tragen. Zweckmäßig wird es auch sein, diese Bestimmung fortzulassen. Denn die Waffenfähigkeit des älteren deutschen Rechtes mit ihren rechtlichen Folgen, existirt heute nicht mehr. Es würde ferner nicht gerechtfertigt sein, diese Bestimmung durchzuführen, weil mit Bezug auf manche Gewerbe, z. B. Jäger, Förster, das Verbot, Waffen zu tragen, identisch sein würde mit dem Verbot, ein lohnendes Gewerbe zu betreiben, und endlich würde das Verbot, Waffen zu tragen, überall da undurchführbar sein, wo man zur eigenen Vertheidigung einer Waffe nicht entrathen kann. Das derjenige, welchem die bürgerlichen Ehrenrechte aberkannt sind, eine Waffe nicht führen dürfe, weil von ihm zu besorgen, er werde dieselbe zur Beschädigung von Menschen brauchen, das möchte eine ebenso unberechtigte, wie jedes thatsächlichen Anhaltes entbehrende Voraussetzung sein.

Hinsichtlich der Unfähigkeit, in die Armee einzutreten, mag es bedenklich erscheinen, die Dienstpflicht durch die Begehung eines Verbrechens aufhören zu lassen. Indem man aber demjenigen, welcher sich nicht im Vollbesitze der bürgerlichen Ehrenrechte befindet, den Eintritt in die Armee untersagt, wird damit der Dienst im Heere zu einem Ehrenrechte gemacht und die allgemeine Wehrpflicht erlangt so eine sehr viel höhere ethische Bedeutung, als wenn dieselbe lediglich unter dem Gesichtspunkte einer vom Staate aufgelegten Last, einer dem Staate zu gewährenden Leistung aufgefaßt wird. Eine Bestimmung findet sich noch in den Gesetzbüchern, und zwar unter dem Gesichtspunkte der Ehrenstrafen aufgeführt, welche sich lediglich auf die Verhältnisse derjenigen bezieht, welche vor der Verurtheilung Beamte gewesen sind:

> Preußen bestimmt §. 23: „Entlassene Staatsdiener und Gemeindebeamte werden durch den Verlust der bürgerlichen Ehre und durch die Untersagung der Ausübung der bürgerlichen Ehrenrechte auf Zeit der ihnen aus der Staatskasse oder einer Gemeindekasse zu zahlenden Pensionen und Gnadengehalte von Rechtswegen verlustig."

Oldenburg nimmt diese Bestimmung des Preußischen Rechts in Art. 18. auf, setzt indessen an Stelle der „Gnadengehalte" „Wartegelder".

Lübeck sagt §. 21: „Entlassene oder auf Wartegeld gesetzte Staats-, Kirchen- oder Gemeindebeamte werden durch die rechtskräftige Verurtheilung zur Zuchthausstrafe der ihnen aus der Staats-, Kirchen- oder Gemeindekasse zu zahlenden Pensionen oder Wartegelder ohne Weiteres verlustig."

Aehnliche Bestimmungen hat auch Bayern — vergl. Art. 28. Nr. 3. und Art. 33.

Man ersieht aber schon aus den wörtlich mitgetheilten Vorschriften der drei Gesetzbücher von Preußen, Oldenburg und Lübeck, daß diese Strafbestimmungen sich auf etwas unsicherem Terrain zu bewegen scheinen; denn streitig sind hier nicht weniger als vier Punkte: 1. Die Gnadengehalte, 2. die Wartegelder, 3. die Kirchenämter, 4. die Frage, ob der Verlust der fraglichen Emolumente lediglich eine Folge der Zuchthausstrafe oder der Verurtheilung zu den Ehrenstrafen überhaupt sein solle.

Es läßt sich auch nicht verkennen, daß diese Strafbestimmung überaus bedenklich ist.

Zunächst handelt es sich gar nicht weder um eine öffentlich-rechtliche Befugniß, noch auch um ein Ehrenrecht, sondern lediglich um einen vermögensrechtlichen Anspruch. Nun ist es unzweifelhaft, daß die aus der Bekleidung eines Amtes hervorgehenden vermögensrechtlichen Ansprüche mit dem Verluste des Amtes selbst verloren gehen müssen. Es bedarf also keiner Bestimmung dafür, daß der zum Verluste des Amtes Verurtheilte sein Gehalt verliert, daß er sein Pensionsrecht verliert — denn er scheidet aus dem Amte nicht ohne eigene Schuld, sondern in Folge eigener Schuld — daß er den Anspruch auf Wittwenpension nicht erheben kann, insofern dieser Anspruch einer Wittwenkasse gegenüber geltend zu machen wäre, an welcher sich nur öffentliche Beamte als Mitglieder betheiligen können — denn die Zahlung der Wittwenpension kann nur erfolgen, wenn die Beiträge bis zum erfolgten Tode des Versicherten gezahlt sind, und es hört die Möglichkeit, Beiträge zu zahlen auf mit dem Aufhören des Amtes. Ebenso geht unzweifelhaft der Anspruch auf Wartegelder verloren; denn dieser setzt voraus, daß derjenige, der Wartegelder erhält, die Fähigkeit habe, ein Amt zu bekleiden. Diese vermögensrechtlichen Ansprüche müssen also verloren gehen, sobald das Amt in Folge einer Verurtheilung verloren gegangen ist.

Davon ist aber ganz verschieden der Fall, daß Jemand verurtheilt wird, der gar nicht Beamter ist, dessen vermögensrechtliche Ansprüche also auch nicht darauf beruhen, daß er ein Amt bekleidet, oder fähig ist, ein solches zu übernehmen. Die Geldforderungen, welche aus einer früheren amtlichen Thätigkeit entstanden sind, unterscheiden sich in Nichts von anderen lediglich privatrechtlichen Forderungen; und mit demselben Rechte, mit dem man dem früheren Beamten Forderungen an die Staats- oder Gemeinde- oder Kirchenkasse entzieht, könnte man ihm auch unter dem Gesichtspunkte der Ehrenstrafen überhaupt das Recht entziehen, Forderungen geltend zu machen, man könnte mit demselben Rechte ihm die Vermögensfähigkeit überhaupt absprechen.

Die Pensions-Ansprüche, welche der frühere Beamte erworben, die hat er erworben, weil er dem Staate, der Gemeinde, der Kirche gute Dienste geleistet hat. Diese guten Dienste werden dadurch nicht ungeschehen gemacht, daß er nach Niederlegung des Amtes ein Verbrechen begeht, welches die Ehrenstrafen zur Folge hat. Man denke sich den Fall: Ein Invalide, der dem Staate seine gesunden Glieder geopfert, hungert bei seiner kärglichen Invalidenpension. Er stiehlt mittels Einsteigens in ein bewohntes Gebäude Lebensmittel. Die Folge ist, daß ihm nun auch seine Pension entzogen wird. Der juristische Fehler in dieser Strafposition liegt darin, daß man denjenigen, der Beamter gewesen, aber nicht mehr Beamter ist, so behandelt, als ob er noch Beamter wäre, wenn er wegen einer strafbaren Handlung in Anspruch genommen wird. Das ist eine Fiktion, die kriminalistisch unzulässig ist.

Aber weiter! Es ist nicht wohl einzusehen, weshalb die Verurtheilung zu den Ehrenstrafen zwar die Staats- und sonstigen öffentlichen Kassen von ihren Verpflichtungen liberiren soll, aber nicht die Privat-Kassen. Denn, wenn ein Privatmann oder eine Privatgesellschaft mit einem Manne dahin einen Vertrag abschließt: Wenn Du mir 20 Jahre lang gute Dienste geleistet hast, so sollst Du jährlich 100 Thaler Pension beziehen, so unterliegt es doch ganz gewiß keinem Zweifel, daß, wenn jener die 20 Jahre hindurch gute Dienste geleistet hat, er den kontraktlich ihm zustehenden Pensions-Anspruch geltend machen und mit dem Einwande, er sei wegen eines begangenen Verbrechens zu den Ehrenstrafen verurtheilt worden, nicht zurückgewiesen werden kann. Dieser Einwand steht nur den Staats- und Gemeindekassen auf Grund des §. 23. des Strafgesetzbuches zu, nicht aber Privatleuten; und doch möchte es schwer sein, einen rechtlichen Grund für diese Privilegirung der Staats- und Gemeindekassen aufzufinden. Hätte freilich jener Privatmann mit seinem Bediensteten dahin kontrahirt: Ich will Dir eine Pension unter den und den Voraussetzungen zahlen, aber nur so lange, als Du wegen eines Verbrechens zu den Ehrenstrafen nicht verurtheilt bist, — dann würde der Vertrag selbst die Liberirung des Privatmannes von der Pensionszahlung enthalten; und so würde auch die Staats- und die Gemeindekasse von den Pensionszahlungen befreit werden, wenn die das Pensionswesen der Staats- und Gemeindebeamten regelnden Bestimmungen die Vorschrift enthielten, daß die Pension verloren gehen solle, sobald der pensionirte Beamte zu den Ehrenstrafen verurtheilt werden sollte. In das **Strafgesetz** gehört eine solche Bestimmung aber in keinem Falle.

Was nun die Zeit anbetrifft, für welche die bürgerlichen Ehrenrechte verloren gehen, so bestimmt Preußen, daß bei dem Verlust der bürgerlichen Ehrenrechte dieselben für immer, dagegen bei der

Untersagung der Ausübung der bürgerlichen Ehrenrechte nur für die Zeit von einem bis zu zehn Jahren verloren gehen sollen.

Die Gesetzbücher von Oldenburg und Lübeck haben dieses System verlassen. Beide kennen nur einen Verlust der bürgerlichen Ehrenrechte auf Zeit; und zwar Lübeck bei den zur Zuchthausstrafe Verurtheilten auf die Zeit von zehn Jahren (§. 12.), wogegen diejenigen, welchen neben der Gefängnißstrafe die bürgerlichen Ehrenrechte aberkannt werden, dieselben für die Dauer von einem bis zu zehn Jahren verlieren sollen. (§. 20.) Oldenburg bestimmt, daß alle diejenigen, welche zur Zuchthausstrafe verurtheilt werden, die bürgerlichen Ehrenrechte fünf Jahre lang verlieren sollen, während in anderen Fällen die Untersagung der Ausübung der bürgerlichen Ehrenrechte auf den Zeitraum von einem bis zu fünf Jahren festgesetzt werden kann. Bayern kennt (Art. 28. 29.) nur den „Verlust" der Ehrenrechte und bestimmt für denselben keine Zeitdauer.*)

Erkennt man nun in den Ehrenstrafen ein Strafmittel, welches nur soweit als dies absolut nothwendig, in Anwendung zu bringen ist, sucht man durch die Gesetzgebung das allmälige Ueberflüssigwerden dieses Strafmittels herbeizuführen, so wird man sich zunächst denjenigen Gesetzbüchern anzuschließen haben, welche die Ehrenstrafen nicht für immer, sondern nur auf eine beschränkte Zeitdauer aussprechen. Das neue deutsche Strafgesetzbuch darf den Verlust der bürgerlichen Ehrenrechte im Sinne des Preußischen Strafgesetzbuches nicht recipiren, sondern kann sich mit der Untersagung der Ausübung der bürgerlichen Ehrenrechte begnügen. Die Zeit aber, auf welche diese Strafe ausgedehnt werden kann, darf keine größere sein, als die von Oldenburg festgesetzte. Es muß anerkannt werden, daß dieses Gesetzbuch hinsichtlich der Ehrenstrafen den vorurtheilslosesten Standpunkt eingenommen hat und es hieße einen Rückschritt in der Strafgesetzgebung machen, wollte man dieselbe von dem durch das Oldenburgische Gesetz erreichten Standpunkt zurückdrängen.

Sowohl Oldenburg wie Lübeck folgen dem Preußischen Strafgesetzbuche darin, daß sie die Ehrenfolgen bei der Zuchthausstrafe ipso jure und nur bei den anderen Strafarten in Folge des richterlichen Erkenntnisses eintreten lassen.

---

*) Bayern hat überdem das System seiner Ehrenstrafen noch in einer Beziehung in bemerkenswerther Weise geregelt. Da wo die Ehrenstrafen bei Vergehen vorkommen, gestattet das Gesetz in vielen Fällen (Art. 175, 197, 200, 243, 289, 291, 313, 326, 327, 348, 350.) dem Richter, von den in Art. 28. aufgestellten Ehrenfolgen entweder einzelne oder alle abzuerkennen, ohne daß das Gesetz sagt, welche Ehrenrechte abzuerkennen sind, wenn nicht alle aberkannt werden. Diese Behandlungsweise der Ehrenstrafen möchte sich kaum im Allgemeinen empfehlen. Denn so sehr man dafür sein kann, es dem richterlichen Ermessen zu überlassen, ob er auf die Ehrenstrafen erkennen will oder nicht; hat der Richter aber auf die Ehrenstrafen erkannt, so muß man aus dem Gesetze und nicht erst aus dem Erkenntnisse entnehmen können, welche Rechte der Verurtheilte verloren hat.

Mag man nun immerhin behaupten, daß die Zuchthausstrafe nicht das Entehrende sei, daß das Entehrende vielmehr in dem mit der Zuchthausstrafe bedrohten Verbrechen liege; immerhin bleibt es bestehen, daß Jeder, welcher das Zuchthaus verläßt, die Ehrenfolgen zu tragen hat, und es wird für die allgemeine Auffassung der Zuchthausstrafe unmöglich sein, den Gedanken zurückzuweisen, daß derjenige, welcher die Zuchthausstrafe erduldet, eben eine entehrende Strafe erduldet habe. Soll die Zuchthausstrafe das leisten, was sie bei guter Art der Vollstreckung leisten kann, so muß ihr der, wenn auch nur auf unjuristischen Anschauungen beruhende Makel genommen werden, als ob sie es sei, welche den Sträfling ehrlos mache. Und soll dieses geschehen, so dürfen die Ehrenstrafen nicht ipso jure bei der Zuchthausstrafe eintreten, sondern es müssen dieselben wie bei der Gefängnißstrafe so auch bei der Zuchthausstrafe ihren Rechtsgrund lediglich in dem richterlichen Erkenntnisse haben; d. h. auch da, wo die Zuchthausstrafe eintritt, muß die Untersagung der Ausübung der bürgerlichen Ehrenrechte in dem Urtheile ausdrücklich ausgesprochen werden.

Nun darf man aber noch einen Schritt weiter gehen. Wenn nämlich das Gesetz nichts weiter anordnete, als daß der Richter in allen Fällen, wo er auf Zuchthausstrafe erkennt, die Ehrenstrafen im Erkenntnisse ebenfalls aussprechen müsse, so würde damit zwar die Zeit, für welche die Ausübung der Ehrenrechte untersagt würde, noch von dem richterlichen Ermessen abhängig sein, dasjenige aber, worauf es hauptsächlich ankommt, der Zuchthausstrafe als solcher den entehrenden Karakter zu nehmen, das würde nicht erreicht werden. Dieses Resultat ist vielmehr nur dann herbeizuführen, wenn dem Richter die Möglichkeit gewährt wird, nach Kognition des ihm vorliegenden konkreten Falles zu entscheiden, ob auf die Ehrenfolgen zu erkennen ist oder nicht; das heißt, die Aberkennung der Ehrenrechte muß auch bei den mit Zuchthaus zu bestrafenden Verbrechen niemals eine obligatorische, sondern immer nur eine fakultative sein. Wird dieses aber für die mit Zuchthaus zu bestrafenden Verbrechen gefordert, so versteht es sich da, wo die Ehrenstrafen neben der Gefängnißstrafe eintreten, ganz von selbst.

Wenn das Gesetz diesen Weg einschlägt, so wird dasselbe dem Rechtsbewußtsein, insofern dieses die Ehrenstrafen verlangt,. nirgends entgegentreten. Denn der Richter kann ja in allen denjenigen Fällen, wo er bis jetzt auf die Ehrenstrafen erkannte, auch fernerhin dieselben eintreten lassen. Wo aber das Rechtsbewußtsein in der Verhängung der Ehrenstrafen eine Härte erblicken sollte, da brauchen dieselben nicht mehr erkannt zu werden. Es wird somit der Praxis anheimgegeben, zu entscheiden, in wie weit ein praktisches Bedürfniß die Ehrenstrafen fordert, und diese Entscheidung darf der Praxis überlassen werden, und zwar aus folgenden Gründen. Erstens ist bereits nach dem bestehenden Rechte der Richter in nicht wenigen Fällen darauf angewiesen, nach eigenem Ermessen die Ehrenstrafen eintreten oder nicht eintreten zu lassen. Es ist also von dem bestehenden Rechte bereits anerkannt, daß die Ehrenstrafen ein solches Strafmittel seien, dessen Anwendung von dem Gesetze nicht unbedingt vorgeschrieben zu sein braucht. Der Richter, welcher jetzt in den Fällen, in denen die Ehrenstrafe fakultativ angedroht ist, mit Bezug auf den konkreten Fall sich entweder für oder gegen die Ehrenstrafen zu entscheiden weiß, wird das Gleiche zu thun im Stande sein, wenn ihm auch in anderen Fällen die nämliche Entscheidung zugewiesen wird. Zweitens aber ist es legislatorisch richtig, in solchen Fällen, wo zwar Gründe gegen die Zulässigkeit eines Strafmittels anzuführen sind, wo aber dennoch zur Zeit zugestanden werden muß, daß ein solches Strafmittel nicht gänzlich beseitigt werden könne, der praktischen Erfahrung die Aufgabe zu stellen, entweder nach der einen oder nach der anderen Seite hin die definitive gesetzliche Entscheidung vorzubereiten. Dieses Motiv wird man damit nicht angreifen wollen, daß an einer früheren Stelle gesagt wurde, die Verhängung der Todesstrafe dürfe nicht in das richterliche Ermessen gestellt werden. Denn einmal ist die Frage über Beseitigung der Todesstrafe in ganz anderer Weise spruchreif als die nach Beseitigung der Ehrenstrafen, und andererseits ist die Todesstrafe eine sehr andere Strafe, als es die Ehrenstrafen sind. Ob der zu einer Freiheitsstrafe Verurtheilte neben dieser Strafe noch den Verlust der Ehrenrechte in einer Zeit von einem bis zu fünf Jahren erleiden solle, das ist eine Frage, deren Beantwortung man unzweifelhaft dem richterlichen Gewissen anheimgeben kann, ohne dasselbe mehr zu beschweren, als das Gewissen jedes Strafrichters der Natur der Sache nach beschwert werden muß. Wenn aber das Gesetz den Richter die Frage entscheiden läßt, ob der Angeklagte zur Todesstrafe verurtheilt werden solle oder nicht, so muthet es dem richterlichen Gewissen mehr zu als ihm zugemuthet werden darf.

Wenn man nun überhaupt nur fakultative Ehrenstrafen annimmt, so wird die Struktur des Gesetzes auch eine andere werden können, als sie es zur Zeit ist. Jetzt nämlich wird im Preußischen Strafrechte die Aberkennung der Ehrenrechte überall da besonders angedroht, wo die Ehrenstrafen neben die Gefängnißstrafe treten. Es kann aber in allen denjenigen Fällen, wo ein Verbrechen mit Zuchthausstrafe und außerdem — gleichviel, ob man sich hierzu der Vermittelung der mildernden Umstände bedient oder nicht — mit Gefängnißstrafe bedroht ist, die fakultative Aberkennung der Ehrenrechte ein für alle male vorgeschrieben werden, wenn in derartigen Fällen die Gefängnißstrafe erkannt wird. Es würde dadurch die Erwähnung der Ehrenstrafen in dem speciellen Theile an mehreren Stellen vermieden und das Gesetz selbst kürzer werden können. Die gesetzlichen Vorschriften, welche hiernach über die Ehrenstrafen zu treffen wären, sind im Anschlusse an das Preußische Strafgesetzbuch folgende:

1. Der dritte Absatz des §. 11. fällt gänzlich fort.

2. Der §. 12. ist, da er vom Verlust der bürgerlichen Ehrenrechte handelt, ebenfalls an dieser Stelle zu beseitigen, sein Inhalt dagegen in geeigneter Weise da zu reproduciren, wo von der Untersagung der Ausübung der bürgerlichen Ehrenrechte gehandelt wird.

3. Die Bestimmungen über die Ehrenstrafen sind hinter die dem

§. 20. des Preußischen Strafgesetzbuches entsprechende Bestimmung des Entwurfs einzuschalten. *)

4. Der §. 23. des Preußischen Strafgesetzbuches fällt fort.

5. Der §. 25. des Preußischen Strafgesetzbuches ist bei der vorstehend aufgestellten Gesetzesformel überflüssig. Denn, wenn bei einem einzelnen Verbrechen die Untersagung der Ausübung der bürgerlichen Ehrenrechte lediglich in Bezug auf die öffentlichen Aemter ausgesprochen wird, so ergeben sich die Folgen dieses Urtheils aus der obigen Gesetzesformel ganz von selbst. Daß das Preußische Strafgesetzbuch diese besondere Bestimmung mit Bezug auf die öffentlichen Aemter getroffen, erklärt sich daraus, daß dasselbe im Uebrigen die Untersagung der Ausübung der bürgerlichen Ehrenrechte auf die Dauer von zehn Jahren bestimmt hat. Sollte demnach da, wo lediglich die Unfähigkeit zu öffentlichen Aemtern auszusprechen war, die Dauer dieser Strafe nicht über fünf Jahre hinausgehen, so mußte dies besonders angeordnet werden. Für Oldenburg, welches die Untersagung der Ausübung der bürgerlichen Ehrenrechte überhaupt nur auf die Dauer von fünf Jahren zuläßt, war hierzu ebensowenig Veranlassung, wie aus gleichem Grunde für den Entwurf hierzu Veranlassung nicht vorhanden ist. Das Lübische Recht hat denn auch eine Bestimmung, welche dem Preußischen §. 24. und dem Oldenburger Art. 21. entspräche, nicht aufgenommen.

4. Die Stellung unter Polizei-Aufsicht.

Die gesetzlichen Bestimmungen über dieses Strafmittel weichen in den Gesetzbüchern von Preußen, Oldenburg und Lübeck nicht unerheblich von einander ab.

Preußen bestimmt §§. 26. 27. 28. Folgendes:

§. 26. Die Stellung unter Polizeiaufsicht soll auf die Dauer von Einem bis zu zehn Jahren erkannt werden.

Die Wirkungen der Stellung unter Polizeiaufsicht beginnen mit der Rechtskraft des Urtheils, in dessen Folge sie eintritt. Die Dauer der Polizeiaufsicht wird jedoch erst von dem Tage an berechnet, an welchem die Freiheitsstrafe verbüßt ist.

§. 27. Die Stellung unter Polizeiaufsicht hat folgende Wirkungen:

1. Es kann dem Verurtheilten der Aufenthalt an einzelnen bestimmten Orten von der Landespolizei-Behörde untersagt werden;
2. Haussuchungen unterliegen keiner Beschränkung hinsichtlich der Zeit, zu welcher sie stattfinden dürfen.

§. 28. Gegen diejenigen, welche wegen Diebstahls, Raubes oder Hehlerei verurtheilt und unter Polizeiaufsicht gestellt worden sind, kann die Ortspolizei-Behörde die Aufsicht dahin erweitern, daß dieselben während der Nachtzeit ihren Wohnort und selbst ihre Wohnung ohne Erlaubniß nicht verlassen dürfen.

---

*) Die Bestimmungen über die Ehrenstrafen finden sich in dem Entwurf §§. 20—24.

Die Nachtzeit umfaßt für die Zeit vom 1. Oktober bis 31. März die Stunden von 6 Uhr Abends bis 6 Uhr Morgens und für die Zeit vom 1. April bis 30. September die Stunden von 9 Uhr Abends bis 4 Uhr Morgens.

Das Oldenburgische Strafgesetzbuch wiederholt in den Art. 22—24 die Bestimmungen des Preußischen Rechtes §. 26. Abs. 2. §. 27. Nr. 1. und §. 28. Dagegen ist die Dauer der Polizeiaufsicht auf höchstens fünf Jahre beschränkt, und unter den Wirkungen derselben fehlt die Bestimmung, daß Haussuchungen hinsichtlich der Zeit, zu welcher sie stattfinden dürfen, keiner Beschränkung unterliegen.

Das Lübische Strafgesetzbuch stimmt (§. 24—26.) mit dem Preußischen Strafgesetzbuche hinsichtlich der Dauer und der Wirksamkeit der Polizeiaufsicht bis auf eine Bestimmung überein, welche die Wirkungen der Polizeiaufsicht im Vergleich zu Preußen §. 27. Nr. 1. erweitert. Es bestimmt nämlich das Lübische Recht §. 25.:

„Die Stellung unter Polizeiaufsicht hat folgende Wirkungen:

1. Der Verurtheilte muß der Polizei seine Wohnung und jede Veränderung derselben anzeigen, ihr auf Verlangen stets über seinen Betrieb und Erwerb Auskunft geben und darf seinen Aufenthaltsort ohne Erlaubniß der Polizeibehörde nicht länger als während dreier Tage verlassen, auch darf ihm von der Polizeibehörde der Aufenthalt an einzelnen bestimmten Orten untersagt werden."

Ein wesentlich abweichendes System befolgt hinsichtlich der Polizeiaufsicht das bayrische Strafgesetzbuch (Art. 36—39.) Hiernach wird die Polizeiaufsicht zwar vom Gerichte erkannt, aber verhängt wird unter Voraussetzung eines solchen richterlichen Urtheils die Polizeiaufsicht von der Distrikts-Polizeibehörde der Heimath des Verurtheilten, wenn sie es den Verhältnissen angemessen erachtet. Die Zeitdauer darf keine längere als eine zweijährige sein. Als Wirkungen der Polizeiaufsicht führt das bayrische Gesetzbuch die von dem Preußischen Strafgesetzbuche in §. 27. Nr. 2. und §. 28. ausgesprochenen an, und statt der von Preußen in §. 27. Nr. 1. getroffenen Bestimmung heißt es in Bayern (Art. 38. Abs. 1.):

„Dem unter Polizeiaufsicht Gestellten kann durch die Distriktspolizeibehörde das Betreten gewisser Häuser, Anstalten, Plätze oder Bezirke, sowie der Aufenthalt in einzelnen bestimmten Gemeinden, seine Heimathsgemeinde ausgenommen, untersagt werden, falls seine Anwesenheit daselbst gefährlich erscheint."

Was nun die Fälle anbetrifft, in denen die Polizeiaufsicht zu erkennen ist, so bestimmen Preußen, Lübeck und Oldenburg dieselben im speciellen Theile, bald in der Weise, daß auf Polizeiaufsicht erkannt werden muß, bald so, daß nur darauf erkannt werden kann. Die Fälle, in denen das Preußische Strafgesetzbuch die Polizeiaufsicht als eine nothwendige Strafe bezeichnet, sind alle Fälle des Hoch- und Landesverrathes, in denen auf Zuchthaus erkannt wird (§. 72.), der qualificirte Aufruhr (§. 91. Abs. 2.), die qualificirte Meuterei (§. 96. Abs. 2.), die Münzfälschung (§§. 121. 122.), die Kuppelei (§§. 147. 148.), der Diebstahl (§§. 218. 219.), der Raub (§§. 231.

232.), die Hehlerei (§§. 238—240.), der gewerbsmäßige Wilddiebstahl (§. 276.), und mehrere gemeingefährliche Verbrechen (§§. 285. 286. 287. 289. 290. 291. 294. 297. 301. 302. 303. 304.). Dagegen kann die Polizeiaufsicht erkannt werden bei dem nicht qualificirten Aufruhr (§. 91. Abs. 1.), bei der nicht qualificirten Meuterei (§. 96. Abs. 1.), bei dem Diebstahl (§§. 216. 217.), bei der Erpressung (§. 235.), bei der Hehlerei (§. 237.), bei allen Fällen des Betruges (§§. 242 — 244.) und bei der qualificirten Vermögensbeschädigung (§. 284.)

Oldenburg schließt sich den Vorschriften des Preußischen Strafgesetzbuches so vollständig wie nur möglich an. Nur bei der gewerbsmäßigen Wilddieberei tritt keine Polizeiaufsicht ein und zwar aus dem sehr einfachen Grunde, weil das Oldenburgische Strafgesetzbuch dieses Delikt überhaupt nicht aufgenommen hat.

Lübeck hat einige Aenderungen vorgenommen. Bei Hoch= und Landesverrath, bei Aufruhr, Meuterei, bei der Erpressung und der qualificirten Vermögensbeschädigung droht dieses Gesetzbuch abweichend von Preußen und Oldenburg die Polizeiaufsicht nicht an; und einzelne Strafbestimmungen, welche im Preußischen Recht mit der Polizeiaufsicht in Verbindung gebracht sind, fehlen dem Lübischen Rechte gänzlich, so die §§. 276, 287, 290, 301.

Ueberblickt man nun die Fälle, in denen die Stellung unter Polizeiaufsicht angedroht ist, so wird man nicht überall im Stande sein, zu erkennen, welches legislatorische Prinzip maßgebend gewesen sein möchte, vermöge dessen bei diesem Verbrechen die genannte Straffolge ausgesprochen ist, bei jenem dagegen nicht; man wird nicht überall im Stande sein, den Grund anzugeben, weshalb hier die Polizeiaufsicht obligatorisch, dort nur fakultativ hingestellt ist.*)

Das Bayrische Gesetzbuch stellt sich in dieser Beziehung ungleich günstiger dar. Die Polizeiaufsicht ist hier immer nur eine fakultative Strafe, die bei allen „Verbrechen“ und bei „Vergehen“ und „Uebertretungen“ dann, wenn das Gesetz sie ausdrücklich zuläßt, vorkommen kann. (Vergl. z. B. Art. 169. Abs. 3., 170, 171. Abs. 1., 172, 173, 291. Abs. 2., 313, 326, 305.) Aber indem das Gesetz bestimmt, daß das richterliche Urtheil, welches auf Polizeiaufsicht lautet, erst dann realisirt wird, wenn die Polizeibehörde, nachdem

---

*) Das Braunschweigische Strafgesetzbuch vermeidet dieses Bedenken. Es bestimmt in §. 22. ganz allgemein: „Der öffentlichen Sicherheit und Sittlichkeit gefährliche Verbrecher sind nach erlittener Strafe unter polizeiliche Aufsicht zu stellen, auf nicht weniger als ein Jahr und auf nicht mehr als fünf Jahre.“ Die polizeilichen Beschränkungen finden sich in demselben §. 22. Abs. 2. und die entsprechende Strafbestimmung in §. 125. Die Strafe für Ueberschreitungen der polizeilichen Beschränkungen kann bis drei Monate Gefängniß betragen. Das Hessische Strafgesetzbuch hebt Art. 35. ebenfalls die Gefährlichkeit hervor, läßt aber die Polizeiaufsicht nur bei dem zur Zuchthausstrafe verurtheilten Verbrecher eintreten, „wenn er nach Beschaffenheit des verübten Verbrechens und nach seiner Persönlichkeit für die öffentliche Sicherheit besonders gefährlich erscheint.“ In ganz ähnlicher Weise disponirt das Thüringische Strafgesetzbuch (Art. 19.), welches indessen die Polizeiaufsicht nicht bloß bei denen zuläßt, welche zur Zuchthausstrafe verurtheilt sind, sondern auch auf diejenigen ausdehnt, gegen welche auf Arbeitshaus erkannt wurde.

die Freiheitsstrafe verbüßt ist, dasselbe zu realisiren für zweckmäßig erachtet, so ist damit der gewiß sehr richtigen Auffassung Rechnung getragen, daß der Richter, während er die Polizeiaufsicht erkennt, unmöglich wissen kann, ob dieselbe nach Verbüßung der Freiheitsstrafe noch nöthig sein werde. Das richterliche Urtheil sagt also in Bayern der Sache nach nichts Anderes als: hier liegt ein Straffall von solcher Beschaffenheit vor, daß die Möglichkeit, es könne nach Verbüßung der Freiheitsstrafe die Polizeiaufsicht noch nöthig sein, keineswegs ausgeschlossen ist. Ob aber die Möglichkeit zur Wirklichkeit geworden, darüber soll nach der Verbüßung der Freiheitsstrafe die Polizeibehörde die Entscheidung treffen.

So berechtigt aber diese Auffassung ist, so erhebliche Bedenken läßt dieselbe doch gegen das Strafmittel der Polizeiaufsicht überhaupt bestehen.

Es ist schon ein Uebelstand, wenn ein Strafmittel aufgestellt wird, dessen Durchführung von Neuem Strafandrohungen nöthig macht. Denn, was soll werden, wenn der unter Polizeiaufsicht gestellte Verbrecher denjenigen Beschränkungen sich nicht unterwirft, die ihm durch die Polizeiaufsicht auferlegt werden? Die Antwort hierauf finden wir nur in neuen Strafbestimmungen.

> Preußen §. 116.: „Wer unter Polizeiaufsicht gestellt ist und den in Folge derselben ihm auferlegten Beschränkungen entgegenhandelt, wird mit Gefängniß von Einer Woche bis zu sechs Monaten bestraft."

Oldenburg Art. 110. wiederholt diese Bestimmung wörtlich. Lübeck §. 90. läßt die Minimalstrafe des Preußischen Rechtes fort. Bayern Art. 147.: „Wer sich außer Nothfällen der auf Grund richterlichen Erkenntnisses gegen ihn verfügten Polizeiaufsicht entzieht oder den zum Vollzuge derselben von der Distriktspolizeibehörde gegebenen Vorschriften zuwiderhandelt, ist mit Arrest zu bestrafen. In Wiederholungsfällen kann auf Verwahrung in einer Polizeianstalt erkannt werden."

Nun versteht es sich ja von selbst, daß die durch ein früher begangenes Verbrechen verwirkte Polizeiaufsicht dadurch nicht verbüßt werden kann," daß der Verbrecher diejenige Freiheitsstrafe erduldet, welche ihm wegen des selbständigen neuen Deliktes, nämlich wegen der Ueberschreitung der ihm durch die Polizeiaufsicht auferlegten Beschränkungen, zuerkannt wurde. Es muß für die Strafbestimmung des §. 116. des Preußischen Strafrechts ganz unzweifelhaft die analoge Anwendung desjenigen Grundsatzes gelten, welcher, obwohl selbstverständlich, ausdrücklich in §. 96. Abs. 3. ausgesprochen ist, wo es gelegentlich der Bestrafung der Meuterei heißt:

> „Die Strafe der Meuterei soll unabhängig von der Strafe des Verbrechens oder Vergehens, wegen dessen die Meuterer verhaftet sind, ausgesprochen werden."

Denkt man sich nun den Fall, daß Jemand, der aus dem Zuchthause entlassen ist, noch zehn Jahre lang unter Polizeiaufsicht zu stehen hat. Innerhalb der ersten Tage überschreite derselbe die ihm durch die

Polizeiaufsicht auferlegten Beschränkungen. Hiefür trifft ihn eine Gefängnißstrafe von sechs Monaten. Nachdem er aus dem Gefängnisse entlassen, befindet er sich von Neuem unter den Beschränkungen der Polizeiaufsicht; er verletzt dieselben wiederum und kommt abermals auf sechs, vielleicht sogar, da es sich hier bereits um den Rückfall handelt, auf neun Monate in's Gefängniß. So kann denn die Sache weiter gehen, und jene zehn Jahre Polizeiaufsicht dehnen sich, wenn nur die polizeilichen Beschränkungen oft genug übertreten werden, bis in's Unendliche aus. Die Polizeiaufsicht ist so die kriminalistische Schraube ohne Ende.

Die Polizeiaufsicht ist eine Zusatzstrafe, welche die Voraussetzung hat, die verbüßte Freiheitsstrafe werde auf den Verbrecher einflußlos bleiben, die Neigung des Bestraften, Verbrechen zu begehen, werde nach der Verbüßung der Hauptstrafe noch ebenso vorhanden sein, wie vor derselben. Es kann nun allerdings der Fall eintreten, daß der Verbrecher die Strafanstalt ungebessert verläßt. Wenn aber auf Polizeiaufsicht erkannt wird, so geht das richterliche Erkenntniß davon aus, daß der Verbrecher die Strafanstalt ungebessert verlassen müsse. Entweder liegt aber darin der Ausspruch, daß die Strafanstalten ihren Aufgaben nachzukommen außer Stande seien — und eine solche Thatsache durch richterliches Urtheil konstatiren zu lassen, müßte das Gesetz doch billig Bedenken tragen — oder der Richter behauptet in seinem Erkenntnisse, daß er etwas weiß, was er unmöglich wissen kann, weil überhaupt die in der Zukunft liegenden Dinge dem menschlichen Wissen entzogen sind. Rechtfertigt sich die Polizeiaufsicht — wenn überhaupt — doch gewiß nur dann, wenn der aus der Strafanstalt Entlassene noch ein ungebesserter, gefährlicher Mensch ist, so muß man die Entscheidung über die Frage, ob der Verbrecher aus der Strafanstalt gefährlich und ungebessert hervorgegangen ist, bis zu dem Zeitpunkte aufschieben, wo sich dieselbe der Natur der Sache nach überhaupt erst entscheiden läßt, d. h. bis zu dem Zeitpunkte, an welchem die Entlassung aus der Strafanstalt erfolgt.

So sagt ja auch das Bayrische Strafgesetzbuch, daß die Entscheidung darüber, ob die vom Richter erkannte Polizeiaufsicht wirklich vollstreckt werden solle, durch die Administrativbehörde zu entscheiden sei. Wenn aber irgend eine Administrativbehörde hiezu die kompetente wäre, so könnte es nur die der Strafanstalt vorgesetzte Verwaltungsbehörde sein. Nun kommen wir aber damit in ein höchst empfindliches Dilemma. Zur Zeit, wo der Richter über den Angeklagten urtheilt, weiß er nicht, ob die Polizeiaufsicht zu der Zeit, wo sie erst eintritt, indicirt sein wird — und doch soll er sich hierüber entscheiden*) — zu der Zeit aber, wo man entscheiden könnte, ob die Polizeiaufsicht eintreten solle, fehlt gerade dem Richter das erforderliche Material,

*) Wenn freilich das Gesetz, wie z. B. das Preußische Strafgesetzbuch dem Richter vorschreibt, daß er in manchen Fällen auf Polizeiaufsicht erkennen müsse, so werden zwar bei dem Richter keine Skrupel entstehen. Aber das Gesetz kann noch weniger als der Richter beurtheilen, ob nach verbüßter Strafe diese Zusatzstrafe im einzelnen Falle nothwendig sein werde.

um diese Entscheidung zu treffen. Denn, da es sich bei der Frage, ob Polizeiaufsicht oder nicht, nur darum handeln kann, wie der Verurtheilte sich in der Strafanstalt benommen, ob derselbe als gebessert oder nicht gebessert zu betrachten, ob er als gefährlich oder nicht als gefährlich zu erachten; dies Alles aber der Richter nicht beurtheilen kann, weil er den Verbrecher in der Strafanstalt zu beobachten wenigstens in seiner amtlichen Stellung als Richter keine Gelegenheit hat; so könnte bei der Beendigung der Freiheitsstrafe doch nur die der Strafanstalt vorgesetzte Behörde über die Verhängung oder Nicht-Verhängung der Polizeiaufsicht entscheiden, da nur ihr das zu ihrer Entscheidung erforderliche Material zu Gebote steht. Nehmen wir nun an, daß das Bayrische Gesetzbuch, wenn es die Verhängung der seitens des Richters zugelassenen Polizeiaufsicht der Distriktspolizeibehörde der Heimath des Verurtheilten überläßt, von der Voraussetzung ausgegangen ist, daß diese Polizeibehörde für das von ihr zu treffende Urtheil sich mit der Direktion der den Verbrecher entlassenden Strafanstalt in Vernehmen gesetzt haben werde; so bleibt doch das gewiß beachtenswerthe Bedenken unerledigt, daß die Polizeiaufsicht eine Strafe und zwar eine Beschränkung der persönlichen Freiheit ist, und daß eine solche Strafe, wie Strafen überhaupt, nicht durch eine Verwaltungsbehörde, sondern nur durch den Richter verhängt werden darf.

Es bleibt mithin folgender Widerspruch ungelöst:

1. Die Polizeiaufsicht ist eine Strafe, sie kann also nur von dem Richter, nicht von der Verwaltungsbehörde verhängt werden.

2. Ob die Voraussetzungen der Polizeiaufsicht vorhanden sind, kann nur die Verwaltungsbehörde, nicht aber der Richter beurtheilen; mithin darf die Polizeiaufsicht nicht von dem Richter, sondern nur von der Verwaltungsbehörde verhängt werden.

Weiter tritt aber der Polizeiaufsicht noch folgendes juristische Bedenken entgegen. Sicherlich wird diese Strafe doch nur zu dem Zwecke ausgesprochen, damit die in ihr enthaltenen Beschränkungen der persönlichen Freiheit den Verbrecher an der Begehung neuer Verbrechen hindern, und das Interesse für den Verurtheilten, sich diesen Beschränkungen zu fügen, liegt in der Strafe, welche auf die Ueberschreitung dieser Beschränkungen gesetzt ist. Nun steht aber die Sache so: Uebertritt der Verurtheilte die Schranken, welche ihm durch die Polizeiaufsicht gestellt sind, so trifft ihn die auf diese Uebertretung gesetzte Strafe nur dann, *wenn er bei Uebertretung der Polizeiaufsicht kein Verbrechen begeht.* Uebertritt er dagegen die Schranken der Polizeiaufsicht zu dem Zwecke, um ein Verbrechen zu begehen, welches mit einer Maximalstrafe von nur sechs Monaten, oder wie viel mehr bedroht ist, so trifft den unter Polizeiaufsicht stehenden Verbrecher die auf die Uebertretung der ihm auferlegten Beschränkungen gesetzte Strafe *nicht*, und zwar einfach aus dem Grunde nicht, weil die Strafe absorbirt wird durch diejenige andere Strafe, welche durch das von dem Observaten neuerdings begangene Verbrechen verwirkt ist. Wird er nun als der Thäter dieses neuen Verbrechens nicht entdeckt, so wird es auch in den meisten Fällen unentdeckt bleiben, daß er die ihm durch die Polizeiaufsicht auferlegten Schranken überschritten. Kommt es aber heraus, daß er jenes neue Verbrechen begangen, so wird damit zwar auch konstatirt sein, daß er nach den Bestimmungen des Preußischen Rechts gegen §. 116. des Strafgesetzbuches delinquirt habe. Das schadet aber nichts; denn die Strafe dieses Vergehens wird ja durch die auf den Diebstahl, Raub u. s. w. gesetzte Strafe absorbirt. Da nun derartige Dinge den am meisten gewitzigten, mithin auch den gerade gefährlichsten Verbrechern ebenso gut bekannt zu sein pflegen, wie den Kriminalisten, so darf man wohl die Frage aufwerfen, welche kriminalpolitische Bedeutung die Strafe der Polizeiaufsicht wohl haben möge.

Zu diesen gegen das Institut der Polizeiaufsicht geltend gemachten Bedenken tritt nun noch das Weitere hinzu, daß diese Strafe die Erreichung der Aufgabe, welche jede rationelle Strafvollstreckung zu lösen sich bemühen muß, erheblich erschwert, oft geradezu unmöglich macht. Die Aufgabe, welche die Freiheitsstrafe und namentlich die Zuchthausstrafe zu lösen hat, besteht darin, den Verurtheilten der menschlichen Gesellschaft als ein brauchbares, mindestens nicht schädliches Mitglied zurückzugeben. Alles dasjenige, was den Rücktritt in das sociale Leben nach Verbüßung der Freiheitsstrafe erschwert, hemmt und schädigt die Wirkungen derselben. Dies trifft aber bei der Polizeiaufsicht zu. Denn, indem diese Strafe den aus der Strafanstalt Entlassenen als einen solchen bezeichnet, dem um seiner Gefährlichkeit willen Beschränkungen seiner persönlichen Freiheit auferlegt werden müssen, bewirkt sie, daß Jeder sich von einem derartig stigmatisirten Menschen zurückzieht, daß diesem mithin die Möglichkeit, einen lohnenden, ehrlichen Lebenserwerb zu finden, in der erheblichsten Weise erschwert wird. Berücksichtigt man, daß der aus der Strafanstalt Entlassene, weil für ihn alle früheren gewerblichen Beziehungen abgebrochen sind, schon um deswillen nur mit Schwierigkeiten seinen und der Seinigen Unterhalt findet, weil es sich für ihn um die Begründung einer neuen Existenz handelt; berücksichtigt man ferner, daß es im höchsten Interesse des Staates liegt, die Begründung der Existenz entlassener Sträflinge zu befördern, weil nur unter dieser Voraussetzung die Begehung neuer Verbrechen gehindert werden kann; so kommt man wahrlich in die Lage, ein Strafmittel für vollkommen unverständlich zu halten, dessen einzige erkennbare Wirksamkeit darin besteht, die Rehabilitation des entlassenen Sträflings zu erschweren.

Denn der Zweck, um dessen willen sie aufgestellt ist, den entlassenen Sträfling an der Begehung neuer Verbrechen zu hindern, den Zweck kann die Polizeiaufsicht gar nicht erreichen. Daß die Strafe, welche auf die Uebertretung der durch die Polizeiaufsicht dem Sträflinge auferlegten Beschränkungen gesetzt ist, hiefür einflußlos bleibt, das wurde oben bereits ausgeführt. Aber vor Allem! Die Beschränkungen, welche die Polizeiaufsicht auferlegt, sind doch nicht der Art, daß durch sie dem unter Polizeiaufsicht Stehenden die Begehung der Verbrechen auch nur erschwert würde. Wenn der Observat in der Nacht seine Wohnung nicht verlassen soll, wird er denn durch ein solches Verbot in seiner

Wohnung eingeschlossen? Und wenn dies wäre! Ist der Tag nicht lang genug, um Verbrechen ausüben zu können, und werden diese etwa dadurch gehindert, daß zu jeder Zeit bei dem Observaten Haussuchungen vorgenommen werden können?*) Fassen wir es zusammen. Dasjenige, was die Polizeiaufsicht erreichen will, die Begehung neuer Verbrechen zu verhindern, das kann sie nicht erreichen, und dasjenige, was sie nicht bezwecken darf, dem entlassenen Sträflinge seine Rehabilitation zu erschweren, das erreicht sie, und indem sie dieses erreicht, bewirkt sie gerade, daß dasjenige eintritt, was sie selbst verhindern will.

Das Gesagte bezieht sich allerdings nur auf diejenige Polizeiaufsicht, welche die deutschen Strafgesetzbücher kennen, d. h. auf die Polizeiaufsicht nach vollständig verbüßter Freiheitsstrafe.

Hievon vollkommen verschieden würde diejenige Polizeiaufsicht sein, welche noch während der Dauer der Freiheitsstrafe einträte in dem Falle, daß der Bestrafte von der Strafanstalt für einen Theil seiner Strafzeit beurlaubt wird.

Der Beurlaubte ist noch innerhalb der Strafe, die Urlaubszeit ist eine dem Verurtheilten gewährte Vergünstigung, die ihm während der Dauer der Strafzeit zu Theil wird, und die ihm nur unter der Voraussetzung zu Theil werden darf, daß er sich während der Urlaubszeit vorwurfsfrei beträgt, und die daher auch zurückzuziehen ist, sobald jene Voraussetzung nicht mehr zutrifft. Während der Urlaubszeit — und dies trägt ja gerade dazu bei, diesem letzten Theil der Strafzeit einen günstigen Einfluß auf den Verbrecher zu sichern — soll der Beurlaubte in dem Bewußtsein leben, daß Unsittlichkeiten, Unregelmäßigkeiten, schlechte Führung überhaupt, ihn der Vergünstigung, welche in der Urlaubsbewilligung liegt, verlustig machen würden, und daß im Falle seiner Wiedereinziehung iu die Strafanstalt die während der Beurlaubung verbrachte Zeit ihm nicht auf die Strafzeit angerechnet wird. Hiezu ist eine Kontrolle des auf Urlaub Entlassenen allerdings nothwendig; aber eine Kontrolle, welche dem Beurlaubten die Möglichkeit, einen lohnenden Erwerb zu finden, nicht erschwert, die daher auch so eingerichtet sein muß, daß sie möglichst wenig an die Oeffentlichkeit tritt. Es wird, um eine solche Kontrolle zu erreichen, genügend sein, wenn die Beurlaubung erst dann aus der Strafanstalt erfolgt, wenn letztere sich vergewissert hat, daß der Sträfling an einem bestimmten Orte eine seine Existenz sichernde Beschäftigung finden werde; wenn dann seitens der Strafanstalt an die Ortspolizeibehörde des Ortes, an

*) Vergl. hierüber, wie über die nachtheiligen Wirkungen der Polizeiaufsicht überhaupt: Fueßlin: Die Beziehungen des Badischen Strafgesetzes zum Pönitentiarsysteme u. s. w. Carlsruhe 1853. S. 35. ff. Der Verfasser hat für seine Arbeit die Bestimmungen des Badischen Gesetzbuches vor Augen, welches §. 27. den unter Polizeiaufsicht Gestellten vorzugsweise in seinem Heimathsorte konsignirt. Das ist allerdings das Schlimmste, was geschehen kann. (Vergl. Fueßlin a. a. O. S. 40. ff.) Und wenn das Bayrische Strafgesetzbuch es gestattet (Art. 38.), daß dem unter Polizeiaufsicht Stehenden der Aufenthalt überall, nur nicht in der Heimathsgemeinde untersagt werden könne, so würde das gerade Gegentheil hievon richtiger gewesen sein. Allerdings würde es nicht möglich sein, dem Entlassenen die Rückkehr in seinen Heimathsort zu verbieten.

welchen sich der Beurlaubte zunächst zu begeben hat, über die stattgehabte Beurlaubung berichtet wird; wenn hierauf die Polizeibehörde mit dem Arbeitgeber sich in Betreff der Kontrolle des Beurlaubten in Einvernehmen setzt, und wenn endlich dem Beurlaubten selbst aufgegeben wird, sich, sobald er seinen Bestimmungsort erreicht, bei der Ortspolizeibehörde zu melden, und diese Meldung in regelmäßigen Fristen zu wiederholen, sowie jede etwa eintretende Veränderung seines Aufenthaltsortes anzuzeigen. Darüber hinausgehende Beschränkungen des Beurlaubten würden zwecklos und deshalb auch schädlich sein. Die hier in ihren wesentlichsten Punkten karakterisirte Polizeiaufsicht hat sich bewährt in Irland*) und in Deutschland im Königreich Sachsen**) und da der günstige Erfolg der Beurlaubung doch wesentlich davon abhängt, daß es dem Beurlaubten an dem erforderlichen Erwerbe nicht fehlt, dieser aber in Deutschland mindestens so leicht zu erlangen sein wird, wie in Irland, so darf man annehmen, daß die Voraussetzungen zur Einführung dieses Instituts im Allgemeinen in Deutschland vorhanden sein und die günstigen Folgen desselben auch hier nicht ausbleiben werden.

Es entsteht noch die Frage, welche von diesen die Polizeiaufsicht über beurlaubte Sträflinge betreffenden Grundsätzen in das Strafgesetz aufzunehmen sind.

Jedenfalls gehören diejenigen Vorschriften, welche eine Dienstanweisung für die Verwaltungsbehörden enthalten würden, also die Prüfung der Frage: ob und wohin die Beurlaubung zu gestatten, die Herstellung einer Kommunikation zwischen den Strafanstaltsverwaltungen und den betreffenden Polizeibehörden, die Instruktion für die Polizeibehörden hinsichtlich der Verbindung, in welche sie sich mit den Arbeitgebern zu setzen haben, nicht in ein Strafgesetz. Dieses hat nur die Aufgabe, diejenigen Freiheitsbeschränkungen zu präcisiren, denen der Beurlaubte unterworfen bleibt, und die Folgen, welche eine ordnungswidrige Benutzung des Urlaubs herbeiführen, festzustellen.

In das Strafgesetz gehören demnach nur folgende beiden Bestimmungen:

1. Der Beurlaubte muß sich bei der Ortspolizeibehörde desjenigen Ortes, an welchen er sich auf Anweisung der Strafanstalts-Direktion zu begeben hat, innerhalb der kürzesten Frist melden, und diese Meldung zu bestimmten Zeiten wiederholen.

2. Die Nichtbefolgung dieser Vorschrift, sowie jede Ordnungswidrigkeit in dem Verhalten des Beurlaubten hat die Zurücknahme des Urlaubs, und zwar mit der Maßgabe zur Folge, daß die während des Urlaubs verbrachte Zeit dem Sträflinge auf seine Strafzeit nicht angerechnet wird.

Diese Bestimmungen sind in §. 10. des Entwurfs zusammengefaßt.

---

*) Vergl. v. Holtzendorff: Das irische Gefängnißwesen. S. 108. ff.

**) Vergl. Dr. Schwarze in der allgemeinen deutschen Strafrechtszeitung. 1864. S. 419. ff. S. 595. 596.

Die Fristen, innerhalb deren der Beurlaubte bei der Ortspolizeibehörde seine Meldung zu wiederholen hat, sind in der Gesetzesformel nicht angegeben, und zwar deswegen nicht, weil dieselben zweckmäßig je nach den verschiedenen Persönlichkeiten und je nach der Art, wie die einzelnen Persönlichkeiten während der Beurlaubung sich benehmen, zu bestimmen sind. Es wird z. B. zweckmäßig sein können, die Meldungen des so eben Entlassenen allwöchentlich zu verlangen, während es im Laufe der Zeit ausreicht, wenn die Meldung nur jeden Monat erfolgt.

Daß mit der Vorschrift, sich nach dem von der Strafanstaltsdirektion bestimmten Ort zu begeben, nicht eine Konfination auf diesen Ort verstanden sein kann, ist selbstverständlich. Der von der Strafanstaltsdirektion bestimmte Ort ist derjenige, an welchem der Beurlaubte zuerst Unterkommen und Arbeit findet. Sollten diese Voraussetzungen im Laufe der Zeit aufhören, so würde unter Mitwirkung der Polizeibehörde ein neuer Aufenthaltsort von dem Beurlaubten zu wählen sein. Dies sind aber schon Dinge, welche bei Durchführung der oben aufgestellten Gesetzesformel sich von selbst machen werden.

5. Landesverweisung.

In Betreff dieses Strafmittels bestimmt das Preußische Strafgesetzbuch in wörtlicher Uebereinstimmung mit dem Oldenburgischen:

§. 29. „Ist derjenige, gegen welchen die Stellung unter Polizei-Aufsicht zu erkennen sein würde, ein Ausländer, so ist gegen denselben, anstatt der Stellung unter Polizei-Aufsicht, auf Landesverweisung zu erkennen."

Das Lübische Recht (§. 27.) dehnt diese Bestimmung noch aus. Es heißt daselbst:

„Gegen Ausländer kann der Richter auf Verweisung aus dem Lübeckischen Staate erkennen; er muß sie aussprechen, wenn er einen Inländer, der sich derselben Handlung unter denselben Voraussetzungen schuldig gemacht, zur Stellung unter Polizei-Aufsicht verurtheilt haben würde."

Da nach dieser Bestimmung des Lübischen Rechts gegen jeden Ausländer die Landesverweisung erkannt werden kann, so ist nicht wohl einzusehen, weshalb noch besonders gelegentlich des gewerbsmäßigen Hazardirens (§. 236.) gesagt ist, daß gegen denjenigen, der sich dieses Vergehens schuldig gemacht, wenn es ein Ausländer ist, auf Landesverweisung erkannt werden könne. Vielleicht liegt der Grund in der Nachbildung des Preußischen Strafrechts. Der §. 226. des Lübischen Rechts entspricht nämlich dem §. 266. des Preußischen Strafgesetzbuches, und da dieses Gesetzbuch die allgemeine Bestimmung des Lübischen Rechtes, daß gegen Ausländer überhaupt auf Landesverweisung erkannt werden könne, nicht hat, so wird in Preußen diese Strafe gelegentlich des §. 266. und des §. 146. besonders angedroht. Bei der Nachbildung des §. 266. hat man nun in Lübeck vielleicht übersehen, daß der §. 27. die Wiederholung der Nebenstrafe überflüssig gemacht habe. Mit Bezug auf §. 146. des Preußischen Rechts konnte dieses Versehen in

Lübeck sich nicht wiederholen, weil das Lübische Recht dieses Delikt — gewerbsmäßige Unzucht — überhaupt nicht kennt.

Die beiden Specialfälle des Preußischen Strafrechts, in welchen die Landesverweisung fakultativ angedroht ist, dürften nun wohl diese Strafe auch entbehren können, und was die generelle Strafdrohung der Landesverweisung anbetrifft, so wird sie fortfallen müssen, wenn die Polizeiaufsicht, der sie substituirt werden soll, fortgefallen ist.

Abgesehen hiervon spricht aber gegen die Strafe der Landesverweisung noch Folgendes:

1. Die Ansichten darüber, wie viel Werth ein Mensch hat, sind zu verschiedenen Zeiten verschiedene. Heute dürfte wenigstens der Gesichtspunkt mit maßgebend sein, daß es nicht immer im Interesse eines Landes liegt, durch Ausweisungen Arbeitskräfte sich zu entziehen. Man dürfte daher auch einem bestraften Verbrecher gegenüber die Landesverweisung, wenn überhaupt, nur alsdann eintreten lassen, wenn feststeht, daß seine Arbeitskraft nicht zu verwerthen ist, wenn es sich also um ein absolut schädliches Individuum handelt.

2. Wer in einem Staate sich aufhält, ohne hierzu berechtigt zu sein, der kann überhaupt genöthigt werden, einen solchen Staat zu verlassen, und bedarf es hierzu keines Strafurtheils. Dieses wird unter Umständen der Landesverwaltung Veranlassung geben können, zu prüfen, ob nicht ein Grund eingetreten sei, den dem Fremden gewährten prekarischen Aufenthalt jetzt zu entziehen. Geschähe dieses, so würde damit keine Strafe ausgesprochen sein; denn die Strafe ist eine Entziehung von Rechten, und ein Recht, was ich überhaupt nicht habe, kann mir auch natürlich nicht entzogen werden.

3. Die Landesverweisung wird überdem für deutsche Verhältnisse jetzt schwieriger zu vollziehen, als dies früher der Fall war. Die Strafgesetzbücher, welche die Landesverweisung gegen „Ausländer“ erkannt wissen wollen, verstehen unter Ausländer jede Person, welche nicht Unterthanenrechte in dem einzelnen deutschen Staate haben. Nach der Auffassung des Preußischen Strafgesetzbuches war am 14. April 1851 unzweifelhaft der Hannoveraner, der Nassauer, nicht minder wie der Hamburger und der Oldenburger ein Ausländer. Selbstverständlich könnte heute beispielsweise gegen einen Nassauer, der sich des gewerbsmäßigen Hazardirens innerhalb des Bereiches des Preußischen Strafgesetzbuches schuldig gemacht, nicht mehr auf Landesverweisung erkannt werden, obwohl dies vor dem 20. September 1866 geschehen konnte. Und wenn früher eine Person, welche auf Grund des §. 146. verurtheilt wurde, als Ausländerin beispielsweise von Berlin nach Hamburg ausgewiesen werden konnte, so würde nach der Konstituirung des norddeutschen Bundes der Begriff der „Ausländerin“ in diesem Falle auch nicht mehr zutreffend sein.

Wir können also wohl bei dem Resultate stehen bleiben:

Soweit aus anderen als aus strafrechtlichen Gründen eine Landesverweisung zulässig sein sollte, wird vom kriminalistischen Standpunkte aus hiergegen nicht anzukämpfen sein. Das Strafmittel der

Landesverweisung ist dagegen vollkommen entbehrlich und deswegen in einem neuen deutschen Strafgesetzbuche nicht aufzunehmen.

6. Konfiskationen.

Die neueren deutschen Strafgesetzbücher lassen nur die Konfiskation einzelner Gegenstände zu. Hierbei wird denn auch lediglich stehen zu bleiben sein, und zwar schon aus dem Grunde, weil die Preußische Verfassungs-Urkunde die Konfiskation des ganzen Vermögens untersagt. (Verf. Urk. Art. 10.)

Ein Zweifel könnte freilich entstehen, ob dieses im Gesetze ausdrücklich zu sagen, und so die Strafe der Konfiskation des gesammten Vermögens auszuschließen sei. Als das Preußische Strafgesetzbuch publicirt wurde, existirte in Preußen die Strafe der Konfiskation des ganzen Vermögens. Deswegen war denn auch Veranlassung, in dem neuen Gesetze diese bestehende Strafe ausdrücklich für aufgehoben zu erklären. Diese Veranlassung liegt jetzt nicht mehr vor. Denn ein Strafgesetz, welches heute publicirt würde, kann die Strafe der Konfiskation des gesammten Vermögens nicht beseitigen, weil diese Strafe überhaupt nicht existirt. So ist es denn auch wohl gekommen, daß nur die beiden dem Preußischen Strafgesetzbuche nachgebildeten Strafgesetzbücher von Lübeck und Oldenburg in Uebereinstimmung mit dem Preußischen Strafgesetzbuche den Satz aussprechen:

„Die Konfiskation findet nur in Beziehung auf einzelne Gegenstände statt" —

während andere Gesetzbücher, welche in der Sache mit dem Preußischen Rechte — von unerheblichen Aenderungen abgesehen — übereinstimmen, diesen oder einen ähnlichen Satz auszusprechen, keine Veranlassung finden. (Vergl. z. B. Braunschweig §. 21. Bayern Art. 34.)

Muß man überdem den Satz gewiß anerkennen, daß keine Strafe erkannt werden darf, welche nicht ausdrücklich für zulässig erklärt ist, so würde selbst für das Preußische Strafgesetzbuch kaum eine Veranlassung vorhanden gewesen sein, die Konfiskation ausdrücklich auf einzelne Gegenstände zu beschränken; es wäre vollkommen ausreichend gewesen, die Konfiskation des gesammten Vermögens an keiner Stelle anzudrohen. Da somit ein Fortbleiben jenes oben angeführten Satzes des Preußischen Strafgesetzbuches gewiß nicht die Meinung veranlassen kann, daß nun die Strafe der Konfiskation des gesammten Vermögens wieder eingeführt sei, selbst dann nicht, wenn Art. 10. der Preußischen Verfassungsurkunde die Einführung dieser Strafe nicht ausdrücklich verboten haben sollte, so kann dieser Satz (§. 19. Abs. 1.) unbedenklich fortbleiben.

Die Strafe der Konfiskation selbst ist nun in verschiedener Weise in den Gesetzbüchern beschrieben. Die Unterschiede reduciren sich auf folgende Punkte:

1. Die Gesetzbücher nehmen zwar darauf Rücksicht, daß durch die Konfiskation nicht Rechte dritter Personen verletzt werden sollen, drücken dies jedoch in verschiedener Weise aus. „Sofern sie dem Thäter oder

einem Theilnehmer an der That gehören" — (Preußen, Oldenburg, Lübeck.) „Insofern sie dem Verbrecher gehören, oder von dem Eigenthümer wissentlich zu dem verbrecherischen Zwecke hergeliehen sind" (Braunschweig.) „Soweit dies ohne Verletzung dritter, auch nicht der Theilnahme oder Begünstigung schuldigen Personen möglich ist —" (Bayern.)

2. Einzelne Gesetzbücher beschränken die Konfiskation ausdrücklich auf dolose Verbrechen (Braunschweig, Bayern), während andere Gesetzbücher (Preußen) diese Beschränkung nicht haben.

3. Einzelne Gesetzbücher beschränken sich darauf, die Konfiskation zu gestatten (Bayern), andere verlangen, daß dieselbe erkannt werden müsse. (Preußen, Braunschweig.)

4. Die zu konfiscirenden Sachen werden, wenn auch in etwas verschiedenen Ausdrücken als Gegenstände bezeichnet, welche „durch das Verbrechen oder Vergehen hervorgebracht, oder welche zur Begehung desselben gebraucht oder bestimmt worden sind."

In Betreff des letzten Punktes findet somit Uebereinstimmung in den Gesetzbüchern statt, obwohl gerade hier eine Unvollständigkeit leicht nachweisbar ist. Denn bei Defraudationen ist die Konfiskation der defraudirten Sache eine regelmäßige Strafe, und doch wird man nicht sagen können, defraudirte Gegenstände seien durch die Defraudation hervorgebracht, oder hätten zur Begehung der Defraudation als Mittel oder Werkzeuge gedient. Da indessen die für die Defraudation geltenden Strafbestimmungen Specialgesetzen zugewiesen sind, so kann hier von diesem Bedenken Abstand genommen werden, wie auch von dem weiteren, daß die defraudirten Sachen durchaus nicht immer dem Thäter oder dem Theilnehmer selbst gehören.

Am wichtigsten erscheint die darin bestehende Abweichung zwischen dem bayrischen und den übrigen angeführten Gesetzbüchern, daß das erstere Gesetzbuch die Konfiskation nur fakultativ, die letzteren dagegen obligatorisch androhen. Ich glaube, die Auffassung des bayrischen Gesetzbuches ist die einzig mögliche. Denn, so gewiß es auch Gegenstände giebt, welche, als Mittel zur Ausführung eines Verbrechens benutzt, gewissermaßen den verbrecherischen Karakter an sich tragen, so giebt es doch auch andere, bei denen dies keinesweges der Fall ist und deren Konfiskation in der That keinen Sinn haben würde. Wenn beispielsweise zu einem Diebstahle eine Leiter, oder zur Erregung einer Ueberschwemmung ein Spaten benutzt worden wäre, so sind diese Gegenstände von vollkommen anderer kriminalpolizeilicher Beschaffenheit, als ein Dietrich in der Hand eines bestraften Diebes oder Jagdgeräthschaften in der Hand des Wildfrevlers. Und doch kann sich die Konfiskation nur auf diejenigen Gegenstände beziehen, welche von kriminal-polizeilichem Standpunkte aus, ihrer Natur und Beschaffenheit nach, die Begehung neuer Verbrechen ermöglichen könnten. Die Konfiskation ist eben nicht eine Vermögensstrafe, als solche würde sie zu ungleich, oft zu kleinlich erscheinen, sondern es ist eine kriminal-polizeiliche Maßregel, vom Strafrichter in Anwendung gebracht. Und weil letzteres der Fall ist, muß der Richter durch das Strafgesetz zur Verhängung dieser Maßregel autorisirt werden, man kann ihn aber nicht zwingen wollen, alle Gegenstände, welche zur Verübung eines Verbrechens benutzt sind, unter allen Umständen konfisciren zu müssen.

Wenn so die Konfiskation fakultativ angedroht wird, kann die ausdrückliche Beschränkung derselben auf dolose Verbrechen (Bayern, Braunschweig) fortbleiben. Um so mehr, als ganz wohl Fälle denkbar sind, wo auch bei kulposen Delikten Konfiskationen nützlich und in Folge dessen angebracht sein können.

Daß die zu konfiscirenden Gegenstände dem Verbrecher oder dem Theilnehmer gehören müssen, versteht sich von selbst, da bei weiterer Ausdehnung der Konfiskation solche Personen durch dieselbe geschädigt werden könnten, welche an der Ausführung des Verbrechens vollkommen unschuldig sind. Es genügt aber, in dem Gesetze zu sagen, „insofern solche Gegenstände dem Thäter oder Theilnehmer gehören". Die abweichende Ausdrucksweise des braunschweigischen Gesetzbuches: „insofern sie dem Thäter gehören, oder von dem Eigenthümer wissentlich zu dem verbrecherischen Zwecke hergeliehen sind" enthält der Sache nach nichts anderes, als was die übrigen Gesetzbücher durch die Worte „Thäter und Theilnehmer" bezeichnen; denn derjenige, welcher wissentlich die zur Begehung eines Verbrechens dienenden Werkzeuge hergiebt, macht sich der Theilnahme an dem begangenen Verbrechen schuldig.

Demnach wäre die folgende Gesetzesformel (Entwurf §. 18.) aufzustellen:

> „Gegenstände, welche durch die strafbare Handlung hervorgebracht, oder welche zur Begehung derselben gebraucht oder bestimmt worden sind, können, sofern sie dem Thäter oder einem Theilnehmer der That gehören, konfiscirt werden."

Außer dieser allgemeinen Bestimmung enthalten die Gesetzbücher aber noch speciellere, die Konfiskation betreffende Vorschriften.

Das Bayrische Strafgesetzbuch bestimmt, daß die Konfiskation auch auf die „als Lohn für die strafbare That empfangenen oder dargebotenen Gegenstände" ausgedehnt werden solle.

Diese Strafvorschrift hat ihr Bedenkliches. Denn es handelt sich hier nicht, wie bei sonstigen Konfiskationen, um eine Maßregel kriminalpolizeilichen Karakters, sondern um eine Vermögensstrafe; die Gleichstellung dieser Vorschrift mit den sonstigen Bestimmungen über die Konfiskation ist daher wohl geeignet, den richtigen strafrechtlichen Gesichtspunkt für dieses letztere Strafmittel in etwas zu verrücken.

Abgesehen hievon ist aber die Strafbestimmung kriminalpolitisch betrachtet ziemlich bedeutungslos. Konfiscirt kann nur dasjenige werden, was gegeben, oder, wenn es „dargeboten" ist, überhaupt seiner Natur nach konfiscirbar ist. Die eben mitgetheilte Bestimmung des Bayrischen Gesetzbuches kann aber nicht wohl einen anderen Zweck haben als den, Anstiftungen zu Verbrechen da wirkungslos zu machen, wo dieselben zu ihrer Wirksamkeit die Erlangung von Vermögensvortheilen für den Anstifter nothwendig machen. Dieser Zweck wird aber durch diejenige Strafvorschrift, die denselben herbeiführen soll, in der That nicht erreicht. Denn derartige Geschenke u. s. w. können sehr leicht durch Simulationen unkenntlich gemacht werden, auch können sie von dem Gebiete des Sachenrechtes in das des Obligationenrechtes hinübergespielt werden und entziehen sich hier natürlich jeder Konfiskation. Die Strafvorschrift des Bayrischen Rechts wird demnach nicht erreichen, daß Anstiftungen zu Verbrechen durch das Mittel der Gewährung oder des Versprechens von Vermögensvortheilen aufhören, oder auch nur seltener werden; es wird nichts weiter herbeigeführt werden, als daß man bei derartigen Fällen der Anstiftung vorsichtiger zu Werke geht, um die in Aussicht stehende Konfiskation nicht realisirbar werden zu lassen.*)

Wichtiger als diese Singularität des Bayrischen Strafgesetzbuches ist die dem Braunschweigischen Strafgesetzbuche fremde Bestimmung in Betreff der Vernichtung verurtheilter Preßerzeugnisse. Ich bemerke vorweg, daß das Lübische Strafgesetzbuch, welches (§. 18.) den Bestimmungen des Preußischen Rechts folgt, sich doch nicht dazu hat entschließen können, die Schlußbestimmung des Preußischen §. 19. mit aufzunehmen.

> „Ist die Schrift, Abbildung oder Darstellung ihrem Hauptinhalte nach eine erlaubte," (Bayern Art. 35. drückt dies wenigstens geschickter durch die Worte aus: „Ist nur ein Theil eines Preßerzeugnisses für strafbar erkannt worden"), „so soll nur auf die Vernichtung der gesetzwidrigen Stellen und desjenigen Theiles der Platten und Formen erkannt werden, auf welchem sich diese Stellen befinden."

Doch auf eine solche Einzelheit kann es hier nicht ankommen; wenn auch die richtige Empfindung der Lübischen Gesetzgebung anzuerkennen ist, welche sich nicht dazu hat verstehen mögen, durch richterliches Urtheil das Beschmieren einzelner Theile eines Buches oder einer Zeitung mit Druckerschwärze anzuordnen; eine Empfindung, welche gewiß alle diejenigen theilen werden, welche derartige Erzeugnisse Russischer Preßpolizei und Preußischer Preß-Judikatur selbst gesehen haben.

Der Haupt-Einwand, welcher gegen eine solche Bestimmung geltend zu machen ist, besteht darin, daß die Strafe der ganzen oder theilweisen Vernichtung von Preß-Erzeugnissen undurchführbar ist, ohne die Beschlagnahme und zwar ohne die polizeiliche Beschlagnahme von Preß-Erzeugnissen anzuerkennen. Diese Frage mag gelegentlich eines Entwurfes zu einem Preßgesetze entschieden werden; und, hält man die polizeiliche Beschlagnahme für erforderlich, glaubt man die Strafe der ganzen oder theilweisen Vernichtung von Preß-Erzeugnissen aufrecht erhalten zu müssen, — so mögen derartige Bestimmungen in das Preßgesetz aufgenommen werden.

Aus dem Grunde aber für ein neues deutsches Strafgesetzbuch die Bestimmungen über ganze oder theilweise Vernichtung von Preß-Erzeugnissen zu empfehlen, um durch eine derartige Bestimmung eine

---

*) Anders verhält sich die Sache bei der Bestechung. Hier kann aber die Zusatzstrafe, Konfiskation des zum Zwecke der Bestechung Gegebenen, besonders angedroht werden.

Direktion für die künftige Preßgesetzgebung hervorzurufen, das mag die Sache derjenigen sein, welche, statt die Preßfreiheit zu fördern, dem Wesen nach die Censur beibehalten möchten, das mögen diejenigen thun, welche in der Presse ein gemeingefährliches Institut, nicht aber einen Segen für die menschliche Gesellschaft erblicken.

7. Die Veröffentlichung der Strafurtheile.

Wollte man die Veröffentlichung der Strafurtheile als ein Abschreckungsmittel betrachten, so würde sich dieselbe ebenso wenig empfehlen wie irgend welche Konsequenzen der Abschreckungstheorie. Es kann aber die Veröffentlichung der Strafurtheile noch unter einem anderen, und zwar unter dem Gesichtspunkte betrachtet werden, daß durch dieselbe das Princip der Oeffentlichkeit des Gerichtsverfahrens gefördert wird.

Darüber wird kein Zweifel sein, daß das Prinzip der Oeffentlichkeit heute nur alsdann gewahrt ist, wenn durch die Vermittelung der Presse das in den Gerichtslokalen Verhandelte zur allgemeinen Kenntniß gebracht wird. Wenn nun das Gesetz anordnet, daß wenigstens ein Theil der gerichtlichen Vorgänge zur allgemeinen Kenntniß kommt, so wird eine solche Bestimmung mit Dank anzuerkennen sein.

In zwei Punkten freilich müßte die Bestimmung des Preußischen Strafgesetzbuches (§. 30.) abgeändert werden, um in einem deutschen Strafgesetzbuche einen Platz zu finden. Diese Punkte sind folgende:

1. Es wird genügen, die Veröffentlichung der auf Zuchthausstrafe lautenden Erkenntnisse zu verlangen. Die Todesstrafe fällt überhaupt fort und der Grund, weshalb das Preußische Strafgesetzbuch die mehr als fünfjährige Einschließung erwähnt, ist der, daß der angeführte §. 30. der Sache nach nichts Anderes sagt, als: Alle Urtheile, die wegen begangener Verbrechen (Strafgesetzbuch §. 1.) ausgesprochen werden, sollen veröffentlicht werden. Da nun der gegenwärtige Entwurf von der sog. Dreitheilung der strafbaren Handlungen überhaupt nichts weiß, so erscheint es nicht nothwendig, der immerhin seltenen Fälle, in denen auf eine Einschließungsstrafe von mehr als fünf Jahren erkannt worden ist, noch besonders Erwähnung zu thun.

2. So lange nicht in allen zum norddeutschen Bunde gehörenden Staaten das Institut der Amtsblätter eingeführt ist, wird man die Benennung desjenigen Organs, durch welches die Veröffentlichung stattzufinden hat, im Gesetze vermeiden müssen. Es kann auch füglich die Art der Veröffentlichung den Gerichten überlassen werden und genügt es, wenn das Gesetz eine derartige Veröffentlichung als eine amtliche Veröffentlichung bezeichnet.

Will man aber die Veröffentlichung der Urtheile als eine aus dem Prinzipe der Oeffentlichkeit des Gerichtsverfahrens herzuleitende Maßregel auffassen, so wird es nöthig sein, die volle Oeffentlichkeit des gerichtlichen Verfahrens, und nicht bloß die Oeffentlichkeit intra parietes durch das Gesetz zu schützen.

Die Bestimmung des §. 38. des Preußischen Preßgesetzes:

„Berichte von den öffentlichen Sitzungen beider Kammern, insofern sie wahrheitsgetreu erstattet werden, bleiben von jeder Verantwortung frei" —

ist keinesweges eine solche, welche aus dem Wesen der Kammerverhandlungen hervorgeht, sondern ist lediglich eine nothwendige Konsequenz der gesetzlich — in diesem Falle grundgesetzlich — festgestellten Oeffentlichkeit der Kammerverhandlungen. Ist dieses der Fall, so folgt daraus, daß überall da, wo das Gesetz selbst die Oeffentlichkeit gewisser Verhandlungen fordert, der gleiche Grundsatz eben wegen der geforderten Oeffentlichkeit maßgebend sein müsse. Da nun die Verhandlungen der Strafgerichte öffentlich sein sollen, so muß die Möglichkeit geboten werden, daß Alles dasjenige, was eine bestimmte Anzahl Leute vornimmt, nicht deswegen, weil sie sich zufällig in dem Raume des Gerichtszimmers befinden, sondern weil sie von der Oeffentlichkeit der Gerichtsverhandlungen Nutzen ziehen, daß das Jedem in gleicher Weise durch die Vermittelung der Presse zugänglich gemacht werde.

Es könnte nur die Frage entstehen, ob eine derartige, wahrheitsgetreue Mittheilungen aus den Gerichtsverhandlungen schützende Bestimmung in ein Strafgesetzbuch gehöre, oder ob nicht vielmehr in das Proceßgesetz eine solche Vorschrift aufzunehmen sei, und zwar gelegentlich der Vorschriften über die Oeffentlichkeit des Verfahrens.

Ich will nicht in Abrede stellen, daß das Proceßgesetz hierzu ebenso geeignet sei, wie ein Strafgesetzbuch; ja, es würden sich Gründe anführen lassen, welche dem Proceßgesetz für die Aufnahme einer derartigen Bestimmung eine größere Berechtigung vindiciren könnten. Es sind indessen zwei Umstände, die es zweckmäßig erscheinen lassen, die unbeschränkte Oeffentlichkeit der Gerichtsverhandlungen durch das Strafgesetzbuch selbst zu schützen.

1. Die Vorschrift der Veröffentlichung von Strafurtheilen ist zur Zeit in den Strafgesetzbüchern aufgenommen. Ein praktischer Grund, dieselbe von hier zu entfernen und sie der Strafproceßordnung zuzuweisen, kann nicht aufgefunden werden. Im Gegentheil empfiehlt es sich aus lediglich praktischer Rücksicht, eine Bestimmung, welche man gewöhnt ist, im Strafgesetzbuche zu suchen, auch im Strafgesetzbuche stehen zu lassen. Wenn so das Strafgesetzbuch überhaupt eine Bestimmung über die Oeffentlichkeit der Rechtspflege aufnimmt, so kann dasselbe ebenso gut wie diese eine, auch die anderen hierauf bezüglichen Bestimmungen enthalten.

2. Im Allgemeinen ist es zwar keineswegs die Aufgabe eines Strafgesetzes, dasjenige zu bezeichnen, was straflos sein solle. Wenn indessen ein neu zu erlassendes Strafgesetz einen Zustand vorfindet, wo dasjenige gestraft wird, was das neue Strafgesetz nicht gestraft wissen will, so ist es namentlich dann zweckmäßig, die Straflosigkeit ausdrücklich hervorzuheben, wenn die bis dahin erkannten Strafen nicht auf dem Grunde positiver Gesetze, sondern lediglich auf dem Grunde bestimmter theoretischer Auffassungen beruhten. Im ersteren Falle würde es genügen, die Strafdrohung, deren Anwendung man nicht mehr will,

in einem neuen Strafgesetzbuche zu übergehen. In letzterem Falle dagegen existirt kein Gesetz, welches seitens der neuen Legislation durch bloßes Stillschweigen aus der Welt geschafft werden könnte. Einer fehlerhaften, auf keiner positiv gesetzlichen Basis beruhenden Praxis wird man am sichersten durch ein positives Gesetz entgegentreten.

Nun muß aber noch weiter gegangen werden. Die Forderung der unbeschränkten Veröffentlichung des in der öffentlichen Gerichtssitzung Verhandelten folgt nicht aus der Natur der Gerichtsverhandlungen, sondern lediglich daraus, daß das Gesetz die Oeffentlichkeit dieser Verhandlungen vorgeschrieben hat. Hieraus ergiebt sich denn, daß überall da, wo das Gesetz selbst die Oeffentlichkeit der Verhandlungen von Behörden, Korporationen und Versammlungen vorgeschrieben hat, das Gesetz auch den Schutz für die wahrheitsgetreue Veröffentlichung dieser Verhandlungen zu gewähren hat.

Dies Alles kann durch folgende Gesetzesformel ausgedrückt werden:

> „Berichte von den öffentlichen Gerichtsverhandlungen, insofern sie wahrheitsgetreu erstattet werden, desgleichen die wahrheitsgetreue Veröffentlichung der in öffentlicher Gerichtssitzung publicirten Erkenntnisse und ihrer Entscheidungsgründe, dieselben mögen gleich bei der Publikation oder erst bei der schriftlichen Ausfertigung des Erkenntnisses von dem Gerichte ausgesprochen werden, bleiben von jeder Verantwortlichkeit frei.
>
> Ebenso bleiben von jeder Verantwortlichkeit frei die Berichte von den öffentlichen Sitzungen aller derjenigen Behörden, Korporationen oder Versammlungen, welchen die Oeffentlichkeit ihrer Verhandlungen durch das Gesetz vorgeschrieben ist." *)

Man wird gegen diese Gesetzesformel einwenden, daß durch dieselbe die Möglichkeit gewährt werde, die von der Oeffentlichkeit begangenen Injurien, Verleumdungen u. s. w. straflos zu verbreiten. Auf diesen Einwand erwidere ich, daß dies so lange ungefährlich sein wird, als das Gesetz selbst die Oeffentlichkeit anordnet, und daß die Verbreitung der Thatsache, daß eine Injurie begangen ist, jedenfalls nicht gefährlicher ist als die Verbreitung der Thatsache, daß eine Schlägerei oder ein Diebstahl oder ein sonstiges Verbrechen stattgefunden hat.

Man wird ferner gegen diese Gesetzesformel einwenden, daß, wenn die vollständigen Verhandlungen über Preßdelikte wiedergegeben werden dürfen, damit eine Reproduktion des für strafbar erkannten Preß-Erzeugnisses ermöglicht, und in Folge dessen die Strafe der ganzen oder theilweisen Vernichtung von Preß-Erzeugnissen vollkommen wirkungslos gemacht werde. Hierauf aber wird zu erwidern sein, daß es erstens im höchsten Interesse der Presse liegt, zu wissen, welche Preß-Erzeugnisse zu Bestrafungen Veranlassung gegeben; denn daß, um dieses zu wissen, zur Zeit die Kenntniß des Gesetzes allein nicht ausreicht, weiß jeder Verleger, jeder Schriftsteller und auch jeder Jurist. Dann aber ist eine Vorschrift, welche die Strafe der Vernichtung von Preß-Er-

---

*) Es ist dieselbe in dem Entwurfe in demjenigen Titel, welcher von den Injurien handelt, aufgenommen worden.

zeugnissen unmöglich macht, da, wo diese Strafe überhaupt beseitigt ist, gewiß unbedenklich; und da, wo man dieselbe noch nicht beseitigt hat, kann eine Vorschrift, welche die Beseitigung dieser Strafe im Gefolge haben muß, nur von vortheilhaftester Wirkung sein.

Specielle Motivirungen einzelner in den Titel von den Strafen aufgenommenen Vorschriften.

1. Der §. 9. weicht von der Fassung des Abs. 2. §. 11. des Preußischen Strafgesetzbuches darin ab, daß Letzteres den zur Zuchthausstrafe Verurtheilten die Fähigkeit, ihr Vermögen zu verwalten u. s. w. für die ganze Dauer ihrer Strafzeit abspricht, während der Entwurf §. 9. diese Folge der Zuchthausstrafe nur für die Dauer der Detention in den Strafanstalten eintreten lassen will.

Diese Aenderung ist dadurch bedingt, daß das Preußische Strafgesetzbuch die Beurlaubung der zur Zuchthausstrafe Verurtheilten nicht kennt, während der Entwurf diese Modalität der Zuchthausstrafe aufgenommen hat. Da die Beurlaubung den Zweck hat, die Rehabilitation des Sträflings in den bürgerlichen Verhältnissen zu fördern, so würde es ein Widerspruch sein, wollte man dem auf Urlaub entlassenen Sträflinge die Verwaltung und die Disposition über sein Vermögen, wie auch die Einkünfte aus demselben entziehen.

2. Gelegentlich der Gefängnißstrafe war es erforderlich, dasjenige, was bis jetzt in einem besonderen Gesetze (Ges. vom 11. April 1854) angeordnet war, daß nämlich die zu einer Gefängnißstrafe Verurtheilten auch außerhalb der Gefangenanstalt zu Arbeiten angehalten werden können, gleich mit in den Gesetz-Entwurf aufzunehmen.

3. Der Abs. 2. §. 17. des Preußischen Strafgesetzbuches ist insofern geändert, als in dem Entwurf die höchste Dauer der statt einer Geldbuße, welche im Unvermögensfalle nicht beigetrieben werden kann, zu erkennenden Gefängnißstrafe auf sechs Monate festgesetzt ist.

Die höchste Geldbuße nämlich, welche das Preußische Strafgesetzbuch kennt, beträgt 2000 Thlr. Diese Geldbuße ist aber im Preußischen Recht nur neben der Zuchthausstrafe zu erkennen, würde also auch nach den Grundsätzen dieses Rechtes niemals zur Umwandlung in die Gefängnißstrafe Veranlassung geben können. Dazu kommt noch, daß in dem Entwurfe überhaupt die Kumulation von Freiheitsstrafen und Geldstrafen vermieden ist. Die höchste Geldbuße, welche nach den gegenwärtigen Bestimmungen des Preußischen Rechtes alternativ neben der Gefängnißstrafe angedroht ist, beträgt 1000 Thaler, und ist diese Geldbuße bestimmt für die Desertion (§. 110.) Für dieses Delikt ist nun angedroht entweder Geldbuße von 50 bis 1000 Thaler, oder Gefängniß von Einem Monat bis zu Einem Jahr. Da nun in allen denjenigen Fällen, wo das Gesetz zwischen der Freiheitsstrafe und der Geldbuße die Wahl läßt, die Geldbuße für die minder schweren Fälle erkannt werden soll, so folgt hieraus, daß diejenigen Fälle der Desertion, welche mit einer Geldbuße von 1000 Thaler zu belegen wären, immer noch leichtere Fälle dieses Deliktes sein würden als diejenigen, welche mit einer Gefängnißstrafe von Einem Jahre zu ahnden wären. Hieraus leuchtet nun ein, daß, selbst wenn es sich um die Verwandlung der Geldbuße von 1000 Thlr. in Gefängnißstrafe handelte, ein Einjährige Dauer der Gefängnißstrafe nicht würde überschritten werden können. Abgesehen von diesem einen Falle des §. 110. wird die Geldbuße nur noch in dem Maximalbetrage von 300 Thlr. oder in geringeren Maximalbeträgen angedroht. In diesen Fällen würde die in dem Entwurfe bestimmte Maximaldauer der an Stelle der Geldbuße zu setzenden Gefängnißstrafe selbst dann nicht erreicht werden, wenn ein Tag Gefängniß auch nur gleich zwei Thalern Geldbuße gerechnet würde.

4. Der dritte Absatz des §. 17. des Preußischen Strafgesetzbuches mußte in dem Entwurfe fortbleiben, weil derselbe überhaupt nicht Geldbußen neben der Zuchthausstrafe erkannt wissen will. Möglich wäre es zwar, daß zwei Delikte, von denen eines mit Zuchthaus, das andere mit Geldbuße zu belegen, mit einander konkurrirten. Nach denjenigen Vorschriften aber, welche in Betreff der Konkurrenz der Verbrechen zu treffen sind, würde es ebenfalls nicht möglich sein, die Selbständigkeit der Geldbuße neben der Zuchthausstrafe zu wahren.

5. Die Motivirung derjenigen Bestimmung, welche als erster Absatz dem §. 18. des Preußischen Strafgesetzbuches in dem §. 17. des Entwurfes vorangestellt ist, wird weiter unten gegeben. Durch diese neue in den Entwurf aufgenommene Bestimmung werden alle Vorschriften über „mildernde Umstände" überflüssig.

II. Die Strafmaße.

1. Absolut bestimmte Strafen und relativ bestimmte Strafen.

Die absolut bestimmte Strafe der lebenslänglichen Zuchthausstrafe ist in dem Entwurf in folgenden Fällen angedroht:

1. Bei dem hochverrätherischen Angriff gegen den Landesherrn,
2. Bei dem Morde,
3. Bei dem Raube, falls bei der Begehung dieses Verbrechens der Tod eines Menschen durch Mißhandlung oder Körperverletzung verursacht ist,
4. Bei einzelnen gemeingefährlichen Verbrechen, falls durch die Begehung derselben ein Mensch das Leben verloren hat. (Brandstiftung, Verursachen einer Ueberschwemmung, Zerstören von Eisenbahnen, Zerstören von Wasserleitungen u. s. w., Zerstören der zur Sicherung der Schifffahrt bestimmten Feuerzeichen, Strandenmachen eines Schiffes, Vergiftung von Brunnen u. s. w.

Alle anderen im Entwurfe vorkommenden Strafen sind relativ bestimmte Strafen.

Die Behauptung ist nicht selten und von angesehenen Kriminalisten aufgestellt, daß absolut bestimmte Strafen überhaupt nicht zulässig seien. Denn, so wird gesagt, mag man in's Auge fassen welches Verbrechen man wolle, immer wird dasselbe so beschaffen sein, daß bald eine größere bald eine geringere Schuld des Thäters vorhanden ist; der Gerechtigkeit ist es aber nicht entsprechend, für verschieden große Schuld ein und dieselbe absolut bestimmte Strafe zu bestimmen; vielmehr muß dem Richter durch das Gesetz die Möglichkeit gewährt werden, bei jedem Verbrechen entsprechend der Größe der Schuld auch die Größe der Strafe zu bestimmen.

Wäre diese Ansicht nicht nur im Allgemeinen, sondern auch in jedem speciellen Falle richtig, so würde der Entwurf da, wo er die lebenslängliche Zuchthausstrafe angedroht, einen Fehler gemacht haben; denn in den Fällen, wo diese Strafe angedroht ist, kann der Richter nicht mehr die verschiedene Größe der Schuld bei der Strafzumessung berücksichtigen, er muß vielmehr in jedem Falle die absolut bestimmte Strafe, die lebenslängliche Zuchthausstrafe erkennen.

Warum aber, so dürfte eingewandt werden, ist denn dieser Fehler nicht durch das sehr nahe liegende Mittel beseitigt worden, daß neben die lebenslängliche Zuchthausstrafe noch die zeitige Zuchthausstrafe gesetzt, und somit z. B. der hochverrätherische Angriff gegen den Landesherrn mit Zuchthaus bis zu zwanzig Jahren oder lebenslänglicher Zuchthausstrafe bedroht wurde?

Sollte diese Frage aufgeworfen werden, so würde ich dieselbe dahin beantworten:

Es ist dies nicht geschehen, weil ich nicht zur Vermeidung eines vermeintlichen Fehlers einen zweifellosen Fehler begehen wollte.

Stellt man nämlich zur Bestrafung irgend eines Verbrechens eine relativ bestimmte Strafe auf, so darf diese Strafe in ihrem Fortgange von dem Minimum bis zum Maximum keine Lücke aufweisen. Wäre dieses der Fall, so würde dem stetigen Wachsen der Schuld, nicht ein stetiges, sondern ein sprungweises Wachsen der Strafe entsprechen. Jedermann wird unbedenklich zugeben, daß eine Strafbestimmung, welche sagte, dieses Verbrechen soll mit Zuchthaus von 2 bis 5, und mit 10 bis 15 Jahren bestraft werden, eine fehlerhafte ist, weil in dieser Strafposition der Raum von 5 bis 10 Jahren Zuchthaus übersprungen ist. Nun wird man aber nicht behaupten mögen, daß an die zwanzigjährige Zuchthausstrafe die lebenslängliche Zuchthausstrafe sich in derselben Weise anlehne, wie die zwanzigjährige an die neunzehnjährige, sondern man wird zugeben müssen, daß zwischen der längsten Dauer der zeitigen Zuchthausstrafe und der lebenslänglichen Zuchthausstrafe eine Lücke besteht, die es nicht zuläßt, die eine und die andere dieser Strafarten in einer und derselben Strafposition zu vereinigen, um so zu einem relativ bestimmten Strafgesetze zu gelangen. Dieselben Gründe, welche bereits oben anzuführen waren, um nachzuweisen, daß aus Todesstrafe und lebenslänglicher Zuchthausstrafe sich keine relativ bestimmte Strafe machen lasse, dieselben Gründe verhindern es auch, eine relativ bestimmte Strafe aus der lebenslänglichen und zeitigen Zuchthausstrafe zu bilden.

Man wird sich demnach entscheiden müssen.

Entweder man führt die Forderung, daß nur relativ bestimmte Strafen angedroht werden dürfen, konsequent durch — und dann muß man auch die lebenslängliche Zuchthausstrafe aufgeben;

Oder man behält die lebenslängliche Zuchthausstrafe bei — und dann muß man sich einzelne Ausnahmen von der Regel der relativ bestimmten Strafen gefallen lassen.

Der Entwurf hat sich für letzteres entschieden und durfte dies um so eher, als der Satz, daß nur relativ bestimmte Strafen der Gerechtigkeit entsprechen, nicht überall richtig ist.

Es ist folgende Frage voranzustellen:

Soll ich ein Verbrechen, welches, an und für sich beurtheilt, mit lebenslänglicher Zuchthausstrafe gerecht bestraft wird, deshalb mit dieser Strafe nicht bestrafen, weil noch andere schwerere Verbrechen als das in concreto vorliegende entweder wirklich begangen sind, oder doch begangen werden können?

Diese Frage wird zweifellos verneint werden. Man wird unbedenklich zugeben, daß wenn ein wirklich begangenes Delikt mit der lebenslänglichen Zuchthausstrafe gerecht gestraft wird, diese Strafe um deswillen nicht ausgeschlossen werden dürfe, weil noch schwerere Verbrechen begangen werden können. Denn man wird sich vergegenwärtigen, daß, wenn auch ein noch so schweres Verbrechen begangen ist, die Möglichkeit nicht ausgeschlossen bleibt, daß ein noch schwereres Verbrechen begangen werde. Ist doch — wie hierauf schon oben aufmerksam zu machen war — die Strafe nur bis zu einer gewissen Grenze hin mit dem begangenen Verbrechen kommensurabel.

Und wenn nun behauptet wird, es gäbe Verbrechen, deren Thatbestand so beschaffen ist, daß, wenn die wesentlichen Merkmale desselben sich in der Handlung eines Thäters finden, die Schuld desselben trotz aller denkbaren Milderungsgründe dennoch so groß sei, um ihr gerechtes Aequivalent in der lebenslänglichen Zuchthausstrafe zu finden, so wird man bei Verbrechen dieser Art die absolut bestimmte Strafe der lebenslänglichen Zuchthausstrafe androhen dürfen.

Ob es freilich solche Verbrechen giebt, und welche es sind, darüber wird sich streiten lassen.

Der Entwurf behauptet nun von den oben speciell genannten Verbrechen und von keinen anderen:

1. Daß dieselben keineswegs in jedem Falle ihres Vorkommens gleich schwer sein müßten;

2. daß aber auch die denkbar leichtesten Fälle dieser Verbrechen mit der höchsten den Strafensystemen überhaupt bekannten Strafe, der lebenslänglichen Zuchthausstrafe, in gerechter Weise zu ahnden seien.

Und somit durfte in dem Entwurf, in denjenigen Fällen, in denen es geschehen, von der Forderung der relativen Strafdrohung abgesehen, und die absolut bestimmte Strafe angedroht werden.

2. Die Größe der Strafen und die Strafminima.

Bei den relativ bestimmten Strafen ist die Bestimmung der Größe der Strafe in folgender Weise vorzunehmen.

Die wesentlichen Momente, welche den Thatbestand eines Verbrechens ausmachen, müssen zwar jedesmal vorhanden sein, wenn wegen dieses Verbrechens gestraft werden soll, aber, wenn ein bestimmtes Verbrechen begangen ist, so liegen nicht blos die den gesetzlichen Thatbestand desselben ausmachenden Momente vor, sondern noch sehr viele andere erheblichere und unerheblichere Umstände, welche zwar sämmtlich bedeutungslos sind für die Beantwortung der Frage, ob ein bestimmtes Verbrechen begangen ist, die aber von sehr großer Bedeutsamkeit werden, wenn es sich darum handelt, wie das begangene Verbrechen zu bestrafen; Umstände, welche für die Beantwortung der Frage, ob dem Staate ein strafrechtlicher Anspruch gegen den Verbrecher zustehe, nichts, dagegen sehr viel dazu beitragen, um die Frage zu beantworten, wie groß der dem Staate gegen den Verbrecher zustehende strafrechtliche Anspruch sei.

Nun kann zwar niemals der Fall eintreten, daß diese Strafzumessungsgründe fehlen; wohl aber kann der Fall eintreten, daß sich dieselben gegenseitig neutralisiren, indem jeder Strafzumessungsgrund, welcher eine mildere Bestrafung des Verbrechens bedingen würde, einen anderen gleich gewichtigen Strafzumessungsgrund, welcher auf die Erhöhung der Strafe hinweist, sich gegenüberstehen hat. In einem solchen Falle würde die Größe der Strafbarkeit schließlich nur noch mit Bezug darauf abzumessen sein, daß diejenigen Momente vorliegen, welche den gesetzlichen Thatbestand des Verbrechens ausmachen, und in diesem Falle würde die Größe der Strafe gleich sein dem arithmetischen Mittel zwischen dem Maximum und dem Minimum der relativ bestimmten Strafdrohung.

Das Gesetz kann nun aber die allgemeine Größe der Strafbarkeit eines Verbrechens nur für den allgemeinen, durch die gesetzlichen Merkmale bestimmten Begriff desselben, nicht aber für die mannigfaltigen individuellen Erscheinungen desselben bestimmen. Auf diese letzteren ist vielmehr nur insoweit Rücksicht zu nehmen, als sowohl über die allgemeine Größe der Strafbarkeit hinaus, wie auch unter dieselbe hinab ein den praktisch gemachten Erfahrungen entsprechender Spielraum gewährt wird, damit die in der Praxis vorkommenden individuellen Erscheinungen des betreffenden Verbrechens in geeigneter Weise berücksichtigt werden können.

Bei der Bestimmung der Strafe für ein Verbrechen hat daher das Gesetz zunächst die Frage zu beantworten:

> Wie groß ist die Strafbarkeit des Verbrechens im Allgemeinen, d. h. in dem Falle, wenn die straferhöhenden und strafmindernden Strafzumessungsgründe sich gegenseitig neutralisiren sollten?

Auf diese Frage ist nicht mit einer zwischen zwei Grenzen liegenden Strafposition, sondern nur mit einer absolut bestimmten Strafe zu antworten, welche für das demnächst zu normirende, relativ bestimmte Strafgesetz das arithmetische Mittel abgiebt.

Sodann entsteht aber folgende weitere Frage:

Wie weit ist diese die allgemeine Strafgröße des Verbrechens bezeichnende Strafe zu erhöhen und zu vermindern, um den durch die Praxis erkannten straferhöhenden und strafmindernden Zumessungsgründen zu genügen?

Ist diese Frage auch beantwortet, so ergeben sich hieraus die Grenzen für das relativ bestimmte Strafgesetz.

In dem Entwurf sind die Strafpositionen dieser Auffassung gemäß arbitrirt worden.

Es soll dadurch vermieden werden, daß der Richter nicht regelmäßig bei dem Strafminimum stehen bleibt; — daß er das Strafmaximum als die regelmäßige Strafe betrachten könnte, war überhaupt nicht zu befürchten, sondern daß derselbe, indem er von der allgemeinen Strafgröße für das betreffende Verbrechen ausgeht, er der Strafzumessung unter rationeller und nicht blos instinktiver Berücksichtigung der Strafzumessungsgründe gerecht werde.

Dieses Resultat dürfte vielleicht um so eher erreicht werden, als die Strafminima in diesem Entwurfe keineswegs hoch gegriffen, in den meisten Fällen sogar bis auf das durch die allgemeinen gesetzlichen Vorschriften fixirte Minimum herabgesetzt sind.

Die im Entwurfe vorkommenden Strafminima sind nämlich:

1. Die zweijährige Zuchthausstrafe,
2. die einjährige Gefängnißstrafe,
3. die sechsmonatliche Gefängnißstrafe,
4. die dreimonatliche Gefängnißstrafe.

In denjenigen Fällen, in welchen die einjährige, sechsmonatliche und dreimonatliche Gefängnißstrafe als Strafminimum angedroht ist, besteht das Strafmaximum immer in Zuchthausstrafe.

Dagegen ist überall da, wo das Strafmaximum in Gefängnißstrafe, oder in Gefängnißstrafe neben der Einschließung, oder endlich in Gefängnißstrafe neben der Geldbuße besteht, ein speciell fixirtes Strafminimum nicht bestimmt worden. Und das Gleiche gilt für die Strafe der Einschließung auch in denjenigen Fällen, in welchen dieselbe neben der Zuchthausstrafe angedroht ist.

Es ist hier die Frage aufzuwerfen, ob die specielle Fixirung der Strafminima sich überhaupt rechtfertige.

Hierüber mag Folgendes angeführt werden.

Die Größe der verbrecherischen Schuld bestimmt sich nach der Art des angegriffenen resp. verletzten Rechts und nach der Persönlichkeit des Thäters. Die Art und Weise der Ausführung des Verbrechens hängt von dem Thäter ab; die größere oder geringere Intensität der verbrecherischen Willensbestimmung wird man sogar wesentlich aus der Art und Weise der Ausführung des Verbrechens zu entnehmen haben. Und so kann man zwar für die theoretische Anordnung der Strafzumessungsgründe drei Kategorieen bilden, die eine, welche durch die Beschaffenheit des verletzten Rechts, die zweite, welche durch die Person des Thäters, die dritte, welche durch die Art und Weise der Ausführung des Verbrechens dargeboten wird; aber dessen ungeachtet kann man ebenfalls, wie hier geschehen, behaupten, die Größe der Schuld bestimme sich nach der Art des angegriffenen resp. verletzten Rechts und nach der Persönlichkeit des Thäters.

Wenn wir nun diejenigen Rechte, welche in verbrecherischer Weise angegriffen werden können, überblicken, so tritt eines in den Vordergrund, welches, wenn irgend eins den Einfluß auf die Strafbarkeit haben müßte, daß es ein gesetzlich speciell fixirtes und zwar ziemlich hoch fixirtes Strafminimum zu erfordern scheint, nämlich das menschliche Leben*). Denn das menschliche Leben ist entweder oder es ist nicht; bei anderen Rechten läßt sich von einem mehr oder minder sprechen, bei dem Leben ist dies nicht möglich. Und doch hat sich schon das Preußische Strafgesetzbuch veranlaßt gesehen, wegen bestimmter, die Schuld des Thäters mildernder Umstände die Strafe für dolose Tödtungen bis auf zwei Jahre Gefängnisse herabzusetzen. Und der Entwurf glaubte statt der Preußischen Strafposition 2—5 Jahre Gefängniß, sich mit der Strafposition „Gefängniß bis drei Jahre" begnügen zu können. So wird selbst das menschliche Leben nicht als ein solches Angriffsobjekt aufgefaßt werden können, welches in allen Fällen ein erhebliches Strafminimum durch specielle gesetzliche Fixirung nöthig machte.

Hieraus allein folgt aber noch keineswegs, daß die speciell fixirten Strafminima gänzlich zu beseitigen wären.

Sie sind es zunächst nicht bei denjenigen Verbrechen, welche ausschließlich mit Zuchthausstrafe zu bedrohen sind. Denn es ist oben gezeigt worden, daß, falls ein Verbrecher einer methodischen Zucht so unterworfen werden soll, daß Erfolge erzielt werden können, die Zeitdauer dieser Freiheitsstrafe nicht weniger als zwei Jahre betragen darf.

Es läßt sich darüber streiten, ob es solche Verbrechen überhaupt giebt, und ob diejenigen, welche der Entwurf als solche aufstellt, richtig gewählt sind. Giebt man aber zu, daß Verbrechen existiren, welche ausschließlich mit Zuchthaus zu bestrafen sind, so muß man auch für diese Verbrechen das zweijährige Strafminimum anerkennen.

Von einem ganz anderen Gesichtspunkt aus erlangen aber noch die Qualifikationsgründe einen Einfluß auf die Bestimmung der Strafminima.

Der Qualifikationsgrund specialisirt doch dasjenige Verbrechen, zu welchem er hinzugefügt wird.

Habe ich beispielsweise eine Strafbestimmung, welche sagt:

> „Wer eine fremde bewegliche Sache einem Anderen in der Absicht wegnimmt, dieselbe sich rechtswidrig zuzueignen, begeht einen Diebstahl und wird mit Gefängniß bis zu zwei Jahren bestraft" —

---

*) Auf die Kontroverse, ob das Leben ein Recht oder ob es ein Gut sei, ist hier nicht näher einzugehen. Nur die eine Bemerkung mag einen Platz finden, daß man doch gewiß nicht bestreiten wird, es sei ein Vermögensrecht verletzt, wenn Jemandem durch eine rechtswidrige Handlung Schaden zugefügt ist. Der Hagelschlag, der die Felder zerstört, verletzt kein Recht, sondern ein Gut. Warum sollte sich denn die Sache mit dem Menschenleben anders verhalten?

so habe ich in dieser Formel ein generelles den Diebstahl betreffendes Strafgesetz.

Specialisire ich dieses Strafgesetz dadurch, daß ich sage:

„Wenn in einem Gebäude oder in einem umschlossenen Raum vermittelst Einbruchs oder Einsteigens gestohlen wird, so ist die Strafe u. s. w." —

so wird durch diese Specialisirung, welche den Qualifikationsgrund enthält, bewirkt, daß dieser specielle Fall des Diebstahls insofern eine Ausnahme von der für den generellen Begriff aufgestellten Regel enthält, als diejenigen Straffolgen, welche für den Fall des begangenen generellen Verbrechens angedroht sind, nicht eintreten, sondern statt ihrer die für das qualificirte Verbrechen angedrohte Strafe in Anwendung zu bringen ist.

Nun ist aber seiner Natur nach der Qualifikationsgrund nichts Anderes als ein straferhöhender Zumessungsgrund, der wegen seines wiederholten Vorkommens bei der Begehung der einzelnen Verbrechen von der Gesetzgebung besonders fixirt und dessen Wirksamkeit auf die Höhe der Strafe festgesetzt werden konnte. Dächte man sich eine Gesetzesformel, welche bestimmte:

„Der Diebstahl soll mit Gefängniß oder mit Zuchthaus bis zu funfzehn Jahren bestraft werden,"

so würde, mit Bezug auf diejenigen Strafbestimmungen, welche der Entwurf getroffen, durch diese Gesetzesformel jeder denkbare Diebstahl, selbst der schwere Diebstahl im zweiten Rückfalle mit Strafe bedroht sein. Dem richterlichen Ermessen bliebe es dann überlassen zu entscheiden, welchen Einfluß innerhalb der Grenzen dieser Strafbestimmung der Umstand haben würde, daß der Diebstahl beispielsweise mittelst Einbruchs, oder an einer zum Gottesdienste bestimmten Sache oder von einem schon zweimal bestraften Diebe begangen wurde. Wenn aber die Gesetzgebung derartige Zumessungsgründe in ihrem Vorkommen und ihrem Einfluß auf die Strafbarkeit mit einer gewissen Regelmäßigkeit beobachtet hat, so kann für den Fall des Vorkommens dieser Strafzumessungsgründe, welche in Folge einer derartigen Anordnung Qualifikationsgründe genannt werden, der Richter angewiesen werden, die Strafbarkeit des Falles innerhalb bestimmter für das specialisirte Verbrechen berechneter Strafgrenzen zu arbitriren. Je zahlreicher die Qualifikationen werden, um so enger wird selbstverständlich der Inhalt des generellen durch Qualifikationsgründe nicht specialisirten Verbrechens; die generelle Strafdrohung umfaßt dann nur noch diejenigen Strafzumessungsgründe, welche zur Bildung des qualificirten Verbrechens nicht verwerthet worden sind.

Dies vorausgeschickt, wenden wir uns jetzt zur Beantwortung der Frage, welchen Einfluß auf die Bestimmung des Strafminimums die Qualifikationen des Verbrechens äußern.

Wenn, um bei dem einmal gebrauchten Beispiele stehen zu bleiben, das generelle Diebstahlsgesetz bestimmt:

„Der Diebstahl soll mit Gefängniß bis zu zwei Jahren bestraft werden",

so heißt das:

1. Wenn die straferhöhenden und strafmindernden Zumessungsgründe sich gegenseitig neutralisiren, so ist die Strafe des Diebstahls ein Jahr Gefängniß.

2. Diese einjährige Gefängnißstrafe kann bei dem alleinigen Vorhandensein der straferhöhenden Zumessungsgründe (bezeichnen wir sie hier mit a, b, c, d, e u. s. w.) bis zu zwei Jahren Gefängniß gesteigert werden.

3. Diese einjährige Gefängnißstrafe kann aber auch bei dem alleinigen Vorhandensein der strafmindernden Zumessungsgründe (bezeichnen wir sie mit α, β, γ, δ, ε u. s. w.) bis auf einen Tag Gefängniß herabgesetzt werden.

Unter diesen Strafzumessungsgründen des generellen Verbrechens sind nun aber die Qualifikationsgründe (bezeichnen wir sie mit A, B, C, D u. s. w.) nicht mit eingeschlossen.

Nehmen wir demnach an, es sei bei einem Diebstahl keiner der straferhöhenden Zumessungsgründe a, b, c, d u. s. w. vorhanden, wohl aber fänden sich sämmtliche strafmindernden Zumessungsgründe α, β, γ, δ u. s. w., zugleich aber auch der Qualifikationsgrund A, so würde es wegen dieses Qualifikationsgrundes nicht möglich sein, den strafmindernden Zumessungsgründen den Einfluß zu gewähren, den sie ohne Vorhandensein des Qualifikationsgrundes haben würden, d. h. es würde nicht möglich sein, das Strafminimum von einem Tage Gefängniß zu erkennen.

Und so ergäbe sich denn als theoretischer Grundsatz für die Gesetzgebung, daß qualificirte Verbrechen ein gesetzlich fixirtes höheres Strafminimum haben müssen, als die unqualificirten Verbrechen.*)

Daraus folgt aber noch nicht ohne Weiteres, daß dieser theoretische Grundsatz überall anzuwenden sei, wo es sich um die praktische Aufgabe handelt, ein Strafgesetz herzustellen, welches den Anforderungen der praktischen Strafrechtspflege genüge.

Nehmen wir ein Gleichniß!

Die mathematische Physik stellt das Gesetz auf, nach welchem Körper fallen. So unzweifelhaft richtig nun auch dieses Gesetz in der Theorie ist, so unzweifelhaft ist es auch, daß in der Praxis niemals ein Körper so fällt, wie er nach Inhalt des mathematischen Gesetzes fallen müßte. Es treten eben, so oft ein Körper wirklich fällt, Störungen ein, welche es verhindern, daß das theoretische Gesetz auch praktisch sich realisire.

Eine für die praktischen Bedürfnisse berechnete legislatorische Arbeit wird daher nicht bloß den theoretischen Grundsatz, sondern auch die-

*) Daß qualificirte Verbrechen ein höheres Strafmaximum haben müssen als die nicht qualificirten, versteht sich von selbst. Doch davon ist hier überhaupt nicht die Rede, sondern nur davon, ob es überhaupt zulässig resp. geboten ist, in der Strafgesetzgebung gesetzlich fixirte Strafminima aufzustellen; und nur in Bezug auf diese Frage ist hier die Untersuchung über die qualificirten Verbrechen angestellt.

jenigen Umstände, welche bei der praktischen Realisirung den theoretischen Grundsatz zu alteriren vermögen, mit berücksichtigen müssen.

Zunächst ist nun in dieser Beziehung zu bemerken, daß es nicht bloß qualificirte, sondern auch privilegirte Verbrechen giebt, und daß aus denselben Gründen, aus denen das qualificirte Verbrechen ein höheres Strafminimum erfordert als das nicht qualificirte, das privilegirte Verbrechen ein geringeres Strafminimum erfordert als das nicht privilegirte. Da nun Privilegirungsgründe auch bei solchen Delikten vorkommen können, bei welchen an sich keine Veranlassung wäre, ein speciell fixirtes Strafminimum aufzustellen, so müßte, lediglich um dem theoretischen Satze gerecht zu werden, ein bestimmt hohes Strafminimum gesetzlich fixirt werden, lediglich aus dem Grunde, damit ein noch geringeres Strafminimum zuläsſig bliebe. Nun werden aber Verbrechen und Strafen nicht bloß dann inkommensurabel, wenn die Verbrechen eine gewisse Höhe, sondern auch dann, wenn die Verbrechen eine gewisse Geringfügigkeit erlangt haben. Es wird nöthig, das schwerere Verbrechen ebenso zu strafen, wie das minder schwere, wenn letzteres bereits mit der schwersten der überhaupt zulässigen Strafen gerecht bestraft wird; und ebenso tritt die Nothwendigkeit ein, das minder schwere Delikt ebenso zu bestrafen, wie das schwerere, wenn letzteres bereits so geringfügig ist, daß es gerecht nur noch mit der dem positiven Rechte überhaupt bekannten geringsten Strafe belegt wird.

Aus diesem Grunde wird es praktisch nothwendig werden, das theoretische Gesetz zu verletzen, und für privilegirtes, wie für nicht privilegirtes Verbrechen ein und dasselbe Strafminimum aufzustellen, der Privilegirung aber dadurch gerecht zu werden, daß man dem privilegirten Verbrechen ein geringeres Strafmaximum giebt als dem nicht privilegirten.

Es leuchtet ein, daß eine größere Abweichung von der theoretischen Regel nicht stattfinden würde, wenn man auch für das qualificirte Verbrechen dasselbe Strafminimum aufstellt, wie für das nicht qualificirte, und der Qualifikation dadurch gerecht wird, daß man für das qualificirte Verbrechen das Strafmaximum erhöht.

In dieser Weise wird man zweckmäßig alsdann verfahren, wenn die durch die Qualifikation bedingte Strafdifferenz sich als eine sehr erhebliche nicht karakterisiren sollte. Geringere Unterschiede soll der Gesetzgeber nicht gesetzlich fixiren, wenigstens nicht in der Weise, daß ein etwaiger Irrthum desselben nicht durch die Praxis, und zwar durch eine korrekte Praxis korrigirt werden könnte. Daher kann das Strafgesetz relativ minder schwer wiegende Qualifikationsgründe zwar in der Weise verwerthen, daß es das Strafmaximum der nicht qualificirten Verbrechen erhöht, doch aber dabei der Praxis die Möglichkeit gewährt, auch diesen Qualifikationsgrund durch solche strafmindernde Zumessungsgründe, welche bei dem nicht qualificirten Verbrechen gar nicht mehr in Berücksichtigung zu ziehen waren, zu neutralisiren.

Und dieses darf die Gesetzgebung auch thun. Denn der theoretische Grundsatz, daß das qualificirte Verbrechen ein höheres Strafminimum erfordert, als das nicht qualificirte Verbrechen, dieser theoretische Grundsatz wird, wenn er aus den vorstehend angeführten Gründen von der Gesetzgebung nicht beobachtet wird, nichts desto weniger von dem Richter als ein die Strafzumessung regelnder Grundsatz anerkannt werden müssen.

So wird man denn zu dem Resultate gelangen, daß Qualifikationsgründe es rechtfertigen, wenn speciell fixirte Strafminima aufgestellt werden, daß indessen auch trotz vom Gesetze anerkannter Qualifikationsgründe das Strafminimum das gleiche bleiben kann, welches nach den allgemeinen gesetzlichen Vorschriften überhaupt zulässig ist.

In dieser Weise ist auch in dem Entwurf bei Arbitrirung der für qualificirte Verbrechen festzusetzenden Strafminima verfahren. Legislatorischer Takt und praktische Erfahrung werden darüber zu befinden haben, welche Fehler in Anwendung obiger Grundsätze bei den Strafpositionen für qualificirte Verbrechen gemacht sind.

3. Einheit der Strafposition. Fortfall der mildernden Umstände und der erschwerenden Umstände.

Wenn das Gesetz die Grenzen für ein relativ bestimmtes Strafgesetz aufstellt, so erklärt dasselbe damit,

> es wisse, daß die innerhalb des gesetzlich fixirten Verbrechensbegriffes vorkommenden einzelnen individuellen Verbrechen in ihrer Strafwürdigkeit so weit von einander differiren können, wie das Maximum der relativ bestimmten Strafe von dem Minimum derselben differirt;

es erklärt das Gesetz aber auch durch die Aufstellung einer solchen relativ bestimmten Strafe,

> daß es diejenigen Schuldunterschiede, welche innerhalb des mit einer relativ bestimmten Strafe bedrohten Verbrechens vorkommen mögen, für legislatorische Zwecke nicht mehr zu verwerthen wisse.

Stellen wir die Sache an einem konkreten Beispiele dar.

Der Entwurf bestimmt als Strafe für den Diebstahl, mittelst Einbruches begangen, die relativ bestimmte Strafe: Gefängniß nicht unter drei Monaten oder Zuchthaus bis zu fünf Jahren.

Mit dieser Strafposition erklärt das Gesetz: Ich weiß — oder glaube wenigstens zu wissen, was indessen bei dem Standpunkte, den das Gesetz einnimmt, vollkommen gleichgültig ist — daß die mittelst Einbruches begangenen Diebstähle eine Schuld des Thäters involviren, welche mindestens adäquat ist einer dreimonatlichen Gefängnißstrafe; ich weiß auch, daß bei keinem mittelst Einbruches begangenen Diebstahl die Schuld des Thäters eine größere sein könne als eine solche, welche in einer Zuchthausstrafe von fünf Jahren ihr Aequivalent findet ich weiß endlich, daß die Schulddifferenz zwischen den schwersten und den leichtesten Fällen des mitelst Einbruchs begangenen Diebstahls ebenso groß ist als die Strafdifferenz zwischen drei Monaten Gefängniß und fünf Jahren Zuchthaus; —

dagegen weiß ich es nicht mehr gesetzlich zu präcisiren, auf welche mittelst Einbruchs begangene Diebstähle die Gefängnißstrafe, auf welche dagegen die Zuchthausstrafe zu erkennen ist; ich weiß es auch nicht mehr gesetzlich zu präcisiren, wann auf zwei, wann auf drei, wann auf fünf Jahre Zuchthaus; wann auf drei, zwei, ein Jahr oder auf neun, sechs, drei Monate Gefängniß zu erkennen ist. —

So viel versteht sich allerdings von selbst, daß in milderen Fällen eine mildere und in schwereren Fällen eine schwerere Strafe in Anwendung zu bringen ist; und so kann denn auch beispielsweise, da die Gefängnißstrafe eine mildere Strafe ist als die Zuchthausstrafe und die Geldbuße eine mildere Strafe als die Gefängnißstrafe, in einer Gesetzesformel angeordnet werden, daß, wo das Gesetz zwischen verschiedenen Freiheitsstrafen die Wahl läßt, auf die minder schwere Freiheitsstrafe in den milderen Fällen, und wo das Gesetz zwischen Freiheitsstrafe und Geldbuße die Wahl läßt, in den milderen Fällen auf Geldbuße zu erkennen sei. (§. 17. des Entwurfes.)*) Man könnte auch noch weiter gehen und anordnen, daß, wo ein Gesetz *nur* die Zuchthausstrafe oder *nur* die Gefängnißstrafe androhe, eine länger dauernde Zuchthausstrafe oder eine länger dauernde Gefängnißstrafe für die relativ schwereren und eine kürzer dauernde Zuchthaus- oder Gefängnißstrafe für die relativ leichteren Fälle zu erkennen sei.

Diese letztere gesetzliche Bestimmung würde natürlich vollkommen überflüssig sein; und nicht weniger überflüssig würde es sein, wenn man eine solche Bestimmung nicht als allgemeine, sondern in Bezug auf irgend welche beliebig auszuwählende Verbrechen aufstellte.

Auch würde der Sache nach gar nichts geändert sein, wenn man die Strafposition für ein einzelnes Verbrechen etwa in zwei Theile zerlegte und beispielsweise anordnete:

> Der mittelst Einsteigens begangene Diebstahl soll mit Zuchthaus bis zu fünf Jahren, *in milderen Fällen* mit Gefängniß nicht unter drei Monaten bestraft werden;

wofür man auch sagen könnte:

> Der mittelst Einsteigens begangene Diebstahl soll mit Gefängniß nicht unter drei Monaten, *in schwereren Fällen* mit Zuchthaus bis zu fünf Jahren bestraft werden.

Auch wird der Sache nach gar nichts geändert, wenn man statt des Ausdruckes „*mildere Fälle*“, welchen Ausdruck beispielsweise das *Lübische* Strafgesetzbuch in §. 102. braucht, den Ausdruck „*leichtere Fälle*“ (*Bayrisches* Gesetzbuch in Art. 111. 138. 329. 348. 369.),

---

*) Der §. 17. des Entwurfs wäre an sich ebenso überflüssig, wie die Bestimmung des §. 18. des Preußischen Strafgesetzbuches. Da indessen das Preußische Strafrecht gewohnt ist, die auf Zuchthaus und Gefängniß lautenden Strafpositionen nur unter Vermittelung der mildernden Umstände anzuerkennen — freilich mit Ausnahme der beiden Bestimmungen in §. 219. Nr. 2. und §. 240. Nr. 2. — so schien es nicht überflüssig, durch eine besondere gesetzliche Vorschrift die Nothwendigkeit dieser Vermittelung in Abrede zu stellen.

„minder schwere Fälle" (Bayrisches Gesetzbuch Art. 121.) in Anwendung bringt; ob man statt des Ausdrucks „schwerere Fälle" (Bayrisches Gesetzbuch Art. 237. 262. 342. 365. 374.), dem Ausdruck „unter besonders erschwerenden Umständen" (Lübisches Gesetzbuch §. 242.) den Vorzug einräumt.

Auch ist nicht der geringste Grund vorhanden, weshalb man sich, wenn schon eine Theilung einer Strafposition vorgenommen wird, gerade bei der Zweitheilung begnügen sollte.

Zeigt doch selbst das Preußische Strafgesetzbuch §. 74. 76. zwei Beispiele einer Dreitheilung:

> §. 74. „Wer sich einer Thätlichkeit gegen die Person des Königs schuldig macht, wird mit dem Tode bestraft. (Nr. 1.)
>
> In minder schweren Fällen ist anstatt der Todesstrafe auf Zuchthaus von zehn bis zu zwanzig Jahren zu erkennen. (Nr. 2.)
>
> Wird festgestellt, daß mildernde Umstände vorhanden sind, so tritt Einschließung von zehn bis zu zwanzig Jahren ein." (Nr. 3.)
>
> §. 76. „Wer sich einer Thätlichkeit gegen die Person der Königin, des Thronfolgers oder eines andern Mitgliedes des Königlichen Hauses, oder des Regenten des Preußischen Staates schuldig macht, wird mit Zuchthaus von fünf bis zu zwanzig Jahren bestraft. (Nr. 1.)
>
> In minder schweren Fällen ist auf Zuchthaus bis zu zehn Jahren zu erkennen. (Nr. 2.)
>
> Wird festgestellt, daß mildernde Umstände vorhanden sind, so tritt Einschließung von einem bis zu zehn Jahren ein." (Nr. 3.)

Und wenn in diesen beiden Fällen die Dreitheilung möglich war, so wird nicht einzusehen sein, weshalb nicht auch beispielsweise hätte gesagt werden können:

> „Eine Mutter, welche ihr uneheliches Kind in oder gleich nach der Geburt vorsätzlich tödtet, wird wegen Kindesmordes mit Zuchthaus von zehn bis zu funfzehn Jahren bestraft.
>
> In leichteren Fällen ist die Strafe bis auf fünf Jahre Zuchthaus herabzusetzen.
>
> Unter besonders erschwerenden Umständen kann die Strafe bis zu zwanzig Jahren Zuchthaus erhöht werden." —

denn, so muß man fragen, würde diese soeben proponirte Gesetzesformel irgend etwas Anderes sagen, als diejenige, die wirklich im Preußischen Strafgesetzbuche steht, und welche für das Verbrechen des Kindesmords in einer und derselben Strafposition Zuchthaus von fünf bis zu zwanzig Jahren androht? und würde eine Gesetzesformel, welche bestimmte:

> „Wer sich einer Thätlichkeit gegen die Person der Königin, des Thronfolgers oder eines anderen Mitgliedes des Königlichen Hauses, oder des Regenten des Preußischen Staates schuldig macht, wird mit Einschließung von einem bis zu zehn Jahren oder mit Zuchthaus von fünf bis zu zwanzig Jahren bestraft" —

irgend etwas mehr oder weniger oder etwas Anderes sagen, als was jetzt im §. 76. des Preußischen Strafgesetzbuches gesagt wird?

Die aus den französischen circonstances atténuantes in's Rheinische übersetzten und in's Preußische importirten „mildernden Umstände" würden — den günstigsten Fall angenommen — die vollkommen nichtssagende, und deshalb legislatorisch durchaus fehlerhafte Bedeutung haben, eine relativ bestimmte Strafposition in zwei oder mehrere Theile zu zerlegen, ohne daß diese Zerlegung der Strafe irgend etwas anderes bedeutete, als dasjenige, was auch ohne diese Theilung selbstverständlich ist, daß nämlich mildere Fälle milder, und schwerere Fälle schwerer bestraft werden müssen.

So, sage ich, wirken die mildernden Umstände im günstigsten Falle, d. h. in dem Falle, wo von vorne herein für die einzelnen Verbrechen richtige Strafdrohungen aufgestellt sind.

Hätte nun der code pénal bei seiner Publikation überall richtige Strafdrohungen aufgestellt, so unterliegt es keinem Zweifel, daß das französische Gesetz des Jahres 1832 nicht die mildernden Umstände eingeführt haben würde zu dem Zwecke à corriger des dispositions, qui n'ont pu être révisées.

Einem richtigen Gesetze gegenüber haben somit die mildernden Umstände gar keinen Sinn; dem falschen Gesetze gegenüber haben sie dagegen die Bedeutung, den Fehler des Gesetzes, welcher in der zu harten Strafdrohung enthalten ist, zu korrigiren.

Wollen wir daher in der neuen deutschen Strafgesetzgebung den mildernden Umständen einen Platz sichern, so müssen wir an erster Stelle mit Bewußtsein falsche und zwar zu harte Strafdrohungen aufstellen, und diese wissentlich falsch aufgestellten Strafpositionen durch die mildernden Umstände korrigiren, wie dies ja auch seitens der Preußischen Strafgesetzgebung des Jahres 1851 geschehen ist. Hier adoptirte man zunächst die französische Dreitheilung — angeblich zur Bestimmung der Kompetenzverhältnisse, was indessen kein durchschlagender Grund war — sodann machte man bei dieser Dreitheilung denselben logischen Fehler, wie ihn das französische Recht gemacht hatte, d. h. man bestimmte Uebertretungen und Vergehen nach dem Strafmaximum und Verbrechen nach dem Strafminimum; und als man sich so, in Nachahmung des französischen Rechtes in die Lage gebracht hatte, niemals neben der Zuchthausstrafe auch die Gefängnißstrafe aufstellen zu können, — da eine und dieselbe Handlung nur entweder Verbrechen oder Vergehen, nicht aber sowohl Verbrechen als auch Vergehen sein durfte, — so mußte man sich, da es genug Handlungen gab, welche zwar mit Zuchthaus zu bedrohen waren, bei denen aber die zweijährige Zuchthausstrafe zu hart gewesen wäre, sich auch des französischen Korrektivmittels bedienen und sagen: „Wird festgestellt, daß mildernde Umstände vorhanden sind." Man hatte sich also im Jahre 1851 zuerst ein fehlerhaftes Gesetz gemacht, dessen Fehler man durch die Hülfe der mildernden Umstände verbesserte, so weit man sie nämlich im Jahre 1851 bereits erkannte. Als man darauf im Jahre 1853 erkannte, daß noch einige zu harte Strafpositionen im Jahre 1851 unkorrigirt geblieben waren, und als man mit dieser Erkenntniß in den Jahren 1856 und

1859 fortfuhr, da korrigirte man denn auch immer weiter mit Hülfe des französischen Korrektivmittels: „Wird festgestellt, daß mildernde Umstände vorhanden sind.“

Nun muß man aber bei dieser Methode des Korrigirens es nicht unbeachtet lassen, daß, als man in Frankreich den Begriff der circonstances atténuantes schuf, man dies deshalb that, um eine Revision der Gesetzgebung zu vermeiden, um den Schwierigkeiten, welche dieselbe darbot, auszuweichen.

Hätte man im Jahre 1851 das Preußische Strafgesetzbuch ohne Reception der mildernden Umstände abgefaßt, hätte man alsdann in den Jahren 1853, 1856, 1859 einzelne Fehler, die sich beim Gebrauche des Gesetzbuches herausgestellt, mit Hülfe der „mildernden Umstände“ korrigirt, so hätte man ebenso gehandelt, wie die französische Gesetzgebung. Daß es aber etwas ganz Anderes war, sofort mit den mildernden Umständen im Jahre 1851 anzufangen, ist nicht zu bestreiten und daß es etwas noch ganz Anderes, d. h. sehr viel Schlimmeres wäre, bei dem Entwurf zu einem neuen deutschen Strafgesetzbuche, statt durch eifrigstes Arbeiten richtige Strafpositionen zu gewinnen, in bewußter Weise falsche Strafpositionen aufzustellen und diese dann durch die mildernden Umstände zu korrigiren, das wird ebenfalls nicht zu bezweifeln sein. Wenn man im Jahre 1851 ziemlich kritiklos sich den Einflüssen des rheinisch-französischen Rechts hingab, so mochte das aus mancherlei Umständen erklärlich erscheinen. Bei einer neuen deutschen Strafgesetzgebung dies noch einmal zu thun, würde geradezu unverzeihlich sein.

Aber freilich sollen ja die „mildernden Umstände“ nicht bloß das fehlerhafte Gesetz korrigiren, sondern es haben dieselben auch die Bedeutung, einen Theil der Strafzumessung dem Richter der Thatfrage zu überweisen.

Zu diesem Zweck wird in dem Preußischen Strafrecht die für ein Verbrechen oder Vergehen bestimmte Strafposition in zwei Theile, einen strengeren und einen milderen getheilt*) und dann angeordnet, daß der Richter der Rechtsfrage auf eine innerhalb des strengeren Theiles der Strafposition liegende Strafe erkennen dürfe, auch ohne hierzu von dem Richter der Thatfrage autorisirt zu sein; daß er dagegen auf eine innerhalb des milderen Theiles der Strafposition liegende Strafe nur dann erkennen dürfe, falls er hierzu von dem Richter der Thatfrage autorisirt sei. So gewinnt die Sache den Anschein, als ob der Richter der Rechtsfrage den Verdacht einer zu großen Milde gegen sich habe und daher darauf beschränkt werden müßte, auf die mildesten Strafen nur alsdann zu erkennen, wenn der Richter der Thatfrage, der muthmaßlich auf die strengere Bestrafung mehr hält als der Richter der Rechtsfrage,

*) Es ist dies wenigstens in den meisten Fällen so. An einzelnen Stellen des Preußischen Strafgesetzbuches wird allerdings in Folge der „mildernden Umstände“ nur das Strafminimum herabgesetzt, so daß trotz der Annahme der „mildernden Umstände“ der Richter der Rechtsfrage dennoch auf das dem Gesetze überhaupt bekannte Strafmaximum wenigstens erkennen darf. (§§. 102. 156. 192a. (196.) 216. 217. 227. 237. 242. 243. Nr. 6. 316.)

hierzu seine Einwilligung gegeben. Die Frage allerdings, woher es denn komme, daß der Richter der Rechtsfrage bei so vielen Vergehen auch ohne den Richter der Thatfrage zu konsultiren, auf die denkbar geringsten Strafminima, auf Einen Tag Gefängniß, auf Einen Thaler Geldbuße erkennen dürfe, die darf nicht aufgeworfen werden, die paßt eben ganz und gar nicht in das „System der mildernden Umstände".

Nun sind die „mildernden Umstände" nichts anderes als strafmindernde Zumessungsgründe. Werden demnach die mildernden Umstände durch den Richter der Thatfrage festgestellt, so heißt das nichts Anderes als:

> Es giebt Strafzumessungsgründe, über deren Anwendbarkeit der Richter der Thatfrage entscheidet; es giebt aber auch Strafzumessungsgründe, über deren Anwendung der Richter der Rechtsfrage entscheidet. Einen begrifflichen Unterschied aber zwischen diesen und jenen Strafzumessungsgründen giebt es nicht.

Es ist somit eine Eintheilung der Strafzumessungsgründe mit Bezug auf einen eminent praktischen Erfolg gemacht, ohne daß doch weder das Gesetz noch irgend ein Mensch eine Antwort auf die Frage weiß, worin die diesen verschiedenartigen praktischen Erfolg bedingende Ursache besteht, worin die dem Richter der Thatfrage unter dem Namen der mildernden Umstände zugewiesenen Strafzumessungsgründe sich von denjenigen Strafzumessungsgründen unterscheiden, über deren Wirksamkeit der Richter der Rechtsfrage ausschließlich befindet.

Diese theoretischen Fehler haben denn auch ihre sehr erheblichen praktischen Mißstände in ihrem Gefolge.

Nehmen wir folgendes, dem Preußischen Strafrechte angehörendes, einfaches Beispiel.

Ein einfacher Diebstahl (Preußisches Strafgesetzbuch §. 215. 216.) ist von der Gerichtsabtheilung abzuurtheilen. Der Gerichtshof als Richter der That hat über das Vorhandensein oder Nichtvorhandensein der „mildernden Umstände" zu befinden. Es kann das nicht wohl anders als in der Weise geschehen, daß der Gerichtshof sämmtliche Strafzumessungsgründe in Betracht zieht und in Folge dessen das Strafmaß arbitrirt. Findet er nun, daß die Strafe von einem Monat Gefängniß oder eine höhere für diesen Diebstahl angemessen ist, so wird er keine mildernden Umstände feststellen. Findet er dagegen, daß für den vorliegenden Fall die Strafe von einem Monat zu hart sein würde, so wird er mildernde Umstände annehmen, und als solche diejenigen Strafzumessungsgründe bezeichnen, welche ihn dazu bestimmten, mit der Strafe unter einen Monat hinunterzugehen.

Die Sache wird also auf den Kopf gestellt.

Nicht weil mildernde Umstände festgestellt sind, wird die Strafe beispielsweise auf 14 Tage arbitrirt, sondern, weil die Strafe auf 14 Tage Gefängniß zu arbitriren ist, werden mildernde Umstände angenommen. In einem Aufsatze in

Goltdammer's Archiv Bd. V. S. 222. ff., durch welchen eine Plenarentscheidung des Obertribunals „über den Begriff der mildernden Umstände" eingeleitet wird, heißt es in Betreff des eben erwähnten Falles:

„Jedenfalls darf in den Fällen, wo das Gericht der Richter der That ist, dieses nicht erklären, daß es aus dem Grunde, weil das Gesetz sonst zu scharf sein würde, annehme, daß mildernde Umstände vorhanden seien."

Daß diese Aeußerung überaus fein formulirt sei, wird man derselben gerne zugestehen; das Gericht darf nicht erklären, daß es „mildernde Umstände" annehme, weil es auf die geringere Strafe erkennen will. Das Gericht erklärt es auch nicht; aber es stellt die mildernden Umstände fest, weil sonst die Strafe eine zu harte sein würde.

Wenn die „mildernden Umstände" keine weitere praktische Folge hätten, als die eben besprochene, so müßten sie verworfen werden. Denn, was heißen diese Worte, „der Richter darf es nicht erklären", anders, als daß die ausgesprochenen Entscheidungsgründe andere sein sollen als diejenigen, welche der Richter gedacht hat. Eine intensivere Anweisung zur inkorrekten Rechtsprechung als in jenen Worten liegt, läßt sich kaum denken. Es mag dieselbe, wie nicht in Abrede gestellt werden soll, durch die Existenz der mildernden Umstände geboten sein. Aber ein Rechtsinstitut, welches die Nothwendigkeit einer derartigen Anweisung involvirt, zeigt dadurch auf das Evidenteste, wie vollkommen unverträglich es mit einer korrekten Rechtspflege ist.

Doch verfolgen wir nun unseren Diebstahl in die zweite Instanz.

Nehmen wir an, der Richter hätte auf zwei Monate Gefängniß erkannt. Der Appellationsrichter findet seinerseits die Strafe zu hart; er findet aus dem in den Akten niedergelegten Material, daß, entsprechend der sonstigen, in dem Bezirke des Obergerichts gehandhabten Praxis eine Strafe von 14 Tagen vollkommen ausreichend sein würde. Der Angeklagte hat appellirt; neue Thatsachen und neue Beweismittel sind von keiner Seite beigebracht. Nun kann der Appellationsrichter in seiner Eigenschaft als Richter der Rechtsfrage die vom ersten Richter erkannte Strafe zwar von zwei Monaten bis auf einen Monat herabsetzen; will er aber bis auf 14 Tage Gefängniß hinabgehen, so kann er das nur in seiner Eigenschaft als Richter der Thatfrage, und um als solcher fungiren zu können, muß er eine neue Beweisaufnahme vornehmen. Diese darf aber, wenn neue Thatsachen oder neue Beweismittel nicht beigebracht sind, nur dann stattfinden, wenn sich „wesentliche und durch die bisherigen Verhandlungen nicht zu beseitigende Bedenken gegen die in dem ersten Urtheile enthaltene Feststellung der Thatsachen ergeben". In welcher Lage befindet sich nun der Appellationsrichter? Entweder er entscheidet sich im Interesse der Gerechtigkeit für eine „etwas extensivere" d. h. unrichtige Interpretation der eben citirten Worte des Proceßgesetzes, nimmt an, daß wesentliche Bedenken gegen die thatsächliche Feststellung des ersten Richters vorhanden sind, verfügt demgemäß, daß die Beweisaufnahme ganz oder zum Theil zu reproduciren sei, und stellt dann „mildernde Umstände" fest, um die von ihm für gerecht befundene Strafe festsetzen zu können. Oder er interpretirt das Proceßgesetz in korrekter Weise, hält somit den Umstand, daß der erste Richter keine mildernden Umstände angenommen hat, nicht für ausreichend, um die Beweisaufnahme zu wiederholen, und erkennt auf einen Monat Gefängniß, obwohl seiner Ansicht nach eine Strafe von 14 Tagen die gerechte sein würde.

Wohin also gelangen wir mit dieser Feststellung der mildernden Umstände durch den Richter der Thatfrage? Entweder der Appellationsrichter erkennt die gerechte Strafe und verletzt der Sache nach das Proceßgesetz, wenn er auch den Schein, dieses gethan zu haben, vermeidet; oder er befolgt das Proceßgesetz und erkennt auf eine Strafe, welche er selbst für ungerecht hält, während er doch in dem Erkenntnisse den Schein wahren muß, als ob diese Strafe die vollkommen gerechte sei.

Denken wir uns aber den Fall umgekehrt. Der erste Richter habe unter Annahme mildernder Umstände auf Eine Woche Gefängniß erkannt. Der Staatsanwalt appellirt. Neue Thatsachen und neue Beweismittel werden nicht beigebracht. Der Appellationsrichter kann nun in seiner Eigenschaft als Richter der Rechtsfrage von den vom ersten Richter festgestellten mildernden Umständen nicht abgehen; er könnte es nur in seiner Eigenschaft als Richter der Thatfrage nach voraufgegangener erneuter Beweiserhebung. Doch wozu das? Dem Appellationsrichter reicht in diesem Falle seine Stellung als Richter der Rechtsfrage vollkommen aus. Denn die festgestellten mildernden Umstände hindern ihn jetzt gar nicht, die Strafzumessung so hoch vorzunehmen, als er nur irgend will, da für §. 216. die Strafgrenze ohne mildernde Umstände Ein Monat bis fünf Jahre und mit mildernden Umständen Eine Woche bis fünf Jahre beträgt.

Der Appellationsrichter kann daher ohne neue Beweiserhebung als Richter der Rechtsfrage die Strafe von einer Woche, um nicht weniger als um vier Jahre und 51 Wochen erhöhen. Aber eine Strafe von Einem Monate auch nur um den Betrag einer Woche zu ermäßigen, das vermag er nur nach voraufgegangener erneuter Beweisaufnahme als Richter der Thatfrage.

Das Gericht dritter Instanz (Obertribunal, Oberappellationsgericht) ist niemals Richter der Thatfrage. Es kann daher auch in der Sache selbst nur dann erkennen, wenn thatsächlich alles Erforderliche festgestellt ist. Die „mildernden Umstände" sind aber Umstände, welche vom Richter der Thatfrage festgestellt werden müssen, mithin von dem höchsten Gerichtshofe niemals festgestellt werden dürfen. Und nun sehen wir einmal zu, welche Rolle die mildernden Umstände spielen, wenn der höchste Gerichtshof in der Sache selbst erkennt. Es sind dabei nicht weniger als vier Fälle von einander zu unterscheiden.

1. Das Strafgesetz, unter welches der Instanzrichter die That des Angeklagten subsumirte, hat keine mildernden Umstände, und ebenso wenig dasjenige, welches das Obertribunal zur Anwendung bringt. In diesem Falle vollzieht das Obertribunal die Strafzumessung.

2. Das Strafgesetz, welches der Instanzrichter anwandte, läßt die Annahme mildernder Umstände zu, nicht aber dasjenige Gesetz, welches der Nichtigkeitsrichter in Anwendung bringt. Auch hier vollzieht das Obertribunal die Strafzumessung, gleichviel ob durch das Instanzgericht mildernde Umstände festgestellt sind oder nicht. Denn das von dem Obertribunal angewandte Strafgesetz kennt die mildernden Umstände nicht und die Strafzumessung — wo keine mildernden Umstände vorkommen — ist Sache des Richters der Rechtsfrage.

3. Das von dem Instanzgerichte angewandte Strafgesetz läßt keine mildernden Umstände zu, wohl aber ist dieses bei dem von dem Obertribunale herangezogenen der Fall. Wenn bereits das Instanzgericht dieses letztere Gesetz angewandt, und dabei über die mildernden Umstände Nichts festgestellt hätte, so würde daraus eine Nichtigkeit nicht entstanden sein, da das Vorhandensein oder Nichtvorhandensein der mildernden Umstände nicht zu den wesentlichen Momenten des Verbrechensbegriffes gehört. Hieraus folgt aber nicht, daß nun auch der höchste Gerichtshof — natürlich unter Nichtberücksichtigung der mildernden Umstände — in der Sache selbst erkennen dürfe. Denn, wenn ein Gesetz die mildernden Umstände überhaupt kennt, so findet der Sache nach jedesmal eine thatsächliche Feststellung über das Vorhandensein der mildernden Umstände statt, da Nichtberücksichtigen derselben allemal die thatsächliche Feststellung enthält, daß keine mildernden Umstände vorhanden sind. Ist nun aber gewiß nur derjenige Richter in der Lage, das Nichtvorhandensein mildernder Umstände festzustellen, der dieselben andernfalls festzustellen berechtigt sein würde, d. h. der Richter der Thatfrage, so folgt hieraus, daß in dem jetzt erwähnten Falle der höchste Gerichtshof nicht im Stande ist, in der Sache selbst zu erkennen, daß derselbe vielmehr, damit über das Vorhandensein oder Nichtvorhandensein der mildernden Umstände eine thatsächliche Feststellung erfolge, die Sache zur nochmaligen Verhandlung in die Instanz zurückverweisen muß. Würde doch auch, wenn das von dem höchsten Gerichtshofe für richtig gehaltene Gesetz bereits vor dem Instanzgerichte zur Anwendung gekommen wäre, der Angeklagte die Chance der mildernden Umstände für sich gehabt haben, und es würde ungerecht sein, ihm diese Chance zu entziehen, blos deswegen, weil der höchste Gerichtshof als ausschließlicher Richter der Rechtsfrage „mildernde Umstände" nicht feststellen kann.

4. Sowohl das von dem Instanzrichter, wie auch das von dem höchsten Gerichtshofe angewandte Gesetz — beide kennen die Feststellung mildernder Umstände. Zurückweisung in die Instanz wird auch in diesem Falle erforderlich werden. Und zwar wird es dabei ganz gleichgültig sein, ob mit Bezug auf das vom Instanzgerichte angewandte Gesetz mildernde Umstände festgestellt worden sind oder nicht. Denn das Nichtfeststellen der mildernden Umstände mit Bezug auf dies Strafgesetz schließt ja keineswegs die Feststellung derselben mit Bezug auf ein anderes Gesetz aus; und ebenso wenig wird behauptet werden können, daß, weil mildernde Umstände mit Bezug auf dieses Gesetz festgestellt sind, dieselben auch festgestellt sein würden, wenn die Frage

nach dem Vorhandensein der mildernden Umstände mit Bezug auf ein anderes Gesetz gestellt worden wäre.

Daß dies nicht Symptome einer korrekten Strafrechtspflege sind, liegt auf der Hand; und leugnen wird man nicht, daß zum größten Theil diese Inkorrektheiten durch das Institut der mildernden Umstände geboten werden.

Nun wird man aber vielleicht sagen, daß diese Mißstände nur Bezug hätten auf diejenigen Fälle, in denen rechtsgelehrte Richter die Richter der Thatfrage seien, daß sich dagegen die Sache ganz anders gestalte, wo Geschworne als Richter der Thatfrage fungirten.

Anders gestaltet sich dann zwar die Sache, aber wahrlich! nicht besser.

Ich möchte zunächst auf folgende Thatsache aufmerksam machen.

Stellt der rechtsgelehrte Richter die mildernden Umstände fest, so muß er in dem Erkenntnisse dieses rechtfertigen, indem er ausführt, worin die mildernden Umstände gefunden seien. Hierdurch entsteht eine gewisse Kontrolle des rechtsgelehrten Richters, dergestalt, daß der Appellationsrichter eine verkehrte Feststellung oder Nichtfeststellung der mildernden Umstände in Folge erneuter Beweiserhebung korrigiren kann. Die Geschwornen dagegen stellen — und zwar mit Majorität resp. Stimmengleichheit — die mildernden Umstände fest, ohne hierfür irgend welche Motivirung abzugeben. Warum gestattet man die unmotivirte Strafzumessung den Geschwornen, und warum verlangt man von den rechtsgelehrten Richtern eine Motivirung? Man wird antworten, daß die Verdikte der Geschwornen überhaupt keine Motivirung gestatten, und daß deshalb auch die mildernden Umstände unmotivirt festgestellt werden müßten. Aber mit dieser Beantwortung bleibt noch die Frage unbeantwortet, ob die Geschwornen überhaupt für kompetent zu erachten sind, irgend etwas auf die Strafzumessung Bezügliches zu entscheiden.

Ein zweiter hier in Betracht zu ziehender Umstand tritt ein, wenn der Angeklagte zwar geständig ist, jedoch in Betreff der mildernden Umstände eine Meinungsverschiedenheit zwischen Staatsanwalt, Gericht, Vertheidiger stattfindet. Man wird zugeben, daß durch das Geständniß des Angeklagten der Beweis der Schuld desselben, d. h. der Beweis dafür, daß dieser Angeklagte das ihm zur Last gelegte Verbrechen begangen habe, vollständig geführt sein kann, daß hierüber Richter, Staatsanwalt, Vertheidiger übereinstimmen. Der Streit besteht also auch in diesem Falle gar nicht mehr darüber, ob der Angeklagte zu bestrafen, sondern nur darüber, wie groß die ihn treffende Strafe sein werde. Und weil lediglich über die Strafzumessung noch zu entscheiden ist, wird auch die Frage über die Schuld, welche durch das Geständniß bereits erledigt ist, als nicht entschieden angesehen und die Geschwornen haben nicht bloß die Nebenfrage: „Sind mildernde Umstände vorhanden", sondern auch die Hauptfrage: „Ist der Angeklagte schuldig?" zu beantworten. Mithin gelangen wir zu folgendem Satze:

Das Geständniß beweist, wenn Richter, Staatsanwalt, Vertheidiger darin übereinstimmen, daß das begangene Verbrechen mit mildernden Umständen begangen ist;

Das Geständniß beweist auch, wenn Richter, Staatsanwalt und Vertheidiger darin übereinstimmen, daß das begangene Verbrechen ohne mildernde Umstände begangen ist;

Dagegen beweist das Geständniß nicht, wenn die genannten Personen über die mildernden Umstände verschiedener Ansicht sind.

Die Beweiskraft des Geständnisses hängt mithin von dem Vorhandensein oder Nichtvorhandensein eines Streites über die Strafgröße ab, welcher Streit selbstverständlich durch Geständniß des Angeschuldigten gar nicht erledigt werden kann.

Wenn, wie dies zu erwarten steht, die neue Strafproceß-Ordnung eine rationelle Sonderung zwischen That- und Rechtsfrage herbeiführt, so muß die Feststellung der mildernden Umstände den Geschwornen entzogen werden; es muß vielmehr von den beiden Fragen, die in jedem Strafprocesse zu beantworten sind:

1. „Hat der Angeklagte das ihm zur Last gelegte Verbrechen begangen?“ oder mit anderen Worten ausgedrückt: „Existirt ein Strafanspruch des Staates gegen den Angeklagten?“
2. „Wie groß ist die gegen den Schuldiggefundenen zu erkennende Strafe?“ oder mit anderen Worten: „Wie groß ist der Strafanspruch des Staates?“

die erstere als die That- oder Schuldfrage als zur alleinigen Kompetenz der Geschwornen, und die letztere als Rechtsfrage als zur alleinigen Kompetenz des rechtsgelehrten Richters gehörend, von dem Proceßgesetze bezeichnet werden. Und zwar muß dieses geschehen im Interesse der Rechtspflege und auch im Interesse des Geschwornen-Instituts überhaupt. Hierfür möge noch Folgendes beigebracht werden.

Die Geschwornen sollen, wenn sie über das Vorhandensein der mildernden Umstände gefragt werden, die Antwort auf diese Frage geben, ohne sich um die Strafe, die in Folge ihres Ausspruches eintreten wird, irgendwie zu kümmern. Mag nun aber das Gesetz dieses Verlangen an die Geschwornen stellen, mag man in der Praxis noch so oft die Behauptung hören, ein gewissenhafter Geschworner werde sich bei Beantwortung der Frage nach dem Vorhandensein von mildernden Umständen um die Strafbestimmungen des Gesetzes nicht kümmern — dennoch darf man dabei stehen bleiben, daß die Geschwornen bei der Entscheidung über die mildernden Umstände auf die Größe der Strafbestimmungen Rücksicht nehmen werden; ja daß sie dies thun müssen, weil es eine psychische Nothwendigkeit ist, daß sie es thun. Sie sollen sagen, ob der ihrer Beurtheilung vorgelegte Fall zu den minder schweren oder zu den schwereren gehört. Dazu müssen sie doch einen Maßstab haben, an dem sie vergleichen können, und wo sollen sie diesen Maßstab anders finden, als in den durch das Gesetz angedrohten Strafen? Ja ich möchte behaupten, die stillschweigende, nie offen eingestandene Voraussetzung, daß die Geschwornen so handeln werden, ist der einzige Erklärungsgrund dafür, daß man den Geschwornen die Feststellung der mildernden Umstände überhaupt noch überläßt. Denn eine derartige Handlungsweise der Geschwornen, die bewußte, oft vielleicht nur unbewußte Erwägung der Frage: Wie strafbar ist der Schuldige? — das allein kann eine, wenn auch immerhin nur schwache Garantie dagegen gewähren, daß die Handhabung der mildernden Umstände durch die Geschwornen, sei es für den Angeklagten, sei es für die Interessen der Gerechtigkeit, nicht zu einem vollkommen unberechenbaren Hazardspiele werde.

Wohin es kommen kann, wenn die Geschwornen sich lediglich an die ihnen vorgelegten Fragen halten, ohne auf die gesetzlichen Folgen ihrer Antwort Rücksicht zu nehmen, mag ein in der Praxis des Preußischen Strafrechts vorgekommener Fall beweisen. Derselbe ist mitgetheilt in Goltdammer's Archiv Bd. IV. S. 673.

Den Geschwornen sind folgende Fragen vorgelegt:

„Ist der Angeklagte schuldig, die Ehefrau des Wagenmachers H. vorsätzlich körperlich mißhandelt zu haben, und zwar dergestalt, daß die Mißhandlung eine Krankheit oder Arbeitsunfähigkeit von einer längeren als zwanzigtägigen Dauer zur Folge gehabt hat?

Sind im Falle der Bejahung mildernde Umstände vorhanden?"

Die Geschwornen antworten hierauf:

„Ja, der Angeklagte ist schuldig; es ist jedoch nicht erwiesen, daß er die Handlung vorsätzlich vollbracht hat, mit mehr als 7 Stimmen."

Damit war es denn, da in Betreff etwaiger Fahrlässigkeit überhaupt keine Frage gestellt war, entschieden, daß der Angeklagte überhaupt kein Verbrechen begangen habe. Nichts desto weniger erklärten die Geschwornen noch weiter:

„Es sind mildernde Umstände vorhanden."

Die Staatsanwaltschaft legte, da der Schwurgerichtshof freisprach, die Nichtigkeitsbeschwerde ein, und behauptete bei der Begründung derselben unter Anderm:

„Die Anerkennung mildernder Umstände in dem Verdikte setze die Bejahung der gestellten Schuldfrage voraus, und zeige, im Vergleiche mit der dazu passenden Antwort, daß die Geschwornen sich der Bedeutung ihres Ausspruches nicht klar bewußt gewesen, so daß das Verdikt insofern auch an Undeutlichkeiten laborire, die ebenfalls hätten beseitigt werden müssen."

Dieses Bedenken der Staatsanwaltschaft wurde aber von dem Obertribunal in folgender Weise zurückgewiesen:

„Daß hiergegen namentlich auch durch die gleichzeitig Seitens der Geschwornen erfolgte Bejahung des Vorhandenseins mildernder Umstände, um deswillen kein Bedenken erhoben werden kann, weil die lediglich in das thatsächliche Gebiet gehörende Frage wegen des Vorhandenseins mildernder Umstände von den Geschwornen auch, nachdem von ihnen jener Ausspruch auf die Hauptfrage abgegeben worden, sehr wohl noch bejaht werden konnte, da die rechtlichen Folgen, welche ihr die Hauptsache betreffendes Verdikt haben mußte, nicht zur Beurtheilung der Geschwornen gehörten."

Die Entscheidung des Obertribunals ist nach der bestehenden Gesetzgebung vollkommen korrekt. Wenn aber die bestehende Gesetzgebung derartige Entscheidungen der Geschwornen als korrekte hinstellt, so ist die Gesetzgebung selbst inkorrekt. Der Fehler liegt aber darin, daß man von den Geschwornen der Sache nach einen Akt der Strafzumessung verlangt, und ihnen durch den Wortlaut des Gesetzes verbietet, sich um die rechtlichen Folgen ihres Verdiktes zu kümmern.

Also hebe man jene gesetzliche Vorschrift auf, nach welcher die Geschwornen sich um die Folgen ihres Verdiktes nicht kümmern sollen, und gebe ihnen auch die Strafzumessung; man lasse die Geschwornen nicht bloß die Schuldfrage beantworten, sondern auch die Größe der Strafe bestimmen!

Will man dies thun, so braucht man die mildernden Umstände auch nicht mehr. Diese hätten nur dann eine Bedeutung, wenn man auf halbem Wege stehen bleiben wollte, d. h. wenn man den Geschwornen nicht die Befugniß ertheilen wollte, die Strafe, welche den Schuldigen treffen soll, bestimmt anzugeben, sondern nur die, zu bestimmen, daß die dem Schuldigen zuzuerkennende Strafe nicht innerhalb dieser, sondern innerhalb jener Strafgrenzen gefunden werden solle.

Auch ein solcher Zustand, obwohl eine halbe Maßregel, wäre denkbar und immerhin noch besser als der zur Zeit bestehende.

Aber den Geschworenen darf die Strafzumessung überhaupt nicht, nicht ganz, auch nicht halb, übertragen werden.

Denn die Strafzumessung ist eine specifisch juristische Thätigkeit, und nur unter der Voraussetzung juristischer Bildung und Erfahrung kann diese Thätigkeit in ersprießlicher Weise gehandhabt werden.

Muthet man den Geschwornen zu, die Schuldfrage zu beantworten, so ist dies möglich mit Bezug auf den alleinigen Fall, der ihnen zur Beurtheilung vorgelegt wird. Für dies eine Verbrechen werden ihnen die Beweise vorgeführt, für dies eine Verbrechen erhalten sie von dem vorsitzenden Richter die Direktion über die Zuverlässigkeit oder Unzuverlässigkeit der Beweismittel;*) für dies eine Verbrechen erhalten sie die Erläuterung des Gesetzes, um prüfen zu können, ob das, was geschehen, unter das Gesetz falle; es braucht in der Welt kein zweites Verbrechen begangen sein, als dasjenige, über welches hier verhandelt wird; es braucht namentlich den Geschwornen kein zweites Verbrechen bekannt geworden sein; das, was sie beantworten sollen, das sagt ihnen dasjenige Verbrechen, über welches vor

*) Das Verfahren, auf welches hier hingedeutet wird, ist nicht ganz das französisch-preußische, sondern ein solches, welches die französischen Elemente ebenso ausgemerzt haben wird, wie es dieser Entwurf im Gebiete des materiellen Strafrechts thut.

ihnen verhandelt wird. Ganz anders liegt die Sache bei der Strafzumessung. Hier handelt es sich nicht bloß um die Beurtheilung der einzelnen, immer nur wenigen Thatsachen, von denen die Existenz des verbrecherischen Unrechts abhängig ist, hier muß vielmehr die Rechtsverletzung und die Person des Angeklagten in ihrer Totalität aufgefaßt werden. Die Größe der Strafbarkeit hängt niemals von dem einen oder von dem anderen Umstande allein ab, sondern immer ist sie das Resultat einer Combination verschiedenartiger Umstände. Welche Umstände zum Zwecke der Combination heranzuziehen sind, welch ein Resultat die Combination ergiebt, das sind Fragen, die nicht von dem beantwortet werden können, der nur den einen ihm vorliegenden Fall sieht, wenn derselbe auch über das Vorhandensein der Schuldmomente immer vollständige Auskunft ertheilt. Für die Strafzumessung ist es erforderlich, aus der Fülle des juristischen Materials schöpfen zu können und dies um so mehr, als nicht bloß das die Aufgabe der Gerechtigkeit ist, daß dem Schuldigen eine Strafe zuerkannt werde, welche durch Berufung oder Nichtigkeitsbeschwerde nicht angegriffen werden kann, sondern daß dem Einen Recht sei, was dem Andern billig ist.

Im Interesse des Instituts des Geschwornengerichts muß man es verlangen, daß die Geschwornen in keiner Weise, namentlich nicht unter der Form der mildernden Umstände mit der Strafzumessung irgend etwas zu thun haben.

Denn nichts untergräbt die Bedeutsamkeit des Geschwornengerichts so sehr, als Einrichtungen, welche geeignet sind, den Geschwornen die vollste Verantwortlichkeit für das von ihnen abgegebene Verdikt auch nur irgendwie zu erleichtern. Zu diesen Einrichtungen rechne ich allerdings an erster Stelle die Möglichkeit des Majoritätsvotums, die dann am Schlimmsten auftritt, wenn durch die Majorität von 7 : 5 die Geschwornen von jeder Verantwortlichkeit sich befreien können. An zweiter Stelle stehen aber die mildernden Umstände. So wie diese angenommen werden, ist der Geschworne von der Verantwortlichkeit frei, daß in Folge seines Verdikts der Angeklagte zur Zuchthausstrafe verurtheilt wird. Und von dieser Verantwortlichkeit soll und darf man den Geschwornen nicht befreien. Er soll nicht lernen, zweierlei Arten von Beweis zu unterscheiden, einen, welcher ausreichend ist, um die Gefängnißstrafe bei Feststellung mildernder Umstände zu rechtfertigen, und einen anderen, welcher ausreichend ist, um den Schuldigen in's Zuchthaus zu führen. Der Geschworne soll wissen, daß es nur einen Beweis, den Beweis der Schuld giebt, und daß, wenn durch sein Verdikt konstatirt wird, daß dieser Beweis geführt sei, er nicht minder verantwortlich sei für die Zuchthausstrafe, die den Angeklagten treffen mag, als für die Gefängnißstrafe.

Und ebenso muß man auch im Interesse der durch die rechtsgelehrten Richter vorzunehmenden Strafzumessung es verlangen, daß die mildernden Umstände beseitigt werden.

Wenn der Geschworne mildernde Umstände feststellt, oder ihr Vorhandensein in Abrede stellt, so erfolgt diese Art der Strafzumessung nicht in einer bewußten Erwägung, welche beruht auf dem Vergleich verschiedener Fälle der gleichen Art, sondern es ist eine Aeußerung des Instinkts, die wir in dieser Art der Strafzumessung respektiren müssen.

Die ganze Bedeutsamkeit der relativ bestimmten Strafen besteht ja aber darin, daß innerhalb der Art das Individuum zu seiner Berechtigung gelange. Das absolut bestimmte Strafgesetz drohte nur eine Strafe für die Verbrechensart; das relativ bestimmte Strafgesetz will, indem es für die Verbrechensart die relativ bestimmte Strafe festsetzt, das individuelle Verbrechen gestraft wissen. Es kommt also jetzt darauf an, innerhalb der Verbrechensart das Individuum zu bestimmen. Das ist die Aufgabe der Strafzumessung, und diese ist deswegen eine Aufgabe des rechtsgelehrten Richters, weil die Lösung derselben die Kenntniß wenn nicht aller, so doch die Kenntniß von so vielen individuellen Erscheinungsformen der betreffenden Verbrechensart voraussetzt, daß auch der jetzt zur Beurtheilung stehende individuelle Verbrechensfall in seiner Individualität richtig gewürdigt werden kann. Von der richtigen Handhabung der Strafzumessung hängt nichts Geringeres ab als die Zuerkennung gerechter Strafen innerhalb der von dem relativ bestimmten Strafgesetze aufgestellten Grenzen. Wir müssen zugeben, daß die Bedeutsamkeit der Strafzumessung durchaus noch nicht überall in gehöriger Weise gewürdigt ist; aber man wird nicht leugnen, daß es die Aufgabe der Praxis und auf Grund einer eingehenden Beobachtung der Praxis auch die Aufgabe der Theorie ist, die Grundsätze, nach denen die Strafzumessung vorzunehmen, mit derjenigen Sorgfalt zu entwickeln, welche die Bedeutsamkeit des Gegenstandes erfordert. Ist doch die Theorie der Strafzumessung nichts anderes als die Theorie des relativ bestimmten Strafgesetzes, des Strafgesetzes, welches unser ganzes heutiges Strafrecht beherrscht.

Wie soll aber eine so wichtige Aufgabe wie die eben bezeichnete gelöst werden, wenn Rechtseinrichtungen sanktionirt sind, welche erklären: die Strafzumessung ist gar nicht eine Sache des juristischen Denkens, sondern eine Sache des bloßen Instinktes! Ist dies aber so, wenn Geschworne über das Vorhandensein oder Nichtvorhandensein mildernder Umstände absprechen, warum sollte es anders sein, wo rechtsgelehrte Richter über die Strafzumessung bestimmen? Und so wird denn durch die Existenz der mildernden Umstände die Strafzumessung in eine Sphäre herabgezogen, in welche sie nicht herabgezogen werden darf, wenn die Strafzumessung diejenige Bedeutung erlangen soll, welche ihr in dem heutigen Strafrechte gebührt!

Aber nicht bloß angegriffen werden die „mildernden Umstände", sie werden auch vertheidigt.

Unerwähnt können füglich die Vertheidigungsgründe derer bleiben, welche die mildernden Umstände, da in ihnen Thatsachen enthalten seien, der Kompetenz der Geschwornen, als den Richtern der That zuweisen wollen — mit derartigen konfusen Begriffen über That- und Rechtsfrage ist nicht zu rechten — ebenso die Gründe derer, welche die Popularität der Geschwornengerichte zu haben versuchen, indem sie den

Geschwornen einen Einfluß auf die Strafzumessung gestatten — denn das Geschwornengericht ist nicht zu organisiren mit Rücksicht auf die Popularität, die es erlangen kann, sondern mit Rücksicht auf den Nutzen, welchen es der Strafrechtspflege gewähren soll.

Ich beschränke mich auf die Widerlegung zweier Vertheidigungsgründe der mildernden Umstände:

1. Man führt die französische Praxis an, das Lob, welches selbst die besonnensten französischen Praktiker dem Systeme der mildernden Umstände zollen. Man übersieht aber dabei mancherlei. Zunächst, daß diese selben französischen Praktiker nicht Anstand genommen haben, es offen zu erklären, daß „um zu einer gesunden Anwendung der Grundsätze des Strafrechts zu gelangen", das System der mildernden Umstände nicht der geeignete Weg sei, daß man vielmehr das System der mildernden Umstände nur als einen Nothbehelf angesehen habe, um der Mühe, welche mit einer Aufstellung richtiger strafrechtlicher Grundsätze verknüpft gewesen wäre, überhoben zu sein. Man übersieht ferner, daß, nachdem der code pénal 22 Jahre hindurch ohne mildernde Umstände gehandhabt war, selbst die dürftige Korrektur desselben, welche das Gesetz vom 28. April 1832 herbeiführte — in dieser Relativität — als eine sehr erhebliche Verbesserung der Praxis angesehen werden mochte. Man vergißt, daß von England aus, wo die mildernden Umstände unbekannt sind, noch niemals das Verlangen nach Einführung derselben laut geworden ist, daß es dort für ausreichend erachtet wird, wenn die Geschwornen die Befugniß haben, den Verurtheilten der Gnade zu empfehlen. Man vergißt bei der Berufung auf die Praxis den Umstand, daß die Praxis allerdings noch zu jeder Zeit Mittel aufzufinden gewußt hat, um Fehler und Schwächen des Gesetzes wenigstens theilweise zu beseitigen und zu verdecken, daß aber eine gesunde und korrekte Praxis nur aus einem gesunden und korrekten Gesetze erwachsen kann — daß ein befriedigender Rechtszustand da nicht erwartet werden darf, wo der Praxis die Aufgabe zugewiesen wird, ein schlechtes Gesetz in einer erträglichen Weise zur Anwendung zu bringen.

2. Man behauptet, durch die mildernden Umstände werde die Möglichkeit gewährt, weitere, der Natur der einzelnen Delikte entsprechende Strafgrenzen aufzustellen. Diese Behauptung würde aber nur dann einen Sinn haben, wenn die Gesetzgebung bei Arbitrirung der Strafgrenzen irgendwie beschränkt wäre; in welchem Falle dann noch der Zweifel zu lösen übrig bliebe, durch welche Mittel es denn gerade den mildernden Umständen möglich wird, diese der Strafgesetzgebung gesteckten Schranken zu durchbrechen. Muß man aber, wie man dies ja nicht anders thun kann, der Gesetzgebung das Recht einräumen, die Strafgrenzen für die einzelnen Delikte gerade so weit zu ziehen, als ihr dies geboten erscheint, so braucht auch die Gesetzgebung, um richtige Strafpositionen festzusetzen, in keiner Weise die mildernden Umstände.

Interessant ist es, wie das dem Preußischen Strafgesetzbuche nachgebildete Lübische Strafgesetzbuch durch Erweiterung der Strafgrenzen in vielen Fällen die mildernden Umstände aufgegeben hat, wo sich dieselben in dem Preußischen Strafgesetzbuche noch finden. Das Lübische Recht hat die mildernden Umstände nur noch in folgenden Fällen:

1) §§. 60—62. Hoch- und Staatsverrath.
2) §. 65. Hochverrath gegen befreundete Staaten.
3) §. 77. Beleidigung der Bürgerschaft und des Bürgerausschusses.
4) §. 102. „Wer in anderen als in den §§. 97. und 98. erwähnten Fällen die vor Gericht oder einer anderen öffentlichen Behörde eidlich bekräftigte Zusicherung einer bestimmten Handlung, Leistung oder Unterlassung bricht, wird mit Gefängniß bis zu einem Jahre bestraft.
   In milderen Fällen kann auf Geldbuße bis zu dreihundert Mark erkannt werden."
5) §. 124. Verleumdung.
6) §. 181. Diebstahl.
7) §. 182. Diebstahl.
8) §. 202. Schwere Hehlerei.
9) §. 223. Bankerott.

Die Frage liegt nahe, und ich weiß nicht, wie sie beantwortet werden soll, warum das Lübische Gesetzbuch gerade in diesen neun Fällen die mildernden Umstände für erforderlich erachtete, während ihm bei Bearbeitung des Preußischen Strafgesetzbuches in so vielen Fällen die mildernden Umstände überflüssig erschienen, wo dieselben das Preußische Strafgesetzbuch kennt? Man darf die Frage aufwerfen, und man wird um die Antwort verlegen sein, warum das Lübische Gesetzbuch nicht beispielsweise statt des oben wörtlich mitgetheilten §. 102 gesagt hat:

„Wer u. s. w. . . . wird mit Gefängniß bis zu einem Jahre oder mit Geldbuße bis zu dreihundert Mark bestraft." ?

Vielleicht glaubte man, daß ohne die mildernden Umstände die Strafgrenzen zu weite sein möchten, und es wäre möglich, daß auch dem vorliegenden Entwurfe gegenüber dieser Vorwurf geltend gemacht würde. Doch dürfte dies kaum von den Verfassern und Anhängern des Preußischen Strafgesetzbuches geschehen. Denn die größte Differenz, welche der Entwurf zwischen dem Maximum und dem Minimum der Strafe kennt, ist in der Strafposition „zwei bis zwanzig Jahre Zuchthaus" enthalten. Und die gleiche Strafdifferenz von 18 Jahren Zuchthaus findet sich auch in dem Preußischen Strafgesetzbuch, und zwar ohne daß von mildernden Umständen die Rede wäre.*) Ist es aber zulässig, ohne Vermittelung der „mildernden Umstände" eine Strafdifferenz von achtzehn Jahren Zuchthaus aufzustellen, so wird es auch möglich sein, geringere Strafdifferenzen ohne die Vermittelung der mildernden Umstände zuzulassen.

Und vor Allem! Was helfen die mildernden Umstände dazu, die Strafdifferenz zu vermindern? Ihre Wirksamkeit in dieser Beziehung ist doch nur eine scheinbare; der Wirklichkeit nach bleibt die Straf-

*) §§. 144. 312. 313.; Zuchthaus nicht unter drei Jahren wird angedroht in §. 316. al. 2.

differenz die gleiche, mag nun zwischen dem Maximum und dem Minimum der Strafe von den mildernden Umständen die Rede sein, oder mag der mildernden Umstände keine Erwähnung geschehen.

Der Entwurf behauptet von sich, daß er richtige Strafpositionen aufgestellt habe, und daß er dies vermocht habe, ohne hiezu der mildernden Umstände irgendwie zu bedürfen.

Die Behauptung, richtige Strafpositionen aufgestellt zu haben, wird allerdings, wie bei jedem Gesetzentwurf, so auch bei diesem nur so verstanden werden können, daß bei näherer sachkundiger Prüfung die vermeintlich richtigen Strafpositionen auch als fehlerhafte nachgewiesen werden mögen. Das wird auch dem vorliegenden Entwurfe begegnen, wenn es ihm überhaupt gelingt, die Aufmerksamkeit der Sachkundigen auf sich zu ziehen.

Aber es mögen die Strafpositionen dieses Entwurfes wie immer geändert werden, immer wird es zulässig sein, die Verbesserung vorzunehmen, ohne hiezu die mildernden Umstände zu benutzen.

Vorsatz und Fahrlässigkeit.

Das Preußische Strafgesetzbuch hat keine allgemeinen Vorschriften über Vorsatz und Fahrlässigkeit getroffen. Es wich hierin zur Zeit seiner Publikation von den übrigen deutschen Strafgesetzbüchern ab, und es fehlte auch nicht an Angriffen, welche gegen diese vermeintliche Unterlassungssünde des Gesetzbuches gerichtet waren.*)

Seit dem Bestehen des Preußischen Strafgesetzbuches hat aber die Praxis die allgemeinen Vorschriften über dolus und culpa nicht vermißt. Bei den Nachbildungen des Preußischen Gesetzbuches in Oldenburg und Lübeck hat man keine Veranlassung genommen, diese vermeintliche Lücke zu ergänzen, und auch das Bayrische Strafgesetzbuch hat sich dafür entschieden, allgemeine Vorschriften über Vorsatz und Fahrlässigkeit nicht aufzustellen.

Diese Thatsachen liefern den Beweis dafür, daß allgemeine Vorschriften über Vorsatz und Fahrlässigkeit auch in dem neuen deutschen Strafgesetzbuche nicht erforderlich sein werden; und so finden sich dieselben denn auch nicht in dem vorliegenden Entwurf.

Aber nichtsdestoweniger existiren diese Begriffe, sie bilden ein allgemeines wesentliches Moment des Verbrechensbegriffes; das Gesetz kann bei den einzelnen Strafvorschriften es nicht umgehen, auf die Willensbestimmung des Handelnden ausdrücklich Bezug zu nehmen; und so tritt denn die Lehre von dolus und culpa zwar aus dem allgemeinen Theil heraus, dafür aber, wenn auch in veränderter Gestalt, in den speciellen Theil hinein. Denn hier kommt es sehr wesentlich darauf an, da, wo die Willensbestimmung des Handelnden als Moment des Thatbestandes eines Verbrechens besonders bezeichnet wird, dieses in der richtigen Weise zu thun, und Ausdrücke zu vermeiden, welche

*) Vergl. z. B. Krug Ideen zu einer gemeinsamen deutschen Gesetzgebung. (Erlangen 1857.) S. 51.

geeignet sind, dieser oder jener inkorrekten Theorie einen Einfluß auf die Praxis zu gewähren.

Mit den culposen Delikten macht das keine weitere Schwierigkeit. Die Worte: „fahrlässig, aus Fahrlässigkeit, fahrlässiger Weise“ werden Mißverständnisse und Unrichtigkeiten nicht entstehen lassen; wenigstens würden diese Worte an dem etwaigen Vorkommen von Unrichtigkeiten oder Mißverständnissen durchaus unschuldig sein. Es könnte höchstens die Frage aufgeworfen werden, ob nicht das Kausalitätsverhältniß bei den fahrlässigen Verbrechen durch ein solches Wort zu bezeichnen sei, welches jeden Zweifel darüber ausschließt, daß das Kausalitätsverhältniß bei dem fahrlässigen Verbrechen kein anderes sei, als bei dem vorsätzlichen Verbrechen. Aber auch in dieser Beziehuug brauchte nichts zu geschehen. Zwar sind in der Preußischen Praxis manche auffallende Entscheidungen getroffen, welche zeigen, daß das Kausalitätsverhältniß bei fahrlässigen Verbrechen nicht richtig gewürdigt ist. Daran ist aber das Gesetz nicht schuld, und bedarf auch namentlich, um richtige Entscheidungen herbeizuführen, die Gesetzesformel:

„Wer durch Fahrlässigkeit den Tod eines Menschen herbeiführt“

keiner wesentlichen Aenderung, da sie nichts Anderes sagt als:

„Wer durch Fahrlässigkeit einen Menschen tödtet.“ *)

Mehr Schwierigkeiten bietet die Behandlung der dolosen Verbrechen dar. Was unter den Ausdrücken „Vorsatz“ und „Absicht“ zu verstehen, darüber ist bis jetzt in der Doktrin Streit, und das Preußische Strafgesetzbuch hat es auch nicht überall verstanden, mit diesen Worten gleichmäßig ein und denselben Begriff zu verbinden, so daß man auch nicht einmal mit Bestimmtheit zu sagen vermag, welchen Begriff man sich zu denken habe, wenn das Preußische Strafgesetzbuch das Wort „Vorsatz“ und welchen, wenn dasselbe Gesetzbuch das Wort „Absicht“ gebraucht.

Ein anerkannter Lehrer des Preußischen Strafrechts (Hälschner System des Preußischen Strafrechts Th. I. S. 122.) sagt über das Verhältniß von „Vorsatz“ und „Absicht“ folgendes:

„Der Erfolg der menschlichen Handlung wird in keinem Falle allein durch den Willen des Handelnden bedingt, sondern zugleich auch durch die Mitwirkung natürlicher Mächte oder anderer Menschen, welche durch die Thätigkeit des Handelnden veranlaßt wurde. Daher stehen der Erfolg der Handlung und die Willensbestimmung, aus der sie hervorging, nicht nothwendig in dem Verhältniß stets eins und identisch zu sein. Wofern aber im gegebenen Falle wirklich eine solche Einheit in dem Sinne stattfindet, daß das Geschehene das Gewollte ist, so bezeichnen wir dieses Verhältniß des Erfolges der Handlung zum Willen als Vorsatz, oder der eingetretene Erfolg ist ein vorsätzlicher, indem er seinem ganzen Umfange nach als

*) Vergl. Goltdammer Archiv Bd. XV. S. 15. ff.

eine Wirkung erscheint, die ihre Ursache im Willen des Handelnden hat. Der Vorsatz erfordert daher, daß der Erfolg, bevor er handelnd ausgeführt wurde, für den Willen als das Auszuführende gesetzt war, und dieses Setzen ist die Sache des Denkens, das ein nothwendiges Moment jedes Willensaktes ist. Indem wir den Erfolg nicht als Wirkung, die ihre Ursache im Willen hat, sondern als in sich abgeschlossene Thatsache, die in ihrer Wirklichkeit denkend vorher gesetzt und gesehen worden war, auffassen, so bezeichnen wir dieses Verhältniß des Erfolges zur Denkthätigkeit des Handelnden als Absicht, und den Erfolg als einen absichtlichen, insofern seine Wirksamkeit eine vorher gedachte war."

Es kann hier ununtersucht bleiben, ob diese Unterscheidung von „Vorsatz" und „Absicht" an sich richtig ist; daß aber in der eben mitgetheilten Darlegung nicht wohl ein Prinzip gefunden werden kann, nach welchem die legislatorische Aufgabe, die richtige und gleichmäßige Terminologie für die Willensbestimmung des Handelnden aufzustellen, zu lösen wäre, das scheint ebenso zweifellos zu sein, wie daß das Preußische Strafgesetzbuch den Worten „Vorsatz" und „Absicht" nicht diejenige Bedeutung gegeben hat, welche diese Worte in Folge der mitgetheilten Hälschnerschen Auseinandersetzung hätten erhalten müssen.

Nun sagt aber Hälschner noch speciell in Bezug auf das Preußische Strafgesetzbuch (a. a. O. S. 128.):

„In der That handelt es sich hier um ethische Begriffe, die ihrer Natur nach jeder legalen Feststellung entzogen sind, und nur unter besonderen Voraussetzungen könnte ein Bedürfniß nach einer solchen obwalten, z. B. wenn es ausdrücklich darauf ankäme, Irrthümern der Doktrin entgegenzutreten. Wenn natürlich das Strafgesetzbuch nichtsdestoweniger mit diesen Begriffen fortwährend operirt, so hat es also ihre Entwickelung lediglich der Doktrin überlassen zu dürfen geglaubt. Es könnte sich deshalb hier nur fragen, ob dasselbe vielleicht in seinen besonderen Strafsatzungen eine irgend eigenthümliche, von der herrschenden Doktrin abweichende Auffassung des dolus offenbare, was sich in keiner Beziehung wird behaupten lassen. Auch der Sprachgebrauch des Strafgesetzbuches ist in dieser Beziehung ein durchaus sachgemäßer. Seinem Wesen entsprechend wird das Wort „Vorsatz", „vorsätzlich" gebraucht, wo es darauf ankommt, das Verhältniß des Erfolges zum Willen als seiner Ursache zu bestimmen; (z. B. §. 71. 85. 94. 95. 106. u. s. w.) Das Wort „Absicht", wo das Verhältniß des Erfolges zu seiner gedankenmäßigen Auffassung bezeichnet werden soll. (Z. B. §. 154. 215. 230. 241. 247. u. s. w.)" —*)

---

*) Das Preußische Strafgesetzbuch bestimmt beispielsweise §. 292. „Gegen den, welcher eine Ueberschwemmung vorsätzlich, aber nur in der Absicht verursacht, sein Eigenthum vor Gefahr zu schützen, soll auf Gefängniß nicht unter zwei Jahren

In dieser Weise ist aber die Unterscheidung des Vorsatzes und der Absicht von dem Preußischen Strafgesetzbuche nicht vorgenommen; und Hälschner hat in dem Preußischen Strafgesetzbuche nur etwas zu sehen geglaubt, was in der That in diesem Gesetzbuche nicht enthalten ist.

An diesem Orte ist es nicht die Aufgabe, eine Untersuchung darüber anzustellen, welche verschiedenartigen Begriffe den verschiedenen in der deutschen Sprache zur Bezeichnung der Willensbestimmung vorkommenden Worten untergelegt werden könnten. Es will mir überhaupt so scheinen, als ob die theoretische Forschung keine richtige Methode befolgt, wenn sie gewisse Worte — Entschluß, Vorsatz, Absicht, Motiv, Zweck — als etwas fest Gegebenes betrachtet, und sich nun bemüht, für jedes dieser Worte einen bestimmten Begriff zu finden, ein Bestreben, welches wenigstens bis jetzt noch nicht das Resultat gehabt hat, sei es in der Gesetzgebung, sei es in der Theorie oder Praxis, eine Uebereinstimmung der Ansichten herbeizuführen; vielleicht wäre es richtiger, zuerst diejenigen Begriffe festzustellen, deren das Strafrecht bedarf, und dann für diese Begriffe die entsprechende Bezeichnung zu suchen. Denn mag man auch im Allgemeinen zu der Behauptung berechtigt sein, daß aus den verschiedenen Worten, welche für die Bezeichnung der Willensbestimmung gebraucht werden, die Verschiedenartigkeit der diesen Worten zu Grunde liegenden Begriffe von selbst folge, da ja die Sprache andernfalls nicht so verschiedenartige Worte gebildet haben würde, so darf man doch dabei nicht übersehen, daß die Sprachbildung mitunter Nuancirungen nachgeht, welche, wenn auch zu manchen Zwecken, so doch nicht immer zu juristischen Zwecken verwerthet werden können, und daß ferner diejenigen Worte, welche zur Bezeichnung der Willensbestimmung dienen, dem Gebiete der Ethik ebenso angehören, wie dem Gebiete des Rechts. Kann man nun gewiß nicht alle ethischen Begriffe juristisch verwerthen, so auch gewiß nicht alle diejenigen Worte, welche zur Bezeichnung juristisch nicht zu verwerthender ethischer Begriffe herausgebildet worden sind.

Diese Bemerkung sollte nur dazu dienen, zu zeigen, daß die Gesetzgebung nicht von bestimmten gegebenen Worten ausgehen darf, daß derselben vielmehr die Aufgabe entsteht, festzustellen, mit welchen Begriffen sie zu arbeiten hat; daß sie dann die weitere Aufgabe hat, für diese Begriffe die unter Berücksichtigung aller Umstände zweckmäßigsten Worte zu wählen, und daß sie endlich erwägen muß, unter welchen Voraussetzungen noch eine besondere Markirung des Begriffes durch die Benutzung des betreffenden Wortes für die Gesetzesformel nothwendig wird, und wo dagegen die besondere Erwähnung des Begriffes überflüssig ist, weil es sich von selbst versteht, daß derselbe in der Gesetzesformel enthalten sein müsse.

Die legislatorische Erwägung aber, mit welchen die Willensbestimmung betreffenden Begriffen ein bestimmtes Strafgesetz zu arbeiten hat,

---

erkannt werden." Ich glaube, der Versuch wird mißlingen, die Worte „vorsätzlich" und „Absicht" nach der von Hälschner gegebenen Anweisung zu interpretiren.

wird dann eine um so wichtigere, wenn Strafrecht und Strafproceß noch Schwankungen hinsichtlich der Anerkennung des inquisitorischen oder des accusatorischen Prinzipes unterworfen sind. Anerkennt man die Berechtigung des inquisitorischen Prinzipes, so wird man manches die Willensbestimmung Betreffende in das materielle Strafrecht aufnehmen dürfen, was bei Anerkennung des accusatorischen Prinzipes nicht mehr verwerthbar ist. So wurde oben bereits der Nachweis versucht, daß die Prämeditation ein Moment sei, welches zwar unter Anerkennung des inquisitorischen, nicht aber unter Anerkennung des accusatorischen Prinzipes für das Strafrecht verwerthbar sei. Weiter unten wird noch darauf aufmerksam gemacht werden, daß die Kontroversen über die Grenzen zwischen Vorbereitungs- und Versuchshandlungen, über den Versuch an untauglichen Objekten und mit untauglichen Mitteln, sich nur beseitigen lassen, wenn im Proceß eine Entscheidung über die Geltung des accusatorischen oder des inquisitorischen Prinzipes stattgefunden hat. Und so werden auch in Doktrin, Praxis und Gesetzgebung die Kontroversen über die Willensbestimmung nicht früher ihre Erledigung finden, als bis die processualische Kontroverse in Betreff der Anwendung des accusatorischen oder des inquisitorischen Prinzipes erledigt ist.

Der Entwurf geht nun von der Voraussetzung aus, daß die Bestimmungen desselben auf der Basis eines nach dem accusatorischen Prinzipe geregelten Processes werden gehandhabt werden. Und unter dieser Voraussetzung sind diejenigen die Willensbestimmung betreffenden Begriffe gewählt, welche in dem Entwurfe Aufnahme gefunden haben.

Zunächst kommt es auf die verbrecherische Rechtsverletzung an.

Wenn durch die Handlung eines zurechnungsfähigen Subjektes ein Recht verletzt wurde, so muß aus dem, was geschehen ist, der Beweis geführt werden, daß der Angeklagte diese Rechtsverletzung gewollt habe.

Das Gesetz könnte diese Vorschrift ungefähr mit denselben Worten treffen, die hier gebraucht sind. Es kann indessen auch das Gesetz zur Bezeichnung für diesen, aus dem Geschehenen nachzuweisenden, auf die Verletzung eines Rechtes gerichteten Willen des Handelnden einen bestimmten Ausdruck wählen. Der Entwurf wählt hierfür das Wort „Vorsatz", „vorsätzlich". Gegen den Gebrauch dieses Wortes in diesem Sinne werden mancherlei Bedenken erhoben werden können; aber das Gleiche wäre der Fall gewesen, hätte der Entwurf zur Bezeichnung des gleichen Begriffes irgend ein anderes Wort gewählt. Es empfahl sich aber gerade das gewählte Wort aus dem Grunde, weil man sich durch diese Ausdrucksweise jedenfalls von der Ausdrucksweise der bestehenden Preußischen Praxis am wenigsten entfernt; und auf dieselbe so viel als irgend angängig Rücksicht zu nehmen, hat sich ja der Entwurf zu seiner Aufgabe gemacht.

Das Gesetz könnte demnach die allgemeine Vorschrift treffen:

„Jede verbrecherische Rechtsverletzung muß vorsätzlich begangen sein."

Oder wenn das Gesetz, wie dieses auch das Preußische Strafgesetzbuch und mit demselben der Entwurf thut, diese Bestimmung für selbstverständlich hält, weil verbrecherische Rechtsverletzungen nur entweder vorsätzlich oder aus Fahrlässigkeit begangen werden und weil die Bestrafung der fahrlässigen Delikte, da, wo sie stattfinden soll, besonders angedroht wird, so kann jene allgemeine Bestimmung in Betreff der Vorsätzlichkeit auch ganz fortbleiben.

Hieraus würde sich ergeben, daß für jede den Thatbestand einer verbrecherischen Rechtsverletzung enthaltende Gesetzesformel das Moment der Vorsätzlichkeit als ein wesentliches Moment des Verbrechensbegriffes auch alsdann nachgewiesen werden muß, wenn die Gesetzesformel selbst dieses Moment gar nicht erwähnt hätte. Denn, da das Gesetz nicht sagt, daß es sich um die Bestrafung eines fahrlässigen Verbrechens handelt, so sagt es damit zugleich, daß es ein vorsätzliches Verbrechen bestraft wissen wolle.

So werden also nur besondere Umstände es erforderlich machen, daß als Requisit des Thatbestandes eines Verbrechens das Moment der Vorsätzlichkeit speciell hervorgehoben werde. Namentlich wird dies dann eintreten, wenn ein Verbrechen sowohl vorsätzlich, wie auch fahrlässig begangen werden kann, wo dann im Gegensatze zur Fahrlässigkeit die Vorsätzlichkeit besonders zu markiren ist, oder wenn das Gesetz bestimmen will, daß eine Rechtsverletzung, welche bis dahin strafbar war, auch wenn sie nur fahrlässigerweise begangen war, von jetzt ab nur noch strafbar sein solle, wenn sie vorsätzlich verübt wurde, in welchem Falle denn die besondere Erwähnung der Vorsätzlichkeit in der Gesetzesformel den Gegensatz zu einem früheren Gesetze markirt.

Wenn aber so das Gesetz durch besondere Umstände veranlaßt wird, in einzelnen Fällen das Moment der Vorsätzlichkeit besonders zu erwähnen, so folgt daraus in keiner Weise, daß, wo dies nicht geschieht, das Moment der Vorsätzlichkeit nicht auch ein wesentliches Erforderniß für den Thatbestand der mit Strafe bedrohten Rechtsverletzung sei; dies ist vielmehr — abgesehen von den culposen Delikten — jedesmal der Fall, und zwar auch dann — wie hier gleich hervorzuheben — wenn die Gesetzesformel die Vorsätzlichkeit nicht erwähnt, wohl aber ein anderes zur näheren Bezeichnung der Willensbestimmung dienendes Wort aufgenommen hat. Wenn also beispielsweise der Entwurf nach dem Vorbilde des Preußischen Strafgesetzbuches die Gesetzesformel aufstellt:

„Wer eine fremde bewegliche Sache einem Anderen in der Absicht wegnimmt, dieselbe sich rechtswidrig zuzueignen“ u. s. w.

so erwähnt diese Gesetzesformel die Vorsätzlichkeit nicht, benutzt dagegen einen anderen die Willensbestimmung bezeichnenden Ausdruck — „in der Absicht“ —; aber, obwohl dieses der Fall, so enthält die Gesetzesformel dennoch das Moment der Vorsätzlichkeit und wird dieses in keiner Weise durch die Worte „in der Absicht“ — absorbirt.

Durch das Wort „Vorsatz“ wird nichts weiter ausgedrückt, als: Die begangene Handlung läßt erkennen, daß der Angeklagte den Willen hatte, ein Recht zu verletzen. Der Vorsatz muß mithin bei jeder verbrecherischen Rechtsverletzung vorhanden sein, und der Inhalt des Vorsatzes ist ebenso verschiedenartig als durch die einzelnen Verbrechen verschiedenartige Rechte angegriffen werden. So hat der Vorsatz bei einem gegen die Gesundheit gerichteten Verbrechen einen anderen Inhalt als bei einem gegen das Leben oder das Vermögen gerichteten Verbrechen. Aber bei allen gegen das Vermögen gerichteten Verbrechen, dieselben mögen im Uebrigen specialisirt sein, wie sie wollen — Vermögensbeschädigung, Diebstahl, Unterschlagung, Betrug, Raub, Erpressung — hat der Vorsatz den gleichen Inhalt. Denn bei allen diesen Verbrechen muß, sei es explicite oder implicite, der Beweis geführt werden, daß der Angeklagte den Willen hatte, ein Vermögensrecht zu verletzen.

Es ist nun noch in Betreff des Vorsatzes auf Folgendes aufmerksam zu machen.

Vergleicht man beispielsweise folgende beiden Gesetzesformeln:

„Wer vorsätzlich einen Menschen tödtet," u. s. w. und

„Wer ein Kind oder eine wegen Gebrechlichkeit oder Krankheit hülflose Person aussetzt, oder eine solche Person, wenn sie unter seiner Obhut stehen, in hülfloser Lage vorsätzlich verläßt" u. s. w.

so wird der Unterschied in dem Gebrauche des „vorsätzlich" in beiden Gesetzesformeln nicht unbemerkt bleiben können.

Denn in dem ersteren Falle bezieht sich das „vorsätzlich" auf das Recht, welches angegriffen ist; es wird gesagt, der Angeklagte hat das Leben eines Menschen vernichten wollen; in dem zweiten Falle dagegen bezieht sich das „vorsätzlich" nicht auf das angegriffene Recht selbst, sondern auf die Handlung, durch welche die Rechtsverletzung herbeigeführt wurde. Es scheint demnach, als ob auch der Entwurf es nicht vermocht habe, für das so wichtige Wort „vorsätzlich" eine und dieselbe Bedeutung festzuhalten! Aber es scheint auch nur so.

Ich möchte, um dies darzuthun, auf eine Aenderung aufmerksam machen, welche der Entwurf gegenüber dem §. 197. des Preußischen Strafgesetzbuches vorgenommen. Dieser §. 197. bestimmt:

„Wer vorsätzlich einem Andern Gift oder andere Stoffe beibringt, welche die Gesundheit zu zerstören geeignet sind, wird" u. s. w.

Der Entwurf sagt dagegen:

„Wer vorsätzlich einen Anderen dadurch beschädigt, daß er demselben Gift oder andere Stoffe beibringt, welche die Gesundheit zu zerstören geeignet sind" u. s. w.

Das Preußische Strafgesetzbuch giebt somit eine Definition, welche das Verbrechen der Vergiftung gerichtet erscheinen läßt gegen die Gesundheit und gegen das Leben. Und indem hinzugefügt wird:

„Diese Bestimmungen berühren nicht den Fall, wo der Thäter" — also doch der Thäter, welcher vorsätzlich Gift gab — „die Absicht zu tödten hatte" —

wird derjenige Fall der Vergiftung, welcher gegen das Leben gerichtet war, bezüglich seiner Strafbarkeit dem Bereich des §. 197. entzogen und den §§. 175, 176 zugewiesen.

Der Entwurf geht davon aus, daß sich das gleiche Resultat einfacher dadurch erreichen lasse, daß man gelegentlich der Strafbestimmungen über die Körperverletzung von der Vergiftung als einer Art der qualificirten Körperverletzung, aber auch nur als von einer Art der qualificirten Körperverletzung spreche. Dies wurde erreicht, indem man das vorsätzlich mit dem „beschädigen" in Verbindung brachte, und nicht mit derjenigen Thätigkeit, durch welche die Beschädigung herbeigeführt wurde. Wollte man die beiden Vorschriften: 1) Wer einen Anderen vorsätzlich dadurch tödtet, daß er ihm Gift beibringt; und 2) Wer einen Anderen vorsätzlich dadurch beschädigt, daß er ihm Gift beibringt; in einer Strafvorschrift zusammenfassen, so mußte man sagen: „Wer einem Anderen vorsätzlich Gift beibringt." Dadurch wird dann scheinbar das vorsätzlich auf die rechtsverletzende Handlung bezogen, während es der Sache nach dazu dient, den Willen des Handelnden zu bezeichnen, welcher darauf gerichtet war, dasjenige Recht zu verletzen, welches in concreto verletzt war, und ändert es hierin Nichts, daß die thatsächliche Feststellung entsprechend den Worten des Gesetzes vorgenommen wurde. Aehnlich wie bei der Vergiftnng verhält es sich auch bei anderen Verbrechen, bei denen nicht das angegriffene Recht, sondern die Art der Ausführung an erster Stelle in's Auge gefaßt ist. So bei der Brandstiftung und anderen gemeingefährlichen Verbrechen. Denn auch bei der Gesetzesformel:

„Wer vorsätzlich ein Gebäude u. s. w. in Brand setzt"

bezieht sich das „vorsätzlich" nicht auf das durch die Brandstiftung angegriffene Recht, sondern auf die Vornahme der rechtsverletzenden Handlung. Dies wird aber bei diesen sogenannten formalen Verbrechen immer der Fall sein. Ihnen gegenüber verlangt das Gesetz nicht den Nachweis, daß der Angeklagte dieses oder jenes bestimmte Recht habe verletzen wollen, sondern es verlangt den Nachweis, daß der Angeklagte den Willen gehabt habe, die vom Gesetze verbotene Handlung zu begehen. Durch diesen Beweis wird mittelbar aber auch der Beweis dafür beigebracht, daß der Angeklagte ein Recht habe verletzen wollen, wenn auch die Specialität des Rechtes nicht festgestellt zu werden braucht.

Und so wie bei diesen formalen Verbrechen, tritt auch bei einzelnen anderen Verbrechen das angegriffene Recht nicht klar und deutlich hervor. Der Entwurf hätte ja bei dem oben herangezogenen Verbrechen der „Aussetzung" sagen können:

„Wer vorsätzlich den Alimentations- und Sustentationsanspruch, welchen ein Kind oder eine durch Krankheit oder Gebrechlichkeit hülflose Person gegen ihn hat, dadurch verletzt, daß er ein Kind oder eine solche Person in hülfloser Lage verläßt" u. s. w.

aber schwerlich würden damit die Kontroversen über die kriminalistische Natur des Verbrechens beseitigt worden sein. Es wäre auch ganz überflüssig gewesen, durch die Aufstellung einer derartigen Formel einen Streit zu provociren, denn es ist ganz gleichgültig, ob ich sage, Jemand verletzt vorsätzlich dasjenige Recht, welches durch das Verbrechen der Aussetzung verletzt wird, oder ob ich sage, er begeht vorsätzlich diejenige Handlung, welche das Verbrechen der Aussetzung ist.

Soll das Gesetz auch gewiß nach bestimmten Prinzipien gearbeitet sein, so soll es sich doch ganz gewiß nicht auf Sylbenstechereien einlassen.

Wir haben bisher nur der vorsätzlichen Rechtsverletzung Erwähnung gethan. Es kommen demnach noch die mit Strafe bedrohten gefährlichen und unsittlichen Handlungen in Betracht. Diese machen aber für die die Willensbestimmung betreffende Terminologie kaum irgend welche Schwierigkeiten. Denn da Handlungen dieser Art niemals culpos begangen werden, so fehlt jede Veranlassung, bei ihnen irgend wie das dolose Moment in der Gesetzesformel besonders zu bezeichnen.

Aus der bisherigen Darstellung geht hervor, daß, wenn das Vorhandensein des Vorsatzes nachgewiesen, damit nachgewiesen ist, der Angeklagte habe eine bestimmte Rechtsverletzung gewollt.

In den meisten Fällen wird aber der Angeklagte die Rechtsverletzung nicht um ihrer selbst, sondern er wird sie gewollt haben, um dadurch etwas zu erreichen. Das Motiv, der Zweck, um dessentwillen die Rechtsverletzung begangen wurde, ist natürlich indifferent, wenn es sich darum handelt, ob eine Handlung überhaupt strafbar ist. Aber für die Größe der Strafbarkeit ist die Beschaffenheit des Motives, des Zweckes, keineswegs gleichgültig; und es wird kein Widerspruch entstehen, wenn man behauptet, daß bei der Strafzumessung auf das Motiv, den Zweck, den der Handelnde verfolgte, insoweit eins oder das andere aus der begangenen Handlung erkennbar ist, gebührende Rücksicht genommen werden müsse.

Wird nun bei Rechtsverletzungen einer gewissen Art die Beobachtung gemacht, daß dieselben wiederholentlich begangen werden, um den gleichen Zweck zu erreichen, um das gleiche Motiv zu realisiren, so kann die Gesetzgebung diese Beobachtung verwerthen, und aus den vorsätzlichen Rechtsverletzungen einer bestimmten Art diejenigen hervorheben, welche zur Erreichung dieses — oft beobachteten und jetzt von der Gesetzgebung speciell bezeichneten — Zweckes, zur Realisirung dieses, jetzt von der Gesetzgebung speciell bezeichneten, Motives begangen wurden.

Durch die Bezeichnung eines solchen speciellen Zweckes, eines solchen speciellen Motives, welche seitens der Gesetzgebung erfolgt, wird somit die auf die Verletzung des Rechts gerichtete Willensbestimmung specialisirt, und es hat diese Specialisirung des Vorsatzes für die Gesetzgebung selbst folgende Bedeutung:

1. **Das Gesetz kann aus der Specialisirung des Vorsatzes einen Qualifikationsgrund eines bestimmten Verbrechens machen; ebenso auch einen Privilegirungsgrund.**

Als Beispiele hierfür können folgende Bestimmungen des Preußischen Strafgesetzbuches angeführt werden:

§. 246. „Wegen Untreue werden mit Gefängniß nicht unter drei Monaten, sowie mit zeitiger Untersagung der Ausübung der bürgerlichen Ehrenrechte bestraft:

1) Vormünder, Kuratoren, Sequester, Testaments-Exekutoren und Verwalter von Stiftungen, wenn sie vorsätzlich zum Nachtheile der ihrer Aufsicht anvertrauten Personen oder Sachen handeln;

2) Mäkler, Güterbestätiger, Schaffner und andere Gewerbtreibende, welche zur Betreibung ihres Gewerbes von der Obrigkeit besonders verpflichtet sind, wenn sie bei den ihnen übertragenen Geschäften vorsätzlich diejenigen benachtheiligen, deren Geschäfte sie besorgen."

Nachdem diese Strafbestimmung aufgestellt, erwägt das Preußische Gesetz, daß diese vorsätzliche Rechtsverletzung deswegen häufig begangen werden könne, weil der Thäter aus der von ihm begangenen Rechtsverletzung Gewinn ziehen wollte, daß mithin die Befriedigung der Gewinnsucht der Zweck dieser vorsätzlichen Rechtsverletzung sein könne. Demgemäß wird zu den soeben mitgetheilten Bestimmungen noch folgende weitere hinzugefügt:

„Wird die Untreue in der Absicht begangen, sich oder Anderen Gewinn zu verschaffen, so soll neben der Freiheitsstrafe zugleich auf Geldbuße von fünfzig bis zu Eintausend Thalern erkannt werden."

Da nun die Untreue selbst von dem Gesetze als eine vorsätzliche Rechtsverletzung bezeichnet ist, so zeigt sich hier deutlich, daß durch das Moment der gewinnsüchtigen Absicht das in dem Delikt der Untreue enthaltene Moment der Vorsätzlichkeit specialisirt und durch diese Specialisirung des Vorsatzes eine Qualifikation des Deliktes der „Untreue" herbeigeführt worden ist.

In den §§. 290. 291 bestimmt das Preußische Strafgesetzbuch, wie derjenige zu bestrafen ist, welcher eine Ueberschwemmung, sei es mit, sei es ohne Gefahr für Menschenleben, verursacht.

Nachdem dieses geschehen, nachdem gesagt ist: „Wer mit Gefahr für das Leben Anderer vorsätzlich eine Ueberschwemmung verursacht" (§. 290) „Wer mit gemeiner Gefahr für das Eigenthum, jedoch nicht mit Gefahr für das Leben Anderer vorsätzlich eine Ueberschwemmung verursacht" — erwägt das Gesetz, daß bei dem Verursachen einer Ueberschwemmung der Thäter lediglich den Zweck verfolgt haben könne, sein Eigenthum gegen Gefahr zu schützen. Demgemäß wird bestimmt §. 292:

„Gegen den, welcher eine solche Ueberschwemmung (§. 290 und §. 291) vorsätzlich, aber nur in der Absicht verursacht, sein Eigenthum gegen Gefahr zu schützen, soll auf Gefängniß nicht unter zwei Jahren erkannt werden."

2. Die Rücksichtnahme auf dasjenige, was der Thäter durch Begehung der vorsätzlichen Rechtsverletzung erreichen wollte, kann auch für das Gesetz die Veranlassung sein, ein selbständiges Verbrechen zu bilden. So giebt die vorsätzliche Beschädigung fremden Vermögens zur Aufstellung verschiedener, selbständiger Verbrechen Veranlassung. Der Umstand aber, daß der Thäter die vorsätzliche Vermögensbeschädigung beging, um aus dem Schaden des Verletzten selbst den einen oder den anderen Vortheil zu ziehen, hat eine Sonderung innerhalb der vorsätzlichen Vermögensbeschädigungen entstehen lassen; und wir finden Verbrechen gegen das Vermögen mit Strafe bedroht, bei welchen der Umstand, daß der Thäter durch die Beschädigung des Verletzten seinen eigenen Vortheil suchte, gar nicht in Betracht kommt, wie dies bei der Sachbeschädigung

der Fall ist, während andere Verbrechen gegen das Vermögen als wesentliches Moment ihres Thatbestandes es aufweisen, daß der Thäter durch fremden Schaden den eigenen Vortheil erreichen wollte — Diebstahl, Raub, Betrug, Erpressung.

3. Wenn das Gesetz die Vorsätzlichkeit der Rechtsverletzung durch den seitens des Thäters zu realisirenden Zweck specialisirt, so wird diese Spezialisirung in einer doppelten Form geschehen können. Derjenige Ausdruck nämlich, welchen das Gesetz gebraucht, um das Motiv oder den Zweck, aus welchem die vorsätzliche Rechtsverletzung hervorging, zu bezeichnen, wird in der Gesetzesformel neben dem Ausdrucke „vorsätzlich“ „Vorsatz“ stehen, wenn das Gesetz es für erforderlich erachtete, bei dem durch den Zweck nicht specialisirten Verbrechen die Vorsätzlichkeit besonders zu erwähnen, oder es wird der den Zweck oder das Motiv des Verbrechers bezeichnende Ausdruck allein in der Gesetzesformel stehen, sobald — wie dies oben gezeigt — das Gesetz keine Veranlassung findet, die Vorsätzlichkeit in die Gesetzesformel speciell mit aufzunehmen.

Wir kommen hiernach zu folgenden Resultat:

Bei allen Fällen doloser, mit Strafe bedrohter Rechtsverletzungen muß der auf eine bestimmte Rechtsverletzung gerichtete Wille des Thäters festgestellt werden. Dies ist eine allgemeine Voraussetzung des Verbrechensbegriffes, obgleich es nur in besonderen Fällen erforderlich sein wird, als Momente des Thatbestandes eines einzelnen Verbrechens den auf die Verletzung eines Rechtes gerichteten Willen des Thäters in der Gesetzesformel besonders zu bezeichnen.

Wo dieses aber geschieht, da muß es ohne Ausnahme durch einen und denselben Ausdruck geschehen. Der Entwuf wählt hier im Anschluß an das Preußische Strafgesetzbuch den Ausdruck „Vorsatz“ „vorsätzlich“.

Es kann sodann aber auch der auf eine Rechtsverletzung gerichtete Wille specialisirt werden durch den Zweck, welchen der Thäter bei der Rechtsverletzung verfolgte, durch das Motiv, welches er zu realisiren suchte. Dies ist aber nur, in einzelnen Fällen erforderlich, und kann, wie oben gezeigt, in verschiedener Form geschehen.

Wo es aber geschieht, da geschieht es zweckmäßig in allen Fällen durch einen und denselben Ausdruck. Der Entwurf wählt zur Bezeichnung dieser Spezialisirung des Vorsatzes, und zwar im Anschlusse an das Preußische Strafgesetzbuch den Ausdruck „Absicht“.

Freilich braucht das Preußische Strafgesetzbuch den Ausdruck „Absicht“ nicht an allen Stellen, wo es darauf ankommt, auszudrücken, welchen Zweck, welches Motiv der Thäter bei Begehung der vorsätzlichen Rechtsverletzung verfolgte; aber da, wo dieses Wort gebraucht ist, bezeichnet es niemals den Willen des Thäters, ein Recht zu verletzen, sondern dient dazu, dasjenige, was durch die Rechtsverletzung erreicht werden sollte, zu bezeichnen. Andere von dem Preußischen Strafgesetzbuch gewählte Ausdrücke dienen zur Bezeichnung des gleichen Begriffes, so das Wörtchen „um“ (§. 37. 67. 234.), das Wort „Zweck“ (§. 254.); indessen ist das Wort „Absicht“ das am häufigsten vorkommende. Und da dieses Wort bei der Begriffsbestimmung einzelner Verbrechen, wie bei dem Diebstahle, dem Betruge, dem Raube sich so fest eingebürgert hat, daß es eine legislatorische Unklugheit wäre, wenn man es durch ein anderes ersetzen wollte, so wird das gleiche Wort auch an anderen Stellen zu verwenden sein, wo es darauf ankommt, zu bezeichnen, was der Thäter durch Begehung der verbrecherischen Rechtsverletzung erreichen wollte.

Indem ich dieses niederschreibe, habe ich die ziemlich sichere Empfindung, daß ich von mehr als einer Seite einer nicht geringen Ketzerei werde beschuldigt werden. Man wird sagen, daß dasjenige, was ich ausgeführt, auf eine Identificirung der Begriffe „Absicht" und „Zweck" herauskomme, und daß sich so etwas die Strafrechtswissenschaft nicht gefallen lassen dürfe.

Hierauf möchte ich im Allgemeinen nur das Eine erwidern, daß es mir hier gar nicht auf doktrinäre Begriffsbestimmungen, sondern lediglich auf eine zweckmäßige Terminologie in dem zu erlassenden Strafgesetzbuche für den Norddeutschen Bund ankommt; und daß sämmtliche Begriffsbestimmungen, welche die Doktrin der „Absicht" gegeben, genau so gut auf den hier vorliegenden Entwurf passen werden, wie sie auf irgend eines der bisher in Geltung gewesenen Strafgesetzbücher namentlich auch auf das Preußische Strafgesetzbuch gepaßt haben.

Ueberdem aber möchte ich zur Verständigung noch auf einzelne Bestimmungen des Preußischen Strafgesetzbuches eingehen.

Ich stelle zunächst folgende beiden Bestimmungen dieses Gesetzbuches neben einander:

> §. 230. „Einen Raub begeht, wer mit Gewalt gegen eine Person, oder unter Anwendung von Drohungen mit gegenwärtiger Gefahr für Leib oder Leben, eine fremde bewegliche Sache einem Anderen in der Absicht wegnimmt, sich dieselbe rechtswidrig zuzueignen."
>
> §. 234. „Wer, um sich oder Dritten einen rechtswidrigen Vortheil zu verschaffen, einen Anderen zu einer Handlung oder Unterlassung dadurch zwingt oder zu zwingen versucht, daß er denselben schriftlich oder mündlich mit der Verübung eines Verbrechens oder Vergehens bedroht, macht sich der Erpressung schuldig."

Wir wollen in beiden Gesetzesformeln diejenigen Worte, welche auf die Willensbestimmung Bezug haben, mit einander vertauschen. Bei dem Raube solle es heißen:

> „. . . . wer . . . eine fremde bewegliche Sache einem Anderen wegnimmt, um sich dieselbe rechtswidrig zuzueignen;"

bei der Erpressung solle es dagegen heißen:

> „Wer, in der Absicht, sich oder Dritten" u. s. w.

und ich glaube nicht zu viel zu behaupten, wenn ich sage, daß die beiden Gesetzesformeln trotz dieser vorausgesetzten Aenderung noch genau denselben Sinn haben würden, den sie zur Zeit im Preußischen Strafgesetzbuch haben.

An einer anderen Stelle §. 254. sagt das Preußische Strafgesetzbuch:

„Wer ohne die Absicht, sich oder Anderen Gewinn zu verschaffen, oder Anderen Schaden zuzufügen, jedoch zu dem Zwecke, Behörden oder Privatpersonen zu täuschen, einen Reisepaß u. s. w. falsch anfertigt oder verfälscht" u. s. w.

Wir wollen in diese Gesetzesformel statt der Worte „zu dem Zwecke" inseriren, „in der Absicht", so daß die Gesetzesformel lauten würde:

„Wer ohne die Absicht, sich oder Andern Gewinn zu verschaffen, u. s. w. . . . jedoch in der Absicht, Behörden u. s. w. zu täuschen, einen Reisepaß u. s. w. falsch anfertigt oder verfälscht" u. s. w.

und die so umgestaltete Gesetzesformel würde noch genau dasselbe bedeuten, was sie zur Zeit mit den Worten „zu dem Zwecke" bedeutet.

In dem §. 254. des Preußischen Strafgesetzbuches sind somit die Worte „Absicht" und „Zweck" als vollkommene Synonyma gebraucht; und in §. 234. wird das zur Bezeichnung des Zweckes dienende Wörtchen „um" so verwandt, daß man, ohne den Sinn der Gesetzesformel irgendwie zu verändern, dasselbe auch mit den Worten „in der Absicht" vertauschen kann.

Es scheint also auch gegenüber den Bestimmungen des Preußischen Strafgesetzbuches nicht übermäßig gewagt, das Wort „Absicht" zur Bezeichnung des von dem Thäter zu erreichenden Zweckes zu benutzen.

Damit indessen die Betrachtungen zum Abschluß gebracht werden, ist es erforderlich, auf die „Absicht" beim Diebstahle einzugehen.

Hören wir zunächst, in welcher Weise sich einzelne Rechtslehrer über das Willensmoment beim Diebstahle aussprechen:

Feuerbach (Lehrbuch §. 319.):

„Die eigenmächtige Zueignung der fremden Sache muß in gewinnsüchtiger Absicht (animo lucri faciendi) geschehen sein, d. i. zu dem Zwecke, unmittelbar durch den Gebrauchs- oder Tauschwerth der Sache selber sein Vermögen zu vergrößern" —

Die Identificirung von Absicht und Zweck ist hier in so deutlicher Weise geschehen, daß über die Auffassung, welche Feuerbach von der Absicht gehabt hat, die zu dem Thatbestande des Diebstahls gehört, nicht gezweifelt werden kann.

Martin (Lehrbuch §. 143):

Zu dem Begriffe des Diebstahls forderte man „ausdrücklich einen verbrecherischen Vorsatz, welcher nicht in jeder Art von sinnlichem Interesse, noch auch verbotener anderer Zwecke, sondern hier eigenthümlich in Gewinn- oder Habsucht seinen Grund haben soll."

Also der Vorsatz, welcher zum Diebstahl gehört, beruht nicht auf anderen verbotenen Zwecken, sondern auf dem Zwecke, welcher in der Realisirung der Gewinnsucht beruht, und deshalb wird dieser Vorsatz — so drückt sich Martin weiter aus — animus lucri oder affectus furandi von den Gesetzen genannt.

Marezoll (Lehrbuch §. 131.):

„Dolus ist ein gemeinschaftliches, wesentliches Requisit, sowohl des römisch-rechtlichen Furtum, als des heutigen Diebstahles. Es besteht in dem Bewußtsein des diebischen Charakters der Handlung, indem der Contrektant, trotz seiner Ueberzeugung, daß er dadurch ein fremdes Vermögensrecht widerrechtlich beeinträchtigt, sich in den Besitz der Sache setzt. Nur muß es zugleich animo lucri faciendi geschehen, d. h. in der Absicht, um sich durch Zuwendung des Besitzes der Sache, mittelbar oder unmittelbar, einen unerlaubten Vermögensvortheil zu verschaffen.“

Trotz einzelner Ungenauigkeiten ist diese Darstellung Marezoll's doch insofern sehr interessant, als dieselbe zunächst zeigt, wie Marezoll durch die „gewinnsüchtige Absicht“ keineswegs den Blick dafür verloren hat, daß der Diebstahl ein Delikt gegen fremdes Vermögensrecht sei, daß die Willensbestimmung des Diebes mithin darauf gerichtet gewesen sein müsse, ein fremdes Vermögensrecht zu verletzen. Diese Willensbestimmung aber genügt noch nicht; es muß vielmehr auch noch animus lucri faciendi vorhanden sein. Und was ist animus lucri faciendi? „Die Absicht“, sich einen Vortheil zu verschaffen; und was ist Absicht? Dasselbe, was man auch mit den Worten „um sich“ einen Vortheil zu verschaffen, ausdrücken kann.

Köstlin (Abhandlungen S. 243.):

„Subjektiv ist erforderlich dolus und zwar specifisch animus lucri, d. h. Absicht, eine fremde Sache widerrechtlich und eigenmächtig aus fremder Detention zu entziehen und sich zuzueignen.“

Man versteht nicht recht, was es heißen solle: „dolus und zwar specifisch animus lucri“, wenn es nicht bedeutete: Dolus specialisirt durch den animus lucri. Und wie definirt nun Köstlin diesen animus lucri? „Der Thäter muß die Sache nicht blos dem Andern nehmen wollen, um diesen durch ihre Vernichtung darum zu bringen, sondern um sie positiv für sich zu haben.“ Und dieses: „um sie positiv für sich zu haben“, setzt Köstlin identisch mit der „Absicht, eine fremde Sache aus fremder Detention zu entziehen und sich zuzueignen.“

Berner (Lehrbuch §. 160.) scheint die Schwierigkeit zu umgehen. Er entwickelt den Thatbestand des Diebstahls in folgender Weise.

„Der Thatbestand fordert

α) als Gegenstand

eine fremde, körperliche, bewegliche, im Gewahrsam eines Anderen befindliche Sache;

β) als Wille

die Absicht, sich die Sache anzueignen, d. h. sie in sein Eigenthum zu bringen.“

Es sind hier die Ansichten verschiedener Rechtslehrer über die Bedeutung der „Absicht“ beim Diebstahl zusammengestellt und es sollte damit gezeigt werden, daß, entweder ganz klar und unverhüllt, wie Feuerbach, Martin, oder in mehr oder minder gewundener Weise, wie Marezoll, Köstlin, doch alle darauf hinauskommen, zu erklären: Absicht ist der Zweck, welchen der Thäter bei der Rechtsverletzung verfolgte.

Wir wollen eine über den gewöhnlichen Umfang einer Legaldefinition hinausgehende Paraphrase des Diebstahls geben. Diese würde lauten:

> Wer **vorsätzlich** das Vermögen eines Anderen verletzt, und zwar dadurch, daß er demselben eine Sache wegnimmt, macht sich des Diebstahls schuldig, falls er die Sache **in der Absicht (zu dem Zwecke)** wegnahm, dieselbe sich rechtswidrig zuzueignen.

Statt der letzten Worte könnte auch gesagt werden: „falls er die Sache wegnahm, **um** sich dieselbe rechtswidrig zuzueignen."

Dasjenige, worauf es ankommt, ist in dieser Paraphrase des Diebstahls besonders hervorgehoben. Es kommt nämlich beim Diebstahl, wie beim Raube, wie bei dem Betruge, wie bei der Erpressung darauf an, es festzuhalten daß alle diese Verbrechen gegen fremdes Vermögen gerichtet sind, daß mithin alle diese Verbrechen an erster Stelle vorsätzliche Vermögensverbrechen sind. Das Willensmoment aber, welches zum Thatbestande eines Verbrechens gehört, kann an erster Stelle nicht daraus bestimmt werden, was der Thäter aus der Begehung der verbrecherischen Rechtsverletzung für sich wollte, sondern es muß das Willensmoment, welches zum Thatbestande eines Verbrechens gehört, an erster Stelle bestimmt werden durch das in verbrecherischer Weise angegriffene Recht. Und erst dann, wenn es feststeht, welches Recht der Thäter verletzen wollte, erst dann kann weiter gefragt werden, was der Thäter durch die Verletzung dieses Rechtes für sich herbeiführen, welche Zwecke, welche Interessen er für sich realisiren wollte. Daß der Diebstahl u. s. w. ein vorsätzliches Vermögensverbrechen ist, wird in den Legaldefinitionen nicht besonders hervorgehoben, es folgt dies aus der Art und Weise, wie die Diebstahlshandlung beschrieben ist. Die Absicht der rechtswidrigen Zueignung, oder die gewinnsüchtige Absicht ist nicht die Willensbestimmung, welche gegen das fremde Vermögensrecht gerichtet ist, sondern diejenige, welche aus der gewollten Rechtsverletzung bestimmte Zwecke für den Thäter realisiren will.

Sehen wir nun aber von dem Diebstahle und den ihm verwandten Delikten ab, und wenden wir uns zum Allgemeinen.

Es wird behauptet, und diese Behauptung ist oben näher begründet, daß ein auf der Basis des accusatorischen Processes basirendes Strafgesetz hinsichtlich der Willensbestimmung nur zwei Fragen zu beantworten hat:

1. **Welches** Recht wollte der Thäter verletzen? Und der Entwurf wird, wo es überhaupt nöthig, diese Frage beantworten mit den Worten:

> Der Thäter hat vorsätzlich fremdes Vermögen beschädigt, er hat vorsätzlich einen Menschen getödtet, u. s. w.

2. Wozu wollte der Thäter das von ihm verletzte Recht verletzen? Und der Entwurf wird diese Frage, und zwar überall, wo von der Beantwortung derselben eine bestimmte gesetzlich zu präcisirende Einwirkung auf die Größe der Strafbarkeit abhängt, damit beantworten, daß er sagt:

Der Thäter handelte in der Absicht, sich eine fremde Sache anzueignen, er handelte in der Absicht, sich Gewinn zu verschaffen, er handelte in der Absicht, sein Eigenthum gegen Gefahr zu schützen, u. s. w.

Ich möchte diese Ausführungen mit folgender Bemerkung abschließen:

Es ist mir, wie gesagt, denkbar, daß dasjenige, was ich hier über den Gebrauch der Worte „Vorsatz" und „Absicht" gesagt habe, zum Gegenstande von Angriffen gemacht werden könnte, falls man überhaupt diese Arbeit einer eingehenden Beachtung werth halten sollte. Die Angriffe würden nun, falls sie erfolgten, auf zwei Punkte zu richten sein. Es müßte erstens dargethan werden, daß ein auf den Prinzipien des accusatorischen Processes beruhendes Strafrecht noch mehr, oder überhaupt andere auf die Willensbestimmung bezügliche Fragen zu beantworten habe, als diejenigen, welche von mir formulirt sind. Sodann müßte, falls die Ausdrücke, welche ich zur Bezeichnung der Willensbestimmung gewählt habe, den Gegenstand des Angriffes bilden sollten, gesagt werden, welche Ausdrücke zweckmäßiger wären; namentlich auch mit Rücksicht auf den zur Zeit bestehenden praktischen Gebrauch. Dagegen glaube ich kaum, daß eine Methode der Untersuchung über die auf die Willensbestimmung bezüglichen Ausdrücke, wie solche bisher in der Doktrin fast durchgängig üblich gewesen, zur Förderung legislatorischer Zwecke Erhebliches beitragen würde.

Zu einer besonderen Erörterung geben noch die Worte: „wissentlich" und „rechtswidrig" Veranlassung.

I. Wissentlich. Der Entwurf hat nach dem Vorbilde anderer Gesetzgebungen unter §. 37. folgende Vorschrift aufgenommen:

„Wenn Jemand bei seiner Handlung einen Thatumstand nicht kannte, durch dessen Dasein die Strafbarkeit jener Handlung bedingt ist, so ist die letztere straflos."

Damit ist denn gesagt, daß die Kenntniß derjenigen Thatsachen, welche gekannt werden müssen, damit in dem Handelnden das Bewußtsein der Rechtswidrigkeit seiner Handlung entstehe, in allen Fällen eine wesentliche Voraussetzung des Verbrechensbegriffes sei. Es entsteht somit die Frage, weshalb bei der Begriffsbestimmung der einzelnen Verbrechen das Moment der Wissentlichkeit noch besonders erwähnt sei und weshalb beispielsweise die Legaldefinition des Diebstahls, des Raubes u. s. w. nichts davon sage, daß der Thäter es gewußt haben müsse, daß die von ihm fortgenommene Sache eine fremde Sache sei, während doch gelegentlich des Meineides gesagt wird:

„Wer einen u. s. w. Eid wissentlich falsch schwört."

Das Prinzip, nach welchem der Entwurf in die Begriffsbestimmung der einzelnen Verbrechen das Moment der Wissentlichkeit bald aufgenommen, bald nicht aufgenommen hat, kann durch folgendes ausgedrückt werden.

Die allgemeine Vorschrift des so eben mitgetheilten §. 37. hat nicht die Wirkung, daß bei der Verfolgung eines jeden Verbrechens seitens der Anklage behauptet und bewiesen wird, der Thäter habe diejenigen Thatsachen gekannt, von deren Kenntniß das Bewußtsein der Rechtswidrigkeit seiner Handlung abhänge. Diese Kenntniß des Thäters muß zwar dann festgestellt werden, wenn über das Vorhandensein derselben irgend ein Zweifel entsteht; aber es entsteht hierüber nicht in jedem Falle Zweifel. Es verhält sich hiermit, wie es sich mit der Zurechnungsfähigkeit überhaupt verhält. Die Anklage braucht nicht zu behaupten, daß der Thäter von Geisteskrankheit frei gewesen sei; man wartet vielmehr ab, ob dies im Laufe des Verfahrens bestritten werden wird. So behauptet auch die Anklage regelmäßig nicht, daß dem Thäter diejenigen Umstände bekannt gewesen, von deren Kenntniß das Bewußtsein der Rechtswidrigkeit seiner Handlung abhing, sondern man wartet ab, ob im Laufe des Verfahrens hierüber ein Zweifel entsteht, in welchem Falle dann das entstandene Bedenken unter Bezugnahme auf §. 37. des Entwurfes (resp. §. 44. des Preußischen Strafgesetzbuches) erledigt wird. Das heißt denn mit anderen Worten: Es wird präsumirt, daß der Thäter diejenigen Thatsachen gekannt habe, von deren Kenntniß das Bewußtsein der Rechtswidrigkeit abhängig war. Und diese Präsumtion ist in vielen Fällen eine vollkommen berechtigte. Denn jedenfalls muß die Anklage behaupten und beweisen, daß der Thäter alles dasjenige gethan habe, was er gethan haben muß, wenn dasjenige Strafgesetz, auf Grund dessen er angeklagt ist, gegen ihn in Anwendung gebracht werden darf. So muß doch beispielsweise bei einer Anklage wegen Diebstahls gegen den Thäter festgestellt werden, daß er eine fremde Sache einem Anderen fortgenommen habe, daß er die fremde Sache einem Andern fortgenommen habe in der Absicht, sich dieselbe rechtswidrig zuzueignen. Ist dies Alles aber erwiesen, so wird es des Beweises nicht mehr bedürfen, daß der Thäter auch gewußt habe, die von ihm weggenommene Sache sei eine fremde gewesen; denn dieser Beweis würde auf den Beweis der Negative herauskommen, daß Thäter nicht irrthümlich geglaubt habe, die von ihm weggenommene Sache sei seine eigene und nicht eine fremde gewesen. Und so wie bei dem Diebstahle, verhält sich die Sache bei den meisten anderen Verbrechen ebenfalls. Aber nicht bei allen! Es giebt vielmehr einzelne Verbrechen, deren specielle, durch das Gesetz festgestellten Merkmale noch keineswegs den Schluß gestatten, daß der Thäter auch diejenigen Thatsachen gekannt habe, die er gekannt haben muß, wenn das Bewußtsein der Rechtswidrigkeit in ihm entstanden sein soll. In diesen Fällen wird es nothwendig sein, in der Anklage die Behauptung aufzustellen und zu beweisen, daß der Angeklagte die betreffenden Thatsachen gekannt habe. Das Gesetz schreibt die Nothwendigkeit einer solchen Behauptung und eines solchen Beweises vor, indem es in den

Thatbestand eines einzelnen Verbrechens die Worte „wissentlich", „wider besseres Wissen", „von denen er weiß" aufnimmt.

Wann dies im Einzelnen geschehen muß, ist eben mit Bezug auf das einzelne Verbrechen zu untersuchen. Etwas Allgemeines läßt sich hierüber nicht mehr anführen.

Dieses Moment der Wissentlichkeit hat aber mit den die Willensbestimmung des Thäters bezeichnenden Ausdrücken „Vorsatz" und „Absicht" nichts weiter zu thun, als daß, wo die Wissentlichkeit fehlt, weder von dem einen noch von dem andern die Rede sein kann, daß dagegen, wo die Wissentlichkeit vorhanden ist, bald der Vorsatz allein, bald auch außer dem Vorsatze die Absicht festgestellt werden muß.

II. Rechtswidrig. Aehnlich, wie mit dem „wissentlich" verhält es sich auch mit dem „rechtswidrig". Die exceptio feci sed jure feci wird, wo sie gemacht werden kann, auch zuzulassen sein. Aber man wird in den meisten Fällen abwarten dürfen, ob sie gemacht werden wird; man darf sogar in den meisten Fällen präsumiren, daß sie nicht werde gemacht werden. In einzelnen Fällen wird aber diese Präsumtion unzulässig sein, und das Gesetz wird dann vorschreiben, daß nicht der Beweis des Angeklagten abgewartet werde, daß er in Ausübung eines Rechtes gehandelt habe, sondern daß die Anklage beweisen solle, es sei die Handlung des Angeklagten eine rechtswidrige gewesen. Ob dies dadurch geschieht, daß man das Wort „rechtswidrig" in den Thatbestand des Verbrechens aufnimmt, oder ob man zu gleichem Zwecke ein anderes Wort „widerrechtlich", „unbefugterweise", „ohne Erlaubniß" verwendet, ist gleichgültig. Aber auch hier handelt es sich nicht um die Bezeichnung der verbrecherischen Willensbestimmung selbst, sondern lediglich um die Bezeichnung einer Voraussetzung der verbrecherischen Willensbestimmung.

Zweiter Titel.

Von dem Versuche.

§. 26.

Für die Bestrafung des Versuches eines Verbrechens sind nachstehende Bestimmungen maßgebend:

1. **In denjenigen Fällen, in welchen für das vollendete Verbrechen lebenslängliche Zuchthausstrafe festgesetzt ist, tritt für das versuchte Verbrechen zeitige Zuchthausstrafe nicht unter sechs Jahren ein.**
2. **In denjenigen Fällen, in welchen für das vollendete Verbrechen entweder ausschließlich zeitige Zuchthausstrafe oder neben der zeitigen Zuchthausstrafe die Strafe der Einschließung festgesetzt ist, kann für das versuchte Verbrechen statt der Zuchthausstrafe auch auf Gefängniß nicht unter Einem Jahre erkannt werden.**

3. In denjenigen Fällen, in welchen für das vollendete Verbrechen neben der Zuchthausstrafe die Gefängnißstrafe festgesetzt ist, kann für das versuchte Verbrechen die Gefängnißstrafe bis auf die Hälfte des niedrigsten Maßes herabgesetzt werden.

Es wird nicht an Stimmen fehlen, welche die Behauptung, daß die Bestimmungen dieses einen Paragraphen ausreichend seien, um alles dasjenige anzuordnen, was ein Gesetz hinsichtlich der Bestrafung des Versuches überhaupt anzuordnen habe, mindestens für etwas kühn halten werden. Auch wird es nicht ausbleiben, daß gerade diese Gesetzesformel beim ersten Anblicke wenig Beifall finden wird.

Und doch glaube ich den Beweis dafür mindestens antreten zu dürfen, daß erstens die vorstehende Gesetzesformel über alles dasjenige Auskunft giebt, worüber man von dem Strafgesetze bei Bestrafung des Versuches überhaupt Auskunft verlangen darf, und daß zweitens die in der Gesetzesformel enthaltenen Vorschriften in der Weise getroffen werden mußten, wie sie getroffen sind. Ob freilich unter Nr. 1. statt der „sechs Jahre" besser acht, oder zehn, oder wie viel Jahre zu setzen; ob unter Nr. 2. statt des „Einen Jahres" lieber eine andere Minimalbestimmung, oder unter Nr. 3. eine andere Quote als „die Hälfte" zu wählen gewesen wäre, darüber wird sich streiten lassen. Denn mit diesen Bestimmungen ist ein Gebiet betreten, auf welchem mehr oder minder großen Willkürlichkeiten ein gewisser Spielraum nicht versagt werden kann.

Die erste Behauptung ist also:

§. 26. des Entwurfes enthält alle diejenigen Vorschriften, welche ein Strafgesetz über die Bestrafung des Versuches enthalten muß.

Man könnte folgende Vorschriften vermissen.

Zunächst: da die Strafbestimmungen, welche in einem Gesetze enthalten sind, zu ihrer Voraussetzung haben, daß das betreffende Verbrechen vollendet sei, da mithin durch diese Strafvorschriften nur das vollendete Verbrechen betroffen wird, so könnte eine Bestimmung erwartet werden, welche im Allgemeinen erklärt, daß außer dem vollendeten auch das versuchte Verbrechen zu bestrafen sei.

Es ist nun aber gewiß nicht nöthig, das Für und Wider einer solchen Vorschrift zu erörtern. Genug; wenn das Gesetz sagt, wie der Versuch eines Verbrechens gestraft werden solle, so sagt es damit auch ganz gewiß, daß der Versuch eines Verbrechens gestraft werden solle.

Sodann wird man auch eine Bestimmung darüber vermissen, bei welchen Verbrechen der Versuch zu strafen sei.

Das Preußische Strafgesetzbuch läßt ja hierüber keinen Zweifel:

Der Versuch eines Verbrechens wird immer bestraft (§. 32.); der Versuch eines Vergehens nur in denjenigen Fällen, in welchen die Gesetze dies ausdrücklich bestimmen (§. 33.), und der Versuch einer **Uebertretung** ist straflos (§. 336.).

Wir wollen die Dreitheilung hier einmal ganz bei Seite lassen. Wenn der Versuch **jedes** „Verbrechens", wozu ja auch alle mit Zuchthaus **oder** Gefängniß zu bestrafenden Delikte gehören, und wenn außerdem noch der Versuch derjenigen Vergehen, bei denen dies im Gesetze ausdrücklich angeordnet ist, bestraft wird, und da es gewiß Niemandem einfallen wird, den Versuch eines Deliktes zu strafen, wenn der Versuch des betreffenden Deliktes überhaupt nicht vorkommt, so dürfte die eben angeführte Bestimmung des Preußischen Rechtes kaum eine die Strafbarkeit des verbrecherischen Versuches **beschränkende** genannt werden.

Es ist nämlich im Preußischen Strafgesetzbuche die Bestrafung des Versuches eines **Vergehens** in folgenden Fällen bestimmt:

§. 84. Verhinderung der Staatsangehörigen, in Ausübung ihrer staatsbürgerlichen Rechte zu wählen oder zu stimmen.
§. 90. Zwingen eines Beamten, eine Amtshandlung vorzunehmen oder zu unterlassen.
§. 94. Befreiung eines Gefangenen.
§. 111. Anwerbung zum fremden Militairdienste, sowie Verleiten zur Desertion und Hülfeleistung bei der Desertion.
§. 212. Nöthigung.
§. 216. Diebstahl.
§. 227. Unterschlagung.
§. 234. Erpressung.
§. 242. Betrug.
§. 243. Qualificirte Betrugsfälle.
§. 271. Furtum possessionis.
§. 311—313. Bestechung.
§. 324. Unterschlagung öffentlicher Gelder.
§. 326. Erheben unrechtmäßiger Gebühren oder Vergütungen.
§. 330. Wenn ein Beamter einen Untergebenen zur Begehung eines **Vergehens** verleitet. (Daß auch der Versuch eines Beamten, einen Untergebenen zur Begehung eines **Verbrechens** zu verleiten, strafbar ist, folgt aus der Strafbestimmung des §. 330. ganz von selbst.)

Wenn man nun behaupten will, daß das Preußische Strafgesetzbuch durch die in §. 33. getroffene Bestimmung die Strafbarkeit des Versuches eines Vergehens **beschränkt** habe, so behauptet man damit, daß unter denjenigen Delikten, welche den Karakter eines preußischen **Vergehens** haben, solche existiren, bei welchen ihrer Natur nach ein strafbarer Versuch vorkommen kann, ohne daß jedoch die Strafbarkeit des Versuches in Folge der Vorschrift des §. 33. zulässig wäre.

Um die Berechtigung einer solchen etwaigen Behauptung zu prüfen, ist zunächst daran zu erinnern, in welchen Fällen überhaupt ein strafbarer Versuch nicht vorkommen kann. Dies ist der Fall bei allen kulposen Delikten, bei allen Unterlassungsdelikten, d. h. Zuwiderhandlungen gegen **Gebots**gesetze, und sodann bei allen denjenigen Delikten, welche nicht verbrecherische Rechtsverletzungen, sondern entweder gefährliche, oder unsittliche Handlungen sind. Zu diesen Fällen, in denen von der Strafbarkeit eines Versuches um deswillen nicht die Rede sein kann, weil das Vorkommen des verbrecherischen Versuches begrifflich ausgeschlossen ist, kommt noch die ganze Reihe derjenigen Fälle, bei welchen das Vorkommen des verbrecherischen Versuches zwar denkbar ist, wo aber der Versuch dennoch nicht vorkommt, weil zwischen dem denkbaren Anfange und dem Ende der verbrecherischen Handlung ein so geringes Spatium existirt, daß die der praktischen Jurisprudenz zu Gebote stehenden Beobachtungswerkzeuge nur ein Zusammenfallen des Anfanges und des Endes der verbrecherischen Handlung, nicht aber den Zwischenraum zwischen Anfang und Ende derselben beobachten können. Hierher gehört die ganze Reihe derjenigen Delikte, welche unter dem Gesichtspunkte der Beleidigungen gestraft werden — Majestätsbeleidigung, Beleidigung eines Mitgliedes der landesherrlichen Familie, Beleidigung des Oberhauptes eines fremden Staates, Beleidigung eines Gesandten, die Amtsbeleidigung, die öffentliche oder schriftliche Beleidigung — mit welchen Delikten in Verbindung gebracht werden können die falsche Anschuldigung, die Gotteslästerung und sonstige Verspottungen der Religionsgebräuche. Ferner gehören zu den Delikten dieser Art die im Affekt begangenen, wie die im Affekt begangene Tödtung (Preußisches Strafgesetzbuch §. 177.), ferner die Körperverletzung; das letztere Delikt, soweit es nach den Bestimmungen des Preußischen Strafgesetzbuches zu den Vergehen gehört, auch dann, wenn es nicht im Affekt begangen ist. Es würden ferner hieher zu rechnen sein die Fälschung der Wahl und Stimmzettel u. s. w. (§. 85.), das Kaufen von Wahlstimmen (§. 86.), die falsche Versicherung an Eidesstatt (§. 129.) — denn wenn auch begrifflich ein Versuch der falschen Versicherung an Eidesstatt eben so gut denkbar ist, wie der Versuch eines Meineides, so werden doch selbst „versuchte Meineide" nur in seltensten Fällen zur Anklage gekommen sein —, der Bruch des promissorischen Eides (§. 131.), welches Delikt auch unter dem Gesichtspunkte des Unterlassungsdeliktes aufzufassen ist, die Unzucht zwischen Schwiegereltern und Schwiegerkindern (§. 141.), die Aussetzung (§. 183.), das widerrechtliche Einsperren (§. 210.), die Sachbeschädigung (§. 281.). Bei Vergehen anderer Art, die im Preußischen Strafgesetzbuche mit der Versuchsstrafe nicht bedroht sind, ist das Vorkommen des strafbaren Versuches eher denkbar, wie bei der Entführung (§§. 206. 208.), dem Hausfriedensbruch (§. 214.), dem Wegnehmen einer Leiche oder eines Theiles derselben (§. 137.).

Mit diesen Delikten dürfte dann aber auch die Zahl derjenigen preußischen Vergehen, bei welchen ein strafbarer Versuch überhaupt vorkommen kann, selbst vor dem doktrinären Mikroskop, erschöpft sein.

Auf die Frage nun, ob es nöthig sei, die Strafbarkeit des Versuches in einer ausdrücklichen gesetzlichen Bestimmung zu beschränken, indem man entweder die Strafbarkeit des Versuchs nur in gewissen Fällen zuläßt, oder indem man die Strafbarkeit desselben für gewisse

Fälle ausschließt, wird vom legislatorischen Standpunkte aus Folgendes geantwortet:*)

„Die Grenzen der Strafbarkeit des Versuches sind im Laufe der Zeit immer mehr eingeengt worden. Während nach der Ansicht der älteren Rechtslehrer, Böhmer, Quistorp und Klein, auch bloße Vorbereitungshandlungen als Versuch strafbar sein sollten, ist in neuerer Zeit, z. B. von Mittermaier und Kitka auch als deutsches Recht und bereits in der CCC. enthalten, der im code pénal Art. 2. ausgesprochene Grundsatz vertheidigt, daß der Versuch nur dann strafbar sei, wenn die äußere Handlung einen Anfang der Ausführung enthalte.

Dies nimmt auch Art. 39 des Sächsischen Strafgesetzbuches u. s. w. u. s. w. an. Diese Beschränkung der Bestrafung des Versuchs ist sonach in das allgemeine deutsche Strafgesetzbuch aufzunehmen.

Während aber nach deutschem Rechte früher der Versuch jeder Uebelthat strafbar war, tritt die Bestrafung des Versuchs nach §. 2. und 3. des code pénal als Regel nur bei Verbrechen ein. Der Versuch von Vergehen wird nur dann bestraft, wenn das Gesetz das besonders bestimmt, der Versuch von Uebertretungen niemals.

Diese Beschränkung der Strafbarkeit des Versuches auf die mit besonders schwerer Strafe bedrohten Handlungen beruht auf der Anwendung des Satzes: minima non curat praetor. Man trägt nur der ältesten deutschen Rechtsansicht Rechnung, daß nicht sowohl die an den Tag gelegte Absicht, als nur der eingetretene Erfolg die Strafe nach sich zieht, wenn man nicht jeden, sondern nur den Versuch von solchen Handlungen bestraft, welche einen besonders schädlichen Erfolg haben. Diesen Mittelweg schlägt das Preußische Strafgesetzbuch ein" u. s. w.

Wir wollen mit dem Verfasser dieser Ausführung über seine historische Auffassung des älteren deutschen Strafrechts bis zur CCC. hin nicht rechten; nnd man wird es auch nicht verlangen, daß wir auf diejenigen Konsequenzen eingehen, welche aus vollkommen unrichtigen historischen Anschauungen für eine heutige Gesetzgebung gewonnen werden.

Entgegnen wollen wir der obigen Ausführung nur Folgendes:

1. Wenn für die nur beschränkte Strafbarkeit des Versuches der Satz: minima non curat praetor maßgebend sein sollte, so würde daraus nur folgen, daß man die Bestrafung des Versuches bei geringfügigen Delikten untersagt, keinesweges aber, daß man die Strafbarkeit des Versuches auf die „besonders schweren" Verbrechen beschränkt. Ueberdem ist der Satz: minima non curat praetor wohl ein solcher, dessen Handhabung in der Praxis beobachtet werden wird, weil sich die Befolgung desselben für eine verständige Praxis ganz von selbst ergiebt; aber gerade deshalb hat auch die Gesetzgebung keine Veranlassung, diesem Satze, gleichviel ob explicite oder implicite einen Ausdruck zu geben. Ja noch mehr, die Gesetzgebung kann dies gar nicht thun, da jener Satz keinesweges bloß in dem Gebiete des strafbaren Versuchs, sondern in so vielen Gebieten des Strafrechts nicht

*) R. v. Kräwel Entwurf nebst Gründen zu dem allgemeinen Theil eines für ganz Deutschland geltenden Straf-Gesetzbuches. Halle 1862.

nur sondern auch des Civilrechts Anwendung leidet, daß es für die Gesetzgebung, wenn dieselbe sich nicht in die unfruchtbarste und gefährlichste Kasuistik verirren will, gar nicht möglich wird, dem Satze: minima non curat praetor überall dahin zu folgen, wo derselbe mit Recht einen Platz beansprucht und — auch ohne Gesetzgebung findet.

2. Die Straflosigkeit der Vorbereitungshandlungen gegenüber der Strafbarkeit der Versuchshandlungen auszuschließen ist etwas ganz Anderes, als dasjenige, um was es sich hier handelt. Hier handelt es sich nur darum, ob ein Gesetz bestimmen soll, daß nur der Versuch gewisser Verbrechen strafbar, resp. der Versuch gewisser Handlungen nicht strafbar sein solle, oder ob die Gesetzgebung eine solche Vorschrift nicht zu treffen habe. Diese Frage kann man aber nicht damit beantworten, daß man sagt, die Grenzen der Strafbarkeit des Versuchs seien im Laufe der Zeit immer mehr eingeengt, wie sich auch daraus ergebe, daß die früher bestraften Vorbereitungshandlungen jetzt nicht mehr bestraft werden. Denn letzteres bezieht sich ja nur auf die Frage, wie weit die Strafbarkeit einer Versuchshandlung reichen solle, wenn es feststeht, daß der Versuch dieses Verbrechens gestraft werden solle, berührt aber gar nicht die Frage, ob der Versuch hier oder da zu strafen oder nicht zu strafen sei. An sich wäre es ja denkbar, daß ein Gesetz bestimmte: der Versuch soll nur bei diesen Verbrechen bestraft werden, aber bei diesen Verbrechen soll nicht nur der Versuch, sondern auch die Vorbereitungshandlung bestraft werden.

Was von der Gesetzgebung dazu gethan werden kann, um die Straflosigkeit der Vorbereitungshandlungen zu sichern, und ob hierfür durch die das Strafrecht betreffende Gesetzgebung überhaupt etwas geschehen kann, wird weiter unten erörtert werden.

Hier kann jedoch in Betreff der Frage, ob eine gesetzliche Beschränkung in Betreff der Strafbarkeit des Versuchs aufzustellen ist, gesagt werden, daß dieses nicht erforderlich ist. Die Gründe hierfür sind folgende:

1. Der strafbare Versuch wird nur da bestraft werden können, wo derselbe als vorhanden thatsächlich festgestellt ist.

2. Wie überhaupt nur dann verfolgt und gestraft wird, wenn irgend ein Interesse zur Verfolgung und Bestrafung vorliegt, so wird auch der Versuch einer verbrecherischen Rechtsverletzung nur dann verfolgt und gestraft werden, wenn hierzu irgend ein Interesse vorliegt. Denn, daß trotz des Instituts der Staatsanwaltschaft manche — und nicht bloß unentdeckt gebliebene — Delikte ungestraft und selbst unverfolgt bleiben, wird nicht wohl bestritten werden können. Und daß eine taktvolle Praxis ebenso das Richtige zu treffen wissen wird, wenn es sich darum handelt, ob eine Versuchshandlung zu verfolgen sei oder nicht, wie sie es jetzt zu beurtheilen weiß, ob dies oder jenes vollendete Delikt sich zur Verfolgung eigne, das darf ebenfalls vorausgesetzt werden.

3. Das Gesagte bezieht sich nur auf den Inhalt desjenigen Strafgesetzbuches, für welches hier der Entwurf aufgestellt wird. Wenn in Betreff dieses oder jenes Deliktes, dessen Strafbarkeit durch die

Landesgesetzgebung angeordnet wird, eine besondere Veranlassung vorhanden sein sollte, die Strafbarkeit des Versuchs auszuschließen, so ist einem solchen Vorgehen durch dasjenige, was der Entwurf in Betreff der Strafbarkeit des Versuchs festsetzt, nicht das Geringste in den Weg gestellt.*)

Aber nicht bloß das Fehlen einer Bestimmung darüber, daß der Versuch zu strafen sei, nicht bloß das Fehlen einer Bestimmung darüber, in welchen Fällen der Versuch zu strafen sei, wird Bedenken entstehen lassen. Vor Allem wird es auffallen, daß überhaupt jede Begriffsbestimmung des Versuchs in dem Entwurfe fehlt.

Wenn man freilich in einer solchen Begriffsbestimmung nichts weiter sähe, als eine theoretische Definition, so würde man kaum auf Widerspruch stoßen, wenn man behauptete, daß um deswillen gerade eine derartige Begriffsbestimmung in den Entwurf nicht gehöre. Aber die allgemeine Begriffsbestimmung des verbrecherischen Versuches soll in dem Gesetzbuche sehr erheblichen praktischen Zwecken dienen. Es soll dieselbe erstens die Grenze ziehen zwischen den straflosen Vorbereitungshandlungen und den strafbaren Versuchshandlungen; es soll dieselbe eine Entscheidung treffen über die Strafbarkeit oder Straflosigkeit des Versuches an untauglichen Objekten und mit untauglichen Mitteln; es soll dieselbe anordnen, daß das freiwillige Zurücktreten vom Versuche Straflosigkeit bedinge; es soll dieselbe endlich vielleicht auch bestimmen, was unter beendigtem Versuche zu verstehen, und wie die Strafbarkeit des beendigten Versuches sich zu der Strafbarkeit jedes anderen Versuches verhalte.

Untersuchen wir zunächst die Angelegenheit des beendigten Versuches.

Was der beendigte Versuch ist, das weiß man so eigentlich nicht, wenigstens reicht die Kenntniß dieses Begriffes nicht so weit, daß es möglich geworden wäre, in denjenigen Gesetzen, welche die Begriffsbestimmung des beendigten Versuches gegeben haben, dieselbe übereinstimmend geben zu können.

Sachsen. Art. 40. „Der Versuch ist ein beendigter, sobald der Verbrecher Alles gethan hat, was er zu thun für nöthig hielt, um die von ihm beabsichtigte Rechtsverletzung herbeizuführen.

Braunschweig. §. 36. Wer die Vollführung eines vorsätzlichen Verbrechens anfängt, solche aber nicht vollendet, oder falls ein bestimmter Erfolg zu den gesetzlichen Erfordernissen des Verbrechens gehört, diesen nicht bewirkt, soll vorbehaltlich u. s. w. mit einer gelinderen als der auf das Verbrechen selbst gesetzten Strafe belegt werden. Diese soll, wenn Alles geschehen ist, was zur Vollführung des Verbrechens von Seiten des Thäters geschehen mußte, wegen eines solchen beendigten Versuches

*) Es kann hier beispielsweise an den Diebstahl von Eßwaaren, an den Futterdiebstahl u. s. w. (Preußisches Strafgesetzbuch §. 349 No. 3, 5, 7) gedacht werden.

nicht unter die dem vollendeten Verbrechen angedrohte Strafart u. s. w. u. s. w. herabsinken."

Also zwei ganz verschiedene Begriffsbestimmungen. Während Sachsen den Begriff des beendigten Versuches von dem subjektiven Dafürhalten des Thäters abhängig macht, legt Braunschweig*) einen allgemeineren, objektiven Maßstab an die stattgehabte Versuchshandlung, um zu prüfen, ob der beendigte Versuch vorhanden.

Wollte man dem Sächsischen Strafgesetzbuche folgen, so käme man dazu, daß der Begriff des beendigten Versuches einen bestimmten Inhalt überhaupt nicht habe, sondern daß der Inhalt dieses Begriffes ebenso verschiedenartig sei, wie das individuelle Meinen und Dafürhalten des einzelnen Thäters. Folgt man dagegen dem Braunschweigischen Gesetzbuch, so gewinnt man zwar einen allgemeinen abstrakten Begriff, der jedoch eben wegen seiner abstrakten Allgemeinheit auf die wirklich vorkommenden konkreten Fälle nicht angewandt werden kann. Denn, wenn derjenige, welcher eine bestimmte verbrecherische Rechtsverletzung wollte, wirklich Alles gethan hat, was „zur Vollführung des Verbrechens von seiner Seite geschehen mußte", so weiß man nicht, wie das Verbrechen unvollendet bleiben soll, falls nämlich die Worte „des Verbrechens" gleichbedeutend sind mit den Worten „dieses, nämlich des von dem Thäter in concreto versuchten Verbrechens". Denn blieb das Verbrechen unvollendet, so zeigt ja eben diese Thatsache, daß von dem Thäter nicht Alles geschehen, was zur Vollführung des Verbrechens nothwendig war, falls man nämlich unter „Alles" das Beseitigen aller der Hindernisse versteht, die dem Thäter bei Begehung des Verbrechens sich entgegenstellen konnten. Und wenn man einen Nachdruck darauf legen wollte, daß Alles geschehen sein müsse, was von Seiten des Thäters geschehen mußte, so kann man doch nicht gemeint sein, anzunehmen, daß der Urheber eines Verbrechens allein auf der Welt sei, daß mithin seinem Unternehmen andere Personen nicht entgegentreten könnten. Oder wollte man wirklich sagen: Der beendigte Versuch ist vorhanden, wenn der Thäter Alles gethan, was von seiner Seite zur Vollführung des Verbrechens zu thun erforderlich war, so daß das Verbrechen auch wirklich vollendet worden wäre, falls nicht andere Personen den Erfolg vereitelt hätten? Das hat man aber nicht gesagt, und, wenn man es gesagt hätte, so hätte man etwas Unrichtiges gesagt, da es für Beurtheilung der Schuld des Thäters ganz gleichgiltig ist, ob andere Personen, oder ob Naturereignisse oder was sonst dem Thäter entgegengetreten. Dann käme man aber zu dem Resultate, daß beendigter Versuch vorhanden, wenn der Thäter Alles gethan, was zur Vollendung erforderlich, so daß das Verbrechen vollendet worden wäre, wenn nicht irgend Etwas die Vollendung gehindert hätte. Aber auch dieser Begriff würde noch das Bedenken gegen sich haben, daß es überaus mißlich ist, bestimmen zu wollen, was aus diesem und jenem geworden wäre, wenn dieses und jenes nicht dazwi-

*) Mit Braunschweig stimmt überein das frühere Hannoversche Strafgesetzbuch Art. 33, das Badische Gesetzbuch §. 107, Württemberg Art. 64.

schen gekommen wäre. Denn beurtheilen läßt sich doch nur, was geschehen ist, nicht aber, was nicht geschehen ist, sondern nur hätte geschehen können.

Nimmt man zu diesen Bedenken gegen den Begriff des beendigten Versuches aber noch die Thatsache, daß die meisten deutschen Gesetzbücher diesen Begriff nicht recipirt haben, daß auch in der Praxis gar kein Verlangen vorhanden ist, denselben wiederzugewinnen, so würde dies genügen, um es zu rechtfertigen, wenn der Entwurf ebenfalls dem beendigten Versuche eine Stelle nicht eingeräumt hat.

Dazu aber könnte noch folgender Grund gegen die Beibehaltung des Begriffes des beendigten Versuches angeführt werden.

Es scheint nämlich, als ob der sog. „geendigte Versuch" auf einem Gedankenfehler beruhe. Das karakteristische Merkmal desselben soll doch — mag man nun die Auffassung des Sächsischen oder die des Braunschweigischen Gesetzbuches adoptiren — in dem Quantum der angewandten Mittel bestehen. Der Thäter soll alle Mittel erschöpft haben, die nach seiner Meinung erforderlich waren — Sachsen — er soll alle Mittel erschöpft haben, die in abstracto erforderlich sein möchten — Braunschweig u. s. w. Für die Beurtheilung der Strafbarkeit einer Handlung kommt es jedoch an erster Stelle nur auf die Größe der Rechtsverletzung, resp. der gewollten Rechtsverletzung und auf die Intensität des verbrecherischen Willens an; die aufgewandten Mittel werden nur in sofern in Betracht zu ziehen sein, als, neben anderen Umständen auch aus ihnen auf die Intensität des verbrecherischen Willens geschlossen werden kann. Das Verbrechen ist vollendet und wird als vollendet bestraft werden, auch wenn der Thäter diejenigen Mittel, welche er zur Herbeiführung des verbrecherischen Erfolges für nothwendig erachtete, nicht erschöpft hatte, es wird das vollendete Verbrechen als solches bestraft werden, auch wenn in concreto dasselbe mit Aufwand geringerer Mittel begangen wurde, als man in abstracto hierzu für geeignet hielt. Es ist nun doch gewiß ein Widerspruch, wenn man ein Moment, welches bei der Bestrafung der vollendeten Verbrechen, wenn überhaupt, so doch nur als Strafzumessungsgrund geltend gemacht werden kann, bei dem versuchten Verbrechen dazu benutzt, um einen besonderen Schuldgrad des Versuches zu konstruiren. Das Verhältniß der Strafbarkeit der einzelnen Versuchshandlungen zu einander kann naturgemäß nur bestimmt werden nach der größeren oder geringeren Entfernung, in welcher die Versuchshandlung von der Vollendung des Verbrechens blieb. Dies wird ja allgemein anerkannt, und auch da nicht aufgegeben, wo man den beendigten Versuch als einen besonderen Schuldgrad des Versuches eingeführt hat. Bei dieser Lage der Sache bleibt dann nur Folgendes übrig. Entweder man muß behaupten: die größere oder geringere Entfernung der Versuchshandlung von dem vollendeten Verbrechen stimmt überein mit dem geringeren oder größeren Quantum der zur Herbeiführung des verbrecherischen Erfolges benutzten Mittel — eine Behauptung, die sich unmöglich würde aufrecht erhalten lassen — oder, wenn man die Versuchshandlungen eintheilt in entferntere, nähere und solche, bei welchen die Mittel zur

Herbeiführung des verbrecherischen Erfolges erschöpft sind, so würde das eine Eintheilung sein, wie wenn man die Thiere eintheilen wollte in Säugethiere, Nicht-Säugethiere und Fleischfresser. Wollte man den beendigten Versuch entsprechend den Gesetzen der Logik verwenden, so könnte man nur folgendermaßen deduciren: „Bei der Strafbarkeit des Versuches kommt es einmal an auf das Quantum der benutzten Mittel, — danach ist der Versuch bald ein beendigter, bald ein nicht beendigter, — sodann kommt es an auf die Entfernung, in welcher die Versuchshandlung von dem vollendeten Verbrechen geblieben ist — und danach ist der Versuch bald ein näherer bald ein entfernterer. — Bei der Bestrafung einer in concreto vorliegenden Versuchshandlung darf man aber niemals nur den einen, oder nur den anderen Gesichtspunkt entscheidend sein lassen, sondern man muß eine richtige Kombination beider Gesichtspunkte in jedem Falle vornehmen." So müßte man deduciren, eventuell in einem Gesetze disponiren, wenn man logisch richtig disponiren wollte. Selbstverständlich bin ich selbst sehr weit entfernt, die dieser Disposition entsprechende Gesetzesformel zu entwerfen. Hier kam es ja lediglich darauf an, es zu rechtfertigen, daß der beendigte Versuch aus dem Entwurfe fortgeblieben, nicht aber konnte es die Aufgabe sein, für die Eintheilung der Fälle des strafbaren Versuches ein neues principium divisionis einzuführen, welches vielleicht, in richtiger Weise durchgeführt, eine gewisse theoretische Berechtigung hat; dessen Konsequenzen aber auch, so weit dieselben von praktischer Bedeutung sind, von der Praxis verwerthet werden können, ohne daß hiefür irgend eine gesetzliche Anweisung erforderlich wäre.

Wegen des Begriffes des beendigten Versuches ist es somit nicht nothwendig, eine Begriffsbestimmung des verbrecherischen Versuches in das Gesetz aufzunehmen.

Aber, daß dies erforderlich sei, um die Vorbereitungshandlungen in ihrer Straflosigkeit gegen die Strafbarkeit der Versuchshandlungen zu sondern, das wird ja ganz allgemein behauptet.

Daß diejenige Formel, welche das Preußische Strafgesetzbuch §. 31. aufstellt:

> „Der Versuch ist nur dann strafbar, wenn derselbe durch Handlungen, welche einen Anfang der Ausführung enthalten, an den Tag gelegt und nur durch äußere, von dem Willen des Thäters unabhängige Umstände (die Vollendung*) gehindert worden oder (der Versuch) ohne Erfolg geblieben ist" —

ihre Mängel hat, ist wohl allgemein anerkannt.

Die Aenderungen, welche das Lübische Recht an der Preußischen Formel vorgenommen, sind auch nicht von großer Erheblichkeit.

> §. 29. „Der Versuch ist nur dann strafbar, wenn derselbe durch eine**) Handlung, welche den Anfang der Ausführung

---

*) Die in Parenthese stehenden Worte sind Aenderungen des Oldenburger Gesetzbuches.

**) Die hervorgehobenen Worte bezeichnen die Abweichungen des Lübischen gegenüber dem Preußischen Gesetzbuche.

eines Verbrechens enthält, an den Tag gelegt und nur durch äußere, von dem Willen des Thäters unabhängige Umstände entweder die Ausführung gehindert worden oder der Versuch ohne Erfolg geblieben ist."

Zachariä,*) dem hierin v. Kräwel**) folgt, schlägt statt der Preußischen folgende Formel vor:

„Der Versuch ist nur dann strafbar, wenn derselbe durch Handlungen, welche einen Anfang der Ausführung des beabsichtigten Verbrechens oder Vergehens enthalten, an den Tag gelegt, dasselbe aber durch äußere, von dem Willen des Thäters unabhängige Umstände unvollendet geblieben ist."

Nehmen wir hierzu noch die Begriffsbestimmungen einiger anderen deutschen Gesetzbücher:

Sachsen. Art. 39. „Handlungen und Unterlassungen, wodurch die Ausführung eines unvollendet gebliebenen vorsätzlichen Verbrechens angefangen worden, sind als Versuch desselben. zu strafen."

Thüringen. Art. 23. „Handlungen, wodurch die Ausführung eines vorsätzlichen Verbrechens angefangen, aber das Verbrechen nicht vollendet worden ist, sind als Versuch desselben zu bestrafen:

1. wenn der Verbrecher durch äußere, nicht in seinem Willen ihren Grund habende Umstände an der Beendigung der angefangenen verbrecherischen Handlung verhindert wurde;
2. wenn der Verbrecher zwar von seiner Seite Alles gethan, was zur Vollendung des beabsichtigten Verbrechens nothwendig war, aber der zum Begriffe des vollendeten Verbrechens gehörige Erfolg durch äußere Umstände abgewendet worden ist;
3. wenn der Verbrecher zur Begehung des Verbrechens ein taugliches Mittel gewählt, aber in unzureichender oder unzweckmäßiger Art angewendet hat, so daß deshalb der beabsichtigte Erfolg nicht erreicht wurde;
4. wenn er zur Ausführung des beabsichtigten Verbrechens ein taugliches Mittel anzuwenden glaubte, statt dessen aber aus Irrthum, Verwechselung, oder sonst durch Zufall ein untaugliches Mittel angewendet hat.

Dagegen ist kein strafbarer Versuch vorhanden, wenn aus Unverstand oder abergläubischem Wahn ein unter allen Umständen untaugliches Mittel angewendet wurde."

Braunschweig. §. 36. „Wer die Vollführung eines vorsätzlichen Verbrechens anfängt, solche aber nicht vollendet, oder falls ein bestimmter Erfolg zu den gesetzlichen Erfordernissen des Verbrechens gehört, diesen nicht bewirkt, soll . . . u. s. w. mit einer gelinderen als der auf das Verbrechen selbst gesetzten Strafe belegt werden."

Großh. Hessen. Art. 64. „Handlungen, durch welche die Ausführung eines beabsichtigten Verbrechens angefangen worden ist, sind als Versuch dieses Verbrechens strafbar."

*) In Goltdammers Archiv Bd. III. S. 169 a. E.

**) a. a. O. S. 125 f.

Bayern. Art. 47. „Der Versuch eines Verbrechens ist vorhanden, wenn Jemand in der Absicht, ein Verbrechen zu verüben, eine Handlung vorgenommen hat, welche schon den Anfang der Ausführung des Verbrechens enthält und die Vollendung des letzteren nur wegen äußerer, vom Willen des Thäters unabhängiger Umstände unterblieben ist."

Baden. §. 106. „Handlungen, wodurch die Ausführung eines beabsichtigten Verbrechens angefangen worden ist, sind als Versuch desselben zu bestrafen."

Württemberg. Art. 63. „Handlungen, wodurch die Ausführung eines beabsichtigten Verbrechens erst vorbereitet, aber noch nicht angefangen ist, unterliegen außer den im Gesetze besonders bestimmten Fällen, keiner Strafe; jedoch kann, wenn die vollendete That mit Todes-, Zuchthaus- oder Arbeitshausstrafe bedroht ist, Stellung unter polizeiliche Aufsicht (Art. 42.) von dem Gerichte angeordnet werden."

Sehen wir diesen gesetzlichen Bestimmungen gegenüber von Einzelnheiten ab. Im Allgemeinen stimmen dieselben darin überein, daß die Versuchshandlung den „Anfang" des beabsichtigten Verbrechens, oder „den Anfang der Ausführung" des beabsichtigten Verbrechens enthalten müsse.

Was ist nun aber damit gewonnen? Die Begriffe „Anfang" des Verbrechens, „Anfang der Ausführung" des Verbrechens, sind das Begriffe, deren einzelne Momente gesetzlich bestimmt sind? Giebt das Gesetz namentlich auf die Frage Antwort, wann ein Verbrechen als angefangen, oder wann der Anfang der Ausführung desselben vorliege? Alle diese Fragen muß man ja verneinen.

Hieraus folgt denn aber zweierlei.

1. Die von den Gesetzen zur Begriffsbestimmung des Versuches benutzten Worte mögen zwar sagen: Der Richter soll nur die Versuchs-, nicht aber die Vorbereitungshandlungen strafen — über diese Meinung der Gesetze wird man allerdings nicht in Zweifel sein, wenn man auch darüber streiten mag, ob die von den Gesetzen gebrauchten Worte dies wirklich ausdrücken, und ob es überhaupt nöthig sein möchte, die regelmäßige Straflosigkeit der Vorbereitungshandlungen noch besonders anzuordnen — aber dasjenige, worauf es ankommt, das Unterscheidungsmerkmal zwischen Versuch und Vorbereitung ist durch die Worte des Gesetzes durchaus nicht gegeben. Denn daß derjenige, welcher die zur Ausführung des Verbrechens erforderlichen Mittel herbeischafft, dieselben dann benutzt und so das Verbrechen begeht, die Begehung des Verbrechens mit dem Herbeischaffen der erforderlichen Mittel angefangen, daß das Herbeischaffen der erforderlichen Mittel den Anfang der Ausführung des Verbrechens enthalte, das wird man doch wenigstens mit Bezug auf den bestehenden Sprachgebrauch nicht ableugnen mögen. Es muß demnach erst ein bestimmter juristischer Inhalt in die Worte „Anfang der Ausführung" hinein gelegt werden, wenn man in ihnen irgend etwas, was zur Unterscheidung von Versuchs- und Vorbereitungshandlung dienen könnte, finden soll. Nicht also durch die Worte des Gesetzes wird dieser Unterschied begründet,

sondern durch dasjenige, was man in diese Worte hineinzulegen hat. Und was ist dies?

Es mag hier vorläufig genügen, darauf aufmerksam zu machen, daß das Gesetz auf diese Frage die Antwort schuldig bleibt.

2. Die Frage: Was ist Versuch, was Vorbereitungshandlung, ist Anfang der Ausführung vorhanden, oder ist Anfang der Ausführung nicht vorhanden, das ist eine Frage, welche lediglich durch die thatsächliche Feststellung, resp. durch das Verdikt der Geschwornen festgestellt werden kann. So Oppenhoff zu §. 31. N. 17.: „Ob ein gemachter Versuch durch Handlungen an den Tag gelegt sei, welche einen Anfang der Ausführung enthalten, oder ob nur eine vorbereitende Handlung vorliege, ist Gegenstand der thatsächlichen Feststellung.“ So Zachariä (Goltdammer's Archiv V. S. 579), welcher die Frage, was die über den Anfangspunkt für die Strafbarkeit der verbrecherischen Thätigkeit in §. 31. des Preußischen Strafgesetzbuches aufgestellte Regel für eine Bedeutung habe, dahin beantwortet, daß dieselbe offenbar im Zusammenhange mit dem jetzt geltenden processualischen Verfahren insofern an Wichtigkeit verloren habe, als sie in jedem einzelnen Falle als eine sogenannte Thatfrage betrachtet werden muß, deren angeblich unrichtige Beurtheilung weder das Rechtsmittel der Appellation, noch das der Nichtigkeitsbeschwerde begründen kann.

Was soll uns also eine gesetzliche Vorschrift, welche zwar von sich behauptet, daß sie den Richter nöthige, zwischen Versuchs- und Vorbereitungshandlungen zu unterscheiden, von welcher auch behauptet wird, daß sie Versuchs- und Vorbereitungshandlungen sondere, der gegenüber jedoch kein Mittel existirt, um zu prüfen, ob die angebliche oder wirkliche Vorschrift des Gesetzes auch beobachtet sei? Denn ob das Gesetz zwar bestimmt, daß der Richter nur so und so beschaffene Handlungen als Versuchshandlungen strafen solle, jedoch mit dem Bemerken, daß der Richter über Befolgung oder Nichtbefolgung dieser Vorschrift nicht werde kontrollirt werden; oder ob das Gesetz über die Beschaffenheit derjenigen Handlungen, welche als Versuchshandlungen zu strafen sind, gar nichts bestimmt, das ist im Grunde genommen gleichgültig.

Der jedesmalige Richter der Thatfrage wird zwar gewiß jedesmal den besten Willen haben, der Vorschrift des Gesetzes insoweit nachzukommen, daß er nur Handlungen, welche Versuchshandlungen, daß er dagegen nicht Vorbereitungshandlungen straft; die Grundsätze aber, denen zufolge er jenes thut, dieses unterläßt, die werden ihm nicht durch die Worte des Gesetzes gegeben, die muß der Richter der Thatfrage sich vielmehr anders woher beschaffen.

Die Geschwornen werden in Betreff dessen, was unter „Anfang der Ausführung“ zu verstehen ist, von dem Staatsanwalte, dem Vertheidiger, dem resumirenden Richter mannichfache Belehrungen erhalten und aus denselben sich so viel oder so wenig für ihr Verdikt entnehmen als sie können und mögen.

Der rechtsgelehrte Richter jedoch wird theils zu eigenem Bedarf, wenn er als Richter der Thatfrage fungirt, theils zur Unterweisung der Geschwornen, wenn er als Vorsitzender des Schwurgerichts diesen eine Direktion zu geben hat, diejenigen Grundsätze, welche er zu befolgen hat, um Versuch und Vorbereitung von einander zu sondern, von der Rechtswissenschaft entnehmen wollen.

Sehen wir nun zu, welche Antwort die Rechtswissenschaft dem praktischen Juristen geben wird, wenn dieser fragt: Welches sind die Grundsätze, nach denen ich Versuchs- und Vorbereitungshandlungen von einander sondern soll?

Berner, in seinen „Grundsätzen des Preußischen Strafrechts“ sucht in den §§. 9. und ff. auf diese Frage eine Antwort zu geben. Aber bemerken wir gleich, wie Berner die Frage stellt. „Lassen sich“, so fragt er, „die Vorbereitungshandlungen scharf vom Anfange der Ausführung trennen?“ Man wäre fast versucht, auf die so gestellte Frage die Antwort zu geben: Nein — scharf lassen sie sich nicht trennen, aber sie lassen sich doch trennen, wenn auch nicht gerade scharf. Auch die Art, wie Berner a. a. O. die Beantwortung der von ihm gestellten Frage einleitet, muß auf den praktischen Juristen etwas beunruhigend wirken. „Der Gesetzgeber“, so sagt Berner, „spricht sich über die Merkmale dieser Trennung nicht aus. Er überläßt also alles der Doktrin und der Praxis. Wir wollen versuchen, wie weit die Doktrin gelangen kann, d. h. wie weit sich noch Allgemeines aufstellen läßt; und von wo an die Praxis ganz sich selbst überlassen ist, d. h. von wo an die Beurtheilung ganz von den eigenthümlichen Umständen des einzelnen Falles abhängt.“ Da wird denn der praktische Jurist sofort wissen, daß ihm die Rechtswissenschaft zwar etwas nützen kann, daß er aber zum guten Theil von ihr gänzlich wird im Stiche gelassen werden, daß er in vielen Fällen den Unterschied der Versuchs- und Vorbereitungshandlungen dadurch nicht finden wird, daß er die Lehren der Wissenschaft auf den einzelnen Fall anwendet, sondern nur dadurch, daß er sich erst aus dem einzelnen Falle die Grundsätze für die Entscheidung der betreffenden Frage nimmt. Und nun das Resultat, zu dem Berner gelangt: „Auf diesem Wege“, so sagt er, „sind nun wenigstens zwei feste Punkte gewonnen: Handlungen, die den Thatbestand des Verbrechens selbst begründen, sind Ausführungshandlungen. Handlungen, durch welche die Mittel zur Verübung des Verbrechens erst herbeigeschafft oder zubereitet werden, sind Vorbereitungshandlungen. Es bleibt die ganze Reihe von Handlungen übrig, die zwischen der Herbeischaffung und Zubereitung der Mittel und denjenigen Handlungen liegen, welche den Thatbestand des Verbrechens selbst begründen. Wie hier? Etwas durchgreifend Allgemeines, etwas für alle Verbrechen Gültiges läßt sich in diesem mittleren Gebiete nicht aufstellen. Die Doktrin vermag indeß in Betreff der Verbrechensarten noch Fingerzeige zu geben.“ Da wird denn wohl der praktische Jurist sagen: Das weiß ich auch, daß Handlungen, welche den Thatbestand des Verbrechens selbst begründen, wenn nicht vollendete, so doch gewiß versuchte Verbrechen sind; auch das weiß ich, daß Handlungen, durch welche die Mittel zur Verübung des Verbrechens erst herbeigeschafft oder zubereitet werden, Vorbereitungshandlungen sind. Um das zu erfahren, dazu brauchte ich mich nicht erst an die Rechtswissenschaft zu wenden. Ich wollte aber gerade von der Rechtswissenschaft das Prinzip erfahren, mit dessen Hülfe ich da Versuchs- und Vorbereitungshandlungen unterscheiden kann, wo ich weder schon den Thatbestand des Verbrechens selbst vor mir sehe, noch blos Herbeischaffung und Zubereitung der Mittel wahrnehme; und statt des wissenschaftlichen Prinzips giebt man mir Kasuistik.

Auch Zachariä in der oben citirten Abhandlung ist der Ansicht, daß sowohl in Bezug auf die den Geschwornen zu gebende Direktion, wie auch in Bezug auf die Entscheidungen der Gerichtsabtheilung dem Begriffe „Anfang der Ausführung" zu einem strafbaren Versuche eine rechtliche Bedeutung nicht abgesprochen werden könne. Was nun unter „Anfang der Ausführung" zu verstehen, dieses Räthsel der Sphinx, wird dann in folgender Weise zu lösen versucht:

„Als allgemeine, zur richtigen Beurtheilung nothwendig festzuhaltende Regel betrachten wir forthin den Satz: Anfang der Ausführung liegt dann vor, wenn mit einer Handlung begonnen worden ist, welche als wirklicher Bestandtheil der im Gesetze gedrohten That zu betrachten ist, wozu bei Verbrechen mit einem zusammengesetzten Thatbestande, d. h. solchen, welche durch Hinzufügung einer thatsächlichen Qualifikation zum einfachen Verbrechensbegriff gebildet sind, die qualificirende Eigenschaft auch dann gehört, wenn sie in einer dem einfachen Verbrechen vorausgehenden Handlung, wie z. B. beim Diebstahl im Einbruch oder Einsteigen besteht. Keinen Anfang der Ausführung konstituiren dagegen an sich: 1) Handlungen, welche den Zweck haben, die Entdeckung des beabsichtigten Verbrechens zu verhindern, oder dem Thäter die Vortheile der That im Voraus zu sichern; 2) Handlungen, welche der Thäter vornahm, um sich von der Möglichkeit und Sicherheit der Ausführung zu vergewissern oder eine passende Gelegenheit zur Verübung zu erhalten; 3) Handlungen, welche in der Anschaffung oder Zubereitung der zur Verübung des Verbrechens nothwendigen Kräfte, Mittel und Werkzeuge bestehen; 4) Handlungen, welche vom Thäter vorher vorgenommen werden mußten, um sich in den den Beginn der verbrecherischen That bedingenden physischen Zustand zu versetzen."

Ob diese Auseinandersetzung den Praktiker mehr befriedigen sollte, als die von Berner aufgestellte? Zwar ein principloses Reich der Mitte läßt Zachariä nicht offen, aber ihr Bedenkliches hat seine Methode doch auch. Sehen wir von Einzelnheiten ab. Aber wenn dasjenige, was Zachariä als „Anfang der Ausführung" bezeichnet, Alles dasjenige enthielte, was unter diesen Begriff gehört, wozu denn noch, so muß man doch fragen, die specielle Aufzählung derjenigen Handlungen, welche einen Anfang der Ausführung nicht enthalten? Wäre es nicht vollkommen ausreichend gewesen, zu sagen: „Anfang der Ausführung ist dies und das, und Alles, was unter diese Begriffsbestimmung nicht fällt, ist demnach straflos? Oder hätte nicht auch gesagt werden können: Folgendes sind Vorbereitungshandlungen, Nr. 1, 2, 3, 4, und was nicht unter eine dieser vier Nummern fällt, ist „Anfang der Ausführung"? Warum wurde gerade hier es nöthig, erst zu sagen, was Etwas ist, und dann auch noch zu sagen, was Alles dieses selbe Etwas nicht ist? Liegt also doch vielleicht auch bei Zachariä zwischen dem Einen und dem Andern ein mittleres Gebiet, welches weder unter die Begriffsbestimmung des „Anfang der Ausführung" noch auch unter Nr. 1. 2. 3. 4. fällt?

Und, wenn dies Bedenken beseitigt wäre, wird man durch die von Zachariä gegebene Begriffsbestimmung des „Anfangs der Ausführung" entstehende Zweifel zu lösen vermögen?

„Anfang der Ausführung liegt dann vor, wenn mit einer Handlung begonnen worden ist, welche als wirklicher Bestandtheil der im Gesetze bedrohten That zu betrachten ist." — Was ist ein „wirklicher" Bestandtheil der im Gesetze bedrohten That? welches sind diejenigen Bestandtheile der im Gesetze bedrohten That, welche das Prädikat der „wirklichen" Bestandtheile nicht verdienen? Und was heißt es, es solle mit einer Handlung „begonnen" worden sein, welche als ein solcher „wirklicher" Bestandtheil zu betrachten ist? Und ist dieses „zu betrachten ist" identisch mit „ist" oder soll noch ein Unterschied existiren zwischen „einer Handlung, welche als wirklicher Bestandtheil der im Gesetze bedrohten That zu betrachten ist" und „einer Handlung, welche ein wirklicher Bestandtheil der im Gesetze bedrohten That ist"?

Wir wollen ein nahe liegendes Beispiel nehmen. Zum Thatbestande des Diebstahls gehört die Absicht, sich eine fremde Sache rechtswidrig anzueignen. Ist dies ein „wirklicher" Bestandtheil der im Gesetze bedrohten That? Und wenn dies der Fall, ist nun Alles, was zur Realisirung dieser Absicht unternommen, eine Handlung, welche als Bestandtheil der im Gesetze bedrohten That anzusehen ist? Der falsche Schlüssel, der zum Diebstahl benutzt werden soll, wird angefertigt, in der Absicht, denselben zur Ausführung des Diebstahls zu benutzen. Ist hier mit einer Handlung begonnen, welche als wirklicher Bestandtheil der im Gesetze bedrohten That zu betrachten ist? Und wenn diese Frage verneint werden soll, mit welchen Gründen will man sie verneinen, wenn man diejenige Definition vor Augen hat, welche Zachariä von dem „Anfang der Ausführung" gegeben hat. Sollten, was ja nahe liegt, diese Gründe darin gefunden werden, daß Zachariä ja selbst sagt: „Keinen Anfang der Ausführung konstituiren dagegen an sich: ... 3) Handlungen, welche in der ... Zubereitung der zur Verübung des Verbrechens nothwendigen ... Mittel ... bestehen", so würde jene Definition des Begriffes „Anfang der Ausführung" nur mit der Klausel zu verstehen sein: insoweit nicht in den Nr. 1. 2. 3. 4. **Ausnahmen** von der Regel bestimmt sind. Und wäre dieses, so käme man denn doch endlich wieder zu dem Resultate, daß die Ausnahmen zwar auch den Erfordernissen des Begriffes „Anfang der Ausführung" entsprechen, daß aber auf die Ausnahmen nicht die Strafbarkeit folgt, welche vielmehr nur auf die Fälle, die unter die Regel zu subsumiren sind, Anwendung leidet. Das hieße denn freilich nichts Anderes, als daß einzelne Handlungen, welche den Anfang der Ausführung des Verbrechens enthalten, strafbar sind; andere dagegen, welche auch den Anfang der Ausführung enthalten, nicht strafbar sind. Aber ein Prinzip, nach welchem wir die strafbaren und die straflosen Fälle zu unterscheiden vermöchten, ist damit doch gewiß nicht gefunden.*)

Die Praxis entscheidet ja die Frage, ob der strafbare Versuch einer Handlung in einem einzelnen konkreten Falle vorliegt, oder ob die betreffende Handlung als Vorbereitungshandlung straflos zu lassen, das ist richtig. Aber ebenso richtig ist es auch, daß die Praxis ein Prinzip, nach welchem sie diese Entscheidung zu treffen, von der Wissenschaft nicht erhalten hat.

Kann nun wohl dieses Resultat die Wissenschaft befriedigen? Soll dieselbe zugestehen, daß in einer der wichtigsten Materien des Strafrechts nicht juristische Gründe, sondern an letzter Stelle der Instinkt über Strafbarkeit oder Straflosigkeit entscheide?

Mag in Folgendem wenigstens der Versuch gemacht werden, diese so wichtige Materie von dem Gebiete des Empfindens in das Gebiet des Erkennens hinüberzuführen.

Ich nehme an, ein praktischer Jurist stellte an mich die Frage: Wie kann ich in zweifelhaften Fällen Versuchs- und Vorbereitungshandlungen von einander unterscheiden? so würde ich diesem praktischen Juristen folgende Antwort geben:

Sieh zu, was **geschehen** ist. Mußt Du aus den als **geschehen erwiesenen Thatsachen** den Schluß ziehen, daß ein bestimmtes Verbrechen gewollt ist, so strafe das, was geschehen ist, als den Versuch eines Verbrechens; zwingen Dich dagegen die als geschehen erwiesenen Thatsachen nicht dazu, diesen Schluß zu ziehen, so lasse das, was geschehen ist, straflos.

Aber — und das merke wohl — laß die Thatsachen sich selbst erklären, beschränke Dich ausschließlich auf dasjenige, was die Thatsachen selbst Dir sagen, und lasse dasjenige, was etwa der Angeschuldigte zur Erklärung des Geschehenen Dir mittheilt, gänzlich unberücksichtigt. Denke Dir den Angeschuldigten entweder als gar nicht vorhanden, oder denke ihn Dir stumm.

Die Bedenken, welche gegen diese Anweisung erhoben werden möchten, liegen nahe.

An dem Ausdruck „bestimmtes Verbrechen" wird man hoffentllich keinen Anstand nehmen. Denn es versteht sich ja wohl von selbst, daß beispielsweise beim Diebstahl die Bestimmtheit desselben nicht bis dahin ausgedehnt werden wird, daß man die Sache, welche gestohlen werden soll, aus den geschehenen Thatsachen erkennen muß; aber, daß gestohlen werden sollte, muß man zu erkennen im Stande sein; es kommt nicht darauf an, ob A. oder B. getödtet werden sollte, aber das

*) Daß ein strafbarer Versuch des Diebstahls vorliegt, wenn es feststeht, daß der Dieb, um zu stehlen, in ein Gebäude eingebrochen oder eingestiegen ist, das ist richtig. Es muß nur eben auch feststehen, daß der Einbruch oder das Einsteigen in der Absicht zu stehlen geschah. Oder für die zusammengesetzten Verbrechen überhaupt: Es muß feststehen, daß der eine Theil des Verbrechens in der Absicht begangen wurde, das ganze Verbrechen zu begehen.

Geschehene muß es erkennen lassen, daß überhaupt ein Mensch getödtet werden sollte; es muß mit einem Worte die Handlung es erkennen lassen, gegen welches Recht sie gerichtet war, so daß sich hieraus bestimmen läßt, welches Verbrechen gewollt wurde. Hieran, wie gesagt, wird die Praxis keinen Anstoß nehmen, und dies um so weniger, als es wohl noch Niemandem eingefallen ist, Handlungen strafen zu wollen, welche Versuchshandlungen im Allgemeinen sind, ohne erkennen zu lassen, welches Verbrechen versucht war.

Aber der wesentlichste Einwand wird vom Gebiete des Proceßrechtes aus erhoben werden. Man wird sagen: Was hilft eine Anweisung, welche ein Proceßverfahren voraussetzt, welches wir gar nicht haben? Wir haben doch nun einmal nicht ein Strafverfahren, nach welchem es dem Angeklagten gestattet wird, jede Auskunft zu verweigern; wir haben im Gegentheil ein Strafverfahren, welches in dem Angeschuldigten ein Wahrheitserforschungsmittel in der Hand des Richters erblickt, welches von dem Angeschuldigten die Unterstützung des Richters in der Wahrheitserforschung verlangt; unser heutiger Strafproceß behandelt es als Ungehorsam des Angeschuldigten, wenn er auf Fragen, die an ihn gestellt sind, nicht antwortet; Geständniß resp. Nicht-Geständniß sind bedeutsame Strafzumessungsgründe! Mit einem Worte! Man wird sagen, die Anweisung, welche ich zur Sonderung des Versuchs und der Vorbereitungshandlungen gegeben habe, möge vielleicht ganz brauchbar für den englischen Proceß sein, aber sie sei vollkommen unbrauchbar bei der Herrschaft des jetzt geltenden deutschen Strafprocesses.

Die, wenigstens theilweise Berechtigung dieses Einwandes will ich gewiß nicht bestreiten. Aber gerade aus der Berechtigung des Einwandes läßt sich zeigen, worin das Verwirrende der strafrechtlichen Verhältnisse auch in dieser hier behandelten Materie liegt.

Greifen wir etwas weiter zurück!

In dem Satze cogitationis poenam nemo patitur ist alle Welt einig. Aber wie weit reicht die Herrschaft dieses Satzes?

Die einen sagen: Wenn der Gedanke, ein Vebrechen zu begehen, überhaupt zur That geworden ist, wenn, um die Worte der CCC. Art. 178 zu gebrauchen, der böse Wille überhaupt nur zu etlich scheinlichen Werken geführt hat, so ist nicht mehr bloße cogitatio vorhanden. Ich muß wissen, was der Angeschuldigte mit einer bestimmten Handlung gewollt hat; ich inquirire daher gegen den Angeschuldigten und ist das Resultat der Inquisition, daß die von dem Inquisiten unternommene Handlung dazu dienen sollte, um ein Verbrechen herbeizuführen, so werde ich sagen müssen: solcher böser will, daraus etlich werck, als obsteht volgen, ist peinlich zu straffen. Und es ist nicht der geringste Grund vorhanden, weshalb Jemand, der eine Pistole kaufte, um einen Menschen zu tödten, nicht gestraft werden sollte, wenn die gegen ihn losgelassene Inquisition es herausgebracht hat, daß die Pistole in der Absicht gekauft sei, um bei einer Tödtung benutzt zu werden. Die Bestrafung der Vorbereitungshandlungen unter dem Rubrum des conatus remotus ist eine vollkommen korrekte strafrechtliche Konsequenz aus dem strafprozessualischen Inquisitionsprincip.

Aber ganz anders gestaltet sich die Sache, wenn man sagt: Dasjenige, wovon auszugehen ist, ist dasjenige, was geschehen ist, und der rechtswidrige Wille geht mich auch nur dann etwas an, wenn ich denselben in dem, was geschehen ist, zu erkennen vermag. Also nicht der rechtswidrige Wille, welcher zu Handlungen geführt hat, sondern die Handlung, aus welcher der rechtswidrige Wille erkannt werden kann, ist Gegenstand der Strafverfolgung. Ein rechtswidriger Wille, welcher aus dem Geschehenen nicht erkannt werden kann, fällt strafrechtlich unter den Satz cogitationis poenam nemo patitur.

Wird diesem Gedanken praktische Realität gegeben, so entsteht ein Strafverfahren, welches in dem Angeschuldigten nicht das Objekt der Inquisition, sondern die verklagte Partei anerkennt; welches weit entfernt in dem Angeschuldigten selbst eine Kenntnißquelle, ein medium eruendae veritatis zu erblicken, für den Ankläger die Verpflichtung anerkennt, dem Angeklagten aus dem, was er gethan, seine verbrecherische Schuld nachzuweisen. Die Frage, ob Vorbereitungshandlung oder Versuchshandlung, kann bei diesem Verfahren gar nicht entstehen, sondern es entsteht nur die Frage, ob das, was geschehen, strafbar oder nicht strafbar ist.

Und wie steht die Sache heute in der deutschen Praxis und Doktrin?

Der Proceß ist wesentlich Inquisitions-Proceß — und nur rein äußerlich und mechanisch sind ihm einzelne Formalitäten des Anklage-Processes angehängt.

Diejenige kriminalische Fundamentalanschauung jedoch, welche zur Anerkennung des inquisitorischen Processes führte, soll im Gebiete des materiellen Strafrechts in Betreff der Bestrafung des Versuches keine Anwendung finden; man will nicht alles das, wovon die Untersuchung es herausgestellt hat, daß es geschehen sei, um den verbrecherischen Willen zu realisiren, gestraft wissen.

Entsteht nun die Frage nach dem Grunde dieses Nichtwollens, so könnte man geneigt sein, diese Frage damit zu beantworten, daß man sagt: Man will eben jene allgemeine strafrechtliche Fundamentalanschauung, welche auf processualischem Gebiete zur Anerkennung des Inquisitionsprincips führte, im materiellen Strafrechte und speciell für die Grundsätze der Strafbarkeit des Versuches nicht anerkennen. Wenn man das aber nicht will, so bleibt kaum etwas Anderes übrig, als die für die Bestrafung des Versuches anzuwendenden Grundsätze Konsequenzen von jener strafrechtlichen Fundamentalanschauung sein zu lassen, welche auf processualischem Gebiete zu dem Anklageproceß geführt hat.

Dann müßte man freilich auch weiter gehen und anerkennen, daß es unmöglich sei, im strafrechtlichen Gebiete hier die akkusatorische, dort die inquisitorische Maxime zu Grunde zu legen; man müßte vielmehr, wenn das materielle Strafrecht die akkusatorische Maxime fordert, auch den Proceß nach der gleichen Maxime regeln. Und geschähe dies, dann würde die Kontroverse über die Grenzen zwischen Vorbereitungshandlungen und Versuchshandlungen ganz von selbst fortfallen, es würde sich dasjenige was oben als Prinzip zur Unterscheidung der Versuchs- und Vorbereitungshandlungen aufgestellt ist, ganz von selbst ergeben.

Man sieht; die Gesetzgebung kann zur Entscheidung dieser Kontroverse das Wesentlichste beitragen, aber nicht die das materielle Recht umfassende Gesetzgebung, sondern nur die Proceßgesetzgebung. Wenn aber eine Proceßgesetzgebung die Principien des Anklageprocesses zur Geltung gebracht hat, so entscheidet sie damit auch jene im Gebiete der Versuchstheorie entstandene Kontroverse, ohne übrigens hierüber ausdrücklich auch nur ein Wort verlieren zu dürfen.

Ja, sie entscheidet dann noch viel mehr. Sie entscheidet zugleich auch die Kontroverse über den Versuch mit untauglichen Mitteln und an an untauglichen Objekten. Auch für die Entscheidung dieser Kontroversen würde dem Praktiker lediglich dieselbe Anweisung zu geben sein, welche oben zum Zwecke der Unterscheidung der Vorbereitungshandlungen von den Versuchshandlungen gegeben ist.

Und somit dürfte es denn dargethan sein, weshalb in ein deutsches Strafgesetzbuch eine Begriffsbestimmung des Versuches nicht aufzunehmen ist, um die Kontroversen über die Grenzen zwischen Vorbereitungshandlungen und Versuchshandlungen, um die Kontroversen über den Versuch an untauglichen Objekten und mit untauglichen Mitteln zu lösen. Das, was zu diesem Zwecke geschehen, leistet dies nicht, und dasjenige, was dies zu leisten im Stande wäre, gehört nicht in die Gesetzgebung des materiellen Strafrechts.

Es bliebe somit noch zu untersuchen, ob eine allgemeine Begriffsbestimmung des strafbaren Versuches in die Gesetzgebung zu dem Zwecke aufzunehmen sei, um die Straflosigkeit des freiwilligen Rücktritts zu bestimmen.

In dieser Beziehung möchte ich zunächst eine vielleicht recht praktische Frage stellen:

Ist wohl schon, so lange das Preußische Strafgesetzbuch existirt, ein Fall vorgekommen, in dem eine Anklage wegen eines versuchten Verbrechens erhoben, und in welchem die Freisprechung deshalb erfolgte, weil der Angeklagte den Einwand erhob, er sei freiwillig von der Ausführung des Verbrechens zurückgetreten? Oder, wo auch nur die Erhebung einer Anklage um deswillen unterblieben wäre, weil der Angeschuldigte freiwillig zurückgetreten? Selbstverständliche Voraussetzung, mit der diese Frage gestellt wird, ist natürlich, daß der Angeklagte dasjenige schon gethan hatte, was das Preußische Strafgesetzbuch sich unter Anfang der Ausführung gedacht haben mag, und daß er erst, nachdem er dieses gethan, freiwillig zurückgetreten.

Sollte die Erfahrung lehren, daß derartige Fälle nicht vorgekommen, so würde damit dargethan sein, daß das Bedürfniß nach einer gesetzlichen Bestimmung über den freiwilligen Rücktritt nicht vorhanden, dieselbe mithin aus diesem Grunde überflüssig ist.

Es müßten auch in der That ganz eigenthümliche Komplikationen eintreten, wenn Fälle der vorhin bezeichneten Art in der Praxis vorkommen sollten. Denn diejenigen Umstände, durch welche es möglich wird, zu konstatiren, daß ein verbrecherischer Versuch stattgefunden, werden dieselben Umstände sein, welche den Thäter wider seinen Willen an der Ausführung des gewollten Verbrechens gehindert haben; und wenn andererseits der Thäter aus eigenem Antriebe die Ausführung eines beabsichtigten Verbrechens aufgegeben, so wird es wiederum an denjenigen Umständen fehlen, durch welche es möglich wird, zu konstatiren, daß ein Verbrechen versucht worden sei.

Theoretisch bleibt demnach der Satz richtig, daß wer die Ausführung eines Verbrechens begonnen, aber freiwillig von der Ausführung des Verbrechens zurücktrat, straflos bleibt. Der Grund für diesen Satz ist aber nur der, daß, weil das freiwillige Zurücktreten von der Ausführung des Verbrechens stattgefunden, diejenigen Thatsachen fehlen, aus denen der Schluß gezogen werden muß, daß ein bestimmtes Verbrechen gewollt sei.

Um dieses Grundes willen stellt man aber weder in der Theorie, noch in der Gesetzgebung den Satz auf, daß freiwilliges Zurücktreten von der Ausführung des versuchten Verbrechens straflos sei. Es soll dieser Satz in der That bedeuten, daß obwohl konstatirt ist — gleichviel wodurch —, NN. habe ein bestimmtes Verbrechen versucht, er dennoch straflos bleiben müsse, weil er freiwillig von der Ausführung des Verbrechens zurückgetreten sei.

Für diesen die Straflosigkeit bedingenden animus contrarius darf man nun selbstverständlich nicht Beispiele folgender Art anführen: Es sei beispielsweise eine Brandstiftung begangen. Gewisse Indicien führen darauf, daß A. und B. Thäter derselben gewesen seien. Nun wird überdem festgestellt, daß auch X. mit A. und B. gemeinschaftlich nach dem Orte der Brandstiftung sich hinbegeben. Dieses die Schuld auch des X. indicirende Moment wird aber in seiner Bedeutsamkeit dadurch beseitigt, daß X. auf halbem Wege sich von A. und B. getrennt. Ein freiwilliges Zurücktreten von der Versuchshandlung liegt hier bei X. nicht vor, denn er hat überhaupt noch nichts gethan, was als Versuchshandlung zu karakterisiren wäre.

Es wird, um die Frage nach der Straflosigkeit des Versuches mit freiwilligem Rücktritte zu erörtern, nothwendig sein, lediglich Versuchshandlungen in's Auge zu fassen.

Und in dieser Beziehung verdient gewiß die höchste Beachtung dasjenige, was Osenbrüggen*) schon vor längerer Zeit ausgesprochen:

> „Wie kann das, was in einem Augenblicke wirklich Versuch war, es in dem nächsten Augenblicke nicht mehr sein? Wer seine Absicht in einem äußerlichen Thun geoffenbart hat, kann nimmermehr diese objektivirte Absicht wieder annulliren, sondern nur die Absicht und deren Objektivirung und Realisirung für die Zukunft aufgeben; über die Vergangenheit hat er weiter keine Macht; Thatsachen sind unerbittlich."

Man wird nicht umhin können, bei diesen Worten Osenbrüggen's lediglich stehen zu bleiben. Gegenstand der Strafbarkeit ist die

*) Abhandlungen aus dem Deutschen Strafrecht. Erlangen 1857, S. 38.

verbrecherische Handlung. Die verbrecherische Handlung ist aber sowohl Versuchshandlung, wie vollendete Handlung. Daß für das vollendete Verbrechen der Satz nicht gilt, daß Reue nach der That — Zurückbringen der soeben gestohlenen Sache, Ersatz des angerichteten Schadens — Straflosigkeit bedinge, ist allgemein anerkannt, und zwar deswegen, weil bei der verbrecherischen Rechtsverletzung der Grund der Strafbarkeit keineswegs in dem eingetretenen schädlichen Erfolge, sondern in dem den rechtswidrigen Erfolg herbeiführenden verbrecherischen Willen liegt. Weil nun, obwohl durch den freien Willen des Thäters der rechtswidrige Erfolg beseitigt wurde, dennoch durch ihn nicht beseitigt werden konnte, daß sein rechtswidriger Wille aus dem, was geschehen war, erkannt werden mußte, so erkennt man in dem freiwilligen Ersatze des durch den Verbrecher herbeigeführten Schadens keinen Aufhebungsgrund der Strafbarkeit. Nun ist doch auch die Versuchshandlung eine verbrecherische Handlung; es ist auch in der Versuchshandlung der verbrecherische Wille des Angeklagten zu Tage getreten, und durch das freiwillige Zurücktreten von der Ausführung des Verbrechens wird nichts weiter bewirkt, als daß der durch das Verbrechen herbeizuführende Schaden vermieden wird. Nehmen wir ein Beispiel, bei welchem der durch das Verbrechen herbeizuführende Schade nicht ein irreparabler ist. A. hat dem X. eine goldene Uhr gestohlen, giebt sie ihm aber, nach Vollendung des Diebstahls, zurück. B. will dem Y. eine goldene Uhr stehlen; er begeht aber nur den Versuch des Verbrechens und führt das Verbrechen nicht aus. In beiden Fällen haben wir: 1. eine verbrecherische Handlung, 2. keinen schädlichen Erfolg. Der Unterschied zwischen beiden Fällen besteht lediglich darin, daß das Vermeiden des schädlichen Erfolgs in dem einen Falle vor Vollendung, in dem anderen Falle nach Vollendung des Verbrechens erfolgte; was dort früher erfolgte, erfolgte hier später. Von diesem Unterschiede in der Zeit abhängig machen zu wollen, ob eine verbrecherische Handlung strafbar oder ob sie straflos sein solle, ist nicht zulässig. Denn die Zeit, wann der verbrecherische Erfolg eintrat resp. vermieden wurde, muß um so eher indifferent sein, als die Strafbarkeit oder Straflosigkeit einer Handlung sich überhaupt nicht darnach richtet, ob ein schädlicher Erfolg eingetreten oder ausgeblieben ist.

Einen Rechtsgrund wird man mithin schwerlich für die Straflosigkeit des Versuches mit freiwilligem Rücktritte anführen können.

Es blieben vielleicht noch Rücksichten der Kriminalpolitik. Der drohende schädliche Erfolg soll vermieden werden dadurch, daß dem Thäter Straflosigkeit gesichert wird, wenn er aus eigenem Antriebe von der Vollendung des versuchten Verbrechens Abstand nimmt.

Wir wollen es dahin gestellt sein lassen, ob ein Verbrecher, welcher die Ausführung des Verbrechens bis in das Stadium des Versuches gefördert hat, dadurch sich von der Vollendung des Verbrechens werde abhalten lassen, daß ihm jetzt noch einfällt, er werde straflos bleiben, wenn er freiwillig zurücktrete. Ihm hätte viel früher schon einfallen können, daß er straflos bleiben werde, wenn er überhaupt nicht die verbrecherische Handlung anfange. Es liegt denn doch eine eigene Inkonsequenz darin, zu glauben, daß das Strafgesetz zwar noch nicht abzuschrecken brauche, um Jemandem an dem Beginne der verbrecherischen Handlung zu hindern, daß es aber noch abschrecken werde, nachdem die Handlung begonnen und bis in das Stadium des verbrecherischen Versuches fortgeführt sei, namentlich wenn in diesem Stadium der verbrecherischen Handlung der Thäter sich doch sagen muß, daß, wenn ihm jetzt noch die abschreckende Wirkung des Gesetzes etwas helfen solle, dies nur dann der Fall sein könne, wenn er nicht noch von Jemandem bei der Begehung der Versuchshandlung ertappt würde. Denn in diesem Falle würde man es ihm doch gewiß nicht mehr glauben, daß er freiwillig zurückgetreten, sondern man würde ihm unzweifelhaft entgegenhalten, daß er wider seinen Willen und nur durch das Dazwischentreten jenes Ertappenden die Ausführung des Verbrechens aufgegeben habe.

Wie dem aber auch sei; die Rücksichten der Kriminalpolitik dürfen doch gewiß nicht so weit ausgedehnt werden, daß sie den Grundsätzen der Gerechtigkeit widersprechen. Mag man es mit letzteren vereinbaren können, wenn man den Dieb, der unmittelbar nach dem Diebstahle die gestohlene Sache zurückbringt, straft, und den Dieb, der den Diebstahl versuchte, aber von der Ausführung des Diebstahls freiwillig zurücktrat, straflos läßt! — Aber wie stellt sich die Sache in folgendem Falle? In einem und demselben Audienztermine eines erkennenden Strafgerichtes kämen nach einander folgende Fälle zur Verhandlung. In dem ersteren sei erwiesen, daß der Angeklagte eine Tödtung versuchte, aber von der Ausführung des Verbrechens freiwillig zurückgetreten sei; im anderen Falle habe der Angeklagte eine goldene Uhr gestohlen, dieselbe jedoch bald darauf dem Eigenthümer zurückgegeben! Also hier Strafe, dort Straflosigkeit? Man bemerke, es heißt nicht: Das freiwillige Zurücktreten vom Versuche dieses Verbrechens soll straflos bleiben, wenn auch die Reue nach Vollendung desselben Verbrechens die Strafbarkeit nicht ausschließt; sondern es heißt: Das freiwillige Zurücktreten von jeder Versuchshandlung ist straflos; während Reue nach dem Verbrechen bei jedem Verbrecher die Strafbarkeit bestehen läßt.

Ueberdem wird nicht zu übersehen sein, daß man bei der Entscheidung von mehr als einer strafrechtlichen Frage wohl darauf rücksichtigen muß, mit welchen Strafpositionen dasjenige Strafgesetz arbeitet, für das die betreffende Frage entschieden werden soll. Handelt es sich darum, ob man den versuchten Diebstahl gar nicht, oder mit dem Tode strafen soll, so wird man in vielen Fällen gern bereit sein, lieber gar nicht zu strafen, als den Dieb zu hängen; und es werden dann Gründe, welche eine Möglichkeit der Straflosigkeit zuzulassen scheinen, gern willkommen sein. Wenn aber das Strafgesetz die Möglichkeit läßt, auch bei dem versuchten Verbrechen die Größe der Strafe entsprechend der Größe der Schuld abzumessen, dann werden alle diejenigen kriminalpolitischen Gründe unwirksam, die ihr Entstehen der Existenz eines wesentlich aus absolut bestimmten Strafen bestehenden Strafensystemes verdanken. Und zu diesen kriminalpolitischen Gründen dürften auch diejenigen gehören, welche die Straflosigkeit des Versuches mit freiwilligem Rücktritte verlangen.

Die zweite der oben in Betreff der Strafbestimmung des Versuches aufgestellte Behauptung war aber die,

daß in der Gesetzesformel, welche §. 26. des Entwurfs aufstelle, die Bestimmungen so getroffen seien, wie sie getroffen werden mußten.

Es könnte die Frage entstehen, ob nicht die Bestimmungen des §. 26. etwas zu kasuistisch seien, und ob es nicht ausreichend wäre, etwa mit dem Lübischen Strafrechte (§. 30.) zu sagen:

„Der Versuch wird stets milder bestraft als das Verbrechen selbst. Bei der Zumessung der Strafe ist besonders der Grad, in dem die Handlung sich der Vollendung des Verbrechens genähert hat, zu berücksichtigen. Ist das Verbrechen mit der Todesstrafe oder mit lebenslänglicher Zuchthausstrafe bedroht, so tritt bei dem Versuch eine Freiheitsstrafe von höchstens zwanzig Jahren ein —“

welche Gesetzesformel der v. Stemann-Klauhold'sche Entwurf noch in der Weise abkürzt, daß derselbe vorschlägt, nichts weiter zu sagen als:

„der Versuch wird stets milder bestraft als das Verbrechen selbst.“

An Kürze ließe nun freilich diese Gesetzesformel nichts zu wünschen übrig. Aber es darf billig bezweifelt werden, ob wir es hier überhaupt noch mit einer Gesetzesformel zu thun haben, oder ob wir nicht vielmehr lediglich ein Princip ausgesprochen finden, aus welchem erst die vom Strafgesetze zu erlassenden Vorschriften folgen sollen?

Wenn z. B. das Preußische Strafgesetzbuch bestimmt:

„der Versuch eines Verbrechens wird wie das Verbrechen selbst bestraft“ *)

---

*) Es mag hier mit dieser Erwähnung des §. 31. des Preußischen Strafgesetzbuches genug sein. Die Bestimmung lautet vollständig:

„Der Versuch eines Verbrechens wird wie das Verbrechen selbst bestraft. Dem Richter bleibt jedoch überlassen, bei Festsetzung des Strafmaaßes innerhalb der dafür vorgeschriebenen Grenzen darauf Rücksicht zu nehmen, daß das Verbrechen nicht vollendet worden ist.

Ist das Verbrechen mit der Todesstrafe oder mit lebenslänglicher Zuchthausstrafe bedroht, so tritt statt derselben zeitige Zuchthausstrafe von mindestens zehn Jahren nebst Stellung unter Polizei-Aufsicht ein.

Insofern bei dem vollendeten Verbrechen unter Umständen eine der Art oder dem Maaße nach mildere Strafe eintritt, soll dieselbe auch bei dem Versuche zur Anwendung kommen.“

Das heißt denn also Folgendes. Princip der Bestrafung ist Gleichheit der Strafe des Versuches und des vollendeten Verbrechens. Dieses Princip darf nicht in Anwendung kommen bei den schwersten Verbrechen; das Gesetz erwartet, daß dieses Princip bei den mittelschweren Verbrechen auch nicht zur Anwendung kommen werde; nur bei den leichtesten Verbrechen muß dieses Princip zur Anwendung kommen. Darüber ist denn weiter kein Wort zu verlieren. Aber das Böse liegt namentlich darin, daß das Gesetz durch sein „dem Richter überlassen“ formell ein Princip aufrecht erhält, welches es dennoch in der Praxis nicht beobachtet wissen will. Diese so ist das zwar auch ein Prinzip, wenn auch ein falsches, aber doch auch zugleich eine bestimmte Strafvorschrift. Denn man weiß, wie das Gesetz gestraft wissen will, weil der specielle Theil für jedes Verbrechen die Strafen bestimmt hat, und diese Strafbestimmungen des speciellen Theils mithin die Vorschrift des §. 31. ergänzen. Aber wenn nichts weiter gesagt wird, als daß der Versuch milder bestraft werden solle, als das vollendete Verbrechen, so muß doch die Frage entstehen, um wie viel milder. Bedingt der Versuch eine Modifikation der für das vollendete Verbrechen festgesetzten Strafe, so muß man doch auch durch das Gesetz erfahren, worin diese Modifikation bestehen solle.

Es hat ja auch das Lübische Recht sofort neben die Vorschrift, daß der Versuch milder bestraft werden solle als das vollendete Verbrechen, speciell hinzugefügt, welche Gestalt diese mildere Bestrafung da anzunehmen habe, wo das vollendete Verbrechen mit der Todesstrafe oder mit lebenslänglichem Zuchthause zu bestrafen wäre. Da muß denn doch die Frage entstehen, wie denn das Lübische Recht beispielsweise eine versuchte Münzfälschung gestraft wissen wolle, falls das vollendete Verbrechen mit dem Strafminimum von einem Jahre Zuchthaus zu belegen wäre? (§. 92.) wie den Versuch des Kindesmordes, wenn das vollendete Verbrechen die geringste Strafe von zwei Jahren Gefängniß bedingt hätte? (§. 148.) Soll hier und in anderen ähn- Fällen die „mildere" Bestrafung lediglich durch das richterliche Arbitrium bestimmt werden, oder soll vielleicht auch bei Bestrafung des Versuches unter das für die vollendeten Verbrechen festgesetzte Strafminimum nicht hinabgegangen werden?

Und für Hamburg — wenn anders die v. Stemann-Klauhold'schen Vorschläge Gesetz wären, würde sich die Sache noch übler gestalten, da Lübeck das gesetzliche Minimum der Zuchthausstrafe auf drei Monate festsetzt, während Hamburg ein Zuchthaus-Minimum von einem Jahre erhalten soll.

Noch größer würde die Verlegenheit für den hier vorliegenden Entwurf werden, da dieser das gesetzliche Minimum der Zuchthausstrafe auf zwei Jahre festsetzen zu müssen glaubte.

Ehe jedoch auf die hier entstehenden einzelnen Fragen eingegangen werden kann, muß zunächst untersucht werden, ob denn das Prinzip, der Versuch solle geringer gestraft werden, als das vollendete Verbrechen, ein Prinzip ist, durch welches die Gesetzgebung in dem Erlaß ihrer Anordnungen sich bestimmen lassen muß, oder ob dieses Prinzip selbst als gesetzliche Vorschrift verwerthet werden kann.

Denn daß das Prinzip überhaupt in einer deutschen Strafgesetzgebung zur Geltung kommen muß, darüber kann füglich kein Zweifel entstehen.

Methode der Gesetzgebung erzeugt Unwahrheit in der Rechtsprechung. Diesen Vorwurf können wir dem §. 31. des Preußischen Strafgesetzbuches nicht ersparen; denn in ihm liegt der hauptsächlichste Grund, weshalb mit diesem wie mit anderen französischen Principien vollständig gebrochen werden muß.

Nehmen wir nun an, der Satz: „der Versuch ist milder zu bestrafen als das vollendete Verbrechen" wäre Gesetz. Was würde daraus folgen?

Der Richter, welchem das versuchte Verbrechen zur Bestrafung vorliegt, müßte sich zunächst denken, daß er nicht das versuchte Verbrechen vor sich hätte, sondern daß das versuchte Verbrechen vollendet wäre. Für dieses nicht begangene vollendete Verbrechen müßte er die Strafe abmessen und von dieser Strafe so viel abziehen, als er meint, daß das versuchte Verbrechen milder bestraft werden müßte als das vollendete Verbrechen zu bestrafen gewesen wäre. Soll also dem Gesetze Genüge geschehen, so muß zunächst für ein vollendetes Verbrechen, welches gar nicht in rerum natura ist, die Strafe abgemessen werden. Darin aber liegt ja gerade das Bedenkliche. Wie kann man die Strafe für ein vollendetes Verbrechen abmessen, wenn das Verbrechen nicht vollendet, sondern nur versucht war. Giebt immerhin schon die Versuchshandlung einzelne Anhaltspunkte, um ungefähre Annahmen zu machen, wie etwa das Verbrechen zu bestrafen gewesen wäre, wenn es nicht beim Versuch geblieben, sondern die Vollendung vorläge, so verlangt doch die wirklich begangene Versuchshandlung eine bestimmte Strafe, und wie soll ich diese bestimmte Strafe erlangen, wenn ich — gleichgültig wie viel — von einer nicht bestimmten und genau gar nicht bestimmbaren Strafe **Etwas** abziehe.

Die Sache wäre noch einfach, wenn man mit absolut bestimmten Strafgesetzen zu thun hätte. Wenn das Gesetz beispielsweise festsetzte: Jeder Diebstahl mit Einbruch ist mit zehn Jahren Zuchthaus zu bestrafen — so wüßte ich, wenn der Versuch eines Diebstahls mit Einbruch begangen, wie diese verbrecherische Handlung zu bestrafen gewesen, wenn sie nicht beim Versuch stehen geblieben, sondern bis zur Vollendung fortgeschritten wäre. In diesem Falle hätte ich eine bestimmte Größe, nämlich zehn Jahre Zuchthaus, von welcher ich etwas abziehen könnte, um den Versuch geringer zu bestrafen, als das vollendete Verbrechen. Wie aber soll ich es anfangen, um „von zwei bis zu zehn Jahren Zuchthaus" etwas abzuziehen, namentlich wenn zu dieser Strafposition noch hinzugefügt wird: „Wird festgestellt, daß mildernde Umstände vorhanden sind, so ist die Strafe Gefängniß nicht unter sechs Monaten" — und ich mir dabei vergegenwärtigen muß, daß die Annahme oder Nichtannahme der mildernden Umstände doch auch von dem Werthe des gestohlenen Objekts abhängig gemacht werden kann, worüber ich selbstverständlich etwas zu bestimmen außer Stande bin, weil ich einem versuchten Diebstahle gegenüber nicht dasjenige taxiren kann, was gestohlen ist — und auch nur in den seltensten Fällen dasjenige, was gestohlen werden sollte.

Doch das sind nur Beispiele. Das, worauf es ankommt, ist, daß es für das Gesetz unzulässig ist, es anzuordnen, die Strafbarkeit einer wirklich begangenen verbrecherischen Handlung — des versuchten Verbrechens — solle abhängen von der Strafbarkeit einer fingirten Handlung — des nicht begangenen vollendeten Verbrechens — daß dieses zu bestimmen, dann am allerwenigsten zulässig ist, wenn die

Strafbestimmungen eines Gesetzes nicht absolut bestimmte, sondern relativ bestimmte Strafen sind.

Es ist ein theoretischer Satz — daß der Versuch eines Verbrechens eine strafbare Handlung von minderer Schuld sei als das vollendete Verbrechen. Es entsteht aber die Frage, wie hat die Gesetzgebung diesen theoretischen Satz für praktische Zwecke zu verwerthen, und wie muß dieses geschehen, wenn die Strafbestimmungen für das vollendete Verbrechen relativ bestimmte Strafen sind?

Der Entwurf beantwortet diese Frage in folgender Weise:

Für jede Strafposition, der gegenüber das allgemein anerkannte Prinzip von der milderen Bestrafung des Versuches überhaupt noch eine praktische Bedeutung haben kann, muß durch das Gesetz bestimmt werden, um wie viel das Strafminimum dieser Strafposition herabgesetzt werden darf.

Dieser Satz bedarf der Erläuterung und der Rechtfertigung.

1. Die Strafpositionen, welche §. 26. des Entwurfes zur Bestrafung des versuchten Verbrechens aufstellt, entsprechen denjenigen Strafpositionen, welche im zweiten Theile als Strafpositionen für die vollendeten Verbrechen vorkommen. Da hier außer der lebenslänglichen Zuchthausstrafe die zeitige Zuchthausstrafe aber nur in verschiedenem Maximum vorkommt, während das Minimum der zeitigen Zuchthausstrafe immer das gesetzliche Minimum von zwei Jahren beträgt, so mußte §. 26. darüber Anordnung treffen, welche Strafposition für das versuchte Verbrechen einzutreten habe, wo das vollendete Verbrechen mit lebenslänglicher Zuchthausstrafe, oder wenn dasselbe mit zeitiger Zuchthausstrafe zu ahnden ist. Der §. 26. trifft nun folgende Anordnung:

Wenn der Versuch eines solchen Verbrechens zu strafen ist, für welches in dem zweiten Theile des Entwurfes die lebenslängliche Zuchthausstrafe angedroht ist, so soll statt der lebenslänglichen Zuchthausstrafe zeitige Zuchthausstrafe nicht unter sechs Jahren eintreten. (§. 26. Nr. 1.)

Wenn der Versuch eines solchen Verbrechens zu strafen ist, für welches in dem zweiten Theile zeitige Zuchthausstrafe angedroht ist, so soll statt der ausschließlichen Zuchthausstrafe entweder Zuchthausstrafe — und zwar unter Beibehaltung des im zweiten Theile bestimmten Maximums dieser Strafe — oder Gefängnißstrafe nicht unter einem Jahre eintreten. (§. 26. Nr. 2.)

In dem zweiten Theile ist ferner die Zuchthausstrafe kombinirt mit der Strafe der Einschließung, wobei letztere Strafart durchgängig ohne fixirtes Minimum auftritt. Für diese Strafenkombination trifft der Entwurf die Anordnung:

Wenn der Versuch eines solchen Verbrechens vorliegt, für welches in dem zweiten Theile entweder zeitige Zuchthausstrafe oder Einschließung angedroht ist, so soll entweder Zuchthausstrafe — unter Beibehaltung des im zweiten Theile festgesetzten Maximums dieser Strafart — oder Einschließung — unter Beibehaltung des im zweiten Theile bestimmten Maximums — oder endlich Gefängnißstrafe nicht unter einem Jahre eintreten. (§. 26. Nr. 2.)

Es rechtfertigt sich diese Kombination der Strafarten für das versuchte Verbrechen deshalb, weil es leicht möglich ist, daß das betreffende versuchte Verbrechen zwar mit zweijähriger Zuchthausstrafe zu hart geahndet sein kann, während dasselbe doch für die Anwendung der custodia honesta sich nicht eignet. Diese Lücke konnte durch das Hinzuziehen der Gefängnißstrafe in geeigneter Weise ergänzt werden.

In dem zweiten Theile ist endlich noch die Zuchthausstrafe mit der Gefängnißstrafe kombinirt. Bei dieser Kombination der Strafarten kennt der zweite Theil überhaupt nur drei Strafpositionen.

a. Gefängniß nicht unter drei Monaten oder Zuchthaus bis zu fünf Jahren;
b. Gefängniß nicht unter sechs Monaten oder Zuchthaus bis zu zehn Jahren;
c. Gefängniß nicht unter einem Jahr oder Zuchthaus bis zu funfzehn Jahren.

Der §. 26. des Entwurfes bestimmt nun, daß statt dieser für das vollendete Verbrechen angeordneten Strafen für das versuchte Verbrechen folgende Strafpositionen eintreten sollen:

statt der Strafposition a:
Gefängniß nicht unter einem Monate und funfzehn Tagen oder Zuchthaus bis zu fünf Jahren;

statt der Strafposition b:
Gefängniß nicht unter drei Monaten oder Zuchthaus bis zu zehn Jahren;

statt der Strafposition c:
Gefängniß nicht unter sechs Monaten oder Zuchthaus bis zu funfzehn Jahren. (§. 26. Nr. 3.)

In dieser Weise sind — unter Bezugnahme auf die für das vollendete Verbrechen festgesetzten Strafpositionen durch den §. 26. des Entwurfs für sämmtliche vorkommende versuchte Verbrechen ebenfalls bestimmte Strafpositionen festgesetzt worden. Der vorkommende einzelne Fall des versuchten Verbrechens ist dann innerhalb der für ihn gesetzlich festgestellten Strafgrenzen unter Anwendung der allgemeinen Grundsätze über die Strafzumessung zu beurtheilen. Diese Beurtheilung wird jedenfalls unter den hier gebotenen Voraussetzungen mit größerer Sicherheit vor sich gehen, als wenn man die Strafe für das wirklich begangene versuchte Verbrechen abmessen soll nach der fingirten Strafe für das blos fingirte vollendete Verbrechen.

2. Man ersieht aus diesen Strafpositionen für das versuchte Verbrechen, daß dieselben nur eine Strafherabsetzung in dem Minimum der für das vollendete Verbrechen festgesetzten Strafen enthalten, wogegen das Strafmaximum unverändert geblieben ist.

Dies dürfte sich aus folgenden Gründen rechtfertigen:

Zunächst wird dem praktischen Bedürfnisse durch diese Verringerung des Strafminimums Genüge geschehen sein. Denn, falls auch wirklich eine Strafherabsetzung der für das vollendete Verbrechen bestimmten Strafmaxima legislatorisch zulässig wäre, so würde doch die Herabsetzung der Strafmaxima nicht unter diejenige Grenze herunter gehen, von welcher sich annehmen läßt, daß sie auch vom Richter bei der Strafzumessung für das versuchte Verbrechen nicht werde überschritten werden.

Es erscheint aber die Herabsetzung der Strafmaxima legislatorisch nicht einmal zulässig. Die Strafdifferenz zwischen der Strafe für das vollendete und das versuchte Verbrechen beruht doch darauf, daß bei ersterem ein Recht verletzt, bei dem zweiten ein Recht nicht verletzt worden ist. Diese Strafdifferenz wird aber keinesfalls überall die gleiche sein — und nur unter dieser Voraussetzung würde es sich rechtfertigen, wenn man etwa sagen wollte, die Hälfte, das Drittel oder wie viel des Strafmaximums darf jedoch bei der Bestrafung des versuchten Verbrechens nicht überschritten werden. Vielmehr ist diese Strafdifferenz eine sehr verschiedene. Denn die Größe derselben bestimmt sich theils durch die Bedeutsamkeit des angegriffenen Rechtes, so daß also schon aus diesem Grunde mindestens bei Verbrechen verschiedener Art diese Differenz verschiedenartig zu normiren wäre, wobei es dahingestellt bleiben mag, ob dies ausreichend sein möchte, oder ob nicht selbst auf die Größe des angegriffenen Rechts auch bei Verbrechen der gleichen Art wenigstens in einzelnen Fällen Rücksicht zu nehmen wäre. Dann aber richtet sich jene Strafdifferenz zwischen versuchtem und vollendetem Verbrechen auch danach, wie nahe die Versuchshandlung an das vollendete Verbrechen hinangeführt werden kann, ohne vollendetes Verbrechen zu werden; es wird der Zwischenraum, welcher zwischen der letzten denkbaren Versuchshandlung, die noch vor der Rechtsverletzung stehen bleibt, und der wirklich eingetretenen Rechtsverletzung durchaus nicht überall der gleiche sein. Wenn es aber aus diesen Gründen nöthig wird, die Strafdifferenz zwischen versuchtem und vollendetem Verbrechen verschiedenartig zu normiren, so bleibt nichts Anderes übrig, als entweder das Uebel der Kasuistik für die Gesetzgebung zu wählen, oder sich für dasjenige allerdings auch nicht zu verkennende Uebel zu entscheiden, daß denkbarerweise einmal eine zu hohe Strafe für ein versuchtes Verbrechen erkannt werden möchte. Das letztere ist nun wohl unzweifelhaft das kleinere Uebel, welches übrigens in seiner Bedeutsamkeit durch folgenden Umstand noch erheblich abgeschwächt wird.

Wenn für die vollendeten Verbrechen überhaupt Strafpositionen festgesetzt werden, so kann man die denkbare Schwere der Verbrechen durch entsprechende Strafdrohungen überhaupt nur bis zu einer gewissen Grenze verfolgen. Wird durch das Verbrechen diese Grenze überschritten, so wird das Verbrechen in diesem Mehr seiner Schwere für das Strafrecht inkommensurabel. Es wird z. B. die Zuchthausstrafe bis zu zwanzig Jahren für ein Verbrechen angedroht. Hieraus folgt nicht, daß dieses Strafmaximum nur für den denkbar schwersten Fall in Anwendung zu bringen ist — denn der denkbar schwerste Fall ereignet sich in Wirklichkeit niemals — sondern es folgt daraus nur, daß sobald das begangene vollendete Verbrechen so schwer ist, daß es mit einer Zuchthausstrafe von 20 Jahren gerecht geahndet wird, diese Strafe auch für das begangene Verbrechen erkannt werde, daß aber dann die noch schwereren Fälle auch mit keiner höheren Strafe mehr belegt werden können. Es ist dies zwar ein Verstoß gegen die Anforderungen der Gerechtigkeit, der sich aber in Folge der dem Strafrechte überhaupt gesteckten Grenzen nicht vermeiden läßt. Folgt denn nun aber daraus, daß, wenn vollendete Verbrechen mit einer zeitigen Zuchthausstrafe zu bestrafen sind, die Strafe über zwanzig Jahre Zuchthaus nicht hinausgehen darf, daß nun auch für die entsprechenden versuchten Verbrechen die Zuchthausstrafe mit funfzehn oder mit zehn Jahren abschließen müsse? Wenn ich das vollendete Verbrechen nicht härter bestrafen kann, weil ich zwanzig Jahre Zuchthaus nicht überschreiten darf, folgt daraus, daß ich bei der Bestrafung des versuchten Verbrechens bei einer Strafe stehen bleiben muß, die ich wohl überschreiten kann? Diese Konsequenz würde schlechterdings nicht einzusehen, es würde im Gegentheil zu behaupten sein, daß in solchen Fällen, in denen man die Strafe für das vollendete Verbrechen nur um deswillen nicht höher als auf das zulässige Strafmaximum arbitrirt, weil man über dieses Strafmaximum nicht hinaus kann, der Versuch eines solchen Verbrechens, ohne der Gerechtigkeit zu nahe zu treten, entweder ebenfalls mit dem Strafmaximum, oder doch mit einer dem Strafmaximum nahe stehenden Strafe belegt werden kann. Freilich, wenn das versuchte Verbrechen vollendet worden wäre, so könnte es auch nur mit dem Strafmaximum belegt werden. Von diesem Standpunkte aus erscheint es dann allerdings nicht zulässig, mit der Strafe für das versuchte Verbrechen so weit hinaufzugehen, wie dieses eben als möglich hingestellt ist. Aber dieser Standpunkt ist auch bei der Bestrafung des versuchten Verbrechens nicht der richtige. Denn das vollendete Verbrechen ist eben nicht begangen, und das, was begangen ist, nämlich das versuchte Verbrechen, muß aus sich selbst beurtheilt werden; und fände sich dabei, daß für dieses wirklich begangene versuchte Verbrechen das für das vollendete Verbrechen festgesetzte Strafmaximum eine den Anforderungen der Gerechtigkeit entsprechende Strafe wäre, so ist der Umstand, daß, wenn etwas geschehen wäre, was nicht geschehen ist — nicht maßgebend, um für das versuchte Verbrechen eine Strafe zu verweigern, welche der Thäter auch schon durch dieses versuchte Verbrechen in ausreichendem Maße verdient hat. Es wird, um das so eben Ausgeführte zu rechtfertigen, nicht erforderlich sein, darauf hinzuweisen, wie hierdurch dem Prinzipe, daß der Versuch ein geringerer Schuldgrad sei, als das vollendete Verbrechen, in keiner Weise entgegen getreten wird. Denn da, wo der Versuch eines Verbrechens mit dem Strafmaximum belegt werden sollte, geschieht es nur deswegen, weil das Verbrechen, wenn es noch weiter fortgeführt wäre, als bis zu dem Punkte, bis zu welchem es geführt ist, eine höhere Strafe als das festgesetzte Maximum verdient hätte, welche schwerere Strafe freilich wegen der nothwendigen äußerlichen Schranken, an die ein jedes Strafgesetz gebunden ist, nicht hätte verhängt werden können.

Aber unrichtig würde es sein, wollte man diesem Gedanken die Konsequenz geben, nun auch in denjenigen Fällen, in welchen für das vollendete Verbrechen die lebenslängliche Zuchthausstrafe anzudrohen war, diese Strafe auch für das versuchte Verbrechen zuzulassen. Der Grund für die Unzulässigkeit dieser Konsequenz ist derselbe, aus welchem zum Zwecke der Bildung relativ bestimmter Strafpositionen nicht die lebenslängliche Zuchthausstrafe mit der zeitigen Zuchthausstrafe kombinirt werden konnte. Das Prinzip, daß der Versuch ein geringerer Schuldgrad sei als das vollendete Verbrechen, kann für die mit lebenslänglichem Zuchthause bedrohten Verbrechen nur dadurch zur Geltung gebracht werden, daß man für die entsprechenden versuchten Verbrechen die zeitige Zuchthausstrafe anordnet. Geschieht dieses aber, so kann der Strafsprung, welcher zwischen der höchsten zeitigen und der lebenslänglichen Zuchthausstrafe besteht, zwar gerechtfertigt werden durch den qualitativen Unterschied, welcher zwischen dem versuchten und dem vollendeten Verbrechen besteht, nicht aber durch den blos quantitativen Unterschied des näheren und des entfernteren Versuches.

3. Die Gesetzesformel des §. 26. setzt die geringere Strafe des versuchten Verbrechens in zwingender Form nur unter Nr. 1. fest:

> In denjenigen Fällen, in welchen für das vollendete Verbrechen lebenslängliche Zuchthausstrafe festgesetzt ist, tritt für das versuchte Verbrechen zeitige Zuchthausstrafe nicht unter sechs Jahren ein.

Für die übrigen Fälle ist die geringere Strafbarkeit des Versuches der Form nach nur fakultativ angeordnet: „kann für das versuchte Verbrechen" u. s. w. Durch diese Fassung soll nicht gesagt werden, daß der Versuch gegenüber dem vollendeten Verbrechen lediglich ein strafmildernder Zumessungsgrund sei, wie dies im Preußischen Strafgesetzbuch §. 32. al. 1. geschehen ist, sondern es war diese Fassung der Gesetzesformel um deswillen nothwendig, weil §. 26. Nr. 2. und Nr. 3. zu ihrer Voraussetzung relativ bestimmte Strafgesetze haben. Das Gesetz kann nicht sagen: In denjenigen Fällen, in welchen das vollendete Verbrechen mit Zuchthaus von zwei bis x Jahren bestraft wird, soll der Versuch mit Gefängniß nicht unter einem Jahre bestraft werden — sondern das Gesetz darf nur sagen, daß, wo die Strafzumessung für das versuchte Verbrechen das Herabgehen unter das Minimum der für das vollendete Verbrechen angedrohten Strafe erforderlich mache, dies geschehen könne. Es muß dann freilich auch das Gesetz sagen, bis wie weit dieses Heruntergehen unter die für das vollendete Verbrechen festgesetzte Strafe geschehen dürfe, was ja denn auch in der Gesetzesformel bei Nr. 2. und ebenso auch in analoger Weise bei Nr. 3. geschehen ist.

4. Die Gesetzesformel enthält keine Vorschriften über die Strafbarkeit des Versuches derjenigen Verbrechen, für welche entweder ausschließlich Gefängnißstrafe oder alternativ Gefängniß neben Einschließung, oder endlich Gefängniß neben Geldbuße angedroht ist. Das ist keine Abweichung von dem Prinzipe der geringeren Strafbarkeit des Versuches gegenüber dem vollendeten Verbrechen. Ja, selbst wenn der Entwurf bei diesen Delikten eine Abweichung vom Prinzipe gewollt hätte — was nicht der Fall ist — es würde ihm dieses nichts geholfen haben,

es würde in der Praxis dennoch der Versuch geringer gestraft werden, wie das vollendete Verbrechen, freilich niemals geringer als entweder mit einem Tage Gefängniß, oder mit einem Tage Einschließung oder mit einem Thaler Geldbuße.

Und darin liegt denn auch der Grund, weshalb über die Bestrafung dieser Versuchsfälle in der Gesetzesformel nichts gesagt ist. Denn da, wo für das vollendete Verbrechen eine der so eben genannten Strafen angedroht ist, geschieht dies durchweg ohne die Bezeichnung eines speciell fixirten Strafminimums. Die beregten Strafpositionen gestatten also schon von selbst das Herabgehen bis auf die so eben bezeichneten Strafminima.

Und doch sind alle diese Strafpositionen für das vollendete Verbrechen berechnet? Allerdings ist dieses der Fall. Aber in derselben Weise, wie nach der Seite des Strafmaximums zu nur bis zu einer gewissen Grenze hin Verbrechen und Strafen kommensurabel bleiben, ebenso ist es auch nach der Seite des Strafminimums hin der Fall. Ebenso wie wir darauf verzichten müssen, für das versuchte Verbrechen eine höhere als zwanzigjährige Zuchthausstrafe festzusetzen, ebenso müssen wir auch darauf verzichten, für das vollendete, wie für das versuchte Verbrechen eine geringere Strafe zu bestimmen, als eine solche, welche mindestens einen Tag Freiheitsstrafe oder einen Thaler Geldbuße beträgt.

Dritter Titel.

Von der Theilnahme an Verbrechen.

§. 27.

Als Theilnehmer eines Verbrechens wird bestraft:

1) Wer den Thäter durch Geschenke oder Versprechen, durch Drohungen, Mißbrauch des Ansehens oder der Gewalt, durch Herbeiführung oder Beförderung eines Irrthums oder durch andere Mittel zur Begehung des Verbrechens angereizt, verleitet oder bestimmt hat;
2) wer dem Thäter zur Begehung des Verbrechens Anleitung gegeben hat, ingleichen wer Waffen, Werkzeuge oder andere Mittel, welche zu der That gedient haben, wissend, daß sie dazu dienen sollten, verschafft hat, oder wer in den Handlungen, welche die That vorbereitet, erleichtert oder vollendet haben, dem Thäter wissentlich Hülfe geleistet hat.

§. 28.

Der Anstifter (§. 27. Nr. 1.) wird ebenso bestraft, als ob er das in Folge seiner Anstiftung begangene Verbrechen selbst begangen hätte.

§. 29.

Für die Bestrafung des Gehülfen (§. 27. Nr. 2.) sind folgende Vorschriften maßgebend:

1) In denjenigen Fällen, in welchen für den Thäter lebenslängliche Zuchthausstrafe festgesetzt ist, tritt zeitige Zuchthausstrafe nicht unter sechs Jahren ein.

2) In denjenigen Fällen, in welchen für den Thäter ausschließlich zeitige Zuchthausstrafe oder neben der zeitigen Zuchthausstrafe die Strafe der Einschließung festgesetzt ist, kann gegen den Gehülfen auch auf Gefängniß nicht unter Einem Jahre erkannt werden.

3) In denjenigen Fällen, in welchen für den Thäter neben der Zuchthausstrafe die Gefängnißstrafe festgesetzt ist, kann für den Gehülfen die Gefängnißstrafe bis auf die Hälfte des niedrigsten Maßes herabgesetzt werden.

§. 30.

Wer durch Reden an öffentlichen Orten oder bei öffentlichen Zusammenkünften, oder durch Schriften, Abbildungen oder andere Darstellungen, welche verkauft, vertheilt oder umhergetragen, oder öffentlich ausgestellt oder angeschlagen werden, zu einem Verbrechen auffordert, anreizt, verleitet oder zu bestimmen sucht, soll als Anstifter bestraft werden, wenn die Aufforderung das Verbrechen oder den Versuch des Verbrechens zur Folge gehabt hat.

Ist die Aufforderung ohne Erfolg geblieben, so ist die Strafe Gefängniß bis zu Einem Jahre oder Geldbuße bis zu zweihundert Thalern.

§. 31.

Wer nach Verübung eines Verbrechens dem Thäter wissentlich Beistand leistet, in der Absicht, denselben der Bestrafung zu entziehen oder ihm die Vortheile des Verbrechens zu sichern, ist als Begünstiger mit Gefängniß bis zu Einem Jahre oder mit Geldbuße bis zu zweihundert Thalern zu bestrafen.

Diese Strafe tritt nicht ein, wenn die Begünstigung dem Thäter in der Absicht, ihn der Bestrafung zu entziehen, von leiblichen Verwandten in auf- oder absteigender Linie, von Geschwistern oder von dem Ehegatten gewährt worden ist.

§. 32.

Der Begünstiger soll gleich dem Gehülfen bestraft werden, wenn die Begünstigung in Folge einer vor der That genommenen Abrede gewährt worden ist.

Die Bestimmung des §. 31. Abs. 2. findet in diesem Falle keine Anwendung.

In diesen Gesetzesformeln ist entsprechend den Vorschriften des Preußischen Strafgesetzbuches der Thäterschaft gegenübergestellt: 1) die Theilnahme in ihren beiden Formen — Anstiftung und Beihülfe —; 2) die Aufforderung zu einem Verbrechen; 3) die Begünstigung. Fortgeblieben ist die Verpflichtung zur Denunciation. (Preußisches Strafgesetzbuch §. 39.)

Anstiftung und Beihülfe im Gegensatze zur Thäterschaft.

Der Entwurf vermeidet es ebenso wie das Preußische Strafgesetzbuch, eine Begriffsbestimmung des Thäters (resp. Urhebers, wie ihn einzelne Gesetzbücher, z. B. das Sächsische, nennen) aufzustellen.

Daß eine solche Begriffsbestimmung des Thäters im Gesetze nicht erforderlich ist, folgt daraus, daß der Begriff der Thäterschaft in seiner Allgemeinheit in der Praxis niemals vorkommt, sondern immer nur in seiner Beziehung auf ein einzelnes Verbrechen.

Wer aber der Urheber eines einzelnen Verbrechens ist, das sagen die Bestimmungen des zweiten Theiles, welche entweder durch die bloße Bezeichnung des Verbrechens — wie z. B. bei der Ehrverletzung — oder durch die Aufstellung der einzelnen wesentlichen Momente des Thatbestandes eines Verbrechens die Begriffsbestimmung für die Thäterschaft des betreffenden Verbrechens gesetzlich fixiren.

Es könnte somit nur noch die Frage entstehen, ob nicht etwa gesetzliche Begriffsbestimmungen für die verschiedenen Formen der Miturheberschaft — zufällige Miturheberschaft, Komplott und Bande — aufzustellen wären.

Selbstverständlich könnte hiezu eine Veranlassung nur dann vorhanden sein, wenn die Miturheberschaft überhaupt, oder einzelne Formen derselben auf die Bestrafung einen bestimmten Einfluß zu äußern im Stande wären.

Was nun zunächst die Bande anbetrifft, so enthalten über diese Form der Miturheberschaft unter den zur Zeit in Norddeutschland geltenden Gesetzbüchern zwei derselben besondere Bestimmungen, nämlich das Braunschweigische und das Hessische.

Ersteres bestimmt §. 38:

> „Die Vereinigung zur Verübung verschiedener, einzeln noch unbestimmter Verbrechen ist als nicht beendigter Versuch des schwersten der Verbrechen, auf welche die Absicht gerichtet war, zu bestrafen.“

Bei dieser Bestimmung bleibt es zweifelhaft, wie man sich den Versuch eines „noch unbestimmten Verbrechens“ denken soll, und was man darunter zu verstehen hat, wenn gesagt wird, es sei auf ein noch unbestimmtes Verbrechen die „Absicht gerichtet“ gewesen. Sind diese Zweifel gelöst, so würde man wissen, wie nach Braunschweigischem Recht das Mitglied einer Bande zu strafen ist, vorausgesetzt nämlich, daß man zwischen beendigtem und nicht beendigtem Versuche genau zu unterscheiden versteht, was jedoch, wie oben gezeigt, nicht so ganz leicht ist.

Das Hessische Gesetzbuch ist in seinen Bestimmungen ausführlicher. Es wird bestimmt, was eine Bande ist:

> Art. 81. Abs. 2. „Unter Banden werden solche Verbindungen verstanden, die zur Verübung mehrerer, einzeln noch unbestimmter Verbrechen derselben Art, oder solcher Verbrechen, welche nach Art. 94. Nr. 1. 3. 4. und 7. als gleichartig gelten, eingegangen sind.“

Sodann wird das bloße Beitreten zur Bande mit Strafe bedroht:

Art. 82. „Jeder, welcher der Bande beigetreten ist, soll schon wegen des bloßen Eintritts zu Korrektionshausstrafe bis zu zwei Jahren verurtheilt werden, wenn er auch an den von der Bande verübten Verbrechen in keiner Art Antheil genommen hat."

Er bleibt wegen des Beitritts zur Bande straflos, wenn er das Dasein derselben der Obrigkeit angezeigt hat."

Dann wird gesagt, welche Grundsätze der Bestrafung Anwendung finden, falls die Bande Verbrechen begangen hat:

Art. 81. Abs. 1. „Die Gesetze wider das Komplott (Art. 74 bis 80) sind auch auf die von einer Bande ausgeführten Verbrechen anzuwenden" — welche Bestimmung dann endlich noch folgende Modifikation erleidet:

Art. 81. Abs. 3: „Den einzelnen Mitgliedern einer Bande sind indessen nicht alle von derselben verübten Verbrechen anzurechnen, sondern jeder Mitgenosse der Bande ist bloß in Ansehung derjenigen Verbrechen als Miturheber zu betrachten, zu welchen er vor, bei oder nach der That mitgewirkt, oder zu deren Mitausführung er durch seine Gegenwart bei der Ausführung sich bereit gezeigt hat."

Es ist somit der Beitritt zur Bande zu einem besonderen Delikte gemacht, und im Uebrigen sind die Grundsätze über das Komplott auch auf die Bande in Anwendung gebracht, falls durch dieselbe ein Verbrechen begangen ist und die einzelnen Mitglieder der Bande entweder vor oder bei oder nach der That mitgewirkt (—also wieder die Begünstigung als Theilnahme nach der That —) oder ihre Bereitwilligkeit zur Mitausführung gezeigt haben, freilich nur in der Weise, daß sie sich persönlich eingefunden haben, um der Ausführung des Verbrechens beizuwohnen.

Sehen wir hier von Einzelnheiten ab, so kommt die Hauptsache darauf hinaus, daß Personen, welche sonst nur als Gehülfen oder als Begünstiger gestraft worden wären, als Komplottanten zu strafen sind, wenn sie als Angehörige einer Bande sich bei der Ausführung des Verbrechens betheiligten.

Ob es nun erforderlich ist, in Betreff der Komplottanten Strafvorschriften zu erlassen, darüber können wir aus dem Hessischen Strafgesetzbuche bei der Kasuistik und Prinziplosigkeit seiner Bestimmungen*) nichts entnehmen.

*) Hessisches Strafgesetzbuch Art. 74. „Die Verabredung Mehrerer zur Ausführung eines gemeinschaftlich bezweckten Verbrechens, zu dessen Begriff nicht schon das Zusammenwirken mehrerer Personen gehört, hat in Bezug auf die Zurechnung des Erfolges die Wirkung, daß, wenn das verabredete Verbrechen ausgeführt wurde, jeder Theilnehmer, welcher in Folge der Verabredung vor oder bei oder nach der That mitgewirkt, oder durch seine Gegenwart bei der Ausführung sich zur Mitwirkung bereit gezeigt hat, von der auf dieses Verbrechen gesetzten Strafe, innerhalb deren gesetzlicher Grenze nach Maßgabe seiner Schuld getroffen wird.

Art. 75. Diejenigen, welche zuerst ein solches Komplott veranlaßt und zu Stande gebracht (Anstifter), dann diejenigen, welche das Unternehmen zur Zeit der Vollbringung geleitet haben (Anführer) sind innerhalb der Grenzen der gesetzlichen Strafe höher als die gemeinen Theilnehmer zu bestrafen. Gegen letztere ist die Strafe innerhalb dieser Grenzen nach Beschaffenheit und Größe ihrer Mitwirkung auszumessen.

Art. 76. Wurde das Unternehmen, ehe es zu einem Anfange der Ausführung kam, freiwillig wieder aufgegeben, so bleiben die Theilnehmer straflos; andernfalls

Betrachten wir statt dessen eine Vorschrift des Sächsischen Strafgesetzbuches, welche wenigstens über das von diesem Gesetze zum Ausdruck gebrachte Prinzip keinen Zweifel läßt.

Sächsisches Strafgesetzbuch Art. 50: „Haben an einem Verbrechen Mehrere Theil genommen, so sind alle diejenigen, welche die That mit einander beschlossen, und in Folge dieses Beschlusses entweder zur Ausführung derselben mitgewirkt haben oder doch wenigstens bei der Ausführung gegenwärtig gewesen sind, als Urheber zu bestrafen.

Haben Personen zu der Ausführung mitgewirkt, die an dem Beschlusse der That nicht Theil genommen haben, so ist nach den Umständen zu erwägen, ob deren Wille nur auf Unterstützung einer fremden That (vergl. Art. 53.) gerichtet gewesen, oder ob sie durch ihre Handlungsweise den Entschluß zur That stillschweigend zu dem ihrigen gemacht haben. Letzteren Falles sind sie den Urhebern gleichfalls beizuzählen.

Art. 51. Jedem, der an einem Verbrechen als Urheber Theil genommen hat, ist dieses Verbrechen ganz zuzurechnen. Es ist sonach bei denjenigen Verbrechen, wo bei Bestimmung der Strafe auch der Werth, welchen der Gegenstand des Verbrechens hat, zu berücksichtigen ist, bei Festsetzung der Strafe für jeden einzelnen Miturheber der volle Betrag dieses Werthes zu Grunde zu legen.

In Fällen, wo die That für verschiedene Miturheber vermöge der persönlichen Verhältnisse oder der besonderen Willensrichtung eines jeden eine verschiedene strafrechtliche Natur hat, wird jeder Miturheber wegen desjenigen Verbrechens bestraft, welches ihm nach seinen persönlichen Verhältnissen oder seiner Willensrichtung zur Last fällt."

In der Vorschrift des Art. 50. Abs. 1. wird der Grundsatz ausgesprochen, nach welchem diejenigen, welche in Folge eines voraufge-

---

wird die bloße Eingehung der Verbindung als nicht beendigter Versuch des beabsichtigten Verbrechens bestraft.

Art. 77. Der Anstifter wird selbst dann, wenn er weder vor, noch bei, noch nach der That auf irgend eine Weise mitgewirkt, noch auch sich durch seine Gegenwart bei der Ausführung zur Mitwirkung bereit gezeigt hat, von der Strafe des Urhebers getroffen, der gemeine Theilnehmer aber in gleichem Falle von der Strafe des beendigten Versuchs.

Art. 78. Hatte der Anstifter im Falle des vorhergehenden Artikels vor der That die Uebrigen von der Ausführung, soviel an ihm lag, abzuhalten sich bemüht, so trifft ihn die Strafe des beendigten Versuchs; den gemeinen Theilnehmer aber in gleichem Falle die Strafe des nicht beendigten Versuchs.

Auch den Anstifter trifft nur die Strafe des nicht beendigten Versuchs, wenn er neben der ausdrücklichen Erklärung seines Austritts die Uebrigen zugleich, soviel an ihm lag, von der Ausführung abzuhalten sich bemüht hat; der gemeine Theilnehmer bleibt in gleichem Falle straflos.

Art. 79. Sowohl der Anstifter, wie der gemeine Theilnehmer, welche der Obrigkeit von dem Komplott so zeitig Anzeige gemacht haben, daß das Verbrechen noch verhindert werden konnte, sind straflos.

Art. 80. Die Ehefrau des Urhebers, die unter seiner Gewalt und Pflege stehenden Verwandten in absteigender Linie und die seiner Aufsicht anvertrauten Minderjährigen werden, wenn sie auch als Miturheber seines Verbrechens oder Theilnehmer am Komplotte erscheinen, doch nur als Gehülfen bestraft, es müßte sich denn aus den Umständen ergeben, daß sie nicht wegen ihrer Abhängigkeit von dem Urheber zu der strafbaren That mitgewirkt haben."

gangenen Beschlusses das Verbrechen ausgeführt haben, also die Komplottanten, zu bestrafen sind.

Dieser Grundsatz lautet: Ob Jemand bei der Ausführung eines nach voraufgegangenem Komplotte begangenen Verbrechens, Thäter, Gehülfe oder Zuschauer gewesen ist, das soll gleichgültig sein, falls nur Jeder mit komplottirt hat. Die Zuschauer, welche ohne voraufgegangenes Komplott straflos sein würden, sollen, weil sie komplottirt haben, mit der Strafe der Urheber belegt werden; die Gehülfen, welche ohne vorausgegangenes Komplott minder strafbar gewesen wären als die Urheber, sollen, weil sie komplottirt haben, als Urheber gestraft werden; und die Urheber, welche ohne vorausgegangenes Komplott als Urheber bestraft worden wären, sollen, weil sie komplottirt haben, auch nicht anders bestraft werden, als sie zu bestrafen gewesen wären, wenn sie nicht komplottirt hätten.

Also der Zuschauer („alle dienigen, welche ... doch wenigstens bei der Ausführung gegenwärtig gewesen sind") wird am schwersten betroffen. Für ihn verwandelt sich die Straflosigkeit in die Strafbarkeit des Urhebers. Minder schwer wird der Gehülfe betroffen. Denn dieser ist doch auch ohne Komplott strafbar; jetzt aber erhöht sich seine Strafe auf die Urheberstrafe. Gar nicht betroffen wird der Urheber; denn ist er Urheber eines Verbrechens ohne voraufgegangenes Komplott, so wird er als Urheber gestraft, und ist er Urheber eines Verbrechens mit voraufgegangenem Komplott, so wird er auch als Urheber gestraft.

Wo sitzt da die ratio legis? Entweder, so muß man doch sagen, bewirkt die Thatsache, daß vor dem Begehen eines Verbrechens ein Komplott stattgefunden hat, strafschärfend, und dann muß doch dieser Umstand für alle Betheiligten strafschärfend wirken, also auch für den Urheber. Oder wenn für den Urheber die voraufgegangene Komplottirung indifferent bleiben muß, so muß sie auch für die übrigen Betheiligten indifferent bleiben. Soll das Komplott straferhöhend wirken, so muß diese Straferhöhung gleichmäßig für alle Betheiligten eintreten, nicht aber in höherem Maße bei dem Zuschauer, wie bei dem Gehülfen; will man aber die Straferhöhung ungleichmäßig sein lassen, so kann von derselben in höherem Grade doch nur der wichtigste unter den Betheiligten, also der Urheber, nicht aber der unbedeutendste, nämlich der Zuschauer, betroffen werden.

Trotz dieser offen liegenden Fehler des Sächsischen Gesetzbuches wird man nicht leugnen können, daß demselben anerkannte Autoritäten der Strafrechtswissenschaft zur Seite stehen. Feuerbach (Lehrbuch §. 47.) sagt:

> „Wenn mehrere durch gegenseitiges Versprechen wechselseitiger Hülfe die Begehung eines Verbrechens gemeinschaftlich beschließen und sich zu gemeinschaftlicher Ausführung desselben verbinden, so ist ein Komplott (societas delinquendi, conjuratio) vorhanden. Da hier der Entschluß jedes Einzelnen bestimmt wird durch die vertragsmäßig begründete Erwartung des Beistandes und der Mitwirkung aller übrigen, so ist jeder Mit-

verbündete, in Ansehung dessen die Erwartung der übrigen bis zu vollendeter That fortdauerte, als intellektueller Urheber des vollendeten Verbrechens zu betrachten, wiewohl er sonst zu dessen Ausführung keinen thätigen Antheil genommen hat."

Und Köstlin (System S. 338.) Nachdem derselbe in Betreff der zufälligen Miturheberschaft (§. 103.) den Satz ausgesprochen:

„Die Folge davon" — nämlich von der zufälligen Miturheberschaft — „ist, daß nichts darauf ankommt, wie viel oder wenig der Einzelne für den Erfolg physisch beigetragen hat, vielmehr jeder für diesen verantwortlich ist, falls nur überall seine Thätigkeit mit unter den Bedingungen des eingetretenen Erfolgs lag — wogegen ihm mindestens Versuch zuzurechnen ist, wenn sein Akt dem Eintritt des Erfolgs erst nachfolgt" —

fährt derselbe a. a. O. in Betreff des Komplottes in folgender Weise fort:

„Die rechtliche Konsequenz, welche im Fall des §. 103. der Zufall für die gleichzeitig bewußt Zusammenhandelnden herbeiführt, tritt nicht nur unvorhergesehen und erst aus dem Aeußeren (ex re) entnehmbar, sondern als vorher gewußt und gewollt (ex proposito), daher auch weitergreifend (auf der Vollendung nachfolgende Akte und ganz unthätig Gebliebene sich erstreckend) ein im Falle des Komplotts, d. h. der Verabredung Mehrerer zur gemeinschaftlichen Ausführung des Verbrechens, vorausgesetzt, daß jeder Theilnehmer die Eigenschaft des Urhebers (die Absicht, das Verbrechen als seine That zu verwirklichen) hat."

Diesen Autoritäten gegenüber vertritt dann Berner (Lehrbuch §. 112.) die richtige, demnach aber auch von den Bestimmungen des Sächsischen Gesetzbuches abweichende Ansicht, die dahin geht, daß die Thätigkeit eines jeden der Betheiligten besonders gewürdigt werden müsse, damit festgestellt werde, ob derselbe als Urheber oder als Gehülfe zu bestrafen sei.

Dieser Satz ist vollkommen richtig. Denn das Eingehen eines Komplottes, die Gründung einer Bande — mag man darin eine gefährliche Handlung erblicken, und diese, in beliebiger Weise näher präcisirt, bei Strafe verbieten — ist mit Bezug auf das aus dem Komplotte u. s. w. hervorgehende Verbrechen noch nicht ein Theil der verbrecherischen Handlung selbst, sondern lediglich eine Vorbereitung zu derselben. Es gehört das Eingehen des Komplotts zu denjenigen Vorbereitungshandlungen, in Betreff deren darüber, daß sie immer und unter allen Umständen Vorbereitungshandlungen sind, kein Zweifel existirt. Es werden die Mittel und Wege zur Ausführung des Verbrechens gesucht, vielleicht auch gefunden — die Zubereitung und Herbeischaffung der Mittel ist aber Vorbereitung der verbrecherischen Handlung, nicht aber verbrecherische Handlung selbst. Die Folge hiervon ist denn auch nothwendigerweise, daß, wenn auch immer das Komplott eingegangen, und die Begehung eines Verbrechens beschlossen ist, nun aber nichts weiter geschieht — überhaupt gar keine strafbare Handlung vorliegt, daß vielmehr die Ausführung eines beschlossenen Verbrechens im Stadium der Vorbereitungshandlungen abgebrochen ist.

Hieraus allein würde denn aber noch nicht folgen, daß dem Komplotte oder der Bande jede strafrechtliche Bedeutung abzusprechen, daß in Betreff dieser Formationen der Miturheberschaft auch jede gesetzliche Vorschrift überflüssig sein müsse. Denn ebensogut wie das im Komplott beschlossene Verbrechen nicht zur Ausführung kommen kann, ebensogut kann es auch zur Ausführung kommen. Und wenn letzteres geschieht, wird man die Thatsache, daß das ausgeführte — vollendete oder versuchte — Verbrechen vorher im Komplott beschlossen wurde, bei der Strafzumessung ebenso wenig übersehen dürfen, wie man auch andere Arten der Vorbereitung des begangenen Verbrechens nicht übersehen darf.

Damit ist denn auch dasjenige gesagt, worauf es hier ankommt. Der Umstand, daß zum Zwecke der Ausführung eines versuchten oder vollendeten Verbrechens vorher komplottirt war, hat seine volle Bedeutung für die Strafzumessung. Will man aus einem Strafzumessungsgrunde einen gesetzlich bestimmten Strafschärfungsgrund machen, so ist dagegen an sich kein legislatorisches Hinderniß vorhanden. Wenn man nun aus dem Umstande, daß ein Verbrechen im Komplott vorbereitet worden, einen allgemeinen gesetzlichen Strafschärfungsgrund machen wollte, so würde die entsprechende Vorschrift etwa zu lauten haben:

> Wird festgestellt, daß die Ausführung eines versuchten oder vollendeten Verbrechens von Mehreren beschlossen war, so ist die Strafe für die Thäter und die Theilnehmer um so und so viel zu erhöhen —

Eine derartige Bestimmung würde dann allerdings die oben am Sächsischen Strafgesetzbuche gerügten Fehler vermeiden; denn es würde in dieser Weise eine Strafschärfung für sämmtliche Komplottanten angeordnet, und es würde diese Strafschärfung überall die gleiche sein; während doch nach der Vorschrift des Sächsischen Strafgesetzbuches die Strafschärfung sich nur auf diejenigen Komplottanten beschränkt, welche nicht Urheber sind und unter diesen von der Strafschärfung die Gehülfen in geringerem Maaße getroffen werden als diejenigen, welche nicht Gehülfen sind.

Aber, wenn auch an sich legislatorisch zulässig, berechtigt würde eine derartige, das Komplott zu einem allgemeinen Strafschärfungsgrunde machende Bestimmung nur dann sein, wenn es mit den thatsächlichen Verhältnissen übereinstimmte, daß der vor der Begehung des Verbrechens von Mehreren gefaßte Beschluß zur gemeinschaftlichen Begehung eines Verbrechens bei allen Verbrechen ein solcher Strafzumessungsgrund wäre, daß derselbe bedeutsamer erschiene, als alle anderen straferhöhenden Zumessungsgründe. Das aber muß in Abrede gestellt werden. Im Gegentheile! Die Gründe der höheren oder geringeren Strafbarkeit eines Verbrechens bestimmen sich an erster Stelle aus der Natur und Beschaffenheit des einzelnen Verbrechens selbst; es ist daher auch an erster Stelle erforderlich, mit Bezug auf die einzelnen Verbrechen zu prüfen, welche der bei ihnen in Frage kommenden Strafzumessungsgründe als Qualifikationsgründe gesetzlich auszuzeichnen seien. Unter diesen bei einzelnen Verbrechen vorkommenden Qualifikationsgründen kann denkbarerweise auch der Umstand in Betracht kommen, daß das Verbrechen in Folge eines Komplottes begangen sei. Aber zu einem allgemeinen Strafschärfungsgrunde eignet sich der Umstand, daß das Verbrechen nach voraufgegangenem Komplott begangen ist, so wenig, daß beispielsweise das Preußische Strafgesetzbuch, abgesehen von dem Falle, wo das Komplott zu einem hochverrätherischen Unternehmen als selbständiges Delikt gestraft wird, und dem Falle, wo das stattgehabte Komplott eines der wesentlichen Momente des verbrecherischen Thatbestandes bildet, wie bei der Meuterei, vielleicht nur einen einzigen Fall aufweist, in welchem das voraufgegangene Komplott zu einem Qualifikationsgrunde des Verbrechens gemacht ist, nämlich den Fall des qualificirten Hausfriedensbruches im §. 214., falls man bei diesem Delikte, wie auch bei der Meuterei das „Zusammenrotten" so auffaßt, daß in demselben zugleich auch ein gemeinschaftlicher Beschluß derer vorhanden ist, welche sich zusammengerottet haben, ein Umstand, der ja übrigens thatsächlich nicht einmal festgestellt zu werden braucht.

Aus diesen Gründen mußte davon Abstand genommen werden, irgend welche allgemeine Vorschriften über Bande oder über Komplott in den Entwurf aufzunehmen.

Was nun endlich noch die Vorschrift über die zufällige Miturheberschaft anbetrifft, welche das Sächsische Strafgesetzbuch im Art. 51. aufgestellt hat, so sieht dieselbe zwar so aus, als ob sie eine allgemeine Vorschrift wäre. In Wahrheit aber ist sie lediglich eine Vorschrift für einen speciellen Fall. Denn, wenn das Sächsische Gesetzbuch sagt:

„Jedem, der an einem Verbrechen als Urheber Theil genommen hat, ist dieses Verbrechen ganz zuzurechnen" —

so wird es gewiß Niemandem einfallen, daß, wenn beispielsweise zwei Personen als Urheber sich bei einer Tödtung betheiligt hätten, einem jeden derselben nur die Tödtung eines halben Menschen zuzurechnen sei. Da aber das Sächsische Gesetzbuch bei den Vermögensverbrechen, verschiedene Strafpositionen aufstellt mit Bezug auf den Werth, welchen der Gegenstand des Verbrechens hatte, so könnte es allerdings einem oder der dem andern einfallen, zu meinen, daß, wenn A. und B. zusammen 100 Thlr. gestohlen hätten, jeder derselben nur 50 Thlr. gestohlen habe. Mit Bezug hierauf ist denn allerdings die gesetzliche Vorschrift sehr nöthig, welche erklärt, daß, obwohl überhaupt nur 100 Thlr. gestohlen sind, dennoch angenommen werden solle, es habe erstens A. einen Diebstahl von 100 Thlr., und zweitens B. ebenfalls einen Diebstahl von 100 Thlr. begangen. Ich sage, eine solche gesetzliche Vorschrift:

„Es ist sonach bei denjenigen Verbrechen, wo bei Bestimmung der Strafe auch der Werth, welchen der Gegenstand des Verbrechens hat, zu berücksichtigen ist, bei Festsetzung der Strafe für jeden einzelnen Miturheber der volle Betrag dieses Werthes zu Grunde zu legen“

sei sehr nöthig gewesen. Daß sie eben so richtig sei, als sie nöthig gewesen, soll damit durchaus nicht behauptet werden.

Der Entwurf konnte indessen eine den zuletzt citirten Worten des Sächsischen Gesetzbuches entsprechende Bestimmung nicht nur entbehren, sondern es würde dieselbe, selbst bei unzweifelhafter Richtigkeit ihres Inhaltes um deswillen in dem Entwurfe gar keinen Platz gefunden haben, weil der Entwurf die verschiedenen Strafpositionen bei den Vermögensverbrechen niemals abhängen läßt von dem Werthe des verletzten, resp. in verbrecherischer Weise erlangten Vermögensrechtes.

Somit konnte der Entwurf dabei stehen bleiben, der Thäterschaft keine weitere Erwähnung zu thun als der einen, auch vom Preußischen Strafgesetzbuche gemachten, daß die Thäterschaft den Gegensatz zur Theilnahme bilde.

Begriffsbestimmung der Anstiftung und der Beihülfe.

Der Entwurf stellt im §. 27. eine Begriffsbestimmung der Anstiftung und der Beihülfe auf, welche der des Preußischen §. 34. gleichlautend ist.*)

Bei den Bestimmungen über den Versuch wurde die Begriffsbestimmung des verbrecherischen Versuches in der Gesetzesformel für überflüssig erklärt. Warum also eine Begriffsbestimmung der Anstiftung und der Beihülfe, wenn doch die Begriffsbestimmung des Versuches überflüssig war?

Ich gebe ohne weiteres zu, daß die Vorschrift des §. 27. des Entwurfes dazu nicht erforderlich ist, um zu bestimmen, daß Anstiftung und Beihülfe gestraft werden sollen. Denn, wenn in den darauf folgenden Paragraphen angeordnet wird, wie die Anstiftung und wie die Beihülfe zu strafen ist, so folgt hieraus deutlich genug, daß Anstiftung und Beihülfe zu strafen sind.

Es hat sodann die Begriffsbestimmung des §. 27. auch nicht den Zweck, die Mittel der Anstiftung und die der Beihülfe zu specialisiren. Für das eine wie für das andere sind nur Exemplificirungen gegeben, wie dies nicht anders sein konnte. Die Frage, ob dieses oder jenes konkrete Thun als Anstiftung, als Beihülfe aufzufassen oder nicht,

*) Die einzige Abweichung ist die, daß das Preußische Strafgesetzbuch §. 34. unter den Mitteln der Anstiftung erwähnt, die absichtliche Herbeiführung oder Beförderung eines Irrthums, während der Entwurf dieses „absichtlich“ fortläßt. Von kulposer Anstiftung kann doch nicht die Rede sein. Käme nun der Fall vor, daß Jemand unabsichtlich einen Irrthum erregt und dieser Irrthum Veranlassung würde, daß ein Verbrechen begangen wird, so kann von Anstiftung nicht die Rede sein. Daß der Irrthum zu dem Zweck erregt sein müsse, damit in Folge desselben ein Verbrechen begangen werde, das drückt die Formel des Entwurfs aus, und mehr ist nicht nöthig.

wird für alle Fälle durch die Gesetzesformel nicht beantwortet, muß vielmehr in vielen Fällen durch den Richter der Thatfrage beantwortet werden. Es liegt mithin der Einwurf nahe, warum nicht der Richter der Thatfrage, da er ja in Betreff vieler Fälle nach eigenem Ermessen zu entscheiden hat, ob Theilnahme an einem Verbrechen vorliegt oder nicht, statt in vielen in allen Fällen diese Entscheidung treffen könne; und es wird dieser Einwurf um so berechtigter sein, als die von der Gesetzesformel genannten Fälle der Anstiftung und Beihülfe die unzweifelhaftesten sind, während gerade die zweifelhafteren Fälle lediglich durch die clausula generalis „oder durch andere Mittel“ erschöpft werden.

Ich will bekennen, daß irgend ein principieller Grund mich nicht dazu vermocht hat, in §. 27. des Entwurfs den §. 34. des Preußischen Strafgesetzbuches nachzubilden, daß vielmehr lediglich eine praktische Erwägung mich hiezu bestimmt hat, von der ich beinahe wünschen möchte, daß sie von Praktikern nicht für so bedeutsam gehalten würde, als sie mir erschienen ist. Diese Erwägung war folgende:

Fehlt §. 27. des Entwurfes, und finden sich in demselben nur die Strafbestimmungen der §§. 28. und 29., so würde hievon die Folge sein, daß thatsächlich zwar festgestellt werden müßte, daß Anstiftung, daß Beihülfe stattgefunden hätte, aber es würde auch nur dies festzustellen sein. Namentlich also würde nicht festzustellen sein, wodurch die Anstiftung bewirkt, worin die Hülfeleistung bestanden hätte. Wenn dagegen die Gesetzesformel so lautet, wie sich dieselbe nach dem Vorgange des Preußischen Strafgesetzbuches in dem Entwurfe findet, so muß allemale das Mittel, durch welches in diesem Falle die Anstiftung bewirkt, so muß allemale die Handlung, durch welche Hülfe geleistet wurde, festgestellt werden.

Da nun Voraussetzung für das Existentwerden des Begriffes der Theilnahme ist, daß von dem Thäter eine verbrecherische Handlung — Versuch oder Vollendung — begangen sei, da das erwiesene Verbrechen in allen seinen Verzweigungen übersehen werden kann, da der Begriff der Betheiligung an einem erwiesenen Verbrechen leicht zu weit extendirt werden kann, so erschien es wie eine Vorsichtsmaßregel gegen zu leichtes Feststellen der Theilnahme, wenn man verlangt, es solle da, wo das Vorhandensein der Anstiftung behauptet wird, auch jedesmal festgestellt werden, wie die Anstiftung zu Wege gebracht, es solle da, wo das Vorhandensein der Beihülfe behauptet wird, auch jedesmal festgestellt werden, wodurch die Hülfe geleistet sei. Das vielleicht noch unbestimmte Empfinden, daß N. N. Gehülfe gewesen, wird, wenn festgestellt werden muß, durch welche Handlung er Hülfe geleistet habe, entweder als ein unbegründetes sich darstellen, oder es wird durch die Feststellung derjenigen Handlung, welche die Hülfeleistung enthielt, jeder Zweifel darüber schwinden, daß Hülfe geleistet sei.

Sollte dieser Zweck erreicht werden, so mußte durch die entsprechende Gesetzesformel die Vornahme der so eben bezeichneten thatsächlichen Feststellung angeordnet werden. Und dies ist der alleinige Grund für die Reproduktion des §. 34. des Preußischen Strafgesetzbuches in dem Entwurfe.

Bestrafung der Anstiftung und der Beihülfe.

Das Preußische Strafgesetzbuch faßt zum Zwecke der Bestrafung die Anstiftung und die Beihülfe in den gemeinschaftlichen Begriff der „Theilnahme" zusammen, und bestimmt die Bestrafung der „Theilnahme" nach dem in §. 35. aufgestellten Prinzipe:

> „Auf den Theilnehmer an einem Verbrechen oder Vergehen oder an einem strafbaren Versuche eines Verbrechens oder Vergehens ist dasselbe Strafgesetz anzuwenden, welches auf den Thäter Anwendung findet."

Mit Hülfe der Unterscheidung zwischen „wesentlicher" und „nicht wesentlicher" Theilnahme wird dann von diesem für beide Fälle der Theilnahme geltenden Prinzipe eine Ausnahme für diejenige Art der Theilnahme gestattet, welche den Namen Beihülfe führt. Diese Methode, die Theilnahme zu bestrafen, befolgt auch noch das Preußische Gesetz vom 30. Mai 1859, durch welches bekanntlich der §. 35. des Preußischen Strafgesetzbuches seine jetzige Gestalt erhalten hat.

Und mit dieser Methode muß vollständig gebrochen werden. Man darf nicht sagen, daß die Beihülfe nach dem gleichen Prinzipe gestraft werden solle, wie die Anstiftung, wenn man weiß, daß das Prinzip für die Bestrafung der Beihülfe ein anderes ist als für die Bestrafung der Anstiftung, und daß, wenn die Beihülfe ebenso gestraft wird wie die Thäterschaft, der Grund hiefür nicht in der an sich gleichen Strafwürdigkeit des Thäters und des Gehülfen, sondern lediglich in der gleichen Strafwürdigkeit dieses Thäters und dieses Gehülfen liegt.

In dem Entwurf sollte für die Strafbarkeit des Anstifters der Satz durchgeführt werden: der Anstifter ist ceteris paribus ebenso strafbar wie der Thäter. Und in Betreff des Gehülfen sollte der Satz Geltung gewinnen: der Gehülfe ist ceteris paribus nicht so strafbar wie der Thäter. Daß man diese beiden Sätze nicht in eine Gesetzesformel bringen kann, leuchtet ein. Der §. 35. des Preußischen Strafgesetzbuches mußte sich somit in zwei Paragraphen des Entwurfes verwandeln.

Es ist hier noch auf einen Umstand aufmerksam zu machen, welcher gemeinschaftlich die Strafbarkeit der Anstiftung und der Beihülfe betrifft.

Die Strafbarkeit für die beiden Formen der Theilnahme wird in Beziehung gebracht zu der Strafbarkeit der Thäterschaft. Oben wurde darauf hingewiesen, daß es für die praktische Strafrechtspflege nicht ausreichend sei anzuordnen, es solle der Versuch geringer bestraft werden wie das vollendete Verbrechen, und zwar um deswillen nicht, weil die Strafbarkeit der wirklich begangenen Handlung nicht abhängig gemacht werden könne von derjenigen Strafe, welche für eine nicht begangene Handlung erkannt worden wäre, falls sie, was nicht der Fall, begangen wäre. Bei der Theilnahme gestaltet sich die Sache dagegen ganz anders. Da überhaupt der Begriff des Theilnehmers ohne das Vorhandensein eines Thäters, da der Begriff der Theilnahme ohne den Begriff der Thäterschaft nicht denkbar ist, so muß in allen Fällen, in denen es sich darum handelt, wie der Theilnehmer zu bestrafen, die verbrecherische Handlung eines Thäters vorhanden sein. Somit ist also auch die Voraussetzung vorhanden, um die Strafbarkeit des Theilnehmers abhängig sein zu lassen von der Strafbarkeit des Thäters; denn dasjenige, wovon die Strafe des Theilnehmers abhängig gemacht werden soll, ist nicht etwas Fingirtes, sondern etwas wirklich Vorhandenes.

Während aber bei der Bestrafung des Versuchs eines Verbrechens nur eine Person in Betracht kam, mithin auch nur die persönlichen Verhältnisse eines Verbrechers auf die Strafbarkeit von Einfluß waren, sind bei der Bestrafung der Theilnahme — abgesehen von den Fällen, in welchen der Theilnehmer gestraft wird, obgleich der Thäter straflos bleibt — der Thäter und der Theilnehmer in Betracht zu ziehen. Es ist daher bei Bestrafung der Theilnahme wohl darauf zu achten, daß zwar dasjenige, wovon die Bestrafung des Theilnehmers abhängig ist, nämlich die strafbare Handlung des Thäters, wirklich vorliegt, daß aber in der für den Thäter verhängten Strafe auch diejenigen Momente mit zur Geltung gekommen sind, welche in den persönlichen Verhältnissen, Eigenschaften des Thäters begründet, ihren Einfluß auf die Strafbarkeit äußern mußten. Da nun in seinen persönlichen Verhältnissen und Eigenschaften der Theilnehmer unabhängig von dem Thäter dasteht — denn man wird nicht behaupten wollen, daß, wenn ein 17jähriger Mensch einem 40jährigen bei der Ausführung eines Diebstahls hilft, der 17jährige Gehülfe bei Gewährung seiner Hülfsleistung 40 Jahre alt gewesen sei; oder daß ein nicht bestrafter Gehülfe dadurch zu einem schon bestraften Verbrecher werde, daß er einem schon bestraften Verbrechen bei der Ausführung eines Verbrechens hilft — so können diejenigen Strafzumessungsgründe oder Qualifikations- oder Privilegirungsgründe, welche in der Persönlichkeit des Thäters ihren Grund haben, nicht auf die Strafbarkeit des Theilnehmers von Einfluß sein, sondern es sind in dieser Beziehung die persönlichen Verhältnisse und Eigenschaften des Theilnehmers selbst für die Bestrafung desselben zu berücksichtigen. Dasjenige also, wovon die Strafe des Theilnehmers abhängig zu machen ist, ist nicht die wirklich erkannte Strafe, sondern die wirklich erkannte Strafe unter Fortlassung der aus den persönlichen Verhältnissen und Eigenschaften des Thäters geschöpften Strafzumessungsgründe. Da letztere sowohl strafmindernde, wie auch straferhöhende Zumessungsgründe sein können, so wird diejenige Strafe, von welcher die Strafbarkeit des Theilnehmers abhängig zu machen, bald eine höhere, bald eine geringere als die wirklich erkannte Strafe sein; sollten sich dagegen die in der Person des Thäters vorhandenen strafmindernden und straferhöhenden Zumessungsgründe gegenseitig neutralisiren, so würde die gegen den Thäter wirklich erkannte Strafe auch diejenige sein, von welcher die Strafe des Theilnehmers abhängig zu machen wäre; und würde in dem einen wie in dem andern Falle die Straffestsetzung gegen den Theilnehmer nicht blos mit Bezug darauf, daß er Theilnehmer ist, sondern auch unter Berücksichtigung derjenigen strafmindernden und straferhöhenden Zumessungsgründe erfolgen müssen, welche ihre Begründung in der Persönlichkeit des Theilnehmers finden.

Für die Bestrafung der Anstiftung hält der Entwurf als Prinzip aufrecht, daß die Schuld des Anstifters ebenso groß sei als die des Thäters.

Indem aber der Entwurf diesen allgemeinen Grundsatz anerkennt, sucht derselbe es zu verhindern, daß nicht durch die dem Thäter zuzuerkennende Strafe die in der Person des Anstifters beruhenden strafmindernden oder straferhöhenden Zumessungsgründe ohne Beachtung bleiben.

Die Gesetzesformel sagt §. 28.:

„Der Anstifter (§. 27. Nr. 1.) wird ebenso bestraft, als ob er das in Folge seiner Anstiftung begangene Verbrechen selbst begangen hätte."

Danach würde sich die Sache in der Praxis in folgender Weise gestalten. Für die Bestrafung des Anstifters ist festzustellen: 1) Welches Verbrechen der Thäter begangen habe; 2) ob das vom Thäter begangene Verbrechen begangen ist in Folge der Anstiftung. Diese Feststellung kann auch ergeben, daß dasjenige, was der Thäter begangen, nur zum Theil als Folge der stattgehabten Anstiftung aufzufassen ist — die Gesetzesformel enthält für diesen Fall die Vorschrift, daß der s. g. Exceß des Thäters dem Anstifter nicht zuzurechnen sei, da für die Bestrafung des Anstifters nur dasjenige Verbrechen maßgebend sein soll, welches „in Folge seiner Anstiftung" begangen ist. Es ist hierbei zu bemerken, daß die Preußische Praxis den Anstifter auch nicht für den Exzeß des Thäters verantwortlich macht (vergl. Oppenhoff zu §§. 34. Nr. 43. ff). Das ist an sich ja ganz richtig, aber zweifelhaft muß es doch bleiben, wie dem Gesetze gegenüber diese Praxis gerechtfertigt werden kann, wenn dasselbe bestimmt, es solle auf den Theilnehmer dasselbe Strafgesetz Anwendung finden, welches auf den Thäter Anwendung findet; während es mit keiner Sylbe sagt, daß diese Vorschrift dann nicht anwendbar sei, wenn das auf den Thäter anzuwendende Strafgesetz gerade deshalb gewählt werden mußte, weil der Thäter mehr that, als der Anstifter von ihm verlangte. Es muß dann aber endlich außer diesen beiden Punkten noch 3) festgestellt werden, wie der Anstifter zu bestrafen gewesen, wenn er nicht Anstifter, sondern Thäter gewesen wäre. Hierin liegt die Anforderung, eine Feststellung über etwas vorzunehmen, was nicht geschehen ist, und die Gründe, welche oben angeführt wurden, um nachzuweisen, die Strafe für das versuchte Verbrechen könne nicht abgeleitet werden aus derjenigen Strafe, welche für das begangene Verbrechen zu erkennen gewesen, wenn dasselbe nicht versucht, sondern vollendet worden wäre, scheinen auch hier von Bedeutsamkeit zu sein. Wir wollen uns indessen vergegenwärtigen, was wir bei Befolgung des so eben angegebenen Weges zur Bestrafung des Anstifters wirklich haben und was uns fehlt. Wir haben das vom Thäter begangene

Verbrechen, wir haben auch eine Persönlichkeit, auf welche dieses begangene Verbrechen zurückgeführt werden soll, so, als ob diese Persönlichkeit der Thäter gewesen wäre — nämlich die Persönlichkeit des Anstifters. — Für die Strafzumessung haben wir demnach die in der Natur des verletzten Rechtes und die in der Persönlichkeit des zu Bestrafenden liegenden Strafzumessungsgründe. Wir haben dagegen für die Bestrafung des Anstifters diejenigen Strafzumessungsgründe nicht, welche in der Ausführungsart des Verbrechens liegen; denn die Ausführung des Verbrechens geschah durch den Thäter, nicht durch den Anstifter, und wenn auch in einzelnen Punkten die Ausführungsart des Verbrechens selbst mit Gegenstand der Anstiftung sein kann, wie z. B. bei einem Giftmorde, bei einem Einbruche, so wird doch nicht festgestellt werden können, wie die durch die Ausführungsart des begangenen Verbrechens zu bestimmenden Strafzumessungsgründe sich gestaltet hätten, wenn statt des Thäters der Anstifter das Verbrechen begangen hätte. Ist nun dieser Umstand — so muß gefragt werden — von einer solchen Bedeutsamkeit für die Bestrafung des Anstifters, daß die Gesetzesformel:

> Der Anstifter wird ebenso bestraft, als ob er das in Folge seiner Anstiftung begangene Verbrechen selbst begangen hätte —

dadurch unbrauchbar wird? Nehmen wir an, es sei bei einem nicht in Folge der Anstiftung begangenen Verbrechen festgestellt, wer das Verbrechen begangen; aber wie das Verbrechen begangen, das sei ganz oder zum größten Theil unaufgeklärt geblieben. Wird hieraus folgen, daß der Angeklagte, dessen Thäterschaft in Bezug auf ein bestimmtes Verbrechen feststeht, nicht gestraft werden könne, weil die Art und Weise, wie er das Verbrechen ausführte, nicht oder nicht vollständig aufgeklärt ist? Das würde gewiß nicht die Folge sein, sondern man würde ihn strafen und bei Zumessung der Strafe diejenigen Umstände benutzen, die man kennt, und sich um diejenigen nicht sorgen, die man nicht kennt. Und so kann man auch den Anstifter strafen, ohne irgend wie etwas zu fingiren über die Art und Weise, wie er das Verbrechen ausgeführt haben würde, lediglich auf Grund dessen, was als bekannt gegen ihn vorliegt, d. h. das begangene Verbrechen und die Persönlichkeit des Anstifters; Zumessungsgründe aus der Begehungsart des Verbrechens sind weder zu Gunsten, noch zum Nachtheile des Anstifters zu verwerthen. Es würde für die Bestrafung des Anstifters im Gegensatze zur Bestrafung des Thäters sich folgende Formel ergeben: Die Strafe des Anstifters ist das arithmetische Mittel der für das begangene Verbrechen angedrohten Strafe, modificirt durch die aus der Natur des angegriffenen resp. verletzten Rechts und aus der Persönlichkeit des Anstifters sich ergebenden Strafzumessungsgründe; während die Formel für die Bestrafung des Thäters lauten würde: Die Strafbarkeit des Thäters ist das arithmetische Mittel der für das begangene Verbrechen angedrohten Strafe, modificirt durch die aus der Natur des angegriffenen resp. verletzten Rechts, aus der Persönlichkeit des Thäters und aus der Ausführungsart des Verbrechens sich ergebenden Strafzumessungsgründe.

Es ist hieraus zu ersehen, daß es möglich ist, auf Grund der vorgeschlagenen Gesetzesformel die Strafbarkeit des Anstifters zu bestimmen, ohne dabei irgend etwas zu fingiren.

Weitere Bestimmungen, als die eine so eben besprochene, waren jedoch für die Bestrafung des Anstifters in dem Entwurfe nicht zu treffen; es ist namentlich nicht erforderlich, irgend welche mildere Strafbestimmungen für den Anstifter als für den Thäter anzuordnen; es ist nicht erforderlich, der mißlungenen Anstiftung, noch auch des Rücktritts des Anstifters Erwähnung zu thun.*)

Kräwel, welcher im Allgemeinen die gleiche Bestrafung des Anstifters mit dem Thäter verlangt, bringt zu Gunsten des Anstifters noch folgende Formel in Vorschlag:

> „Tritt danach indeß nur Todes- oder lebenslängliche Zuchthausstrafe ein, so kann der Richter statt auf lebenslängliche auf Zuchthausstrafe von 12—20 Jahren, und statt der Todes- auf lebenslängliche Zuchthausstrafe erkennen."

Diese Formel könnte für den vorliegenden Entwurf noch insoweit in Betracht kommen, als dieselbe von der fakultativen Herabsetzung der lebenslänglichen Zuchthausstrafe handelt.

Allein die Gründe für eine solche, dem Anstifter günstigere Strafbestimmung würden, wenn sie überhaupt etwas beweisen könnten, die mildere Strafbestimmung des Anstifters in allen Fällen fordern und nicht blos zulassen.

So wird eine Aeußerung Mittermaier's (Archiv des Kriminalrechts Bd. III. S. 146) angeführt: nur derjenige, welcher sorgsam alle Mittel aufsuche und wähle, die Gelegenheit ausspähe, Pläne mache und im entscheidenden Momente, in welchem gehandelt werden solle, sich nicht abschrecken lasse durch die natürliche, Jedem eingepflanzte Scheu vor Verbrechen, durch die Furcht vor der Strafe, wer Muth genug behalte, allen Hindernissen zu trotzen und sich über alle Gefahren hinwegzusetzen, habe einen eingewurzelten bösen Willen, während der Anstifter vielmehr die Ausdauer, die Hartnäckigkeit des Willens gar nicht besessen haben würde. Auch eine Aeußerung von Carmignoni (Feria delli leggi II. p. 375): quanto e diverso lo immaginare delli esseguire un' impressa! quanto e facile il parlato et difficile il farlo.

Es sind dies Gründe, die sich oratorisch vielleicht in dem Munde eines Vertheidigers gelegentlich nicht ganz übel ausnehmen möchten, die jedoch juristisch nichts beweisen, und die, wenn sie etwas bewiesen, nur beweisen könnten, daß der Anstifter nicht blos da, wo der Thäter mit der schwersten Strafe des Gesetzes bedroht ist, milder zu strafen sei, sondern daß der Anstifter in allen Fällen milder zu bestrafen sei, als der Thäter.

Ueberdem ist oben bereits nachgewiesen, daß die lebenslängliche Zuchthausstrafe nicht ein Bestandtheil einer relativ bestimmten Strafe sein könne. Demnach wird man sich entscheiden müssen, entweder bei

*) Vergl. hierüber v. Kräwel a. a. O. S. 140. ff.

den mit lebenslänglicher Zuchthausstrafe bedrohten Verbrechen für den Anstifter ausschließlich zeitige Zuchthausstrafe festzusetzen, oder wie dem Thäter so auch dem Anstifter die lebenslängliche Zuchthausstrafe anzudrohen. Ersteres würde aber nichts Anderes heißen, als daß zwar bei minder schweren Verbrechen der Anstifter dem Thäter gleich, dagegen bei den schwersten Verbrechen geringer als der Thäter zu strafen sei; und wollte das Gesetz derartiges anordnen, so würde dasselbe einen unverzeihlichen Fehler machen. Da es aber andererseits nach den allgemein anerkannten Rechtsanschauungen für durchaus unzulässig erklärt werden muß, den Anstifter überall geringer zu bestrafen, wie den Thäter, so folgt, daß er auch in den Fällen dem Thäter gleich zu bestrafen ist, wo letzterem die lebenslängliche Zuchthausstrafe angedroht ist.

Der Entwurf behauptet: Wer zu einem in diesem Entwurfe mit der lebenslänglichen Zuchthausstrafe bedrohten Verbrechen angestiftet hat, der ist mit lebenslänglicher Zuchthausstrafe zu bestrafen. Erwägt man dabei, daß zwar eine Anstiftung zur Begehung einer Brandstiftung erfolgen kann, nicht aber zu einer Brandstiftung, bei welcher ein Mensch das Leben verloren hat, da dieser kulpose Erfolg sich der Anstiftung entzieht, wie jedes kulpose Verbrechen, und betrachtet man sodann diejenigen Fälle, in welchen der Entwurf überhaupt die lebenslängliche Zuchthausstrafe angedroht hat, so wird sich zeigen, daß kein Bedürfniß vorlag, irgend welche Strafbestimmung in den Entwurf aufzunehmen, welche dem Anstifter eine geringere Strafe als dem Thäter gesetzlich zugesichert hätte.

Daß bei Anwendung der relativ bestimmten Strafgesetze der Anstifter bald härter, bald weniger hart, bald ebenso hart bestraft werden kann wie der Thäter, versteht sich ja von selbst.

Was sodann die mißlungene Anstiftung anbetrifft, so schlägt v. Kräwel für dieselbe folgende Gesetzesformel vor:

§. 57. „Wer einen Anderen durch Versprechen oder Geben eines Lohnes oder Geschenkes, durch Gewalt, durch Bedrohung mit Angriffen auf Leib oder Leben, oder mit Brandstiftung zur Verübung einer strafbaren Handlung zu bestimmen gesucht hat, soll, selbst dann, wenn ein Anfang der Ausführung nicht stattgefunden hat, mit Gefängniß bis zu fünf Jahren bestraft, auch kann zugleich auf Verlust der Ehrenrechte für höchstens drei Jahre erkannt werden.“

Selbst in geänderter Redaktion möchte es höchst bedenklich sein, eine solche Bestimmung in ein deutsches Gesetzbuch aufzunehmen. Abgesehen nämlich davon, daß die Bestimmungen über die öffentliche Aufforderung zur Begehung eines Verbrechens, sowie die über die widerrechtliche Bedrohung ausreichend erscheinen, um den Anforderungen des praktischen Bedürfnisses zu genügen, so enthält die so eben mitgetheilte Kräwel'sche Formel einen für die praktische Rechtspflege höchst bedenklichen theoretischen Fehler. Es ist oben darauf hingewiesen, mit wie viel Schwierigkeiten die Praxis zu kämpfen hat, um Vorbereitungs- und Versuchshandlungen von einander zu trennen. Hier würde aber eine Formel gegeben sein, welche, indem sie anordnet, daß gestraft werden solle der böse Wille, welcher noch nicht zu einer verbrecherischen Handlung geführt hat, die Strafbarkeit von Vorbereitungshandlungen gesetzlich sanktionirt. Die praktischen Nachtheile, die sich hieraus ergeben müßten, könnten nur dann für neutralisirt angesehen werden, wenn ein unzweifelhaftes praktisches Bedürfniß eine solche Gesetzesformel forderte. Der Beweis des Vorhandenseins eines solchen praktischen Bedürfnisses müßte aus der Preußischen oder aus der Praxis eines derjenigen Länder geführt werden, welche bis jetzt eine der Krävel'schen Formel entsprechende Bestimmung in ihren Gesetzbüchern nicht haben. Denn der Umstand, daß in einzelnen Gesetzbüchern (Oesterreich, Sachsen, Thüringen) eine derartige Bestimmung existirt, beweist nichts für das praktische Bedürfniß derselben, da mehr als eine Bestimmung in den deutschen Gesetzbüchern viel mehr das Resultat theoretischer Spekulation als das praktischer Erfahrung ist.

Endlich will v. Krävel nach dem Vorgange des Sächsischen Strafgesetzbuches Art. 64. auch noch den Rückzug des Anstifters durch eine Gesetzesformel decken. Er schlägt vor:

> §. 58. „Hat der Anstifter zu einer Zeit, wo er das Vorhaben noch nicht für entdeckt oder vereitelt hielt, durch Anzeige bei der Behörde, durch Einwirkung auf den Angestifteten, oder auf andere geeignete Weise die That zu verhindern gesucht, so ist er, wenn ihm dies gelang, auch in den im §. 57. gedachten Fällen straflos, wenn sie aber vollendet worden, mit der Strafe des Versuches, und wenn es nur zu einem strafbaren Versuche gekommen ist, mit Gefängnißstrafe bis zu fünf Jahren oder Geldstrafe zu belegen, doch darf in diesem Falle die Strafe die Hälfte der Strafe des Versuches niemals übersteigen."

Es ist nicht nöthig, Einzelnheiten dieser Formel zu karakterisiren, denn wir können sie gar nicht brauchen. Tritt der Fall ein, daß der Anstifter die Begehung des von ihm angestifteten Verbrechens hindert, gleichviel auf welche Weise, so ist keine verbrecherische Handlung begangen, es ist nichts da, wofür der Thäter zu bestrafen wäre, es ist mithin auch nichts da, wofür der Anstifter bestraft werden könnte. Ist es dagegen dem Anstifter gelungen, Jemanden zur Begehung des von ihm gewollten Verbrechens zu bestimmen, und hat der Angestiftete das vom Anstifter gewollte Verbrechen begangen, gleichviel ob vollendet oder versucht, so liegt eine in Folge der Anstiftung begangene strafbare Handlung vor, und kann hieran dadurch nichts geändert werden, daß der Anstifter, nachdem er angestiftet, den Wunsch hat, nicht angestiftet zu haben und diesem Wunsche auch durch die That Ausdruck giebt. Denn, sind einmal die Mittel zur Realisirung des verbrecherischen Willens in Bewegung gesetzt — und das ist der Fall, sobald der Anstifter angestiftet hat — so kann es vor dem Forum des Rechtes nicht mehr darauf ankommen, ob man die in Bewegung gesetzten Mittel in ihrem Laufe hat hemmen wollen, sondern nur darauf, ob man dieselben in ihrem Laufe gehemmt hat. Die Reue des Anstifters über die von ihm geschehene Anstiftung kann nur noch als Strafzumessungsgrund verwerthet werden, wie dies auch geschehen kann rücksichtlich der Reue des Thäters nach begangener That.

Die Lehre von dem freiwilligen Rücktritt vom Versuch hat nicht verfehlt, ihre Wirkungen auszudehnen auf den freiwilligen Rücktritt des Anstifters. Da indessen die an den freiwilligen Rücktritt vom Versuche geknüpften strafrechtlichen Konsequenzen, wie oben nachgewiesen, in sich selbst keinen Halt haben, so können sie auch nicht diejenigen Ansichten stützen, welche den freiwilligen Rücktritt des Anstifters nach erfolgter verbrecherischer Handlung des Thäters mit einer Strafermäßigung resp. mit Straflosigkeit prämiiren wollen.

In Betreff der Beihülfe hat das jetzt geltende Preußische Strafrecht durch Gesetz vom 30. Mai 1859 folgende, den früheren §. 35. des Strafgesetzbuches abändernde Bestimmung erhalten:

„Auf den Theilnehmer an einem Verbrechen oder Vergehen, oder an einem strafbaren Versuche eines Verbrechens oder Vergehens ist dasselbe Strafgesetz anzuwenden, was auf den Thäter Anwendung findet.

Wird festgestellt, daß im Falle des §. 34. Nr. 2. die Theilnahme eine nicht wesentliche war, so sind nachstehende Bestimmungen maßgebend:

1. Statt der Todesstrafe oder ausschließlich lebenslänglichen Zuchthausstrafe tritt zeitige Zuchthausstrafe von mindestens sechs Jahren und Stellung unter Polizei-Aufsicht ein.
2. In allen übrigen Fällen kann die Strafe bis auf die Hälfte des niedrigsten Maßes der auf das Verbrechen oder Vergehen angedrohten Freiheitsstrafe und Geldbuße ermäßigt werden.

Findet bei einem mit Zuchthausstrafe bedrohten Verbrechen der Richter bei dieser Ermäßigung eine kürzere als zweijährige Freiheitsstrafe angemessen, so ist nicht auf Zuchthausstrafe, sondern auf Gefängnißstrafe und auf zeitige Untersagung der Ausübung der bürgerlichen Ehrenrechte zu erkennen.

Im Uebrigen bleiben die in den §§. 10. 15. 17. enthaltenen Vorschriften über das geringste Maß der Zuchthausstrafe, der übrigen Freiheitsstrafen und der Geldbuße anwendbar."

Wie sehr unglücklich die Wahl dieser Gesetzesformel war, zeigte bald darauf die Praxis in folgendem Rechtsfall*):

„Die Angeklagte ist, neben dem Hauptthäter des Verbrechens, der Theilnahme an dem letzteren beschuldigt, und es ist deshalb die Frage aus §. 34. Nr. 2. des Strafgesetzbuches an die Geschwornen gestellt:

ob sie schuldig sei, dem N. bei Verübung der in der ersten Frage gedachten That in den Handlungen, welche diese That vorbereiteten und vollendeten, wissentlich Hülfe geleistet zu haben?

Die Geschwornen bejahen dieselbe, und verneinen zugleich die wegen mildernder Umstände gestellte Zusatzfrage.

Nach der Verkündigung dieser Verdikte an die Angeklagten selbst, und nach dem beiderseitigen Plaidoyer über die Gesetzanwendung, zog sich der Gerichtshof zur Urtelsfassung zurück.

Nun erst erachtete derselbe mit Rücksicht auf das Gesetz vom

---

*) Goltdammer Archiv VIII. S. 82.

30. Mai 1859 die Feststellung, also eine darauf gerichtete Frage an die Geschwornen für nothwendig:

ob die Theilnahme der Angeklagten eine wesentliche gewesen sei?

Er ließ deshalb, obwohl der Staatsanwalt widersprach, über diesen Umstand verhandeln, und stellte demnächst die Frage, die nun natürlich auch von dem Vertheidiger ausdrücklich beantragt wurde, nachträglich an die Geschwornen dahin:

War die in der Frage 5. bezeichnete Theilnahme der Angeklagten eine nichtwesentliche?

Die Geschwornen antworteten:

Ja, sie war eine unwesentliche.

Der Gerichtshof verurtheilte hierauf die Angeklagte wegen Theilnahme, unter Anwendung der Strafbestimmungen des Gesetzes vom 30. Mai 1859 wegen der nichtwesentlichen Theilnahme. Der Staatsanwalt greift dieses Verfahren als unstatthaft an — das Obertribunal hat am 23. November 1859 wider Ewert und Lefebre das Schwurgerichtsurtheil vernichtet, und die Angeklagte aus §. 35. nach der Vorschrift über die wesentliche Theilnahme, also ohne Berücksichtigung des Verdikts über die nichtwesentliche Theilnahme verurtheilt."

Aus den Entscheidungsgründen dieses nach den Vorschriften der bestehenden Gesetzgebung vollkommen korrekten Urtheils des Ober-Tribunals ist folgender Passus hervorzuheben:

„Es kann nämlich nach der Redaktionsgeschichte des §. 35. des Strafgesetzbuches nach dem Gesetze vom 30. Mai 1859 zwar dahin gestellt bleiben, ob nicht die Absicht der Gesetzgebung dahin gegangen sei, das ursprüngliche Prinzip dieses §. 35., nämlich die grundsätzliche Gleichstellung der Theilnahme und der Thäterschaft in der Anwendung der Strafe aufzuheben und statt dessen in allen Fällen den Unterschied zwischen der wesentlichen und unwesentlichen Theilnahme einzuführen, jedenfalls hat diese Absicht in der Fassung des Gesetzes selbst keinen Ausdruck gefunden.

Es ist nämlich der erste Satz des früheren §. 35.:

Auf den Theilnehmer an einem Verbrechen oder Vergehen u. s. w. ist dasselbe Strafgesetz anzuwenden, welches auf den Thäter Anwendung findet,

unverändert stehen geblieben und nur der neue Satz hinzugefügt:

Wird festgestellt, daß in dem Falle des §. 34. Nr. 2. die Theilnahme eine nichtwesentliche war u. s. w.

Hiernach erscheint also dasjenige, was dieser Satz anordnet, lediglich als eine Ausnahme von der im ersten Satze ausgesprochenen Regel, enthält folglich nicht ein unter allen Umständen festzustellendes Merkmal des Thatbestandes der Theilnahme im Sinne des Art. 81., sondern nur ein strafminderndes Merkmal im Sinne des Art. 84. Und diese deutliche, einem Zweifel nicht unterliegende Fassung des Gesetzes muß den Rücksichten weichen, welche sich aus jener Redaktionsgeschichte ergeben möchten."

Diese vollkommen richtigen Entscheidungsgründe enthalten zugleich eine überaus zutreffende Kritik der Gesetzgebung des Jahres 1859.

Wollte man die gleiche Strafbarkeit des Theilnehmers und des Thäters als Prinzip beseitigen, so konnte man nicht dessenungeachtet das zu beseitigende Prinzip als Prinzip bestehen lassen. Wollte man sagen, daß die mildere Bestrafung des Gehülfen keineswegs die Ausnahme bilde gegenüber der gleichen Bestrafung des Gehülfen und des Thäters, so durfte man nicht bei einer Gesetzesformel sich beruhigen, welche die mildere Bestrafung des Gehülfen dennoch nur als Ausnahme hinstellt; und dann von der Praxis erwarten, diese werde schon die Sache richtig einrenken, indem sie die Ausnahme zur Regel mache. Denn das heißt nichts Anderes als die Praxis dazu nöthigen, inkorrekt zu handeln und sich mit dem Buchstaben des Gesetzes zu decken.

Man muß aber in der von dem Obertribunal vorgenommenen Kritik der Gesetzgebung von 1859 noch einen Schritt weiter gehen. Was wäre geworden, wenn man 1859 gesagt hätte, jede Beihülfe ist entweder eine wesentliche oder eine unwesentliche, daher muß auch in jedem Falle, wo wegen Beihülfe eine Verurtheilung erfolgen soll, nicht blos festgestellt werden, daß Beihülfe vorliege, sondern es muß auch festgestellt werden, ob wesentliche Beihülfe oder ob unwesentliche Beihülfe vorliege? Die Antwort auf diese Frage ist: die Sache wäre in Ordnung gewesen, wenn man wüßte, was **wesentliche** Beihülfe, und was **unwesentliche** Beihülfe ist.

Sehen wir zu, was die Gesetzgeber des Jahres 1859 sich bei diesem Unterschiede gedacht haben. In dem Berichte der Justiz-Kommission des Abgeordnetenhauses heißt es hierüber:*)

> „Die Wesentlichkeit der Theilnahme sei etwas Objektives, während die Frage der mildernden Umstände einem subjektiven Gesichtspunkte angehöre, mildernde Umstände könnten auch in etwas Anderem, als der Nichtwesentlichkeit der Theilnahme gefunden werden."

Man muß denn doch fragen, ob beispielsweise in der Praxis die Geringfügigkeit des gestohlenen Objektes als „mildernder Umstand" aufgefaßt wird. Da dies unzweifelhaft der Fall ist, so wird man doch fragen dürfen, ob die Geringfügigkeit des gestohlenen Objektes nicht etwas „Objektives" sei. Vielleicht erwidert man alsdann, daß ja der Dieb nur ein Objekt von geringfügigem Werthe habe stehlen wollen, daß mithin dieser auf ein so geringfügiges Object gerichtete Wille, also dieses subjektive Moment die Annahme der mildernden Umstände gestatte. Diese Erwiderung würde sich nun wohl hören lassen, aber man würde doch gerade durch dieselbe darauf geführt werden zu sagen: Also ist zwar das Viel oder Wenig der Hülfeleistung zwar etwas Objektives, aber daß viel oder wenig Hülfe geleistet wurde, hing doch von dem Willen des Gehülfen ab, so daß die Frage der Wesentlichkeit der Theilnahme, um mit den Worten der Justiz-Kommission des Abgeordnetenhauses zu sprechen, doch auch einem subjektiven Gesichtspunkte angehöre.

---

*) Goltdammer Archiv VII. S. 257. VIII. S. 79.

Man hatte eben im Jahre 1859 in Folge der früheren Gesetzgebung ein Wort, und das hieß „Unwesentlichkeit der Theilnahme“; man hatte ein zweites Wort, und das hieß „mildernde Umstände“ — da man die Worte hatte, so mußte sich doch auch zu den Worten ein Begriff finden, und da die Unterscheidung zwischen objektivem und subjektivem Gesichtspunkte geeignet erschien, wenigstens vorläufig über eine Verlegenheit hinweggleiten zu lassen, so mußte sie auch hier aushelfen, um etwas zu geben, was wie eine Begriffsbestimmung der wesentlichen Theilnahme aussehen könnte.

Wenn man sich der Wahrheit nähern will, so ist es an erster Stelle erforderlich, daß man ehrlich gegen sich selbst ist. Will man dieses im vorliegenden Falle sein, so kann man nicht anders als eingestehen, daß der Begriff der nichtwesentlichen Theilnahme gar keine andere Bedeutung hat, als die einer Korrektur des fehlerhaften französischen Satzes, daß der Gehülfe ebenso zu bestrafen sei, wie der Thäter. Insofern hat denn die unwesentliche Theilnahme Aehnlichkeit mit den mildernden Umständen, die ja auch nichts weiter sind als die Korrektur zu hoher Strafsatzungen.

Hieraus folgt denn von selbst, daß man dasjenige, was zu korrigiren ist, nämlich den Satz: „der Gehülfe ist ebenso zu bestrafen wie der Thäter“, selbst korrigirt, nicht aber, daß man den fehlerhaften Satz bestehen läßt und die Korrektur in etwas Anderem begrifflich vollkommen Undefinirbarem sucht.

Wie steht nun die Sache? Darf man nun ohne Weiteres in der Gesetzesformel sagen, der Gehülfe ist geringer zu strafen als der Thäter?

Das darf man nicht! Denn, wenn auch die Beihülfe als solche eine Art der Schuld ist, welche geringere Strafbarkeit bedingt als die Thäterschaft als solche, so kommt doch weder der Begriff der „Beihülfe als solche“ noch auch der Begriff der „Thäterschaft als solche“ im Rechtsleben jemals vor, sondern Beihülfe wie Thäterschaft erscheinen allemale in den konkret bestimmten Handlungen konkret bestimmter Personen.

Denke ich mir nun zwei rücksichtlich ihrer kriminalistischen Beurtheilung vollkommen gleiche Individuen, von denen A. der Thäter, B. der Gehülfe sein sollte; so würde ich sagen können, B. ist geringer zu strafen als A., weil A. der Thäter und B. der Gehülfe ist und weil im Uebrigen die für die Strafzumessung erheblichen Momente bei beiden Personen die gleichen sind. Denke ich mir diesen Fall gegenüber einem absolut bestimmten Strafgesetz, so müßte dies zu der Konsequenz führen, eine Vorschrift zu treffen, welche bestimmte, daß und um wie viel die für die Strafbarkeit des Thäters berechnete absolut bestimmte Strafe bei der Bestrafung des Gehülfen herabgesetzt werden müsse. Denke ich mir dagegen diesen Fall einem relativ bestimmten Strafgesetze gegenüber, also beispielsweise gegenüber der Strafposition 2—10 Jahre Zuchthaus, so würde ich nur dann sagen können, der B. als Gehülfe müsse mit einer geringeren Strafe als der zweijährigen Zuchthausstrafe belegt werden, wenn A. als Thäter mit dem Strafminimum oder doch einer dem Strafminimum nahe stehenden Strafe zu belegen wäre. Falls jedoch die Strafe des Thäters etwa fünf oder wie viel mehr Jahre Zuchthaus betrüge, so würde kein Grund vorhanden sein, die Strafe des Gehülfen unter zwei Jahre Zuchthaus herabzusetzen, es würde also auch die Strafe des Gehülfen bei einem relativ bestimmten Strafgesetze leicht innerhalb der für den Thäter festgesetzten Strafgrenzen bleiben können.

Somit würde das Gesetz, selbst in diesem hier angenommenen Falle mit Rücksicht auf die relativ bestimmten Strafgesetze nur sagen dürfen, daß die Strafe für den Gehülfen auch unter das für den Thäter bestimmte Strafminimum herabgesetzt werden könne, keinesweges aber darf dieses Herabgehen unter das Strafminimum als etwas, was geschehen müsse, hingestellt werden.

Nun leuchtet es aber ein, daß jener so eben aufgestellte Fall, in welchem Thäter und Gehülfe ihrer kriminalistischen Beurtheilung nach als vollkommen gleiche Individuen angenommen wurden, zwar vorkommen könne, aber keinesweges immer vorkommen müsse. Es wird vielmehr die Persönlichkeit des Thäters von der des Gehülfen in ihrem Einflusse auf die Strafbarkeit in den bei weitem meisten Fällen eine sehr verschiedenartige sein. Wenn ich mir dächte, der Satz wäre richtig, daß die Beihülfe eine gleich große Schuld begründe wie die Thäterschaft, so würde dennoch wegen der speciellen in der Persönlichkeit des Thäters, sowie in der Persönlichkeit des Gehülfen begründeten Strafwürdigkeit nur in wenigen Fällen der Gehülfe dem Thäter gleich gestraft werden können; es müßte vielmehr wegen der in der Persönlichkeit des Thäters wie des Gehülfen liegenden Strafzumessungsgründe die Strafe des Gehülfen bald geringer, bald auch höher sein als die des Thäters.

Die Gesetzesformel hat also darauf Rücksicht zu nehmen, daß auch bei dem relativ bestimmten Strafgesetz ein Herabgehen unter das Minimum der für den Thäter bestimmten Strafe zwar zulässig sein, aber keinesweges als nothwendig für alle Fälle gefordert werden dürfe.

Die Gesetzesformel hat sodann darauf Rücksicht zu nehmen, daß die geringere Strafbarkeit der Beihülfe an sich es keineswegs ausschließt, daß nicht der Gehülfe aus Strafzumessungsgründen, welche in seiner Person begründet sind, mit einer gleichen, vielleicht selbst größeren Strafe als der Thäter belegt werden könne. Aus diesem Grunde ist es demnach unzulässig, um die Strafbarkeit für den Gehülfen gesetzlich zu fixiren, eine bestimmte Strafhöhe in der für den Thäter bestimmten Strafe zu fixiren, welche bei der Bestrafung des Gehülfen nicht überschritten werden dürfe — also etwa zu sagen: „jedoch darf die gegen den Gehülfen zu erkennende Strafe die Hälfte des für den Thäter gesetzlich festgesetzten Strafmaximums nicht überschreiten."

Diesen Anforderungen ist in der Gesetzesformel, welche §. 29. des Entwurfes aufstellt, nachgekommen, soweit sich derselbe auf die Bestrafung des Gehülfen in denjenigen Fällen bezieht, in welchen für die Handlung des Thäters ein relativ bestimmtes Strafgesetz angedroht ist. (§. 29. No. 2. und 3.) Die No. 1. des §. 29. weicht hiervon ab, indem hier für den Gehülfen unter allen Umständen zeitige Zuchthausstrafe geboten ist, wo dem Thäter lebenslängliche Zuchthausstrafe angedroht ist. Könnte man zeitige und lebenslängliche Zuchthausstrafe in einem und demselben Strafgesetz vereinigen, so wäre diese Inkongruenz zwischen der No. 1 und den Nr. 2 und 3 des §. 29. zu vermeiden gewesen. Da man indessen, aus Gründen, die oben ausgeführt sind, eine Strafposition, die sich aus zeitiger und lebenslänglicher Zuchthausstrafe zusammensetzt, überhaupt nicht brauchen kann, so konnte man dieselbe auch nicht für die Bestrafung des Gehülfen gebrauchen. Einem Zweifel kann es jedoch nicht unterliegen, daß die Gehülfen eines mit lebenslänglicher Zuchthausstrafe bedrohten Verbrechens nur in den seltensten Fällen in ihrer Person solche Strafzumessungsgründe aufweisen werden, welche für sie die gleiche Bestrafung mit dem Thäter rechtfertigen würden. Man mußte also für die Gehülfen die zeitige Zuchthausstrafe unzweifelhaft in Anspruch nehmen; und weil man dies mußte, so mußte man sich auch bei der zeitigen Zuchthausstrafe für die Gehülfen begnügen.

§. 29. des Entwurfes stellt kein Prinzip auf; aber er giebt die Möglichkeit, daß der Richter unter Befolgung der richtigen Prinzipien die richtige Strafe für den Gehülfen festsetze.

Und das dürfte vielleicht nicht der geringste Vorzug sein, welchen §. 29. des Entwurfes vor §. 35. des Preußischen Strafgesetzbuches voraus hat, daß die Zumessung der den Gehülfen treffenden Strafe ausschließlich durch den Richter erfolgt, während der §. 35. des Preußischen Strafgesetzbuches, indem derselbe die Feststellung über das etwaige Vorhandensein der nicht wesentlichen Theilnahme den Geschworenen zuweist, diesen damit auch einen guten Theil der Zumessung der den Gehülfen zu treffenden Strafe überträgt. Die Preußische Gesetzgebung hatte sich freilich dafür entschieden, den Geschworenen dadurch, daß dieselben das Vorhandensein der „mildernden Umstände" feststellten, einen Einfluß auf die Strafzumessung einzuräumen. Und, da es bekanntlich nur der erste Schritt ist, auf den es ankommt, so konnte man bei Bestrafung der Beihülfe diese Strafzumessungsbefugniß der Geschworenen noch dadurch erweitern, daß man dieselben auch die unwesentliche Theilnahme feststellen ließ. Diejenigen Gründe aber, welche gegen die Strafzumessungsbefugniß der Geschworenen, die in Form der „mildernden Umstände" erscheint, anzuführen waren, streiten auch, und wo möglich in noch höherem Maße gegen die Strafzumessungsbefugniß, die in Form der „unwesentlichen Theilnahme" auftritt. Läge die Sache überhaupt so, daß man fragen könnte, ob man die Geschworenen lieber für den Thäter oder lieber für den Theilnehmer die Strafzumessung vornehmen lassen wolle, so würde man sich noch immer lieber dafür entscheiden, daß die für den Thäter zu treffende Strafzumessung minder bedenklich sei. Es darf aber weder das Eine noch das Andere geschehen. Die Geschworenen dürfen mit der Strafzumessung überhaupt gar nichts zu thun haben, weder unter dem Deckmantel der „mildernden Umstände" noch unter dem Deckmantel der „unwesentlichen Theilnahme".

Oeffentliche Aufforderung zu Verbrechen.

Die Bestimmung des Entwurfes §. 30. reproducirt mit einigen ohne weitere Erörterung sich rechtfertigenden Redaktionsänderungen den §. 36. des Preußischen Strafgesetzbuches.

Das Oldenburgische Strafgesetzbuch Art. 32. nimmt nur den zweiten Absatz des Preußischen §. 36. auf und bestimmt:

„Wer durch Reden an öffentlichen Orten oder bei öffentlichen Zusammenkünften, durch Schriften, Abbildungen oder andere Darstellungen, welche verkauft, vertheilt, umhergetragen oder öffentlich ausgestellt oder angeschlagen werden, zu einem Verbrechen oder Vergehen auffordert, anreizt, verleitet oder zu bestimmen sucht, soll, wenn kein Erfolg eingetreten ist, mit Gefängniß bis zu Einem Jahre oder mit Geldstrafe bis zu 100 Thalern bestraft werden, sofern nicht bei einzelnen Verbrechen etwas Anderes bestimmt ist."

Es ist mithin im Oldenburgischen Gesetzbuch der Fall, daß die öffentliche Aufforderung einen Erfolg hatte, gar nicht im Gesetze erwähnt.

Das Lübische Gesetzbuch läßt selbst die vom Oldenburgischen Gesetzbuche aufgenommene Strafbestimmung fort.

Es sind somit folgende Fragen zu beantworten:

1. Soll die öffentliche Aufforderung zur Begehung von Verbrechen mit Strafe bedroht werden?

2. Soll die Bestrafung der öffentlichen Aufforderung zur Begehung von Verbrechen beschränkt bleiben auf den Fall, in welchem die öffentliche Aufforderung Erfolg hatte, oder auf denjenigen Fall, in welchem die öffentliche Aufforderung keinen Erfolg hatte, oder soll dieselbe, wie dies im Preußischen Strafgesetzbuche geschehen, und wie es der Entwurf §. 30. vorschlägt, sowohl in dem einen wie in dem anderen Falle eintreten?

Wenn man glaubte, es sei die Bestrafung der öffentlichen Aufforderung zur Begehung eines Verbrechens, wo dieselbe von Erfolg gewesen, nicht durch eine gesetzliche Bestimmung besonders mit Strafe zu bedrohen, so ist man doch nicht der Meinung gewesen, die von Erfolg begleitete öffentliche Aufforderung straflos zu lassen, sondern man hielt dafür, daß dieser Fall auch ohne besondere gesetzliche Vorschrift nach den über die Anstiftung geltenden Grundsätzen bestraft werden müsse. So heißt es in einer den Ausschußbericht anführenden Bemerkung zu Art. 32. des Oldenburgischen Gesetzbuches:

„Ist ein Erfolg eingetreten, so ist der Thäter als intellektueller Urheber des vollendeten Verbrechens anzusehen."

Und so sagt auch v. Kräwel a. a. O. S. 151:

„Im Oldenburgischen Strafgesetzbuch Art. 32. hat man jedoch mit Recht den Fall, daß die öffentliche Aufforderung Erfolg gehabt hat, fortgelassen, weil in diesem Falle die Strafe der Anstiftung eintritt."

Der Entwurf hat es jedoch für nöthig erachtet, diesen Fall der öffentlichen Aufforderung ausdrücklich der Anstiftung in Betreff der Bestrafung gleichzustellen; und zwar ist dies aus folgenden beiden Gründen geschehen:

1. Die Begriffsbestimmung des Anstifters lautet übereinstimmend in dem Preußischen und Oldenburgischen Strafgesetzbuche und in dem Entwurf folgendermaßen:

„Wer den Thäter durch Geschenke u. s. w. zur Begehung des Verbrechens u. s. w. bestimmt hat."

Wollte man ausdrücken, daß die öffentliche Aufforderung auch unter der Anstiftung mit zu verstehen sei, so hätte die Gesetzesformel zum Begriffe der Anstiftung nicht verlangen dürfen, daß die Thätigkeit des Anstifters gerade gegen den Thäter gerichtet gewesen sei, dann hätte gesagt sein müssen:

„Wer durch öffentliche Aufforderung, durch Geschenke oder Versprechen u. s. w. zur Begehung eines Verbrechens angereizt, verleitet oder bestimmt hat."

2. Hätte man sich aber für diese Gesetzesformel entschieden, so würde dadurch der Begriff der strafbaren Anstiftung weiter ausgedehnt worden sein, als er jetzt durch §. 34. No. 1 und §. 36. Abs. 1. des Preußischen Strafgesetzbuches ausgedehnt ist. Das Preußische Strafgesetzbuch sagt nämlich und mit ihm der Entwurf:

Die Anstiftung kann erfolgen gleichviel durch welche Mittel, wenn es nur Anstiftungsmittel sind; vorausgesetzt daß der Anstifter diese Mittel bei demjenigen anwandte, welcher Thäter des Verbrechens wurde. Es kann auch die Begehung eines Verbrechens veranlaßt werden, ohne daß man gerade den Thäter zur Begehung des Verbrechens bestimmt, dann aber ist dasjenige Mittel, welches in Anwendung zu bringen ist, ausschließlich die öffentliche Aufforderung oder ein anderes der im Gesetze ausdrücklich neben der öffentlichen Aufforderung genannten Mittel.

Wäre jedoch die oben unter 1. gedachte Gesetzesformel, welche der Intention des Oldenburgischen Gesetzbuches entsprechen würde, Gesetz, so würde das heißen:

Die Anstiftung kann erfolgen gleichviel durch welche Mittel, wenn es nur Anstiftungsmittel sind; und es ist dabei ganz gleichgültig, ob der Anstifter durch diese Mittel auf die Person des Thäters einzuwirken sucht, oder ob er es in suspenso läßt, auf wen die in Anwendung gebrachten Anstiftungsmittel ihre Wirkung äußern möchten.

Daß bei letzterer Alternative viele Fälle strafbar werden, welche nach ersterer Alternative nicht strafbar sind, bedarf keines Beweises, und damit wäre denn auch der Entwurf gerechtfertigt, wenn derselbe dem Preußischen Strafgesetzbuche den Vorzug vor dem Oldenburgischen Gesetzbuche gab.

Somit bliebe nur noch die Frage, ob die erfolglos gebliebene Aufforderung zur Begehung von Verbrechen mit Strafe zu bedrohen sei. — Wenn man für die Bejahung derselben die besondere Gefährlichkeit solcher öffentlichen Anreizungen anführt, so mag man damit das Motiv getroffen haben, welches für die deutschen Gesetzgebungen bestimmend gewesen ist. Wenn aber einerseits die öffentliche Aufforderung gefährlicher wird als die geheime, weil sie von Vielen vernommen werden kann, so wird andererseits die geheime Aufforderung gefährlicher als die öffentliche, weil gegen solche geheimen Aufforderungen die präkavirende Thätigkeit der Sicherheitsbehörden nicht eintreten kann, während das Eintreten derselben durch die Oeffentlichkeit der Aufforderung geradezu provocirt wird. Wenn das eine Verbrechen durch Konspiration, das andere durch öffentliche Aufforderung vorbereitet wird, so ist ersteres das gefährlichere, letzteres das minder gefährliche.

Sei dem aber, wie ihm wolle. Unter allen Umständen muß das bestehende Gesetz geachtet werden. Und man kann das Gesetz mißachten, auch ohne das Gesetz zu übertreten. Dies geschieht, indem zur Begehung socher Handlungen öffentlich aufgefordert wird, welche die Gesetze unter Strafandrohung verboten haben. Es ist dies keine Verletzung der Rechtsordnung, vielleicht nicht einmal eine eminente Gefährdung derselben; aber es ist dies jedenfalls eine so eminente Ungezogenheit im Rechtsleben, daß dieselbe einer solchen Ahndung, wie sie im Entwurfe angedroht, vollkommen würdig erscheint.

Begünstigung.

Hinsichtlich der Begünstigung enthalten die §§. 31. und 32. des Entwurfs die Vorschriften des Preußischen Strafgesetzbuches §§. 37. 38.

Andere Gesetzbücher haben ausführlichere Bestimmungen. So wird der Begriff der Begünstigung beispielsweise im Bayrischen Gesetzbuche in folgender Weise formulirt:

Art. 58. „Der Begünstigung macht sich schuldig, wer ohne vorheriges Versprechen oder Einverständniß erst nach begangener That in Beziehung auf dieselbe dem Thäter oder einem Theilnehmer wissentlich dadurch förderlich ist, daß er

1) um denselben der Bestrafung zu entziehen, ihn verbirgt oder ihm zur Flucht behilflich ist, oder
2) den Gegenstand oder die Spuren der That oder die Ueberführungsmittel beseitigt oder sonst eine Handlung zu dem Zwecke begeht, um dieselben der Kenntniß des Gerichts zu entziehen, oder
3) die durch die That gewonnenen Sachen bei sich aufnimmt, an sich bringt, zu deren Aufbewahrung oder Verwerthung verhilft oder dem Thäter oder einem Theilnehmer in anderer Weise Beistand leistet, um ihnen die bei der That beabsichtigten Vortheile zu sichern."

v. Kräwel a. a. O. S. 169. glaubt denn auch dieser Formel vor der Preußischen den Vorzug geben zu sollen,

„weil es nach dem ersten Absatze des Preußischen §. 37. zweifelhaft bleibt, ob derjenige, welcher die Spuren des Thäters oder andere Mittel, die zur Entdeckung des Thäters führen würden, beseitigt, auch als Begünstiger bestraft werden soll, wie dies im Art. 61. des Sächsischen, Art. 89. Nr. 2. des Württembergischen, Art. 87. des Großherzoglich Hessischen und im §. 142. des Badischen Gesetzbuches geschehen ist."

Ich glaube, daß diese Besorgniß gegenüber der bestehenden Preußischen Praxis nicht begründet ist. Erwünscht könnte die Bayrische Formel gegenüber der Preußischen allerdings in einer Beziehung erscheinen. Das Bayrische Strafgesetzbuch sagt nämlich speciell, daß der Begünstigung schuldig sein solle, wer dem Thäter dadurch förderlich ist, daß er 1) um denselben der Bestrafung zu entziehen, ihn verbirgt oder ihm zur Flucht behülflich ist, ... während das Preußische Gesetzbuch ganz generell sagt:

„Wer dem Thäter wissentlich Beistand leistet, um denselben der Bestrafung zu entziehen."

Und auf Grund dieser allgemeinen Fassung des Preußischen Strafgesetzbuches sind denn auch in neuerer Zeit Entscheidungen getroffen worden, welche recht bedenklich sind. Die eine derselben ist mitgetheilt in Goltdammer's Archiv, Bd. XV. S. 769, nnd hatte zu derselben folgender Fall Veranlassung gegeben. NN. war verurtheilt, verbüßte seine Strafe und reichte, um dieselbe abzukürzen, ein Begnadigungsgesuch ein. Diesem Begnadigungsgesuch war von X. ein Schriftstück beigelegt, worin derselbe dem NN. irgend eine Thatsache wahrheitswidrig bescheinigte. In Folge dessen ist X. wegen Begünstigung des NN. verurtheilt worden; und die Entscheidungsgründe des Ober-Tribunals rechtfertigen diese Verurtheilung, indem sie sagen:

„Der Thatbestand des §. 37. des Strafgesetzbuches ist erfüllt, sobald Jemand nach Verübung eines Verbrechens oder Vergehens dem Thäter wissentlich Beistand leistet, um ihn der Bestrafung zu entziehen. Daß unter dem Ausdruck „Bestrafung" auch die Vollstreckung einer bereits rechtskräftig zuerkannten Strafe zu verstehen ist, unterliegt keinem Bedenken, zumal schon der gewöhnliche Sprachgebrauch hiermit übereinstimmt."

Es kann einem Zweifel nicht unterliegen, daß diese Verurtheilung unmöglich gewesen wäre, wenn das Bayrische Gesetz in Preußen Gesetz gewesen wäre. Daraus folgt aber noch nicht, daß nunmehr zur Erzielung richtiger Entscheidungen in Fällen ähnlicher Art die specielleren Bestimmungen des Bayrischen Gesetzbuches recipirt werden müßten. Das Preußische Strafgesetzbuch sagt gerade genug, um — richtig interpretirt — Entscheidungen, wie die mitgetheilte nicht zuzulassen. Allerdings wird man zum Zwecke der richtigen Interpretation nicht bei dem Wortlaute des Gesetzes stehen bleiben dürfen, sondern sich daran erinnern müssen, daß in dem Gesetze von Begünstigung die Rede ist, und daß demnach das Gesetz auch in diesem Sinne interpretirt werden muß.

Die Begünstigung wird heute in der Doktrin nicht mehr wie früher als „Theilnahme nach der That" aufgefaßt. Das ist ganz richtig. Denn die Begriffe „Theilnahme an einem Verbrechen" und „Handeln nach Begehung des Verbrechens" widersprechen sich, falls nicht das Handeln nach der Begehung der Verbrechens bereits vor der Begehung des Verbrechens verabredet war. Der Begriff der „Theilnahme nach der That“ hatte aber für die Bestrafung der Begünstigung die Folge, daß die Bestrafung der Begünstigung in Zusammenhang und Abhängigkeit gebracht wurde mit der Bestrafung des von Thäter und Theilnehmern begangenen Verbrechens.

Man glaubte nun den Begriff der Begünstigung richtiger zu gestalten, wenn man sagte, die Begünstigung sei ein besonderes Delikt, jedoch mit accessorischem Karakter und als besonderes Delikt müsse die Begünstigung auch mit einer besonderen Strafe belegt werden, so daß, gleichviel auf welches Verbrechen sich die Begünstigung beziehe, immer diese eine für die Begünstigung aufgestellte Strafe anzuwenden und das Verbrechen, welches in dem einzelnen Falle begünstigt worden, nur als Strafzumessungsgrund zu verwerthen sei. Da man für das s. g. besondere Delikt mit accessorischem Karakter, da man für die Begünstigung die Strafe als eine relativ bestimmte Strafe aufstellte, so mochte denn auch diese Theorie in der Praxis zu Resultaten führen, welche, wenn man blos auf das Resultat sah, der Gerechtigkeit nicht widersprechend sein mochten.

Was heißt es nun aber, die Begünstigung sei ein besonderes Delikt mit accessorischem Karakter?

Ich glaube, da ein zweites Beispiel für ein solches besonderes Delikt mit accessorischem Karakter im Gebiete des deutschen Strafrechts nicht aufgefunden werden wird, so hat man, indem die „Begünstigung“ als besonderes Delikt mit accessorischem Karakter bezeichnet wurde, nichts weiter gethan, als zur Erläuterung eines kriminalistischen Begriffes ein Wort benutzt, welches der Erklärung vielleicht bedürftiger ist, als der zu erklärende Begriff selbst.

Suchen wir für die Sache auf einem anderen Wege Klarheit zu schaffen. Ein Verbrechen ist begangen, die Rechtsordnung ist mithin verletzt. Es entsteht hieraus die Verpflichtung für den Staat, die verletzte Rechtsordnung wiederherzustellen. Die Mittel, welche sich zu diesem Zwecke darbieten, sind die Bestrafung des Schuldigen und die Entschädigung des Verletzten in den Fällen, in denen durch das Verbrechen ein Berechtigter beschädigt wurde. Wird es nicht möglich, diese Mittel in Anwendung zu bringen, so bleibt die Rechtsordnung verletzt, und nur die Verjährung kann in diesem Falle ihren heilenden Einfluß geltend machen.

Nun steht die Sache so. Thäter, Theilnehmer und Begünstiger, sie alle wollen die verletzte Rechtsordnung. Der Thäter und Theilnehmer dadurch, daß sie die unverletzte Rechtsordnung zu einer verletzten Rechtsordnung machen; der Begünstiger dadurch, daß er die verletzte Rechtsordnung in ihrem Verletztsein zu erhalten sucht. Damit die verletzte Rechtsordnung verletzt bleibe, damit die verletzte Rechtsordnung nicht wiederhergestellt werde, sucht der Begünstiger eines Verbrechens dasjenige zu thun, was diesem Zwecke entsprechend ist, sucht er die Staatsgewalt in der Verfolgung und Bestrafung des Verbrechers und in der Entschädigung des Verletzten zu hindern. Nicht verlangt der Staat, um die Schuldigen strafen zu können, einer thätigen Mitwirkung seiner Unterthanen — auf die einzelnen Ausnahmen von dieser Regel kann es hier, wo es sich um die Begründung des Begriffes der Begünstigung handelt, nicht ankommen — wohl aber verlangt er, daß die Unterthanen alles unterlassen, was dem Staate die Verfolgung und Bestrafung des Verbrechers unmöglich machen oder auch nur erschweren würde. Wer in dieser ihm auferlegten Passivität nicht verbleibt, wer etwas thut, was dem Staate die Handhabung der Strafrechtspflege unmöglich macht oder auch nur erschwert, der will zwar nicht, wie dies bei Thäter und Theilnehmer der Fall, daß die Rechtsordnung verletzt werde, wohl aber will er, daß die Rechtsordnung verletzt bleibe und indem er diesem seinem Willen gemäß handelt, lehnt er sich in verbrecherischer Weise gegen die Rechtsordnung auf und wird selbst strafbar. Wird nun ganz gewiß durch die Begehung der verschiedenartigen Verbrechen die Rechtsordnung bald mehr bald weniger verletzt, so wird auch durch die Begünstigung die Wiederherstellung bald einer größeren, bald einer geringeren Rechtsverletzung gehindert und danach wird, je nach der Größe des von Thäter und Theilnehmer begangenen Verbrechens, auch die Strafe des Begünstigers bald eine größere, bald eine geringere sein. Es ist somit das von dem Thäter und Theilnehmer begangene Verbrechen der Maßstab, an welchem die Schuld des Begünstigers auszumessen ist; die Begünstigung ist ebenso verschiedenartig in ihrer Bestrafung mit Bezug auf die Strafbarkeit des Thäters und des Theilnehmers, wie die Strafe des Gehülfen verschiedenartig ist mit Bezug auf die Strafbarkeit des Thäters.

Wenn demnach auch in dem Entwurfe die Strafe für die Begünstigung in einer Strafposition — Gefängniß bis zu Einem Jahre oder Geldbuße bis zu zweihundert Thaler — festgesetzt ist, so folgt hieraus noch gar nicht, daß nun auch diese eine Strafposition solche praktischen Konsequenzen nach sich ziehen müßte, als ob die Begünstigung ein einziges Delikt wäre. Man hätte auch für die Beihülfe sagen können: Die Strafe der Beihülfe soll bestehen in Gefängniß von einem Tage an, Geldbuße von einem Thaler an, und soll diese Strafe ausgedehnt werden können bis zu Zuchthaus von zwanzig Jahren. Lediglich der Umstand, daß die Erfahrung gezeigt, es sei genügend, wenn die Begünstigung auch der schwersten Verbrechen mit einer Strafe geahndet würde, welche eine einjährige Gefängnißstrafe nicht übersteige, machte es möglich, bei diesem geringen Umfange der auf die Begünstigung überhaupt in Anwendung zu bringenden Strafen, so wie geschehen, nur eine Strafposition zur Bestrafung sämmtlicher Fälle der Begünstigung aufzustellen.

Es liegt aber auch — und diese Bemerkung bezieht sich auf die in dem Entwurfe beibehaltene Begriffsbestimmung der Begünstigung, wie dieselbe in dem Preußischen Strafgesetzbuche sich findet — in dem Begriffe der Begünstigung eine natürliche Grenze, über welche hinaus dieser Begriff nicht ausgedehnt werden kann. Es wird gewiß Niemandem einfallen, einen Zeugen, der vor Gericht zu Gunsten des Angeklagten lügt, und der in Folge dessen gar nicht vereidigt wird, wegen Begünstigung des Angeklagten in Anspruch zu nehmen. Eine Begünstigung ist da nicht mehr denkbar, wo die verfolgende Thätigkeit des Staates, wenn sie dasjenige thut, was sie ordnungsmäßig zur Aufklärung der Wahrheit, zur Bestrafung des Schuldigen thun soll, durch entgegentretendes Handeln einer einzelnen, dem Angeschuldigten günstig gesinnten Person nicht mehr gehemmt werden kann. Ebensowenig, wie eine Begünstigung des Angeklagten zu denken ist, wenn ein Zeuge vor Gericht lügt, ebensowenig, wie es Begünstigung ist, wenn Jemand ein Schriftstück verfertigt, worin er zu Gunsten des Angeschuldigten etwas Unwahres bescheinigt, um denselben der Verurtheilung zu entziehen — denn einem solchen Schriftstück soll der Richter ebensowenig glauben, wie der unbeeidigten Aussage einer als Zeuge vorgeladenen Person — ebensowenig kann es Begünstigung sein, wenn ein Begnadigungungsgesuch durch die Bescheinigung unwahrer Thatsachen unterstützt wird. Denn nicht darin besteht die Begünstigung, daß man etwas zu Gunsten des Angeschuldigten oder des Verurtheilten thun will, sondern darin, daß man etwas thut, was die Verfolgung und Bestrafung des Schuldigen zu hindern geeignet ist, und daß man solches thut mit dem Willen, die Verfolgung und Bestrafung des Schuldigen zu hindern.

Daß an dem Gesagten durch die speciellen Bestimmungen, welche einen positiven Widerstand gegen die Staatsgewalt mit Strafe bedrohen — wie die widerrechtliche Befreiung der Gefangenen — nicht nur nichts geändert wird, daß vielmehr durch die Existenz dieser Delikte das Gesagte nicht unwesentlich unterstützt wird, das bedarf keiner weitern Ausführung.

Unterlassene Anzeige.

Der §. 39. des Preußischen Strafgesetzbuches bestimmt:

„Wer von dem Vorhaben eines Hochverraths, eines Landesverraths, einer Münzfälschung, eines Mordes, eines Raubes, eines Menschenraubes oder eines das Leben von Menschen gefährdenden gemeingefährlichen Verbrechens zu einer Zeit, zu welcher die Verhütung dieser Verbrechen möglich ist, glaubhafte Kenntniß erhält und es unterläßt, davon der Behörde oder der durch das Verbrechen bedrohten Person zur rechten Zeit Anzeige zu machen, soll, wenn das Verbrechen wirklich begangen oder zu begehen versucht wird, mit Gefängniß bis zu fünf Jahren bestraft werden."

Der Entwurf läßt diese Bestimmung fort. Sehen wir zunächst die Verbrechen an, auf welche sich die Denunciationspflicht bezieht. Gegen Mord und Raub wird nichts einzuwenden sein, das sind Verbrechensbegriffe, in Betreff deren gesagt werden kann, es werde nicht leicht ein Irrthum entstehen, ob dasjenige, was als Raub oder Mord zur Anzeige gebracht werden soll, auch dasselbe sei, was das Gesetz unter Raub und Mord verstanden habe. Sehr viel schwieriger ist schon der Begriff des Menschenraubes. Unter diesem Worte würde man gewiß auch den Fall verstehen, wenn beispielweise Seiltänzer ein Kind stehlen, um es in ihrem Gewerbe zu gebrauchen — und doch ist dieses Verbrechen nach Preußischem Strafrechte nicht denunciationspflichtig.

Es ist jedoch nicht erforderlich, hier eine eingehende Kritik des des §. 39. des Preußischen Strafgesetzbuches vorzunehmen. Die Schwierigkeiten, welche derselbe der Praxis darbietet, erhellen am besten, wenn man die wenigen Bemerkungen ansieht, welche sich in Oppenhoff's Kommentar vorfinden. Da heißt es:

„Handelt es sich von dem Vorhaben eines Hochverraths, welches den Voraussetzungen der §§. 63. oder 66. entspricht, und sonach als vollendeter Hochverrath angesehen wird, so ist die Nichtanzeige von diesem Vorhaben nur dann strafbar, wenn die verabredeten u. s. w. Handlungen demnächst auch wirklich ausgeführt, oder versucht worden sind; zwar stellt, wie bemerkt, die Verabredung u. s. w. schon für sich allein einen Hochverrath dar, dieser ist aber bereits vollendet und kann durch eine Anzeige nicht mehr verhütet werden."

„Unter Münzfälschung sind nur die Fälle der §§. 121. und 122., nicht auch die des §. 123. zu verstehen."

„Insofern das Gesetz es nicht ausdrücklich ausspricht, daß ein Verbrechen mit Gefahr für Menschenleben verknüpft sei, gehört es zu der thatsächlichen Feststellung, ob dasselbe das Leben von Menschen gefährde."

„Glaubhaft ist dasjenige, was nach Umständen bei Verständigen Glauben finden konnte; es kommt daher nicht darauf an, ob der Angeklagte es selbst geglaubt, sondern nur, ob er es für glaubhaft gehalten hat."

„Die Behörde, welcher die Anzeige gemacht werden muß, ist vorzugsweise eine solche, welche den Beruf hat, die Begehung von Verbrechen u. s. w. zu verhindern, also die Polizeibehörde; inwiefern auch Anzeige bei einer anderen Behörde genüge, ist nach den Umständen zu beurtheilen."

„Dasselbe gilt von der Frage, ob die Anzeige zur rechten Zeit erfolgt sei."

„Dadurch, daß die Ausführung des Verbrechens bereits begonnen war, als der Dritte Kenntniß davon erhielt, wird die Anzeigepflicht desselben nicht beseitigt, wenn durch eine solche die Vollendung verhindert werden konnte."

„Die Befreiung vom Zeugnisse schließt die Befreiung von der durch §. 39. bei Strafe auferlegten Anzeigepflicht nicht in sich."

Und in dieser Weise gehen die Bemerkungen weiter. Jede derselben trägt selbst den Karakter einer gesetzlichen Bestimmung, und schwer möchte es sein, lediglich mit den in der Rechtswissenschaft anerkannten Interpretationsmitteln alle die eben mitgetheilten Grundsätze der Praxis aus dem §. 39. selbst heraus zu deduciren.

Nun kann es ja keinem Zweifel unterliegen, daß die Frage, in welchem Umfange staatsbürgerliche Pflichten zu begründen sind, lediglich eine Frage legislatorischer Erwägung ist. Das Eine wird dabei aber unter allen Umständen festgehalten werden müssen, daß da, wo das Gesetz die Erfüllung einer bestimmten staatsbürgerlichen Pflicht und zwar zur Vermeidung einer nicht unbeträchtlichen Strafe fordert, diese Pflicht selbst so klar und so bestimmt bezeichnet sein muß, daß über Inhalt und Umfang derselben ein Zweifel nicht entstehen kann. Nun steht aber soviel allgemein fest, daß eine Verpflichtung, überhaupt jedes strafbare Unternehmen zu denunciren, nicht gefordert werden kann, daß vielmehr, wenn überhaupt, diese Verpflichtung beschränkt bleiben müsse auf die Denunciation einzelner Verbrechen. Also welcher Verbrechen? Antwort: der schwersten, schwereren oder schweren — oder wie man das sagen will. Welches aber sind die schweren, schwereren oder schwersten Verbrechen? Jeder hat doch am Ende das Recht, zu sagen: „Ich will meinen staatsbürgerlichen Verpflichtungen nachkommen, will auch verbrecherisches Beginnen denunciren, wenn es sein soll, aber ich habe durchaus nicht Lust, dadurch in Konflikt mit der Staatsanwaltschaft zu kommen, daß meine und des Staatsanwalts Auffassungen über Positiv, Komparativ und Superlativ des Wortes „schwer" nicht übereinstimmen." Also bleibt denn nichts anderes übrig, als die einzelnen Verbrechen besonders zu nennen, deren Verhinderung durch Denunciation Pflicht sein solle, d. h. es muß ein positives Gesetz geradezu auswendig gelernt und dann auch nicht mehr vergessen werden, wenn man sicher sein will, der Denunciationspflicht genügen zu können, vorausgesetzt, daß man den Thatbestand der zur Anzeige zu bringenden Verbrechen auch genau kennt, und das Gesetz richtig zu interpretiren weiß. Diese Klippen wird ein die Denunciation forderndes Strafgesetz niemals umgehen können, und deshalb ist es nicht zulässig, die Denunciation bevorstehender Verbrechen bei Strafe zu fordern.

Aber selbst abgesehen hiervon. Es ist gewiß richtig, daß es eine moralische Pflicht eines Jeden ist, so viel an ihm liegt, dafür zu sorgen, daß die Begehung von Verbrechen verhütet werde. Diese moralische Pflicht zu stärken, ist es nicht klug, einen Theil derselben zur Rechtspflicht zu machen. Indem dieses geschieht, gewinnt es den Anschein, als wolle der Staat eine weitere Mitwirkung seiner Angehörigen zur Verhütung von Verbrechen überhaupt nicht haben, und das kann im Interesse der Rechtsordnung gewiß nicht liegen.

Die Strafbestimmungen wegen unterlassener Denunciation werden wenig geeignet sein, das Bewußtsein davon, daß es in Jedermanns Interesse liegt, der Begehung von Verbrechen entgegenzutreten, zu erhöhen. Einer prompten und korrekt gehandhabten Strafjustiz, die auf der Grundlage eines den Bedürfnissen der Zeit entsprechenden Strafgesetzes beruht, wird die Unterstützung der Staatsangehörigen in weiterem Maße zu Theil werden, als dies durch irgend welche die unterlassene Denunciation betreffenden Strafbestimmungen erreicht werden kann.

Vierter Titel.

Von Gründen, welche die Strafe ausschließen oder mildern.

§. 33.

Ein Verbrechen ist nicht vorhanden, wenn der Angeschuldigte zur Zeit der That wahnsinnig oder blödsinnig, oder die freie Willensbestimmung desselben durch Gewalt oder Drohungen oder aus anderen Gründen ausgeschlossen war.

Freiheit der Willensbestimmung.

Der Entwurf hat diejenigen Ausschließungsgründe, welche das Preußische Strafgesetzbuch im §. 40. aufstellt, sämmtlich wiederholt und außerdem noch, dem Oldenburgischen Gesetzbuche Art. 36. folgend, die „anderen Gründe", aus welchen die Zurechnungsfähigkeit ausgeschlossen werden kann, aufgenommen.

Das Oldenburgische Gesetzbuch sagt nämlich:

> „Ein Verbrechen oder Vergehen ist nicht vorhanden, wenn der Thäter zur Zeit der That wahnsinnig oder blödsinnig, oder die freie Willensbestimmung desselben aus anderen Gründen ausgeschlossen war."

Das Oldenburgische Gesetzbuch erwähnt mithin nicht ausdrücklich „Gewalt oder Drohungen", sondern läßt diese beiden Ausschließungsgründe der Zurechnungsfähigkeit unter den „anderen Gründen" mit enthalten sein.

Wenn aber in dem Gesetze ausdrücklich nur Wahnsinn und Blödsinn, also solche Ausschließungsgründe der Zurechnungsfähigkeit genannt werden, welche nicht von Außen her auf den Thäter eingewirkt haben, und dann von „anderen Gründen" gesprochen wird, so liegt der Gedanke nahe, daß unter diesen „anderen Gründen" auch nur solche zu verstehen sind, welche nicht von Außen her auf den Thäter eingewirkt haben, und um ein derartiges Mißverständniß zu vermeiden, erschien es gut, auch den Zwang und die Drohungen ausdrücklich in dem Gesetze zu erwähnen, so daß also unter den „anderen Gründen" sowohl solche zu verstehen sind, welche in Analogie mit „Wahnsinn und Blödsinn", wie auch in Analogie mit „Gewalt und Drohungen" die Zurechnungsfähigkeit ausschließen.

Daß es aber nöthig war, die ausdrücklich genannten Aufhebungsgründe der freien Willensbestimmung durch die hinzugefügte clausula generalis zu erweitern, wird nicht bestritten werden können. Wenn es nämlich zum Begriff eines jeden Verbrechens gehört, daß der Thäter mit Zurechnungsfähigkeit gehandelt haben müsse, mithin niemals von Verbrechen die Rede sein kann, wo, gleichviel aus welchem Grunde, die Freiheit der Willensbestimmung nicht vorhanden war; wenn ferner gewiß nicht behauptet werden kann, daß die vier Worte: „Wahnsinn, Blödsinn, Zwang, Drohung", selbst wenn man ihnen die weiteste Interpretation giebt, sämmtliche Gründe, welche die Willensfreiheit aufheben können, zu umfassen vermögen, so folgt hieraus, daß man diese von dem Preußischen Gesetzbuche genannten Ausschließungsgründe der Willensfreiheit entweder durch eine vollständige Specialisirung der die Unzurechnungsfähigkeit bedingenden Gründe ergänzen, oder sich der clausula generalis der „anderen Gründe" bedienen muß, wenn man sich nicht getraut, ein vollständiges Verzeichniß der die Zurechnungsfähigkeit ausschließenden Gründe aufzustellen. So hat auch das Bayrische Strafgesetzbuch es für nothwendig erachtet, außer Blödsinn, Wahnsinn, Gewalt, Drohungen, zwar noch andere Ausschließungsgründe der Zurechnungsfähigkeit besonders zu nennen, außerdem glaubte dieses Gesetzbuch aber doch der clausula generalis nicht entbehren zu können.

Bayrisches Gesetzbuch Art. 67. „Eine strafbare Handlung ist nicht vorhanden, wenn dem Handelnden zur Zeit der That wegen Blödsinnes, Wahnsinnes, Raserei, höchsten Grades der Betrunkenheit oder aus ähnlichen Ursachen die Fähigkeit der Selbstbestimmung oder die zur Erkenntniß der Strafbarkeit der That nöthige Urtheilskraft gänzlich gemangelt hat.

Gleiches gilt in dem Falle, wenn zur Zeit der That die Freiheit der Willensbestimmung des Handelnden durch Gewalt oder Drohung gegen ihn oder einen seiner in Art. 61. genannten Angehörigen oder durch Nothstand ausgeschlossen war."

Wenn das Bayrische Gesetzbuch sich überhaupt genöthigt sah, endlich doch auf die „ähnlichen Ursachen" zu rekurriren, so war es nicht erst nöthig, neben Wahnsinn und Blödsinn noch „Raserei" und „höchsten Grad der Betrunkenheit" — welcher letztere Begriff in seiner supperlativen Fassung namentlich recht unbestimmt ist — besonders hervorzuheben. Und so glaubte denn auch der Entwurf durch die von ihm gewählte Exemplifikation und der clausula generalis eine den praktischen Bedürfnissen genügende Formel gegeben zu haben.

Aber es entsteht die ganz andere Frage, ob es nicht selbst überflüssig war, die Aufhebungsgründe der Zurechnungsfähigkeit auch nur zu exemplificiren, ob es statt dessen nicht ausreichend gewesen wäre zu sagen:

„Ein Verbrechen ist nicht vorhanden, wenn zur Zeit der That die freie Willensbestimmung des Thäters ausgeschlossen war."

Sachlich würde diese Formel nichts Anderes ausdrücken, als die vom Entwurfe gewählte. Aber die prozessualischen Konsequenzen würden gegenüber dieser Formel andere sein, als gegenüber der vom Entwurfe gewählten Formel.

Wenn nämlich das Gesetz nichts weiter sagen sollte, als:

„Ein Verbrechen ist nicht vorhanden, wenn zur Zeit der That die freie Willensbestimmung des Thäters ausgeschlossen war" —

so würde dies die Folge haben, daß der Ausschluß der freien Willensbestimmung thatsächlich festzustellen wäre, nicht aber der Grund, aus welchem in diesem Falle die freie Willensbestimmung ausgeschlossen war. Die von dem Entwurfe gewählte Formel verlangt aber, daß festgestellt werde: 1) das Fehlen der freien Willensbestimmung und 2) der Grund, weswegen die freie Willensbestimmung fehlt.

Gleichviel nun, ob das Fehlen der freien Willensbestimmung bereits in der Voruntersuchung eruirt wird, so daß es also gar nicht zur Anklage kommt, oder ob nach erhobener Anklage die vorhandene Unzurechnungsfähigkeit in Form eines Strafausschließungsgrundes zur Geltung gebracht wird; in beiden Fällen wird die Erörterung der Frage nach dem Vorhandensein oder dem Nichtvorhandensein der Zurechnungsfähigkeit an Präcision gewinnen, wenn das Gesetz die Anforderung stellt, denjenigen Grund, welcher in dem konkreten Falle die Zurechnungsfähigkeit aufgehoben, besonders zu bezeichnen. Dies war auch einer der Gründe, weshalb der Entwurf der Formel des Lübischen Strafgesetzbuches sich nicht anschließen mochte.

Wenn es in diesem Gesetzbuche §. 38. heißt:

„Es findet keine Bestrafung statt, wenn zur Zeit der That

1. der Thäter sich in einem Zustande befand, in welchem das Bewußtsein der Strafbarkeit der That aufgehoben war, oder
2. seine Willensbestimmung durch Gewalt oder Drohung ausgeschlossen war" —

so ist in dieser Formel unrichtig, daß das Fehlen der freien Willensbestimmung ein Strafausschließungsgrund ist. Ein solcher kann vielmehr nur da vorhanden sein, wo das Verbrechen existent geworden ist. Daher sind die Verjährung, die Begnadigung, das non bis in idem Strafausschließungsgründe; denn hier wird nicht gestraft, obwohl ein Verbrechen begangen ist. Wo indessen Freiheit der Willensbestimmung nicht vorhanden ist, da kommt überhaupt gar kein Verbrechen zu Stande. So ist denn die Wendung, welche das Preußische Strafgesetzbuch mit den Worten genommen:

„Ein Verbrechen ist nicht vorhanden"

die korrekte Wendung gegenüber dem fehlerhaften Ausdrucke des Lübischen Rechts:

„Es findet keine Bestrafung statt, wenn"

Sodann ist es nicht richtig, zu sagen, der Thäter befinde sich in einem Zustande, in welchem das Bewußtsein der Strafbarkeit der That aufgehoben war. Denn dies setzt voraus, daß früher ein Zustand der Willensfreiheit existirte, der zur Zeit der That aufgehoben war, was durchaus nicht immer der Fall zu sein braucht. Weiter ist es, wie schon erwähnt, bedenklich, nur festzustellen, daß der Thäter sich in einem Zustande der Willensunfreiheit zur Zeit der That befunden, ohne auch festzustellen, durch welchen Grund dieser Zustand der Willensunfreiheit veranlaßt war. Endlich aber ist es auch nicht richtig, den Zustand der Willensunfreiheit zu identificiren mit dem „fehlenden Bewußtsein von der Strafbarkeit der That." Denn das Bewußtsein von der Strafbarkeit der That fehlt auch bei Unkenntniß des Strafgesetzes — und die beiden Begriffe „Unzurechnungsfähigkeit" und „Unkenntniß des Strafgesetzes" wird man doch wohl auseinander halten wollen. Das Lübische Gesetzbuch freilich sieht sich genöthigt, da es statt „freier Willensbestimmung" sagt „Bewußtsein der Strafbarkeit", noch ausdrücklich hervorzuheben, daß Unkenntniß der Strafgesetze nicht entschuldige. Am Schlusse des §. 38. heißt es wörtlich:

„Durch Unbekanntschaft mit dem Gesetze wird die Zurechnung nicht ausgeschlossen.“

Vollkommen richtig, aber vollkommen überflüssig! und überdem wird doch nicht geleugnet werden können, daß wenn auch nicht die Zurechnung, so doch das „Bewußtsein der Strafbarkeit der That“ hier und da „durch Unbekanntschaft mit dem Gesetze“ ausgeschlossen wird.

Der §. 38. des Lübischen Strafgesetzbuches enthält sodann noch folgende Bestimmung:

„Der Zustand vorübergehender Verwirrung der Sinne oder des Verstandes schließt die Zurechnung nicht aus, wenn der Thäter sich absichtlich in diesen Zustand versetzt hatte, um in demselben die That auszuführen, oder wenn und insoweit das Versetzen in einen solchen Zustand ihm als Fahrlässigkeit anzurechnen ist.“

War es denn nöthig, eine Strafvorschrift über das „Courage antrinken“ zu treffen? und ist die getroffene Bestimmung denn auch richtig? Und was sollen die Schlußworte? Ist das in Trunkenheit begangene Verbrechen dem Betrunkenen als fahrlässiges Delikt anzurechnen, oder ist das sich Betrinken selbst ein fahrlässiges Delikt? Das Lübische Strafgesetzbuch antwortet hierauf: „wenn und in so weit“. — Was macht man mit einem solchen Gesetz! Vielleicht wäre die ganze Vorschrift fortgeblieben, wenn man sich klar geworden wäre, daß dasjenige, was man hier unter der Form einer ganz allgemeinen auf viele Fälle anwendbaren Bestimmung anordnet, der Sache nach nur auf den einen Fall der Trunkenheit berechnet war. Hätte man dasjenige, was der Sache nach eine Specialbestimmung war, auch der Form nach eine Specialbestimmung sein lassen, so hätte man sich leicht überzeugt, daß man ohne eine solche Bestimmung ganz wohl auskommen könne.

Der Entwurf enthält keine allgemeine Bestimmung über die verminderte Zurechnungsfähigkeit; nur der Strafmilderungsgrund des jugendlichen Alters ist ausdrücklich auf die verminderte Zurechnungsfähigkeit zurückgeführt.

Dies bedarf einer Rechtfertigung.

Zunächst ist hierfür die Frage zu beantworten: Ist die verminderte Zurechnungsfähigkeit ein Begriff, der sich theoretisch rechtfertigt?

Es ist mir nicht zweifelhaft, daß diese Frage bejaht werden muß, und zwar vom juristischen Standpunkte aus.*) Um diese Bejahung zu rechtfertigen, wird es zweckmäßig sein, die Worte einer kriminalistischen Autorität anzuführen, welche die Berechtigung der verminderten Zurechnungsfähigkeit verneint.

Köstlin sagt in seinem System des deutschen Strafrechts S. 154. Folgendes:

*) Vom gerichtsärztlichen Standpunkte aus wird sie wohl auch bejaht werden. Vergl. Ideler in Goltdammers Archiv Bd. V. S. 287 ff.

„Daraus, daß die ganze Frage über die Zurechnungsfähigkeit sich auf die Frage reducirt, ob das Wissen und Wollen des Individuums unter dem Banne einer Naturnothwendigkeit gestanden habe oder nicht, — ergiebt sich, daß nur entweder von Zurechnungsfähigkeit oder Unzurechnungsfähigkeit, nicht aber von Graden der ersteren die Rede sein kann. Wenngleich nämlich Zustände relativer Unfreiheit vorkommen, so kann doch eine bestimmte Handlung immer nur entweder frei oder unfrei gewesen sein, und jene Relativität erzeugt nur eine Schwierigkeit des Beweises.

Wenn auch jetzt noch so häufig Aerzte und Juristen von Graden der Zurechnungsfähigkeit und verminderter Zurechnungsfähigkeit sprechen, so hat dies nur in der Rathlosigkeit seinen Grund, worin man sich oft hinsichtlich der Herstellung des Beweises der Freiheit oder der Unfreiheit befindet. Allein jenes juste milieu taugt nichts, da Freiheit und Naturnothwendigkeit sich gegenseitig als Prinzip des Handelns ausschließen. In der Regel ist das, was man als Grund verminderter Zurechnungsfähigkeit geltend macht, nichts Anderes als ein geringerer Schuldgrad oder ein Strafmilderungsgrund. Es giebt aber auch wirklich zweifelhafte Seelenzustände, namentlich Uebergänge zu Geisteskrankheiten, Intermissionen solcher u. s. w., bei welchen man sich zwar noch Freiheit anzunehmen getraut, zugleich aber es für Unrecht hält, den Thäter einem geistig Gesunden gleich zu stellen. Für diese Fälle hilft man sich gewöhnlich gleichfalls mit Strafmilderungs- oder Minderungsgründen. Allein richtiger ist es, alle solche Uebergangszustände der korrektiven Strafgerechtigkeit zu überweisen, wozu es freilich noch gar sehr an den nöthigen Anstalten fehlt."

Also verminderte Zurechnungsfähigkeit soll es nicht geben, wohl aber Zustände „relativer Unfreiheit" — von „verminderter Zurechnungsfähigkeit" dürfen Aerzte und Juristen nicht sprechen, aber „es giebt wirklich zweifelhafte Seelenzustände". Es giebt nur „entweder Zurechnungsfähigkeit oder Unzurechnungsfähigkeit", demnach entweder **Bestrafung** ohne Rücksichtnahme auf den Grad der Zurechnungsfähigkeit, oder **gar keine** Bestrafung. Aber doch „wirklich zweifelhafte Seelenzustände", denen mit der „korrektiven Strafgerechtigkeit" (!) nachgeholfen werden soll, zu welcher „korrektiven Strafgerechtigkeit" freilich die erforderlichen Anstalten fehlen und von welcher man, ehrlich gesagt, überhaupt nicht recht weiß, was sie eigentlich ist.

Der Fehler der **Köstlin**'schen Deduktion ist leicht erkennbar. Es ist richtig, daß, wenn man mit **Köstlin** unterscheidet, zwischen „Freiheit" und „Naturnothwendigkeit" eine jede Handlung **dem Resultate nach** entweder „frei" oder durch die Naturnothwendigkeit bedingt, d. h. „unfrei" sein wird; denn würde in einem Menschen Freiheit und Naturnothwendigkeit in gleichem Maße wirksam sein, so würde sich als Resultat **Null** ergeben, d. h. es würde zu gar keiner Handlung kommen. Dieses **Resultat** jedoch, welches aus dem Gegeneinanderwirken von Freiheit und Naturnothwendigkeit entsteht, ist für die Frage nach der theoretischen Berechtigung der verminderten Zurechnung ganz gleichgültig. Hiefür kommt es vielmehr darauf an, ob die Handlung, welche ihrem Resultate nach als freie Handlung aufzufassen ist, ausschließlich aus Freiheit entstanden ist, oder ob die ihrem Resultate nach freie Handlung sich ergab, weil die freie Willensbestimmung im Stande war, die ihr entgegenstehende Naturnothwendigkeit zu unterdrücken. Die Sache läßt sich an Zahlen deutlich machen. Nehmen wir an, daß Alles, was an Willensfreiheit und Naturnothwendigkeit in einem Menschen vorhanden sei, ausgedrückt werde durch die Zahl 100. Bezeichnen wir denjenigen Theil, welcher hievon auf die Willensfreiheit fällt, mit dem mathematischen Zeichen des plus und denjenigen Theil, welcher auf die Naturnothwendigkeit fällt, mit dem mathematischen Zeichen des minus. Vertheilt sich nun in einer Person die Willensfreiheit und die Naturnothwendigkeit wie + 50 und — 50, so ist bei diesem Resultate = 0 etwas vorhanden, was weder zu einer freien, noch zu einer unfreien Handlung, mithin zu gar keiner Handlung führt. Wächst die Willensfreiheit über + 50, etwa auf + 51 und so weiter bis + 100, so liegen Handlungen vor, welche dem Resultate nach freie Handlungen sind; wächst die Naturnothwendigkeit über — 50, etwa auf — 51 und so weiter bis — 100, so entstehen dem Resultate nach unfreie Handlungen. Aber nur in den beiden Fällen + 100 und — 100 wird man sagen dürfen, daß die ihrem Resultate nach freie Handlung nur aus Willensfreiheit entstanden, resp. die ihrem Resultate nach unfreie Handlung nur durch Naturnothwendigkeit geboten war. In jedem anderen Falle, z. B. + 60 — 40, oder + 70 — 30, oder + 20 — 80, oder + 49 — 51 wird die ihrem Resultate nach freie, resp. unfreie Handlung durch Zusammenwirken der Willensfreiheit und der Naturnothwendigkeit entstanden sein. Eine freie Handlung ist dem Resultate nach vorhanden bei + 90 — 10; es ist auch eine freie Handlung dem Resultate nach vorhanden bei + 60 — 40; aber in dem ersteren Falle hatte ein größeres Maß von Willensfreiheit gegen eine geringere Naturnothwendigkeit, im zweiten Falle ein relativ geringeres Maß von Willensfreiheit gegen eine im Vergleich zum ersten Falle größere Naturnothwendigkeit anzukämpfen. Beide Handlungen sind ihrem Resultate nach freie Handlungen, und doch liegt in der ersten Handlung ein höheres Maß von Willensfreiheit, als in der letzteren, und so wird man denn auch behaupten dürfen, die eine Handlung sei die freiere gegenüber der andern, welche auch eine freie Handlung ist. Absolut freie Handlungen würden nur dann vorliegen, wenn die Willensfreiheit gegen die Naturnothwendigkeit gar nicht anzukämpfen hätte. Da nun aber der Mensch ein der Natur angehörendes Wesen ist, so macht sich in ihm die Naturnothwendigkeit unter allen Umständen geltend, und so werden wir uns denn wohl damit begnügen müssen, daß von einer absoluten Freiheit des Handelns beim Menschen überhaupt nicht die Rede ist, daß vielmehr jede Handlung nur eine relativ freie Handlung ist, da überall da, wo die Willensfreiheit den Sieg über die Naturnothwendigkeit davon getragen, letztere auf die Willensfreiheit auch ihren Einfluß bald in höherem, bald in geringerem Grade ausgeübt hat. Und so gelangen wir denn zu dem Resultate, daß die verminderte Zurechnungsfähigkeit sich nicht nur neben der vollen Zurechnungsfähigkeit theoretisch rechtfertigt, sondern daß es eine volle Zurechnungsfähigkeit, eine Zurechnungsfähigkeit, welche auf eine von jeder Naturnothwendigkeit losgelöste Willensfreiheit zurückzuführen wäre, überhaupt nicht giebt, daß vielmehr jede Zurechnungsfähigkeit nur eine in bald höherem, bald geringerem Maße verminderte Zurechnungsfähigkeit ist.

Seine theoretische Berechtigung dürfte somit der Begriff der verminderten Zurechnung haben. Wollte man daraus aber ohne Weiteres die Folgerung ziehen, daß nun auch die verminderte Zurechnungsfähigkeit in einer besonderen Gesetzesformel berücksichtigt werden müßte, so würde dies zu voreilig gefolgert sein. Nehmen wir als Beispiel für eine solche gesetzliche Bestimmung die des Bayerischen Gesetzbuches Art. 68:

„Ist durch den Richter der That entschieden, daß die Fähigkeit der Selbstbestimmung oder die zur Erkenntniß der Strafbarkeit der That nöthige Urtheilskraft, oder die Freiheit der Willensbestimmung des Handelnden zwar nicht völlig ausgeschlossen (Art. 67.), aber doch in erheblichem Grade gemindert war, so ist eine geringere als die gesetzliche ordentliche Strafe und zwar nach folgendem Maßstabe zu verhängen:“ u. s. w.

Es ist gar nicht nöthig, auf die Einzelnheiten dieser Vorschrift näher einzugehen. Nur das Eine wird festzuhalten sein, daß die Strafherabsetzungen, welche das Bayerische Gesetzbuch für die Fälle der verminderten Zurechnungsfähigkeit zulassen will, nicht bei jeder, sondern nur bei der „in erheblichem Grade“ geminderten Zurechnungsfähigkeit eintreten soll. Demnach unterscheidet das Bayerische Gesetzbuch in folgender Weise:

1) volle Unzurechnungsfähigkeit, auf welche Straflosigkeit folgt;
2) in erheblichem Grade geminderte Zurechnungsfähigkeit, auf welche die Strafherabsetzungen des Art. 68. folgen;
3) nicht in erheblichem Grade, aber doch noch immer geminderte Zurechnungsfähigkeit, für welche die volle gesetzliche Strafe eintritt, so daß also jede verminderte, wenn nur nicht in erheblichem Grade geminderte Zurechnungsfähigkeit der vollen Zurechnungsfähigkeit hinsichtlich der strafrechtlichen Folgen gleich steht.

Diese Auffassung des Bayerischen Gesetzbuches, wonach auch die verminderte Zurechnungsfähigkeit, wenn es nur nicht eine in erheblichem Grade verminderte Zurechnungsfähigkeit war, der vollen Zurechnungsfähigkeit hinsichtlich der strafrechtlichen Folgen gleich geachtet wird, ist ja auch insofern ganz richtig, als es, wie dies die obige Darstellung gezeigt, überhaupt nicht menschliche Handlungen giebt, bei welchen das Moment der Unfreiheit, der Naturnothwendigkeit nicht mitgewirkt hätte. Will daher das Bayerische Strafgesetzbuch die volle Zurechnungsfähigkeit gar nicht, sondern nur die verminderte Zurechnungsfähigkeit anerkennen, so mag dasselbe immerhin sagen, es giebt einen Grad der verminderten Zurechnungsfähigkeit, für welchen die im Gesetze bestimmten vollen Strafen der Verbrechen anzuwenden sind; es giebt aber auch eine Verminderung der Zurechnungsfähigkeit, die in so hohem Grade stattfindet, daß die Strafherabsetzungen nach Maßgabe des Artikel 68. eintreten müssen.

Wenn man aber — und wir sehen nunmehr von dem Bayerischen Gesetzbuche ganz ab — überhaupt im Strafrechte von Zurechnungsfähigkeit und nicht blos von verminderter Zurechnungsfähigkeit sprechen will, so bezeichnet man mit dem Ausdrucke Zurechnungsfähigkeit nichts Anderes, als denjenigen Grad von Willensfreiheit, welcher bei einem physisch und psychisch normal entwickelten Menschen vorhanden ist. Man verlangt daher, um den Begriff der Zurechnungsfähigkeit auf den der verminderten Zurechnungsfähigkeit herabzusetzen, oder um das Vorhandensein der Zurechnungsfähigkeit gänzlich zu leugnen, bestimmte nachweisbare und nachgewiesene Umstände, welche den einen oder den anderen Erfolg herbeigeführt haben.

Hiernach würde man zwar noch den Unterschied zwischen Unzurechnungsfähigkeit und verminderter Zurechnungsfähigkeit aufrecht erhalten können, aber auch ebenso für die verminderte Zurechnungsfähigkeit bestimmte Gründe, durch welche dieselbe veranlaßt wurde, verlangen müssen, wie man dieselbe für die Unzurechnungsfähigkeit verlangen mußte. Hier entsteht eine sehr bedenkliche praktische Schwierigkeit. Eine Gesetzesformel, welche sich damit begnügte, lediglich die „verminderte Zurechnungsfähigkeit" thatsächlich feststellen zu lassen, ohne zugleich zu verlangen, daß der Grund, welcher in diesem speziellen Falle die Verminderung der Zurechnungsfähigkeit bewirkt, auch festgestellt werde; ein solches Gesetz öffnet jeder Willkür Thür und Thor, gleichviel, ob man es mit oder ohne Geschworne handhabt. Eine Gesetzesformel jedoch zu finden, welche es nothwendig macht, daß auch der spezielle Grund, aus welchem die Verminderung der Zurechnungsfähigkeit entstanden, festgestellt werde, das dürfte seine Schwierigkeiten haben — Schwierigkeiten, denen hier entgangen werden kann, weil in der That noch andere praktische Gründe gegen die verminderte Zurechnungsfähigkeit sprechen.

So finde ich zu Art. 68. des Bayerischen Gesetzbuches folgende Bemerkung:

> „Aus den Verhandlungen des G.-A. der K. A. vom 15. Jan. 1857 kommt zu bemerken, daß die Worte „aber doch in erheblichem Grade" in die damalige, vom Ausschußmitglied Paur beantragte Fassung dieses Artikels, welche im Wesentlichen mit der jetzigen übereinstimmt, aufgenommen wurden, damit nicht jeder geringfügige Einfluß auf die freie Willensbestimmung des Handelnden als Strafmilderungsgrund behandelt werde."

Wie nun aber, wenn der „geringfügige Einfluß" eine „erhebliche Wirkung" gehabt hätte? Welche Einflüsse sollen respektirt werden, und welche nicht? Nach diesen Motiven könnte man annehmen, es müßten die Gründe, aus welchen die verminderte Zurechnungsfähigkeit entstanden, für bedeutsame zu erachten gewesen sein; nach der Gesetzesformel muß man dagegen sich auf die Bedeutsamkeit der Erfolge beschränken. Bleiben wir hierbei stehen, so fragt sich denn doch, wo ist der Punkt, von welchem die erhebliche Verminderung der Zurechnungsfähigkeit in ihrer strafmildernden Bedeutung anfängt, und bis wie weit kann die Zurechnungsfähigkeit vermindert sein, ohne doch in ihren strafrechtlichen Wirkungen als verminderte Zurechnungsfähigkeit anerkannt zu werden? Denn etwas Verminderung der Zurechnungsfähigkeit wird sich schließlich in jedem Verbrechensfall nachweisen lassen, und wenn durch nichts Anderes, so dadurch, daß der Thäter ein Verbrechen begangen; denn bei vollem Verstande pflegt das doch nicht zu geschehen.

Wären jedoch diese Schwierigkeiten zu beseitigen, so müßte man doch mit Recht fragen, zu welchem Zwecke sie beseitigt werden sollen. Wenn man die verminderte Zurechnungsfähigkeit als gesetzlich anerkannten Strafmilderungsgrund haben will, so geschieht dies doch nur deshalb, weil die für die einzelnen Verbrechen festgesetzten Strafpositionen nicht die Möglichkeit gewähren, eine der Sachlage nach genügend milde Strafe zu erkennen. Die Strafpositionen des speciellen Theiles also werden zunächst darauf angesehen werden müssen, ob sie ausreichend sind, um auch in den Fällen der verminderten Zurechnungsfähigkeit eine entsprechende Strafe zuerkennen zu lassen. Mögen nun die in manchen Strafgesetzbüchern aufgestellten Strafpositionen von der Beschaffenheit sein, daß man ihre Herabsetzung auch aus dem Grunde der verminderten Zurechnungsfähigkeit für nothwendig halten mag. Gegenüber den von dem Entwurfe aufgestellten Strafpositionen ist diese Forderung nicht gerechtfertigt; denn die Strafminima derselben gehen durchweg so weit hinab, daß jeder verminderten Zurechnungsfähigkeit ihr volles Recht widerfahren kann — auf dem Wege der Strafzumessung, d. h. durch den rechtsgelehrten Richter und nicht durch den Richter der Thatfrage, wie dieses das Bayrische Gesetzbuch will.

Und damit wäre denn auch der letzte Grund angedeutet, welcher gegen die Aufnahme der verminderten Zurechnungsfähigkeit als eines allgemeinen Strafmilderungsgrundes selbst bei denjenigen Verbrechen geltend zu machen ist, welche in diesem Entwurf mit lebenslänglicher Zuchthausstrafe bedroht sind. Köstlin hat vollkommen recht, wenn er auf die Schwierigkeiten des Beweises aufmerksam macht, welche mit der Erörterung des Vorhandenseins oder Nichtvorhandenseins der Zurechnungsfähigkeit verbunden sind. Aus diesen Schwierigkeiten folgt aber nur das Eine, daß man sich nämlich bescheiden muß, die Schuld da zu strafen, wo man dieselbe mittelst Anwendung zulässiger Beweismittel feststellen kann. Nicht aber folgt daraus, daß man sich Auswege sucht, um die Schwierigkeiten des Beweises zu umgehen. Als ein solcher Ausweg stellt sich auch die „verminderte Zurechnung" dar. Denn die geringeren Straffolgen, welche sich an diese knüpfen, werden nicht verfehlen, die Folge zu haben, daß man die verminderte Zurech=

nungsfähigkeit — und somit die geringere Strafbarkeit — auf Grund einer solchen Beweisführung für konstatirt erachten wird, die man zur Konstatirung der vollen Zurechnungsfähigkeit für nicht ausreichend halten würde. Das Strafrecht muß mit dem größten Mißtrauen solche Bestimmungen ansehen, welche geeignet sind, die volle Verantwortlichkeit ihres Spruches, sei es den Richtern, sei es den Geschwornen, sei es den Gerichtsärzten zu erleichtern.

Die Aerzte wollen auch nicht die verminderte Zurechnungsfähigkeit entbehren. „Die wissenschaftliche Deputation für das Medicinalwesen", so sagt v. Kräwel a. a. O. S. 77., „welche in Preußen endgültig über die gerichtlichen psychologischen Controversen entscheidet, hat daher auch niemals Anstand genommen, in allen Fällen, welche eine kategorische Bejahung oder Verneinung der Zurechnungsfähigkeit nicht gestatten, eine Verminderung derselben auszusprechen, wohl wissend, daß sie dabei von den gesetzlichen Grundbestimmungen abweiche."

Dem Entwurfe gegenüber können die Gerichtsärzte über ihre vermeintliche Abweichung von den gesetzlichen Grundbestimmungen ganz beruhigt sein. Sie werden nach demselben nur gefragt werden, ob sie das Vorhandensein der Zurechnungsfähigkeit mit einem kategorischen Ja beantworten können. Und wenn sie dann auf diese Frage mit der „verminderten Zurechnungsfähigkeit antworten, so wird diese Antwort dem Richter ein kategorisches „Nein" sein. Für den Arzt mag der Unterschied gelten, ob Irrenhaus oder ob nicht Irrenhaus; für den Richter giebt es aber nur die Unterscheidung ob strafbar oder ob nicht strafbar. Diese Unterscheidungen fallen aber nicht zusammen. Und wenn „verminderte Zurechnungsfähigkeit" im Munde des Gerichtsarztes bedeuten soll: zwar nicht geisteskrank genug, um in's Irrenhaus zu kommen, aber doch geisteskrank genug, um das Bewußtsein der Rechtswidrigkeit, wenn auch nur dieser Handlung, verloren zu haben, so würde hiergegen nichts zu erinnern sein. Wir haben dann unter den zur Untersuchung gezogenen Personen nach dem principium divisionis der Zurechnungsfähigkeit drei Kategorien zu unterscheiden; solche, die in das Irrenhaus gehören, solche, die in die Strafanstalt gehören, und endlich solche, für die weder Irrenhaus noch auch Strafanstalten vorhanden sind.

Nothstand.

Der Entwurf hat keine Vorschrift über den Nothstand getroffen. Es ist hierin das Beispiel von Preußen und Oldenburg befolgt, während Bayern den Nothstand (Art. 67.) neben Zwang und Drohung als Ausschließungsgrund der Zurechnungsfähigkeit aufstellt, ohne jedoch irgend eine Begriffsbestimmung desselben zu geben.

Sollte der Nothstand in dem neuen Deutschen Strafgesetzbuche überhaupt eine Berücksichtigung erfahren, so wird dies in anderer Weise als im Bayrischen Gesetzbuche nicht geschehen können. Um diese Ansicht zu rechtfertigen, wird es genügen, einige der Nothstands-Bestimmungen, wie sich dieselben in den deutschen Strafgesetzbüchern finden, hier folgen zu lassen.

Braunschweig. §. 34. „Wer eine gesetzwidrige Handlung begeht zur Rettung seiner selbst oder seiner Angehörigen (§. 73.) aus einer gegenwärtigen dringenden Gefahr für Leib oder Leben, welche die Folge eines unverschuldeten und auf andere Weise nicht abzuwendenden Nothstandes ist, bleibt straflos." *)

Hessen. Art. 45. „Wer außer dem Falle der Nothwehr eine mit Strafe bedrohte Handlung begeht, um eine gegenwärtige und dringende Gefahr für sein eigenes oder das Leben eines seiner im Art. 39. genannten Angehörigen abzuwenden, ist straflos.

Droht die Gefahr dem Leben einer im Art. 39. nicht genannten Person, so ist die mit Strafe bedrohte Handlung nur insofern, als sie gegen fremdes Eigenthum gerichtet ist, straflos.

Hat aber der Thäter, oder mit Wissen desselben derjenige Angehörige, von welchem eine gegenwärtige und dringende Gefahr für sein Leben abgewendet werden soll, entweder den Zustand der Noth durch eigenes strafbares Verschulden herbeigeführt, oder hat er mehr gethan, als zur Abwendung der Gefahr erforderlich war, so ist er insoweit den gesetzlichen Strafen unterworfen."

Sachsen. Art. 92. „Auch außer dem Falle der Nothwehr ist derjenige nicht strafbar, welcher eine gesetzwidrige Handlung in einem auf andere Weise nicht abwendbaren Nothstande, zur Rettung aus einer gegenwärtigen dringenden Gefahr für Leib oder Leben seiner selbst oder seiner Angehörigen vorgenommen hat, vorausgesetzt, daß für den Gefährdeten nicht eine besondere Verpflichtung zum Bestehen solcher Gefahr obwaltete, und nicht die Gefahr als unmittelbare Folge einer von ihm begangenen strafbaren Handlung eingetreten ist."

Wenn man in einer Gesetzesformel den Begriff des Nothstandes nur mit fortdauernden Klauseln und Restriktionen zu geben vermag, so thut man gewiß besser, die Legaldefinition desselben ganz fortzulassen, und, wie Bayern dies gethan, dem „Nothstand" neben „Zwang" und „Drohung" einen Platz einzuräumen.

Das heißt, wenn man überhaupt den Nothstand in eine Gesetzesformel aufnehmen will!

Es ist ja richtig, daß Nothstandsfälle in der Praxis vorkommen — allerdings selten, aber sie kommen vor. Dessen ungeachtet des Nothstandes im Gesetze nicht Erwähnung zu thun, und die Begnadigung zu Hülfe zu rufen, wo das Gesetz selbst hätte helfen können, scheint ungerechtfertigt. Doch aber möchte man Eines bedenken. Da, wo wirkliche Nothstandsfälle sich ereignen, macht sich die strafausschließende Kraft des Nothstands so sehr bemerkbar, daß der im Nothstand Handelnde in Folge des auf dem Begnadigungswege erlangten Straferlasses nicht mehr zu dulden haben wird, als er verdient. Wenn dagegen ein Gesetz existirt, welches dem Nothstande Straflosigkeit zusichert, so werden sich zwar nicht die wirklichen, wohl aber die vermeintlichen Nothstandsfälle in auffallender Weise mehren und daraus können nur Nachtheile für die Strafrechtspflege entstehen, Nachtheile, die größer sind,

*) Fast wörtlich stimmt hiemit überein, Lübisches Gesetzbuch §. 40.

als der Nachtheil, welcher für die Strafrechtspflege daraus entstehen kann, daß man der Begnadigung es überläßt, die wirklichen Nothstandsfälle zu berücksichtigen. Wo man aber zwischen zwei Nachtheilen zu wählen hat, entscheidet man sich lieber für den geringeren. Und deshalb ist des Nothstandes in dem Entwurfe keine Erwähnung geschehen.

Nothwehr.

§. 34.

Ein Verbrechen ist nicht vorhanden, wenn die That durch Nothwehr geboten war. Nothwehr ist diejenige Vertheidigung, welche erforderlich ist, um einen gegenwärtigen rechtswidrigen Angriff von sich selbst oder Anderen abzuwenden. Der Nothwehr ist gleich zu achten, wenn der Thäter aus Bestürzung, Furcht oder Schrecken über die Grenzen der Vertheidigung hinausgegangen ist.

Diese in den Entwurf aufgenommene Bestimmung ist bis auf einen einzigen Punkt die wörtliche Wiederholung des §. 41. des Preußischen Strafgesetzbuches. Die einzige Abweichung des Entwurfes von dem Preußischen Strafgesetzbuche besteht darin, daß letzteres sagt:

„Der Nothwehr ist gleich zu achten, wenn der Thäter nur aus Bestürzung, Furcht oder Schrecken über die Grenzen der Vertheidigung hinausgegangen ist" —

während der Entwurf das Wort „nur" fortläßt. Hat dieses Wörtchen nämlich überhaupt eine Bedeutung, so kann diese nur darin gefunden werden, daß es die Worte „Bestürzung, Furcht, Schrecken" einer möglichst restriktiven Interpretation unterwirft. Und hierzu dürfte keine Veranlassung sein. Im Gegentheil! Der Gedanke, welcher in der Gesetzesformel zum Ausdrucke zu bringen ist, ist der, daß der Nothwehr gleichgeachtet werden sollen diejenigen Ueberschreitungen der Nothwehr, welche in dem durch den rechtswidrigen Angriff erzeugten Affekt ihren Grund haben. Und dieser Gedanke dürfte denn auch durch die Gesetzesformel, wie dieselbe jetzt dasteht, zum Ausdruck gebracht sein.

Die immerhin knappe Begriffsbestimmung der Nothwehr, wie dieselbe vom Preußischen Strafgesetzbuch aufgestellt ist, erscheint trotz ihrer Knappheit dennoch als vollkommen ausreichend. Vergleichen wir beispielsweise mit der Preußischen die ausführlichere Begriffsbestimmung des Bayrischen Gesetzbuches Art. 72.:

„Wer, um sich oder Andere gegen einen bereits begonnenen oder unmittelbar drohenden rechtswidrigen und gewaltthätigen Angriff auf Person, Besitz oder Eigenthum, oder gegen widerrechtliches Eindringen in eine Wohnung oder ein Besitzthum zu schützen, den Angreifer oder Eindringling tödtet oder verletzt oder überhaupt eine mit Strafe bedrohte Handlung verübt, ist straflos, insoferne er hiebei die Grenzen der Vertheidigung nicht schuldhaft überschritten hat.

Das Nämliche gilt von demjenigen, der auf der Stelle den widerrechtlich Eingedrungenen wieder zu vertreiben, oder von dem auf der That betroffenen oder auf der Flucht ergriffenen Räuber, Diebe oder anderen Angreifer den widerrechtlich entzogenen Besitz beweglicher Sachen wieder zu erlangen sucht.

Die Ueberschreitung der Grenzen der Vertheidigung ist als schuldhaft nicht zu erachten, wenn der Thäter nur aus Ueberraschung, Furcht oder Schrecken jene Ueberschreitung begangen hat —"

so wird eine solche Vergleichung ergeben, daß diese mehreren Worte des Bayrischen Gesetzbuches der Sache nach nichts mehr enthalten, als was auch das Preußische Strafgesetzbuch sagt. So würde man auch in der Preußischen Praxis keinen Anstand nehmen dürfen, dasjenige, was der Eigenthümer einer gestohlenen Sache für nothwendig erachtet, um dem auf der That ertappten Diebe die gestohlene Sache wieder wegzunehmen, unter dem Gesichtspunkte der Nothwehr zu betrachten, wenn irgend welche zur Erlangung der Sache oder zur Vertheidigung der eigenen Person erforderliche Gewalt gegen den Dieb in Anwendung zu bringen gewesen wäre.

Noch auf eine Bestimmung des Bayrischen Gesetzbuches ist hier aufmerksam zu machen:

Art. 73. „Wenn durch den Richter der That entschieden ist, daß der Thäter in Nothwehr gehandelt und nur die Grenzen derselben schuldhaft überschritten hat, so ist die auf die That gesetzte ordentliche Strafe nach Maßgabe der Bestimmungen des Art. 68. herabzusetzen" —

d. h. also: Schuldhafte Ueberschreitung der Grenzen der Nothwehr ist verminderte Zurechnungsfähigkeit.

Dieser Satz ist aber nicht blos theoretisch, sondern auch praktisch in dieser Allgemeinheit hingestellt, sehr bedenklich.

Für diejenigen Fälle aber, in welchen schuldhafte Ueberschreitung der Nothwehr vorliegt, demnach also gestraft, aber doch um des voraufgegangenen Angriffs halber milder gestraft werden muß, da braucht man hierzu gegenüber den vom Entwurfe aufgestellten Strafpositionen keine besondere Vorschrift. Die im Entwurfe mit lebenslänglicher Zuchthausstrafe bedrohten Verbrechen werden im Nothwehrs-Exceß überhaupt nicht begannen.

Jugendliches Alter.

§. 35.

Wird festgestellt, daß ein Angeschuldigter in Folge seines jugendlichen Alters ohne Zurechnungsfähigkeit gehandelt hat, so soll er freigesprochen und in dem Urtheile bestimmt werden, ob er seiner Familie überwiesen oder in eine Besserungsanstalt gebracht werden soll.

In der Besserungsanstalt ist derselbe so lange zu behalten, als die der Strafanstalt vorgesetzte Behörde solches für erforderlich erachtet.

§. 36.

Wird festgestellt, daß ein Angeschuldigter in Folge seines jugendlichen Alters ein Verbrechen mit verminderter Zurechnungsfähigkeit begangen hat, so kommen in Bezug auf denselben folgende Bestimmungen zur Anwendung:

1) Auf Zuchthausstrafe und auf Untersagung der Ausübung der bürgerlichen Ehrenrechte soll nicht erkannt, und an Stelle der Zuchthausstrafe Gefängnißstrafe ausgesprochen werden;
2) ist das Verbrechen mit lebenslänglichem Zuchthause bedroht, so wird auf Gefängniß von drei bis zu funfzehn Jahren erkannt;
3) in den übrigen Fällen kann der Richter unter das niedrigste Maß der gesetzlichen Strafe herabgehen; die Hälfte des höchsten gesetzlichen Strafmaßes darf niemals überschritten werden;
4) die Gefängnißstrafe soll entweder in ausschließlich für jugendliche Personen bestimmten Gefangenanstalten, oder zwar in der ordentlichen Gefangenanstalt, jedoch in abgesonderten Räumen, vollstreckt werden.

Statt des Preußischen „Unterscheidungsvermögens"*) ist in dem Entwurf der Ausdruck „Zurechnungsfähigkeit" gebraucht.

Die Preußische Praxis behauptet zwar, daß „Unterscheidungsvermögen" und „Zurechnungsfähigkeit" zwei verschiedene Dinge seien. In den zur Zeit geltenden Strafproceßvorschriften heißt es nämlich:

(Gesetz vom 3. Mai 1852 Art. 81. 83.) Art. 81. „Die Fragen müssen bei Strafe der Nichtigkeit alle Thatsachen enthalten, welche die wesentlichen Merkmale der dem Angeklagten zur Last gelegten strafbaren Handlung bilden. Zu den Thatsachen, welche durch den Ausspruch der Geschworenen festzustellen sind, gehört insbesondere auch die Zurechnungsfähigkeit" u. s. w. „Die Fragen sind darauf, ob der Angeklagte die That ohne Zurechnungsfähigkeit begangen hat, oder ob andere Gründe, welche die Strafe ausschließen, vorhanden sind, nur dann ausdrücklich zu richten, wenn dies besonders beantragt, oder von dem Gerichte selbst für nöthig erachtet wird. Einem deshalb besonders gestellten Antrage muß bei Strafe der Nichtigkeit entsprochen werden.

Durch die Bejahung der Hauptfrage wird, wenn in der Antwort der Geschworenen nicht etwas Anderes ausdrücklich ausgesprochen ist, zugleich festgestellt, daß der Angeklagte mit Zurechnungsfähigkeit gehandelt hat."

Dagegen heißt es in Art. 83.:

„Ist ein Angeklagter, welcher zur Zeit der That noch nicht das sechszehnte Lebensjahr vollendet hatte, vor den Schwurgerichtshof gestellt, so muß bei

---

*) Code pénal art. 66. Lorsque l'accusé aura moins de seize ans, s'il est décidé qu'il a agi sans discernement, il sera acquité; mais il sera, selon les circonstances, remis à ses parens, ou conduit dans une maison de correction, pour y être élevé et détenu pendant tel nombre d'années que le jugement déterminera, et qui toutefois ne pourra excéder l'époque où il aura accompli sa vingtième année. §. 42. des Preußischen Strafgesetzbuches ist lediglich eine Uebersetzung dieses Artikels des code pénal.

Strafe der Nichtigkeit die Frage gestellt werden: Hat der Angeklagte mit Unterscheidungsvermögen gehandelt?"

In ähnlicher Weise unterscheidet auch die für die neuen Provinzen publicirte Proceßordnung zwischen „Zurechnungsfähigkeit" und „Unterscheidungsvermögen" in den §§. 319. und 320.

Mit Bezug auf diese von den Proceßgesetzen gebrauchten Ausdrücke referirt Oppenhoff (zu Strafgesetzbuch §. 42. Nr. 2.):

„Das Unterscheidungsvermögen ist nicht gleichbedeutend mit der Zurechnungsfähigkeit; vergl. Ges. v. 3. Mai 1852 Art. 81. 83, wo zwischen beiden wesentlich unterschieden wird, und für beide verschiedene Arten der Fragstellung vorgeschrieben sind („hat der Angeklagte ohne Zurechnungsfähigkeit — hat er mit Unterscheidungsvermögen gehandelt?") Von dem Unterscheidungsvermögen kann überhaupt nur da die Rede sein, wo an und für sich die Zurechnungsfähigkeit obwaltet; wird daher diese letztere wegen der großen Jugendlichkeit des Angeklagten negirt, so wird §. 40. anwendbar" u. s. w.

Um dies zu verstehen, ist es erforderlich, auf eine die Praxis bestimmende Entscheidung des Preußischen Ober-Tribunals (Goltdammer's Archiv Bd. I. S. 52.) einzugehen. Hier heißt es:

„Das Urtel des Ober-Tribunals vom 17. September 1852 wider R. vernichtet ein Schwurgerichts-Urtel, weil der Gerichtshof außer der in Beziehung auf den unter 16 Jahre alten Angeklagten gestellten Frage: ob derselbe mit Unterscheidungsvermögen gehandelt habe? zugleich die von der Vertheidigung beantragte Stellung auch der Frage: ob der Angeklagte mit Zurechnungsfähigkeit gehandelt habe? abgelehnt hatte. Denn durch Bejahung jener ersteren Frage sei der Angeklagte überhaupt einem erwachsenen Angeklagten im Wesentlichen und mit der im §. 43 des Strafgesetzbuches enthaltenen Maßgabe gleichgestellt, damit aber noch nicht der Zweifel beseitigt worden, welcher bei einem Erwachsenen in Bezug auf dessen Zurechnungsfähigkeit erhoben werden kann."

Und mit Bezug hierauf äußert sich Hälschner (System des Preußischen Strafrechts, S. 110):

„Das Strafgesetzbuch hat die Bestimmung des §. 42 dem code pénal Art. 66. entnommen, und namentlich auch den Ausdruck „Unterscheidungsvermögen". Der etymologischen Bedeutung nach ist das Handeln mit Unterscheidungsvermögen nichts anders als das Handeln eines Zurechnungsfähigen, denn es bezeichnet ein Handeln mit der Fähigkeit des Handelnden einerseits sich selbst zu unterscheiden von dem gesetzten Zwecke, andererseits zu unterscheiden zwischen den verschiedenen sich darbietenden Zwecken nach einem dem Subjekte selbst innerlich angehörenden Kriterium, und das sind freilich die wesentlichen Momente der Zurechnungsfähigkeit. Es liegt in der Natur der Sache, daß mit jenem Worte nicht blos die Zurechnungsfähigkeit überhaupt, sondern namentlich auch die kriminalistische Zurechnungsfähigkeit bezeichnet werden sollte. Dem widerspricht es, wenn das Obertribunal annimmt, daß durch die Frage: ob der Angeschuldigte mit Unterscheidungsvermögen gehandelt habe? die weitere: ob er mit Zurechnungsfähigkeit gehandelt habe? nicht ausgeschlossen werde. Es ist zwar richtig, daß durch Bejahung der ersteren Frage, wie das Obertribunal annimmt, der nicht sechzehnjährige Angeschuldigte dem Erwachsenen gleichgestellt wird, aber dies doch nur in Beziehung auf die Zurechnungsfähigkeit. Die Frage nach der Zurechnungsfähigkeit würde nur dann eine Bedeutung haben, wenn die erstere Frage dahin ginge: ob der Angeschuldigte, trotz seiner Jugend, überhaupt fähig sei, mit Unterscheidungsvermögen zu handeln, denn dann würde noch weiter zu fragen sein: ob er auch im concreten Falle als mit Zurechnungsfähigkeit handelnd zu betrachten sei? Da aber schon die Frage nach dem Handeln mit Unterscheidungsvermögen sich auf den concreten Fall bezieht, so ist durch ihre Bejahung nicht blos das Alter, sondern auch jeder andere die Zurechnungsfähigkeit aufhebende Grund, der etwa auch bei Erwachsenen mit in Frage kommen könnte, mit ausgeschlossen. Der Fehler in der Entscheidung des Obertribunals hat aber darin seinen Grund, daß die Zurechnungsfähigkeit mit der Zurechenbarkeit verwechselt wurde, denn das ist richtig, daß durch Bejahung des Handelns mit Unterscheidungsvermögen die Frage noch nicht erledigt ist: ob die Zurechnung der fraglichen Handlung nicht vielleicht ausgeschlossen wurde in Folge der stattgehabten Gewalt oder Drohung. Ebenso ist es richtig, daß durch die constatirte Zurechnungsfähigkeit noch nicht entschieden ist über die bestimmte Absicht, welche zum Thatbestande eines Verbrechens erfordert wird. Jedenfalls ist zu wünschen, daß durch eine Fixirung des Sprachgebrauches möglichen Irrthümern vorgebeugt werde, und daß also auch bei dem Erwachsenen, wenn Anlaß dazu vorliegt, gefragt werde: ob er mit Unterscheidungsvermögen gehandelt habe? damit nicht der Schein entsteht, als ob das Unterscheidungsvermögen des Menschen unter 16 Jahren und die Zurechnungsfähigkeit des Erwachsenen verschiedene Dinge wären."

Diesem Wunsche Hälschner's kommt der Entwurf nach, wenn auch nicht in der Weise, daß für jeden Ausschließungsgrund der Zurechnungsfähigkeit die Worte „Mangel des Unterscheidungsvermögen" gewählt sind, sondern in der Weise, daß auch das jugendliche Alter als Grund der „Unzurechnungsfähigkeit" bezeichnet wird.

Die Sache liegt doch so. Soll eine Person strafbar sein, so muß sie mit Willensfreiheit gehandelt haben. Die Willensfreiheit kann aus verschiedenen Gründen ausgeschlossen sein. Das sind die Gründe der Unzurechnungsfähigkeit. Diese Gründe der Unzurechnungsfähigkeit haben verschiedene Voraussetzungen und äußern in verschiedener Weise ihre Wirksamkeit. Entweder ist die Zurechnungsfähigkeit in einer Person überhaupt noch gar nicht entstanden, in dieser Weise ist das jugendliche Alter ein Ausschließungsgrund der Zurechnungsfähigkeit, oder es ist zwar die Zurechnungsfähigkeit in einer Person vorhanden gewesen, aber durch hinzutretende Ereignisse wieder beseitigt worden, und diese Ereignisse liegen bald in der Person selbst — in dieser Weise ist die Geisteskrankheit ein Aufhebungsgrund der Zurechnung — bald liegen dieselben außerhalb der Person — in dieser Weise sind Zwang und Drohung Aufhebungsgründe der Zurechnungsfähigkeit. Man kann ja nun nach einander speciell fragen: Ist die Zurechnungsfähigkeit durch das jugendliche Alter ausgeschlossen? Ist die Zurechnungsfähigkeit durch Geisteskrankheit ausgeschlossen? Ist die Zurechnungsfähigkeit durch Zwang oder Drohung ausgeschlossen? Die Bejahung jeder der früheren Fragen macht die Beantwortung der folgenden überflüssig, die Verneinung jeder der früheren Fragen dagegen die Beantwortung der folgenden nothwendig. Und so würde in Betreff jedes Erwachsenen hinsichtlich der Zurechnungsfähigkeit gefragt werden können: Ist derselbe geistig gesund? und im Falle der Bejahung dieser Frage würde weiter zu fragen sein: Ist seine Zurechnungsfähigkeit durch Gewalt oder durch Drohungen ausgeschlossen? Und so könnte man denn auch sagen: Wenn die Zurechnungsfähigkeit nicht durch das jugendliche Alter ausgeschlossen ist, so soll dies bezeichnet werden durch die Worte: Der Angekagte hat mit Unterscheidungsvermögen gehandelt. Wenn die Zurechnungsfähigkeit nicht durch Geisteskrankheit ausgeschlossen ist, so soll dafür ein zweiter, und wenn die Zurechnungsfähigkeit nicht durch Gewalt oder Drohungen ausgeschlossen ist, so soll dafür ein dritter Ausdruck gewählt werden.

Aber die Zurechnungsfähigkeit deshalb verschieden zu bezeichnen, weil sie durch verschiedenartige Gründe ausgeschlossen werden kann, dazu liegt keine Veranlassung vor. Denn nicht die Ursache der Unzurechnungsfähigkeit ist von strafrechtlichen Konsequenzen, sondern an die Wirkung, nämlich die Unzurechnungsfähigkeit selbst, knüpfen sich strafrechtliche Folgen.

Wenn das Gesetz so gefaßt ist, daß die Zurechnungsfähigkeit als Moment des allgemeinen Thatbestandes des Verbrechens anerkannt ist, wenn das Gesetz so gefaßt ist, daß auch eine Feststellung des Grundes, welcher die Zurechnungsfähigkeit aufgehoben, erfolgen muß — wenn auch mehr aus Zweckmäßigkeit als aus innerer Nothwendigkeit — so leistet das Gesetz alles dasjenige, was für die praktische Strafrechtspflege zu leisten ist. Unterscheidet man dagegen, wie dies das Preußische Strafrecht thut*), zwischen „Unterscheidungsvermögen" und „Zurechnungsfähigkeit", so kann sich hieraus nur das für die Praxis nachtheilige Resultat ergeben, daß, da verschiedene Worte vom Gesetze gebraucht werden, diese doch auch etwas Verschiedenes zu bedeuten haben müssen; und so entstanden denn auch über den Begriff der Zurechnungsfähigkeit einige unklare verschwommene Ideen. Ein Beispiel derselben findet sich in dem oben mitgetheilten Ausspruche Oppenhoffs, nach welchem wegen der großen Jugend des Angeklagten Unzurechnungsfähigkeit (St.-G.-B. §. 40) festgestellt werden kann, das fehlende Unterscheidungsvermögen jedoch das Vorhandensein der Zurechnungsfähigkeit voraussetze.

Der Entwurf spricht nur von dem „jugendlichen Alter"; aber gleichviel ob das jugendliche Alter „Unzurechnungsfähigkeit" oder „verminderte Zurechnungsfähigkeit" herbeiführt — irgend welche Alterstermine sind in dem Entwurf nicht bestimmt worden.

In dem gemeinen Recht, in den partikularen deutschen Strafgesetzbüchern war überall ein Alterstermin festgesetzt, bis zu welchem irgend eine Strafverfolgung überhaupt nicht stattfinden dürfe.

Als nun das Preußische Strafgesetzbuch in Nachbildung des code pénal einen Alterstermin mit dieser Wirkung nicht festsetzte, erkannte

*) Gesetz vom 3. Mai 1852, Art. 81. 83. Strafproceß-Ordnung §§. 319. 320.

man hierin eine Beeinträchtigung des gemeinen deutschen Rechts durch das französische Recht; man forderte die Wiederaufnahme einer gesetzlichen Bestimmung, durch welche angeordnet würde, daß vor der Erreichung eines bestimmten Lebensalters überhaupt Niemand angeklagt werden dürfe.

So sind denn schon in den Gesetzbüchern von Oldenburg und Lübeck derartige Bestimmungen getroffen worden:

Oldenburg. Art. 38. §. 1. „Wegen jugendlichen Alters sind Personen, welche bei der Begehung eines Verbrechens oder Vergehens das zwölfte Lebensjahr noch nicht vollendet haben, für zurechnungsunfähig zu erachten und der elterlichen oder vormundschaftlichen Zucht zu überlassen, vorbehaltlich der polizeilichen Mitaufsicht."

Lübeck. §. 41. „Kinder unter zwölf Jahren können nicht zur gerichtlichen Untersuchung gezogen werden, sondern sind vom Richter der Polizeibehörde zu überweisen, welche die in jedem einzelnen Falle geeignet erscheinenden Verfügungen zu treffen hat."

Das Bayrische Gesetzbuch dagegen befolgt, wenn auch mit einzelnen Modifikationen das System des Preußischen Strafgesetzbuches und des code pénal:

Art. 76. „Eine Person, welche zur Zeit der That das sechzehnte Lebensjahr noch nicht zurückgelegt hatte, ist straflos, wenn ihr die zur Unterscheidung der Strafbarkeit ihrer That erforderliche Ausbildung gefehlt hat." 2c.

Art. 77. „Wird bei einer Person, welche zur Zeit der That das sechzehnte Lebensjahr noch nicht zurückgelegt hatte, erkannt, daß sie die zur Unterscheidung der Strafbarkeit ihrer That erforderliche Ausbildung gehabt habe, so ist eine geringere als die gesetzliche ordentliche Strafe, und zwar nach folgendem Maßstabe, zu verhängen:" u. s. w.

v. Kräwel schlägt in seinem Entwurfe §. 38. folgende Gesetzesformel vor:

„Gegen Kinder kann wegen Handlungen, welche sie vor zurückgelegtem zehnten Jahre begangen haben, nicht auf Strafe erkannt werden, sie sind vielmehr der elterlichen oder vormundschaftlichen Zucht zu überlassen, vorbehaltlich der polizeilichen Mitaufsicht."

Wollte man eine derartige Bestimmung in das Deutsche Strafgesetzbuch aufnehmen, so hieße dies gegenüber dem Preußischen Strafgesetzbuch eine neue Vorschrift verlangen. Und da müßte denn doch die erste Frage die sein, ob das praktische Bedürfniß während des siebenzehnjährigen Bestehens des Preußischen Strafgesetzbuches eine solche Vorschrift nothwendig erscheinen ließ. Diese Frage muß indessen verneint werden; wie denn auch die Gründe, welche gegen das Preußische Strafgesetzbuch und zu Gunsten des gemeinen Rechts geltend gemacht werden, in keiner Weise zureichende sind. Es wird gesagt, es sei ein Skandal, gegen ein Kind von 9 Jahren eine Kriminalprocedur eröffnet zu sehen — es sei dem gemeinen Recht der Vorzug zuzugestehen, daß dasselbe nicht dazu nöthige, offenbar unzurechnungsfähige Kinder vor Gericht zu stellen. Aber, so muß man doch sagen, das jetzt geltende Preußische Strafrecht nöthigt nicht nur nicht dazu, offenbar unzurechnungsfähige Kinder vor

Gericht zu stellen, sondern es ist dieses im Gegentheil durchaus unzulässig. Denn wo bei einem handelnden Subjekt die Zurechnungsfähigkeit fehlt, da ist überhaupt kein Verbrechen begangen, da soll mithin gar nicht angeklagt werden, gleichviel ob die Unzurechnungsfähigkeit in dem Alter, oder in Krankheit oder worin sonst ihren Grund haben mag. Wo also ein unzurechnungsfähiges Kind etwas begangen hat, was einem zurechnungsfähigen Menschen als Verbrechen angerechnet werden muß, da kommt es nach der Intention des Gesetzes gar nicht zu einer Kriminalprocedur. Geschieht dies dennoch, und entsteht daraus, daß man ein Kind anklagt, ein öffentlicher Skandal, so ist daran das Gesetz vollkommen unschuldig und die Schuld trifft allein und ausschließlich die anklagenden Behörden. Wenn man aber eine bestimmte Altersgrenze, innerhalb deren von Strafbarkeit überhaupt nicht die Rede sein solle, gesetzlich fixirt, so entsteht eine ganz andere Gefahr. Zu weit wird man nämlich diese gesetzlich fixirte Altersgrenze nicht hinausschieben dürfen. Lübeck und Oldenburg wollen bis zum zwölften Jahre gehen — v. Kräwel, Beseler (Kommentar S. 194.) glauben, daß man nur bis zum zehnten Jahre volle Straflosigkeit zusichern dürfe. Von den Willkürlichkeiten, die bei der Fixirung einer derartigen Zeitbestimmung mit Nothwendigkeit entstehen müssen, mag nun einmal ganz abgesehen werden — wenn man aber sagt: „bis zu diesem bestimmten Termin soll nicht angeklagt werden", so ergiebt sich daraus leicht die Folgerung, daß nach diesem Termine angeklagt werden müsse. Und wenn alsdann ein öffentlicher Skandal entsteht, weil ein offenbar unzurechnungsfähiges aber doch 10 Jahre und 1 Tag altes Kind einer Kriminalprocedur ausgesetzt wurde, so würde diesen Skandal das Gesetz verschuldet haben.

Wir müssen uns überhaupt hüten, da, wo das französische Recht etwas anderes bestimmt, als die gemeinrechtliche Doktrin zu vernehmen gewohnt war, nun ohne Weiteres die französische Bestimmung zu verwerfen. Wir verdanken auch der Reception des fremden Rechtes nicht Geringes, und vor Allem, daß dasselbe eine große Masse von doktrinärem Ballast über Bord geworfen hat. Und unter diesem Gesichtspunkte ist auch die Beseitigung derjenigen Altersgrenze zu betrachten, innerhalb welcher nach gemeinrechtlicher Auffassung selbst die Möglichkeit des Vorhandenseins von Zurechnungsfähigkeit geleugnet wurde. Nicht daraus ist dem Preußischen Strafgesetzbuche ein Vorwurf zu machen, daß dasselbe nach dem Vorbilde des code pénal die eine Altersgrenze beseitigte, sondern viel eher daraus, daß dasselbe noch eine Altersgrenze beibehalten.

Jetzt steht doch die Sache so, daß der Tag, an welchem Jemand sein sechszehntes Lebensjahr vollendet, auf seine Strafbarkeit den erheblichsten Einfluß hat. Warum, so müssen wir fragen, ist es gerecht, daß, wenn zwei Personen als Mitthäter einen Mord begehen, derjenige, welcher am Tage des begangenen Mordes gerade 16 Jahre alt wurde, mit dem Tode, derjenige aber, welcher am Tage des Mordes 15 Jahre und 364 Tage alt war, höchstens mit 15 Jahren Gefängniß bestraft werden darf? Warum bedingt überhaupt das um einen Tag höhere oder geringere Lebensalter diejenigen Strafdifferenzen, welche das Preußische Strafgesetzbuch in §. 43. anordnet? Läge freilich die Sache so, daß etwa zwischen dem vollendeten zwölften und dem vollendeten sechszehnten Lebensjahre überhaupt nicht Verbrechen begangen würden, so ließe sich der oben bezeichnete Strafsprung wohl erklären. Das ist ja aber doch nicht der Fall; denn jeder Lebenstag ist an sich gleich geeignet oder gleich ungeeignet, um an demselben Verbrechen zu begehen.

Wollte man die Dispositionen in Betreff des jugendlichen Alters in einer der Gerechtigkeit entsprechenden Weise treffen, so mußte man sich zweierlei vergegenwärtigen.

1. Die Erlangung der Zurechnungsfähigkeit hängt von dem Alter zwar ab — und das bloße Heranwachsen unter denjenigen Verhältnissen, wie dieselben in einem civilisirten Staatsleben existiren, wird bewirken, daß mit der Zeit diejenige geistige Reife eintritt, welche Voraussetzung der Zurechnungsfähigkeit ist — aber diese psychische Entwickelung kann durch günstigere Umstände gefördert, durch ungünstigere gehemmt werden. Man wird die Thatsache nicht in Abrede stellen, daß es viele vierzehn- und fünfzehnjährige Menschen giebt, die in ihrer Entwickelung viel reifer sind als andere sechszehn- und siebenzehnjährige. Und wenn man diese Thatsache nicht leugnen kann, so soll man nicht ein Gesetz aufstellen, welches nichts anderes thut, als daß es diese Thatsache leugnet.

2. Es ist durchaus nicht richtig, daß die Zurechnungsfähigkeit ein Ding sei, welches in Bezug auf alle Verbrechen gleichmäßig erlangt wird. Ein junger Mensch, der gestohlen oder ein Haus angesteckt hat, kann mit Bezug auf dieses Verbrechen vollkommen zurechnungsfähig sein, während derselbe mit Bezug auf ein hochverrätherisches Unternehmen vollkommen unzurechnungsfähig sein kann. Das ist auch eine Thatsache, und diese Thatsache darf ein Gesetz nicht verleugnen, indem dasselbe eine Bestimmung trifft, welche von der Voraussetzung ausgeht, daß die Zurechnungsfähigkeit in Betreff aller strafbaren Handlungen wie auf einen Schlag erfolge.*)

Man sieht, diese Thatsachen, denen das Gesetz nicht widersprechen darf, lassen gar keine andere Gesetzesformel zu als eine solche, die es gestattet, die verschiedenartigen Thatsachen und die verschiedenartigen Kombinationen verschiedenartiger Thatsachen, wie solche der einzelne Fall darbietet, richtig zu würdigen. Der Angeschuldigte ist nicht ein Gattungsbegriff, dessen geistige Reife nach irgend einem Durchschnittsjahr zu beurtheilen wäre, sondern der Angeschuldigte ist diese individuell bestimmte Person. Auch wird dem Angeschuldigten nicht der allgemeine Verbrechensbegriff, sondern dies bestimmte Verbrechen zur Last gelegt. Diesen Voraussetzungen entsprechen die in den §§. 35. und 36. aufgestellten Formeln des Entwurfs — Formeln, die deshalb nicht weniger korrekt sind, weil sie von der Tradition nicht unerheblich abweichen.

*) Das Bayrische Strafgesetzbuch Art. 76. Abs. 3. hat diesen Umstand nicht übersehen. Es erwähnt besonders den von Personen unter 16 Jahren begangenen Diebstahl. Aber das ist doch nur ein Anfang in der Kasuistik.

Dies critici.

Der Umstand, daß der Entwurf die Zeitbestimmung des vollendeten sechszehnten Jahres bei dem „jugendlichen Alter" aufgegeben, bietet zu der Bemerkung Veranlassung, daß das Preußische Strafgesetzbuch auch an anderen Stellen Vorschriften enthält, welche die Strafbarkeit einer Handlung von einem bestimmten Termine abhängig machen. Solche die Strafbarkeit einer Handlung begründenden Termine sind vielleicht nicht unpassend mit dem in der Ueberschrift gewählten Ausdruck der dies critici bezeichnet.

Ich will zunächst die hier einschlagenden Bestimmungen des Preußischen Strafgesetzbuches zusammenstellen und die Aenderungen bezeichnen, welche dieselben in dem Entwurfe erfahren haben:

Preußisches Strafgesetzbuch.	Entwurf.
§. 141. Die Unzucht zwischen leiblichen Eltern und Kindern wird an den Ersteren mit Zuchthaus bis zu fünf Jahren, an den letzteren, wenn sie das sechszehnte Lebensjahr zurückgelegt haben, mit Gefängniß von drei Monaten bis zu zwei Jahren bestraft.	§. 107. Die Unzucht zwischen leiblichen Eltern und Kindern wird an den Ersteren mit Gefängniß nicht unter drei Monaten oder mit Zuchthaus bis zu fünf Jahren, an den Letzteren mit Gefängniß bis zu zwei Jahren bestraft.
Die Unzucht zwischen Schwiegereltern und Schwiegerkindern, zwischen Stiefeltern und Stiefkindern und zwischen vollbürtigen und halbbürtigen Geschwistern wird mit Gefängniß von drei Monaten bis zu zwei Jahren bestraft.	Die Unzucht zwischen Schwiegereltern und Schwiegerkindern, zwischen Stiefeltern und Stiefkindern und zwischen vollbürtigen und halbbürtigen Geschwistern wird mit Gefängniß bis zu zwei Jahren bestraft.
Auch kann zugleich auf die Untersagung der Ausübung der bürgerlichen Ehrenrechte erkannt werden.	Auch kann zugleich auf die Untersagung der Ausübung der bürgerlichen Ehrenrechte erkannt werden.
Stiefkinder bleiben straflos, wenn sie das sechszehnte Lebensjahr noch nicht zurückgelegt haben.	
§. 144. No. 3. Mit Zuchthaus bis zu zwanzig Jahren wird bestraft: Wer mit Personen unter vierzehn Jahren unzüchtige Handlungen vornimmt, oder dieselben zur Verübung oder Duldung unzüchtiger Handlungen verleitet.	§. 110. Wer mit Kindern unzüchtige Handlungen vornimmt, oder dieselben zur Verübung oder Duldung unzüchtiger Handlungen verleitet, wird mit Gefängniß nicht unter sechs Monaten oder mit Zuchthaus bis zu zehn Jahren bestraft.
§. 149. Wer ein unbescholtenes, in dem Alter von vierzehn bis sechszehn Jahren stehendes Mädchen zum Beischlaf verführt, ist, auf den Antrag der Eltern oder des Vormundes der Verletzten, mit Gefängniß von drei Monaten bis zu Einem Jahre zu bestrafen.	Fehlt in dem Entwurf.
§. 183. Wer ein Kind unter sieben Jahren oder eine wegen Gebrechlichkeit oder Krankheit hülflose Person aussetzt, oder ein solches Kind oder eine solche Person, wenn sie unter seiner Obhut stehen, in hülfloser Lage vorsätzlich verläßt, wird mit Gefängniß nicht unter drei Monaten bestraft.	§. 143. Wer ein Kind oder eine wegen Gebrechlichkeit oder Krankheit hülflose Person aussetzt u. s. w. wird mit Gefängniß nicht unter drei Monaten oder mit Zuchthaus bis zu fünf Jahren bestraft.

Preußisches Strafgesetzbuch.	Entwurf.
§. 205. Wer einen Menschen unter sechszehn Jahren durch List oder Gewalt entführt, um ihn zum Betteln oder zu gewinnsüchtigen oder unsittlichen Zwecken oder Beschäftigungen zu gebrauchen, wird mit Zuchthaus bis zu funfzehn Jahren bestraft. §. 206. Wer eine minderjährige Person durch List oder Gewalt ihren Eltern oder Vormündern entführt, wird mit Gefängniß nicht unter einem Jahre bestraft.	§. 155. Wer widerrechtlich eine minderjährige Person*) dem Schutze derjenigen entzieht, in deren rechtmäßiger Gewalt sich dieselbe befindet, wird mit Gefängniß bis zu zwei Jahren bestraft. Geschah das Verbrechen in der Absicht, die entführte minderjährige Person zum Betteln oder zu gewinnsüchtigen oder unsittlichen Zwecken oder Beschäftigungen zu gebrauchen, so ist die Strafe Gefängniß nicht unter drei Monaten oder Zuchthaus bis zu fünf Jahren.
§. 210. Wer vorsätzlich und widerrechtlich einen Menschen einsperrt, oder auf andere Weise des Gebrauchs der persönlichen Freiheit beraubt, wird mit Gefängniß nicht unter drei Monaten bestraft. Die Strafe ist Zuchthaus bis zu funfzehn Jahren: 1. wenn für den der Freiheit beraubten die Freiheitsentziehung oder die ihm während derselben widerfahrene Behandlung eine schwere Körperverletzung zur Folge gehabt hat; 2. wenn die Freiheitsberaubung über einen Monat gedauert hat; 3. wenn das Verbrechen gegen leibliche Verwandten in aufsteigender Linie verübt worden ist. (§. 317. reproducirt mit Ausnahme der No. 3. den §. 210. für den Fall, daß das Verbrechen von einem Beamten begangen wird. Der Entwurf hat eine dem §. 317. des Preußischen Strafgesetzbuches entsprechende Bestimmung überhaupt nicht aufgenommen.)	§. 158. Wer widerrechtlich einen Menschen einsperrt, oder auf andere Weise des Gebrauchs der persönlichen Freiheit beraubt, wird mit Gefängniß nicht unter drei Monaten oder mit Zuchthaus bis zu fünf Jahren bestraft. Wenn für den der Freiheit beraubten die Freiheitsentziehung oder die ihm während derselben widerfahrene Behandlung eine schwere Körperverletzung zur Folge gehabt hat, so ist die Strafe Zuchthaus bis zu funfzehn Jahren, und wenn der Tod eingetreten ist, Zuchthaus bis zu zwanzig Jahren.
§. 218. Nr. 5. Zuchthausstrafe bis zu zehn Jahren und Stellung unter Polizei-Aufsicht tritt in folgenden Fällen ein: 5. wenn Sachen, welche eine blödsinnige Person oder ein Kind unter zwölf Jahren an oder bei sich führt, gestohlen werden.	§. 164. Gefängniß nicht unter drei Monaten oder Zuchthaus bis zu fünf Jahren tritt in folgenden Fällen ein: 5. wenn Sachen, welche eine blödsinnige Person oder ein Kind an oder bei sich führte, gestohlen werden.

Bekannt ist es, daß das Preußische Strafgesetzbuch bei seiner Publikation noch einen Fall eines dies criticus hatte. Es war dieses der §. 193.:

„Hat eine vorsätzliche Mißhandlung oder Körperverletzung eine Krankheit oder Arbeitsunfähigkeit von einer längeren als zwanzigtägigen Dauer zur Folge gehabt, oder ist der Verletzte verstümmelt, oder der Sprache, des Gesichts, des Gehörs oder der Zeugungsfähigkeit beraubt, oder in eine Geisteskrankheit versetzt worden, so tritt Zuchthaus bis zu funfzehn Jahren ein."

*) Die „Minderjährigkeit" ist hier nicht dies criticus sondern die naturgemäße Voraussetzung eines Delikts, dessen Wesen in der Verletzung des Mundiums besteht.

Schon die Gesetzgebung des Jahres 1856 sah sich genöthigt, diesen im §. 193. enthaltenen dies criticus zu beseitigen, weil die Praxis denselben nicht vertrug. Es wurde der §. 193. in die beiden zur Zeit im Preußischen Strafgesetzbuche existirenden §§. 192a. und 193. zerlegt.

Mag nun in den übrigen Fällen, wo das Gesetz die Strafbarkeit oder die Erhöhung der Strafbarkeit von dem Vorhandensein eines dies criticus abhängig machte, der Fehler des Gesetzes in der Praxis nicht so eklatant hervorgetreten sein, wie gegenüber dem ursprünglichen §. 193. des Preußischen Strafgesetzbuches; der Fehler dieses §. 193. bestand nicht darin, daß man die höhere Strafe der Körperletzung von der zwanzigtägigen Frist abhängig machte, sondern darin, daß man den Ablauf der zwanzigtägigen Frist zu einem Qualifikationsgrund machte.

Die obige Zusammenstellung ergiebt, in welcher Weise der Entwurf die Fehler des Preußischen Strafgesetzbuches, welche aus der Benutzung der dies critici entstanden waren, zu verbessern bestrebt gewesen ist. Selbstverständlich konnte es dabei nicht genügen, nur den Thatbestand der Verbrechen zu ändern, sondern es mußten auch, entsprechend der Aenderung des Thatbestandes, diejenigen Strafpositionen gewählt werden, welche dem geänderten Thatbestande entsprechend waren. Letztere können aber nicht ausschließlich beurtheilt werden in Bezug auf die ihnen gegenüberstehenden Strafpositionen des Preußischen Strafgesetzbuches, sondern es ist bei dieser Beurtheilung zu berücksichtigen, daß es einzelne Strafpositionen aus dem Ganzen des Entwurfes sind, die daher auch mit den gesammten Strafpositionen des Entwurfes in Einklang stehen müssen.

Aber Zeit- und Fristbestimmungen sind nur da ein Fehler, wo dieselben dazu benutzt werden, um die Strafbarkeit oder die erhöhte Strafbarkeit einer Handlung entstehen zu lassen. Die Zeitbestimmungen dagegen, welche mit der Verjährung der Verbrechen und der Strafen im Zusammenhange stehen, werden von dem Gesagten in keiner Weise berührt. Denn etwas Anderes ist es, ob ein Strafanspruch entsteht, und etwas Anderes, ob ein entstandener Strafanspruch durch Ablauf der Zeit verloren geht. In dem letzteren Falle ist verbrecherische Schuld, und zwar in bestimmter Größe, durch die Begehung des Verbrechens entstanden, und der Verbrecher ist deswegen nicht in der Lage, behaupten zu können, er würde unschuldig oder minder schuldig gewesen sein, wenn man mit der Strafverfolgung noch einen oder einige Tage gewartet hätte. Die Verjährung begründet nicht Rechte für den Verbrecher, sondern sie entzieht das Recht der Strafverfolgung Demjenigen, dem dieses Recht aus der Begehung des Verbrechens entstanden war. Die Kriminalverjährung ist keine Acquisitivverjährung der Unschuld, sondern eine Extinktivverjährung des strafrechtlichen Klaganspruches.

Aus einem ähnlichen Grunde konnte auch in den Entwurf die Bestimmung des §. 46 aufgenommen werden:

„Der Verletzte, welcher bereits das sechzehnte Lebensjahr zurückgelegt hat, ist selbständig zum Antrage auf Bestrafung berechtigt.

So lange jedoch der Verletzte minderjährig ist, hat auch der Vater oder Vormund desselben unabhängig von der eigenen Befugniß des Verletzten, das Recht, auf Bestrafung anzutragen" —

Denn auch bei den in dieser Vorschrift aufgenommenen Zeitbestimmungen handelt es sich nicht um Begründung oder Erhöhung der Schuld, sondern um die Gewährung der kriminalistischen persona legitima standi in judicio, und diese von gesetzlich fixirten Zeitbestimmungen abhängen zu lassen, wird einem Bedenken nicht unterliegen können.

Irrthum.

§. 37.

Wenn Jemand bei seiner Handlung einen Thatumstand nicht kannte, durch dessen Dasein die Strafbarkeit jener Handlung bedingt ist, so ist die letztere straflos.

Waren dem Handelnden solche Thatumstände unbekannt, durch deren Dasein die Strafbarkeit der Handlung erhöht wird, so werden diese Umstände bei der Bestrafung außer Berücksichtigung gelassen.

Diese Gesetzesformel ist dem Bayerischen Strafgesetzbuche Artikel 69. entnommen. Wenn hier noch der weitere Zusatz gemacht wird:

> „In wie ferne in dem einen oder anderen Falle eine Bestrafung wegen Fahrlässigkeit einzutreten habe, ist nach den in der zweiten Abtheilung des Gesetzbuches enthaltenen Vorschriften zu bemessen" —

so konnte dieser Zusatz in dem Entwurf fortbleiben, weil nicht abzusehen ist, wie durch die Vorschrift des §. 37. die Strafandrohungen für kulpose Delikte berührt werden könnten.

Das Preußische Strafgesetzbuch hat die den Irrthum betreffende Vorschrift in einer anderen Fassung gegeben:

> §. 44. „Wenn die Strafbarkeit einer Handlung abhängig ist, entweder von besonderen Eigenschaften in der Person des Thäters oder desjenigen, auf welchen sich die That bezog, oder von den besonderen Umständen, unter welchen die Handlung begangen wurde, so ist eine solche Handlung demjenigen als Verbrechen oder Vergehen nicht zuzurechnen, welchem jene Verhältnisse oder Umstände zur Zeit der That unbekannt waren.
>
> Wenn durch solche besondere, dem Thäter unbekannt gebliebene Verhältnisse oder Umstände die Strafbarkeit der von ihm begangenen Handlung erhöht wird, so sollen ihm diese erschwerenden Umstände der That nicht zugerechnet werden."

Es ist in der Praxis nicht zu Tage getreten, daß diese Gesetzesformel sich unzulänglich bewährt hätte, um dem faktischen Irrthume zu seinem Rechte zu verhelfen. Giebt es doch Gesetzesformeln, denen gegenüber man nicht ohne Grund sagen kann: Man weiß, was sie bedeuten wollen, und man wendet sie demgemäß an, ohne sich viel Sorge darüber zu machen, ob auch der Wortlaut dem, was das Gesetz wollte, vollkommen entspricht.

Die Fassung des Bayerischen Gesetzbuches, welche der Entwurf recipirt, soll und wird daher auch gar nicht die Folge haben, daß der Irrthum eine andere Bedeutung in der Strafrechtspflege erlangt, als er jetzt in der Praxis des preußischen Strafrechts hat; aber man wird wohl der Bayerischen Gesetzesformel vor der Preußischen den Vorzug größerer Klarheit und Bestimmtheit nicht absprechen; und aus diesem Grunde allein glaubte der Entwurf dieselbe an Stelle des Preußischen Irrthumsparagraphen setzen zu sollen.

Das Oldenburgische Gesetzbuch fügt dem §. 44. des Preußischen Strafgesetzbuches noch folgende Bestimmung hinzu:

> „Die Handlung ist straflos, wenn der Thäter dieselbe in unüberwindlicher schuldloser Unwissenheit für erlaubt und nicht strafbar gehalten hat."

Dieser Formel gegenüber entstehen denn doch folgende Fragen:

1. Soll blos festgestellt werden, daß der Thäter die Handlung nicht für strafbar gehalten hat, oder soll blos festgestellt werden, daß er die Handlung für erlaubt gehalten hat, oder soll festgestellt werden, daß er die Handlung sowohl für erlaubt, wie auch für nicht strafbar gehalten hat? Denn im Allgemeinen darf man ja doch wohl annehmen, daß im Gebiete des Strafrechts Alles erlaubt ist, was nicht verboten ist; wenn dessenungeachtet das Oldenburgische Gesetz von dem Erlaubtsein im Gegensatze zum Nichtstrafbarsein spricht, so muß man wohl annehmen, daß das Erlaubtsein hier einen anderen als den gewöhnlichen Sinn habe; — aber welchen?

2. Was ist schuldlose Unwissenheit und welche schuldlose Unwissenheit ist unüberwindlich, und welche ist überwindlich?

v. Krämel empfiehlt die Oldenburgische Formel zur Aufnahme in ein deutsches Strafgesetzbuch und will nur statt: „erlaubt und nicht strafbar" setzen: „erlaubt oder nicht strafbar."

Diese Reception wird durch folgende Ausführung motivirt:

„Wohl aber ist mit Recht hervorgehoben" — nachdem vorher Gründe widerlegt sind, welche den Satz ignorantia juris non nocet nicht zu rechtfertigen im Stande seien —, „daß der Rechtsirrthum entschuldige, wenn zur Erkenntniß der Strafbarkeit die Kenntniß feiner civilrechtlichen Fragen nöthig ist, oder der Thäter unter ganz besonderen Umständen handelte, wo er annehmen durfte, daß er nicht strafbar war. Hier liegt aber die Straflosigkeit nicht in der bloßen Nichtkenntniß des Strafgesetzes, sondern im Rechtsirrthum. Deshalb (!) wird in Uebereinstimmung mit Art. 40. Abs. 3. des Oldenburgischen Strafgesetzbuches zu bestimmen sein:" u. s. w.

Hiegegen ist zu bemerken:

1. daß der Rechtsirrthum entschuldige, wenn zur Erkenntniß der Strafbarkeit die Kenntniß nicht blos feiner, sondern überhaupt civilrechtlicher Fragen nöthig ist, unterliegt keinem Zweifel, wenn man sich dabei nur das Richtige denkt. Wenn also Jemand eine Sache weg-

nimmt, weil er glaubt, dieselbe sei seine eigene, während die Sache einem Anderen gehört, und dieser Irrthum in dem Thäter aus Unkenntniß des Civilrechts — gleichviel, ob grober oder feiner Fragen desselben — entstanden ist, so fehlt jede Voraussetzung der Strafbarkeit. Wenn Jemand durch irgend eine Unkenntniß der eherechtlichen Vorschriften seine Ehe für geschieden hält, während sie rechtlich noch nicht geschieden ist, und in diesem Irrthum befangen eine neue Ehe abschließt, der ist wegen dieses Irrthums straflos. Derartige Rechtsirrthümer im Gebiete des Civil- oder Eherechts sind aber keineswegs Rechtsirrthümer im Gebiete des Strafrechts.*) Im Gebiete des Strafrechts bedeutet vielmehr der Satz ignorantio juris nocet nichts weiter als: Der Einwand, dasjenige Strafgesetz, welches diese Handlung oder diese Unterlassung mit Strafe bedroht, nicht gekannt zu haben, soll nicht gehört werden. Wenn sich also v. Krämel bei den angeführten Worten nur solche Fälle gedacht hat, wie sie so eben beispielsweise mitgetheilt wurden, so braucht er, um derartige Fälle straflos zu lassen, keine Gesetzesformel, welche den Satz ignorantio juris nocet irgendwie modificirte.

2. Wenn eine Modifikation des Satzes ignorantia juris nocet gefordert wird für die Fälle, in denen „der Thäter unter ganz besonderen Umständen handelte, wo er annehmen durfte, daß er nicht strafbar war" — so ist mit diesen Worten gar nichts gesagt. Derartige Redensarten sind zwar unangreifbar, sie beweisen aber auch nicht das allergeringste.

Die Frage, ob der Satz ignorantia juris nocet im Strafrechte Anerkennung finden, oder ob derselbe irgend welchen Modifikationen zu unterziehen sei, darf zur Zeit noch als eine kontroverse Frage bezeichnet werden. Es dürfte am Orte sein, hier auf eine Ausführung Osenbrüggen's aufmerksam zu machen. Derselbe sagt in seinen „Abhandlungen aus dem Deutschen Strafrecht" S. 31.:

> „Der Satz, daß im Strafrecht die Fiktionen und Präsumtionen keine Geltung haben, ist eine Errungenschaft der neueren Zeit. Demnach darf auch das zur rechtswidrigen Absicht nothwendig gehörige Bewußtsein der Rechtswidrigkeit weder fingirt, noch präsumirt werden. „Es muß auch hierin das Auge der Wahrheit walten," wie Heffter sagt. Wenn Jemand, der ein Strafgesetz übertreten hat, behauptet, dieses Strafgesetz als solches nicht gekannt zu haben, so ist das für seine Bestrafung ohne Einfluß, sobald ihm das Bewußtsein der Rechtswidrigkeit seiner Absicht und des derselben dienenden Handelns inwohnte; im Falle aber, daß der Mangel dieses Bewußtseins auch nur wahrscheinlich ist, muß seiner Berufung auf diesen Mangel Gehör gegeben werden, wenn anders das Prinzip der Gerechtigkeit im Strafrecht herrschen soll. Niemand kann sich darüber täuschen, daß auch in den heutigen Strafgesetzbüchern, wie sehr das in ihnen enthaltene Strafrecht das frühere deutsche Strafrecht übertreffen mag, nicht wenige Verbrechen und Vergehen aufgeführt sind, aus criminalpolitischen und ähnlichen Gründen, die nicht in der Rechtsidee wurzeln. Wenn dies für die

*) Vergl. Osenbrüggen Abhandlungen S. 26.

Gegenwart nothwendig erschien, so kann es doch nicht zu der Anomalie führen, daß sie insofern als delicta excepta behandelt werden, als man für sie das Bewußtsein der Rechtswidrigkeit fingirt oder präsumirt, welches sonst, bei den Verbrechen, die eine innere Stimme dem altersreifen, zurechnungsfähigen Menschen als solche verkündet, hiedurch bewiesen ist. Nur, wer zu behaupten wagt, das Strafgesetzbuch seines Landes entspreche in der Aufstellung der Verbrechen ganz der Idee der Gerechtigkeit, kann den Satz: ignorantia juris nocet mit der Strenge, wie es Berner thut, durchführen wollen.

Ich muß hiernach Schwarze vollkommen beistimmen, der sich so äußert: „Aus diesem Dilemma gelangt man nur dadurch zu einer, dem Leben und der Gerechtigkeit entsprechenden Regel, wenn man hier dem Richter freie Hand läßt, um in dem einzelnen Falle nach dem ganzen Sachverhalte zu ermessen, ob der Thäter mit der Berufung auf den Rechtsirrthum zu hören sei." Schwarze hat auch die Ausfluchts-Theorie kurz und treffend beseitigt, welche den Nachdruck darauf legt, ob eine behauptete Rechtsunwissenheit unüberwindlich gewesen sei oder nicht.

Die Strenge der Strafgesetzbücher in Betreff des Rechtsirrthums ist leicht zu erklären. Das Vorschützen eines Rechtsirrthums und der Nichtkenntniß des übertretenen Gesetzes ist für den Verbrecher äußerst bequem; dem sollte ein Riegel vorgeschoben werden, und das ist geschehen auf die Gefahr hin, daß in einzelnen Fällen im Strafverfahren nur formelles Recht gemacht werde, insofern derjenige, welcher sich des Widerspruchs seines Handelns mit dem Recht nicht bewußt war, behandelt wird, als wäre er sich dieses Widerspruchs bewußt gewesen. Die Doctrin trägt einen großen Theil der Schuld, die in dieser Verletzung des Strafrechtsprinzips liegt, als sie ihre Operation hinsichtlich des Rechtsirrthums vom Boden des römischen Civilrechts aus begann und nicht zu einer Würdigung des Unterschiedes des Civilrechts und Strafrechts fortschritt."

Sehr vieles ist in dieser Deduktion Osenbrüggens vollkommen richtig. Der Fehler derselben ist aber auch unschwer zu erkennen. Osenbrüggen diskutirt über den Satz ignorantia juris nocet, indem er die Gründe aufführt, warum derselbe eine ausnahmslose Anerkennung nicht verdiene; er diskutirt mithin de lege ferenda. Das Hauptargument dieser Diskussion de lege ferenda ist aber, daß in den neuern Strafgesetzbüchern sich noch immer Bestimmungen finden, deren Existenz sich kein Mensch träumen lassen möchte, wenn er sie nicht als Bestimmungen des positiven Rechts kennen gelernt hätte, so z. B. Preußisches Strafgesetzbuch §. 39. §. 112. §. 211. Abs. 2 und mehrere Bestimmungen unter dem Titel, welcher die Ueberschrift führt: „Strafbarer Eigennutz". Die Diskussion de lege ferenda argumentirt also mit Argumenten ex lege lata. Da entsteht denn die Frage: sind jene Bestimmungen, die kein Mensch wissen kann, er habe sie denn erlernt, solche Bestimmungen, die in den Strafgesetzbüchern vorhanden sein müssen? Ist ihre Existenz das Feste, Unwiderrufliche, von dem ausgegangen werden muß, wenn man den Satz ignorantia juris nocet einer Prüfung unterwerfen will?

Ich stimme mit Osenbrüggen darin überein, daß auch ich sage:

„Der Satz, daß im Strafrecht die Fiktionen und Präsumtionen keine Geltung haben, ist eine Errungenschaft der neueren Zeit“ — und meinerseits hinzufüge: „und diese Errungenschaft soll uns auch eine neue Deutsche Gesetzgebung nicht entziehen.“

Hieraus folgt jedoch meines Erachtens nur das Eine, daß eine neue deutsche Strafgesetzgebung keine anderen Handlungen mit Strafe bedrohen darf als solche, deren Widerrechtlichkeit jeder zurechnungsfähige Mensch einzusehen im Stande ist. Sobald der Handelnde das Bewußtsein hat, daß dasjenige, was er thut, nicht recht sei, existirt in ihm das Bewußtsein der Rechtswidrigkeit. Und wenn es auch keineswegs nothwendig ist, alle diejenigen Handlungen mit Strafe zu bedrohen, bei deren Vornahme sich der Handelnde sagen mußte, daß dasjenige, was er that, nicht recht sei, so wird man doch andererseits demjenigen Strafgesetze, welches nur Handlungen dieser Art mit Strafe bedroht, nicht den Vorwurf machen dürfen, daß es auch da strafen wolle, wo das Bewußtsein der Rechtswidrigkeit gefehlt habe.

Der vorliegende Entwurf behauptet zwar nicht, wie Osenbrüggen sagt, daß er „in der Aufstellung der Verbrechen ganz der Idee der Gerechtigkeit entspreche“, wohl aber stellt er an sich selbst die Anforderung, keine Handlung mit Strafe bedroht zu haben, bei deren Vornahme eine zurechnungsfähige Person sich nicht sagen müßte, sie habe nicht recht gehandelt. Findet sich eine Strafbestimmung in dem Entwurf, welche dieser Voraussetzung nicht entsprechen sollte, so wäre eine derartige Bestimmung ein unzweifelhafter Fehler des Entwurfs.

Wenn aber selbst aus „kriminalpolitischen und ähnlichen Gründen, welche nicht in der Idee der Gerechtigkeit wurzeln“, Strafbestimmungen in ein Gesetz aufgenommen würden, so hieße das doch nichts Anderes, als daß irgend welche öffentliche, staatliche Interessen es verlangten, daß Handlungen dieser Art entweder nicht begangen, oder, wenn sie begangen werden, auch gestraft werden müssen. Wollte man demnach gegenüber derartigen Handlungen den Satz ignorantia juris nocet nicht in Anwendung bringen, so würde das nichts Anderes heißen als: das öffentliche Interesse verträgt es zwar, daß Handlungen dieser Art von Personen begangen werden, welche das Gesetz nicht gekannt haben, aber das öffentliche Interesse verträgt es nicht, wenn die gleichen Handlungen von solchen Personen begangen werden, welche das Gesetz gekannt haben. Das wäre aber ein Widerspruch in sich selbst. Und wie stünde es in diesem Falle mit der „Idee der Gerechtigkeit“? Ob ein derartiges Gesetz gekannt wird, oder ob ein derartiges Gesetz nicht gekannt wird, das wird in sehr vielen Fällen lediglich von dem Zufall abhängen. Soll ein solcher Zufall über Strafwürdigkeit oder Straflosigkeit entscheiden?

Der Satz ignorantia juris nocet findet im Strafrechte seine Begründung nicht dadurch, daß man „vom Boden des römischen Civilrechts ausging, und nicht zu einer Würdigung des Unterschiedes des Civilrechts und Strafrechts fortschritt“ — sondern es wird dieser Satz für das Strafrecht durch die Forderung begründet, daß den bestehenden Gesetzen gemäß gelebt werden solle.

Dagegen wird denn der Einwand erhoben werden, daß die bestehenden Gesetze nicht von jedem gekannt werden. Dieser Einwand wird durch das oben Ausgeführte von dem Gebiete derjenigen Strafbestimmungen, welche der Entwurf aufstellt, zurückgewiesen sein und auf diejenigen Strafbestimmungen beschränkt bleiben, welche neben diesem Entwurfe in Partikulargesetzen oder Special-Bundesgesetzen enthalten sind.

Und in Bezug auf Strafbestimmungen dieser Art wird zu sagen sein: Es ist auch gar nicht nöthig, daß Jeder alle Gesetze kennt. Ich weiß es nicht, was ich zur Vermeidung von Strafe unterlassen müßte, wenn ich Inhaber einer Fabrik von Zündhölzchen wäre; aber, wenn ich einen solchen Industriezweig betriebe, so würde ich es wissen; ich weiß nicht, was ich zur Vermeidung einer Steuerstrafe thun oder lassen müßte, wenn ich Brennereibesitzer wäre, aber wenn ich Brennereibesitzer wäre, so würde ich es wissen. Diese Beispiele sollen Folgendes sagen: Nicht alle bestehenden Gesetze soll Jeder kennen, sondern nur diejenigen, durch welche die Lebenssphäre beherrscht wird, in welcher sich der Einzelne bewegt; und diese Gesetze muß man kennen, oder kennt man sie nicht, die Folgen tragen, welche aus dieser verschuldeten Unkenntniß hervorgehen.

Der Satz ignorantia juris nocet darf nicht beseitigt, oder auch nur modificirt werden, wenn anders das Leben der Menschen mit Menschen in der staatlichen Gemeinschaft durch Gesetze geregelt werden soll. Für die Strafgesetzgebung aber ist die Verpflichtung vorhanden, nur solche Bestimmungen zu treffen, welche unter unbeschränkter Anerkennung des Satzes ignorantia juris nocet getroffen werden dürfen; es soll die unbeschränkte Anerkennung dieses Satzes für die Strafgesetzgebung selbst ein leitender, ein zurückhaltender Zügel sein.

Verjährung.

§. 38.

Nach Ablauf der Verjährungszeit findet die Verfolgung und Bestrafung eines Verbrechens nicht statt.

§. 39.

Verbrechen, welche mit lebenslänglicher Zuchthausstrafe oder mit einer Freiheitsstrafe bis zu zwanzig Jahren bedroht sind, verjähren in zwanzig Jahren. Für alle anderen Verbrechen ist die Verjährungszeit gleich dem höchsten Strafmaße der Freiheitsstrafe.

Ist eine Handlung ausschließlich mit Geldbuße bedroht, so verjährt dieselbe in drei Monaten. Der Lauf der Verjährung beginnt mit dem Tage des begangenen Verbrechens.

§. 40.

Wenn die Verjährung unterbrochen wird, so beginnt eine neue Verjährung nach der letzten gerichtlichen Handlung.

§. 41.

Die Verjährung wird unterbrochen durch jede Handlung der Staatsanwaltschaft oder des Richters, welche die Eröffnung, Fortsetzung oder Beendigung der Untersuchung oder die Verhaftung des Angeschuldigten betrifft.

§. 42.

Ein Verbrechen, dessen Bestrafung nur auf den Antrag einer Privatperson erfolgen kann, soll straflos bleiben, wenn die zum Antrage berechtigte Person den Antrag binnen drei Monaten zu machen unterläßt. Diese Frist beginnt mit dem Tage, an welchem der zum Antrage Berechtigte von dem gegen ihn begangenen Verbrechen Kenntniß erhalten hat.

§. 43.

Wenn bei einem Verbrechen mehreren Personen das Recht zusteht, daß nur auf ihren Antrag die Bestrafung erfolgen kann, so wird dadurch, daß eine derselben die dreimonatliche Frist versäumt, das Recht der Uebrigen zum Antrage auf Bestrafung nicht ausgeschlossen.

§. 44.

Der Antrag auf Bestrafung kann nicht getheilt werden. Das gerichtliche Verfahren findet gegen sämmtliche an der Begehung des Verbrechens Betheiligten statt, auch wenn nur gegen Einen derselben auf Bestrafung angetragen worden ist.

§. 45.

Nach Eröffnung der gerichtlichen Untersuchung kann der Antrag auf Bestrafung nicht wieder zurückgenommen werden, soweit nicht in einzelnen Fällen ein Anderes bestimmt ist.

§. 46.

Der Verletzte, welcher bereits das sechszehnte Lebensjahr zurückgelegt hat, ist selbständig zum Antrage auf Bestrafung berechtigt.

So lange jedoch der Verletzte minderjährig ist, hat auch der Vater oder Vormund desselben, unabhängig von der eigenen Befugniß des Verletzten, das Recht, auf Bestrafung anzutragen.

§. 47.

Die Verjährung rechtskräftig erkannter Strafen wird in denselben Fristen vollendet, in welchen das Verbrechen, für welches die Strafe erkannt wurde, verjährt sein würde.

Die Verjährung beginnt mit der Rechtskraft des Erkenntnisses und wird unterbrochen durch jede die Vollstreckung der Strafe betreffende, gegen die Person des Verurtheilten gerichtete Handlung des Richters oder der Staatsanwaltschaft, sowie durch die Ergreifung des Verurtheilten.

Wird die Vollstreckung der Strafe unterbrochen, so beginnt die Verjährung von Neuem, ohne Rücksicht darauf, aus welchem Grunde die Vollstreckung der Strafe unterbrochen ist.

Daß die Verjährung begangener Verbrechen im Strafrechte anzuerkennen sei, darüber ist man allseitig einverstanden.

In dieser Beziehung kann also für die Gesetzgebung nur die Frage entstehen, innerhalb welches **Zeitraumes** die Verjährung vollendet sein solle.

Die Fristbestimmung hiefür wird unter allen Umständen etwas Willkürliches haben müssen; und so wird man auch an Stelle der von dem Entwurf aufgestellten Verjährungsfristen leicht andere in Vorschlag bringen können. Zur Rechtfertigung des Entwurfes sei daher nur Folgendes angeführt:

Der §. 46. des Preußischen Strafgesetzbuches bestimmt:

„Verbrechen, welche mit Todesstrafe bedroht sind, verjähren in dreißig Jahren; Verbrechen, welche im höchsten Strafmaße mit einer Freiheitsstrafe von einer längeren als zehnjährigen Dauer bedroht sind, verjähren in zwanzig Jahren; Verbrechen, welche mit einer milderen Freiheitsheitsstrafe bedroht sind, verjähren in zehn Jahren.

Vergehen, die im höchsten Strafmaße mit einer höheren als dreimonatlichen Gefängnißstrafe bedroht sind, verjähren in fünf Jahren, andere Vergehen in drei Jahren."

Es ist aus dieser Fristbestimmung zu ersehen, daß die schwereren Verbrechen im Allgemeinen **günstiger** hinsichtlich der Verjährung gestellt sind, als die minder schweren. Dies erhellt aus einer Zusammenstellung der Strafmaxima des Preußischen Strafgesetzbuches, in ihrem Zusammenhange mit den Verjährungsfristen:

Strafmaxima*).	Verjährungsfrist.
1. Lebenslängliche Zuchthausstrafe.	Zwanzig Jahre.
2. Lebenslängliche und zeitige Zuchthausstrafe alternirend.	
3. Lebenslängliche Zuchthausstrafe alternirend mit zeitiger Zuchthausstrafe und Einschließung.	
4. Zuchthausstrafe bis zu zwanzig Jahren.	
5. Zuchthausstrafe bis zu funfzehn Jahren.	
6. Zuchthaus bis zu zehn Jahren.	Zehn Jahre.
7. Zuchthaus bis zu acht Jahren.	
8. Zuchthaus bis zu fünf Jahren.	

---

*) Die Verjährungsfristen für die verschiedenen Strafmaxima der **Einschließung** (bis 20, 12, 5, 2 Jahre und bis 6 Monate) sind in dieser Tabelle übergangen. Zu bemerken ist überdem, daß im Preußischen Strafgesetzbuche auch Vergehen blos mit Geldbuße bedroht sind (bis 500 Thlr. §§. 200, 267, 268; und bis 100 Thlr. §. 269), für welche Vergehen dann auch die Verjährungsfrist von **drei Jahren** anerkannt ist.

Strafmaxima.	Verjährungsfrist.
9. Gefängniß bis zu fünf Jahren	Fünf Jahre.
10. Gefängniß bis zu vier Jahren.	
11. Gefängniß bis zu drei Jahren.	
12. Gefängniß bis zu zwei Jahren.	
13. Gefängniß bis zu achtzehn Monaten.	
14. Gefängniß bis zu einem Jahr.	
15. Gefängniß bis zu sechs Monaten.	
16. Gefängniß bis zu drei Monaten.	Drei Jahre.
17. Gefängniß bis zu zwei Monaten.	
18. Gefängniß bis zu acht Wochen.	

Aus dieser Zusammenstellung ergiebt sich, daß die Verjährungsfrist da, wo das angedrohte Strafmaximum

zwanzig Jahre Zuchthaus,
zehn Jahre Zuchthaus,
fünf Jahre Gefängniß

beträgt, dem Strafmaximum gleich, in allen anderen Fällen höher als das Strafmaximum ist; — von der zwanzigjährigen Verjährungsfrist für die mit lebenslänglicher Freiheitsstrafe bedrohten Verbrechen ist dabei abzusehen.

Der Entwurf glaubte den Anforderungen der Gerechtigkeit in höherem Maße zu entsprechen, wenn er unter Beibehaltung der für Freiheitsstrafen von dem Preußischen Strafgesetzbuche aufgestellten höchsten Verjährungsfrist, dasjenige, was das Preußische Strafgesetzbuch nur für drei Fälle anordnet — die Gleichheit der Verjährungsfrist mit der längsten Dauer der Freiheitsstrafe — in allen Fällen maßgebend sein ließ.

Eine Abkürzung der Verjährungsfrist ist so in dem Entwurfe gegenüber den Bestimmungen des Preußischen Strafgesetzbuches vorhanden. Zu Gunsten der Verjährung ist diese Abkürzung nicht vorgenommen. Denn mag die Lehre von der Verjährung in der strafrechtlichen Doktrin ein auch noch so hohes Interrsse in Anspruch nehmen, für die praktische Strafrechtspflege hat das Institut der Verjährung an erster Stelle die Bedeutung, daß die dasselbe betreffenden Bestimmungen nicht zu praktischer Anwendung kommen sollen. Es liegt nicht im Interesse der Rechtspflege, daß begangene Verbrechen und erkannte Strafen verjähren, sondern die Rechtspflege hat darauf zu halten, daß begangene Verbrechen bestraft und erkannte Strafen vollstreckt werden.

Die Reception des Institutes der Verjährung in ein neues Gesetzbuch sagt nichts anderes als:

Wenn innerhalb einer bestimmten Frist nicht verfolgt, wenn innerhalb einer bestimmten Frist die erkannte Strafe nicht vollstreckt wird, so soll nicht mehr verfolgt, so soll nicht mehr gestraft werden;

Aber die Existenz des Strafrechts verlangt, daß begonnene Verbrechen verfolgt, und erkannte Strafen vollstreckt werden.

Dieser ersten Vorschrift jedes bestehenden Strafrechts wird durch eine Abkürzung der Verjährungsfristen in keiner Weise entgegengetreten.

Im Gegentheil! Abkürzung der Verjährungsfristen hat in anderen Rechtsgebieten größere Promptheit in Verfolgung der Rechtsansprüche erzeugt. Im Strafrechte wird dies nicht anders sein.

Der Entwurf hat den §. 49 des Preußischen Strafgesetzbuches:

„Gegen rechtskräftig erkannte Strafen ist keine Verjährung zulässig"

fortgelassen und statt dessen in §. 47. bestimmt:

„Die Verjährung rechtskräftig erkannter Strafen wird in denselben Fristen vollendet, in welchen das Verbrechen, für welches die Strafe erkannt wurde, verjährt sein würde."

Es ist damit auch die Verjährung der Strafen für das deutsche Strafgesetzbuch in Anspruch genommen.

Ob dieses erforderlich, darüber ist in der neueren Literatur vielfach verhandelt worden. Es wird genügen, hier auf zwei Arbeiten aufmerksam zu machen:

1. Abegg: Ueber die Verjährung rechtskräftig erkannter Strafen. (Breslau 1862.) Professor Glaser zu Wien hatte auf dem zweiten Juristentage den Antrag gestellt:

„Der deutsche Juristentag wolle sich dafür aussprechen, daß neben der Verjährung der strafgerichtlichen Verfolgung die Verjährung rechtskräftig erkannter Strafen zugelassen werde."

Abegg übernahm das Referat für die Verhandlung über diesen Antrag und befürwortete die Annahme desselben. Die weitere Ausführung des bei dieser Gelegenheit gehaltenen Vortrages ist der Inhalt der so eben zitirten Schrift.

2. Schwarze: Bemerkungen zur Lehre von der Verjährung im Strafrechte. (Erlangen 1867.) Der Verfasser dieser Schrift sagt S. 25:

„Der von uns entwickelte Standpunkt führt nothwendig dahin:

a. die Verjährung auf die erkannten Strafen auszudehnen, und

b. dieselben Fristen für sie, wie für die Verjährung der Strafverfolgung anzunehmen."

Durch diese beiden Schriften halte ich dasjenige, was über die Verjährung rechtskräftig erkannter Strafen zu sagen ist, für erschöpft. Entsprechend den Ansichten von Abegg und Schwarze ist die Gesetzesformel des §. 47. redigirt. Es wird dieselbe einer weiteren Motivirung nicht bedürfen.

Fünfter Titel.

Vom Zusammentreffen mehrerer Verbrechen.

§. 48.

Wenn durch die Begehung eines Verbrechens mehr als ein Strafgesetz verletzt wird, so kommt dasjenige Strafgesetz zur Anwendung, welches die schwerste Strafe androht.

§. 49.

Hat Jemand mehrere Verbrechen begangen, so ist die Strafe des schwersten Verbrechens zu schärfen.

Die Zuchthausstrafe, sowie die Strafe der Einschließung dürfen in Folge der Schärfung die Dauer von zwanzig Jahren und die Gefängnißstrafe die Dauer von fünf Jahren nicht überschreiten.

In Betreff der Verbrechenskonkurrenz bestimmte das Preußische Strafgesetzbuch bei seiner Publikation Folgendes:

§. 55. „Wenn eine und dieselbe Handlung die Merkmale mehrerer Verbrechen oder Vergehen in sich vereinigt, so kommt das Strafgesetz zur Anwendung, welches die schwerste Strafe androht."

§. 56. „Gegen denjenigen, welcher durch verschiedene selbständige Handlungen mehrere Verbrechen oder Vergehen begangen hat, ist auf sämmtliche dadurch begründete Strafen vereinigt zu erkennen."

§. 337. „Wenn eine und dieselbe Handlung die Merkmale mehrerer Uebertretungen in sich vereinigt, so kommt das Strafgesetz zur Anwendung, welches die schwerste Strafe androht."

§. 338. „Hat Jemand mehrere Uebertretungen begangen, so kommen die sämmtlichen dadurch verwirkten Strafen zur Anwendung."

Durch die Gesetzgebung des Jahres 1853 wurde dann noch zu §. 56. folgende Zusatzbestimmung getroffen:

„Es kann jedoch, insoweit es sich um Freiheitsstrafen handelt, die Dauer derselben bis auf das Maß der für das schwerste Verbrechen oder Vergehen bestimmten Freiheitsstrafen herabgesetzt werden."

Diese gesetzlichen Bestimmungen enthalten so mannichfache Widersprüche, daß dieselben schon um deswillen in ein neues deutsches Strafgesetzbuch nicht aufgenommen werden dürfen.

In §. 338. wird die Anwendung sämmtlicher verwirkten Strafen nur davon abhängig gemacht, daß Jemand mehrere strafbare Handlungen begangen hat. Dagegen soll nach §. 56. die gleiche Folge für die Strafbarkeit nur dann eintreten, wenn „durch verschiedene selbständige Handlungen" mehrere Verbrechen oder Vergehen begangen sind. Denn der Umstand, daß §. 338. von „Uebertretungen" spricht, während §. 56. von „Verbrechen" und von „Vergehen" handelt, kann nicht von Einfluß sein, da diese lediglich auf der Größe der Strafbarkeit beruhende Unterscheidung mit der „Selbständigkeit" der strafbaren Handlungen nichts zu thun hat. Es wäre ebenso gut angänglich gewesen, in §. 56. zu sagen: „Hat Jemand mehrere Verbrechen oder Vergehen begangen" und den §. 338. dahin zu fassen, daß man sagte: „Gegen denjenigen, welcher durch verschiedene selbständige Handlungen mehrere Uebertretungen begangen hat." Unklar würde es dabei aber doch vollkommen bleiben, in welcher Weise es sich unterscheidet, wenn Jemand mehrere Verbrechen begeht und wenn Jemand durch verschiedene selbständige Handlungen mehrere Verbrechen begeht.

In §. 55. wird von „ein und derselben Handlung gesprochen. Das ließe erwarten, daß nun im §. 56. von „mehreren Handlungen“ gesprochen werden würde. Statt dessen aber handelt dieser Paragraph davon, daß „durch verschiedene selbständige Handlungen“ mehrere Verbrechen begangen sind. Geht man dagegen von §. 56. aus, so müßte man vermuthen, daß in §. 55. davon gesprochen sei, daß zwar auch mehrere Verbrechen begangen seien, aber nicht durch „verschiedene selbständige Handlungen“, während doch §. 55. nur von einer Handlung spricht, welche die Merkmale mehrerer Verbrechen oder Vergehen in sich vereinigt.

Wenn sodann der durch das Gesetz vom 9. März 1853 gemachte Zusatz zu §. 56. es gestattet, daß bei Freiheitsstrafen von dem Kumulationsprinzipe abgegangen werden könne, so ist nicht einzusehen, weshalb bei Geldbußen das Kumulationsprinzip aufrecht erhalten bleiben muß; und wenn bei Anwendung der Freiheitsstrafen das Kumulationsprinzip verlassen werden darf, wenn es sich um Verbrechen und Vergehen handelt, so ist nicht einzusehen, weshalb bei Konkurrenz mehrerer Uebertretungen das Kumulationsprinzip in allen Fällen aufrecht erhalten werden müsse.*)

Dieser Zustand der Gesetzgebung läßt auf Unklarheit schließen, welche bei der Gesetzgebung existirte, sowohl in der Unterscheidung der realen von der idealen Verbrechenskonkurrenz, wie auch in der Aufstellung des Prinzipes der Bestrafung für die Fälle der realen Konkurrenz.

Was nun den ersten Punkt, die Sonderung der idealen und der realen Verbrechenskonkurrenz anbetrifft, so wird die Gesetzgebung am besten thun, wenn sie solche Formeln aufstellt, welche, ohne der einen oder der andern doktrinären Meinung entgegenzutreten, oder für die eine oder die andere Meinung sich zu entscheiden, die Möglichkeit offen lassen, daß die richtige Entscheidung über diesen theoretischen Streit von der Theorie und von der Praxis getroffen werden könne.

Nun unterliegt es keinem Zweifel, daß ideale Konkurrenz in folgenden Fällen anzunehmen sei:

1. Wenn ein Verbrechen nach den Vorschriften zweier Strafgesetze beurtheilt werden kann, z. B. wenn durch Brandstiftung an einem bewohnten Gebäude auch die Versicherungsgesellschaft betrogen werden soll, wenn ein Betrug begangen wird unter Verletzung des Treuverhältnisses, welches zwischen Vormund und Mündel u. s. w. besteht**) (vergl. Preußisches Strafgesetzbuch §. 244. 285.; §. 241. 246.; §. 301. 282.)

---

*) Vergl. v. Tippelskirch „Ueber die Theorie von der Konkurrenz der Verbrechen“ in Goltdammer's Archiv Bd. XVI. S. 93.

**) Hierher gehört auch der allerdings nicht unstreitige Fall des Zusammentreffens der Merkmale des §. 219 und des §. 230. Der Angeklagte, so lautet das Referat des betreffenden Falles in Goltdammers Archiv Bd. XV. S. 578. war durch Preußische Gerichtshöfe bereits dreimal wegen Diebstahls verurtheilt, und zwar einmal wegen einfachen und zweimal wegen schweren Diebstahls. Jetzt wurde er durch Verdikt der Geschwornen schuldig erklärt:

2. Wenn die Begehung eines Verbrechens durch eine solche Handlung vorbereitet wurde, welche auch, ohne daß es zur Begehung

---

an — zu — dem Handelsmann T. in dessen bewohntem Wohnhause verschiedene dem T. gehörige bewegliche Sachen und Geld in der Absicht rechtswidriger Zueignung weggenommen zu haben, und zwar
a) zur Nachtzeit und in Gemeinschaft mit anderen Personen,
b) mittelst Einsteigens,
c) mit Gewalt gegen die Person der Ehefrau T.
Der Schwurgerichtshof verurtheilte aus §. 219. Nr. 2.; das Ober-Tribunal dagegen wegen Raubes aus §. 230. 231.

Schon bei dem Referat dieses Falles findet sich eine Begutachtung desselben, welche zu dem Resultate führt, daß das Urtheil des Ober-Tribunals nicht richtig, daß vielmehr aus §. 219. zu strafen gewesen wäre. Und dieselbe Ansicht spricht auch v. Tippelskirch a. a. O. S. 91. aus. Ich möchte, um die Auffassung der genannten Schriftsteller zu unterstützen, noch auf Folgendes aufmerksam zu machen. Es scheint fast, als wäre das Ober-Tribunal, indem es in dem vorliegenden Falle auf Raub erkannte, über das Bedenken nicht weggekommen, daß, wenn man wegen dritten Diebstahls verurtheilen wollte, man den Umstand, daß Angeklagter mittelst Gewalt gegen eine Person Sachen weggenommen, unberücksichtigt lassen würde. Aber nun hat doch das Ober-Tribunal den Umstand außer Acht gelassen, daß das Wegnehmen in der Absicht rechtswidriger Aneignung nach voraufgegangener zweimaliger Bestrafung stattgefunden. Es ist aber nicht einzusehen, weshalb dieses Moment minder wichtig sein sollte, als das der angewandten persönlichen Gewalt. Ueberhaupt wird da, wo durch ein Verbrechen die Bestimmungen mehrerer Strafgesetze verletzt werden, immer aus einem Gesetz verurtheilt werden, welches nicht alle Momente der That enthält. So würde, wenn eine Brandstiftung vorliegt, welche die Vorschriften des §. 244. und 285. verletzte, die Vorschrift des §. 55. dazu nöthigen aus §. 285. zu strafen, obwohl §. 285. nichts über den gegen die Versicherungs-Gesellschaft begangenen Betrug sagt; wenn ein Vormund seinen Mündel betrügt, so tritt Bestrafung aus §. 246. ein, obwohl dieser Paragraph die zum Thatbestande des Betruges gehörenden Merkmale wenigstens nicht vollständig enthält. Die in Betreff der idealen Verbrechenskonkurrenz aufgestellte Vorschrift auf Fälle dieser Art angewandt, besagt dann: Es giebt ein Verbrechen A., dessen gesetzliche Merkmale a. b. c. d. sind; es giebt auch ein Verbrechen B., dessen gesetzliche Merkmale b. c. d. e. sind; mithin sind beiden Verbrechen die Merkmale b. c. d. gemeinsame, aber es fehlt dem Verbrechen A. das Moment e. und dem Verbrechen B. das Moment a. Nun kann auch der Fall eintreten, daß ein Verbrechen C. begangen wird, welches nicht bloß die Merkmale b. c. d., sondern auch noch die Merkmale a. und e. enthielte. Dieses Verbrechen ist im Gesetze gar nicht mit Strafe bedroht, und es wird nur ganz allgemein angeordnet, daß bei der strafrechtlichen Beurtheilung desselben die für das Verbrechen A. angedrohte Strafe eintreten solle, wenn diese schwerer ist als die für das Verbrechen B. festgesetzte Strafe; daß dagegen das Verbrechen C. mit der für B. festgesetzten Strafe zu belegen, wenn diese die härtere von beiden Strafen wäre. In dem ersteren Falle würde bei der Beurtheilung des Verbrechens C. das Moment e. und in letzterem Falle das Moment a. außer Acht bleiben müssen. So ist auch in vorliegendem Falle zu sagen: Das Gesetz giebt eine Vorschrift über die Bestrafung des Diebstahls im zweiten Rückfalle; das Gesetz giebt auch eine Vorschrift über die Bestrafung des Raubes; aber das Gesetz giebt keine Vorschrift für ein Verbrechen, welches die Momente des dritten Diebstahls und die des Raubes enthielte. Es muß demnach bei der Bestrafung entweder das eine oder das andere Moment, entweder der zweite Rückfall, oder die persönliche Gewalt unberücksichtigt bleiben — und das entscheidet sich lediglich mit Bezug auf dasjenige Gesetz, welches die schwerste Strafe androht und welches in diesem Falle §. 219. Nr. 2. ist. Demnach wird nach diesem Gesetze verurtheilt und die angewandte persönliche Gewalt als Strafzumessungsgrund verwerthet. Wäre die Strafbestimmung für den Raub die schwerere gewesen, so hätte man den zweiten Rückfall lediglich als Strafzumessungsgrund berücksichtigen können, während die persönliche Gewalt den anzuwendenden Gesetzesparagraphen bestimmt hätte.

des Verbrechens gekommen wäre, als gefährliche Handlung mit Strafe bedroht ist, z. B. durch übermäßig schnelles Fahren in einer Stadt (§. 344. Nr. 1.) wird ein Mensch getödtet (§. 184.); ohne Erlaubniß werden Risse von Festungen aufgenommen (§. 340. Nr. 1.) und dem Feinde mitgetheilt (§. 69. Nr. 4.) u. s. w.

3. Wenn nach Begehung des Verbrechens der Thäter eine solche Handlung begeht, welche, von einem Dritten begangen, unter ein besonderes Strafgesetz fallen würde; z. B. derjenige, der einen Andern vorsätzlich getödtet hat (§. 175. 176.), schafft den Leichnam des Getödteten ohne Vorwissen der Behörde bei Seite (§. 186.); eine Kindesmörderin (§. 180.) beerdigt das von ihr getödtete Kind, ohne hiervon polizeiliche Anzeige zu machen (§. 186. al. 2.); der Dieb (§. 215.) verheimlicht die gestohlene Sache (§. 237.) u. s. w.

Es unterliegt auch keinem Zweifel, daß reale Konkurrenz vorliegt, wenn ein und derselbe Thäter mehrere Verbrechen begangen hat, welche in keinem Zusammenhange mit einander stehen; wenn also beispielsweise der Angeklagte am 1. Januar 1866 einen Diebstahl in Berlin und am 1. Januar 1867 eine Brandstiftung in Königsberg begangen hätte.

Daß nun die von dem Entwurf aufgestellten Formeln keinen Zweifel darüber entstehen lassen, daß die anerkannten Fälle der idealen Konkurrenz unter §. 48. und die anerkannten Fälle der realen Konkurrenz unter §. 49. zu subsumiren sind, darf wohl behauptet werden.

Von Fällen der folgenden Art ist es aber streitig, ob dieselben zur realen oder zur idealen Konkurrenz zu rechnen sind.

1. Der Thäter bedient sich eines und desselben Mittels, um mehrere Rechtsverletzungen zu begehen; z. B. durch eine injuriirende Aeußerung werden mehrere Personen beleidigt, durch eine vergiftete Speise werden mehrere Personen vergiftet.

2. Der Thäter begeht mehrere Verbrechen, doch aber das erste nur zu dem Zwecke, um ein zweites ausführen, oder das zweite, um das erste verdecken zu können; z. B. es wird eine Körperverletzung begangen, damit der Thäter einen Raub ausführen könne; oder es wird eine Urkundenfälschung begangen, damit eine Unterschlagung, eine Brandstiftung, damit eine Tödtung verdeckt werde.

Die Preußische Praxis zählt diese Fälle der idealen Konkurrenz zu, wendet auf dieselben §. 55. des Strafgesetzbuches an; vielleicht hierzu veranlaßt durch die Worte des §. 56. „durch verschiedene selbständige Handlungen“ und durch die Erwägung, daß es in Fällen dieser Art an dem Requisit der verschiedenen, wie auch an dem Requisit der selbständigen Handlungen fehle. Ich selbst halte diese Auffassung der Preußischen Praxis nicht für richtig, glaube aber, daß es nicht geboten ist, eine Berichtigung derselben durch eine Gesetzesformel zu erzwingen, daß es vielmehr ausreichend ist, in der Gesetzesformel des Entwurfes diejenigen Worte des Preußischen Strafgesetzes fortzulassen, welche jenen Fehler meines Erachtens mit veranlaßten. Ist dieses geschehen, so wird es der Praxis überlassen bleiben können, darüber zu befinden, ob sie in den zuletzt unter 1. und 2. angeführten Fällen

ein Verbrechen, auf welches mehrere Strafgesetze anzuwenden sind, oder ob sie **mehrere** Verbrechen erblicken will. Es kann dies um so eher geschehen, da, wenn man in diesen Fällen nur ein Verbrechen erblicken sollte, dieses sog. eine Verbrechen derartige Momente für die Strafzumessung darbieten würde, daß die zu erkennende Strafe unter allen Umständen sich nur wenig von derjenigen Strafe unterscheiden würde, die zu erkennen wäre, wollte man auf die Beurtheilung derartiger Fälle den §. 49. des Entwurfes in Anwendung bringen.

Was nun die Grundsätze der Bestrafung anbetrifft, welche der Entwurf aufstellt, so bedarf die in §. 48. aufgestellte Vorschrift, nach welcher da, wo nur ein Verbrechen begangen, aber mehrere Strafgesetze verletzt sind, das die schwerste Strafe androhende Gesetz in Anwendung zu bringen ist, keine Rechtfertigung.

Dagegen ist es zu motiviren, weshalb der Entwurf das Kumulationsprinzip bei §. 49. aufgegeben und statt desselben die Strafschärfung vorgeschrieben hat.

Die Vorgänge der Preußischen Praxis, welche die Zusatzbestimmung zu §. 56. des Strafgesetzbuches veranlaßten, zeigten, daß die Anwendung des Kumulationsprinzipes bei Freiheitsstrafen zu unerträglichen Härten führte. Das konnte in zwei Dingen seinen Grund haben, entweder in der Natur der Freiheitsstrafen, in welchem Falle dann das Kumulationsprinzip zwar richtig, aber wegen der Natur der Freiheitsstrafen auf diese Art Strafen unanwendbar wäre; oder es konnte auch das Kumulationsprinzip selbst unrichtig sein, mithin die Unrichtigkeit desselben sich auch in seiner Anwendung auf die Freiheitsstrafen offenbaren. Man könnte daraus, daß die Gesetzgebung des Jahres 1853 nur für die Freiheitsstrafen Aenderungen an dem Kumulationsprinzipe vornahm, sich zu dem Schlusse berechtigt halten, daß ersteres die Ansicht der Preußischen Gesetzgebung gewesen sei. Aber dann hätte nicht blos zu §. 56., sondern in gleicher Weise auch zu §. 338. ein Zusatz gemacht werden müssen, was bekanntlich nicht geschehen ist; und es hätte dann auch für die Freiheitsstrafen das Kumulationsprinzip gänzlich beseitigt werden müssen, während es doch im Prinzip anerkannt blieb, so daß das Gesetz nicht nur die Möglichkeit offen läßt, auch Freiheitsstrafen zu kumuliren, sondern dies sogar als Regel fordert, von welcher Regel nur Ausnahmen, freilich in unbeschränktem Umfange, gestattet werden. Doch zeigen wohl die Berathungen, welche dem jetzigen Zusatze zu §. 56. vorhergingen, daß man sich überhaupt nicht der Mühe unterziehen mochte, eine durchgreifende Revision der die Verbrechenskonkurrenz betreffenden Bestimmungen vorzunehmen, daß man sich vielmehr darauf beschränkte, für die augenblicklichen Bedürfnisse der Praxis und auch nur so weit zu sorgen, daß die eklatantesten Mißstände, zu welchen das Kumulationsprinzip führte, beseitigt wurden. Daher die Beschränkung jenes Zusatzes auf die Freiheitsstrafen und zwar auf jene Freiheitsstrafen, welche für Verbrechen und Vergehen zu erkennen wären. Denn bei den Freiheitsstrafen für Uebertretungen durfte man wegen der kürzeren Dauer derselben annehmen, daß nicht so eklatante Mißstände wie bei den länger dauernden Freiheitsstrafen sich ergeben würden — falls man überhaupt im Jahre 1853 an die Existenz des §. 338. des Preußischen Strafgesetzbuches gedacht haben sollte.*)

Nachdem nun aber die Zusatzbestimmung zu §. 56. erlassen war, hatte dies nicht etwa die Folge, daß noch weiterhin das Kumulationsprinzip als Prinzip in der Praxis anerkannt wurde. Denn wäre dies geschehen, so hätte der Regel nach auch seit dem Erlaß des Gesetzes vom 9. März 1853 in Fällen der Verbrechenskonkurrenz kumulirt werden müssen und nur in Ausnahmefällen hätte man von dieser Regel abweichen dürfen. Statt dessen geschieht in der Praxis das gerade Gegentheil. Wenn überhaupt noch kumulirt wird, so geschieht es in den seltensten Fällen; die Regel ist, daß nicht kumulirt, daß vielmehr für die Gesammtheit der zur Strafe kommenden Verbrechen eine Gesammtstrafe erkannt wird, deren Betrag höher ist, als die Strafe für das schwerste der konkurrirenden Verbrechen gewesen wäre, falls dasselbe allein der richterlichen Cognition vorgelegen hätte. Das Gesetz hat also jedenfalls seinen ausgesprochenen Zweck — das Kumulationsprinzip als Prinzip zu wahren — nicht erreicht. Möglich, daß man bei der Gesetzgebung des J. 1853 noch daran glauben konnte, daß die Praxis nur ausnahmsweise von dem Kumulationsprinzipe abweichen würde; heute ist dieser Glaube ein vollkommen unhaltbarer geworden; es gehört heute der §. 56. mit seinem Zusatze zu denjenigen Gesetzen, welche den Richter nöthigen, etwas Anderes zu sagen, als er gedacht hat. Denn sagen muß der Richter, welcher bei vorliegender realer Konkurrenz nicht kumulirt, daß er eine Ausnahme von der Regel mache, während der Richter doch weiß, daß er bei dem Nichtkumuliren gerade die Regel beobachtet. Und deshalb darf heute ein die Bestrafung der Verbrechenskonkurrenz regelndes Strafgesetz das Kumulationsprinzip nicht mehr anerkennen, sondern es muß sich dasselbe zur Anerkennung desjenigen Prinzipes entschließen, welches von der Praxis gehandhabt wird und zwar deshalb gehandhabt wird, weil die Praxis glaubt, in anderer Weise den Anforderungen der Gerechtigkeit nicht nachkommen zu können.

Man wird hiergegen einwenden, daß die Praxis nur den Beweis dafür liefere, daß das Kumulationsprinzip bei den Freiheitsstrafen unanwendbar sei; daß dagegen die Praxis den Beweis dafür, daß das Kumulationsprinzip auch bei Geldbußen unanwendbar sei, nicht geliefert habe und auch nicht habe liefern können. Aber dieser Einwand ist damit zu beseitigen, daß, wenn das Kumulationsprinzip bei den Freiheitsstrafen unanwendbar ist, es überhaupt für unanwendbar angesehen werden müsse. Denn das Strafensystem des heutigen Strafrechts wird nicht durch die Geldbußen, sondern durch die Freiheitsstrafen beherrscht, denen an Bedeutsamkeit die Geldbußen in keiner Weise gleich kommen. Wenn nun aber die Sache in der Praxis sich so gestaltet hat, daß in verhältnißmäßig wenig Fällen

*) Daß dies geschehen, ist wenigstens aus den Motiven des Gesetzentwurfes, wie aus den Berichten der Justiz-Kommissionen der beiden Kammern nicht ersichtlich.

konkurrirende mit Geldbuße bedrohte Delikte zur richterlichen Cognition gekommen sind, wenn dann in solchen Fällen die Strafen so abgemessen wurden, daß trotz der Kumulirung der Geldbußen Strafhärten vermieden wurden — ein Resultat, welches da, wo die Geldbuße ein gesetzlich fixirtes Minimum nicht hat, leicht erreicht werden kann — so berechtigen derartige Erscheinungen in keiner Weise zu dem Schlusse, daß für die mit Geldbuße bedrohten Delikte das Kumulationsprinzip das richtige sei. Wenn nämlich durch das Kumuliren der Geldbußen Strafhärten vermieden sind — ich bezweifle übrigens, daß dies durchweg der Fall gewesen ist —, so kam das eben daher, daß man für jedes einzelne der begangenen Delikte die Strafe gleich mit Rücksicht auf die bevorstehende Addition arbitrirte; d. h. man arbitrirte fehlerhaft, um trotz des Kumulationsprinzipes eine gerechte Strafe aufstellen zu können. Auf diese Weise hätte man das Kumulationsprinzip auch den Freiheitsstrafen gegenüber retten können, falls nämlich die Freiheitsstrafen gesetzlich fixirte Strafmaxima nicht gehabt hätten. Auch darf man wohl annehmen, daß das auf die Verbrechenskonkurrenz anzuwendende Prinzip der Bestrafung abhängig sei von dem Umstande, daß Verbrechen konkurriren, nicht aber davon, daß die konkurrirenden Verbrechen mit dieser oder jener Strafe bedroht sind. Oder wollte man sagen, weil die Verbrechen a, b, c mit Freiheitsstrafen bedroht sind, so muß, falls sie in Konkurrenz treten, das Strafschärfungsprinzip in Anwendung gebracht werden; und, weil die Verbrechen x, y, z mit Geldbuße bedroht sind, so muß, falls sie in Konkurrenz treten, das Kumulationsprinzip gelten? Wollte man diese Frage bejahen, so würde es doch Verlegenheit bereiten, wenn die Gesetzgebung statt x, y, z mit Geldbuße zu bedrohen, Gefängnißstrafe für diese Delikte vorschriebe, und eine zweite Verlegenheit würde sich ergeben, wenn für ein und dasselbe Delikt elektiv sowohl Freiheitsstrafe wie auch Geldbuße angedroht wäre.

Wir werden demnach gewiß nicht fehlgreifen, wenn wir für alle Fälle der reellen Verbrechenskonkurrenz dasjenige Prinzip der Bestrafung adoptiren, welches bei den Freiheitsstrafen adoptirt werden mußte, weil es eben in der Praxis nicht anders ging.

Nun wird man aber vielleicht auch noch eine theoretische Rechtfertigung für die Rezeption des Strafschärfungsprinzipes verlangen. Ich halte indessen dafür, daß hier nicht der Ort ist, eine solche zu geben.

Ich glaube die Beobachtung gemacht zu haben, daß eine gerechte, daß eine korrekte Strafrechtspflege das Kumulationsprinzip nicht vertragen hat, daß im Gegentheil das s. g. Strafschärfungsprinzip sich selbst da Bahn zu brechen weiß, wo man dasselbe durch prinzipielle Schranken eingeengt hat. Ich fasse diese Erscheinung auf, wie ich auch eine Naturerscheinung auffasse, die ich zwar richtig beobachtet zu haben glaube, von der ich aber nicht genau weiß, wie dieselbe zu erklären ist, es wenigstens nicht so genau weiß, daß ich nicht zugeben müßte, es könnten auch andere Erklärungen, als meine eigene, ihre Berechtigung haben. So kann denn auch das Gesetz zur Basis seiner Anordnung eine richtig beobachtete Rechtserscheinung machen, ohne daß es zu warten brauchte, bis der Grund dieser Erscheinung in einer der Uebereinstimmung Aller sich erfreuenden Weise gefunden ist.

Zu einer weiteren Erwägung giebt noch Art. 85. des Bayrischen Strafgesetzbuches Veranlassung. Hier heißt es:

„Wer wegen einer Handlung rechtskräftig zu einer Strafe verurtheilt worden ist, darf wegen einer anderen strafbaren Handlung, deren er sich vor jener Verurtheilung gleichfalls schuldig gemacht hat, nur dann gerichtlich verfolgt und bestraft werden, wenn sich annehmen läßt, daß für beide Straffälle zusammen bei gleichzeitiger Aburtheilung eine hinsichtlich der Gattung oder des Maßes oder der Folgen schwerere Bestrafung eingetreten sein würde, als ihm wegen der zuerst abgeurtheilten Handlung wirklich zuerkannt wurde.

In diesem Falle hat das Gericht in dem späteren Strafurtheile die für beide Straffälle nach den Vorschriften des Art. 84. treffende Gesammtstrafe auszusprechen."

Eine ähnliche Bestimmung findet sich auch im Preußischen Rechte; (Art. 131. Ges. vom 3. Mai 1852) und so ist denn die Frage gerechtfertigt, ob auch das neue deutsche Strafgesetzbuch dem Vorgange Bayerns und Preußens zu folgen habe.

So freilich, wie die Bayrische Formel lautet, könnte die Vorschrift des Entwurfes nicht getroffen werden, da Art. 84. des Bayrischen Gesetzbuches, auf welche der oben mitgetheilte Art. 85. sich bezieht, für die Bestrafung auch der realen Verbrechenskonkurrenz das Absorptionsprinzip anerkennt:

„Hat Jemand

1) in verschiedenen Handlungen mehrere Verbrechen, Vergehen oder Uebertretungen begangen, oder

2) u. s. w.,

so soll nur dasjenige Strafgesetz, welches die schwerste Strafausmessung zuläßt, in Anwendung gebracht werden."

Aber es ließe sich auch ebenso für das in diesem Entwurfe anerkannte Strafschärfungsprinzip eine ähnliche Gesetzesformel aufstellen, wie dies im Art. 84. des Bayrischen Strafgesetzbuches unter Bezugnahme auf das Absorptionsprinzip geschehen ist.

Was wird denn nun aber der Sache nach in dem Bayrischen Art. 84. bestimmt? Nichts Anderes, als daß diejenige Strafe, welche Jemand durch die Begehung mehrerer Verbrechen verwirkt hat, gegen ihn zu erkennen sei, gleichviel ob wegen der mehreren Verbrechen zu einer und derselben oder zu verschiedenen Zeiten verhandelt werde. Es wird mit einer solchen Bestimmung der Streit beigelegt, welcher darüber geführt wird, ob nur diejenigen Verbrechen in Konkurrenz zu einander treten, welche zusammen in einem Processe verhandelt werden, oder ob das Verhältniß der Konkurrenz unabhängig von dem processualischen Verfahren lediglich durch die Mehrheit der begangenen Verbrechen bestimmt werde.

Es würde an sich nicht außerhalb der Aufgaben der Gesetzgebung liegen, eine theoretische Meinungsverschiedenheit, welche so erhebliche praktische Konsequenzen hat, definitiv zu entscheiden. Doch aber, glaube ich, kann der Entwurf hiervon absehen. Denn erstens scheint es selbstverständlich, auch ohne daß dies besonders angeordnet wäre, daß, wenn Jemand mehrere Verbrechen begangen hat, nicht eines oder das andere vorläufig herausgegriffen werden dürfe, unter beliebiger Vertagung der übrigen, sondern daß über alle begangenen Verbrechen zugleich verhandelt werden müsse. Wenn hieraus Vorschriften über die Kompetenzverhältnisse nöthig werden, so gehören diese in die Strafproceßordnung. Kann nun aber aus irgend welchen äußeren Gründen, z. B. auch deshalb, weil das begangene Verbrechen noch nicht bekannt geworden, die Verhandlung nicht auf alle begangenen Verbrechen ausgedehnt werden, so darf dieser Umstand doch gewiß keine nachtheiligen Folgen für den Angeklagten haben, was doch der Fall sein würde, wollte man das Strafschärfungsprinzip nur auf die gleichzeitig verhandelten Verbrechen beschränken, dagegen das Kumulationsprinzip anwenden, wenn über die mehreren begangenen Verbrechen zu verschiedenen Zeiten verhandelt würde. Die Schuld des Thäters bestimmt sich doch nach dem, was er gethan, und nicht nach dem, was der Richter unterlassen hat. Diese Erwägungen sind so selbstverständlicher Art, daß sich annehmen läßt, sie werden auch ohne besondere gesetzliche Vorschrift sich geltend zu machen vermögen. Dazu kommt denn auch noch, daß der Entwurf für alle Fälle der reellen Verbrechenskonkurrenz und nicht blos für diejenigen, welche in ein und demselben Verfahren ihre Erledigung finden, die Anwendung des Strafschärfungsprinzipes vorschreibt.

Vom Rückfalle.

Der Entwurf hat keine Bestimmung getroffen, welche die Anordnung enthält, daß der Rückfall bei allen Verbrechen als Strafschärfungsgrund aufzufassen sei. Abgesehen daher von denjenigen Fällen, in welchen bei einzelnen Verbrechen besondere Rückfallsstrafen angedroht sind, würde der Rückfall regelmäßig nur als strafschärfender Zumessungsgrund innerhalb der für die einzelnen Verbrechen aufgestellten Strafgrenzen zu verwerthen sein.

Hierfür waren folgende Gründe maßgebend:

Krug*) sagt zwar:

„Daß übrigens der Rückfall überhaupt als Straferhöhungsgrund aufgeführt wird, halte ich bei der Uebereinstimmung der Gesetzgebungen — nur Oesterreich §. 48. und der Bayrische Entwurf Art. 90. weichen davon ab, indem sie den Rückfall nur als Erschwerungsgrund innerhalb des Strafmaaßes, Oesterreich jedoch mit Schärfung, behandeln — nicht für nöthig besonders zu rechtfertigen. Man kann dies nur bestreiten, wenn man davon ausgeht, daß die im Gesetze für ein gewisses Verbrechen bestimmte Strafe absolut der Schwere

*) „Ideen" S. 99.

desselben entspreche. Dies ist aber eine unberechtigte Voraussetzung, da jede positive Gesetzgebung etwas Willkürliches hat."
Wenn man nun auch zugeben kann, daß jede positive Strafgesetzgebung etwas Willkürliches hat, so wird man doch der Gesetzgebung die Fähigkeit zutrauen dürfen, Strafen aufzustellen, welche schwer genug sind, um in gerechter Weise diejenigen Verbrechensfälle zu ahnden, auf welche sie nach Vorschrift der Gesetze angewandt werden sollen. Es erscheint diese Argumentation über die nicht überall ausreichende Schwere der Strafen als das ungefähre Gegentheil derjenigen Argumentation, welche die mildernden Umstände nicht aufgeben zu können glaubt, weil die vom Gesetze angedrohte Strafe in ihrem Minimum hinter der denkbar geringsten Verschuldung zurückbleiben könne. Richtig ist es allerdings, daß die von dem Gesetze aufgestellten Strafen für einzelne, jedoch selten vorkommende Fälle, nicht ausreichend sind. So weiß ich selbst, daß die in dem Entwurf für den Betrug festgesetzte Strafe eine zu geringe ist, wenn es sich um die Bestrafung eines Betruges handelte, wie wir ihn in dem Coehn'schen Kriminal-Prozeß kennen gelernt haben. Aber für diesen Fall ist auch das vom Preußischen Strafgesetze aufgestellte Strafmaximum der Schuld des Angeklagten nicht entsprechend; und kein Gesetz, außer vielleicht ein solches, welches für diesen einzelnen Fall speziell erlassen wäre, und welches eben deshalb kein Gesetz wäre, könnte für einen solchen Fall die richtige Strafe bestimmen. An Abnormitäten darf man bei Aufstellung der Strafmaxima wie der Strafminima überhaupt nicht denken.

Wenn nun aber die im Gesetz ausgesprochene Strafe der Schwere des Verbrechens nicht entspricht, wie Krug meint, ist dies nur alsdann der Fall, wenn es sich um einen rückfälligen Verbrecher handelt? Oder sollte das Gleiche nicht auch durch andere Umstände bewirkt werden? Und ist, so muß man doch weiter fragen, nicht auch die von Krug aufgestellte Rückfallsstrafe eine Strafe des positiven Gesetzes, bietet sie demnach nicht auch den Angriffspunkt dar, daß sie als Strafe des positiven Rechts etwas Willkürliches habe, und der absoluten Schwere eines im Rückfalle begangenen Verbrechens keinesweges zu entsprechen braucht?

Aber selbst die Bezugnahme auf die deutschen Gesetzgebungen, welche den Rückfall als Strafschärfungsgrund kennen, ist nicht geeignet, die Sache in dem Grade als abgemacht erscheinen zu lassen, wie Krug dies anzunehmen scheint. Denn man wird es doch gewiß nicht bestreiten, daß es auf das Wort „Rückfall" nicht ankommt, sondern auf den Begriff, welchen man mit diesem Worte verbindet. Und was versteht nun Krug unter Rückfall? Die Antwort finden wir auf S. 87. seines Werkes, durch die in Art. 5 (44) enthaltene Begriffsbestimmung des Rückfalles.

„Wenn Jemand, der wegen eines Verbrechens oder eines vorgesetzten Vergehens bereits Strafe verbüßt hat, von Neuem ein Verbrechen begeht, so kann die durch das letztere verwirkte zeitliche Freiheitsstrafe bis um die Hälfte, und wenn das früher bestrafte Verbrechen oder Vergehen ein gleichartiges war, bis auf das Doppelte, jedoch ohne Ueberschreitung des Strafmaaßes von dreißig Jahren, erhöht werden, dafern nicht von der letzten Strafverbüßung an bis zur Verübung des neuen Verbrechens ein Zeitraum von zehn Jahren abgelaufen ist."

Wenn das Rückfall ist, und ich will gar nicht behaupten, daß es nicht Rückfall sei, so wird die Aufnahme dieses Rückfalls in ein deutsches Gesetz so gut wie gar nicht durch die Berufung z. B. auf das Preußische Strafgesetzbuch unterstützt, es müßte denn sein, daß man sagte, auch das Preußische Recht habe Rückfallsstrafen, wenn auch nicht einmal für die Begehung gleichartiger — wie Krug will — sondern nur für die Begehung desselben Verbrechens; geschweige denn für die Begehung eines neuen Verbrechens überhaupt nach voraufgegangener Strafverbüßung irgend eines Verbrechens, wie denn die Strafverbüßung im Preußischen Strafgesetzbuche auch nicht Voraussetzung des Rückfalles ist, sondern der Rückfall bedingt wird durch die voraufgegangene rechtskräftige Verurtheilung wegen desselben Verbrechens.

Man kann demnach leicht von Rückfall sprechen, aber deswegen noch immer mit Schwierigkeiten zu kämpfen haben, wenn man die Frage beantworten soll, was denn Rückfall sei.

Hat der Begriff des Rückfalles zu seiner Voraussetzung die Bestrafung, d. h. Strafverbüßung — ganz oder theilweise? — wegen eines früheren Verbrechens, oder genügt das rechtskräftige Erkenntniß?

Gehört zu dem Begriffe des Rückfalles, daß das neue Verbrechen dasselbe sei, oder kann es auch ein gleichartiges sein, oder ist es ausreichend, wenn das neue Verbrechen nur überhaupt ein Verbrechen ist?

Und wenn wir uns für die Gleichartigkeit entscheiden sollten, was sollen wir unter Gleichartigkeit verstehen?

Sollen gleichartig sein diejenigen Verbrechen, welche das Hessische Strafgesetzbuch (Art. 94.) als gleichartige bezeichnet, nämlich:

1. Falschmünzen, Münzfälschung, Fälschung der Großherzoglichen Siegel, des Großherzoglichen Stempelpapiers, der Staatspapiere und Fälschungen in Amtshandlungen;
2. Kindsmord, Abtreibung der Leibesfrucht und Aussetzung;
3. Mord und Vergiftung;
4. Todtschlag, Körperverletzung und Theilnahme an Raufhändeln;
5. Unzucht und Verletzung der Schamhaftigkeit, doppelte Ehe, Ehebruch und Entführung;
6. Falsche Anzeige und Verläumdung;
7. Raub, Diebstahl, Erpressung, Unterschlagung, Betrug, Fälschung, Wilderei und Diebshehlerei;
8. Brandstiftung und Eigenthumsbeschädigung;
9. Meineid und Eidesbruch —

oder sollen gleichartig sein, die von dem Braunschweigischen Gesetzbuch (§. 59.) als solche bezeichneten Verbrechen, nämlich:

1. Aufruhr und Auflauf;
2. Falschmünzen, Münzverfälschung und Verbreitung falschen Geldes;

3. Fälschung von Kreditpapieren, des Stempelpapiers und öffentlicher Urkunden;
4. Meineid, leichtsinniger Eid und Eidesbruch;
5. Nothzucht, Schändung, Mißbrauch von Kindern zur Unzucht und widernatürliche Unzucht;
6. Raub, gewaltsame Erpressung und Diebstahl mit Waffen;
7. Falsche Anklage und Verläumdung;
8. Diebstahl, Unterschlagung, Betrug und Fälschung;

oder sollen wir uns — um von dem Badischen Gesetzbuche, welches in §. 183. noch andere Verbrechen in das Verhältniß der Gleichartigkeit bringt — an die Vorgänge bei der Preußischen Strafgesetzgebung erinnern und danach den Begriff der Gleichartigkeit bestimmen?

Der Entwurf von 1827 faßte den Begriff der Gleichartigkeit in ausgedehntester Weise auf und wollte denselben bestimmt wissen nach der rechtswidrigen Gesinnung oder Neigung, nach der Art der verbrecherischen Thätigkeit und der Natur der verletzten Rechte.

Der Immediat-Kommission war dieser Begriff der Gleichartigkeit zu weit, sie wollte specialisiren und nannte als gleichartige Verbrechen ausdrücklich: Diebstahl, Unterschlagung, Raub, Hehlerei, Erpressung, Betrug, Münzverbrechen und Urkundenfälschung, „da nur in Rücksicht dieser Verbrechen das praktische Bedürfniß einer Gleichstellung derselben in Rückfällen vorliege" — außerdem aber wurde der Rückfall noch auf alle gleichnamigen Verbrechen ausgedehnt.

Die Revision von 1845 verwarf diese Auffassung; der Begriff der Gleichnamigkeit sei zu unbestimmt, und beenge den der Gleichartigkeit, welcher andererseits wieder durch die Specialisirung eine zu große Ausdehnung erhalten habe. Sie verzichtete auf jeden Versuch einer Definition, glaubte aber zugleich eine Beschränkung in der Anwendung nöthig, weil es aus praktischen Gründen rathsamer sei, den Rückfall vielleicht in einzelnen Anwendungen zu eng zu fassen, als ihn durch eine abstrakte Bestimmung zu weit auszudehnen. Daher sagte der Entwurf von 1845:

„dasselbe Verbrechen von Neuem begeht".

Die Immediatkommission von 1845 wollte die gleichartigen Verbrechen nicht missen und bestimmte demgemäß:

„dasselbe Verbrechen oder ein gleichartiges begeht"

wobei als gleichartige Verbrechen die von dem Entwurf von 1843 als solche bezeichneten von Neuem aufgestellt wurden.

Der vereinigte Ständische Ausschuß genehmigte dies.

Der Entwurf von 1850 und das Strafgesetzbuch gaben jedoch wieder die „Gleichartigkeit" auf, „weil nur in der Beschränkung auf dasselbe Verbrechen von einer besondern Neigung zur Begehung einer gewissen Art strafbarer Handlungen die Rede sein könne, außerdem aber der dem richterlichen Ermessen überall gewährte Spielraum in der Regel ausreichen werde, die frühere Führung des Angeschuldigten in geeigneter Art zu berücksichtigen." *)

*) Vergl. Goltdammer Materialien Bd. I. S. 462. 463.

Wir können aus diesen Anführungen ersehen, daß es bisher der Gesetzgebung nicht gelungen ist, den Begriff der „Gleichartigkeit" der Verbrechen so zu formuliren, daß derselbe als ein irgendwie feststehender angesehen werden könnte. Krug, der zwar in seiner Gesetzesformel auch von „gleichartigen" Verbrechen spricht, sagt in den Motiven über diesen Begriff nur, daß in den meisten Gesetzgebungen der Begriff des Rückfalles auf die „anderweite Begehung eines gleichartigen Verbrechens" beschränkt sei, wodurch dem Gesetzgeber die „niemals befriedigend zu lösende Aufgabe" gestellt werde, „a priori zu bestimmen, welche Verbrechen gleichartig seien, welche nicht". Wurde in Folge dessen Krug dazu bestimmt, den Begriff des Rückfalls auch auf andere als gleichartige Verbrechen auszudehnen, so überhob ihn dies nicht der Nothwendigkeit, den Begriff der Gleichartigkeit genau zu bestimmen; denn die wiederholte Begehung des gleichartigen Verbrechens soll nach Krug bis zur Verdoppelung, die wiederholte Begehung eines nicht gleichartigen Verbrechens dagegen nur bis zur Erhöhung des Strafmaximums um die Hälfte führen. Aber obwohl sich dies so verhält, giebt Krug keine Mittheilung darüber, was er unter gleichartigen Verbrechen versteht. Wir müssen daher annehmen, daß er als Gesetzgeber diesen Begriff a priori nicht habe bestimmen können, dagegen vom Richter erwartet habe, daß dieser durch die „thatsächliche Feststellung" es thun werde. Damit würde denn allerdings Eines erreicht sein, nämlich völlige Unsicherheit der Praxis; weiter aber auch Nichts.

Und so dürften wir denn wohl berechtigt sein, es auszusprechen, daß, wenn der Begriff des Rückfalles in seiner Allgemeinheit in einem Deutschen Strafgesetzbuche beibehalten werden sollte, dieser Begriff entweder auf die wiederholte Begehung gleicher Verbrechen beschränkt, oder auf die Begehung eines neuen Verbrechens überhaupt ausgedehnt werden müsse.

Für die Ausdehnung des Rückfalles auf die Begehung neuer, gleichviel welcher Verbrechen, scheint Manches zu sprechen. Der Richter kann das vom Gesetze aufgestellte Strafmaximum bereits für gerechtfertigt halten, wenn er lediglich auf diejenigen Strafzumessungsgründe Rücksicht nimmt, welche abgesehen von der etwaigen verbrecherischen Vergangenheit des Thäters, in dem ihm zur Beurtheilung vorliegenden Verbrechen enthalten sind. Wäre nun der wegen eines solchen Verbrechens Angeklagte vorher schon bestraft worden, so müßte dieser Umstand für die Strafzumessung unberücksichtigt bleiben, falls das Gesetz ein Hinausgehen über das Strafmaximum wegen stattgehabter Vorbestrafungen gestattete. Aus dieser Erwägung erklärt sich auch der vereinigte ständische Ausschuß für die Beibehaltung des Rückfalles, als die Frage: „ob der Rückfall als ein Strafschärfungsgrund anzuerkennen sei", aufgeworfen wurde. „Allein die Erwägung", so hieß es, „daß bei rückfälligen Verbrechern, da sie durch eine frühere Bestrafung gewarnt worden, ein Trotz gegen das Gesetz offenbar werde, und daß daher der Staat gegen Personen, welche die Absicht, das Gesetz zu verletzen, nachdrücklicher ausgesprochen, auch mit nachdrücklicheren

Strafen auftreten müsse, entschied für die Beibehaltung des Systems." *) Denn daß aus diesen Erwägungen nicht Beschränkung des Rückfalles auf die wiederholte Begehung des gleichen Verbrechens folge, daß vielmehr diese Erwägungen den Begriff des Rückfalls erweitern müssen auf die Begehung eines jeden Verbrechens nach voraufgegangener Bestrafung, das wird zugegeben werden müssen, wenn man nicht den „Trotz des Verbrechers" und die „nachdrücklichere Absicht, das Gesetz verletzen zu wollen", nur in der Begehung des gleichen Verbrechens erblicken will.

Wollte man nun aber eine Gesetzesformel aufstellen, welche sagte: „Wer, nachdem er wegen eines Verbrechens bestraft" — es ist dies Wort gewählt, um die Kontroverse, welche in Betreff des „Verbüßens der Strafe" und des „rechtskräftigen Verurtheilens zu einer Strafe" besteht, zu umgehen — „ein anderes Verbrechen begeht, befindet sich im Rückfalle" — so würde durch eine solche Gesetzesformel dem Strafschärfungsgrunde des Rückfalles ein viel weiteres Feld der Wirksamkeit eingeräumt werden, als dies bisher in den meisten Strafgesetzbüchern geschehen. Die Preußische Praxis namentlich hat während des Bestehens des Strafgesetzbuches nicht das Bedürfniß herausgestellt, daß es nothwendig wäre, den Begriff des Rückfalles über diejenigen Grenzen auszudehnen, welche ihm in diesem Gesetzbuche gesteckt sind; und die Gesetzgebung könnte keinen größeren Fehler begehen, als lediglich auf Grund doktrinärer Spekulationen der Praxis ein Bedürfniß einzuimpfen, welches dieselbe länger als ein halbes Menschenalter hindurch nicht empfunden hat.

Somit bliebe nur noch die Frage übrig, ob der Strafschärfungsgrund des Rückfalles beizubehalten sei, wenn man den Begriff des Rückfalls auf die wiederholte Begehung desselben Verbrechens beschränkt.

Der Grund für die Strafschärfung wird dann in der Neigung des Verbrechers zu finden sein, immerfort ein und dasselbe Verbrechen zu begehen. Nun bestreite ich zwar nicht, daß diese Neigung mit Bezug auf einzelne Verbrechen beobachtet sei; ich bestreite nicht, daß eine derartige Neigung bei einzelnen Verbrechen eine erhöhte Bestrafung derselben nothwendig machen könne. Aber diese Thatsachen führen zunächst doch nur dazu, Straferhöhungen wegen des Rückfalls bei diesen einzelnen Verbrechen anzuordnen. Will man aber den Rückfall als einen allgemeinen Strafschärfungsgrund aufstellen, so muß man die Thatsache beobachtet haben, daß jeder Verbrecher, gleichviel, welches Verbrechen er begangen habe, immer die verbrecherische Neigung habe, dasselbe Verbrechen von Neuem zu begehen. Und das ist es, was ich bestreite. Ich bestreite, daß man eine derartige verbrecherische Neigung mit Bezug auf alle Verbrechen beobachtet habe; ich bestreite selbst, daß man dieselbe mit Bezug auf so viele Verbrechen beobachtet habe, daß es nothwendig sei, einen allgemeinen Strafschärfungsgrund aus dem Rückfalle zu machen. Ich halte es für

---

*) Goltdammer Materialien Bd. I. S. 462.

durchaus unzweifelhaft, daß der Rückfall bei einzelnen Verbrechen als Qualifikationsgrund zu verwerthen sei; ich halte es aber für nicht erwiesen, daß das praktische Bedürfniß einen allgemeinen Strafschärfungsgrund des Rückfalles verlange.

Und hierin werde ich nicht unerheblich dadurch unterstützt, daß das Bayerische Strafgesetzbuch den Rückfall als einen allgemeinen Strafschärfungsgrund nicht mehr aufgestellt hat — eine Erscheinung, welche um so beachtenswerther ist, als die ganze Rückfallstheorie eine so überaus unsichere geblieben und eben wegen dieser ihrer Unsicherheit Zweifel an ihrer Berechtigung überhaupt entstehen lassen mußte.

In dem Entwurf ist somit der Rückfall als Strafschärfungsgrund nur bei einzelnen Verbrechen anerkannt. Ob der Rückfall noch bei anderen Verbrechen zu berücksichtigen gewesen, als dies im Entwurfe geschehen, darüber kann freilich gestritten werden. Doch möchte ich in dieser Beziehung wenigstens auf einen Umstand aufmerksam machen. Wenn in einem Falle die Androhung einer besonderen Rückfallsstrafe nothwendig sein möchte, wo sie der Entwurf nicht angedroht hat, so wäre dies der Fall bei dem Diebstahle, der im ersten Rückfalle begangen ist. Da der schwere Diebstahl im ersten Rückfalle zur Kompetenz der Schwurgerichte gehört, so belehrt uns die von dem Preußischen Justizministerium herausgegebene Schwurgerichtsstatistik, welchen Einfluß es auf die Strafbarkeit gehabt hat, daß der wegen eines schweren Diebstahls Bestrafte bereits ein rückfälliger Dieb war.

Schwere Diebstähle im ersten Rückfalle wurden bestraft

im Jahre	überhaupt	mit Zuchthaus bis zu 5 Jahren excl.	mit 5 Jahr Zuchthaus und darüber
1860	841	783	58
1861	944	895	49
1862	802	758	44
1863	657	623	34
1864	586	553	33
1865	707	660	47
	4537	4272	265

Es wurden demnach unter 4537 nur 265 Fälle mit einer Zuchthausstrafe von fünf Jahren und darüber belegt. Fünf Jahre Zuchthaus ist aber das von dem Entwurfe für den schweren Diebstahl festgesetzte Strafmaximum. Mithin wäre dieses Strafmaximum ausreichend, um auf 4272 Fälle dieselbe Strafe anzuwenden, wie dieselbe bis dahin in der Praxis angewendet worden ist. Dazu kommt aber noch, daß in den übrig bleibenden 265 Fällen alle diejenigen mit enthalten sind, in denen gerade auf fünf Jahre Zuchthaus erkannt ist, eine Strafe, die ja auch nach der im Entwurfe angenommenen Strafposition festgesetzt werden kann. Allerdings ist aus der Schwurgerichtsstatistik nicht zu ersehen, in wie vielen Fällen gerade auf fünf Jahre Zuchthaus erkannt worden ist. Nur soviel ist aus dieser Statistik zu ersehen, daß auf zehn Jahre Zuchthaus und darüber unter 4537 Fällen nur 28mal erkannt worden ist: 1860 viermal, 1861 dreimal, 1862 sechsmal, 1863 zweimal, 1864 viermal und 1865 neunmal. Ob es nun erforderlich sein möchte, um dieser wenigen Fälle willen eine besondere Strafbestimmung schon für den zweiten Diebstahl zu treffen, darüber könnte allerdings gestritten werden; aber wie auch dieser Streit sich entscheide, höchstens könnte eine Rückfallsstrafe für den zweiten Diebstahl, vielleicht noch für ein oder das andere Verbrechen gefordert werden. Von hier aus aber bis zur Anerkennung des Rückfalles, als eines allgemeinen Strafschärfungsgrundes ist noch ein weiter Schritt, den man in der Gesetzgebung nicht thun darf, ohne aus der Praxis den Nachweis geführt zu haben, daß derselbe unter Rücksichtnahme auf die in dem Gesetze aufgestellten Strafpositionen nothwendig sei.

Und schließlich dürfte bei der legislatorischen Behandlung des Rückfalles auch Folgendes nicht außer Acht zu lassen sein.

Je besser die Vollstreckungsart der Strafen, um so mehr Wahrscheinlichkeit ist vorhanden, daß bestrafte Verbrecher weitere Verbrechen nicht begehen werden. Es ist nun kriminalpolitisch nicht richtig, dadurch, daß man dem Rückfall eine zu große Bedeutsamkeit beilegt, selbst zuzugestehen, die Art der Strafvollstreckung entspreche nicht den Anforderungen, die man an eine gute Strafvollstreckung stellen dürfe. Ueberdem widerstreitet es den Anforderungen der Gerechtigkeit, den Verurtheilten für Fehler der Strafvollstreckung büßen zu lassen; mögen diese Fehler nun darin bestehen, daß der Vollzug der Strafe sich nicht unmittelbar an das rechtskräftige Erkenntniß anschließt — so daß also auch der rechtskräftig Verurtheilte rückfällig werden kann, auch wenn er die ihm zuerkannte Strafe noch nicht verbüßte —, oder mögen diese Fehler ihren Grund in fehlerhaften Strafmitteln finden, wie in der Polizeiaufsicht, dem Verlust der Ehrenrechte, oder endlich in der fehlerhaften Methode, nach welcher die Freiheitsstrafen, namentlich die Zuchthausstrafe vollstreckt wird. Indem der vorliegende Entwurf es vermeint, Verbesserungen der Strafvollstreckung vorgeschlagen zu haben, durfte derselbe unter Voraussetzung der Richtigkeit dieser Meinung auch den weiteren Schritt thun, den nämlich, den Rückfall als einen allgemeinen Strafschärfungsgrund zu beseitigen.

Zweiter Theil.

Von den einzelnen Verbrechen und deren Bestrafung.

Erster Titel.

Hochverrath und Landesverrath.

§. 50.

Wer es unternimmt, den regierenden Landesherrn eines der zum Norddeutschen Bunde gehörenden Staaten zu tödten, gefangen zu nehmen, in Feindes Gewalt zu liefern oder zur Regierung unfähig zu machen, soll mit lebenslänglichem Zuchthause bestraft werden.

§. 51.

Wer es unternimmt,

1. die Verfassung des Norddeutschen Bundes gewaltsam zu ändern;
2. das Gebiet des Norddeutschen Bundes ganz oder theilweise einem fremden Staate einzuverleiben oder einen Theil des Bundesgebietes vom Ganzen loszureißen;
3. die Verfassung der zum Norddeutschen Bunde gehörenden Staaten gewaltsam zu ändern;
4. das Staatsgebiet der zum Norddeutschen Bunde gehörenden Staaten ganz oder theilweise einem anderen zum Norddeutschen Bunde gehörenden Staate rechtswidrig einzuverleiben, oder einen Theil des Staatsgebietes vom Ganzen loszureißen,

soll mit Zuchthaus oder Einschließung bis zu zwanzig Jahren bestraft werden.

§. 52.

Wenn wegen Hochverraths auf Einschließung erkannt wird (§. 51.), kann das Urtheil zugleich die Untersagung der Ausübung folgender bürgerlicher Ehrenrechte aussprechen:

1. der Fähigkeit, öffentliche Aemter zu führen oder zu erlangen;
2. der Fähigkeit, Geschworner zu sein, in öffentlichen Angelegenheiten zu stimmen, zu wählen oder gewählt zu werden, oder die aus öffentlichen Wahlen hervorgegangenen Rechte auszuüben.

§. 53.

Wer es unternimmt, eine fremde Regierung zu einem Kriege gegen den Norddeutschen Bund zu veranlassen, wird mit Zuchthaus bis zu zwanzig Jahren bestraft.

§. 54.

Ein Inländer, welcher während eines gegen den Norddeutschen Bund ausgebrochenen Krieges ungezwungen die Waffen gegen den Norddeutschen Bund oder dessen Bundesgenossen trägt, wird mit Zuchthaus bis zu zwanzig Jahren bestraft.

§. 55.

Ein Inländer, welcher während eines gegen den Norddeutschen Bund ausgebrochenen Krieges einer feindlichen Macht wissentlich Vorschub leistet, oder den Truppen des Norddeutschen Bundes oder seiner Bundesgenossen wissentlich Nachtheil zufügt, wird mit Zuchthaus bis zu zwanzig Jahren bestraft.

§. 56.

Gegen Ausländer ist wegen der in den §§. 53. und 55. erwähnten Handlungen nach dem Kriegsgebrauche zu verfahren.

Begehen sie aber solche Handlungen, während sie unter dem Schutze eines der zum Norddeutschen Bunde gehörenden Staaten in dessen Gebiete sich aufhalten, so kommen die in den §§. 53. und 55. bestimmten Strafen zur Anwendung.

§. 57.

Wer vorsätzlich:

1. Staatsgeheimnisse oder Festungspläne, oder solche Urkunden, Aktenstücke oder Nachrichten, von denen er weiß, daß das Wohl des Norddeutschen Bundes oder eines einzelnen zu demselben gehörenden deutschen Staates deren Geheimhaltung einer fremden Regierung gegenüber erfordert, dieser Regierung mittheilt oder öffentlich bekannt macht, oder
2. zur Gefährdung der Rechte des Norddeutschen Bundes oder eines einzelnen zu demselben gehörenden deutschen Staates im Verhältniß zu einer fremden Regierung die darüber sprechenden Urkunden oder Beweismittel vernichtet, verfälscht oder unterdrückt, oder
3. ein ihm aufgetragenes Staatsgeschäft mit einer fremden Regierung zum Nachtheile des Norddeutschen Bundes führt, oder
4. ein ihm aufgetragenes Staatsgeschäft zum Nachtheile desjenigen deutschen Staates führt, dessen Regierung ihn mit demselben beauftragte,

wird mit Zuchthaus oder Einschließung bis zu zehn Jahren bestraft.

Wenn es sich lediglich um eine Revision des Preußischen Strafgesetzbuches handelte, so würden die in demselben enthaltenen Bestimmungen über Hochverrath und Landesverrath mancher Aenderung zu unterwerfen gewesen sein. In noch höherem Maße wird dies jetzt nothwendig, wo es sich darum handelt, diese Verbrechen für das Strafgesetzbuch des Norddeutschen Bundes legislatorisch zu behandeln.

Schon oben (S. 5.) wurde darauf hingewiesen, daß die Vorschrift des Art. 74. der Verfassung des Norddeutschen Bundes nur als eine Uebergangsbestimmung angesehen werden könne, erlassen für diejenige Zeit, in welcher das in Art. 4. in Aussicht genommene gemeinsame Strafgesetzbuch noch nicht zu Stande gekommen sei. Dieses gemeinsame Strafgesetzbuch soll und kann nun aber nur Bundesgesetz sein; durch die Publikation desselben werden die Unterthanen sämmtlicher zum Norddeutschen Bunde gehörenden Staaten verpflichtet; und dieser Umstand stellt gerade der legislatorischen Behandlung der Staatsverbrechen manche nicht geringe Schwierigkeiten entgegen. Zwar würde es einfach sein, den Hochverrath und den Landesverrath gegen den Norddeutschen Bund zu formuliren; da jedoch die Gründung des Norddeutschen Bundes die Existenz der einzelnen zu demselben gehörenden Staaten nichts weniger als aufgehoben hat, die Existenz derselben vielmehr eine wesentliche Voraussetzung für die Existenz des Norddeutschen Bundes ist, so folgt hieraus ganz von selbst, daß die Strafgesetzgebung nicht bloß den Norddeutschen Bund selbst, sondern ebenso auch die einzelnen Staaten als Angriffsobjekte hochverrätherischer und zum Theil landesverrätherischer Unternehmungen aufzufassen hat.

Hieraus entsteht denn aber folgende Schwierigkeit.

Wenn bis jetzt ein Partikulargesetz bestimmte:

„Wer die Verfassung gewaltsam verletzt, macht sich des Hochverraths schuldig“ u. s. w.

so war Subjekt eines solchen Verbrechens nur derjenige, auf welchen die Herrschaft dieses Partikulargesetzes sich erstreckte. Denken wir uns beispielsweise die obige Bestimmung in dem Gesetzbuche Oldenburgs getroffen, so wäre von derselben Niemand sonst betroffen worden, als diejenigen Norddeutschen, auf welche die Oldenburgischen Gesetze Anwendung fanden. Wenn dagegen ein Bundesgesetz die Bestimmung träfe:

„Wer es unternimmt, die Oldenburgische Verfassung gewaltsam zu ändern, wird u. s. w. bestraft“

so werden von einem solchen Bundesgesetze alle diejenigen betroffen, auf welche die Bundesgesetze überhaupt ihre Wirksamkeit äußern, und während früher nur der Oldenburger Hochverrath begehen konnte, wenn er es unternahm, die Oldenburgische Verfassung gewaltsam zu ändern, während die gleiche Handlung gegen die Oldenburgische Verfassung von Preußen, Sachsen, Braunschweig u. s. w. aus unternommen, alles Mögliche sein konnte, nur nicht Hochverrath, so würde jetzt, falls ein Bundesgesetz, wie das oben des Beispiels halber fingirte wirklich bestünde, die Oldenburgische Verfassung ein Angriffsobjekt für hochverrätherische Unternehmungen werden in einem Umfange, wie man dies vor der Konstituirung des Norddeutschen Bundes nicht würde haben ahnden können.

Nun würde aber nicht blos für einen der zum Norddeutschen Bunde gehörenden Staaten, sondern für alle derselben das gleiche Resultat herbeigeführt werden, wenn in einem Bundesgesetze gesagt wäre:

„Wer es unternimmt, die Verfassung eines der zum Norddeutschen Bunde gehörenden Staaten gewaltsam zu ändern, wird u. s. w. bestraft.“

Es entsteht somit die Frage, ob es gerechtfertigt ist, durch die in Betreff des Hochverraths, resp. des Landesverrathes zu treffenden Bestimmungen die Objekte dieser Verbrechen in so erheblicher Weise zu erweitern. Denn zur Zeit sind für die in Preußen lebenden Norddeutschen ausschließlich der Preußische Staat und der Norddeutsche Bund Angriffsobjekte hochverrätherischer Unternehmungen. Existirte ein Bundesgesetz, welches nach dem so eben angegebenen Vorbilde formulirt wäre, so würden sich die Angriffsobjekte für hochverrätherische Unternehmungen um nicht weniger als um alle übrigen zum Norddeutschen Bunde gehörenden Staaten vermehren.

Ehe wir auf die Beantwortung dieser Frage eingehen, wird es zweckmäßig sein, zu erwägen, wie sich die Sache gestalten müßte, wenn man die Einzelstaaten nicht durch ein Bundesgesetz gegen hochverrätherische resp. landesverrätherische Angriffe schützen wollte.

In einem solchen Falle müßte die Bundesgesetzgebung sich darauf beschränken, die den Norddeutschen Bund betreffenden Bestimmungen über Hoch- und Landesverrath aufzustellen und der Partikulargesetzgebung es überlassen, diejenigen Bestimmungen zu treffen, welche dem einzelnen Staate über Hochverrath und Landesverrath zu erlassen für nützlich und zweckmäßig erscheinen möchte. Dies würde selbstverständlich nicht möglich sein unter Aufrechterhaltung der in §. 3. dieses Entwurfes getroffenen Bestimmung, nach welcher die Landesstrafgesetzgebung höhere als sechsmonatliche Freiheitsstrafen nicht aufstellen darf; es würde sich daraus ergeben, daß auch die in §. 2. des Entwurfes enthaltenen Bestimmungen über die im Auslande begangenen Verbrechen geändert, daß die in §. 4. enthaltene Bestimmung hinsichtlich der Beschränkung der Landesstrafgesetze in ihrer Wirksamkeit auf das einzelne Territorium wegfallen müßten.

Dies sind indessen lediglich Vorschläge eines Entwurfes; und auf diese kann es natürlich bei Entscheidung der hier interessirenden Frage nicht weiter ankommen. Im Gegentheile! Jene Vorschläge haben hier die Probe zu bestehen, ob sie richtig sind.

Ueberläßt man es der Landesstrafgesetzgebung, die Bestimmungen über den gegen den einzelnen Staat begangenen Hoch- oder Landesverrath zu treffen, so hat das die Folge, daß im Gebiete der politischen Verbrechen in Zukunft überhaupt keine Rechtseinheit in Norddeutschland bestehen, daß vielmehr die gemeinsame, das Strafrecht betreffende Gesetzgebung lediglich auf die sog. gemeinen Verbrechen beschränkt bleiben müßte.

Und ist hierzu genügende Veranlassung vorhanden?

Man wird vielleicht behaupten, dies sei der Fall; denn das Streben nach Rechtseinheit dürfe nicht dazu führen, daß lediglich um der Rechtseinheit willen die strafrechtliche Verantwortlichkeit der einzelnen Staatsangehörigen erhöht werde, und dies geschehe, wenn man in das Bundesgesetz die zum Schutze der einzelnen Staaten erforderlichen Hochverraths- und Landesverraths-Bestimmungen aufnähme.

Aber eine solche Behauptung würde in doppelter Rücksicht unrichtig sein. Werden nämlich die Bestimmungen des Entwurfes Gesetz, so wird dadurch erstens die strafrechtliche Verantwortlichkeit durchaus nicht überall erhöht, und wo dies geschieht, geschieht es keineswegs nur um der zu erreichenden Rechtseinheit willen, sondern es wird dies auch aus anderen Gründen geboten.

Zunächst wird zwar zuzugeben sein, daß, was den Hochverrath anbetrifft, die Objekte hochverrätherischer Angriffe durch den §. 51. gegenüber den früheren Partikularrechten vermehrt werden.

Damit ist aber nicht auch gesagt, daß die Fälle der Strafbarkeit innerhalb der politischen Verbrechen durch die Vorschriften des Entwurfs erweitert seien. Denn in dem gleichen Umfange, in welchem die Objekte des hochverrätherischen Angriffes sich vermehren, vermindern sich die Objekte derjenigen Staatsverbrechen, welche in Preußen unter dem Titel: „Feindliche Handlungen gegen befreundete Staaten“ zusammengestellt sind.

Hier heißt es §. 78.:

„Ein Preuße, der im Inlande oder Auslande, oder ein Ausländer, der während seines Aufenthalts in Preußen gegen einen der deutschen Staaten oder dessen Regenten eine Handlung vornimmt, welche, wenn er sie gegen den König oder den Preußischen Staat verübt hätte, als eine hochverrätherische anzusehen sein würde, ist in den Fällen der §§. 61. bis 65. mit Zuchthausstrafe von zwei bis zu zehn Jahren, oder wenn festgestellt wird, daß mildernde Umstände vorhanden sind, mit Einschließung von Einem bis zu zehn Jahren, in dem Falle des §. 66. aber mit Einschließung von sechs Monaten bis zu drei Jahren zu bestrafen.

Dieselbe Strafe tritt ein, wenn die Handlung gegen einen andern Staat gerichtet ist, in welchem nach publicirten Verträgen oder Gesetzen die Gegenseitigkeit verbürgt ist."

Der Entwurf reproducirt diesen Paragraphen. Aber wenn in dem Entwurf von „deutschen Staaten" gesprochen wird, gegen welche kein Hochverrath, wohl aber ein widerrechtlicher Angriff nach Analogie des Hochverrathes begangen werden kann, so sind hierunter nur diejenigen deutschen Staaten zu verstehen, welche nicht zum Norddeutschen Bunde gehören; während die „deutschen Staaten" des Preußischen §. 78. alle deutschen Staaten sind mit alleiniger Ausnahme von Preußen.

Wenn demnach heute ein Preuße es unternähme, die Verfassung Oldenburgs gewaltsam zu ändern, so würde er nach §. 78. des Preußischen Strafgesetzbuches zu strafen sein. Geschehe das Gleiche, nachdem §. 51. des Entwurfs Geltung erlangt hätte, so würde dieser Paragraph des Entwurfes in Anwendung zu bringen sein. Der Entwurf macht also nicht erst eine Handlung zu einer strafbaren, welche nach dem bisherigen Rechte straflos gewesen wäre, sondern er verändert lediglich den Titel der Strafbarkeit; nicht einmal die Höhe der Strafe. Denn das heutige Preußische Strafrecht*) droht in §. 78. Zuchthaus bis zu zehn Jahren oder Einschließung von sechs Monaten bis zu zehn Jahren an; der Entwurf geht aber in §. 51. ebenfalls bis auf zwei Jahre Zuchthaus hinab und bestimmt für die Einschließung gar kein Minimum.

Diese Aenderung des Titels der Anklage und der Verurtheilung findet aber ihre Berechtigung in der Verfassung des Norddeutschen Bundes. Die zu demselben gehörenden Staaten sind nicht „befreundete Staaten", sondern es sind Theile eines und desselben Staatsganzen, des Norddeutschen Bundes. Wenn das Verhältniß, in welchem vor der Gründung des Norddeutschen Bundes die deutschen Staaten zu einander standen, ausreichend war, um Strafbestimmungen in Betreff „feindlicher Handlungen gegen befreundete Staaten" entstehen zu lassen, wenn das Verhältniß, in welchem heute der Norddeutsche Bund zu den übrigen deutschen Staaten steht, einen gleichen Verbrechenstitel nicht entbehrlich erscheinen läßt, so wird das engere Verhältniß, in welches jetzt die den Norddeutschen Bund bildenden Staaten zu einander getreten sind, es rechtfertigen, wenn dasjenige, was ihnen geschieht, nicht als etwas angesehen wird, was einem fremden, wenn auch immerhin befreundeten Staate geschehen, sondern wenn

*) Vergl. Braunschweig §. 86. Bayern Art. 114.

man es auffaßt, als eine Verletzung des Staatswesens, dem man selbst angehört, als eine Verletzung des Ganzen in einem seiner Theile.

Dazu kommt aber noch, daß die Verfassung des Norddeutschen Bundes das Verhältniß der Angehörigen der einzelnen zum Norddeutschen Bunde gehörenden Staaten zu diesen Staaten selbst gegenüber dem früheren Rechte auf das Wesentlichste geändert hat. Jetzt bestimmt Art. 3. der Verfassung des Norddeutschen Bundes:

> „Für den ganzen Umfang des Bundesgebietes besteht ein gemeinsames Indigenat mit der Wirkung, daß der Angehörige eines jeden Bundesstaates in jedem andern Bundesstaate als Inländer zu behandeln“ u. s. w.

Diesem Rechte, welches jeder Bundesangehörige jedem Bundesstaate gegenüber in Anspruch nehmen kann, entspricht die Pflicht, den Institutionen eines jeden der Bundesstaaten eine solche Achtung zu bezeigen, wie sie ein Staat in Anspruch nehmen darf, der jeden Augenblick innerhalb des Ganzen des Bundesgebietes der spezielle Heimathsstaat des Bundesangehörigen werden kann; es folgt hieraus, daß es genug ist, wenn Angriffe innerhalb des Bundesgebietes gegen den einzelnen Bundesstaat gerichtet sind, und daß es nicht darauf ankommen kann, zu untersuchen, an welchem Orte der Thäter gerade sein Domicil zu der Zeit aufgeschlagen hatte, als er es unternahm, dadurch in hochverrätherischer Weise gegen den Bund zu handeln, daß er gegen einen Theil desselben die hochverrätherische Handlung richtete.

Diese Auffassung von der Zusammengehörigkeit der einzelnen zum Norddeutschen Bunde gehörenden Staaten hat ihre Konsequenzen auch bei anderen Verbrechen, so bei der Majestätsbeleidigung, den Verbrechen gegen die öffentliche Ordnung, dem Widerstande gegen die Staatsgewalt u. a. An dieser Stelle kommt es jedoch zunächst darauf an, die Bestimmmungen des Entwurfs näher zu motiviren.

Von dem Hochverrathe.

Objekt des Hochverraths ist der Norddeutsche Bund in seiner Totalität, und der Norddeutsche Bund in seinen einzelnen Theilen, den einzelnen Bundesstaaten. Die hochverrätherischen Angriffe gegen die regierenden Landesherren sind im §. 50. mit Strafe bedroht. In diesem Paragraphen sind die „regierenden Landesherren der zum Norddeutschen Bunde gehörenden Staaten“ einander vollkommen gleich gestellt. Bisher würde beispielsweise ein Angriff auf das Leben des Königs von Preußen nur dann als Hochverrath aufgefaßt worden sein, wenn der Angriff innerhalb der Grenzen des Preußischen Staates erfolgt wäre. Der Entwurf geht davon aus, daß jeder regierende Fürst, welcher Mitglied des Norddeutschen Bundes ist, innerhalb des ganzen Bundesgebiets als einer der regierenden Fürsten des Norddeutschen Bundes zu betrachten ist. Hiernach konnte ein Angriff auf die Person eines der regierenden Landesherren nicht blos dann als hochverrätherischer qualificirt werden, wenn derselbe innerhalb der Grenzen des einzelnen Bundesstaates erfolgte, sondern es mußte für diese Qualifikation des Angriffes vollkommen gleichgültig sein, an welcher Stelle derselbe erfolgte, falls er nur innerhalb der Grenzen des Norddeutschen Bundesgebietes erfolgte.

Art. 11. der Verfassung des Norddeutschen Bundes:

„Das Präsidium des Bundes steht der Krone Preußen zu" u. s. w."

gab zu der Erwägung Veranlassung, ob nicht eine die Krone Preußen betreffende Spezialbestimmung in den Entwurf aufzunehmen sei.

Die „Krone Preußen" würde nun aber ein taugliches Objekt für diejenigen hochverrätherischen Angriffe, von denen der Entwurf in §. 50. spricht, nicht sein. Man müßte statt von der „Krone Preußen" von dem „Könige von Preußen" sprechen. Es waren nun aber bestimmte politische Rücksichten, welche den Art. 11. der Verfassung des Norddeutschen Bundes nicht von dem „Könige von Preußen" sondern von der „Krone Preußen" sprechen ließen; und der Entwurf glaubte diese Rücksichten richtig zu würdigen, wenn er von dem Könige von Preußen in keiner anderen Weise sprach, als von den regierenden Landesherren der zum Norddeutschen Bunde gehörenden Staaten überhaupt.

Die hochverrätherischen Angriffe gegen die Bundesverfassung, gegen die Landesverfassungen, gegen das Bundesterritorium und gegen die Territorien der einzelnen Staaten umfaßt §. 51. des Entwurfs.

Hinsichtlich der Bundesverfassung ergab sich die betreffende Bestimmung von selbst; und hinsichtlich der Landesverfassungen ist nur die eine Bemerkung zu machen, daß abweichend vom Preußischen Strafgesetzbuche, welches §. 61. Nr. 2. neben der Staatsverfassung noch die „Thronfolge" besonders erwähnt, der Entwurf nur von der „Verfassung der zum Norddeutschen Bunde gehörenden Staaten" spricht, da die Thronfolge als integrirender Bestandtheil der Staatsverfassung aufzufassen ist.

In Betreff des Hochverraths, insofern derselbe durch Verletzung des Bundesgebietes, oder der einzelnen Staatsgebiete begangen wird, mußte Folgendes erwogen werden:

1. Jede Lostrennung eines Theiles des Staatsgebietes eines einzelnen Staates vom Ganzen, um diesen Theil einem fremden Staate einzuverleiben, ist zugleich eine Verletzung des Bundesgebietes, da es ja kein Bundesgebiet giebt, welches nicht zugleich zu dem Gebiete eines einzelnen Bundesstaates gehörte. In diesem Falle würde mithin der Hochverrath gegen den Norddeutschen Bund und gegen denjenigen einzelnen Staat, dessen Gebiet ganz oder theilweise einem fremden Staate einverleibt, oder welches von der Zusammengehörigkeit mit dem Bunde losgerissen werden sollte, vollständig zusammenfallen.

2. Es ist aber keinesweges nöthig, daß jedesmal, wenn von dem Gebiete eines einzelnen Bundesstaates ein Theil losgerissen werden soll, dies deswegen geschehe, um das Bundesgebiet zu verletzen. Wenn beispielsweise eine hochverrätherische Handlung gegen Preußen dahin gerichtet wäre, von dem Preußischen Staate die Provinz Hannover loszureißen, um aus dieser Provinz einen zum Norddeutschen Bunde gehörenden Staat zu machen; oder wenn eine hochverrätherische Handlung

gegen das Königreich Sachsen dahin gerichtet wäre, die Stadt Leipzig von dem Königreich Sachsen loszureißen und mit Preußen zu vereinigen; so würde in keinem dieser Fälle Bundesgebiet, wohl aber in jedem derselben Staatsgebiet in hochverrätherischer Weise verletzt sein.

Diese Erwägungen führten zur Aufstellung der Gesetzesformeln §. 51. Nr. 2. und Nr. 4.

Landesverrath.

Die Fälle des militärischen Landesverraths, von welchen der Entwurf §§. 53—55. handelt, können nur gegen den Norddeutschen Bund, nicht aber gegen den einzelnen Bundesstaat gerichtet sein. Voraussetzung für die Anwendbarkeit dieser Paragraphen ist nämlich, daß entweder ein Krieg ausbrechen soll (§. 53). oder daß ein Krieg ausgebrochen ist. Das jus belli ac pacis steht aber seit der Begründung des Norddeutschen Bundes nicht mehr diesem oder jenem der einzelnen Bundesstaaten, sondern nur noch dem Norddeutschen Bunde selbst zu.*)

Dagegen können Fälle des s. g. diplomatischen Landesverraths sowohl gegen den Norddeutschen Bund, wie auch gegen den einzelnen Bundesstaat begangen werden. Die Strafbestimmungen, welche sich auf diese Verbrechensfälle beziehen, sind im §. 57. enthalten, einer Nachbildung des Preußischen Strafgesetzbuches §. 71. Zu diesem §. 57. des Entwurfes sind folgende Bemerkungen zu machen.

1. Wenn gesagt wird:

„Mit Zuchthaus oder Einschließung bis zu zehn Jahren wird bestraft, wer vorsätzlich

1) Staatsgeheimnisse oder Festungspläne, oder solche Urkunden, Aktenstücke oder Nachrichten, von denen er weiß, daß das Wohl des Norddeutschen Bundes oder eines einzelnen zu demselben gehörenden deutschen Staates deren Geheimhaltung einer fremden Regierung gegenüber erfordert, dieser Regierung mittheilt oder öffentlich bekannt macht, oder

2) zur Gefährdung der Rechte des Norddeutschen Bundes oder eines einzelnen zu demselben gehörenden deutschen Staates im Verhältniß zu einer fremden Regierung die darüber sprechenden Urkunden oder Beweismittel vernichtet, verfälscht oder unterdrückt" —

so sind sowohl in dem Falle No. 1. wie auch in dem Falle No. 2. genau genommen drei verschiedene Delikte enthalten, da unter dem Ausdrucke fremde Regierung zu verstehen ist, erstens eine solche, welche dem Norddeutschen Bunde gegenüber eine fremde Regierung ist, und zweitens eine solche, welche dem einzelnen Staate gegenüber eine fremde Regierung ist. Der letztere Fall enthält aber selbst zwei Fälle, indem die dem einzelnen Staate gegenüberstehende fremde Regierung bald die Regierung eines solchen Staates sein kann, welcher

*) Vgl. oben S. 6.

selbst auch zum Norddeutschen Bunde gehört, bald die Regieruug eines solchen Staates, welcher zum Norddeutschen Bunde nicht gehört. Denn wenn auch durch das Präsidium des Norddeutschen Bundes die völkerrechtliche Vertretung des Bundes erfolgt, so schließt dies wenigstens die Möglichkeit des unmittelbaren diplomatischen Verkehrs der einzelnen Bundesstaaten mit Regierungen, welche zum Norddeutschen Bunde nicht gehören, keineswegs aus, und noch weniger würde die Möglichkeit eines verbrecherischen Verkehrs, wie derselbe in der Gesetzesformel bezeichnet ist, ausgeschlossen sein.

Bedenklich könnte es in diesen Gesetzesformeln sein, daß somit der Ausdruck „fremde Regierung" auch eine zum Norddeutschen Bunde gehörende Regierung bezeichnen kann, um so mehr, als in §. 51. des Entwurfes der „fremde Staat" ausdrücklich dem „zum Norddeutschen Bunde gehörenden Staate" gegenübergestellt ist. Aber praktische Nachtheile für die etwaige Anwendung der Gesetzesformel würden sich hieraus nicht ergeben. Denn wenn in §. 51. der Ausdruck „fremder Staat" einen ganz bestimmten, aus dem §. 51. selbst sich ergebenden Inhalt hat, so kann der Ausdruck „fremde Regierung" in §. 57. einen zum Theil weiteren Inhalt haben, falls letzterer nur aus dem §. 57. selbst erkannt werden kann. Ich glaube aber, daß der Wortlaut des §. 57. darüber, was an dieser Stelle unter fremder Regierung zu verstehen ist, keinen Zweifel zuläßt.

Subjekte der in §. 57. Nr. 1. und 2. aufgestellten Verbrechen können die Angehörigen sämmtlicher Bundesstaaten sein. Bei dem Verrathe gegen den Norddeutschen Bund versteht sich dieses von selbst. Aber auch für den an den einzelnen Bundesstaaten begangenen Verrath wird es durch die Gesetzesformel dadurch angeordnet, daß dieselbe in diesem Falle nicht etwa von den Unterthanen des betreffenden Staates spricht, sondern ganz allgemein sagt: „Wer" u. s. w. und unter diesem Worte Jeden versteht, welcher dem Bundesgesetz, welches heißt: „Strafgesetzbuch des Norddeutschen Bundes" unterworfen ist. Es folgt diese Fassung des Gesetzes aus dem, was oben über die in Folge der Gründung des Norddeutschen Bundes bewirkte Zusammengehörigkeit der einzelnen Bundesstaaten gesagt ist, und es würde diese Fassung des Gesetzes unzweifelhaft auch die Folge haben, daß §. 57. Nr. 1. beispielsweise in Anwendung kommen müßte, wenn ein Preußischer Unterthan dem Preußischen Staate ein Aktenstück mittheilte, von welchem er weiß, daß das Wohl des Sächsischen Staates dessen Geheimhaltung der Preußischen Regierung gegenüber erforderte.

2. Die Nr. 3. und 4. des §. 57. sind eine Nachbildung des Preußischen Strafgesetzbuches §. 71. Nr. 3. Wenn es an dieser Stelle heißt:

„Wer vorsätzlich

3) ein ihm aufgetragenes Staatsgeschäft mit einer fremden Regierung zum Nachtheile Preußens führt",

so durfte diese Formel nicht dahin umgeändert werden, daß man sagte:

„Wer vorsätzlich

ein ihm aufgetragenes Staatsgeschäft mit einer fremden Regierung zum Nachtheile des Norddeutschen Bundes oder eines zu demselben gehörenden deutschen Staates führt.

Denn es können Fälle vorkommen, wo der Vortheil des eigenen Staates, ohne die Interessen des Norddeutschen Bundes zu benachtheiligen, die Benachtheiligung eines anderen einzelnen Bundesstaates nicht ausschließt.

Deshalb ist in dem Entwurfe gesagt:

„Wer vorsätzlich:

3) ein ihm aufgetragenes Staatsgeschäft mit einer fremden Regierung zum Nachtheile des Norddeutschen Bundes führt, oder

4) ein ihm aufgetragenes Staatsgeschäft zum Nachtheile desjenigen deutschen Staates führt, dessen Regierung ihn mit demselben beauftragte."

Der Entwurf läßt eine nicht geringe Zahl solcher Bestimmungen fort, welche von den deutschen Strafgesetzbüchern bei Regelung der den Hochverrath und den Landesverrath betreffenden Bestimmungen für erforderlich erachtet werden. Es wird ausreichend sein, wenn auf diejenigen Vorschriften eingegangen wird, welche sich in dem Preußischen Strafgesetzbuche finden und in dem Entwurfe nicht reproducirt sind.

I. In dem Entwurfe fehlt die Bestimmung über die Vollendung des Hochverraths. Hierüber sagt das Preußische Strafgesetzbuch:

§. 62. „Als ein Unternehmen, durch welches das Verbrechen des Hochverraths vollendet wird, ist eine solche Handlung anzusehen, durch welche das verbrecherische Vorhaben unmittelbar zur Ausführung gebracht werden soll."

Die Geschichte der Preußischen Gesetzgebung ergiebt, daß diese Bestimmung nicht dazu getroffen ist, um die Strafe des vollendeten Hochverraths auch auf Fälle des nicht vollendeten Verbrechens zu übertragen, daß vielmehr der Zweck dieser Bestimmung der gewesen, die Strafe des vollendeten Verbrechens einzuschränken auf die Fälle des conatus proximus.*)

Hätte das Preußische Strafgesetzbuch bestimmt:

„Wer 1) den König tödtet, gefangen nimmt, in Feindes Gewalt liefert, oder zur Regierung unfähig macht, oder

2) die Thronfolge oder die Staatsverfassung gewaltsam ändert, oder

3) das Gebiet des Preußischen Staates ganz oder theilweise einem fremden Staate einverleibt, oder einen Theil des Gebietes vom Ganzen losreißt,

begeht einen Hochverrath und wird mit dem Tode bestraft;" —

so hätte bei einer solchen Fassung des Gesetzes die Todesstrafe nur dann

---

*) Vergl. Goltdammer Materialien II. S. 20.

erkannt werden dürfen, wenn der König getödtet, die Verfassung verletzt, Theile des Staatsgebietes vom Ganzen losgerissen waren; es wäre mithin die Strafe des vollendeten Verbrechens von der eingetretenen Verletzung des angegriffenen Rechtes abhängig gewesen. Gegenüber einer solchen gesetzlichen Formel wäre es dann nothwendig gewesen, zu bestimmen, daß die Strafe für das vollendete Verbrechen auch auf den Versuch anzuwenden sei, wobei es ja dann von der Gesetzgebung abgehangen hätte, diese Ausdehnung auf jede Art des Versuches oder — vorausgesetzt, daß es sich gesetzlich formuliren ließe — nur auf den nächsten Versuch vorzunehmen.

Wenn aber das Preußische Strafgesetzbuch den Thatbestand so formulirte, wie es geschehen ist; wenn nicht die Verletzung der Verfassung selbst, sondern ein „Unternehmen, welches darauf abzielt", die Verfassung gewaltsam zu verletzen, mit dem Tode bedroht wurde, so mußte, da in dem Worte „Unternehmen" nicht nur jede Art des Versuches, sondern auch jede Vorbereitungshandlung mit enthalten war, angeordnet werden, auf welche Art von Unternehmungen die Todesstrafe beschränkt bleiben solle.

Der Entwurf hatte hierzu keine Veranlassung.

Denn erstens reicht in dem Entwurfe der Ausdruck „Unternehmen" nicht weiter als der Begriff „verbrecherische Handlung". Und der Begriff „verbrecherische Handlung" reicht nicht weiter, als sich eine solche, ohne irgend welche speciell für den Hochverrath berechnete Ausnahmebestimmung durch ein auf den Prinzipien des akkusatorischen Processes beruhendes Strafverfahren feststellen läßt. Zweitens aber kennt der Entwurf nur bei den hochverrätherischen Angriffen gegen die Person des Landesherrn eine absolut bestimmte Strafe (§. 50.), während für die übrigen Fälle des Hochverraths (§. 51.) eine relativ bestimmte Strafe festgesetzt ist.

Der Entwurf bestimmt demnach in den Gesetzesformeln der §§. 50. und 51.:

1. Ein Unternehmen, welches sich nach den allgemeinen processualischen Grundsätzen als ein gegen das Leben u. s. w. eines der regierenden Landesherren gerichtetes feststellen läßt, ist mit lebenslänglicher Zuchthausstrafe zu ahnden.

2. Ein Unternehmen, welches sich nach den allgemeinen processualischen Grundsätzen als ein gegen die Verfassung des Norddeutschen Bundes oder eines einzelnen Bundesstaates, gegen das Bundesgebiet oder das Gebiet eines einzelnen Bundesstaates gerichtetes feststellen läßt, ist mit Zuchthaus oder Einschließung bis zu zwanzig Jahren zu bestrafen.

3. Für den Thatbestand des §. 50. würde die Verletzung des angegriffenen Rechts keine höhere Strafe verwirken als der rechtswidrige Angriff; für den Thatbestand des §. 51. würde die Verletzung des angegriffenen Rechts als Strafzumessungsgrund gegenüber dem rechtswidrigen Angriff verwerthet werden können, jedoch mit der Maßgabe, daß einerseits auch die Verletzung des Rechts die Strafe des Hochverrathes nicht über die zwanzigjährige Zuchthausstrafe erhöhen kann, an-

dererseits auf dieses Strafmaximum auch erkannt werden kann, wenn es bei dem rechtswidrigen Angriff geblieben ist.

Diesen Bestimmungen gegenüber konnte der Entwurf eine Gesetzesformel wie die des Preußischen Strafgesetzbuches §. 62. entbehren. Und, ich glaube, es gereicht dies dem Entwurfe nicht zum Nachtheil. War schon, wie dies oben nachgewiesen ist, die den Versuch betreffende Gesetzesformel des Preußischen Strafgesetzbuches — „der Versuch ist nur dann strafbar, wenn derselbe durch Handlungen, welche einen Anfang der Ausführung enthalten, an den Tag gelegt" — auch um deswillen so bedenklich, weil durch dieselbe innerhalb des Versuchsbegriffes ein strafbarer und ein strafloser Versuch von einander gesondert wurden, so wird die Gesetzesformel des §. 62. dadurch eine für die praktische Handhabung so schwierige, daß durch dieselbe innerhalb des nach den Grundsätzen des Preußischen Strafgesetzbuches für strafbar erklärten Versuches zu unterscheiden ist zwischen einer Versuchshandlung, durch welche das verbrecherische Vorhaben unmittelbar zur Ausführung gebracht werden soll, und einer solchen ebenfalls strafbaren Versuchshandlung, durch welche das verbrecherische Vorhaben zwar auch zur Ausführung gebracht, aber nicht unmittelbar zur Ausführung gebracht werden sollte. Doktrin und Gesetzgebung haben die verschiedene Bestrafung verschiedenartiger Grade des Versuches aufgegeben, weil es an entscheidenden Kriterien fehlte, durch welche der nähere von dem entfernteren Versuche qualitativ unterschieden werden könnte. Durch die Vorschrift des §. 62. des Preußischen Strafgesetzbuches hat man der Praxis dennoch die Aufgabe gestellt, diese Unterscheidung zu machen. Wäre dies bei einem anderen Verbrechen geschehen, so wäre es nicht zu billigen gewesen. Das Verbrechen des Hochverrathes aber ist, wenn irgend eines, eher geeignet, zu solchen gesetzlichen Vorschriften Veranlassung zu geben, welche eine erhöhte Sicherheit der praktischen Handhabung herbeiführen,*) als daß es Vorschriften vertragen könnte, welche dazu beitragen, die Präcision der Begriffsbestimmung dieses Verbrechens abzuschwächen. Und wie sehr die Fassung des §. 62. geeignet ist, Unsicherheiten in der Praxis herbeizuführen, dazu genügt als Beweis die Mittheilung der ersten Note Oppenhoffs zu §. 62. Hier heißt es:

„Dieser Paragraph hat den Versuch in den Thatbestand des vollendeten Verbrechens gezogen; gleichwohl hält Goltdammer (Matt. II. 22.) dafür, daß nicht Alles, was nach §. 31. als strafbarer Versuch anzusehen wäre, jetzt den vollendeten Hochverrath darstelle; er folgert vielmehr aus dem Umstande, daß die dieses ausdrücklich aussprechende Fassung der älteren Entwürfe beseitigt worden, daß der Begriff des §. 62. enger zu fassen sei, und fordert zum vollendeten Hochverrath: „eine Handlung, die geeignet ist, bereits unmittelbar die Verwirklichung der im §. 61. angegebenen Zwecke herbeizuführen, und deshalb erfolgt durch einen thätlichen, gewaltsamen Angriff auf den König oder auf die Organe der Regierung, mit deren Besei-

*) Z. B. die Vorschrift, daß wegen Hochverraths nur auf die übereinstimmende Aussage zweier Zeugen verurtheilt werden dürfe.

tigung oder Unterwerfung die dermalige Verfassung des Staats oder die Integrität seines Gebiets im Verbande bedroht wird, oder durch eine gefährliche Bedrohung, welche auch ohne einen solchen Angriff ihre Wirksamkeit aufzuheben geeignet ist; es sei aber nicht erforderlich, daß diese Handlungen vollendet worden, es sei vielmehr, nach den allgemeinen Regeln über den Versuch, ihr Anfang hinreichend, um den Thatbestand des vollendeten Verbrechens darzustellen;" contra: Temme Glossen. S. 141. Nr. 11., er nimmt Hochverrath nur da an, wo bereits zur wirklichen Ausführung des betreffenden Unternehmens geschritten ist, und will Alles, was vor dem Anfange der Handlung liegt, nur als Vorbereitung (§§. 63—66.) aufgefaßt und bestraft wissen, während Zachariä (Abh. in Goltd. Arch. III. 172; V. 581. 591.) namentlich die Fälle der §§. 63—66 nur als Versuche, und nach §. 31. strafbar, betrachtet."

Also vier Kriminalisten, Oppenhoff, Goltdammer, Temme, Zachariä, haben jeder eine Ansicht über Vollendung und Versuch des Hochverraths, aber jeder eine besondere Ansicht. Das ermöglichte die Gesetzesformel des Preußischen Strafgesetzbuches, von deren praktischer Handhabung nichts Geringeres abhängen sollte, als Tod oder Leben des Angeschuldigten.

II. In dem Entwurfe fehlen sodann Bestimmungen, welche den §§. 63. 64. 66. des Preußischen Strafgesetzbuches entsprächen.

§. 63. „Haben zwei oder mehrere Personen die Ausführung eines hochverrätherischen Unternehmens verabredet, ohne daß es schon zum Beginn der in §. 62. bezeichneten Handlung gekommen ist, so soll sie die Strafe von fünfjährigem bis lebenslänglichem Zuchthaus treffen.

Wird festgestellt, daß mildernde Umstände vorhanden sind, so tritt Einschließung nicht unter fünf Jahren ein.

Neben der Einschließung soll das Urtheil zugleich den Verlust oder die zeitige Untersagung der Ausübung nachstehender bürgerlichen Ehrenrechte aussprechen:

1. Der Fähigkeit, öffentliche Aemter zu führen oder zu erlangen;
2. der Fähigkeit, Geschworner zu sein, in öffentlichen Angelegenheiten zu stimmen, zu wählen oder gewählt zu werden, oder die aus öffentlichen Wahlen hervorgegangenen Rechte auszuüben."

§. 64. „Gleiche Strafe (§. 63.) soll denjenigen treffen, welcher zur Vorbereitung eines Hochverraths, entweder mit einer auswärtigen Regierung sich einläßt, oder die ihm vom Staate anvertraute Macht mißbraucht, oder Mannschaften anwirbt oder in den Waffen einübt."

§. 66. „Jede andere, ein hochverrätherisches Unternehmen vorbereitende Handlung soll mit Zuchthaus bis zu fünf Jahren, oder wenn festgestellt wird, daß mildernde Umstände vorhanden sind, mit Einschließung von Einem bis zu fünf Jahren bestraft werden."

Diese Bestimmungen sind unter verschiedenen Gesichtspunkten zu betrachten:

1) Es kann durch diese Bestimmungen (Preußisches Strafgesetzbuch §§. 63. 64. 66.) angeordnet sein, daß da, wo vollendeter Hochverrath oder nächster Versuch des Hochverraths (Preuß. Strafgesetzbuch §. 62.) nicht vorliegt, wohl aber gewöhnlicher Versuch (§. 31. des Preuß.

Strafgesetzbuches) vorhanden wäre, die Strafbarkeit des begangenen Delikts nicht nach den Bestimmungen des §. 61. 31., sondern nach den Spezialbestimmungen der §§. 63. 64. 66. abgemessen werde. Der Entwurf braucht, um diesen Zweck zu erreichen, keine Spezialbestimmungen, da derselbe erstens eine dem Preußischen Strafgesetzbuche §. 62. entsprechende Bestimmung nicht hat, und zweitens die in dem Entwurfe aufgestellten Versuchsstrafen durch die sowohl in §. 50., wie auch in §. 51. des Entwurfes gebrauchten Worte: „Wer es unternimmt", beseitigt sind.

2) Es kann auch endlich in diesen Vorschriften des Preußischen Strafgesetzbuches gesagt sein, daß Handlungen, welche ihrer kriminalistischen Art und Beschaffenheit nach bei jedem anderen Verbrechen straflos sein würden, beim Hochverrath strafbar sein müßten. Insoweit durch die erwähnten Bestimmungen des Preußischen Strafgesetzbuches dieser Gedanke realisirt ist, würden dieselben zu verwerfen sein. Denn erstens würden diese Bestimmungen einem korrekten Strafverfahren gegenüber nicht durchführbar sein. Denken wir uns aber ein Strafverfahren, welches durch inquisitorische Maßregeln das verbrecherische Ziel in einer kriminalistisch indifferenten Vorbereitungshandlung zu entdecken vermöchte, so würde es dennoch nicht gerechtfertigt sein, wenn man eine auf solchem Wege gewonnene Entdeckung kriminalistisch verwerthen wollte. Wenn Doktrin und Gesetzgebung darin übereinstimmen, daß Vorbereitungshandlungen nicht gestraft werden sollen, so resultirt dies Verbot auf der Erkenntniß, daß über das Vorhandensein des verbrecherischen Willens sich nur dann mit Sicherheit urtheilen lasse, wenn derselbe aus dem, was geschehen ist, erkannt werden kann, nicht aber dann, wenn er unter Anwendung inquisitorischer Maßregeln in das Geschehene erst hineingetragen worden ist. Sagt man nun, daß letzteres bei keinem Verbrechen stattfinden solle, außer beim Hochverrath, so sagt man damit, daß jene inquisitorische Operation zwar bei jedem Verbrechen eine gefährliche, bei dem Hochverrathe dagegen eine vollkommen ungefährliche sei. Und eine solche Behauptung ist so sehr unrichtig, daß eher das vollkommene Gegentheil derselben richtig sein würde. Was um der Unsicherheit der Beweisführung willen bei allen übrigen Verbrechen unterbleiben muß, das muß ganz gewiß auch beim Hochverrath unterbleiben — der Entwurf hat das Mögliche gethan, wenn er es unterließ, bestimmte Vorschriften zu treffen, welche die Sicherheit des Beweises bei Hochverrathsprozessen in höherem Maße als bei anderen Verbrechen zu garantiren geeignet wären. Demgemäß schien es zunächst darauf anzukommen, von einer neuen deutschen Gesetzgebung jegliche Ausnahmebestimmungen fern zu halten, und würde dies erreicht werden, so würde schon viel erreicht sein.

Dieses Streben, exceptionelle für das Verbrechen des Hochverrathes ausschließlich berechnete Bestimmungen zu beseitigen, führte auch dazu:

III. die Bestimmung des Preußischen Strafgesetzbuches §. 65. in den Entwurf nicht aufzunehmen. Es wird nämlich durch §. 65. angeordnet:

„Wer öffentlich durch Rede oder Schrift zur Ausführung einer Handlung auffordert, welche nach §. 62. als ein hochverrätherisches Unternehmen zu bestrafen wäre, soll mit zwei bis zehnjährigem Zuchthaus, oder, wenn festgestellt wird, daß mildernde Umstände vorhanden sind, mit Einschließung von zwei bis zu zehn Jahren bestraft werden."

Um die Fortlassung einer diesem §. 65. entsprechenden Bestimmung zu rechtfertigen, ist zunächst daran zu erinnern, daß der Entwurf in §. 30. folgende Bestimmung aufgenommen hat:

„Wer durch Reden an öffentlichen Orten oder bei öffentlichen Zusammenkünften, oder durch Schriften, Abbildungen oder andere Darstellungen, welche verkauft, vertheilt oder umhergetragen, oder öffentlich ausgestellt oder angeschlagen werden, zu einem Verbrechen auffordert, anreizt, verleitet oder zu bestimmen sucht, soll als Anstifter bestraft werden, wenn die Aufforderung das Verbrechen oder den Versuch des Verbrechens zur Folge gehabt hat.

Ist die Aufforderung ohne Erfolg geblieben, so ist die Strafe Gefängniß bis zu Einem Jahre oder Geldbuße bis zu zweihundert Thalern."

Diese Bestimmung würde demnach die Folge haben, daß die von Erfolg begleitete öffentliche Aufforderung zu einem hochverrätherischen Unternehmen so wie die Anstiftung zum Hochverrath; daß die erfolglos gebliebene Aufforderung mit Gefängniß bis zu Einem Jahre oder Geldbuße bis zu zweihundert Thalern zu bestrafen wäre.

Darin besteht ja auch die ganze Bedeutung des Preußischen §. 65., daß die erfolglos gebliebene öffentliche Aufforderung zum Hochverrath mit einer erheblich höheren Strafe bedroht wird, als die erfolglos gebliebene Aufforderung zu irgend einem anderen Verbrechen.

Eine solche Ausnahmebestimmung könnte sich vom Standpunkte des Preußischen Strafgesetzbuches aus denkbarerweise aus folgenden Erwägungen rechtfertigen:

1. Die Höhe der dem Hochverrathe im Preußischen Strafgesetzbuche angedrohten Strafe rechtfertigt die Höhe derjenigen Strafe, welche für die öffentliche, wenn auch erfolglos gebliebene Aufforderung zum Hochverrathe bestimmt ist. Aber ein näheres Eingehen auf die im Preußischen Strafgesetzbuche überhaupt angedrohten Strafen zeigt, daß dieses nicht die Veranlassung zur Aufstellung des §. 65. gewesen sein kann. Denn die Todesstrafe ist, außer für den Hochverrath, noch für andere Verbrechen angedroht (§§. 67. 68. 69. 74. 175. 178. 179. 285. u. s. w.*). Die Straferhöhung der öffentlichen Aufforderung zu den nach Preußischem Rechte todeswürdigen Verbrechen ist aber auf die Aufforderung zum Hochverrathe beschränkt geblieben. Nach dem jetzt geltenden Preußischen Strafrechte könnte Derjenige, welcher zur Begehung eines Mordes, einer Menschenleben gefährdenden Brandstiftung öffentlich auf-

*) Siehe oben S. 40. 41.

forderte, höchstens mit Gefängniß von Einem Jahre; dagegen müßte die erfolglose Aufforderung zur Begehung eines Hochverraths mindestens mit zwei Jahren Einschließung, könnte aber auch mit Zuchthaus bis zu zehn Jahren bestraft werden.

Die Höhe der auf den Hochverrath gesetzten Strafe kann somit nicht der Grund für die Ausnahmebestimmung des §. 65. sein.

2. Die Bestimmung des §. 65. könnte sich möglicherweise rechtfertigen durch die Gefährlichkeit des **Hochverraths**. Es muß indessen bestritten werden, daß gerade der Hochverrath ein vorzugsweise gefährliches Verbrechen sei. Denn zur Ausführung irgend eines hochverrätherischen Unternehmens gehören sehr viel mehr Vorbereitungen, sehr viel mehr Mittel als zur Ausführung eines anderen Verbrechens. Und selbst den am besten vorbereiteteten hochverrätherischen Unternehmungen steht die ganze Macht des angegriffenen Staates gegenüber. Gefährlich könnte der Hochverrath nur einem solchen Staate werden, welcher weder durch seine Institutionen noch durch den Patriotismus seiner Angehörigen geschützt, Grund hat, vor hochverrätherischen Unternehmungen sich zu fürchten. Einem solchen Staatswesen kann aber durch abschreckende den Hochverrath betreffende Ausnahmebestimmungen auch nicht geholfen werden, und wäre dies selbst möglich, es würde nicht gerecht sein. Denn die Größe der Schuld soll den Maßstab für die Größe der Strafe abgeben, nicht aber die größere oder geringere Stärke eines einzelnen Staates.

3. Es könnte sich endlich die Bestimmung des §. 65. rechtfertigen aus der Gefährlichkeit der öffentlichen **Aufforderung** zum Hochverrathe. Dagegen ist denn nun aber zunächst zu bemerken, daß, wenn auch die Oeffentlichkeit der Aufforderung dadurch gefährlich wird, daß Viele von der geschehenen Aufforderung Kenntniß erlangen, so doch dieses die größere Gefährlichkeit bedingende Moment durch die Oeffentlichkeit selbst neutralisirt wird. Gefährlicher noch als die öffentlichen Aufforderungen sind die geheimen Konspirationen. Und wenn es die Staatsgewalt unternimmt, und mit Erfolg unternehmen kann, den im Geheimen vorbereiteten Verbrechen präkavirend entgegenzutreten, so wird sie den öffentlich angekündigten und zwar mit minderen Schwierigkeiten ebenfalls entgegenzutreten in der Lage sein. So bliebe denn nur noch die Auffassung übrig, daß die öffentliche Aufforderung zur Begehung eines Hochverraths um deswillen so eminent gefährlich sei, weil man nicht wissen könne, wo das durch die öffentliche Aufforderung ausgestreute hochverrätherische Samenkorn aufgehen werde; eine Auffassung, die freilich nur dann den §. 65. des Preußischen Strafgesetzbuches rechtfertigen würde, wenn man voraussetzt, daß in Deutschland für kein Verbrechen der Boden so günstig sei, als gerade für den Hochverrath. Dieser Annahme widerspricht aber die Erfahrung. Die Fälle, wo Hochverrath wirklich begangen wurde — zeigen durch ihre Seltenheit, daß in der Karakter-Eigenthümlichkeit der Deutschen keinesweges besondere hochverrätherische Neigungen ausgebildet sind. Und abgesehen hiervon, ist es psychologisch unrichtig, anzunehmen, daß in dem Menschen das Streben liege, gegen die

ihn selbst und alle seine Interessen schützende Rechtsordnung in gewaltsamer Weise anzukämpfen. Das Streben nach Vervollkommnung überhaupt, also auch nach Vervollkommnung des Staatswesens, das ist etwas, was dem Menschen angeboren ist, das ist ein thatsächlicher Faktor, mit dem man im Staatsleben rechnen muß; und dieses Streben ist von hochverrätherischen Unternehmungen himmelweit unterschieden. Die Aufforderung zum Hochverrath kann nnr da gefährlich werden, wo das hochverrätherische Unternehmen selbst für gefährlich zu erachten ist. An dieser Stelle aber handelt es sich um ein Strafgesetzbuch für den Norddeutschen Bund; und dieses Staatswesen kann im Bewußtsein seiner Kraft auch das Bewußtsein davon haben, daß ihm hochverrätherische Unternehmungen nicht gefährlich sind; und die Konsequenzen dieses Bewußtseins können in seinem Strafgesetzbuche zum positiven Ausdrucke gelangen.

Aus diesen Gründen ist §. 65. des Preußischen Strafgesetzbuches in den Entwurf nicht aufgenommen.

IV. Es fehlt in dem Entwurf die Bestimmung des Preußischen Strafgesetzbuches §. 73.:

„Wenn wegen Hochverraths oder Landesverraths in den Fällen der §§. 61. 63. 64. 67. 68. 69. 70. und 71. die Untersuchung eröffnet wird, so ist das Vermögen, welches der Angeschuldigte bereits besitzt, oder welches ihm später noch anfällt, mit Beschlag zu belegen.

Der wegen Hochverraths oder Landesverraths zum Tode oder zu lebenslänglichem Zuchthaus rechtskräftig Verurtheilte verliert die Fähigkeit, über sein Vermögen unter Lebenden und von Todeswegen zu verfügen."

Die letztere Bestimmung des §. 73., durch welche in der That eine Strafe festgesetzt wird, würde eine ganz überflüssige Härte selbst für diejenigen Fälle enthalten, in welchen den Vorschlägen des Entwurfs gemäß auf lebenslängliche Zuchthausstrafe zu erkennen wäre. Für die zur zeitigen Zuchthausstrafe oder Einschließung Verurtheilten will auch das Preußische Strafgesetzbuch nicht den Verlust der Fähigkeit, von Todeswegen über das Vermögen zu disponiren, herbeigeführt wissen; um so weniger war für den Entwurf Veranlassung vorhanden, diese für die politischen Verbrechen im Preußischen Strafgesetzbuche aufgestellte Ausnahmebestimmung in irgend einer Form zu reproduciren.

Die andere Bestimmung des Preußischen §. 73., welche sich auf die Beschlagnahme des Vermögens der wegen Hochverraths Angeschuldigten bezieht, würde an sich gar nicht von der Hand zu weisen sein, falls man nicht gegen die Vorschrift geltend machen wollte, daß dieselbe da, wo von derselben in einem erheblicheren Falle hätte Gebrauch gemacht werden können, von derselben nicht Gebrauch gemacht worden ist, da die Anwendbarkeit des §. 73. Al. 1. durch die Emanation eines besonderen Gesetzes beseitigt wurde. Doch soll an dieser Stelle über die Zweckmäßigkeit resp. Nothwendigkeit einer dem §. 73. Al. 1. entsprechenden Bestimmung keine Entscheidung getroffen werden. Denn die Bestimmung selbst ist keine Strafbestimmung. Vorschriften aber, welche sich auf das Verfahren, resp. auf die Sicherstellung des durch das Verfahren erzielten Resultates beziehen, gehören nicht in das Strafgesetzbuch, sondern in die Strafproceßordnung. Wie in diesem letzteren Gesetze zu bestimmen sein wird, wann eine Verhaftung zulässig, wann nothwendig, so wird das gleiche Gesetz auch zu bestimmen haben, ob, und wann, und in welchem Umfange die Beschlagnahme des Vermögens geboten sei. Außer der Erwägung aber, daß §. 73. Al. 1. des Preußischen Strafgesetzbuches keine Strafbestimmung enthalte, zeigte auch die Fassung dieser Preußischen Bestimmung, daß dieselbe in dem Entwurfe eines Strafgesetzbuches für den Norddeutschen Bund nur dann einen Platz finden könne, wenn das Strafproceßgesetz darüber befunden haben wird, ob der Beschluß über die „Eröffnung der Untersuchung" eine Institution des neuen Proceßrechtes bleiben werde, oder was etwa an deren Stelle zu treten habe.

V. Endlich sind noch folgende Abweichungen des Entwurfes von dem Preußischen Strafgesetzbuche mehr zu registriren, als zu motiviren:

1. Die Bestimmung des Preußischen §. 67. Al. 2:

„Ist der Krieg wirklich ausgebrochen, so soll der Thäter mit dem Tode und dem Verluste der bürgerlichen Ehre bestraft werden" —

ist im Entwurfe fortgelassen. Die Gründe hiefür sind oben (S. 74.) ausgeführt.

2. Statt der Bestimmung des Preußischen §. 68.:

„Ein Preuße, welcher während eines gegen den Preußischen Staat ausgebrochenen Krieges im feindlichen Heere Dienst nimmt und die Waffen gegen Preußen oder dessen Bundesgenossen trägt, wird als Landesverräther mit dem Tode bestraft.

Ein Preuße, welcher schon früher in fremden Kriegsdiensten stand, soll, wenn er nach Ausbruch des Krieges in demselben verbleibt und die Waffen gegen Preußen oder dessen Bundesgenossen trägt, mit Zuchthaus von drei bis zu zehn Jahren bestraft werden.

Wird festgestellt, daß mildernde Umstände vorhanden sind, so tritt Einschließung von drei bis zu zehn Jahren ein" —

sagt der Entwurf in Nachbildung des Lübischen Rechts (§. 62):

„Ein Inländer, welcher während eines gegen den Norddeutschen Bund ausgebrochenen Krieges ungezwungen die Waffen gegen den Norddeutschen Bund oder dessen Bundesgenossen trägt, wird mit Zuchthaus bis zu zwanzig Jahren bestraft."

Es ist durch diese Formel und zwar speciell durch das Wort „ungezwungen" die sowohl ganz überflüssige Kasuistik des Preußischen Strafgesetzbuches vermieden, wie auch, und zwar durch dasselbe Wort „ungezwungen", die Möglichkeit der Strafe der Einschließung beseitigt.

3. Das Preußische Strafgesetzbuch bestimmt §. 69.:

„Ein Preuße, welcher während eines gegen Preußen ausgebrochenen Krieges einer feindlichen Macht wissentlich Vorschub leistet, oder den Truppen Preußens oder seiner Bundesgenossen wissentlich Nachtheil zufügt, wird mit Zuchthaus bis zu zehn Jahren bestraft."

Die Todesstrafe tritt ein, wenn der Thäter" u. s. w.

worauf sechs verschiedene Fälle folgen, in welchen die Todesstrafe eintreten soll.

Der Entwurf glaubte, daß es zweckmäßiger sei, die Preußischen Specialfälle des Landesverrathes ganz zu übergehen und statt dessen die Strafe für das dem §. 69. des Preußischen Strafgesetzbuches in §. 55. des Entwurfes nachgebildeten generellen Verbrechen bis auf zwanzig Jahre Zuchthaus zu erhöhen. Es erschien dem Entwurf, als ob die in §. 69. des Preußischen Strafgesetzbuches aufgestellten Qualifikationsgründe nicht das Resultat voraufgegangener Beobachtung wären, und als ob imaginäre Qualifikationsgründe überhaupt vermieden werden müßten. Der Qualifikationsgrund, von dem man sich einbildete, daß er eintreten möchte, tritt nicht ein, und das, was wirklich eintritt, ist nicht dasjenige, was die Phantasie des Gesetzgebers sich ausgebildet hatte.

Zweiter Titel.

Majestäts-Beleidigungen.

§. 58.

Wer sich einer Thätlichkeit gegen den regierenden Landesherrn eines der zum Norddeutschen Bunde gehörenden Staaten schuldig macht, wird mit Zuchthaus oder Einschließung bis zu zwanzig Jahren bestraft.

§. 59.

Wer durch Wort, Schrift, Druck, Zeichen, bildliche oder andere Darstellung den Landesherrn eines der zum Norddeutschen Bunde gehörenden Staaten beleidigt, wird mit Gefängniß oder Einschließung bis zu drei Jahren bestraft.

Neben der Gefängnißstrafe kann zugleich auf Untersagung der Ausübung der bürgerlichen Ehrenrechte erkannt werden.

§. 60.

Wer sich einer Thätlichkeit gegen ein Mitglied des landesherrlichen Hauses eines der zum Norddeutschen Bunde gehörenden Staaten schuldig macht, wird mit Zuchthaus oder Einschließung bis zu zehn Jahren bestraft.

§. 61.

Wer ein Mitglied des landesherrlichen Hauses eines der zum Norddeutschen Bunde gehörenden Staaten beleidigt, wird mit Gefängniß oder Einschließung bis zu zwei Jahren bestraft.

Neben der Gefängnißstrafe kann zugleich auf Untersagung der Ausübung der bürgerlichen Ehrenrechte erkannt werden.

Ich beschränke mich zur Motivirung der vorstehenden Bestimmungen auf folgende Bemerkungen:

1. Die Gleichstellung der verschiedenen Landesherren und der verschiedenen landesherrlichen Familien auch in den die Majestätsbeleidigung betreffenden Bestimmungen folgt aus dem oben in Betreff des Hochverraths für diese Gleichstellung Angeführten. Zu erwägen blieb,

ob nicht der Angriff gegen den eigenen Landesherrn des Thäters besonders hervorzuheben gewesen wäre. Es unterblieb dies einmal deswegen, weil dann leicht noch andere Gesichtspunkte hätten in Betracht kommen können, und sodann auch deswegen, weil — wie dies weiter unten noch zu motiviren, statt des preußischen Ausdruckes „die Ehrfurcht verletzt", der allgemeingültige Ausdruck „beleidigt" gebraucht ist. Die Beleidigung selbst, das Verhältniß, in welchem der Thäter zu dem angegriffenen Fürsten steht, die politische Bedeutsamkeit desselben innerhalb des Norddeutschen Bundes, das Alles sind Strafzumessungsgründe, welche innerhalb der vom Entwurfe aufgestellten Strafgrenzen in genügender Weise berücksichtigt werden können.

2. Unter den gegen den Landesherrn gerichteten Thätlichkeiten (§. 58.) sind natürlich solche Thätlichkeiten nicht zu verstehen, welche nach der Bestimmung des §. 50. einen hochverrätherischen Angriff involviren würden. Deshalb konnte auch die schwerste Strafe, welche der Entwurf kennt — die lebenslängliche Zuchthausstrafe — bei Thätlichkeiten dieser Art ausgeschlossen bleiben. Die verschieden große Strafbarkeit dieser Art von Thätlichkeiten erkennen die Gesetzbücher übrigens übereinstimmend an — auch das Preußische Strafgesetzbuch §. 74. thut dies. War so die Nothwendigkeit einer relativ bestimmten Strafe geboten, so war damit auch das denkbare Maximum der Strafe — zwanzig Jahre Zuchthaus — gegeben. Dieses ist denn auch von dem Entwurf mit Rücksicht auf die zur Zeit für dieses Verbrechen in Deutschland bestehenden Strafbestimmungen beibehalten.*)

3. Das Preußische Strafgesetzbuch bezeichnet da, wo es von Thätlichkeiten resp. Beleidigungen der Mitglieder des Königlichen Hauses spricht, die einzelnen Personen, gegen welche die Thätlichkeit resp. die Beleidigung gerichtet sein möchte. Besonders erwähnt werden: die Königin, der Thronfolger, der Regent. Da indessen dieser speciellen Bezeichnung noch die clausula generalis oder „eines anderen Mitgliedes des Königlichen Hauses" hinzugefügt wird, so glaubte der Entwurf, ohne jegliche Specialisirung und lediglich mit dem Ausdrucke „Mitglied des landesherrlichen Hauses" um so eher auskommen zu können, als andernfalls die verschiedenen Titulaturen der Redaktion der Gesetzesformel sehr erhebliche und ganz überflüssige Schwierigkeiten bereiten würden.

4. Statt des von dem Preußischen Strafgesetzbuche gebrauchten Ausdruckes: „Wer die Ehrfurcht gegen den König verletzt" wählt der Entwurf §. 59. den Ausdruck: „Wer den Landesherrn einer der zum Norddeutschen Bunde gehörenden Staaten beleidigt." Es wird zuzugeben sein, daß durch diese Aenderung im Ausdrucke in der Sache nichts

*) Sachsen, Art. 132.: lebenslängliche Zuchthausstrafe; Bayern, Art. 121.: Todesstrafe oder Zuchthaus nicht unter 16 Jahren — dieses Gesetzbuch stellt übrigens auch (Art. 123.) in Betreff der Majestätsbeleidigung die Königin dem Könige gleich; — Braunschweig, §. 90.: lebenslängliche oder mindestens 10jährige Kettenstrafe; Württemberg, Art. 150.: Todesstrafe oder Zuchthaus nicht unter 10 Jahren; Großh. Hessen, Art. 147.: lebenslängliche Zuchthausstrafe, bei erschwerenden Umständen Todesstrafe, im Uebrigen Zuchthaus von 8—16 Jahren.

geändert ist. Die deutschen Gesetzbücher variiren einigermaßen in der Bezeichnung der Majestätsbeleidigung, welche nicht in Thätlichkeiten besteht:

Baden, §. 607.: „Wer durch andere Handlungen oder Aeußerungen die dem Großherzog schuldige Ehrfurcht böswillig verletzt," u. s. w.

Sachsen, Art. 134.: „Beleidigende oder verleumderische Aeußerungen über die Person des Staatsoberhauptes, oder über dessen Regierungshandlungen, ingleichen Handlungen, welche für das Staatsoberhaupt eine Beleidigung und Verleumdung enthalten" u. s. w.

Braunschweig, §. 91.: „Wer das Staatsoberhaupt durch thätliche Drohungen beleidigt" u. s. w.

§. 92.: „Wer das Staatsoberhaupt durch Worte oder Handlungen (jedoch ohne Thätlichkeiten oder thätliche Drohungen), in Gegenwart oder öffentlich, d. h. durch verbreitete Schriften oder bildliche Darstellungen, oder an öffentlichen Orten, oder vor einer versammelten Menge schmäht oder der Geringschätzung Preis zu geben sucht, oder wer dergleichen Schriften oder Darstellungen böslich verbreitet, soll mit Zuchthaus; wer auf andere Weise Dessen Ehre angreift, oder die Ihm schuldige Ehrfurcht böslich verletzt, mit Zwangsarbeit nicht unter ein Jahr belegt werden.

Gr. Hessen, Art. 148.: „Wer in Gegenwart des Großherzogs denselben durch Rede, Schrift, durch Zeichen oder bildliche Darstellung beleidigt, oder mit thätlicher Beleidigung bedroht," u. s. w.

Art. 149.: „Wer öffentlich oder in verbreiteten Schriften ..... die Person des Großherzogs schmäht oder der Geringschätzung Preis zu geben sucht" u. s. w.

Thüringen, Art. 91.: „Ehrverletzende Handlungen gegen das Staatsoberhaupt, desgleichen ehrverletzende Aeußerungen über dasselbe," u. s. w.

Württemberg, Art. 152.: „Wer auf eine andere als in dem vorstehenden Artikel bemerkte Weise die Ehre des Königs angreift, wird mit Kreisgefängniß bestraft."

Bayern, Art. 122.: „Wer den König durch Beschimpfung, herabwürdigenden Spott oder durch Beimessung verächtlicher Handlungen oder Gesinnungen beleidigt, mit Thätlichkeiten bedroht, oder ihm durch Worte oder Zeichen Verachtung bezeigt, soll u. s. w. bestraft werden."

Diese Gesetzesformeln haben gleichmäßig das Streben gehabt, ein und dasselbe auszudrücken; und bei dem Suchen nach dem zweckmäßigsten, hübschesten, vielleicht selbst unterthänigsten Ausdrucke sind denn die Verschiedenheiten entstanden.

Es ist zunächst die Frage zu beantworten, worauf es bei der für die Majestätsbeleidigung aufzustellende Gesetzesformel ankomme. Es kommt darauf an, daß durch diese Formel ausgedrückt werde, es sei jede Handlung, welche als eine ehrverletzende anzusehen ist mit Bezug auf diejenige Stellung, welche der regierende Landesherr als solcher einnimmt, bei Strafe verboten. Dies wird in vollkommen ausreichender Weise durch die Worte: „Wer u. s. w. beleidigt" ausgedrückt. Hiervon verschieden ist die Frage: Wie soll in der Gesetzesformel dasjenige Verhältniß zwischen dem regierenden Landesherrn und dem Unterthan ausgedrückt werden, welches dahin führt, daß mit Bezug auf den regierenden Landesherrn Manches Majestätsbeleidigung ist, was dem Privatmanne gegenüber begangen, nicht Injurie sein würde. Das Preußische Strafgesetzbuch wählt zu diesem Zwecke den Ausdruck: „Wer die Ehrfurcht verletzt"; der Entwurf glaubt, daß es zweckmäßiger sei, dieses zwischen den Unterthanen und dem regierenden Landesherrn bestehende Verhältniß gar nicht durch einen besondern Ausdruck anzudeuten, sondern statt dessen bei dem Ausdrucke: „Wer . . . beleidigt" stehen zu bleiben, und zwar aus folgenden Gründen.

Es kann keinem Zweifel unterliegen, daß der objektive Thatbestand einer Majestätsbeleidigung weiter ist, als der einer Beleidigung, welche gegen eine Privatperson gerichtet ist. Dies wird bedingt durch die staatsrechtliche Stellung des Monarchen, als Inhabers der gesammten Staatsgewalt, es wird dies nicht weniger bedingt durch die dem Monarchen verfassungsmäßig zustehende Unverantwortlichkeit.

Bekanntlich unterschied die ältere Doktrin zwischen crimen laesae majestatis und crimen laesae venerationis. Feuerbach (Lehrbuch §. 171.) bestimmt das erstere Verbrechen in folgender Weise:

> „Der Oberherr, als ein Subjekt der höchsten Gewalt im Staate, hat die höchste bürgerliche Ehre. Diese höchste bürgerliche Ehre des Oberherrn, als eines solchen, ist seine Majestät, und die Verletzung derselben macht das Majestätsverbrechen im engeren Verstande, das Verbrechen beleidigter Majestät (crimen laesae majestatis) aus."

In §. 172. weist dann Feuerbach darauf hin, daß „die Verletzung der oberherrlichen Person, als Privatperson, d. h. inwiefern sie nicht in Beziehung auf Regierungshandlungen gedacht wird, blos „Verletzung der Ehrfurcht" heiße und als bloße Privatinjurie unter erschwerenden Umständen zu bestrafen sei.

Mit Bezug auf diesen Unterschied sagt Goltdammer (Materialien II. S. 86.):

> „Der Ausdruck" (nämlich in §. 75. des Strafgesetzbuches) „die Ehrfurcht gegen den König verletzt" soll nicht wiederum jenen älteren, auch in der Literatur bereits längst verworfenen Unterschied zwischen dem crimen laesae majestatis und laesae venerationis andeuten, es würde sonst an einer ausdrücklichen Strafvorschrift für das erstere, wie sie in den bisherigen Entwürfen, außer dem von 1845, enthalten war, fehlen. Der Sinn ist vielmehr ein anderer. Vermöge der Ehrfurcht, welche der Unterthan seinem Regenten schuldig ist, müssen auch schon solche Handlungen und Unterlassungen, welche im Verhältnisse von Privatpersonen unter sich in der Regel nicht als Injurien erscheinen, als solche angesehen werden, sobald sie gegen jenen gerichtet sind. In diesem Sinne also, nicht aber, um zwischen der Beleidigung der Majestät und der des Privatmannes zu unterscheiden, ist der Ausdruck „Ehrfurcht" in den Thatbestand der Majestätsbeleidigung aufgenommen worden; dies war auch die ausdrücklich ausgesprochene Auffassung der Revision von 1845, welche diesem Systeme bereits folgte."

In dieser Darstellung ist unzweifelhaft richtig, daß jede strafbare Handlung, welche durch Wort, Schrift, Druck, Zeichen, bildliche oder andere Darstellung gegen den Monarchen begangen wird — insofern dieselbe nicht eine hochverrätherische sein sollte — nach §. 75. des Preußischen Strafgesetzbuches als Verletzung der Ehrfurcht gegen den König gestraft werden muß, und daß man niemals auf andere als auf diese Strafbestimmung um deswillen eingehen darf, weil der König nicht etwa in seiner Eigenschaft als Herrscher des Staates, sondern als Privatperson angegriffen sei.

Bedenklich aber ist es, wenn gesagt wird, daß Handlungen und Unterlassungen, welche im Verhältnisse von Privatpersonen unter sich in der Regel nicht als Injurien erscheinen, als Injurien angesehen werden, sobald sie gegen den König gerichtet sind. Dieser Ausspruch ist nämlich deswegen bedenklich, weil er den Begriff der Ehrfurchtsverletzung lediglich negativ auffaßt. Weil etwas in Verhältnissen, wie solche zwischen Privatpersonen bestehen, nicht Injurie ist, deshalb ist es noch lange nicht eine strafbare Verletzung der Ehrfurcht gegen den König, sondern: weil Etwas strafbare Ehrfurchtsverletzung gegen den König ist, so wird es gestraft, obgleich das Gleiche, unter Privatpersonen vorgekommen, nicht als Injurie zu bestrafen gewesen wäre.

Der Ausdruck aber: „Wer die Ehrfurcht verletzt", ist selbst in einzelnen Partikulargesetzbuche nicht unbedenklich. Wer den engeren Kreis von Ehrenrechten, die einem Privatmanne, einem Beamten, einem Mitgliede des landesherrlichen Hauses zustehen, verletzt, der „beleidigt" — so ist der Ausdruck auch des Preußischen Strafgesetzbuches. Wer dagegen in den weiteren Kreis von Ehrenrechten des Landesherrn widerrechtlich eingreift, der — so sagt es das Preußische und mit ihm manches andere deutsche Gesetzbuch — verletzt die Ehrfurcht gegen den Landesherrn. In einem Strafgesetzbuch darf zwar dieser Ausdruck nicht anders als in seiner rechtlichen Bedeutung, d. h. als ein Korrelat der dem Landesherrn zustehenden Ehrenrechte aufgefaßt werden. Doch aber gehört der Ausdruck Ehrfurcht viel mehr dem Gebiete der Ethik als dem Gebiete des Rechtes an, und es enthält daher dieser Ausdruck die Gefahr, auf Gebiete extendirt zu werden, auf welche das Recht seinem eigenthümlichen Wesen nach überhaupt nicht extendirt werden darf.

Immerhin aber kann dieser Ausdruck in einem partikulären Strafgesetzbuche vertheidigt werden. Das Preußische Gesetz mag sagen dürfen: Die Preußen empfinden ihrem Könige gegenüber so, daß das dem ethischen Sprachgebrauche angehörige Wort „Ehrfurcht" auch in die Formel des §. 75. aufgenommen werden konnte. Wenn aber der als angegriffen gedachte Souverän nicht blos der König von Preußen, sondern jeder regierende Landesherr eines der zum Norddeutschen Bunde gehörenden Staaten ist; wenn als Subjekte des in §. 59. des Entwurfes aufgestellten Deliktes nicht blos die Preußen, sondern sämmtliche Norddeutsche zu denken sind, so wird man sagen dürfen, daß zwar von jedem Preußen die Respektirung der beispielsweise dem Großherzoge von Hessen gebührenden Ehrenrechte zu verlangen und deshalb die Beleidigung desselben zu bestrafen sei — daß aber von einer Verletzung der Ehrfurcht in diesem Falle zu sprechen, ein nicht passender Ausdruck sein würde.

Der Entwurf mußte erstens den juristisch korrektesten Ausdruck wählen; es mußte der Entwurf sodann einen Ausdruck wählen, welcher für alle Fälle, welche unter die Strafbestimmung des §. 59. fallen können, gleichmäßig anwendbar wäre. Und in Folge dessen sagte der Entwurf: „Wer u. s. w. **beleidigt.**"

Dritter Titel.

Feindliche Handlungen gegen befreundete Staaten.

§. 62.

Wer gegen einen der zum Norddeutschen Bunde nicht gehörenden deutschen Staaten oder gegen einen anderen Staat, in welchem nach publicirten Verträgen oder Gesetzen die Gegenseitigkeit verbürgt ist, eine Handlung vornimmt, welche, wenn er sie gegen den Norddeutschen Bund oder einen der zum Norddeutschen Bunde gehörenden Staaten verübt hätte, nach den Vorschriften der §§. 50. 51. zu bestrafen sein würde, ist mit Zuchthaus oder Einschließung bis zu fünf Jahren zu bestrafen.

§. 63.

Wer durch Wort, Schrift, Druck, Zeichen, bildliche oder andere Darstellung das Oberhaupt eines der im §. 62. bezeichneten Staaten beleidigt, wird mit Gefängniß oder Einschließung bis zu zwei Jahren bestraft.

§. 64.

Wer durch Wort, Schrift, Druck, Zeichen, bildliche oder andere Darstellung einen bei dem Norddeutschen Bunde oder bei einem der zum Norddeutschen Bunde gehörenden Staaten beglaubigten Gesandten oder Geschäftsträger beleidigt, wird mit Gefängniß oder Einschließung bis zu Einem Jahre bestraft.

§. 65.

In den Fällen der §§. 63. und 64. tritt die Verfolgung nur auf Antrag der auswärtigen Regierung oder des beleidigten Gesandten ein.

Die Bestimmung des Preußischen Strafgesetzbuches, welcher §. 62. des Entwurfes nachgebildet ist, lautet:

§. 78. „Ein Preuße, der im Inlande oder Auslande, oder ein Ausländer, der während seines Aufenthaltes in Preußen gegen einen der deutschen Staaten oder dessen Regenten eine Handlung vornimmt, welche, wenn er sie gegen den König oder den Preußischen Staat verübt hätte, als eine hochverrätherische anzusehen sein würde, ist in den Fällen der §§. 61. bis 65. mit Zuchthausstrafe von zwei bis zu zehn Jahren, oder wenn festgestellt wird, daß mildernde Umstände vorhanden sind, mit Einschließung von Einem bis zu zehn Jahren, in dem Falle des §. 66. aber mit Einschließung von sechs Monaten bis zu drei Jahren zu bestrafen.

Dieselbe Strafe tritt ein, wenn die Handlung gegen einen anderen Staat gerichtet ist, in welchem nach publicirten Verträgen oder Gesetzen die Gegenseitigkeit verbürgt ist."

An den Bestimmungen dieses Gesetzes-Paragraphen hat der Entwurf Folgendes geändert:

1. Das Subjekt des Verbrechens bezeichnet das Preußische Strafgesetzbuch mit den Worten: „Ein Preuße, der im Inlande oder Auslande, oder ein Ausländer, der während seines Aufenthaltes in Preußen." — Der Entwurf sagt statt dessen nur: „Wer" — u. s. w. Durch diesen Ausdruck wird erreicht, daß gestraft wird:

ein Norddeutscher, welcher innerhalb des Norddeutschen Bundesgebietes die in dem §. 62. verbotenen Handlungen begeht (§. 1. des Entwurfes);

ein Ausländer, welcher innerhalb des Norddeutschen Bundesgebietes gegen die Vorschrift des §. 62. verstößt (§. 1. des Entwurfes);

ein Norddeutscher, welcher im Auslande gegen einen fremden Staat oder dessen Regenten eine hochverrätherische Handlung begeht (§. 2. Nr. 3. des Entwurfes).

Es wird mithin durch dies eine Wort: „Wer" für das Gebiet des Norddeutschen Bundes dasselbe erreicht, was für Preußen durch die weitläufigere Ausdrucksweise des §. 78. erreicht wurde.

2. Hinsichtlich des Objektes konnte in §. 62. des Entwurfes nicht mehr von „Deutschen Staaten" überhaupt gesprochen, sondern es mußte der Ausdruck auf diejenigen Deutschen Staaten beschränkt werden, welche zum Norddeutschen Bunde nicht gehören, da hochverrätherische Angriffe gegen die zum Norddeutschen Bunde gehörenden Staaten unter §§. 50. 51. des Entwurfes mit begriffen sind.

3. Das Preußische Strafgesetzbuch spricht in §. 78. Abs. 1. von „Deutschen Staaten oder deren Regenten", in Abs. 2. von „anderen Staaten", ohne daß deren Regenten erwähnt würden. Dieser Gegensatz zwischen Abs. 1. und Abs. 2. könnte zu der Annahme führen, daß nach §. 78. zwar der hochverrätherische Angriff gegen den Regenten eines Deutschen Staates, nicht aber der hochverrätherische Angriff gegen den Regenten eines anderen befreundeten Staates zu bestrafen sei. Man darf nicht annehmen, daß dies durch die Gesetzgebung beabsichtigt sei.*) Der Entwurf glaubt das Entstehen einer derartigen Kontroverse dadurch zu beseitigen, daß er ausschließlich von den Staaten, deutschen und außerdeutschen, spricht und diejenigen Handlungen, welche in Bezug auf dieselben nicht vorgenommen werden sollen, durch Inserirung der §§. 50. und 51. bezeichnet. Der §. 50. des Entwurfs handelt aber von hochverrätherischen Angriffen gegen die Person des Landesherrn.

4. In Betreff der Strafbestimmung mußte zunächst die doppelte Strafposition, welche §. 78. des Preußischen Strafgesetzbuches hat, aufgegeben werden, da eine Bestimmung, welche dem §. 66. des Preußi-

*) Vergl. Oppenhoff zu §. 78. Nr. 7.

schen Strafgesetzbuches entspräche, in dem Entwurfe sich überhaupt nicht findet. Ueberdem waren die Strafgrenzen für §. 62. des Entwurfes so abzumessen, daß hinsichtlich der Strafgröße gegenüber den §§. 50. 51. des Entwurfes etwa die gleiche Differenz sich herausstellte, wie eine solche zwischen §. 61. und §. 78. des Preußischen Strafgesetzbuches besteht. Die in dem Entwurfe aufgestellte Strafposition wird übrigens entsprechend der Bestimmung des §. 48. des Entwurfes bei Angriffen gegen die Regenten fremder Staaten nur dann Anwendung finden, wenn die Handlung nicht auch als ein mit einer schwereren Strafe bedrohtes Verbrechen sich auffassen läßt.

Die Abweichungen, welche die §§. 63. bis 65. des Entwurfes gegenüber den §§. 79. bis 81. des Preußischen Strafgesetzbuches enthalten, bedürfen keiner näheren Motivirung.

Vierter Titel.

Strafbare Handlungen in Beziehung auf die Ausübung der staatsbürgerlichen Rechte.

§. 66.

Wer es unternimmt, den Reichstag des Norddeutschen Bundes oder eine der in den Staaten des Norddeutschen Bundes bestehenden gesetzgebenden Versammlungen gewaltsam auseinanderzusprengen, zur Fassung oder Unterlassung von Beschlüssen zu zwingen oder Mitglieder aus einer dieser Versammlungen gewaltsam zu entfernen, soll mit Zuchthaus oder Einschließung bis zu funfzehn Jahren bestraft werden.

§. 67.

Wer ein Mitglied des Reichstages oder einer der in den Staaten des Norddeutschen Bundes bestehenden gesetzgebenden Versammlungen durch Gewalt oder Drohungen verhindert, sich an den Ort der Versammlung zu begeben oder zu stimmen, wird mit Gefängniß oder Einschließung bis zu zwei Jahren bestraft.

§. 68.

Wer auf die in §. 67. angegebene Weise Staatsangehörige verhindert, in Ausübung ihrer staatsbürgerlichen Rechte zu wählen oder zu stimmen, soll mit Gefängniß oder Einschließung bis zu zwei Jahren bestraft werden.

§. 69.

Wer mit der Sammlung der Wahl- oder Stimmzettel oder Zeichen beauftragt, vorsätzlich die rechtmäßige Anzahl derselben vermehrt oder vermindert, oder einen Zettel oder ein Zeichen verfälscht oder vertauscht, oder auf die Zettel derjenigen Personen, die nicht schreiben können, andere als die angegebenen Namen schreibt, ingleichen wer, bei einer Wahlhandlung mit der Führung des

Protokolls beauftragt, andere als die angegebenen Namen niederschreibt, wird mit Gefängniß bis zu drei Jahren bestraft.

War der Thäter nicht mit der Sammlung der Zettel oder Zeichen oder mit einer anderen Verrichtung bei dem Wahlgeschäfte beauftragt, so ist die Strafe Gefängniß bis zu zwei Jahren.

In beiden Fällen kann zugleich auf Untersagung der Ausübung der bürgerlichen Ehrenrechte erkannt werden.

§. 70.

Wer eine Wahlstimme kauft oder verkauft, wird mit Gefängniß bis zu drei Jahren bestraft; auch kann gegen denselben auf Untersagung der Ausübung der bürgerlichen Ehrenrechte erkannt werden.

Zur Motivirung dieser Vorschriften werden folgende Bemerkungen genügen:

1. Während in dem Preußischen §. 82., welchem §. 66. des Entwurfes nachgebildet ist, nur von den „beiden Kammern" die Rede sein konnte, mußte in dem Entwurfe der objektive Thatbestand in der Weise, wie es geschehen, erweitert werden, damit die Gesetzesformel für den Norddeutschen Bund und die einzelnen zum Norddeutschen Bunde gehörenden Staaten anwendbar würde.

2. Die Strafbestimmung des §. 66. Zuchthaus oder Einschließung bis funfzehn Jahre ist in Rücksicht auf eine Bestimmung des Lübischen Strafgesetzbuches getroffen. Dieses Gesetzbuch reproducirt nämlich im §. 60. die Preußischen Bestimmungen über den Hochverrath in folgender Weise:

> „Ein Unternehmen, welches darauf abzielt, die Verfassung des Lübeckischen Staates gewaltsam zu ändern, oder das Gebiet desselben ganz oder theilweise einem fremden Staate einzuverleiben, ist Hochverrath und wird mit einer Zuchthausstrafe von fünf bis zu zwanzig Jahren bestraft."

Und an diese Bestimmung wird dann unmittelbar als zweiter Absatz des §. 60. die dem Preußischen §. 82. entsprechende Vorschrift angeschlossen:

> „Diesem Verbrechen wird gleichgeachtet jeder gewaltsame Angriff auf den Senat, die Bürgerschaft oder den Bürgerausschuß, um dieselben in der Ausübung ihrer verfassungsmäßigen Befugnisse zu hindern."

Die Zusammenstellung des in §. 66. des Entwurfes aufgenommenen Deliktes mit dem Hochverrathe hat das Richtige, daß ein Angriff gegen die Verfassung auch da vorliegt, wo ein gewaltsamer Angriff gegen die Landesvertretung begangen wird. Denn nicht blos handelt es sich um den strafrechtlichen Schutz, welcher den gesetzgebenden Versammlungen um ihrer selbst willen zu gewähren ist, sondern, da die gesetzgebenden Versammlungen zu den wichtigsten Organen der Bundes- wie auch der Landesverfassung gehören, so wird in einem gegen sie gerichteten

Angriffe auch die Verfassung des Bundes resp. des einzelnen Bundesstaates angegriffen, wie denn auch in dem diesen Versammlungen gewährten strafrechtlichen Schutz mittelbar auch den betreffenden Verfassungen der erforderliche strafrechtliche Schutz gewährt wird. Für den Hochverrath wurde nun die Strafposition: Zuchthaus oder Einschließung bis zu zwanzig Jahren aufgestellt. Diese Strafposition war aber auch auf die Fälle des Angriffes gegen das Territorium des Bundes oder der einzelnen Staaten mit berechnet. Diese schwersten Fälle des Hochverrathes können aber ihre Parallele in dem §. 66. aufgestellten Delikte nicht finden, da dieses lediglich mittelbare Angriffe gegen die Verfassung des Bundes oder der einzelnen Staaten enthält. Und so durfte denn für §. 66. die Strafposition: Zuchthaus oder Einschließung bis funfzehn Jahre — aufgestellt werden.

3. Der Preußische §. 84., dem §. 67. des Entwurfes nachgebildet ist, sagt:

„Wer ein Mitglied einer der beiden Kammern durch Gewalt oder durch Bedrohung mit der Verübung eines Verbrechens oder Vergeheus gegen dasselbe" u. s. w.

Diese Worte konnte der Entwurf sich nicht aneignen; und zwar nicht blos deswegen, weil die „Verbrechen und Vergehen" an die von dem Entwurfe aufgegebene Dreitheilung erinnern, sondern namentlich auch deswegen, weil es nicht so sehr darauf ankommt, wie strafbar die angedrohte Handlung ist, als vielmehr darauf, welche Wirkung die Drohung selbst auf den Bedrohten ausgeübt hat. Das Gesetz wollte sagen: „Wer ein Mitglied durch physischen und psychischen Zwang verhindert" u. s. w. Um diesem Gedanken Worte zu geben, dazu bedient sich das Preußische Strafgesetzbuch selbst (§. 40.) des Ausdrucks „Gewalt oder Drohung"; und dieser Ausdruck ist denn auch in den Entwurf aufgenommen.

4. Auch in der Strafbestimmung weicht der Entwurf §. 67. von der Strafposition des Preußischen Strafgesetzbuches §. 84. nicht unerheblich ab. Die von dem Preußischen Strafgesetzbuche beliebte Strafposition: „zwei bis acht Jahre Zuchthaus" kommt nur an dieser einzigen Stelle des Strafgesetzbuches vor, und es möchte in der That schwer werden, die legislatorischen Gründe anzuführen, durch welche es geboten wurde, für dieses Verbrechen ein Strafmaximum aufzustellen, welches ein unicum in der Preußischen Strafgesetzgebung geblieben ist.

Nun bestimmt aber weiter §. 90. des Preußischen Strafgesetzbuches:

„Wer eine Behörde oder einen Beamten durch Gewalt oder Drohungen zwingt oder zu zwingen versucht, eine Amtshandlung vorzunehmen oder zu unterlassen, wird mit Gefängniß nicht unter drei Monaten bestraft."

Der Entwurf hat geglaubt, nach dem Vorgange des Lübischen Gesetzbuches für dieses Delikt die Strafe auf: „Gefängniß oder Einschließung bis zu zwei Jahren" festsetzen zu sollen.

Nun ist es gewiß richtig, daß eine abgegebene oder nicht abgegebene Stimme in einer Landesvertretung unter Umständen wichtiger sein kann, als manche Amtshandlung eines Beamten; aber ebenso richtig ist es auch, daß manche Amtshandlung eines Beamten unter Umständen wichtiger ist, als eine in einer Landesvertretung abgegebene oder nicht abgegebene Stimme. Die beiden hier in Vergleich zu einander gestellten Delikte werden daher als gleich schwere mit gleicher Strafe zu belegen sein.

5. Die unter §§. 69. und 70. aufgestellten Delikte, welche den Preußischen §§. 85. und 86. entsprechen, mögen immerhin als politische Vergehen bezeichnet werden. Dieser Umstand allein würde es aber nicht rechtfertigen, die Strafe der Einschließung neben der Gefängnißstrafe für zulässig zu erachten. Wer das thut, was die §§. 69. und 70. verbieten, begeht jedenfalls eine von einer so niedrigen Gesinnung zeugende Handlung, daß er es nicht verdient, als anständiger Mensch behandelt zu werden. Deswegen ist neben der Gefängnißstrafe auch die Zulässigkeit der Ehrenstrafen in dem Entwurfe anerkannt.

Fünfter Titel.

Widerstand gegen die Staatsgewalt.

§. 71.

Wer zum Ungehorsam gegen die Gesetze oder Verordnungen oder gegen die Anordnungen der Obrigkeit öffentlich auffordert oder anreizt, oder wer strafbare Handlungen durch öffentliche Rechtfertigung anpreiset, wird mit Geldbuße bis zu Einhundert Thalern oder mit Gefängniß bis zu sechs Monaten bestraft.

§. 72.

Wer eine Person des Soldatenstandes auffordert oder anreizt, dem Befehle der Oberen nicht Gehorsam zu leisten, wer insbesondere eine Person, welche zum Beurlaubtenstande gehört, dazu auffordert oder anreizt, der Einberufungs-Ordre nicht zu folgen, wird mit Geldbuße bis zu Einhundert Thalern oder mit Gefängniß bis zu sechs Monaten bestraft.

§. 73.

Wer einen Beamten, welcher zur Vollstreckung der Gesetze, oder der Befehle und Verordnungen der Verwaltungsbehörden, oder der Urtheile und Verordnungen der Gerichte berufen ist, während der Vornahme einer ihm obliegenden Amtshandlung angreift, oder demselben bei einer solchen Amtshandlung durch Gewalt oder Drohung Widerstand leistet, wird mit Gefängniß oder Einschließung bis zu Einem Jahre bestraft.

§. 74.

Wer eine Behörde oder einen Beamten durch Gewalt oder Drohungen zwingt, eine Amtshandlung vorzunehmen oder zu unterlassen, wird mit Gefängniß oder Einschließung bis zu zwei Jahren bestraft.

§. 75.

Wenn mehrere Personen öffentlich sich zusammenrotten und mit vereinten Kräften die in den §§. 73. und 74. genannten Handlungen verüben, so werden dieselben mit Gefängniß oder Einschließung bis zu drei Jahren bestraft.

Gegen diejenigen, welche bei dem Aufruhr betheiligt, Gewaltthätigkeiten gegen Personen verüben, ist auf Zuchthaus oder Einschließung bis zu zehn Jahren zu erkennen.

§. 76.

Wenn mehrere auf öffentlichen Wegen, Straßen oder Plätzen versammelte Personen von den Beamten der Polizei oder dem Befehlshaber der bewaffneten Macht aufgefordert werden, sich zu entfernen, so wird jede derselben, welche nach der dritten Aufforderung sich nicht entfernt, mit Geldbuße bis zu funfzig Thalern oder mit Gefängniß bis zu drei Monaten bestraft.

Wird bei einem Auflaufe gegen die Beamten der Polizei oder die bewaffnete Macht mit vereinten Kräften ein thätlicher Widerstand geleistet, oder Gewalt verübt, so treten gegen diejenigen, welche sich bei diesen Handlungen betheiligt haben, die Strafen des Aufruhrs ein.

§. 77.

Wer vorsätzlich einen Gefangenen, dessen Aufbewahrung, Begleitung oder Bewachung ihm anvertraut ist, entweichen läßt, oder dessen Befreiung bewirkt oder befördert, wird mit Gefängniß oder Einschließung bis zu zwei Jahren bestraft.

Ist die Entweichung durch Fahrlässigkeit veranlaßt worden, so tritt Geldbuße bis zu funfzig Thalern oder Gefängniß bis zu drei Monaten ein.

§. 78.

Wenn Gefangene in einer Gefangen-Anstalt sich zusammenrotten und entweder einen gewaltsamen Ausbruch ausführen oder auszuführen versuchen, oder gegen die Aufseher sich widersetzen, oder dieselben zu Handlungen oder Unterlassungen zwingen oder zu zwingen versuchen, so sind dieselben wegen Meuterei mit Gefängniß bis zu drei Jahren zu bestrafen.

Gegen diejenigen, welche bei der Meuterei betheiligt, Gewaltthätigkeiten gegen Personen verüben, ist auf Zuchthaus bis zu zehn Jahren zu erkennen.

Die Strafe der Meuterei soll unabhängig von der Strafe des Verbrechens, wegen dessen die Meuterer verhaftet sind, ausgesprochen und unmittelbar nach dieser Strafe vollstreckt werden.

Folgende beiden Bestimmungen des Preußischen Strafgesetzbuches sind nach dem Vorbilde des Lübischen Strafgesetzbuches in den Entwurf nicht aufgenommen:

1) §. 93. „Mit Geldbuße bis zu zweihundert Thalern oder Gefängniß von vier Wochen bis zu zwei Jahren wird bestraft:

1. wer böswillig oder gegen das Verbot der Obrigkeit Fahnen, Zeichen oder Symbole, welche geeignet sind, den Geist (!) des Aufruhrs zu verbreiten oder den öffentlichen Frieden zu stören, an öffentlichen Orten oder in öffentlichen Zusammenkünften ausstellt oder sie verkauft oder sonst verbreitet;
2. wer äußere Verbindungs- und Vereinigungs-Zeichen, welche zur Aufrechthaltung der öffentlichen Ruhe und Sicherheit von der Bezirks-Regierung verboten sind, an öffentlichen Orten oder in öffentlichen Zusammenkünften trägt;
3. wer in böswilliger Absicht die öffentlichen Zeichen der Königlichen Autorität wegnimmt, zerstört oder beschädigt.

Sollten Bestimmungen dieser Art für einzelne der zum Norddeutschen Bunde gehörenden Staaten nothwendig erscheinen, so mögen dieselben als Polizeistrafgesetze in den betreffenden Staaten publicirt werden. Der Norddeutsche Bund steht dazu zu hoch, um Derartiges in sein Strafgesetzbuch aufzunehmen.

2) §. 94. „Wer vorsätzlich einen Gefangenen aus der Gefangen-Anstalt oder aus der Gewalt der bewaffneten Macht, oder aus der Gewalt der Beamten, unter dessen Aufsicht, Begleitung oder Bewachung er sich befindet, befreit oder zu befreien versucht, wird mit Gefängniß von vierzehn Tagen bis zu drei Jahren bestraft."

Die Fortlassung dieser Vorschrift des Preußischen Strafgesetzbuches motivirt sich damit, daß strafbar bleibt, auch nach diesem Entwurfe: 1) die Meuterei, mithin auch die Beihülfe zur Meuterei (§. 78. des Entwurfes); 2) die Befreiung eines Gefangenen mittelst Gewalt oder Bedrohung gegen die Beamten u. s. w. (§§. 73. 74. 75.) des Entwurfs. Wenn ohne Verletzung dieser Bestimmungen die Befreiung eines Gefangenen stattfindet, so ist diese Befreiung eines Gefangenen der Sache nach nichts Anderes als Beihülfe zur Selbstbefreiung des Gefangenen. Insoweit letztere straflos ist, muß es erstere auch sein. Die Bestimmung des Preußischen Strafgesetzbuches §. 94. fügt aber hinzu, daß der Gefangene, der sich selbst befreit, straflos bleibe, derjenige jedoch, der ihm zur Selbstbefreiung hilft, nach der Vorschrift des §. 94. zu strafen ist. Man wird freilich sagen können: Ohne die geleistete Hülfe würde der Gefangene sich nicht haben befreien können! Aber dagegen ist einzuwenden: erstens, daß der Staat da, wo er Freiheitsstrafen vollstreckt, die Verpflichtung übernimmt, durch zweckmäßige Anstalten dafür zu sorgen, daß ein Entweichen der Gefangenen auch mit fremder Hülfe nicht möglich werde, und daß er durch eine Strafvorschrift sich diese Pflicht zu erleichtern nicht das Recht hat; zweitens, daß eine Unterstützung der Selbstbefreiung der Gefangenen, so daß dieselbe ohne Meuterei bewirkt werden kann, thatsächlich ihre so großen Schwierigkeiten hat, daß auch aus diesem Grunde auf eine Strafvorschrift verzichtet werden kann. Und auch die Beispiele von Fällen, in denen diese Schwierigkeiten überwunden wurden, in denen die Befreiung des Gefangenen gelang, werden nicht geeignet sein, die Nothwendigkeit der in Frage stehenden Strafvorschrift darzuthun.

Zur Motivirung der in den Entwurf aufgenommenen Vorschriften ist Folgendes anzuführen:

I. Zu §. 71. des Entwurfes. Diese Bestimmung entspricht dem Preußischen Strafgesetzbuche §. 87. Es hat indessen der Entwurf folgende Aenderungen gegenüber dem Preußischen Strafgesetzbuche vorgenommen:

1. Das Preußische Strafgesetzbuch sagt:

„Wer ... Handlungen, welche in den Gesetzen als Verbrechen oder Vergehen bezeichnet sind, durch öffentliche Rechtfertigung anpreiset“ u. s. w.

Statt dessen sagt der Entwurf:

„Wer ... strafbare Handlungen durch öffentliche Rechtfertigung anpreiset“ u. s. w.

Denn abgesehen davon, daß der Entwurf die Dreitheilung des Preußischen Strafgesetzbuches, unter deren Voraussetzung die Ausdrücke Verbrechen, Vergehen erst einen bestimmten Inhalt erlangen, nicht kennt, würde auch nicht einzusehen sein, weshalb das Preußische Strafgesetzbuch, das Verbot des „Anpreisens“ auf Verbrechen und Vergehen beschränkt. Denn man wird es einem Gesetzbuche verdenken, wenn dasselbe beispielsweise den Diebstahl an Nahrungsmitteln, den Holzdiebstahl, die einfachen Injurien, den einfachen Hausfriedensbruch durch öffentliche Rechtfertigung anzupreisen, ausdrücklich erlauben wollte. Diese Erlaubniß ist aber, wenn auch nicht ausdrücklich, so doch dadurch von dem Preußischen Strafgesetzbuche gewährt worden, daß dasselbe sein Verbot des öffentlichen Anpreisens auf „Verbrechen“ und „Vergehen“ beschränkte; denn die zuletzt genannten Delikte sind weder „Verbrechen“ noch „Vergehen“, sondern „Uebertretungen“ und auf „Uebertretungen“ bezieht sich nicht die Vorschrift des Preußischen §. 87.

2. Das Preußische Strafgesetzbuch bestimmt als Strafe seines §. 87. „Geldbuße bis zu zweihundert Thalern oder Gefängniß von vier Wochen bis zu zwei Jahren. — Diese Strafposition mußte geändert werden. Denn das Preußische Strafgesetzbuch selbst bedroht die Aufforderung zum Ungehorsam gegen die Strafgesetze — also die Aufforderung zum schwersten Ungehorsam gegen die Gesetze mit einer Gefängnißstrafe von höchstens einem Jahre. Es ist deshalb vollkommen unverständlich, wie die Aufforderung zum Ungehorsam gegen die Gesetze überhaupt mit dem Doppelten dieser Strafe hat bedroht werden können. Im Gegentheil; da Ungehorsam gegen ein Gesetz, welches nicht Strafgesetz ist, niemals Verbrechen sein kann, während Ungehorsam gegen ein Strafgesetz immer ein Verbrechen sein muß, da ferner das bloße Anpreisen einer strafbaren Handlung, von der wirklichen Begehung derselben noch sehr viel weiter entfernt ist, als die direkte Aufforderung zur Begehung eines Verbrechens von der wirklichen Begehung des Verbrechens, so mußte, wie dieses geschehen, die Strafe des im §. 71. des Entwurfes enthaltenen Deliktes nicht unerheblich geringer sein, als die Strafe, welche §. 30. Abs. 2. des Entwurfes (korrespondirend dem Preußischen Strafgesetzbuche §. 36.) aufstellt. Da nun in §. 30. Abs. 2. „Gefängniß bis zu Einem Jahre oder Geldbuße bis zu zweihundert

Thalern" als Strafe bestimmt ist, so konnte der Entwurf bei §. 71. über „Gefängnißstrafe bis zu sechs Monaten oder Geldbuße bis zu Einhundert Thalern" nicht hinausgehen.

II. Zu §. 72. des Entwurfs. An der dieser Bestimmung des Entwurfs entsprechenden Vorschrift des Preußischen Strafgesetzbuches (§. 88.) ist nur das geändert, daß die Schlußworte des Preußischen §. 88. fortgelassen sind. Diese sagen:

> „Diese Bestimmung findet Anwendung, die Aufforderung oder Anreizung mag durch Wort oder Schrift oder durch irgend ein anderes Mittel geschehen, sie mag von Erfolg gewesen sein oder nicht" —

d. h. es soll die Bestimmung des §. 88. Abs. 1. ausnahmslos in Anwendung gebracht werden. Das geschieht aber, sobald das Gesetz selbst irgend welche Ausnahmen nicht bestimmt. Die citirten Worte des Preußischen Strafgesetzbuches sind demnach vollständig überflüssig.

Hinsichtlich der Strafe hatte der Entwurf sich daran zu erinnern, daß das Preußische Strafgesetzbuch die Desertion eines Militairpflichtigen (§. 110.) mit Geldbuße von fünfzig bis zu Eintausend Thalern oder mit Gefängniß von Einem Monate bis zu Einem Jahre bestraft. Hieraus folgte, daß das Preußische Strafgesetzbuch die Strafe für das von ihm in §. 88. bedrohte Delikt nicht unter Ausschluß der Geldbuße mit Gefängniß von sechs Wochen bis zu zwei Jahren bedrohen durfte. Darin freilich konnte dem Preußischen Strafgesetzbuche beigetreten werden, wenn dasselbe das in §. 88. bedrohte Delikt für ebenso strafbar erklärte, wie die durch §. 87. bedrohten Straffälle.*) Und so stellt denn auch der Entwurf bei §. 72. dieselbe Strafposition auf, wie bei §. 71., ohne damit übrigens in Widerspruch zu gerathen mit der von ihm für die Desertion aufgestellten Strafe, obgleich dieselbe in §. 84. des Entwurfes höher gegriffen ist, als die im Preußischen §. 110.

III. Zu §§. 73. 74. 75. des Entwurfs. Diese Bestimmungen des Entwurfes ändern — abgesehen von dem bei dem Aufruhr (§. 75. Abs. 2.) vorkommenden Qualifikationsgrunde — nichts Erhebliches an dem Thatbestande der Preußischen §§. 89. 90. 91.**) Die Strafpositionen des Entwurfes sind in der Weise arbitrirt, daß zunächst für den

---

*) Denn daß §. 87. „Gefängniß von vier Wochen bis zu zwei Jahren", §. 88. „Gefängniß von sechs Wochen bis zwei Jahren" aufstellt, darauf kann es nicht ankommen. Das sind Differenzen, die zu klein sind, als daß sie von der kriminalistischen Wage markirt werden könnten.

**) §. 89. des Preußischen Strafgesetzbuches ist in §. 73. des Entwurfes lediglich insoweit geändert, als in §. 73. ausdrücklich ausgesprochen ist, daß der Widerstand gegen eine Amtshandlung nun dann strafbar sei, wenn der Beamte eine ihm obliegende Amtshandlung vorgenommen. Der Grund hierfür liegt darin, daß die Preußische Praxis den §. 89. auch da angewandt hat, wo der Beamte, dem Widerstand geleistet wurde, seine Kompetenz überschritten hatte. Der Entwurf konnte dem leicht entgegentreten, wenn auch anerkannt werden muß, daß der Begriff einer Amtshandlung, zu welcher der Beamte nicht kompetent war, nicht wohl faßbar ist, daß daher eine richtige Praxis auch gegenüber dem Wortlaute des §. 89. des Preußischen Strafgesetzbuches zu demselben Resultate hätte gelangen müssen, was gegenüber dem §. 73. des Entwurfs nicht mehr verfehlt werden kann. (vgl. v. Kräwel in Goltdammer's Archiv Bd. XVI. S. 173.)

nicht qualificirten Fall des Aufruhrs Gefängnißstrafe oder Einschließung bis drei Jahren bestimmt wurde. Das Preußische Strafgesetzbuch (§. 92. Abs. 1.) bestimmt für den nicht qualificirten Fall des Aufruhrs ausschließlich Gefängnißstrafe. Der Entwurf konnte sich darin diesem Gesetze anschließen, als auch er über die Gefängnißstrafe hinauszugehen keine Veranlassung finden konnte. Dagegen schien es der Natur dieses Deliktes angemessen, neben der Gefängnißstafe auch noch die Strafe der Einschließung für zulässig zu erklären. Mit Bezug auf diese für §. 75. Abs. 1. angenommenen Strafpositionen wurden sodann die Strafpositionen für die §§. 74. und 73. des Entwurfs arbitrirt.

Als Qualifikationsgrund des Aufruhrs erkennt das Preußische Strafgesetzbuch §. 91. Abs. 2. folgenden an:

„Diejenigen Theilnehmer, welche Gewaltthätigkeiten gegen Personen oder Sachen verüben, werden mit Zuchthaus bis zu zehn Jahren und Stellung unter Polizei-Aufsicht bestraft.“

Der Entwurf setzt statt der Worte des Preußischen §. 91. Abs. 2. die Worte:

„Gegen diejenigen, welche bei dem Aufruhr betheiligt, Gewaltthätigkeiten gegen Personen verüben, ist auf Zuchtshaus oder Einschließung bis zu fünf Jahren zu erkennen.“

1. Das Wort „Theilnehmer“ hat eine technische kriminalistische Bedeutung, und in dieser Bedeutung ist dasselbe im §. 91. des Preußischen Strafgesetzbuches nicht gebraucht. Für §. 195. dieses Gesetzbuches wurde dieser Fehler bereits durch das Gesetz vom 14. April 1856 korrigirt. Bei der Nachbildung des §. 91. war derselbe Fehler nun auch zu korrigiren.

2. Die Gewaltthätigkeiten an Sachen läßt der Entwurf aus dem Qualifikationsgrunde fort und

3. Wird die Strafe statt auf Zuchthaus bis zu zehn Jahren auf Zuchthaus oder Einschließung bis zu fünf Jahren normirt.

Die Gründe für die Abänderungen unter 2. und 3. werden durch die während sechs Jahren (1860—1865) wirklich erkannten Strafen für Aufruhr resp. Tumult, der in Aufruhr überging, dargeboten.

Es sind nämlich nach Ausweis der Schwurgerichts-Statistik in diesen sechs Jahren 108 Fälle mit 307 Angeklagten vor den Schwurgerichten, mithin unter Behauptung der Anklage, daß der Aufruhr mittelst Anwendung von Gewalt an Sachen oder Personen begangen sei, verhandelt worden. Von diesen 307 Angeklagten sind zu einer Zuchthausstrafe nur 40 verurtheilt worden; gegen 103 wurde Gefängnißstrafe und zwar in 94 Fällen unter Einem Jahre erkannt; 164 Angeklagte wurden freigesprochen. Wenn nun 108 Fälle von Aufruhr vor die Schwurgerichte gebracht wurden, so müssen die Anklagen von mindestens 108 Angeklagten behauptet haben, daß von ihnen Gewalt gegen Sachen oder Personen begangen sei; und dieser Behauptung der Anklage ist nur in 40 Fällen durch das Geschwornenverdikt beigetreten worden. Ein solches Mißverhältniß zwischen Anklagen und Verurtheilungen weist darauf hin, daß in der gesetzlichen Bestimmung selbst etwas nicht in Ordnung sein muß. Der Entwurf hat geglaubt, daß da, wo die Beschädigung fremder Sachen durch Aufrührer den Karakter gemeingefährlicher Verbrechen nicht annimmt, wo auch neben der Beschädigung von Sachen weder eine Person, noch auch das Hausrecht Jemandes verletzt wurde, daß da die Strafe für den nicht qualificirten Aufruhr ausreichend sei. Ferner glaubte der Entwurf, daß dasjenige, was man unter „Gewalt gegen Personen" verstehen könne, einen so weiten Umfang habe, daß es zwar die Zuchthausstrafe auch in manchen Fällen rechtfertigen, aber durchaus nicht in allen Fällen fordern müsse. Und um deswillen hat der Entwurf auch bei dem qualificirten Falle des Aufruhrs die Strafe der Einschließung neben der Zuchthausstrafe nicht aufgeben mögen. Wenn nun auch abweichend vom Preußischen Strafgesetzbuche das Maximum der Zuchthaus- resp. Einschließungsstrafe statt auf zehn nur auf fünf Jahre arbitrirt ist, so geschah dies deswegen, weil in den 40 Fällen, in welchen während sechs Jahren auf Zuchthaus erkannt wurde, in 35 Fällen die Zuchthausstrafe weniger als fünf Jahre betrug. Nur in fünf Fällen ist auf Zuchthaus von fünf bis zehn Jahren erkannt worden. Und hierbei müssen — ganz abgesehen davon, daß die statistischen Nachrichten darüber Nichts sagen, ob nur gerade auf fünf Jahre oder auf wie viel über fünf Jahre erkannt ist — ganz eigenthümliche Verhältnisse vorgelegen haben. Es kamen nämlich, wie dies aus den statistischen Nachrichten zu ersehen, jene fünf Verurtheilungen zu Zuchthaus von fünf bis zu zehn Jahren vor im Departement des Appellationsgerichts zu Marienwerder im Jahre 1861, und vertheilten sich diese Verurtheilungen auf drei Fälle des Aufruhrs mit 18 Angeklagten, von denen 13 verurtheilt wurden. Diese drei Fälle von Aufruhr waren aber auch im Jahre 1861 die einzigen, über welche innerhalb der Preußischen Monarchie vor Geschwornengerichten verhandelt wurde.

So wird also die von dem Entwurfe für den qualificirten Aufruhr festgestellte Strafposition: Zuchthaus oder Einschließung bis zu fünf Jahren — gegenüber der früheren Preußischen Praxis keine irgendwie nennenswerthe Abweichung hervorzurufen im Stande sein.

IV. Zu §. 76. des Entwurfs. Während §. 92. des Preußischen Strafgesetzbuches ausschließlich Gefängniß und zwar bis drei Monate androht, hat der Entwurf neben die Gefängnißstrafe noch die Geldbuße gesetzt; denn wo ein Delikt von so geringer Bedeutung ist, daß selbst das Preußische Strafgesetzbuch für die schwersten Fälle desselben nicht mehr als drei Monate Gefängniß erkannt wissen will, da ist die elektive Androhung der Geldbuße allemale indicirt.

V. Zu §. 77. des Entwurfs. Von den Worten des Preußischen Strafgesetzbuches §. 95. Abs. 2.:

> „Ist die Entweichung nur durch Fahrlässigkeit veranlaßt worden, so tritt Gefängniß bis zu sechs Monaten, oder in Fällen geringerer Verschuldung Geldbuße bis zu funfzig Thalern ein."

läßt der Entwurf die hervorgehobenen Worte fort. Denn das Wörtchen „nur" ist an dieser Stelle vollkommen nichtssagend, und die

Worte: „in Fällen geringerer Verschuldung" sagen zwar etwas, aber an dieser Stelle nichts Anderes als was für alle Fälle, in denen Geldbuße und Gefängnißstrafe neben einander angedroht sind, §. 18. des Preußischen Strafgesetzbuches, resp. §. 17. Abs. 2. des Entwurfes vorschreibt.

VI. Zu §. 78. des Entwurfs. Es könnte auffallen, daß bei der Reproduktion des §. 96. in dem Entwurfe die Worte des Preußischen Strafgesetzbuches „oder auszuführen versuchen", desgleichen die Worte „oder zu zwingen versuchen" in §. 78. des Entwurfes aufgenommen sind, obwohl doch die Bestrafung des Versuches ganz allgemein und ohne Rücksichtnahme auf die Dreitheilung des Preußischen Strafgesetzbuches in dem Entwurfe vorgeschrieben ist. Es handelt sich hier aber gar nicht darum, eine Strafe für den gewaltsamen Ausbruch von Gefangenen zu bestimmen, auch nicht darum, eine Strafbestimmung für den Zwang, welchen Gefangene gegen die Beamten der Gefangenanstalt ausüben möchten, festzusetzen; sondern es kommt darauf an, zu bestimmen, wann in einer Strafanstalt die Meuterei als vorhanden anzunehmen ist. Dies soll der Fall sein, wenn der Ausbruch wirklich verübt, wie auch dann, wenn er nur versucht wurde; dies soll nicht minder der Fall sein, wenn der Beamte gezwungen wurde, als wenn der Zwang gegen ihn nur ein versuchter blieb.

Als Strafe bestimmt der Entwurf für die mittelst Gewalt an Personen verübte Meuterei*) entsprechend dem Preußischen Strafgesetzbuche Zuchthaus bis zu zehn Jahren. Es hätte nahe gelegen, auch hier die Strafe des qualificirten Aufruhrs, wenn auch ohne die Strafe der Einschließung, also 2—5 Jahre Zuchthaus eintreten zu lassen. Nach den Mittheilungen der Schwurgerichtsstatistik wäre es auch möglich gewesen, mit einer Zuchthausstrafe von höchstens fünf Jahren auszukommen. Es wurden nämlich in den Jahren 1860—1865 vor den Schwurgerichten 415 Fälle qualificirter Meuterei gegen 597 Angeklagte verhandelt, und hatten diese Verhandlungen 490 Verurtheilungen zur Folge. Es wurden verurtheilt: zu Geldbußen 3; zu Gefängniß unter Einem Jahre 76; zu Gefängniß von Einem Jahre und darüber 11; zu Zuchthaus von zwei Jahren 315; zu Zuchthaus bis fünf Jahre excl. 69; und zu Zuchthaus bis zehn Jahre excl. 16. Das Maximum der zehnjährigen Zuchthausstrafe wurde mithin niemals erreicht; und auf fünf Jahre und darüber unter 490 Fällen überhaupt nur 16mal erkannt. Wollte man daher bei dem Maximum von fünf Jahren Zuchthaus für den qualificirten Fall der Meuterei stehen bleiben, so würde man dadurch kaum andere Strafen nothwendig machen, als bisher in der Praxis ausgesprochen sind. Andererseits aber mußte erwogen werden, daß für den qualificirten Fall der Meuterei weder Gefängniß noch auch Einschließung eine geeignete Strafe sei. Der Entwurf befolgt aber durchweg den Grundsatz, da, wo nur Zuchthausstrafe angedroht wird,

*) Die Qualifikation dieses Verbrechens ist in dem Entwurfe nach denselben Grundsätzen gebildet, welche bei der Qualifikation des Aufruhrs (§. 75. des Entwurfs) maßgebend waren.

Zuchthausstrafe bis zu zehn Jahren anzudrohen. Von diesem Grundsatze abzuweichen, konnte daraus, wie bisher in der Praxis erkannt worden, um so weniger Veranlassung gefunden werden, als eine Meuterei, welche von Zuchthaussträflingen begangen würde, nach dem Entwurfe etwas Anderes zu bedeuten hat, als nach dem Preußischen Strafgesetzbuche. Denn die Zuchthausstrafe des Entwurfes ist eine andere, als die des Preußischen Strafgesetzbuches. Und indem dieselbe die Veranlassung zu Meutereien in erheblichstem Maße vermindert, mußte um so mehr die Begehung dieses Verbrechens mit einer strengen Strafe bedroht werden.

Sechster Titel.

Strafbare Handlungen gegen die öffentliche Ordnung.

§. 79.

Wer durch Wort, Schrift, Druck, Zeichen, bildliche oder andere Darstellung den Reichstag des Norddeutschen Bundes oder eine der in den Staaten des Norddeutschen Bundes bestehenden gesetzgebenden Versammlungen, ein Mitglied des Reichstages des Norddeutschen Bundes oder einer der in den Staaten des Norddeutschen Bundes bestehenden gesetzgebenden Versammlungen, eine andere politische Körperschaft, eine öffentliche Behörde, einen öffentlichen Beamten, einen Religionsdiener, ein Mitglied der bewaffneten Macht, einen Geschwornen, einen Zeugen oder Sachverständigen, während sie in der Ausübung ihres Berufes begriffen sind, oder in Beziehung auf ihren Beruf beleidigt, wird mit Geldbuße bis zu zweihundert Thalern oder mit Gefängniß bis zu Einem Jahre bestraft.

Hat die Beleidigung den Karakter der Verleumdung, so ist auf Geldbuße bis zu dreihundert Thalern oder auf Gefängniß bis zu zwei Jahren zu erkennen.

Im Falle einer thätlichen Beleidigung ist mit Ausschluß der Geldbuße auf Gefängniß oder Einschließung bis zu zwei Jahren zu erkennen.

§. 80.

Wegen Beleidigung des Reichstages des Norddeutschen Bundes oder einer der in den Staaten des Norddeutschen Bundes bestehenden gesetzgebenden Versammlungen darf die Verfolgung nur mit Ermächtigung der genannten politischen Körperschaften, und wegen der übrigen der in §. 79. bezeichneten Beleidigungen nur auf den Antrag des Verletzten eingeleitet werden.

§. 81.

Wer unbefugt sich mit der Ausübung eines öffentlichen Amtes befaßt, oder solche Handlungen vornimmt, die nur kraft eines öffentlichen Amtes vorgenommen werden dürfen, soll mit Geldbuße bis zu zweihundert Thalern oder mit Gefängniß bis zu Einem Jahre bestraft werden.

§. 82.

Wer Urkunden, Register, Akten oder sonstige Gegenstände, welche sich an einem öffentlichen Verwahrungsorte aufbewahrt finden, oder einem Beamten, zu dessen Amte die Verwahrung derselben gehört, in amtlicher Eigenschaft übergeben worden sind, vorsätzlich vernichtet, beschädigt oder bei Seite schafft, wird mit Gefängniß bis zu zwei Jahren bestraft.

§. 83.

Wer ein amtliches Siegel, welches von einer öffentlichen Behörde oder einem öffentlichen Beamten angelegt ist, um Sachen zu verschließen, zu bezeichnen oder in Beschlag zu nehmen, ohne Befugniß vorsätzlich erbricht, ablöset oder beschädigt, wird mit Geldbuße bis zu Einhundert Thalern oder mit Gefängniß bis zu sechs Monaten bestraft.

§. 84.

Wer ohne Erlaubniß auswandert, in der Absicht, sich dadurch dem Eintritt in den Dienst des Heeres oder der Marine zu entziehen, ingleichen wer zur Reserve beurlaubt oder der Land- oder Seewehr angehörend, ohne Erlaubniß auswandert„ wird mit Gefängniß oder Einschließung bis zu drei Jahren bestraft.

§. 85.

Wer in der Absicht, sich der Verpflichtung zum Militärdienste ganz oder theilweise zu entziehen, auf Täuschung berechnete Mittel anwendet, ingleichen wer in der Absicht, sich dem Militärdienste zu entziehen, sich vorsätzlich selbst verstümmelt oder in anderer Weise körperlich beschädigt, wird mit Gefängniß bis zu drei Jahren bestraft.

Neben der Gefängnißstrafe kann zugleich auf Untersagnng der Ausübung der bürgerlichen Ehrenrechte erkannt werden.

Dieselbe Strafe hat Derjenige verwirkt, welcher den Anderen auf dessen Verlangen zum Militärdienste untauglich macht.

§. 86.

Schiffer, welche die Flagge des Norddeutschen Bundes unbefugter Weise führen, werden mit Gefängniß oder Einschließung bis zu Einem Jahre bestraft.

§. 87.

Seeleute, welche während der Reise desertiren, werden mit Gefängniß oder Einschließung bis zu zwei Jahren bestraft.

§. 88.

Gegen Seeleute ist

1) wenn sie den Befehlen des Schiffers den Gehorsam verweigern, auf Gefängniß oder Einschließung bis zu Einem Jahre,
2) wenn sie sich dem Schiffer thätlich widersetzen, auf Gefängniß bis zu zwei Jahren,

3) wenn sie den Schiffer durch Gewalt oder Drohungen oder durch Verweigerung der Dienste zu einer Handlung oder Unterlassung, welche sich auf die Leitung des Schiffs, sowie auf die Aufsicht über das Schiff oder die Ladung bezieht, zwingen oder zu zwingen versuchen, auf Gefängniß bis zu drei Jahren,

4) wenn zwei oder mehrere von ihnen mit vereinten Kräften den Schiffer zu einer solchen Handlung oder Unterlassung zwingen oder zu zwingen versuchen, auf Zuchthaus bis zu zehn Jahren zu erkennen.

Aus dem sechsten Titel des Preußischen Strafgesetzbuches, welcher die Ueberschrift führt: „Vergehen gegen die öffentliche Ordnung" und dessen Ueberschrift für den vorliegenden Entwurf in: „Strafbare Handlungen gegen die öffentliche Ordnung" abgeändert ist, sind unter verschiedenen Gesichtspunkten mehrere Strafbestimmungen in dem Entwurfe fortgelassen.

I. Mit Rücksicht auf andere gesetzliche Bestimmungen sind folgende Vorschriften des Preußischen Strafgesetzbuches übergangen:

1) §. 115. „Ausländer, welche, nachdem sie des Landes verwiesen sind, ohne Erlaubniß zurückkehren, werden mit Gefängniß von drei Monaten bis zu zwei Jahren bestraft."

§. 116. „Wer unter Polizeiaufsicht gestellt ist und den in Folge derselben ihm auferlegten Beschränkungen entgegenhandelt, wird zu Gefängniß von Einer Woche bis zu sechs Monaten bestraft."

Diese beiden Bestimmungen mußten fortfallen, weil der Entwurf weder die Strafe der Landesverweisung, noch auch die der Polizeiaufsicht kennt.

2) §. 109. „Wer als Zeuge oder als Geschworner berufen, eine Entschuldigungsursache vorschützt, welche sich als falsch ergiebt, wird mit Gefängniß bis zu zwei Monaten bestraft.

Dasselbe gilt für den Sachverständigen, insofern er auf Grund einer gesetzlichen Verpflichtung berufen ist.

Die Verurtheilung wegen Vorschützens einer falschen Entschuldigungs-Ursache schließt die Verurtheilung in die auf das Nichterscheinen gesetzten Geldbußen nicht aus."

Diese Bestimmung gehört in die Strafproceßordnung, wenn sie überhaupt irgendwo hingehört.

Denn das Delikt, um welches es sich doch zunächst handelt, besteht darin, daß der Geschworne, Zeuge, Sachverständige ungehorsam ausgeblieben ist. Dieses Delikt wird nun aber nicht nur in Preußen, sondern auch in andern deutschen Ländern in der Prozeßordnung aufgeführt, und zwar aus dem sehr guten Grunde, weil die mit demselben verbundene Strafbestimmung dem Proceßrichter die erforderliche Macht sichert, den Proceß ordnungsmäßig durchführen zu können. Demjenigen aber, dem die Handhabung einer Strafbestimmung anvertraut ist, ist damit natürlich die Entscheidung darüber anheimgegeben, ob dieselbe anzuwenden sei oder nicht; oder, um speziell von dem vorliegenden Falle zu sprechen: der Proceßrichter hat festzustellen, ehe er den ausgebliebenen Geschwornen, Zeugen, Sachverständigen die Geldbuße wegen ihres Ausbleibens auferlegt, ob der von ihnen vorgeschützte Entschuldigungsgrund überhaupt ein zureichender, und wenn dies der Fall, ob er der Wahrheit gemäß ist. Die Frage, ob ein Angeschuldigter gelogen hat oder nicht, ist überall eine präparatorische Frage für die Schuldfrage überhaupt; und ebensowenig wie man in irgend einem anderen Falle die Erledigung dieser präparatorischen Frage dem Richter der Schuldfrage entzieht, ebensowenig ist hier dazu Veranlassung. Wenn also die Bestimmung des §. 109. irgendwo hingehört, so gehört sie neben diejenige Bestimmung, welche die Strafen für das ungehorsame Ausbleiben der Geschwornen, Zeugen, Sachverständigen festsetzt. Bedenklich wäre sie aber auch an dieser Stelle. Denn aus dem Belügen des Richters hat die Praxis wohl einen strafschärfenden Zumessungsgrund, nirgends aber die Gesetzgebung ein besonderes Delikt gemacht. Und wenn nun der Proceßrichter, durch eine vorgeschützte falsche Entschuldigung hierzu veranlaßt, den ausgebliebenen Zeugen des ungehorsamen Ausbleibens nicht für schuldig erkannt hätte, — ist damit nicht auch de jure die Wahrheit der Entschuldigungsursache festgestellt? Und wenn nicht — wenn in Folge einer auf Grund des §. 109. erhobenen Anklage der Angeklagte schuldig befunden würde, eine falsche Entschuldigung vorgeschützt zu haben, müßte sich dann nicht daraus die Konsequenz ergeben, daß er als ungehorsam ausgebliebener Geschworner u. s. w. zu bestrafen wäre, obwohl er vorher vom Proceßrichter des ungehorsamen Ausbleibens nicht für schuldig befunden.

Diese Bedenken gegen den §. 109. entstehen freilich nur, wenn man sich das Vorschützen einer falschen Entschuldigung Seitens eines ungehorsam ausgebliebenen Geschwornen u. s. w. denkt. Es kann aber auch der Fall eintreten, daß beispielsweise ein Geschworner u. s. w. mit Erlaubniß ausgeblieben ist, daß er aber den ihm gewährten Urlaub durch Anführen einer falschen Entschuldigungsursache erschlichen hat. Aber hierfür eine Strafdrohung aufzustellen, würde auch nicht richtig sein. Der Richter, dem die Entscheidung darüber zusteht, ein Urlaubsgesuch zu bewilligen oder zu verweigern, muß die Gründe geprüft haben, aus denen er sich für das eine oder für das andere entscheidet. Hat er dies gethan, so muß es dabei sein Bewenden haben, und es ist nicht passend, wenn eine Strafvorschrift sagt: „es ist möglich, daß der Richter die Gründe, auf welche sich ein Urlaubsgesuch stützt, nicht ordentlich prüft, es muß deshalb ein gegen den Urlaubsuchenden gerichtetes Strafgesetz dem Richter die Prüfung der für und wider die Gewährung des Urlaubs streitenden Gründe erleichtern"; oder: „es ist wohl anzunehmen, daß der Richter durch den Urlaubsuchenden sich übertölpeln läßt; das Strafgesetz muß das zu verhindern suchen." Allerdings kann die Rechtspflege den Dienst der Geschwornen, die Anwesenheit der Zeugen, Sachverständigen nicht entbehren. Dem entsprechend ist es vollkommen in der Ordnung, wenn jeder ungehorsam ausbleibende Geschworne, Zeuge, Sachverständige wegen seines Ungehorsams gestraft wird. Dabei kann es aber auch sein Bewenden haben.

3) §. 97. „Wer unbefugt bewaffnete Haufen bildet oder solche befehligt, oder eine Mannschaft, von der er weiß, daß sie ohne gesetzliche Befugniß gesammelt ist, mit Waffen oder Kriegsbedürfnissen versieht, wird mit Gefängniß bis zu zwei Jahren bestraft.

Wer an solchen bewaffneten Haufen Theil nimmt, hat Gefängniß bis zu Einem Jahre verwirkt.

Oldenburg (Art. 94.) hat diese Bestimmung des Preußischen Rechtes aufgenommen; im Lübischen Gesetzbuche fehlt dieselbe. Andere deutsche Gesetzbücher, das Bayrische, Braunschweigische, Sächsische, haben zwar ähnlich lautende, doch aber ihrem Wesen nach vollkommen andere Bestimmungen. Die genannten Gesetzbücher fassen nämlich das „Bilden bewaffneter Haufen" nicht als selbständiges Delikt auf, sondern erblicken darin eine Versuchs- resp. Vorbereitungshandlung zum Hochverrath. Die Begriffsbestimmung des Hochverraths ist jedoch in den §§. 50. und 51. des Entwurfs so gegeben, daß die besondere Hervorhebung irgend welcher Versuchshandlungen nicht erforderlich ist. Will man aber das Bilden bewaffneter Haufen in der Weise verbieten, wie man etwa auch das Spielen mit Schießgewehr verbieten könnte, so mag ein solches Verbot in einem partikulären Polizeistrafgesetz seinen Platz finden; in das allgemeine deutsche Strafgesetzbuch gehört dasselbe nicht.

4) §. 98. 99. „Die Theilnahme an einer Verbindung, deren Dasein, Verfassung oder Zweck vor der Staatsregierung geheim gehalten werden soll, oder in welcher gegen unbekannte Obere Gehorsam, oder gegen bekannte Obere unbedingter Gehorsam versprochen wird, ist an den Mitgliedern mit Gefängniß bis zu sechs Monaten und an den Stiftern, Vorstehern und Beamten der Verbindung mit Gefängniß von Einem Monate bis zu Einem Jahre zu bestrafen.

Gegen öffentliche Beamte ist zugleich auf zeitige Unfähigkeit zur Bekleidung öffentlicher Aemter zu erkennen."

§. 99. „Die Theilnahme an einer Verbindung, zu deren Zwecken oder Beschäftigungen es gehört, Maßregeln der Verwaltung oder die Vollziehung von Gesetzen durch ungesetzliche Mittel zu verhindern oder zu entkräften, wird an den Mitgliedern mit Gefängniß von zwei Monaten bis zu Einem Jahre, und an den Stiftern, Vorstehern und Beamten der Verbindung mit Gefängniß von sechs Monaten bis zu zwei Jahren bestraft.

Gegen öffentliche Beamte ist zugleich auf zeitige Unfähigkeit zur Bekleidung öffentlicher Aemter zu erkennen."

Abgesehen davon, daß diese beiden Bestimmungen gar zu sehr an die frühere Bundespolizei erinnern, ist die Fassung dieser Paragraphen so überaus unbestimmt, daß man gegen jeden Verein, der den Verpflichtungen des Vereinsgesetzes nicht nachgekommen, auf Grund der §§. 98. 99. würde vorgehen können. Man nehme nur an: Ein Verein reicht seine Statuten nicht innerhalb der ersten drei Tage bei der Ortspolizeibehörde ein — Grund genug zu der Behauptung, sein Dasein habe geheim gehalten werden sollen; die Vorsteher eines Vereines reichen wissentlich unrichtige Statuten ein — und man wird Anklage erheben dürfen, daß die Verfassung des Vereins der Staatsregierung hat geheim bleiben sollen. Und doch wird durch die so eben aufgeführten Handlungen lediglich gegen die Bestimmungen des Preußischen Vereinsgesetzes verstoßen.*) Dieses spricht zwar von „Vereinen", die §§. 98. und 99. handeln dagegen von „Verbindungen". Der Unterschied zwischen „Vereinen" und „Verbindungen" ist aber durch irgend welche juristische Merkmale nicht zu bestimmen. Diese Unterscheidung fällt daher, wenn nicht der Willkür, so doch dem Zufall anheim. Es würden mithin schon aus diesem Grunde die Verbindungs-Paragraphen dem höchsten Bedenken unterliegen. Da nun überdem das Vereinsgesetz Strafbestimmungen gegen die mißbräuchliche Benutzung des Vereinsrechtes enthält, so werden diese Bestimmungen auch für diejenigen Fälle ausreichend sein, an welche das Preußische Strafgesetzbuch bei Erlaß der §§. 98. 99. gedacht haben mag.

II. In ein partikuläres Polizeigesetz zu verweisen und deshalb in diesem Entwurfe zu übergehen, sind folgende Bestimmungen des Preußischen Strafgesetzbuches:

1) §. 105. „Wer unbefugt eine Uniform, eine Amtskleidung, ein Amtszeichen, einen Orden oder ein Ehrenzeichen trägt, wer unbefugt Titel, Würden oder Adels-Prädikate annimmt, oder wer eines Namens, der ihm nicht zukommt, sich bedient, wird mit Geldbuße bis zu Einhundert Thalern oder Gefängniß bis zu drei Monaten bestraft."

Diese Bestimmung hat auch weder das Oldenburgische noch das Lübeckische Strafgesetzbuch aufgenommen.

2) §. 107. „Wer die zur öffentlichen Bekanntmachung angeschlagenen Verordnungen, Befehle, Patente oder Anzeigen öffentlicher Behörden oder Beamten vorsätzlich abreißt, beschädigt, befleckt oder verunstaltet, ist mit Geldbuße bis zu Einhundert Thalern oder mit Gefängniß bis zu sechs Monaten zu bestrafen."

3) §. 117. „Wer geschäftslos und arbeitslos umherzieht, ohne sich darüber ausweisen zu können, daß er die Mittel zu seinem Unterhalte besitze, oder doch eine Gelegenheit zu demselben (zum Unterhalte?) aufsuche, wird als Landstreicher mit Gefängniß von Einer Woche bis zu drei Monaten bestraft."

4) §. 118. 119. handeln vom Betteln, Spiel, Trunksucht, Müßiggang, mangelndem Unterkommen; und §. 120. bezieht sich in seinen Strafbestimmungen lediglich auf die §§. 117—119.

An diesen Bestimmungen des Preußischen Rechtes hat schon das Oldenburgische Strafgesetzbuch Einzelnes geändert. Die Landstreicherei soll nur im Rückfalle bestraft werden. Der Bettelparagraph ist in Oldenburg (Art. 112.) zwar der Sache nach reproducirt; während indessen Preußen mit den Worten beginnt: „Die Bettelei wird u. s. w. gestraft", scheut sich Oldenburg, die Bettelei als ein strafbares Vergehen hinzustellen und beginnt demgemäß den Art. 112. mit den Worten: „Mit Gefängniß u. s. w. wird bestraft: a) wer un-

*) Verordnung vom 11. März 1850, betreffend die Verhütung des Mißbrauchs des Versammlungs- und Vereinigungsrechtes §. 13.

ter Drohungen u. s. w. bettelt." Bei dem Trunk-, Spiel- und Müßiggangs-Paragraphen verlangt Oldenburg (Art. 113.), daß in den Fällen des Preußischen §. 119. Nr. 2. 3. die Strafe nur unter der Voraussetzung eintrete, daß der Angeklagte „wegen einer dieser Uebertretungen bereits von dem Polizeigerichte bestraft worden ist."

Das Lübische Gesetzbuch recipirt von den §§. 107. 117—119. nur folgende Bestimmung: §. 91. „Wer unter Drohungen oder mit Waffen bettelt, ist mit Gefängniß bis zu drei Monaten zu bestrafen" — das Gesetzbuch fügt dann noch eine Bestimmung über Landesverweisung und Zwangsarbeit hinzu. — Diese von dem Lübischen Gesetzbuche aufrecht erhaltene Bestimmung kann indessen mit Rücksicht auf die Strafbestimmungen für Erpressung bei Seite gelassen werden.

III. Folgende Bestimmungen des Preußischen Strafgesetzbuches sind in dem Entwurfe fortgelassen, weil sich dieselben zur strafrechtlichen Ahndung entweder überhaupt nicht oder doch nicht in einem Strafgesetzbuche für den Norddeutschen Bund eignen.

1) §. 112. „Wer von dem Vorhaben einer Desertion zu einer Zeit, zu welcher die Verhütung des Vergehens möglich ist, glaubhafte Kenntniß erhält und es unterläßt, davon der Polizeibehörde oder Militairbehörde zur rechten Zeit Anzeige zu machen, soll, wenn die Desertion wirklich begangen wird, mit Gefängniß bis zu Einem Jahre bestraft werden."

Es sind oben (S. 262. ff.) die Gründe angegeben, weshalb die Denunciationspflicht des Preußischen Strafgesetzbuches (§. 39.) in den Entwurf nicht aufgenommen ist. Wollte man nun die Denunciationspflicht ausschließlich in Bezug auf eine bevorstehende Desertion gesetzlich anerkennen, so würde sich eine derartige exceptionelle Bestimmung zwar für das Preußische Recht aus der exceptionellen Behandlung, welche das Delikt der Desertion selbst erfahren, noch immer erklären lassen; es hat jedoch der Entwurf, aus weiter unten anzuführenden Gründen, auch die Desertion ihres exceptionellen Karakters zu entkleiden versucht.

2) §. 100. „Wer den öffentlichen Frieden dadurch gefährdet, daß er die Angehörigen des Staates zum Hasse oder zur Verachtung gegen einander öffentlich anreizt, wird mit Geldbuße von zwanzig bis zu zweihundert Thalern oder mit Gefängniß von einem Monat bis zu zwei Jahren bestraft."

§. 101. „Wer durch öffentliche Behauptung oder Verbreitung erdichteter oder entstellter Thatsachen, oder durch öffentliche Schmähungen oder Verhöhnungen die Einrichtungen des Staats oder die Anordnungen der Obrigkeit dem Hasse oder der Verachtung aussetzt, wird mit Geldbuße bis zu zweihundert Thalern oder mit Gefängniß bis zu zwei Jahren bestraft."

Diese Bestimmungen des Preußischen Strafgesetzbuches sind bekannt genug, und es wird nicht an Stimmen fehlen, welche unter Bezugnahme auf dasjenige, was die Praxis in Anwendung dieser Paragraphen geleistet, den Fortfall derselben für nothwendig erachten möchten. Dieses Argument würde indessen nicht von erheblicher Bedeutung sein. Denn, falls die praktische Anwendung eines Gesetzes fehlerhafte Resultate ergeben sollte, so kann der Grund hiervon entweder in dem Gesetze, oder in der Praxis, oder endlich sowohl in dem Gesetze wie auch in der Praxis gefunden werden. Hier müssen wir nun von der Praxis ganz absehen und lediglich aus dem Gesetze selbst den Nachweis zu führen suchen, daß dasselbe in einem neuen Strafgesetzbuche nicht zu recipiren sei.

Die Gründe hierfür liegen zunächst in der Verfassung des Norddeutschen Bundes selbst. In der Vorlage hatte Art. 68. bestimmt:

„Jedes Unternehmen gegen die Existenz, die Integrität, die Sicherheit oder die Verfassung des Norddeutschen Bundes, die Erregung von Haß oder Verachtung gegen die Einrichtungen des Bundes oder die Anordnungen der Bundesbehörden durch öffentliche Behauptung oder Verbreitung erdichteter oder entstellter Thatsachen oder durch öffentliche Schmähungen oder Verhöhnungen, endlich die Beleidigung des Bundesrathes, des Reichstages u. s. w. werden in den einzelnen Bundesstaaten beurtheilt und bestraft nach Maßgabe der in den letzteren bestehenden oder künftig in Wirksamkeit tretenden Gesetze“ — u. s. w.

In dem jetzigen Art. 73. der Verfassung des Norddeutschen Bundes sind aber die hervorgehobenen Worte, welche dem §. 101. des Preußischen Strafgesetzes entsprechen, fortgelassen. Es würde demnach nicht möglich sein, diejenige Strafbestimmung, welche die Verfassungsgesetzgebung für den Norddeutschen Bund nicht hat haben wollen, demselben dennoch zu obtrudiren. Man müßte also in dem Strafgesetzbuche für den Norddeutschen Bund, wenn man in dasselbe den §. 101. des Preußischen Strafgesetzbuches überhaupt aufnehmen wollte, mindestens den Zusatz machen:

„Diese Bestimmung findet indessen keine Anwendung, wenn die in dem §. . . . bezeichneten Handlungen gegen den Norddeutschen Bund oder dessen Behörden vorgenommen werden.“

In dieser Weise aber ein Gesetz zu fassen, würde ja ganz unmöglich sein. Denn man kann doch nicht zuerst sagen, diese und jene Handlung ist für jeden einzelnen Staat des Norddeutschen Bundes verboten, aber für den Norddeutschen Bund selbst ist sie erlaubt. Es würde hierin mindestens das jedenfalls sehr unpolitische Zugeständniß liegen, daß zwar der **Bund** stark genug sei, um des strafrechtlichen Schutzes gegen derartige Angriffe entbehren zu können, daß aber jeder einzelne Staat des Bundes so schwach sei, um gegen derartige Angriffe durch Strafdrohungen sich schützen zu müssen.

Wenn das Angeführte allein gegen die Aufnahme des §. 101. gerichtet war, so sind die nachstehenden Gründe nicht minder gegen die Aufnahme des §. 100. gerichtet.

Die genannten Bestimmungen des Preußischen Strafgesetzbuches wollen zwar nicht die Kritik staatlicher (§. 101.) und gesellschaftlicher (§. 100.) Zustände verbieten, wohl aber die ungerechtfertigte, unanständige, gefährliche Kritik. Wenn Strafbestimmungen es vermöchten, eine anständige Presse — denn durch die Presse wird ja gerade am meisten gegen die gedachten §§. 100. und 101. gefehlt — zu schaffen, so könnte man sich dieselben trotz der kriminalistischen Bedenken, die immer bestehen bleiben würden, vielleicht gefallen lassen. Dieses Resultat können aber Strafbestimmungen nicht erreichen, und weil sie es nicht können, sollen sie es nicht erst versuchen. Eine Kritik staatlicher und gesellschaftlicher Zustände ist in öffentlichem Interesse nothwendig. Wo, ganz abgesehen von irgend welchen Strafbestimmungen, die Grenzen einer anständigen, erlaubten Kritik aufhören, wo die Kritik anfängt, unanständig oder gefährlich zu werden, das läßt sich im Allgemeinen überhaupt nicht bestimmen. Lobende Kritiken können gewiß eben so schädlich und auch unanständig sein, wie tadelnde Kritiken. Aber ich habe noch nie gehört, daß der in einer solchen Kritik Gelobte die Kritik für schlecht, für unerlaubt gehalten habe. Macht man nun, wie dies bei §. 100. und 101. der Fall, den Kritisirten zugleich zum Verfolger der angeblich oder, mit Bezug auf bestehende Strafgesetze meinetwegen auch wirklich strafbaren Kritik, so ergiebt sich mit psychologischer Nothwendigkeit, daß nicht die unanständigen, die gefährlichen Kritiken überhaupt Gegenstand der Verfolgung werden, sondern daß sich dieselbe nur auf unanständig tadelnde Kritiken beschränken. Hierdurch entsteht aber eine der Gerechtigkeit nicht entsprechende Ungleichheit der Verfolgung.

Der Richter soll nun gegenüber den verfolgten mündlichen oder schriftlichen Aeußerungen entscheiden, ob der Inhalt der verfolgten Rede oder des verfolgten Preßerzeugnisses sich innerhalb der Grenzen der erlaubten Kritik gehalten habe oder nicht. Er soll dieses thun an der Hand der §§. 100. und 101. des Preußischen Strafgesetzbuches, die deshalb nicht präcise gefaßt sind und nicht präcise gefaßt sein können, weil sich die Grenze zwischen erlaubter, unanständiger und gefährlicher Kritik überhaupt nicht ziehen läßt.

Man hat nicht selten theils aus politischen Parteirücksichten, theils im Interesse der Presse, theils aus Mißtrauen gegen, theils auch im eigenen Interesse der Gerichte die Bestimmungen der §§. 100. u. 101. dadurch, wenn auch nicht nützlich, so doch wenigstens unschädlich zu machen gesucht, daß man die auf Grund dieser Bestimmungen erhobenen Anklagen den Geschwornengerichten zuzuweisen sich bemühte. Doch glaube ich kaum, daß man dadurch mehr als ein bloßes Palliativ erlangen würde. Ein Beispiel mag dies zu verdeutlichen suchen. Wenn ein Gesetz sagen wollte: Sparsamkeit, Höflichkeit, Freigebigkeit, Muth, Vorsicht sind gestattet; verboten dagegen sind: Geiz, Schmeichelei, Verschwendung, Tollkühnheit, Feigheit. Geschworene sollen im einzelnen Falle beurtheilen, ob Sparsamkeit oder Geiz, Höflichkeit oder Schmeichelei u. s. w. vorliegt — so würde ein solches Gesetz ungefähr dieselben Fehler haben, wie die §§. 100. und 101. des Preußischen Strafgesetzbuches; und das Geschwornengericht würde diese Fehler höchstens mildern, aber nicht beseitigen können. Der Grund hiervon liegt darin, daß ethische Begriffe überhaupt bis zu einem gewissen Grade quantitative Aenderungen vertragen, ohne ihre qualitative Eigenschaft zu ändern, daß aber auch, lediglich die quantitative Aenderung über einen bestimmten Punkt hinaus, die qualitative Aenderung bedingt, die Tugend in Laster zu verkehren im Stande ist. Gesetzlich normiren läßt sich gar nicht der Punkt, an welchem die quantitative Aenderung zugleich die qualitative Aenderung herbeiführt; ja noch mehr — so gewiß innerhalb bestimmter Grenzen man darüber einig sein wird, daß hier Tugend, hier Laster vorliege, so gewiß wird es einen, und zwar einen nicht unbedeutenden Spielraum geben, innerhalb dessen die Beantwortung der Frage, ob gut oder ob schlecht, ob ethisch erlaubt oder unerlaubt lediglich von individuellem Ermessen, von einem mehr oder minder fein ausgebildeten Empfinden abhängt.

Der Fehler nun, der in den §§. 100. u. 101. liegt, besteht darin, daß durch dieselben das Gebiet des Rechts verlassen und das ethische Gebiet betreten ist, ohne daß die als unsittlich verbotene Handlung ihrer Individualität nach bezeichnet wäre. Mag ein Gesetz noch so starke Ausdrücke wählen, mag man sagen, daß Haß und Verachtung sehr starke Ausdrücke sind; es sind eben Begriffe, die nicht dem Rechte sondern der Moral angehören, und in Folge dessen haben sie keinen Platz in einem Strafgesetze.

Will man die Kritik öffentlicher Zustände überhaupt verbieten, so ist das etwas Anderes. Das kann aber kein Gesetz und zwar deshalb nicht, weil das Gesetz selbst, wie die öffentlichen Einrichtungen überhaupt, die lobende Kritik brauchen, und weil sie diese brauchen, die tadelnde Kritik nicht entbehren können, weil letztere das Lob provocirt — oder auch umgekehrt. Kann man aber die Kritik nicht entbehren, kann man der Natur der Sache nach nicht die gesetzlich bestimmten Merkmale einer verbotenen Kritik bestimmen, so bleibt nichts Anderes übrig, als um des größeren Nutzens willen kleinere Nachtheile zu ertragen. Und — so möchte ich hinzusetzen — die Nachtheile einer unanständigen, vielleicht gefährlichen Kritik werden erstens durch die Oeffentlichkeit, mit der sie erfolgt, unendlich verringert, durch die strafrechtliche Verfolgung aber gewiß eher erhöht als vermindert.

Zu dem Gesagten kommt aber noch, daß, um einen genügenden Schutz der Rechtsordnung zu gewähren, andere, auch in diesen Entwurf aufgenommene Strafbestimmungen, die §§. 100. und 101. vollkommen überflüssig machen.

Verboten ist: die öffentliche Aufforderung zur Begehung von Verbrechen; die öffentliche Aufforderung zum Ungehorsam gegen die Gesetze, Verordnungen und Anordnungen der Obrigkeit; der Widerstand gegen die Exekutive; die Beleidigungen und Verleumdungen. Mit diesen Verboten leistet das Strafrecht, was ihm zur Aufrechterhaltung der öffentlichen Ordnung zu leisten obliegt; will das Strafrecht noch mehr als dieses leisten, so wird es sich damit auf ein Gebiet begeben, auf welchem es nur unsichere Bestimmungen treffen kann, und wo es in Folge dieser unsicheren Bestimmungen jeden denkbaren Nutzen durch die von ihm geschaffene Rechtsunsicherheit mehr als neutralisirt.

Neu aufgenommen sind in den sechsten Titel die §§. 86. 87. und 88. des Entwurfes. Es sind dies Nachbildungen des Lübischen Strafgesetzbuches §§. 84. 85. 86.

In einem Staatswesen, dessen Grundgesetz (Titel IX. Art. 53. bis 55.) Bestimmungen über „Marine und Schifffahrt" enthält, kann auch das Strafgesetzbuch davon nicht absehen, daß es ein Strafgesetzbuch für eine seefahrende Nation ist. Aus diesem Grunde sind die von dem Lübischen Rechte in Betreff dieses Gegenstandes für nothwendig erachteten Bestimmungen in den Entwurf aufgenommen. Die einzelnen Abweichungen, welche der Entwurf dem Lübischen Strafgesetzbuche gegenüber vorgenommen, reduciren sich auf Folgendes:

1. In §. 86. des Entwurfs ist statt der in §. 84. des Lübischen Gesetzbuches angedrohten Strafe, Gefängniß bis zu sechs Monaten und Geldstrafe bis zu 300 Mark, gesetzt worden: Gefängniß bis zu Einem Jahre. Eine Strafherabsetzung gegen das Lübische Recht vorzunehmen, schien nicht rathsam, theils weil die Strafpositionen des Lübischen Rechtes im Allgemeinen nicht zu hoch gegriffen sind, theils auch, weil eine Strafbestimmung, welche die deutsche Flagge vor Mißbrauch zu schützen bestimmt ist, nicht geringer sein darf, als diejenige, welche zum Schutze der Lübischen Flagge für erforderlich erachtet wurde. Da nun aber der Entwurf die Kumulation von Freiheitsstrafen und Geldstrafen überhaupt nicht aufgenommen hat, so mußte hier statt der fortfallenden Geldbuße eine entsprechende Erhöhung der Freiheitsstrafe vorgenommen werden.

2. In §. 88. des Entwurfs sind die Nr. 3. und 4. des Lübischen Strafgesetzbuches in folgender Weise geändert:

Das Lübische Recht disponirt, nachdem in Nr. 1. und 2. von Seeleuten in pluraler Fassung gesprochen ist, in Nr. 3. und 4. folgendermaßen:

3) wenn einer von ihnen den Schiffer durch Gewalt oder Drohung, oder nur durch Verweigerung der Dienste, zu einer Handlung oder Unterlassung, welche sich auf die Leitung des Schiffs u. s. w. bezieht, zu nöthigen sucht, auf Gefängniß bis zu zwei Jahren,

4) wenn zwei oder mehrere den Schiffer zu einer solchen Handlung oder Unterlassung zu nöthigen suchen, mit Gefängniß bis zu fünf Jahren; und wenn eine Verabredung vorhergegangen, wider den Anstifter oder Rädelsführer auf Zuchthaus von zwei bis zu zehn Jahren, wider die übrigen Theilnehmer auf Zuchthaus von einem bis zu fünf Jahren zu erkennen.

Nachdem durch den Lübischen §. 86. in Nr. 1. unter einer Strafposition die Verweigerung des Gehorsams gegen den Schiffer, gleichviel ob von einem oder von mehreren der Schiffsmannschaft, zusammengefaßt ist; nachdem unter eine Strafposition die thätliche Widersetzlichkeit gebracht ist, dieselbe mag von Einem oder von Mehreren erfolgen, kommt eine gewisse Inconcinnität in die ganze Struktur des Gesetzes dadurch, daß plötzlich Nr. 3. eine Strafbestimmung für einen Seemann formulirt und dann Nr. 4. wieder von zwei oder mehreren spricht. Und es wird diese Inconcinnität um so bedenklicher, als in

Nr. 4. zwei verschiedenartige Delikte und dem entsprechend auch zwei — resp. drei — verschiedene Strafpositionen aufgestellt sind; denn Nr. 4. spricht erstens von der durch Mehrere begangenen Nöthigung, und zweitens von der Meuterei des Schiffsvolkes.

Der Entwurf ändert dies dahin, daß derselbe unter Nr. 3. alle Fälle des gegen den Schiffer ausgeübten Zwanges, dieselben mögen von einem oder von mehreren begangen sein, zusammenfaßt und demgemäß die Gefängnißstrafe auf drei Jahre festsetzt. So blieb denn für Nr. 4. des Entwurfes ausschließlich die Meuterei übrig, bei welcher unter der Beibehaltung der Lübischen Strafdrohung die Unterscheidung zwischen Rädelsführern und Nicht-Rädelsführern der Strafzumessung um so mehr überlassen werden mußte, als der Begriff „Rädelsführer" eine gesetzliche Formulirung auch in dem Lübischen Rechte nicht erhalten hat.

Zu den aus dem Preußischen Strafgesetzbuche in den Entwurf aufgenommenen Bestimmungen ist noch Folgendes zu bemerken:

I. Zu §. 79 des Entwurfs. An dem Thatbestande des §. 102. des Preußischen Strafgesetzbuches mußte insoweit eine Aenderung vorgenommen werden, als nicht blos von den Preußischen Kammern, sondern ebenso von dem Reichstag des Norddeutschen Bundes und den übrigen Landesvertretungen zu sprechen war. Dagegen war es nicht nöthig, bei den Behörden, öffentlichen Beamten, der bewaffneten Macht, ausdrücklich der Bundesbehörden, Bundesbeamten und des Bundesheeres wie der Bundesmarine Erwähnung zu thun. Denn da in dem Entwurfe die beregten Ausdrücke ohne jede Restriktion gebraucht sind, so beziehen sich dieselben selbstverständlich auch auf die dem Bunde angehörenden Beamten u. s. w.

Die Bestrafung ist in dem Entwurfe dieselbe geblieben, wie im Preußischen Strafgesetzbuche. Die an sich unbedeutenden Minima der Freiheitsstrafen von Einer Woche, vierzehn Tagen, Einem Monate mußten schon wegen des Fortfalles der mildernden Umstände übergangen werden. Außerdem erschien es nicht nöthig, eine besondere Strafposition für die Fälle der nicht öffentlichen Verleumdung zu formuliren, um so weniger, als bei denjenigen Beamten-Beleidigungen, welche nicht Verleumdungen sind, im Preußischen Strafrechte §. 102. auch nicht zwischen öffentlichen und nicht öffentlichen Beleidigungen unterschieden ist. Wenn für Verleumdungen eines Beamten u. s. w. Geldbuße bis 300 Thaler oder Gefängniß bis zu zwei Jahren angedroht ist, so kann es der Strafzumessung überlassen bleiben, die öffentliche oder die nicht öffentliche Verleumdung richtig zu würdigen.*)

II. Zu §. 80. des Entwurfs. Aus dem Preuß. Strafgesetzbuche ist der Grundsatz beibehalten worden, daß wegen Beleidigung einer parlamentarischen Körperschaft nur nach gewährter Ermächtigung derselben die Verfolgung stattfinden solle. Außerdem hat das Preußi-

*) Ueber den Zusatz, welchen Abs. 3. des §. 79. enthält, vergl. die Motive zu dem dreizehnten Titel.

sche Strafgesetzbuch auch die Bestimmung getroffen, daß Beleidigungen der einzelnen Kammermitglieder nur in Folge des Antrages derselben stattfinden sollen. Da nun eine Beleidigung der gesetzgebenden Körperschaften und der einzelnen Mitglieder derselben ebenso das öffentliche Interesse verletzt, wie die Beleidigung eines Beamten, so wird man entweder für alle diese Beleidigungen die Verfolgung ex officio anordnen müssen, oder für keine derselben. Der Umstand, der die Ausschließung der Verfolgung ex officio bei der Beleidigung der Kammern und der Kammermitglieder veranlaßte, war kein anderer als der, daß man sich überzeugte, für den Beleidigten sei der Beleidigungsproceß unter Umständen schlimmer als die Beleidigung selbst; man verstattete eine größere Rücksicht gewissermaßen den persönlichen Interessen des Beleidigten als den öffentlichen Interessen. Konnte dieses bei den Kammern geschehen, so wird es auch möglich sein, die gleiche Rücksicht bei den Beamten eintreten zu lassen. In Sachsen geschieht es so, und für Preußen ist es aus ministeriellen Aeußerungen bekannt, daß der Sache nach, wenigstens bei Beleidigungen der Minister, in gleicher Weise gehandelt wird. Was aber bei Beleidigungen der Minister mit der öffentlichen Ordnung sich verträgt, wird bei den übrigen Beamten auch zulässig sein, und zwar um so eher, als die Nothwendigkeit eines Antrages ja keinesweges Vorkehrungen ausschließt, die es den Beamten ermöglichen, da, wo Veranlassung zur Verfolgung vorliegen möchte, sich entscheiden zu können, ob sie die Verfolgung veranlassen wollen oder nicht.

III. Zu §. 82. des Entwurfs. Nach dem Vorbilde des Lübischen Rechtes (§. 82.) ist der zweite Absatz des §. 106. des Preußischen Strafgesetzbuches:

> „Ist die Handlung in gewinnsüchtiger Absicht begangen, so soll zugleich auf zeitige Untersagung der Ausübung der bürgerlichen Ehrenrechte erkannt werden" —

fortgelassen, da den praktischen Bedürfnissen, welche diese Zusatzbestimmung des Preußischen Strafgesetzbuches hat entstehen lassen, in ausreichender Weise auch für das Preußische Strafgesetzbuch durch §. 243. Nr. 8. nachgekommen werden kann. Denn nicht so sehr kommt es darauf an, ob Jemand Gewinnsucht an den Tag legt, als darauf, ob er einem Anderen Schaden zufügt.

Die Strafbestimmung des §. 82. ist ebenfalls dem Lübischen Rechte entsprechend geregelt worden.

IV. Zu §. 84. des Entwurfs. §. 110. des Preußischen Strafgesetzbuches, dem §. 84. des Entwurfes nachgebildet ist, spricht von dem Verlassen der „Königlichen Lande". Da Art. 59. der Verfassung für den Norddeutschen Bund die Wehrpflicht auf jeden Norddeutschen erstreckt, so mußte der Thatbestand des §. 110. mit Bezug hierauf geändert werden. Ferner spricht §. 110. lediglich von „beurlaubten Landwehrmännern". Da nun Art. 59. der Bundesverfassung zwar sagt, daß jeder Norddeutsche sieben Jahre lang dem stehenden Heere angehöre, andrerseits aber auch bestimmt, daß die ersten drei Jahre bei den Fahnen, die vier letzten bei der Reserve zugebracht werden sollen; da ferner der Schlußsatz des Art. 59. vorschreibt:

„In Bezug auf die Auswanderung der Reservisten sollen lediglich diejenigen Bestimmungen maßgebend sein, welche für die Auswanderung der Landwehrmänner gelten" —

so mußte, wo es sich um die strafbare Auswanderung handelt, die Verpflichtung der Reservisten und Landwehrmänner gegenübergestellt werden der Verpflichtung derjenigen, welche noch bei den Fahnen ihre dreijährige Dienstzeit zu absolviren haben.*)

Auf diejenigen, welche nach ihrem Eintritte in den Soldatenstand, und vor der Beurlaubung zur Kriegsreserve desertiren, können die Bestimmungen dieses Paragraphen keine Anwendung finden; es treten vielmehr die Vorschriften des Militärstrafgesetzbuches vom 3. April 1845 ein, welches nach Artikel 61. der Bundesverfassung Bundesgesetz geworden ist.

Die Strafbestimmung, welche das Preußische Strafgesetzbuch für die Desertion aufstellt, Geldbuße bis 1000 Thaler oder Gefängniß von Einem Monat bis zu Einem Jahre; — dazu die Beschlagnahme des Vermögens des Angeschuldigten, soweit dieselbe zur Deckung „der den Angeschuldigten möglicherweise treffenden höchsten Strafe von Eintausend Thalern" erforderlich ist — enthält mancherlei Anomales. Die Strafposition 1000 Thaler neben einer Gefängnißstrafe von höchstens Einem Jahre kommt sonst nirgends im Preußischen Strafgesetzbuche vor, obwohl es sonst nicht an Fällen fehlt, in denen neben der Gefängnißstrafe von Einem Jahre Geldbußen angedroht sind, z. B. §. 198. 326., in welchen Fällen die Geldbuße 100 Thlr. nicht übersteigt. Ueberhaupt ist die Geldbuße von 1000 Thalern neben Gefängnißstrafe im Preußischen Strafgesetzbuche ausschließlich an dieser Stelle angedroht, da sonst die Geldbuße, wo dieselbe elektiv neben der Gefängnißstrafe auftritt, den Betrag von 300 Thalern nicht übersteigt. Sodann widerspricht die Strafvorschrift des §. 110. der Bestimmung des §. 17. und 18. des Strafgesetzbuches. Hiernach soll da, wo das Gesetz die Wahl zwischen Geldbuße und Gefängniß zuläßt, die Geldbuße für die mildere Fälle eintreten (§. 18.), und anderseits soll bei der Umwandlung der Geldbuße in Gefängnißstrafe der Betrag von einem bis zu drei Thalern gleich geachtet werden Einem Tage Gefängniß. Hält man diese Bestimmungen des §. 17. und 18. zusammen, so ergiebt sich, daß die Geldbuße von 1000 Thalern nur in dem Falle als die geringere Strafe angesehen werden kann, wenn man weder einen Thaler noch auch zwei Thaler als Maßstab für die Umwandlung der Geldstrafe in die Freiheitsstrafe anwendet, und daß selbst, wenn man den Betrag von drei Thalern gleich einem Tage Freiheitsstrafe annimmt, doch die Geldbuße nur dann die geringere Strafe gegenüber der angedrohten Gefängnißstrafe sein würde, wenn man von der Voraussetzung ausgeht, daß niemals auf weniger als auf Ein Jahr Gefängniß erkannt würde; eine Voraussetzung, die indessen dem ausdrücklichen Wortlaute des §. 110. widerspricht. Endlich ist es eine Singularität des §. 110., daß derselbe

---

*) Die Rücksichtnahme auf die Marine resp. Seewehr motivirt sich durch §§. 2. 7. des Gesetzes betreffend die Verpflichtung zum Kriegsdienste.

zur Sicherstellung der etwa verwirkten Geldbuße die Beschlagnahme des Vermögens anordnet.

Alle diese Singularitäten erklären sich daraus, daß früher die Desertion mit Vermögenskonfiskation bestraft wurde. Da diese Strafe nun aber nach der Preußischen Verfassungsurkunde unzulässig ist, so sind wenigstens so viele Reminiscenzen derselben aufrecht erhalten, als ohne Verletzung dieser Verfassungsbestimmung möglich war. Aber gerade in diesen Reminiscenzen an ein aufgegebenes Strafmittel liegt die Schwäche in der Strafbestimmung des §. 110. Dieselbe ist daher in dem Entwurfe dahin geändert, daß mit Beseitigung jeder Geldbuße und selbstverständlich also auch jeder Beschlagnahme des Vermögens, Gefängniß oder Einschließung bis zu drei Jahren angedroht ist.

V. Zu §. 85. des Entwurfs. Ursprünglich handelte §. 113. des Strafgesetzbuches nur von dem Falle der Selbstverstümmelung, um sich dem Militärdienste zu entziehen. Erst die Novelle vom 14. April 1856 that der Täuschungen zu gleichem Zwecke Erwähnung. Der Entwurf brauchte auf diese Entstehungsgeschichte des jetzigen §. 113. des Strafgesetzbuches nicht Rücksicht zu nehmen, konnte vielmehr, so wie geschehen, die kürzere, weil zusammengezogene Formel aufstellen.

Lübeck und Oldenburg haben diese Bestimmung des Preußischen Gesetzbuches nicht recipirt. Es resultirt dieselbe aus der allgemeinen Wehrpflicht; und die Erfahrungen, die in Preußen noch gemacht werden, machen es wahrscheinlich, daß eine derartige Bestimmung bei der allgemeinen Wehrpflicht im gesammten Gebiete des Norddeutschen Bundes in dem allgemeinen Strafgesetzbuche kaum wird entbehrt werden können.

Siebenter Titel.

Münzverbrechen.

§. 89.

Wer inländisches oder ausländisches Metallgeld oder Papiergeld nachmacht, wer ächtem Metallgelde oder Papiergelde durch Veränderungen an demselben den Schein eines höheren Werthes giebt, ingleichen wer verrufenem Metallgelde oder Papiergelde durch Veränderungen an demselben das Ansehen eines noch geltenden giebt, begeht eine Münzfälschung und wird mit Zuchthaus bis zu zehn Jahren bestraft.

§. 90.

Wer falsches oder verfälschtes Geld an sich bringt und entweder in Umlauf setzt oder in der Absicht, dasselbe zu verbreiten, aus dem Auslande einführt, hat dieselbe Strafe wie der Münzfälscher verwirkt.

§. 91.

Wer falsches oder verfälschtes Geld als echt empfängt und nach erkannter Unechtheit als echt ausgiebt, wird mit Gefängniß bis zu drei Monaten oder mit Geldbuße bis zu funfzig Thalern bestraft.

§. 92.

Dem Papiergelde werden gleichgeachtet die von einem Staate oder unter dessen Autorität von Korporationen, Gesellschaften oder Privatpersonen ausgestellten, auf den Inhaber lautenden Schuldverschreibungen, Aktien oder deren Stelle vertretende Interimsscheine oder Quittungen, sowie die zu diesen Papieren gehörigen Coupons, Zins- oder Dividendenscheine.

Die Aenderungen, welche der Entwurf §§. 89—92 gegenüber den Bestimmungen des Preußischen Strafgesetzbuches vornimmt, sind nicht sehr erheblich. Es reduciren dieselben sich auf Folgendes:

1. In §. 89. ist statt der vom Preußischen Strafgesetzbuche festgesetzten fünf- bis funfzehnjährigen Zuchthausstrafe, Zuchthausstrafe bis zu zehn Jahren bestimmt.

2. Der Gleichmäßigkeit der Strafpositionen wegen ist in §. 91. neben der Gefängnißstrafe bis zu drei Monaten, statt der im Preußischen Strafgesetzbuche (§. 123.) festgesetzten Geldbuße von Einhundert Thalern, die Geldbuße bis zu funfzig Thalern bestimmt worden.

3. Während §. 124. des Preußischen Strafgesetzbuches sagt:

„Dem Papiergelde werden gleichgeachtet die von dem Preußischen oder einem fremden Staate oder unter deren Autorität ... ausgestellten Schuldscheine" —

setzt der Entwurf statt der hervorgehobenen Worte:

„von einem Staate oder unter dessen Autorität".

Es war nämlich Rücksicht zu nehmen auf Art. 72. der Verfassung für den Norddeutschen Bund. Dieser bestimmt:

„In Fällen eines außerordentlichen Bedürfnisses können im Wege der Bundesgesetzgebung die Aufnahme einer Anleihe, sowie die Uebernahme einer Garantie zu Kassen des Bundes erfolgen."

Es war mithin, namentlich da der Norddeutsche Bund von der ihm in Art. 72. gewährten Befugniß bereits Gebrauch gemacht hat, in §. 92. des Entwurfes ein Ausdruck zu wählen, der jedes Staatswesen, welches Anleihen macht und Garantieen übernimmt, umfaßt. Es sind deshalb die Worte: „von einem Staate oder unter dessen Autorität" im §. 92. gebraucht. Ob der Norddeutsche Bund vor dem Forum staatsrechtlicher Theorieen sich als „Staat" zu legitimiren vermag, darauf kann es hier nicht ankommen. Denn es wird nicht bestritten werden, daß der Norddeutsche Bund, wenn er auf Grund eines Bundesgesetzes eine Anleihe emittirt, oder eine Zinsgarantie übernimmt, in diesem Falle als „Staat" handelt. Das reicht aus, um die Wortfassung des §. 92. zu rechtfertigen.

Näher zu motiviren ist indessen noch Folgendes:

1. Die Beibehaltung des Thatbestandes der Münzfälschung, sowie derselbe im Preußischen Strafgesetzbuche aufgestellt ist, und 2. die Herabsetzung der Strafe für dieses Verbrechen von fünf bis funfzehn auf zwei bis zehn Jahre Zuchthaus.

Was zunächst den Thatbestand der Münzfälschung anbetrifft, so ist die Fassung des Preußischen Strafgesetzbuches (§. 121.) getadelt worden, weil das Verbrechen nicht beschränkt sei auf diejenigen Fälle, in welchen der Thäter die Absicht gehabt habe, das gefälschte Geld auch auszugeben.*) Gestützt wird dieser Angriff gegen das Preußische Strafgesetzbuch durch die Berufung auf das Oldenburgische Gesetzbuch, welches den Preußischen §. 121. in Art. 115. in folgender Weise faßt:

> „Wer inländisches oder ausländisches Metallgeld oder Papiergeld nachmacht, wer ächtem Metallgelde oder Papiergelde durch Veränderungen an demselben den Schein eines höheren Werthes giebt . . . in der Absicht, das nachgemachte oder verfälschte Geld in Umlauf zu bringen, begeht eine Münzfälschung“ . . .

wie denn auch das Oldenburgische Gesetzbuch Art. 116. sagt:

> „Wer vorsätzlich falsches oder verfälschtes Geld an sich bringt“ —

während das Preußische Strafgesetzbuch §. 122. das Wort „vorsätzlich“ fortläßt.

Diese Autorität des Oldenburgischen Gesetzbuches wird denn allerdings durch die des Lübischen Gesetzbuches erheblich abgeschwächt. Denn dies Gesetzbuch hat (§§. 92. 93.) keine Veranlassung genommen, dem Wortlaute der Preußischen §§. 121. 122. irgend etwas, auf das dolose Moment der Münzfälschung Bezügliches hinzuzusetzen.

Dagegen aber haben andere Gesetzbücher geglaubt, das dolose Moment in dem Thatbestande der Münzfälschung noch näher bezeichnen zu sollen.

Großh. Hessen, Art. 204.: „Wer die im Großherzogthum im Allgemeinen oder auch nur im Handelsverkehr im Umlauf befindlichen Münzen, in der Absicht, sie als Geld in Umlauf zu bringen, u. s. w.

Braunschweig, §. 126. „Wer in gewinnsüchtiger Absicht**) falsches Metall- oder Papiergeld verfertigt“ —

Bayern, Art. 169. „Wer inländisches oder ausländisches Metall- oder Papiergeld . . . unbefugter Weise nachmacht, um dasselbe in den Verkehr zu bringen . . . . . desgleichen wer in dieser Absicht ächtem Metall- oder Papiergelde durch Veränderungen u. s. w.

Man sieht, die deutschen Gesetzbücher bieten eine ziemlich reichhaltige Auswahl von Worten, um die dem Münzverbrechen eigenthümliche Willensbestimmung des Thäters in der Gesetzesformel zum Ausdruck zu bringen. Es ließe sich die Reihe dieser Ausdrücke sogar noch vermehren, wenn man auf die Geschichte des Preußischen Strafgesetzbuches Rücksicht nimmt. Der Entwurf von 1845 sagte:

---

*) Mittermaier in Goltdammer's Archiv Bd. VIII. S. 296. v. Kräwel ebendaselbst Bd. XVI. S. 241.

**) Mit der „gewinnsüchtigen Absicht“ will auch Krug „Ideen“ S. 196. den Thatbestand der Münzfälschung bilden: „Der Münzfälschung macht sich schuldig, wer in gewinnsüchtiger Absicht in- oder ausländisches Metall- oder Papiergeld nachmacht.“

„... begeht eine Münzfälschung, wenn eine solche Handlung in der Absicht von ihm vorgenommen wird, das so verfertigte oder umgeänderte Geld in Umlauf zu bringen.

Diese Absicht wird vermuthet, in so fern nicht nach den besonderen Umständen des einzelnen Falles anzunehmen ist, daß der Thäter in einer anderen Absicht gehandelt hat."

Der Entwurf von 1847 faßte den Thatbestand der Münzfälschung so, wie sich derselbe jetzt in dem Strafgesetzbuche findet, und fügt noch hinzu:

„Wenn jedoch aus den besonderen Umständen erhellet, daß der Handelnde nicht die Absicht gehabt hat, das so verfertigte oder umgeänderte Geld in Umlauf zu setzen, so soll" u. s. w.

v. Kräwel a. a. O. S. 241. will nicht die Fassung des Oldenburgischen Gesetzes recipiren, da der von diesem gemachte Zusatz die Mißdeutung zuläßt, „daß dem Angeklagten diese Absicht noch besonders in allen Fällen nachgewiesen werden müsse."

„Dadurch aber", so fährt v. Kräwel fort, „würde die Bestrafung dieses so gemeingefährlichen Verbrechens in manchen Fällen vereitelt werden. In der That ist in den allermeisten Fällen eine andere Absicht als die des Ausgebens des falschen Geldes kaum anzunehmen, es wäre denn, daß besondere Umstände ermittelt sind, welche gegen eine solche Absicht sprechen."

Aus diesem Grunde will denn v. Kräwel zu dem Preußischen §. 121. folgenden Zusatz machen:

„Liegen Umstände vor, aus denen hervorgeht, daß das nachgemachte oder verfälschte Geld nicht in Umlauf gebracht werden sollte, so tritt Gefängnißstrafe bis zu zwei Jahren ein."

Denn straflos könne auch ein solches Handeln wegen der Möglichkeit des Mißbrauches des falschen Geldes nicht sein.

Woher aber, so muß man doch fragen, ist diese Mühe entstanden, bei Aufstellung des Thatbestandes der Münzfälschung einen möglichst zutreffenden Ausdruck zu finden? Warum begnügte man sich nicht bei der Ausdrucksweise des Preußischen Strafgesetzbuches?

Eine zureichende Antwort auf diese Frage würde es sein, wenn man sagen könnte:

Die Praxis hat mehr als einen Fall aufzuweisen, in welchem wegen der Wortfassung des Preußischen Strafgesetzbuches Verurtheilungen erfolgen mußten, obwohl der Angeklagte nicht den Willen hatte, das von ihm gefertigte falsche Geld in Umlauf zu setzen.

Kann aber eine solche Behauptung unter Bezugnahme auf die bestehende Praxis gemacht werden? Die Antwort ist für die Preußische Praxis ein entschiedenes „Nein". Und daraus scheint denn doch hervorzugehen, daß Erwägungen wie folgende: der Thäter könne ja das Geld nur des Spaßes halber gemacht haben; der Thäter könne ja den Fünfthalerschein gemacht haben, um dem Staate zu zeigen, wie leicht sich sein Papiergeld nachmachen lasse u. s. w., nicht Erwägungen von legislatorischer Berechtigung sind. Darüber wird man aber einig sein, daß, um lediglich der doktrinären Schulkasuistik gerecht zu werden, auch nicht Ein Wort in eine Gesetzesformel aufgenommen werden darf.

Aber vielleicht ist der Umstand, daß der Gerechtigkeit widersprechende Verurtheilungen auf Grund des §. 121. des Preußischen Strafgesetzbuches nicht erfolgt sind, lediglich daraus zu erklären, daß die den Anforderungen der Gerechtigkeit entsprechenden Urtheile trotz des §. 121. und in inkorrekter Anwendung dieser Gesetzesbestimmung erfolgt sind?! Wäre dies der Fall, dann müßte §. 121. für den Entwurf geändert werden; denn es ist ja die Aufgabe desselben, die Gesetzesformeln so aufzustellen, daß eine korrekte Anwendung derselben Resultate liefere, welche den Anforderungen der Gerechtigkeit entsprechen.

Sehen wir also zu, nach welchen Grundsätzen die Preußische Praxis verfährt.

Oppenhoff zu §. 121. Note 9. „Der Dolus besteht hier in der Absicht, die Münzen als Geld, d. h. zum Zwecke der Verausgabung anzufertigen. Einer weiter gehenden gewinnsüchtigen Absicht bedarf es nicht.“ Note 10. „Diese Absicht ist als ein selbstverständliches Begriffsmerkmal aufgefaßt und eben deshalb nicht ausdrücklich in die Begriffsbestimmung mit aufgenommen worden, weil der Fall nicht leicht vorkommen werde, daß Jemand in einer unschuldigen Absicht Geld nachmache oder verfälsche. Aus der Ausdrucksweise des Kommissionsberichtes der ersten Kammer („bei Münzfälschungen werde stets der kriminalrechtliche Dolus vorausgesetzt“) ist dagegen nicht zu folgern, als präsumire das Gesetz diesen Dolus, und als liege dem Angeklagten in dieser Beziehung der Gegenbeweis ob. Der Sinn jener Bemerkung ist nur der, daß es in Fällen der §§. 121. 122. der ausdrücklichen Feststellung jenes Merkmals da nicht bedarf, wo dasselbe nicht bestritten worden ist. Umgekehrt aber schließt die festgestellte Abwesenheit jener Absicht die Strafbarkeit aus. Einem Antrage, dieselbe in die Fragestellung mit aufzunehmen, muß daher bei Nichtigkeitsstrafe entsprochen werden; auch wird diese Aufgabe nicht durch eine die Zurechnungsfähigkeit betreffende Frage entbehrlich.“

Ist diese Preußische Praxis korrekt? Die Antwort auf diese Frage ist: „Ja“ — wenigstens im Allgemeinen, wenn sich auch über Einzelnheiten der Auffassung streiten ließe, was jedoch hier gleichgiltig ist. Das, worauf es ankommt, ist Folgendes:

1. Wenn nach dem Wortlaute des Preußischen §. 121. bei Anklagen wegen Münzfälschung die thatsächliche Feststellung erfolgt, so muß festgestellt werden, daß der Angeklagte „Geld“ gemacht habe. „Geld“ ist aber nicht ein Gepräge, oder eine Zeichnung, oder ein Kupferstich, oder eine photographische Nachbildung, welche die Aufgabe hätte, in einem Münzkabinet zu ruhen, oder in einer artistischen Anstalt zu Experimenten benutzt zu werden, sondern mit dem Begriffe des „Geldes“ ist der Begriff der „Cirkulation“ so enge verbunden, daß „Geld, welches nicht cirkuliren soll“, ein Widerspruch in sich selbst ist. Daher kann auch von nachgemachtem oder gefälschtem „Gelde“ nur dann die Rede sein, wenn das betreffende

Gepräge u. s. w. zum Zwecke des Cirkulirens angefertigt wurde. Der Angeklagte würde daher gegenüber dem Wortlaute des §. 121. (resp. §. 89. des Entwurfs) geltend machen können: „Ich habe zwar das Gepräge, welches wie ein Preußischer Thaler aussieht, gefertigt; aber ich bestreite, daß ich falsches „Geld" gemacht habe." Damit würde ein wesentliches Moment des Thatbestandes der Münzfälschung bestritten, und demgemäß der Beweis darauf zu richten sein, ob das, was der Angeklagte gemacht, demjenigen entspreche, was das Gesetz unter dem Worte „Geld" verstanden habe. Wenn man dann die durch den Beweis zu beantwortende Frage dahin formulirt: „Hat der Angeklagte die Absicht gehabt, die von ihm gefertigten Geldstücke zu verbreiten?" so heißt das der Sache nach nichts Anderes, als: „Hat der Angeklagte falsches Geld gemacht?"

2. Zu jedem Verbrechen gehört als wesentliche Voraussetzung, daß diejenige Handlung, welche als Verbrechen qualificirt werden soll, rechtswidrig begangen sei.

Es ist oben (S. 201.) darauf aufmerksam gemacht, daß gegenüber jeder Anklage die exceptio feci sed jure feci zulässig sei; ähnlich wie ja auch gegenüber jeder Anklage die Zurechnungsfähigkeit des Angeklagten bestritten werden könne. Aber eben weil das Moment der Rechtswidrigkeit zu den allgemeinen wesentlichen Voraussetzungen eines jeden Verbrechens gehört, so hat das Gesetz nur ausnahmsweise Veranlassung, in die Legaldefinition der einzelnen Verbrechen das Moment der Rechtswidrigkeit mit aufzunehmen. Wo es aber nicht geschieht, ist damit selbstverständlich nicht die Möglichkeit ausgeschlossen, das Fehlen der Rechtswidrigkeit in dem konkreten Falle ebenso zum Gegenstande der thatsächlichen Feststellung zu machen, wie das Fehlen der Zurechnungsfähigkeit. Hätte die Erfahrung gelehrt, daß Metall- oder Papiergeld recht oft zum bloßen Amusement, oder, um die Leichtigkeit des Nachmachens darzuthun, angefertigt würde, so möchte es zweckmäßig sein, statt des §. 121. (§. 89.) des Entwurfs zu sagen:

„Wer inländisches oder ausländisches Metallgeld oder Papiergeld rechtswidrig nachmacht" —

Da indessen die eine solche Gesetzesformel bedingende Erfahrung nicht gemacht ist, so braucht das Wort „rechtswidrig" auch nicht in die Gesetzesformel aufgenommen zu werden. Nichts desto weniger hat der Angeklagte das Recht, zu behaupten: „Ich habe zwar dasjenige Gepräge gefertigt, welches wie ein Preußischer Thaler aussieht, aber ich habe dabei nicht rechtswidrig gehandelt; ich verlange, daß die Rechtswidrigkeit meiner Handlung zum Gegenstande des Beweises gemacht werde." Diesem Verlangen des Angeschuldigten kann dann dadurch nachgekommen werden, daß man bei der den Geschwornen vorzulegenden Frage die einzige Möglichkeit in's Auge faßt, durch welche die Handlung des Angeschuldigten eine rechtswidrige sein würde, und demnach fragt: „Hat der Angeklagte die Absicht gehabt, die von ihm gefertigten falschen Geldstücke zu verbreiten?"

Wir sehen somit, daß die Preußische Praxis nur korrekt zu Werke geht, wenn dieselbe — und zwar in Folge der Worte des §. 121. —

solche Fälle als Münzfälschung nicht straft, in denen der Angeklagte das falsche Geld zum Zwecke der Verbreitung nicht angefertigt hatte. Und somit konnte denn auch der Entwurf bei dieser Wortfassung des Preußischen Strafgesetzbuches lediglich stehen bleiben.

Was sodann die Strafherabsetzung anbetrifft, welche der Entwurf gegenüber dem Preußischen Strafgesetzbuche vorgenommen, so ist zur Motivirung derselben Folgendes anzuführen.

Zunächst weist die Schwurgerichtsstatistik nach, daß in den Jahren 1860—1865 im Ganzen 276 Verurtheilungen in Folge von Anklagen wegen Münzverbrechen vorgekommen sind. Von diesen 276 Verurtheilungen lauteten 33 auf Gefängniß unter Einem Jahre und 15 auf Zuchthaus von 2—5 Jahren. Da die §§. 121. 122. als Strafminimum fünf Jahre Zuchthaus aufstellen, die Kolonne 2—5 Jahre Zuchthaus in der Schwurgerichtsstatistik aber bedeutet: exklusive fünf Jahre, so folgt daraus, daß innerhalb der Preußischen Monarchie auf Grund der §§. 121. 122. überhaupt nur 228 Verurtheilungen in sechs Jahren stattgefunden haben. Von diesen 228 Verurtheilungen erfolgten 221 auf fünf bis zehn (exkl.) Jahre Zuchthaus, und nur in 7 Fällen wurde auf Zuchthaus von 10—15 Jahren erkannt. Da nun unter diesen 7 Fällen auch diejenigen mit enthalten sind, in welchen gerade auf zehn Jahre Zuchthaus erkannt wurde, so zeigt diese sechsjährige Erfahrung der Preußischen Praxis, daß dieselbe eine höhere als die auch in dem Entwurfe angedrohte Strafe nicht braucht.

Dazu kommt aber weiter noch die Vergleichung des Strafmaßes für die Münzfälschung mit der für den Meineid angedrohten Strafe.

Die Sicherheit des Verkehrs kann in vielfacher Weise angegriffen werden, am empfindlichsten, wenn die Sicherheit, die Richtigkeit der Zahlungsmittel in Frage gestellt wird. Aber die Sicherheit des Verkehrs hängt wesentlich von der Sicherheit der Rechtspflege ab, und für diese ist die Unverletzlichkeit des Eides geradezu ein Angelpunkt. Von der Sicherheit der Rechtspflege hängt aber nicht blos die Sicherheit des Verkehrs, sondern noch sehr vieles Andere ab. Der Meineid erscheint somit gegenüber dem Münzverbrechen als das schwerere Verbrechen, und wenn man sich auch, mit Rücksicht auf den sehr umfangreichen Schaden, welchen das Münzverbrechen herbeiführen kann, dazu verstehen mag, die Münzfälschung im Allgemeinen mit einer ebenso strengen Strafe zu belegen, wie den Meineid, so wird man doch keinenfalls die Münzfälschung mit einer höheren Strafe belegen dürfen, wie den Meineid. Da nun das Preußische Strafgesetzbuch, abgesehen von einem qualificirten Falle des Meineides (§. 126. Abs. 2.), dieses Verbrechen mit Zuchthaus von zwei bis zehn Jahren bedroht, so war damit auch dasjenige Strafmaß gegeben, welches bei der Münzfälschung nicht überschritten werden durfte.

Aber nicht blos das Maximum, auch das Minimum der vom Entwurfe aufgestellten Strafposition bedarf einer Rechtfertigung. Es ist hierzu erforderlich, auf die Bestimmungen einzugehen, welche in anderen Strafgesetzbüchern als bedeutsam für die Bestrafung der Münzfälschung anerkannt sind.

Hierher gehört zunächst die Unterscheidung zwischen Falschmünzen und Münzfälschung. Die Gesetzbücher äußern sich über diese Unterscheidung in folgender Weise:

Hessen, Art. 204.: „Wer die im Großherzogthum im allgemeinen, oder auch nur im Handelsverkehr im Umlauf befindlichen Münzen, in der Absicht, sie als Geld in Umlauf zu bringen, unbefugter Weise nachmacht, ist des Falschmünzens schuldig."

Dagegen Art. 209.: „Wer die im Großherzogthum im allgemeinen oder auch nur im Handelsverkehr im Umlauf befindlichen ächten Münzen durch Beschneiden, Durchbohren oder auf sonstige Weise in ihrem Werthe verringert, wer verrufenen Münzsorten den Schein geltender, oder geringeren Münzsorten das Ansehen höherer, desgleichen wer bereits im Umlauf befindlichen falschen Münzen durch eine Veränderung das Ansehen gültiger oder höherer Münzen giebt, und die auf die eine oder die andere Art verfälschten Münzen als ächte oder unverfälschte in Umlauf setzt, ist der Münzfälschung schuldig."

Das hessische Strafgesetzbuch bestimmt nun für die Falschmünzerei als höchste Strafe Zuchthaus von 16 Jahren — wogegen für die Münzfälschung nur Zuchthaus von 5 Jahren als höchste Strafe angedroht ist.

Braunschweig, §. 126. „I. Falschmünzen. Wer in gewinnsüchtiger Absicht falsches Metall- oder Papiergeld verfertigt, ist mit Zuchthausstrafe zu belegen oder mit Zwangsarbeit bis von einem Jahre, wenn das falsche Geld als solches leicht erkennbar ist.

Die Strafe ist um so strenger zuzumessen, wenn das falsche Geld ausgegeben, wenn der innere Gehalt zu geringe, wenn dasselbe geprägt oder im täglichen Verkehr befindliches Geld nachgemacht ist.

§. 127. II. Münzverfälschung. Wer in gewinnsüchtiger Absicht den Werth ächter Gold- oder Silbermünzen verringert oder denselben oder Papiergelde durch Veränderung des Stempels oder der Bezeichnung einen höheren Werth beilegt, soll, falls der gehabte oder beabsichtigte Gewinn fünfzehn Thaler übersteigt, Zwangsarbeit nicht unter ein Jahr, sonst Zwangsarbeit bis von einem Jahre erleiden."

Bayern. Art. 169.: „Wer in- oder ausländisches Metall- oder Papiergeld, welches im gemeinen oder Handelsverkehr Geltung hat, unbefugter Weise nachmacht, um dasselbe in den Verkehr zu bringen oder sonst als Geld zu gebrauchen; desgleichen wer in dieser Absicht ächtem Metall- oder Papiergelde durch Veränderung an demselben den Schein eines höheren Werthes oder im Verkehre nicht geltendem Metall- oder Pagiergelde das Ansehen eines geltenden gibt, soll mit Zuchthaus bis zu sechzehn Jahren bestraft werden."

Art. 170.: „Wer Metallgeld, welches im gemeinen oder im Handelsverkehre Geltung hat, durch Beschneiden, Feilen, Durchlöchern oder auf eine ähnliche Weise in seinem Gehalte verringert, um dasselbe als vollgiltiges in den Verkehr zu bringen oder sonst als solches zu gebrauchen, ist mit Gefängniß nicht unter drei Monaten, womit Geldstrafe bis zu sechshundert Gulden verbunden werden kann, zu bestrafen, sofern ihn nicht nach den Bestimmungen über den Betrug eine höhere Strafe trifft."

Sachsen, Art. 320. „Wer inländisches oder ausländisches Metall- oder Papiergeld in der Absicht es als Geld auszugeben, nachmacht, und dasselbe als Geld selbst oder durch andere ausgiebt, macht sich des Falschmünzens schuldig."

Strafe ist (Art. 321.) Arbeitshaus bis zu zwei Jahren oder Zuchthaus bis zu zehn Jahren.

Art. 322. „Verfälschung echten Geldes. Wer echtem Metall- oder Papiergelde durch Veränderung seines Ansehens einen höheren Werth beilegt und es zu diesem Werthe verausgabt, ist mit Gefängniß bis zu vier Monaten oder Arbeitshaus bis zu vier Jahren zu bestrafen."

Aus dieser Zusammenstellung der Bestimmungen verschiedener Gesetzbücher ergiebt sich, daß, wenn auch die Unterscheidung zwischen Falschmünzerei und Münzfälschung aufgestellt ist, dennoch der Inhalt dieser beiden Begriffe in den verschiedenen Gesetzbüchern keineswegs übereinstimmt. Wollte man nun in einem neuen deutschen Strafgesetzbuche diese eben berührte Unterscheidung aufrecht erhalten, so würde es doch nicht möglich sein, dieselbe so zu formuliren, daß die Praxis überall da, wo diese Unterscheidung existirt, unverändert bleiben könnte. Dazu kommt noch, daß die Einführung dieser Unterscheidung da, wo dieselbe zur Zeit unbekannt ist, eine nicht unerhebliche Aenderung in der Praxis mit sich bringen würde; und so wird denn ein neues Gesetzbuch dem Bestehenden unzweifelhaft dadurch am besten gerecht werden, wenn es diese, noch dazu in sich selbst unsichere Unterscheidung gänzlich aufgiebt.

Für die Bestrafung der Münzfälschung lassen einzelne Gesetzbücher noch folgende Umstände von Einfluß sein.

1. Ob die gefälschten Münzen bereits in Umlauf gesetzt sind oder nicht. Hessen droht Art. 205. für den ersteren Fall das Strafmaximum von 16 Jahren Zuchthaus; für den letzteren Fall wird dagegen das Strafmaximum auf 8 Jahre Zuchthaus beschränkt. (Art. 207.) Braunschweig §. 126. Abs. 2. macht dagegen aus dem Umstande, daß das gefälschte Geld bereits ausgegeben ist, lediglich einen strafschärfenden Zumessungsgrund.

2. Es wird unterschieden, ob das gefälschte Geld Scheidemünze ist oder nicht. Bayern Art. 169. Abs. 3. läßt in dem Falle, daß das gefälschte Geld Scheidemünze ist, statt der Zuchthausstrafe von 4—16 Jahren, Gefängniß nicht unter sechs Monaten eintreten.

Hessen kombinirt diesen Umstand mit dem unter No. 1. angegebenen und bestimmt Art. 205.:

„Sind die nachgemachten Münzen bereits in Umlauf gesetzt worden, so wird das Falschmünzen bestraft, und zwar:

1) mit Zuchthaus bis zu sechszehn Jahren, wenn das Verbrechen an Münzen begangen worden ist, die nicht zu der Scheidemünze gehören;
2) mit Correktionshaus von ein bis drei oder Zuchthaus bis zu acht Jahren, wenn das Verbrechen an bloßer Scheidemünze verübt worden ist."

Art. 207: „Sind die nachgemachten Münzen noch nicht in Umlauf gesetzt worden, so wird das Falschmünzen bestraft:

1) mit Correktionshaus von ein bis drei oder Zuchthaus bis zu acht Jahren, wenn das Verbrechen an Münzen, welche nicht zur Scheidemünze gehören, verübt wurde;
2) mit Correktionshaus von sechs Monaten bis zu drei Jahren oder Zuchthaus bis zu vier Jahren, wenn das Verbrechen an bloßer Scheidemünze begangen wurde."

Es wäre dann auch weiter möglich gewesen, diese beiden Unterscheidungen mit der Unterscheidung in Falschmünzerei und Münzfälschung zu kombiniren, was indessen nicht geschehen ist. Bei der Münzfälschung begnügt sich vielmehr das hessische Gesetzbuch, dem Richter die Möglichkeit offen zu lassen, bis auf 10 Tage Gefängniß herabgehen zu können, wenn „nur wenige verfälschte Münzen in Umlauf gesetzt worden".

3. Einen Unterschied für die Bestrafung soll es sodann noch machen, „ob das falsche Geld als solches leicht erkennbar ist", oder ob die Fälschung nicht leicht erkannt werden kann. Braunschweig §. 126. Abs. 1. gründet hierauf den Unterschied zwischen der Zuchthausstrafe von unbestimmter Dauer (d. h. nach §. 14. zwei bis zehn Jahre) und der Zwangsarbeit „bis von einem Jahre".

Darüber wird nun im Allgemeinen ein Zweifel nicht entstehen, daß diese Kasuistik der Gesetzbücher bei Bestrafung der Münzverbrechen in einem neuen deutschen Strafgesetzbuche nicht wiederholt werden darf. Wohl aber ist die Frage aufzuwerfen, ob, wenn deutsche Strafgesetzbücher für einzelne Fälle der Münzfälschung eine geringere als eine zweijährige Zuchthausstrafe androhen, es zu rechtfertigen sein würde, wenn ein neues deutsches Strafgesetzbuch bei diesem Strafminimum stehen bleibt. Hat doch auch das Lübische Gesetzbuch geglaubt, bei der Bestrafung dieses Verbrechens bis auf Ein Jahr Zuchthaus herabgehen zu sollen, ein Umstand, der zwar keine Veranlassung darbieten würde, die Zuchthausstrafe bis auf ein Jahr herabzusetzen, wohl aber bewirken könnte, neben die Zuchthausstrafe eventuell noch die Gefängnißstrafe zu setzen.

Ich glaube, die Natur des Verbrechens der Münzfälschung ist von der Art, daß bei demselben die Gefängnißstrafe nicht für zulässig erachtet werden kann.

Durch die Fälschung des Geldes wird der Verkehr in seiner Sicherheit bedroht — und zwar in weiterem Umfange, als dies durch den angeblichen Werth des gefälschten Geldes ausgedrückt wird. Denn das Geld zirkulirt und der gefälschte Groschen kann mehr als einmal verausgabt und eingenommen werden. Aber nicht blos in dem Zirkuliren des wirklich falschen Geldes besteht der durch dieses Verbrechen hervorgerufene Schaden; sondern die bloße Thatsache, daß falsches Geld existire, macht den Verkehr unsicher.

Dazu kommt, daß das Geld durch die Gesetzgebung so hingestellt werden muß, daß mit der Verfälschung desselben der Begriff eines geringeren Verbrechens unvereinbar ist. Wer dasjenige fälscht, was Alle im Vertrauen auf seine Richtigkeit anzunehmen angewiesen sind, dem kann nicht ein Verbrechen leichterer Art zugeschrieben werden, wie es etwa der Fall sein mag, wenn ein einzelnes Individuum in seinen Vermögensrechten benachtheiligt wird. Bei der Münzfälschung steht nicht, wie bei dem Betruge, Einer gegen Einen, sondern Einer greift Alle an, und nicht blos alle Einzelnen werden angegriffen, sondern überdem wird noch der die Interessen Aller schützende öffentliche Kredit gefährdet.

Auch der subjektive Thatbestand des Verbrechens läßt eine mildere Beurtheilung desselben nicht zu. Hier handelt es sich nicht darum, daß irgend eine günstige Gelegenheit zur Ausführung des Verbrechens schnell benutzt wird; vielmehr sind mannigfache Vorbereitungen erforderlich; an sich schätzenswerthe Kenntnisse und Geschicklichkeiten müssen verwerthet werden, damit — nach längerer Arbeit im Verborgenen und unter fortdauerndem Bewußtsein von der Rechtswidrigkeit der Handlung das verbrecherische Produkt zu Tage tritt.

Berücksichtigt man diese Umstände, so wird man diejenigen Strafsatzungen, welche lediglich auf dem unbedeutenden, wirklich entstandenen Schaden oder auf der geringeren Gefahr eines solchen beruhen, als einer zu einseitigen Auffassung des Verbrechens angehörend verwerfen, und die Zuchthausstrafe als die der verbrecherischen Natur der Münzfälschung allein entsprechende Strafe festhalten müssen.

Achter Titel.

Meineid.

§. 93.

Wer einen ihm zugeschobenen, zurückgeschobenen oder auferlegten Eid wissentlich falsch schwört, wird mit Zuchthaus bis zu zehn Jahren bestraft.

§. 94.

Wer als Zeuge in einer Civilsache oder Strafsache wissentlich ein falsches Zeugniß mit einem Eide bekräftigt, oder den vor seiner Vernehmung geleisteten Eid wissentlich durch ein falsches Zeugniß verletzt, wird mit Zuchthaus bis zu zehn Jahren bestraft.

Ist das falsche Zeugniß in einer Strafsache zum Nachtheil eines Angeschuldigten abgelegt, und dieser verurtheilt worden, so ist die Strafe Zuchthaus bis zu zwanzig Jahren.

§. 95.

Wer als Sachverständiger in einer Civilsache oder Strafsache wissentlich ein falsches Gutachten mit einem Eide bekräftigt, oder den vor seiner Erklärung geleisteten Eid wissentlich durch ein falsches Gutachten verletzt, wird gleich dem falschen Zeugen bestraft.

§. 96.

Der Ableistung eines Eides wird gleich geachtet:

1. wenn ein Mitglied einer Religionsgesellschaft, welcher das Gesetz den

Gebrauch gewisser Betheuerungsformeln an Stelle des Eides gestattet, eine Erklärung unter der Betheuerungsformel seiner Religionsgesellschaft abgiebt;

2. wenn Derjenige, welcher als Partei, Zeuge oder Sachverständiger einen Eid geleistet hat, in gleicher Eigenschaft eine Versicherung unter Berufung auf den bereits früher in derselben Angelegenheit geleisteten Eid abgiebt, oder wenn ein Sachverständiger, welcher als solcher ein für allemal vereidet ist, eine Versicherung auf den von ihm geleisteten Eid abgiebt;

3. wenn ein vereideter Beamter eine amtliche Versicherung unter Berufung auf seinen Diensteid abgiebt.

§. 97.

Die rechtskräftige Verurtheilung in Gemäßheit der §§. 93—96. hat für den Verurtheilten die lebenslängliche Unfähigkeit zur Ableistung von Eiden in eigenen Angelegenheiten von Rechtswegen zur Folge.

§. 98.

Wer einer öffentlichen Behörde eine Versicherung an Eidesstatt wissentlich falsch abgiebt, wird mit Gefängniß bis zu Einem Jahre bestraft; auch kann zugleich auf Untersagung der Ausübung der bürgerlichen Ehrenrechte erkannt werden.

§. 99.

Wer vorsätzlich einer durch eidliches Angelöbniß vor Gericht geleisteten Caution, oder dem in einem Manifestations-Eide gegebenen Versprechen zuwider handelt, wird mit Gefängniß bis zu zwei Jahren bestraft.

Von den Bestimmungen des Preußischen Strafgesetzbuches sind in dem Entwurfe die §§. 130. und 132. fortgelassen.

I. §. 130. des Preußischen Strafgesetzbuches bestimmt:

„Derjenige, welcher einen Anderen wissentlich zur Ableistung eines falschen Eides in dessen eigenen Angelegenheiten, zur eidlichen Bekräftigung einer Unwahrheit oder zur Angabe der Unwahrheit nach abgeleistetem Zeugeneide zu verleiten versucht, soll mit Zuchthaus bis zu fünf Jahren bestraft werden.

Derjenige, welcher einen Anderen wissentlich zur Abgabe einer falschen Versicherung an Eidesstatt zu verleiten versucht, wird mit Gefängniß bis zu Einem Jahre bestraft; auch kann gegen denselben zugleich auf zeitige Untersagung der Ausübung der bürgerlichen Ehrenrechte erkannt werden.

Wollte man eine Bestimmung wie die vorstehende in den Entwurf aufnehmen, so müßte dieselbe wenigstens besser redigirt werden, als die des Preußischen Strafgesetzbuches. Der Sinn dieser Bestimmung ist nämlich folgender:

1. Wer einen Andern dazu zu verleiten versucht, daß derselbe einen ihm zugeschobenen, zurückgeschobenen oder auferlegten Eid falsch schwört, ist mit Zuchthaus bis zu fünf Jahren zu bestrafen.

2. Wer einen Andern dazu zu verleiten versucht, daß derselbe als Zeuge in einer Civilsache oder Strafsache wissentlich ein falsches Zeugniß mit einem Eide bekräftigt, oder den vor seiner Vernehmung geleisteten Eid wissentlich durch ein falsches Zeugniß verletzt, ist mit Zuchthaus bis zu fünf Jahren zu bestrafen.

3. Wer einen Andern dazu zu verleiten versucht, daß derselbe wissentlich eine falsche Versicherung an Eidesstatt abgiebt, ist mit Gefängniß bis zu Einem Jahre zu bestrafen.*)

Man wird zugeben, daß wenn diese Vorschriften in eine Gesetzesformel zu bringen waren, dieses in präciserer Weise geschehen mußte, als es durch §. 130. des Preußischen Strafgesetzbuches geschehen ist.

Das Lübische Strafgesetzbuch hat den Preußischen §. 130. gar nicht reproducirt, und, wie ich glaube, hat dasselbe daran sehr recht gethan. Unterscheiden wir zwei Fälle:

1. In Folge der Verleitung wird der Meineid wirklich geschworen, oder es wird eine Versicherung an Eidesstatt wirklich abgegeben. Die Verleitung ist in diesem Falle allemale als Anstiftung zu bestrafen. Der §. 34. Nr. 1. des Preußischen Strafgesetzbuches (Entwurf §. 27. Nr. 1.) bestimmt ja ausdrücklich:

„Als Theilnehmer eines Verbrechens oder Vergehens wird bestraft:

1. Wer den Thäter durch Geschenke u. s. w. oder durch andere Mittel zur Begehung des Verbrechens angereizt, verleitet oder bestimmt hat;"

Will man nun nicht annehmen, daß eine „Verleitung" ohne Mittel stattfinden könne, oder will man nicht behaupten, daß zwar die „Verleitung" nachweisbar, dagegen das Wie und Wodurch der nachgewiesenen Verleitung unerweisbar sein könne, so wird überall, wo die Verleitung zum Meineide nachgewiesen ist, auch die Anstiftung zum Meineide nachgewiesen sein. Oppenhoff zu §. 130. Note 16. erklärt zwar:

„Die Verleitung zu einem wirklich abgeleisteten Meineide zieht die Strafe des §. 130. nach sich, wenn jene aus irgend einem Grunde (z. B. weil das Anstiftungsmittel nicht festgestellt werden konnte) nicht unter §. 34. Nr. 1. fällt." —

Es muß aber gegenüber dieser Mittheilung aus der Preußischen Praxis darauf hingewiesen werden, daß zwar eine Nichtigkeit des Verfahrens nicht entstehen kann, wenn auf Grund des §. 130. zwar die Verleitung zum Meineide, aber nicht die Mittel der Verleitung festgestellt werden; daß aber, wenn man die Verleitung als vorhanden sich anzunehmen getraut, ohne daß das Mittel, durch welches die Verleitung begangen, erwiesen wäre, dies eine durchaus verwerfliche Beweisführung sein würde. Wenn die Preußische Praxis den §. 130. wirklich dazu benutzen sollte, um Verleitung zum Meineide auch dann noch annehmen zu können, wenn es nicht möglich war, die Mittel der Verleitung festzustellen; dann müßte der §. 130. schon aus dem Grunde verworfen werden, weil dieser Einfluß auf die Praxis ein in keiner Weise zu rechtfertigender sein würde.

---

*) Oppenhoff Strafgesetzbuch zu §. 130. Note 4.

2. Der §. 130. gestattet aber die Bestrafung der Verleitung zum Meineide auch da, wo die „Verleitung" nicht die Folge hatte, daß ein Meineid geschworen wurde. Und somit liegt denn die Bedeutung des §. 130. darin, daß bei dem Meineide die erfolglos gebliebene Anstiftung strafbar ist, während die erfolglos gebliebene Anstiftung zur Begehung irgend eines andern Verbrechens straflos bleibt; oder mit anderen Worten: §. 130. des Preußischen Strafgesetzbuches enthält eine Ausnahmebestimmung für das Verbrechen des Meineides.

Das Englische Recht schreibt bekanntlich vor, daß bei Hochverrath und Meineid der Beweis durch die übereinstimmende Aussage zweier Zeugen geführt werden müsse. Und damit ist denn wohl anerkannt, daß Manches, was bei anderen Verbrechen schon sicheren Beweis liefern könne, nicht geeignet sei, gerade bei Meineidsprocessen genügenden Beweis zu liefern. Die Gesetzgebung vermag hieraus aber zu lernen, daß wenn es schon möglich sein sollte, die erfolglos gebliebene Anstiftung mit Bezug auf jedes Verbrechen zu bestrafen, daraus noch lange nicht folgen würde, daß auch die erfolglos gebliebene Anstiftung zum Meineide mit Strafe zu belegen sei; wenn aber bei keinem Verbrechen die erfolglos gebliebene Anstiftung mit Strafe bedroht wird, so ist es legislatorisch geradezu unmöglich, als einzigen Fall, gerade die erfolglose Anstiftung zum Meineide für strafbar zu erklären.

Aus diesen Gründen ist eine dem Preußischen Strafgesetzbuch §. 130. entsprechende Bestimmung in den Entwurf nicht aufgenommen.

II. §. 132. des Preußischen Strafgesetzbuches, der, wie bemerkt, in den Entwurf ebenfalls nicht aufgenommen ist, bestimmt Folgendes:

„Wer aus Fahrlässigkeit in eigenen oder fremden Angelegenheiten etwas Unwahres eidlich versichert, oder eine unwahre, an die Stelle eines Eides tretende Versicherung abgiebt, wird mit Gefängniß bis zu Einem Jahre bestraft.

Die Strafe wird ausgeschlossen, wenn der Thäter, bevor eine Anzeige gegen ihn gemacht, oder eine Untersuchung gegen ihn eingeleitet worden, und ehe noch ein Rechtsnachtheil für einen Anderen daraus entstanden ist, seine unwahre Versicherung bei derjenigen Behörde, welcher er sie abgegeben hat, widerruft."

Die Gründe, weshalb ich eine diesem Paragraphen entsprechende Bestimmung in den Entwurf nicht aufnehmen mochte, sind folgende:

1. Die Bestimmung des §. 132. enthält in sich selbst etwas Widersprechendes. Denn die Fahrlässigkeit, in Folge deren etwas Falsches beschworen wird, ist doch jedenfalls nicht dieselbe Fahrlässigkeit, die beispielsweise dann vorliegt, wenn aus Fahrlässigkeit ein Kind übergefahren wird. Es handelt sich beim fahrlässigen Meineide nicht um ein fahrlässiges Handeln, sondern um eine fahrlässige Unwissenheit. Wenn man nun sagt, daß derjenige, der unter gewissen Umständen etwas nicht gewußt habe, selbst Schuld daran sei; daß ihm mithin diese seine Unwissenheit als Fahrlässigkeit angerechnet werden müsse, so läßt sich diese Auffassung vielleicht rechtfertigen; wenigstens soll dieselbe an dieser Stelle nicht angegriffen werden. Aber Voraus-

setzung für das Vorhandensein dieser Fahrlässigkeit bleibt doch immer, daß derjenige, der etwas Unwahres beschwört, das Unwahre als Unwahres nicht erkannt habe; denn wäre dies der Fall gewesen, so würde nicht ein fahrlässiger, sondern ein wissentlicher Meineid geschworen sein.

Nun soll aber der fahrlässige Meineid nicht unter allen Umständen gestraft werden; vielmehr soll der Thäter straflos bleiben, wenn er bis zu einem bestimmten Zeitpunkte derjenigen Behörde, vor welcher er geschworen, die Anzeige macht, daß er — nicht etwa in dem Bewußtsein geschworen habe, seiner Sache nicht ganz sicher zu sein, daß mithin das von ihm Beschworne nur möglicherweise richtig, möglicherweise auch unrichtig sein könne — sondern Derjenige, der geschworen hat, soll, um sich straflos zu machen, der betreffenden Behörde bis zu einem bestimmten Zeitpunkte die Mittheilung machen, daß er etwas Unwahres mit einem Eide bekräftigt habe. Wie soll das nun aber möglich sein? Hat der Schwörende bereits bei Ableistung des Eides die Unrichtigkeit des von ihm Beschwornen gewußt, so hilft ihm sein Widerruf natürlich gar nichts; denn in diesem Falle hat er sich eines wissentlichen Meineids schuldig gemacht. Es kann also nur so geschehen, daß Derjenige, der im Bewußtsein von der Wahrheit seines Schwures den Eid leistete, sich später davon überzeugte, daß er sich geirrt habe. Kann man nun aber wohl behaupten, daß die Erkenntniß, sich geirrt zu haben, Demjenigen, der einen Eid geleistet hat, gewissermaßen anfliegen müsse, bevor „eine Anzeige gegen ihn gemacht, oder eine Untersuchung grgen ihn eingeleitet worden, und ehe noch ein Rechtsnachtheil für einen Anderen daraus entstanden ist“? Oder wird man nicht vielmehr sagen müssen: Ob der Schwörende und wann derselbe die Unrichtigkeit seiner Behauptung erkennt, das hängt von Zufälligkeiten der mannigfaltigsten Art ab. Und wenn nun ein Gesetz bestimmt: Wer das und das gethan, kann sich gegen die Verhängung einer Strafe sichern, wenn er das und das thut, — so muß das Gesetz dasjenige, wodurch man sich gegen das Eintreten der Strafe schützen kann, von dem Willen des andernfalls zu Bestrafenden, nicht aber von dem Eintreten eines glücklichen oder unglücklichen Zufalls abhängig machen. Ein Gesetz, welches die Möglichkeit zuläßt, daß ein Urtheil gesprochen werde, gegen welches der Verurtheilte, wenn auch ohne Erfolg, so doch mit vollem Grunde sagen kann: Hätte ich, ehe man gegen mich denuncirte, dasjenige gewußt, was jetzt die Beweiserhebung herausgestellt hat, so würde ich straffrei sein, — ein solches Gesetz zieht neben dem dolus und der culpa auch noch den casus vor das strafrichterliche Forum.

2. Die Eidesformel, welche geleistet wird, sagt nur, daß der Schwörende wissentlich weder etwas verschwiegen, noch hinzugesetzt habe. Auf diese Eidesformel bezieht sich die Verwarnung, auf diese Eidesformel stützt sich der gelieferte Beweis, der also nichts weiter liefert, als daß nach dem besten Wissen des Schwörenden die Sachen sich so, wie er es beschworen, zugetragen haben. Ob das Wissen ein richtiges oder unrichtiges, ist eine Frage für sich, die durch den Eid selbst weder nach der einen, noch nach der anderen Seite erwiesen werden kann. So lange wissentlich nichts Falsches beschworen ist, ist

auch das Beweismittel des Eides nicht gefälscht. Die Strafdrohung für den Meineid, welche sich auch auf den kulposen Meineid mit erstreckt, heißt daher nicht blos: Du sollst das Beweismittel des Eides nicht fälschen, sondern auch: Du sollst dafür sorgen, daß der Eid unter allen Umständen ein glaubwürdiges Beweismittel sei, und wenn du dies zu thun unterläßt, so wirst du strafbar.

3. Denunciationen wegen Meineides kommen sehr häufig vor. Der Meineid gehört zu denjenigen Verbrechen, bei denen die Beweisführung mit vorzugsweisen Garantieen umgeben werden muß. Wenn nun Anklagen wegen Meineides erhoben werden, wenn derartige Anklagen sich auf schwache Beweise stützen, wenn aber die Strafbestimmung für den fahrlässigen Meineid die Möglichkeit gewährt, an die Geschwornen eine eventuelle Frage wegen dieses Vergehens zu richten, so kann der Fall leicht eintreten, daß zwar ein „Schuldig" wegen fahrlässigen Meineides ausgesprochen wird, dieses „Schuldig" aber nichts weiter bedeutet, als daß der wissentliche Meineid nicht erwiesen, jedoch bei der Zweifelhaftigkeit des Falles ein Verdikt zu empfehlen sei, welches dem Angeklagten doch noch einige Strafe verschafft, falls er schuldig, und nicht zu viel Strafe auferlegt, falls er unschuldig sein sollte.

Die Preußische Schwurgerichts-Statistik zeigt Folgendes:

Wegen wissentlichen Meineides erfolgten

im Jahre							
1860	bei	611	Anklagen	235	Freisprechungen	und 36	Verurtheilungen zu Gefängniß;
1861	„	624	„	251	„	„ 44	„
1862	„	715	„	235	„	„ 49	„
1863	„	651	„	277	„	„ 34	„
1864	„	643	„	262	„	„ 44	„
1865	„	774	„	298	„	„ 58	„

Mithin sind in dem Zeitraume von sechs Jahren bei 4018 Anklagen wegen wissentlichen Meineids 1558 Freisprechungen und 265 Verurtheilungen wegen fahrlässigen Meineides in Folge der eventuell auf dieses Vergehen gerichteten Fragen erfolgt. Interessant wäre es nun, zu wissen, was man allerdings aus der Schwurgerichts-Statistik nicht lernen kann, in wie viel Fällen selbständige Anklagen wegen fahrlässigen Meineides erhoben worden. Doch mögen dies immerhin einige sein; die Gefahr, welche der Rechtsordnung daraus erwächst, daß einzelne Fälle kulposen Meineides unbestraft bleiben, ist jedenfalls geringer, als die Gefahr, mit welcher die Rechtsordnung dadurch bedroht wird, daß durch die Aufstellung des Delikts des fahrlässigen Meineides die Geschwornen förmlich dazu provocirt werden, der vollen Verantwortlichkeit für ihr Verdikt sich zu entledigen. Der fahrlässige Meineid steht in dieser Beziehung vollkommen auf einer Stufe mit den „mildernden Umständen".

Mit dem kulposen Meineide fällt in dem Entwurfe die Straflosigkeit wegen Widerrufs des Meineides ebenfalls fort.

Zwar kennen einzelne Gesetzbücher auch die Straflosigkeit oder

wenigstens die Strafminderung bei erfolgtem Widerrufe des wissentlichen Meineides. So sagt:

Braunschweig, §. 142.: „Wer eine in eigener Sache oder zum Nachtheile eines Angeschuldigten gemachte falsche eidliche Angabe nach Vollendung des Verbrechens freiwillig widerruft und zwar sofort, d. h. bevor er die Stätte verlassen hat, an welcher durch gesprochene Worte die Vollendung erfolgt ist, oder innerhalb vierundzwanzig Stunden, nachdem die Schrift, in deren Uebergabe die Vollendung liegt, der Behörde übergeben ist, wird straffrei."

Sachsen, Art. 231.: „Ist die wahrheitswidrige eidliche oder nicht eidliche Aussage von dem, der sie erstattet hat, aus eigenem Antriebe, und bevor noch ein Rechtsnachtheil für einen Anderen daraus entstanden, widerrufen worden, so ist der Fall einem nach Art. 42. Nr. 1. zu beurtheilenden Versuche gleich zu achten." (D. h. als nicht beendigter Versuch tritt höchstens die Hälfte der für den Meineid bestimmten Strafe ein.)

„Wurde die wahrheitswidrige Aussage jedoch bei einer Hauptverhandlung oder in einem Verhandlungstermine vor einem Strafgerichte erstattet, und noch vor dem Schlusse der Verhandlung widerrufen, so soll eine Strafe nicht eintreten."

Bayern, Art. 196.: „Nimmt derjenige, welcher als Zeuge oder als Sachverständiger in einer Strafsache zu Gunsten oder zum Nachtheile des Angeschuldigten eine unwahre eidliche Aussage gemacht hat, dieselbe zurück, bevor noch ein Wahrspruch oder ein Endurtheil darauf erfolgt ist, so ist er straflos, es sei denn, daß er zur Zeit der Zurücknahme bereis wegen Meineids verhaftet oder in Untersuchung gezogen oder die Einleitung einer Untersuchung gegen ihn bereits angeordnet war."

Hessen, Art. 240.: „Wenn der Meineidige, bevor bei der Obrigkeit eine Anzeige gegen ihn gemacht oder eine Untersuchung gegen ihn eingeleitet worden, und so lange durch den Meineid noch kein Schaden entstanden, oder wenn der vollständige Ersatz des gestifteten Schadens binnen einer von dem Richter anberaumten Frist erfolgt ist, den falschen Eid widerrufen hat, so tritt statt der im Art. 235. bestimmten Strafe Correctionshausstrafe bis zu einem Jahre ein."

Thüringen, Art. 175.: „Wer, nachdem er sich eines Meineides schuldig gemacht hat, aus eigenem Antriebe und ehe noch ein Rechtsnachtheil für einen Andern daraus entstanden ist, seine unwahren Angaben widerruft, soll nur mit Arbeitshaus bis zu sechs Monaten bestraft werden."

Es ist hier nicht der Ort, diese Bestimmungen der Strafgesetzbücher kritisch zu kommentiren; die bloße Vergleichung derselben zeigt, daß diejenigen Bestimmungen, welche Straflosigkeit oder Strafherabsetzung an den Widerruf des Meineides knüpfen, nach festen Prinzipien nicht geregelt sind; und daß eine neue deutsche Strafgesetzgebung unmöglich auf sicherer Basis stehen würde, wenn sie den Anschauungen der Gesetzbücher von Braunschweig, Sachsen, Bayern, Hessen, Thüringen sich anschließen wollte.

Reue nach der That wird überall als strafmindernder Zumessungsgrund aufgefaßt werden, und das wird auch bei dem Meineide geschehen. Aber ebenso wenig, wie bei anderen Verbrechen die Reue

nach der That von den Gesetzen in der Weise benutzt wird, daß in diesem Umstande ein Strafmilderungsgrund oder gar ein Strafausschließungsgrund erkannt wird, ebenso wenig und noch weniger ist hiezu bei dem Meineide eine Veranlassung vorhanden.

Wenn man etwa glaubt, Straflosigkeit oder Strafmilderung bei dem Widerrufe des Meineides um deswillen eintreten lassen zu können, weil durch diese Reue nach der That der durch das Verbrechen hervorgerufene Schaden beseitigt werden könne, so ist hiegegen geltend zu machen, daß auch bei anderen Verbrechen, namentlich bei allen Vermögensverbrechen, der verursachte Schaden durch den Verbrecher selbst wieder ersetzt, dem noch nicht entstandenen Schaden vorgebeugt werden kann, und daß dennoch die Gesetze bei diesen Verbrechen aus der thätigen Reue nach der That einen Strafmilderungs- oder Strafausschließungsgrund nicht hergeleitet haben. Sodann würde aber auch die Behauptung, daß der Widerruf des Meineides den durch die Begehung dieses Verbrechens entstandenen oder drohenden Schaden beseitige, sich nicht aufrecht erhalten lassen. Denn der Schaden, welchen das Verbrechen des Meineides selbst mit sich führt, ist nicht in den Nachtheilen zu finden, welche in Folge des gefälschten Beweismittels des Eides eintreten, sondern es ist derselbe in der Thatsache, daß das Beweismittel des Eides gefälscht worden, selbst enthalten. Die Sicherheit des Rechtslebens wird nicht dadurch bedingt, daß trotz gefälschter Beweismittel ein einzelnes Individuum weder durch ein civilprocessualisches noch durch ein strafprocessualisches Urtheil beschädigt werde; sondern die Sicherheit des Rechtslebens beruht an erster Stelle darauf, daß Beweismittel und vor Allem das wichtigste unter ihnen, der Eid, überhaupt nicht gefälscht werden.

Zu dem Gesagten tritt aber noch Folgendes:

1. Ist es kriminalpolitisch richtig, den widerrufenen wissentlichen Meineid für straflos oder für minder strafbar zu erklären, zu sagen — wie dies das Thüringische Strafgesetzbuch thut —: Wer den wissentlichen Meineid rechtzeitig widerruft, „soll nur mit Arbeitshausstrafe bis zu sechs Monaten belegt werden"? Ich nehme keinen Anstand, diese Frage auf das Bestimmteste zu verneinen. Denn derjenige, der einen wissentlichen Meineid geschworen, will nicht blos von einer schweren, er will von jeder Strafe frei bleiben. Die Androhung auch der leichteren Strafe für den Fall des Widerrufs macht daher den ganzen Zweck dieser Privilegirung vollkommen illusorisch. Aber selbst die gänzliche Strafausschließung wird nur in den seltensten Fällen einen rechtzeitigen Widerruf veranlassen. Wenn der wissentliche Meineid geschworen wird, so kommt es dem Meineidigen auf die Existenz des falschen Eides und auf die an denselben sich anschließenden Wirkungen an. Beides wird durch den Widerruf beseitigt. Die Wahrscheinlichkeit oder Unwahrscheinlichkeit des Eintretens der Strafe ist vor der Ableistung des Eides erwogen; es werden andere Resultate nach der Ableistung des Eides schwerlich sich ergeben; dazu kommt die sehr natürliche Scham, eingestehen zu müssen, daß man einen wissentlichen Meineid geschworen; und das Alles wirkt zusammen, um die Proklamirung der

Straflosigkeit bei rechtzeitigem Widerrufe zu einem in seinen Wirkungen höchst problematischen Mittel herabzudrücken. Interessant wäre es, zu wissen, wie oft wohl rechtzeitige Widerrufe geleisteter Meineide, wissentlicher und nicht wissentlicher, wirklich erfolgt sein möchten.

2. Die Erklärung der Straflosigkeit oder der Strafmilderung im Falle des rechtzeitigen Widerrufs des Meineides entbehrt allerdings nicht der ethischen Grundlage. Man darf annehmen, daß derjenige, der einen Meineid wirklich geschworen, in seinem Gewissen noch mehr beunruhigt sein mag, als derjenige, der dies erst thun will; man darf annehmen, daß derjenige, der sich der Sünde eines geleisteten Meineides bewußt ist, gerne durch das Eingeständniß derselben sich sein Gewissen erleichtern möchte. Ein Entgegenkommen des Strafgesetzes scheint daher seine ethische Berechtigung zu haben. Aber die Sache hat doch auch ihre sehr bedenkliche Kehrseite. Wenn ein Gesetz sagt, der Meineid bleibe straflos, wenn derselbe rechtzeitig widerrufen wird, so heißt das der Sache nach nichts Anderes, als: Nicht der Meineid ist strafbar, sondern bestraft wird der nicht erfolgte Widerruf des Meineides; Eide können falsch geschworen werden, ganz nach Belieben, sie werden nicht gestraft, wenn sie nur bei Zeiten widerrufen werden. Man denke sich nun einen frivolen Menschen, der beispielsweise mit §. 142. des Braunschweigischen Strafgesetzbuches in der Hand, in aller Form einen Zeugeneid zum Nachtheile eines Beschuldigten geschworen; und ehe er das Gerichtslokal verläßt, offen vor Jedermannn erklärt, er habe einen Meineid geschworen, aber jetzt wolle er, freilich unter dem Schutze des §. 142. des Braunschweigischen Strafgesetzbuches einen reinen Eid schwören. — — — Wenn man den Eid strafrechtlich auch nicht als ein Verbrechen gegen die Religion auffassen darf; es liegt doch in dem Meineide ein Frevel gegen das Heiligste, was der Mensch kennt. Und dies gilt selbst für denjenigen, der an Gott nicht glaubt. Denn auch in diesem Falle würde noch immer die Heiligkeit der Wahrheit, die dann gewiß anerkannt werden muß, wenn Jemand feierlich erklärt hat, daß er die Wahrheit sagen wolle, in der frivolsten Weise verletzt werden. Darf nun, so möchte man fragen, das Strafgesetz derartige Frivolitäten, wenn auch nicht geradezu provociren, so doch für Nichts erklären, falls nur die mittelbaren Nachtheile einer einzelnen Privatperson durch zeitigen Widerruf beseitigt werden? Die Harmonie mit den Gesetzen der Ethik, so scheint es, würde hierdurch nicht in geringer Weise verletzt werden. Wenn jetzt in der Verwarnung vor der Eidesleistung Bezug genommen wird auf die zeitlichen und ewigen Strafen, welche der Meineid nach sich zieht, und beide durch die Natur dieses Verbrechens in einem beinahe untrennbaren Zusammenhange gedacht werden müssen, so würde die Verwarnung bei Straflosigkeit des Meineides im Falle des rechtzeitigen Widerrufes nur noch lauten können: Wenn Du falsch schwörst und nicht rechtzeitig widerrufst, so werden Dich zeitliche und ewige Strafen treffen; wenn Du aber falsch schwörst und rechtzeitig widerrufst, so werden Dich blos die ewigen Strafen treffen.

3. Die Gesetzgebung hat zwar nicht dafür zu sorgen, daß die einzelnen Strafvorschriften richtig aufgefaßt werden; aber vermeiden muß

dieselbe, anerkannt unrichtige theoretische Auffassungen zu provociren. Wenn nun die Straflosigkeit des Meineides in Folge eingetretenen Widerrufs, oder bei erfolgtem Ersatze des Schadens gesetzlich proklamirt wird, so weist eine solche gesetzliche Bestimmung auf diejenige Auffassung des Meineides hin, welche in diesem Verbrechen die Beschädigung einer einzelnen Person in ihrem Vermögen oder in sonstigen Rechten zu erblicken glaubte. Daß eine derartige Auffassung unrichtig, wird jetzt allgemein anerkannt; daß dieselbe aber durch die hier berührten Strafbestimmungen provocirt wird, muß ebenfalls zugegeben werden.

Zu den Bestimmungen des Preußischen Strafgesetzbuches hinzugekommen ist §. 97. des Entwurfes. Eine derartige Bestimmung war erforderlich,

1. weil die Untersagung der Ausübung der bürgerlichen Ehrenrechte in diesem Entwurfe die Eidesunfähigkeit nicht mit umfaßt,

2. weil die Untersagung der Ausübung der bürgerlichen Ehrenrechte nach den Bestimmungen dieses Entwurfes nur auf eine Zeitdauer von fünf Jahren ausgedehnt ist, und

3. weil die Untersagung der Ausübung der bürgerlichen Ehrenrechte in diesem Entwurfe überhaupt nur fakultativ angedroht ist.

Die Bestimmung ist nachgebildet dem §. 101. des Lübischen Gesetzbuches; weicht indessen von demselben darin ab, daß Lübeck die Eidesunfähigkeit überhaupt eintreten lassen will, während dieser Entwurf die Eidesunfähigkeit nur auf die eigenen Angelegenheiten des wegen Meineides Verurtheilten beschränkt. Unter diesen „eigenen Angelegenheiten“ wird man zunächst alle Civilsachen zu verstehen haben, in denen ein wegen Meineides Verurtheilter als Partei auftritt, und wird unter der Eidesunfähigkeit nicht blos zu verstehen sein, die Unfähigkeit einen deferirten, referirten oder auferlegten Eid zu schwören, sondern ebenso auch die Unfähigkeit, einen Eid selbst zu deferiren, da dieses die Möglichkeit voraussetzt, den deferirten Eid als jusjurandum relatum selbst zu schwören. Es wird aber unter den „eigenen Angelegenheiten“ auch noch der Fall zu verstehen sein, daß der wegen Meineides Verurtheilte als Damnifikat oder Denunciant auftritt, in welchem Falle seine Unfähigkeit, als Zeuge in einer solchen Strafsache vereidigt zu werden, sich ergeben würde.

Daß der Entwurf die Eidesunfähigkeit des Meineidigen auf diese Fälle beschränkt, und nicht, wie Lübeck, ganz allgemein aufgestellt hat, dafür liegt der Grund darin, daß

1. der Meineid nicht zu denjenigen Verbrechen gerechnet werden kann, von welchen anzunehmen ist, daß sie bei einer bestimmten Person habituell werden möchten; daß

2. der Eid nicht blos durch die Interessen des Schwörenden, sondern ebenso auch durch die Interessen anderer Personen und der Rechtsordnung überhaupt geboten sein kann; daß es aber unzulässig erscheinen muß, durch eine dem Meineidigen auferlegte Strafe die Interessen Anderer zu gefährden, und diese indirekt in Mitleidenschaft zu ziehen, und daß

3. die Frage, ob in einem konkreten Falle der wegen Meineides Verurtheilte zu einem Zeugeneide zuzulassen, wenigstens im Strafprocesse, nicht ohne voraufgegangene richterliche Kognition beantwortet wird. Wie der Richter den aus anderen Gründen unglaubwürdigen Zeugen nicht vereidigen wird, so wird, wenn es sich darum handelt, ob ein wegen Meineides Verurtheilter zum Eide zugelassen werden könne, zunächst festgestellt werden müssen, daß derselbe trotz dieser voraufgegangenen Verurtheilung dennoch glaubwürdig genug erscheine, um nicht befürchten zu lassen, er werde jetzt von Neuem einen Meineid schwören.

Wenn das Lübische Recht noch die Unfähigkeit zur Uebernahme von Vormundschaften als Folge der Verurtheilung wegen Meineides erwähnt, so erscheint es überflüssig, dies in den Entwurf aufzunehmen, weil die allgemeinen Bestimmungen über die Folgen der Untersagung der Ausübung der bürgerlichen Ehrenrechte, auch die — wenigstens zeitige — Unfähigkeit zur Uebernahme von Vormundschaften mit enthält. Eine Ausdehnung über die dort getroffene allgemeine Bestimmung scheint aber um deswillen um so weniger nothwendig, als bei der Uebertragung einer Vormundschaft die obervormundschaftliche Behörde auf die voraufgegangene Verurtheilung genügend Rücksicht nehmen kann.

Im Einzelnen hat der Entwurf nur folgende Aenderungen dem Preußischen Strafgesetzbuche gegenüber vorgenommen:

1. §. 126. Abs. 2. des Preußischen Strafgesetzbuches bestimmt:

„Ist das falsche Zeugniß in einer Strafsache zum Nachtheil eines Angeschuldigten abgelegt, und dieser zur Todesstrafe, Zuchthausstrafe oder zur Strafe der Einschließung von mehr als fünf Jahren verurtheilt worden, so ist die Strafe Zuchthaus von zehn bis zu zwanzig Jahren."

Der Entwurf läßt die hervorgehobenen Worte fort. Der Qualifikationsgrund darf nämlich nicht blos dann als vorhanden angenommen werden, wenn derjenige, der in Folge eines falschen Zeugnisses verurtheilt wurde, zu einer Verbrechensstrafe im Sinne des Preußischen Rechtes verurtheilt wurde, sondern den Anforderungen der Gerechtigkeit entspricht es, wenn man überall in dem Umstande, daß zum Nachtheil eines Angeschuldigten ein wissentlich falsches Zeugniß abgegeben wird, einen Qualifikationsgrund erblickt. Wurde nun aber der Qualifikationsgrund in der Weise, wie es geschehen, ausgedehnt, so mußten auch die Strafgrenzen dem entsprechend erweitert werden. Dies geschieht, indem für den Fall des eintretenden Qualifikationsgrundes lediglich das Strafmaximum, nicht aber zugleich das Strafminimum gegenüber der Strafbestimmung in dem ersten Absatze erhöht wird.

2. §. 129. des Preußischen Strafgesetzbuches bestimmt eine Gefängnißstrafe von drei Monaten bis zu einem Jahre; der Entwurf läßt das gesetzliche Strafminimum fort und bestimmt §. 98. Gefängniß bis zu einem Jahre. Es entspricht dies den allgemeinen über die Arbitrirung der Strafpositionen aufgestellten Grundsätzen.

Im Uebrigen hat der Entwurf die Bestimmungen des Preußischen Strafgesetzbuches lediglich wiederholt und ist auf abweichende Bestimmungen anderer deutscher Strafgesetzgebungen nicht eingegangen. Von diesen sind an dieser Stelle folgende hervorzuheben:

1. Einzelne Gesetzgebungen haben, zum Theil dadurch veranlaßt, daß sie die Begriffsbestimmung des Meineids auf das wissentlich falsche Schwören bestimmt bezeichneter Eide nicht beschränken, die Straflosigkeit einzelner Arten von falschen Eiden besonders hervorgehoben. Dies ist beispielsweise der Fall im Hessischen Strafgesetzbuche. Hier heißt es Art. 234.:

„Der Würderungseid in bürgerlichen Rechtsstreitigkeiten läßt keine Untersuchung wegen Meineids zu."

Sehr viel ausführlicher behandelt die Aufzählung derjenigen Fälle, in denen eine Untersuchung wegen Meineids nicht stattfinden soll, das Strafgesetzbuch für Bayern Art. 195.

„Eine strafrechtliche Verfolgung wegen Meineids findet nicht statt:

1. bei dem Manifestations-, dem Würderungs- und dem Glaubenseide, so wie bei dem Eide vor Gefährde, welchen derjenige, dem ein Eid zugeschoben wurde, vor Ableistung desselben von seinem Gegner verlangt hat;
2. wenn der Eid einer Person abgenommen wurde, welche in dieser Sache nicht eidesfähig war;
3. wenn der Eid in einer Sache abgenommen wurde, in welcher eine Eidesabnahme überhaupt unstatthaft ist;
4. wenn der Eid von einer Behörde in einer Sache abgenommen wurde, für welche ihrer Gattung nach die Zuständigkeit der Behörde nicht gegeben ist;
5. wenn ein Zeuge oder Sachverständiger, ohne vorher über das ihm zustehende Recht der Zeugschaftsablehnug belehrt worden zu sein, einen falschen Eid zu Gunsten einer Person geschworen hat, bezüglich welcher er gesetzlich berechtigt ist, die Abgabe eines Zeugnisses abzulehnen, oder wenn eine Person als Zeuge vernommen wurde, deren Vernehmung gesetzlich untersagt ist;
6. wenn Jemand unter eidlicher Bekräftigung Thatsachen fälschlich angegeben oder verschwiegen hat, deren wahre Angabe gegen ihn selbst eine strafrechtliche Verfolgung wegen Verbrechens oder Vergehens nach sich ziehen konnte."

Es scheint, als ob nicht unerhebliche kriminal-politische Gründe dagegen sprächen, so ausdrücklich, als dies in den angeführten Gesetzen geschehen, die Straflosigkeit falscher Eide auszusprechen. Allerdings kann es keinem Zweifel unterliegen, daß es falsche Eide giebt, bei denen eine strafrechtliche Verfolgung nicht stattfinden darf — ob dies übrigens für alle von dem Bayrischen Strafgesetzbuche aufgestellten Fälle zutreffend sein möchte, kann ununtersucht bleiben —; aber es ist doch bedenklich, wenn das Strafgesetzbuch selbst durch ausdrückliche Straflos-Erklärung von Meineiden den Gedanken provocirt, daß eine der vom moralischen Standpunkte unter allen Umständen verwerflichsten Handlungen vor dem Strafgesetze sich als erlaubt darstelle. Denn es ist nicht blos der ideale Nachtheil, der daraus entsteht, daß es durch den

Ausdruck des Gesetzes selbst den Staatsangehörigen zum Bewußtsein gebracht wird, wie es Schlechtigkeiten giebt, die sich der Strafe entziehen, sondern der sehr viel prakterische Nachtheil ist zu berücksichtigen, daß die vom Gesetze aufgestellte Unterscheidung zwischen strafbaren und nicht strafbaren Meineiden den Gedanken wach rufen kann, auch im Falle eines strafbaren Meineides sei eine Entschuldigung zu gewinnen, welche den Meineid als einen straflosen werde erscheinen lassen.

Diese immerhin nicht unerheblichen Bedenken werden beseitigt, wenn man, dem Systeme des Preußischen Rechtes folgend, diejenigen Eide bezeichnet, deren falsches Schwören den strafrechtlichen Begriff des Meineides ausmacht; — die Straflosigkeit der übrigen falschen Eide ergiebt sich hieraus von selbst; und ein praktischer Nachtheil ist bei Anwendung dieser Methode der Gesetzgebung gewiß nicht anzuerkennen.

2. Es fehlt nicht an Gesetzbüchern, welche, wie das Thüringische, Sächsische, Hessische bei dem wissentlichen Meineide eine geringere als eine zweijährige Zuchthausstrafe, und überhaupt eine geringere Art von Freiheitsstrafe als die Zuchthausstrafe zulassen. Selbst das Lübische Gesetzbuch gestattet das Strafminimum einer einjährigen Zuchthausstrafe.

Diesen milderen Strafbestimmungen gegenüber konnte es zweifelhaft erscheinen, ob der Entwurf Recht daran thue, die im Verhältniß zu anderen Strafgesetzbüchern hohen Strafen des Preußischen Rechts beim Meineide festzuhalten, und um so mehr mußte dies Bedenken entstehen, als man im Allgemeinen eher ein Vorschreiten zur milderen als zur strengeren Bestrafung in der geschichtlichen Entwickelung des Strafrechts wahrnehmen kann. Aber dasjenige, was im Allgemeinen richtig ist, braucht deshalb noch nicht in jedem einzelnen Falle richtig zu sein. Ich glaube, der Meineid kann von der Gesetzgebung nicht ernst genug aufgefaßt werden, denn es beruht ja die Sicherheit des gesammten Beweisrechts an letzter Stelle auf der Sicherheit des Eides.

Und abgesehen hiervon kann sich die strengere oder mildere Bestrafung eines Verbrechens nicht immer blos nach derjenigen Auffassung richten, welche frühere Gesetzgebungen in Betreff dieses Verbrechens gehabt haben. Mit entscheidend bei der Strafbestimmung für ein Verbrechen müssen auch diejenigen Anforderungen sein, welche ein Strafgesetz an die ethische Reife der ihm Unterworfenen stellen zu können glaubt. Und ich fürchte nicht Widerspruch zu erfahren, daß zur Zeit das ethische Bewußtsein der Deutschen so weit ausgebildet ist, um es zu empfinden, daß der wissentliche Meineid ein Verbrechen ist, dessen Natur auf eine zuchthausmäßige Behandlung des Verbrechers hinweist. Und ist dieses festgestellt, so ergiebt sich aus der Natur der Zuchthausstrafe selbst das zweijährige Minimum.

Erwähnt mag hier werden, daß auch v. Kräwel*) in einzelnen Fällen die Strafe für den wissentlich falschen Zeugeneid auf „Gefängniß bis zu Einem Jahre" herabsetzen will. Er stellt zu diesem Zwecke folgende Gesetzesformel auf:

---

*) Goltdammer, Archiv Bd. XVI. S. 242.

„Wer als Zeuge in einer Civilsache oder Strafsache wissentlich ein im Wesentlichen falsches Zeugniß mit einem Eide bekräftigt, oder den vor seiner Vernehmung geleisteten Eid wissentlich durch ein im Wesentlichen falsches Zeugniß verletzt, wird mit Zuchthaus bis zu zehn Jahren bestraft.

Ist das falsche Zeugniß in einer Strafsache zum Nachtheil eines Angeschuldigten abgelegt, und dieser zur Todesstrafe, Zuchthausstrafe, oder zur Strafe der Einschließung von mehr als fünf Jahren verurtheilt, so ist die Strafe Zuchthaus von zehn bis zwanzig Jahren.

Ist das falsche Zeugniß in nicht wesentlichen Theilen unrichtig, so ist die Strafe Gefängniß bis zu einem Jahre.“

In dieser Gestalt ist die Gesetzesformel ganz gewiß unbrauchbar und zwar aus denselben Gründen, aus denen die Unterscheidung in wesentliche und unwesentliche Theilnahme für unbrauchbar erklärt werden mußte.

Aber diese Gesetzesformel würde auch überflüssig sein, wenn v. Kräwel dasjenige in der Gesetzesformel ausgedrückt hätte, was ihn zum Aufstellen derselben veranlaßt hat. Indem v. Kräwel auf die im Goltdammerschen Archiv Bd. IV. S. 471. Bd. IX. S. 807. Bd. X. S. 604. abgedruckten Aufsätze hinweist, liegt die Vermuthung nahe, daß derselbe seine Gesetzesformel eigentlich in folgender Weise habe aufstellen wollen:

„Wer als Zeuge in einer Strafsache über seine Vorbestrafungen befragt, dieselben ganz oder zum Theil wissentlich ableugnet, ist mit Gefängniß bis zu einem Jahre zu bestrafen.“

Diese Gesetzesformel würde zwar manches Bedenkliche beseitigen, was der v. Kräwel'schen Formel entgegensteht; aber überflüssig würde sie auch sein. Denn Dasjenige, wovon die Glaubwürdigkeit eines Zeugen abhängt, wird entweder unbestritten sein, oder, wenn eine oder die andere dieser Thatsachen bestritten wird, so ist es nicht richtig, eine derartige für den Beweis wichtige Frage durch den Eid des Zeugen selbst erledigen zu lassen.*)

3. Das Bayerische Strafgesetzbuch enthält in Art. 200. eine Strafbestimmung, die wohl der Beachtung werth ist. Es wird hier nämlich Folgendes angeordnet:

„Wer, ohne durch Eid oder Handgelöbniß verpflichtet zu sein, vor einer öffentlichen Behörde als Zeuge, Auskunftsperson oder Sachverständiger wissentlich etwas Unwahres versichert, ist mit Arrest bis zu acht Tagen oder an Geld bis zu fünfundzwanzig Gulden zu bestrafen.

Wurde eine solche unwahre Angabe in einer Strafsache zum Nachtheile des Angeschuldigten gemacht, so soll, wenn der letztere zur Todes- oder mehr als achtjähriger Zuchthausstrafe verurtheilt worden ist, auf Zuchthaus bis zu zwölf Jahren, anderenfalls aber auf Gefängniß nicht unter einem Monate erkannt werden, womit Geldstrafe bis zu tausend Gulden und die im

*) Die Preußische Proceßordnung für die neuen Provinzen führt übrigens (§. 140.) die Frage nach der Vorbestrafung des Zeugen wenigstens nicht ausdrücklich unter denjenigen Fragen auf, welche dem Zeugen in Betreff seiner Glaubwürdigkeit vorzulegen sind.

Art. 28. bezeichneten Straffolgen oder einzelne derselben verbunden werden können.

Ist die unwahre Angabe in einer Strafsache zu Gunsten des Angeschuldigten gemacht worden, so tritt Gefängnißstrafe bis zu sechs Monaten oder Geldstrafe bis zu zweihundert Gulden ein.

So richtig nun auch der Gedanke sein mag, welcher das Bayerische Gesetzbuch veranlaßte, diese Bestimmung aufzunehmen, so bedenklich würde die gleiche Bestimmung in einem Strafgesetzbuche des Norddeutschen Bundes sein, bevor nicht die Grundsätze der deutschen Strafproceßordnung festgestellt sind. Denn die Existenz, wie auch die Größe einer derartigen Strafbestimmung wird davon abhängen, ob die nicht eidliche Vernehmung der Zeugen lediglich zum Zwecke der Information, oder auch zum Zwecke der Anklageerhebung dienen soll; oder ob die nicht zu vereidenden Zeugen selbst im Hauptverfahren vernommen werden sollen. Diese Fragen hat das materielle Strafgesetz nicht zu entscheiden. Und so zweckmäßig es auch sein möchte, wenn man einerseits der nicht vereidigten Zeugenaussage in der Voruntersuchung einen Einfluß einräumen und dagegen die nicht zu vereidigenden Zeugen von der Hauptverhandlung gänzlich ausschließen wollte — eine processualische Anordnung, die denn auch für die von nicht beeideten Zeugen in der Voruntersuchung abgegebenen wissentlich falschen Aussagen eine Strafbestimmung erforderlich machen würde —, so kann doch ein Entwurf zu einem Strafgesetzbuche des Norddeutschen Bundes nur Eines als sicher annehmen, daß nämlich beeidigte Zeugenaussagen bei jeder Art des Strafverfahrens nothwendig sein werden. Ob aber auch nicht beeidigte Zeugenaussagen in Zukunft im Strafproceß vorkommen, und welche processualische Bedeutsamkeit dieselben haben werden, das muß die Proceßordnung entscheiden. Und dieser, die ja so wie so ohne jegliche Strafbestimmungen nicht wird existiren können, darf man auch die Aufstellung derjenigen Strafbestimmungen überlassen, welche durch den Einfluß des unbeeidigten Zeugnisses auf den Gang des Strafprocesses bedingt und geboten sein werden.

Neunter Titel.

Falsche Anschuldigung.

§. 100.

Wer bei einer öffentlichen Behörde eine Anzeige macht, durch welche er Jemanden wider besseres Wissen der Verübung einer gesetzlich strafbaren Handlung oder der Verletzung der Amtspflichten beschuldigt, wird mit Gefängniß bis zu zwei Jahren bestraft; auch kann gegen denselben auf Untersagung der Ausübung der bürgerlichen Ehrenrechte erkannt werden.

§. 101.

In allen Fällen, in denen wegen falscher Anschuldigung auf Strafe erkannt wird, ist dem Verletzten auf Kosten des Verurtheilten eine Ausfertigung des

Erkenntnisses zu ertheilen. Auch soll dem Verletzten in dem Erkenntnisse die Befugniß ertheilt werden, auf Kosten des Verurtheilten die Verurtheilung öffentlich bekannt zu machen.

Die Art und Weise dieser auf Kosten des Verurtheilten erfolgenden Bekanntmachung, sowie die Frist zu derselben, ist von dem Richter in dem Erkenntnisse zu bestimmen.

Die Aenderungen, welche der Entwurf beim neunten Titel gegenüber den Bestimmungen des Preußischen Strafgesetzbuches vorgenommen, beziehen sich auf folgende Punkte:

1. In §. 100. ist gegenüber dem §. 133. des Preußischen Strafgesetzbuches das Strafmaß geändert. Statt der Strafe: „drei Monate bis fünf Jahre Gefängniß" — schlägt der Entwurf „Gefängniß bis zu zwei Jahren" vor. Es ist dieses geschehen nach dem Vorbilde des Lübischen Strafgesetzbuches §. 104.

2. In §. 101. des Entwurfes konnte nicht davon allein die Rede sein, daß der Verletzte die Befugniß haben solle, die Verurtheilung öffentlich bekannt zu machen.*) Denn, wenn demselben diese Befugniß durch das Erkenntniß erst zugesprochen wird, so liegt der Rechtsgrund zu dieser Befugniß in dem Erkenntnisse selbst, und in der speciell bei diesem Delikt durch das Erkenntniß gewährten richterlichen Erlaubniß zur Veröffentlichung. Nun ist aber oben bereits darauf hingewiesen, daß die Oeffentlichkeit der Gerichtsverhandlungen die unbeschränkte Befugniß zur Veröffentlichung der Erkenntnisse nicht nur, sondern auch des gesammten Inhaltes der gerichtlichen Verhandlungen fordere, und daß demnach, wo das Strafproceßgesetz das Prinzip der Oeffentlichkeit des Verfahrens anerkennt, das materielle Strafrecht die Veröffentlichung des gesammten Inhalts der an öffentlicher Gerichtsstätte gepflogenen Verhandlungen gestatten muß. Mithin würde die Bestimmung des Preußischen Strafgesetzbuches §. 134., so, wie sie getroffen ist, nicht nur überflüssig sein, sondern es würde dieselbe auch den sehr gefährlichen Rückschluß gestatten, daß, weil an dieser Stelle des Strafgesetzes die Befugniß zur Veröffentlichung des Straferkenntnisses dem Verletzten zugesprochen werde, diese Befugniß bei anderen Verbrechen nicht existire, und daß auch bei dem Vergehen der falschen Anschuldigung außer dem Verletzten selbst, der hiezu auch nur durch das Erkenntniß berechtigt werde, Niemand sonst ein Recht habe, das Erkenntniß zu veröffentlichen. Anerkennt man dagegen die allgemeine Befugniß, strafgerichtliche Erkenntnisse, wie den Inhalt des strafgerichtlichen Verfahrens überhaupt zu veröffentlichen, so liegt darin, daß dieses geschieht, für denjenigen, welcher wegen der falschen Anschuldigung verurtheilt wird, keine Strafe. Das Moment der accessorischen Strafe ist denn auch in dem Preußischen §. 134. lediglich in den Worten: „die Art und Weise

---

*) Preußisches Strafgesetzbuch §. 134: .... „Auch soll dem Verletzten in dem Erkenntnisse die Befugniß ertheilt werden, die Verurtheilung öffentlich bekannt zu machen."

dieser Bekanntmachung, welche stets auf Kosten des Verurtheilten erfolgt" zu finden. Nicht die Veröffentlichung, sondern die auf Kosten des Verurtheilten erfolgende Veröffentlichung enthält die Strafe. Dieses mußte gegenüber dem §. 134. des Preußischen Strafgesetzbuches präciser ausgedrückt werden, und ergab sich hieraus die Fassung des §. 101. des Entwurfs.

Andere Deutsche Strafgesetzbücher gaben noch zu folgenden Erwägungen Veranlassung.

Einzelne derselben, wie das Sächsische, behandeln die falsche Anschuldigung unter dem Titel der Injurien. Hätte das Preußische Strafgesetzbuch das Gleiche gethan, so würde keine Veranlassung vorgelegen haben, eine Aenderung hierin vorzuschlagen. Aber noch weniger Veranlassung kann gefunden werden, das System des Preußischen Rechts zu verlassen, und dasselbe zu Gunsten des Sächsischen und der mit diesem das gleiche System befolgenden Gesetzbücher umzuändern. Denn es wird zwar der Umstand, daß ein Gesetz die falsche Anschuldigung an eine Stelle verweist, wo es den Anschein gewinnt, als wäre dieses Delikt nichts Anderes als eine qualificirte Verleumdung, nicht ausreichend sein, um, sei es in der Doktrin, sei es in der Praxis, unrichtige Vorstellungen über die Natur dieses Deliktes entstehen zu lassen; wenn jedoch das zur Zeit bedeutendste Gesetzbuch nicht in dem von den Injurien handelnden, sondern in einem selbständigen Titel die für das Delikt der falschen Anschuldigung erforderlichen Bestimmungen zusammenstellt, und dann eine neue Gesetzgebung diesen selbständigen Titel aufgeben und von der falschen Anschuldigung gelegentlich der Injurien handeln wollte, so könnte ein solcher Vorgang allerdings Mißdeutungen unterworfen werden, da es in einem solchen Falle den Anschein gewinnen würde, als ob die Natur und das Wesen des fraglichen Deliktes demselben seinen Platz unter dem Titel der Injurien anwiesen.

2. Einzelne Gesetzbücher haben die Strafbestimmungen für die falsche Anschuldigung viel kasuistischer behandelt, als dies in dem Preußischen Strafgesetzbuche geschehen. Beispielsweise kann hier §. 144. des Braunschweigischen Gesetzes angeführt werden.

„Wer gegen eine Person, um eine Untersuchung wider sie oder ihre Bestrafung zu veranlassen, bei der Obrigkeit eine strafbare Handlung oder Verdachtsgründe wissentlich fälschlich anzeigt, soll folgende Strafen leiden:

1) Zuchthaus, wenn die verbrecherische Handlung, auf welche sich die Strafe bezieht, mit Todes- oder Kettenstrafe;
2) Zwangsarbeit nicht unter ein Jahr, wenn sie mit Zuchthaus;
3) Zwangsarbeit bis von einem Jahre, wenn sie mit Zwangsarbeit, Dienstentsetzung oder Dienstentlassung bedroht ist; und
4) Gefängniß bis von einem Jahre in anderen Fällen.

Auch in den Fällen unter Nummer 2. 3. und 4. soll, auf Antrag des Angeschuldigten, die erkannte Strafe öffentlich bekannt gemacht werden."

Darüber kann ein Zweifel nicht wohl entstehen, daß die Schwere des fälschlich denuncirten Verbrechens einen der wesentlichsten Strafzumessungsgründe ausmachen wird; aber hieraus derartige kasuistische

Strafbestimmungen gesetzlich zu formuliren, hat doch sein Bedenkliches. Gegen falsche Anschuldigungen ist man insofern nicht sicher, als dieselben erhoben werden können. Dagegen aber soll das prozessualische Verfahren sicher stellen, daß aus der falschen Anschuldigung nicht die Gefahr der Verurtheilung entstehe. Wenn ein Gesetz die Höhe der Bestrafung für die falsche Anschuldigung nach der Höhe der für das fälschlich zur Anschuldigung gebrachte Verbrechen normirt, so erfolgt eben eine Strafnormirung auf der Basis der Gefahr einer unrichtigen Verurtheilung. Und dies ist eine Voraussetzung, die legislatorisch überhaupt nicht gemacht werden darf.

Zehnter Titel.

Verbrechen, welche sich auf die Religion beziehen.

§. 102.

Wer Gegenstände der religiösen Verehrung öffentlich verspottet, ingleichen wer in Kirchen oder anderen religiösen Versammlungsorten Gegenstände, welche dem Gottesdienste gewidmet sind, zerstört oder beschädigt, wird mit Gefängniß oder Einschließung bis zu zwei Jahren bestraft.

§. 103.

Wer durch Gewalt oder Drohungen eine oder mehrere Personen zwingt oder hindert, den Gottesdienst einer Religionsgesellschaft auszuüben, ingleichen wer in Kirchen oder anderen religiösen Versammlungsorten den Gottesdienst oder einzelne gottesdienstliche Verrichtungen verhindert oder stört, soll mit Gefängniß bis zu zwei Jahren bestraft werden.

§. 104.

Wer unbefugt eine Leiche oder einen Theil derselben aus dem Gewahrsam der dazu berechtigten Personen wegnimmt, ingleichen wer unbefugt Grabmäler zerstört oder beschädigt, soll mit Gefängniß bis zu zwei Jahren bestraft werden. Auch kann gegen denselben auf Untersagung der Ausübung der bürgerlichen Ehrenrechte erkannt werden.

Die meisten deutschen Gesetzbücher behandeln den Leichendiebstahl und den Diebstahl aus Gräbern nicht unter den Verbrechen gegen die Religion, sondern gelegentlich des Diebstahls. Es kann indessen jedenfalls vertheidigt werden, wenn man den Gesichtspunkt der Beschädigung einer res religiosa bei diesen Delikten aufrecht erhält, und so durfte denn auch §. 104. des Entwurfes ebenso wie §. 137. des Preußischen Strafgesetzbuches seinen Platz im zehnten Titel finden.

Bei diesem Delikt will das Preußische Strafgesetzbuch die Untersagung der Ausübung der bürgerlichen Ehrenrechte alsdann erkannt wissen, wenn der Handlung „gewinnsüchtige Absicht" zu Grunde lag. Entsprechend den Grundsätzen, welche der Entwurf bei Anwendung der

Ehrenstrafen befolgt, konnte auch bei §. 104. die Untersagung der Ausübung der bürgerlichen Ehrenrechte nur fakultativ angedroht werden. Und da dieses der Fall, war es nicht nothwendig, in die Formel des §. 104. dasjenige Moment mit aufzunehmen, von welchem im §. 137. des Preußischen Strafgesetzbuches die nothwendige Aberkennung der bürgerlichen Ehrenrechte abhängig gemacht wurde.

In Betreff der Bestimmungen des §. 102. und 103. ist darauf hinzuweisen, daß die Strafgesetzgebung zwar ganz gewiß die Aufgabe hat, soweit dies an ihr liegt, Verletzungen des religiösen Gefühls, Störungen der gottesdienstlichen Handlungen zu verhüten; daß jedoch dieses Streben nicht dahin führen darf,. der freien Meinungsäußerung und der Kritik über religiöse Gegenstände hindernd in den Weg zu treten. Die Praxis, welche sich auf der Basis des Preußischen §. 135. zu bilden vermochte, hat gezeigt, daß die Bestimmungen dieses Paragraphen zu sehr den ersteren und zu wenig den letzteren Gesichtspunkt festgehalten haben. Es erschien daher zweckmäßig, bei der Formulirung des §. 102. des Entwurfes als Grundlage nicht den §. 135. des Preußischen, sondern den Art. 232. des Sächsischen Strafgesetzbuches zu benutzen. Hier wird nämlich Folgendes bestimmt:

> „Wer zum öffentlichen Aergernisse in Wort oder Schrift über Gott oder göttliche Dinge, oder über andere Gegenstände der religiösen Verehrung, oder über Religions-Lehren oder Gebräuche, verhöhnende oder verächtliche Aeußerungen sich erlaubt, ingleichen wer in Kirchen oder an anderen zur Gottesverehrung bestimmten Orten, oder an Gegenständen, welche dem Gottesdienste gewidmet sind oder eine kirchlich-symbolische Bedeutung haben, beschimpfenden Unfug verübt, ist mit Gefängniß oder Arbeitshaus bis zu zwei Jahren zu bestrafen."

Diese Vorschrift des Sächsischen Strafgesetzbuches stimmt darin mit dem Preußischen Strafgesetzbuche überein, daß zwei verschiedene Delikte — getrennt durch das Wort „ingleichen" — in einem und demselben Artikel zusammengefaßt werden. Indessen fehlt in dem Sächsischen Gesetzbuche Manches, was das Preußische aufzunehmen für erforderlich erachtet hat. Eine Zusammenstellung der Bestimmungen beider Gesetzbücher wird dies deutlich werden lassen.

Preußen.	Sachsen.
Wer öffentlich in Worten, Schriften oder anderen Darstellungen Gott lästert, oder eine der christlichen Kirchen oder eine andere mit Korporationsrechten im Staate bestehende Religionsgesellschaft oder die Gegenstände ihrer Verehrung, ihre Lehren, Einrichtungen oder Gebräuche verspottet, oder in einer Weise darstellt, welche dieselbe dem Hasse oder der Verachtung aussetzt, ...	Wer zum öffentlichen Aergernisse in Wort oder Schrift über Gott oder göttliche Dinge, oder über andere Gegenstände der religiösen Verehrung oder über Religionslehren oder Gebräuche, verhöhnende oder verächtliche Aeußerungen sich erlaubt, ...

Statt diesen komplicirten Bestimmungen begnügt sich der Entwurf mit der einfachen Formel:

„Wer Gegenstände der religiösen Verehrung öffentlich verspottet" —

Diese Formel dürfte auch vollkommen ausreichend sein; denn

1. Die Gotteslästerung als ein besonderes Delikt zu markiren, dazu ist keine Veranlassung vorhanden. Die Auffassung, welche dieses Verbrechen nach Analogie des crimen majestatis entstehen ließ und benannt hat; die abergläubischen und zum Theil kindischen Vorstellungen, welche man bei der Bestrafung dieses Verbrechens mit in Berücksichtigung brachte; das Alles darf und muß eine auch nur einigermaßen aufgeklärte Strafgesetzgebung vollkommen unberührt lassen. Das höchste Wesen, welches der Gegenstand unserer religiösen Verehrung ist, steht zu hoch über menschlichem Getreibe, als daß man sich dasselbe durch eine menschliche Handlung verletzt denken könnte. Nicht Gott wird verletzt, sondern unser eigenes religiöses Gefühl wird verletzt. Und deshalb hat das Sächsische Strafgesetzbuch so sehr recht, wenn dasselbe nicht wie das Preußische Strafgesetzbuch sagt: „Wer Gott lästert, oder Gegenstände religiöser Verehrung verspottet", sondern statt dessen sagt: „Wer über Gott oder andere Gegenstände der religiösen Verehrung verhöhnende oder verächtliche Aeußerungen sich erlaubt." Wenn aber so durch das Sächsische Strafgesetzbuch der richtige Gesichtspunkt aufgestellt ist, so darf der weitere Schritt noch gethan werden, den die Formel des Entwurfes thut, indem diese überhaupt von Gegenständen der religiösen Verehrung spricht, ohne unter denselben irgendwie zu specialisiren.

2. Der Entwurf begnügt sich damit, zu sagen: „Wer Gegenstände der religiösen Verehrung öffentlich verspottet" — und es ist dies ausreichend, wenn man nicht durch den Preußischen Zusatz: „oder in einer Weise darstellt, welche dieselbe dem Hasse oder der Verachtung aussetzt" die Freiheit der Meinungs-Aeußerung und den Nutzen der Kritik religiöser Gegenstände so gut wie unmöglich machen will. Auch gegenüber den Sächsischen „verhöhnenden und verächtlichen Aeußerungen" ist der vom Entwurfe gewählte Ausdruck „verspotten" präciser und weniger Mißdeutungen ausgesetzt. Wo aber die Verspottung, wie der Entwurf dieses will, öffentlich erfolgt, da entsteht allemal dasjenige, was das Sächsische Gesetzbuch „öffentliches Aergerniß" nennt, und diese Modalität der Begehungsart präcisirt die Natur des Deliktes in vollkommen ausreichender Weise, so daß es nicht nöthig wird, mit dem Preußischen Strafgesetzbuche zu sagen: „Wer öffentlich in Worten, Schriften oder anderen Darstellungen"; denn auf eine dieser Arten muß die Verspottung wohl erfolgen, wenn sie überhaupt erfolgen soll.

Was den zweiten Theil des Entwurfes §. 102. betrifft,*) so stimmen Preußen und Sachsen darin überein, daß beide erwähnen: die Kirchen, andere religiöse Versammlungsorte — (Sachsen „oder an anderen zur Gottesverehrung bestimmten Orten), Gegenstände, welche dem Gottesdienste gewidmet sind. Sachsen nennt überdem noch „Ge-

*) Es beginnt derselbe mit dem Worte „ingleichen".

genstände, welche eine kirchlich symbolische Bedeutung haben" — während Preußen diesen letztern Zusatz nicht macht. Der Entwurf hat in diesem Theile die Bestimmungen des Preußischen Gesetzbuches lediglich reproducirt, da eine Veranlassung nicht vorhanden ist, Gegenstände, welche eine kirchlich-symbolische Bedeutung haben, und doch dem Gottesdienste nicht gewidmet sind, in dem Strafgesetze besonders zu erwähnen.

Dagegen weicht der Entwurf sowohl vom Sächsischen, wie auch vom Preußischen Strafgesetzbuche darin ab, daß derselbe nicht sagt: „Wer ... beschimpfenden Unfug verübt" — sondern: „Wer ... zerstört oder beschädigt." —

Es erscheint nämlich erstens der Ausdruck „beschimpfender Unfug" zu enge gefaßt, da „Unfug" allein ausreichend sein würde, um die Natur der strafbaren Handlung herzustellen. Sodann ist dieser Ausdruck aber auch zu unbestimmt, indem nämlich entweder jeder Unfug, der an Gegenständen, welche dem Gottesdienste gewidmet sind, als beschimpfender Unfug aufzufassen sein würde, — oder, wenn dieses nicht der Fall, der Unterschied zwischen beschimpfendem und nicht beschimpfendem Unfug kaum dargethan werden könnte. Erwägt man aber, wodurch das religiöse Gefühl in Bezug auf die dem Gottesdienste gewidmeten Gegenstände verletzt werden kann, so ist es klar, daß durch bloßes Ansehen derartiger Gegenstände ein solches Resultat nicht erreicht werden kann; auch nicht durch bloßes Berühren derselben; sondern es wird irgend eine körperliche Veränderung, wenn auch nur eine geringe und vorübergehende nothwendig werden, um den „beschimpfenden Unfug" zu konstatiren. Es ist daher zweckmäßig, auch diejenigen Worte zu wählen, welche dieses Sachverhältniß und zwar vollständig bezeichnen. Hierzu kann noch bemerkt werden, daß, wenn ein „Unfug" vorkäme, welcher nicht beschädigen und zerstören ist, dies doch jedenfalls das „verspotten eines Gegenstandes der religiösen Verehrung" sein, und mithin ebenfalls unter die Bestimmung des §. 102. des Entwurfes fallen würde.

Die §§. 102. und 103. des Entwurfes enthalten überdem eine Erweiterung der §§. 135. und 136. des Preußischen Strafgesetzbuches, gegenüber dem §. 135. eine wirkliche, gegenüber dem §. 136. eine scheinbare. Es sagt nämlich §. 135.: Wer ... eine der christlichen Kirchen oder eine andere mit Korporationsrechten im Staate bestehende Religionsgesellschaft ... verspottet" u. s. w. Der Entwurf läßt diese Beschränkung fort und sagt ganz allgemein: „Wer Gegenstände der religiösen Verehrung öffentlich verspottet." Der Grund für die Fortlassung dieser beschränkenden Bestimmung des Preußischen Strafgesetzbuches ist der, daß Religion und religiöses Leben im Allgemeinen von der staatlichen Anerkennung, mag diese nun darin bestehen, daß eine Kirche als Staatskirche anerkannt ist, oder darin, daß einer religiösen Gesellschaft Korporationsrechte verliehen werden, vollkommen unabhängig ist. Das Strafgesetz soll verbieten, das religiöse Gefühl zu verletzen, und es kann nicht für ausreichend erachtet werden, wenn lediglich das in einer oder der anderen

Form vom Staate gebilligte religiöse Gefühl geschützt wird. §. 136. des Preußischen Strafgesetzbuches will dagegen den Gottesdienst einer jeden „im Staate bestehenden Religionsgesellschaft“ geschützt wissen. Abgesehen nun davon, daß nicht wohl einzusehen ist, weshalb die Gegenstände religiöser Verehrung nur bei den mit Korporationsrechten ausgestatteten religiösen Gesellschaften gegen Verspottung sicher gestellt sein sollen, während doch die gottesdienstlichen Handlungen jeder „im Staate bestehenden Religionsgesellschaft“ den strafrechtlichen Schutz erfahren, so sind auch die Worte: „einer im Staate bestehenden Religionsgesellschaft“ im §. 136. des Preußischen Strafgesetzbuches vollkommen überflüssig, sobald sie nicht mehr dazu dienen, den Gegensatz zu den Worten „eine mit Korporationsrechten im Staate bestehende Religionsgesellschaft“ hervorzuheben. Denn das bloße faktische Bestehen im Staate muß unzweifelhaft bei jeder Religionsgesellschaft vorhanden sein, da innerhalb Deutschlands es eben kein Territorium giebt, welches nicht Theil eines Staatsgebietes wäre.

Es könnte noch die Frage entstehen, ob nicht, da der Entwurf die eben berührte Erweiterung vorgenommen, der Thatbestand des Deliktes dahin zu beschränken wäre, daß mit Bezug auf den Thäter ausdrücklich verlangt würde, er müsse die Handlung, wissend, daß durch dieselbe der Kultus einer Religionsgesellschaft verletzt werde, begangen haben. So gewiß es nun auch ist, daß die Kenntniß davon, daß es sich in einem konkreten Falle um die Verspottung eines Gegenstandes religiöser Verehrung handelt, erforderlich ist, um den für dieses Delikt erforderlichen dolus festzustellen, so war es doch eben aus diesem Grunde nicht geboten, dieses in der Gesetzesformel besonders auszudrücken. Verspottet Jemand eine Einrichtung, ohne zu wissen, daß er damit einen Gegenstand religiöser Verehrung verspottet, so werden ihm bei diesem Delikte wie bei anderen Delikten die allgemeinen Grundsätze über den Irrthum zur Seite stehen, — falls Fälle dieser Art in der Praxis überhaupt den Gegenstand strafrechtlicher Verfolgungen bilden sollten.

Der §. 136. des Preußischen Strafgesetzbuches sagt: „Wer .... durch Erregung von Lärm und Unordnung den Gottesdienst .... stört“. Der Entwurf läßt die hervorgehobenen Worte fort. Es muß nämlich genügen, daß überhaupt der Gottesdienst gestört werde, und — es wird dies auch für die Praxis genügen, um den §. 136. in Anwendung zu bringen.*) Die Fortlassung jener Worte des Preußischen Strafgesetzbuches hat aber den Vorzug, daß es nicht erst nöthig wird, bei stattgehabter widerrechtlicher Störung des Gottesdienstes es thatsächlich festzustellen, daß die Störung durch „Erregung von Lärm und Unordnung“ stattgefunden habe — eine Feststellung, die mitunter wohl den Worten „Lärm und Unordnung“ einigen Zwang anthun dürfte.

*) Vergl. Oppenhoff zu §. 136. Note 8. und 11.

Elfter Titel.

Verbrechen in Beziehung auf den Personenstand.

§. 105.

Wer vorsätzlich den Personenstand eines Anderen verändert oder unterdrückt, wird mit Zuchthaus oder Einschließung bis zu fünf Jahren bestraft.

Der Thatbestand des Preußischen Strafgesetzbuches §. 138. ist trotz einer Aenderung in der Wortfassung unverändert in §. 105. des Entwurfs übergegangen. Denn wenn das Preußische Strafgesetzbuch sagt:

„Wer ein Kind unterschiebt oder vorsätzlich verwechselt, oder auf andere Weise den Personenstand eines Anderen vorsätzlich verändert oder unterdrückt",

so ist damit jede vorsätzliche Aenderung oder Unterdrückung des Personenstandes mit Strafe bedroht. Das ist auch bei der Wortfassung des Entwurfs der Fall, in welchem, da jede Veränderung oder Unterdrückung des Personenstandes verboten ist, ein einzelnes Beispiel dieses Verbrechens nicht besonders hervorgehoben zu werden brauchte.

Das Strafmaß des Preußischen §. 138. ist jedoch in dem Entwurf herabgesetzt. Lübeck bestimmt §. 108. „Freiheitsstrafe" bis zu fünf Jahren, und Oldenburg (Art. 128.), welches wie Preußen zwar die Zuchthausstrafe bis zu dem Maximum von zehn Jahren ausdehnt, macht den dem Preußischen Strafgesetzbuche fremden Zusatz:

„Wird festgestellt, daß mildernde Umstände vorliegen, so tritt Einschließung bis zu fünf Jahren ein."

Das Vorbild des Lübischen wie das des Oldenburgischen Gesetzes ist maßgebend gewesen, um in dem Entwurf das Strafmaximum nicht über fünf Jahre auszudehnen und neben die Zuchthausstrafe noch die Strafe der Einschließung zu setzen. Dies Letztere ist um deswillen geboten, weil Veränderungen des Personenstandes vorkommen, bei denen Niemandem Schaden geschieht, sondern nur wohlgemeinte Absicht für den Nutzen Desjenigen, dessen Personenstand gefälscht wurde, die Veranlassung zur Begehung des Verbrechens abgab.*) Die Preußische Schwurgerichtsstatistik erwähnt dieses Verbrechen gar nicht.

Zwölfter Titel.

Verbrechen gegen die Sittlichkeit.

§. 106.

Ein Ehegatte, welcher vor Auflösung seiner Ehe eine neue Ehe eingeht, ingleichen eine unverheirathete Person, welche mit einem Ehegatten, wissend

---

*) Ich erinnere mich namentlich an einen Fall, wo kinderlose Leute ein uneheliches Kind an Kindesstatt angenommen und, um dasselbe von dem Makel der unehelichen Geburt zu befreien, für die Eintragung in das Kirchenbuch das Kind als ihr eigenes ausgegeben hatten. Gemäß des §. 138. des Preußischen Strafgesetzbuches erfolgte Verurtheilung zu zwei Jahren Zuchthaus. Vgl. v. Kräwel in Goltdammer's Archiv Bd. XVI. S. 243.

daß er verheirathet ist, eine Ehe eingeht, wird mit Gefängniß nicht unter drei Monaten oder mit Zuchthaus bis zu fünf Jahren bestraft.

Eine gleiche Strafe trifft den Religionsdiener oder Personenstands-Beamten, welcher, wissend, daß eine Person verheirathet ist, eine neue Ehe derselben schließt.

§. 107.

Die Unzucht zwischen leiblichen Eltern und Kindern wird an den Ersteren mit Gefängniß nicht unter drei Monaten oder mit Zuchthaus bis zu fünf Jahren, an den Letzteren mit Gefängniß bis zu zwei Jahren bestraft.

Die Unzucht zwischen Schwiegereltern und Schwiegerkindern, zwischen Stiefeltern und Stiefkindern und zwischen vollbürtigen und halbbürtigen Geschwistern wird mit Gefängniß bis zu zwei Jahren bestraft.

Es kann zugleich auf Untersagung der Ausübung der bürgerlichen Ehrenrechte erkannt werden.

§. 108.

Mit Gefängniß nicht unter drei Monaten oder mit Zuchthaus bis zu fünf Jahren werden bestraft:

1. Vormünder, welche mit ihren Pflegebefohlenen, Lehrer, Geistliche und Erzieher, welche mit ihren Schülern oder Zöglingen unzüchtige Handlungen vornehmen;
2. Beamte, welche mit Personen, gegen die sie eine Untersuchung zu führen haben oder die ihrer Obhut anvertraut sind, unzüchtige Handlungen vornehmen;
3. Beamte, Aerzte oder Wundärzte, die in Gefängnissen oder in öffentlichen, zur Pflege von Kranken, Armen oder anderen Hülflosen bestimmten Anstalten beschäftigt oder angestellt sind, wenn sie mit den in der Anstalt aufgenommenen Personen unzüchtige Handlungen vornehmen.

§. 109.

Mit Zuchthaus bis zu funfzehn Jahren wird bestraft:

1. wer an einer Person des einen oder des anderen Geschlechtes mit Gewalt eine auf Befriedigung des Geschlechtstriebes gerichtete unzüchtige Handlung verübt, oder sie durch Drohungen mit gegenwärtiger Gefahr für Leib oder Leben zur Duldung einer solchen unzüchtigen Handlung zwingt;
2. wer eine in einem willenlosen oder bewußtlosen Zustande befindliche Person zu einer auf Befriedigung des Geschlechtstriebes gerichteten unzüchtigen Handlung mißbraucht.

Ist der Tod der Person, gegen welche das Verbrechen verübt wird, dadurch verursacht worden, so ist die Strafe Zuchthaus bis zu zwanzig Jahren.

§. 110.

Wer mit Kindern unzüchtige Handlungen vornimmt, oder dieselben zur Verübung oder Duldung unzüchtiger Handlungen verleitet, wird mit Gefängniß nicht unter sechs Monaten oder mit Zuchthaus bis zu zehn Jahren bestraft.

Ist der Tod des Kindes durch das Verbrechen verursacht worden, so ist die Strafe Zuchthaus bis zu zwanzig Jahren.

§. 111.

Wer eine Frauensperson zur Gestattung des Beischlafs dadurch verleitet, daß er eine Trauung vorspiegelt oder einen anderen Irrthum erregt, in welchem sie den Beischlaf für einen ehelichen halten mußte, wird mit Gefängniß nicht unter drei Monaten oder mit Zuchthaus bis zu fünf Jahren bestraft.

§. 112.

Die Kuppelei ist mit Gefängniß nicht unter drei Monaten oder mit Zuchthaus bis zu fünf Jahren zu bestrafen, wenn derjenige, welcher sich derselben schuldig macht, zu den Personen, mit welchen die Unzucht getrieben worden ist, in dem Verhältnisse von Eltern zu Kindern, von Vormündern zu Pflegebefohlenen, oder von Erziehern, Lehrern oder Geistlichen zu den von ihnen zu erziehenden oder zu unterrichtenden Personen steht.

§. 113.

Wer durch eine Verletzung der Schamhaftigkeit ein öffentliches Aergerniß giebt, wird mit Gefängniß bis zu zwei Jahren bestraft.

Es kann zugleich auf Untersagung der Ausübung der bürgerlichen Ehrenrechte erkannt werden.

§. 114.

Wer unzüchtige Schriften, Abbildungen oder Darstellungen verkauft, vertheilt oder sonst verbreitet, oder an Orten, welche dem Publikum zugänglich sind, ausstellt oder anschlägt, wird mit Geldbuße bis zu Einhundert Thalern oder mit Gefängniß bis zu sechs Monaten bestraft.

Von den Strafbestimmungen, welche das Preußische Strafgesetzbuch im zwölften Titel zusammenfaßt, sind in dem Entwurfe mehrere gänzlich fortgelassen.

1. Es fehlt die Strafbestimmung über den **Ehebruch**. Das Preußische Strafgesetzbuch bestimmt in Betreff dieses Deliktes:

„Der Ehebruch wird, wenn wegen dieses Vergehens die Ehe geschieden ist, an dem schuldigen Ehegatten, sowie dessen Mitschuldigen, mit Gefängniß von vier Wochen bis zu sechs Monaten bestraft.

Die Bestrafung des Ehebruchs bleibt ausgeschlossen, wenn der unschuldige Ehegatte im Laufe des Ehescheidungsprocesses oder bis zur Abfassung des Straferkenntnisses die Nichtbestrafung ausdrücklich beantragt, in welchem Falle das Strafverfahren auch gegen die Mitschuldigen wegfällt."

Den zweiten Absatz dieser Bestimmung des Preußischen Rechts hat das Lübische Gesetzbuch §. 110. in etwas veränderter Weise wiedergegeben. Es heißt daselbst:

„Die Bestrafung findet jedoch nur auf Antrag des anderen Ehegatten statt. Für diesen Antrag beginnt die im §. 49. festgesetzte dreimonatliche

Frist erst mit dem Tage, an welchem das die Ehescheidung aussprechende Erkenntniß in Rechtskraft tritt."

Der Unterschied gegenüber der Bestimmung des Preußischen Strafgesetzbuches ist klar. Nach Preußischem Rechte hat, sobald wegen Ehebruches die Ehe geschieden ist, der Staatsanwalt einzuschreiten und der Richter zu verurtheilen, ohne daß etwas Weiteres hierzu erforderlich wäre, als eben das die Ehe wegen Ehebruchs scheidende Erkenntniß. Nach Lübischem Rechte dagegen muß, auch nachdem die Ehe geschieden ist, mit dem Strafverfahren und der Bestrafung gewartet werden, bis der Antrag des anderen Ehegatten stattgefunden hat. Darin aber stimmen beide Gesetzbücher überein, daß der nichtschuldige Ehegatte es in der Hand haben solle, ob der des Ehebruchs schuldige Gatte bestraft wird oder nicht; wobei Preußen von der Voraussetzung ausgeht, der unschuldige Ehegatte werde die Bestrafung des Schuldigen wollen — und daher den ausdrücklichen Antrag auf Nichtbestrafung verlangt — während Lübeck annimmt, der unschuldige Ehegatte werde zufrieden sein, wenn nur die Ehe geschieden ist, und die Bestrafung nicht wollen — und demgemäß den ausdrücklichen Antrag auf Bestrafung verlangt. Nachdem so in Preußen nicht minder wie in Lübeck die Bestrafung des Ehebruches in die Willkühr des unschuldigen Ehegatten gelegt ist, ist diejenige Bemerkung gerechtfertigt, welche wir bei Klauhold und Stemann S. 32. zu §. 110. des Lübischen Gesetzbuches finden:

> „Der Ehebruch ist nach dem Vorgang der neuesten hamburgischen Entwürfe aus der Reihe der strafbaren Handlungen gestrichen worden. In der That stellt sich unter der von dem Preußischen und Lübeckischen Strafgesetzbuche aufgestellten doppelten Voraussetzung der vorgängigen Scheidung und eines Strafantrages des anderen Ehegatten die Bestrafung nur als Mittel zur Befriedigung der Privatrache dar, bei deren Förderung ein staatliches Interesse nicht ersichtlich ist."

Es könnte gegen diese eben mitgetheilte Aeußerung zwar angeführt werden, daß dieselbe zuviel beweise, da sich dieselbe auch gegen die Bestrafung der erst in Folge der Privatklage zur Bestrafung gelangenden Injurien geltend machen lasse. Dieser Einwand würde aber nur ein scheinbarer sein. Denn die Injurien, welche nur in Folge des Privatantrages zur Bestrafung gelangen, sind Delikte, deren Wirksamkeit sich lediglich auf die Verletzung der Privatperson beschränken; bei ihnen kann man daher auch wie bei einer Civilklage den Verletzten darüber entscheiden lassen, ob er die Strafe wolle oder nicht. Ganz anders aber gestaltet sich die Sache bei einem Angriffe auf die Ehe. Soweit hier das Privat-Interesse des unschuldigen Ehegatten verletzt wird, erfährt dasselbe vollkommene Berücksichtigung durch die Scheidung der Ehe und durch die Nachtheile, welche in Folge derselben den schuldigen Theil treffen. Darüber hinaus kann nur noch das öffentliche Interesse die Frage entscheiden, ob eine Bestrafung des Ehebruchs stattzufinden habe. Da sich nun das deutsche Strafrecht hinter den von dem Preußischen Strafgesetzbuche eingenommenen Standpunkt nicht wird zurückschrauben lassen, da demnach die Bestrafung des Ehebruchs, welche unabhängig von dem Willen des unschuldigen Theiles erfolgt, als beseitigt betrachtet werden muß, so kann auch der letzte Schritt, die Bestrafung des Ehebruchs überhaupt aufzugeben, nicht mehr ausbleiben; derselbe muß vielmehr gethan werden, da wohl Nichts so sehr geeignet sein dürfte, die Würde der Ehe zu verletzen, als eine Bestrafung des Ehebruchs, welche nicht in öffentlichem sondern lediglich im Interesse desjenigen Ehegatten erfolgen muß, dem es passend erscheint, die Verzeihung nicht zu gewähren.

2. Die Bestimmung des Preußischen Strafgesetzbuches über Sodomiterei ist fortgelassen. §. 143. bestimmt:

„Die widernatürliche Unzucht, welche zwischen Personen männlichen Geschlechts oder von Menschen mit Thieren verübt wird, ist mit Gefängniß von sechs Monaten bis zu vier Jahren, sowie mit zeitiger Untersagung der Ausübung der bürgerlichen Ehrenrechte zu bestrafen."

Diese Bestimmung wird überflüssig, wenn erstens eine Strafbestimmung hinsichtlich der Aergerniß erregenden Verletzung der Schamhaftigkeit existirt und zweitens unzüchtige Handlungen mit Kindern in gebührender Weise mit Strafe bedroht werden. Im Uebrigen wird man zwar Ekel empfinden, wenn ein Mensch sich wie ein Vieh und ärger als ein Vieh beträgt; dies findet aber auch in anderen Verhältnissen statt, wo man doch, wie z. B., wenn sich Jemand viehisch betrunken hat, Bedenken trägt, Strafbestimmungen aufzustellen.

3. Es fehlen in dem Entwurfe die dem Preußischen Strafgesetzbuche §§. 146. 147. entsprechenden Bestimmungen. Diese beiden Paragraphen bestimmen:

§. 146. Weibspersonen, welche den polizeilichen Anordnungen zuwider gewerbsmäßig Unzucht treiben, werden mit Gefängniß bis zu acht Wochen bestraft.

Das Gericht kann zugleich verordnen, daß die Angeschuldigte nach Beendigung der Gefängnißstrafe in ein Arbeitshaus gebracht werde.

Ist die Angeschuldigte eine Ausländerin, so kann neben der Gefängnißstrafe auf Landesverweisung erkannt werden.

Die Dauer der Einsperrung in dem Arbeitshause ist von der Landes-Polizeibehörde nach den Umständen zu ermessen; sie darf aber den Zeitraum Eines Jahres nicht übersteigen."

§. 147. „Wer gewohnheitsmäßig oder aus Eigennutz durch seine Vermittelung, oder durch Gewährung oder Verschaffung von Gelegenheit der Unzucht einer oder mehrerer Personen des einen oder anderen Geschlechts Vorschub leistet, wird wegen Kuppelei mit Gefängniß nicht unter sechs Monaten, sowie mit zeitiger Untersagung der Ausübung der bürgerlichen Ehrenrechte und mit Stellung unter Polizei-Aufsicht bestraft."

Das Bordellwesen kann durch eine allgemeine Strafbestimmung nicht einmal für einen einzelnen Staat geregelt werden. Geschieht dies dennoch, so entsteht daraus der sehr erhebliche Nachtheil, daß die Polizei-Behörden an dem einen Orte mehr, an dem andern Orte weniger Konnivenzen gegen die Kontravenienten ausüben und auszuüben genöthigt werden. Und daß es ein sehr erheblicher Nachtheil ist, wenn

Jedermann weiß, daß ein Strafgesetz etwas verbiete und das Gegentheil des Verbotenen dennoch unter den Augen der Polizei-Behörden tagtäglich geschieht, das wird Niemand leugnen mögen. Die Bordell-Bestimmungen werden überdem durch Strafbestimmungen in keinem Falle erschöpft; — sie eignen sich dazu, ihre Regelung durch lokale polizeiliche Anordnungen zu erfahren, unter denen denn auch die erforderlichen Strafbestimmungen ihren Platz finden mögen; aber das allgemeine deutsche Strafgesetzbuch hat mit diesen Bestimmungen Nichts zu schaffen.

4. In dem Entwurf fehlt die den §. 149. des Preußischen Strafgesetzbuches reproducirende Bestimmung. Diese besagt:

„Wer ein unbescholtenes, in dem Alter von vierzehn bis sechszehn Jahren stehendes Mädchen zum Beischlaf verführt, ist, auf den Antrag der Eltern oder des Vormundes der Verletzten, mit Gefängniß von drei Monaten bis zu einem Jahre zu bestrafen."

Zunächst entsteht dieser Bestimmung gegenüber das Bedenken, welches schon oben gegen die Strafbestimmung über den Ehebruch geltend gemacht wurde, daß die Strafbarkeit einer Handlung von dem Antrage einer Privatperson abhängig gemacht wird; wenn auch in diesem Falle anders als bei dem Strafantrage nach geschiedener Ehe gesagt werden kann, daß zwar ein öffentliches Interesse zur Bestrafung vorhanden sei, dieses indessen gegen Familienrücksichten und gegen das Interesse der Verführten unter Umständen zurücktreten müsse. Fragt man sich aber, wo das Interesse auf Strafverfolgung nicht vorhanden sein werde, so wird die Antwort keine andere als die sein, daß in denjenigen Verhältnissen, wo Sinn für Scham und Sitte existirt, wo eine feinere Empfindung für Schicklichkeit vorhanden, man das erfolgte Unglück eher ertragen als durch den Skandal einer gerichtlichen Verhandlung dasselbe noch vergrößern werde, zu keinem anderen Zwecke, als daß der Schuldige — wenn er als solcher befunden wird — eine Gefängnißstrafe von wenigen Monaten erdulde. Gemeineren Empfindungen durch eine derartige Strafbestimmung Vorschub zu leisten, davor hat sich das Strafgesetz wohl zu hüten.

Sodann ist der Thatbestand des Deliktes ein zweifelhafter. Was heißt „unbescholten"? Bringt man dieses Wort in Verbindung mit dem anderen Worte desselben Paragraphen „der Verletzten", so würde man sagen können, „Unbescholtenheit" und „Jungfernschaft" seien identische Begriffe im Sinne des Gesetzes. Aber es würde sich dies ebenso gut auch bestreiten lassen, da sowohl recht erhebliche Bescholtenheit vorhanden sein kann, ohne daß die Defloration stattgefunden hat, wie auch andererseits noch keineswegs in allen Fällen Bescholtenheit vorhanden zu sein braucht, wo die Defloration wirklich stattgefunden hat.

Die Hauptsache liegt aber darin, daß das Gesetz lediglich Bezug nimmt auf Mädchen von 14—16 Jahren. Warum gerade diese Altersgrenze? Soll gesagt werden: das Gesetz will unbescholtene Mädchen gegen Verführung sicher stellen — warum nur unbescholtene Mädchen bis zum Alter von 16 Jahren? Etwa deswegen, weil diese in geschlechtlichen Dingen unerfahren sind? Darauf würde zu erwidern sein, daß, je unbescholtener ein Mädchen ist, um so später demselben die Kunde geschlechtlicher Dinge zugehen werde, daß es vollkommen willkürlich ist, die Verführung eines Mädchens am Tage nach dem vollendeten 16ten Lebensjahre straflos zu lassen, dagegen die Verführung eines Mädchens am Tage vor dem vollendeten 16ten Lebensjahre unter Strafe zu stellen. Wenn daher diese ganze Strafbestimmung aufrecht erhalten werden soll, so könnte dies nur dadurch ermöglicht werden, daß sie aus einer obligatorischen zu einer fakultativen gemacht und dann nicht auf unbescholtene Mädchen bis zum vollendeten 16ten Jahre, sondern auf unbescholtene Mädchen überhaupt ausgedehnt würde. Eine Strafbestimmung, welche lautete:

> „Wer ein unbescholtenes Mädchen zum Beischlaf verführt, kann auf den Antrag der Eltern oder des Vormundes der Verletzten mit Gefängniß von drei Monaten bis zu Einem Jahre bestraft werden,“

würde die oben angeregten Bedenken zwar beseitigen, aber noch bestehen lassen: erstens das Bedenken, daß es ein vollkommenes Anomalon sein würde, nicht nur die Anwendung einer Nebenstrafe, sondern die Anwendung jeder Strafe dem richterlichen Ermessen anheimzugeben; und zweitens das Bedenken, daß wohl die Richter selbst sich dafür bedanken möchten, diese Entscheidung vorkommenden Falles wirklich zu treffen, da es hierbei auf Dinge ankommt, welche nur so überaus unsicher festgestellt werden können, daß ein derartiger Strafproceß eher einem Lotteriespiel als einem gerichtlichen Verfahren gleichen würde.

Das Fortbleiben des §. 149. des Preußischen Strafgesetzbuches in dem Entwurfe wurde unter Anderm dadurch motivirt, daß dieser Paragraph ein bestimmtes Lebensalter der Geschwächten als Voraussetzung für die Strafbarkeit aufstellte.

Derartige kritische Termine finden sich nun aber noch andere in dem zwölften Titel des Preußischen Strafgesetzbuches und es haben dieselben die Veranlassung zu einzelnen prinzipiellen Aenderungen gegeben, welche der Entwurf vorgenommen hat. Es finden sich nämlich in diesem Titel Altersbestimmungen als Voraussetzung der Strafbarkeit noch an vier anderen Stellen.

1. In §. 141. wird gesagt, daß beim Incest, zwischen Eltern und Kindern begangen, die Kinder erst dann strafbar sein sollen, wenn sie das sechszehnte Lebensjahr zurückgelegt haben.

2. Ebenso wird in §. 141. bestimmt, daß bei dem Inceste zwischen Stiefeltern und Stiefkindern letztere straflos bleiben sollen, wenn sie das sechszehnte Lebensjahr noch nicht zurückgelegt haben.

3. In §. 144. wird die Vornahme unzüchtiger Handlungen mit Zuchthaus von zwei bis zwanzig Jahren bedroht, wenn die „Personen“ mit denen sie vorgenommen werden, „unter vierzehn Jahren“ alt sind.

4. In §. 142. No. 1. werden Lehrer, Geistliche und Erzieher, welche mit ihren minderjährigen Schülern oder Zöglingen un-

züchtige Handlungen vornehmen, mit Zuchthaus bis zu fünf Jahren bedroht.

Was nun die unter 1. und 2. angeführten Bestimmungen anbetrifft, so erscheint es überflüssig, gerade beim Inceste eine Ausnahme von denjenigen Grundsätzen zu machen, welche für die Behandlung jugendlicher Verbrecher überhaupt aufgestellt werden. Will man sagen, daß die Autorität der Eltern oder Stiefeltern den Kindern oder Stiefkindern gegenüber so schwer in's Gewicht falle, daß letztere, von ersteren zur Begehung des Incestes aufgefordert, schwer Widerstand leisten können; so würde man mit diesem Argument in doppelter Beziehung zu viel beweisen. Man würde damit nämlich erstens beweisen, daß Kinder unter 16 Jahren von ihren Eltern resp. Stiefeltern zur Begehung irgend eines Verbrechens aufgefordert, wegen dieser auf sie wirkenden Autorität straflos bleiben müßten; und man würde auch zweitens sagen müssen, daß, da die Autorität der Eltern auf die Kinder eine Wirkung äußere, auch nachdem dieselben das sechszehnte Lebensjahr vollendet haben, diese Autorität auch in dem späteren Lebensalter der Kinder nicht blos bei Begehung des Incestes, sondern auch bei der Begehung irgend eines anderen Verbrechens einen Strafmilderungsgrund für die Kinder und Stiefkinder abgeben müsse. Die Mißstände, welche sich aus dem Termine des vollendeten oder nicht vollendeten sechszehnten Lebensjahres ergeben, werden vollkommen beseitigt, wenn der §. 141. des Preußischen Strafgesetzbuches so gefaßt wird, wie dies im §. 107. des Entwurfes geschehen ist.

Mehr Schwierigkeiten machte dagegen die Bestimmung des §. 144. No. 3. des Preußischen Strafgesetzbuches.

Zahlreiche Fälle haben gezeigt, daß die von dem Preußischen Strafgesetzbuche für dieses Verbrechen festgesetzte Strafe eine zu harte ist. Es mußte demnach eine Strafherabsetzung stattfinden, und ist diese dadurch bewirkt worden, daß nach dem Vorgange des Lübischen Rechts die Strafe so, wie dies im Entwurfe geschehen — Gefängniß nicht unter einem Jahre, oder Zuchthaus bis zu zehn Jahren — arbitrirt wurde.

Nun hat aber §. 144. des Preußischen Strafgesetzbuches noch zwei andere Verbrechen unter No. 1. und 2. aufgenommen, für welche die von dem Preußischen Gesetzbuche festgestellte Zuchthausstrafe, wenn auch in der Herabsetzung des Maximums von zwanzig auf funfzehn Jahre als eine angemessene nicht aufzugeben war. Da es nun zwar möglich ist, für zwei Verbrechen, welche mit ein und derselben Strafe bedroht sind, entweder nur einen oder auch zwei Gesetzesparagraphen zu formuliren, da es aber nicht angängig ist, zwei mit verschiedenen Strafen bedrohte Verbrechen in ein und demselben Paragraphen zu vereinigen, so hatte die Aenderung in der Strafbestimmung des §. 144. No. 3. die weitere Folge für den Entwurf, daß aus der No. 3. des Preußischen §. 144. ein selbständiger Paragraph gebildet werden mußte. Dieser §. 110. des Entwurfs handelt aber nicht, wie dies §. 144. Nr. 3. des Preußischen Strafgesetzbuches thut, von unzüchtigen Handlungen mit Personen unter vierzehn Jahren, sondern es spricht der §. 110. des

Entwurfs von unzüchtigen Handlungen mit „Kindern". Denn dasjenige, worauf es bei dieser Strafbestimmung ankommt, ist, daß Kinder, d. h. Personen, bei welchen die Geschlechtsreife noch nicht entwickelt ist, gegen unzüchtige Handlungen geschützt werden sollen. Wenn nun ein Gesetzbuch dies so ausdrückt, wie es das Preußische Strafgesetzbuch §. 144. No. 3. thut, so dekretirt ein solches Gesetzbuch nichts Geringeres, als daß am Tage des vollendeten 14ten Jahres jeder Mensch geschlechtsreif sein müsse, vor diesem Tage aber noch niemals geschlechtsreif sein dürfe. Nun gehorchen aber den Geboten des Strafgesetzes nicht einmal immer die Menschen. Und die Natur geht ganz gewiß ihre Wege, ohne sich von den Vorschriften der Strafgesetzgebung irgend wie beirren zu lassen. Deshalb wird ein Strafgesetz gut thun, sich in seinen Vorschriften den Naturgesetzen unterzuordnen, nicht aber Vorschriften zu treffen, welche diesen widersprechen.

4. Die Bestimmung des Preußischen Strafgesetzbuches (§. 142. Nr. 1.), nach welcher Vormünder, welche mit ihren Pflegebefohlenen, Lehrer, Geistliche und Erzieher, welche mit ihren minderjährigen Schülern oder Zöglingen unzüchtige Handlungen vornehmen, gestraft werden sollen, hat ihren Grund darin, daß das Vertrauensverhältniß, welches zwischen den genannten Personen besteht, durch Handlungen der bezeichneten Art verletzt wird. Dieses Vertrauensverhältniß dauert zwischen Vormund und Mündel nur bis zur erlangten Majorennität des Mündels, und deshalb sagt auch das Gesetz: „Vormünder, welche mit ihren Pflegebefohlenen unzüchtige Handlungen vornehmen" — ohne hierbei irgend welchen Alterstermin der Pflegebefohlenen zu bestimmen. Aber bei Lehrern, Geistlichen, Erziehern dauert das Vertrauensverhältniß gegenüber ihren Schülern oder Zöglingen gerade so lange, als Letztere Schüler oder Zöglinge der Ersteren sind; es wird dieses Vertrauensverhältniß nicht durch ein geringeres Lebensalter bedingt und nicht durch ein höheres Lebensalter beendigt. Aus diesem Grunde ist in §. 108. des Entwurfs statt von „minderjährigen" Schülern u. s. w. von „Schülern oder Zöglingen" ganz im Allgemeinen gesprochen.

Gegenüber dem Preußischen Strafgesetzbuche haben in dem Entwurfe Strafherabsetzungen stattgefunden.

1. Das Preußische Strafgesuch bedroht die Bigamie (§. 139.) mit Zuchthaus bis zu fünf Jahren; der Entwurf setzt statt dessen: „Gefängniß nicht unter drei Monaten oder Zuchthaus bis zu fünf Jahren" (§. 106.). Das Lübische Strafgesetzbuch hatte die Zuchthausstrafe bis auf ein Jahr herabgesetzt (§. 109.), das Oldenburgische Gesetzbuch statt der Zuchthausstrafe ausschließlich Gefängnißstrafe von 2—5 Jahren angedroht (Art. 132.). Mittermaier (Goltdammer's Archiv Bd. VIII. S. 298.) führt als Fälle, in welchen die Bigamie mit einer geringeren als selbst der Oldenburgischen Strafe zu belegen ist, die an, daß der eine der Ehegatten seit vielen Jahren entlaufen ist, daß die erste Ehe eine nichtige war. Dagegen möchte der Grund, daß die erste Ehe noch nicht geschieden war, während dies nach der Ansicht des Bigamus bereits geschehen, nicht Veranlassung zu einer

milderen Bestrafung der Bigamie geben. Denn der Glaube, daß eine bestehende Ehe geschieden sei, falls derselbe wirklich vorhanden und kein bloßes Vorgeben war, fällt unter den Gesichtspunkt des thatsächlichen Irrthums, selbst wenn Unkenntniß der Gesetze über die Ehescheidung denselben veranlaßt hätte (siehe oben S. 289.).

2. Die Strafe des Incestes, welche nach §. 141. des Preußischen Strafgesetzbuches für die leiblichen Eltern Zuchthaus bis zu fünf Jahren beträgt, ist in dem Entwurfe (§. 107.) auf „Gefängniß nicht unter drei Monate oder Zuchthaus bis zu fünf Jahren" herabgesetzt. Die ausschließliche Zuchthausstrafe würde sich für diejenigen Verhältnisse eignen, in denen Eltern und herangewachsene Kinder verschiedene Schlafzimmer haben. Mit diesen Verhältnissen hat aber doch die Strafgesetzgebung viel weniger zu thun, als mit solchen, in denen diese Voraussetzung nicht zutrifft.

3. Die Strafherabsetzung, welche der Entwurf §. 108. gegenüber dem Preußischen §. 142. vornimmt, rechtfertigt sich durch folgende von Kreisrichter Leonhardt zu Ratibor (Goltdammer's Archiv Bd. IX. S. 588.) mitgetheilte Fälle:

„Der unverehelichten 19 Jahre alten R., welche bereits unehelich geboren hatte und überhaupt einen unsittlichen Lebenswandel führte, wurde der Fuhrmann H. als Vormund bestellt. Letzterer wurde auf Grund des Preußischen §. 142. zu zwei Jahren Zuchthaus verurtheilt, obwohl man nicht umhin konnte, den größeren Theil der Schuld Derjenigen beizumessen, die als Beschädigte vor Gericht stand, und nicht dem bis dahin völlig unbescholtenen Angeklagten."

„Einer über 23 Jahre alten Lohndirne wurde ein nur um wenige Monate älterer Vormund bestellt, und diesem hat sich jene nach längerem Anstiften ihrerseits für Geld preisgegeben und dann gegen ihren Vormund selbst denuncirt."

Derartige Vorkommnisse haben nicht den Karakter von „Abnormitäten"; sie gehören vielmehr zur Kategorie derjenigen Fälle, welche von der Strafgesetzgebung nicht unberücksichtigt gelassen werden dürfen.

4. Die Strafe der Nothzucht (Preußisches Strafgesetzbuch §. 144. Nr. 1. und 2.) ist von Zuchthaus bis zu zwanzig auf Zuchthaus bis zu funfzehn Jahren herabgesetzt. Dieses Strafmaximum wird den praktischen Bedürfnissen jedenfalls genügen. Die Schwurgerichtsstatistik weist nämlich nach, daß in den Jahren 1860—1865 im Ganzen 3964 Fälle gegen 3226 Angeklagte vor den Schwurgerichten unter dem Titel „Verbrechen gegen die Sittlichkeit" verhandelt worden sind.*) Es erfolgten 2268 Verurtheilungen, und zwar 4 zu Geldbuße; 124 zu Gefängniß unter einem Jahre; 39 zu Gefängniß von einem Jahre und darüber; 1108 zu Zuchthaus von zwei Jahren; 747 zu Zuchthaus über zwei und unter fünf Jahren; 198 zu Zuchthaus von fünf und unter

*) In welcher Weise diese „Verbrechen gegen die Sittlichkeit sich auf die verschiedenen in dem zwölften Titel des Preußischen Strafgesetzbuches enthaltenen Verbrechen vertheilen, erhellt nicht aus der Schwurgerichtsstatistik.

**) Vergl. Hälschner, die Verbrechen gegen das Recht der Privatpersonen, S. 313. Nr. 2.

zehn Jahren; 36 zu Zuchthaus von zehn und unter funfzehn Jahren; 12 zu Zuchthaus von funfzehn und mehr Jahren. Mithin erreichten 2256 Verurtheilungen nicht einmal dasjenige Strafmaximum, welches jetzt der Entwurf für die Unzuchtsverbrechen aufstellt, und unter den 12 Fällen, in welchen auf Zuchthaus zu funfzehn Jahren und darüber erkannt wurde, sind auch diejenigen mit enthalten, in welchen gerade auf 15 Jahre erkannt wurde. Dies Maximum ist daher wohl jedenfalls ausreichend.

Mehr Bedenken könnte es veranlassen, ob das auch in §. 109. beibehaltene Strafminimum von zwei Jahren Zuchthaus nicht zu hoch gegriffen sein möchte. Mittermaier (Goltdammer's Archiv Bd. VIII. S. 299.) greift den Preußischen §. 144. wegen dieses Strafminimums an. Viele seiner Bedenken erledigen sich dadurch, daß der Entwurf statt des Preußischen §. 144. die beiden §§. 109. und 110. aufstellt und die Gefängnißstrafe neben der Zuchthausstrafe für unzüchtige Handlungen, die mit Kindern vorgenommen sind, androht. Es handelt somit jetzt der §. 109. des Entwurfs nur von unzüchtigen, auf Befriedigung des Geschlechtstriebes gerichteten Handlungen, welche unter Voraussetzung der im §. 109. aufgestellten Umstände begangen sein müssen. Auch dem Vorschlage, den Mittermaier unter Bezugnahme auf §. 335. des Badischen Strafgesetzbuches macht, daß nämlich das Gesetz den Fall berücksichtigen müsse, in welchem die gemißbrauchte Person nicht von unbescholtenem Rufe war, möchte ich nicht beistimmen. Das Badische Gesetzbuch stellt nämlich in recht kasuistischer Weise in §. 335. verschiedene Fälle der Nothzucht zusammen und droht für dieselben folgende Strafen an: Todesstrafe; lebenslängliches oder zeitliches Zuchthaus nicht unter zwölf Jahren; Zuchthaus nicht unter sechs bis zu funfzehn Jahren; Zuchthaus bis zu zwölf Jahren. Und nachdem so die Kasuistik erschöpft ist, wird im Allgemeinen bestimmt:

> „in anderen Fällen, wenn die Genöthigte in Ansehung der Geschlechtsehre von unbescholtenem Rufe ist, Zuchthaus bis zu acht Jahren, außerdem Arbeitshaus nicht unter einem Jahre" (d. h. nach §. 35. Arbeitshaus von einem bis zu sechs Jahren).

Also auch für die Nothzucht an Denjenigen, welche in Ansehung der Geschlechtsehre bescholten waren, mochte das Badische Gesetzbuch die Gefängnißstrafe nicht bestimmen, sondern entschied sich für die zwischen Gefängniß und Zuchthaus stehende Arbeitshausstrafe. Dazu kommt, daß in Betreff derjenigen Angriffe, von denen §. 109. des Entwurfs handelt, der Umstand, daß die Verletzte in Ansehung ihrer Geschlechtsehre nicht unverleumdet war, jetzt und mit Rücksicht auf die jetzt geltenden, resp. vorgeschlagenen Strafbestimmungen nicht mehr von der Bedeutung ist, wie dies zur Zeit des gemeinen Deutschen Strafrechts der Fall war. Die Erinnerung an die gemeinrechtliche Kontroverse, ob und inwieweit an einer verleumdeten Person resp. an einer Hure Nothzucht begangen werden könne, ist nicht ausreichend, um in einem neuen Deutschen Strafgesetzbuche hierfür eine besondere gesetzliche

Bestimmung zu formuliren. Erst dann wird dies nothwendig sein, wenn durch die Praxis Fälle von einem wenigstens in etwas gemeingiltigen Karakter herausgestellt sein sollten, in welchen die vom Entwurfe §. 109. aufgestellte Strafe eine zu harte wäre.

Wenigstens beiläufig kann noch die Bemerkung gemacht werden, daß falls an einem Kinde unzüchtige auf Befriedigung des Geschlechtstriebes gerichtete Handlungen unter den Voraussetzungen des §. 109. begangen würden, dieser §. 109. in Anwendung kommen würde, und nicht §. 110., wie sich dies aus §. 48. des Entwurfs ergiebt.

5. Entsprechend dem §. 144. des Preußischen Strafgesetzbuches und in Uebereinstimmung mit den oben (S. 69. 70.) entwickelten Grundsätzen hat sowohl §. 109. wie auch §. 110. des Entwurfs die Schlußbestimmung:

„Ist der Tod der Person, gegen welche das Verbrechen verübt wird, dadurch verursacht worden, so ist die Strafe Zuchthaus bis zu zwanzig Jahren.“

Die Bestimmung scheint mit Bezug auf dasjenige, was wirklich vorgekommen ist, überflüssig zu sein. Denn in sechs Jahren ist in Preußen auch nicht ein einziger Fall zur Kognition gekommen, in welchem die in §. 144. für Nothzucht mit tödtlichem Erfolge angedrohte lebenslängliche Zuchthausstrafe erkannt wäre. Indessen mußte erwogen werden, daß die Existenz einer solchen Bestimmung nicht wohl schaden kann; daß dagegen, falls Nothzucht mit tödtlichem Erfolge sich ereignete, es sehr schädlich für die Rechtspflege sein würde, wenn die Strafe nicht auf Zuchthaus bis 20 Jahre ausgedehnt werden könnte.

Noch sind zu dem zwölften Titel des Entwurfes folgende Bemerkungen zu machen:

1. Das Lübische Strafgesetzbuch spricht an einzelnen Stellen vom „Beischlaf“, wo das Preußische Strafgesetzbuch und mit diesem der Entwurf von „Unzucht“, „unzüchtigen Handlungen“, „auf Befriedigung des Geschlechtstriebes gerichteten unzüchtigen Handlungen“ spricht. (Vergl. §§. 111. 112. des Lübischen, mit §§. 141. 142. des Preußischen Strafgesetzbuches.) An anderen Stellen unterscheidet das Lübische Recht, ob „Beischlaf“ stattgefunden, oder ob eine andere unzüchtige Handlung vorgenommen wurde, welche nicht „Beischlaf“ ist. (Vergl. §§. 114. 116. des Lübischen mit §. 144. des Preußischen Strafgesetzbuches.) Für den Begriff des „Beischlafs“ giebt dann das Lübische Gesetzbuch auch noch eine Legaldefinition:

§. 115. „Der Beischlaf ist als vollendet anzusehen, wenn die Vereinigung der Geschlechtstheile erfolgt ist.“ *)

Diese Legaldefinition möchte nun wohl gewiß überflüssig sein. Kommt doch auch das Preußische Strafgesetzbuch ohne dieselbe aus, wiewohl an einer Stelle (§. 145. Entwurf §. 111.) das Wort „Beischlaf“ in der Gesetzesformel gebraucht ist.

---

*) Vergl. auch Bayrisches Strafgesetzbuch Art. 204. 224.

Aber auch abgesehen hiervon wird man sagen dürfen, daß, wenn die Praxis es nicht nothwendig macht, daß das Gesetz mit dem Begriffe des „Beischlafs" operirt, das Gesetz besser daran thut, wenn es die Praxis nicht dazu nöthigt, mit diesem Begriffe zu arbeiten.

Die Preußische Praxis hat nun zwar gegenüber dem zwölften Titel des Strafgesetzbuches manche Mißstände herausgestellt; diese bezogen sich jedoch auf zu große Strafhärten, nicht aber darauf, daß das Gesetz den Begriff des „Beischlafs" im Gegensatze zu anderen unzüchtigen Handlungen überhaupt, und im Gegensatze zu den auf Befriedigung des Geschlechtstriebes gerichteten unzüchtigen Handlungen nicht besonders hervorgehoben habe. Hieraus ergab sich für den Entwurf die Aufgabe, die Strafhärten zu beseitigen; aber es konnte keine Veranlassung gefunden werden, einen Begriff, der für den Beweis sich in vielen Fällen höchst schwierig stellen muß, auch alsdann in die Gesetzesformel aufzunehmen, wenn dieses in Folge der aufgestellten Strafpositionen nicht mehr nöthig ist.

2. Der §. 139. Abs. 3. des Preußischen Strafgesetzbuches bestimmt:

„Bei dem Verbrechen der mehrfachen Ehe beginnt die Verjährung mit dem Zeitpunkte, an welchem eine der beiden Ehen aufgelöst oder für ungültig oder nichtig erklärt wird."

Der Entwurf (§. 106.) läßt diese Bestimmung fort; nicht deshalb, weil, wie Mittermaier a. a. O. S. 298. sagt, dadurch die Bigamie in den meisten Fällen unverjährbar werden würde — denn das schadet nichts — sondern weil meines Erachtens eine richtige Ansicht über den Anfangspunkt der Verjährung zu einem anderen Resultate, als zu dem von dem Preußischen Strafgesetzbuche aufgestellten, nicht wohl gelangen kann. Als das Preußische Strafgesetzbuch publicirt wurde, galt für die Verjährung der Bigamie die Vorschrift der Kriminalordnung §. 601., nach welcher die Bigamie innerhalb fünf Jahren nach Eingehung der zweiten Ehe verjähren sollte. So hatte das neue Gesetz Veranlassung, den Anfangspunkt der Verjährung der Bigamie, sowie dies in §. 139. Abs. 3. geschehen, speciell zu fixiren. Hierzu liegt jetzt aber keine Veranlassung mehr vor; und am wenigsten würde eine solche gefunden werden können im §. 39. des Entwurfs, wo entsprechend dem §. 46. des Preußischen Strafgesetzbuches gesagt wird:

„Der Lauf der Verjährung beginnt mit dem Tage des begangenen Verbrechens."

Denn sollte diese Bestimmung es erforderlich machen, bei der Bigamie eine besondere Vorschrift über den Anfangspunkt der Verjährung zu treffen, so müßte das Gleiche auch geschehen für den Anfangspunkt der Verjährung bei fortgesetzten Verbrechen, ferner bei denjenigen Verbrechen, wo in Folge einer verbrecherischen Handlung ein weiterer schädlicher Erfolg eintritt — z. B. Körperverletzung mit tödtlichem Erfolge — ferner bei denjenigen Verbrechen, welche eine längere oder kürzere Zeit hindurch dauern, z. B. widerrechtliches Einsperren, welches ein Jahr lang gedauert hat, ferner bei dem Verbrechen der Veränderung des Personenstandes, und vielleicht noch in anderen Fällen. Wenn es nun aber möglich ist, den Anfangspunkt der Verjährung trotz jener oben mitgetheilten Bestimmung des Entwurfes z. B. bei der Unterschiebung eines Kindes richtig zu bestimmen, so wird das Gleiche auch in Bezug auf die Bigamie möglich sein. Ja man könnte, wenn sich in dem Entwurfe eine dem §. 139. Abs. 3. entsprechende Bestimmung fände, daraus den Schluß ziehen, daß, weil eine solche Bestimmung ausschließlich bei der Bigamie getroffen sei, bei allen anderen der oben genannten Verbrechen die Vorschrift des §. 39. des Entwurfs „wörtlich" zu nehmen sei. Und doch würde es gewiß unrichtig sein, wollte man unter Berufung auf §. 39. des Entwurfs behaupten, daß, wenn A. den B. am 1. Januar 1867 widerrechtlich eingesperrt und bis zum 1. Januar 1868 widerrechtlich eingesperrt gehalten habe, die Verjährung dieses Verbrechens bereits mit dem 1. Januar 1867 — dem Tage des begangenen Verbrechens — zu laufen beginne.

Dreizehnter Titel.

Verletzungen der Ehre.

§. 115.

Wer einen Anderen beleidigt, wird mit Geldbuße bis zu zwanzig Thalern oder mit Gefängniß bis zu sechs Wochen bestraft.

§. 116.

Wer einen Anderen öffentlich oder thätlich beleidigt, wird mit Geldbuße bis zu Einhundert Thalern oder mit Gefängniß bis zu sechs Monaten bestraft.

Eine öffentliche Beleidigung ist vorhanden, wenn die Beleidigung an einem öffentlichen Orte oder in einer öffentlichen Zusammenkunft, oder wenn sie durch Schriften, Abbildungen oder Darstellungen geschieht, welche verkauft, vertheilt oder umhergetragen, oder an Orten, welche dem Publikum zugänglich sind, ausgestellt oder angeschlagen werden.

§. 117.

Wenn Beleidigungen auf der Stelle erwidert werden, so soll der Richter ermächtigt sein, für beide Beleidiger oder für einen derselben eine, der Art oder dem Maße nach, mildere Strafe oder gar keine Strafe eintreten zu lassen.

§. 118.

Tadelnde Urtheile über Amtshandlungen, wissenschaftliche, künstlerische oder gewerbliche Leistungen, ingleichen Aeußerungen, welche zur Ausführung oder Vertheidigung von Gerechtsamen gemacht worden sind, so wie Vorhaltungen und Rügen der Vorgesetzten gegen ihre Untergebenen, dienstliche Anzeigen oder Urtheile von Seiten eines Beamten und ähnliche Fälle sind nur insofern strafbar, als aus der Form der Aeußerung oder aus den Umständen, unter welchen dieselbe erfolgt, die Beleidigung hervorgeht.

§. 119.

Berichte über die öffentlichen Gerichtsverhandlungen, insofern sie wahrheitsgetreu erstattet werden, desgleichen die wahrheitsgetreue Veröffentlichung der in öffentlicher Gerichtssitzung publicirten Erkenntnisse und ihrer Entscheidungsgründe, dieselben mögen gleich bei der Publikation oder erst bei der schriftlichen Ausfertigung der Erkenntnisse von dem Gerichte mitgetheilt werden, bleiben von jeder Verantwortlichkeit frei.

Ebenso bleiben von jeder Verantwortlichkeit frei wahrheitsgetreue Berichte über die öffentlichen Sitzungen aller derjenigen Behörden, Korporationen oder Versammlungen, welchen die Oeffentlichkeit ihrer Verhandlungen durch das Gesetz vorgeschrieben ist.

§. 120.

Wer in Beziehung auf einen Anderen unwahre Thatsachen behauptet oder verbreitet, welche denselben in der öffentlichen Meinung dem Hasse oder der Verachtung aussetzen, macht sich der Verleumdung schuldig und wird mit Geldbuße bis zu Einhundert Thalern oder mit Gefängniß bis zu sechs Monaten bestraft.

Ist die Verleumdung öffentlich begangen, so ist die Strafe Geldbuße bis zu zweihundert Thalern oder Gefängnißstrafe bis zu Einem Jahre.

Eine öffentliche Verleumdung ist vorhanden, wenn die Verleumdung an einem öffentlichen Orte oder in einer öffentlichen Zusammenkunft, oder wenn sie durch Schriften, Abbildungen oder Darstellungen geschieht, welche verkauft, vertheilt oder umhergetragen, oder an Orten, welche dem Publikum zugänglich sind, ausgestellt oder angeschlagen werden.

§. 121.

Der Beweis der Wahrheit der behaupteten oder verbreiteten Thatsachen kann durch alle im Strafverfahren zulässigen Beweismittel geführt werden.

Unzulässig ist der Beweis der Wahrheit, wenn die dem Anderen beigemessene Handlung mit Strafe bedroht und eine Freisprechung durch ein rechtskräftiges Erkenntniß erfolgt ist.

§. 122.

Sind die behaupteten oder verbreiteten Thatsachen strafbare Handlungen, und ist wegen derselben ein Strafverfahren eingeleitet, so muß, so lange letzteres anhängig ist, mit dem Verfahren und der Entscheidung über die Verleumdung innegehalten werden.

§. 123.

Die Bestrafung einer Ehrverletzung erfolgt nur auf den Antrag des Beleidigten.

Im Falle der Privatklage kann der Antrag auf Bestrafung bis zum Anfange der Vollstreckung des Erkenntnisses zurückgenommen werden.

§. 124.

Ist bei wechselseitigen Ehrverletzungen von einem Theile binnen drei Monaten auf Bestrafung angetragen worden, so kann der andere Theil auch nach Ablauf jener Frist bis zur Verhandlung der Sache auf Bestrafung antragen.

§. 125.

Sind Ehefrauen oder unter väterlicher Gewalt stehende Kinder beleidigt worden, so haben sowohl die Beleidigten als deren Ehemänner oder Väter das Recht, auf Bestrafung des Beleidigers anzutragen.

§. 126.

In allen Fällen, in denen wegen Ehrverletzung auf Strafe erkannt wird, ist dem Verletzten auf Kosten des Verurtheilten eine Ausfertigung des Erkenntnisses zu ertheilen.

Bei öffentlich verübten Ehrverletzungen soll dem Verletzten in dem Erkenntnisse die Befugniß ertheilt werden, die Verurtheilung auf Kosten des Verurtheilten öffentlich bekannt zu machen. Die Art und Weise dieser auf Kosten des Verurtheilten erfolgenden Bekanntmachung, sowie die Frist zu derselben, ist vom Richter in dem Erkenntnisse zu bestimmen.

So viel dies möglich, ist der Entwurf bestrebt gewesen, überflüssige Injurienklagen nicht entstehen zu lassen. Viel konnte freilich in dieser Beziehung nicht geschehen. Denn im Wesentlichen muß die Strafgesetzgebung es abwarten, ob und in wie weit der Fortschritt in der Bildung die Injurienklagen und die Veranlassung zu denselben einschränken werde. Es geht mit den Injurien ähnlich wie mit dem Zweikampfe. Die Gesetzgebung wird die Verhältnisse so nehmen müssen, wie sie liegen, und es würde dieselbe den denkbar größten Fehler machen, wollte sie von solchen Voraussetzungen ausgehen, von denen sie zwar *wünscht*, daß sie vorhanden wären, von denen sie aber *weiß*, daß sie in Wahrheit nicht existiren.

Von vorne herein ist darauf aufmerksam zu machen, daß die bestehenden Gesetze den Beweis dafür liefern, wie es vergebliche Mühe sein würde, durch irgendwie restriktive Legaldefinitionen der Beleidigung oder der Verleumdung, eine Verminderung der Injurienprozesse herbeizuführen.

Sehen wir uns die deutschen Gesetzbücher hierauf an:

Preußen und die dem Preußischen Gesetzbuche nachgebildeten Strafgesetze haben nur eine Definition der *Verleumdung* aufgestellt, für diejenige Injurie dagegen, welche nicht Verleumdung ist, fehlt jede Legaldefinition. Andere Gesetzbücher stellen solche Legaldefinitionen auf. So sagt z. B. das

Hessische Gesetzbuch Art. 308.: „Wer einem Anderen rechtswidrig durch Rede, Schrift, Zeichen, bildliche Darstellung oder Thätlichkeit Verachtung bezeigt, oder ihn verächtlicher Eigenschaften oder Gesinnungen bezüchtigt, macht sich der Ehrenkränkung schuldig."

Braunschweig, §. 198.: „Wer gegen einen Andern ehrenkränkende, oder nach der gemeinen Meinung Verachtung ausdrückende Handlungen oder Aeußerungen sich erlaubt, soll bestraft werden:“ u. s. w.

Baden, §. 291.: „Wer einen Anderen widerrechtlicher Weise verächtlich behandelt, oder sich widerrechtlicher Weise Reden oder Handlungen gegen denselben erlaubt, welche nach herrschender Sitte, Volks- oder Standesmeinung als Beschimpfung gelten, soll wegen Ehrenkränkung mit Verweis oder mit Gefängniß bis zu vier Monaten bestraft werden.

Württemberg, Art. 283.: „Wer einem Andern durch Rede, Schrift, Zeichen oder bildliche Darstellungen, oder durch Thätlichkeit Verachtung bezeigt, denselben durch öffentliche Verspottung in gleicher Weise herabwürdigt, oder ihn verächtlicher Eigenschaften oder Gesinnungen bezüchtigt, macht sich der Ehrenkränkung schuldig.“

Schon aus diesen Beispielen kann man ersehen, wie wenig gewonnen werden möchte, wollte man eine oder die andere dieser Definitionen an Stelle der Preußischen Bestimmung (§. 343.) resp. §. 115. des Entwurfes setzen, wo allerdings nichts weiter gesagt wird als:

„Wer einen Anderen beleidigt“

und ebenso werden diese Legaldefinitionen zeigen, daß es eine vergebliche Mühe sein würde, wollte man für den vorliegenden Entwurf eine Definition gewinnen, welche eine concordia discordantium herbeizuführen vermöchte.

Nun aber wird die Verschiedenartigkeit der Gesetzbücher dadurch noch größer, daß Bayern die Real-Injurie definirt, nicht aber die Verbal-Injurie. Hier heißt es:

Art. 261.: „Wer einem Anderen in der Absicht, die Ehre desselben zu kränken, mit überlegtem Entschlusse öffentlich in Anwesenheit Mehrerer eine Thätlichkeit zufügt, soll mit Gefängniß bis zu sechs Monaten oder an Geld bis zu dreihundert Gulden bestraft werden;“

und im Anschluß hieran wird Art. 262. bestimmt:

„Wer außer den Fällen, welche als Verbrechen oder Vergehen strafbar sind, einem Anderen eine Ehrenkränkung zufügt“ u. s. w.

wobei die Bemerkung zu machen ist, daß in dem über die Injurien handelnden dreizehnten Hauptstücke, außer von der thätlichen Beleidigung, nur noch von den Verleumdungen die Rede ist.

Das Sächsische Strafgesetzbuch behandelt die Ehrverletzungen nach einer noch anderen Methode. Es beginnt dieses Gesetzbuch mit der Definition von Verleumdung. Diese wird in Art. 235. gegeben und lautet:

„Wer wider besseres Wissen durch üble Nachrede in Wort oder Schrift (vergl. Art. 125.) oder auf irgend eine andere Art Jemandem gegen Andere Handlungen beimißt, welche ihn in der allgemeinen Achtung herabzusetzen und seinen guten Ruf zu gefährden geeignet sind, oder durch arglistige auf Täuschung berechnete Veranstaltungen Jemanden solcher Handlungen verdächtig zu machen sucht, ist mit Gefängniß bis zu sechs Monaten oder, dafern die Strafe nicht über drei Monate Gefängniß ansteigt, mit Geldbuße bis zu dreihundert Thalern zu bestrafen.

Art. 236. Geht die Verleumdung auf ein Verbrechen, welches im Mindestbetrage mit Arbeitshaus oder mit einer schwereren Strafe bedroht ist, oder ist die Absicht dahin gerichtet, den Anderen, sei es auch wegen eines leichteren Verbrechens, in Untersuchung zu bringen, so kann die im vorigen Artikel angedrohte Strafe bis auf Arbeitshaus von zwei Jahren erhöht werden."

Und dann heißt es in Art. 239.:

„Wer außer dem Falle der Verleumdung einem Anderen Handlungen der in Art. 235. und 236. bezeichneten Art wider besseres Wissen beimißt, oder sich sonst gegen ihn Handlungen oder Aeußerungen erlaubt, die an sich oder nach der gemeinen Meinung Verachtung ausdrücken oder eine Ehrenkränkung enthalten, ist mit Gefängniß bis zu drei Monaten und bei thätlichen Beleidigungen mit Gefängniß bis zu zwei Jahren zu bestrafen. In Fällen, wo die zu erkennende Gefängnißstrafe die Dauer von drei Monaten nicht übersteigt, kann statt derselben auf Geldbuße bis zu dreihundert Thalern erkannt werden."

Hieraus sieht man, daß in Sachsen zu den Verleumdungen viele solcher Ehrverletzungen nicht gezählt werden, welche von anderen Gesetzgebungen, namentlich der Preußischen und den der Preußischen nachgebildeten als Verleumdungen betrachtet werden. Dem Resultat, d. h. der Strafbarkeit nach würde nun allerdings ein Unterschied nicht existiren, da die Strafe des Sächsischen Art. 239. eine höhere ist als selbst für öffentliche Verleumdungen nach den Bestimmungen des §. 156. des Preußischen Strafgesetzbuches.

Nun muß aber noch auf eine Bestimmung des Sächsischen Strafgesetzbuches aufmerksam gemacht werden. Es bestimmt nämlich Art. 238.:

„Die Erwähnung eines Gerüchtes derselben Art, als eines solchen, im Interesse dessen, der es erwähnt, ingleichen die Mittheilung eines dergleichen Gerüchtes, als eines solchen, an Personen, welche an dessen Kenntniß ein Interesse haben, ist nicht strafbar.

Ebenso ist die Erzählung einer wahren Thatsache, wenn sie auch der Ehre eines Anderen nachtheilig ist, straflos, wenn sie nicht in beleidigender Form geschieht.

Diesem Falle ist es gleich zu achten, wenn Jemandem ein Gerücht der in Art. 235. und 236. bezeichneten Art auf glaubhafte Weise als Thatsache mitgetheilt worden ist und er das Mitgetheilte ohne rechtswidrige Absicht weiter erzählt."

Wenn hier in dem letzten Absatze des Art. 238. der Grundsatz „Gewährsmann haben hilft" wenigstens bedingt gesetzliche Anerkennung gefunden hat, so kommt dazu noch, daß der Thatbestand der Verleumdung in Art. 235. davon abhängig gemacht wird, daß die ehrenkränkenden Thatsachen „wider besseres Wissen" verbreitet werden, eine Bestimmung, welche in Art. 239. wiederholt worden ist.

Das Braunschweigische Gesetzbuch stimmt hierin mit dem Sächsischen überein.

§. 199. „Verläumdung. Wer durch üble Nachrede oder durch öffentliche oder heimliche Verbreitung einem Andern ein Verbrechen oder eine Handlung, die dessen guten Ruf zu gefährden geeignet ist, wissentlich fälschlich beimißt, ist mit Gefängnißstrafe bis von einem Jahre zu belegen, wenn dem Beleidigten ein mit Zwangsarbeit, Dienstentsetzung oder Dienstentlassung oder härterer Strafe bedrohtes Verbrechen beigemessen oder durch die Verläumdung ein erheblicher Nachtheil zugefügt ist.

In anderen Fällen tritt Polizeistrafe mit Gefängniß ein."

Dazu kommt §. 202.:

„Verbreitung falscher Nachrichten über eine Person". Wer über einen Andern, ohne ehrenkränkende oder verleumderische Absicht, jedoch wissentlich falsche, demselben nachtheilige Nachrichten verbreitet, soll, wenn durch seine Handlung ein erheblicher Schaden entstanden ist, mit Gefängniß bis von sechs Monaten oder verhältnißmäßiger Geldstrafe, sonst polizeilich mit Gefängniß oder Geldbuße bestraft werden."

Das Braunschweigische Gesetzbuch hat nun außer dem wissentlich falschen Mittheilen nachtheiliger Thatsachen noch auf den mit derartigen Mittheilungen verbundenen Erfolg Rücksicht genommen, was in Sachsen nicht geschehen ist.

Andere Gesetzbücher machen die Wissentlichkeit zwar zu keinem wesentlichen Moment für den Thatbestand der Verleumdung, wohl aber benutzen sie dieses Moment als Qualifikationsgrund, wenn auch in verschiedener Weise. Hieher gehört das Hessische Gesetzbuch:

Art. 304. „Wer den Fall des vorhergehenden Artikels ausgenommen," — in welchem Art. 303. von der wissentlich falschen Denunciation gesprochen wird — „einen Anderen wissentlich falsch einer bestimmten unsittlichen oder verbrecherischen Handlung beschuldigt, welche, wenn sie wahr wäre, denselben in der öffentlichen oder seiner Standesgenossen Meinung verächtlich machen oder herabsetzen würde, ist des Verbrechens der Verleumdung schuldig.

Es ist gleichgültig, ob der Verleumdete genannt, oder auf eine sonstige Weise kenntlich bezeichnet worden ist."

Art. 305. „Wer Jemanden einer im vorhergehenden Artikel bezeichneten Handlung beschuldigt, ohne daß die wissentlich falsche Eigenschaft der Beschuldigung erhellt, jedoch ohne daß er zureichende Gründe hatte, die Thatsache für wahr zu halten, ist ebenfalls der Verleumdung schuldig, sofern nicht:

1) die Beschuldigung unter der ausdrücklichen Verwahrung geschah, daß die desfallsige Mittheilung nur eine vertrauliche sein sollte; und die Ernstlichkeit dieser Verwahrung aus den Umständen hervorgeht, oder
2) eine solche Verwahrung, wenn auch nicht ausdrücklich geschehen, doch stillschweigend aus den Umständen erhellt."

Kürzer ist die Fassung im Bayrischen Gesetzbuche:

Art. 257. „Wer einen Andern in der Absicht, denselben in der Achtung seiner Mitbürger herabzusetzen, einer bestimmten durch die Strafgesetze als Verbrechen oder Vergehen erklärten That oder einer Thatsache, welche geeignet ist, den Angegriffenen dem Hasse oder der Verachtung seiner Mitbürger auszusetzen, fälschlich bezichtiget, ist der Verläumdung schuldig."

Art. 258. „Der Verläumder wird, wenn er die Falschheit der Bezichtigung gekannt hat, mit Gefängniß von zwei Monaten bis zu drei Jahren, womit Geldstrafe bis zu sechshundert Gulden und der gänzliche oder theilweise Verlust der im Art. 28. bezeichneten Rechte verbunden werden kann — andernfalls mit Gefängniß bis zu neun Monaten oder an Geld bis zu dreihundert Gulden bestraft.

In dem ersteren Falle kann der Verurtheilte im Straferkenntnisse zugleich für unfähig erklärt werden, einen Eid oder ein Handgelöbniß an Eidesstatt vor einer öffentlichen Behörde in einer Strafsache abzulegen."

Gegenüber diesen mannichfachen Unterscheidungen, welche in den Strafgesetzbüchern zur Begriffsbestimmung und Bestrafung der Injurien, so wie der Verleumdungen aufgestellt sind, ist der Entwurf bis auf eine, weiter unter zu berührende, nicht unerhebliche Ausnahme, dem Systeme des Preußischen Strafgesetzbuches im Allgemeinen treu geblieben. Namentlich ist dieses auch bei der Begriffsbestimmung der Verleumdung geschehen, welche in dem Entwurfe ebenso wie im Preußischen Strafgesetzbuch nur davon abhängig gemacht ist, daß falsche Thatsachen von Jemandem mitgetheilt werden, welche geeignet sind, denselben in der öffentlichen Meinung dem Hasse oder der Verachtung auszusetzen. Nicht aber ist der Thatbestand der Verleumdung davon abhängig gemacht, daß diese unrichtigen Thatsachen wissentlich als unrichtige Thatsachen mitgetheilt wurden. Das Moment der wissentlich falschen Angabe von Thatsachen ist nur verlangt für das Delikt der falschen Anschuldigung.*)

Daß der Entwurf diese Begriffsbestimmung des Preußischen Strafgesetzbuches aufgenommen, ist aus folgenden Gründen geschehen.

Es muß unzweifelhaft für Jeden das Recht gewahrt bleiben, die Wahrheit zu sagen. Auch dasjenige, was man nur für Wahrheit hält, wird gesagt werden dürfen. Aber dieses Recht der freien Meinungs-Aeußerung hat seine Grenze darin, daß die Rechte Anderer nicht gekränkt werden dürfen. Handelt es sich also darum, über einen Andern Thatsachen mitzutheilen, welche geeignet sind, denselben in der allgemeinen Achtung herabzusetzen, so ist es nicht ausreichend, daß Jemand diese Thatsachen für wahr hält, sondern es muß gefordert werden, daß derartige Thatsachen wahr sind. Denn so gewiß Niemand das Recht hat, zu verlangen, daß wahre Thatsachen über ihn verschwiegen werden, so gewiß hat Jeder das Recht, zu verlangen, daß, wenn **ehrenrührige** Dinge über ihn verbreitet werden, diese der Wahrheit entsprechend sein müssen. Der Umstand, daß derjenige, der solche Thatsachen verbreitete, dieselben für wahr hält, ist gewiß keine Kompensation für den Nachtheil, welcher demjenigen zugefügt wird, über welchen die ehrenrührigen Thatsachen mitgetheilt werden, wenn dieselben unwahr sind. Dazu kommt, daß wenn man den Thatbestand der Verleumdung davon abhängig machen wollte, daß Jemand wissentlich unwahre Thatsachen verbreitet habe, dadurch der Verleumdete faktisch in die Lage gebracht werden würde, die Unrichtigkeit der über ihn behaupteten Thatsachen beweisen zu müssen. Denn da Jeder, welcher mit einer thatsächlichen Behauptung auftritt, die Vermuthung der

*) Vergl. §. 100. des Entwurfs.

Wahrheit seiner Behauptungen für sich hat, so würde, wollte man die Verleumdung von der wissentlich falschen Verbreitung unrichtiger Thatsachen abhängig machen, Jedem, welcher ehrenrührige Thatsachen verbreitet, ein doppelter Beweis geführt werden müssen; erstens der, daß die mitgetheilten ehrenrührigen Thatsachen unrichtige seien, und zweitens der, daß der Verleumder die Unrichtigkeit dieser Thatsachen gekannt habe. Die Durchführung einer Verleumdungsklage von einem solchen Beweise abhängig machen, hieße aber nicht viel weniger als die Verleumdungen für straflos zu erklären. Für die Formulirung des Thatbestandes der Verleumdung ist davon auszugehen, daß ehrenrührige Thatsachen, welche über Jemanden mitgetheilt werden, die Präsumtion der Unwahrheit gegen sich haben; daß dieselben nicht geglaubt und daher nicht erzählt werden dürfen, falls der Erzählende nicht im Stande ist, durch den Beweis der Wahrheit die für die Unwahrheit derartiger Thatsachen streitende Präsumtion zu beseitigen.

Dieses ist der Grundgedanke des Preußischen Strafgesetzbuches, den auch der Entwurf durch unveränderte Aufnahme des von diesem Gesetzbuche normirten Thatbestandes der Verleumdung, gegenüber den mehr beschränkenden Bestimmungen anderer Gesetzbücher, aufrecht erhalten hat.

Auch in Betreff der qualificirten Verleumdungen hat der Entwurf sich darauf beschränkt, lediglich die öffentliche Verleumdung nach dem Vorbilde des Preußischen Strafgesetzbuches aufzunehmen.

Dagegen haben abweichend vom Preußischen Strafgesetzbuche in dem Entwurfe folgende Bestimmungen einen Platz gefunden:

1. Da der Entwurf überhaupt die französische Dreitheilung nicht reproducirt hat, so war es auch nicht möglich, die einfachen Injurien in denjenigen Titel, welcher von den Injurien überhaupt handelte, nicht aufzunehmen. Denn ein allgemeines deutsches Strafgesetz kann zwar einzelne Verbrechen ganz übergehen und die für dasselbe erforderlichen Bestimmungen von der Partikulargesetzgebung treffen lassen; es ist auch möglich, daß Specialisirungen eines Verbrechens, mögen diese nun Qualifikationen oder Privilegirungen sein, von den Partikulargesetzgebungen vorgenommen werden, wie ja auch derartige Bestimmungen neben der allgemeinen Kodifikation desselben Staates durch Specialgesetze getroffen werden können.*) Aber, daß ein Strafgesetz, welches für mehrere Staaten Gültigkeit haben soll, lediglich Qualifikationen eines Verbrechens aufstellte, ohne das diesen Qualifikationen zu Grunde liegende Verbrechen selbst zu normiren, erscheint durchaus unthunlich. Die allgemeine deutsche Strafgesetzgebung darf überdem nicht wohl diejenigen Strafbestimmungen übergehen, von denen sie sich sagen muß, daß sie in keinem deutschen Staate entbehrt werden können; sie muß vielmehr nur diejenigen Bestimmungen der partikulären Gesetzgebung überlassen, von denen sie weiß, daß sie je nach den Verhältnissen der verschiedenen Staaten in verschiedener Weise zu normiren oder auch

---

*) Ein Beispiel liefert hierfür das Preußische Holzdiebstahlsgesetz neben den Bestimmungen des Preußischen Strafgesetzbuches über den Diebstahl.

von einem oder mehreren Staaten für ganz entbehrlich zu halten sein würden.

Aus diesen Gründen ist §. 115. des Entwurfes entsprechend den Bestimmungen des §. 343. des Preußischen Strafgesetzbuches den übrigen Vorschriften über die Injurien vorangestellt worden.

Statt der Preußischen Strafposition sechs Wochen oder fünfzig Thaler, hat der Entwurf zwar die Freiheitsstrafe unverändert gelassen, statt der Geldbuße bis von 50 Thalern indessen eine Geldbuße bis von 20 Thalern angedroht, weil das Maximum der Geldbuße von 50 Thalern im Entwurfe durchweg da festgehalten ist, wo für das Delikt außer der Geldbuße eine Freiheitsstrafe bis zu drei Monaten angedroht ist.

2. Von den qualificirten Injurien des Preußischen Gesetzbuches ist die öffentliche Injurie in den Entwurf mit aufgenommen, nicht aber die schriftliche. Es ist dieses geschehen nach dem Vorbilde von Lübeck und Oldenburg. Wenn eine schriftliche Injurie den Karakter der Oeffentlichkeit nicht annimmt, so erscheint das für die einfache Injurie festgesetzte Strafmaß ausreichend, um eine angemessene Bestrafung derselben zu sichern.

3. Nach dem Vorbilde des Lübischen Rechtes ist sodann die thätliche Beleidigung als qualificirte Injurie in den dreizehnten Titel mit aufgenommen. Es ist bekannt, daß die Aussonderung der Real-Injurien aus den Beleidigungen und deren Aufnahme unter die Körperverletzungen erst durch den Entwurf des Jahres 1850 erfolgt ist, in Nachahmung des französischen und im Widerspruch gegen die Grundsätze des gemeinen deutschen Rechts, des Allgemeinen Preußischen Landrechts und der übrigen deutschen damals bestehenden Strafgesetzbücher, mit Ausnahme des österreichischen. Die Gründe, welche man in früheren Stadien der Gesetzgebung zu Gunsten des französischen Systems geltend gemacht hat, sind nun aber in keiner Weise durchschlagend. Beseler (Kommentar S. 322.) berichtet hierüber:

„Gegen die Anerkennung der Real-Injurien und für ihre Unterordnung unter den Begriff der Körperverletzungen wurde besonders angeführt, daß das Wesentliche des Vergehens in dem Angriffe auf die Person liege; ein solcher könne nun aus verschiedenen Motiven unternommen werden, welche nicht so leicht erkennbar seien, sondern erst im Laufe der Untersuchung sich näher herausstellten. Den Thatbestand des Vergehens bilde der Angriff auf die Person; die Absicht der Ehrenkränkung erscheine nur als Moment für die Strafzumessung. Stelle man dieselbe Handlung bald als Körperverletzung, bald als Beleidigung dar, so nehme das Vergehen eine zwitterartige Natur an, welche die richtige Auffassung verdunkle. Der Richter werde oft zweifelhaft sein, welches Moment denn das überwiegende sei und den Thatbestand des Vergehens bestimme. Scheide man dagegen die Realinjurien ganz aus, so werde Alles einfach und klar. Dieselben seien auch erst durch das Römische Recht bei uns eingeführt worden; das ältere Deutsche Recht hat sie nicht gekannt."

Ohne hier auf die Geschichte der Injurien näher einzugehen, in Betreff deren schon Beseler a. a. O. bemerkt, daß es darauf gar nicht ankomme, kann die Bemerkung doch nicht unterdrückt werden, daß es eine nicht berechtigte Auffassung der Rechtsgeschichte ist, wenn man sagt, daß, weil ein Rechtsinstitut aus den Quellen des Römischen Rechts in Deutschland recipirt, oder in Veranlassung der Quellen des Römischen Rechts ausgebildet worden ist, dieses Rechtsinstitut deshalb ein fremdes sei; daß sich als einheimisches Rechtsinstitut nur dasjenige legitimire, welches dem älteren deutschen Rechte bekannt gewesen. Wir haben nämlich nicht bei einer neuen Gesetzgebung die Rechtszustände zur Zeit des Sachsenspiegels oder zur Zeit des Eindringens des Römischen Rechtes als Voraussetzung, sondern es sind die Rechtsverhältnisse des heutigen Rechts, um welche es sich handelt. Und zu diesen deutschen Rechtsverhältnissen gehören und gehörten auch während der Gesetzgebungsarbeiten zum Preußischen Strafgesetzbuche diejenigen, welche, gleichviel aus welcher ursprünglichen Quelle stammend, in Deutschland Heimathsrechte erlangt hatten. Auch klingt das Argument, die Realinjurie sei kein deutschrechtliches Institut, nicht gut im Munde derjenigen, welche nicht im Interesse des deutschen, sondern im Interesse des französischen Rechts handelten, als sie die Zuweisung der Realinjurien zu den Körperverletzungen befürworteten und auch endlich durchsetzten.

Das Argument, daß „das Wesentliche des Vergehens in dem Angriffe auf die „Person" liege, beweist zu viel. Denn „Angriffe auf die Person" sind das Wesentliche bei allen gegen die Person gerichteten Verbrechen und es unterscheiden sich die einzelnen gegen die Person gerichteten Angriffe keineswegs durch die Verschiedenartigkeit der Motive des Handelnden, sondern durch die Verschiedenartigkeit der angegriffenen Rechte. Die „Absicht der Ehrenkränkung" ist daher auch nicht ein Zumessungsgrund bei Bestrafung der einen „Angriff auf die Person" enthaltenden Verbrechen, sondern es ist die „Absicht der Ehrenkränkung" gerade dasjenige Moment, von dessen Vorhandensein die Existenz der Injurie abhängt. Wenn dann endlich noch gesagt wird, daß, wenn man dieselbe Handlung bald als Körperverletzung, bald als Beleidigung darstelle, das Vergehen eine zwitterartige Natur annehme, welches die richtige Auffassung verdunkele, so ist hierauf zu erwidern, daß das Preußische Strafgesetzbuch diese angebliche „Zwitterhaftigkeit", die als solche freilich nur einer französirenden Rechtsauffassung erscheinen kann, zwar im dreizehnten Titel vermieden, dafür aber im sechzehnten Titel wieder eingeführt hat. Denn wenn es in diesem Titel heißt:

§. 188. „Wenn leichte körperliche Verletzungen oder Mißhandlungen auf der Stelle erwidert werden, so soll der Richter ermächtigt sein, für beide Theile oder für einen derselben eine, der Art oder dem Maße nach mildere Strafe oder gar keine Strafe eintreten zu lassen" —

so ist das nichts anderes, als die Anerkennung des Retorsionsrechtes auch für die Real-Injurien und wird von der in diesem Paragraphen dem Richter gegebenen Möglichkeit, Kompensationen eintreten zu lassen, nur dann richtig Gebrauch gemacht werden, wenn die vorliegenden gegenseitigen Mißhandlungen oder Körperverletzungen den Karakter der

Real=Injurie haben. Es ist hierbei noch darauf aufmerksam zu machen, daß durch die Verweisung der Real=Injurien in die Körperverletzungen das Preußische Recht das Retorsionsrecht zwar anerkennt, wenn Verbal=Injurie gegen Verbal=Injurie steht, und ebenso, wenn eine Real=Injurie durch eine Real=Injurie erwidert wird; daß aber, wenn Verbal= und Real=Injurien einander gegenüber treten, das Retorsionsrecht keinen Platz findet.*)

Aehnliches ist über die in §. 189. enthaltene Bestimmung zu sagen:

„Wenn wegen vorsätzlich zugefügter leichter Körperverletzungen oder Mißhandlungen die Privatklage erhoben ist, so kommen die im dreizehnten Titel bei den Ehrverletzungen über den Antrag auf Bestrafung und die Zurücknahme des Antrages gegebenen Bestimmungen zur Anwendung."

Die Frage würde sich nämlich für die Praxis so gestalten: In welchen Fällen einer begangenen Mißhandlung oder Körperverletzung darf die Staatsanwaltschaft den Verletzten, welcher die Verfolgung des Thäters beantragt, auf die Privatklage verweisen? Und die Antwort auf diese Frage kann keine andere sein als die, daß dies nur alsdann geschehen darf, wenn die stattgehabte Körperverletzung nicht Körperverletzung, sondern Real=Injurie gewesen ist.

Endlich hat auch die Bestimmung des §. 192.:

„Wer gegen ein Mitglied der Kammern, einer anderen politischen Körperschaft oder einer öffentlichen Behörde, einen öffentlichen Beamten, einen Religionsdiener, ein Mitglied der bewaffneten Macht, einen Geschworenen, einen Zeugen oder Sachverständigen, während sie in der Ausübung ihres Berufs begriffen sind, oder in Beziehung auf ihren Beruf einer vorsätzlichen Mißhandlung oder Körperverletzung sich schuldig macht, wird mit Gefängniß von vier Wochen bis zu drei Jahren bestraft" —

keine andere Bedeutung, als die Reproduktion des §. 102. des Preußischen Strafgesetzbuches mit Bezug auf Real=Injurien. Die Bestimmung des §. 103. des Strafgesetzbuches:

„Wegen Beleidigung einer der beiden Kammern darf die Verfolgung nur mit Ermächtigung der Kammer, und wegen Beleidigung eines Mitgliedes der Kammer nur auf dessen Antrag eingeleitet werden"

hätte allerdings nur mit Bezug auf die reale Beleidigung eines Mitgliedes der Kammer bei §. 192. wiederholt werden können. Daraus, daß es nicht geschehen, werden praktische Mißstände sich nicht ergeben, da, wenn auch die Möglichkeit gegeben ist, jede Real=Injurie, welche gegen ein Mitglied der Kammern begangen ist, ex officio zu verfolgen, daraus doch noch keinesweges folgt, daß die Verfolgung faktisch jedesmal eintreten wird, wenn die Voraussetzung für dieselbe vorhanden sein sollte. Vielmehr würde anzunehmen sein, daß vorkommenden Falles eine an einem Kammermitgliede begangene Real=Injurie nur alsdann verfolgt werden würde, wenn der Verletzte die Verfolgung beantragen sollte. —

Da nun der Entwurf überhaupt die Real=Injurien von den Körperverletzungen gesondert hat, so war dem entsprechend zu §. 79. des

---

*) Die Preußische Praxis ist hier auch unsicher. Vgl. Oppenhof zu §. 153. Note 2.

Entwurfes ein entsprechender Zusatz zu machen, und dadurch der Fehler zu vermeiden, welchen das Lübische Strafgesetzbuch dadurch beging, daß dasselbe die thätlichen Beleidigungen unter die Injurien wieder aufnahm, auch keine den §§. 188., 189., 192. des Preußischen Strafgesetzbuches entsprechende Bestimmungen formulirte, jedoch der thätlichen Beamten-Beleidigung gelegentlich seines §. 77. keine Erwähnung that.

Die vorstehende Darstellung hat gezeigt, daß die Gründe, auf welche man sich stützte, um die Absonderung der Real-Injurien von den Injurien und deren Zuweisung zu den Körperverletzungen zu rechtfertigen, in keiner Weise zureichende waren. Mit Recht konnte schon Beseler a. a. O. S. 323. bald nach Publikation des Strafgesetzbuches es aussprechen:

„Besser hätte man es wohl bei der Fassung des Entwurfs von 1847 bewenden lassen; was auch das ältere Deutsche Recht davon gehalten haben mag, der gegenwärtigen Anschauung entspricht es nicht, eine Maulschelle oder ähnliche leichte Thätlichkeiten als Körperverletzungen oder Mißhandlungen aufzufassen, und die Uebereinstimmung mit sämmtlichen neueren Strafgesetzbüchern wäre doch auch für einen Gewinn zu achten gewesen —“

Und auch heute noch wird man die Behauptung aufstellen dürfen, daß trotz der mehrere Jahre hindurch währenden Sonderung der Real-Injurien von den Injurien, dennoch der Begriff der Real-Injurien keineswegs verdunkelt, vielmehr durch dieses Französiren des Preußischen Rechtes nichts weiter erreicht ist, als die Kenntniß davon, daß Real-Injurien unter dem von den Körperverletzungen handelnden Titel mit Strafe bedroht sind, und daß man seit der Publikation des Strafgesetzbuches wurderlicher Weise in Preußen die „Real-Injurien“ „leichte Körperverletzungen“ nenne.

Die Aufnahme der Real-Injurien in den dreizehnten Titel hat dann aber noch weiter die Folge für den Entwurf, daß in dem von den Körperverletzungen handelnden Titel diejenigen Bestimmungen des Preußischen Strafgesetzbuches fortfallen mußten, welche nur Bestimmungen für die Real-Injurien treffen. Demnach fehlen in dem Entwurfe diejenigen Gesetzesformeln, welche den §§. 188., 189., 192. entsprechen würden.

Im Einzelnen ist noch Folgendes anzuführen:

I. Zu §. 118. des Entwurfs. Dieser §. entspricht dem §. 154. des Preußischen Strafgesetzbuches. Das Lübische Gesetzbuch hat eine entsprechende Bestimmung nicht aufgenommen. Theoretisch betrachtet, würde dieselbe auch überflüssig sein. Denn zu jeder Injurie gehört, wie zu jedem Verbrechen überhaupt, die Rechtswidrigkeit der Handlung. Was ich zu thun berechtigt bin, kann eine Rechtsverletzung nicht enthalten, demnach auch keine verbrecherische Rechtsverletzung sein. Der §. 154. des Preußischen Strafgesetzbuches thut nun in Wahrheit nichts Anderes, als daß er eine Reihe von Handlungen aufführt, zu deren Vornahme jeder berechtigt ist. Wären nun diese Handlungen von der Art und Beschaffenheit, daß die Berechtigung zu ihrer Vornahme erst durch den §. 154. des Preußischen Strafgesetzbuches geschaffen würde, so hätte die erwähnte Bestimmung allerdings eine eminent praktische Bedeutung. Nun ist aber gewiß unter allen Gesetzen das Strafgesetz am wenigsten dasjenige Gesetz, welches die Bestimmung hat, allgemeine staatsbürgerliche Rechte — Grundrechte — zu gewähren, zu schaffen. Ein Grundrecht aber, welches nicht erst durch irgend ein Gesetz geschaffen zu werden braucht, ist das Recht, Kritik zu üben. An diesem Rechte würde daher auch nichts alterirt werden, wenn das Strafgesetz dasselbe nicht ausdrücklich anerkannt hätte. Und dies ist auch gewiß diejenige Auffassung, welche die Verfasser des Lübischen Strafrechts geleitet hat, als dieselben den §. 154. des Preußischen Strafgesetzbuches in ihrem Gesetzbuche nicht reproducirten. Wenn dann weiter das Preußische Strafgesetzbuch sagt: Auch tadelnde Urtheile werden zu Injurien, wenn man durch den Tadel beleidigt; so heißt dieser Satz auch nichts weiter, als daß die Ausübung eines Rechtes nicht als Mittel zu einer Rechtsverletzung benutzt werden dürfe, ein Satz, der als lediglich doktrinärer Satz die Aufnahme in einem Gesetzbuche kaum erforderlich macht.

Wenn dessen ungeachtet der Entwurf den §. 154. des Preußischen Strafgesetzbuches reproducirt, so geschieht dies aus der Erwägung, daß ein Strafgesetz unter Umständen Veranlassung finden kann, etwaigen mißverständlichen Auffassungen ausdrücklich entgegen zu treten. Und demgemäß wird das Gesetz in einzelnen Fällen nicht blos sagen, was gestraft, sondern es wird auch anordnen, was nicht gestraft werden soll.

In dem Gebiete der Injurien ist nun wahrlich keine Besorgniß zu hegen, daß strafbare und der Strafverfolgung werthe Injurien nicht verfolgt und gestraft werden möchten. Viel eher ist die Annahme zulässig, daß nicht selten Aeußerungen als Injurien verfolgt und selbst bestraft werden, bei denen die Strafverfolgung eben so gut und besser unterblieben wäre. Da nun das Bewußtsein noch keineswegs allgemein verbreitet ist, daß Jeder, welcher mit einer Leistung zu Tage tritt, sich damit der tadelnden, selbst der tadelndsten Kritik aussetzt, da vielmehr die Neigung durchaus vorhanden ist, in einer tadelnden Kritik eine persönliche Beleidigung zu erblicken, so möchte ich zwar diejenigen deutschen Territorien, welche eine Bestimmung wie die des Preußischen §. 154. für ihre Verhältnisse nicht für nothwendig erachten, dieserhalb beglückwünschen, es aber dessen ungeachtet bei der in anderen Staaten hinsichtlich der Verfolgung wegen Injurien beobachteten Praxis kaum wagen, eine Bestimmung aus dem Strafgesetze zu entfernen, welche mindestens nicht schadet, wohl aber in vielen Fällen geeignet sein möchte, ein durchaus brauchbares Vertheidigungsmittel gegen Injurienanklagen abzugeben. Es ist sogar in dem Entwurf eine Erweiterung gegenüber dem §. 154. des Preußischen Strafgesetzbuches vorgenommen. Während letzteres nur tadelnde Urtheile über „wissenschaftliche, künstlerische oder gewerbliche Leistungen" erwähnt, spricht der Entwurf außerdem noch von tadelnden Urtheilen über Amtshandlungen. Mögen diese in vielen Fällen auch als wissenschaftliche, künstlerische, in manchen Fällen auch als gewerbliche Leistungen angesehen werden können, mögen die Amtshandlungen nicht selten Veranlassung geben zur „Ausführung oder

Vertheidigung von Gerechtsamen"; wenn schon im Gesetze gesagt werden soll, welche Handlungen vorzunehmen Jedermann berechtigt sei, so wird es auch gut sein, ausdrücklich zu erklären, daß Amtshandlungen nicht minder wie andere Leistungen den Gegenstand der Kritik bilden; es wird hierzu um so mehr Veranlassung sein, als die gegenwärtige Zeit ein lebendiges, politisches Leben, ein eifriges Arbeiten für den Staat von Jedem und nicht blos von den Beamten verlangt. Bureaukratische Empfindlichkeit kann die heutige Zeit nicht brauchen; aber verhehlen wird man sich nicht, daß diese bureaukratische Empfindlichkeit vorzugsweise ein Motiv bei sehr vielen Injurienklagen gewesen ist. Wenn es so mindestens einen Nachtheil für die Rechtsordnung nicht haben wird, die tadelnden Urtheile über „Amtshandlungen" auf gleiche Linie zu stellen mit tadelnden Urtheilen über „wissenschaftliche, künstlerische oder gewerbliche Leistungen", so könnte doch die Frage entstehen, ob dieses dem §. 154. hinzugefügte neue Moment seinen Platz nicht richtiger bei den „Beamten-Beleidigungen" (§. 102. des Preußischen Strafgesetzbuches, §. 79. des Entwurfes) gefunden hätte. So gewiß aber die in §. 154. des Preußischen Strafgesetzbuches aufgeführten Momente sich nicht blos auf die im dreizehnten Titel behandelten Injurien, sondern auch auf die in §. 102. enthaltenen bezieht, ebenso kann ein neues Moment dieser Art, welches allerdings bestimmt ist, nur gegen Anklagen wegen Beamten-Beleidigung in Anwendung gebracht zu werden, an derjenigen Stelle des Strafgesetzbuches seine Erwähnung finden, wo alle diejenigen Bestimmungen, welche den allgemeinen Theil der Lehre von den Injurien ausmachen, ihren Platz gefunden haben.

Am Ende des §. 118. des Entwurfes ist statt der Worte des Preußischen Strafgesetzbuches:

> „sind nur insofern strafbar, als aus der Form der Aeußerung oder aus den Umständen, unter welchen dieselbe erfolgt, die Absicht, zu beleidigen, hervorgeht",

gesagt:

> „die Beleidigung hervorgeht" —

Diese Wortfassung ist dem Oldenburgischen Strafgesetzbuche (Art. 147.) entnommen. Sie ist besser als die Preußische. Sachlich sagt zwar Oldenburg nichts Anderes als Preußen; aber Oldenburg verhindert durch seine Wortfassung Mißverständnisse, welche durch die Preußische Wortfassung leicht provocirt werden können. Der Sinn der Bestimmungen ist hier wie dort: „Wenn durch tadelnde Urtheile u. s. w. eine Beleidigung begangen wird, so soll gestraft werden." Wenn Preußen dies aber so ausdrückt: „Wenn die Absicht, zu beleidigen, hervorgeht", so führt diese Ausdrucksweise die Versuchung herbei, den animus injuriandi auch in vollkommen indifferenten Aeußerungen zu entdecken und wegen der „Absicht, zu beleidigen", solch einen Tadel zu bestrafen, bei welchem irgend ein beleidigender Ausdruck, in welchem der animus injuriandi verkörpert wird, ganz und gar nicht vorhanden ist.*)

---

*) Die Motivirung des §. 119. des Entwurfs siehe oben S. 154. ff.

II. **Zu §. 121. des Entwurfs.** Der §. 121. des Entwurfes entspricht dem §. 157. des Preußischen Strafgesetzbuches. Letzteres bestimmt:

„Der Beweis der Wahrheit der behaupteten oder verbreiteten Thatsachen kann durch alle im Strafverfahren zulässigen Beweismittel geführt werden.

Der Zeugenbeweis ist jedoch nur dann zulässig, wenn sich der Angeschuldigte zum Beweise bestimmter Thatsachen erboten und das Gericht durch vorgängigen besonderen Beschluß befunden hat, daß der Beweis dieser Thatsachen, im Falle er erbracht werden sollte, die Strafbarkeit des Angeschuldigten ausschließen oder mildern würde.

Unbedingt unzulässig ist der Beweis der Wahrheit, wenn die dem Andern beigemessene Handlung mit Strafe bedroht und eine Freisprechung durch ein rechtskräftiges Erkenntniß erfolgt ist."

Daß der Entwurf von dem Alinea 3. das Wort „unbedingt" fortläßt, wird einer Rechtfertigung nicht bedürfen. Denn wenn das Gesetz etwas verbietet, ohne dieses Verbot selbst zu beschränken oder an Bedingungen zu knüpfen, so ist eben ein unbedingtes Verbot ausgesprochen.

Der Entwurf läßt aber auch den zweiten Absatz des §. 157. des Preußischen Strafgesetzbuches fort. Der Beweis der exceptio veritatis ist nämlich unzweifelhaft ein Defensionalbeweis, und kommen mithin für diesen Defensionalbeweis dieselben Vorschriften in Anwendung, welche für den Defensionalbeweis zu beobachten sind. Nun bestimmt aber schon in Betreff des Defensionalbeweises, falls derselbe ein Zeugenbeweis ist, §. 52. der Verordnung vom 3. Januar 1849 Folgendes:

„Als Zeugen werden ohne Rücksicht darauf, ob sie schon in der Voruntersuchung vernommen sind oder nicht, alle diejenigen vorgeladen, deren Abhörung der Staatsanwalt oder das Gericht für erforderlich erachtet, oder der Angeklagte verlangt, in sofern das Gericht die Umstände, über welche die Abhörung der Zeugen beantragt ist, wesentlich findet. Zu diesem Zwecke müssen die Thatsachen ganz bestimmt angeführt werden." *)

Wenn nun in einem späteren Gesetze noch besondere Vorschriften über den Zeugenbeweis bei der exc. veritatis vorgebracht werden, wie dies in §. 157. al. 2. des am 14. April 1851 publicirten Preußischen Strafgesetzbuches geschehen ist, so kann nur zweierlei möglich sein. Entweder diese neue Bestimmung sagt nichts Weiteres als die schon bestehende ältere Bestimmung, und in diesem Falle ist sie vollkommen überflüssig; oder sie beschränkt den Zeugenbeweis bei der exc. veritatis noch mehr als dies sonst schon in Betreff des Zeugenbeweises geschehen ist, und in diesem Falle würde die Bestimmung eine überaus schädliche sein. Denn nichts ist geeigneter geradezu Erbitterung hervorzurufen, als der Gedanke, daß im Interesse desjenigen, der etwas Schlechtes gethan, die Rechte desjenigen, welcher der Verleumdung angeklagt ist, beeinträchtigt werden sollten.

---

*) Vergl. §. 222. der Strafproceß-Ordnung für die neueren Provinzen vom 25. Juni 1867.

Mag in Zukunft eine Deutsche Strafproceß-Ordnung über den Defensionalbeweis Bestimmungen treffen, wie es ihr zweckmäßig erscheint, mögen jetzt die Partikulargesetze über diesen Gegenstand noch so verschiedenartige Bestimmungen enthalten; Eines wird verlangt werden dürfen, daß nämlich der Beweis der exc. veritatis nicht ungünstiger gestellt werde als der Defensionalbeweis überhaupt. Dieser Forderung ist der Entwurf gerecht geworden, indem derselbe den zweiten Absatz des Preußischen §. 157. nicht aufgenommen hat.

III. Zu §. 122. des Entwurfs. Das Preußische Strafgesetzbuch bestimmt §. 159.:

„Sind die behaupteten oder verbreiteten Thatsachen strafbare Handlungen, und ist wegen derselben bei der zuständigen Behörde Anzeige gemacht, so muß bis zu dem Beschlusse, daß die Eröffnung der Untersuchung nicht stattfinde, oder bis zur Beendigung der eingeleiteten Untersuchung mit dem Verfahren und der Entscheidung über die Verleumdung innegehalten werden.“

Der Entwurf setzt statt der hervorgehobenen Worte, die Worte: „ein Strafverfahren eingeleitet, so muß, so lange letzteres anhängig ist“ — u. s. w. Der Grund, weswegen der Entwurf diese Aenderung vorgenommen hat, ist folgender:

Der Satz ist kriminalprocessualisch allgemein anerkannt, daß die Verhandlung einer Strafsache wegen ihrer Konnexität mit einer anderen so lange aufgeschoben werden darf, als sich erwarten läßt, man werde für die Beurtheilung dieses Falles aus der Untersuchung oder der Verhandlung über den konnexen Fall Aufklärung erhalten. Dieser Satz wird demnach auch seine Anwendung auf den Fall finden, wenn die Behauptung des A., es habe B. sich einer strafbaren Handlung schuldig gemacht, einerseits eine Verleumdungsklage gegen A., andererseits eine Untersuchung gegen B. wegen der ihm zur Last gelegten strafbaren Handlung veranlassen sollte. Hier ist schon nach allgemeinen processualischen Regeln der Richter, welcher über die Verleumdungsklage zu urtheilen hat, in der Lage, die Resultate in der Untersuchungssache gegen B. abwarten zu können. Diese Möglichkeit braucht ihm also gar nicht erst durch ein besonderes Gesetz gewährt zu werden, und diese Möglichkeit wird ihm auch gar nicht durch §. 159. des Preußischen Strafgesetzbuches gewährt. Denn dieser Paragraph sagt gar nicht, wie lange der Richter über die Verleumdungsklage das Verfahren wegen der Verleumdung aussetzen könne, sondern er bestimmt, wie lange er dieses Verfahren aussetzen muß. Wenn es sich aber um eine Vorschrift handelt, in Folge deren das Verfahren wegen eines begangenen Verbrechens unterbrochen werden muß, so darf dieselbe nur so getroffen werden, daß die Dauer dieser nothwendigen Unterbrechung des Verfahrens erst abgeschlossen wird durch den Zeitpunkt, an welchem juristisch bestimmte Resultate in der konnexen Strafsache erlangt sind. Juristisch bestimmte Resultate liefert aber weder der Beschluß des Staatsanwalts am Ende des Skrutinialverfahrens, noch der Beschluß des Untersuchungsgerichts am Ende der Voruntersuchung, sondern derartige Resultate werden nur gewonnen durch rechtskräftige Erkenntnisse.

Zu diesen allgemeinen Gründen kommen aber noch folgende speciellere:

1. So wie §. 159. des Preußischen Strafgesetzbuches im §. 122. des Entwurfs gefaßt ist, schließt sich derselbe an die Bestimmung an, welche von der Unzulässigkeit des Beweises der exc. veritatis handelt.

2. In dieser Weise ist die Vorschrift auch entsprechend der Bestimmung des §. 133. al. 2. des Preußischen Strafgesetzbuches resp. dem §. 100. al. 2. dieses Entwurfes.

Zwei Bestimmungen des Preußischen Strafgesetzbuches sind in dem Entwurfe fortgelassen, nämlich die §§. 155. und 158.

1. §. 155. bestimmt:

„Medicinalpersonen und deren Gehülfen, sowie alle Personen, welche unbefugterweise Privatgeheimnisse offenbaren, die ihnen kraft ihres Amtes, Standes oder Gewerbes anvertraut sind, werden mit Geldbuße bis zu fünfhundert Thalern oder mit Gefängniß bis zu drei Monaten bestraft.“

So gut und so wünschenswerth es auch sein mag, wenn gewährtes Vertrauen nicht verletzt wird, so nothwendig es sein mag, daß dies gerade da nicht geschieht, wo Verhältnisse nöthigen, Vertrauen zu gewähren, wo man es ohne diese Nöthigung nicht gewährt haben würde, so ist doch eine Strafvorschrift nicht geeignet, dies Vertrauen zu garantiren und die Nicht-Verletzung des gewährten Vertrauens zu erzwingen. Die Amtsverschwiegenheit kann, wo sie erforderlich ist, durch specielle Dienst-Instruktionen vorgeschrieben werden, was auch geschieht; und die Disciplinargesetze gewähren ausreichende Mittel, um die Verletzung der Amtsverschwiegenheit zu ahnden. Wo aber private Gewerbe es erheischen, daß Verschwiegenheit betreffs anvertrauter Geheimnisse stattfinde, da gebietet es das eigene Interesse des Gewerbtreibenden, das ihm gewährte Vertrauen nicht zu mißbrauchen. Dieses *eigene* Interesse hat mehr zu bedeuten, als eine Strafvorschrift, die der Natur der Sache nach nur vage gefaßt werden kann, und die, eben wegen dieser vagen Fassung unschwer zu umgehen ist. Wenn beiläufig das Preußische Strafgesetzbuch die „*Medicinalpersonen*“ im §. 155. an erster Stelle erwähnt und *sie* gerade für solche Personen erachtet, welche gewährtes Vertrauen mißachten könnten, so stimmt dieses zwar mit der Art und Weise überein, wie das Preußische Strafgesetzbuch die Medicinalpersonen überhaupt behandelt; aber es ist diese Behandlung eine solche, welche weder des ärztlichen Standes würdig ist, noch auch eine solche, zu welcher der ärztliche Stand Veranlassung gegeben hat. Hierüber ist noch weiter unten gelegentlich des §. 200. des Preußischen Strafgesetzbuches eine Bemerkung zu machen.

2. §. 158. bestimmt:

„Der Beweis der Wahrheit der behaupteten oder verbreiteten Thatsachen schließt das Vorhandensein einer Beleidigung nicht aus, wenn aus der Form der Behauptung oder Verbreitung, oder aus anderen Umständen, unter welchen sie geschah, die Absicht zu beleidigen hervorgeht.“

Es ist dies ein rein doktrinärer Satz, welcher um deswillen nicht in das Gesetz gehört. Man könnte denselben in folgender Weise noch viel allgemeiner ausdrücken:

> Wenn der Qualifikationsgrund bei einem Verbrechen fortfällt, so bleibt deshalb noch immer das nicht qualificirte Verbrechen übrig.

Diesen Satz wird kein Gesetz aufnehmen wollen. Aber ebenso überflüssig wie dieser Satz selbst, ist auch seine Anwendung auf einen speciellen Fall. Ja es kann gesagt werden, daß diese Ueberflüssigkeit des §. 158. zu nicht unbedeutenden Fehlern in der Praxis geführt hat, unter anderen zu dem, daß unter Bezugnahme auf §. 158. bei Verleumdungsklagen der Beweis der exc. veritatis dem Angeklagten abgeschnitten worden ist, weil, selbst wenn dieser Beweis geführt wäre, dennoch wegen §. 158. gestraft werden müsse.

Vierzehnter Titel.

Zweikampf.

§. 127.

Die Herausforderung zum Zweikampfe mit tödtlichen Waffen, sowie die Annahme einer solchen Herausforderung wird mit Einschließung bis zu sechs Monaten bestraft.

§. 128.

Einschließung bis zu zwei Jahren tritt ein, wenn die Herausforderung ausdrücklich dahin gerichtet ist, daß einer von beiden Theilen das Leben verlieren soll, oder wenn diese Absicht aus der gewählten Art des Zweikampfes erhellt.

§. 129.

Diejenigen, welche den Auftrag zu einer Herausforderung übernehmen und ausrichten (Kartellträger) werden mit Einschließung bis zu sechs Monaten bestraft.

§. 130.

Der Zweikampf wird mit Einschließung bis zu fünf Jahren bestraft.

Ist einer von beiden Theilen getödtet worden, so tritt Einschließung bis zu zehn Jahren ein.

§. 131.

Wer seinen Gegner in einem Zweikampfe tödtet, welcher den Tod eines von beiden Theilen herbeiführen sollte (§. 128.) wird mit Einschließung bis zu zwanzig Jahren bestraft.

§. 132.

Ist ein Zweikampf ohne Sekundanten vollzogen worden, so ist die sonst begründete Strafe um die Hälfte, jedoch niemals über die Dauer von zwanzig Jahren zu erhöhen.

§. 133.

Ist eine Tödtung oder körperliche Verletzung mittelst vorsätzlicher Uebertretung der vereinbarten Regeln des Zweikampfes bewirkt worden, so ist der

Uebertreter, sofern nicht nach den vorhergehenden Bestimmungen eine härtere Strafe begründet ist, nach den allgemeinen Vorschriften über das Verbrechen der Tödtung oder der Körperverletzung zu bestrafen.

§. 134.

Die Kartellträger bleiben straffrei, wenn sie ernstlich bemüht gewesen sind, den Zweikampf zu verhindern.

§. 135.

Wer einen Anderen zum Zweikampfe mit einem Dritten, durch Bezeigung oder Androhung von Verachtung oder auf andere Weise anreizt, wird, wenn der Zweikampf stattgefunden hat, mit Gefängniß oder Einschließung bis zu zwei Jahren bestraft.

Funfzehnter Titel.

Verbrechen wider das Leben.

§. 136.

Wer vorsätzlich einen Menschen tödtet, begeht einen Mord und wird mit lebenslänglichem Zuchthaus bestraft.

§. 137.

Wer vorsätzlich, jedoch im Affekt, einen Menschen tödtet, begeht einen Todtschlag und wird mit Zuchthaus bis zu zwanzig Jahren bestraft.

§. 138.

War der Todtschläger ohne eigene Schuld durch eine ihm selbst oder seinen Angehörigen zugefügte Mißhandlung oder schwere Beleidigung von dem Getödteten zum Zorn gereizt und dadurch auf der Stelle zur That hingerissen worden, so ist auf Gefängniß bis zu drei Jahren zu erkennen.

§. 139.

Hat den Thäter das ausdrückliche und ernstliche Verlangen des Getödteten zur Tödtung bestimmt, so ist die Strafe Gefängniß nicht unter drei Monaten oder Zuchthaus bis zu fünf Jahren.

§. 140.

Eine Mutter, welche ihr uneheliches Kind in oder gleich nach der Geburt vorsätzlich tödtet, wird wegen Kindesmordes mit Zuchthaus bis zu funfzehn Jahren bestraft.

§. 141.

Eine Schwangere, welche durch äußere oder innere Mittel ihre Frucht vorsätzlich abtreibt oder im Mutterleibe tödtet, wird mit Gefängniß nicht unter drei Monaten oder mit Zuchthaus bis zu fünf Jahren bestraft.

§. 142.

Wer die Leibesfrucht einer Schwangeren ohne deren Wissen oder Willen vorsätzlich abtreibt oder tödtet, wird mit Zuchthaus bis zu zehn Jahren bestraft.

Wird dadurch der Tod der Schwangeren herbeigeführt, so ist die Strafe Zuchthaus bis zu zwanzig Jahren.

§. 143.

Wer ein Kind oder eine wegen Gebrechlichkeit oder Krankheit hülflose Person aussetzt, oder ein Kind oder eine solche Person, wenn sie unter seiner Obhut stehen, in hülfloser Lage vorsätzlich verläßt, wird mit Gefängniß nicht unter drei Monaten oder mit Zuchthaus bis zu fünf Jahren bestraft.

Ist in Folge der Handlung den Tod der ausgesetzten oder verletzten Person eingetreten, so trifft den Schuldigen Zuchthaus bis zu zwanzig Jahren.

§. 144.

Wer durch Fahrlässigkeit den Tod eines Menschen verursacht, wird mit Gefängniß bis zu drei Jahren bestraft.

Wenn der Thäter zu der Aufmerksamkeit oder Vorsicht, welche er bei der fahrlässigen Tödtung aus den Augen setzte, vermöge seines Amtes, Berufes oder Gewerbes verpflichtet war, so soll derselbe zugleich auf eine bestimmte Zeit, welche die Dauer von fünf Jahren nicht übersteigen darf, oder für immer zu einem solchen Amte für unfähig oder der Befugniß zur selbständigen Betreibung seiner Kunst oder seines Gewerbes für verlustig erklärt werden.

Die Motivirung der den Mord und den Todtschlag betreffenden Gesetzesformeln (§§. 136—138.) ist bereits oben (Seite 41—60.) gegeben.

Hier ist noch Folgendes anzuführen:

I. Von dem Selbstmorde

spricht der Entwurf ebenso wenig wie das Preußische Strafgesetzbuch. Und es ist hier auch nur deshalb Veranlassung, vom Selbstmorde zu handeln, weil andere deutsche Gesetzbücher (Thüringen, Braunschweig, Sachsen, Baden) Strafbestimmungen für die Theilnahme am Selbstmorde aufgestellt haben.

Thüringen. Art. 121. „Wer einen Andern zum Selbstmorde verleitet, soll mit Arbeitshaus nicht unter einem Jahre, *) und wer dem Andern bei dem Selbstmorde Hülfe leistet, mit Gefängniß von vier Wochen bis zu drei Jahren bestraft werden."

Braunschweig. §. 148. „Wer einen Andern zum Selbstmorde anstiftet, soll mit Zwangsarbeit nicht unter einem Jahr, **) wer an dem Selbstmorde eines Andern Theil nimmt, oder ihm dazu Hülfe leistet, soll nach den §. 147. gegebenen Bestimmungen ***) gestraft werden."

---

*) Nach Art. 10. sind die Strafgrenzen für die Arbeitshausstrafe 2 Monate bis zu 10 Jahren.

**) Die Dauer der Zwangsarbeit beträgt nach §. 14. einen Monat bis 5 Jahre.

***) Die Bestimmung bezieht sich auf die Tödtung eines Einwilligenden, und ist hiefür Gefängniß von 1 bis 3 Jahren, und wenn der Getödtete todtkrank oder tödtlich verwundet war, Gefängniß von 3 Monaten bis zu einem Jahre bestimmt.

Sachsen. Art. 158. Unter der Ueberschrift „Unterstützung beim Selbstmorde“:

„Die Verleitung eines Anderen zum Selbstmorde oder einem Versuche desselben, sowie die Unterstützung bei einem oder dem andern, wird mit Gefängniß bis zu zwei Jahren bestraft.“

Baden. §. 208. „Gefängniß oder Arbeitshausstrafe trifft ferner auch denjenigen, welcher an dem von einem Andern an sich selbst verübten Morde Theil genommen hat.“

Wir haben somit vier Gesetzbücher und drei verschiedene Systeme der Gesetzgebung.

1. Thüringen und Braunschweig unterscheiden die Anstiftung von der Beihülfe und stellen für jede dieser Arten von Theilnahme eine besondere Strafposition auf.

2. Sachsen unterscheidet zwar auch die verschiedenen Arten der Theilnahme, stellt aber trotz dieser Unterscheidung nur eine Strafposition auf.

3. Baden spricht ohne weitere Unterscheidung nur von der Theilnahme am Selbstmorde und bestimmt demgemäß auch nur eine Strafe.

Käme es überhaupt darauf an, für die Theilnahme am Selbstmorde eine Strafbestimmung aufzustellen, so würde der vom Badischen Gesetzbuche eingeschlagene Weg den Vorzug verdienen. Denn wenn Sachsen zwar die Arten der Theilnahme unterscheidet, aber dann nur eine Strafposition aufstellt, so hat die Unterscheidung der Arten der Theilnahme keinen rechten Sinn. Darin verfahren denn zwar Thüringen und Braunschweig korrekter, indem sie für die verschiedenen Arten der Theilnahme auch verschiedene Strafpositionen aufstellen. Aber die Schulddifferenz zwischen Anstiftung und Beihülfe ist in diesem Falle nicht eine so erhebliche, daß zwei Strafpositionen für die etwaige Bestrafung der Theilnahme überhaupt nöthig wären.

Es ist aber legislatorisch unzulässig, eine Strafbestimmung für die Theilnahme am Selbstmorde aufzustellen. Ist diejenige Handlung, auf welche sich die Theilnahme bezieht, straflos, so muß die Theilnahme selbst ebenfalls straflos bleiben. In dem Oesterreichischen Gesetzbuche des Jahres 1803 findet sich noch eine Strafbestimmung für den Selbstmord:

Thl. II. §. 90. „Wenn Jemand mit dem Vorsatze, sich das Leben zu nehmen, sich verwundet oder verletzt, ist derselbe, dafern er von Vollendung des Selbstmordes aus eigener Reue abgestanden, vor die Obrigkeit zu fordern und ihm über die Abscheulichkeit seines so viele Pflichten verletzenden Unternehmens eine ernste Ermahnung zu geben.“

§. 91. „Ist die Ausführung nur zufällig oder wider Willen des Thäters unterblieben, so ist derselbe in sichere Verwahrung zu bringen und so lange unter strenger Aufsicht zu behalten, bis er durch sittliche und physische Heilmittel zur Vernunft und dem Erkenntnisse seiner, dem Schöpfer, dem Staate und sich selbst schuldigen Pflicht zurückgeführt, über das Vergangene Reue zeiget und für die Zukunft dauerhafte Besserung erwarten läßt.“

Diese Bestimmung des Oesterreichischen Gesetzes vom Jahre 1803, welche in das Gesetzbuch des Jahres 1852 nicht mehr übergegangen ist, war die letzte gesetzliche Bestimmung, welche sich auf den Thäter eines Selbstmordes bezog. Wenn nun dennoch Gesetzbücher, welche den Versuch des Selbstmordes am Selbstmörder ungestraft lassen, den Theilnehmer des Selbstmordes mit Strafe bedrohen, so wird damit gesagt, die Theilnahme am Selbstmorde sei als ein selbständiges Delikt aufzufassen. Nun ist es zwar unter gewissen Umständen wohl möglich, dasjenige, was sachlich Theilnahmehandlung ist, formell als selbständiges Delikt zu behandeln. Dies kann aber nur unter der Voraussetzung geschehen, daß diejenige Handlung, auf welche sich die Theilnahme bezieht, ebenfalls unter Strafe gestellt ist. Wo dies dagegen nicht geschehen, da wird es unmöglich, etwas, was seiner juristischen Natur nach unselbständig ist, dadurch selbständig zu machen, daß man es in die Form eines selbständigen Deliktes kleidet. Das Kind bleibt eben Kind, auch wenn man ihm Scherzes halber die toga virilis anziehen wollte.

II. Tödtung eines Einwilligenden.

Diejenigen Strafgesetzbücher, welche die Tödtung des Einwilligenden ausdrücklich erwähnen, und für dieselbe eine besondere Strafe festsetzen, sind: Lübeck (§. 145.), Hessen (Art. 257.), Braunschweig (§. 147.), Sachsen (Art. 157.), Thüringen (Art. 120.), Altenburg (Art. 125.), Württemberg (Art. 239.), Baden (§. 207.) Die übrigen Strafgesetzbücher dagegen, unter ihnen auch das Preußische, betrachten die Einwilligung des Getödteten nicht als einen Umstand, welcher geeignet wäre, eine besondere gesetzliche Vorschrift entstehen zu lassen.

Diejenigen Gesetzbücher nun, welche die Einwilligung des Getödteten auf die Strafbarkeit von Einfluß sein lassen, machen aus diesem Umstande keinen Strafausschließungsgrund, sondern lediglich einen Strafmilderungsgrund. Auch begnügen sie sich keineswegs damit, die bloße Einwilligung feststellen zu lassen, sondern sie verlangen, daß die Einwilligung den Karakter des „Verlangens" und zwar des „ernstlichen und bestimmten" Verlangens (Hessen, Baden), oder des „ausdrücklichen und ernstlichen" Verlangens (Lübeck, Braunschweig, Sachsen, Thüringen, Altenburg, Württemberg) angenommen habe.

Was die Strafbestimmungen anbetrifft, so haben drei Gesetzbücher (Baden, Hessen, Lübeck) für die schwersten Fälle dieser Art Zuchthausstrafe bis zu zehn Jahren festgesetzt, während die übrigen Gesetzbücher über Arbeitshaus oder Gefängniß nicht hinausgehen. Das geringste Strafmaximum hat Braunschweig mit drei Jahren Gefängniß; dasselbe steigt in Sachsen, Thüringen, Altenburg bis auf vier Jahre Gefängniß, in Württemberg bis auf sechs Jahre Arbeitshaus. Das höchste Minimum der Strafe haben Hessen (sechs Monate Correktionshaus), Altenburg (sechs Monate Gefängniß) und Württemberg (sechs Monate Kreisgefängniß). Das geringste Minimum haben Sachsen und Lübeck mit einem Tage Gefängniß.

Gegenüber diesen verschiedenen Strafbestimmungen entstand nun für den Entwurf zunächst die Frage, ob derselbe Veranlassung habe, überhaupt eine Gesetzesformel, welche die Tödtung des Einwilligenden behandelte, aufzunehmen. Diese Frage ist von dem Entwurfe bejaht.

Denn wenn das Gesetz keine Rücksicht auf den Umstand nimmt, daß der Getödtete selbst die Tödtung gewollt habe, so kann auch die Praxis hierauf keine Rücksicht nehmen.*) Andererseits aber sind die Fälle, in welchen Tödtungen auf Verlangen des Getödteten vorkommen, nicht so selten, daß die Gesetzgebung dieselben übersehen könnte. Erfolgt mithin keine besondere Strafdrohung für die Tödtung des Einwilligenden, so sagt das Gesetz implicite, daß die Tödtung des Einwilligenden ebenso gestraft werden solle, wie die Tödtung, welche wider den Willen des Getödteten erfolgte. Eine solche Anordnung muß aber dem Rechtsgefühle um so mehr widersprechen, als in nicht seltenen Fällen die Beantwortung der Frage, ob Beihilfe zum Selbstmorde oder ob Tödtung eines Einwilligenden vorliege, sich schwer beantworten lassen wird.**)

Somit hat denn der Entwurf seinen §. 139. in Nachbildung des Lübischen Strafgesetzbuches §. 145. aufgenommen. Die Strafposition: Gefängniß nicht unter drei Monaten oder Zuchthaus bis zu fünf Jahren, wird es möglich machen, sowohl in genügender Weise die der bezeichneten Handlung zu Grunde liegende Unsittlichkeit, wie auch den Umstand, daß der Getödtete selbst Schuld an seiner Tödtung war, in genügendem Maße zu berücksichtigen.

Die Gesetzbücher von Braunschweig, Thüringen, Württemberg, Baden machen noch einen Privilegirungsgrund daraus, daß der auf sein Verlangen Getödtete ein Todtkranker oder tödtlich Verwundeter war.

Der Entwurf hat diesen Privilegirungsgrund nicht aufgenommen und zwar aus folgenden Gründen:

1. Es dürfte schwierig sein, zu bestimmen, unter welchen Voraussetzungen man das soeben erwähnte Moment als vorhanden würde annehmen können. Soll es nur objektiv feststehen, daß der Getödtete ein Todtkranker, resp. tödtlich Verwundeter war, d. h. soll es genügen, wenn nur die Sektion nachweist, daß der Getödtete ein Todtkranker oder tödtlich Verwundeter war; oder soll dieser Umstand auch dem Thäter bekannt gewesen sein? Diesen Zweifel müßte eine betreffende Gesetzesformel jedenfalls bestimmt beseitigen.

2. Wäre dieses erreicht, so würde noch das weitere Bedenken entstehen, daß die Theorie der absoluten Letalität, welche im Allgemeinen für die Bestrafung der Tödtungen aufgegeben ist, hier, wenn auch in anderer Form, wieder eingeführt wäre. Zwar auf die absolute Letalität der vom Thäter dem Getödteten beigebrachten Verletzung würde es

*) Vergl. Hälschner a. a. O. S. 68. ff.

**) Vergl. Mittermaier in Goltdammer's Archiv Bd. IX. S. 440. 441.

nicht ankommen, wohl aber auf die absolute, relative, konkrete oder abstrakte Letalität derjenigen Verletzung oder Krankheit, an welcher der Getödtete vor der ihm von dem Angeklagten beigebrachten Verletzung darniederlag.

3. Daß die Schuld des Thäters da, wo der die Tödtung Verlangende ein todtkranker war, geringer ist, als da, wo der Getödtete gesund war, soll nicht in Abrede gestellt werden. Auf die körperliche Beschaffenheit des Getödteten aber einen Privilegirungsgrund zu stützen, würde nur dann angänglich sein, wenn dieser Umstand durch andere Umstände in seiner Bedeutsamkeit für die Strafbarkeit nicht aufgehoben werden könnte. Derartig liegt aber die Sache nicht. Wenn die Tödtung eines Gesunden in hohem Affekte des Thäters erfolgte, die Tödtung des Kranken dagegen aus wohlberechneten eigennützigen Motiven, so würde man wohl Anstand nehmen dürfen, den letzteren Fall für weniger strafbar als den ersteren Fall zu halten.

4. Fast scheint es, als ob der Milderungsgrund der genannten Gesetze nicht genau dasjenige ausdrückt, was er ausdrücken sollte. Nicht die Leibesbeschaffenheit des Getödteten, sondern das Mitleid, welches in Folge der Leiden des Getödteten entsteht, scheint den Strafmilderungsgrund zu bilden. Wäre dieses der Fall, so würden die Gesetze sich nicht ganz korrekt ausgedrückt haben. Denn die Tödtung kann in einem solchen Falle aus Mitleiden geschehen sein, braucht es aber nicht. Und sodann würde noch die Frage entstehen, in wie weit einem Mitleiden, welches zur Tödtung eines Menschen führt, die ethische Berechtigung zugestanden werden kann. Fälle, in denen dieses möglich ist, wird man zu erdenken leicht im Stande sein, z. B. die Tödtung eines tödtlich Verwundeten auf dem Schlachtfelde, unter Umständen, wo an seine Verpflegung nicht im Entferntesten gedacht werden kann. Aber derartige Fälle, von denen es zweifelhaft ist, ob sie vorkommen, von denen es noch zweifelhafter ist, ob, wenn sie vorkommen, sie zur strafrechtlichen Kognition gelangen, dürfen nicht verallgemeinert werden. Ist es auch Regel, das Gesetz so abzufassen, daß es auf die Begnadigung keine Rücksicht nimmt, so ist es nicht minder eine berechtigte Forderung, daß das Gesetz, indem es denkbare Specialitäten berücksichtigt, nicht Bestimmungen trifft, durch welche es Handlungen, welche im Allgemeinen den ethischen Grundsätzen widersprechen, um deswillen ganz oder theilweise sanktionirt, weil Dasjenige, was im Allgemeinen unsittlich ist, in einzelnen speciellen Fällen als sittlich gestattet erscheinen könnte.

III. Qualificirte Fälle des Todtschlages.

Das Preußische Strafgesetzbuch bestimmt in §. 178:

„Wer bei Unternehmung eines Verbrechens oder Vergehens, um ein der Ausführung desselben entgegenstehendes Hinderniß zu beseitigen, oder um sich der Ergreifung auf frischer That zu entziehen, vorsätzlich einen Menschen tödtet, wird mit dem Tode bestraft.“

Der Entwurf hat eine dieser Vorschrift entsprechende Bestimmung nicht aufgenommen. Es war nämlich Folgendes zu erwägen:

1. War die Tödtung, welche unter den Voraussetzungen des §. 178. begangen wurde, keine im Affekt begangene, so trifft den Thäter so wie so die höchste Strafe, welche der Entwurf überhaupt kennt.

2. War die Tödtung eine im Affekt begangene, so ist das in §. 137. des Entwurfs aufgestellte Strafmaß weit genug, um auch der relativ größeren Strafwürdigkeit dieses Todtschlages gerecht zu werden.

3. Der Fall des specialisirten Affektes (§. 138. des Entwurfs) kann bei Fällen dieser Art überhaupt nicht vorkommen, da Derjenige, welcher einen Menschen tödtet, um ein der Ausführung eines Verbrechens entgegenstehendes Hinderniß zu beseitigen, oder um sich der Ergreifung auf frischer That zu entziehen, niemals „ohne eigene Schuld" zum Zorne hingerissen werden kann.

Das Preußische Strafgesetzbuch bestimmt sodann in §. 179. Folgendes:

> „Der Todtschlag an einem leiblichen Verwandten der aufsteigenden Linie wird mit dem Tode bestraft."

Eine derartige Bestimmung läßt der Entwurf ebenfalls fort.

Es wird allerdings zugegeben werden müssen, daß, unter übrigens gleicher Beschaffenheit der Fälle, der an Ascendenten begangene Todtschlag strafbarer ist, als ein anderer Todtschlag. Ebenso würde aber auch der an leiblichen Descendenten begangene Todtschlag schwerer sein, als ein anderer Todtschlag. Will man also aus dem Verwandtschaftsverhältniß einen Qualifikationsgrund des Todtschlages machen, so würde man denselben nicht auf die Ascendenten beschränken, sondern auch auf die Descendenten ausdehnen müssen. Da nun aber die praktische Bedeutung eines Qualifikationsgrundes nur darin besteht, die Strafe des nicht qualificirten Verbrechens zu erhöhen, so würde bei Qualificirung des Todtschlages dies die Folge haben, daß auch der an leiblichen Verwandten begangene Todtschlag mit einer höheren als der für andere Todtschläge bestimmten Strafe zu bedrohen wäre; d. h., da der Entwurf §. 137. als Strafe für den Todtschlag Zuchthaus bis zu zwanzig Jahren androht, so müßte für den Todtschlag an Ascendenten resp. Descendenten lebenslängliche Zuchthausstrafe angedroht werden. Die Androhung der absolut bestimmten Strafe für Todtschlagsfälle dieser Art muß aber als überaus bedenklich bezeichnet werden. Denn zunächst wird man es nicht außer Acht lassen dürfen, daß zwar die leibliche Verwandtschaft ein Pietätsverhältniß erzeugt, daß aber die leibliche Verwandtschaft dies keineswegs allein entstehen läßt. Stellen wir Beispiels halber folgende beiden Fälle einander gegenüber: Ein von seinen Eltern verwahrloster Mensch begeht an einem der Eltern einen Todtschlag; — ein als Kind von Fremden Aufgenommener, dem von Fremden alle Wohlthaten der Erziehung zu Theil geworden, begeht einen Todtschlag an einem seiner Pflegeeltern. Will man behaupten, die Schuld des Thäters müsse im letzteren Falle unter allen Umständen geringer sein, als im ersten Falle, weil dort ein leiblicher Ascendent, hier kein leiblicher Ascendent getödtet wurde? Doch mag man dem verwandtschaftlichen Verhältnisse eine noch so große Bedeutsamkeit einräumen, so groß wird dieselbe nicht sein, namentlich dann nicht, wenn es trotz der Verwandtschaft zu einem Todtschlage kommen konnte, daß man den stattgehabten Affekt und alle übrigen auf die Strafbarkeit influirenden Momente übersehen könnte. Soll dies nicht geschehen, so darf die Strafe nicht eine absolut bestimmte sein. Die höchste der relativ bestimmten Strafen droht der Entwurf aber für den Todtschlag überhaupt an. Die Strafe bis zwanzig Jahre Zuchthaus wird auch für diejenigen Fälle, von welchen der §. 179. des Preußischen Strafgesetzbuches spricht, die entsprechende Strafzumessung gestatten.

Das Preußische Strafgesetzbuch setzt freilich durch den §. 179. auch die Bestimmung seines §. 177. (Entwurf §. 138.) außer Kraft. Auch dies mochte der Entwurf nicht thun. Denn es hieße die thatsächlichen Verhältnisse verleugnen, wollte man behaupten, der Descendent könne und dürfe vom Ascendenten überhaupt nicht zum Zorne gereizt werden. Allerdings wird man Folgendes nicht außer Acht lassen dürfen. Die Voraussetzung für die Anwendbarkeit des §. 177. des Preußischen Strafgesetzbuches, resp. §. 138. des Entwurfes ist, daß der Thäter „ohne seine Schuld“ zum Zorne gereizt sei; daß dem Thäter selbst oder seinen Angehörigen eine „Mißhandlung oder schwere Beleidigung“ zugefügt sei. Diese Worte des Gesetzes werden einen anderen Inhalt haben, wo der Sohn dem Vater, als da, wo ein Fremder dem Fremden gegenübersteht.

IV. Kindsmord.

Daß das Verbrechen des Kindsmordes nur alsdann vorliege, wenn das Subjekt des Verbrechens eine Mutter und das Objekt des Verbrechens das Kind dieser Mutter ist, darin stimmen die deutschen Gesetzbücher überein.*) Im Uebrigen aber sind folgende Punkte unter den Gesetzbüchern streitig.

1. Die meisten deutschen Gesetzbücher beschränken den Thatbestand des Kindsmordes auf die Tödtung des unehelichen Kindes. (Preußen, Oldenburg, Lübeck, Württemberg, Altenburg, Hessen, Baden — welche Gesetzbücher auch den Ausdruck „uneheliches Kind“ brauchen.) Das Thüringische Gesetzbuch sagt: „Eine Mutter, welche ihr außereheliches Kind, und, wenn sie in der Ehe lebt, ihr im Ehebruche erzeugtes Kind tödtet.“ Und noch etwas copioser im Ausdrucke ist

*) Es können allerdings die Bestimmungen von zwei Entwürfen angeführt werden, welche, wenn sie Gesetz geworden wären, nicht einmal diese Uebereinstimmung in den Gesetzbüchern hätten bestehen lassen. Der Bremische Entwurf bestimmt: §. 343.: „Wer an einem unehelichen Kind während der Geburt oder gleich nach derselben in mörderischer Absicht eine zur Tödtung desselben geeignete Handlung vorgenommen hat, soll, wenn keine Gewißheit darüber, ob das Kind zur Zeit der Verübung dieser Handlung gelebt oder nicht gelebt habe, besteht, mit Zuchthaus bis zu drei Jahren bestraft werden.“ Diese Bestimmung des Bremischen Entwurfs war dem Bayrischen Entwurf von 1853 entnommen.

Sachsen (Art. 159.): „Eine Mutter, welche ihr außer der Ehe empfangenes und geborenes, und, wenn sie in der Ehe lebt, ihr im Ehebruche oder vor Eingehung der Ehe mit einem Anderen als ihrem Ehemann erzeugtes Kind" u. s. w.

Dagegen lassen Oesterreich (§. 139.), Braunschweig (§. 149.) und Bayern (Art. 231.) das Verbrechen des Kindsmordes auch an ehelichen Kindern begehen. Oesterreich und Braunschweig machen dabei zwei verschiedene Strafpositionen, die eine für Tödtung der ehelichen, die andere für Tödtung der unehelichen Kinder. Bayern stellt dagegen nur eine Strafposition auf, überläßt es mithin der Strafzumessung, ob und in wieweit dieselbe darauf Rücksicht nehmen will, daß das getödtete Kind ein eheliches resp. uneheliches war. Die Bayrische Bestimmung ist Reproduktion des code pénal Art. 300. . . . est qualifié infanticide le meurtre d'un enfant nouveau-né. Braunschweig bezieht sich in den Motiven zu seinem Strafgesetzbuche auf das Oesterreichische Gesetzbuch, welches allerdings schon 1803 Art. 122. den Kindsmord auch auf Tödtung des ehelichen Kindes ausgedehnt hatte.

2. Außer dem Leben des Kindes war nach dem Bayrischen Gesetzbuche von 1813 auch die Lebensfähigkeit des Kindes eine Voraussetzung für die Strafbarkeit des Kindsmordes. Seitdem haben die Gesetzgebungen dieses Moment als einen Theil des Thatbestandes nicht mehr aufgenommen, dasselbe jedoch wenn auch in verschiedener Weise auf die Strafbarkeit des Verbrechens von Einfluß sein lassen. Nur bei der die Bestrafung des kulposen Kindsmordes regelnden Bestimmung Badens (§. 220.) ist die Lebensfähigkeit des Kindes eine Voraussetzung für die Strafbarkeit überhaupt.

3. Das getödtete Kind muß ein neugeborenes sein. Dieses Erforderniß wird von den einzelnen Gesetzen in verschiedener Weise ausgedrückt. Entweder so, daß durch dieses Requisit eine Eigenschaft des getödteten Kindes bezeichnet wird, oder so, daß die Zeit angegeben wird, innerhalb deren die Tödtung des Kindes erfolgt sein muß, um noch als Kindsmord betrachtet werden zu können.

Zu der ersteren Kategorie von Gesetzen gehören: das frühere hannoversche Strafgesetzbuch, Württemberg, Hessen. Das Württembergische Gesetzbuch bestimmt den Begriff des neugeborenen Kindes dahin, daß darunter ein Kind verstanden werden solle, welches nicht über vierundzwanzig Stunden alt geworden ist. Hannover und Hessen lassen es quaestio facti bleiben, ob das getödtete Kind als ein neugeborenes zu betrachten sei. Da nun der Begriff eines neugeborenen Kindes nicht anders gedacht werden kann, als wenn das Kind schon geboren ist, so schließen selbstverständlich diese Gesetzgebungen von dem Thatbestande des Kindsmordes den Fall aus, wo die Tödtung des Kindes während der Geburt erfolgte. Demnach sehen sich denn auch die genannten Gesetzgebungen genöthigt, für Fälle dieser Art besondere Gesetzesformeln aufzustellen. Württemberg (Art. 250.): „Die Tödtung eines unehelichen Kindes während der Geburt wird dem Kindesmorde gleich gestraft;" Hannover und Hessen: „Die von der Mutter absichtlich verübte Tödtung ihres unehelichen Kindes in und während der Geburt ist dem Kindesmorde gleich zu strafen. In wie weit freilich das „in und während" etwas anderes ist, als das bloße „während", dürfte sprachlich und medicinisch vollkommen unerfindlich sein.

Die andere Kategorie von Gesetzbüchern, welche statt des „neugeborenen" Kindes die Zeit angeben, innerhalb deren die Tödtung erfolgt sein müsse, drücken dieses in verschiedener Weise aus. Preußen: „in oder gleich nach der Geburt"; Oesterreich: „bei der Geburt"; Sachsen, Altenburg, Braunschweig, Baden: „während der Geburt oder in den ersten 24 Stunden nach derselben" — welche Bestimmung Thüringen noch etwas anders stilisirt: „Eine Mutter, welche u. s. w. um das Leben bringt, ist mit u. s. w. Zuchthausstrafe zu belegen, falls der Tod durch ihre in die Zeit während der Geburt oder die ersten vier und zwanzig Stunden nach derselben fallende vorsätzliche Handlungsweise herbeigeführt wurde." Bayern wählt dieselbe Fassung wie Preußen, sagt aber statt „in oder gleich nach der Geburt" — „während oder gleich nach der Geburt."

Braunschweig und Baden, obwohl sie selbst die vierundzwanzigstündige Frist aufstellen, sehen doch auch wieder (Braunschweig §. 149. Abs. 2., Baden §. 216.) von dieser Frist ab. Sie bestimmen in der Sache übereinstimmend, in den Worten natürlich ihre Selbständigkeit sich wahrend:

> „Die nämlichen Strafen treten ein, wenn das Verbrechen nach Ablauf von 24 Stunden verübt ist, und sich ergiebt, daß der besondere geistige und körperliche, die Zurechnung mindernde Zustand der Thäterin noch fortgedauert hat." (Worte Braunscheigs.)

5. Hinsichtlich der Willensbestimmung stimmen die Gesetzbücher, mit Ausnahme Badens, darin überein, daß sie nur die dolose Begehung des Kindsmordes mit einer besonderen Strafe bedrohen und für den kulposen Kindsmord die allgemeinen Vorschriften über die Bestrafung kulposer Tödtungen maßgebend sein lassen. Die Gesetzesformeln weichen jedoch in der Bezeichnung des dolosen Momentes von einander ab. Einige Gesetze bezeichnen das dolose Moment entweder gar nicht, oder doch nur in unbestimmter Weise. So Oesterreich: „Gegen eine Mutter, die ihr Kind bei der Geburt tödtet oder durch absichtliche Unterlassung u. s. w. umkommen läßt." Sachsen, Altenburg, Thüringen haben übereinstimmend die Fassung: „Eine Mutter, welche ihr u. s. w. Kind um das Leben bringt." Württemberg und Braunschweig sagen: „Eine Mutter, die ihr Kind tödtet", wozu denn noch Braunschweig den Zusatz macht: „Die Strafe ist um so strenger abzumessen, je länger die That schon vor oder erst nach der Entbindung beschlossen und mit Vorbedacht oder Ueberlegung ausgeführt ist."

Die übrigen Gesetzbücher drücken das dolose Moment besonders aus: Preußen, Baden durch das Wort „vorsätzlich"; Hessen durch „absichtlich", Bayern durch die Wendung: „in der Absicht."

Den dolus indirectus hat, wie bei der Tödtung überhaupt, so auch beim Kindsmorde Baden (§. 218.) aufgestellt. Die Bestimmung lautet:

„Hatte sich eine außereheliche Schwangere in eine Lage versetzt, in der sie bei der Niederkunft der erforderlichen Hülfe entbehrte, in der Absicht und Erwartung, daß hierdurch in Folge der Hülflosigkeit der Tod des Kindes herbeigeführt werde, oder in der Absicht, ihre Lage sonst zur Tödtung desselben zu benützen, so wird sie folgendermaßen bestraft:" u. s. w.

Dasselbe Gesetzbuch hat denn auch eine Bestimmung getroffen, welche sich nur als ein Fall des kulposen Kindsmordes auffassen läßt:

§. 220. „Hatte sich die außerehelich Schwangere vorsätzlich, jedoch ohne eine gegen das Leben des Kindes gerichtete Absicht (§. 218.) in die Lage versetzt, in der sie bei der Niederkunft der erforderlichen Hülfe entbehrte, und ist sodann ihr Kind in Folge der Hülflosigkeit bei der Niederkunft ohne Mitwirkung anderer, der Mutter zum Vorsatz zuzurechnenden Handlungen oder Unterlassungen um das Leben gekommen, so wird sie, insofern das Kind lebensfähig war, mit Gefängniß oder Arbeitshaus bis zu zwei Jahren bestraft."

b) Selbst über die Art und Weise der Ausführung des Verbrechens sind in einzelnen Gesetzgebungen noch Bestimmungen getroffen. Während nämlich die meisten Gesetzbücher sich damit begnügen zu sagen, daß das Kind getödtet sein müsse, wenn von Kindsmord die Rede sein solle, — wobei denn bald das Wort „tödten", bald der Ausdruck „ums Leben bringen", bald die Wendung „den Tod verursachen" benutzt wird; halten einzelne Gesetzbücher (Oesterreich, Hessen) es für geboten, noch besonders darauf hinzuweisen, daß das Tödten auch durch Unterlassungen bewirkt werden könne.

Soweit die deutschen Gesetzbücher über den Thatbestand des Kindsmordes.

Für den Entwurf zu einem neuen deutschen Strafgesetzbuche mußte zunächst die Frage entstehen, ob ein besonderes Verbrechen des Kindsmordes überhaupt noch als nothwendig erscheine.

Wenn die CCC. Art. 131. sich der Kindsmörderinnen insoweit annahm, als sie, um Verzweiflung zu verhüten, der Regel nach an Stelle des lebendig Vergrabens oder Pfählens die einfache Todesstrafe des Ertränkens setzte, so handelte es sich dabei doch nur darum, eine im Allgemeinen für zu hart befundene Todesstrafe zu mildern.*) Hat nun auch die CCC. durch ihre Bestimmung des Art. 131. kaum mit dazu beigetragen, daß in späterer Zeit der Kindsmord zu einer Art privilegirter Tödtung gemacht wurde, so geschah diese Privilegirung doch immer noch unter anerkannter Herrschaft der Todesstrafe. Daß die Sachlage eine andere ist, wenn wir uns einem Gesetze gegenüber denken, welches die Todesstrafe überhaupt nicht anerkennt, welches für die vorsätzliche Tödtung lebenslängliche und für die im Affekt begangene Tödtung Zuchthausstrafe bis zu zwanzig Jahren ausspricht, das bedarf keiner Erörterung.

*) Diese Auffassung der CCC. Art. 131. theilt auch Hälschner a. a. O. S. 103.

Aber selbst wenn die gleichen Strafbestimmungen, welche für die dolosen Tödtungen angedroht sind, sich auch für den Kindsmord rechtfertigen sollten, so würde es dennoch nicht gerechtfertigt sein, den Kindsmord als delictum sui generis aus einem neuen deutschen Gesetzbuche fortzulassen, da dieses Verbrechen sich eine gewisse historische Position erobert hat, von der man dasselbe ohne erheblichen Grund nicht verdrängen darf.

Es sind aber die in dem Entwurfe für dolose Tödtungen aufgestellten Strafpositionen für die Bestrafung des Kindsmordes nicht ausreichend. Die lebenslängliche Zuchthausstrafe, welche für dolose, nicht im Affekte begangene Tödtungen anzudrohen war, ist auf das Verbrechen des Kindsmordes nicht anwendbar. Nur von Oesterreich (1852) wird die lebenslängliche schwere Kettenstrafe angedroht, aber nur für die Tödtung ehelicher Kinder. Für die Tödtung unehelicher Kinder bestimmen die Gesetzbücher keine höhere als die zwanzigjährige Zuchthausstrafe (Preußen, Oldenburg, Württemberg), viele derselben setzen aber selbst dieses Strafmaximum nicht unerheblich herab; Hessen bis auf 16 Jahre, Sachsen, Thüringen, Altenburg, Baden, Lübeck bis auf 15 Jahre Zuchthaus.

Hieraus allein ist schon zu ersehen, daß für den Kindsmord höchstens die für vorsätzliche im Affekt begangene Tödtungen festgesetzte Strafe (2—20 Jahre Zuchthaus) in Anwendung gebracht werden könnte. Aber selbst das Strafminimum der zweijährigen Zuchthausstrafe ist einzelnen Gesetzgebungen nicht ausreichend. Sachsens Minimum ist $1\frac{1}{2}$ Jahre Zuchthaus; Lübecks Minimum 2 Jahre Gefängniß; das Hessische Strafgesetzbuch geht sogar bis auf 6 Monate Correctionshaus herab.

Doch sehen wir von diesen Strafminimis vorläufig ab. So viel ist klar, daß, wenn für den Kindsmord eine besondere Strafbestimmung nicht existirt, die Strafbestimmung des §. 137. des Entwurfs (2 bis 20 Jahre Zuchthaus) nur alsdann auf den Kindsmord in Anwendung kommen kann, wenn der Kindsmord im Affekt begangen wäre. Mag nun auch in den meisten Fällen des Kindsmordes eine Art Affekt sich herausfinden lassen, so würde es doch sehr gewagt sein zu behaupten, daß in jedem Falle, wo ein Kindsmord vorliegt, die Tödtung im Affekt begangen sein müsse; es wird dies um so weniger zulässig sein, als es nicht an Gesetzbüchern fehlt, welche selbst der Prämeditation auch bei dieser Art der Tödtung eine mehr oder minder einflußreiche Bedeutung einräumen (Württemberg, Altenburg, Thüringen, Sachsen, Braunschweig, Hessen). Somit würde es nöthig werden, den Thatbestand des Kindsmordes selbst dann noch besonders zu fixiren, wenn die Strafgrenzen 2—20 Jahre Zuchthaus auch für dieses Verbrechen zutreffende wären.

Für die gesetzliche Formulirung des Thatbestandes des Kindsmordes ist nun trotz der verschiedenartigen Bestimmungen der deutschen Strafgesetzbücher nur folgende Frage einer näheren Erörterung zu unterziehen:*)

*) Daß das Moment der Lebensfähigkeit nicht in den Thatbestand des Kindsmordes aufzunehmen, darüber ist heute wohl kein Zweifel mehr vorhanden

Ist der Thatbestand des Kindsmordes auf uneheliche Kinder zu beschränken, oder auch auf eheliche Kinder auszudehnen?

Wenn letzteres von Braunschweig, Bayern und Oesterreich geschieht, so liegt der Gedanke nahe, es möge der Grund der besonderen Bestrafung eines Kindsmordes der sein, daß das Kind, und namentlich in seinen ersten Lebensjahren, mehr Chancen der Sterblichkeit unterworfen sei, als ein mehr erwachsener Mensch. Dasjenige, was der Verbrecher herbeiführte, nämlich den Tod des Kindes, würde bis zu einem gewissen Grade der Wahrscheinlichkeit die Natur vielleicht auch herbeigeführt haben. Die Basis für die Formulirung besonderer Strafbestimmungen für den Kindsmord würden hiernach die statistischen Tabellen über die verschiedenartige Mortalität der Kinder in verschiedenen Lebensaltern sein. Wollte man sich auf diese Basis stellen, so würde sich, die Richtigkeit dieses Standpunktes vorausgesetzt, die Ausdehnung des Kindsmordes auch auf eheliche Kinder rechtfertigen lassen. Es würde aber von gleicher Grundlage aus auch Anderes gefordert werden müssen, was zu gewähren keinem Gesetzbuche einfällt.

Zunächst nämlich würde es vollkommen unverständlich sein, weshalb nur die Mutter des getödteten Kindes Subjekt dieses Verbrechens sein sollte. Denn läge wirklich das Privilegirungsmoment in der größeren Unsicherheit für die Fortdauer des Lebens, so würde das gleiche Moment jedem andern Thäter als der Mutter ebenfalls zur Seite stehen. Man müßte aber weiter auch behaupten, daß die größere Unsicherheit des Fortlebens nicht blos bei neugeborenen Kindern, sondern auch bei anderen Personen vorhanden ist; ja, diese Unsicherheit stellt sich bei anderen Personen in noch viel erhöhterem Grade ein. Bei neugeborenen Kindern kann man die Unwahrscheinlichkeit ihres Fortlebens — einzelne Ausnahmefälle abgerechnet — so lange sie leben, nur nach gewissen Durchschnittsangaben, welche die Erfahrung zu bestätigen pflegt, berechnen. Bei erwachsenen Personen jedoch, bei welchen eine bereits entwickelte tödtliche Krankheit vorliegt, hat man statt der generellen Wahrscheinlichkeit die individuelle Gewißheit für ein baldiges natürliches Ableben und in gleicher Weise stellt sich bei Personen hohen Alters diese individuelle Gewißheit heraus. Man müßte also, wenn bei dem Kindsmorde die Unsicherheit des Lebens das Privilegirungsmoment wirklich wäre, aus gleichem Grunde auch ein Privilegirungsmoment für die Tödtung altersschwacher und siecher Personen aufstellen. Damit würde man aber nicht nur gegen das, was nicht ausdrücklich in den Gesetzgebungen ausgesprochen ist, in Widerspruch gerathen, sondern man würde auch dem Fundamentalgrundsatze für die Fixirung des Thatbestandes der Tödtung, dem nämlich, daß es auf die individuelle Leibesbeschaffenheit des Getödteten nicht ankomme, zuwiderhandeln.

(vergl. Hälschner a. a. O. S. 70. ff.), ebensowenig darüber, daß der Kindsmord auf die dolose Begehung des Verbrechens zu beschränken sei. — Ueber das Moment des „neugebornen" Kindes ist weiter unten das Erforderliche beigebracht.

Die Motive des Braunschweigischen Gesetzbuches, welches ja in §. 149. den Kindsmord auch auf die absichtliche Tödtung ehelicher Kinder ausdehnt, äußern sich hierüber in folgender Weise:

„Man kann zwar nicht mit Bentham der Ansicht sein, daß in dem Kindesmorde weder ein Uebel erster noch zweiter Ordnung liege, d. h. daß dasselbe kein bestimmtes Individuum und auch nicht das Gemeinwesen oder eine unbestimmbare Anzahl Individuen treffe, denn das hieße so viel, als das neugeborne Kind noch gar nicht als Rechtssubjekt betrachten. Aber läugnen läßt sich nicht, daß eben so sehr in dem noch völlig unentwickelten Bewußtsein eines solchen Kindes, als in dem Zustande der Mutter und die Rücksicht auf die Geschlechtsehre ein Rechtfertigungsgrund für die geringere Strafbarkeit des Kindesmordes gesucht werden muß, woraus sich auch die sonst sehr auffallende Thatsache erklärt, daß bei vielen Völkern die Aussetzung Neugeborner erlaubt war und noch erlaubt ist. Die Rücksicht auf die Geschlechtsehre kann leider nur noch ein unbedeutendes Moment bilden, wenn durchschnittlich das fünfte Kind ein uneheliches ist, und unter der zahlreichsten Klasse der Bevölkerung die uneheliche Schwängerung eine Schande zu sein fast aufgehört hat. Es ist daher jetzt in den meisten Fällen nicht sowohl die Rettung der Geschlechtsehre, als der Wunsch, sich von einer freilich oft drückenden Last zu befreien, das Motiv des Kindesmordes. Aus diesen und den sonst für die geringere Strafbarkeit des Kindesmordes sprechenden Gründen kann man denn auch dieses Verbrechen, wenn es an einem ehelichen Kinde begangen wird, dem Morde in der Strafbarkeit nicht gleichstellen, wie dies auch schon in dem österreichischen Gesetzbuche anerkannt ist."

Prüfen wir diese Motive, so ergiebt sich aus ihnen Folgendes:

Die geringere Strafbarkeit des Kindesmordes rechtfertigt sich:

1. Aus dem noch völlig unentwickelten Bewußtsein eines solchen Kindes; es erklärt sich hieraus auch die Thatsache, daß die Aussetzung neugeborener Kinder bei vielen Völkern erlaubt war und noch erlaubt ist.

2. Aus der Rücksicht auf die Geschlechtsehre. Diese Rücksicht ist aber jetzt „leider" in den meisten Fällen nicht mehr zu nehmen, und deshalb ist die geringere Strafbarkeit des Kindsmordes auch auf die Tödtung ehelicher Kinder auszudehnen.

Was nun den ersten Grund anbetrifft, so ist der Zusammenhang, in welchen der Kindsmord mit dem Aussetzen der Kinder gebracht ist, und die Rechtfertigung der geringeren Bestrafung des Kindsmordes wegen des noch völlig unentwickelten Bewußtseins des Kindes unzweifelhaft unrichtig. Denn nicht dieses war der Grund, weshalb die Kindesaussetzung gestattet war, sondern es ist der Grund hierfür darin zu finden, daß das Recht des Familienhauptes eine so weite Ausdehnung hatte, daß sich dasselbe zu einem vollständigen jus vitae ac necis über die Angehörigen gestaltete.*) Das Christenthum und die Staatsgewalt, welche den patriarchalischen Anschauungen entgegentraten, haben

*) Vgl. Geib Lehrbuch I. S. 28. 29. 93.

dasjenige unmöglich gemacht, was bei heidnisch patriarchalischen Anschauungen möglich erschien.

Der Schutz, der heute Seitens des Staates dem Menschenleben zu gewähren ist, erstreckt sich auf alle Menschen, sie mögen gebrechlich oder lebenskräftig sein, und in dem unentwickelten Bewußtsein des Kindes ist der Keim für jede weitere menschlische Entwickelung zu respektiren, so daß es gar nicht einmal nöthig ist, erst darauf hinzuweisen, daß es unmöglich sein würde, den Zeitpunkt zu bestimmen, wo das „völlig unentwickelte Bewußtsein" aufhört, einem anderen Bewußtsein Platz zu machen. Der Gedanke, welchen die Braunschweigischen Motive mit ihrem „völlig unentwickelten Bewußtsein" andeuten, weiter verfolgt, führt nothwendig zu etwas dem kanonischen foetus animatus und non animatus völlig Aehnlichem.

Bedeutsamer aber erscheint es, wie die Motive des Braunschweigischen Gesetzentwurfes die Rücksicht auf die Geschlechtsehre behandeln. „Leider", so sagen sie, ist das bei der Mehrzahl der Bevölkerung keine Rücksicht mehr. Nimmt man dieses an und findet man die geringere Strafbarkeit des Kindsmordes durch die Rücksicht auf die Geschlechtsehre nicht gerechtfertigt, so kann man konsequenterweise nur dazu gelangen, den Kindsmord wie jede andere Tödtung eines Kindes zu behandeln, nicht aber kann man die Tödtung jedes Kindes auf die mindere Strafbarkeit des Kindsmordes hinabdrücken.

Ich glaube, die Ansprüche, welche die Ethik an das Strafgesetz zu erheben berechtigt ist, sind bei den Bestimmungen des Braunschweigischen Gesetzbuches und bei denen Oesterreichs und Bayerns durchaus nicht in genügender Weise berücksichtigt.

Das, worauf es anzukommen scheint, ist, daß das eheliche Kind in eine Familie bei seiner Geburt eintritt, daß es seine Entstehung einem nicht blos natürlichen, sondern einem durch die Sittengesetze anerkannten, durch dieselben legitimirten natürlichem Vorgange verdankt. Die Tödtung des unehelichen Kindes durch die Mutter ist neben der Vernichtung des neu entstandenen Menschenlebens lediglich die Vernichtung des Verhältnisses, in welchem die uneheliche Mutter zum Kinde steht. Tödtet die Mutter dagegen das eheliche Kind, so zerreißt sie damit nicht nur die Bande, durch welche sie selbst an ihr Kind geknüpft wird, sondern ebenso die Bande, durch welche das neugeborene Kind mit der Familie, in welche es eintritt, verbunden ist. Die Tödtung des unehelichen Kindes ist die Opposition gegen die Folgen eines lediglich natürlichen Vorganges; die Tödtung des ehelichen Kindes dagegen die Opposition gegen den durch die Sitte legalisirten natürlichen Proceß der Zeugung. Die richtigen strafrechtlichen Gesichtspunkte für die Behandlung des Kindsmordes und andrer diesem Verbrechen in manchen Dingen verwandter Verbrechen wird man nicht finden, wenn man außer Acht läßt, daß durch das Sittengesetz unter den geschlechtlichen Beziehungen die einen verboten, die andern erlaubt ja geboten sind. Der Unterschied, welcher zwischen der Tödtung des unehelichen und der des ehelichen Kindes vorhanden ist, findet sein Gegenbild in der Scham, mit welcher die uneheliche Mutter auf ihr

Kind, und in dem Stolz und der Freude, mit welcher die Eltern auf ihr eheliches Kind hinblicken. Will man nun vom Standpunkte der Legislation aus sagen, daß diese auf sittlichen Prinzipien gegründeten Anschauungen bei der Mehrzahl des Volkes nicht existiren und daher auch im Gesetze nicht zu berücksichtigen seien, so mag man sich nur klar werden, was man damit thut. Es ist ein solches Vorgehen nämlich nichts Geringeres, als ein Nachgeben, ein legislatives Anerkennen des von dem ethischen Gesetze Verworfenen. Die Gesetzgebung, welche in der Tödtung des ehelichen Kindes keine höhere Schuld erblickt, als in der Tödtung des unehelichen, basirt auf einem ethischen System, welches den außerehelichen Beischlaf für ebenso sittlich hält, wie den ehelichen. Weil das, was unsittlich ist, von einem großen Theil der Bevölkerung nicht als unsittlich empfunden wird, dadurch wird das Unsittliche noch nicht sittlich. Verstößt das verdorbene Gefühl gegen die Forderungen der Sittlichkeit, so folgt daraus gewiß nicht, daß das Strafgesetz den gleichen Verstoß machen muß. —

Aus diesen Gründen wird es eine sittliche Unmöglichkeit, die Tödtung des ehelichen Kindes in den Thatbestand des Kindsmordes aufzunehmen.

Aber freilich existiren mitunter faktische Verhältnisse, welche es nicht möglich werden lassen, daß das Strafgesetz den vollen Ausdruck dessen wiedergiebt, was das Sittengesetz verlangt.

Die Motive Braunschweigs deuten derartige Verhältnisse in einer Richtung an, wenn sie darauf aufmerksam machen, daß der „Wunsch, sich von einer freilich oft drückenden Last zu befreien“, in den meisten Fällen das Motiv des Kindsmordes sei. Will man diesem Motiv eine Berechtigung einräumen, so heißt das seitens der Strafgesetzgebung gesellschaftliche Uebel sanktioniren, welche schlechterdings nicht sanktionirbar sind. Den Anspruch darf die Strafgesetzgebung an die gesammte Gesetzgebung des Staates machen, daß diejenigen Schranken, welche der freien Erwerbsthätigkeit entgegen treten, beseitigt werden. Sie selbst hat auf derartige krankhafte Verhältnisse, wo sie existiren, nur insoweit Rücksicht zu nehmen, daß dieselben im Wege der Strafzumessung ihre Erledigung finden können. Aber ungerechtfertigt ist es, derartige Verhältnisse als Basis der Gesetzgebung anzuerkennen.

Dazu kommt aber noch, daß die Rücksichtnahme auf ein derartiges Motiv offenbar zuviel beweist. Die drückenden Nahrungssorgen sind allerdings dem ehelichen Kinde gegenüber ebensogut denkbar, wie dem unehelichen gegenüber — obgleich es nicht schwer sein würde, Fälle nachzuweisen, in denen die Existenz des ehelichen Kindes drückendere Nahrungssorgen mit sich führt, als die Existenz des unehelichen Kindes — aber keineswegs sind diese Nahrungssorgen blos neugeborenen Kindern gegenüber vorhanden, und ebensowenig blos Kindern, sondern auch Erwachsenen gegenüber vorhanden. Die Nahrungssorgen mögen den Karakter eines strafmindernden Zumessungsgrundes haben. Aber dieser mindernde Strafzumessungsgrund ist keineswegs ein solcher, welcher bei der Schwere des Verbrechens gegen das Leben auch nur insoweit in Betracht kommen kann, daß er Veranlassung darböte, beispielsweise die absolut bestimmte Strafe für dolose Tödtungen in eine relativ bestimmte zu verwandeln; auch ist dieser Zumessungsgrund keineswegs so beschaffen, daß derselbe nicht leicht durch andere erschwerende Zumessungsgründe neutralisirt werden könnte.

Sehen wir daher nach welcher Seite wir wollen, so bleibt das Resultat zweifellos, daß alle innere Konsequenz für ein besonderes Delikt des Kindesmordes fortfällt, so wie der Thatbestand desselben über das Verhältniß der unehelichen Mutter zu dem unehelichen Kinde hinaus ausgedehnt wird.

Also nicht die Tödtung des unehelichen Kindes überhaupt macht den Thatbestand der Kindestödtung aus, sondern die Tödtung des unehelichen Kindes durch die Mutter. Sind nun einerseits bezüglich der Mutter die Nahrungssorgen und die Sorgen um die verlorne Geschlechtsehre zunächst in's Auge zu fassen, so würde dieser Umstand allein doch nicht ausreichend sein, ein besonderes Delikt zu formuliren, da einerseits diese eben angegebenen Gründe in gleichem Maße unter Umständen auch bei dem unehelichen Vater zutreffen können; man denke an den Fall, wo ein in übrigens bedürftigen Verhältnissen lebender verheiratheter Mann Vater eines unehelichen Kindes wird. Und andererseits brauchen durchaus nicht in allen Fällen diese Rücksichten für die Mutter bedeutsam zu werden; man denke beispielsweise an den Fall, wo eine vielleicht selbst nicht unbemittelte Person als anerkannte Maitresse eines reichen, vielleicht selbst einflußreichen Mannes lebt und von diesem schwanger wird.

Diese Rücksichten würden mithin für sich allein nicht den Privilegirungsgrund rechtfertigen, sie würden es höchstens in Frage stellen, ob für die Strafbestimmung der dolosen Tödtungen überhaupt nicht statt der absolut bestimmten eine relativ bestimmte Strafe festgesetzt werden müßte.

Aber wenn die eben angeführten Rücksichten durch irgend eine Geistesverwirrung ihre berechtigte Bedeutung verlieren, und ein krankhaftes Uebergewicht gewinnen, dann und auch nur dann, wird durch das Zusammentreffen entweder Aller oder doch mehrerer der bekannten Gründe ein Herabdrücken der Schuld gegen die Schuld bei sonstigen Fällen der dolosen Tödtung bewirkt. Diese Geistesverwirrung kann man durch die mit dem Akte der Geburt eines unehelichen Kindes verbundene Aufregung als entstanden annehmen.

Das also, worauf es bei dem Thatbestande des Kindsmordes ankommt, ist nicht die Eigenschaft des Kindes als eines neugebornen, sondern die psychische Beschaffenheit der Mutter als einer Gebärenden. Es ergiebt sich hieraus, daß die Formulirung derjenigen Gesetzbücher Nichts taugt, welche als Objekt des Kindsmordes ein neugeborenes Kind bezeichnen; aber es läßt sich diese Fassung wenigstens noch insoweit rechtfertigen, als man sagen kann, so lange das Kind ein neugeborenes ist, befindet sich auch die Mutter noch in dem durch die Geburt verursachten Zustande der verminderten Zurechnungsfähigkeit, wobei man denn allerdings faktisch die Sache umkehrt und zu dem Resultate gelangt, daß, so lange die Mutter sich in der durch die Geburt veranlaßten verminderten Zurechnungsfähigkeit befindet, das Kind selbst ein neugeborenes sein müsse. Aber noch bedenklicher ist das Vorgehen derjenigen Gesetzgebungen, welche durch die bestimmte Frist von 24 Stunden den Begriff des neugeborenen Kindes an eine gesetzlich bestimmte Zeitdauer knüpfen. Das überaus Mißliche einer solchen Zeitbestimmung zeigt sich gleich, so wie man sich vergegenwärtigt, daß, wenn das getödtete Kind nicht 24 sondern 25 Stunden alt geworden ist, die allgemeinen Strafbestimmungen wegen doloser Tödtungen eintreten müssen, obwohl die Voraussetzungen, welche die geringere Strafbarkeit des Kindsmordes zu rechtfertigen vermögen, wohl auch noch einem 26 Stunden alten Kinde gegenüber vorhanden sein können, während es andererseits vorkommen kann, daß nach dem Verlaufe von 20 Stunden bereits die Mutter sich in einem Zustande befindet, welche eine geringere Bestrafung des Verbrechens nicht mehr rechtfertigen würde.

Dasjenige also, was eigentlich in die Gesetzesformel aufgenommen werden müßte, ist, daß die Mutter in einem durch den Akt der Geburt veranlaßten verminderten Grade der Zurechnungsfähigkeit gehandelt hat.

Wollte man nun aber eine derartige Gesetzesformel aufstellen, etwa folgende:

> Eine Mutter, welche ihr uneheliches Kind während der in Folge der Geburt entstandenen verminderten Zurechnungsfähigkeit tödtet,

so würde diese Formel zweierlei gegen sich haben.

Zunächst und vor Allem ist diese Formel eine bis dahin vollkommen ungebräuchliche gewesen, und es ist nicht richtig, ohne Noth eine Gesetzesformel lediglich um ihrer vielleicht in Etwas korrekteren Gestalt willen zu recipiren, wenn andere bereits in der Praxis eingelebte Formeln ebenfalls richtige Resultate herbeizuführen im Stande sind.

Dies ist aber bei denjenigen Formeln der Fall, welche nicht die Eigenschaft des Kindes als eines neugeborenen, sondern — und zwar in einer etwas unbestimmteren Weise — die Zeit, innerhalb deren die Tödtung erfolgen müsse, festsetzen. Wenn gesagt wird „in oder gleich nach der Geburt“, so ist damit zunächst die Möglichkeit gegeben, das „gleich nach der Geburt“ so extensiv oder so restriktiv zu behandeln, wie es erforderlich ist, wenn man der verminderten Zurechnungsfähigkeit ihren Einfluß sichern will.

Ferner hat diese Formel den Vorzug, daß die thatsächliche Feststellung eine erheblich leichtere ist, als wenn man sagen wollte, „welche ihr uneheliches Kind während der in Folge der Geburt entstandenen verminderten Zurechnungsfähigkeit tödtet“. Denn in diesem Falle müßte zunächst festgestellt sein, daß die verminderte Zurechnung bei der Geburt vorhanden war, und sodann, daß die vorhandene verminderte Zurechnung Folge des Geburtsaktes war. Diese thatsächliche Feststellung würde ihre oft nur zu großen Schwierigkeiten haben.

Dies sind die Gründe, welche dafür maßgebend waren, daß der

Entwurf den Thatbestand des Kindsmordes in genauem Anschlusse an das Preußische Strafgesetzbuch dahin formulirte:

„Eine Mutter, welche ihr uneheliches Kind in oder gleich nach der Geburt vorsätzlich tödtet, wird u. s. w. bestraft." *)

Was die Bestrafung dieses Verbrechens anbetrifft, so hat der Entwurf geglaubt, abweichend vom Lübischen — welches „Freiheitsstrafe" d. h. Gefängniß oder Zuchthaus von 2—15 Jahren androht — und vom Hessischen Gesetzbuche — welches bis auf sechs Monate Korrektionshaus herabgeht — ausschließlich bei der Zuchthausstrafe stehen bleiben zu müssen.

Denn — nimmt man selbst an, daß auf die Mutter eines unehelichen Kindes die mannigfaltigsten Verhältnisse einwirken, welche dieselbe zur Begehung des Verbrechens bestimmen könnten; so bleibt doch immer bestehen die Tödtung des Kindes durch die Mutter, ein Verbrechen, welches eine so arge Verkennung der natürlichsten Pflichten zeigt, daß, wenn irgendwo, so hier eine nach bestimmten Prinzipien geregelte Freiheitsstrafe, wie dieses allein die Zuchthausstrafe ist, in Anwendung gebracht werden muß.

Daß der Entwurf die Zuchthausstrafe statt bis zu zwanzig Jahren, wie dies das Preußische Strafgesetzbuch thut, nur bis zu funfzehn Jahren ausdehnt, hat seinen Grund theils darin, daß das Lübische Strafgesetzbuch nicht über dies Maximum hinausgeht, theils auch darin, wie nach Ausweis der Statistik bisher in Preußen wirklich gestraft ist.

Es sind nämlich in dem Zeitraum von sechs Jahren (1860—1865) in Preußen 438 Fälle von Kindsmord gegen 425 Angeklagte verhandelt worden. Von den 425 Angeklagten wurden 332 verurtheilt, darunter 331 zu weniger als 15 Jahre Zuchthaus. Nur in einem Falle (im Appellationsgerichts-Bezirke Cöln im Jahre 1862) betrug die Strafe funfzehn Jahre Zuchthaus, oder auch mehr, was aus der Kolonne der statistischen Tabellen „15 Jahr und mehr" nicht ersichtlich ist.

Aber auch von den 332 Verurtheilungen, welche funfzehn Jahre Zuchthaus nicht erreichten, waren nur 11, in welchen die Zuchthausstrafe 10—15 (excl.) Jahre betrug. Die meisten Verurtheilungen, nämlich 196, erfolgten zu fünf bis zehn (excl.) Jahren Zuchthaus. In 51 Fällen wurde auf weniger als ein Jahr Gefängniß, in 60 Fällen zu einer höheren Gefängnißstrafe verurtheilt. Diese 111 Fälle sind zweifellos diejenigen, in welchen zwar wegen Kindsmordes angeklagt, aber entweder wegen fahrlässiger Tödtung oder Beiseiteschaffen des Leichnams verurtheilt wurde. Wie es aber zu erklären ist, daß wegen Kindsmordes fünfmal zu zwei Jahren und achtmal zu zwei bis fünf (excl.) Jahren Zuchthaus verurtheilt worden, das kann aus

---

*) Die Bedenken, welche dieser Gesetzesformel Hälschner a. a. O. S. 111. ff. entgegensetzt, werden beseitigt, wenn man beobachtet, wie in der Preußischen Praxis wirklich gestraft ist. Die Erfahrung zeigt, daß man das Maximum von 20 Jahren Zuchthaus noch nicht einmal braucht.

den statistischen Tabellen nicht ersehen werden. Jedenfalls ist in diesen 13 Fällen nicht wegen Kindsmordes verurtheilt, denn das für dieses Verbrechen festgesetzte Strafminimum beträgt ja fünf Jahre Zuchthaus.

Das Preußische Strafgesetzbuch bestimmt §. 180. Abs. 2:

„Wird die vorsätzliche Tödtung des Kindes von einer anderen Person als der Mutter verübt, oder nimmt eine andere Person an dem Verbrechen des Kindsmordes Theil, so kommen gegen dieselbe die Bestimmungen über Mord und Todtschlag, so wie über die Theilnahme an diesen Verbrechen in Anwendung."

Der Entwurf läßt eine entsprechende Bestimmung fort.

1. Daß der Kindsmord als Subjekt die Mutter des unehelichen Kindes voraussetze, sagt der Entwurf — wie auch das Preuß. Strafgesetzbuch — deutlich genug. Daß mithin für Denjenigen, oder für Diejenige, welche ein Kind tödtet, ohne die Mutter desselben zu sein, der §. 140. des Entwurfs unanwendbar ist, versteht sich von selbst. Gleichgiltig ist es auch, ob die auf eine andere Person als die Mutter des unehelichen Kindes zurückzuführende Thäterschaft eine Art der Mitthäterschaft ist, oder ob die fremde Person alleiniger Thäter war. Denn das Gesetz selbst — weder das Preußische Strafgesetzbuch noch der Entwurf — haben irgend welche Unterscheidungen zwischen Thäterschaft und Mitthäterschaft aufgestellt. Die in §. 180. Abs. 2. auf die Thäterschaft des Kindsmords bezügliche Bestimmung wäre daher auch in dem Preußischen Strafgesetzbuche nicht nöthig gewesen.

2. Wenn aber das Preußische Strafgesetzbuch noch besondere Bestimmungen für die Theilnahme am Kindesmorde aufstellte, so hatte dieses Gesetzbuch hierzu Veranlassung wegen seiner in §. 35. aufgestellten Vorschrift, nach welcher auf den Theilnehmer an einem Verbrechen dasselbe Strafgesetz angewendet werden soll, welches auf den Thäter Anwendung findet. Der Entwurf hat dieses Prinzip in den §§. 28. 29. aufgegeben; er läßt der Rechtswissenschaft vollkommene Freiheit, die Frage, ob Derjenige, welcher der Mutter bei der Tödtung ihres unehelichen Kindes Hilfe leistete, als Gehilfe eines Kindsmordes oder eines gewöhnlichen Mordes resp. Todtschlages aufzufassen sei, richtig zu beantworten. Und aus diesem Grunde durfte der Entwurf diese Frage selbst nicht beantworten.

V. Abtreibung der Leibesfrucht.

Es ist eine bekannte Erfahrung, daß der Beweis dieses Verbrechens schwer zu führen ist. Den Behörden der Staatsanwaltschaft wird dies nicht unbekannt sein, und man darf annehmen, daß nur in Betreff der weniger zweifelhaften Fälle Anklagen erhoben sein mögen.

Hält man dies fest, so wird das durch die statistischen Tabellen festgestellte Verhältniß zwischen Anklagen und Verurtheilungen ein um so auffälligeres. Im Laufe von sechs Jahren (1860—1865) sind gegen 132 Angeklagte Anklagen wegen Abtreibung der Leibesfrucht (§§. 181. und 182. des Preußischen Strafgesetzbuches) erhoben. Von diesen 132 Angeklagten wurden indessen nicht weniger als 64 gänzlich freigesprochen. Unter den Verurtheilten waren aber nur 60, welche zur Zuchthausstrafe verurtheilt wurden; die übrigen acht Verurtheilten trafen dagegen folgende Strafen: Geldbuße: einen; Gefängniß unter einem Jahre: dreie; Gefängniß von einem Jahre und darüber: vier. Da nun die Abtreibung der Leibesfrucht im Preuß. Strafgesetzbuch ausschließlich mit Zuchthaus bedroht ist, so ergiebt sich, daß von 132 Angeklagten nur 56 wegen des von der Anklage behaupteten Verbrechens verurtheilt wurden.

Dieses Resultat legt die Ansicht nahe, daß auch Fehler der Gesetzgebung mitgewirkt haben mögen, dasselbe herbeizuführen, und es fehlt nicht an Vorschlägen, wie diese Fehler zu beseitigen sein möchten.

v. Kräwel*) führt den §. 181. des Preußischen Strafgesetzbuches unter denjenigen Bestimmungen desselben an, welche ungerechtfertigte Härten in der Strafdrohung aufweisen. Er sagt:

> „Nach §. 181. unseres Strafgesetzbuches in Verbindung mit §. 32. soll jeder, auch der ganz erfolglose Genuß von Abortivmitteln mit 2—5 Jahren Zuchthaus bestraft werden. Die Erfahrung bei den Schwurgerichten lehrt aber, daß diese unverhältnißmäßig harte Strafe ungerechtfertigte Freisprechungen veranlaßt."

Der Entwurf konnte diesem Monitum gerecht werden, indem erstens vom Preußischen Strafgesetzbuche abweichende Grundsätze über die Bestrafung des Versuches aufgestellt sind, und zweitens eine nicht unerhebliche Strafherabsetzung gegenüber den Bestimmungen des Preußischen Strafgesetzbuches vorgenommen ist. Daß diese Strafherabsetzung zulässig, darüber läßt die Schwurgerichtsstatistik keinen Zweifel. Das Preußische Strafgesetzbuch bestimmt für die Abtreibung der Leibesfrucht mit Willen der Schwangeren (§. 181.) Zuchthaus bis zu fünf Jahren; für die Abtreibung der Leibesfrucht wider Willen der Schwangeren Zuchthaus von fünf bis zu zwanzig Jahren (§. 182.). Die Schwurgerichtsstatistik faßt zwar die beiden §§. 181. und 182. gemeinschaftlich zusammen; da indessen das Strafmaximum des §. 181., nämlich fünf Jahre Zuchthaus, zugleich das Strafminimum des §. 182. ist, so läßt sich annehmen, daß diejenigen Fälle, welche mit Zuchthaus von 2—5 (excl.) Jahren bestraft wurden, Fälle von Abtreibung der Leibesfrucht mit Willen der Schwangeren gewesen seien, während die Bestrafungen zu Zuchthaus von 5—10 Jahren die Abtreibung wider Willen der Schwangeren umfaßt haben mögen. Nimmt man dies an, so kommen auf den Zeitraum von sechs Jahren sechs Verurtheilungen wegen Abtreibung der Leibesfrucht wider Willen der Schwangeren. Aber alle diese Verurtheilungen sind in den Tabellen unter der Kolonne: Zuchthaus 5—10 Jahr (excl.) verzeichnet. Wenn sonach in sechs Jahren die Praxis nicht einmal Veranlassung gefunden hat, auch nur auf zehn Jahre Zuchthaus zu erkennen, so wird eine neue Gesetzgebung nicht fehlgreifen, wenn sie die Strafe für Abtreibung der Leibesfrucht wider Willen der Schwangeren auf Zuchthaus bis zu

*) In Goltdammer's Archiv Bd. XVI. S. 246.

zehn Jahren arbitrirt. Und aus dieser Strafposition rechtfertigt sich denn auch die für die Abtreibung der Leibesfrucht mit Willen der Verletzten festgesetzte Strafe von Gefängniß nicht unter drei Monaten oder Zuchthaus bis zu fünf Jahren.

Skrzeczka*) findet eine Lücke der Gesetzgebung darin, daß das Preußische Strafgesetzbuch die „fahrlässige Tödtung der Leibesfrucht" nicht mit Strafe belegt habe. Es ist indessen kriminalistisch nicht ohne Bedenken, ein Delikt zu formuliren, wie Skrzeczka dasselbe im gerichtsärztlichen Interesse wünscht. Denn wenn ich auch nicht bestreiten will, daß unter den 64 Freigesprochenen, von denen oben die Rede war, einzelne wegen „fahrlässiger Tödtung der Leibesfrucht" mit Strafe belegt worden wären, wenn dieses Delikt existirt hätte, so glaube ich doch, daß diese Verurtheilungen nicht anders aufzufassen gewesen wären, wie die Verurtheilungen wegen fahrlässigen Meineides, welche sich an eine Anklage wegen wissentlichen Meineides anschließen.**) Die Strafe nämlich für die „fahrlässige Tödtung der Leibesfrucht" würde, da die Strafe für die fahrlässige Tödtung nach dem Entwurf nur drei, nach dem Preußischen Strafgesetzbuche sogar nur zwei Jahre Gefängniß beträgt, nicht mehr als ein Jahr Gefängniß im Maximum betragen können. Ein Verdikt abzugeben, welches keine höhere als eine derartige Gefängnißstrafe nach sich ziehen kann, dazu sind Geschworne wohl geneigt, aus allgemeinen moralischen Rücksichten, auch wenn der geführte Beweis mangelhaft sein sollte.

Dazu kommt aber noch, daß die Formulirung der „fahrlässigen Tödtung der Leibesfrucht" darin schwierig ist, daß der Zustand der Schwangerschaft bei Frauen nicht präsumirt werden kann, am wenigsten bei denjenigen Frauen, die bei dem Verbrechen der Abtreibung der Leibesfrucht vorzugsweise in Betracht kommen, nämlich den unverheiratheten Frauen. Hieraus folgt aber, daß auch von der fahrlässigen Tödtung der Leibesfrucht nur alsdann die Rede sein kann, wenn der Thäter den Zustand der Schwangerschaft gekannt hat; und die betreffende Gesetzesformel müßte demgemäß so redigirt werden, daß die Feststellung, Angeklagter habe gewußt, daß die Verletzte schwanger sei, nothwendig wird.

Unter diesen Voraussetzungen wird es aber nicht nöthig, um dem praktischen Bedürfnisse — wie dieses in dem oben citirten Aufsatze dargelegt ist — nachzukommen, eine neue, bisher nicht gebräuchliche Gesetzesformel aufzustellen. In dem Falle nämlich, welchen Skrzeczka am Schlusse seiner Abhandlung mittheilt, würde auch nicht einmal wegen fahrlässiger Abtreibung der Leibesfrucht zu bestrafen gewesen sein, da schließlich dem angeklagten Arzte nichts weiter zur Last gelegt werden konnte, als „ein Verkennen des schwangeren Zustandes seiner Patientin und ein auf diesem Irrthum beruhendes Handeln." Wäre es möglich gewesen, dem Angeklagten nachzuweisen, daß er den schwangeren Zustand seiner Patientin gekannt habe — und dieser Beweis würde,

*) In Holtzendorff's Strafrechtszeitung, 8. Jahrg. S. 266 ff.
**) S. oben S. 377. ff.

wie oben gezeigt, auch für die Verurtheilung wegen fahrlässiger Tödtung der Leibesfrucht zu führen gewesen sein — so würde es Skrzeczka's Mittheilung zufolge an einem Verdikte nicht gefehlt haben, durch welches der Angeklagte wegen vorsätzlicher Abtreibung der Leibesfrucht verurtheilt worden wäre.

Für den anderen von Skrzeczka mitgetheilten Fall — (die Schwangere war gestoßen und hatte, ohne sonstige erhebliche Nachtheile für ihre Gesundheit, ein unreifes, 24 bis 28 Wochen altes, todtes Kind zur Welt gebracht, und es wurde, da §. 192. a. — „erhebliche Nachtheile für die Gesundheit" u. s. w. — nicht anwendbar erschien, lediglich wegen leichter Körperverletzung verurtheilt) bietet der Entwurf in anderer Weise Aushülfe. Sollten die Bestimmungen desselben Gesetz werden, so werden die Gerichtsärzte nicht mehr Veranlassung haben, die Frage zu beantworten, „ob die Folgen der Mißhandlungen als erhebliche im Sinne des §. 192. a. des Strafgesetzbuches bezeichnet werden könnten." Und da der Entwurf für jede Körperverletzung, welche nicht Verstümmelung u. s. w. ist, Gefängniß bis zu drei Jahren androht, so werden auch Fälle, wie der von Skrzeczka mitgetheilte, nach dieser Strafvorschrift in richtiger Weise behandelt werden können.*)

VI. Fahrlässige Tödtungen.

Es ist hier nur mit wenigen Worten eine Abweichung des Entwurfes gegenüber dem Preußischen Strafgesetzbuche zu motiviren.

Das Preußische Strafgesetzbuch sagt:

§. 184. „Wer durch Fahrlässigkeit den Tod eines Menschen herbeiführt,"

und der Entwurf sagt §. 144.:

„Wer durch Fahrlässigkeit den Tod eines Menschen verursacht".

Vielleicht wäre auch diese Aenderung des Preußischen Strafgesetzbuches nicht nöthig gewesen; denn eine sachliche Aenderung wird durch diese Wort-Aenderung nicht herbeigeführt.

Bekannt ist es aber, wie mit unter dem Einflusse des Wortes „herbeiführt" in der Preußischen Praxis letztinstanzliche Entscheidungen getroffen sind, welche das Kausalitätsverhältniß bei kulposen Tödtungen vollständig verwirren.**) Damit liegt aber die Gefahr nahe, daß für kulpose Delikte überhaupt das Kausalitätsverhältniß verwirrt werde; denn das läßt sich nicht gut annehmen, daß die Preußische Praxis ein anderes Kausalitätsverhältniß bei kulposen Tödtungen und ein anderes bei sonstigen kulposen Delikten annehmen werde. Wenn der Schenkwirth, der einem Säufer so viel Branntwein verabfolgte, daß letzterer in Folge des Genusses desselben starb, wegen fahrlässiger Tödtung bestraft wurde, so riskirt heute jeder Gastgeber, welcher seine Gäste zum Trinken nöthigt, wegen fahrlässiger Körperverletzung angeklagt und verurtheilt zu werden, falls einer seiner Gäste am Tage nach dem Feste in Folge des zu reichlich genossenen Getränkes Kopfweh und Uebelkeit empfindet.

*) Vergl. unten die Motivirung zu §. 145. 146. des Entwurfs.
**) Vergl. Goltdammer Archiv Bd. IV. 565. VIII. 780. XIV. S. 299. 533.

Daß freilich auch auf Grund des Wortlautes des bestehenden Gesetzes richtige Entscheidungen hätten getroffen werden können, daß der Wortlaut des Preußischen Gesetzes keineswegs den Grundsatz alterirt, daß das Kausalitätsverhältniß bei den kulposen Delikten kein anderes sei als bei den dolosen Verbrechen, das in ist jüngster Zeit ebenfalls dargethan.*)

Da indessen das Wort „verursachen" vielleicht noch eine strengere Mahnung enthält, das Kausalitätsverhältniß auch bei kulposen Delikten richtig in Anwendung zu bringen, als das Wort „herbeiführen"; da das Wort „verursachen" unter den von den deutschen Gesetzbüchern gelegentlich der kulposen Tödtungen gebrauchten Worte „herbeiführen" (Preußen), „verursachen" (Bayern, Hannover), „verschulden" (Hessen, Baden) auch wohl das geeignetste ist, um das Kausalitätsverhältniß zu bezeichnen; da endlich das Loskommen von einer fehlerhaften Praxis dadurch nicht unerheblich erleichtert werden dürfte, daß man, wenn auch nicht die Sache, so doch wenigstens ein Wort in der Gesetzesformel ändert; — so glaubte der Entwurf aus diesen immerhin nicht schwer wiegenden Gründen eine ebenfalls nicht schwer wiegende Aenderung an der Fassung des §. 184. des Strafgesetzbuches vornehmen zu dürfen.

VII. Tödtlichkeit der Verletzungen.

Das Preußische Strafgesetzbuch bestimmt §. 185.:

„Bei Feststellung des Thatbestandes der Tödtung kommt es nicht in Betracht, ob der tödtliche Erfolg einer Verletzung durch zeitige oder zweckmäßige Hülfe hätte verhindert werden können, oder ob eine Verletzung dieser Art in anderen Fällen durch Hülfe der Kunst geheilt worden, ingleichen ob die Verletzung nur wegen der eigenthümlichen Leibesbeschaffenheit des Getödteten, oder wegen der zufälligen Umstände, unter welchen sie zugefügt wurde, den tödtlichen Erfolg gehabt hat."

Der Entwurf läßt eine diesem §. 185. entsprechende Bestimmung fort.

Fast alle deutschen Gesetzbücher stimmen darin überein, daß sie Vorschriften über die Tödtlichkeit einer Verletzung aufstellen.

Die Basis aller dieser Bestimmungen ist bekanntlich Art. 143. des Bayrischen Gesetzbuches von 1813. Dieser lautet:

„Um eine Beschädigung oder Verwundung im rechtlichen Sinne für tödtlich zu halten, wird mehr nicht als die Gewißheit erfordert, daß dieselbe im gegenwärtigen Falle als wirkende Ursache den erfolgten Tod des Beschädigten hervorgebracht habe.

---

*) Goltdammer Archiv Bd. XV. S. 15. ff. Sehr richtig bemerkt Hälschner a. a. O. S. 75. Nr. 4.: „Soll nicht nur derjenige, welcher einen Andern unvorsichtiger Weise erschießt, sondern zugleich auch derjenige, welcher das geladene Gewehr an einem für Andere zugänglichen Orte liegen ließ, für fahrlässige Tödtung haften, so wird man folgerecht auch den der fahrlässigen Tödtung schuldig erachten müssen, welcher durch das hingelegte geladene Gewehr einem Andern Gelegenheit gab, einen Mord zu begehen, und denjenigen etwa eines fahrlässigen Diebstahls, der unvorsichtig in der Nacht das Fenster offen stehen ließ und dadurch einen Andern veranlaßte einzusteigen und zu stehlen."

Es hat sonach auf die rechtliche Beurtheilung der Tödtlichkeit einer Beschädigung oder Verwundung keinen Einfluß, ob dieselbe in anderen Fällen durch Hülfe der Kunst etwa schon geheilt worden oder nicht; ob in dem gegenwärtigen Falle durch zeitige zweckmäßige Kunsthülfe ihr tödtlicher Erfolg hätte verhindert werden können; ob dieselbe unmittelbar, oder nur durch andere, jedoch durch sie selbst in Wirksamkeit gesetzte Zwischenursachen den Tod bewirkt habe; ob endlich dieselbe allgemein tödtlich sei, oder nur wegen der eigenthümlichen Leibesbeschaffenheit des Entseelten, oder wegen der zufälligen Umstände, unter welchen sie ihm zugefügt worden, den Tod hervorgebracht habe.

In wiefern aber in dem einen oder dem andern der zuletzt gedachten Fälle auf eine bloß fahrlässige Tödtung zu schließen sei, hat der Richter nach den allgemeinen Grundsätzen über Fahrlässigkeit und rechtswidrigen Vorsatz zu beurtheilen."

Diese Gesetzesstelle enthielt somit drei verschiedene Vorschriften. Es wurde durch dieselbe 1) bestimmt, unter welchen Voraussetzungen eine Verletzung als tödtlich anzunehmen sei; 2) es wurde ausdrücklich darauf hingewiesen, welche Umstände die Tödtlichkeit einer Verletzung nicht beseitigen; und endlich wurde 3) gesagt, daß in solchen Fällen, wo die Tödtlichkeit einer Verletzung nicht ausgeschlossen wird, sowohl dolose, wie auch kulpose Tödtung angenommen werden könne.

Die neueren Gesetzbücher, welche eine der Bayerischen nachgebildete Bestimmung enthalten, haben sämmtlich die unter 3) aufgestellte Vorschrift nicht reproducirt und dadurch zu erkennen gegeben, daß sie dieselbe für überflüssig erachten. Dies kann auch gewiß nur gebilligt werden. Denn wollen die Gesetze bestimmen, was als Todesursache anzusehen ist; nehmen die Gesetze selbst die Strafbarkeit der kulposen und nicht blos der dolosen Tödtung an, so müssen diejenigen Bestimmungen, welche die etwa vorhandenen Streitfragen über die Todesursache beizulegen den Zweck haben, sich sowohl auf dolose, wie auch auf kulpose Tödtungen beziehen. Und etwas Weiteres als dieses sagt denn auch in der That jene dritte Bestimmung des Art. 143. nicht.

Hinsichtlich der beiden ersten Bestimmungen ist aber darauf hinzuweisen, daß die unter 1) angeführte positiv erklärt, unter welchen Voraussetzungen eine Verletzung oder Beschädigung als Todesursache anzusehen sei, während die Bestimmung unter 2) nichts weiter sagt, als was sich aus der ersteren ganz von selbst ergiebt. Denn wenn es, um mit dem Bayerischen Gesetzbuche von 1813 zu sprechen, nur darauf ankommt, daß „mehr nicht, als die Gewißheit erfordert wird, daß eine Verwundung oder Beschädigung im gegenwärtigen Falle als wirkende Ursache den erfolgten Tod des Beschädigten hervorgebracht habe", so versteht es sich von selbst, daß alle diejenigen Umstände, welche unter 2. als indifferent angeführt werden, eben indifferent sind. Man würde daher sagen können, daß diejenigen Gesetzbücher, welche die Bayerische Bestimmung des Art. 143. nachgebildet haben, sich damit hätten begnügen können, die Bestimmung unter 1. zu reproduciren, wie denn auch für das Bayerische Gesetzbuch selbst diese Bestimmung allein ausreichend gewesen wäre, um dasjenige Resultat, welches das Gesetz für die Praxis beabsichtigte, herbeizuführen.

Oder man konnte auch von folgendem Gesichtspunkte ausgehen. Die Gesetzgebung findet Veranlassung, Fehlern der Praxis oder der früheren Gesetzgebung entgegen zu treten, Fehlern, die darin bestehen, daß man den Thatbestand der Tödtung von Umständen abhängig machte, welche nach der Ansicht der Gesetzgebung indifferent sein sollen. Von diesem Gesichtspunkte aus wird die Gesetzgebung sich in der Lage sehen, diejenigen Umstände zu bezeichnen, welche bisher für den Thatbestand der Tödtung von Erheblichkeit gewesen sind und es jetzt nicht mehr sein sollen. Damit würde man denn zugleich diejenigen Umstände, welche für den Thatbestand der Tödtung von Erheblichkeit sein sollen, auf die nach der Ansicht des neuen Gesetzes wesentlichen beschränkt haben. Dieses Resultat würde das Bayerische Strafgesetzbuch von 1813 dadurch erreicht haben, daß es lediglich die Bestimmungen unter 2. getroffen hätte. Aus denselben würde sich dann mit Nothwendigkeit das unter 1. Hingestellte als Folge ergeben haben.

Hat nun das Bayerische Gesetzbuch von 1813 zuerst bestimmt, was für den Thatbestand der Tödtung von Erheblichkeit sein solle; hat es dann weiter erklärt, was nicht von Erheblichkeit sein solle, so ist damit mehr geschehen, als nothwendig ist, und erklärt sich dieses „Mehr“ aus der belehrenden Tendenz des Gesetzbuches.

Die dem Bayerischen Gesetzbuche nachfolgenden Gesetzbücher hatten nun einen dreifachen Weg; sie konnten 1) ebenso wie das Bayerische Gesetzbuch erklären, was für den Thatbestand der Tödtung wesentlich sei und sich damit begnügen; 2) sie konnten erklären, welche Umstände fernerhin für den Thatbestand der Tödtung indifferent sein sollten; sie konnten 3) sowohl das Eine, wie auch das Andere thun.

Die geltenden Gesetzbücher haben nun das in Betreff der Letalität einer Verletzung Anzuordnende bald in der Weise bestimmt, daß sie sowohl sagen, worauf es in dieser Beziehung ankomme, wie auch, worauf es nicht ankomme; bald haben sie sich darauf beschränkt, dasjenige hervorzuheben, worauf es nicht ankommen solle.

Das Erstere thun die Gesetzbücher von Hannover (Art. 226.), Württemberg (Art. 235.), Baden (§. 204.), Oldenburg (Art. 167.*), Hessen (Art. 251.). Für den letzteren Weg entscheiden sich Oesterreich (§. 134.), Preußen (§. 185.), Lübeck (§. 153.), Altenburg (Art. 120.), Braunschweig (§. 154.), Thüringen (Art. 118.), Bayern 1862 (Art. 233.).

Bei den Gesetzbüchern, welche, wie Hannover, Württemberg u. s. w. sowohl positive, wie auch negative Bestimmungen in Betreff der Letalität aufstellen, ist die Fassung der positiven Vorschrift meistens wörtlich übereinstimmend mit der Bestimmung des Bayerischen Gesetzbuches von 1813.

*) Oldenburg Art. 167. beginnt mit den Worten: „Der Thatbestand der Tödtung erfordert, daß die Verletzung im vorliegenden Fall den Tod als wirkende Ursache herbeigeführt hat. Dabei kommt es nicht in Betracht“ u. s. w., wie Preußen §. 185.

Die negativen Bestimmungen, mögen sie nun für sich allein, oder neben den positiven Bestimmungen stehen, variiren zwar in Einzelnheiten, stimmen aber doch darin mit einander überein, daß sie sich alle an das Bayrische Strafgesetzbuch von 1813 anlehnen.

Der zweite Abschnitt des Art. 143. dieses Gesetzbuches enthält nun vier verschiedene Bestimmungen. Sehen wir zu, wie die späteren Gesetze sich zu demselben verhalten.

Nach dem Bayrischen Gesetzbuche soll es nämlich für die rechtliche Beurtheilung der Tödtlichkeit einer Beschädigung oder Verwundung

1. nicht darauf ankommen, ob dieselbe in anderen Fällen durch Hilfe der Kunst etwa schon geheilt worden ist oder nicht. Diese Bestimmung erachten ebenfalls für nöthig: Hannover, Württemberg, Baden, Altenburg, Braunschweig, Thüringen, Bayern (1862), Hessen, Preußen, Oldenburg, Lübeck. Oesterreich dagegen glaubt ohne diese Bestimmung auskommen zu können, in §. 134. des Oesterreichischen Gesetzbuches fehlt die entsprechende Vorschrift.

2. Es soll nicht darauf ankommen, ob in dem gegebenen Falle durch zeitige zweckmaßige Kunsthülfe der tödtliche Erfolg der Verletzung hätte verhindert werden können. Die korrespondirende Bestimmung fehlt hierfür bei Oesterreich, bei Bayern (1862), und auch der Bremische Entwurf schließt sich diesen beiden Gesetzbüchern an.

3. Es soll nicht darauf ankommen, ob die Verletzung unmittelbar oder nur durch andere, jedoch durch sie selbst in Wirksamkeit gesetzte Zwischenursachen den Tod bewirkt habe. Diese Bestimmung findet keine korrespondirende Vorschrift in den Gesetzbüchern von Altenburg, Preußen, Oldenburg, Lübeck.*)

4. Es soll nicht darauf ankommen, ob die Verletzung allgemein tödtlich ist, oder nur

a. wegen der eigenthümlichen Leibesbeschaffenheit des Entseelten, oder
b. wegen der zufälligen Umstände, unter welchen sie ihm zugefügt worden, den Tod hervorgebracht hat.

In dieser Bestimmung des Bayrischen Gesetzbuches von 1813 finden wir auf beschränkterem Raum wiederum zweimal das Gleiche vorgeschrieben. Denn ist einmal gesagt, daß es für die Tödtlichkeit einer Verletzung darauf nicht ankommen könne, ob sie allgemein tödtlich sei oder nicht, so folgt daraus ganz von selbst, daß, wenn der Tod nur

*) Die übrigen Gesetzgebungen weichen darin von einander ab, daß sie den „Zwischenursachen" eine verschiedenartige Bedeutung beilegen. Nach Bayern (1813) und Hannover heben die Zwischenursachen die Letalität nicht auf, wenn sie „durch die Verletzung selbst in Wirksamkeit gesetzt sind". Württemberg, Braunschweig, Thüringen anerkennen nur solche Zwischenursachen, „welche aus der Verletzung entstanden **und** durch sie in Wirksamkeit gesetzt sind." Baden, Hessen, Bayern (1862) verlangen, daß die Zwischenursache aus der Verletzung „entstanden" sei, und nehmen auf das „in Wirksamkeit setzen" keine Rücksicht. Oesterreich endlich will weder etwas von der „Wirksamkeit" der Zwischenursachen wissen, noch will es, daß die Zwischenursachen durch die Verletzung „entstanden" seien, sondern es sagt: „wenn auch dieser Erfolg nur vermöge der zufällig hinzugekommenen Zwischenursachen eingetreten ist, insofern diese letzteren durch die Handlung selbst veranlaßt wurden."

in Folge der eigenthümlichen Leibesbeschaffenheit des Entseelten eintrat, dies ohne Einfluß auf die Beurtheilung der Todesursache sein müsse; ebenso folgt daraus, daß, wenn die Verletzung wegen anderer zufälliger Umstände den Tod zur Folge gehabt hat, sie ebenfalls als Todesursache aufgefaßt werden müsse.

Es ist daher nur korrekt, wenn das Bayrische Gesetzbuch (1862) in Art. 233. nach dem Vorgange des Oesterreichischen Strafgesetzbuches der allgemeinen Tödtlichkeit einer Verletzung gar nicht mehr Erwähnung thut, sondern nur die beiden speciellen Fälle des Gesetzbuches von 1813 anführt.

Aber auch bei dieser Bestimmung findet sich wieder die Souveränetät der einzelnen Gesetzbücher in voller Wirksamkeit. Württemberg, Baden, Braunschweig, Thüringen, Hessen, Preußen, Oldenburg, Lübeck disponiren ganz in derselben Weise wie das Bayrische Gesetzbuch von 1813. Dagegen disponiren in anderer Weise Hannover und Altenburg. Diese erwähnen zwar die allgemeine Tödtlichkeit der Verletzungen, und bestimmen, daß es nicht darauf ankommen solle, ob die Verletzung eine allgemein-tödtliche gewesen sei. Dann aber beschränken sich diese beiden Gesetzbücher darauf, nur noch zu erwähnen, daß es auf die besondere Leibesbeschaffenheit des Getödteten nicht ankommen solle, wogegen die sonstigen „zufälligen Umstände" übergangen werden.

Ueberblicken wir nun alle diejenigen Gesetzgebungen, welche überhaupt Bestimmungen über die Letalität haben, so ergiebt sich, daß alle nur in einer Vorschrift übereinstimmen, und diese eine Vorschrift würde lauten:

> „Auf die rechtliche Beurtheilung der Tödtlichkeit einer Verletzung hat es keinen Einfluß, ob dieselbe nur wegen der eigenthümlichen Leibesbeschaffenheit des Getödteten den Tod hervorgebracht hat."

Von den übrigen hinsichtlich der Letalität getroffenen Bestimmungen giebt es keine einzige, welche nicht von dem einen oder dem anderen Gesetzbuche ignorirt, d. h. für überflüssig gehalten würde.

Und doch darf man kaum annehmen, daß auch die Praxis in den einzelnen deutschen Territorien eine ebenso bunte sein werde, wie es die Gesetzgebung ist. Man kann vielmehr behaupten, daß die Praxis in dieser Beziehung eine gleiche sein werde; nicht wegen jener einen, allen Gesetzbüchern gemeinschaftlichen Bestimmung, sondern deshalb, weil die Bestimmung, des Bayrischen Gesetzbuches vom Jahre 1813 den Juristen aller deutschen Länder gleichmäßig in succum et sanguinem übergegangen ist. Die Letalitätsparagraphen der deutschen Strafgesetzbücher brauchen gar nicht interpretirt zu werden; man weiß, was darin steht, auch ohne sie zu lesen; man kann sie befolgen, ohne sie in ihrem Detail zu kennen.

Das Fehlen der Letalitätsparagraphen würde einen Streit in der Praxis jetzt nicht mehr veranlassen. Denn es steht heute in dieser Beziehung anders, als zur Zeit der Publikation des Bayrischen Strafgesetzbuches von 1813. Während damals durch das Gesetz einer unrichtigen Theorie, welche in die Praxis übergegangen war, entgegengetreten werden mußte, würde heute die Gesetzgebung nichts weiter zu thun haben, als anzuerkennen, daß ein theoretischer Satz, dessen Richtigkeit weder Theorie noch Praxis bezweifeln, in der That der richtige sei. Dies zu lehren, kann die Gesetzgebung füglich den Lehrbüchern überlassen, die ja überdem noch die Gelegenheit finden, nicht blos den Rechtssatz selbst, sondern auch seine Begründung zu geben.

Die Richtigkeit dieser Auffassung wird übrigens auch durch ein deutsches Gesetzbuch dargethan, das einzige, welches in der voraufgegangenen Darstellung nicht erwähnt werden konnte. In dem Sächsischen Gesetzbuche (1855) sucht man unter den das „Verbrechen wider das Leben" betreffenden Bestimmungen — 4tes Kapitel, Art. 155. ff. — vergeblich einen Artikel, welcher dem Art. 143. des Bayrischen Gesetzbuches von 1813 entspräche. Dagegen finden sich in dem genannten Gesetzbuche unter den „allgemeinen Bestimmungen" im dritten Kapitel Art. 37. ff. Vorschriften, welche die bei der Lehre der Tödtung wahrnehmbare Lücke zu ergänzen bestimmt scheinen. Hier heißt es nämlich:

> Art. 37. „Ein Verbrechen ist vollendet, wenn die mit Strafe bedrohte Handlung beendigt und, im Falle ein gewisser Erfolg zu den gesetzlichen Erfordernissen des Verbrechens gehört, auch dieser eingetreten ist." *)

In Art. 38. wird sodann die gesetzliche Begriffsbestimmung des Erfolges gegeben:

> „Als Erfolg ist jede Wirkung anzusehen, welche durch die Handlung oder Unterlassung des Verbrechens verursacht worden ist, gesetzt auch, daß zur Hervorbringung derselben Umstände mitgewirkt haben, welche der Verbrecher nicht vorhergesehen hatte."

Dieser Artikel ist zweifellos auch für den Erfolg bei Tödtungen anwendbar. Auf dieses Verbrechen specialisirt würde die Vorschrift dieses Artikels lauten:

> Als tödtlich ist jede Verwundung oder Beschädigung zu erachten, welche den Tod des Verletzten verursacht hat, gesetzt auch, daß zu dem Tode des Verletzten Umstände mitgewirkt haben, welche der Verbrecher nicht vorhergesehen hatte.

Das würde denn wieder eine neue Ausdrucksweise sein, um die Letalität der Verletzungen zu bestimmen. Aber wahrlich! ein Bedürfniß nach

---

*) In Parenthese wird hinzugefügt: (Vergl. die besonderen Bestimmungen in Art. 186. 211. 224. 273. 328. 358.) In Art. 186. und 358. ist bestimmt: Wenn zum Begriffe eines Verbrechens der Beischlaf gehört, so solle das Verbrechen für vollendet zu erachten sein, sobald die Vereinigung der Geschlechtstheile erfolgt ist. Art. 211.: Die Brandstiftung solle vollendet sein, sobald der Gegenstand, welcher in Brand gesteckt werden sollte, von dem Feuer ergriffen worden ist und daher entweder in heller Flamme gebrannt, oder doch geglimmt hat. Art. 224.: Der Meineid solle vollendet sein, sobald der Schwörende die Betheuerungsformel ausgesprochen hat. Art. 273.: Der Diebstahl solle vollendet sein, sobald der Dieb die Sache, welche er zu stehlen beabsichtigt, an sich genommen hat. Art. 328.: Die Ausgabe des falschen Geldes solle in allen Fällen durch das bloße Angebot für geschehen zu erachten sein, wenn auch das falsche Geld sofort als solches erkannt und zurückgewiesen worden ist.

Die parenthetische Bemerkung in Art. 37. weist somit nur darauf hin, daß das Strafgesetzbuch es für erforderlich erachtet habe, bei einzelnen Verbrechen den Zeitpunkt der Vollendung speciell zu bestimmen.

einer weiteren Variation ist nicht anzuerkennen, und dies um so weniger, als auch das Sächsische Strafgesetzbuch selbst dieses Bedürfniß nicht anerkannt hat. Es bleibt vielmehr bei seiner allgemeinen Begriffsbestimmung des Erfolges stehen.

So zeigt denn das Sächsische Strafgesetzbuch, daß eine specielle Vorschrift, um das Kausalitätsverhältniß bei den Tödtungen zu bestimmen, nicht erforderlich ist, daß hiezu vielmehr die „allgemeinen Bestimmungen" auch ausreichend sind.

Unter diesen allgemeinen Bestimmungen aber den Begriff des Erfolges gesetzlich definirt zu haben, darin steht das Sächsische Strafgesetzbuch gänzlich isolirt unter allen deutschen Gesetzgebungen. Denn andere Gesetzgebungen erwähnen es zwar, daß, wenn ein bestimmter Erfolg zu den gesetzlichen Erfordernissen des Verbrechens gehöre, derselbe eingetreten sein müsse, falls das Verbrechen für vollendet erachtet werden solle*); aber abgesehen davon, daß andere Gesetzgebungen dies nicht für nothwendig erachten,**) so haben auch diejenigen Gesetzgebungen, welche des „Erfolges" Erwähnung thun, es vermieden, eine doktrinäre Definition des „Erfolges" zu geben.

Hatte somit das Sächsische Gesetzbuch es dargethan, daß, um das Kausalitätsverhältniß für das Verbrechen der Tödtung in der Praxis richtig zu handhaben, eine specielle für dieses Verbrechen berechnete Bestimmung nicht erforderlich sei, daß hiezu vielmehr die allgemeinen Bestimmungen ausreichen; so zeigen die übrigen Gesetzbücher, daß auch unter den allgemeinen Bestimmungen eine Vorschrift nicht erforderlich sei, damit die Praxis bei allen Verbrechen das Kausalitätsverhältniß richtig handhabe.

Aus diesen Gründen ist in dem Entwurfe eine dem Preußischen §. 185. entsprechende Bestimmung nicht aufgenommen.

Ist einmal ein doktrinärer Irrthum überwunden, so hat das Gesetz keine Veranlassung mehr, gegen den überwundenen Irrthum von Neuem anzukämpfen.

VIII. Beerdigung des Leichnams.

In dem Entwurf fehlt eine Bestimmung, welche dem §. 186. des Preußischen Strafgesetzbuches entspräche. Dieser bestimmt:

„Wer ohne Vorwissen der Behörde einen Leichnam beerdigt oder bei Seite schafft, wird mit Geldbuße bis zu zweihundert Thalern oder mit Gefängniß bis zu sechs Monaten bestraft.

Die Strafe ist Gefängniß bis zu zwei Jahren, wenn eine Mutter den Leichnam ihres unehelichen neugebornen Kindes ohne Vorwissen der Behörde beerdigt oder bei Seite schafft."

Was den ersten Abschnitt dieses Paragraphen betrifft, so ist derselbe rein polizeilicher Natur, gehört mithin schon aus diesem Grunde nicht in das Strafgesetzbuch des Norddeutschen Bundes.

---

*) Nach dem Vorgange von Bayern thun dieses: Hannover (Art. 32.), Braunschweig (§. 35.), Hessen (Art. 63.), Altenburg (Art. 25.), Thüringen (Art. 22.), Baden (§. 105.), Württemberg (Art. 61.)

**) Oldenburg, Preußen, Bayern, Oesterreich.

Der gleiche Einwand steht auch dem zweiten Abschnitte desselben Gesetzes entgegen, außerdem ist derselbe aber auch aus folgenden Gründen bedenklich:

1. Was sich früher gegen die „Verheimlichung der Schwangerschaft", so lange man dieselbe als selbständiges Delikt betrachtete, sagen ließ, das läßt sich jetzt in gleicher Weise gegen die „Beerdigung eines neugebornen unehelichen Kindes durch die Mutter desselben" anführen. Daß es sich früher um das noch nicht existirende, weil ungeborene, jetzt dagegen um das nicht mehr existirende, weil todte Kind handelt, das ist für die Entscheidung der Frage nach der legislatorischen Berechtigung des Deliktes durchaus gleichgültig.

2. Die „Beiseiteschaffung des Leichnams" gehört mit zu denjenigen Delikten, welche dafür Sorge tragen, daß eine wegen Kindsmordes angeklagte Person, der jedoch dieses Verbrechen nicht nachgewiesen werden kann, doch wenigstens etwas Gefängnißstrafe davon trägt. Derartige Bestimmungen muß aber, aus schon früher angeführten Gründen, die Strafgesetzgebung vermeiden.

Sechszehnter Titel.

Körperverletzung.

§. 145.

Wer vorsätzlich einen Andern stößt oder schlägt, oder demselben eine andere Mißhandlung oder Verletzung des Körpers zufügt, wird mit Geldbuße bis zu dreihundert Thalern oder mit Gefängniß bis zu drei Jahren bestraft.

§. 146.

Ist in Folge einer vorsätzlichen Mißhandlung oder Körperverletzung der Verletzte verstümmelt, oder der Sprache, des Gesichts, des Gehörs oder der Zeugungsfähigkeit beraubt, oder in eine Geisteskrankheit versetzt worden, so ist die Strafe Gefängniß nicht unter sechs Monaten oder Zuchthaus bis zu zehn Jahren.

§. 147.

Wer vorsätzlich einen Andern verstümmelt, oder denselben der Sprache, des Gesichts, des Gehörs, der Zeugungsfähigkeit beraubt oder in eine Geisteskrankheit versetzt, wird mit Zuchthaus bis zu funfzehn Jahren bestraft.

§. 148.

Ist in Folge einer vorsätzlichen Mißhandlung oder Körperverletzung (§§. 145. 147.) der Tod des Verletzten eingetreten, so ist die Strafe Zuchthaus bis zu zwanzig Jahren.

§. 149.

War bei einer Mißhandlung oder Körperverletzung der Thäter ohne eigene Schuld durch eine ihm selbst oder seinen Angehörigen zugefügte Mißhandlung oder schwere Beleidigung von dem Verletzten zum Zorne gereizt und dadurch auf der Stelle zur That hingerissen worden, so ist im Falle der schweren Körperverletzung oder Tödtung (§§. 146. 147. 148.) auf Gefängniß bis zu zwei Jahren, und im Falle der leichten Körperverletzung (§. 145.) auf Gefängniß bis zu drei Monaten oder auf Geldbuße bis zu funfzig Thalern zu erkennen. In Fällen der letzteren Art soll der Richter auch ermächtigt sein, gar keine Strafe eintreten zu lassen.

§. 150.

Wenn bei einer Schlägerei oder bei einem von Mehreren verübten Angriff ein Mensch getödtet wird, so ist Jeder, welcher sich an der Schlägerei oder dem Angriff betheiligt, schon wegen dieser Betheiligung mit Gefängniß bis zu Einem Jahre, wenn dagegen eine schwere Körperverletzung (§§. 146. 147.) erfolgte, mit Gefängniß bis zn sechs Monaten zu bestrafen. Wird jedoch festgestellt, daß er ohne sein Verschulden hineingezogen ist, so ist er straffrei.

Sind mehreren Betheiligten solche Verletzungen zuzuschreiben, welche nicht einzeln für sich, sondern nur in ihrer Gesammtheit den Tod oder die schwere Körperverletzung zur Folge gehabt haben, so ist jeder dieser Betheiligten im Falle des §. 148. mit Gefängniß nicht unter sechs Monaten oder mit Zuchthaus bis zu zehn Jahren, im Falle der §§. 146. 147. mit Gefängniß nicht unter drei Monaten oder mit Zuchthaus bis zu fünf Jahren zu bestrafen.

Die Anwendung der Gesetze gegen diejenigen, welche als Urheber eines Mordes oder eines Todtschlages, oder einer schweren Körperverletzung (§§. 146. 147.) oder als Theilnehmer an diesem Verbrechen schuldig sind, ist hierdurch nicht ausgeschlossen.

§. 151.

Wer vorsätzlich einen Andern dadurch beschädigt, daß er demselben Gift oder andere Stoffe beibringt, welche die Gesundheit zu zerstören geeignet sind, wird mit Zuchthaus bis zu funfzehn Jahren bestraft.

Hat die Handlung den Tod zur Folge gehabt, so ist die Strafe Zuchthaus bis zu zwanzig Jahren.

§. 152.

Wer durch Fahrlässigkeit einen Menschen körperlich verletzt, oder an der Gesundheit beschädigt, soll mit Geldbuße bis zu zweihundert Thalern oder mit Gefängniß bis zu Einem Jahre bestraft werden.

Die Bestrafung soll nur auf Antrag des Verletzten stattfinden, insofern nicht eine schwere Körperverletzung (§. 146.) vorliegt, oder die Verletzung mit Uebertretung einer Amts- oder Berufspflicht verübt worden ist.

§. 153.

Wenn bei einer Körperverletzung der Thäter die ihm vermöge seines Amtes, Berufes oder Gewerbes obliegenden Pflichten übertreten hat, so soll derselbe zugleich auf eine bestimmte Zeit, welche die Dauer von fünf Jahren nicht übersteigen darf, oder für immer zu einem solchen Amte für unfähig, oder der Befugniß zur selbständigen Betreibung seiner Kunst oder seines Gewerbes verlustig erklärt werden.

Statt der §§. 187.—194. und 196. des Preußischen Strafgesetzbuches schlägt der Entwurf lediglich die Bestimmungen der §§. 145. bis 149. vor.

Die Aenderungen, welche der Entwurf gegenüber dem Preußischen Strafgesetzbuche vorgenommen, sind nach folgenden Gesichtspunkten zu beurtheilen.

I. Der Entwurf hat, abweichend vom Preußischen Strafgesetzbuche, die Real-Injurien von Neuem unter die Ehrverletzungen aufgenommen.*) Hieraus folgt, daß bei den die Körperverletzungen betreffenden Bestimmungen alle diejenigen Vorschriften fortgelassen werden mußten, welche nur unter der Voraussetzung getroffen sein konnten, daß in den Strafbestimmungen über Körperverletzungen auch die über die Real-Injurien mit enthalten seien. Hiezu rechne ich nun im Einzelnen folgende:

1. Die das Retorsionsrecht betreffende Bestimmung des §. 188. des Preußischen Strafgesetzbuches. Das Retorsionsrecht selbst nämlich rechtfertigt sich im Strafrechte lediglich wegen des privaten Karakters der Injurien, den man bei der gesetzlichen Behandlung dieses Deliktes nicht aufgeben kann; und so wird das Retorsionsrecht, wie auch in diesem Entwurfe geschehen, nicht allein bei den Verbal-, sondern auch bei den Real-Injurien anzuerkennen sein. Entfernt man aber die Real-Injurien aus den Körperverletzungen, bleiben sonach nur diejenigen Delikte übrig, bei welchen der Vorsatz des Thäters darauf gerichtet ist, einen Anderen an seiner Gesundheit zu beschädigen, so hört damit der den Injurien eigenthümliche private Karakter des Deliktes auf und die in der Anwendung des Retorsionsrechtes enthaltenen Kompensationen können nicht anerkannt werden.

Wenn nun aber auch die Anwendung des Retorsionsrechts bei Körperverletzungen zu verwerfen ist, so darf doch nicht übersehen werden, daß in manchen Fällen die eine begangene Körperverletzung Veranlassung wird, daß der Verletzte seinem Angreifer nunmehr auch eine Körperverletzung zufügt. Bei Real-Injurien kann in einem solchen Falle das Retorsionsrecht angewandt werden. Dieses gewährt nun aber dem Angreifer nicht mindere Vortheile als dem Angegriffenen. Bei Körperverletzungen kann aber dem Angreifenden daraus, daß seine widerrechtliche Handlung eine gegen ihn gerichtete ähnliche Handlung hervorrief, ein Vortheil nicht erwachsen. Wollte man dieses annehmen, so käme man zu der Konsequenz, daß das dem Angreifenden von dem Angegriffenen zugefügte Uebel die von dem Angreifenden verwirkte Strafe entweder ganz oder theilweise zu absorbiren im Stande sei, ein Gedanke, der mit dem Karakter des öffentlichen Strafrechts

---

*) Vergl. oben S. 417. ff.

schlechterdings unvereinbar ist und lediglich in dem Gebiete der Injurien Anerkennung beanspruchen darf.

Bei der Körperverletzung jedoch, einem Delikte, welches lediglich nach den Anforderungen des öffentlichen Strafrechts legislatorisch zu behandeln ist, wird, wenn ein Angriff stattgefunden hat, zwar der Angegriffene hinsichtlich der in Folge des Angriffes von ihm begangenen Körperverletzung milder zu beurtheilen sein, als wenn ein Angriff nicht erfolgt wäre; für die strafrechtliche Beurtheilung des Angreifers jedoch muß das Uebel, welches ihn in Folge seines widerrechtlichen Angriffes getroffen, vollkommen indifferent bleiben und kann dasselbe, wenn überhaupt, so nur gelegentlich der Strafzumessung eine Berücksichtigung finden.

Aus diesen Gründen genügt es, wenn Strafherabsetzungen für die von einem Angegriffenen in Folge des widerrechtlichen Angriffes begangenen Körperverletzungen angeordnet werden. Und dieses thut der Entwurf in seinem §. 149., welcher dem §. 196. des Preußischen Strafgesetzbuches nachgebildet ist. Die Abweichungen dieses Paragraphen des Entwurfes erklären sich zunächst aus den Abweichungen, welche die §§. 145.—148. von dem Preußischen Strafgesetzbuche enthalten, und welche weiter unten noch zu motiviren sind. Dann aber hat §. 149. des Entwurfes eine Bestimmung aufgenommen, welche dem Preußischen Strafgesetzbuche überhaupt fehlt. Letzteres läßt nämlich zwar für die erheblichen Körperverletzungen (§. 192 a.), wie auch für die Verstümmelungen und die tödtlichen Verletzungen eine geringere Strafe eintreten, falls die Körperverletzung unter den in §. 196. angegebenen Voraussetzungen begangen wurde. Dagegen aber läßt das Preußische Strafgesetzbuch für die leichten Körperverletzungen (§. 187.) ein und dieselbe Strafe bestehen, die leichte Körperverletzung mag nun mit Affekt, wie derselbe in §. 196. beschrieben ist, oder ohne denselben begangen sein. Dies ist eine Inkonsequenz, die dadurch nur theilweise unschädlich gemacht wird, daß das Preußische Strafgesetzbuch §. 187. in seinem Strafminimum bis auf Einen Thaler Geldbuße herabgeht. Denn die Größe der Strafe wird nicht durch das Strafminimum allein, sondern ebenso auch durch das Strafmaximum bestimmt. Würde demnach für die im Affekt begangenen leichten Körperverletzungen auch nur ein geringeres Strafmaximum angeordnet, als dies für die ohne Affekt begangenen vorsätzlichen Körperverletzungen der Fall ist, so würde damit für das praktische Bedürfniß einer korrekten Strafzumessung schon Erhebliches gewonnen sein. Zu einer derartigen Berücksichtigung der leichten Körperverletzungen, wenn dieselben im Affekte begangen sind, war um so eher Veranlassung, als die Argumentation gehindert werden mußte, daß, weil das Gesetz den Affekt zwar bei den tödtlichen Verletzungen und den Verstümmelungen als gesetzlichen Strafmilderungsgrund anerkenne, dies dagegen bei den leichten Körperverletzungen unterlasse, dasselbe die leichten Körperverletzungen ohne Rücksichtnahme darauf, ob dieselben im Affekt begangen seien oder nicht, behandelt wissen wolle.

Darf man nun auch annehmen, die Praxis sei die unrichtigen

Wege, welche sie vor dem Gesetz zu entschuldigen im Stande gewesen, nicht gegangen; nimmt man selbst an, die Praxis werde bei leichten Körperverletzungen, welche unter den Voraussetzungen des §. 196. begangen sind, regelmäßig das Aushilfsmittel der „mildernden Umstände" benutzt haben, so würde doch eine Ergänzung des Preußischen §. 196. noch erforderlich gewesen sein. Der Entwurf glaubte diese Ergänzung zu bewirken durch die Schlußworte seiner Bestimmung:

„In Fällen der letzteren Art soll der Richter auch ermächtigt sein, gar keine Strafe eintreten zu lassen."

Es muß nämlich erwogen werden, daß Fälle leichter Körperletzungen, wenn sie durch einen rechtswidrigen Angriff hervorgerufen sind, unter Umständen so sehr entschuldbar erscheinen können, daß es überhaupt schwer werden dürfte, denselben den Karakter der Rechtswidrigkeit überhaupt noch beizulegen. Hierzu tritt dann noch die weitere Erwägung, daß bei den durch einen widerrechtlichen Angriff provocirten leichten Körperletzungen die Beantwortung der Frage, ob nicht Nothwehr resp. eine nur durch Bestürzung, Furcht, Schrecken überschrittene Nothwehr vorliegt, mitunter auf der Messerschneide ruhen kann. Und so hat der Entwurf dem Richter die Befugniß eingeräumt, unter Umständen bei Körperverletzungen der besprochenen Art gar keine Strafe auszusprechen.

Für diese Vorschrift konnte denn auch ein Bedenken daraus nicht entstehen, daß im Allgemeinen das Strafgesetz die Aufgabe hat, anzuordnen, was gestraft werden solle, daß dagegen Vorschriften darüber, was nicht zu strafen sei, in das Strafgesetz um deswillen nicht gehören, weil alles Dasjenige, was das Strafgesetz nicht mit Strafe bedroht habe, allemal wegen des Fehlens der Strafvorschrift straflos sei; denn so zweifellos dieses im Allgemeinen ist, so kann doch ausnahmsweise das Strafgesetz Vorschriften, daß nicht gestraft werden solle, alsdann nicht entbehren, wenn Verletzungen einer bestimmten Art regelmäßig mit Strafe bedroht sind und das Gesetz nur ausnahmsweise für einzelne Fälle die Straflosigkeit eintreten lassen will. Beispiele hierfür finden sich auch sonst in den Gesetzen, z. B. bei dem Retorsionsrecht, bei der Bestimmung des §. 211. des Preußischen Strafgesetzbuches („Eine widerrechtliche Freiheitsberaubung ist nicht vorhanden" u. s. w.), und sie müssen sich überall da finden, wo für einzelne Delikte besondere Strafausschließungsgründe aufgestellt sind; denn auch die allgemeinen Strafausschließungsgründe sind nichts Anderes als Vorschriften, daß nicht gestraft werden solle; sie bilden Ausnahmen von der in den positiven Gesetzen in dieser Allgemeinheit nicht ausgesprochenen, aber doch zu supplirenden Regel, daß Handlungen, welche gewisse Eigenschaften haben, Verbrechen sind und gestraft werden sollen, falls nicht — ein allgemeiner Strafausschließungsgrund, wie z. B. Verjährung, non bis in idem u. s. w. vorliegt.

2. Der Entwurf läßt die Bestimmung des §. 189. des Preußischen Strafgesetzbuches fort. Diese lautet:

„Wenn wegen vorsätzlich zugefügter leichter Körperverletzungen oder Mißhandlungen die Privatklage erhoben ist, so kommen die im dreizehnten Titel bei den Ehrverletzungen über den Antrag auf Bestrafung und die Zurücknahme des Antrages gegebenen Bestimmungen zur Anwendung."

Man darf diese Bestimmung wohl in folgender Weise paraphrasiren:

Da unter dem Gesichtspunkte der Körperverletzung im Preußischen Strafgesetzbuche auch die Real-Injurien behandelt werden,

da die Real-Injurien nach der Intention des Gesetzes im Allgemeinen nicht verfolgt werden sollen, es sei denn auf Antrag des Verletzten,

so sollen hiermit die Behörden der Staatsanwaltschaft angewiesen sein, nur wegen derjenigen leichten Körperverletzungen die Anklage ex officio zu erheben, welche wirkliche Körperverletzungen sind; bei denjenigen Körperverletzungen dagegen, welche nicht Körperverletzungen, sondern Real-Injurien sind, sollen sie den Antrag des Verletzten abwarten;

in welchem letzteren Falle diejenigen Grundsätze über den Antrag des Verletzten und die Zurücknahme desselben Platz greifen sollen, deren Anwendung für die Ehrverletzungen vorgeschrieben sind.

Gegen diese Auffassung des §. 189. wird man zwar vom Standpunkte der Praxis aus geltend machen können, daß die Staatsanwälte keineswegs bei Erörterung der Frage, ob sie wegen Körperverletzungen ex officio anklagen oder den Strafantrag des Verletzten abwarten, darauf Rücksicht nehmen, ob die Körperverletzung als Real-Injurie sich qualificire, oder ob dieses nicht der Fall sei, daß vielmehr lediglich die Bedeutsamkeit der Verletzung im Allgemeinen zur Entscheidung dieser Frage wesentlich sei. Und in der That würde ein derartiger Einwand nicht ohne Grund zu erheben sein, da ja das Preußische Strafgesetzbuch eine Unterscheidung zwischen Real-Injurien und leichten Körperverletzungen nicht anerkennt. Berücksichtigt man indessen, daß die Real-Injurien, wenn auch von dem Preußischen Strafgesetzbuche verleugnet, dennoch existiren, daß dieselben, trotz der Aehnlichkeit in der äußeren Erscheinung, begrifflich etwas vollkommen Anderes sind, als die Körperverletzungen; erwägt man endlich, daß es nicht wohl verständlich sein würde, wie ein Gesetz Vorschriften, welche für die *Injurien* berechnet sind, auf Handlungen in Anwendung bringen kann, welche nicht Injurien sind, so gelangt man trotz der konfundirenden Bestimmung des Preußischen Strafgesetzbuches, trotz der Gleichgiltigkeit der Praxis gegen den eben ausgeführten Gesichtspunkt dennoch zu dem Resultate, daß, wenn die so eben aufgestellte Paraphrasirung des Preußischen Strafgesetzbuches §. 189. praktisch befolgt wäre und befolgt würde, damit die korrekteste Methode zur Anerkennung gelangen möchte, welche von der Praxis bei Handhabung des §. 189. überhaupt beobachtet werden kann.

Wenn nun der Entwurf die Real-Injurien überhaupt von den Körperverletzungen aussondert, so versteht es sich von selbst, daß, wenn derselbe überhaupt eine gesetzliche Regelung des Strafantrages eintreten lassen wollte, dieses nicht unter Rücksichtnahme auf die *Injurien* und

und unter Reception der für die Injurien getroffenen Bestimmungen geschehen konnte. Ebensowenig wie der Strafantrag bei der Entführung (§. 209.), bei dem Ehebruch (§. 140.) von dem Preußischen Strafgesetzbuche in Verbindung gebracht wird, mit dem Strafantrage bei Injurien, ebensowenig würde für den Entwurf eine Veranlassung vorhanden sein bei den Körperverletzungen, falls bei diesem Delikte überhaupt von einem Strafantrage die Rede sein sollte, die Vorschriften für denselben unter Bezugnahme auf den Strafantrag bei Injurien festzustellen.

Der Entwurf beseitigt indessen bei den dolosen Körperverletzungen nicht nur den Strafantrag nach Injurien-Grundsätzen, sondern er beseitigt denselben überhaupt.

Hier ist nun zu bemerken, daß andere Strafgesetzbücher, obgleich dieselben die Real-Injurien von den Körperverletzungen sondern, dennoch den Strafantrag bei diesem letzteren Delikte anerkennen.

Zu diesen Gesetzbüchern gehören:

Das Lübische Strafgesetzbuch. Dieses sagt in §. 155.

„Jede vorsätzliche Körperverletzung oder Mißhandlung, welche nicht unter die folgenden Bestimmungen fällt, ist gleich einer thätlichen Beleidigung zu strafen. Die Untersuchung darf nur auf Antrag des Verletzten stattfinden, insofern nicht eine Uebertretung der Berufspflicht vorliegt."

Hier ist nicht „leichte Körperverletzung" und „Real-Injurie" identificirt, sondern es ist lediglich die Strafe, welche für Real-Injurien festgesetzt ist (§. 122.), auch für die leichten Körperverletzungen angedroht.

Wenn nun aber weiter das Lübische Strafgesetzbuch sagt, daß der Strafantrag nur bei denjenigen Körperverletzungen abgewartet werden solle, welche „nicht unter die folgenden Bestimmungen" fallen, so ist zu bemerken, daß diese „folgenden Bestimmungen" genau dieselben Fälle von Körperverletzungen umfassen, von welchen die §§. 192a. 193. 194. des Preußischen Strafgesetzbuches handeln.

Es ist weiter auf folgende Gesetzbücher einzugehen:

„Großh. Hessen, Art. 272. „Die mit oder ohne Vorbedacht verübte, im Art. 262. unter Nr. 4. bezeichnete Körperverletzung, und die daselbst unter Nr. 3. bezeichnete, wenn diese durch Fahrlässigkeit bewirkt wurde, sollen, sofern nicht deren Zufügung mit Störung der öffentlichen Ruhe und Ordnung verbunden gewesen ist, nur auf Klage des Beschädigten bestraft werden; diejenigen Fälle ausgenommen, wo die gesetzlichen Vertreter desselben sich der Körperverletzung schuldig gemacht haben und der Beschädigte außer Stande ist, sich selbst an die Obrigkeit zu wenden."

Demnach soll der Strafantrag — wenn wir die kulposen Körperverletzungen und sonstige konsequenzlose Specialitäten außer Acht lassen — bei den in Nr. 4. des Art. 262. bezeichneten Fällen abgewartet werden:

Art. 262. „Wer rechtswidrig mit Vorbedacht, jedoch ohne die Absicht zu tödten, einen Anderen an seinem Körper oder seiner Gesundheit verletzt, soll folgendermaßen bestraft werden:

1. mit Zuchthaus von fünf bis fünfzehn Jahren, wenn der Verletzte durch die Verletzung des Lebens beraubt worden, oder eine gewiß oder wahrscheinlich unheilbare Krankheit oder Geisteszerrüttung versetzt ist;

2. mit Correctionshaus von ein bis drei oder Zuchthaus bis zu zehn Jahren, wenn der Verletzte eines Sinnes, einer Hand, eines Fußes, des Gebrauchs der Sprache oder der Zeugungsfähigkeit beraubt oder wesentlich verunstaltet worden ist;

3. mit Correctionshaus bis zu drei oder Zuchthaus bis zu fünf Jahren, wenn der Verletzte in anderer Weise an einem Theile seines Körpers verstümmelt oder verunstaltet ist, oder wenn ihm die Mißhandlung eine länger andauernde, jedoch nicht für immer bleibende Krankheit oder Unfähigkeit zu seinen Berufsarbeiten verursacht hat;

4. mit Gefängniß nicht unter vierzehn Tagen, wenn eine geringere Körperverletzung zugefügt, oder die Krankheit oder Arbeitsunfähigkeit von ganz kurzer Dauer war."

Somit beschränkt sich also der Strafantrag bei dolosen Körperverletzungen auf die von dem Hessischen Strafgesetzbuche als „geringere" bezeichneten Körperverletzungen; zu diesen gehören aber nach Nr. 3. schon diejenigen Körperverletzungen nicht, durch welche der Verletzte in eine länger andauernde Krankheit oder Arbeitsunfähigkeit versetzt worden ist.

Das Sächsische Strafgesetzbuch sagt:

„Art. 174. „Leichte Körperverletzungen (Art. 167. 3.) werden nur auf Antrag bestraft, dafern nicht einer der im Art. 171. angegebenen Erschwerungsgründe eintritt."

In dem Sächsischen Strafgesetzbuche ist der Begriff der „leichten Körperverletzung" in ähnlicher Weise wie im Hessischen auf diejenigen Körperverletzungen bezogen, welche nach der Aufzählung bestimmt bezeichneter schwererer Arten noch übrig bleiben. Es bestimmt nämlich das Sächsische Strafgesetzbuch Art. 167.:

„Vorsätzlich zugefügte Körperverletzungen werden bestraft:

1. mit Arbeitshaus oder Zuchthaus von einem bis zu sechs Jahren, wenn der Verletzte dadurch der Sprache, des Gesichts, des Gehörs, oder der Zeugungsfähigkeit beraubt, oder zu seinen Berufsarbeiten völlig unbrauchbar geworden ist;

2. mit Arbeitshaus bis zu vier Jahren, wenn dem Verletzten ein sonstiger Nachtheil an seiner Gesundheit zugefügt worden, zu dessen Beseitigung keine gegründete Aussicht vorhanden ist, oder wenn durch die That eine Verstümmelung oder auffallende Verunstaltung verursacht worden ist;

3. in geringeren Fällen mit Gefängniß bis zu einem Jahre. Beträgt die ausfallende Gefängnißstrafe nicht über drei Monate, so kann statt derselben auf Geldstrafe bis zu dreihundert Thalern erkannt werden."

Nach Sächsischen Rechte ist somit jede Körperverletzung, welche nicht wenigstens unter Nr. 2. fällt, eine leichte Körperverletzung*) und darf nur auf Antrag des Verletzten bestraft werden. Der Umfang der leichten und somit der nur auf Antrag zu strafenden Körperverletzungen ist demnach in Sachsen ein größerer als in Hessen.

*) Die Erschwerungsgründe, welche auch bei „leichten Körperverletzungen" die Verfolgung von Amtswegen bewirken, sind nach Art. 171. „hinterlistiger Anfall" — „von Mehreren nach vorgängiger Verabredung" — „an Verwandten oder Verschwägerten in aufsteigender Linie ......" (sonstige Verwandte).

Das Thüringische Strafgesetzbuch überantwortet nicht blos den nach Vorwegnahme von besonders bezeichneten Körperverletzungen übrig bleibenden Rest dem Privatantrage, sondern es will auch einzelne noch besonders bezeichnete Körperverletzungen nur in Folge des Privatantrages verfolgt wissen.

Art. 136. „Vorsätzliche Körperverletzungen, welche nach Art. 131. Nr. 4. und 5. zu bestrafen wären, ausgenommen wenn sie in verabredeter Verbindung mehrerer Personen, oder mittelst hinterlistigen Anfalls begangen wurden, sollen nur auf Antrag des Beschädigten untersucht und bestraft werden."

Art. 131. „Wer einem Anderen vorsätzlich eine Beschädigung an seinem Körper zufügt, wird bestraft:

1. 2. 3. (Diese drei Nummern specialisiren diejenigen Körperverletzungen, welche von Amtswegen zu verfolgen sind);

4. mit Gefängnißstrafe von sechs Wochen bis zu sechs Monaten, wenn die Beschädigung einen vorübergehenden Krankheitszustand zur Folge hat; ingleichen auch ohne diese Folge, wenn die Gefahr eines größeren Nachtheils vorhanden war, welcher, wenn er eingetragen wäre, eine härtere Strafe rechtfertigen würde, oder wenn die Beschädigung in verabredeter Verbindung mehrerer Personen oder mittelst hinterlistigen Anfalles erfolgt ist;

5. mit Gefängnißstrafe oder, falls diese die Dauer von sechs Wochen nicht übersteigt, mit verhältnißmäßiger Geldstrafe, wenn die unter Nr. 1—4. aufgeführten erschwerenden Umstände nicht vorliegen."

Das Altenburger Strafgesetzbuch beginnt seine Kasuistik der verschiedenen Körperverletzungen mit den leichtesten derselben. Art. 135. ordnet an, daß die in Art. 132. unter 1. und 1. a. aufgeführten Fälle — unter Beobachtung einiger hier nicht interessirender Beschränkungen — nur auf Antrag des Verletzten zu bestrafen sind. Art. 132. selbst bestimmt aber an der angeführten Stelle:

„Wer einem Anderen eine Beschädigung an seinem Körper zufügt, soll in folgender Weise bestraft werden:

1. mit Gefängnißstrafe von vierzehn Tagen bis zu drei Monaten, oder, im Falle die Gefängnißstrafe die Dauer von sechs Wochen nicht übersteigt, mit verhältnißmäßiger Geldstrafe, wenn die Verletzung ohne Gefahr und ohne nachtheilige Folgen für die Gesundheit des Beschädigten und ohne die nachstehend angegebenen erschwerenden Umstände geschehen ist;

2. mit Gefängnißstrafe von sechs Wochen bis zu sechs Monaten, wenn die Körperverletzung

a. ohne daß die Bestimmungen unter 3. 4. 5. des gegenwärtigen Artikels eintreten, mit Gefahr oder nachtheiligen Folgen für die Gesundheit des Beschädigten verbunden gewesen ist —"

(Aus Nr. 3. ergiebt sich dann, daß unter „nachtheiligen Folgen für die Gesundheit" alle diejenigen im Sinne von Nr. 2. a. zu verstehen sind, welche nicht „bleibende Nachtheile" für die Gesundheit haben oder Geisteskrankheiten sind.)

Das Badische Strafgesetzbuch sagt:

§. 238. „Wegen Körperverletzungen, die sich als Verletzungen der in den §§. 227. 232. Nr. 4. oder 237. bezeichneten Art darstellen, findet eine gerichtliche Verfolgung und Bestrafung nur auf Anklage oder Anzeige des Verletzten statt, die Fälle ausgenommen, da die That mit Störung der öffentlichen Ruhe und Ordnung verbunden gewesen ist, und die Polizeibehörde auf gerichtliche Bestrafung der Körperverletzung anträgt."

Die ergänzenden Bestimmungen lauten:

§. 227. „Ist durch die einem Andern mit vorbedachtem Entschlusse zugefügte Verletzung weder ein bleibender Schaden, noch Krankheit oder Arbeitsunfähigkeit verursacht worden, so wird der Schuldige mit Gefängniß bis zu sechs Monaten bestraft.

Die Strafe kann jedoch bis zum Doppelten erhöht werden, wenn die Urheber solcher Verletzungen Waffen, Messer, oder andere lebensgefährliche Werkzeuge als Angriffsmittel gebrauchen."

§. 232. Nr. 4. wiederholt die Bestimmung des §. 227. für den Fall, daß die Körperverletzung nicht mit Prämeditation, sondern im Affekt begangen ist.

§. 237. endlich bezieht sich lediglich auf die kulposen Körperverletzungen.

Die Vorschriften der deutschen Strafgesetzbücher mögen mit denen des Bayrischen Gesetzbuches abgeschlossen werden. Dieses bestimmt Art. 237:

„Wer einem Andern eine körperliche Mißhandlung oder Beschädigung an der Gesundheit rechtswidrig zufügt, durch welche keine der im Art. 234. Ziffer 1. und 2. bezeichneten Folgen hervorgebracht wird, soll, soferne nicht gemäß Ziff. 3. des oben angeführten Artikels eine schwerere Strafe verwirkt ist, mit Arrest oder an Geld bis zu hundert und fünfzig Gulden bestraft werden. In schwereren Fällen ist Schärfung der Arreststrafe, sowie Verbindung derselben mit der Geldstrafe zulässig.

Ist die Mißhandlung oder Beschädigung an einem Verwandten in aufsteigender Linie verübt worden, so soll auf Gefängniß bis zu einem Jahre erkannt worden.

Die Strafverfolgung findet in den im gegenwärtigen Artikel bezeichneten Fällen, soferne die That nicht in einer Schlägerei (Art. 241.) verübt wurde, nur auf Antrag des Verletzten oder seines gesetzlichen Vertreters statt."

Ergänzend hiezu wird im Art. 234. angeordnet:

„Wer ohne die Absicht zu tödten, mit überlegtem Entschlusse einem Andern eine körperliche Mißhandlung oder Beschädigung an der Gesundheit rechtswidrig zufügt, soll:

1) wenn hierdurch der Tod des Verletzten oder ein bleibender Nachtheil an dessen Körper oder Gesundheit verursacht oder derselbe in eine mehr als sechszig Tage dauernde Krankheit oder (gänzliche oder theilweise) Arbeitsunfähigkeit versetzt worden ist, mit Zuchthaus bis zu sechszehn Jahren;

2) wenn der Verletzte dadurch in eine mehr als fünf, jedoch nicht mehr als sechzig Tage dauernde Krankheit, oder (gänzliche oder theilweise) Arbeitsunfähigkeit versetzt worden ist, mit Gefängniß nicht unter vier Monaten;

3) wenn zwar keine der vorstehend bezeichneten Folgen eingetreten, aber die That entweder in verabredeter Verbindung zweier oder mehrerer

Personen oder mittels nächtlichen Aufpassens oder mittels Anwendung von Waffen oder Gift geschehen ist, mit Gefängniß bis zu zwei Jahren

bestraft werden."

Ueberblickt man nun diese Vorschriften deutscher Strafgesetzbücher, welche sämmtlich den Begriff der Real-Injurie aufrecht erhalten, bei denen also die Aufnahme des Strafantrages nicht auf einer Konfundirung der Körperverletzungen und Real-Injurien beruhen kann, so spricht die Berücksichtigung des Strafantrages in diesen Gesetzbüchern in nicht unerheblicher Weise gegen den Entwurf, welcher denselben gar nicht erwähnen will.

Es ist indessen zur Rechtfertigung des Entwurfes Folgendes anzuführen:

Wollte man aus den einzelnen deutschen Gesetzbüchern die Frage beantworten: „Wann soll bei Körperverletzungen der Strafantrag abgewartet werden, wann dagegen nicht?" so wird diese Frage bei den erheblich auseinander gehenden Bestimmungen der Gesetzbücher nicht in einer allgemein gültigen Weise beantwortet werden können. Die Gesetzbücher stehen bei diesen Vorschriften auf einer durchaus unsicheren Basis, und es wird hieran dadurch Nichts geändert, daß man etwa anführt, eine Uebereinstimmung sei doch darin vorhanden, daß alle Gesetzbücher nur die Verfolgung der „leichten Körperverletzungen" von dem Strafantrage abhängig machen. Denn der Begriff „leichte Körperverletzung" ist selbst keineswegs ein solcher, welcher in den Gesetzbüchern gleichmäßig bestimmt ist.

Aber abgesehen hiervon. Wenn die Körperverletzungen nicht in irgend einer Weise publik begangen werden, so gebietet es sich von selbst, daß die Verfolgung seitens der Staatsanwaltschaft nur in Folge einer Anzeige des Verletzten erfolgen kann. Eine solche Anzeige wird aber nur alsdann gemacht werden, wenn der Verletzte die Bestrafung des Schuldigen will. Für eine ganze Kategorie von Körperverletzungen also wird es sich praktisch von selbst so machen, daß sie nur in Folge einer Anzeige des Verletzten zur Bestrafung gelangen. Wenn indessen die Anzeige nicht von dem Verletzten selbst, sondern von einem Dritten erfolgte, so wird die Staatsanwaltschaft noch immer in der Lage sein, zu prüfen, ob im vorliegenden Falle Veranlassung zur strafrechtlichen Verfolgung vorliege, oder ob dieselbe im öffentlichen Interesse besser unterbleibe.

Was heißt es denn überhaupt, wenn gesagt wird, es solle die Verfolgung eines Delikts nur auf Grund eines Antrages des Verletzten stattfinden? Doch nichts Anderes, als daß es in einzelnen Fällen besser ist, wenn man die Privat-Interessen eines einzelnen nicht dadurch gefährdet, daß man durch das gerichtliche Verfahren ein begangenes Delikt zu möglichst großer Publicität bringt, als wenn man im öffentlichen Interesse das begangene Delikt verfolgt. Ist nun aber die Körperverletzung ein derartiges Delikt? Es wird dies verneint werden müssen. Denn weder der Verletzte noch dessen Angehörige können dadurch irgendwie in ihren Interessen geschädigt werden, daß es bekannt wird, sie seien in rechtswidriger Weise körperlich verletzt oder mißhandelt worden. Will man aber behaupten, die Körperverletzung sei eins derjenigen Delikte, bei denen nicht nur gegen die öffentliche Ordnung, sondern auch gegen eine individuelle Person in strafbarer Weise gefehlt sei, so wird man diesem Gedanken zweckmäßiger dadurch Rechnung tragen, daß man in der Strafproceßordnung die Körperverletzung unter diejenigen Delikte aufnimmt, bei welchen entweder ausschließlich oder subsidiar — die verletzte Person als Ankläger im Strafverfahren auftreten kann, als wenn man die Verfolgung derartiger Delikte durch den Staatsanwalt von dem Antrage des Verletzten abhängig macht.

Zu dem Gesagten kommt aber endlich noch Folgendes. Die wesentlichste Schwierigkeit für die legislatorische Behandlung der Körperverletzungen macht gerade die Unterscheidung in leichte und schwere Körperverletzungen. Das Preußische Strafgesetzbuch hat nun, abgesehen von den tödtlichen Körperverletzungen, nicht nur leichte und schwere, sondern leichte, erhebliche und schwere Körperverletzungen von einander unterschieden. Die Möglichkeit der Privatklage ist aber nur für die leichten Körperverletzungen anerkannt, während die erheblichen Körperverletzungen bedingungslos der öffentlichen Verfolgung anheim gegeben sind. Der Entwurf hat dagegen — aus Gründen, die weiter unten auszuführen sind — die Unterscheidung zwischen leichten und erheblichen Körperverletzungen aufgeben müssen. Der Entwurf war daher in der Lage, entweder den Strafantrag gänzlich unberücksichtigt zu lassen, oder denselben auf alle Körperverletzungen, welche nicht unter die Kategorie der schweren Körperverletzungen fallen, d. h. welche nicht Verstümmelungen oder den Verlust der Sprache, des Gesichts, des Gehörs oder der Zeugungsfähigkeit involviren, auszudehnen. Wäre nun die Nicht-Erwähnung des Strafantrages in dem Entwurfe ein Uebel, so ist es jedenfalls das kleinere Uebel gegenüber dem, welches daraus entstehen würde, wenn man die Verfolgung aller im Sinne des Gesetzes nicht schweren Körperverletzungen von dem Privat-Antrage des Verletzten abhängig machen, und dadurch eine große Anzahl nicht unerheblich schwerer Delikte aus dem Gebiete der in öffentlichem Interesse zu verfolgenden streichen wollte.

3. Da der Entwurf die Real-Injurien von den Körperverletzungen sondert, da derselbe überdem gelegentlich der Beamtenbeleidigungen die thätlichen Beleidigungen der Beamten mit erwähnt, so fehlte jede Veranlassung, die Körperverletzung dadurch zu qualificiren, daß dieselbe gegen einen Beamten begangen ist. Das Amt — denn auf dieses kommt es an, nicht auf die zufällige Persönlichkeit dessen, der Träger des Amtes ist — bildet zwar ein Objekt für Injurien, insofern als der Träger des Amtes mit Bezug auf sein Amt beleidigt werden kann, aber unmöglich ist es, sich das Amt als Objekt von Körperverletzungen zu denken. Daß auch das Preußische Strafgesetzbuch nicht die zufällige Person des Beamten, sondern das Amt selbst hat schützen wollen, daß mit einem Wort §. 192. des Preußischen Strafgesetzbuches nichts Anderes ist als die Wiederholung des §. 102. für den Fall der Real-Injurie, geht auch daraus hervor, daß der Thätlichkeiten gegen

die Beamten nur Erwähnung geschieht mit Bezug auf die leichten, nicht aber mit Bezug auf die erheblichen und schweren Körperverletzungen. Denn ist in dem Umstande, daß ein Beamter körperlich verletzt wurde, überhaupt ein Qualifikationsgrund zu finden, so ist dieser Qualifikationsgrund bei den schweren und erheblichen Körperverletzungen mindestens in nicht geringerem Grade vorhanden als bei den leichten Körperverletzungen.

II. Der Entwurf läßt den §. 190. des Preußischen Strafgesetzbuches fort. Dieser bestimmt:

„Die vorsätzliche Mißhandlung oder Körperverletzung, welche mit Ueberlegung verübt wird, ist mit Gefängniß bis zu drei Jahren zu bestrafen."

Die Gründe, welche bestimmend waren, die Prämeditation als Qualifikationsgrund bei den dolosen Tödtungen fortzulassen, sind auch bestimmend gewesen, bei den Körperverletzungen die Prämeditation nicht anzuerkennen. Es kommt speciell noch zu dem dort Angeführten der Umstand hinzu, daß das Preußische Strafgesetzbuch nur bei den leichten Körperverletzungen der Prämeditation Erwähnung thut, nicht aber bei den erheblichen, den schweren und den tödtlichen Körperverletzungen. Dieser Umstand zeigt, daß es möglich war, für die schweren Körperverletzungen die Strafgrenzen so zu arbitriren, daß die prämeditirten Körperverletzungen ebenso ihre richtige Würdigung finden wie die nichtprämiditirten; und ist dieses bei den schweren Körperverletzungen möglich, so wird es bei den leichten erst recht möglich sein. Der Entwurf prätendirt es, die Strafmaße sowohl für die in denselben aufgenommenen leichten, wie auch für die schweren und tödtlichen Körperverletzungen so arbitrirt zu haben, daß auch jede prämeditirte Körperverletzung ihre genügende Strafzumessung finden könne.

Eine andere Frage entsteht dann noch aus der Erwägung, daß gelegentlich der Tödtungen der Entwurf zwar die Prämeditation verwarf, dagegen aber den dolus durch den Affekt überhaupt specialisirte und sich nicht darauf beschränkte, den speciellen Fall des Affekts, den auch das Preußische Strafgesetzbuch §. 177. und §. 196. anerkennt, aufzunehmen. Es hätte nun nahe gelegen, ähnlich wie bei der Tödtung, so auch bei der Körperverletzung zu distribuiren: 1. dolose Körperverletzungen im Allgemeinen, 2. dolose Körperverletzungen im Affekt, und 3. Körperverletzungen begangen in der speciellen Art des Affektes. Es ist dieses nicht geschehen; der Entwurf hat vielmehr nur die unter 1. und 3. bezeichneten Fälle aufgenommen, den Fall unter 2. dagegen übergangen. Dies geschah deshalb, weil die strafrechtlichen Voraussetzungen bei der Tödtung andere sind als bei der Körperverletzung. Bei den Tödtungen mußte für die dolose Tödtung, die ohne Affekt begangen wird, die absolut bestimmte Strafe — lebenslängliches Zuchthaus — festgesetzt werden. Von dieser Strafe mußte für den Fall der im Affekt begangenen Tödtungen abgegangen werden. Es wurden mithin bei den dolosen Tödtungen zwei verschiedene Strafpositionen und deshalb auch zwei verschiedene Strafbestimmungen erforderlich, weil für die dolosen Tödtungen eine absolut bestimmte und eine relativ bestimmte Strafe von einander gesondert werden mußten. Dies fällt bei den Körperverletzungen, da dieselben eine absolut bestimmte Strafe überhaupt nicht nothwendig machen, fort; und wenn es immerhin möglich wäre, verschiedene Strafpositionen für die dolosen Körperverletzungen mit Affekt und für die ohne Affekt aufzustellen, so ist dies doch nicht nöthig, und zwar um so weniger, als diejenigen Strafgrenzen, welche erforderlich sind, um auch die im Affekt begangenen Körperverletzungen in geeigneter Weise zu strafen, nicht so weite sind, um aus diesem Grunde die so eben angedeutete Sonderung eintreten zu lassen.

III. Der Entwurf läßt den §. 191. des Preußischen Strafgesetzbuches fort:

> „Vorsätzliche gegen leibliche Eltern oder Großeltern verübte Mißhandlung oder Körperverletzung soll Gefängnißstrafe nicht unter drei Monaten nach sich ziehen."

Es kann einem Zweifel nicht unterliegen, daß dieser Qualifikationsgrund der Körperverletzungen nachgebildet ist der von dem Preußischen Strafgesetzbuche anerkannten Verwandtentödtung; wie ja auch das Preußische Strafgesetzbuch die in Folge des speciellen Affektes eintretende mildere Strafe bei der Tödtung eines Ascendenten ebenso ausschließt wie bei der an einem Ascendenten begangenen Körperverletzung (Preuß. Strafgesetzbuch §. 195. al. 2.)

Der Entwurf konnte bei den dolosen Tödtungen den Verwandtenmord nach dem ganzen demselben zu Grunde liegenden Strafensysteme nicht besonders hervorheben. Dies wäre nun zwar kein Hinderniß, die Körperverletzungen, welche gegen Ascendenten begangen sind, zu qualificiren. Aber der Entwurf hatte auch bereits diejenige Bestimmung des Preußischen Strafgesetzbuches, durch welche bei Tödtung eines Ascendenten die strafmildernde Wirksamkeit des Affekts ausgeschlossen bleiben sollte, nicht recipirt. Der Entwurf hat daher auch aus denselben Gründen, welche dort bereits angeführt sind, den zweiten Absatz des §. 196. des Preußischen Strafgesetzbuches nicht nachgebildet. Im Uebrigen müßte, wenn eine Verletzung des vierten Gebotes die Aufstellung eines Qualifikationsgrundes erforderlich machte, dieser Qualifikationsgrund sich keinesweges blos bei den Körperverletzungen, sondern er müßte sich bei manchen anderen Delikten, z. B. bei der Injurie, der Erpressung auch finden, bei welchen Delikten doch auch in dem Preußischen Strafgesetzbuche davon, daß dieselben gegen Ascendenten begangen sind, nicht die Rede ist. Und wenn man diesen Qualifikationsgrund bei Körperverletzungen zur Geltung bringen will, so ist es doch gewiß nicht ausreichend, denselben ausschließlich für die leichten Körperverletzungen zu beanspruchen, woraus e contrario geschlossen werden kann, daß, weil bei den schweren und selbst bei den erheblichen Körperverletzungen des Preußischen Rechts der beregte Qualifikationsgrund nicht für erforderlich erachtet worden ist, derselbe auch bei den leichten Körperverletzungen zu entbehren sein werde.

Der principielle Grund indessen, weshalb der Entwurf Verwandtschaftsverhältnisse als Qualifikationsgrund überhaupt verwirft, ist der, daß bei Delikten, welche gegen Verwandte und vor Allem gegen Ascendenten begangen sind, zwar die Immoralität, nicht aber die Rechtsverletzung eine größere ist, und weil die moralische Würdigung eines Verbrechens auf dem Wege der Strafzumessung zu erfolgen hat, während die Qualifikationsgründe eines Verbrechens lediglich der juristischen Beschaffenheit der Handlung zu entnehmen sind.

IV. Die wesentlichste Abweichung des Entwurfs von dem Preußischen Strafgesetzbuch besteht indessen darin, daß der Entwurf den §. 192 a. des Preußischen Strafgesetzbuches nicht reproducirt, sondern denselben mit der in §. 145. enthaltenen Strafbestimmung in der Art vereinigt, daß, während das Preußische Strafgesetzbuch außer den tödtlichen, noch drei andere Arten der Körperverletzungen hat, der Entwurf deren nur zwei anerkennen will.

Der Grund hierfür ist folgender. Wenn die Verschiedenartigkeit zweier Strafbestimmungen bei einem und demselben Delikte abhängig gemacht wird von der Verschiedenartigkeit des s. g. objektiven Thatbestandes, so ist es legislatorisch unzulässig, diese Verschiedenartigkeit des objektiven Thatbestandes lediglich eine quantitative sein zu lassen. Aus diesem Grunde hat das Preußische Strafgesetzbuch beispielsweise bei dem Diebstahle den Diebstahl an Ackergeräthschaften u. s. w. §. 217. Nr. 1. 2. 3., an Gegenständen, welche dem Gottesdienste gewidmet sind, von anderen Diebstählen ausgesondert; aber es hat dasselbe Gesetzbuch es vermieden, lediglich den quantitativen Unterschied zwischen großem und kleinem Diebstahle aufzustellen. Wäre dieses aber auch geschehen, so würde, da doch immer für die Unterscheidung des großen und des kleinen Diebstahls eine bestimmte Geldsumme zur Werthbestimmung der gestohlenen Sache aufgestellt wird, die beregte Unterscheidung beim Diebstahle eine bestimmte gewesen, und die Anwendung des den kleinen und des den großen Diebstahl betreffenden Gesetzes den subjektiven Vorstellungen, die der einzelne Richter von „groß" und „klein" hat, entzogen worden sein. Betrachten wir nun die Unterscheidung, welche das Preußische Strafgesetzbuch in §. 187. und §. 192 a. gemacht hat.

§. 187. bestimmt:

„Wer vorsätzlich einen Andern stößt oder schlägt, oder demselben eine andere Mißhandlung oder Verletzung des Körpers zufügt, wird u. s. w. bestraft."

§. 192. a. sagt dagegen:

„Hat eine vorsätzliche Mißhandlung oder Körperverletzung erhebliche Nachtheile für die Gesundheit oder die Gliedmaßen des Verletzten, oder eine länger andauernde Arbeitsunfähigkeit zur Folge gehabt, so tritt Gefängniß u. s. w. ein."

Sehen wir zunächst von der Arbeitsunfähigkeit — einem Begriff, über den noch weiter unten zu handeln sein wird — ab, so ist eine Mißhandlung oder Körperverletzung, welche zwar Nachtheile, aber doch nicht erhebliche Nachtheile für die Gesundheit oder die Gliedmaßen des Verletzten herbeigeführt hat, nach §. 187. zu strafen; hat dagegen die Mißhandlung oder Körperverletzung erhebliche Nachtheile für die

Gesundheit oder die Gliedmaßen des Verletzten herbeigeführt, so wird §. 192a. angewendet. Der Unterschied in der Anwendung des einen und des anderen Paragraphen ist demnach identisch mit dem Unterschiede zwischen erheblichen und nicht erheblichen Nachtheilen.

Was sind nun erhebliche und was sind nicht erhebliche Nachtheile? Diese Frage läßt sich juristisch wenigstens nicht anders beantworten, als damit, daß man sagt: Es ist dies der Unterschied zwischen groß und klein, und von dem subjektiven Ermessen des Richters wird es ausschließlich abhängen, ob derselbe in einem konkreten Falle erhebliche oder nicht erhebliche Verletzungen annehmen zu müssen glaubt. Darin liegt der Fehler des Preußischen §. 192a., ein Fehler, der in anderer Weise als durch die gänzliche Beseitigung des lediglich quantitativen Unterschiedes zwischen den §§. 187. und 192a. nicht beseitigt werden kann.

Und in der That muß man, um die Existenz des §. 192a. zu verstehen, auf die Geschichte seiner Entstehung eingehen. Ursprünglich hatte das Strafgesetzbuch vom 14. April 1851 in Betreff der Körperverletzungen nur folgende beiden Bestimmungen:

1) den jetzt noch bestehenden §. 187. und dem gegenüberstehend
2) den §. 193. in folgender Fassung:

„Hat eine vorsätzliche Mißhandlung oder Körperverletzung eine Krankheit oder Arbeitsunfähigkeit von einer längeren als zwanzigtägigen Dauer zur Folge gehabt, oder ist der Verletzte verstümmelt, oder der Sprache, des Gesichts, des Gehörs oder der Zeugungsfähigkeit beraubt, oder in eine Geisteskrankheit versetzt worden, so tritt Zuchthaus bis zu funfzehn Jahren ein."

Die Gesetzgebung des Jahres 1856 hat bekanntlich den Bestimmungen über die Körperverletzung diejenige Gestalt gegeben, in welcher dieselben jetzt sich darstellen. Aus dem Berichte der Justiz-Kommission der zweiten Kammer ist die Motivirung für diese Gesetzesänderung zu entnehmen. Es heißt daselbst:*)

„Der §. 193. des Strafgesetzbuches straft es als eine schwere Mißhandlung oder Körperverletzung mit Zuchthaus bis zu 15 Jahren, wenn dieselbe eine Krankheit oder Arbeitsunfähigkeit von einer längeren als 20tägigen Dauer zur Folge gehabt hat.

In den Motiven ist näher dargelegt, zu welchen Unzuträglichkeiten diese dem Rheinischen Rechte (Code pénal Art. 309) entlehnte Bestimmung geführt hat, und daß namentlich dagegen anzuführen ist, daß der rein äußerliche und zufällige Umstand:

ob eine Krankheit oder Arbeitsunfähigkeit einen Tag länger gedauert hat,

einen wesentlichen Einfluß auf die Strafbarkeit der Handlung ausübt.

Dieser Unterschied führt nämlich dahin, daß in dem Falle der längeren als 20tägigen Krankheit oder Arbeitsunfähigkeit Zuchthausstrafe bis zu 15 Jahren, bei der nur einen Tag kürzeren Dauer aber nur Gefängniß bis zu 2 Jahren eintritt. (§. 187.)

*) Goltdammer Archiv Bd. 4. S. 115.

Die Untersuchungen der vorliegenden Art haben ergeben, daß die Ueberschreitung des als entscheidend aufgestellten Zeitpunktes oft durch das ungeeignete Verhalten des Verletzten, und durch die nicht zeitig nachgesuchte oder zu erlangende ärztliche Hülfe, oder auch durch mangelhafte Behandlung veranlaßt wird. Nicht selten ist es aber auch schwer, den Zeitpunkt des Aufhörens der Krankheit genau zu fixiren.

Es ist vielen Mitgliedern der Kommission die in den Motiven angeführte Thatsache bekannt, daß in den Untersuchungen der vorliegenden Art, welche nach den bestehenden Vorschriften zur Kompetenz der Schwurgerichte gehören, von den Geschworenen fast immer mildernde Umstände angenommen werden, und in Folge dessen auf Grund des §. 196. fast regelmäßig nur auf Gefängniß erkannt wird.

Die Kommission hat sich deshalb dem Vorschlage der Regierung, die Fälle der durch Mißhandlung oder Körperverletzung entstandenen längeren Krankheit oder Arbeitsunfähigkeit aus der Strafbestimmung des §. 193. des Strafgesetzbuches auszuscheiden, angeschlossen, und ist derselben auch darin beigetreten, daß die größere Strafbarkeit nicht ferner von der längeren als 20tägigen Dauer abhängig gemacht wird. Der hiernach gebildete neue §. 192. bestimmt:

> Hat eine vorsätzliche Mißhandlung oder Körperverletzung erhebliche Nachtheile für die Gesundheit oder die Gliedmaßen des Verletzten oder eine länger andauernde Arbeitsunfähigkeit zur Folge gehabt, so tritt Gefängniß nicht unter 6 Monaten ein.

Es wird nicht verkannt, daß diese Vorschrift ganz bestimmte unterscheidende Merkmale nicht enthält, es ist aber auch zuzugeben, daß dies nach der Natur der Sache bei der großen Verschiedenartigkeit des Erfolges der verletzenden Handlung nicht wohl möglich ist. Die Kommission ist aber der Ansicht, daß den Richtern und ihrem Ermessen damit eine genugsame Anleitung gegeben sei, indem der Beurtheilung die positiven Thatsachen einer bestehenden oder bestandenen Krankheit oder Arbeitsunfähigkeit unterbreitet werden, damit aber die Unbestimmtheit der Vorschrift des §. 792. II. 20. Allg. Landrechts vermieden ist, welche die größere Strafbarkeit davon abhängig machte: ob aus der Beschädigung für Gesundheit oder Gliedmaßen ein erheblicher Nachtheil hätte entstehen können. Nach der gegenwärtigen Fassung des §. 192. handelt es sich nicht um bloße Gefahr für die Gesundheit und Gliedmaßen, und nicht um die bloße Möglichkeit nachtheiliger Folgen.“

Betrachten wir diesen Gang der Gesetzgebung mit kritischem Blicke, so ergiebt sich, daß die Gesetzgebung des Jahres 1851 allerdings einen sehr großen Fehler gemacht hatte. Doch aber hatte sie nur den Fehler gemacht, an eine lediglich quantitative Verschiedenheit in dem objektiven Thatbestande, aber doch an einen bestimmt normirten quantitativen Unterschied verschiedene Straffolgen zu knüpfen. Der Fehler war genau derselbe, wie wenn das Gesetz bestimmt hätte: „Der Diebstahl bis zum Betrage von 5 Thalern soll mit Gefängniß bis zu zwei Jahren, und der Diebstahl im Betrage von über 5 Thalern soll mit Zuchthaus bis zu funfzehn Jahren bestraft werden.“ Denn die Unbestimmtheit der Gesetzgebung des Jahres 1851 welche die Justiz-

Kommission des Abgeordnetenhauses darin fand, daß es sich oft nicht genau bestimmen lasse, wann eine Krankheit aufgehört habe, würde sich auch bei der Werthbestimmung der gestohlenen Sache wiederholen, wo es sich auch oft genug schwer bestimmen läßt, ob die gestohlene Sache gerade fünf Thaler werth sei, oder ob nicht vielleicht der Werth derselben so und so viel Silbergroschen und Pfennige mehr betrage. Der Fehler also, der 1851 gemacht war, wird 1856 verbessert! Wodurch? Man sagt 1856: „Wir wollen zwar die Unterscheidung zwischen großem und kleinem Diebstahl beibehalten, aber wir wollen die bestimmte Grenze zwischen diesen beiden Arten von Diebstählen beseitigen, wir wollen von größerem und kleinerem Diebstahle sprechen; wir wollen zwar auch für jeden derselben eine besondere Strafe bestimmen, es aber lediglich dem richterlichen Ermessen überlassen, die vollkommen scholastische Frage zu beantworten, wann ein Diebstahl ein größerer, wann ein kleinerer sei." Man wird ohne Weiteres zugeben müssen, daß nach derselben Methode, welche für das hier fingirte Diebstahlsgesetz angewandt ist, im Jahre 1856 die Gesetzgebung hinsichtlich der Körperverletzung wirklich vorgegangen ist. Aber freilich wird man einwenden, daß ja nicht blos der Thatbestand der Körperverletzung durch Aufnahme des §. 192a. geändert, sondern auch das Strafmaß ein anderes geworden sei; daß gerade von dem Vorhandensein der kritischen zwanzig Tage es abgehangen habe, ob Gefängnißstrafe bis zu zwei Jahren — resp. Geldbuße bis zu 300 Thalern — oder ob Zuchthaus bis zu fünfzehn Jahren, resp. Gefängniß von Einem bis zu fünf Jahren zu erkennen gewesen sei und daß diese Straferhöhung durch die 20 Tage nicht motivirt sei. Jetzt dagegen sei auch für die Körperverletzung, wenn sie längere als 20tägige Folgen gehabt, immer nur auf Gefängniß zu erkennen. Auf diesen Einwand würde aber Folgendes zu erwidern sein: — Das war schon gut und richtig, daß man für Körperverletzungen, welche nicht unter die Kategorie der jetzt noch im §. 193. aufgeführten fallen, die Zuchthausstrafe beseitigte. Aber man sehe wohl zu, ob man nicht in anderer Richtung mindestens ebenso geschadet, wie in Hinsicht der Strafherabsetzung genützt hat. Denn eine korrekte Handhabung der Strafgesetze setzt voraus, daß der Richter zunächst den von dem Gesetze aufgestellten Thatbestand in dem Delikte erkenne, und dann die gesetzlich bestimmte Strafe in Anwendung bringe. Diese korrekte Strafrechtspflege war gegenüber dem frühren §. 193. mit seinen zwanzig Tagen möglich. Sie ist jetzt gegenüber dem §. 192a. unmöglich geworden, da die Begriffe „erheblich" und „länger audauernd" nicht fruher praktisch verwerthbare sein werden, als bis die Frage beantwortet sein wird, wieviel Körner einen Haufen, oder wieviel Haare einen Pferdeschwanz ausmachen. Wonach also kann der Richter allein entscheiden, ob er den §. 187 oder den §. 192a. in Anwendung bringen soll? Es ist gar nicht anders möglich, als daß der Richter zunächst prüft, ob eine konkrete Körperverletzung gerecht bestraft werde: 1. mit Gefängniß unter 6 Monaten resp. Geldbuße, oder 2. mit Gefängniß von 6 Monaten bis zu zwei Jahren oder 3) mit Gefängniß von zwei bis zu fünf Jahren. Im ersten Falle wird der Richter §. 187. in Anwendung bringen, im dritten Falle den §. 192a., im zweiten Falle ist es endlich vollkommen gleichgültig, ob er §. 187. oder 192a. in Anwendung bringt. Das heißt: Der Richter geht gerade umgekehrt zu Werke als er es thun soll, er bestimmt zunächst die Strafbarkeit des Falles und läßt von dieser den Thatbestand, das Delikt, abhängen. Daß dies geschehen, wird zwar aus den Erkenntnissen nicht ersichtlich sein; aber desto schlimmer für die Korrektheit der Rechtspflege, wenn das, was der Richter zum Zwecke der Entscheidung gedacht, in dem Erkenntnisse nicht auch gesagt wird, resp. zur Vermeidung der Nichtigkeit, oder um den Fehler des Gesetzes nicht bloß zu legen, nicht gesagt werden darf.*)

Indem der Entwurf von den Körperverletzungen im Allgemeinen nur diejenigen ausnahm, welche sich im §. 193. des Preußischen Strafgesetzbuches finden, und unter dieser Voraussetzung die Strafmaße für seine §§. 145. und 146. festsetzte, glaubte derselbe dadurch auch noch den weiteren Fehler vermieden zu haben, der in der „Arbeitsunfähigkeit" des Preußischen Strafgesetzbuches überhaupt und nicht blos in der „länger andauernden" Arbeitsunfähigkeit enthalten ist.

Einzelne Strafgesetzbücher, z. B. das Sächsische (Art. 167.), Hessische (Art. 262)., Thüringische (Art. 131.), haben das Moment der Arbeitsunfähigkeit ausdrücklich unter Bezugnahme auf die Berufsarbeiten präcisirt. Andere wie das Braunschweigische (§. 159.), Bayrische (Art. 234.) sprechen von Arbeitsunfähigkeit überhaupt, ohne der Berufsarbeiten dabei zu gedenken. Es ist bekannt, in welcher Weise die Arbeitsunfähigkeit des Preußischen Strafgesetzbuches von der Praxis interpretirt worden ist.

„Unter Arbeitsunfähigkeit ist nicht schon jede eingetretene Verminderung der Arbeitsfähigkeit, und nicht schon die Unfähigkeit zur Berufsarbeit des Verletzten, sondern die Unfähigkeit zur Verrichtung gewöhnlicher, körperlicher, durch erhöhten Kraftaufwand nicht bedingter Arbeit zu verstehen, welche festzustellen Gegenstand der thatsächlichen Würdigung ist, und welche durch den bei der thatsächlichen Feststellung gebrauchten allgemeinen Ausdruck „Arbeitsunfähigkeit" ohne näheren Beisatz bezeichnet wird." (Präj. Nr. 101. Entsch. 28. S. 169.)

Es wird nun zuzugeben sein, daß die Beurtheilung des Momentes der Arbeitsunfähigkeit nach den jedesmaligen Berufsarbeiten des Verletzten zu sehr erheblichen Ungleichheiten in der Bestrafung führen würde, daß, wollte man die Unfähigkeit zu den Berufsarbeiten zu einem das Strafmaß wesentlich beeinflussenden Kriterium erheben, man dadurch dem Schaden, den der Verletzte erlitten, einen unberechtigten kriminellen Einfluß gewähren würde. Aber diesem Uebelstande dadurch abzuhelfen, daß man den Begriff der Arbeitsunfähigkeit von jeder kon-

*) Am allerschlimmsten muß freilich die Sache werden, wenn der Richter sich das Vorhandensein des objektiven Thatbestandes des §. 187. oder 192a. von dem Gerichtsarzte dekretiren lassen wollte; denn die Medicin weiß ebensowenig wie viel Körner zu einem Haufen gehören, als es die Jurisprudenz weiß. Und doch wird der Gerichtsarzt gefragt, ob die Verletzung im Sinne des Gesetzes eine erhebliche sei, und der Gerichtsarzt beantwortet auch diese Frage.

kreten Basis loslöst, und sich einen Begriff konstruirt, der nirgends Realität hat, sondern lediglich ein absolutes Abstraktum bleibt, einen Begriff überdem, welchen trotz seines vollkommen abstrakten Karakters jeder Richter der Thatfrage sich selbst bilden soll, ohne daß ihm für die Bildung dieses Begriffes irgend welche gesetzliche Kriterien an die Hand gegeben werden — das ist denn doch auch ein Weg, dem alle und jede rationelle Basis abgesprochen werden muß. Es würde sich dagegen Nichts sagen lassen, wenn das Gesetz erklären wollte: Der Richter soll nicht den konkreten Erfolg einer Körperverletzung auf die individuelle Arbeitsunfähigkeit maßgebend sein lassen, wenn er den gesetzlichen Begriff der Arbeitsunfähigkeit annimmt, sondern er soll den jedesmaligen Erfolg der Verletzung mit einem allgemeinen Begriffe von Arbeitsfähigkeit vergleichen, und die Arbeitsunfähigkeit nur alsdann, aber auch jedesmal als vorhanden annehmen, wenn die Erfordernisse jenes allgemeinen Begriffes der Arbeitsfähigkeit durch die stattgehabte Verletzung aufgehoben sind — wo dann freilich auch der Fall eintreten kann, daß Jemand vor dem Strafgesetz für arbeitsunfähig gilt, der in der That alle seine Berufsarbeiten vollkommen erfüllen kann, also in der That arbeitsfähig ist — aber, wenn das Gesetz der Praxis eine derartige Weise der Beurtheilung vorschreiben will, so muß dasselbe doch den Maßstab, nach welchem das Mehr oder Weniger der Arbeitsunfähigkeit abzumessen, in einer bestimmten, faßbaren Weise darstellen; es muß dann mit einem Worte dieser von den faktischen Verhältnissen abweichende Begriff der Arbeitsunfähigkeit seine legale Definition erhalten. So aber, wie jetzt die Sache steht, sagt das Gesetz selbst Nichts. Und das Präjudiz des Ober-Tribunals bezeichnet bestimmt auch nur dasjenige worauf es nicht ankommen solle; aus dem Präjudiz würde der Richter nur lernen, daß gerade dasjenige, was in einem konkreten Falle Bestimmtheit erlangt hat, nämlich die individuelle Arbeitsfähigkeit oder Arbeitsunfähigkeit des Verletzten, irrelevant sein solle; — und dasjenige, was das Ober-Tribunals-Präjudiz als relevant bezeichnet, die „Unfähigkeit zur Verrichtung gewöhnlicher, körperlicher durch erhöhten Kraftaufwand nicht bedingten Arbeit", das ist nicht früher praktisch verwerthbar, als bis man weiß, was „gewöhnliche körperliche Arbeit" im Gegensatze zu „ungewöhnlicher körperlicher Arbeit", was „erhöhter Kraftaufwand" im Gegensatz zu „nicht erhöhtem Kraftaufwand" zu bedeuten hat. Wenn man mir sagen will, die Praxis habe ja Jahre lang mit diesen Begriffen gearbeitet, dieselben müßten also doch nicht so unbrauchbar sein, als dies dem Theoretiker erscheine; so kann ich gerne zugeben, daß die Praxis auf der Grundlage jenes Ober-Tribunal-Präjudizes gearbeitet hat, daß also von dem Richter der Thatfrage der Begriff der Arbeitsunfähigkeit nach der Anleitung des Ober-Tribunals bald als vorhanden, bald als nicht vorhanden angenommen ist. Daß aber bei derartigen thatsächlichen Feststellungen auch korrekt verfahren sei, daß es nicht vorgekommen sei, daß zwei verschiedene Gerichte in zwei übrigens vollkommen gleichen Fällen hier die Arbeitsunfähigkeit anerkannt, dort geleugnet haben, das wird man wohl nicht behaupten mögen. Und wenn man an eine Gesetzgebung die

Anforderung stellt, daß sie eine korrekte sei, so soll eine solche Gesetzgebung nicht blos eine Entscheidung überhaupt, sondern auch eine korrekte Entscheidung möglich machen.

Das Moment der Arbeitsunfähigkeit gehört, wie die Krankheit, zu den nachtheiligen Folgen der Körperverletzung. Es wäre, wie schon oben gelegentlich der „Krankheit" gezeigt wurde, möglich, in der Arbeitsunfähigkeit die Bedingung für verschiedene Strafpositionen zu finden, wenn man innerhalb des Begriffes der Arbeitsunfähigkeit qualitativ unterscheiden könnte. Nun kann man aber innerhalb dieses Gebietes nur quantitativ unterscheiden — selbst die Unterscheidung zwischen geistiger und körperlicher Arbeit würde nur eine Unterscheidung zwischen mehr und weniger sein — und deshalb stellt sich auch mit Bezug auf die Arbeitsfähigkeit die Anforderung an das Gesetz heraus, die Strafgrenzen so zu arbitriren, daß der Richter die Möglichkeit habe, bei Ausmessung der Strafe die für die Arbeitsfähigkeit entstandenen Nachtheile in nicht minderem Maße zu berücksichtigen, als die nachtheiligen Folgen für die Gesundheit des Verletzten.

V. Der Entwurf hat die in dem Preußischen Strafgesetzbuche gemachte Unterscheidung zwischen leichten (§. 187.) und erheblichen (§. 192a.) Körperverletzungen aufgegeben, dagegen die Unterscheidung zwischen leichten (§. 187.) und schweren (§. 193.) Körperverletzungen bestehen lassen. Dies konnte deswegen geschehen, weil zwischen den Körperverletzungen gewöhnlicher Art und den in §. 193. des Preußischen Strafgesetzbuches erwähnten nicht bloß quantitative sondern qualitative Unterschiede existiren. Ist dieses aber der Fall, so bieten die in §. 193. des Preußischen Strafgesetzbuches erwähnten Körperverletzungen auch ein selbständiges Objekt für vorsätzliche rechtswidrige Verletzungen. Ebenso wenig nämlich wie man sagen darf, daß der Tod eines Menschen blos die Folge irgend eines andern rechtswidrigen Handelns sein könne, wie man vielmehr im Gegentheile unterscheiden muß, und in den geltenden Gesetzbüchern auch wirklich unterscheidet, ob der Tod eines Menschen gewollt oder ob derselbe nur die Folge einer anderen gewollten Rechtsverletzung oder gefährlichen Handlung gewesen — ebenso wenig darf man bei den Körperverletzungen es übersehen, daß es etwas vollkommen Anderes ist, ob eine derjenigen Körperverletzungen, welche der §. 193. des Preußischen Strafgesetzbuches bezeichnet, von dem Thäter gewollt ist, oder ob dieselbe nicht gewollt und lediglich als Folge einer gewollten Körperverletzung eintritt. Indem das Preußische Strafgesetzbuch diese beiden, so wesentlich von einander verschiedenen Fälle in §. 193. mit einander konfundirt, begeht dasselbe den Fehler, das Willensmoment bei Beurtheilung der Strafbarkeit eines Verbrechens für indifferent — höchstens für die Strafzumessung als berücksichtigenswerth — erklärt zu haben. Diesen Fehler beseitigt der Entwurf, indem derselbe in seinen beiden §§. 146. und 147. in dem ersteren den §. 193. des Preußischen Strafgesetzbuches seinem Thatbestande nach lediglich reproducirt, in dem letzteren dagegen den Fall vorsieht, daß eine der genannten Körperverletzungen von dem Thäter vorsätzlich herbeigeführt sei. Dieser

Unterscheidung in dem Thatbestande der Verbrechen entspricht auch die Anordnung der Straffatzungen, welche in den §§. 146. und 147. des Entwurfes vorgenommen sind.

Diese Strafpositionen sind mit Rücksicht darauf, wie in der Praxis wirklich gestraft worden ist, nicht zu niedrig gegriffen. Die Schwurgerichtsstatistik stellt die für schwere Körperverletzungen in den Jahren 1860—1865 stattgehabten Bestrafungen in der Weise auf, daß gemeinschaftlich über die nach den §§. 193—196. zu beurtheilenden Fälle referirt wird. Die Mittheilungen über die erkannten Strafen umfassen somit auch die Körperverletzungen mit tödtlichem Erfolge (Preuß. Str.=G.=B. §. 194.), wofür der Entwurf auch Zuchthausstrafe bis zu zwanzig Jahren androht.

Es sind nun in der Preußischen Praxis innerhalb eines Zeitraumes von sechs Jahren (1860—1865) zur Anklage gekommen: 1176 Fälle schwerer Körperverletzung, gegen 1230 Angeklagte, von denen 922 verurtheilt worden sind und zwar zu Geldbuße: 50, zu Gefängnißstrafe 655, und zwar 297 zu Gefängniß unter Einem Jahre, 358 zu Gefängniß von Einem Jahre und darüber; zu Zuchthausstrafe wurden dagegen von 922 Verurtheilten nur 217 verurtheilt und zwar zu Zuchthaus von zwei Jahren: 21; zu 2—5 (excl.) Jahren: 28; zu 5—10 (excl.) Jahren: 33; zu 10—15 (excl.) Jahren: 107; zu 15 und mehr Jahren: 28.

Diese Angaben zeigen, daß gegenüber den Strafpositionen des Entwurfs eine Strafherabsetzung in der Praxis kaum eintreten würde.

Wohl aber wird eine korrektere Strafzumessung möglich werden.

VI. Der §. 150. des Entwurfes reproducirt den §. 195. des Preußischen Strafgesetzbuches. Die Abweichungen reduciren sich auf Folgendes:

1. Es mußte die Erwähnung der erheblichen Körperverletzungen auch an dieser Stelle fortbleiben aus dem einfachen Grunde, weil der Entwurf diese Art der Körperverletzung nicht besonders genannt hat.

2. Nach dem Vorbilde des Lübischen Rechtes (§. 160.) ist für die bloße Betheiligung an einer Schlägerei die Strafe danach unterschieden, ob die Schlägerei zu einer Tödtung oder nur zu einer schweren Körperverletzung führte, während das Preußische Strafgesetzbuch für beide Fälle nur eine Strafbestimmung — Gefängniß nicht unter drei Monate — festgesetzt hat. Der Grund, weshalb der Entwurf dem Lübischen Rechte — auch in Bezug auf die Höhe des Strafmaßes folgte, war der, daß es sich hier um ein Strafen auf Grund von Präsumtionen handelt, und daß man bei einem solchen die Androhung hoher — namentlich im Minimum bestimmt fixirter Strafen vermeiden muß. Die Strafmaxima des Lübischen Rechts — zwei Jahre Gefängniß für den Fall der eingetretenen Tödtung, und sechs Monate Gefängniß für den Fall der eingetretenen Körperverletzung — sind der Sache entsprechend und von dem Entwurfe wiederholt. Da indessen der Entwurf bei Gefängnißstrafen überhaupt keine Strafminima fixirt, so fehlt auch das Strafminimum, welches Lübeck in

seiner Strafposition — drei Monate bis zu zwei Jahren — aufstellt.

Wenn aber das Lübische Recht zwei verschiedene Strafpositionen mit Rücksicht auf den Erfolg der Schlägerei für die bloße Betheiligung bei derselben annahm, so ist es nur konsequent, auch dann, wenn die Thäterschaft auf eine Gesammtheit von Thätern zurückgeführt werden kann, ebenfalls zu unterscheiden, ob das, was geschehen, Tödtung oder nur schwere Körperverletzung war. Der Entwurf zieht diese Konsequenz und bestimmt für den ersteren Fall die Strafe ebenso hoch, wie dieselbe für die dem Erfolge nach schweren Körperverletzungen bestimmt ist, (§. 146. des Entwurfs) und für den letzteren Fall ist die nächst niedrige Strafposition festgesetzt. Es liegt hier eine Abweichung des Entwurfes gegenüber dem Lübischen Rechte vor, eine Abweichung, die aber deshalb sich rechtfertigt, weil die Konsequenz es erfordert, diejenige Sonderung der Strafbestimmungen, welche in dem ersten Theile des Paragraphen als nothwendig erkannt wurde, auch in dem zweiten Theile zu wiederholen.

Innerhalb dieses Gebietes der Präsumtionen auf weitere Kasuistik, etwa nach dem Vorbilde des Hessischen Strafgesetzbuches (Art. 273. bis 275.) einzugehen, lag gewiß keine Veranlassung vor. Bei diesen Strafbestimmungen ist es gewiß richtig, wenn gerade dasjenige angeordnet wird, was für die praktischen Bedürfnisse unumgänglich nothwendig ist. Jede weitere Bestimmung wird hier vom Uebel. Und da die Praxis des Preußischen Strafrechts den Belag dafür geliefert hat, daß mit der so beschränkten Kasuistik des Preußischen Strafgesetzbuches auszukommen ist, — da überdem die Kasuistik dieses Gesetzbuches durch das Bayrische Strafgesetzbuch (Art. 240.) trotz einzelner Abweichungen im Wesentlichen wiederholt wird, so darf erwartet werden, daß auch in Zukunft die Praxis mit den im Entwurfe gemachten Distinktionen in zweckentsprechender Weise sich werde abfinden können.

VII. Den Thatbestand der Vergiftung bestimmt das Preußische Strafgesetzbuch §. 197. folgendermaßen:

> „Wer vorsätzlich einem Andern Gift oder andere Stoffe beibringt, welche die Gesundheit zu zerstören geeignet sind, wird u. s. w. bestraft."

Der Entwurf sagt dagegen:

> „Wer vorsätzlich einen Andern dadurch beschädigt, daß er demselben Gift oder andere Stoffe beibringt, welche die Gesundheit zu zerstören geeignet sind, wird u. s. w. bestraft."

Hieraus ergab sich für den Entwurf noch eine weitere Abänderung gegenüber den Bestimmungen des Preußischen Strafgesetzbuches. Dieses Gesetzbuch sagt nämlich am Schlusse des §. 197.:

> „Diese Bestimmungen berühren nicht den Fall, wo der Thäter die Absicht zu tödten hatte."

Dieser Schlußsatz des Preußischen Rechts rechtfertigt sich nur dadurch, daß in dem §. 197. dasjenige Recht, welches das Angriffsobjekt der Vergiftung bildet, nicht bezeichnet, sondern lediglich das „vorsätzliche Beibringen" von Gift u. s. w. mit Strafe bedroht ist. Da dies geschehen kann, sowohl um eine vorsätzliche Tödtung, wie auch um eine vorsätzliche Gesundheitsbeschädigung herbeizuführen, so war, falls man die Vergiftung nur auf Verletzungen der letzteren Art beziehen wollte, Veranlassung vorhanden, ausdrücklich zu erklären, daß auf Tödtungen durch Gift die Vorschrift des §. 197. nicht angewandt werden solle.*) Wenn dagegen, wie dies der Entwurf thut, die Vergiftung von vorn herein ausschließlich auf „Beschädigungen" durch Gift beschränkt wird, so würde es keinen Sinn haben, wollte das Gesetz noch hinzufügen, daß es nur von Beschädigungen, nicht aber von Tödtungen spricht.

Der Sache nach sagt zwar der Entwurf §. 151. nichts Anderes, als was auch §. 197. des Preußischen Strafgesetzbuches sagt. Der Unterschied ist lediglich ein Unterschied in der Form. Ich glaube, die Form des Entwurfs ist die korrektere, und ich glaube auch, daß die Inkorrektheit der Ausdrucksweise des §. 197. zwar nicht Fehler in der Praxis entstehen lassen mußte, aber doch entstehen lassen konnte.

So lange man in dem Umgehen mit Gift um einem Anderen zu schaden,**) das Verbrechen der Vergiftung erblickte, war dieses Verbrechen als ein s. g. formales Verbrechen aufzufassen, d. h. der Thatbestand desselben bestimmte sich nicht durch die Natur des angegriffenen Rechts, sondern durch die Natur des zur Rechtsverletzung benutzten Mittels. Die Verschiedenartigkeit des angegriffenen Rechtes konnte, ohne auf den Thatbestand des Verbrechens einen Einfluß zu äußern, lediglich für die Größe der Bestrafung von Erheblichkeit werden.

Ein derartig formales Verbrechen ist aber die Vergiftung im Preußischen Strafgesetzbuche nicht mehr. Im Gegentheil; da ausdrücklich die Tödtung durch Gift aus dem Thatbestande dieses Verbrechens ausgesondert ist, da ferner die Vergiftung ihren Platz unter den die „Körperverletzungen" betreffenden Bestimmungen erhalten hat, so ist die Vergiftung ein Verbrechen, dessen Thatbestand durch das angegriffene Recht, nämlich die Gesundheit, bestimmt wird.

Hieraus folgt, daß überall da, wo von „Vergiftung" im Sinne des Preußischen Strafgesetzbuches die Rede sein soll, der Vorsatz des Handelnden auf Verletzung der Gesundheit gerichtet sein muß.***)

Aber die Ausdrucksweise des §. 197. ist allerdings so, als ob die Vergiftung noch heute ein formales Verbrechen wäre, als ob der Thatbestand dieses Verbrechens bedingt würde nicht durch die Natur des angegriffenen Rechts, sondern durch die Art des zur Rechtsverletzung angewandten Mittels.

So erklärt es sich, wenn es sich auch nicht rechtfertigt, daß das Preußische Obertribunal sich dahin ausgesprochen, es brauche zur An-

*) Obwohl auch von selbst wegen der die ideale Konkurrenz betreffenden Bestimmung wenigstens das gleiche Resultat herbeigeführt worden wäre.

**) CCC. art. 130. Wer jemandt durch gifft oder venen an leib oder leben beschedigt. Vergl. Hälschner a. a. O. S. 164 ff.

***) v. Kräwel in Goltdammer's Archiv Bd. XVI. S. 246. Hälschner a. a. O. S. 169.

wendung des §. 197. nicht festgestellt zu werden die „Absicht, die Gesundheit zu zerstören oder zu beschädigen".*)

Ein derartiges Mißverständniß wird gegenüber der vom Entwurf aufgestellten Gesetzesformel nicht mehr möglich sein. Und wenn es auch keineswegs die Aufgabe der Gesetzgebung sein kann, allen möglichen Fehlern der Praxis nachzugehen, um dieselben durch veränderte Gesetzesformeln zu beseitigen, so wird doch in solchen Fällen dazu Veranlassung sein, wo das Gesetz selbst durch eine nicht vollkommen zutreffende Ausdrucksweise die Fehler der Praxis zum Theil mit verschuldete.

Eine weitere Abweichung des Entwurfs vom Preußischen Strafgesetzbuche besteht darin, daß letzteres unterscheidet, ob die Vergiftung zur Folge gehabt: 1. eine leichte resp. erhebliche Körperverletzung (§. 197. Abs. 1.), 2. eine schwere Körperverletzung (§. 197. Abs. 2.), 3. den Tod des Verletzten (§. 197. Abs. 3.).

Der Entwurf unterscheidet nur, ob in Folge der gewollten Gesundheitsverletzung der Tod eingetreten ist oder nicht. Dagegen wird zwischen schweren und nicht schweren Körperverletzungen als Folgen der Vergiftung nicht unterschieden. Der Entwurf folgt hierin dem Vorgange des Lübischen Strafgesetzbuches, welches zwar die Wortfassung des Preußischen Strafgesetzbuches beibehalten hat, doch aber die schweren Körperverletzungen nicht besonders erwähnt.

Die Praxis wird diese von dem Preußischen Strafgesetzbuche aufgestellte Sonderung auch leicht entbehren können; denn die Vergiftung, welche nicht Tödtung, sondern Verletzung der Gesundheit ist, kommt nur selten vor. In sechs Jahren (1860—1865) sind in Preußen 46 Fälle mit 40 Angeklagten zur Kognition gekommen und diese führten zu 23 Verurtheilungen. Unter diesen war eine Verurtheilung zur Todesstrafe, die mithin aus den eigentlichen Vergiftungsfällen ausscheidet. Die übrigen 22 Verurtheilungen waren 14 zu 2 Jahren, 5 zu 2—5 (excl.), 2 zu 5—10 (excl.) und 1 zu 10—15 (excl.) Jahren Zuchthaus.

Die Strafen, welche der Entwurf androht (Zuchthaus bis zu funfzehn Jahren und im Falle des eingetretenen Todes: Zuchthaus bis zu zwanzig Jahren), sind daher keineswegs geringer, als die bisher in der Praxis erkannten. Und es sollte auch bei diesem Verbrechen irgend eine Milderung der Strafe nicht herbeigeführt werden, und mochte der Entwurf namentlich die Strafbestimmung des Lübischen Rechts, nach welcher für die Fälle nicht tödtlicher Vergiftung „Freiheitsstrafe" bis zu funfzehn Jahren angedroht wird, welche Strafe im Falle des Todes des Verletzten „bis zur lebenslänglichen Zuchthausstrafe erstreckt werden kann", sich nicht aneignen. Denn die Schuld Desjenigen, der vorsätzlich die Gesundheit eines Anderen durch Gift beschädigt, ist bei der so eminenten Gefährlichkeit des angewandten Mittels so groß, daß sie gewiß der Schuld Desjenigen gleichkommt, welcher vorsätzlich eine

*) Goltdammer Archiv Bd. IV. S. 841. Oppenhoff zu §. 197. Nr. 2. und Nr. 1. (Die „Vorsätzlichkeit" ist hier lediglich auf die Handlung des „Beibringens u. s. w." zu beziehen.)

schwere Körperverletzung eines Anderen herbeiführt. Die für dieses Verbrechen (§. 147. des Entwurfes) aufgestellte Strafposition ist denn auch für die Vergiftung wiederholt, falls dieselbe einen tödtlichen Ausgang nicht hatte. War letzteres der Fall, so tritt Zuchthausstrafe bis zu zwanzig Jahren ein.

VIII. Das Preußische Strafgesetzbuch bestimmt §. 203.:

„Wenn bei einer vorsätzlich verübten Körperverletzung der Thäter die ihm vermöge seines Amtes, Berufes oder Gewerbes obliegenden besonderen Pflichten übertreten hat, so soll derselbe zugleich auf eine bestimmte Zeit, welche die Dauer von fünf Jahren nicht übersteigen darf, oder für immer zu einem solchen Amte für unfähig oder der Befugniß zur selbständigen Betreibung seiner Kunst oder seines Gewerbes verlustig erklärt werden.

Auch bei fahrläßig verübten Körperverletzungen kann der Thäter wegen Vernachlässigung der besonderen Amts-, Berufs- oder Gewerbspflichten, wenn sich derselbe im Rückfalle befindet, zugleich auf eine bestimmte Zeit, welche die Dauer von fünf Jahren nicht übersteigen darf, oder für immer zu einem solchen Amte für unfähig, oder der Befugniß zur selbständigen Betreibung seiner Kunst oder seines Gewerbes verlustig erklärt werden.“

Der Entwurf läßt die Unterscheidung zwischen dolosen und kulposen Körperverletzungen fort und bestimmt gemeinschaftlich für beide Arten von Körperverletzungen §. 153.:

„Wenn bei einer Körperverletzung der Thäter die ihm vermöge seines Amtes, Berufes oder Gewerbes obliegenden Pflichten übertreten hat, so soll derselbe zugleich auf eine bestimmte Zeit, welche die Dauer von fünf Jahren nicht übersteigen darf, oder für immer zu einem solchen Amte für unfähig, oder der Befugniß zur selbständigen Betreibung seiner Kunst oder seines Gewerbes für verlustig erklärt werden.“

Es ist hier dieselbe Zusatzstrafe aufgestellt, welche auch bezüglich der kulposen Tödtungen in §. 144. des Entwurfs nach dem Vorbilde des Preußischen Strafgesetzbuches aufgenommen ist.

Aber indem der Entwurf abweichend von dem Preußischen Strafgesetzbuche, hinsichtlich der Körperverletzungen die Unterscheidung in dolose und kulpose Körperverletzungen aufgiebt, verfolgt er damit die Intention, Jeden, welcher unter Verletzung seiner Amts-, Berufs- oder Gewerbepflicht einen Menschen körperlich verletzt, mit zeitweiligem oder dauerndem Verluste der Amts-, Berufs- oder Gewerberechte zu bestrafen. Es ist dies deshalb für nothwendig erachtet, weil an das Strafgesetz gewiß vor Allem die Anforderung gemacht werden darf, daß es das Leben und die Gesundheit der Staatsangehörigen schütze. Daß Jeder in seinem Berufe so zu Werke gehe, daß er die Gesundheit und das Leben seiner Mitbürger nicht gefährde, darf gewiß verlangt werden; daß derjenige, der dies nicht thut, oder zu thun nicht im Stande ist, die Rechte seines Gewerbes oder Berufes nicht beanspruchen darf, weil er die Pflichten desselben zu erfüllen sich außer Stande gezeigt hat, muß behauptet werden.

Jetzt bestimmt das Gesetz, betreffend den Betrieb der stehenden Gewerbe, vom 8. Juli 1868:

„Für den Betrieb eines Gewerbes ist ein Befähigungsnachweis nicht mehr erforderlich. Diese Bestimmung findet jedoch bis auf Weiteres keine Anwendung auf den Gewerbetrieb der Aerzte, Apotheker, Hebeammen, Notare, Seeschiffer, Seesteuerleute und Lootsen."

Die Befugniß, selbständig Gewerbe zu betreiben, ist hiernach namentlich gegenüber dem früheren Preußischen Rechte erheblich erweitert. In je weiterem Umfange aber der Betrieb des Gewerbes von staatlicher, von polizeilicher Kontrolle befreit wird, um so höher muß die Verpflichtung der Gewerbetreibenden selbst erachtet werden, zuverlässig zu sein. Die Schuld eines geprüften Baumeisters, der so liederlich baut, daß das von ihm gebaute Haus zusammenstürzt, ist zwar groß; aber ein solcher findet eine Entschuldigung darin, daß ihm die staatliche Prüfungsbehörde gesagt hat, er verstehe zu bauen. Dem nicht geprüften Baumeister hat dies Niemand gesagt; dieser hat es lediglich mit seinem Gewissen abzumachen, ob er so zu bauen versteht, daß er durch sein Handwerk Menschen nicht beschädige; seine Verantwortlichkeit wird hierdurch eine größere, und ebenso seine Schuld, wenn er ohne zu wissen, daß ihm die genügenden Kenntnisse beiwohnen, es dennoch unternimmt, ein Gewerbe auszuüben, und es so ausübt, daß er dadurch Andere schädigt.

IX. Die §§. 199. 201. 202. des Preußischen Strafgesetzbuches haben lediglich einen polizeilichen Karakter, gehören demnach nicht in das Strafgesetzbuch für den Norddeutschen Bund. §. 200. endlich würde auch nicht einmal in ein Partikulargesetz gehören. Hier wird nämlich Folgendes bestimmt:

„Medicinalpersonen, welche in Fällen einer dringenden Gefahr ohne hinreichende Ursache ihre Hülfe verweigern, sollen mit Geldbuße von zwanzig bis fünfhundert Thalern bestraft werden."

Die Medicinalpersonen sind Gewerbtreibende, wie es andere Gewerbtreibende auch sind. Ob ein Gewerbtreibender sein Gewerbe betreiben oder nicht betreiben, ob er es in weiterem oder engerem Umfange betreiben will, das ist doch des Gewerbetreibenden Sache. Man dürfte daher zunächst die Frage aufwerfen: Wie kommt die Strafgesetzgebung dazu, die Medicinalpersonen, wenn auch nur unter gewissen Voraussetzungen, zu zwingen, ihr Gewerbe zu betreiben? Ein solcher Zwang setzt doch die Existenz irgend eines denselben rechtfertigenden Aequivalentes voraus und ein solches ist, abgesehen von einzelnen Fällen, im Allgemeinen nicht vorhanden. Der promissorische Eid, welchen der Arzt bei seiner Doktorpromotion leistet, ist auch nicht im Stande, die Strafdrohung zu rechtfertigen. Denn abgesehen davon, daß die Promotion, mit Bezug auf welche doch der Doktoreid geleistet wird, den Mediciner nicht berechtigt, die Praxis auszuüben — in Preußen wenigstens hängt die Ausübung der Praxis noch von wesentlich weiteren Voraussetzungen ab — so kann doch der promissorische Eid des Arztes keine anderen Folgen haben als derjenige provisorische Eid, der von anderen Personen als von Aerzten geleistet wird. Nirgends aber wird ein Beamter, der diejenigen Pflichten verletzt, welche er durch den von ihm geleisteten promissorischen Eid übernommen hat, deshalb vor dem

Strafrichter angeklagt und von dem Strafrichter bestraft; wenn auch die Pflichtverletzung zu einem disciplinaren Verfahren Veranlassung giebt. Woher also diese exceptionelle Stellung des Arztes? Hat man denn in der Praxis die Beobachtung gemacht, daß Aerzte und sonstige Medicinalpersonen so vorzugsweise pflichtvergessen sind, daß gegen sie mit Strafe vorgegangen werden muß, wo in anderen Verhältnissen ein Strafverfahren nicht für nöthig erachtet wird? Dazu kommt aber noch Folgendes. Nach der Vorschrift des §. 200. soll der Richter, der doch eben ein Rechtsgelehrter ist und nicht ein Arzt, darüber entscheiden, ob die Hülfe des Arztes „in Fällen dringender Gefahr“ verweigert wurde. Ebenso soll der Richter darüber befinden, ob in Fällen dringender Gefahr der Arzt „ohne hinreichende Ursache“ seine Hülfe verweigert habe. Um dieses „ohne hinreichende Ursache“ richtig zu handhaben, müßte der Richter mit demjenigen, was die ärztliche Praxis überhaupt zu leisten im Stande ist, wie auch mit den praktischen Verhältnissen, welche mit der ärztlichen Praxis zusammenhängen, so vertraut sein, wie es nur ein Arzt selbst, nimmermehr aber ein Richter sein kann.

Und damit würde denn dasjenige angedeutet sein, worauf es hier ankommt.

Verletzungen derjenigen Pflichten, die der ärztliche Beruf auferlegt, mögen ja vorkommen, und wenn sie vorkommen, mögen sie auch geahndet werden. Es ist aber keine Veranlassung vorhanden, gerade für den ärztlichen Stand die Verletzung der Berufspflicht zum Gegenstande einer Strafvorschrift zu machen, während in anderen Fällen die Verletzung der Berufspflicht zum Gegenstande einer Strafvorschrift nicht gemacht ist. Die Entscheidung der Frage, ob ein Arzt seine Berufspflicht verletzt hat, gehört daher nicht vor den Strafrichter, sondern gebührt einem judicium parium von Medicinalpersonen. Diesem darf denn auch in analoger Weise wie dem Ehrenrathe der Rechtsanwälte die Befugniß eingeräumt werden, die für die Verletzung der Berufspflichten in dem den Ehrenrath der Aerzte und Medicinalpersonen betreffenden Gesetze aufgestellten Strafen zu erkennen.

Siebenzehnter Titel.

Verbrechen wider die persönliche Freiheit.

§. 154.

Wer sich eines Menschen durch List, Gewalt oder Drohungen mit gegenwärtiger Gefahr für Leib oder Leben bemächtigt, in der Absicht, denselben in Sklaverei, Leibeigenschaft oder einen dem ähnlichen Zustand der Unfreiheit oder in auswärtige Kriegsdienste oder Schiffsdienste zu bringen, begeht einen Menschenraub und wird mit Zuchthaus bis zu funfzehn Jahren bestraft.

§. 155.

Wer widerrechtlich eine minderjährige Person dem Schutze derjenigen entzieht, in deren rechtmäßiger Gewalt sich dieselbe befindet, wird mit Gefängniß bis zu zwei Jahren bestraft.

Geschah das Verbrechen in der Absicht, die minderjährige Person zum Betteln oder zu gewinnsüchtigen oder unsittlichen Zwecken oder Beschäftigungen zu gebrauchen, so ist die Strafe Gefängniß nicht unter drei Monaten oder Zuchthaus bis zu fünf Jahren.

§. 156.

Wer eine Frauensperson wider ihren Willen entführt, in der Absicht, dieselbe zur Unzucht oder zur Ehe zu bringen, ingleichen wer eine minderjährige Frauensperson mit ihrem Willen, jedoch ohne die Einwilligung ihrer Eltern oder ihres Vormundes entführt, in der Absicht, dieselbe zur Unzucht oder zur Ehe zu bringen, wird mit Gefängniß nicht unter drei Monaten oder mit Zuchthaus bis zu fünf Jahren bestraft.

§. 157.

Hat der Entführer die Entführte geheirathet, so kann gegen denselben nur auf Antrag derjenigen Personen verfahren werden, welche auf die Ungültigkeitserklärung der Ehe anzutragen befugt sind; auch darf derselbe nicht eher verurtheilt werden, als bis die Ehe vorher für ungültig erklärt worden ist.

§. 158.

Wer widerrechtlich einen Menschen einsperrt, oder auf andere Weise des Gebrauchs der persönlichen Freiheit beraubt, wird mit Gefängniß nicht unter drei Monaten oder mit Zuchthaus bis zu fünf Jahren bestraft.

Wenn für den der Freiheit Beraubten die Freiheitsentziehung oder die ihm während derselben widerfahrene Behandluug eine schwere Körperverletzung (§. 146.) zur Folge gehabt hat, so ist die Strafe Zuchthaus bis zu funfzehn Jahren, und wenn der Tod eingetreten ist, Zuchtshaus bis zu zwanzig Jahren.

Hatte die Freiheitsentziehung (Abs. 1.) den Karakter widerrechtlicher Eigenmacht, so ist auf Gefängniß bis zu drei Monaten oder auf Geldbuße bis zu funfzig Thalern zu erkennen.

§. 159.

Wer einen Anderen mit der Verübung eines Verbrechens bedroht, ist mit Gefängniß bis zu Einem Jahre oder mit Geldbuße bis zu zweihundert Thalern zu bestrafen.

Die Verfolgung und Bestrafung findet nur auf Antrag des Bedrohten statt.

I. Menschenraub und Entführung (§§. 154—157.).

Das Preußische Strafgesetzbuch stellt in §. 204. folgendes Verbrechen auf:

„Wer einen Menschen durch List oder Gewalt entführt, um ihn .... in hülfloser Lage auszusetzen, ... begeht einen Menschenraub und soll mit Zuchthaus von fünf bis zu zwanzig Jahren bestraft werden." *)

In §. 183. bestimmt dagegen das Preußische Strafgesetzbuch:

„Wer ein Kind unter sieben Jahren oder eine wegen Gebrechlichkeit oder Krankheit hülflose Person aussetzt, oder ein solches Kind oder eine solche Person, wenn sie unter seiner Obhut stehen, in hülfloser Lage vorsätzlich verläßt, wird mit Gefängniß nicht unter drei Monaten bestraft."

Der Entwurf hat diese letztere Bestimmung in §. 143. nachgebildet, und weil dieses geschehen, erschien es nicht nöthig, die Aussetzung mittelst Entführung in den §. 154. des Entwurfs mit aufzunehmen.

Von vorn herein ist es klar, daß Derjenige, welcher ein Kind oder eine wegen Gebrechlichkeit oder Krankheit hilflose Person aussetzt, ein größeres Verbrechen begeht, als Derjenige, welcher einen erwachsenen, gesunden Menschen aussetzt. Wenn man nun sagt, daß in dem letzteren Falle die Handlung durch die Anwendung von List oder Gewalt „einen weit schwereren Karakter erhalte", **) so muß doch darauf aufmerksam gemacht werden, daß auch an hilflosen Personen die Aussetzung kaum anders, als durch List oder Gewalt wird begangen werden können. Nehmen wir an, eine wegen Gebrechlichkeit hilflose Person werde auf einen Wagen geladen, in einen Wald gefahren, dort abgeladen und in hilfloser Lage zurückgelassen. List oder Gewalt kommen hierbei gewiß zur Anwendung; denn daß die hilflose Person, den Zweck einer derartigen Expedition kennend, sich freiwillig derselben anschließen sollte, ist nicht wohl anzunehmen. Und wenn es sich um die Aussetzung eines Kindes handelte, so wird ebenfalls mit List oder Gewalt gehandelt werden; denn das auch nur etwas entwickelte Kind wird man entweder durch irgend welche Vorspiegelungen oder durch Anwendung von Gewalt dazu veranlassen, an die Stelle zu kommen, wo man dasselbe in hilfloser Lage zu verlassen gedenkt. Wenn auch die gegen ein Kind angewandte List oder Gewalt anders beschaffen sein mag, als diejenige, welche man gegen einen erwachsenen Menschen anwendet, so ist es doch immer List oder Gewalt. Nur gegen vollkommen unbewußte Kinder wird es der Anwendung von List oder Gewalt nicht bedürfen. Aber doch wird dieselbe den Eltern gegenüber in Anwendung zu bringen sein, falls diese nicht selbst Thäter des Verbrechens sind.

Somit bliebe gegenüber dem §. 204. des Preußischen Strafgesetzbuches für §. 183. nur der Fall übrig, daß Eltern ihre noch bewußtlosen Kinder aussetzen. Zwar spricht §. 204. von „entführen", während §. 183. dieses Wort nicht braucht. Kinder können nun zwar durch ihre Eltern nicht „entführt" werden, wohl aber wird die „Entführung" im Sinne des §. 204. des Preußischen Strafgesetzbuches überall da als vorhanden anzunehmen sein, wo eine erwachsene Person wider ihren Willen an einen bestimmten Ort gebracht wird,

---

*) Ganz isolirt steht das Preußische Strafgesetzbuch mit diesem Delikte nicht. Abgesehen davon, daß Oldenburg und Lübeck dasselbe nachgebildet haben, findet sich eine gleichartige Bestimmung auch in dem Bayrischen Gesetzbuche Art. 251.

**) Goltdammer, Materialien Bd. II. S. 438.

und ebenso ist „entführen" vorhanden, wenn Kinder ihren Eltern fortgeführt werden.

Da nun §. 204. gegenüber dem §. 183. die härtere Strafe enthält, mithin unter Rücksichtnahme auf §. 55. dann zur Anwendung kommt, wenn ein und dieselbe Handlung die Merkmale beider Paragraphen enthielte, so würde, unter Rücksichtnahme auf das so eben Ausgeführte, in Fällen von Aussetzung §. 183. nur dann zur Anwendung kommen können, wenn Eltern ihre eigenen Kinder aussetzen. Und selbst unter dieser Voraussetzung würde es noch zweifelhaft sein, ob nicht in gewissen Fällen richtiger der §. 204. zur Anwendung zu bringen wäre, wie z. B. wenn der Vater eines unehelichen Kindes dieses der Mutter desselben wider deren Willen fortnimmt und es aussetzt; oder wenn selbst einem ehelichen Kinde gegenüber der eine der Ehegatten das Kind aussetzt gegen den Willen des andern Ehegatten.

Auch scheint es, als ob sich die Gesetzgebung selbst über das Verhältniß des §. 183. zu §. 204. nicht vollkommen klar geworden ist. In Goltdammer's Materialien (Bd. II. S. 438.) findet sich hierüber folgende Stelle:

„So wird auch die Fassung jetzt in den Motiven zum Entwurf von 1850 gerechtfertigt. Der Unterschied gegen §. 183. ist hiernach zwar zunächst in dem Mittel und in dem Objekte der Handlung zu suchen. Wenn indeß an sich schon der Begriff der Aussetzung, wie zu §. 183. ad 3. ausgeführt worden, eine Gefahr für die ausgesetzte Person voraussetzt, so muß eine solche hier um so mehr und zwar noch in einem andern Sinne vorausgesetzt werden, sobald es sich nicht um solche an sich hülflose Personen handelt, wie sie der §. 183. bezeichnet. Wer sonst fähig ist, sich selbst zu helfen, wird bei uns — denn die Handlung ist ja auch im Inlande gedacht — schwer in eine Lage zu bringen sein, die als eine hülflose und zugleich mit Gefahr verbundene zu betrachten ist, aber andererseits auch eine solche nicht sein darf, welche schon von vorn herein einen tödtlichen Erfolg bedingt."

Sprachen so die Motive des Entwurfes von 1850, so wird man gern zugeben, daß dieselben so unklar waren, wie sie nicht wohl unklarer sein konnten. Vielleicht trug aber gerade diese Unklarheit dazu bei — wie das ja mitunter geschieht — den Glauben zu erwecken, es müsse doch wohl etwas Richtiges gesagt sein.

Der Entwurf geht davon aus, daß Kinder und hilflose Personen gegen Aussetzung in genügender Weise durch die Bestimmung des §. 143. (Preußisches Strafgesetzbuch §. 183.) geschützt seien, daß dagegen eine die Aussetzung erwachsener und gesunder Personen betreffende Bestimmung gar nicht nothwendig sei.

Stellt die Gesetzgebung nämlich ein solches Verbrechen auf, so bewegt sie sich dabei wesentlich im Gebiete der Fantasie; nicht aber kann sie sich dabei auf praktische Erfahrungen stützen.*) Wenn man also

*) Hälschner a. a. O. S. 187. Note 1. ist auch zweifelhaft, wie die beregte Bestimmung des §. 204. praktische Bedeutung erlangen könnte. Er sagt: „Eine praktische Bedeutung möchte diese Bestimmung haben in Betreff solcher Personen, welche, wie es oft genug geschehen, in gewinnsüchtiger Absicht Andere durch falsche

schon auf die Fantasie angewiesen ist, wie soll man sich denn die Aussetzung eines erwachsenen, gesunden Menschen denken? Auch im Inlande soll das Verbrechen begangen werden können, so sagen die Motive zum Entwurf von 1850. Vielleicht! Falls nämlich Preußen ein anderes Land wäre, als es ist. Denn wenn es auch vorkommen kann, daß ein Mensch sich in einem Walde, in einem Gebirge verirrt; wenn es auch vorkommen kann, daß er in Folge dessen in eine hilflose, in eine selbst gefährliche Lage geräth, so ist doch davon noch sehr weit der Fall entfernt, daß Jemand es unternimmt, einen Menschen zu entführen, um ihn beispielsweise im Riesengebirge oder im Harz oder in der Lüneburger Haide auszusetzen. Denn das wird man doch nicht anders als in dem Gedanken thun, durch die Aussetzung nun auch den betreffenden Menschen los zu werden. Und dieses Resultat kann man doch, selbst bei hochgespannter Romantik, mit Bezug auf einen erwachsenen, gesunden Menschen auch nur mit einiger Wahrscheinlichkeit nicht wohl annehmen.

Zu verstehen ist es daher, wenn frühere Entwürfe ihre Fantasie sofort auf „entfernte Weltgegenden“ richteten.*) Hierfür lieferten ja Philoktet auf Lemnos, Ariadne auf Naxos und vor allen Robinson Crusoe allgemein bekannte Beispiele. Aber zweifelhaft möchte es doch sein, ob derartige Beispiele ausreichend sind, um einem Strafgesetzbuche für den Norddeutschen Bund Veranlassung zur Aufstellung eines besonderen Verbrechens zu geben. Man wird erwägen, daß sich Motive zur Begehung eines solchen Verbrechens schwer werden auffinden lassen; man wird erwägen, daß wenn das Verbrechen an deutschen Staatsangehörigen und zwar von solchen Personen begangen wird, welche dem deutschen Strafgesetze unterworfen sind, die Ausführung desselben kaum anders als auf einer Seereise gedacht werden kann, daß in diesem Falle der Schiffskapitain entweder selbst Thäter oder doch Mitschuldiger sein muß, daß man aber das Kommando deutscher Schiffe nicht solchen Männern anvertraut, von denen man sich der Begehung schwerer Verbrechen versehen müßte.

Und so wird denn der Entwurf wohl nicht fehlgegriffen haben, wenn er dem Beispiele des Braunschweigischen, Sächsischen, Württembergischen, Hessischen, Thüringischen, Badenschen Gesetzbuches folgend, die Aussetzung eines Menschen in den Thatbestand des Menschenraubes nicht aufgenommen hat.

Menschenraub und Entführung sind qualificirte Fälle der widerrechtlichen Freiheitsentziehung. Den Thatbestand eines qualificirten Verbrechens vermag man aber nur alsdann richtig zu formuliren, wenn man zunächst den Thatbestand des nicht qualificirten Verbrechens be-

Vorspiegelungen zur Auswanderung verleiten, um sie in fernen Gegenden dem größten Elende zu überliefern.“ Es ist doch fraglich, ob das „Aussetzen“ im Sinne des §. 204. sein würde. Der Entwurf hat, um diesen Fall mit zu umfassen, in seinem §. 154. hinter den Worten: „Sklaverei oder Leibeigenschaft“ die Worte: „oder einen dem ähnlichen Zustand der Unfreiheit“ eingeschaltet.

*) Goltdammer, Materialien Bd. II. S. 438.

stimmt hat, womit keineswegs gesagt sein soll, daß nun auch das nicht qualificirte Verbrechen zum Gegenstande einer Strafandrohung gemacht werden müsse. Denn es können wohl legislatorische Gründe vorhanden sein, welche es erforderlich machen, ausschließlich ein seiner kriminalistischen Natur nach qualificirtes Verbrechen in das Strafgesetz aufzunehmen, ohne das demselben begrifflich zu Grunde liegende nicht qualificirte Verbrechen im Gesetze selbst zu erwähnen.

Das dem Menschenraube, wie auch der Entführung zu Grunde liegende nicht qualificirte Verbrechen ist die widerrechtliche Verletzung der Freiheit eines Menschen. Objekt dieses Verbrechens ist die menschliche Freiheit; der verbrecherische Wille des Thäters ist darauf gerichtet, die Freiheit eines Menschen zu verletzen.

Um nun mit diesem Verbrechen einen bestimmten Inhalt zu verbinden, muß zunächst festgestellt werden, was es heiße, Jemanden seiner Freiheit berauben. Von dem widerrechtlichen Einsperren eines Menschen ist dabei abzusehen; ebenso bleibt das Delikt der Nöthigung an dieser Stelle unberücksichtigt. Bestimmter formulirt lautet also die hier zu beantwortende Frage: Was heißt es, Jemanden seiner Freiheit berauben, außer in den Fällen der widerrechtlichen Einsperrung und der Nöthigung.

Im strafrechtlichen Sinne ist des Gebrauches seiner Freiheit derjenige nicht beraubt, welcher über sein eigenes Schicksal so zu disponiren im Stande ist, wie dieses die Gesetze des Staates, dem er angehört, gestatten. Die Gesetze des Staates sind es aber auch, welche jedem Staatsangehörigen den Schutz angedeihen lassen, um seinem eigenen Willen entsprechend über sein Schicksal disponiren zu können. Sobald dieser Schutz Jemandem in widerrechtlicher Weise entzogen wird, hört die Möglichkeit, Freiheitsrechte zur Geltung zu bringen, auf.

In dieser Weise verwandelt sich das Verbrechen gegen die persönliche Freiheit in die widerrechtliche Entziehung desjenigen Rechtsschutzes, den der Staat jedem seiner Angehörigen gewährt. Das Verbrechen ist vollendet, sobald Jemand in eine solche Lage gebracht ist, in welcher er des Staatsschutzes nicht mehr theilhaftig ist.

Auch die Minorennen stehen unter dem Schutze des Staates. Außerdem aber auch noch unter dem Schutze derjenigen, in deren Mundium sie sich befinden. Da bei der Unentwickeltheit ihres Willens den Minorennen andere Personen zu ihrem Schutze gegeben sind, so sind Minorenne unter dem Schutze ihrer Tutoren — Eltern, Vormünder, Wahleltern — in der Geltendmachung ihrer Freiheitsrechte den Majorennen gleich. Denn dasjenige, was ihnen selbst fehlt, wird ja eben durch diejenigen, in deren Schutze sie sich befinden, ergänzt und ersetzt. Für die Minorennen ist es demnach eine Verletzung ihrer Freiheitsrechte, es ist für sie ein theilweises Versetzen in den Zustand der Unfreiheit vorhanden, wenn sie in widerrechtlicher Weise des Schutzes derer beraubt werden, in deren rechtmäßiger Gewalt sie sich befinden.

So gewinnen wir zwei Fundamentalformen des Verbrechens gegen die persönliche Freiheit:

1. Entziehung des Rechtsschutzes, welchen der Staat gewährt. Dieses Verbrechen kann sowohl an Majorennen, wie auch an Minorennen begangen werden.

2. Entziehung des Rechtsschutzes, welcher durch die gesetzmäßigen Tutoren gewährt wird. Dieses Verbrechen kann selbstverständlich nur an Minorennen oder den diesen gleichgestellten Personen begangen werden; bald so, daß nur dieser Rechtsschutz, bald so, daß außer diesem auch noch der vom Staate gewährte Rechtsschutz verletzt wird.

Die Gesetzbücher von Braunschweig, Sachsen, Württemberg, Hessen, Thüringen, Baden anerkennen diese beiden Fundamentalformen des Verbrechens gegen die Freiheit.

Als Beispiel hierfür mag die Wortfassung des Sächsischen Gesetzbuches (Art. 194.) einen Platz finden:

„Wer sich eines Menschen durch Gewalt, Bedrohung mit widerrechtlichen Handlungen, oder durch List, oder vor dessen zurückgelegtem vierzehnten Lebensjahre mit dessen Einwilligung, jedoch ohne Zustimmung der Eltern, Wahleltern oder des Vormundes desselben, dergestalt bemächtigt, daß ihm dadurch der Schutz der Gesetze in Beziehung auf seine persönlichen oder Familienverhältnisse entzogen wird, ist zu bestrafen:

1) mit acht- bis sechszehnjähriger Zuchthausstrafe, wenn dabei die Leibeigenschaft oder Sklaverei der geraubten Person beabsichtigt worden ist;
2) mit vier- bis zwölfjähriger Zuchthausstrafe, wenn der Geraubte zum auswärtigen Kriegs- oder Schiffsdienste gebraucht werden soll, oder der Raub von Bettlern, Landstreichern, Gauklern oder anderen dergleichen Personen an Kindern unter vierzehn Jahren verübt worden ist;
3) in anderen Fällen mit Arbeitshaus- oder Zuchthausstrafe von drei bis zu sechs Jahren.

Mit den unter 1. angedrohten Strafen des Menschenraubes wird auch der Negerhandel bestraft."

Man sieht, der Thatbestand des unqualificirten Verbrechens ist in dem ersten Absatze des Art. 194. aufgestellt, und für dieses unter Nr. 3. die Strafe bestimmt, während Nr. 1. und Nr. 2. die das einfache Verbrechen qualificirenden Momente enthalten.

In ähnlicher Weise geht auch der Entwurf zu Werke. Er sondert zunächst die Verbrechen gegen die Freiheit in der Weise von einander, daß er in §. 154. die Entziehung des Staatsschutzes und in §. 155. die Entziehung des Rechtsschutzes der gesetzmäßigen Tutoren mit Strafe bedroht.

Eine Ungleichmäßigkeit in der Formulirung besteht dann allerdings darin, daß §. 154. nur qualificirte Fälle des Verbrechens mit Strafe bedroht, während §. 155. zunächst das nicht qualificirte, und dann das qualificirte Verbrechen aufstellt.

Der Grund hierfür ist folgender.

Hätte der Entwurf auch das nicht qualificirte Verbrechen in die Vorschrift des §. 159. aufnehmen wollen, so würde die betreffende Gesetzesformel etwa folgendermaßen gelautet haben:

„Wer sich eines Menschen durch List, Gewalt oder Drohungen mit gegenwärtiger Gefahr für Leib oder Leben bemächtigt und ihn dadurch dem Rechtsschutze seines Heimathsstaates oder des Norddeutschen Bundes entzieht, begeht einen Menschenraub und wird mit Gefängniß nicht unter drei Monaten oder mit Zuchthaus bis zu fünf Jahren bestraft.

Geschah das Verbrechen in der Absicht, den seiner Freiheit Beraubten in Sklaverei, Leibeigenschaft oder einen dem ähnlichen Zustand der Unfreiheit oder in auswärtige Kriegsdienste oder Schiffsdienste zu bringen, so ist die Strafe Zuchthaus bis zu funfzehn Jahren."

Gegen die Korrektheit dieser Formel würde vielleicht nicht viel einzuwenden sein. Aber ehe man dieselbe aufstellt, muß man sich doch fragen, ob außer den in dem zweiten Absatze speciell bezeichneten Fällen von Menschenraub noch andere im praktischem Leben wirklich vorkommen möchten. Und diese Frage ist zu verneinen. Da nun eine Gesetzesformel nicht dazu da ist, das theoretische Verständniß des Gesetzes herbeizuführen, sondern da sie lediglich den Zweck hat, den Bedürfnissen des praktischen Lebens zu genügen, so durfte der Entwurf sich damit begnügen, in §. 154. ein qualificirtes Verbrechen aufzunehmen, ohne das zu demselben begrifflich gehörende einfache Verbrechen zu erwähnen.

Anders gestaltete sich dagegen das Verhältniß bei den im §. 155. erwähnten Verbrechen. Minderjährige Personen brauchen keinesweges bloß deshalb dem Schutze ihrer gesetzlichen Tutoren entzogen zu werden, damit sie zum Betteln u. s. w. gebraucht werden, sondern es können auch andere Zwecke den Thäter zur Begehung des Verbrechens bestimmt haben, z. B. die minderjährige Person einem bestimmten, von ihren Tutoren nicht gewollten Berufe zuzuführen, dieselben ihrem Glaubensbekenntnisse abwendig zu machen u. s. w., Zwecke mit einem Worte, die nicht unsittlicher Natur sind, die aber deshalb die Widerrechtlichkeit der Handlung aufzuheben nicht im Stande sind.

Deshalb stellt der Entwurf in §. 155. das nicht qualificirte Verbrechen voran:

„Wer widerrechtlich eine minderjährige Person dem Schutze derjenigen entzieht, in deren rechtmäßiger Gewalt sich dieselbe befindet, wird mit Gefängniß bis zu zwei Jahren bestraft" —

und fügt dann den qualificirten Fall in dem zweiten Absatze hinzu:

„Geschah das Verbrechen in der Absicht, die minderjährige Person zum Betteln oder zu gewinnsüchtigen oder unsittlichen Zwecken oder Beschäftigungen zu gebrauchen, so ist die Strafe Gefängniß nicht unter drei Monaten oder Zuchthaus bis zu fünf Jahren."

In beiden Fällen, sowohl in §. 154. wie auch in §. 155. hat der Entwurf den Ausdruck „entführen" vermieden und die Anwendung desselben allein auf dasjenige Verbrechen beschränkt, welches gemeinrechtlich unter dem crimen raptus verstanden wird.

Hierfür enthält §. 156. des Entwurfs die erforderliche Bestimmung. Während indeß das Preußische Strafgesetzbuch dieses Verbrechen in zwei verschiedenen Formen aufgenommen hat — Entführung wider Willen, und Entführung mit Willen der Entführten, in welchem letzteren Falle natürlich nur von der Entführung einer minorennen

Person die Rede sein konnte — glaubte der Entwurf mit **einer** Strafposition auskommen zu können, und vereinigte demnach die beiden §§. 207. und 208. des Preußischen Strafgesetzbuches zu dem einen §. 156.

Der Grund hierfür ist der, daß die Entführung einer minorennen Person, selbst wenn dieselbe ihre Einwilligung gegeben, rechtlich so aufgefaßt werden muß, als ob der rechtlich maßgebende Wille gefehlt habe. Denn Minorenne haben für sich allein nicht einen solchen Willen, welcher rechtlich entscheidend sein könnte. Mögen daher die Fälle, in denen die Entführung mit oder wider den Willen der Entführten erfolgt, für die Strafzumessung in dem einen oder in dem anderen Falle sich verschieden gestalten; so weit liegen sie dem Wesen nach nicht auseinander, daß sie die Aufstellung zweier verschiedener Strafpositionen erforderlich machten. Und am wenigsten würde es sich rechtfertigen, den einen Fall nur mit Zuchthaus, und den anderen nur mit Gefängniß zu bedrohen, wie dieses das Preußische Strafgesetzbuch thut.

II. Widerrechtliches Gefangenhalten. (§. 158.)

Das Preußische Strafgesetzbuch bestimmt §. 210.:

„Wer vorsätzlich und widerrechtlich einen Menschen einsperrt, oder auf andere Weise des Gebrauchs der persönlichen Freiheit beraubt, wird mit Gefängniß nicht unter drei Monaten bestraft.“

Das Strafminimum von drei Monaten Gefängniß hat in der Praxis Mißstände entstehen lassen. In einem Aufsatze in **Goltdammer's** Archiv (Bd. IX. S. 752.) heißt es hierüber:

„Daß das Gesetz durch die hohe Strafe von drei Monaten bis fünf Jahren Gefängniß überall nur erhebliche Fälle einer wirklichen, einigermaßen dauernden Entziehung der Freiheit durch Einsperrung u. s. w. und der offenbaren bösen Absicht im Auge hat, scheint auf der Hand zu liegen. Dennoch ist in Fällen ohne Bedenken diese hohe Strafe auf Handlungen angewendet, die nach unserer Auffassung einem solchen Thatbestande nicht entfernt entsprachen. Ein Bauer hatte seine widerspenstige Magd, die sich krank gestellt und deshalb zur Arbeit zu gehen geweigert hatte, gezwungen, in's Bett zu gehen und ihre Kammer auf einen halben Tag verschlossen. Jemand hatte einen anderen, weil dieser ihm angeblich Geld schuldig sei und ihn geschimpft habe, im Dorfe angehalten und ihn gezwungen, mit zum Schulzen zu gehen. Einige Arbeiter hatten von einem Arbeitgeber Lohn für Bauarbeiten zu fordern; sie hatten ihn, als er nach dem Dorfe gekommen war, um von dem Bauherrn Geld zu holen, auf seinem Rückwege aus dem Dorfe angehalten und ihn gezwungen, zu dem Bauherrn zurückzukehren, um sie dort zu befriedigen. Ein polnischer Jude schuldete einem diesseitigen Kaufmanne Geld, das er trotz wiederholter Mahnungen nicht zahlte; er wurde, als er sich diesseits im Dorfe sehen ließ, von dem Kaufmanne aufgefordert, bei ihm einzutreten und dort zu dem Zwecke, um Bezahlung oder Sicherstellung zu erhalten, einige Stunden festgehalten. Andere Fälle verhielten sich in ähnlicher Weise. Sollte man bei unbefangener Betrachtung das Gesetz auf sie für anwendbar erachten, und sollte einer solchen Praxis gegenüber das Ober-Tribunal nicht vollkommen zweckmäßig entschieden haben, wenn es, auch ohne daß dabei das Vorhandensein von Fällen des §. 211. oder irgend eines Züchtigungsrechtes behauptet oder auch sonst nur angedeutet war, dennoch den ausdrücklichen Ausspruch der Instanzrichter, daß sich die Angeklagten der Rechtswidrigkeit ihrer Handlungen bewußt gewesen — also nicht in dem entschuldbaren Glauben einer erlaubten Selbsthülfe gewesen — gefordert hat."

Die Praxis des Ober-Tribunals ist hier gerechtfertigt als eine „zweckmäßige", als eine solche, welche der allgemeinen Intention des Gesetzes entspricht. Wenn man aber nach den Grundsätzen einer korrekten juristischen Methode entschieden hätte, so würde man wohl kaum zu dem Resultate haben gelangen können, bei thatsächlichen Feststellungen, welche mit Bezug auf §. 210. vorgenommen wurden, etwas zu verlangen, was bei der thatsächlichen Feststellung mit Bezug auf andere Strafgesetze nicht verlangt wird, das nämlich, daß der Handelnde das Bewußtsein der Rechtswidrigkeit seiner Handlung gehabt habe. So könnte beispielsweise Jemand, der eine gefundene Sache der Obrigkeit ableugnet, das Bewußtsein der Rechtswidrigkeit nicht gehabt haben, weil er selbst dem Verlierer die Sache zurückerstatten wollte — doch bezweifle ich, daß man in einem solchen Falle die Anwendbarkeit des §. 226. davon abhängig machen würde, daß das Bewußtsein der Rechtswidrigkeit festgestellt worden. Auch folgt die Nothwendigkeit dieser thatsächlichen Feststellung keineswegs aus dem Worte „rechtswidrig"; denn dieses bedeutet nichts Weiteres, als darauf hinzuweisen, daß es mancherlei Fälle gäbe, in denen die Freiheitsentziehung nicht widerrechtlich sei, und daß diese unter die Vorschrift des §. 210. nicht fallen. Auch die Zusammenstellung der Worte „rechtswidrig und vorsätzlich" führt nicht zu diesem Resultate. Denn eine „vorsätzliche" Rechtsverletzung bildet lediglich den Gegensatz zur „fahrlässigen" Rechtsverletzung, und der Begriff einer jeden Rechtsverletzung hat die „Widerrechtlichkeit" der Handlung zu seiner Voraussetzung. Wenn dann endlich noch „fehlendes Bewußtsein der Rechtswidrigkeit" und „entschuldbarer Glauben einer erlaubten Selbsthülfe" identificirt wird, so ist dies auch bedenklich und zwar deswegen, weil das Bewußtsein der Rechtswidrigkeit zwar auch durch „erlaubte Selbsthülfe", aber keineswegs blos durch diese aufgehoben sein kann, und weil der Begriff der „erlaubten Selbsthülfe" an und für sich etwas Mißliches hat. Aber ich glaube, die Lücke, welche §. 210. des Preußischen Strafgesetzbuches darbietet, ist in den letzten Worten des oben mitgetheilten Referates richtig angedeutet. Es enthält §. 210. eine Lücke, und diese Lücke des Gesetzes war durch die Gesetzgebung zu ergänzen. Diese Ergänzung erfolgt durch die Schlußbestimmung des §. 158.:

„Hatte die Freiheitsentziehung den Karakter widerrechtlicher Eigenmacht, so ist auf Gefängniß bis zu drei Monaten oder auf Geldbuße bis zu funfzig Thalern zu erkennen."

Mit dieser Bestimmung wird es möglich werden, in korrektester Weise dasjenige Resultat zu erreichen, welches das Ober-Tribunal als ein für die Praxis zweckmäßiges mit vollem Rechte bezeichnete, und werden hierzu nicht mehr diejenigen Interpretationen nöthig werden, die sich an den Zusammenhang der Worte „rechtswidrig und vorsätzlich" geknüpft haben, aus welchem Grunde denn auch der Entwurf sich darauf beschränken konnte, die „widerrechtliche" Einsperrung eines Menschen zu erwähnen, während das „vorsätzlich" des Preußischen Strafgesetzbuchs fortblieb, da dieses, namentlich neben dem „widerrechtlichen" keinen anderen Sinn gehabt hätte, als den Gegensatz zur Fahrlässigkeit hervorzuheben, und daher nur dann in die Formel aufzunehmen gewesen wäre, wenn auch die fahrlässige Freiheitsentziehung mit Strafe hätte bedroht werden sollen, was indessen nicht der Fall ist.

Das Preußische Strafgesetzbuch qualificirt den Thatbestand der widerrechtlichen Freiheitsentziehung (§. 210.) in folgender Weise:

Die Strafe ist Zuchthaus bis zu funfzehn Jahren:

1) wenn für den der Freiheit Beraubten die Freiheitsentziehung oder die ihm während derselben widerfahrene Behandlung eine schwere Körperverletzung (§. 193.) zur Folge gehabt hat;
2) wenn die Freiheitsberaubung über einen Monat gedauert hat;
3) wenn das Verbrechen gegen leibliche Verwandte in aufsteigender Linie verübt worden ist.

Von diesen Qualifikationsgründen mußte der unter Nr. 2. aufgestellte, wegen des in ihm enthaltenen dies criticus (vgl. oben S. 286.) fortfallen. Da demnach die Freiheitsberaubungen, von denen der Entwurf, Abs. 1., handelt, nicht bloß solche sind, welche bis zu einem Monat dauern, so mußte auch hinsichtlich der Strafbarkeit der Handlung eine Abweichung gegenüber dem Preußischen Strafgesetzbuche gemacht werden. Denn für Freiheitsentziehungen von sehr langer Dauer würde die Gefängnißstrafe, selbst in der Dauer von drei Jahren, als eine ausreichende Strafe nicht erachtet werden können. Der Entwurf stellt daher für die Freiheitsentziehungen — abgesehen von dem so eben berührten privilegirten Falle — Gefängniß nicht unter drei Monaten oder Zuchthaus bis zu fünf Jahren auf und überläßt den Einfluß der Dauer der Freiheitsentziehung auf die Dauer der Freiheitsstrafe der richterlichen Strafzumessung. Diese Strafgrenze wird aber auch ausreichend sein, um auf dem Wege der Strafzumessung richtig den Fall zu würdigen, wenn das Verbrechen nicht bloß an Ascendenten, sondern auch an Descendenten, vielleicht selbst an entfernteren Verwandten begangen ist.

Dagegen behält der Entwurf den vom Preußischen Strafgesetzbuche unter Nr. 1. aufgestellten Qualifikationsgrund bei. War in Folge der Freiheitsberaubung der Eingesperrte an seiner Gesundheit so beschädigt, wie dies §. 146. des Entwurfs bezeichnet, so ist es angemessen, den Thäter so zu bestrafen, als ob er diese Gesundheitsbeschädigung vorsätzlich herbeigeführt hätte.

Der Entwurf nimmt aber weiter noch darauf Rücksicht, daß in Folge der widerrechtlichen Freiheitsentziehung auch der Tod des Eingesperrten erfolgen könne. Das Preußische Strafgesetzbuch erwähnt diesen Fall nicht. Träte derselbe ein, so würde sich doch nur schwer deduciren lassen, daß in dem eingetretenen Tode als dem Majus, auch die schwere Körperverletzung als das Minus enthalten und daß demnach auch bei dem in Folge der widerrechtlichen Freiheitsentziehung eingetretenen Tode §. 210. Nr. 1. in Anwendung zu bringen sei. Und, wenn sich so deduciren ließe, so würde noch immer das legislatorische Bedenken übrig bleiben, daß der eingetretene Tod denn doch noch immer etwas anderes ist, als die eingetretene schwere Körperverletzung. Der Entwurf nimmt daher diesen Qualifikationsgrund auf und bestimmt als Strafe für die Freiheitsentziehung mit tödtlichem Erfolge Zuchthaus bis zu zwanzig Jahren.

Den §. 211. des Preußischen Strafgesetzbuches reproducirt der Entwurf gar nicht. Es wird an der genannten Stelle Folgendes bestimmt:

„Eine widerrechtliche Freiheitsberaubung ist nicht vorhanden, wenn eine Person vorläufig ergriffen und festgenommen wird, welche bei Ausführung einer strafbaren Handlung oder gleich nach derselben betroffen oder verfolgt, die Flucht ergreift oder der Flucht dringend verdächtig ist, oder wenn in einem solcheu Falle Grund zu der Besorgniß vorliegt, daß die Identität der Person sonst nicht festzustellen sein werde. Der Ergriffene muß sofort einer Polizeibehörde oder einem anderen Beamten, welchem nach den Gesetzen die Pflicht obliegt, Verbrechen oder Vergehen nachzuforschen, behufs der Bestimmung über die vorläufige Festnahme übergeben, oder einer Wachtmannschaft zugeführt werden.

Ebenso ist eine widerrechtliche Freiheitsberaubung nicht vorhanden, wenn die Fürsorge für einen Geisteskranken die Beschränkung seiner Freiheit nothwendig macht. Versäumt in einem solchen Falle derjenige, welcher diese Maaßregel trifft, der Polizeibehörde ohne Verzug von der getroffenen Maaßregel Anzeige zu machen, so soll er mit Gefängniß bis zu sechs Monaten oder mit Geldbuße bis zu einhundert Thalern bestraft werden."

Einem Zweifel kann es nicht unterliegen, daß jede rechtmäßige Freiheitsentziehung straflos sein muß. Dieses ausdrücklich auszusprechen, ist für das Gesetz keine Veranlassung vorhanden; es ist vollkommen ausreichend, wenn bei der Normirung des gesetzlichen Thatbestandes des Verbrechens gesagt wird, daß die Freiheitsentziehung eine widerrechtliche sein müsse. Alle Fälle der nicht widerrechtlichen Freiheitsentziehung aufzuzählen, kann ein Gesetz gar nicht unternehmen; das praktische Bedürfniß kann jeden Augenblick Voraussetzungen entstehen lassen, in denen eine Freiheitsentziehung eine rechtmäßige ist und die das Gesetz, weil sie bis dahin nicht bekannt gewesen, auch nicht berührt hat.

Man wird daher auch dem Preußischen §. 211. gegenüber den Standpunkt festhalten müssen, daß trotz der Wortfassung desselben, welche allerdings auf die Spezialisirung hindeutet, dennoch in demselben nur eine Exemplicifirung der nicht widerrechtlichen Freiheitsentziehungen enthalten ist, und daß das Wesentliche dieser Bestimmung darin besteht, Vorschriften gebietender Art aufzustellen.

1) Wer Jemanden vorläufig ergreift u. s. w., muß denselben sofort einer Polizeibehörde u. s. w. übergeben. Geschieht dies nicht, so ist derjenige, welcher die vorläufige Ergreifung vornahm, mit Gefängniß nicht unter drei Monaten zu bestrafen.

2) Wenn die Fürsorge für einen Geisteskranken die Beschränkung seiner Freiheit nothwendig macht, so hat derjenige, welcher diese Fürsorge für den Geisteskranken getroffen, von dieser Maßregel der Polizeibehörde unverzüglich Anzeige zu machen. Versäumt er dieses, so soll er mit Gefängniß bis zu sechs Monaten oder mit Geldbuße bis zu Einhundert Thalern gestraft werden.

Gegenüber diesen beiden Gebotsgesetzen ist nun aber auf Folgendes aufmerksam zu machen:

1. Eine an sich rechtmäßige Handlung kann dadurch nicht rechtswidrig werden, daß man es unterläßt, die Polizei davon zu benachrichtigen, daß man eine rechtmäßige Handlung vorgenommen.

2. Sowohl die vorläufige Ergreifung eines Verbrechers, wie auch die einem Geisteskranken gegenüber vorgenommene Freiheitsentziehung können bis zur rechtswidrigen Freiheitsentziehung ausgedehnt werden. Aber ob dies in dem einzelnen Falle geschehen, läßt sich nicht nach allgemein gültigen Merkmalen bestimmen — und nur solche wären geeignet, in ein Gesetz aufgenommen zu werden — sondern nur nach solchen Merkmalen, welche der einzelne konkrete Fall darbietet. Deshalb ist es besser, wenn das Gesetz eine solche Fassung erhält, daß bei jeder Anklage wegen widerrechtlicher Freiheitsentziehung speciell festgestellt werden muß, die Freiheitsentziehung sei eine widerrechtliche gewesen, ohne daß jedoch die Kriterien der Widerrechtlichkeit selbst in das Gesetz aufgenommen werden.

III. Nöthigung. (§. 159.)

§. 212. des Preußischen Strafgesetzbuches bestimmt:

„Wer einen Anderen zu einer Handlung oder Unterlassung dadurch zwingt oder zu zwingen versucht, daß er denselben schriftlich oder mündlich mit der Verübung eines Verbrechens oder Vergehens bedroht, hat Gefängniß bis zu Einem Jahre verwirkt."

Dazu tritt noch die weitere Bestimmung:

§. 213. „Wer einen Anderen mit Brand oder Ueberschwemmung bedroht, wird mit Gefängniß von zwei Monaten bis zu Einem Jahre bestraft."

Es handelt sich hier um das sog. Verbrechen der „Nöthigung", ein Verbrechen, dessen legislatorische Basis möglichst unsicher ist. Dem Römischrechtlichen crimen vis, dem Deutschrechtlichen Verbrechen des Landzwanges, beides Verbrechen, über deren theoretische Begründung mancherlei Streit besteht, die aber beide auf ganz specifisch historischer Basis beruhen, verdanken die Bestimmungen, welche sich in den deutschen Strafgesetzbüchern auf die Nöthigung und auf die widerrechtliche Bedrohung beziehen, ihre Entstehung. Die Unsicherheit der Gesetzgebung hinsichtlich dieser beiden Delikte zeigt sich recht deutlich, wenn man auf die einschlagenden Bestimmungen der verschiedenen deutschen Strafgesetzbücher eingeht.

Wir finden in diesen die Nöthigung bald unter dem Gesichtspunkte eines die persönliche Freiheit verletzenden Delikts (Preußen, Württemberg Art. 304. Baden §. 278.) bald zwar unter den Verbrechen gegen die Freiheit, wo denn aber zu den Verbrechen dieser

Art noch ganz andere gerechnet werden, als dies nach den Bestimmungen des Preußischen Strafgesetzbuches der Fall ist, wie in Braunschweig, wo Cap. 4. unter den Verbrechen gegen die Freiheit auch aufgeführt werden: die Nothzucht, die Schändung, der Raub, die Erpressung, an welche Verbrechen sich dann anschließt: die Nöthigung, die Drohungen, die Störung des Hausfriedens — oder in Sachsen, wo Cap. 6. zu den Verbrechen gegen die persönliche Freiheit gerechnet werden: der Raub, die räuberische Erpressung, die Nothzucht, die Unzucht mit Personen in wehr- oder bewußtlosem Zustande, die Unzucht mit Kindern, die Entführung, der Menschenraub, der Menschenhandel, die Gewalt hinsichtlich der Religionsänderung, die widerrechtliche Freiheitsberaubung, die Nöthigung, speciell die Nöthigung zur Ehe, die Bedrohung. In anderen Strafgesetzbüchern, wie Bayern Art. 304., Thüringen Art. 158., welche die Erpressung nicht zu den Verbrechen gegen die persönliche Freiheit rechnen, ist das Verbrechen der Nöthigung in unmittelbare Verbindung mit der Erpressung gebracht. Das Hessische Gesetzbuch endlich stellt einen besonderen Titel auf (Titel XVII.): „Von Gewaltthätigkeiten und Drohungen", und subsumirt demselben: den Hausfriedensbruch (Art. 164. und Art. 3. des Gesetzes vom 23. Februar 1849), gewaltsame Störungen des Gottesdienstes (Art. 166.), Gewaltthätigkeiten, um eine Beleidigung zu rächen, worauf Art. 168. fortfährt:

„Wer auf sonstige Weise einen Anderen durch Verübung widerrechtlicher Gewalt oder durch Drohung, insofern, was die Drohung betrifft, die Verwirklichung derselben mit Grund zu befürchten steht, zu einer Handlung, Duldung oder Unterlassung nöthigt, wird, insofern die That nicht in ein schwereres Verbrechen übergeht, mit Gefängniß oder Correctionshaus bis zu Einem Jahre bestraft."

Hieran schließen sich dann noch die Drohungen, ohne die Absicht, Jemanden zu einer Handlung, Duldung oder Unterlassung zu nöthigen.

Die Nöthigung erscheint bald als blos subsidiäres Verbrechen (z. B. Hessen, Württemberg, Sachsen), bald fehlt der subsidiäre Karakter und das Delikt wahrt seine Selbständigkeit.

Die Nöthigung wird bald nur mittelst Drohungen begangen, wie in Preußen, bald ist neben den Drohungen auch körperliche Gewalt erwähnt, wie in Württemberg, Bayern, Baden, Hessen, Sachsen.

Und so würden, von der Bestrafung ganz abgesehen, lediglich in Betreff des Thatbestandes, die Abweichungen der deutschen Strafgesetzbücher bei Normirung dieses Delikts mit leichter Mühe noch weiter verfolgt werden können, falls es von Interesse wäre, hierauf näher einzugehen, was indessen schwerlich der Fall sein dürfte.

Denn zunächst wird man wohl mit allem Grunde behaupten dürfen, daß diejenigen rechtlichen und politischen Verhältnisse, welche in Rom das crimen vis entstehen ließen und in Deutschland die Strafbestimmungen über den Landzwang nothwendig machten, in der gegenwärtigen Zeit auf die Strafgesetzgebung einflußlos geworden sind.

Sodann wird man aber auch die Frage aufwerfen müssen, ob,

wenn man die Nöthigung als ein gegen die psychische Freiheit gerichtetes Verbrechen auffaßt, die psychische Freiheit überhaupt als ein richtig gedachtes Angriffsobjekt für verbrecherische Handlungen sich darstellt.

Ist doch schließlich jedes Handeln das Resultat eines voraufgegangenen Denkens, und es würde demnach jeder widerrechtliche Eingriff in die freie Selbstbestimmung eines Menschen, also auch der Menschenraub, die Entführung, die widerrechtliche Einsperrung, als ein Verbrechen gegen die psychische Freiheit sich darstellen, weil eben die angegriffene Person in Folge des Verbrechens nicht so zu handeln im Stande ist, wie sie vermöge ihrer freien Selbstbestimmung gehandelt haben würde. Demnach würde es sich verstehen lassen, wenn ein Gesetz sagte: „Ich bedrohe verschiedene Arten der widerrechtlichen Beschränkung der persönlichen Freiheit; aber abgesehen von den ausdrücklich verbotenen, können noch andere widerrechtliche Freiheitsbeschränkungen vorkommen, und demnach normire ich ein subsidiäres Delikt, welches alle widerrechtlichen Freiheitsbeschränkungen umfassen soll, insoweit dieselben nicht unter ein besonders benanntes Delikt fallen; und dieses subsidiäre Delikt, welches selbstverständlich nicht nur Beschränkungen der Freiheit mittelst Drohungen, sondern auch solche mittelst physischer Gewalt enthalten muß, nenne ich das Verbrechen der Nöthigung."

Wenn nun auch einzelne deutsche Gesetzbücher die Nöthigung in der so eben angegebenen Weise normiren, so muß man doch billig Bedenken tragen, die Nothwendigkeit eines derartigen subsidiären Deliktes anzuerkennen, und dieser Zweifel hinsichtlich der Nothwendigkeit eines solchen Deliktes wird um so gerechtfertigter sein, wenn wir wahrnehmen, daß für das ganze Gebiet, in welchem das Preußische Strafgesetzbuch gilt, ein solches subsidiäres Delikt nicht für nothwendig erachtet worden ist.

Will man aber das freie Denken, losgelöst von dem freien Handeln, zum Gegenstande strafrechtlicher Angriffe machen, so wäre dies etwa so aufzufassen, daß man sagte: Ebenso wie es ein Grundrecht ist, nach freier Selbstbestimmung handeln zu dürfen, so ist es auch ein Grundrecht, frei denken zu dürfen, und da noch Niemand es bezweifelt hat, daß Gedanken zollfrei sind, so kann ein solches Recht nur den Sinn haben, daß auch das Aussprechen, das Verbreiten des Gedachten, als ein Grundrecht anerkannt wird. Man könnte sagen: Die Preußische Verfassung bestimmt Art. 5.: „Die persönliche Freiheit ist gewährleistet", Art. 6.: „Die Wohnung ist unverletzlich" und ergänzend zu diesen verfassungsmäßigen Grundrechten treten die Strafbestimmungen über die widerrechtliche Freiheitsentziehung und über den Hausfriedensbruch. In ähnlicher Weise nehme sich nun auch die Preußische Verfassung der geistigen Freiheit an; es bestimme dieselbe Art. 20.: „Die Wissenschaft und ihre Lehre ist frei" — Art. 27: „Jeder Preuße hat das Recht, durch Wort, Schrift, Druck und bildliche Darstellung seine Meinung frei zu äußern". — Hier könne ja nun auch ergänzend ein Strafgesetz eintreten, um diejenigen Handlungen bei Strafe zu verbieten, welche diese von der Verfassung grundgesetzlich garantirte psychische Freiheit zu verletzen geeignet wären. Derartige Strafbestimmungen enthalten nun aber die Gesetzesparagraphen, welche von der Nöthigung handeln, in keiner Weise, und das Ausführungsgesetz zu Art. 27. der Verfassungsurkunde gewährt nicht sowohl Schutz für, als Schutz gegen die psychische Freiheit.

Sehen wir nun zu, wie die Sache speciell im Preußischen Strafgesetzbuche steht, so müssen wir zu diesem Zwecke folgende Bestimmungen desselben zusammenstellen:

1) §. 234. „Wer, um sich oder Dritten einen rechtswidrigen Vortheil zu verschaffen, einen Anderen zu einer Handlung oder Unterlassung dadurch zwingt oder zu zwingen versucht, daß er denselben schriftlich oder mündlich mit der Verübung eines Verbrechens oder Vergehens bedroht, macht sich der Erpressung schuldig.“

2) §. 212. „Wer einen Anderen zu einer Handlung oder Unterlassung dadurch zwingt oder zu zwingen versucht, daß er denselben schriftlich oder mündlich mit der Verübung eines Verbrechens oder Vergehens bedroht, hat Gefängniß bis zu Einem Jahr verwirkt.“

3) §. 213. „Wer einen Anderen mit Brand oder Ueberschwemmung bedroht, wird mit Gefängniß von zwei Monaten bis zu Einem Jahr bestraft.“

Diese Zusammenstellung ergiebt, daß, wenn wir in §. 234. die Worte „um sich oder Dritten einen rechtswidrigen Vortheil zu verschaffen“ fortlassen, die Erpressung des Preußischen Strafgesetzbuches sich in die Nöthigung verwandelt, oder, daß die Erpressung eine durch das eigennützige Motiv des Handelnden qualificirte Nöthigung ist. Es ergiebt sich ferner, daß, wenn wir aus dem Thatbestande der Nöthigung die Worte „zu einer Handlung oder Unterlassung dadurch zwingt, oder zu zwingen versucht, daß er denselben“ fortlassen, die bloßen Drohungen übrig bleiben, von welchen freilich nach §. 213. nur die Drohungen mit Brand oder Ueberschwemmung bestraft werden sollen, was indessen daran nichts ändert, daß die Nöthigung lediglich ein durch das Motiv des Handelnden qualificirter Fall von Drohungen ist.

Mit Bezug auf diese Bestimmungen des Preußischen Strafgesetzbuches sind nun folgende beiden Fragen zu beantworten:

1. Ist derjenige Qualifikationsgrund, durch welchen sich die Nöthigung (§. 212.) von den Drohungen unterscheidet, aufrecht zu erhalten und

2. Ist es gerechtfertigt, die Bestrafung der nicht qualificirten Drohungen auf die in §. 213. des Preußischen Strafgesetzbuches erwähnten zu beschränken?

Der Entwurf verneint beide Fragen und zwar aus folgenden Gründen:

1. Ist es strafbar, Jemanden mit der Begehung eines Verbrechens zu bedrohen, so kann zwar die Bedrohung dadurch strafbarer werden, daß die Handlung oder Unterlassung, zu welcher der Bedrohte genöthigt werden soll, ein Verbrechen oder eine Unsittlichkeit ist, oder daß der Drohende für sich selbst einen rechtswidrigen oder den Gesetzen der Sittlichkeit widersprechenden Vortheil zu erlangen sucht. Aber das Preu-

ßische Gesetz beschränkt die Qualifikation der Drohungen keineswegs auf die so eben erwähnten Fälle, sondern sagt ganz allgemein: „zu einer Handlung oder Unterlassung". Wenn demnach A. dem B. einen Brief schriebe: „Lieber Freund, beifolgend zwei Flaschen Wein. Wenn Du dieselben nicht im Laufe des heutigen Tages ausgetrunken haben wirst, so werde ich Dir die Knochen im Leibe entzwei schlagen." Bei Eröffnung des Briefes durch B. ist bei Letzterem zufällig der Staatsanwalt gegenwärtig, der nicht wird umhin können, gegen A. die Klage wegen Verletzung des §. 212. zu erheben, nicht weil B. bedroht, sondern weil B. durch die Bedrohung mit einem Vergehen (§. 192 a.) zu einem Handeln zu zwingen versucht wurde. Dies Beispiel soll nur zeigen, daß es wohl Fälle geben kann, bei denen, wenn eine Drohung an und für sich strafbar ist, dieselbe dadurch, daß der Bedrohte zu einem Handeln oder Unterlassen bestimmter Art genöthigt werden soll, nicht in höherem Grade strafbar wird, und daß, wenn Drohungen an und für sich überhaupt nicht strafbar sind, dieselben dadurch, daß durch sie der Bedrohte zu einem Handeln oder Unterlassen genöthigt wird, nicht wohl strafbar werden können. Sollen demnach Drohungen durch die Worte des Preußischen §. 212. „zu einer Handlung oder Unterlassung zwingt, oder zu zwingen versucht", zu strafbaren Drohungen qualificirt werden, so müssen die „Handlungen" oder die „Unterlassungen" selbst näher specialisirt werden. Diese Specialisirung könnte aber nur dahin gehen, daß diese Handlungen oder Unterlassungen strafbarer Art sein müßten; denn wollte man noch weiter gehen und auch unmoralische Handlungen oder Unterlassungen dazu rechnen, so würde dies um deswillen fehlerhaft sein, weil jeder gesetzliche Halt darüber fehlt, was das Strafgesetz als moralisch oder als nicht moralisch auffaßt. Denken wir uns nun aber eine Gesetzesformel, welche lautete:

> Wer einen Anderen zu einer strafbaren Handlung oder Unterlassung dadurch zwingt oder zu zwingen versucht, daß er denselben schriftlich oder mündlich mit der Verübung eines Verbrechens oder Vergehens bedroht, hat Gefängniß u. s. w. verwirkt —

so würde man sich daran erinnern müssen, daß Drohungen auch als Mittel der Anstiftung anerkannt sind. Wäre daher die Drohung wirksam gewesen, so müßte der Drohende entweder als Anstifter oder, wenn die Drohung Dimensionen angenommen hätte, welche für den Bedrohten die Freiheit der Willensbestimmung ausschlossen, als Thäter bestraft werden. Für diejenigen Fälle also, in denen die Drohung wirksam war, würde die so eben aufgestellte Gesetzesformel vollkommen überflüssig sein. Es müßte mithin die Gesetzesformel auf diejenigen Fälle beschränkt bleiben, in denen die Drohung wirkungslos blieb. Die Fälle dieser Art würden sich aber lediglich darstellen als Fälle erfolglos gebliebener Anstiftung. Diese aber sind überhaupt nicht mit Strafe zu bedrohen und werden auch von dem Preußischen Strafgesetzbuche nur ausnahmsweise mit Strafe bedroht. Die erste der beiden oben aufgestellten Fragen war somit zu verneinen, und daraus folgt, daß das Verbrechen der **Nöthigung** fernerhin überhaupt nicht mehr aufrecht erhalten werden kann.

2. Der Entwurf will die Strafbarkeit der Drohungen nicht auf die im Preußischen Strafgesetzbuche §. 213. bezeichneten beschränken.

Hat das Strafrecht zunächst zwar die Aufgabe, die Rechtsordnung in so weit zu schützen, als es dafür Sorge trägt, daß begangene Verbrechen nicht straflos bleiben, so soll doch auch die Existenz der Strafgesetze bei den Staatsangehörigen so viel als möglich das Gefühl des **Geschütztseins** gegen strafbare Angriffe entstehen lassen und befestigen. Daß dieses Gefühl der Sicherheit dadurch, daß Jemand mit der Verübung eines Verbrechens bedroht wird, in mehr oder minder erheblicher Weise aufgehoben werden kann, ist nicht zu leugnen. Ist die Bedrohung mit der Verübung eines Verbrechens wirklich die Ankündigung eines beschlossenen, demnächst zu begehenden Verbrechens, so wird nicht blos die in der Person des Bedrohten entstandene Beunruhigung Beachtung fordern, sondern man wird in dem strafrechtlichen Einschreiten gegen den Drohenden ein Präkaviren gegen die Ausführung des verbrecherischen Entschlusses, jedenfalls eine Unterbrechung in dem verbrecherischen Denken und Handeln zu erkennen haben. Ist aber die Drohung nicht eine ernstlich gemeinte, so ist sie unter allen Umständen eine Frivolität, die eine Ahndung mindestens sich gefallen lassen muß. Denn es giebt Dinge so ernster Art, daß man mit ihnen nicht spaßen soll, und zu diesen Dingen gehört auch die Begehung einer von den Gesetzen mit Strafe bedrohten Handlung.

Das Gesagte bezieht sich übrigens gleichmäßig auf alle mit Strafe bedrohten Handlungen. Unterscheidungen zu machen ist hier, ohne der Gefahr einer schädlichen Kasuistik zu verfallen, nicht möglich.

Aber andererseits kann die Bestrafung der Drohungen wohl davon abhängig gemacht werden, ob dem Bedrohten selbst durch die Drohung das Gefühl der Rechtsunsicherheit geworden. Deshalb läßt der Entwurf die Bestrafung von dem Antrage des Bedrohten abhängen.

Achtzehnter Titel.

Störung des Hausfriedens.

§. 160.

Wer in die Wohnung, das Geschäftszimmer oder das befriedigte Besitzthum eines Anderen, oder in abgeschlossene Räume, welche zum öffentlichen Dienste bestimmt sind, widerrechtlich eindringt, oder, wenn er ohne Befugniß darin verweilt, auf geschehene Aufforderung sich nicht entfernt, ist mit Gefängniß bis zu sechs Monaten oder mit Geldbuße bis zu Einhundert Thalern zu bestrafen.

Die Strafe ist Gefängniß nicht unter drei Monaten oder Zuchthaus bis zu fünf Jahren, wenn an einer Person Gewalt verübt oder fremdes Eigenthum zerstört oder beschädigt wurde.

§. 161.

Wenn mehrere Personen sich zusammenrotten und in die Wohnung, das Geschäftszimmer oder das befriedigte Besitzthum eines Anderen, oder in abgeschlossene Räume, welche zum öffentlichen Dienste bestimmt sind, widerrechtlich eindringen, so werden dieselben mit Gefängniß nicht unter drei Monaten oder mit Zuchthaus bis zu fünf Jahren bestraft.

Die Strafe ist Gefängniß nicht unter sechs Monaten oder Zuchthaus bis zu zehn Jahren, wenn an einer Person Gewalt verübt, oder fremdes Eigenthum zerstört oder beschädigt wurde.

Das Preußische Strafgesetzbuch bestimmt §. 346.:

„Mit Geldbuße bis zu funfzig Thalern oder Gefängniß bis zu sechs Wochen wird bestraft:

1) Wer in die Wohnung, das Geschäftszimmer oder das befriedigte Besitzthum eines Anderen, oder in abgeschlossene Räume, welche zum öffentlichen Dienste bestimmt sind, widerrechtlich eindringt, oder, wenn er ohne Befugniß darin verweilt, auf geschehene Aufforderung sich nicht entfernt;
2) wer Hunde auf Menschen hetzt;
3) wer vorsätzlich Steine oder andere harte Körper oder Unrath auf Menschen wirft."

Wenn man aus der Placirung, die einem Delikte in dem Strafgesetzbuche zu Theil wird, sich einen Schluß erlauben dürfte auf die Höhe der Achtung, welche die Gesetzgebung dem durch ein bestimmtes Strafgesetz zu schützenden Rechte zollt, so müßte man sagen, die Preußische Strafgesetzgebung des Jahres 1851 habe ihre äußerst geringe Achtung vor dem Hausrecht kaum drastischer ausdrücken können, als dies durch die Stellung der den Hausfriedensbruch betreffenden Strafbestimmung in §. 346. geschehen sei. Glaubte man schon dieses Delikt mit einer so äußerst geringen Strafe ahnden zu können, hielt man sich berechtigt, die Verletzung des Hausrechtes zu gestatten, falls der Thäter die Uebertretungsstrafe riskiren wollte — und man weiß, wie selten die Praxis sich dazu entschließt, auf das Maximum der Strafe zu erkennen — die Achtung hätte man doch noch vielleicht dem Hausrechte zollen dürfen, der so milden Bestrafung des Hausfriedensbruches einen eigenen Paragraphen einzuräumen. Handelte es sich doch um den strafrechtlichen Schutz eines in der Preußischen Verfassungsurkunde gewährleisteten Grundrechtes — „die Wohnung ist unverletzlich" — und hat man doch da, wo es sich um die Bestrafung einfacher Ehrverletzungen handelte, dem Schutze der Ehre einen ausschließlichen Paragraphen (§. 343.) gewidmet. Aber den Schutz des Hausrechts in einem und demselben Paragraphen mit Koth und Hunden zusammenzuwerfen, das widerstreitet, um von Anderem abzusehen, mindestens der Aesthetik der Gesetzgebung, die so weit wie möglich doch auch zu wahren ist.

Ueberdem muß es auffallen, daß weder an dieser Stelle, noch im 17. Titel, wo unter §. 214. ein qualificirter Fall des Hausfriedensbruches behandelt wird, von dem Gesetze selbst die Bezeichnung des Deliktes als „Hausfriedensbruch“ legalisirt ist. Es macht dies den Eindruck, als hätte man Scheu getragen, dieses Wort überhaupt nur auszusprechen.

Gegenüber dieser, man darf vielleicht sagen, Zaghaftigkeit des Preußischen Strafgesetzbuches hat der Entwurf geglaubt auf die Strafbestimmungen, welche den Hausfriedensbruch betreffen, den vollsten Nachdruck zu legen, und dieses nicht blos durch die Aufnahme geeigneter Strafsatzungen, sondern auch, wenn man will, durch redaktionelle Aeußerlichkeiten zu zeigen.

Denn das Strafgesetz soll seine Bestimmungen keinesweges blos gegen die ihm Unterworfenen kehren; es ist vielmehr ebenso seine Pflicht für den Schutz der Staatsangehörigen einzutreten; und zu denjenigen Rechten, welche den Schutz des Strafrechts beanspuchen dürfen, gehört das Hausrecht wahrlich nicht an letzter Stelle. Die Gesetzgebung hat demnach zu zeigen, daß es ihr um die Bestrafung des verletzten Hausrechtes Ernst ist. Das geschieht aber wahrlich nicht dadurch, daß man den Hausfriedensbruch so behandelt, wie dies im Preußischen Strafgesetzbuche geschehen ist.

Der Entwurf hat daher zunächst, um den Hausfriedensbruch aus der Verborgenheit herauszuziehen, einen besonderen Titel für dieses Delikt in Anspruch genommen. Die Ueberschrift des Titels „Störung des Hausfriedens“ ist anderen deutschen Gesetzbüchern (Braunschweig, Sachsen, Thüringen) nachgebildet.

Der Thatbestand des Delikts konnte so aufrecht erhalten bleiben, wie er in dem Preußischen Strafgesetzbuche normirt ist. Es entspricht der §. 160. des Entwurfs dem §. 346. Nr. 1. und §. 161. dem §. 214. des Preußischen Strafgesetzbuches. Die Strafbestimmungen weichen dagegen von dem Preußischen Strafgesetzbuche ab. Statt der Geldbuße bis zu 50 Thaler oder Gefängnißstrafe bis zu sechs Wochen setzt der Entwurf: Geldbuße bis zu 100 Thaler oder Gefängniß bis zu sechs Monaten; überdem ist in Nachbildung der meisten deutschen Strafgesetzbücher der Fall besonders hervorgehoben, daß bei dem Hausfriedensbruch Gewalt an Personen oder Sachen begangen ist. Die Strafe erhöht sich für diesen qualificirten Fall des Hausfriedensbruches auf Gefängniß bis zu einem Jahre. Der gleiche Qualifikationsgrund ist in entsprechender Weise auch bei §. 161. des Entwurfs benutzt worden.

Andere Qualifikationsgründe, welche die deutschen Gesetzbücher aufstellen, wie z. B. die Bewaffnung der Hausfriedensbrecher, die Verletzung des landesherrlichen Burgfriedens, konnten mit Rücksicht auf die von dem Entwurfe aufgestellten Strafmaße übergangen werden.

Neunzehnter Titel.

Diebstahl und Unterschlagung.

§. 162.

Wer eine fremde bewegliche Sache einem Anderen in der Absicht wegnimmt, dieselbe sich rechtswidrig zuzueignen, begeht einen Diebstahl und wird mit Gefängniß bis zu zwei Jahren bestraft.

Es kann zugleich auf Untersagung der Ausübung der bürgerlichen Ehrenrechte erkannt werden.

§. 163.

In folgenden Fällen soll der Diebstahl mit Gefängniß bis zu drei Jahren bestraft werden:

1) wenn Ackergeräthschaften oder Thiere, welche zum Ackerbau gebraucht werden, von dem Felde, Thiere von der Weide, Wild aus umzäunten Gehegen, Fische aus Teichen oder Behältern, Bienenstöcke von dem Stande, Tuche, Linnen, Gewebe oder Garne von dem Rahmen oder von der Bleiche gestohlen werden;
2) wenn Früchte oder andere Bodenerzeugnisse, welche bereits geerntet sind, von Feldern oder Wiesen oder aus Gärten gestohlen werden;
3) wenn geschlagenes Holz aus dem Walde oder von der Ablage, oder wenn Schwemm- oder Flößholz gestohlen wird;
4) wenn eine Person, welche für Lohn oder Kost dient, den Diebstahl gegen ihre Herrschaft oder gegen einen Dritten verübt, welcher sich in der Wohnung der Herrschaft befindet; ingleichen wenn ein Arbeiter, Geselle oder Lehrling den Diebstahl in der Wohnung, der Werkstätte oder dem Waarenlager des Meisters oder des Arbeitsgebers begeht, oder wenn eine Person, welche in einer Wohnung gewöhnlich arbeitet, in dieser Wohnung stiehlt;
5) wenn ein Gastwirth oder ein Dienstbote desselben Sachen eines aufgenommenen Gastes, oder wenn ein aufgenommener Gast in dem Gasthause stiehlt;
6) wenn der Diebstahl in einem bewohnten Gebäude zur Nachtzeit begangen wird.

Es kann zugleich auf Untersagung der Ausübung der bürgerlichen Ehrenrechte erkannt werden.

§. 164.

Gefängniß nicht unter drei Monaten oder Zuchthaus bis zu fünf Jahren tritt in folgenden Fällen ein:

1) wenn aus einem zum Gottesdienste bestimmten Gebäude Gegenstände gestohlen werden, welche dem Gottesdienste gewidmet sind;
2) wenn in einem Gebäude oder in einem umschlossenen Raume vermittelst Einbruchs oder Einsteigens gestohlen wird;

3) wenn der Diebstahl dadurch bewirkt wird, daß zur Eröffnung eines Gebäudes oder der Zugänge eines umschlossenen Raumes, oder der im Innern befindlichen Thüren oder Behältnisse falsche Schlüssel angewendet werden;
4) wenn auf einem öffentlichen Wege, einer Straße, einem öffentlichen Platze, einer Wasserstraße oder Eisenbahn, oder in einem Postgebäude oder dem dazu gehörigen Hofraume, oder auf einem Eisenbahnhofe eine zum Reisegepäck oder zu andern Gegenständen des Transports gehörende Sache gestohlen wird;
5) wenn Sachen, welche eine blödsinnige Person oder ein Kind an oder bei sich führt, gestohlen werden;
6) wenn der Dieb oder einer der Diebe, oder einer der Theilnehmer am Diebstahle Waffen bei sich führt;
7) wenn zu dem Diebstahle zwei oder mehrere Personen als Urheber oder Theilnehmer mitwirken, welche sich zur fortgesetzten Verübung von Raub oder Diebstahl verbunden haben;
8) wenn der Diebstahl während einer Feuers- oder Wassersnoth an den gefährdeten oder geflüchteten Sachen begangen wird.

§. 165.

Wer bereits zweimal rechtskräftig durch einen Gerichtshof der Staaten des Norddeutschen Bundes wegen Diebstahls oder Raubes verurtheilt worden ist, soll wegen neuen Diebstahls bestraft werden wie folgt:

1) Wenn der neue Diebstahl ein einfacher ist (§§. 162. 163.) mit Gefängniß nicht unter sechs Monaten oder Zuchthaus bis zu zehn Jahren.
2) Wenn der neue Diebstahl ein schwerer ist (§. 164.), mit Gefängniß nicht unter einem Jahre oder mit Zuchthaus bis zu funfzehn Jahren.

Die vorstehenden Bestimmungen finden keine Anwendung, wenn entweder zwischen der Verbüßung der Strafe für den ersten und der Begehung des zweiten, oder zwischen der Verbüßung der Strafe für den zweiten und der Begehung des dritten Diebstahls zehn Jahre verflossen sind.

§. 166.

Einsteigen ist vorhanden, wenn der Eintritt in Gebäude oder umschlossene Räume über Dachwerk, Thüren, Mauern, Hecken oder andere Einfriedigungen, oder durch Fenster, Kellerlöcher oder andere nicht zum Eingang bestimmte, unter oder über der Erde befindliche Oeffnungen bewirkt wird.

§. 167.

Einbruch ist vorhanden:

1) wenn der Thäter mittelst Gewalt an den Einfriedigungen oder an Gegenständen oder Vorrichtungen, welche das Eindringen verhindern, einen vorher nicht vorhanden gewesenen oder einen verschlossenen Eingang sich

öffnet, oder eine schon vorhandene Oeffnung zum Eindringen erweitert, oder sonst eine Oeffnung macht, mittelst welcher er den Eingang zum Eindringen sich öffnet, oder auch ohne einzudringen den Diebstahl vollbringen kann;

2) wenn der Thäter im Innern eines Gebäudes in vorstehender Weise Thüren, Wände, Eingänge oder Durchgänge, Schränke, Kisten oder andere Behältnisse eröffnet.

§. 168.

Wer eine fremde bewegliche Sache, deren Besitz oder Gewahrsam er mit der Verpflichtung erlangt hat, sie zu verwahren, zu verwalten, zurückzugeben oder abzuliefern, sich rechtswidrig zueignet, macht sich einer Unterschlagung schuldig und wird mit Gefängniß bis zu zwei Jahren bestraft.

Es kann zugleich auf Untersagung der Ausübung der bürgerlichen Ehrenrechte erkannt werden.

§. 169.

Die gleiche Strafe tritt ein, wenn derjenige, welcher eine fremde bewegliche Sache gefunden oder durch Zufall in seinen Gewahrsam bekommen hat, sich dieselbe rechtswidrig zueignet.

§. 170.

Entwendungen oder Unterschlagungen, welche von Eltern oder Großeltern gegen ihre Kinder oder Enkel, oder von einem Ehegatten gegen den anderen begangen werden, sollen nicht bestraft werden.

§. 171.

Wer sich eines Diebstahls oder einer Unterschlagung gegen Eltern oder Großeltern, Stiefeltern oder Stiefkinder, gegen Schwiegereltern oder Schwiegerkinder, gegen Geschwister, ingleichen gegen Pflegeeltern, Vormünder oder Erzieher schuldig macht, ist nur auf Antrag des Verletzten zur Untersuchung zu ziehen.

Da der Diebstahl das in der Praxis am häufigsten vorkommende Verbrechen ist,*) so folgt hieraus, daß es bei den Strafbestimmungen für dieses Verbrechen vorzugsweise auf die Korrektheit und Zweckmäßigkeit derselben ankommt. Daß es jedoch nicht leicht sein muß, gerade bei diesem Verbrechen die besten Strafbestimmungen zu finden, zeigt ein Ueberblick über die deutschen Gesetzgebungen. Die Kasuistik, die bei den Diebstahlsbestimmungen sich findet, ist ein genügender Beweis sowohl für die Sorgsamkeit der Gesetzgebungen, wie auch für die Nothwendigkeit, der Versuchung, Gesetzesänderungen vorzunehmen, möglichst zu widerstehen.

---

*) Nach der Schwurgerichtsstatistik sind in Preußen in den Jahren 1860—1865 allein an schweren Diebstählen und zwar lediglich im Rückfalle (§. 218. 58. und §. 218. 219.) nicht weniger als 16,343 Fälle zur Anklage gebracht.

Dazu kommt noch Folgendes. Gerade weil der Diebstahl das am häufigsten vorkommende Verbrechen ist, befestigen sich die für dieses Verbrechen aufgestellten Strafbestimmungen auch am meisten in der Praxis. Ein selten angewandtes Strafgesetz tritt bei seiner wiederholten Anwendung als ein mehr oder minder fremdes der Praxis entgegen. Gesetzesänderungen werden daher hier geringeren praktischen Bedenklichkeiten begegnen. Aber ganz anders gestaltet sich die Sache da, wo ein Strafgesetz von jedem Richter fast täglich angewandt wird, wo die in demselben enthaltenen Begriffe, durchaus bestimmte, fast körperhafte Existenzen geworden sind. In solchen Fällen muß sich die Legislation im Interesse der Praxis auf das Nothwendigste beschränken, sie muß allerdings die Möglichkeit bieten, daß gerecht gestraft, daß korrekt erkannt werden könne; aber sie muß andererseits auf Neuerungen verzichten, die, mögen sie historisch, oder theoretisch noch so berechtigt erscheinen, weder dazu beitragen, daß korrekter erkannt, noch gerechtere Urtheile gesprochen werden.

Von diesen Gesichtspunkten ist der Entwurf ausgegangen. Gänzlich hat derselbe freilich auf Aenderungen des Preußischen Strafgesetzbuches nicht verzichten dürfen; aber die Aenderungen sind geringere geblieben, als namentlich auch mit Rücksicht auf die, diesen Gegenstand betreffende Literatur erwartet werden konnte. So sind beispielsweise die „Vorschläge“ Kräwel's, so beachtenswerth dieselben auch ganz gewiß an sich sind, in den Gesetzesformeln des Entwurfs nur theilweise wiederzufinden. Durfte es doch auch nicht unberücksichtigt bleiben, daß Vorschläge zu Gesetzes-Aenderungen, die im Jahre 1856 gemacht sind, um deswillen im Jahre 1868 ganz anders dastehen, weil im Jahre 1856 die auf das Preußische Strafgesetzbuch begründete Praxis erst fünf Jahre, im Jahre 1868 aber bereits siebenzehn Jahre besteht.

So hat der Entwurf zunächst gesucht, die Möglichkeit zu gewähren, daß der Richter für alle vorkommenden Diebstahlsfälle die dem konkreten Falle entsprechende Strafe zu erkennen im Stande sei. Es ist dieses Resultat herbeigeführt durch geeignete Strafherabsetzungen gegenüber den Bestimmungen des Preußischen Strafgesetzbuches. Die Abweichungen sind im Einzelnen die, daß

1. statt der im §. 216. des Preußischen Gesetzbuches angeordneten Strafe von einer Woche bis zu fünf Jahren Gefängniß, im §. 162. des Entwurfes Gefängnißstrafe bis zu zwei Jahren angeordnet ist, daß

2. statt der im §. 217. des Preußischen Strafgesetzbuches angedrohten Strafe von vierzehn Tagen bis zu fünf Jahren, im §. 163. des Entwurfes bis zu drei Jahren angeordnet ist, daß

3. statt der im §. 218. des Preußischen Strafgesetzbuches angedrohten Gefängnißstrafe nicht unter sechs Monaten oder Zuchthausstrafe bis zu zehn Jahren, der Entwurf §. 164. Gefängnißstrafe nicht unter drei Monaten oder Zuchthaus bis zu fünf Jahren androht.

Diese Strafermäßigung konnte gewagt werden, weil die Abmessung der Strafen nach Wegfall der mildernden Umstände ausschließlich in die Hand des erkennenden Richters gelegt wird und weil es sich in den vorstehend erwähnten Fällen um die Bestrafung des dritten Diebstahls nicht handelt.

Entsprechend den Strafbestimmungen für den ersten Diebstahl sind auch die für den dritten Diebstahl in dem Entwurfe §. 165. gegenüber dem Preußischen Strafgesetzbuche ermäßigt worden; statt Gefängniß nicht unter sechs Monaten oder Zuchthaus bis zu funfzehn Jahren, resp. Gefängniß nicht unter Einem Jahre oder Zuchthaus bis zu zwanzig Jahren setzt der Entwurf Gefängniß nicht unter sechs Monaten oder Zuchthaus bis zu zehn Jahren, resp. Gefängniß nicht unter Einem Jahre oder Zuchthaus bis zu funfzehn Jahren.*)

Dies sind aber auch die hauptsächlichsten Aenderungen, welche der Entwurf gegenüber dem Preußischen Strafgesetzbuche vorgenommen hat. Im Uebrigen mußte Folgendes erwogen werden:

1. Die Legaldefinition, welche das Preußische Strafgesetzbuch von dem Diebstahle aufstellt, hat für praktische Zwecke sich bewährt. Jede Aenderung derselben würde eine nicht unerhebliche Kasuistik in der Praxis erzeugen und mußte aus diesem Grunde vermieden werden. Auf eine Legal-Definition ganz zu verzichten, wäre möglich gewesen, wenn es sich lediglich um ein revidirtes Preußisches Strafgesetzbuch gehandelt hätte. Da indessen auch diejenigen deutschen Länder, welche in Folge einer abweichenden Legal-Definition den Diebstahl in der Praxis einigermaßen anders behandeln mögen, als dies in Preußen geschieht, der in Preußen bereits auf Grund einer bestimmten Legal-Definition

*) Diese Strafherabsetzung wird durch die Schwurgerichtsstatistik vollständig gerechtfertigt. Diese spricht von dem dritten Diebstahl überhaupt nur unter der Voraussetzung, daß der dritte Diebstahl auch ein schwerer Diebstahl sei; d. h. es werden als dritte Diebstähle in der Schwurgerichtsstatistik nur diejenigen angeführt, welche nach §. 219. Nr. 2. des Preußischen Strafgesetzbuches zu beurtheilen waren. Die zu erkennende Strafe lag mithin innerhalb der Strafgrenzen von Einem Jahre Gefängniß bis zu Zuchthaus von zwanzig Jahren. Es sind nun in sechs Jahren (1860—1865) 10,067 Fälle des dritten schweren Diebstahls zur Anklage gebracht. Die Zahl der Angeklagten betrug 7393, von welchen 6892 verurtheilt wurden. Von diesen 6892 Verurtheilungen lauten: auf Geldbuße 4; auf Gefängniß unter Einem Jahre 545; auf Gefängniß von Einem Jahr und darüber 1120; auf Zuchthaus unter zwei Jahren — also vermuthlich Zusatzstrafen bei Konkurrenz — 4; auf Zuchthaus von zwei Jahren 672; Zuchthaus 2—5 (excl.) Jahren 832; Zuchthaus 5—10 (excl.) Jahren 3321; Zuchthaus 10—15 (excl.) Jahren 326; Zuchthaus 15 und mehr Jahre 68. Also von 6892 Verurtheilungen noch nicht voll 1 Procent zu funfzehn Jahren und darüber; Außerdem gehören zu jenen 68 Verurtheilungen auch diejenigen, in welchen gerade auf 15 Jahre erkannt wurde, auf welche Strafe ja auch nach den Bestimmungen des Entwurfs §. 165. erkannt werden kann. Diejenigen Fälle, in denen wirklich auf mehr als 15 Jahre Zuchthaus erkannt worden sein mag, sind daher nicht im Stande, die Ausdehnung der Zuchthausstrafe bis zu zwanzig Jahren zu rechtfertigen. Nimmt man nun aber die Strafposition: „Gefängniß nicht unter Einem Jahre oder Zuchthaus bis zu funfzehn Jahren" als diejenige Strafposition, welche durch die Praxis als die richtige für den dritten schweren Diebstahl nachgewiesen ist, so folgt hieraus unmittelbar auch die Richtigkeit der übrigen im neunzehnten Titel aufgestellten Strafpositionen.

durchgebildeten Praxis zugeführt werden dürfen, so war es nicht thunlich, die Legal-Definition gänzlich aufzugeben.*)

2. Die Eintheilung des Diebstahls in großen und kleinen Diebstahl ist in dem Entwurf nicht wieder eingeführt. Das ist ein Streitpunkt, der wahrlich nicht von geringem Belange erscheint, wenn man auf die deutschen Strafgesetzbücher sieht. Hat doch noch das Lübische Strafgesetzbuch, welches sich so enge an das Preußische anschließt, und welches in der That auch vor dem Preußischen Gesetzbuche so manche Vorzüge behauptet, die Eintheilung in großen und kleinen Diebstahl nicht aufgeben mögen. Es weist dasselbe nämlich den Gerichten die Untersuchung und die Bestrafung nur derjenigen Diebstähle zu, bei denen der Werth der gestohlenen Sachen die Summe von dreißig Mark übersteigt. (§. 178.) Genügt aber der Werth der gestohlenen Sache dem Erfordernisse der dreißig Mark, so soll weiter noch unterschieden werden, ob der Werth der gestohlenen Sache zweihundert Mark übersteigt oder nicht.

Es läßt sich dasjenige, was an dieser Stelle zur Rechtfertigung dafür zu sagen ist, daß der Entwurf dem Preußischen Strafgesetzbuche gefolgt ist und die Unterscheidung in großen und kleinen Diebstahl nicht auf genommen hat, ganz wohl im Anschluß an die Worte des Lübischen Gesetzbuches §. 178. ausführen. Dies Gesetz sagt:

„Der einfache Diebstahl steht, sofern der Werth der gestohlenen Sachen die Summe von dreißig Mark übersteigt oder der Dieb wegen Diebstahls schon einmal gerichtlich oder polizeilich bestraft ist, ausschließlich zur Untersuchung and Bestrafung der Gerichte.

In diesem Falle wird derselbe, wenn der Werth der gestohlenen Sachen die Summe von zweihundert Mark nicht übersteigt, mit Gefängniß bis zu sechs Monaten bestraft; übersteigt er dagegen die Summe von zweihundert Mark, so tritt Freiheitsstrafe bis zu fünf Jahren ein, und es kann zugleich, wenn Zuchthausstrafe ausgesprochen ist, auf Stellung unter Polizeiaufsicht erkannt werden."

Es muß dem Lübischen Gesetzbuche zugegeben werden, daß der bedenklichste Fehler, der sich an die Unterscheidung in großen und kleinen Diebstahl anlehnen kann, der Fehler eines durch den Werth des Diebstahls bedingten Strafsprunges vermieden ist. Auch der Diebstahl, der mehr als zweihundert Mark beträgt, kann nach Lübischem Rechte mit Gefängniß bis zu sechs Monaten geahndet werden, und die zweihundert Mark geben dem Richter nur die Möglichkeit, auch über diese Strafe hinaus bis auf fünf Jahre Zuchthaus erkennen zu dürfen.

Berücksichtigt man dieses aber, so sagt die Lübische Strafbestimmung mit anderen Worten Folgendes:

„Der Diebstahl, insoweit nicht einer der Fälle der §§. 181. 182. vorliegt, ist mit Freiheitsstrafe bis zu fünf Jahren zu bestrafen. Uebersteigt indessen der Werth der gestohlenen Sachen

*) Auch außerhalb Preußens hat die Legaldefinition des §. 215. des Strafgesetzbuches Anerkennung gefunden. Vergl. Krug „Ideen" S. 180: „Die Definition des Diebstahls ist aus dem Preußischen Gesetzbuche entlehnt, welches im §. 215. kurz und treffend das Wesen der Sache bezeichnet."

nicht die Summe von zweihundert Mark, so darf der Richter auf eine höhere als sechsmonatliche Gefängnißstrafe nicht erkennen."

Es entsteht mithin die Frage, ob die hier hervorgehobene Vorschrift sich legislatorisch rechtfertigt. Und diese Frage ist aus folgenden Gründen zu verneinen.

Zunächst ist die Besorgniß vor zu hohen Strafen viel weniger eine solche, welche mit Bezug auf den Richter, als vielmehr eine solche, die der Gesetzgeber mit Bezug auf sich selbst zu hegen hat. Der Richter, der den konkreten Fall, der den konkreten Angeklagten, der die nachtheiligen Folgen der Bestrafung für den Angeklagten und für dessen Angehörige vor Augen hat, ist viel eher zur milderen Beurtheilung des Verbrechens geneigt als der Gesetzgeber, welcher das Verbrechen nur in seiner Allgemeinheit zu beurtheilen in der Lage ist. Und daß der Richter gerade beim Diebstahl demjenigen Strafzumessungsgrunde, welcher in dem Werthe der gestohlenen Sache liegt, nicht gebührende Rechnung tragen sollte, ist um so weniger anzunehmen, als gerade dieser Strafzumessungsgrund mehr hervortritt, als so mancher andere.

Sodann aber muß dem Lübischen Rechte bestritten werden, daß sein Strafmaximum von sechs Monaten Gefängniß für alle einfachen Diebstähle, deren Werth nicht mehr als zweihundert Mark beträgt, ein ausreichendes sei. Die Summe von 200 Mark ist gleich 80 Thalern; es ist somit die Grenze für den Bereich des kleinen Diebstahls recht weit gesteckt. Dazu kommt denn noch, daß §. 179. des Lübischen Strafgesetzbuches mit den Worten beginnt:

„Für die Abmessung der gerichtlichen Strafen innerhalb der im §. 178. bezeichneten Grenzen kommt als erschwerend in Betracht:"

und daß auf diese Einleitungsworte unter sechs Nummern die Fälle des Preußischen §. 217 folgen, mit Fortlassung des von dem Preußischen Gesetzbuche unter Nr 6. aufgestellten Falles, daß der Diebstahl in einem bewohnten Gebäude entweder zur Nachtzeit oder von zwei oder mehreren Personen begangen wird, und unter Hinzufügung des vom Preußischen Rechte nicht berührten Falles, daß „auf einem Jahrmarkte, in einer Markthalle, auf einem Marktplatze, oder sonst im Gedränge einer versammelten Menschenmenge, oder aus einem offenen Laden oder einem sonstigen Lokale, wo Gegenstände zum Verkaufe ausliegen, oder aus einem Speicher oder Waarenlager gestohlen wird."

Ich glaube, es ist nicht zu viel gesagt, daß ein Gesetz, welches Diebstähle im Betrage bis zu 80 Thalern unter den Umständen des Preußischen §. 217., des Lübischen §. 179. begangen, im Maximum mit sechs Monaten Gefängniß bedroht, ein zu mildes Strafgesetz ist.

Weiter aber wird durch die Sonderung in großen und kleinen Diebstahl noch folgendes Bedenken wachgerufen. Ist schon, wie gezeigt, in dem Lübischen Rechte der Fehler eines Straffsprunges vermieden, so werden doch für den Diebstahl unter 80 Thaler und für den über 80 Thaler zwei verschieden große Strafen festgesetzt. Die Größe der Strafe besteht in der zwischen dem Maximum und Minimum liegenden mittleren Strafe. Die Strafgröße ist demnach nach den Bestimmungen des Lübischen Rechts für den Diebstahl bis 80 Thlr. gleich 3 Monate Gefängniß, für den Diebstahl über 80 Thlr. gleich 3 Jahren 9 Monaten Gefängniß. Bei dem Diebstahl von 80 Thlr. muß demnach eine korrekte Strafzumessung von der mittleren Strafe von 3 Monaten, bei dem Diebstahl von 81 Thlr. dagegen von der mittleren Strafe von 3 Jahren 9 Monaten Gefängniß ausgehen, und man wird hieraus entnehmen, daß entweder die Gerechtigkeit der korrekten Strafzumessung, oder die korrekte Strafzumessung der Gerechtigkeit zum Opfer gebracht werden wird.

Sodann muß es inkonsequent erscheinen, daß das Lübische Recht seine Unterscheidung in großen und kleinen Diebstahl nur auf den einfachen Diebstahl anwendet, dagegen dieselbe Unterscheidung bei dem schweren Diebstahl aufgiebt. Bei den §§. 181. 182. ist von den zweihundert Mark nicht weiter die Rede. Kann es nun dem Richter überlassen werden, den Werth der gestohlenen Sache als Strafzumessungsgrund richtig zu würdigen, wenn er vor einem Strafmaße steht, welches, abgesehen von den mildernden Umständen, Freiheitsstrafe von einem bis zu fünf, resp. Zuchthausstrafe von einem bis zu zehn Jahren beträgt, so wird das Gleiche auch gegenüber dem für den einfachen Diebstahl festgesetzten Strafmaße angenommen werden können.

Endlich würde noch auf Folgendes aufmerksam zu machen sein. Die Unterscheidung in großen und kleinen Diebstahl wird ganz allgemein als eine solche angeführt, welche gemeinen Rechtens sei. Es wird auch nicht selten dem Preußischen Strafgesetzbuche der Vorwurf gemacht, dasselbe habe sich von dem gemeinen Rechte entfernt, indem es diese Eintheilung aufgegeben. Ohne Weiteres wird nun zuzugeben sein, daß die s. g. gemeinrechtliche Praxis und die sogenannte gemeinrechtliche Doktrin die Unterscheidung in großen und kleinen Diebstahl auch innerhalb des kriminell strafbaren Diebstahls aufrecht erhalten. Es kann indessen wohl bezweifelt werden, ob nicht Praxis und Doktrin gerade dadurch sich von der Quelle erheblich entfernt haben, ob sie nicht unter Berufung auf den Wortlaut des gemeinrechtlichen Gesetzes dem Sinne und Geiste desselben widersprechen.

Die Quellenstelle nämlich, auf welcher die gemeinrechtliche Eintheilung in großen und kleinen Diebstahl beruht, ist doch CCC. art. 157. In diesem Artikel wird gesagt, daß, wo ein Diebstahl unter fünf Gulden Werth begangen ist, und zwar ohne daß derselbe ein gefährlicher oder ein offener Diebstahl gewesen, der Richter den Dieb dazu anhalten soll, so es anders der dieb vermag, dem beschedigten den diebstall mit der zwispil zu bezalen. Wo aber der dieb kein solche geldbuss vermag, soll er mit dem kercker darin er etlich zeitlang ligen, gestrafft werden. Vnd so der dieb nit mer vermag oder zu wegen bringen kan, so soll er doch zum wenigsten dem beschedigten den diebstall widergeben, oder nach eynfachem werth bezalen oder vergleichen, vnnd soll der beschedigt mit derselben eynfachen vergleichung des diebstals (aber mit der übermass nit) der oberkeyt geldbuss vorgehen. Hiezu kommt noch, um die Bedeutung des kleinen Diebstahls richtig zu würdigen, dasjenige, was Art. 158. über den ersten kleinen öffentlichen Diebstahl sagt. Der Dieb soll in diesem Falle inn branger gestellt, mit ruten ausgehawen vnd das land verboten werden. Der Artikel schließt jedoch mit den Worten: Wer aber der dieb eyn solche ansehenliche person, dabei sich besserung zu verhoffen mag in der richter (jedoch on der oberkeyt zulassen vnd verwilligung nit) burgerlich vnd also straffen, dass er dem beschedigten den diebstall vierfeltig bezalen, vnd sonst allenthalben gehalten werden soll, als oben inn nechstem artickel von heymlichem diebstall gesetzt ist.

Indem so für den heimlichen kleinen Diebstahl die Bezahlung der Zwispil an den Beschädigten principaliter, für den offenen kleinen Diebstahl die Bezahlung des Vierfältigen wenigstens subsidiar angeordnet ist, kann die Bezugnahme auf das Römische Recht, das duplum für furtum nec manifestum und das quadruplum für furtum manifestum nicht in Abrede gestellt werden. Denn, mag in deutschrechtlichen Quellen sonst auch noch die zwispil erwähnt sein, von der Bezahlung des vierfachen Werthes wird man das Gleiche nicht behaupten können, und die Zusammenstellung des heimlichen Diebstahls mit dem duplum, des offenen mit dem quadruplum ist so karakteristisch römisch, daß diese Bestimmungen des fremden Rechtes Schwarzenberg jedenfalls im Sinne gewesen sein müssen, als er über seinen heimlichen und über seinen offenen Diebstahl schrieb. Es würde nun allerdings zu viel gesagt sein, wollte man behaupten, es sei durch diese romanistische Reminiscenz der Begriff des Römischrechtlichen delictum privatum in das deutsche Strafrecht eingeführt. Es kann vielmehr nur behauptet werden, — aber dies muß auch für das richtige Verständniß des kleinen Diebstahls der CCC. behauptet werden — daß das delictum privatum des Römischen Rechtes hinsichtlich seiner juristischen Konsequenzen übertragen ist auf den Begriff der bußwürdigen Delikte im Gegensatze zu den eigentlichen Verbrechen, den mit peinlicher Strafe zu verfolgenden Handlungen. Die CCC. drückt dies Art. 158. mit den Worten aus, es solle der Diebstahl durch die Bezahlung des Vierfachen „bürgerlich“ gestraft werden, und durch die Zurückbeziehung auf Art. 157. wird es klar gestellt, daß auch die für den heimlichen Diebstahl angeordnete Bezahlung der Zwispil als als bürgerliche Bestrafung des Diebstahls aufzufassen ist.*) Der Ausdruck „bürgerlich“ strafen kommt ja sonst auch noch in der CCC. gelegentlich der Bestimmungen über den Diebstahl vor (Art. 167. — Wo aber jemandt bei tag essendt frücht nem, vnnd damit durch wegtragen derselben nit grossen gererlichen schaden thett, der ist nach gelegenheyt der personen vnd der sach burgerlich zu straffen etc.) Der Sache nach ist dies noch häufiger der Fall (z. B. Art.168. 169.).

*) Dazu kommt, daß die Bezahlung der Zwiespill als Geldbuße, welche dem Bestohlenen zu zahlen, gegenübergestellt ist der Geldbuße, welche der Obrigkeit zu zahlen ist. Der Zusammenhang mit „Buße“ und „Gewedde“ ist so deutlich genug.

Sehen wir nun zu, in welcher Weise dem Begriffe und dem Wesen nach Schwarzenberg in Betreff des kleinen Diebstahls disponirte. Schwarzenberg konnte sich sagen: Es giebt zwei verschiedene Arten, wie gestraft wird, die eine ist das bürgerliche Strafen, die andere das peinliche Strafen. Beide Arten der Bestrafung will ich zwar für die Bestrafung des Diebstahls verwerthen, indessen die bürgerliche Bestrafung lediglich auf den kleinen Diebstahl beschränken. Die Bestimmungen über den kleinen Diebstahl haben demnach nur die Bedeutung, festzustellen, in welchen Fällen die bürgerliche Strafe eintreten darf. Somit hat nach den Bestimmungen der CCC. die Unterscheidung zwischen großem und kleinem Diebstahl zu ihrer wesentlichen Voraussetzung die Unterscheidung des bürgerlichen und des peinlichen Bestrafens. Hätte Schwarzenberg ausschließlich die peinliche Bestrafung gekannt, so wäre nach der Bedeutung, welche der kleine Diebstahl in der CCC. in der That hat, für denselben in diesem Gesetze gar kein Platz gewesen.

Nun ist aber die weitere strafrechtliche Entwickelung die geworden, daß die bürgerlichen Strafen für den Diebstahl durch die ausschließlich öffentliche Bestrafung dieses Deliktes absorbirt sind. Und da unsere öffentlichen Strafen, wenn auch zum Theil aus anderen Strafarten bestehend, doch ihrer öffentlich-rechtlichen Bedeutung nach den peinlichen Strafen der CCC. entsprechen, so ist für die heutige Gesetzgebung eine solche Basis zur Bestrafung des Diebstahls gegeben, wie dieselbe für die CCC. vorhanden gewesen wäre, wenn dieselbe ausschließlich die peinliche Bestrafung gekannt hätte.

Zugeben wird man aber ohne Weiteres, daß es etwas ganz Anderes ist, wenn der kleine Diebstahl ausgesondert wird, um die Grenzen für das bürgerliche Strafen zu bestimmen, als wenn innerhalb einer und derselben Art der Bestrafung, nämlich der ausschließlich öffentlichen Bestrafung des Diebstahls zwischrn großem und kleinem Diebstahl wegen der Höhe der öffentlichen Strafe unterschieden wird.

Die gemeinrechtliche Quelle macht also diese Unterscheidung um die Unterscheidung zweier Arten von Strafen (öffentlich und bürgerlich) zu bestimmen. Praxis, Doktrin und Gesetzgebung behalten die Unterscheidung bei, benutzen sie aber für das ausschließliche Gebiet der öffentlichen Strafe, thun also etwas ganz Anderes, als was die gemeinrechtliche Quelle thut.

Was heißt es also, wenn man behauptet, das Preußische Strafgesetzbuch habe sich durch Aufgeben der Unterscheidung in großen und kleinen Diebstahl von dem gemeinen Rechte entfernt, die übrigen Gesetzbücher dagegen, welche diese Unterscheidung beibehalten, seien dem gemeinen deutschen Rechte treu geblieben?

Das heißt nichts Anderes, als: Die meisten deutschen Strafgesetzbücher haben die Unterscheidung in großen und kleinen Diebstahl der s. g. gemeinrechtlichen Praxis und Doktrin nachgebildet, ohne zu untersuchen, ob auch Praxis und Doktrin die Quelle des gemeinen Rechts richtig verstanden, d. h. die Bedeutsamkeit der Unterscheidung zwischen den bürgerlichen und den peinlichen Strafen auf die

Unterscheidung in großen und kleinen Diebstahl richtig gewürdigt haben. Hätten dieses die neueren deutschen Strafgesetzbücher gethan, so würden sie sich gesagt haben, daß, da sie das bürgerliche Strafen überhaupt nicht kennen, die Rücksicht auf die gemeinrechtliche Quelle die Unterscheidung in großen und kleinen Diebstahl nicht fordere, und daß, wenn man diese Unterscheidung dennoch mache, man nicht dem gemeinen Rechte, in so weit dasselbe quellenmäßig begründet sei, nachgebe, sondern daß man lediglich einer communis opinio doctorum von vielleicht nur zweifelhaftem Werthe folge. Die Gesetzgebungsarbeiten, aus denen das Preußische Strafgesetzbuch hervorgegangen, haben zwar auch jene Untersuchung nicht angestellt; aber, gleichviel auf welchem Wege, schließlich ist das Preußische Strafgesetzbuch durch das Aufgeben der Unterscheidung zwischen großem und kleinem Diebstahl gerade zu dem Resultat gelangt, zu dem es hätte gelangen müssen, wenn es lediglich die Quelle des gemeinen Rechts als Autorität anerkannt und für diese die Bedeutsamkeit der bürgerlichen Strafen auf die Normirung des kleinen Diebstahls richtig gewürdigt hätte.

3. Die Qualifikationen des Diebstahls sind in dem Entwurf fast ganz so beibehalten, wie dieselben das Preußische Strafgesetzbuch aufgestellt hat. Die einzige Abweichung des Entwurfs besteht darin, daß aus §. 218. Nr. 4. des Preußischen Strafgesetzbuches die Worte „mittelst Abschneidens oder Ablösens der Befestigungs- oder Verwahrungsmittel, oder durch Anwendung falscher Schlüssel" in den §. 164. Nr. 4. des Entwurfs nicht aufgenommen sind. Der Grund hierfür ist der, daß die Transport-Anstalten und was dazu gehört, heutzutage ganz gewiß zu den höchst befriedeten Anstalten gezählt werden müssen, und daß es, um einen Diebstahl an Transportgegenständen, welcher an den im §. 218. Nr. 4. bezeichneten Orten begangen wird, zu einem qualificirten Diebstahle zu machen, nicht erst einer Ausführungsart des Diebstahls bedarf, welche Analogieen mit dem s. g. gefährlichen Diebstahl darbietet. Dieser Grund scheint ausreichend zu sein; adminikulirend könnte sonst noch auf die Ungleichheit der Bestrafung hingewiesen werden, welche durch Beibehaltung jener Worte entstehen würde. A. stiehlt eine Quantität Korn, indem er, hinter einem auf der Straße fahrenden Getreidewagen gehend, einen der Getreidesäcke aufschneidet und das herausfallende Korn auffängt — er macht sich eines schweren Diebstahls schuldig. B. dagegen stiehlt einem Mitreisenden, mit dem er in ein und demselben Eisenbahncoupé fährt, die Geldtasche, welche Jener abgelegt und deren Beaufsichtigung ihm durch Einschlafen nicht mehr möglich ist. A verläßt den Eisenbahnzug auf der nächsten Station und läßt den Bestohlenen weiter fahren und wird — wenn seine Thäterschaft erwiesen ist — wegen einfachen Diebstahls bestraft.

Es lag allerdings gerade an dieser Stelle für den Entwurf die Versuchung sehr nahe, weiter greifende Aenderungen dem Preußischen Strafgesetzbuche gegenüber vorzunehmen.*)

---

*) Eine Aenderung, welche der Entwurf §. 163. Nr. 6. gegenüber dem Preußischen Strafgesetzbuche §. 217. Nr. 6. vorgenommen, ist weiter unten motivirt.

Es entstand namentlich die Frage, ob diejenigen Bestimmungen des Preußischen Strafgesetzbuches, welche das Einsteigen und Einbrechen legaliter definiren, einer Abänderung unterzogen werden müßten. Auch konnte diese Frage um so weniger übergangen werden, als das verdienstvolle Werk des Dr. Schwarze: „Das Verbrechen des ausgezeichneten Diebstahls nach den neuen deutschen Gesetzbüchern", dieselbe neuerdings wieder auf die eindringlichste Weise in Anregung gebracht hat.

Und dennoch ist der Entwurf bei den Bestimmungen des Preußischen Strafgesetzbuches stehen geblieben.

Zunächst aus dem allgemeinen, schon oben angegebenen Grunde, daß es sich für eine neue Gesetzgebung gerade bei dem in der Praxis am häufigsten vorkommenden Verbrechen am wenigsten empfiehlt, Aenderungen vorzunehmen, wenn dieselben nicht aus praktischen Bedürfnissen unbedingt geboten sind.

Führten nun die Bestimmungen des Preußischen Rechts über das Einsteigen und Einbrechen zu Strafhärten, so ist diesem Uebelstande wohl abgeholfen durch das in dem Entwurfe für die Fälle des schweren Diebstahls (§. 164.) (§. 218. des Preußischen Strafgesetzbuches) vorgeschlagene Strafmaß. Ja dieses Strafmaß konnte und durfte nur unter der Voraussetzung vorgeschlagen werden, daß der Begriff des Einsteigens und Einbrechens der gleiche blieb, wie er bisher in dem Preußischen Strafgesetzbuche existirt hatte. Wäre dieser Begriff ein beschränkterer geworden, so hätte das für die Fälle des schweren Diebstahls zu arbitrirende Strafmaß gar nicht in dieser Weise arbitrirt werden können.

Aber es handelt sich ja bei einer neuen Gesetzgebung keinesweges blos darum, das Gesetz so zu formuliren, daß Strafhärten durch die Praxis vermieden werden können, sondern ebenso auch darum, die Gesetzesformeln so aufzustellen, daß überall eine korrekte Praxis gehandhabt werden kann; und dies ist nur zu erreichen unter der Voraussetzung, daß das Gesetz, welches die Praxis anwenden soll, nicht ein fehlerhaftes sei. Wären daher diejenigen Bestimmungen, welche im Preußischen Strafgesetzbuche das Einsteigen und Einbrechen näher bestimmen, als fehlerhafte zu bezeichnen, so müßten dieselben abgeändert werden und es könnten die Uebelstände nicht in Betracht kommen, welche sich daraus ergeben würden, daß die eine lange Zeit hindurch bestehende Praxis geändert werden müßte.

Nun wird aber der Beweis, daß die Preußischen Bestimmungen über den sog. gefährlichen Diebstahl geradezu fehlerhafte seien, schwer zu führen sein. In der That wird auch überall nur behauptet, diese Bestimmungen widersprächen dem gemeinen Rechte. Aber auch eine derartige Behauptung ist schwer zu beweisen — freilich auch schwer zu widerlegen — denn die Behauptung selbst ist ihrem Inhalte nach durchaus unbestimmt. Bekanntlich definirt die CCC. art. 159. weder das Einsteigen noch das Einbrechen — die CCC. sagt vielmehr nichts weiter als: „Item so aber eyn dieb inn vorgemeltem stelen jemandts bei tag oder nacht, inn sein behausung oder behaltung bricht oder steigt, oder mit waffen, damit er jemandt der jm widerstand thun wolt, verletzen möcht, zum stelen eingeht, solchs sei der erst oder mer diebstal, auch der diebstall gross oder kleyn, darob oder darnach berüchtigt oder betretten, so ist doch der diebstall darzu als obsteht, gebrochen oder gestiegen wirdt, ein geflissner geuerlicher diebstall." — Das ist Alles, was die Quelle über das Einsteigen und Einbrechen sagt. Einen bald engeren, bald weiteren Inhalt hat diesen Worten erst die gemeinrechtliche Praxis und Doktrin gegeben und die neueren Gesetzbücher haben diesen Begriff nach Zweckmäßigkeitsrücksichten festzustellen gesucht, bald mehr bald weniger bestrebt, dem, was man gemeines Recht nannte, treu zu bleiben. Wir müssen hier also zunächst konstatiren, daß wenn einem bestehenden Gesetze der Vorwurf gemacht wird, dasselbe widerspreche in seinen Bestimmungen über Einsteigen und Einbrechen dem gemeinen Rechte, dieser Vorwurf nicht bedeuten kann, das betreffende Gesetzbuch widerspreche der gemeinrechtlichen Quelle, sondern daß derselbe nur bedeuten kann, das Gesetzbuch widerspreche dem, wovon Praxis, Doktrin und andere Gesetzbücher behaupten, daß es gemeinrechtlich sei. Worin aber besteht denn nun das gemeinrechtliche Einsteigen und Einbrechen nach den Behauptungen der Praxis, Doktrin und Gesetzgebung? Ich finde darin gerade ein vorzügliches Verdienst der oben bereits erwähnten Schrift des Dr. Schwarze, daß dieselbe nachweist, wie eine Antwort auf diese Frage im Allgemeinen gar nicht gegeben werden kann. Wenn heute allenfalls in einem juristischen Examen die Frage gestellt würde, was Einsteigen und Einbrechen nach gemeinem Strafrecht sei und Examinant diese Frage mit der Meinung Wächter's *) beantwortete, so könnte man ja eine solche Antwort passiren lassen; indessen würde es doch zu weit gegangen sein, wenn man behaupten wollte, daß deutsche Gesetzbücher, welche von Wächter abweichen, daß andere juristische Autoritäten, daß Carpzow Unrecht haben müßten, weil sie etwas Anderes behaupten und behaupteten, als von Wächter behauptet wird. Die Kasuistik, die auf diesem Gebiete entstanden, ist wahrlich eine sehr reiche; und doch ist es so überaus natürlich, daß sie entstand. Die CCC. definirte nicht das Einsteigen und Einbrechen, aber sie ordnete eine fest bestimmte Strafe — der mann mit dem strang, vnnd das weib mit dem wasser — für die Fälle an, wo mittelst Einsteigens und Einbrechens gestohlen wurde. Was hatte demnach die Praxis zu thun, so lange ihr eine andere als die von der CCC. angeordnete Strafe zu erkennen unmöglich war? Sie mußte den vom Gesetze nicht präcisirten Begriff des Einsteigens und Einbrechens so einengen, als dies möglich war, ohne mit dem Einzigen, was das Gesetz selbst gab, nämlich mit der sprachlichen Bedeutung der Worte Einsteigen und Einbrechen in Widerspruch zu gerathen. Es ist ja bekannt, daß Carpzow in dieser Beziehung noch etwas mehr gethan hat; aber immerhin konnte Carpzow nicht ohne Grund behaupten: Mein Einsteigen und mein Einbrechen ist das gemein-

*) Lehrbuch II. S. 300. Vergl. Hälschner a. a. O. S. 465. Note 1.

rechtliche; denn die Fälle, welche ich unter meine Begriffe bringe, für die paßt die in der gemeinrechtlichen Quelle angedrohte Strafe." Nun nehme man aber den Fall, der ja wirklich eingetreten ist, daß neuere Gesetze, die Strafe für das Einsteigen und Einbrechen anders bestimmten, als dies in der CCC. geschehen war. Sofort sah sich die Praxis in der Lage, die Begriffe des Einsteigens und Einbrechens in etwas, und zwar so zu erweitern, wie dies durch die veränderte Strafbestimmung geboten erschien. Dann schlugen auch die Gesetze selbst den Weg ein, daß sie neben der Fixirung der Strafe für die Fälle des sog. gefährlichen Diebstahls den Begriff des Einsteigens und Einbrechens entsprechend ihrer Strafsatzung bald erweiterten, bald verengerten.

In der That lassen diese beiden oft beregten Begriffe, ohne daß man dem Sprachgebrauche Gewalt anzuthun braucht, als Qualifikationsgründe beim Diebstahl bald weiter, bald enger auffassen. Die Ausdehnung jedoch, die man denselben giebt, hängt wesentlich von der Strafbestimmung ab, die man mit ihnen in Verbindung bringt. Man kann nicht sagen, der Diebstahl mit Einsteigen soll unter folgenden bestimmten Voraussetzungen vorhanden sein, wenn man nicht auch zu gleicher Zeit sagt, von welcher Höhe die Strafsatzungen sein sollen. —

Diese hier ausgesprochene Ansicht scheint sich auch durch das Werk des Dr. Schwarze zu bestätigen. Denn auffallend muß es erscheinen, daß der Verfasser, der selbst erklärt, er wolle wesentlich für legislatorische Zwecke schreiben, schließlich doch nicht zu dem Resultate gelangt, daß er eine Gesetzesformel aufstellt, welche seiner Ansicht nach den Begriff des Einsteigens und Einbrechens in korrekter Weise wiedergiebt. Es konnte dies auch nicht gut erfolgen, denn diese Begriffe sind eben keine absoluten, die sich ohne ein gegebenes Strafmaß feststellen ließen, sondern es sind relative, in ihrem Inhalte und Umfange bedingt durch dasjenige Strafmaß, welches man auf sie zur Anwendung bringen will.

Der Entwurf hat demnach keinen Fehler gemacht, wenn er die Begriffsbestimmung des Einsteigens und Einbrechens so beließ, wie dieselben das Preußische Strafgesetzbuch hat; denn die Strafsatzung, welche der Entwurf aufstellt, entspricht dem allerdings weiten Begriff, den das Preußische Strafgesetzbuch diesen dem gemeinen Rechte entnommenen Qualifikationsgründen gegeben hat.

Hat die Praxis diesen Begriff so weit ausgedehnt, daß derselbe mitunter wohl über den Wortverstand des Einbrechens und Einsteigens noch hinausgeht, so sind das Auswüchse der Praxis, für welche in der Praxis selbst das Heilmittel gesucht und gefunden werden kann.

Blieb so der Begriff des Einsteigens und Einbrechens ungeändert, so hat auch der Entwurf hinsichtlich der Objekte, mit Bezug auf welche das Einsteigen und Einbrechen verübt wird, nichts geändert. Es ist in den Entwurf die Nr. 2. §. 218. des Preußischen Strafgesetzbuches unverändert aufgenommen:

„wenn in einem Gebäude oder in einem umschlossenen Raume vermittelst Einbruchs oder Einsteigens gestohlen wird."

Zu prüfen, ob dies geschehen dürfe, war um so mehr Veranlassung gegeben, als man gelegentlich der Gesetzgebung des Jahres 1856 bereits nahe daran war, das Einsteigen und Einbrechen, insoweit hierdurch der Begriff des schweren Diebstahls hergestellt würde, lediglich auf die bewohnten Gebäude zu beschränken und die übrigen Fälle, also das Einsteigen und Einbrechen in unbewohnte Gebäude und in den zu Gebäuden gehörenden umschlossenen Raum den einfachen Diebstählen unter erschwerenden Umständen zuzuweisen. Will doch auch v. Kräwel in seinen „Vorschlägen" in den §. 217. die Bestimmung aufnehmen:

„wenn in einem Gebäude oder in einem umschlossenen Raume vermittelst Einbruchs oder Einsteigens, oder vermittelst des Gebrauchs falscher Schlüssel gestohlen wird"

und ergänzend dazu in §. 218. Nr. 2. sagen:

„wenn in einem bewohnten Gebäude vermittelst Einbruchs oder gefährlichen Einsteigens gestohlen wird"

wobei denn das gefährliche Einsteigen in folgender Weise präcisirt wird:

„das Einsteigen ist gefährlich, wenn es mit fremder Hülfe oder vermittelst sonstiger herbeigeschaffter Hülfsmittel verübt ist."

Obgleich die von Kräwel für seine Formel angeführten Gründe gewiß aller Beachtung werth sind, so scheinen dieselben doch nicht mit absoluter Nothwendigkeit eine Aenderung noch über die im Entwurfe bereits vorgenommenen Aenderungen hinaus nothwendig zu machen. Kräwel steht mit seiner Argumentation gegenüber:

1) einem Gesetz, welches die Gefängnißstrafe bei dem schweren Diebstahl nur unter Annahme mildernder Umstände eintreten läßt, während der Entwurf mildernde Umstände überhaupt nicht kennt und damit alle diejenigen Willkürlichkeiten vermeidet, welche sich ergeben, wenn die Geschworenen mit der Strafzumessung betraut sind;
2) einem Gesetz, welches bei dem schweren Diebstahl selbst unter Voraussetzung der Annahme mildernder Umstände nur bis auf 6 Monate Gefängniß herabgeht, während der Entwurf dem Richter die unbeschränkte Möglichkeit gewährt, auch bei den schweren Diebstählen Gefängnißstrafe zu erkennen und diese Strafe bis auf die Dauer von drei Monaten zu ermäßigen;
3) einer Praxis, welche in den am häufigsten vorkommenden Fällen erst fünf Jahre lang das Strafgesetzbuch zu handhaben, und die landrechtliche Praxis gewissermaßen noch im Blute stecken hatte; während der Entwurf einer auf der Basis des Strafgesetzbuches konsolidirten Praxis, die das Landrechts-Strafrecht längst vergessen hat, gegenüber steht.

Es ist allerdings richtig, daß die Erweiterung des Einsteigens und Einbruches zur Qualifikation des schweren Diebstahls auf unbewohnte

Gebäude und den dazu gehörigen Raum dem französischen Rechte (code pénal art. 390.) entnommen ist. Deshalb allein widerspricht aber dieser Qualifikationsgrund noch nicht dem deutschen Rechtsbewußtsein. Wenn die frühere Gesetzgebung und Praxis davon nichts wissen mochte, daß die Verletzung des befriedeten Besitzthums eines Anderen einen Qualifikationsgrund bilden könne, so erklärt sich dieses aus der Nichtachtung, welche man seitens der Gesetzgebung vor dem Rechte der unverletzten Häuslichkeit hatte, woraus dann von selbst folgte, daß man von den Staatsangehörigen die Respektirung derselben nicht fordern und demnach die Verletzung des Hausfriedens, wenn dieselbe mit dem Diebstahl konkurrirte, nicht zu einem Qualifikationsgrund dieses Verbrechens machen durfte. Wird dagegen der Hausfrieden in der Weise respektirt, wie dieses das deutsche Rechtsbewußtsein fordert, und wie dieses auch der Entwurf durch seine Behandlung des Hausfriedensbruches darzulegen bemüht gewesen ist, so wird kein Hinderniß entstehen, die konkurrirende Verletzung des Hausfriedens als einen den Begriff des schweren Diebstahls herausstellenden Qualifikationsgrund für berechtigt anzuerkennen. Dazu kommt aber noch, daß, wenn man die Verletzung des Hausfriedens als ein dem deutschen Rechte fremdes Qualifikationsmoment verwerfen will, man sich dadurch, daß man den Begriff des schweren Diebstahls auf Einsteigen und Einbrechen in bewohnte Gebäude beschränkt, zwar auf das Gebiet des gemeinen deutschen Rechtes begiebt, aber auf ein Gebiet, welches als ein vorzugsweise kontroverses zu betrachten ist. Es darf bezweifelt werden, ob die persönliche Gefahr für den Bestohlenen das Wesen des gemeinrechtlichen gefährlichen Diebstahls, insoweit derselbe mittelst Einsteigens und Einbrechens verübt wird, ausmacht; es darf bezweifelt werden, ob der Diebstahl überhaupt dasjenige Verbrechen ist, bei welchem die Gefahr für die Person des Angegriffenen so weit in den Vordergrund gestellt werden darf, daß hieraus gerade ein Qualifikationsgrund zu bilden wäre. Und doch wird es nicht bestritten werden können, daß, wenn lediglich bewohnte Gebäude die Objekte des Einsteigens und Einbrechens sein sollten, dieses vor Allem dem Gedanken Rechnung tragen würde, daß der den Personen zu gewährende Schutz den wesentlichsten Inhalt dieses Qualifikationsgrundes ausmache.

In den Entwurf nicht aufgenommen sind die §§. 220. und 221. des Preußischen Strafgesetzbuches. Diese bestimmen Folgendes:

§. 220. „Die strengere Strafe des in einem bewohnten Gebäude begangenen Diebstahls wird dadurch nicht ausgeschlossen, daß zur Zeit desselben die Bewohner in dem Gebäude nicht anwesend waren."

§. 221. „Den bewohnten Gebäuden werden gleichgestellt:

1) Schiffe, welche bewohnt werden;
2) die zum Gottesdienste bestimmten Gebäude;
3) diejenigen öffentlichen Gebäude, welche zum Geschäftsbetriebe oder zur Aufbewahrung von Sachen bestimmt sind;
4) der zu einem bewohnten oder demselben gleichgestellten Gebäude gehörige umschlossene Raum und alle darin befindlichen Gebäude jeder Art.

Ein Raum ist umschlossen, wenn man in denselben nur durch den Gebrauch von Schlüsseln oder durch Einbrechen oder Einsteigen gelangen kann."

Diese beiden Paragraphen des Preußischen Strafgesetzbuches beziehen sich jetzt, d. h. nach der Gesetzgebung des Jahres 1856, auf §. 217. Nr. 6., d. h. auf einen Fall des einfachen Diebstahls unter erschwerenden Umständen. Vor dem Jahre 1856 bezogen sich dagegen die Vorschriften der §§. 220. 221. auf einen Fall des schweren Diebstahls, da die jetzige Nr. 6. des §. 217. früher Nr. 2. des §. 218. war.

Es könnte nun vielleicht bezweifelt werden, ob das Preußische Strafgesetz die Mühe, welche es sich gegeben, um einen schweren Diebstahl näher zu präcisiren, auch angewandt haben würde, wenn die heutige Nr. 6. des §. 217. bei der Publikation des Strafgesetzbuches am 14. April 1851 bereits Nr. 6. des §. 217. und nicht vielmehr Nr. 2. des §. 218. gewesen wäre; denn ein einfacher Diebstahl scheint den legislatorischen Apparat zweier Legaldefinitionen kaum zu rechtfertigen.

Andererseits kann aber auch nicht übersehen werden, daß, wenn schon die Gesetzgebung im Jahre 1856 eine Strafherabsetzung für den in bewohnten Gebäuden ausgeführten Diebstahl vornahm, keine Veranlassung weiter vorlag, nun auch noch den Umfang des Begriffes „bewohnte Gebäude" gegenüber der früheren Gesetzgebung einzuengen. Dessen ungeachtet lassen sich doch gegen die Beibehaltung der §§. 220. und 221. manche Gründe anführen.

1. Der §. 220. sanktionirt auch für den Diebstahl den Begriff der s. g. objektiven Gefährlichkeit. Dieser Begriff mag bei den gemeingefährlichen Verbrecheu, wenn auch nicht in dem Umfange, wie dies im Preußischen Strafgesetzbuche geschehen, seine Berechtigung haben. Für den Diebstahl indessen ist dieser Begriff namentlich dann, wenn es sich um keinen der Fälle des schweren Diebstahls handelt, als berechtigt nicht anzuerkennen.

2. Wenn §. 221. die „zum Gottesdienste bestimmten Gebäude" den bewohnten Gebäuden gleichgestellt, so muß man sich daran erinnern, daß §. 218. die „zum Gottesdienste bestimmten Gebäude" ebenfalls erwähnt, und als schweren Diebstahl es auffaßt, wenn „aus einem zum Gottesdienste bestimmten Gebäude Gegenstände gestohlen werden, welche dem Gottesdienste gewidmet sind." Durch §. 221. Nr. 2. in Verbindung mit §. 217. Nr. 6. würde sonach auch derjenige Diebstahl ausgezeichnet sein, welcher „an einem nicht dem Gottesdienste gewidmeten Gegenstande" verübt wird, falls der betreffende Gegenstand aus einem „zum Gottesdienste bestimmten Gebäude" gestohlen wird. Und so wäre denn die Sache unvollständig. Denn wenn man auszeichnet: den Diebstahl einer res sacra ex loco sacro und den Diebstahl einer res profana ex loco sacro, so ist nicht abzusehen, weshalb man nicht auch auszeichnen sollte den Diebstahl einer res sacra ex loco profano. Die Sache wird aber dadurch noch etwas eigenthümlicher, daß nicht in allen Fällen ausgezeichnet ist der Diebstahl einer res sacra ex loco sacro und der Diebstahl einer res profana ex loco sacro, sondern nur: der Diebstahl einer res sacra ex loco

sacro in allen Fällen, der Diebstahl einer res profana ex loco sacro aber nur dann, wenn er entweder zur Nachtzeit oder von zwei oder mehreren Personen begangen wird.

Eine Erweiterung des Begriffes der bewohnten Gebäude, die zu solchen Konsequenzen führt, kann daher wohl auf sich beruhen.

3. Wenn sodann noch den bewohnten Gebäuden gleichgestellt werden:

die Schiffe, welche bewohnt werden,

diejenigen öffentlichen Gebäude, welche zum Geschäftsbetriebe oder zur Aufbewahrung von Sachen dienen,

der zu einem bewohnten oder demselben gleichgestellten Gebäude gehörige umschlossene Raum mit allen darin befindlichen Gebäuden jeder Art,

so wird man sich daran erinnern müssen, daß diese Qualifikationsgründe überall nur aufgestellt sind, unter der Voraussetzung, daß die Begehungsart des Diebstahls denselben nicht als einen schweren Diebstahl im Sinne des §. 218. (§. 164. des Entwurfs) karakterisirt. Würde also beispielsweise in einem umschlossenen Raume, welcher zu einem bewohnten Gebäude gehört, zur Nachtzeit mittelst Einsteigens oder Einbrechens gestohlen, so tritt ja selbstverständlich die Strafe des schweren Diebstahls ein. Sobald also nur die betreffenden Räumlichkeiten zur Nachtzeit verschlossen gehalten werden, so stehen sie von selbst unter dem Schutze der Strafbestimmung für den schweren Diebstahl. Läßt man derartige Räumlichkeiten jedoch offen stehen, so ist für das Strafgesetz keine Veranlassung, durch die höhere Bestrafung eines unter diesen Voraussetzungen ausgeführten Diebstahls der Indolenz zu Hilfe zu kommen.

Eben so wenig ist auch der Umstand, daß der Diebstahl von zwei oder mehreren Personen begangen wird, geeignet, einen Qualifikationsgrund für den Diebstahl abzugeben. Als schwerer Diebstahl wird es §. 218. Nr. 7. (Entwurf §. 164. Nr. 7.) bestraft, wenn zu dem Diebstahle zwei oder mehrere Personen als Urheber oder Theilnehmer mitwirken, welche sich zur fortgesetzten Verübung von Raub oder Diebstahl verbunden haben. Für §. 217. des Preußischen Strafgesetzbuches bliebe daher nur der Fall übrig, daß nicht Mitglieder einer Bande — um es kurz zu bezeichnen — sondern andere Personen den Diebstahl begangen hätten. Nun ist es allerdings richtig, daß zwei oder mehrere Personen für den Bestohlenen oder dessen Stellvertreter im Allgemeinen gefährlicher sind, als nur ein Dieb. Dies ist doch aber nicht blos der Fall in einem bewohnten Gebäude und an einem der Orte, von welchen das Preußische Strafgesetzbuch in §. 221. handelt, sondern das ist an allen Orten der Fall. Demnach muß man entweder den Umstand, daß der Diebstahl von zwei oder mehreren Personen begangen wurde, zu einem ganz allgemeinen Qualifikationsgrunde machen, oder man muß diesen Qualifikationsgrund ganz fortlassen. Da es nun gewiß noch sehr viel bedenklicher sein würde, die Zahl der Qualifikationsgründe zu vermehren, als zu vermindern, so glaubte der Entwurf, unter Fortlassung der §§. 220. 221. des Preußischen Strafgesetzbuches, auch aus §. 217. Nr. 6. diejenigen Worte fortlassen zu sollen, welche darauf Bezug nehmen, daß der Diebstahl in einem bewohnten Gebäude von zwei oder mehreren Personen begangen wurde. Demnach ist §. 163. Nr. 6. in folgender Weise formulirt:

„wenn der Diebstahl in einem bewohnten Gebäude zur Nachtzeit begangen wird."

In den Entwurf ist sodann nicht aufgenommen §. 224. des Preußischen Strafgesetzbuches:

„Unter falschen Schlüsseln werden verstanden: nachgemachte, veränderte oder solche Schlüssel, welche für das Schloß, bei welchem der Thäter sie anwendet, nicht bestimmt sind, sowie Dietriche, Haken und andere zum Oeffnen von Schlössern brauchbare Werkzeuge."

Diese Bestimmung hat das Entstehen von Kontroversen darüber, was unter „falschen Schlüsseln" im Sinne des Gesetzes zu verstehen sei, nicht zu hindern vermocht.*) Es scheint somit, daß eine Legaldefinition des Begriffes „falscher Schlüssel" in ausreichender, d. h. in einer das Entstehen von Kontroversen hindernden Weise kaum gegeben werden könne. Der Begriff des „falschen Schlüssels" wird sich durch die Praxis ohne gesetzliche Anweisung nicht weniger gut bestimmen lassen, wie der Begriff von „Waffen". Hierfür hat aber schon das Preußische Strafgesetzbuch eine Legaldefinition nicht für erforderlich erachtet. Konnte man aber seit der Publikation des Preußischen Strafgesetzbuches den Begriff „Waffen" ohne gesetzliche Anweisung in der Praxis handhaben, so läßt sich erwarten, daß Gleiches auch mit den „falschen Schlüsseln" der Fall sein werde.

Es entsteht endlich noch die Frage, ob eine dem Preußischen §. 349. Nr. 3. entsprechende Bestimmung in das Strafgesetzbuch des Norddeutschen Bundes aufzunehmen sei.

Der Entwurf verneint diese Frage, wenn auch nicht ohne Bedenken.

Handelte es sich freilich nur um die angeführte Stelle des Preußischen Strafgesetzbuches, so würde es wohl kaum einem Zweifel unterliegen, daß in dieser Form eine gesetzliche Bestimmung in das Strafgesetzbuch des Norddeutschen Bundes nicht aufgenommen werden könne.

Es heißt:

„Mit Geldbuße bis zu funfzig Thalern oder Gefängniß bis zu sechs Wochen wird bestraft:

3) wer Früchte, Eßwaaren oder Getränke von unbedeutendem Werthe oder in geringer Quantität entwendet, selbst wenn die Entwendung vermittelst Einbruchs oder Einsteigens in ein unbewohntes Gebäude oder in einen demselben gleichstehenden umschlossenen Raum erfolgt.

Geschieht die Entwendung unter einem andern der im §. 218. bezeichneten erschwerenden Umstände oder in gewinnsüchtiger Absicht, so kommen die Strafen des Diebstahls zur Anwendung."

Gegen diese Gesetzesformel, ein Resultat der Gesetzgebung des Jahres 1856, ist Folgendes geltend zu machen:

1. Die Ausdrücke „unbedeutender Werth" — „geringere Quantität" sind viel zu unbestimmt, um in einem Strafgesetze überhaupt

*) Vergl. Oppenhoff zu §. 224.

benutzt werden zu können. Hängt es aber von der richtigen oder unrichtigen Auffassung dieser unbestimmten Ausdrücke ab, ob der Angeschuldigte entweder mit höchstens sechs Wochen, oder mit mindestens sechs Monaten zu bestrafen ist, so werden diese Ausdrücke durch ihre Unbestimmtheit geradezu unerträglich. Wenn es auch in der Praxis gehen mag — in der Praxis geht ja Vieles — so ist doch gewiß nicht Alles, was in der Praxis geht, als Rechtfertigungsgrund für die Korrektheit eines Gesetzes anzuführen.

2. Wenn die so eben gerügten Ausdrücke in der Praxis so gehandhabt werden sollen, daß sie zu Bestrafungen führen, die mindestens dem Resultate nach den Anforderungen der Gerechtigkeit entsprechen, so muß der Richter in einem Falle, wo beispielsweise mittelst Einsteigens in ein unbewohntes Gebäude Eßwaaren gestohlen sind, zunächst feststellen, ob dieser Diebstahl richtiger mit Gefängniß bis zu sechs Wochen, oder mit Gefängniß nicht unter sechs Monaten, resp. Zuchthaus bis zu zehn Jahren, zu bestrafen ist. Findet er Ersteres, so wird er die „geringere Quantität" resp. den „unbedeutenden Werth" als vorhanden thatsächlich feststellen; findet er Letzteres, so wird er thatsächlich feststellen, daß die gestohlenen Eßwaaren keineswegs eine „geringe Quantität" ausgemacht, daß sie nicht von „unbedeutendem Werthe" gewesen. Es wird mithin bei Anwendung des Gesetzes dasjenige geschehen müssen, was so inkorrekt wie möglich ist; es wird die thatsächliche Feststellung von der Größe der Bestrafung abhängig gemacht.

3. Bei der Unbedeutendheit des Delikts rechtfertigt es sich nicht, hier den Begriff des Einbruches und des Einsteigens anders zu bestimmen, als dies sonst geschehen ist. Das Preußische Recht kennt nunmehr zweierlei Arten von Einbruch und Einsteigen. Eine für alle Fälle mit Ausnahme des Diebstahls an Eßwaaren und eine andere Art für diese einzige Ausnahme. Entweder ist der Diebstahl an Eßwaaren, um des Objektes willen, ein so geringes Delikt, daß die sechswöchentliche Strafe in allen Fällen, selbst in denen des §. 218., und namentlich bei dem Einsteigen und Einbrechen ausreichend ist; oder das Einsteigen und Einbrechen qualificirt jeden Diebstahl so sehr, daß man um der Eßwaaren willen die Bedeutsamkeit dieses Qualifikationsgrundes nicht abschwächen kann. Aber um der Eßwaaren willen den Begriff des qualificirten Diebstahls noch anders zu formuliren, als es sonst geschehen, darin spricht sich eine Kleinlichkeit aus, die einer Gesetzgebung nicht wohl ansteht, und die vielleicht auch nur daraus zu erklären ist, daß im Jahre 1856 es überhaupt im Werke war, das Einsteigen und Einbrechen in bewohnte und in unbewohnte Gebäude von einander zu sondern, eine Sonderung, welche bei den §§. 217. und 218. den Beifall der Kommission des Abgeordnetenhauses nicht erlangte, während doch nichts dagegen einzuwenden war, die von der Staats-Regierung überhaupt projektirte Aenderung wenigstens bei Speise und Trank beizubehalten.

4. Höchst bedenklich ist in §. 349. Nr. 3. Abs. 2. die „gewinnsüchtige Absicht". Man muß doch festhalten, daß in §. 349. Nr. 3. Abs. 1. sämmtliche Momente des „Diebstahls" entsprechend der

Legaldefinition des Preußischen Strafgesetzbuches §. 215. enthalten sein müssen.*) Zu diesen wesentlichen Momenten des Diebstahls gehört aber auch die „Absicht, sich die weggenommene Sache widerrechtlich anzueignen“. Dieses widerrechtliche Aneignen kann in gewinnsüchtiger Absicht erfolgen, wird auch in den meisten Fällen in gewinnsüchtiger Absicht erfolgt sein; aber jedenfalls wird bei Anwendung des §. 215. das Vorhandensein oder Nichtvorhandensein der gewinnsüchtigen Absicht lediglich den Einfluß eines Strafzumessungsgrundes innerhalb der durch die §§. 215—219. aufgestellten Strafbestimmungen erlangen, niemals aber wird von der Feststellung der gewinnsüchtigen Absicht innerhalb des Gebietes der §§. 215—219. ein Qualifikationsgrund, noch weniger freilich die Anwendbarkeit dieser Paragraphen überhaupt abhängen.**) Ganz anders bei dem Diebstahle an Eßwaaren. Denn da bei diesem die Uebertretungsstrafe nur dann eintritt, wenn der Diebstahl nicht in gewinnsüchtiger Absicht begangen wurde, wogegen die Vergehens- resp. die Verbrechensstrafe eintreten soll, falls die gewinnsüchtige Absicht vorhanden war, so muß bei dem Diebstahle an Eßwaaren es jedesmal festgestellt werden,

---

*) Vergl. Oppenhoff zu §. 349. Nr. 3. Note 16.

**) Das Preußische Obertribunal ist freilich anderer Meinung. In einem Erkenntnisse vom 18. Febr. 1864 (Goltdammer Archiv Bd. XII. S. 285.) heißt es: „Die gewinnsüchtige Absicht ist zwar nicht ausdrücklich in den Diebstahlsbegriff aufgenommen, vielmehr ist im §. 215. des Strafgesetzbuches, welcher die Definition des Diebstahls enthält, der dazu erforderliche Dolus durch die Absicht rechtswidriger Zueignung bezeichnet. Allein wie aus der Entstehungsgeschichte dieser Vorschrift hervorgeht, hat man damit keineswegs beabsichtigt, den gemeinrechtlich hergebrachten Begriff des Diebstahls zu verlassen, wonach die Gewinnsucht — der animus furandi und sibi habendi — zum Wesen des Diebstahls gehört. Es sollte vielmehr nur ausgesprochen werden, daß bei vorhandener Absicht der rechtswidrigen Zueignung die Gewinnsucht — die gewinnsüchtige Absicht — stillschweigend zu unterstellen sei, so daß es für die Regel einer darauf gerichteten ausdrücklichen Feststellung nicht bedürfen solle. Die gewinnsüchtige Absicht bleibt hiernach also immerhin eine selbstverständliche Voraussetzung des Diebstahlsbegriffs, so daß beim Mangel derselben dieser Begriff ausgeschlossen ist. Wird daher diese Voraussetzung im Einzelfalle von dem Angeklagten bestritten, deren Nichtvorhandensein in concreto behauptet, so muß sie zum Gegenstand einer besonderen thatsächlichen Feststellung gemacht werden, welche in Schwurgerichtssachen nur durch eine besondere Frage an die Geschworenen erzielt werden kann.“ (Aehnlich: Goltdammer Archiv Bd. V. S. 398. u. f.) Das Obertribunal hat auch die Konsequenzen dieser Ansicht nicht gescheut. In Folge eines Erkenntnisses vom 30. März 1867 wurde folgendes Präjudiz eingetragen: „In den §§. 225. 226. des Strafgesetzbuches ist das Vorhandensein der gewinnsüchtigen Absicht in gleicher Weise, wie im §. 215. des Strafgesetzbuches vorausgesetzt. Wird festgestellt, daß der Thäter diese Absicht nicht gehabt habe, so liegt eine Unterschlagung nicht vor.“ Es ist hier nicht der Ort, die Unrichtigkeit dieser Entscheidungen nachzuweisen. Zum Theil habe ich es implicite bereits gethan. („Kritiken“ S. 100 ff.) (Vergl. jetzt auch Hälschner a. a. O. S. 443. Note 2.) Hier konnte nur die Frage entstehen, ob jene Entscheidungen zu einer Aenderung der §§. 215. 225. Veranlassung geben könnten. Dem ist aber nicht so. Denn wenn ein richtiges Gesetz unrichtig interpretirt wird, so bleibt das Gesetz richtig und die Interpretation bleibt unrichtig. Unmöglich aber kann man ein richtiges Gesetz unrichtig machen, um Interpretationsfehler der Praxis zu beseitigen. Letzteres zu leisten, ist Aufgabe der die Praxis verfolgenden Kritik.

ob die Aneignung in gewinnsüchtiger Absicht stattgefunden, oder ob trotz der stattgehabten Aneignung die gewinnsüchtige Absicht gefehlt hat.*) In den meisten Fällen wird wohl dann, wenn die „größere Quantität" oder der „höhere Werth" festgestellt wurde, auch die „gewinnsüchtige Absicht" festgestellt werden; aber das Gesetz läßt auch die Möglichkeit zu, daß festgestellt werde: „geringe Quantität" in Verbindung mit „gewinnsüchtiger Absicht", wie auch: „größere Quantität" aber ohne „gewinnsüchtige Absicht".**)

5. Wenn die ganze Tendenz des §. 349. Nr. 3. darauf hinzugehen scheint, zu verhindern, daß der aus Noth begangene Diebstahl nicht so strenge bestraft werde, wie ein anderer Diebstahl, so muß endlich auch die angedrohte Geldbuße als ein vollkommen unzulässiges Strafmittel bezeichnet werden. Denn derjenige, der hungert und der, weil er hungert, stiehlt, ist eben wegen dieser Voraussetzung nicht im Stande, eine Geldstrafe zu erlegen. Dehnt man aber §. 349. auch auf den Fall aus, wo kriminalistisch zurechnungsfähige Personen stehlen, um zu naschen, — wo denn allerdings die Möglichkeit der Entrichtung einer Geldbuße angenommen werden kann — so kommt man zu dem Resultate, daß der Hungrige, welcher ein Brot stiehlt, sitzen muß, daß dagegen der Naschhafte, der einen Kuchen stiehlt, mit einer Geldbuße von 10 Sgr. abkommen kann.

Aber trotz der mannigfachen Fehler in der Fassung des §. 349. Nr. 3. ist doch ein Gedanke in dieser Bestimmung enthalten, welcher Beachtung seitens der Gesetzgebung beanspruchen darf. Und dieser Gedanke ist der, daß da, wo die Noth den Diebstahl veranlaßte, der Diebstahl eher Entschuldigung finden müsse, als in anderen Fällen.

Dieser Gedanke führt uns auf gemeinrechtliche Basis. Die CCC. erwähnt Art. 166. den Fall, daß Jemand durch recht hungers not, die er, sein Weib oder Kinder leiden, etwas von essenden dingen zu stelen geursacht würde; die Bestrafung eines solchen Diebstahls wird dem Rath der Rechtsverständigen anheim gegeben und dabei die Möglichkeit erwähnt, daß derselbe überhaupt straflos bleibe. Die CCC. schränkt nun zwar in Art. 166. den Diebstahl aus Hungersnoth auf „essende Dinge" ein, sie sagt ebenso, daß die von ihr in diesem Artikel vorgeschriebene Behandlung des Diebstahls nur eintreten solle, wo der selb diebstal nicht tapffer gross vnd kündtlich wer; aber andererseits bestimmt auch die CCC. Art. 175.: Item es sollen auch die diebstall, so an geweichten dingen vnd stetten begangen, die hungers nott, auch jugent vnd thorheyt der personen, wo der eyns mit grundt angezeygt würde, auch angesehen, vnd wie von weltlichen diebstalen desshalb gesetzt ist, darinn gehandelt werden. Da nun geweihte Dinge nicht Eßwaaren sind, da an geweihten Orten nicht Lebensmittel aufbewahrt zu werden

*) Vergl. Oppenhoff zu §. 349. Nr. 3. Note 23.

**) Zu welch wunderlichen Entscheidungen die „gewinnsüchtige Absicht" des §. 349. Nr. 3. geführt hat, zeigt der in Goltdammer's Archiv Bd. XV. S. 809. mitgetheilte Rechtsfall, dessen Kenntnißnahme allen Freunden pathologischer Erscheinungen im Gebiete der Jurisprudenz angelegentlichst empfohlen werden kann.

pflegen, da ferner der Diebstahl an geweihten Dingen oder an geweihten Stätten zu den vorzugsweise qualificirten auch nach der CCC. (Art. 171.) gehört, so wird man von dem Geiste der gemeinrechtlichen Quelle sich nicht entfernen, wenn man behauptet, es habe dieselbe im Allgemeinen die Begehung des Diebstahls aus Hungersnoth als einen privilegirten Fall des Diebstahls behandelt wissen wollen.

Dazu kommt denn noch, daß die meisten deutschen Gesetzgebungen*) einen gleichen oder ähnlichen Privilegirungsgrund anerkennen.

Wenn nun der Entwurf eine Gesetzesformel nicht aufstellt, welche diesem Privilegirungsgrunde gerecht würde, so geschah dies nicht in Verkennung des Umstandes, daß häufig genug Diebstähle aus Noth, selbst aus Hungersnoth begangen werden, auch nicht in Verkennung der Berechtigung der Forderung, daß diese den Diebstahl veranlassenden Motive bei der Bestrafung des Deliktes ihre gebührende Berücksichtigung finden müßten, sondern es bestimmten den Entwurf zu dieser Unterlassung folgende Gründe:

1. Die §§. 162. und 163. des Entwurfs haben gar kein gesetzliches Minimum; mithin ist es möglich, falls unter den Voraussetzungen dieser Bestimmungen aus Noth gestohlen würde, diesen Umstand durch die Strafzumessung zur Geltung zu bringen.

2. In den Fällen der §§. 164. und 165. kann unter die Strafe von drei, resp. sechs Monaten oder ein Jahr nicht heruntergegangen werden. Hier wäre es daher möglich, den Diebstahl aus Noth dadurch zu privilegiren, daß man für denselben die in den §§. 164. und 165. aufgestellten Strafminima herabsetzte, resp. ganz beseitigte. Es würde dann eine solche Gesetzesformel lauten:

> „Wird festgestellt, daß der Thäter den Diebstahl in der Absicht begangen hat, entweder sich selbst, oder seine Angehörigen gegen Noth zu schützen, so kann der Richter auch in den Fällen der §§. 164. und 165. die Strafe bis auf einen Tag Gefängniß ermäßigen."

Eine solche Gesetzesformel würde, selbst wenn die Noth als Veranlassung des Diebstahls festgestellt wäre, dem Richter immer noch die Möglichkeit gewähren, zu erwägen, wie weit in dem konkreten Falle die Noth eine Berücksichtigung bei der Strafzumessung verdiene. Denn es kommt gewiß sehr darauf an, wie die Noth sich äußert, wenn sie an die Verletzung fremden Eigenthums herantritt. Sie kann dabei Gestaltungen annehmen, die das energischste Auftreten des Strafgesetzes ererforderlich machen, und für einen derartigen Fall darf der Richter nicht durch eine nur auf ein geringes Strafmaximum bestimmte Strafe gehindert werden, die dem Falle entsprechende Strafe zu erkennen. Sollte daher die Ansicht die richtigere sein, welche aus dem Stehlen in Noth einen Privilegirungsgrund machen will, so dürfte unter allen Umständen dieser Privilegirungsgrund nur dadurch zum Ausdrucke gebracht werden, daß man, wie in der obigen Gesetzesformel geschehen,

---

*) Württemberg, Baden, Bayern, Sachsen, Braunschweig, Hessen, Thüringen. Die Bestrafung erfolgt bald ex officio bald nur auf Antrag des Bestohlenen.

unter Beibehaltung der für die verschiedenen Arten von Diebstählen aufgestellten Strafmaxima dem Richter die Ermächtigung gewährt, unter die gesetzlich fixirten Strafminima hinabzugehen. Aber auch dieses dürfte nicht richtig sein. Denn statuirt man die Berechtigung des Nothfalles beim Diebstahle, so werden sich hieraus alle diejenigen Nachtheile ergeben, welche die Anerkennung des Nothfalles im Strafgesetze mit sich bringt, Nachtheile, deren Berücksichtigung dazu führte, in dem Entwurfe des Nothfalles gar keine Erwähnung zu thun.

4. Es ist wahr, daß Menschen Noth leiden, daß Menschen hungern, und es ist gewiß nicht gut, daß dem so ist. Das Strafgesetz ist aber nicht dazu da, die sociale Frage zu lösen. Vor dem Rechte ist der Diebstahl ein Verbrechen und demnach eine strafwürdige Handlung. Gerechte Bestrafung gewähren die Strafpositionen des Entwurfs im Allgemeinen. Ausnahmefälle lassen sich durch das Gesetz nicht berücksichtigen, weil diejenigen Momente, welche die Ausnahme nothwendig machen würden, zu speziell sind und deswegen der gesetzlichen Formulirung widerstreiten.

II. Unterschlagung.

Der Entwurf §. 168. weicht von dem Preußischen Strafgesetzbuche in der Normirung des Thatbestandes der Unterschlagung ab.

In §. 225. des Preußischen Strafgesetzbuches heißt es:

> „Wer eine fremde bewegliche Sache, deren Besitz oder Gewahrsam er mit der Verpflichtung erlangt hat, sie zu verwahren, zu verwalten, zurückzugeben oder abzuliefern, zum Nachtheile des Eigenthümers, Besitzers oder Inhabers veräußert, verpfändet, verbraucht oder bei Seite schafft, macht sich einer Unterschlagung schuldig."

Der Entwurf setzt statt der hervorgehobenen Worte, die Worte:

> „sich rechtswidrig zueignet" —

In gleicher Weise ist dann auch §. 169. des Entwurfs gegenüber dem §. 226. des Preußischen Strafgesetzbuches abgeändert worden.

Der Grund für diese Aenderungen war der, daß der Entwurf die Aufgabe hatte, bei der gesetzlichen Formulirung des Thatbestandes der Unterschlagung den Begriff des „dieblichen Behaltens" zur Geltung zu bringen und dasjenige zu entfernen, was in Folge der Nachbildung des code pénal Art. 408. Unklarheiten in das Preußische Strafrecht gebracht hat.*) Der Art. 408. des code pénal bestimmt:

> Quiconque aura détourné ou dissipé, au préjudice du propriétaire, possesseur ou détenteur, des effets, deniers, marchandises, billets, quittances ou tous autres écrits contenant ou opérant obligation ou décharge, qui ne lui auraient été remis qu'à titre de dépôt ou pour un travail salarié, à la charge de les rendre ou représenter, ou d'en faire un usage ou un emploi déterminé, sera puni des peines portées dans l'article 406.

---

*) Vergl. Hälschner „Beitrag zur Lehre vom Thatbestande der Unterschlagung" in Goltdammer's Archiv Bd. XV. S. 3. ff.

Man wird aus der Vergleichung dieses französischen mit dem preußischen Gesetze nicht verkennen, daß letzteres keineswegs eine Nachbildung des ersteren in dem Sinne ist, wie etwa §. 31. des Preußischen Strafgesetzbuches eine Nachbildung des Art. 2. des code pénal ist. Man hat bei Formulirung des preußischen §. 225. keineswegs die deutschrechtlichen Anschauungen aufgegeben; aber, indem man sich wenigstens in etwas dem französischen Rechte anschloß, hat man etwas geschaffen, was mit sich selbst nicht recht kongruent ist.

Es sind zunächst die Worte: „zum Nachtheile des Eigenthümers, Besitzers oder Inhabers", die Uebersetzung des französischen „au préjudice du propriétaire, possesseur ou detenteur" in's Auge zu fassen.

Die Unterschlagung stimmt darin mit dem Diebstahl überein, daß sie Beschädigung fremden Vermögens ist. Wäre es nothwendig, dieses in der Gesetzesformel auszudrücken, so wären die beregten Worte hierzu vielleicht brauchbar. Aber falls es nothwendig sein sollte, bei der Unterschlagung es auszudrücken, daß dieses Delikt Beschädigung fremden Vermögens sei, so müßte das Gleiche auch nothwendig sein bei Aufstellung der Legaldefinition des Diebstahls. Und wenn bei Aufstellung der Legaldefinition des Diebstahls es nicht erforderlich ist, ausdrücklich in der Gesetzesformel es zu sagen, daß dieses Delikt Beschädigung fremden Vermögens sei, so kann bei Aufstellung des Thatbestandes der Unterschlagung hierzu ebensowenig ein Bedürfniß anerkannt werden. Nun begnügt man sich aber bei Aufstellung der Legaldefinition des Diebstahls, den Umstand, daß dieses Verbrechen eine Vermögensbeschädigung enthält, lediglich dadurch auszudrücken, daß man sagt, es sei einem Anderen eine Sache weggenommen, ohne jedoch hinzuzufügen, daß dieses Wegnehmen zum Nachtheile des Eigenthümers, Besitzers oder Inhabers stattgefunden haben müsse. Man unterläßt dies, weil dasjenige Resultat, welches durch das Wegnehmen einer fremden Sache entsteht, denjenigen Nachtheil involvirt, welcher zu dem Begriffe des Diebstahls gehört. Wenn man dagegen, abweichend hiervon, bei der Unterschlagung vorschreibt, daß dieselbe eine Benachtheiligung des Eigenthümers, Besitzers oder Inhabers der unterschlagenen Sache herbeigeführt haben müsse, so würde eine Argumentation nicht verwerflich sein, welche auszuführen versuchte, daß der bei der Begriffsbestimmung der Unterschlagung ausdrücklich hervorgehobene „Nachtheil" für den Berechtigten ein anderer Nachtheil sein müsse, als derjenige, welcher sich beim Diebstahl ganz von selbst durch das bloße Wegnehmen der fremden Sache ergebe.

So sagt denn auch Hälschner a. a. O. S. 7. mit vollem Rechte: „Die Worte: „zum Nachtheile des Eigenthümers, Besitzers oder Inhabers", sind also entweder eine überflüssige Bestimmung des Gesetzes, weil sie nur das sagen, was sich von selbst versteht, daß die rechtswidrige Aneigung fremden Eigenthums für den Eigenthümer oder auch für einen anderen an der Sache Berechtigten eine Vermögensbeschädigung zur Folge hat, oder man versucht ihnen eine andere und höhere Bedeutung beizulegen und kommt dann in unlöslichen Widerspruch zu dem Momente des Thatbestandes der Unterschlagung, welches sich bei unbefangener Auffassung des Gesetzes aus seinen Worten unvermeidlich ergiebt, daß nämlich Aneignung fremden Eigenthums vorausgesetzt wird."

Nur eine Bemerkung muß hier noch hinzugefügt werden, nämlich die, daß die Gesetzesformel des Preußischen Strafgesetzbuches es direkt gar nicht sagt, daß „Aneignung fremden Eigenthums" stattgefunden haben müsse. Es heißt nicht in der Gesetzesformel: Wer sich fremde Sachen widerrechtlich aneignet, sondern es heißt: Wer eine fremde Sache veräußert, verpfändet, verbraucht oder bei Seite schafft. Geht man von diesen Worten aus, so wird man zugeben müssen, daß sie zwar die Möglichkeit der widerrechtlichen Aneignung, keineswegs aber die Nothwendigkeit derselben enthalten. Wenn man daher die so eben angeführten Worte als feststehende für die Legaldefinition der Unterschlagung annimmt, so wird es erforderlich, weitere Worte hinzuzufügen, welche es ausdrücken, daß nicht jedes, sondern nur dasjenige „Veräußern" u. s. w. einer fremden Sache den Thatbestand der Unterschlagung ausmache, welches zum Nachtheile des an der veräußerten Sache Berechtigten stattgefunden hat.

Und somit gelangen wir dahin, daß eine Kritik der preußischen Legaldefinition der Unterschlagung auszugehen hat von einer Prüfung der Worte: „veräußert, verpfändet, verbraucht, bei Seite schafft", wozu noch mit Bezug auf §. 226. des Preußischen Strafgesetzbuches der Ausdruck „oder die Gewahrsam derselben der Obrigkeit wider besseres Wissen ableugnet", hinzutritt.*)

*) Falls in dem Strafgesetzbuche für den Norddeutschen Bund die Bestimmungen, welche sich auf die Unterschlagung beziehen, nach der Methode des Preußischen Strafgesetzbuches bearbeitet werden sollten, so müßten mindestens statt der Worte: „oder die Gewahrsam derselben der Obrigkeit wider besseres Wissen ableugnet" die Worte: „oder die Gewahrsam derselben dem Berechtigten wider besseres Wissen ableugnet" gebraucht werden. Denn es ist ganz und gar nicht abzusehen, weshalb der Thatbestand der Unterschlagung, wo derselbe durch Ableugnen einer Sache überhaupt hergestellt werden kann, nur durch Ableugnen gegenüber der Obrigkeit herzustellen ist. Man nehme an, der Eigenthümer habe seine Sache verloren und auf seine Anfrage leugnet sie ihm der Finder wider besseres Wissen ab; — dies würde nach Preußischem Rechte straflos sein; wenn dagegen der Polizeikommissar die ableugnende Antwort erhielte, so würde die Strafe der Unterschlagung verwirkt sein. Dieser Widerspruch ist schwer zu erklären. Denn daß die „Obrigkeit" die amtliche Verpflichtung habe, verlorne Sachen zu suchen, daß es mithin eine Art Widerstand gegen die Amtsgewalt sei, wenn man der „Obrigkeit" das Suchen nach verlornen Sachen dadurch erschwert, daß man den Besitz derselben in Abrede stellt; diese Auffassung wird sich nicht gut durchführen lassen, und wäre dies selbst möglich, so würde es gar nicht in den Begriff der Unterschlagung passen, die doch Verletzung fremden Vermögensrechtes, aber nicht Widerstand gegen die Amtsgewalt ist. Selbst die Annahme, daß gerade aus dem Ableugnen der gefundenen Sache gegenüber der Obrigkeit der Wille des Finders, die gefundene Sache widerrechtlich behalten zu wollen, vorzugsweise hervorgehe, kann keineswegs gerechtfertigt werden. Denn der Finder hat in vielen Fällen ein sehr nahe liegendes Interesse, sich mit dem Verlierer in direkten Verkehr zu setzen und deshalb die Intervention der „Obrigkeit" durch Ableugnen der gefundenen Sache zu beseitigen. Giebt der Finder der Obrigkeit die gefundene Sache heraus, so giebt die „Obrigkeit" die Sache dem Eigenthümer zurück. Der Dank des Verlierers, der in vielen Fällen über den gesetzlichen Anspruch auf Fundgeld hinausgehen kann, geht dem Finder verloren; diesem liegt aber gerade daran, diesen Dank des Verlierers persönlich einzukassiren; er leugnet aus diesem Grunde die Sache

Die Sache steht doch so.

Die Unterschlagung hat denselben Thatbestand wie der Diebstahl, mit der einzigen Aenderung, daß bei dem Diebstahle das „Fortnehmen“ und bei der Unterschlagung das „Behalten“ einer fremden Sache stattfindet. Oder mit anderen Worten: Der Thatbestand des Diebstahls verwandelt sich in den Thatbestand der Unterschlagung, wenn man statt des Momentes des „Fortnehmens“ das Moment des „Behaltens“ in diejenige Formel aufnimmt, welche den Thatbestand des Diebstahls zu präcisiren bestimmt ist. Lautet nun die Legaldefinition des Diebstahls:

„Wer eine fremde bewegliche Sache einem Anderen in der Absicht wegnimmt, dieselbe sich rechtswidrig zuzueignen, begeht einen Diebstahl“ —

so würde die Legaldefinition der Unterschlagung lauten:

„Wer eine fremde bewegliche Sache in der Absicht behält, dieselbe sich rechtswidrig zuzueignen, begeht eine Unterschlagung.“

Begrifflich richtig würde diese Definition sein. Denn auch der Einwand, daß zum Thatbestande der Unterschlagung nicht blos das „Behalten in der Absicht des Aneignens“, sondern das „Aneignen selbst“ gehöre, würde nicht von Erheblichkeit sein, da bei dem Diebstahl das „Fortnehmen in der Absicht des Aneignens“ ebenso mit dem Aneignen selbst zusammenfällt, wie nach der so eben aufgestellten Definition der Unterschlagung das „Behalten in der Absicht der Aneignung“ die Aneignung selbst sein würde.

Es durfte jedoch bei dieser so eben aufgestellten Definition der Unterschlagung nicht stehen geblieben werden. Das ältere deutsche Recht kennt bekanntlich zwei Arten des dieblichen Behaltens, das Behalten einer Sache, welche dem Besitzer durch den Eigenthümer oder sonst

der „Obrigkeit“ ab und wird, obwohl er den besten Willen hat, dieselbe dem Eigenthümer wiederzugeben, so bestraft, als ob er eine Unterschlagung begangen habe. — Der so eben eventuell vorgeschlagene Ausdruck ist dem Oldenburgischen Gesetzbuche entnommen. Dieses geht aber noch einen Schritt weiter. Denn es will auch Denjenigen der Unterschlagung schuldig wissen, welcher eine Sache, die er vom Berechtigten erhielt, diesem wider besseres Wissen ableugnete. Hierin würde nun aber dem Oldenburgischen Gesetze nicht nachzufolgen sein. Denn wenn der Berechtigte seine Sache einem Anderen zur Aufbewahrung mit der Verpflichtung übergeben hat, dieselbe zurückzuerstatten, und Derjenige, dem die Zurückerstattung obliegt, die Sache dem Berechtigten ableugnet, so hat Letzterer von vorn herein die Persönlichkeit Dessen, gegen den er auf Restitution der Sache klagen kann. Das Ableugnen der Sache ist demnach für den Berechtigten von geringerer Bedeutung; es würde für ihn aus dem bloßen Ableugnen nicht der Verlust, auch nicht einmal die Gefahr des Verlustes der betreffenden Sache entstehen. Ganz anders aber ist es, wenn die Sache von dem Berechtigten verloren wurde. Der Finder ist zur Restitution auf dem Wege der Civilklage anzuhalten. Sein Leugnen aber macht es dem Verlierer unmöglich, die Vindikationsklage gegen ihn anzustellen. Der Finder entzieht sich durch das Ableugnen der Verpflichtung, Recht zu gewähren; der Depositar, oder wer sonst die Sache erhalten, kann dieses gar nicht thun. — Aus diesen Gründen würde, falls der Thatbestand der Unterschlagung nach der Methode des Preußischen Strafgesetzbuches gebildet werden sollte, das Ableugnen der Sache zu beschränken sein auf diejenigen Fälle der Unterschlagung, von welchen §. 226. des Preußischen Strafgesetzbuches spricht.

Berechtigten selbst übergeben ist, und das Behalten einer Sache, welche dem Besitzer vom Eigenthümer oder sonst Berechtigten nicht übergeben worden ist, welche vielmehr in anderer Weise — z. B. durch eine Naturbegebenheit, durch Finden, durch Zulaufen, durch rechtmäßige Pfändung, durch Verwechselung — in die Gewahrsam des Thäters gekommen ist.*)

Wenn nun die deutschen Strafgesetzbücher und unter ihnen das Preußische diese von dem älteren deutschen Rechte aufgestellte Specialisirung des dieblichen Behaltens nicht aufgegeben haben, so wird auch für den Entwurf keine Veranlassung gefunden werden können, hievon abzuweichen.

Die Bemerkung kann dabei nicht unterdrückt werden, daß die beiden dem älteren deutschen Rechte bekannten Arten des dieblichen Behaltens ihrer kriminalistischen Natur nach durchaus gleichbedeutend sind. Deshalb ist auch keine Veranlassung für die neuere Gesetzgebung vorhanden, nur den einen Fall des dieblichen Behaltens als Unterschlagung zu bezeichnen, den anderen dagegen als ein Delikt zu behandeln, welches von der Unterschlagung verschieden und nur nach den gleichen Grundsätzen wie die Unterschlagung zu behandeln wäre. Dies der Grund, weshalb der Entwurf §. 169. statt der Worte des Preußischen §. 226.: „Einer Unterschlagung wird es gleichgeachtet" den Worten: „Die gleiche Strafe tritt ein" den Vorzug gegeben hat.**)

Somit stellt auch der Entwurf, dem Vorgange des Preußischen Strafgesetzbuches folgend, in den §§. 168. und 169. zwei verschiedene Arten der Unterschlagung auf. Der Thäter der einen Art der Unterschlagung ist derjenige, welcher die Sache vom Berechtigten erhalten:

> „Wer eine fremde bewegliche Sache, deren Besitz oder Gewahrsam er mit der Verpflichtung erlangt hat, sie zu verwahren, zu verwalten, zurückzugeben oder abzuliefern"

und der Thäter der anderen Art der Unterschlagung ist derjenige, welcher die Sache vom Berechtigten nicht erhalten hat:

> „Wer eine fremde bewegliche Sache gefunden oder durch Zufall in seine Gewahrsam bekommen hat" —

Jedem dieser beiden Vordersätze könnte nun der Nachsatz folgen:

> „in der Absicht behält, dieselbe sich rechtswidrig zuzueignen, begeht eine Unterschlagung."

Statt dessen sagt der Entwurf, um etwaigen Mißverständnissen und Schwierigkeiten der thatsächlichen Feststellung vorzubeugen:

> „Wer u. s. w. sich rechtswidrig zueignet."

Im Wesentlichen ist dieses die Formel des Oldenburgischen Gesetzbuches Art. 208. Hier wird bestimmt:

> „Wer eine fremde bewegliche Sache für einen Andern in Besitz oder Gewahrsam hat, und sich dieselbe widerrechtlich aneignet, macht sich einer Unterschlagung schuldig."

---

*) Vergl. Köstlin Abhandluugen S. 232. 233. Hälschner Preußisches Strafrecht III. S. 408.

**) Noch besser wäre es vielleicht gewesen, durch die Wendung: „ingleichen wer" die §§. 168. und 169. in einen und denselben Paragraphen zusammenzufassen. Die Struktur der Formel wäre dadurch aber ungeschickt geworden.

Hiebei bleibt aber das Oldenburgische Gesetzbuch nicht stehen, sondern fügt noch in einem §. 2. hinzu:

„Die That ist für vollendet zu achten, sobald der Besitzer die Sache dem Berechtigten wissentlich ableugnet, dieselbe ganz oder zum Theil veräußert, verbraucht oder sonst eine Handlung damit vornimmt, zu welcher blos der Eigenthümer berechtigt sein kann."

Damit nimmt denn das Oldenburgische Strafgesetzbuch eine Mittelstellung zwischen dem Entwurf und dem Preußischen Strafgesetzbuche ein, die sich in folgender Weise karakterisiren läßt.

Das Oldenburgische Strafgesetzbuch anerkennt es, daß zu dem Begriffe der Unterschlagung nichts weiter gehört als das widerrechtliche Aneignen einer fremden beweglichen Sache, welche bereits vor dem Zeitpunkte der Aneignung sich im Besitze des Thäters befand. Daß nun aber diese widerrechtliche Aneignung erfolgt ist, das läßt sich nicht erkennen, so lange das Verhältniß des Inhabers zu der von ihm detinirten Sache das gleiche bleibt, wie es war, als er die Sache in seine Detention erhielt. In diesem Verhältnisse müssen vielmehr Aenderungen eintreten, d. h. es müssen Thatsachen vorliegen, welche es erkennen lassen, daß der Inhaber einer fremden Sache dieselbe nicht als eine fremde, sondern als seine eigene behandelt, daß er sich mithin die fremde Sache angeeignet habe. Das Oldenburgische Gesetz drückt dies in der Weise aus, daß es sagt: „Die widerrechtliche Aneignung kann schon früher stattgefunden haben; das Delikt der Unterschlagung soll aber erst dann für vollendet erachtet werden, wenn die fremde Sache von dem Detentor verkauft, verbraucht u. s. w. wurde.*)

Ist es nun nothwendig, in dieser Weise zu sondern, wie es das Oldenburgische Gesetzbuch gethan hat?

Der Entwurf verneint diese Frage, und zwar aus folgenden Gründen.

Es ist ja immerhin zuzugeben, daß, beispielsweise einer deponirten Sache gegenüber, die Aneignung derselben durch den Depositar sich in der Weise vollzieht, daß dieser die deponirte Sache, ohne mit ihr äußerlich irgend welche Aenderung vorzunehmen — die Sache bleibt da verschlossen, wo sie in Gegenwart des Deponenten durch den Depositar verschlossen wurde — als seine eigene Sache zu besitzen anfängt; der Depositar betrachtet die Sache bereits als seine eigene, wenn er dieselbe auch in seinem Interesse noch nicht verwerthet, hiezu vielmehr erst eine günstige Gelegenheit abwartet. Ob diese animi mutatio, vermöge deren Jemand jetzt für sich selbst besitzt, während er bis jetzt für einen Anderen besessen hatte, ob diese animi mutatio, für sich allein betrachtet, irgend welche civilrechtlichen Folgen nach

*) Es muß dabei bemerkt werden, daß die Fassung des Art. 210. des Oldenburgischen Gesetzes mit der des Art. 208. nicht vollständig übereinstimmt. In Art. 210 heißt es: „Einer Unterschlagung wird es gleichgeachtet, wenn derjenige, welcher eine fremde bewegliche Sache gefunden oder durch Zufall in seinen Gewahrsam bekommen hat, sich dieselbe auf die im Art. 208. §. 2. angegebene Weise widerrechtlich aneignet." — Was also in Art. 208. Kennzeichen der stattgehabten Aneignung ist, wird in Art. 210. zu einem Akte der widerrechtlichen Aneignung selbst gemacht.

sich zieht, das kann hier ganz dahin gestellt bleiben. Hier kommt es nur darauf an, zu zeigen, daß diese animi mutatio, für sich allein betrachtet, strafrechtlich vollkommen indifferent ist. Denn der bloße Wille, der sich in äußerlich erkennbaren Thatsachen nicht manifestirt hat, — und etwas Weiteres ist jene animi mutatio nicht — der ist überhaupt niemals von strafrechtlicher Bedeutung. Nun ist aber der vorliegende Entwurf eben der Entwurf eines Strafgesetzes, und wenn derselbe daher die Worte braucht: „Wer sich eine Sache zueignet“, so kann das nichts Anderes bedeuten, als: „Wer sich eine Sache in der Weise zueignet, daß die Zueignung kriminalistisch erkannt und verwerthet werden kann.“ Dies kann aber nur dann der Fall sein, wenn Handlungen stattgefunden haben, welche zeigen, daß der Detentor einer fremden Sache die fremde Sache als seine eigene behandelt habe. Mag daher vom Standpunkte des Civilrechts aus behauptet werden, daß der Depositar die bei ihm deponirte Sache sich viel früher angeeignet haben könne, als zu der Zeit, wo er sie verkaufte oder verbrauchte — für das Strafrecht sind derartige Anschauungen ganz gleichgültig; die Aneignung, um welche allein das Strafrecht sich kümmern kann, ist erst dann vorhanden, wenn sie unter Anwendung der den kriminalistischen Beweis beherrschenden Grundsätze dargethan werden kann. Ob dann unter dieser Voraussetzung die Aneignung aus dem Verkauf oder aus dem Verbrauch, oder aus was sonst erkannt wird, ist ganz gleichgültig. Denn es kommt darauf an, daß die widerrechtliche Aneignung erkannt werde, nicht aber, woraus sie erkannt wurde.

Dies zur Rechtfertigung der von dem Entwurfe aufgenommenen, den Thatbestand der Unterschlagung enthaltenden Gesetzesformel.

Das Oldenburgische Strafgesetzbuch hat noch in Art. 209. folgende, dem Preußischen Strafgesetzbuche fremde Bestimmung aufgenommen:

„Wer unversiegelt oder unverschlossen empfangenes Geld verbraucht, ist der Unterschlagung nicht schuldig, wenn das Geld in der Absicht, es wiederzuerstatten, verbraucht wurde, und den Umständen nach anzunehmen ist, daß diese Absicht mit der wohlbegründeten Ueberzeugung verbunden war, den Ersatz ohne Verzug leisten zu können. Ist jedoch die Ablieferung in denselben Geldstücken besonders zur Pflicht gemacht, so soll die Absicht der Wiedererstattung nicht berücksichtigt werden.“

Das Lübische Gesetzbuch hat eine derartige Bestimmung nicht aufgenommen; und auch der Entwurf glaubte dies nicht thun zu sollen, wenn schon in einzelnen anderen deutschen Gesetzbüchern (Baden §. 402. Württemberg Ges. v. 13. August 1849. Art. 30. Hessen Art. 380.*) Bestimmungen, welche sich auf Unterschlagung von Fungibilien beziehen, aufgenommen sind.

Die Oldenburgische Formel würde schon um deswillen fehlerhaft sein, weil sie ausschließlich von „Geld“ spricht, während zweifel-

*) Vgl. Hälschner in Goltdammer's Archiv Bd. XV. S. 9. ff.

los dieselben Grundsätze, welche für die Unterschlagung von „Geld“ maßgebend sind, auch für die Unterschlagung anderer Fungibilien maßgebend sein müssen. Eine dem entsprechende Ausdehnung der Oldenburgischen Bestimmung vorzunehmen, erscheint aber nicht zweckmäßig.

Der Entwurf spricht in seinen §§. 168. 169. ganz allgemein von „Sachen“ als Objekten der Unterschlagung. Insoweit also Fungibilien Objekte der Unterschlagung sein können, werden die Unterschlagungen an diesen Sachen durch die Formeln des Entwurfs mit umfaßt.

Die Frage aber, in welchen Fällen Fungibilien Objekte der Unterschlagung sein können, fällt mit der Frage zusammen, in welchen Fällen eine rechtswidrige Aneignung von Fungibilien stattfindet. Daß bei Beantwortung dieser Frage von civilrechtlichen Grundsätzen abzusehen ist, darüber herrscht wohl Einstimmigkeit. Die Zweifel jedoch, die in Beantwortung dieser Frage entstanden sind, werden ohne Hülfe einer Gesetzesformel durch Doktrin und Praxis gelöst werden.

Zwanzigster Titel.

Raub und Erpressnng.

§. 172.

Einen Raub begeht, wer mit Gewalt gegen eine Person, oder unter Anwendung von Drohungen mit gegenwärtiger Gefahr für Leib oder Leben, eine fremde bewegliche Sache einem Anderen in der Absicht wegnimmt, sich dieselbe rechtswidrig zuzueignen.

Wer, bei einem Diebstahl auf frischer That betroffen, gegen eine Person Gewalt verübt oder Drohungen mit gegenwärtiger Gefahr für Leib oder Leben anwendet, um sich im Besitze des gestohlenen Gutes zu erhalten, ist einem Räuber gleich zu achten.

§. 173.

Der Raub wird mit Gefängniß nicht unter sechs Monaten oder mit Zuchthaus bis zu zehn Jahren bestraft.

Wurde bei dem Raube einem Menschen eine Mißhandlung oder Körperverletzung zugefügt, so ist die Strafe Gefängniß nicht unter Einem Jahre oder Zuchthaus bis zu funfzehn Jahren.

§. 174.

Der Raub wird mit Zuchthaus bis zu zwanzig Jahren bestraft:

1) wenn der Räuber oder einer der Räuber oder Theilnehmer am Raube Waffen bei sich führt;
2) wenn zu dem Raube zwei oder mehrere Personen als Urheber oder Theilnehmer mitwirken, welche sich zur fortgesetzten Verübung von Raub oder Diebstahl verbunden haben;
3) wenn der Raub auf einem öffentlichen Wege oder Platze verübt wird;

4) wenn der Räuber schon einmal wegen Raubes oder gewaltsamer Erpressung (§. 177.) durch einen Gerichtshof der Staaten des Norddeutschen Bundes rechtskräftig verurtheilt worden ist;

5) wenn bei dem Raube ein Mensch gemartert oder verstümmelt, der Sprache, des Gesichts, des Gehörs oder der Zeugungsfähigkeit beraubt, oder in eine Geisteskrankheit versetzt worden ist.

§. 175.

Wenn bei dem Raube der Tod eines Menschen durch Mißhandlung oder Körperverletzung verursacht ist, so tritt lebenslängliche Zuchthausstrafe ein.

§. 176.

Wer in der Absicht, sich oder Dritten einen rechtswidrigen Vortheil zu verschaffen, einen Anderen zu einer Handlung oder Unterlassung dadurch zwingt, daß er denselben mit der Verübung eines Verbrechens bedroht, macht sich der Erpressung schuldig und ist mit Gefängniß nicht unter drei Monaten oder mit Zuchthaus bis zu fünf Jahren zu bestrafen.

§. 177.

Geschieht die Erpressung durch Drohungen mit gegenwärtiger Gefahr für Leib oder Leben, oder durch Gewalt gegen eine Person, so ist der Thäter gleich einem Räuber (§§. 172. 173. 174. 175.) zu bestrafen.

Abgesehen von einzelnen, weiter unten zu motivirenden Abweichungen sind in dem Entwurfe die Bestimmungen des Preußischen Strafgesetzbuches aufrecht erhalten.

Dies bedarf einer näheren Begründung. Denn theils theoretische Bedenken, theils die unter einander nicht unerheblich abweichenden Bestimmungen der deutschen Strafgesetzbücher mußten den Gedanken nahe legen, die Begriffsbestimmung des Raubes nicht minder wie die der Erpressung anders zu normiren, als dies im Preußischen Strafgesetzbuche geschehen ist.

Daß der Raub ein Verbrechen gegen das Vermögensrecht ist, daß diese Auffassung die richtigere ist gegenüber der anderen, welche in dem Raube eine persönliche Vergewaltigung, ein crimen vis, zum Zwecke der Vermögensbeschädigung erblicken will, das dürfte wohl ziemlich allgemein anerkannt werden. Wenigstens konnte in diesem Punkte kein Zweifel entstehen, daß die Begriffsbestimmung des Raubes, welche im Preußischen Strafgesetzbuche entsprechend jener ersteren Auffassung erfolgt ist, für den Entwurf beizubehalten sei.

Viel schwieriger aber gestaltet sich die Sache mit der Erpressung. Im Preußischen Strafgesetzbuche erscheint dieses Verbrechen, wie schon oben, gelegentlich der „Nöthigung“ ausgeführt wurde, als eine qualificirte Art der Nöthigung, mithin nicht als ein Verbrechen gegen das Vermögen, sondern als ein Verbrechen gegen die persönliche Freiheit, als eine Beschränkung der persönlichen Freiheit, welche begangen wird zu dem einen bestimmten Zwecke, sich selbst oder Anderen einen rechtswidrigen Vortheil zu verschaffen. Da nun in dem Entwurfe aus den früher angegebenen Gründen das Delikt der Nöthigung überhaupt keinen Platz gefunden hat, so kann selbstverständlich auch die Erpressung — obgleich die gleiche Formel, wie sich dieselbe im Preußischen Strafgesetzbuch findet, auch in den Entwurf aufgenommen ist — nicht als eine Qualifikation der Nöthigung, sondern lediglich als ein selbstständiges Verbrechen aufgefaßt werden.

Für eine richtige Begriffsbestimmung der Erpressung wird nun davon auszugehen sein, daß die Erpressung an erster Stelle ein Verbrechen gegen das Vermögen ist. Das Preußische Strafgesetzbuch hat dieses ja auch insofern wenigstens anerkannt, als es diesem Verbrechen seinen Platz unter den Vermögensverbrechen angewiesen, dasselbe gewissermaßen zum Zwillingsbruder des Raubes gemacht hat.

Geht man nun davon aus, daß die Vermögensverbrechen, abgesehen von der Sachbeschädigung, in dem Entziehen von Vermögensvortheilen bestehen, so wird man zunächst für den Diebstahl die Entziehung des Vermögensvortheils durch Wegnehmen einer Sache und durch widerrechtliche Aneignung derselben seitens des Thäters erkennen. Die Benachtheiligung des Vermögens erfolgt hier also wider den Willen des Berechtigten. Es ist dies in gleichem, selbst in noch höherem Grade der Fall, wenn die Sache dem Berechtigten unter Anwendung persönlicher Gewalt fortgenommen wird.

Aber die Benachtheiligung fremden Vermögens kann auch mit dem Willen des Berechtigten erfolgen. Der Verletzte wollte diejenige Handlung, diejenige Unterlassung, die für ihn selbst nachtheilig, für den Verbrecher möglicherweise vortheilhaft war; er wollte in einer für ihn selbst nachtheiligen Weise über sein Vermögen disponiren, weil durch Vorbringen falscher oder Unterdrücken wahrer Thatsachen in ihm ein Irrthum erregt war, welcher ihm die getroffene Disposition als eine für ihn vortheilhafte oder doch mindestens nicht nachtheilige erscheinen ließ. In diesem Falle würde der Begriff des Betruges vorliegen, eine Begriffsbestimmung, welche ja auch das Preußische Strafgesetzbuch anerkennt, wenn auch mit der Beschränkung, daß der Betrüger nicht bloß den Schaden des Betrogenen, sondern zugleich auch seinen eigenen Vortheil gesucht haben müsse.

Ebenso kann die Benachtheiligung des Vermögens mit Willen des Benachtheiligten auch alsdann erfolgen, wenn der Wille des Berechtigten statt durch Irrthum durch Furcht zu einer nachtheiligen Disposition genöthigt wurde. Auch der, welcher durch Drohungen in Furcht gesetzt, eine Sache dem Drohenden hingiebt, will die Sache hingeben; mag immer sein Wollen durch die Furcht vor Ausführung der Drohung bestimmt sein; der Wille, die Sache hinzugeben, ist entstanden, und diesem Willen gemäß hat der Berechtigte gehandelt.

Wenn es sich also nur um die widerrechtliche Entziehung von Vermögensvortheilen handelte, so würde man sagen können, es sei dieselbe zunächst verschieden, je nachdem sie wider den Willen oder mit dem Willen des Berechtigten erfolgte. Wider den Willen des Berechtigten wird das Vermögensverbrechen begangen entweder ohne Anwendung persönlicher Gewalt, oder mit Anwendung persönlicher Gewalt; mit Willen des Berechtigten wird das Vermögen desselben beschädigt, indem sein Wille entweder durch Erregung von Irrthum oder durch Erregung von Furcht zu einem ihm nachtheiligen gemacht wird.

Die vier Verbrechen aber, welche in dieser Weise entstehen, würden folgende sein:

I. Vermögensverletzungen wider den Willen des Berechtigten:
   1) Entwendung einer Sache ohne Anwendung persönlicher Gewalt (Diebstahl oder Unterschlagung);
   2) Entwendung einer Sache mit Anwendung persönlicher Gewalt (Raub);

II. Vermögensverletzungen mit dem Willen des Berechtigten:
   3) durch Erregung von Irrthum (Betrug);
   4) durch Erregung von Furcht (Erpressung).

Hieraus würde sich ergeben, daß Erpressung zum Betruge in ähnlichem Verhältnisse steht, wie Raub zum Diebstahle; der Unterschied ist nur der, daß der Raub aus dem Diebstahle durch Hinzufügen eines neuen Momentes, dem der persönlichen Gewalt, entsteht, während die Erpressung aus dem Betruge nicht durch Hinzufügen eines neuen Momentes, sondern dadurch entsteht, daß statt des Momentes „Erregung von Irrthum" das Moment „Erregung von Furcht" gesetzt wird, daß statt der bei dem Betruge angewandten Täuschung bei der Erpressung psychischer Zwang in Anwendung gebracht wird.

Die Begriffsbestimmung der Erpressung würde demnach nicht auf die Nöthigung, sondern auf den Betrug zurückzuführen sein. Lautet nun die Begriffsbestimmung des Betruges nach den Worten des Preußischen Strafgesetzbuches:

> „Wer in gewinnsüchtiger Absicht das Vermögen eines Anderen dadurch beschädigt, daß er durch Vorbringen falscher oder durch Entstellen oder Unterdrücken wahrer Thatsachen einen Irrthum erregt, begeht einen Betrug" —

so müßte die Begriffsbestimmung der Erpressung lauten:

> „Wer in gewinnsüchtiger Absicht das Vermögen eines Anderen dadurch beschädigt, daß er denselben mit der Begehung eines Verbrechens bedroht, macht sich der Erpressung schuldig."

Ebenso aber müßte auch aus der Begriffsbestimmung des Raubes die Bedrohung fortbleiben und der Raub auf das Wegnehmen von Sachen mittelst Anwendung persönlicher Gewalt beschränkt werden, so daß also die Begriffsbestimmung des Raubes lauten würde:

> „Einen Raub begeht, wer mit Gewalt gegen eine Person eine fremde bewegliche Sache einem Anderen in der Absicht wegnimmt, sich dieselbe rechtswidrig zuzueignen."

Die Bestimmungen des Preußischen Strafgesetzbuches lauten nun allerdings anders, und wenn der Entwurf die Formeln dieses Gesetzbuches dennoch recipirte, so geschah dies deswegen, weil trotz der eben gegebenen theoretischen Grundlage für den Begriff der Verbrechen des Raubes und der Erpressung andere Gründe maßgebend waren, welche die Formulirung der Legal-Definition anders werden ließen, als nach der theoretischen Begriffsbestimmung erwartet werden durfte.

Diese Gründe waren folgende:

1. Wollte man aus der gesetzlichen Begriffsbestimmung des Raubes die Drohungen gänzlich fortlassen und den Raub auf die mittelst körperlicher Gewalt geschehene Entwendung von Sachen beschränken, so würde man dadurch in Widerspruch mit sämmtlichen bestehenden deutschen Gesetzbüchern gerathen. Mögen diese die Drohungen bei dem Raube in verschiedenartigem Umfange anerkennen, unberücksichtigt bleiben die Drohungen in keinem derselben. Es würde nun aber jedenfalls für eine neue deutsche Gesetzgebung etwas überaus Gewagtes sein, wollte dieselbe lediglich aus theoretischen Rücksichten einen Begriff, der unter dem Einflusse auch der Gesetzbücher mehr als ein anderer ein Begriff des allgemeinen Rechtsbewußtseins geworden ist, anders gestalten, als dieses bisher geschehen ist. Diesen immerhin mehr äußeren Grund würde aber noch folgender juristische Grund zu unterstützen wohl geeignet sein. Gelegentlich der Preußischen Gesetzgebung wurde in der Staatsraths-Kommission der Einwand erhoben: „daß man nicht von dem Wegnehmen der Sache sprechen könne, wenn der Bedrohte sie selbst ausliefere". Dieser Einwand wurde aber dadurch erledigt (vergl. Beseler S. 443.), „daß das erzwungene Herausgeben gleichbedeutend sei mit dem gewaltsamen Wegnehmen". Jenen in der Staatsraths-Kommission gemachten Einwand hätte man auch wohl in folgender Weise widerlegen können; man hätte nämlich auch sagen können, das Preußische Strafgesetzbuch habe bereits in seinem ersten Theile bei Aufstellung der allgemeinen Lehren zwei der Wirkung nach verschiedene Arten von Drohungen aufgestellt. Es werde nämlich in §. 40. gesagt:

> „Ein Verbrechen oder Vergehen ist nicht vorhanden, wenn der Thäter zur Zeit der That wahnsinnig oder blödsinnig, oder die freie Willensbestimmung desselben durch Gewalt oder durch Drohungen ausgeschlossen war."

Dann aber heiße es in §. 34.:

> „Als Theilnehmer eines Verbrechens oder Vergehens wird bestraft: 1) wer den Thäter durch Geschenke oder Versprechen, durch Drohungen ... zur Begehung des Verbrechens oder Vergehens angereizt, verleitet oder bestimmt hat."

Die Drohungen des §. 40. seien demnach solche, welche die freie Willensbestimmung ausschließen — wer unter dem Einflusse solcher Drohungen handelt, scheint nur zu handeln; in juristischem Sinne handelt nicht er, der Bedrohte, sondern der Drohende.

Dagegen ließen die Drohungen des §. 34. die freie Willensbestimmung bestehen, und Derjenige, welcher unter dem Einflusse dieser Drohungen handelt, scheine nicht blos zu handeln, sondern handele wirklich, auch im juristischen Sinne des Wortes, weil eben seine freie Willensbestimmung nicht ausgeschlossen sei.

Uebertrage man nun die verschiedenen Wirkungen der Drohungen auf die Vermögensverbrechen, so werde man sagen müssen:

Derjenige, welcher so bedroht ist, wie dies §. 40. des Preußischen Strafgesetzbuches gedacht hat, der wird, wenn er in Folge einer solchen Drohung eine Sache hergiebt, mit Ausschluß seiner freien Willensbestimmung die Sache hergeben. Das Weggeben der Sache schien nur ein Weggeben zu sein; der herbeigeführte Erfolg ist nicht auf den Bedrohten, sondern auf den Drohenden zurückzuführen, und der ganze Vorgang ist juristisch so aufzufassen, als ob durch den Drohenden selbst der den Bedrohten schädigende Erfolg herbeigeführt wurde; oder mit anderen Worten: Wer so droht, wie nach §. 40. des Preußischen Strafgesetzbuches gedroht werden muß, läßt sich nicht die Sache geben, sondern nimmt die Sache von einer ihrer freien Willensbestimmung beraubten Person. Es ist demnach eine Gesetzgebung, welche neben der persönlichen Gewalt auch die Drohungen bei dem Raube erwähnt, durchaus gerechtfertigt.

Es käme nur noch darauf an, die Art der Drohungen bei dem Raube so durch die Gesetzesformel zu fixiren, daß dieselbe auch nur solche Drohungen unter den Thatbestand des Raubes aufnehme, welche geeignet sind, die freie Willensbestimmung auszuschließen. Indem nun das Preußische Strafgesetzbuch sagt: „Drohungen mit gegenwärtiger Gefahr für Leib oder Leben", so bezeichnet es dadurch zweifellos die schwersten Drohungen, die überhaupt vorkommen können — Drohungen, die zwar keineswegs in jedem Falle die freie Willensbestimmung ausschließen müssen, die aber diesen Erfolg wohl herbeiführen können und über welche hinaus Drohungen mit gleichem Erfolge nicht wohl angenommen werden dürfen.

2. Wenn in dieser Weise aus Gewalt und Drohungen die Begriffsbestimmung des Raubes gebildet ist, so ergiebt sich aus derselben von selbst, daß die Begriffsbestimmung der Erpressung nicht alle denkbaren Drohungen umfassen kann. Zunächst werden der Erpressung alle diejenigen Drohungen zuzuweisen sein, welche nicht sind „Drohungen mit gegenwärtiger Gefahr für Leib oder Leben", von welchen demnach angenommen wird, daß sie eine Aufhebung der freien Willensbestimmung nicht herbeiführen und unter deren Einfluß der Bedrohte kraft seiner freien Willensbestimmung handelt, unter deren Einfluß er die geforderte Sache mit seinem Willen dem Drohenden giebt. Aber der Begriff der Erpressung wird auf diese Drohungen nicht zu beschränken sein; er wird ausgedehnt werden können auch auf die „Drohungen mit gegenwärtiger Gefahr für Leib oder Leben." Denn der Grund, weshalb diese Drohungen bei dem Raube neben die Gewalt gestellt wurden, war doch der, daß durch diese Drohungen die freie Willensbestimmung des Bedrohten ausgeschlossen werden konnte. Wo dieses geschieht, wird daher auch Raub anzunehmen sein. Aber die Drohungen dieser Art brauchen nicht in allen Fällen die freie Willensbestimmung auszuschließen; diese kann bestehen bleiben trotz der Anwendung der bezeichneten Drohungen. Käme dieses vor und gäbe Jemand eine Sache hin, dem die freie Willensbestimmung trotz der Bedrohung mit

gegenwärtiger Gefahr für Leib oder Leben nicht abhanden gekommen, so würde man zwar Anstand nehmen, von Raub zu sprechen, aber ebensowenig wird man leugnen können, daß Erpressung vorliegt, und in Folge dessen ist es nothwendig, daß in der die Erpressung betreffenden Formel auch der Drohungen, welche gegenwärtige Gefahr für Leib oder Leben involviren, Erwähnung geschieht. Wenn man diesen Fall der Erpressung dem Raube gleich bestraft, so findet dies seine vollkommene Rechtfertigung darin, daß die zufällig eintretende mindere Wirksamkeit der Drohungen auf die Persönlichkeit des Bedrohten dem Verbrecher nicht zu Gute gerechnet werden darf.

3. Es wurde oben versucht, einen Zusammenhang zwischen Erpressung und Betrug nachzuweisen. Die Konsequenz dieser Auffassung würde, wie gleichfalls gezeigt, dahin führen, das Objekt der Erpressung nicht weiter zu fassen, als das Objekt des Betruges. Dieses ist jedoch weder im Preußischen Strafgesetzbuch geschehen noch auch in dem Entwurf, welcher die Formel des Preußischen Strafgesetzbuches beibehalten hat. Der objektive Thatbestand der Erpressung reicht demnach weiter als der objektive Thatbestand des Betruges und zwar ist dies nothwendig aus folgendem Grunde. Die Erpressung ist nämlich nicht eine Form des qualificirten Betruges. Wäre dieses der Fall, so müßte die Erpressung alle diejenigen Merkmale enthalten, welche als wesentliche Merkmale des Betruges anerkannt sind, und es müßte zu diesen Merkmalen des Betruges noch das qualificirende Moment hinzutreten, durch welches eben der Betrug in Erpressung verwandelt wird. Der Raub ist als qualificirter Diebstahl aufzufassen; denn der Raub enthält sämmtliche Merkmale des Diebstahls und außerdem noch das den Begriff des Raubes bedingende qualificirende Moment, die Anwendung der persönlichen Gewalt. Bei der Erpressung dagegen wird ein wesentliches Moment des Betruges, nämlich die Erregung des Irrthums, gänzlich aufgegeben, und an Stelle dieses Momentes ein anderes eingesetzt, nämlich die Anwendung des psychischen Zwanges. Bei dem Betruge ist das Angriffsmittel Erregung von Irrthum, bei der Erpressung ist das Angriffsmittel Anwendung psychischen Zwanges. Obwohl bei beiden Verbrechen der Angegriffene die ihm nachtheilige Handlung oder Unterlassung selbst wollte, so besteht doch zwischen beiden Verbrechen der sehr erhebliche Unterschied, daß bei dem Betruge der Angegriffene nicht gezwungen, bei der Erpressung dagegen gezwungen die ihm nachtheilige Handlung oder Unterlassung wollte. Dieser Unterschied beider Verbrechen bedingt aber den verschiedenen objektiven Umfang derselben. Wo Jemand ungezwungen etwas ihm Nachtheiliges thut oder unterläßt, wird es ausreichend sein, wenn die Gesetzgebung ihn dagegen schützt, daß er nicht in Folge eines in ihm erregten Irrthums in seinem Vermögen beschädigt werde; wo dagegen Jemand gezwungen etwas thut oder unterläßt, was er sonst nicht gethan, resp. nicht unterlassen hätte, da wird die Gesetzgebung ihren Schutz weiter ausdehnen, und dem Strafgesetze den Umfang geben dürfen, daß Jeder innerhalb der Sphäre seiner Rechte gesichert sei, und gezwungen keines

derselben aufzugeben brauche, wenn er selbst an der Konservirung dieses Rechtes irgend ein, gleichviel welches Interesse hat. Der Thatbestand der Erpressung würde demnach allgemein durch folgende Formel zu bestimmen sein:

„Wer einen Anderen durch Bedrohung mit einem Verbrechen zwingt, ein Recht aufzugeben, macht sich der Erpressung schuldig —"

Auch könnte die Formel im engeren Anschluß an den Wortlaut der Formel des Preußischen Strafgesetzbuches und des Entwurfes in folgender Weise hingestellt werden:

„Wer einen Anderen zu einer Handlung oder Unterlassung dadurch zwingt, daß er denselben mit der Verübung eines Verbrechens bedroht, macht sich der Erpressung schuldig."

Es ist dieses nahezu dieselbe Formel, durch welche im Preußischen Strafgesetzbuch §. 212. die „Nöthigung" unter Strafe gestellt wird. Jedoch würde bei diesem Verbrechen das Angriffsobjekt nicht die psychische Freiheit, sondern der Inbegriff aller derjenigen Rechte sein, welche einem Rechtssubjekte zustehen und in Folge angewandter Drohungen von demselben aufgegeben werden können.

Dieser objektive Thatbestand des Deliktes ist denn auch in der Gesetzesformel direkt nicht aufgegeben worden; eine indirekte Beschränkung desselben ist jedoch durch die den subjektiven Thatbestand specialisirenden Worte: „in der Absicht, sich oder Dritten einen rechtswidrigen Vortheil zu verschaffen" herbeigeführt. Denn durch diese Beschränkung des subjektiven Thatbestandes bleiben alle diejenigen Rechte als Angriffsobjekte ausgeschlossen, welche weder dem Angreifenden selbst noch einem Dritten einen direkten oder indirekten Vortheil gewähren können. Und selbst wenn ein Recht angegriffen würde, dessen Aufgeben einen direkten oder indirekten Vortheil dem Angreifer oder einem Dritten gewähren könnte, würden doch nur diejenigen Angriffe unter den Thatbestand der Erpressung fallen, bei welchen das Aufgeben des angegriffenen Rechtes nicht nur einen Vortheil für den Angreifer oder einen Dritten gewähren kann, sondern auch gewähren soll. Es lag somit die Erwägung nahe, ob nicht dieselbe Gesetzesformel, welche als Delikt der „Nöthigung" gelegentlich der Verbrechen gegen die persönliche Freiheit aufzugeben war, als Fundamentalverbrechen der Erpressung wieder einzuführen wäre, um einerseits denjenigen Rechten Schutz zu gewähren, welche eigennützigen Zwecken ihrer Natur nach nicht dienen können, und um andererseits diejenigen Rechte, bei welchen dieses der Fall, auch alsdann zu schützen, wenn dieselben nicht aus eigennützigen Motiven angegriffen werden.

Der Entwurf hat sich dafür entschieden, dies nicht zu thun. Zunächst deswegen nicht, weil die Worte: „in der Absicht, sich oder Dritten einen rechtswidrigen Vortheil zu verschaffen" — keineswegs gleichbedeutend sind mit den Worten: „in gewinnsüchtiger Absicht". Beachtet man, welche Fälle die Preußische Praxis unter die Erpressung subsumirt hat, in Folge der Worte: „in der Absicht, sich oder Dritten einen rechtswidrigen Vortheil zu verschaffen",*) so wird man zugeben können, daß für die Gesetzgebung keine Veranlassung vorliegt, noch über diese Fälle hinaus, Angriffe mittelst Drohungen verübt, unter Strafe zu stellen. Dazu kommt denn noch, daß der Entwurf die Bestrafung von Drohungen überhaupt für zulässig erklärt und daß dieses Ergänzungsmittel ausreichend sein dürfte, wenn etwa einmal ein Fall der Bedrohung vorkäme, welcher weder unter den Thatbestand des Raubes noch unter den Thatbestand der Erpressung zu subsumiren wäre.

4. Besteht nun der Begriff der Erpressung darin, daß der Berechtigte in Folge des gegen ihn ausgeübten psychischen Zwangs ein Recht aufgiebt, und ist in Folge dessen das hauptsächlichste Mittel für Ausführung der Erpressung die Bedrohung, so kann doch nicht in Abrede gestellt werden, daß auch die Anwendung physischer Gewalt psychischen Zwang erzeugen kann. Die physische Gewalt dient dann nicht dazu, direkt das zu erreichen, was der Verbrecher haben will, sie dient vielmehr nur dazu, einen Zustand psychischer Unfreiheit zu erzeugen, vermöge dessen der Vergewaltigte dasjenige leistet, was der Verbrecher geleistet wissen will. Aus diesem Grunde hat der Entwurf in §. 177. ebenso wie dieses in §. 236. des Preußischen Strafgesetzbuches geschehen, auch die „Gewalt" neben den Drohungen als ein Ausführungsmittel der Erpressung bezeichnet.

Die Abweichungen, welche im Entwurf gegenüber dem Preußischen Strafgesetzbuche vorgenommen sind, reduciren sich auf folgende Einzelnheiten:

I. In Bezug auf den Raub.

1. Die Strafpositionen des Preußischen Strafgesetzbuches sind namentlich im Verhältnisse zu dem früheren Landrechts-Strafrechte zu hoch gegriffen und haben nicht selten in ihrer Anwendung zu Härten geführt.**) Durch die Strafpositionen des Entwurfs werden diese Härten beseitigt sein.***)

*) Vergl. Oppenhoff zu §. 234. Note 3—5. Zwang zur Abschließung einer Ehe oder eines Verlöbnisses; Zwang zur Abwendung eines bereits entstandenen Nachtheils; Zwang zur Abschließung eines Kaufes, selbst gegen Leistung des Aequivalentes; zur Gewährung eines Darlehns, auch wenn dasselbe zurückgezahlt werden soll.

**) Kräwel. Vorschläge S. 83 ff.

***) Die Schwurgerichtsstatistik giebt keine genaue Beantwortung der Frage, wie der Raub in der bisherigen Praxis wirklich bestraft worden ist, da nicht die Fälle des Raubes eine besondere Darstellung gefunden, sondern mit den Fällen der Erpressung zusammengestellt sind. Wegen Raubes und wegen Erpressung (Str.-G.-B. §§. 230—236.) wurde in den Jahren 1860—1865 die Anklage erhoben wegen 1139 Fälle mit 1121 Angeklagten, von denen 917 verurtheilt wurden; und zwar zu Geldbuße 5; zu Gefängniß unter einem Jahre 134; zu Gefängniß von einem Jahre und darüber 56; zu Zuchthaus unter zwei Jahren 3; zu zweijährigem Zuchthaus 23; zu Zuchthaus von 2—5 (excl.) Jahren 39; zu Zuchthaus von 5—10 (excl.) Jahren 174; zu Zuchthaus von 10—15 (excl.) Jahren 389; zu Zuchthaus von 15 Jahren und mehr 68; zu lebenslänglichem Zuchthause 26.

Diese 26 Fälle, in denen auf lebenslängliches Zuchthaus wirklich erkannt ist, haben die Veranlassung gegeben, daß auch in dem Entwurf die lebenslängliche Zuchthausstrafe beim Raube nicht aufgegeben wurde. Es ist aber diese schwerste Strafe, welche

2. Die Bestimmung des Preußischen Strafgesetzbuches §. 232. Nr. 4., nach welcher es einen Qualifikationsgrund des Raubes ausmacht, wenn bei dem Raube „einem Menschen eine erhebliche Mißhandlung oder Körperverletzung (§. 192a.) zugefügt wird“, konnte in dem Entwurfe deshalb nicht beibehalten werden, weil derselbe den Begriff der „erheblichen“ Körperverletzung überhaupt nicht kennt. Es war jedoch nicht zu übersehen, daß bei dem Raube Mißhandlungen vorkommen können, welche eine Strafbarkeit dieses Verbrechens über die Grenzen des einfachen Raubes hinaus nothwendig machen. Vor der Gesetzgebung des Jahres 1856 hatte der §. 232. des Preußischen Strafgesetzbuches die in Rede stehende Bestimmung selbstverständlich nicht; aber ebensowenig fand sich vor dieser Zeit eine Vorschrift, welche den Raub durch das Hinzutreten einfacher Körperverletzungen qualificirte. Für den Entwurf hätte dies ein Fingerzeig sein können, auch seinerseits die mit dem Raube verbundenen Körperverletzungen nur alsdann als Qualifikationsgrund anzuerkennen, wenn die Körperverletzung den Karakter einer schweren Körperverletzung im Sinne des Entwurfs gehabt hätte. Diesem Gedanken war indessen nicht Folge zu geben. Denn erstens hatte das Strafgesetzbuch von 1851 für die Fälle des einfachen Raubes die Zuchthausstrafe bis zu funfzehn Jahren ausgedehnt, während der Entwurf bei zehn Jahren Zuchthaus stehen bleibt, und sodann hatte das Gesetzbuch des Jahres 1851 den Raub unter Hinzutreten der schweren Körperverletzung nach §. 233. mit lebenslänglicher Zuchthausstrafe bedroht, wobei unter schwerer Körperverletzung nach der Auffassung des Strafgesetzbuches von 1851 auch diejenige Körperverletzung zu verstehen war, welche eine zwanzigtägige Krankheit oder Arbeitsunfähigkeit zur Folge hatte. Unter diesen Voraussetzungen konnte allerdings das Strafgesetzbuch von 1851 davon absehen, das Hinzutreten einfacher Körperverletzungen zum Raube irgendwie zu erwähnen. Für den Entwurf mußte dagegen Folgendes maßgebend sein. Es mußte berücksichtigt werden, daß der Entwurf überhaupt nur einfache und schwere Körperverletzungen kennt; daß zwar die schweren Körperverletzungen beim Raube ihre Berücksichtigung gelegentlich des §. 174. gefunden haben, daß dagegen — wenn auch körperliche Gewalt für den Begriff des Raubes nothwendig — auch andere Körperverletzungen bei dem Raube vorkommen können, ohne daß die Größe und Intensität derselben durch den Begriff dieses Verbrechens geboten wären. Für derartige Fälle ist in den Entwurf §. 173. Abs. 2. aufgenommen.

Wenn demnach in dem Entwurfe dieser §. 173. vollständig dahin lautet:

---

der Entwurf überhaupt kennt, auf denjenigen Fall des Raubes beschränkt geblieben, von welchem §. 175. handelt, wenn bei dem Raube der Tod eines Menschen verursacht wurde. In anderen Fällen ähnlicher Art ist nur Zuchthaus bis zwanzig Jahre angedroht (vergl. oben S. 69.). Die hier angedrohte höhere Strafe rechtfertigt sich aus dem Grunde, weil der Raub wegen der Erlangung eines Vermögensvortheils unternommen wird. Es ist dieses das verwerflichste Motiv, aus welchem eine das Leben eines Menschen gefährdende Handlung unternommen werden kann.

„Der Raub wird mit Gefängniß nicht unter sechs Monaten oder mit Zuchthaus bis zu zehn Jahren bestraft.

Wurde bei dem Raube einem Menschen eine Mißhandlung oder Körperverletzung zugefügt, so ist die Strafe Gefängniß nicht unter Einem Jahre oder Zuchtshaus bis zu funfzehn Jahren" —

so soll damit gesagt sein, daß für die Bestrafung des einfachen Raubes dem Richter zwei Strafpositionen und zwar mit Rücksicht auf die Größe der von dem Thäter angewandten Gewalt gegeben sind. Beschränkte sich diese Gewalt auf dasjenige Quantum, ohne dessen Vorhandensein der Begriff des Raubes überhaupt nicht denkbar ist, so hat sich der Richter für die Strafzumessung innerhalb der Grenzen sechs Monate Gefängniß bis 10 Jahr Zuchthaus zu bewegen. Ueberstieg dagegen die von dem Thäter angewandte Gewalt das so eben bezeichnete Maß, erreichte die körperliche Gewalt den Karakter einer nach §. 145. des Entwurfs zu bestrafenden Mißhandlung oder Körperverletzung, so soll sich der Richter bei der Strafzumessung innerhalb der Strafgrenzen 1 Jahr Gefängniß bis 15 Jahre Zuchthaus bewegen.

3. §. 233. Nr. 3. des Preußischen Strafgesetzbuches sagt:

„Der Raub wird mit lebenslänglichem Zuchthaus bestraft:

3) wenn bei dem Raube ein Mensch gemartert oder verstümmelt, der Sprache, des Gesichts, des Gehörs oder der Zeugungsfähigkeit beraubt, oder durch Mißhandlung oder Körperverletzung in eine Geisteskrankheit versetzt worden ist."

Der Entwurf läßt die Worte „durch Mißhandlung oder Körperverletzung" fort. Denn mindestens sind diese Worte überflüssig, da es bei dem hier in Frage stehenden Qualifikationsmomente nur darauf ankommen kann, daß in Folge des Raubes der Angegriffene geisteskrank geworden ist, nicht aber darauf, ob die Geisteskrankheit auf eine Mißhandlung, resp. Körperverletzung oder auf eine andere Ursache zurückzuführen ist, wenn nur eben diese die Geisteskrankheit herbeiführende Ursache in dem Verbrechen des Raubes, resp. in den dasselbe begleitenden Umständen zu finden ist. Nach dem Wortlaute des Preußischen Strafgesetzbuches würde man aber diejenige Geisteskrankheit, welche etwa in Folge des Schreckes, den der Beraubte gehabt, entstanden ist, nicht für ausreichend erachten dürfen, um den vom Gesetze aufgestellten Qualifikationsgrund als vorhanden anzunehmen. Und wenn die Praxis dies dennoch thut, so thut sie es, nicht ohne Widerspruch zu erfahren;*) und die dem Wortlaute des Gesetzes gegenüber mindestens überaus gewagte Interpretation zeigt recht deutlich, wie sehr bedenklich die hier urgirten, von dem Entwurfe fortgelassenen Worte des Preußischen Strafgesetzbuches sind.

II. In Bezug auf die Erpressung.

1. Der Entwurf stellt für die Erpressung nur eine Strafbestimmung auf, während das Preußische Strafgesetzbuch zwei Strafpositionen hat, zunächst Gefängnißstrafe nicht unter drei Monaten für die gewöhnlichen Fälle und sodann Zuchthaus bis zu fünf Jahren bedingt durch

*) Vgl. Oppenhoff zu §. 233. Note 9.

den Qualifikationsgrund, daß das angedrohte Verbrechen in Mord, Brandstiftung oder Erregen einer Ueberschwemmung bestand.

Diese Sonderung der Strafbestimmungen ist nicht eine glückliche zu nennen. Die Landzwangs-Reminiscenzen, die hier mitgespielt haben mögen, sind selbstverständlich für die heutige Zeit vollkommen obsolet. Sodann aber kommt es zwar bei der Strafwürdigkeit der Erpressung wohl darauf an, womit gedroht wird — und in dieser Beziehung wollen wir es dahin gestellt sein lassen, ob das Preußische Strafgesetzbuch gerade die schlimmsten Drohungen angeführt hat — aber mehr noch als womit gedroht wird, kommt es doch darauf an, mit welchem Grade von Wahrscheinlichkeit die Drohung ausgeführt werden kann. Wenn beispielsweise ein Bewohner der Weichselniederung zur Sommerszeit von einem Landstreicher bedroht würde, es werde derselbe die Weichseldämme durchstechen und so eine Ueberschwemmung verursachen, so würde dieses den Bedrohten sehr viel ruhiger lassen, als wenn ihm etwa die Aussicht gestellt würde, daß er einer Tracht Prügel entgegengehe, falls er nicht dies oder jenes thun wolle.

Und abgesehen davon. Für die Strafwürdigkeit der Erpressung kommt es keinesweges bloß auf die Drohungen an, sondern auf vieles Andere ebenfalls; namentlich auf den herbeigeführten oder beabsichtigten Schaden und auf den Grad der Rechtswidrigkeit des seitens des Verbrechers beabsichtigten Vortheils. Selbst, wenn leichtere Drohungen angewandt wären, würden die eben beregten Gesichtspunkte geeignet sein können, die Erpressung zu einem zuchthauswürdigen Verbrechen zu machen.

Aus diesen Gründen hat der Entwurf für die Erpressung nur eine Strafposition aufgestellt und damit dem Richter die Möglichkeit gegeben, jeden einzelnen Fall von allen Seiten zu prüfen und dann zu entscheiden, ob er denselben durch die Zuchthaus- oder durch die Gefängnißstrafe in geeigneter Weise zu ahnden habe.

Wegen dieser einen Strafposition des Entwurfes konnten die beiden Paragraphen 234 und 235 des Preußischen Strafgesetzbuches in einen Paragraphen zusammengezogen werden.

2. In der Legaldefinition der Erpressung weicht der Entwurf in Einzelnheiten von dem Wortlaute des Preußischen Strafgesetzbuches ab.

Das Preußische Strafgesetzbuch sagt:

„Wer, um sich oder Dritten"

Der Entwurf sagt:

„Wer, in der Absicht, sich oder Dritten"

Diese Aenderung bezweckt keine Aenderung des Sinnes, sondern nur Gleichheit des Ausdruckes für gleiche Begriffe.*)

Das Preußische Strafgesetzbuch sagt:

zwingt oder zu zwingen versucht." —

Der Entwurf läßt die Worte:

„oder zu zwingen versucht"

fort.

*) Siehe oben S. 184. ff.

In dem Preußischen Strafgesetzbuche haben die Worte „oder zu zwingen versucht" eine doppelte Bedeutung. Hießen dieselben nämlich nichts weiter, als daß außer der vollendeten auch die versuchte Erpressung zu strafen sei, so würde eine solche Vorschrift gerechtfertigt sein, weil nach der Dreitheilung des Preußischen Strafgesetzbuches (§. 1.) die Erpressung unter den Vergehen rangirt und bei den Vergehen der Versuch nur dann gestraft wird, wenn dies durch das Gesetz ausdrücklich vorgeschrieben ist. Der Entwurf kennt aber weder die Dreitheilung der strafbaren Handlungen noch die aus denselben gezogene Konsequenz auf die Strafbarkeit der versuchten Vergehen.

Nun soll aber durch die Worte „oder zu zwingen versucht" etwas Anderes als das so eben Angenommene ausgedrückt sein. Oppenhoff zu §. 234. Note 7. sagt:

„Der Zwangsversuch stellt hier ebenso wie der erfolgreiche Zwang das vollendete Vergehen der Erpressung, und nicht blos einen (im §. 235. gar nicht mit Strafe bedrohten) Versuch der letzteren dar; die Verhängung der Strafe ist daher nicht durch die Feststellung der Voraussetzungen des §. 31. bedingt."

Das heißt denn also im Wesentlichen Folgendes:

Will sich Jemand durch Diebstahl, Raub, Betrug einen widerrechtlichen Vortheil verschaffen, so muß er, um strafbar zu werden, mindestens bis zum „Anfang der Ausführung" (§. 31. des Preußischen Strafgesetzbuches) gekommen sein. Will sich dagegen Jemand durch eine Erpressung bereichern, so kommt es auf den „Anfang der Ausführung" nicht weiter an, es genügt vielmehr, wenn er sich nur nach vernünftigen kriminalistischen Grundsätzen des Versuchs überhaupt schuldig gemacht hat. Und ist dieses geschehen, so hat er die Strafe für die vollendete Erpressung verwirkt.

Da nun der Entwurf die Bestrafung der versuchten Erpressung keinesweges ausschließt, da ferner der Entwurf die Strafbarkeit des Versuches ebensowenig von dem „Anfange der Ausführung" abhängig macht, so war auch nicht der geringste Grund vorhanden, die Worte „oder zu zwingen versucht" in die Legaldefinition mit aufzunehmen.

Das Preußische Strafgesetzbuch sagt:

„dadurch ... daß er denselben schriftlich oder mündlich ... bedroht"

Der Entwurf läßt die Worte:

„schriftlich oder mündlich"

fort. Denn entweder sollen diese beiden Worte jede zum Zwecke der Erpressung angewandte Drohung bezeichnen und alsdann sind sie vollkommen überflüssig, oder sie sollen dazu dienen, einige Drohungen, z. B. die symbolischen auszuschließen, und alsdann wären diese Worte geradezu fehlerhaft. Oppenhoff zu §. 212. Note 7. sagt:

„Durch die Worte „schriftlich oder mündlich" soll nur die gleiche Strafbarkeit der schriftlichen Bedrohungen ausgesprochen werden; Bedrohung durch Handlungen wird daher in keiner Weise ausgeschlossen."

Das gleiche Resultat wird aber jedenfalls, und zwar unter Anwendung einer vielleicht noch etwas korrekteren Interpretation, erreicht, wenn man, wie dies in dem Entwurfe geschehen, die Worte „schriftlich oder mündlich" wegläßt.

Daß endlich der Entwurf nur von Bedrohung mit „Verbrechen" spricht, und nicht wie das Preußische Strafgesetzbuch von der Bedrohung mit Verbrechen oder Vergehen, rührt lediglich daher, daß der Entwurf die Preußische Unterscheidung in Verbrechen und Vergehen nicht kennt, sondern unter dem Ausdrucke „Verbrechen" jede mit Strafe bedrohte Handlung versteht.

Einundzwanzigster Titel.

Hehlerei.

§. 178.

Wer Sachen, von denen er weiß, daß sie gestohlen, unterschlagen oder mittelst anderer Verbrechen erlangt sind, verheimlicht, ankauft, zum Pfande nimmt, oder sonst an sich bringt, oder zu deren Absatz bei Anderen mitwirkt, es sei um seines eigenen Vortheils willen oder nicht, ingleichen wer Personen, die sich eines Diebstahls, einer Unterschlagung oder eines ähnlichen Verbrechens schuldig gemacht haben, in Beziehung auf das ihm bekannte Verbrechen um seines eigenen Vortheils willen begünstigt, ist mit Gefängniß bis zu drei Jahren zu bestrafen.

Es kann zugleich auf Untersagung der Ausübung der bürgerlichen Ehrenrechte erkannt werden.

§. 179.

Wer Sachen, von denen er weiß, daß sie von einem Raube oder einer dem Raube gleich zu achtenden Erpressung (§. 177.) oder einem schweren Diebstahle (§. 164.) herrühren, verheimlicht, ankauft, zum Pfande nimmt oder sonst an sich bringt, oder zu deren Absatz bei Anderen mitwirkt, es sei um seines eigenen Vortheils willen oder nicht, ingleichen wer Personen, die sich eines der genannten Verbrechen schuldig gemacht haben, in Beziehung auf das verübte und ihm bekannt gewordene Verbrechen um seines eigenen Vortheils willen begünstigt, ist mit Gefängniß nicht unter drei Monaten oder mit Zuchthaus bis zu fünf Jahren zu bestrafen.

§. 180.

Wer die Hehlerei (§§. 178. 179.) gewerbsmäßig betreibt, soll mit Gefängniß nicht unter Einem Jahre oder mit Zuchthaus bis zu funfzehn Jahren bestraft werden.

§. 181.

Wer bereits zweimal durch einen Gerichtshof der Staaten des Norddeutschen Bundes wegen Hehlerei verurtheilt worden ist, soll, wenn er sich von Neuem der Hehlerei schuldig macht, bestraft werden wie folgt:

1) wenn die Hehlerei eine einfache ist (§. 178.), mit Gefängniß nicht unter sechs Monaten oder mit Zuchthaus bis zu zehn Jahren;
2) wenn die Hehlerei eine schwere ist (§. 179.) mit Gefängniß nicht unter Einem Jahre oder mit Zuchthaus bis zu funfzehn Jahren.

Die vorstehenden Bestimmungen finden keine Anwendung, wenn entweder zwischen der Verbüßung der Strafe für die erste und der Begehung der zweiten, oder zwischen der Verbüßung der Strafe für die zweite und der Begehung der dritten Hehlerei zehn Jahre verflossen sind.

In der Normirung des Thatbestandes der Hehlerei weicht der Entwurf nur an einer Stelle von dem Preußischen Strafgesetzbuche ab, und zwar in §. 180., welche Vorschrift dem §. 239. des Preußischen Strafgesetzbuches nachgebildet ist. Während nämlich das Preußische Strafgesetzbuch sagt:

„Wer die Hehlerei gewohnheitsmäßig betreibt, soll" u. s. w. setzt der Entwurf an Stelle des Wortes „gewohnheitsmäßig" das Wort „gewerbsmäßig".

Die Veranlassung zu dieser Aenderung gab das Lübische (§. 204.) und das Bayrische Gesetzbuch (Art. 310.).

Das Lübische Gesetzbuch sagt:

„Wer die Hehlerei (§§. 201—203.) gewerbsmäßig betreibt, soll mit Zuchthaus von zwei bis zu funfzehn Jahren und mit Stellung unter Polizeiaufsicht bestraft werden."

Das Bayrische Gesetzbuch bestimmt dagegen:

„Wer sich innerhalb des Zeitraumes von zwei Jahren mindestens dreimal der Hehlerei schuldig gemacht hat, ist wegen gewerbsmäßiger Hehlerei mit Gefängniß nicht unter einem Monat zu bestrafen, womit Geldstrafe bis zu tausend Gulden verbunden werden kann.

Befindet sich unter den abzuurtheilenden Fällen die Hehlerei eines Verbrechens, so tritt Zuchthausstrafe bis zu zwölf Jahren ein."

Darüber konnte nicht wohl ein Zweifel entstehen, daß, mochte man nun die „gewohnheitsmäßige" oder die „gewerbsmäßige" Hehlerei in den Entwurf aufnehmen, das Bayrische Gesetzbuch nicht nachzuahmen sei, wenn dasselbe den Begriff der Gewerbsmäßigkeit an bestimmte gesetzliche Voraussetzungen knüpft. Dieser Begriff ist vielmehr ein solcher, der lediglich aus der eigenthümlichen Beschaffenheit des konkreten Falles abgeleitet werden muß.

Daß nun der Entwurf den Ausdruck des Lübischen Gesetzbuches dem des Preußischen vorzog, hatte den Grund, daß die bloße Gewohnheitsmäßigkeit des Verbrechens schon in genügender Weise durch die Rückfallsbestimmungen des §. 181. getroffen wird; daß, wollte man die Gewohnheitsmäßigkeit in einem noch weiteren Umfange berücksichtigen, dieses — namentlich bei der Höhe der angedrohten Strafe — zu nachtheiligen Willkürlichkeiten führen könnte. Der Begriff der Gewerbsmäßigkeit giebt jedoch der thatsächlichen Feststellung noch den Anhalt, daß der Hehler aus der Hehlerei ein Geschäft gemacht haben muß.

Hehler dieser Art sind die gefährlichsten, und ihre Bestrafung mit einer länger dauernden Gefängniß- oder Zuchthausstrafe rechtfertigt sich eben aus dieser ihrer Gefährlichkeit.

Die Strafbestimmungen, welche der Entwurf für die verschiedenen Fälle der Hehlerei aufstellt, korrespondiren durchaus den Strafbestimmungen für den Diebstahl. Die einfache Hehlerei ist mit Gefängniß bis zu drei Jahren bedroht, weil dieselbe sich auch auf die Fälle des einfachen, unter erschwerenden Umständen begangenen Diebstahls bezieht.

Die Strafe der gewerbsmäßigen Hehlerei ist gleichgesetzt der Strafe für die schwere Hehlerei im zweiten Rückfalle. Ausschließlich die Zuchthausstrafe anzudrohen, erschien deshalb unzulässig, weil der Entwurf bei keinem Vermögensverbrechen, welches ohne Anwendung persönlicher Gewalt begangen wird, die ausschließliche Zuchthausstrafe angedroht hat. Wenn in der Praxis des Preußischen Strafrechts die Strafposition des §. 239. — Zuchthaus von zwei bis zu funfzehn Jahren — zu Härten nicht geführt haben sollte, so mag das zum Theil mit daran liegen, daß man die „Gewohnheitsmäßigkeit“ mit Rücksicht auf das Strafminimum von zwei Jahren Zuchthaus festzustellen in der Lage war.

Zweiundzwanzigster Titel.

Betrug.

§. 182.

Wer in gewinnsüchtiger Absicht das Vermögen eines Anderen dadurch beschädigt, daß er durch Vorbringen falscher oder durch Entstellen oder Unterdrücken wahrer Thatsachen einen Irrthum erregt, begeht einen Betrug.

§. 183.

Der Betrug wird mit Gefängniß bis zu zwei Jahren oder mit Geldbuße bis zu dreihundert Thalern bestraft.

Es kann zugleich auf Untersagung der Ausübung der bürgerlichen Ehrenrechte erkannt werden.

§. 184.

Mit Gefängniß bis zu drei Jahren wird bestraft:

1) wer sich wissentlich unrichtiger, zum Messen oder Wiegen bestimmter Werkzeuge zum Nachtheil eines Anderen bedient;
2) wer einen Ankäufer von Gold oder Silber über die Eigenschaften dieser Waare hintergeht, indem er ihm geringhaltigeres Gold oder Silber für vollhaltigeres verkauft;
3) wer echte zum Umlauf bestimmte Metallgeldstücke durch Beschneiden, Abfeilen oder auf andere Art verringert und als vollgültig ausgiebt;
4) wer solche verringerte Münzen gewohnheitsmäßig oder im Einverständnisse mit dem, welcher sie verringert hat, als vollgültig ausgiebt;

5) wer Geldpackete, die mit einem öffentlichen Siegel verschlossen und mit Angabe des Inhaltes versehen sind, zu ihrem vollen Inhalte ausgiebt, obgleich er weiß, daß sie eröffnet und ihr Inhalt verringert worden;

6) wer Grenzsteine oder andere zur Bezeichnung einer Grenze oder des Wasserstandes bestimmte Merkmale zum Nachtheile eines Anderen wegnimmt, vernichtet, unkenntlich macht, verrückt oder fälschlich setzt;

7) wer Urkunden, welche ihm entweder gar nicht, oder nicht ausschließlich gehören, zum Nachtheile eines Anderen vernichtet, beschädigt oder bei Seite schafft.

In den vorstehenden Fällen (Nr. 1—7.) kann zugleich auf Untersagung der Ausübung der bürgerlichen Ehrenrechte erkannt.

§. 185.

Wer in betrügerischer Absicht eine gegen Feuersgefahr versicherte Sache in Brand setzt, wird mit Gefängniß nicht unter drei Monaten oder mit Zuchthaus bis zu fünf Jahren bestraft.

§. 186.

Wer in betrügerischer Absicht ein Schiff, dessen Casco oder Ladung versichert ist, sinken oder stranden macht, wird mit Zuchthaus bis zu zehn Jahren bestraft.

Der Entwurf stellt eine Legaldefinition des Betruges auf und zwar dieselbe, welche auch das Preußische Strafgesetzbuch aufstellt.

Diesem Vorgehen traten mit Rücksicht auf das gemeine Recht wie auch mit Rücksicht auf andere deutsche Strafgesetzbücher namentlich zwei Bedenken entgegen; zunächst, ob es gerechtfertigt sei, das Angriffsobjekt des Betruges auf Vermögensrechte zu beschränken, und sodann, ob es zulässig sei, die betrügerischen Vermögensverletzungen nur dann als Betrug gelten zu lassen, wenn dieselben den Zweck der Bereicherung des Betrügers verfolgten, wenn sie — wie die Gesetzesformel dies ausdrückt — in gewinnsüchtiger Absicht begangen waren.

I. Wenn man überhaupt aus den völlig vagen Begriffen des „betrüglichen Handelns", der „Betrügerei", der „Täuschung" u. s. w. herauskommen, wenn man den Begriff des „Betruges" als eines delictum sui generis von anderen Verbrechen, welche in der Form der Ausführung äußere Aehnlichkeit mit dem Betruge haben, unterscheiden, wenn man endlich diejenigen Verbrechen, welche ebenfalls durch das Mittel der Täuschung und Unwahrheit begangen werden, namentlich die verschiedenen Arten der Fälschungen nicht nur von dem „Betruge" begrifflich unterscheiden, sondern dieselben auch für sich selbst begrifflich fixiren will, so muß man für das bestimmte Verbrechen des Betruges auch ein bestimmtes Begriffsobjekt feststellen.

Die deutschen Strafgesetzbücher theilen diese Auffassung allerdings nur zum Theil. Es dürfte indessen, um die Richtigkeit des hier Ausgesprochenen darzuthun, nur erforderlich sein, die Legaldefinitionen, welche die verschiedenen deutschen Strafgesetzbücher von dem „Betruge“ geben, zusammenzustellen, um die in dem Preußischen Strafgesetzbuche enthaltene Definition in das günstigste Licht zu stellen.

Das Vermögensrecht wird als Angriffsobjekt des Betruges nicht festgehalten von den Gesetzbüchern von Altenburg, Hessen, Würtemberg.

Altenburg bestimmt Art. 245.:

„Wer wissentlich falsche Thatsachen für wahre ausgiebt, oder wahre Thatsachen unter Verhältnissen, wo er die Wahrheit zu sagen rechtlich verpflichtet war, verschweigt oder unterdrückt, oder wer solche Handlungen Anderer wissentlich benutzt und dadurch Jemanden in Schaden gebracht“ — der Schaden ist also dem Wortlaute des Gesetzes nach nicht auf Vermögensschaden beschränkt — „oder sich oder Anderen einen unerlaubten Vortheil verschafft hat“ — also gleichviel, ob dieser Vortheil den Schaden des Getäuschten zu seiner Voraussetzung hat — „ist, insofern der Gegenstand eine Schätzung zuläßt, mit den Strafen des einfachen Diebstahls, wenn aber eine Schätzung nicht eintreten kann, mit Gefängnißstrafe bis zu drei Monaten, oder mit Arbeitshausstrafe bis zu sechs Jahren zu belegen. In Fällen, wo keine gewinnsüchtige Absicht vorliegt, ist dem Richter gestattet, statt der Gefängnißstrafe auf verhältnißmäßige Geldbuße zu erkennen.“

Zu bemerken ist, daß unter den Fällen des „ausgezeichneten Betruges“ Altenburg an erster Stelle die „Fälschung“ — Urkunden- und Waarenfälschung erwähnt (Art. 247—252.) und daß sich daran anschließen Artikel mit folgenden Ueberschriften: „Mißbrauch der Religion“ — „Mißbrauch amtlicher Eigenschaften“ — „Gefährdung des Lebens oder der Gesundheit anderer Personen“ — (der Art. 255. beginnt mit den Worten: „Ist durch eine unternommene betrügliche Handlung das Leben oder die Gesundheit anderer Personen in Gefahr gesetzt worden“) — „Leichtsinniger Bankerott“ — „Betrügerischer Bankerott“ — „Betrug in Hinsicht auf persönliche Verhältnisse“ — „Verführung zur Unzucht“ — (Art. 266.: „Wenn Jemand, um seine Lüste zu befriedigen, unbescholtene Personen durch Betrug (!) oder Arglist zur Unzucht verleitet) — „Anmaßung öffentlicher Dienste, Amtstitel und Ehrenzeichen“. —

Das Alles umfaßt das Altenburgische Strafgesetzbuch im dreizehnten Kapitel unter dem Titel: „Von betrügerischen Handlungen“.

Das Hessische Strafgesetzbuch giebt seinem 44. Titel die Ueberschrift: „Von der Schriftfälschung und vom Betruge“ und der Betrug wird dann Art. 391. in folgender Weise definirt:

„Wer in der Absicht, die Rechte eines Andern zu benachtheiligen,“ (also keineswegs blos Vermögensrechte) „oder sich oder Anderen einen unerlaubten Vortheil zu verschaffen“ (also gleichviel, ob dieser Vortheil durch die Verletzung des Rechtes eines Anderen, speciell durch die Verletzung eines Vermögensrechtes entstanden) „mit Verletznng einer besonderen Rechtspflicht wissentlich falsche Thatsachen für wahr ausgiebt, oder wahre Thatsachen vorenthält oder unterdrückt, oder auch ohne Verletzung einer besonderen Rechtspflicht arglistiger Weise täuschende Handlungen vornimmt, oder den Irrthum eines Anderen, den er nicht selbst veranlaßt hat, durch sein Benehmen unterhält und dadurch den Anderen in Schaden gebracht hat, ist des Betrugs schuldig."

Unter denjenigen Delikten, welche das Hessische Strafgesetzbuch als ausgezeichnete Fälle des Betruges hervorhebt, finden sich beispielsweise folgende: Der Verkauf von Nahrungs- oder Arzneimitteln, wenn der Verkäufer weiß, daß solche mit der Gesundheit nachtheiligen Dingen verfälscht sind — (Art. 395. Nr. 6.) „wer ein ihm anvertrautes, nur mit einer Unterschrift versehenes Papier (Blankett) in betrügerischer Absicht mit einer Schuldverschreibung oder einem Befreiungsscheine (Quittung) oder mit irgend einem anderen Aufsatze, welcher der Person oder dem Vermögen desjenigen, der unterzeichnet hat, nachtheilig sein kann, ausfüllt oder ausfüllen läßt, und davon Gebrauch gemacht hat. War das nur mit einer Unterschrift versehene Papier ihm nicht anvertraut, so soll er als Schriftverfälscher verfolgt und bestraft werden" (Art. 397. Nr. 1.); „wer in seine Handelsbücher, wo solche nach den Gesetzen als Beweismittel für ihn vor Gericht zugelassen werden, falsche Einträge macht und sie zur Begründung oder Entkräftung von Rechtsansprüchen gebraucht" (Art. 397. Nr. 3.); „wer in betrügerischer Absicht sich selbst oder einem Anderen die Rechte des Familienstandes in einer fremden Familie fälschlich beilegt, oder auf betrügerische Weise den wahren Familienstand eines Menschen zu dessen Nachtheil unterdrückt oder verändert" (Art. 397. Nr. 6.); „wer durch Anwendung betrügerischer Mittel Jemanden zum Aufgeben seines Nahrungsstandes oder zur Auswanderung verleitet hat" (Art. 397. Nr. 7.).

Württemberg überschreibt das achte Kapitel seines Strafgesetzbuches: „Vom Betruge, von der Fälschung, vom Bankerotte und von der Verletzung fremder Geheimnisse. Die Begriffsbestimmung des Betruges eröffnet (Art. 351.) dieses Kapitel und lautet:

„Wer zum Nachtheile der Rechte eines Andern wissentlich falsche Thatsachen für wahr ausgiebt, oder wahre Thatsachen unterdrückt oder vorenthält und dadurch den Andern in Schaden bringt oder sich einen Vortheil verschafft, ist wegen Betruges strafbar." —

Diese Definition erhält eine Erläuterung durch den die Strafbestimmungen für den Betrug aufstellenden Artikel 352. Hier heißt es:

„Ein Betrug, welcher auf die Beschädigung eines Andern gerichtet ist, soll — u. s. w. geahndet werden.

Ist aber durch den Betrug ein unerlaubter Vortheil bezweckt und erlangt worden, so kommen die Bestimmungen über Bestrafung des Diebstahls zur Anwendung."

Daß also das Württembergische Strafgesetzbuch einen Betrug kennen muß, welcher dem Betrüger einen unerlaubten Vortheil gewährt, ohne die „Beschädigung" des Betrogenen zu involviren, ist aus der in Art. 352. gemachten Unterscheidung klar.

Unter denjenigen Gesetzbüchern, welche als Angriffsobjekt des Betruges das Vermögensrecht bezeichnen, ist zunächst das Sächsische Gesetzbuch zu erwähnen. Wenn es in demselben Art. 284. heißt:

„Wer durch Täuschung, sei es mittels Vorspiegelung unwahrer oder Verheimlichung wahrer Thatsachen oder Verhältnisse, deren Angabe nach Lage der Sache mit Recht erwartet werden konnte, sich oder Anderen zum Nachtheile des Getäuschten einen rechtswidrigen Vermögensvortheil verschafft, macht sich des Betrugs schuldig" —

so ist zwar in dieser Formel direkt der Angriff auf ein fremdes Vermögensrecht nicht ausgedrückt — denn den objektiven Thatbestand bezeichnen nur die Worte: „zum Nachtheile des Getäuschten". — Da indessen dieser Nachtheil des Getäuschten nur alsdann in Betracht kommt, wenn er für den Betrüger zu einem rechtswidrigen Vermögensvortheil geführt hat, oder doch zu einem solchen führen sollte, da ferner das Sächsische Strafgesetzbuch von dem Betruge in demjenigen Capitel handelt, welches die Ueberschrift führt „von Eigenthumsverbrechen", so bedeutet die Sächsische Formel unzweifelhaft ebensoviel als wenn ausdrücklich gesagt wäre, daß zu dem Begriffe des Betruges die Beschädigung fremden Vermögens gehöre.

Das Thüringische Strafgesetzbuch tritt sodann mit dem „Vermögensnachtheil" in bestimmtester Weise hervor.

Art. 236. „Wer den Irrthum eines Anderen rechtswidrig veranlaßt oder benutzt, um demselben einen Vermögensnachtheil zuzufügen, und diesen Zweck erreicht, soll wegen Betruges nach Maßgabe der Größe des verursachten Nachtheiles mit den Strafen des einfachen Diebstahls bestraft werden.

Es ist dabei einerlei, ob der Verbrecher zugleich sich oder einem Anderen einen Vortheil verschaffen wollte, oder ob dieses nicht der Fall war. Doch kann der Richter in dem letzteren Falle an der Stelle von Gefängniß auf verhältnißmäßige Geldbuße erkennen."

Braunschweig definirt §. 224. den Betrug in folgender Weise:

„Wer den Irrthum eines Andern rechtswidrig veranlaßt oder benutzt, um demselben einen Vermögensschaden zuzufügen oder in gewinnsüchtiger Absicht und seinen verbrecherischen Zweck erreicht, soll folgendermaßen bestraft werden:" u. s. w.

Wunderbares Deutsch! Der Sinn ist wohl folgender: Die Täuschung kann benutzt werden, entweder um einem Anderen einen Vermögensschaden zuzufügen, oder um dem Täuschenden selbst die gewinnsüchtige Absicht zu befriedigen. In beiden Fällen soll der Begriff des Betruges erfüllt sein. Ob die Vollendung des Betruges in beiden Fällen davon abhängt, daß der Betrüger seinen Zweck erreicht, bleibt nach dem Ausdrucke des Braunschweigischen Strafgesetzbuches zweifelhaft. Nach der Wortfassung müßte man annehmen, daß die Erreichung des Zweckes zur Vollendung des Betruges nur dann erforderlich sei, wenn in gewinnsüchtiger Absicht getäuscht wurde. Gemeint ist wahrscheinlich, daß auch da, wo zu dem Zwecke, um einen Vermögensschaden herbeizuführen, getäuscht wurde, der Täuschende seinen Zweck erreicht haben müsse, damit von Vollendung des Betruges die Rede sein könne.

Das Gesagte genügt, um zu zeigen, daß diese Definition wohl am wenigsten geeignet sein dürfte, der Preußischen Begriffsbestimmung dieses Deliktes irgendwie Konkurrenz zu machen.

Das Bayrische Strafgesetzbuch definirt den Betrug Art. 314. in folgender Weise:

„Wer in der Absicht, sich oder einem Dritten einen rechtswidrigen Vortheil zu verschaffen, mittels Vorspiegelung falscher oder mittels Unterdrückung wahrer Thatsachen oder mittels Anwendung arglistiger Kunstgriffe eine Täuschung hervorruft oder unterhält und dadurch Jemanden an seinem Vermögen benachtheiligt, macht sich des Betruges schuldig."

Obwohl nach dieser Legal-Definition die eingetretene Vermögensbeschädigung ein wesentliches Requisit des vollendeten Betruges ausmacht, so wird man doch bei genauerer Prüfung der Bayrischen Formel nicht verkennen, daß der dolus des Thäters auf Vermögensbeschädigung nicht gerichtet zu sein braucht, daß es vielmehr genügt, wenn die Vermögensbeschädigung nur die Folge, wenn auch die nicht beabsichtigte Folge der Täuschung gewesen ist. Der dolus des Thäters geht vielmehr nach der Bayrischen Formel lediglich auf das Herbeiführen einer Täuschung. Zweck dieser Täuschung soll sein, sich oder einem Dritten einen rechtswidrigen Vortheil zu verschaffen. Tritt zu diesen Momenten als Erfolg, gleichviel ob gewollt oder nicht, die Vermögensbeschädigung des Getäuschten, so soll der Begriff des Betruges erfüllt sein.

Sehr wahrscheinlich ist es übrigens, daß das Bayrische Gesetzbuch etwas Anderes durch seine Formel hat ausdrücken wollen, sehr wahrscheinlich, daß die Bayrische Praxis etwas Anderes aus dieser Formel herausliest. Darauf kann es aber nicht ankommen, wenn die Frage entschieden werden soll, ob die Begriffsbestimmung des Betruges irgend einem deutschen Gesetzbuche besser gelungen sei, als dem Preußischen. Denn nicht das entscheidet über den Werth einer Gesetzesformel, was die Praxis aus derselben gemacht hat, sondern lediglich dasjenige, was die Praxis aus der Formel hätte machen müssen, wenn ihr andere Begriffe nicht zu Gebote gestanden hätten außer denjenigen, welche durch die Worte der Gesetzesformel selbst geschaffen wurden.

Die Definition des Badenschen Gesetzbuches lautet:

§. 450. „Wer außer den Fällen der Fälschung einen Andern aus gewinnsüchtiger Absicht durch arglistige Entstellung der Wahrheit, oder durch vorsätzliche Vorenthaltung der Wahrheit, mit Verletzung einer besonderen Rechtspflicht, wissentlich zu einer das Vermögen desselben beschädigenden Handlung oder Unterlassung verleitet, verfällt wegen Betrugs in die Strafe der Unterschlagung."

Irgend einen Kommentar zu dieser Formel zu geben, würde vollkommen überflüssig sein.

Die voraufgegangene Darstellung der Legaldefinitionen des Betruges, wie sich dieselben in den deutschen Strafgesetzbüchern finden, zeigt deutlich genug, welches der Grund für alle in diesen Definitionen enthaltenen Unklarheiten ist. Der Grund ist kein anderer als der, daß man sich nicht entscheiden konnte, folgende Frage mit Ja oder Nein zu beantworten: Ist der Betrug ein formales Verbrechen, d. h. besteht derselbe in der widerrechtlichen Erregung des Irrthums, ohne daß es auf das angegriffene Recht irgendwie ankommt? — Hätte man diese Frage einfach mit Ja! beantwortet, so wäre man allerdings zu den bodenlosesten Konsequenzen gelangt. Also mußte man mit Nein! antworten. Diese Antwort hätte aber zugleich die Behauptung involvirt, daß der Betrug den materiellen Verbrechen, d. h. denjenigen Verbrechen zugezählt werden müsse, deren Begriffsbestimmung an erster Stelle abhängig ist von der Natur des angegriffenen Rechtes. Damit hätte man denn freilich gegen alle konfusen Traditionen verstoßen, namentlich des s. g. gemeinen Rechts, welches eine Begriffskonfusion hinsichtlich der Begriffe Betrug und Fälschung fast zu fordern schien. So sagte man also weder Ja noch Nein! und suchte zwischen beidem in der Mitte hindurchzulaviren, bald dem Betruge etwas mehr den Karakter eines materiellen Verbrechens gebend, indem man die Verletzung des Vermögensrechts theils auf objektiver — der Getäuschte soll beschädigt sein — theils auf subjektiver Seite — um sich oder Anderen einen rechtswidrigen Vermögensvortheil zu verschaffen — bald der formalen Seite des Verbrechens zusteuernd, indem man vorzugsweise die Täuschung accentuirte, und dabei hervorhob die Art, wie getäuscht wird, die Mittel, mit denen getäuscht wird, die Rechtspflichten, welche bei der Täuschung verletzt oder nicht verletzt werden.

Bei einer derartigen Sachlage muß man es denn gewiß als ein nicht zu unterschätzendes Verdienst des Preußischen Strafgesetzbuches anerkennen, wenn dasselbe in seiner Begriffsbestimmung des Betruges aller Halbheit ein Ende macht, und vor Allem feststellt: der Betrug ist ein materielles Verbrechen; das Angriffsobjekt des Betruges ist das Vermögensrecht.

Demnach mußten sich in der Legal-Definition des Betruges die Worte finden:

„Wer das Vermögen eines Anderen beschädigt" —

und diese Worte sind in dem Preußischen Strafgesetzbuche aufgenommen, und wollte man dieselben in ihrer Bestimmtheit und Klarheit beseitigen oder auch nur abschwächen, so würde das nichts Geringeres heißen, als von gebahnter gerader Straße sich entfernen, um in Sumpf und Moor Irrlichtern nachzulaufen.

II. Die zweite Frage bezieht sich auf die gewinnsüchtige Absicht. Es kann nicht geleugnet werden, daß gegen die Aufnahme dieses Momentes in die durch den Entwurf vorgeschlagene Formel zunächst der Umstand zu sprechen scheint, daß — wie dieses die obigen Anführungen zeigen — nur wenige der deutschen Gesetzbücher die gewinnsüchtige Absicht in die Begriffsbestimmung des Betruges aufgenommen haben.

Zum Theil war diese Unterlassung freilich eine selbstverständliche; denn von Gewinnsucht kann bei dem Betruge überall nur da die Rede sein, wo durch den Betrug ein Vermögensrecht angegriffen wird. Mithin konnten diejenigen Gesetzbücher, welche den objektiven Thatbestand des Betruges über die Vermögensverletzungen hinaus ausdehnten, die Gewinnsucht in die allgemeine Begriffsbestimmung des Verbrechens gar nicht aufnehmen.

Wird nun aber das Vermögensrecht als ausschließliches Angriffsobjekt des Betruges festgehalten, so kann auch nicht in Abrede gestellt werden, daß der Begriff des Betruges ohne das Moment der Gewinnsucht gar wohl festgestellt werden kann.

Denn der Begriff des Betruges besteht darin, daß der Berechtigte selbst diejenige Handlung will, welche ihn in seinen Vermögensrechten beschädigt, weil er durch die gegen ihn angewandte Täuschung seinem Willen eine ihm selbst nachtheilige Richtung gegeben hat. Nun denke man sich etwa folgenden Fall. Jemand ist im Besitze eines echten Rubens'schen Bildes. Ohne gerade selbst Kenner zu sein, hat er dieses Bild erworben; er ist stolz auf diesen Besitz, mehr wegen der Seltenheit des Stückes, als wegen des Gefallens, welches er an demselben hat. Nun erscheint bei ihm ein Anderer, der, selbst Kenner, über die Echtheit des Bildes nicht den geringsten Zweifel hat, der jedoch durch Täuschung dem Eigenthümer des Bildes die Meinung beibringt, daß er sich über die Echtheit desselben im Irrthum befunden und statt eines Rubens lediglich eine jedes Kunstwerthes baare Sudelei besitze. Die Täuschung wird erweckt, damit der Eigenthümer aus Aerger über seinen vermeintlichen Irrthum das Bild selbst zerstöre, und dieses geschieht auch. — Käme nun ein solcher Fall vor, so wird man sagen müssen, der Täuschende hat den Vorsatz gehabt, das Vermögen des Getäuschten zu beschädigen; nicht aber wollte er dieses selbst thun, weil er sonst wegen Sachbeschädigung gestraft werden würde, sondern er wollte es den Getäuschten selbst thun lassen, und in Folge dessen versetzte er ihn über den Werth des von ihm besessenen Kunstwerkes in einen Irrthum. Die Voraussetzungen einer verbrecherischen Handlung sind in dem angeführten Beispiele nicht zu verkennen — es ist vorsätzliche Vermögensbeschädigung vorhanden; das Mittel zur Ausführung derselben ist Erregung des Irrthums in der Person des Berechtigten.

Daraus aber, daß in einem Falle, wie dem hier gedachten, die allgemeinen Voraussetzungen des Verbrechensbegriffes an sich erfüllt sind, folgt noch keineswegs, daß nun auch das positive Strafgesetz eine solche Handlung mit Strafe bedrohen müsse — wenn auch die Möglichkeit, daß dies geschehen könne, nicht zu bestreiten ist. Es können nämlich sehr wohl für die Gesetzgebung Gründe maßgebend sein, welche dieselbe bestimmen, eine Strafe nicht eintreten zu lassen, obwohl die allgemeinen Voraussetzungen des Verbrechensbegriffes vorliegen. Und wenn ein Betrugsfall der angegebenen Art von der Gesetzesformel nicht mit umfaßt wird,*) so dürfte hierfür der Grund darin liegen, daß die Grenzen der durch Täuschung bewirkten strafbaren Vermögensbeschädigungen und derjenigen Täuschungen, welche zwar auch Benachtheiligungen des Getäuschten mit sich führen, doch aber Veran-

*) Nicht selten wird behauptet, daß Täuschungen dieser Art unter dem Gesichtspunkte der Sachbeschädigung zu strafen seien, so auch Berner, Lehrbuch §. 156. Nr. 4. Das ist nicht richtig; denn nicht das Fehlen der Gewinnsucht karakterisirt die Sachbeschädigung, sondern der Umstand, daß die Sache durch den hierzu nicht Berechtigten zerstört wurde.

lassung zum strafbaren Einschreiten nicht geben sollen, mitunter schwierig zu ziehen sind. Eine solche Grenzlinie hat nun das Preußische Strafgesetzbuch gezogen, indem es sagt, daß „Gewinnsucht“ des Täuschenden Motiv der Vermögensbeschädigung sein solle. Daß dieses das Preußische Strafgesetzbuch that, ist um so bemerkenswerther und durfte für den Entwurf um so weniger unbeachtet bleiben, als das dem Strafgesetzbuche voraufgehende Landrechts-Strafrecht dem Betruge einen viel weiteren Umfang gegeben und durch seine Begriffsbestimmung dieses Deliktes Tit. 20. Th. II. A. L.-R. §. 1256:

> „Jede vorsätzliche Veranlassung eines Irrthums, wodurch Jemand an seinem Rechte gekränkt werden soll, ist ein strafbarer Betrug“ —

jedenfalls Fälle, wie dieselben oben angenommen wurden, als Betrug gestraft haben würde.

Es hat somit durch die Begriffsbestimmung des Betruges, wie dieselbe im Strafgesetzbuche niedergelegt ist, eine erhebliche Beschränkung des Thatbestandes dieses Deliktes gegenüber dem früheren Rechte stattgefunden. Und diese Beschränkung, welche das Strafgesetzbuch gewagt, hat während des Bestehens dieses Gesetzbuches zu keinen praktischen Mißständen geführt. Somit konnte auch für den Entwurf keine Veranlassung entstehen, durch Fortlassen der Gewinnsucht den Betrugsbegriff von Neuem zu erweitern; ja, es wäre das geradezu einer der bedeutendsten Fehler gewesen; denn die Gesetzgebung soll nicht um des theoretischen Begriffes willen, sondern um dem praktischen Bedürfnisse zu genügen, die Strafdrohungen aufstellen.

Bedenklich könnte es freilich erscheinen, daß zur Karakterisirung des subjektiven Thatbestandes gerade die Worte „gewinnsüchtige Absicht“ in die Betrugsformel aufgenommen sind. An den animus lucrifaciendi haben sich in der Kriminalistik unliebsame Kontroversen geknüpft; auch hat es ja das Preußische Strafgesetzbuch, und diesem folgend der Entwurf, vermieden, bei dem Diebstahle die „gewinnsüchtige Absicht“ beizubehalten. Warum also Dasjenige, was man bei dem Diebstahle losgeworden, bei dem Betruge wieder aufnehmen? Mußte dies nicht um so eher vermieden werden, als andere Gesetzgebungen andere Ausdrücke gewählt haben, welche jene kontroversen Reminiscenzen vermeiden? Nehmen wir z. B. das Bayrische Gesetzbuch. Dieses sagt:

> „Wer in der Absicht, sich oder einem Dritten einen rechtswidrigen Vortheil zu verschaffen“, u. s. w.

Worte, die dem Entwurfe um so näher gelegen hätten, als es dieselben sind, welche auch zur Karakterisirung des subjektiven Thatbestandes der Erpressung benutzt worden sind.

Aber gerade diese Vergleichung führt darauf, diejenigen Worte, welche brauchbar befunden wurden, um den subjektiven Thatbestand der Erpressung zu karakterisiren, nicht auch zur Normirung des subjektiven Thatbestandes des Betruges zu benutzen.

Denn bei der Erpressung war es, wie oben ausgeführt, nicht zulässig, den objektiven Thatbestand des Verbrechens auf Vermögensrechte zu beschränken. In Folge dessen war es bei der Erpressung unmöglich, von gewinnsüchtiger Absicht zu sprechen, sondern es mußte zur Bezeichnung des subjektiven Thatbestandes ein Ausdruck gewählt werden, welcher den über das Vermögensrecht hinausgehenden Angriffsobjekten entspricht. Bei dem Betruge aber ist das Vermögensrecht ausschließliches Angriffsobjekt, und deswegen kann nicht nur der Ausdruck „gewinnsüchtige Absicht" zur Karakterisirung des subjektiven Thatbestandes dieses Deliktes gewählt werden, sondern es ist sogar gut, wenn er gewählt wird, um auch noch durch die den subjektiven Thatbestand betreffenden Worte es zu zeigen, daß der Betrug ausschließlich ein gegen Vermögensrechte gerichtetes Verbrechen ist.

Daß übrigens der Ausdruck „gewinnsüchtige Absicht" bei dem Betruge nicht Dasjenige wieder einführen soll, was man durch die Vermeidung dieses Ausdruckes bei dem Diebstahle hat beseitigen wollen, das bedarf, namentlich gegenüber der auf Grund der Preußischen Definition entstandenen Praxis, keiner weiteren Ausführung. Wenn es sich bei dem Betruge nur um die rechtswidrige Aneignung beweglicher Sachen eines Anderen handelte, so hätte man bei der den Betrug betreffenden Formel auch dieselben Worte gebrauchen können, welche bei dem Diebstahl zur Bezeichnung des Eigennutzes angewandt sind. Da indessen bei dem Betruge außer beweglichen Sachen noch andere Vermögensobjekte in Frage kommen, so wurden jene beim Diebstahle gebrauchten Ausdrücke unanwendbar.

Daß endlich Gewinnsucht auch dann vorliegt, wenn nicht der Gewinn des Thäters, sondern der einer dritten Person verfolgt wurde, das brauchte in der Gesetzesformel nicht ausdrücklich hervorgehoben zu werden. Die Formel sagt nur, daß bei dem Betruge Gewinn gesucht werden solle, sie sagt nicht, daß der Thäter seinen eigenen Gewinn suchen müsse — und so hat denn auch die Preußische Praxis die im Entwurfe aufgenommene Formel für ausreichend erachtet, um die Betrugsstrafen auch da eintreten zu lassen, wo der Vortheil des Delikts nicht dem Betrüger selbst, sondern einem Dritten zufallen sollte.

Eine besondere Beachtung erfordert noch das Lübische Strafgesetzbuch, und zwar um deswillen, weil dieses Gesetzbuch, welches sich im Uebrigen so enge an das Preußische Strafgesetzbuch anschließt, die Begriffsbestimmung des Betruges abweichend von dem Preußischen Strafgesetzbuche normirt. Es bestimmt nämlich §. 206. Folgendes:

> „Wer dadurch, daß er durch Vorbringen falscher oder durch Entstellen oder Unterdrücken wahrer Thatsachen einen Irrthum erregt, entweder sich einen Vortheil verschafft oder in gewinnsüchtiger Absicht einem Anderen Schaden zufügt, begeht einen Betrug."

Der Begriff des Betruges ist demnach ein doppelter. Derselbe ist nämlich vorhanden:

1. wenn Jemand durch Erregung eines Irrthums sich einen Vortheil verschafft, und
2. wenn Jemand durch Erregung eines Irrthums in gewinnsüchtiger Absicht einem Anderen Schaden zufügt.

Im ersten Falle genügt es also zum Begriffe des Betruges, daß sich Jemand einen Vortheil verschafft; es ist jedoch keinesweges erforderlich, daß dieser Vortheil auf Kosten eines Anderen erlangt werde. Da es nun gewiß nichts Strafbares sein kann, wenn man ohne Benachtheiligung eines Anderen sich einen Vortheil verschafft, so kann das strafbare Moment dieser ersten Art des Lübischen Betruges nur und ausschließlich in der Erregung eines Irrthums gefunden werden. Von diesem wird aber in der Lübischen Formel nichts weiter gesagt, als: „Wer dadurch, daß er durch Vorbringen falscher, oder durch Unterdrücken wahrer Thatsachen einen Irrthum erregt.“ Nicht gesagt ist, wer in Irrthum versetzt sein müsse; nicht gesagt ist, wann oder unter welchen Umständen der Irrthum erregt sein müsse. Es kann daher nichts Anderes angenommen werden, als daß das Lübische Gesetzbuch ein Recht auf Wahrheit anerkennt, welches Allen gegen Alle zusteht und dessen Verletzung — — auch nicht verbrecherisch ist, sondern nur dann verbrecherisch wird, wenn sich an die Verletzung desselben eine kriminalistisch vollkommen indifferente Handlung anschließt, nämlich die Erlangung eines Vortheils ohne irgend welche Beschädigung eines Anderen. Dieser Fall des Betruges scheint demnach vollkommen haltlos zu sein.

Im zweiten Falle verlangt nun aber das Lübische Recht, daß durch die Erregung des Irrthums Jemandem ein Schaden zugefügt sein solle. Vergleichen wir diesen Fall mit dem ersten Falle, so ergiebt sich, daß nach Lübischem Rechte zum Begriffe des Betruges gehört, entweder die Beschädigung eines Anderen, oder auch nicht die Beschädigung eines Anderen, daß also zwei sich vollkommen widersprechende Begriffe in die eine Begriffsbestimmung des Betruges aufgenommen sind. Es soll nun aber, wenn die Beschädigung eines Anderen durch Erregung eines Irrthums erfolgt, dies nur dann gestraft werden, wenn die Beschädigung in gewinnsüchtiger Absicht erfolgte. Durch dieses zur Karakterisirung des subjektiven Thatbestandes aufgeführte Merkmal scheint das Angriffsobjekt des Betruges auf Vermögensbeschädigungen beschränkt zu sein, denn der Täuschende wird da, wo er durch den Schaden eines Anderen Gewinn erlangt, dies kaum durch eine andere, als durch eine Vermögensbeschädigung erlangen. Der Sache nach bestimmt also das Lübische Recht in diesem seinem zweiten Betrugsfalle nichts Anderes als:

> „Wer in gewinnsüchtiger Absicht das Vermögen eines Anderen dadurch beschädigt, daß er durch Vorbringen falscher oder durch Entstellen oder Unterdrücken wahrer Thatsachen einen Irrthum erregt, begeht einen Betrug“ —

d. h. es ist die Preußische Formel, die sich hier wiederfindet. Wenn aber in der Preußischen Formel der Thatbestand des Betruges durch die Worte: „Wer . . . das Vermögen eines Anderen beschädigt“ — sofort einen festen Halt erlangt, muß man sich nach der Lübischen Formel aus der „gewinnsüchtigen Absicht“ für den vagen Begriff „Schaden“ den bestimmten Inhalt „Vermögensschaden“ herausbilden, was für die Sicherheit der Praxis durchaus nicht günstig ist.

Aus diesen Gründen konnte in der Aenderung, welche das Lübische Gesetzbuch dem Preußischen gegenüber vorgenommen, eine Verbesserung des letzteren gewiß nicht gefunden werden.

Diejenigen Delikte, welche im Preußischen Strafgesetzbuche unter §. 243. zusammengestellt sind, hat der Entwurf reproducirt, mit Ausnahme des unter Nr. 6. aufgestellten Deliktes.

Es wird nämlich im Preußischen Strafgesetzbuch §. 243. Nr. 6. bestimmt:

„Mit Gefängniß nicht unter drei Monaten u. s. w. wird bestraft:

6) Wer in der Absicht, eine verhängte Exekution abzuwenden oder hinauszuschieben, von einem Postscheine über eine Versendung von Geld oder anderen Werthgegenständen Gebrauch macht, obgleich er weiß, daß der versendete Brief oder das versendete Packet dasjenige nicht enthält, was durch den Postschein als abgesendet nachgewiesen werden soll.

Wird in dem Falle der Nr. 6. festgestellt, daß mildernde Umstände vorhanden sind, so kann die Strafe bis auf eine Woche Gefängniß oder auch auf bloße Geldbuße von mindestens fünf Thalern ermäßigt werden."

Es bedurfte zweier Gesetzgebungsakte, um diese Bestimmung zu Tage zu fördern. Das Strafgesetzbuch von 1851 wußte von einer derartigen Strafandrohung nichts. Das Gesetz vom 14. April 1856 ließ das Delikt erstehen, und als die Praxis gar bald die ungerechtfertigten Strafhärten herausstellte, half das Gesetz vom 30. Mai 1859 mit den „mildernden Umständen" aus.

Wollte man schon ein Dilikt der bezeichneten Art schaffen, so war die demselben im Strafgesetze anzuweisende Stelle eine ganz andere. Verhütet sollte durch eine derartige Strafandrohung werden die rechtswidrige Verhinderung der Vornahme einer Amtshandlung. Eine Amtshandlung kann nun aber verhindert werden durch Gewalt und auch durch Täuschung. Nun bestimmte bereits im Jahre 1856 das Preußische Strafgesetzbuch in §. 89.:

„Wer einem Beamten, welcher zur Vollstreckung der . . . Urtheile der Gerichte berufen ist . . . . durch Gewalt oder Drohung Widerstand leistet, wird mit Gefängniß von vierzehn Tagen bis zu zwei Jahren bestraft."

An diese Bestimmung hätte sich dann naturgemäß eine zweite anlehnen können:

Wer einen Beamten, welcher zur Vollstreckung der Urtheile der Gerichte berufen ist durch Täuschung an der Ausführung des ihm gewordenen Auftrages hindert ꝛc. . . . .

Hätte man dann die Täuschung des Exekutors auf die Täuschung durch einen Postschein beschränken wollen, so hätte das ja auch geschehen können; jedenfalls wäre man aber nicht darauf gekommen, den gewaltsamen Widerstand, der dem Exekutor entgegengesetzt wird, mit Gefängniß von 14 Tagen bis zu zwei Jahren und die Täuschung des Exekutors durch einen Postschein mit Gefängniß von drei Monaten bis zu fünf Jahren nebst Geldbuße von 50—1000 Thalern und zeitiger Untersagung der Ausübung der bürgerlichen Ehrenrechte zu bestrafen. Diesen Fehler der Gesetzgebung verbesserte dann freilich das Gesetz vom 30. Mai 1859 mit Hülfe der „mildernden Umstände.“ Aber der Fehler, welcher in der Strafbestimmung überhaupt liegt, der blieb fortdauernd bestehen.

Dieser Fehler aber ist der, daß es vollkommen unzulässig ist, eine Strafvorschrift da eintreten zu lassen, wo eine einfache Instruktion an den Exekutor die Strafvorschrift überflüssig macht. Wenn in der Praxis Mißstände sich dadurch ergeben, daß der Exekutor von der Exekution absieht, weil ihm ein Postschein, — d. h. ein Schein der Post darüber, daß ein Brief oder Packet mit einer vom Adressanten selbst bewirkten Werthdeklaration zur Beförderung übergeben sei — vorgezeigt wurde, so ist der Exekutor anzuweisen, auf Grund derartiger Postscheine, die ja gerade in Betreff dessen, worauf es ankommt, nämlich in Betreff der wirklich erfolgten Geldsendung, gar nichts beweisen, die Exekution nicht zu sistiren, dieses vielmehr nur alsdann zu thun, wenn ihm ein Post-Einzahlungsschein, der ja die wirklich erfolgte Geldsendung beweist, vorgelegt wird. Eine derartige, den §. 243. Nr. 6. vollkommen beseitigende Instruktion des Exekutors wäre schon im Jahre 1859 wohl möglich gewesen, obwohl damals die jetzt innerhalb des Norddeutschen Bundes in Anwendung gebrachten Postanweisungen noch nicht existirten. Nachdem diese jedoch in Gebrauch gekommen sind, kann es noch viel weniger einem Bedenken unterliegen, Nr. 6. des §. 243. zu beseitigen und die Sicherheit der Exekutionsvollstreckung lediglich durch eine zweckmäßige Instruktion des Exekutors zu bewirken.

Das Lübische Gesetzbuch hat bei der Reproduktion des Preußischen §. 243. die Nr. 6. denn auch mit vollem Rechte fortgelassen.

Wenn aber in dem Lübischen §. 208. auch folgende beiden Fälle des Preußischen §. 243. fortgelassen sind:

„Wer einen Ankäufer von Gold oder Silber über die Eigenschaften dieser Waare hintergeht, indem er ihm geringhaltigeres Gold oder Silber für vollhaltigeres verkauft“

und

„Wer Geldpackete, die mit einem öffentlichen Siegel verschlossen und mit Angabe des Inhaltes versehen sind, zu ihrem vollen Inhalte ausgiebt oder auszugeben versucht, obgleich er weiß, daß sie eröffnet und ihr Inhalt verringert worden“ —

so ist hierfür ein Grund nicht wohl einzusehen. Diese beiden Fälle sind daher im Entwurfe mit aufgenommen, wie denn überhaupt, abgesehen von dem Fortlassen der Nr. 6. in dem Entwurfe nur diejenigen Aenderungen gegenüber dem Preußischen Strafgesetzbuche vorgenommen sind, welche durch die abweichenden Grundsätze hinsichtlich der Bestrafung des Versuches bedingt sind. Es fehlen demgemäß in den Nr. 3. 4. 5. die Worte: „oder auszugeben versucht“.

Sehr nahe lag die Frage, ob es nicht richtiger sei, die Nr. 7. und 8. des Preußischen Strafgesetzbuches (resp. 6. und 7. des Entwurfes) von den übrigen im §. 243. (resp. §. 184. des Entwurfes) gänzlich zu sondern.

Wenn nämlich gesagt wird:

„7) Wer Grenzsteine oder andere zur Bezeichnung einer Grenze oder des Wasserstandes bestimmte Merkmale zum Nachtheile eines Anderen wegnimmt, vernichtet, unkenntlich macht, verrückt oder fälschlich setzt";

8) Wer Urkunden, welche ihm entweder gar nicht, oder nicht ausschließlich gehören, zum Nachtheile eines Anderen vernichtet, beschädigt oder unterdrückt" —

so ist es klar, daß in diesen beiden Fällen von Betrug überhaupt gar nicht die Rede ist. Denn zum Begriffe des Betruges gehört es wesentlich, daß der Berechtigte getäuscht und nun in Folge der Täuschung dasjenige selbst thut, was eine Benachtheiligung seines Vermögensrechtes enthält.

Nun ist zwar in dem unter Nr. 7. aufgestellten Falle von einer Täuschung die Rede, aber diese Täuschung bewirkt nicht, daß der Berechtigte sich in Folge derselben selbst beschädigt, sondern das Delikt wird konsumirt durch Vornahme der täuschenden Handlung selbst und soweit ein Vermögensschaden eintritt, zieht sich denselben nicht der Berechtigte durch eigene Thätigkeit zu, sondern der Täuschende ist auch derjenige, der den Schaden herbeiführt.

Bei dem unter Nr. 8. aufgeführten Falle ist aber auch nicht einmal von Täuschung die Rede, sondern es handelt sich lediglich um Vermögensbeschädigung, begangen durch Vernichtung, Beschädigung oder Unterdrückung einer Urkunde.

Man würde daher einer strengen Systematik zufolge beide Delikte aus dem vom „Betruge" handelnden Titel zu entfernen haben. Man könnte dann für den Fall Nr. 7. einen besonderen Titel etwa unter der Ueberschrift „Grenzverrückung" bilden und den unter Nr. 8. aufgeführten Fall, wenn auch nicht ohne erhebliche Bedenken, demjenigen Titel, welcher von der „Vermögensbeschädigung" handelt, zuweisen. Die Bedenken würden nämlich daraus entstehen, daß erstens bei den Vermögensbeschädigungen Sachen als Angriffsobjekt vorausgesetzt werden, welche beschädigt oder zerstört werden können, während es sich bei §. 243. Nr. 8. überhaupt um die Benachtheiligung eines durch eine Urkunde entweder ganz oder theilweise gesicherten Vermögensrechtes handelt, und daß zweitens bei der Vermögensbeschädigung der Angriff direkt auf das zu beschädigende Objekt gerichtet ist, während im Falle des §. 243. Nr. 8. der Angriff auf das zu beschädigende Vermögensrecht indirekt durch die Beschädigung Zerstörung oder Unterdrückung der Urkunde erfolgt.

Aber, wenn man aus systematischen Rücksichten den beiden genannten Delikten diesen oder einen anderen Platz in dem Entwurfe anweisen wollte, so würde man damit auch wirklich nichts weiter als lediglich ein systematisches Interesse verfolgt haben. Die Delikte selbst würden weder an ihrer kriminalistischen Bedeutung überhaupt, noch auch an ihrer Strafbarkeit irgend etwas gewinnen oder verlieren. Dazu kommt noch, daß nicht blos die Nr. 7. und 8. des Preußischen §. 243. selbständige Delikte sind, sondern daß auch die übrigen in §. 243. zusammengestellten Fälle nicht Qualifikationen des Betruges sind — in der Art, wie etwa die §§. 217. und 218. Qualifikationen des Diebstahls sind — sondern selbständige, für sich bestehende Betrugsfälle bilden, welche mit einer strengeren Strafe als der einfachen Betrugstrafe bedroht sind. So konnte der Entwurf neben selbständige Delikte, welche Betrugsfälle enthalten, auch einzelne andere selbständige Delikte stellen, welche mit derselben Strafe wie diese Betrugsfälle zu ahnden sind, und für welche es schwer geworden wäre, eine andere zweckmäßigere Stelle im Systeme zu finden.

---

§. 244. des Preußischen Strafgesetzbuches bestimmt:

„Wer in betrügerischer Absicht eine gegen Feuersgefahr versicherte Sache in Brand setzt, oder ein Schiff, welches als solches oder in seiner Ladung versichert ist, sinken oder stranden macht, wird mit Zuchtshaus bis zu zehn Jahren und zugleich mit Geldbuße von Einhundert bis zu zweitausend Thalern bestraft."

Der Entwurf hat aus dieser einen zwei Strafbestimmungen in den §§. 185. und 186. gemacht.

Es ist dieses eine Nachbildung des Lübischen Rechts.

Nimmt man nämlich an, — und in Bezug auf die auch in diesen Entwurf aufzunehmenden Bestimmungen über die Brandstiftung muß man dieses annehmen, — daß Brandstiftungen lediglich unter dem Gesichtspunkte des Betruges gegen die Feuerversicherungsgesellschaft nur dann gestraft werden, wenn der Gesichtspunkt der Gemeingefährlichkeit fortfällt, so erscheint die ausschließliche Androhung der Zuchthausstrafe zu hart. Es muß wenigstens die Möglichkeit gegeben werden, auch auf Gefängnißstrafe erkennen zu können. So bestimmt das Lübische Recht (§. 209.) „Freiheitsstrafe" bis zu fünf Jahren, und der Entwurf schlägt vor: Gefängniß nicht unter drei Monaten oder Zuchthaus bis zu fünf Jahren.

Obgleich nun auch das Strandenmachen eines Schiffes nur dann unter dem Gesichtspunkte des Betruges bestraft werden kann, wenn Gefahr für Menschenleben damit nicht verbunden war, — so glaubte der Entwurf doch der Autorität des Lübischen Strafgesetzbuches folgen und das von diesem Gesetzbuche vorgeschlagene Strafmaß adoptiren zu sollen. Auch durfte angenommen werden, daß eine die Seeversicherung betreffende Formel in Lübeck korrekt abgefaßt sei, und so sind denn auch die von dem Lübischen Rechte geänderten Ausdrücke in den Entwurf übergegangen.

Dagegen konnte dem Lübischen Gesetzbuche darin nicht gefolgt werden, wenn dasselbe sagt (§. 209.):

„Wer in betrügerischer Absicht eine gegen Feuersgefahr versicherte Sache in Brand setzt, wird mit einer Freiheitsstrafe bis zu fünf Jahren bestraft, insofern ihn nicht schon nach den Bestimmungen über Brandstiftung eine schwerere Strafe trifft."

Denn das Lübische Recht hat in seinem allgemeinen Theile ein- für allemal den Grundsatz aufgestellt (§. 54.):

„Wenn eine und dieselbe Handlung die Merkmale mehrerer Verbrechen in sich vereinigt, so kommt das Strafgesetz zur Anwendung, welches die schwerste Strafe androht" —

und weil dieser Grundsatz eben ein allgemeiner ist, so ist es nicht nöthig, die Anwendung desselben bei den einzelnen Strafbestimmungen noch besonders vorzuschreiben. Auf die allgemeinen Grundsätze zurückzugehen, ist bei den speziellen Strafvorschriften nur dann Veranlassung vorhanden, wenn in einem besonderen Falle eine Abweichung von denselben angeordnet wird, nicht aber dann, wenn die Anwendung derselben erfolgen soll.

Auch das Lübische Strafgesetzbuch hat das Strandenmachen eines Schiffes unter gemeingefährlichen Umständen zum Gegenstande einer besonderen Strafvorschrift gemacht (§. 255.). Und doch findet dasselbe Gesetzbuch es nicht nöthig, in seinen §. 210., demselben, welcher in dem Entwurfe §. 186. ist, die Worte: „insofern ihn nicht schon nach den Bestimmungen des §. 255. eine schwerere Strafe trifft", mit aufzunehmen.

Dreiundzwanzigster Titel.

Untreue.

§. 187.

Wegen Untreue werden mit Gefängniß bis zu drei Jahren bestraft:

1) Vormünder, Kuratoren, Sequester, Testaments-Exekutoren und Verwalter von Stiftungen, wenn sie vorsätzlich zum Nachtheile der ihrer Aufsicht anvertrauten Personen oder Sachen handeln;

2) Mäkler, Güterbestätiger, Schaffner und andere Gewerbtreibende, welche zur Betreibung ihres Gewerbes von der Obrigkeit besonders verpflichtet sind, wenn sie bei den ihnen übertragenen Geschäften vorsätzlich Diejenigen benachtheiligen, deren Geschäfte sie besorgen.

Es kann zugleich auf Untersagung der Ausübung der bürgerlichen Ehrenrechte erkannt werden.

Diejenigen Gründe, welche maßgebend gewesen sind, die Untreue als ein besonderes Delikt in das Preußische Strafgesetzbuch aufzunehmen,*) waren auch für den Entwurf bestimmend, das Delikt beizubehalten. Der Thatbestand desselben ist gegenüber dem Preußischen Strafgesetzbuch unverändert geblieben. Die Abweichungen in den Strafbestimmungen ergeben sich aus den allgemeinen Grundsätzen, welche bei der Normirung der Strafpositionen des Entwurfes beobachtet worden sind.

Da zu diesen Grundsätzen auch der gehört, die Geldstrafe mit der Gefängnißstrafe nicht zu kumuliren, so war auch für den Entwurf

*) Vergl. Beseler S. 468.

keine Veranlassung vorhanden, den Passus des Preußischen Strafgesetzbuches:

„Wird die Untreue in der Absicht verübt, sich oder Anderen Gewinn zu verschaffen, so soll neben der Freiheitsstrafe zugleich auf Geldbuße von funfzig bis zu Eintausend Thalern erkannt werden" —

mit aufzunehmen. Auch konnte dies um so eher unterbleiben, als theils die Grenzen der Freiheitsstrafe, theils die fakultative Aberkennung der bürgerlichen Ehrenrechte dem Richter die Möglichkeit gewähren, die mit der Untreue in Verbindung tretende „gewinnsüchtige Absicht" in geeigneter Weise bei der Strafzumessung zu berücksichtigen.

Der letzte Satz des Preußischen §. 246:

„Ist durch die Handlung eine härtere Strafe begründet, so tritt nach den Grundsätzen des §. 55. diese härtere Strafe ein" —

mußte fortbleiben, da das Gesetz nur alsdann Veranlassung gehabt hätte, auf die allgemeine Bestimmung des §. 55. (§. 48. des Entwurfs) hinzuweisen, wenn es von derselben eine Abweichung bestimmen, nicht aber dann, wenn es die Befolgung derselben anordnen wollte.

Vierundzwanzigster Titel.

Urkundenfälschung.

§. 188.

Wer in der Absicht, sich oder Anderen Gewinn zu verschaffen, oder Anderen Schaden zuzufügen, eine Urkunde verfälscht oder fälschlich anfertigt, und von derselben zum Zwecke der Täuschung Gebrauch macht, begeht eine Urkundenfälschung.

Unter Urkunde ist jede Schrift zu verstehen, welche zum Beweise von Verträgen, Verfügungen, Verpflichtungen, Befreiungen oder überhaupt von Rechten oder Rechtsverhältnissen von Erheblichkeit ist.

§. 189.

Einer Urkundenfälschung wird es gleich geachtet, wenn Jemand in der Absicht, sich oder Anderen Gewinn zu verschaffen oder Anderen Schaden zuzufügen, ein mit der Unterschrift eines Anderen versehenes Papier ohne dessen Willen ausfüllt und von einer solchen Urkunde Gebrauch macht.

§. 190.

Die Urkundenfälschung wird mit Gefängniß nicht unter drei Monaten oder mit Zuchthaus bis zu fünf Jahren bestraft.

§. 191.

Die Urkundenfälschung wird mit Gefängniß nicht unter sechs Monaten oder mit Zuchthaus bis zu zehn Jahren bestraft, wenn das Verbrechen eine der folgenden Urkunden zum Gegenstande hat:

1) Urkunden, welche mit der Unterschrift des Landesherrn oder mit dem landesherrlichen Insiegel ausgefertigt sind;
2) Urkunden, welche von Staatsbehörden, Gemeinden oder Korporationen des Inlandes oder Auslandes, von inländischen oder ausländischen Beamten oder von solchen Personen, welche nach den Gesetzen des Inlandes oder Auslandes öffentlichen Glauben haben, aufgenommen, ausgefertigt oder beglaubigt werden;
3) Bücher, Register, Kataster oder Inventarien, welche unter amtlichem Glauben geführt werden;
4) Verfügungen von Todeswegen;
5) Wechsel.

§. 192.

Wer in der Absicht, sich oder Anderen Gewinn zu verschaffen, oder Anderen Schaden zuzufügen, bewirkt, daß Verhandlungen, Erklärungen oder Thatsachen, welche für Rechte oder Rechtsverhältnisse von Erheblichkeit sind, in öffentlichen Urkunden, Büchern oder Registern als abgegeben oder geschehen beurkundet werden, während sie gar nicht oder in anderer Weise oder von anderen Personen abgegeben oder geschehen sind, wird mit Gefängniß nicht unter sechs Monaten oder mit Zuchthaus bis zu zehn Jahren bestraft.

§. 193.

Wer von einer falschen oder verfälschten Urkunde (§§. 188. 189. 191. 192.) wissend, daß sie falsch oder verfälscht ist, in der Absicht Gebrauch macht, sich oder Anderen Gewinn zu verschaffen oder Anderen Schaden zuzufügen, wird dem Fälscher gleich geachtet.

§. 194.

Wer vorsätzlich, jedoch nicht in der Absicht, sich oder Anderen Gewinn zu verschaffen oder Anderen Schaden zuzufügen, bewirkt, daß Verhandlungen, Erklärungen oder Thatsachen, welche für Rechte oder Rechtsverhältnisse von Erheblichkeit sind, in öffentlichen Urkunden, Büchern oder Registern als abgegeben oder geschehen beurkundet werden, während sie gar nicht oder in anderer Weise oder von anderen Personen abgegeben oder geschehen sind, wird mit Gefängniß bis zu sechs Monaten oder mit Geldbuße bis zu Einhundert Thalern bestraft.

§. 195.

Wer unächtes Stempelpapier anfertigt oder ächtes Stempelpapier verfälscht, ingleichen wer falsche Postfreimarken oder falsch gestempelte Briefcouverts anfertigt oder ächte verfälscht, wird mit Gefängniß bis zu drei Jahren bestraft.

Es kann zugleich auf Untersagung der Ausübung der bürgerlichen Ehrenrechte erkannt werden.

§. 196.

Wer wissentlich von falschem oder verfälschtem Stempelpapier, von falschen oder verfälschten Postfreimarken oder von falsch gestempelten Briefcouverts Gebrauch macht, wird mit Gefängniß bis zu drei Jahren bestraft.

Es kann zugleich auf Untersagung der Ausübung der bürgerlichen Ehrenrechte erkannt werden.

§. 197.

Wer in der Absicht, Behörden oder Privatpersonen zu täuschen, eine öffentliche Urkunde oder ein auf Grund bestehender Vorschriften auszustellendes sonstiges Zeugniß, oder ein Führungs- oder Fähigkeitszeugniß falsch anfertigt oder verfälscht, ist mit Gefängniß bis zu sechs Monaten oder mit Geldbuße bis zu Einhundert Thalern zu bestrafen.

§. 198.

Auf dieselbe Strafe (§. 197.) ist gegen den zu erkennen, welcher in der Absicht, Behörden oder Privatpersonen zu täuschen, von einer der in §. 197. bezeichneten falschen oder verfälschten Urkunden Gebrauch macht, oder welcher in gleicher Absicht von solchen für einen Anderen ausgestellten ächten Urkunden, als seien sie für ihn ausgestellt worden, Gebrauch macht, oder welcher solche für ihn ausgestellte Urkunden einem Anderen zur Täuschung von Behörden oder Privatpersonen überläßt.

§. 199.

Wer unter dem Namen eines Arztes, Wundarztes oder einer andern Medicinalperson ein Zeugniß über seinen oder eines Anderen Gesundheitszustand ausstellt, oder ein derartiges ächtes Zeugniß verfälscht und davon zur Täuschung von Behörden oder Versicherungsgesellschaften Gebrauch macht, wird mit Gefängniß bis zu Einem Jahre bestraft.

Es kann zugleich auf Untersagung der Ausübung der bürgerlichen Ehrenrechte erkannt werden.

§. 200.

Aerzte, Wundärzte oder andere Medicinalpersonen, welche unrichtige Zeugnisse über den Gesundheitszustand eines Menschen zum Gebrauche bei einer Behörde oder Versicherungsgesellschaft wider besseres Wissen ausstellen, werden mit Gefängniß bis zu Einem Jahre bestraft.

Es kann zugleich auf Untersagung der Ausübung der bürgerlichen Ehrenrechte erkannt werden.

§. 201.

Wer in der Absicht, eine Behörde oder eine Versicherungsgesellschaft über seinen oder eines Anderen Gesundheitszustand zu täuschen, von einem Zeugnisse der in den §§. 199. 200. erwähnten Art Gebrauch macht, wird mit Gefängniß bis zu Einem Jahre bestraft.

Es kann zugleich auf Untersagung der Ausübung der bürgerlichen Ehrenrechte erkannt werden.

Seine richtige Stellung im System hat das Verbrechen der Urkundenfälschung da, wo von der Münzfälschung und dem Meineide gehandelt wird. Namentlich ist es wichtig, den inneren Zusammenhang der beiden Verbrechen des Meineides und der Urkundenfälschung nicht zu übersehen. Denn der Eid ist, juristisch betrachtet, ein Beweismittel und die Strafbestimmungen wegen Meineides haben auch nur die juristische Basis, daß das Beweismittel des Eides nicht gefälscht werden darf. So ist auch die Urkunde ein Beweismittel, und die juristische Basis für das Verbrechen der Urkundenfälschung ist das öffentliche Interesse, welches darin besteht, daß diese Art von Beweismittel nicht gefälscht werde.

Es mag hier angeführt werden, daß das Bayrische Strafgesetzbuch in folgender Weise seinen speziellen Theil disponirt:

Siebentes Hauptstück: Fälschung von Geld, Stempelpapier und Briefmarken. Achtes Hauptstück: Fälschung und Unterdrückung öffentlicher Urkunden; Fälschung öffentlicher Kreditpapiere. Neuntes Hauptstück: Strafbare Handlungen in Bezug auf Eid, Handgelöbniß und unbeschworenes Zeugniß.

Bei dieser Disposition gelangt die Urkundenfälschung in der That an diejenige Stelle, welche dieses Verbrechen seiner kriminalistischen Natur nach in einem Systeme der Verbrechen einzunehmen hat. Für die Gesetzgebung aber kommt es an erster Stelle darauf an, daß der Thatbestand des Verbrechens korrekt formulirt werde und die Aufzählung der einzelnen zu einem bestimmten Verbrechensbegriff gehörenden Fälle mit Vollständigkeit erfolge. Die Systematisirung hat dagegen für die Gesetzgebung nur ein sekundäres Interesse. Es besteht dieses darin, daß durch die Systematisirung selbst eine unrichtige Auffassung des Verbrechensbegriffes nicht hervorgerufen werde. Vermeidet dies die Gesetzgebung, so ist es für die praktischen Zwecke, denen dieselbe dienen soll, gleichgültig, in welcher Reihenfolge die einzelnen Verbrechen von ihr aufgezählt werden.

Aus diesen Gründen konnte denn auch in dem Entwurfe die Urkundenfälschung an demjenigen Platze belassen werden, welchen dieses Verbrechen im Preußischen Strafgesetzbuche einnimmt.

Hat doch auch das Bayrische Strafgesetzbuch hinsichtlich der Urkundenfälschung den Anforderungen einer auch nur einigermaßen strengen Systematisirung nicht zu genügen vermocht. Als Beweis hierfür mag angeführt werden, daß die Urkundenfälschung als delictum sui generis sich ausschließlich auf die öffentlichen Urkunden bezieht, während doch gewiß nicht geläugnet werden kann, daß, mag nun der Unterschied zwischen öffentlichen und Privat-Urkunden noch so bedeutsam sein, auch letztere als Beweismittel eine solche Bedeutsamkeit beanspruchen, daß die Fälschung derselben von der Strafgesetzgebung nicht übersehen werden kann. Das Bayrische Strafgesetzbuch aber spricht von den Privat-Urkunden nicht gelegentlich der Urkundenfälschung, sondern gelegentlich des Betruges. Da heißt es Art. 316.:

„Mit Gefängniß nicht unter zwei Monaten, womit Geldstrafe bis zu tausend Gulden verbunden werden kann, ist der Betrug zu bestrafen, wenn er verübt ist:

3) durch wahrheitswidrige Führung eines Handels- oder anderen Geschäftsbuches, welchem die Gesetze Beweiskraft beilegen;

4) durch Fälschung, Vernichtung, Unbrauchbarmachung oder Unterdrückung einer öffentlichen oder Privaturkunde;

6) dadurch, daß Jemand ein ihm anvertrautes Blanket zu einem anderen Zwecke als demjenigen, zu welchem es ihm anvertraut war, mißbraucht."

Es ist vielleicht nicht zu viel behauptet, wenn man sagt, daß das Bayrische Strafgesetzbuch dasjenige, was es in der Behandlung der Urkundenfälschung förderte, indem es die Fälschung der öffentlichen Urkunden mit anderen Fälschungen zusammenstellte, wieder verdorben hat, indem es die Fälschung von Privat-Urkunden lediglich unter dem Gesichtspunkte des Betruges behandelte. Denn gerade die zwischen Betrug und Urkundenfälschung bestehende Begriffsverwirrung ist es ja, welche der richtigen Auffassung beider Verbrechen bis auf den heutigen Tag hin so verhängnißvoll geworden ist.*)

Das Preußische Strafgesetzbuch hat die Urkundenfälschung in seinem Systeme der Verbrechen so gestellt, daß daraus allein schon ersichtlich ist, wie die begriffliche Sonderung dieses Verbrechens von dem Betruge sich nur schwer vollzogen hat. Dies zeigt sich auch in den einzelnen Delikten, welche dem mit dem Worte „Urkundenfälschung" überschriebenen Titel subsumirt sind.

Für den Entwurf entstand dabei nicht die Aufgabe, die von dem Preußischen Gesetzbuche aufgestellten Delikte zu vermehren, zu vermindern, oder in ihrem Thatbestande zu ändern; denn die Praxis hat sich in diese Strafbestimmungen nicht nur eingearbeitet, sondern auch den Beweis geführt, daß dieselben einerseits nicht überflüssig, und andererseits ausreichend sind.

Nur das war die Aufgabe des Entwurfs, durch eine zweckmäßigere Anordnung der vom Preußischen Strafgesetzbuche aufgestellten Delikte jener Sonderung zwischen Betrug und Fälschung zu größerer Klarheit zu verhelfen, als dies im Preußischen Strafgesetzbuche geschehen ist.

Es ist in dieser Beziehung Folgendes anzuführen.

Die Urkunde ist Beweismittel. Weil sie dieses ist, verlangt es das öffentliche Interesse, dieses Beweismittel unverfälscht zu erhalten.

---

*) Als weiterer Beleg, wie schwer es dem Bayrischen Gesetzbuche geworden ist, überall richtig zu systematisiren, mag angeführt werden, daß folgende Strafvorschrift: „Aerzte, Wundärzte oder andere Medicinalpersonen, welche wissentlich unrichtige Zeugnisse über den Gesundheitszustand eines Menschen ausstellen, sollen ꝛc. bestraft werden," sich Art. 202. im neunten Hauptstück unter dem Rubrum „strafbare Handlungen in Bezug auf Eid, Handgelöbniß und unbeschworenes Zeugniß" findet. Denn nicht der Gesichtspunkt des unbeeidigten Zeugnisses entscheidet, sondern entscheidend ist die Herstellung des falschen urkundlichen Beweismittels.

Hierauf, wie auf die Analogie, welche aus diesem Grunde zwischen dem Meineide und der Urkundenfälschung besteht, ist oben bereits aufmerksam gemacht worden.

Doch aber liegt es auf der Hand, daß die Natur des Eides und der Urkunde erhebliche Verschiedenartigkeiten aufweisen, welche bei der strafrechtlichen Behandlung der Urkundenfälschung gegenüber der des Meineides nicht übersehen werden dürfen. Diese Verschiedenartigkeiten bestehen namentlich in Folgendem:

1. Der Eid ist ein Beweismittel, bei welchem nicht unterschieden werden kann zwischen dem Herstellen des falschen Beweismittels und dem Gebrauche desselben, sondern es decken sich bei diesem Beweismittel das Herstellen und das Gebrauchen desselben so vollkommen, daß es nicht möglich ist, zu sagen, Jemand habe geschworen, ohne das Beweismittel des Eides zu gebrauchen, oder es habe Jemand das Beweismittel des Eides gebraucht, ohne zu schwören. Bei dem Urkundenbeweise ist dagegen diese Sonderung gerade zu betonen. Denn es ist sehr wohl möglich, eine Urkunde herzustellen, ohne dieselbe zu gebrauchen, wie es andererseits auch möglich ist, eine Urkunde zu gebrauchen, ohne sie hergestellt zu haben.

Bei dem Meineide entsteht somit — abgesehen von den verschiedenen Arten der falschen eidlichen Versicherungen — für die Gesetzgebung nur eine Frage, nämlich die, ob der Meineid zu strafen; und da ein Zweifel darüber, daß dieses nothwendig, nicht vorhanden, so sind ausschließlich die Strafbestimmungen für die verschiedenen Arten des Meineides resp. der falschen Versicherung an Eidesstatt zu normiren. Bei der Urkundenfälschung dagegen treten der Gesetzgebung folgende Fragen entgegen: Genügt es für dieses Verbrechen, wenn nichts weiter geschehen ist, als die Herstellung einer falschen, oder das Verfälschen einer echten Urkunde, — wenn auch von der falschen oder verfälschten Urkunde gar kein Gebrauch gemacht ist? Sodann: Genügt es für dieses Verbrechen, wenn der Thäter nichts weiter begangen hat, als von einer falschen Urkunde Gebrauch zu machen — wenn er auch die Urkunde nicht selbst falsch angefertigt oder die echte Urkunde verfälscht hätte? Oder endlich: Ist es zu dem Begriffe der Urkundenfälschung erforderlich, daß der Thäter sowohl die Urkunde gefälscht, wie auch von derselben Gebrauch gemacht habe.

2. Der Eid ist ein Beweismittel im Proceß (Civil- oder Strafproceß) und alle den Meineid betreffenden Vorschriften beziehen sich daher lediglich auf ein processualisches Beweismittel. Dagegen reicht die Urkunde als Beweismittel sehr viel weiter. Urkunden dienen zum Beweise, Urkunden lassen neue Rechtsverhältnisse entstehen, ohne daß es zum Processe käme und ohne daß besondere Gesetze die Anwendbarkeit von Urkunden forderten. Wenn es sich daher um die Beantwortung jener drei unter Nr. 1. aufgestellten Fragen handelt, so wird die Gesetzgebung nicht umhin können, diese verschiedenen Fragen mit Bezug auf die verschiedenen Arten von Urkunden in verschiedenartiger Weise zu beantworten.

3. In dem Processe erscheint zwar der Eid als das bedeutsamere Beweismittel gegenüber der Urkunde; — reducirt sich doch nicht selten der Urkundenbeweis durch Vermittelung des Diffessionseides auf das Beweismittel des Eides. Diese geringere Bedeutsamkeit jedoch, welche die Urkunde gegenüber dem Eide im Processe hat, wird wieder aufgewogen durch die so vielfachen Beziehungen, in denen die Urkunde bedeutsam wird, wo die Anwendbarkeit des Eides vollständig ausgeschlossen bleibt. Dieser Gesichtspunkt wird bei der für die Urkundenfälschung festzusetzenden Strafe maßgebend sein; denn es leuchtet ein, daß die Urkundenfälschung zwar in vielen Fällen geringer gestraft werden kann, als der Meineid, daß dagegen aber auch diejenige Strafe, welche für den Meineid bestimmt ist in anderen Fällen gefordert werden darf.

Sieht man nun auf die so mannigfachen Arten von Urkunden, auf die so verschiedene Bedeutsamkeit derselben, so leuchtet es wohl ein, daß die erste jener unter Nr. 1. aufgestellten Fragen:

Genügt es für das Verbrechen der Urkundenfälschung, wenn nichts weiter geschehen ist, als die Herstellung einer falschen oder das Verfälschen einer echten Urkunde? zwar mit „Ja" beantwortet werden kann, jedoch nur unter der Voraussetzung, daß dieses „Ja" sich nicht auf alle, sondern nur auf einzelne Arten von Urkunden bezieht. Für die Gesetzgebung würde hier nun die weitere Frage entstehen: Welches sind diejenigen Urkunden, deren Fälschung allein ausreichend ist, um den Thatbestand der Urkundenfälschung herzustellen?

Darauf kann man weiter gehen und fragen:

Wenn die Urkundenfälschung nicht blos in dem Fälschen einer Urkunde, sondern auch in dem Gebrauchen der gefälschten Urkunde bestehen soll, welche Urkunden sind dann in den Thatbestand der Urkundenfälschung aufzunehmen?

Noch weiter könnte man gehen und fragen:

Wenn in den Thatbestand der Urkundenfälschung nicht blos das Fälschen und der Gebrauch der gefälschten Urkunde, sondern außerdem noch irgend ein weiteres Moment, etwa das der gewinnsüchtigen Absicht aufgenommen würde, welche Urkunden darf man alsdann in den Thatbestand der Urkundenfälschung aufnehmen?

Man erkennt aus dem Gesagten die Redaktionsschwierigkeit, welche sich der Gesetzgebung gerade bei der Behandlung des Verbrechens der Urkundenfälschung entgegenstellt.

Im Allgemeinen ist es nämlich doch ein Grundsatz der Gesetzes-Redaktion, daß man von dem allgemeinsten Begriffe eines Verbrechens ausgeht und diesen dann specialisirt, wo nöthig, nach verschiedenen Seiten hin. So macht sich die Sache leicht, z. B. beim Diebstahl, beim Raube, bei der Vermögensbeschädigung u. s. w. Denn bei allen diesen Verbrechen bleibt ein Fundamentalbegriff bestehen, und die Qualificirungen und Privilegirungen specialisiren nur diesen einen Fundamentalbegriff. Bei der Urkundenfälschung aber treten zwei gleichberechtigte Fundamentalbegriffe neben einander auf, und je allgemeiner man den einen faßt, um so mehr muß man den andern specialisiren. Nimmt man den Begriff Urkunde in seiner generellsten Bedeutung, etwa so, wie dieselbe im Preußischen Strafgesetzbuche §. 247. Abs. 2. aufgefaßt ist:

„Unter Urkunde ist jede Schrift zu verstehen, welche zum Beweise von Verträgen, Verfügungen, Verpflichtungen, Befreiungen oder überhaupt von Rechten oder Rechtsverhältnissen von Erheblichkeit ist" —

so leuchtet es ein, daß man das Moment der Fälschung nicht auf die allgemeinste Formel:

„Wer eine Urkunde verfälscht oder fälschlich anfertigt,"

beschränken darf, sondern dieselbe noch durch weitere Momente specialisiren muß.

Geht man dagegen von der so eben bezeichneten allgemeinsten Fälschungsformel aus, so leuchtet ein, daß man den Begriff der Urkunde nicht in seiner allgemeinsten Bedeutung in die für die Urkundenfälschung bestimmte Formel aufnehmen darf, sondern daß man den Begriff der Urkunde selbst specialisiren muß.

Ob man nun bei der Gesetzesredaktion von der allgemeinsten Formel für die Urkunde oder von der allgemeinsten Formel für die Fälschung ausgeht, ist vollkommen gleichgültig, und wenn das Preußische Strafgesetzbuch es vorgezogen hat, von der allgemeinsten Formel für die Urkunden auszugehen, so ist kein Grund vorhanden, weshalb man von dieser Anordnung des Gesetzes abweichen sollte.

Bevor nun jedoch auf das Einzelne eingegangen werden kann, ist noch folgende allgemeine Frage zu erörtern.

Der Umstand nämlich, daß das Fälschen der Urkunden und das Gebrauchen derselben zwei von einander gesonderte Handlungen bilden, ermöglicht es, daß jede derselben von einer anderen Person vorgenommen werden kann. A. fälscht die Urkunde, gebraucht sie aber nicht; B. dagegen gebraucht die gefälschte Urkunde, hat sie aber nicht gefälscht.

Der erstere Fall läßt kein legislatorisches Bedenken entstehen; die Fälschung der Urkunden, ohne dieselben zu gebrauchen, wird strafbar sein, insofern das Gesetz die bloße Existenz falscher Urkunden wegen der besonderen Beschaffenheit dieser Urkunden für unzulässig hält und demnach schon die bloße Herstellung derartiger falscher Urkunden bei Strafe verbietet. Der zweite Fall dagegen läßt das Bedenken entstehen, ob das bloße Gebrauchen der falschen Urkunde überhaupt unter dem Gesichtspunkte der Urkundenfälschung behandelt werden darf, oder ob es nicht richtiger sei, derartige Handlungen unter dem Gesichtspunkte des Betruges aufzufassen.

Denn soviel leuchtet ohne Weiteres ein, daß von Urkundenfälschung ohne alle und jede fälschende Thätigkeit nicht wohl die Rede sein kann. Derjenige, der sich einer falschen Urkunde bedient, macht sich einer Täuschungshandlung schuldig, aber er begeht keine Fälschung, ebensowenig, wie derjenige, welcher ein falsches Geldstück, welches er selbst nicht gemacht, ausgiebt, sich der Münzfälschung schuldig macht. So gewiß man nun aber in diesem Falle behaupten muß, daß das Ausgeben eines falschen Geldstückes statt eines ächten, Betrug und nichts weiter als Betrug sei, so sehr wird man Bedenken tragen müssen, den Gebrauch einer falschen statt einer ächten Urkunde ebenfalls unter den Begriff des Betruges zu subsumiren. Denn, wenn ein falsches Geldstück statt eines ächten ausgegeben wird, so wird derjenige, welcher das falsche Geldstück statt eines ächten in Empfang nimmt, durch Täuschung an seinem Vermögen beschädigt und zwar um den Betrag, welchen das falsche Geldstück selbst bezeichnet. Wenn indessen eine falsche Urkunde statt einer ächten gebraucht wird, so kann dies zwar Betrug sein, wenn nämlich durch den Gebrauch der falschen Urkunde der Getäuschte in seinem Vermögen beschädigt wird; wo jedoch durch den Gebrauch der falschen Urkunde ein anderes Recht verletzt würde, kann von Betrug überhaupt nicht mehr die Rede sein. Es entstünde mithin für die Gesetzgebung die Nothwendigkeit, den Gebrauch falscher Urkunden theils unter dem Gesichtspunkte des Betruges, theils unter anderen Gesichtspunkten zu behandeln.

Aber unter welchen?

Würde es wohl möglich sein, alle diejenigen Rechte, welche durch den Gebrauch einer falschen Urkunde verletzt werden könnten, derartig zusammenzustellen, daß man sagen könnte, diese Rechte können durch eine falsche Urkunde verletzt werden, jene nicht, so daß also bei den ersteren die Verletzung durch eine falsche Urkunde noch besonders hervorgehoben würde, während dies bei letzteren nicht geschähe?

Schon dieser immerhin mehr äußerliche Umstand würde für die Gesetzgebung dahin führen, das Gebrauchen falscher Urkunden lieber als formales Verbrechen zu behandeln, d. h. als karakteristisches Moment des Delikts die Art und Weise der Begehung festzuhalten, als dasselbe nach den verschiedenen Rechten zu zerlegen, welche denkbarer Weise durch eine gefälschte Urkunde verletzt werden könnten.

Aber dieser äußerliche Grund ist keinesweges der einzige und auch nicht der prinzipiell entscheidende. Das Wesentliche besteht darin, daß die Rechtssicherheit es verlangt, daß da, wo bewiesen wird, mit richtigen und nicht mit gefälschten Beweismitteln bewiesen werde. Das Recht, welches durch das gefälschte Beweismittel geschädigt werden könnte, steht durchaus erst an zweiter Stelle. An erster Stelle kommt es darauf an, daß ein falsches Beweismittel nicht benutzt werde. Auch durch den Meineid werden die verschiedenartigsten Rechte verletzt. Und doch fällt es Niemandem ein, die Strafbarkeit des Meineides nach der Verletzung dieser so mannigfaltigen Rechte bestimmen zu wollen. Und so wird man auch mit Bezug auf das Beweismittel der Urkunde sagen müssen: Wer wissentlich eine falsche Urkunde als Beweismittel benutzt, dessen Strafbarkeit wird nicht erst dadurch begründet, daß er vermittelst der von ihm benutzten falschen Urkunde dies oder jenes Recht eines Anderen verletzte, sondern die Strafbarkeit wird dadurch begründet, daß er ein Schriftstück, welches nicht Beweismittel sein durfte, dennoch als Beweismittel benutzte.

Wenn demnach eine Gesetzgebung sich in der Lage gesehen hätte, das Anfertigen falscher Urkunden oder das Verfälschen ächter Urkunden überhaupt nicht mit Strafe zu bedrohen, so müßte dennoch dieselbe Gesetzgebung das Gebrauchen falscher Urkunden — und zwar ohne Rücksicht auf das etwa zu verletzende Recht — als selbständiges Delikt mit Strafe bedrohen. Wenn aber, wie dies ja auch nicht anders geschehen kann, die Gesetzgebung das Fälschen der Urkunden mit Strafe bedroht, so ist für die das Gebrauchen falscher Urkunden betreffenden Strafbestimmungen kaum ein anderer Platz zu finden, als derjenige, an welchem von der Bestrafung der Urkundenfälschung gehandelt wird. Hätte das Preußische Strafgesetzbuch als Ueberschrift seines Titel 23. statt „Urkundenfälschung" gesagt: „Urkundenfälschung und Gebrauch falscher Urkunden", so wäre eine solche Ueberschrift vielleicht noch etwas instruktiver gewesen. Aber weil diese letztere Ueberschrift zu nichts Weiterem geführt hätte als nur dazu, etwas instruktiver zu sein, so war auch für den Entwurf keine Veranlassung vorhanden, von der Ueberschrift des Preußischen Strafgesetzbuches irgendwie abzuweichen.

Gegenüber den im Preußischen Strafgesetzbuche enthaltenen Strafbestimmungen hat der Entwurf nur einige redaktionelle Aenderungen vorgenommen.

Ueberblicken wir nämlich die Bestimmungen des Strafgesetzbuches im 23. Titel, so finden sich in demselben folgende verschiedene Arten mit einander verbunden:

I. Täuschung durch eine Urkunde ohne Fälschung derselben, in welchem Falle noch unterschieden wird, ob die Absicht, sich oder Anderen Gewinn zu verschaffen, oder Anderen Schaden zuzufügen, mit der stattgehabten Täuschung verbunden war oder nicht.

Hierher gehören folgende Strafbestimmungen:

1. Täuschung ohne Fälschung in der Absicht, sich oder Anderen Gewinn zu verschaffen, oder Anderen Schaden zuzufügen:

§. 249. „Wer von einer falschen oder verfälschten Urkunde, wissend, daß sie falsch oder verfälscht ist, in der Absicht Gebrauch macht, sich oder Anderen Gewinn zu verschaffen oder Anderen Schaden zuzufügen, wird dem Fälscher gleich geachtet."

§. 252. al. 2. „Dieselbe Strafe trifft denjenigen, welcher zum Nachtheile eines Andern von solchen falschen Beurkundungen, wissend, daß sie falsch sind, Gebrauch macht."

Beide Strafvorschriften könnten mit leichter Mühe auch so redigirt werden, daß der Zusammenhang mit der Fälschungshandlung nicht erkennbar, und die Delikte somit auch äußerlich ihren selbständigen Karakter bewahrten. Man brauchte nur bei §. 249. statt der Worte: „wird dem Fälscher gleich geachtet" die Strafe der Urkundenfälschung zu inseriren und die Strafvorschrift des §. 252. al. 2. aus §. 252. al. 1. zu ergänzen.

2. Täuschung ohne Fälschung und ohne die Absicht, sich oder Anderen Gewinn zu verschaffen, oder Anderen Schaden zuzufügen:

§. 254. al. 1.*) Wer ohne die Absicht, sich oder Anderen Gewinn zu verschaffen, oder Anderen Schaden zuzufügen, jedoch zu dem Zwecke, Behörden oder Privatpersonen zu täuschen, von einem falsch angefertigten oder verfälschten Reisepaß, Legitimationsschein, Wanderbuch oder einer anderen öffentlichen Urkunde, oder einem auf Grund bestehender Vorschriften auszustellenden sonstigen Zeugniß oder einem Führungs- oder Fähigkeitszeugnisse wissentlich Gebrauch macht, ist mit Gefängniß bis zu sechs Monaten oder mit Geldbuße bis zu Einhundert Thalern zu bestrafen."

§. 254. al. 2. „Auf dieselbe Strafe ist gegen den zu erkennen, welcher zu gleichem Zwecke von solchen für einen Anderen ausgestellten echten Urkunden, als seien sie für ihn ausgestellt worden, Gebrauch macht, oder welcher solche für ihn ausgestellte Urkunden einem Anderen zu dem gedachten Zwecke überläßt."

§. 258. „Wer, um eine Behörde oder eine Versicherungsgesellschaft über seinen oder eines Anderen Gesundheitszustand zu täuschen, von einem Zeugnisse der in den §§. 256. und 257. erwähnten Art Gebrauch macht, wird mit Gefängniß von Einem Monat bis zu Einem Jahre bestraft; auch kann gegen denselben auf zeitige Untersagung der Ausübung der bürgerlichen Ehrenrechte erkannt werden."

§. 253. „Wer wissentlich von falschem oder verfälschtem Stempelpapier Gebrauch macht, wird mit Gefängniß nicht unter drei Monaten, sowie mit zeitiger Untersagung der Ausübung der bürgerlichen Ehrenrechte bestraft.

Eine gleiche Strafe hat derjenige verwirkt, welcher wissentlich von falschen oder verfälschten Postfreimarken oder von falschen oder verfälschten gestempelten Briefcouverts Gebrauch macht."

II. **Fälschung des Beweismittels in der Absicht, zu täuschen — ohne daß der Gebrauch des gefälschten Beweismittels erforderlich wäre. —**

§. 253. „Wer unächtes Stempelpapier anfertigt oder ächtes Stempelpapier verfälscht, wird mit Gefängniß nicht unter drei Monaten, sowie mit zeitiger Untersagung der Ausübung der bürgerlichen Ehrenrechte bestraft.

Eine gleiche Strafe hat derjenige verwirkt, welcher unächte Postfreimarken oder unächte gestempelte Briefcouverts anfertigt, oder ächte Postfreimarken oder gestempelte Briefcouverts verfälscht."

§. 254. „Wer ohne die Absicht, sich oder Anderen Gewinn zu verschaffen, oder Anderen Schaden zuzufügen, jedoch zu dem Zwecke, Behörden oder Privatpersonen zu täuschen, einen Reisepaß, einen Legitimationsschein, ein Wanderbuch oder eine andere öffentliche Urkunde, oder ein auf Grund bestehender Vorschriften auszustellendes sonstiges Zeugniß, oder ein Führungs- oder Fähigkeits-Zeugniß falsch anfertigt oder verfälscht, ist mit Gefängniß bis zu sechs Monaten oder mit Geldbuße bis zu Einhundert Thalern zu bestrafen."

§. 255. „Wer vorsätzlich, jedoch nicht in der Absicht, sich oder Anderen Gewinn zu verschaffen, oder Anderen Schaden zuzufügen, bewirkt, daß Ver-

*) Es wird hier und an folgenden Stellen die Formel so gegeben, wie dieselbe lauten würde, wenn das betreffende Delikt mit einer anderen Strafbestimmung nicht in den äußeren Zusammenhang eines und desselben Paragraphen des Strafgesetzbuches gebracht wäre.

handlungen oder Erklärungen oder Thatsachen in öffentlichen Urkunden, Büchern oder Registern als abgegeben oder geschehen beurkundet werden, während sie gar nicht oder in anderer Weise oder von anderen Personen abgegeben oder geschehen sind, wird mit Gefängniß bis zu sechs Monaten oder mit Geldbuße bis zu Einhundert Thalern bestraft."

§. 256. „Wer unter dem Namen eines Arztes, Wundarztes oder einer anderen Medicinalperson ein Zeugniß über seinen oder eines Anderen Gesundheitszustand ausstellt, wird mit Gefängniß von Einem Monat bis zu Einem Jahre bestraft; auch kann gegen denselben auf zeitige Untersagung der Ausübung der bürgerlichen Ehrenrechte erkannt werden."

§. 257. „Aerzte, Wundärzte oder andere Medicinalpersonen, welche unrichtige Zeugnisse über den Gesundheitszustand eines Menschen zum Gebrauche bei einer Behörde oder Versicherungsgesellschaft wider besseres Wissen ausstellen, werden mit Gefängniß von drei bis achtzehn Monaten, sowie mit zeitiger Untersagung der Ausübung der bürgerlichen Ehrenrechte bestraft."

III. Fälschung des Beweismittels zum Zwecke der Täuschung und Gebrauch desselben und zwar in der Absicht, sich oder Anderen Gewinn zu verschaffen oder Anderen Schaden zuzufügen.

§. 247. „Wer in der Absicht, sich oder Anderen Gewinn zu verschaffen, oder Anderen Schaden zuzufügen, eine Urkunde verfälscht oder fälschlich anfertigt, und von derselben zum Zwecke der Täuschung Gebrauch macht, begeht eine Urkundenfälschuug.

Unter Urkunde ist jede Schrift zu verstehen, welche zum Beweise von Verträgen, Verfügungen, Verpflichtungen, Befreiungen oder überhaupt von Rechten oder Rechtsverhältnissen von Erheblichkeit ist."

§. 248. „Einer Urkundenfälschung wird es gleich geachtet, wenn Jemand in der Absicht, sich oder Anderen Gewinn zu verschaffen oder Anderen Schaden zuzufügen, ein mit der Unterschrift eines Anderen versehenes Papier ohne dessen Willen ausfüllt, und von einer solchen Urkunde Gebrauch macht."

§. 251. „Die Urkundenfälschung wird mit Zuchthaus bis zu zehn Jahren und zugleich mit Geldbuße von Einhundert bis zweitausend Thalern bestraft, wenn das Verbrechen eine der folgenden Arten von Urkunden zum Gegenstande hat:

1) Urkunden, welche mit der Unterschrift des Königs oder mit dem Königlichen Insiegel ausgefertigt sind;
2) Urkunden, welche von Staatsbehörden, Gemeinden oder Corporationen des Inlandes oder Auslandes, von inländischen oder ausländischen Beamten oder von solchen Personen, welche nach den Gesetzen des Inlandes oder Auslandes öffentlichen Glauben haben, aufgenommen, ausgefertigt oder beglaubigt werden;
3) Bücher, Register, Kataster oder Inventarien, welche unter amtlichem Glauben geführt werden;
4) Verfügungen von Todeswegen;
5) Wechsel.

Wird festgestellt, daß mildernde Umstände vorhanden sind, so ist auf Gefängniß nicht unter sechs Monaten und zugleich auf Geldbuße nicht unter zehn Thalern, sowie auf zeitige Untersagung der Ausübung der bürgerlichen Ehrenrechte zu erkennen."

IV. Fälschung des Beweismittels zum Zwecke der Täuschung in der Absicht, sich oder Anderen Gewinn zu verschaffen oder Anderen Schaden zuzufügen, ohne daß der Gebrauch der Urkunde erforderlich wäre.

§. 252. „Wer in der Absicht, sich oder Anderen Gewinn zu verschaffen oder Anderen Schaden zuzufügen, bewirkt, daß Verhandlungen, Erklärungen oder Thatsachen, welche für Rechte oder Rechtsverhältnisse von Erheblichkeit sind, in öffentlichen Urkunden, Büchern oder Registern als abgegeben oder geschehen beurkundet werden, während sie gar nicht oder in anderer Weise oder von anderen Personen abgegeben oder geschehen sind, wird mit Zuchthaus bis zu zehn Jahren und zugleich mit Geldbuße von Einhundert bis zu zweitausend Thalern bestraft."

V. Fälschung des Beweismittels zum Zwecke der Täuschung und Gebrauch desselben, ohne die Absicht, sich oder Anderen Gewinn zu verschaffen oder Schaden zuzufügen.

§. 256. „Wer ein von einem Arzte, Wundarzte oder einer anderen Medicinalperson ausgestelltes ächtes Zeugniß über seinen oder eines Anderen Gesundheitszustand verfälscht und davon zur Täuschung von Behörden oder Versicherungs-Gesellschaften Gebrauch macht, wird mit Gefängniß von Einem Monate bis zu Einem Jahre bestraft; auch kann gegen denselben auf zeitige Untersagung der Ausübung der bürgerlichen Ehrenrechte erkannt werden."

Diese Strafbestimmung ist zuletzt aufgeführt, um an dieselbe eine kurze Erörterung über den Thatbestand der Urkundenfälschung, wie sich derselbe im Preußischen Strafgesetzbuche findet, anzuknüpfen.

Das Preußische Strafgesetzbuch sagt doch im §. 247.:

Wer in der Absicht, sich oder Anderen Gewinn zu verschaffen oder Anderen Schaden zuzufügen, eine Urkunde verfälscht oder fälschlich anfertigt, und von derselben zum Zwecke der Täuschung Gebrauch macht, begeht eine Urkundenfälschung."

Dem gegenüber kann auf das Bayrische Strafgesetzbuch aufmerksam gemacht werden, welches Art. 176. bestimmt:

Wer zum Zwecke rechtswidriger Täuschung eine öffentliche Urkunde verändert, oder eine Urkunde unbefugter Weise mit den Merkmalen einer öffentlichen verfertigt, macht sich der Fälschung öffentlicher Urkunden schuldig."

Das Bayrische Gesetzbuch nimmt mithin in seinen Thatbestand der Urkundenfälschung das Moment: „in der Absicht sich oder Anderen Gewinn zu verschaffen oder Anderen Schaden zuzufügen" nicht mit auf.

Auch thut dieses das Preußische Strafgesetzbnch nicht in der so eben angeführte Bestimmung des §. 256., der einzigen, in welcher zum Thatbestande der Urkundenfälschung, Fälschung und Gebrauch, aber nicht jene Absicht erfordert wird, während in den übrigen Fällen, in denen der Thatbestand der Urkundenfälschung abhängig gemacht wird von Fälschung und Gebrauch, zugleich auch die Absicht des Gewinnes oder Beschädigens mit gefordert wird.

So entsteht denn sehr natürlich die Frage, ob jene Worte in §. 247. des Preußischen Strafgesetzbuches nicht überhaupt überflüssig sein möchten.

Zunächst muß nun gegenüber dem Bayrischen Strafgesetzbuche darauf hingewiesen werden, daß dieses nur von der Fälschung öffentlicher Urkunden handelt, während das Preußische Strafgesetzbuch die Fälschung öffentlicher Urkunden, soweit dieselben unter §. 251. fallen, als qualificirte Urkundenfälschung behandelt, im Uebrigen aber den Thatbestand der Urkundenfälschung auch auf Privaturkunden ausdehnt.

Was sodann aber den Fall des Preußischen §. 256. betrifft, so bezieht sich derselbe nur auf eine besondere Art von Urkunden, welche, wenn sie gebraucht werden, keinen anderen Gebrauch gestatten, als einen solchen, durch welchen entweder Gewinn oder Schaden herbeigeführt wird.

Denken wir uns nun den Thatbestand der Preußischen Urkundenfälschung (§. 247.) ohne die Absicht des Gewinnens oder Beschädigens normirt; also:

> Wer eine Urkunde verfälscht oder fälschlich anfertigt, und von derselben zum Zwecke der Täuschung Gebrauch macht, begeht eine Urkundenfälschung —

und dann statt des im Preußischen Strafgesetzbuche §. 247. al. 2. normirten Begriffes der Urkunde, den des Bayrischen Strafgesetzbuches gesetzt:

> „Unter Urkunde ist jede öffentliche Urkunde zu verstehen" —

oder mit Bezug auf §. 256.:

> „Unter Urkunde ist eine Schrift zu verstehen, welche von einem Arzte, Wundarzte oder einer anderen Medicinalperson über den Gesundheitszustand eines Menschen ausgestellt ist" —

so könnte man den §. 247. al. 1. des Preußischen Strafgesetzbuches auch ohne die Worte: „in der Absicht, sich oder Anderen Gewinn zu verschaffen oder Anderen Schaden zuzufügen" — gelten lassen.

Nun heißt aber §. 247. al. 2.:

> „Unter Urkunde ist jede Schrift zu verstehen, welche zum Beweise von Verträgen, Verfügungen, Verpflichtungen, Befreiungen oder überhaupt von Rechten oder Rechtsverhältnissen von Erheblichkeit ist —"

und aus diesem weiten Umfange, welchen der Begriff der Urkunde erhalten hat und erhalten mußte, wenn anders die Bedeutsamkeit der Fälschung eines Beweismittels richtig gewürdigt werden sollte, ergiebt sich mit Nothwendigkeit die Folgerung, daß es für die Normirung des Thatbestandes der Urkundenfälschung nicht ausreichend sein kann, wenn man nur sagen wollte: Wer eine derartige Urkunde fälscht und gebraucht, macht sich der Urkundenfälschung schuldig — sondern daß es nöthig wird, auch den Zweck, wozu die gefälschte Urkunde gebraucht wird, näher zu präcisiren. Es sind eben zwei verschiedene Begriffe, das bloße Gebrauchen, und das Gebrauchen um des Gewinnens oder Beschädigens willen.

Die Redaktions-Aenderung, welche der Entwurf gegenüber dem Preußischen Strafgesetzbuche vorgenommen, besteht nun darin, daß die strafbaren Fälle des bloßen Gebrauchs einer falschen Urkunde, von denjenigen Fällen gesondert sind, in denen entweder bloß die Fälschung der Urkunde, oder doch wenigstens die Fälschung und der Gebrauch gestraft werden soll. Durch diese Aenderung dürften die Strafbestimmungen selbst an Klarheit und Uebersichtlichkeit gewinnen.

Theils mit dieser Redaktionsänderung in Verbindung, theils aus anderen Gründen sind dann freilich noch einzelne unbedeutendere Aenderungen gegenüber dem Preußischen Strafgesetzbuche vorgenommen, die sich in Folgendem zusammenstellen lassen:

1. Das Preußische Strafgesetzbuch läßt es seiner Fassung nach zweifelhaft, ob der bloße Gebrauch der in §. 251. genannten Urkunden auch mit der Strafe der Urkundenfälschung zu bestrafen. Denn der §. 249.: „Wer von einer falschen oder gefälschten Urkunde, wissend, daß sie falsch oder verfälscht ist, in der Absicht Gebrauch macht, sich oder Anderen Gewinn zu verschaffen oder Anderen Schaden zuzufügen, wird dem Fälscher gleich geachtet" — bezieht sich keinesweges auf alle in dem Titel 23. mit Strafe bedrohten Urkundenfälschungen. Wäre dieser Paragraph nämlich als eine Generalbestimmung des ganzen Titels zu betrachten, so hätte zweierlei anders sein müssen, als es jetzt in der That ist. Es hätte erstens diese Bestimmung nicht in die Mitte, sondern an den Schluß des ganzen Titels gehört, und zweitens hätte an anderen Stellen die Vorschrift, daß der bloße Gebrauch der Urkunde ebenfalls mit der Strafe der Fälschung zu belegen sei, nicht wiederholt werden dürfen. Da nun aber letzteres geschieht, so kann man nicht anders deduciren als: das Gesetz will den bloßen Gebrauch der Urkunden nur in denjenigen Fällen bestraft wissen, wo es dieses ausdrücklich angeordnet hat. Diese Anordnung hat nun stattgefunden durch §. 249. mit Bezug auf die in §§. 247. 248. bezeichneten Urkunden, sie hat stattgefunden durch §. 252. al. 2. mit Bezug auf die in §. 252. al. 1. bezeichneten Urkunden — aber sie ist fortgeblieben mit Bezug auf die in §. 251. genannten Urkunden. Jedes Bedenken bleibt ausgeschlossen, wenn, wie dieses in dem Entwurfe geschehen, die Bestimmung des Preußischen §. 249. erst hinter der dem §. 252. al. 1. entsprechenden Bestimmung des Entwurfes aufgenommen wird.

2. Aus dieser Aenderung ergab sich noch folgende weitere: In dem Preußischen Strafgesetzbuch bestimmt §. 252. al. 2. mit Bezug auf die in §. 252. al. 1. genannten Urkunden:

> „Dieselbe Strafe trifft Denjenigen, welcher zum Nachtheil eines Anderen von solchen falschen Beurkundungen, wissend, daß sie falsch sind, Gebrauch macht."

Da nun §. 249. in Betreff des Gebrauches gefälschter Urkunden zweierlei verbietet, erstens den Gebrauch in der Absicht, sich selbst oder Anderen Gewinn zu verschaffen, und zweitens den Gebrauch in der Absicht, einem Anderen Schaden zuzufügen; so folgt daraus, daß §. 252. al. 2. nur den Gebrauch der in §. 251. al. 1. genannten Urkunden verbietet „zum Nachtheile eines Anderen", es straflos bleiben muß, wenn Jemand eine der in §. 252. al. 1. genannten Urkunden, wissend, daß sie falsch sind, gebraucht, nicht zwar zum Nachtheile eines Anderen, aber doch in der Absicht, sich selbst oder Anderen Gewinn zu verschaffen. Diese Unterscheidung ist nun aber durch die Art der in §§. 247, 251. einerseits und §. 252. al. 1. andererseits genannten Urkunden in keiner Weise motivirt Möglich wäre es vielleicht gewesen, die Strafbarkeit des Gebrauches gefälschter Urkunden überhaupt auf den Fall zu beschränken, daß dieselben „zum Nachtheile eines Anderen" benutzt werden. Da dieses aber im Allgemeinen nicht geschehen ist, so darf bei dem bloßen Gebrauche der Urkunden nicht gesondert werden zwischen: „sowohl Gewinn, wie auch Benachtheiligung" und „nur Benachtheiligung, aber nicht Gewinn".

3. Unter den im §. 251. genannten Urkunden werden an erster Stelle angeführt:

> „Urkunden, welche mit der Unterschrift des Königs oder mit dem königlichen Insiegel ausgefertigt sind."

Da der Entwurf nicht auf Preußen allein, sondern auf sämmtliche Staaten des Norddeutschen Bundes berechnet ist, so mußten die hervorgehobenen Worte in dem Entwurfe so, wie geschehen, abgeändert werden. Das Lübische Gesetzbuch läßt in seinem dem Preußischen §. 251. entsprechenden §. 217. aus nahe liegenden Gründen die betreffende Bestimmung ganz fort. Es wird indessen dieselbe kein Hinderniß für die republikanischen Staaten des norddeutschen Bundes sein. Lübeck selbst wird Urkunden mit landesherrlicher Unterschrift und landesherrlichem Siegel nicht ausstellen, und so wird die betreffende Bestimmung für diesen, wie für die beiden anderen republikanischen Staaten im Allgemeinen nicht anwendbar sein. Da indessen Lübeck, Hamburg und Bremen zum Norddeutschen Bunde gehören und deshalb auch dem Präsidium des Bundes staatsrechtlich unterworfen sind, so würde eine Urkunde, die vom Könige von Preußen, in seiner Eigenschaft als Präsident des Norddeutschen Bundes ausgefertigt wäre, auch für die republikanischen Staaten die Bedeutung einer vom „Landesherrn" ausgefertigten Urkunde erlangen.

4. In dem Preußischen Strafgesetzbuche beginnen die §§. 254. 255. mit den Worten:

> „Wer ohne die Absicht, sich oder Anderen Gewinn zu verschaffen, oder Anderen Schaden zuzufügen"

resp. §. 255.:

> „Wer vorsätzlich, jedoch nicht in der Absicht, sich oder Anderen Gewinn zu verschaffen, oder Anderen Schaden zuzufügen" —

Da zweifellos das Fehlen der bezeichneten Absicht nicht zur thatsächlichen Feststellung des Deliktes gehört, in die Gesetzesformel selbst aber nur diejenigen Momente aufgenommen werden dürfen, welche thatsächlich festzustellen sind, so folgt hieraus, daß die genannten Worte gar nicht in die Gesetzesformel hinein gehören. Es sind dieselben auch in die Formel des Preußischen Strafgesetzbuches nur deswegen aufgenommen, um keinen Zweifel darüber zu lassen, daß ein Moment, welches zum Thatbestande der bis dahin aufgeführten Delikte gehöre, zu dem

Thatbestande der nunmehr aufzustellenden Delikte nicht erfordert werde. Es gehört nun aber die „Absicht, sich oder Anderen Gewinn zu verschaffen, oder Anderen Schaden zuzufügen" nur zu dem Thatbestande der in §§. 247—252. aufgeführten Urkundenfälschungen. Es hätte daher, um den Gegensatz zu diesen Urkundenfälschungen hervorzuheben, gewissermaßen um eine neue Ueberschrift herzustellen: „Urkundenfälschungen ohne die Absicht sich oder Anderen Gewinn zu verschaffen, oder Anderen Schaden zuzufügen" genügt, wenn die ausdrückliche Ausschließung dieses Momentes des subjektiven Thatbestandes lediglich bei dem ersten Falle, wo man dasselbe nicht haben wollte, erfolgt wäre. Für die weiteren Fälle würde sich dieses ganz von selbst verstanden haben. Der Entwurf hat daher auch diese Ausschließung nur bei der den §. 255. entsprechenden Bestimmung (§. 194.) vorgenommen, und hier rechtfertigen sich diese die Ausschließung jener Absicht bewirkenden Worte um so eher, als §. 255. und §. 252. al. 1. gewissermaßen Zwillings-Verbrechen sind, die in jeder Beziehung übereinstimmen und sich nur dadurch von einander unterscheiden, daß §. 252. mit der Absicht ꝛc. begangen wird, während zu §. 255. jene Absicht nicht gehört.

5. Der §. 254. des Preußischen Strafgesetzbuches beginnt mit den Worten:

> „Wer ohne die Absicht, sich oder Anderen Gewinn zu verschaffen, oder Anderen Schaden zuzufügen, jedoch zu dem Zwecke, Behörden oder Privatpersonen zu täuschen" —

Da der Entwurf aus den so eben unter Nr. 4. angeführten Gründen bei der Reproducirung dieser Bestimmung die Worte: „ohne die Absicht, sich oder Anderen Gewinn zu verschaffen, oder Anderen Schaden zuzufügen" fortlassen konnte, so beginnt der entsprechende Paragraph des Entwurfes (§. 197.) mit den Worten:

> „Wer in der Absicht, Behörden oder Privatpersonen zu täuschen" —

Es hat somit nicht nur ein Fortlassen von Worten stattgefunden, sondern es ist auch statt des Wortes „Zweck", welches das Preußische Strafgesetzbuch braucht, das Wort „Absicht" gesetzt. Der Grund hierfür liegt in dem Sprachgebrauche, welcher für den Entwurf überhaupt festgehalten ist.*)

In demselben §. 254. kommt das Wort „Zweck" noch in einem anderen Zusammenhange vor. Es heißt nämlich al. 2.:

„Auf dieselbe Strafe ist gegen den zu erkennen, welcher zu gleichem Zwecke von solchen für einen Anderen ausgestellten echten Urkunden, als seien sie für ihn ausgestellt worden, Gebrauch macht, oder welcher solche für ihn ausgestellte Urkunden einem Anderen zu dem gedachten Zwecke überläßt."

Der Entwurf sagt statt dessen:

§. 198. „Auf dieselbe Strafe (§. 197.) ist gegen den zu erkennen, welcher in der Absicht, Behörden oder Privatpersonen zu täuschen, von einer der in §. 197. bezeichneten falschen oder verfälschten Urkunden Gebrauch macht, oder welcher in gleicher Absicht von solchen für einen Anderen aus-

---

*) Siehe oben S. 185. ff.

gestellten echten Urkunden, als seien sie für ihn ausgestellt worden, Gebrauch macht, oder welcher solche für ihn ausgestellte Urkunden einem Anderen zur Täuschung von Behörden oder Privatpersonen überläßt."

Das Wort „Zweck" ist somit auch hier vermieden worden. Während das Preußische Strafgesetzbuch sagt: „Wer zu gleichem Zwecke" — d. h. zu dem Zwecke, Behörden oder Privatpersonen zu täuschen — braucht der Entwurf, entsprechend der durchgängig beobachteten Terminologie das Wort „Absicht". Es soll hier bezeichnet werden, was der Thäter durch die Rechtsverletzung für sich erreichen wollte. Wenn aber Jemand eine für ihn ausgestellte echte Urkunde einem Anderen übergiebt, damit dieser mit derselben ein Delikt begehe, so will derjenige, welcher die echte Urkunde hingiebt, für sich selbst nichts erreichen, er will vielmehr, daß ein Anderer, nämlich derjenige, welchem er die Urkunde überlassen, etwas für sich durch den widerrechtlichen Gebrauch der Urkunde erlange. Für dieses Verhältniß ist sonst das Wort „Absicht" in dem Entwurfe nicht gebraucht. Es wäre daher auch wohl möglich gewesen, ohne sich einer Inkonsequenz in Betreff des Sprachgebrauches schuldig zu machen, das Wort „Zweck" des Preußischen Strafgesetzbuches beizubehalten. Da indessen der Gebrauch dieses Wortes — selbst wenn dasselbe sich auch nur an einer einzigen Stelle des Entwurfes fände — wohl geeignet wäre, den mit dem Worte „Absicht" durchgängig verbundenen Begriff zu alteriren und dadurch die Sicherheit des Ausdruckes in dem Entwurfe zu beeinträchtigen, so ist, ohne daß die Sache irgendwie geändert wäre, der Ausdruck „Zweck" durch die Worte „zur Täuschung" umgangen, und konnte dieses um so eher geschehen, als das Preußische Strafgesetzbuch selbst in §. 256. in einem ganz ähnlichen Zusammenhange nicht sagt: „zum Zwecke der Täuschung", sondern es vorzieht zu sagen: „zur Täuschung".

6. Das Preußische Strafgesetzbuch führt §. 254. folgende Urkunden auf:

„Reisepässe, Legitimationsscheine, Wanderbücher oder andere öffentliche Urkunden."

Da durch das Gesetz über das Paßwesen vom 12. Oktober 1867 der Paßzwang aufgehoben ist, so schien es geboten, in dem Entwurfe die Erwähnung der Reisepässe, Legitimationsscheine und Wanderbücher fortzulassen. Dies konnte um so eher geschehen, als auch das Preußische Strafgesetzbuch diese Urkunden nur als besondere Arten öffentlicher Urkunden hervorhebt, und der Entwurf ganz im Allgemeinen von öffentlichen Urkunden spricht.

7. Die Strafpositionen sind im Entwurfe fast durchweg diejenigen des Preußischen Strafgesetzbuches.*)

*) Nach Ausweis der Schwurgerichtsstatistik ist die Urkundenfälschung (Str.-G.-B. §§. 247—252.) in den Jahren 1860—1865 in folgender Weise bestraft worden. Auf Geldbuße wurde in 16, auf Gefängniß unter Einem Jahre in 1570, auf Gefängniß von Einem Jahre und darüber in 503, auf Zuchthaus unter zwei Jahren in 3, auf Zuchthaus von zwei Jahren in 262, auf Zuchthaus von 2—5 Jahren in 513, auf Zuchthaus von 5—10 Jahren in 86, und endlich auf Zuchthaus von zehn Jahren in 7 Fällen erkannt.

Zu der §. 252. entsprechenden Bestimmung des Entwurfs (§. 192.) wird neben der vom Preußischen Strafgesetzbuche ausschließlich angedrohten Zuchthausstrafe noch Gefängnißstrafe nicht unter sechs Monaten angedroht. Die „mildernden Umstände“, durch deren Hülfe im Jahre 1856 die Strafe des §. 251. auf Gefängnißstrafe nicht unter sechs Monaten herabgesetzt wurde, fehlen bei §. 252. wohl nur aus dem Grunde, weil das an dieser Stelle vorgesehene Delikt in der Praxis seltener vorkommen mag. Die Schuld des Thäters ist in dem Falle des §. 252. nicht so viel größer als im §. 251., daß man im ersteren Falle ausschließlich Zuchthaus androhen müßte, während in letzterem Falle die Möglichkeit, auch auf Gefängnißstrafe erkennen zu können, von dem Gesetze dargeboten wurde.

Außerdem sind bei den Bestimmungen des Entwurfes, welche den §§. 253. 256. 257. 258. entsprechen, die von dem Preußischen Strafgesetzbuche beliebten Strafminima beseitigt auch das Strafmaximum des §. 257. — achtzehn Monate — auf Ein Jahr herabgesetzt. Es sind dies Aenderungen, welche durch die allgemeinen Grundsätze geboten wurden, nach welchen in dem Entwurfe die Strafpositionen überhaupt aufgestellt sind.

Da bei anderen Delikten in dem Entwurfe eine Strafherabsetzung gegenüber den Bestimmungen des Preußischen Strafgesetzbuches erfolgt ist, so erscheint die Urkundenfälschung in dem Entwurfe verhältnißmäßig strafbarer als im Preußischen Strafgesetzbuche. Das sollte auch so sein. Sicherung der Beweismittel ist etwas so Wesentliches, daß Gründe, welche bei anderen Delikten für Strafherabsetzung streiten mögen, bei der Urkundenfälschung nicht anerkannt werden durften. Wie denn auch die Strafbestimmungen für den Meineid in dem Entwurfe dieselben geblieben sind, wie sie sich in dem Preußischen Strafgesetzbuche finden. —

Fünfundzwanzigster Titel.

Bankerutt.

§. 202.

Handelsleute, Schiffsrheder und Fabrikbesitzer, welche ihre Zahlungen eingestellt haben, werden, als des betrüglichen Bankerutts schuldig, mit Gefängniß nicht unter drei Monaten oder mit Zuchthaus bis zu fünf Jahren bestraft:

1) wenn sie ihr Vermögen ganz oder theilweise verheimlicht oder bei Seite geschafft haben;
2) wenn sie Schulden oder Rechtsgeschäfte anerkannt oder aufgestellt haben, welche ganz oder theilweise erdichtet sind;
3) wenn sie in der Absicht, ihre Gläubiger zu benachtheiligen, Handelsbücher zu führen unterlassen haben, obgleich deren Führung gesetzlich vorgeschrieben oder nach der Beschaffenheit ihres Geschäfts erforderlich war;

4) wenn sie in gleicher Absicht ihre Handelsbücher verheimlicht oder vernichtet oder so geführt oder verändert haben, daß dieselben keine Uebersicht des Vermögensstandes gewähren.

§. 203.

Mit Gefängniß nicht unter drei Monaten oder mit Zuchthaus bis zu fünf Jahren wird bestraft:

1) wer im Interesse eines Handelsmannes, Schiffsrheders oder Fabrikbesitzers, welcher seine Zahlungen eingestellt hat, dessen Vermögen ganz oder theilweise verheimlicht oder bei Seite geschafft hat;
2) wer im Interesse eines solchen Gemeinschuldners, oder in der Absicht, sich oder Anderen Vortheil zu verschaffen, erdichtete Forderungen im eigenen Namen oder durch zwischengeschobene Personen geltend gemacht hat.

Hat der Thäter im Einverständnisse mit dem Gemeinschuldner gehandelt, so kommen die allgemeinen Vorschriften über die Theilnahme an Verbrechen zur Anwendung.

§. 204.

Handelsleute, Schiffsrheder und Fabrikbesitzer, welche ihre Zahlungen eingestellt haben, werden wegen einfachen Bankerutts mit Gefängniß bis zu zwei Jahren bestraft:

1) wenn sie durch Ausschweifungen, Aufwand, Spiel oder Differenzhandel mit Waaren oder Börsen-Effekten übermäßige Summen verbraucht haben oder schuldig geworden sind;
2) wenn sie Handelsbücher zu führen unterlassen haben, obgleich deren Führung gesetzlich vorgeschrieben oder nach der Beschaffenheit ihres Geschäfts erforderlich war, oder wenn sie diese Handelsbücher verheimlicht oder vernichtet oder so unordentlich geführt haben, daß dieselben keine Uebersicht des Vermögenszustandes gewähren;
3) wenn sie unterlassen haben, die Bilanz ihres Vermögens jährlich zu ziehen, obgleich dieses gesetzlich vorgeschrieben oder nach der Beschaffenheit ihres Geschäfts erforderlich war;
4) wenn sie, obgleich das Vermögen nach der letzten Bilanz nicht die Hälfte der Schulden deckte, neue Schulden gemacht oder Waaren oder Creditpapiere unter dem Werthe verkauft haben.

Bei Erörterung der Frage, ob die Bestimmungen des Preußischen Strafgesetzbuches über den Bankerutt in den Entwurf aufzunehmen, oder ob dieselben zu diesem Zwecke Aenderungen zu unterwerfen seien, mußte zunächst auf den Umstand Rücksicht genommen werden, daß das Preußische Strafgesetzbuch die möglichen Subjekte des strafbaren Bankerutts in nicht geringem Maße beschränkt hat. Handelsleute, Schiffsrheder und Fabrikbesitzer, mithin diejenigen Personen, gegen welche im Falle ihrer Insolvenz das kaufmännische Konkursverfahren zu eröffnen ist, ferner Mäkler und Notarien, wenn sie Handelsgeschäfte betreiben, — hierauf beschränkt sich die Zahl derjenigen Personen, welche wegen strafbaren Bankerutts in Anspruch genommen werden dürfen.

In dieser Beziehung befindet sich das Preußische Strafgesetzbuch wohl nur mit dem Württembergischen (Art. 364 ff.) und Badenschen Gesetzbuche (§. 467.) in Uebereinstimmung. Württemberg beschränkt die Subjekte des strafbaren Bankerutts auf „Handelsmänner, Wechsler und Fabrikanten“ — Baden spricht §. 467. nur von „Handelsleuten“. Selbst das Oldenburgische Strafgesetzbuch, welches im Uebrigen die Bestimmungen des Preußischen Strafgesetzbuches §. 259. bis 262. in seinen Artikeln 242—245. wörtlich wiedergiebt, kann nicht umhin, in Art. 245. außer den auch vom Preußischen Strafgesetzbuche (§. 262.) genannten Mäklern und Notarien wenigstens noch die „Auctionatoren und Auctionsverwalter“ zu nennen, wenn auch unter derselben Beschränkung, welche das Oldenburgische Gesetzbuch nach dem Vorbilde des Preußischen für Mäkler und Notarien anerkennt.

Die meisten der jetzt geltenden Gesetzbücher beschränken dagegen die Subjekte für den strafbaren Bankerutt keineswegs in der Weise, wie dies das Preußische Strafgesetzbuch thut, sondern lassen es zu, daß Jedermann, gleichviel in welchem Zusammenhange er mit dem kommerziellen Leben steht, wegen strafbaren Bankerutts in Anspruch genommen werden könne. Es thun dies die Gesetzbücher von Bayern, Braunschweig, Sachsen, Thüringen, Hessen, Altenburg.

Dabei ist denn allerdings noch darauf hinzuweisen, daß einige Gesetzbücher, die vorzugsweise Berechtigung der handeltreibenden Personen, Subjekte des strafbaren Bankerutts zu sein, doch noch dadurch anerkennen, daß sie für den Bankerutt der Kaufleute besondere Strafbestimmungen treffen, während andere Gesetzbücher auch dieses nicht einmal für nöthig halten. Zu diesen letzteren Gesetzbüchern gehört das Sächsische. Dieses bestimmt Art. 304. unter der Ueberschrift: „böslicher Bankerott“:

„Des böslichen Bankerotts macht sich schuldig, wer

1) im Hinblicke auf eine von ihm beabsichtigte oder bereits geschehene gerichtliche oder außergerichtliche Erklärung seiner wirklichen oder vorgeblichen Zahlungsunfähigkeit oder in Erwartung gerichtlicher Verfügungen zur Sicherstellung seiner Gläubigerschaft, Handlungen irgend einer Art vornimmt, welche darauf berechnet sind, die vorhandene und zur Befriedigung der Gesammtheit seiner Gläubiger, oder gewisser Klassen derselben, bestimmte Masse ganz oder zum Theil widerrechtlich für sich zu behalten oder zu verwerthen, oder widerrechtlich einem Anderen zuzuwenden, ingleichen wer

2) nach eröffnetem Gant- (Concurs-) Verfahren zu seinem Vermögen über die Gantmasse oder einzelne Bestandtheile derselben widerrechtlich zum Nachtheile seiner Gläubiger verfügt.“

(Folgt noch, was unter „widerrechtlicher Befriedigung“ im Sinne dieses Artikels zu verstehen ist.) Art. 305. „Strafen des böslichen Bankerotts“, Art. 306. „Geringere Fälle“, Art. 307. „Leichtsinniger Bankerott“:

„Wer sich durch übermäßigen Aufwand, unordentlichen Haushalt, gewagte, mit seinem Vermögen in keinem Verhältnisse stehende Unternehmungen, oder andere ähnliche Handlungen in Ueberschuldung gebracht und eine Gant herbeigeführt hat, ist mit Gefängniß bis zu sechs Monaten zu bestrafen."

(Hieran schließt sich ein specieller Strafausschließungsgrund, worauf noch in Art. 308. „Schwerere Fälle des leichtsinnigen Bankerotts" folgen, und unter diesen wird dann auch der Kaufleute Erwähnung gethan, wenn es heißt: „Hat ... ein Schuldner, gegen den die Gant eröffnet worden ist, entweder die zu seinem Geschäfte je nach der Handelssitte und dem Umfange desselben erforderlichen Bücher gar nicht, oder in solcher Unordnung geführt, daß daraus sein Aktiv- oder Passiv-Zustand nicht ersehen werden kann, oder zu einer Zeit, wo er seine Zahlungsunfähigkeit kannte und keine gegründete Hoffnung hatte, dieselbe zu heben, annoch für sein Geschäft Darlehne oder Waaren auf Credit aufgenommen oder andere Schuldverbindlichkeiten eingegangen, so ist statt der im vorigen Artikel angedrohten Strafe im ersteren Falle u. s. w. zu erkennen.")

In ähnlicher Weise, wie Sachsen, erwähnt auch so beiläufig Braunschweig die Handel treibenden Personen.

„§. 233. IV. „Strafbarer Bankerott", „1. Betrüglicher Bankerott."

„Ein nicht zahlfähiger oder sich fälschlich für zahlungsunfähig ausgebender Schuldner, der, um seine Gläubiger zu verkürzen, betrügliche Handlungen vornimmt, insbesondere" .... A. B. ... „soll folgende Strafen erleiden."

Damit sind die Subjekte des betrüglichen Bankerotts bezeichnet. Unter A. findet sich denn auch folgender Passus:

„oder als Kaufmann, Banquier, Geldwechsler oder Fabrikant in solcher Absicht seine Bücher verbirgt, vertilgt oder verfälscht, oder ohne Handelsbücher zu hinterlassen oder mit Hinterlassung von verwirrten Handelsbüchern austritt oder seinen Aufenthalt verbirgt."

Bei den verschiedenen Strafpositionen ist dann auf die Kaufleute nicht weiter Rücksicht genommen. Folgt §. 234. „2. Muthwilliger Bankerott". Die möglichen Subjekte dieses Delikts werden bezeichnet durch das Wort: „Wer" ... A. das und das thut, oder „wer" B. das und das thut, soll u. s. w. bestraft werden. Unter A. finden sich dann folgende Worte:

„sowie der nicht zahlfähige Kaufmann, Banquier, Geldwechsler oder Fabrikant, der entweder gar keine Bücher oder diese so unvollständig geführt hat, daß aus denselben der Vermögens- und Schuldenstand nicht ersehen werden kann, oder der nicht wenigstens alle zwei Jahre Bilanz gezogen hat, insofern die Handelssitte nach dem Umfange seines Geschäfts die Führung von Büchern erforderlich macht" —

Endlich ist in §. 235. der „fahrlässige Bankerott" mit Strafe bedroht, und bei dieser Strafandrohung auch nicht einmal beiläufig der Kaufleute gedacht.

Die Strafgesetzbücher von Altenburg Art. 256—260. und Thüringen (Art. 242—245.) erwähnen die Kaufleute zwar besonders als Subjekte des strafbaren Konkurses, ohne jedoch dieselben hinsichtlich der strafrechtlichen Folgen wesentlich von anderen Gemeinschuldnern zu unterscheiden.

So disponirt das Altenburgische Gesetzbuch in folgender Weise: „Leichtsinniger Bankerott." Art. 256.: „Wer sich durch übermäßigen Aufwand u. s. w. u. s. w. in Ueberschuldung gebracht und in Konkurs versetzt hat, ist mit Gefängnißstrafe von einem Monate bis zu sechs Monaten zu belegen." Art. 257.: „Hat insbesondere ein in gerichtlichen Konkurs verfallener Schuldner, welcher kaufmännische Geschäfte betreibt, 1. u. s. w., 2. u. s. w., 3. u. s. w., 4. u. s. w., so trifft ihn achtwöchentliche bis einjährige Gefängnißstrafe oder Arbeitshausstrafe." „Betrügerischer Bankerott." Art. 258.: „Wer bei bevorstehendem oder ausgebrochenem Konkurse durch betrügerische Handlungen einzelne Gläubiger vor anderen begünstigt u. s. w., ist mit Arbeitshausstrafe von sechs Monaten bis Zuchthausstrafe von sechs Jahren zu belegen." Art. 259.: „Ein Schuldner, welcher kaufmännische Geschäfte betreibt und bei bevorstehendem Konkurse u. s. w. vor oder nach Ausbruch des Konkurses u. s. w. ist mit Arbeitshaus von einem Jahre bis Zuchthaus von sechs Jahren zu bestrafen."

Ganz ähnlich disponirt das Thüringische Strafgesetzbuch. Unter der Ueberschrift: „Leichtsinniger und muthwilliger Bankerott" werden zwei Strafbestimmungen subsumirt. Die erste (Art. 242.) beginnt mit den Worten: „Ein Schuldner, der sich durch übermäßigen Aufwand u. s. w. außer Stand gesetzt hat, seine Gläubiger zu befriedigen" u. s. w. Die zweite Bestimmung (Art. 243.) sagt dagegen: „Hat ein zahlungsunfähiger und in gerichtlichen Konkurs verfallener Kaufmann, Banquier, Geldwechsler, Fabrikant, oder wer sonst gewerbsmäßig Handelsgeschäfte treibt," worauf die einzelnen Voraussetzungen für die zu erkennende Strafe unter Nr. 1—4. folgen. – Und ebenso wird auch unter dem Rubrum „Betrügerische Handlungen bei dem Bankerotte" unterschieden zwischen „zahlungsunfähigen" überhaupt (Art. 244.) und zahlungsunfähigen Kaufleuten, Banquiers, Geldwechslern, Fabrikanten, oder wer sonst gewerbsmäßig Handelsgeschäfte treibt." — (Art. 245.)

In diesen beiden Gesetzbüchern ist mithin der Begriff des strafbaren Bankerotts mit Bezug auf das Subjekt in keiner Weise beschränkt. Ist aber das Subjekt des Deliktes eine handeltreibende Person, so enthält dieser Umstand einen Qualifikationsgrund des Deliktes.

Wesentlich verschieden von den eben angeführten Gesetzbüchern stellen sich die Gesetzbücher von Hessen und von Bayern.

Das Hessische Strafgesetzbuch giebt seinem Titel 46. die Ueberschrift: „von Vervortheilung der Gläubiger bei Concursen und Bankerotten." Der Titel beginnt (Art. 402.) mit folgender Vorschrift:

„Wer bei bevorstehendem Concurse, oder bei bevorstehendem Fallimente, durch betrügerische Handlungen einzelne seiner Gläubiger vor anderen begünstigt, oder um seine Gläubiger zu verkürzen, Geld oder geldeswerthe Sachen heimlich zurückbehält u. s. w., soll, wenn er nicht als Handelsmann,

Wechsler oder Fabrikant sich dadurch eines betrüglichen Bankerotts schuldig gemacht hat (Art. 304.) nach den im Tit. XLIV. §. II. vom Betruge enthaltenen Bestimmungen bestraft werden."

Und an diese Bestimmung des Hessischen Gesetzbuches schließen sich folgende Vorschriften an:

Art. 403. „Ein Handelsmann, Wechsler oder Fabrikant, welcher in den Zustand der Zahlungsunfähigkeit gekommen ist, soll des betrügerischen Bankerotts in folgenden Fällen für schuldig erkannt werden, wenn er nicht solche Umstände zu erweisen vermag, durch welche die Voraussetzung einer betrügerischen Absicht gegen seine Gläubiger gänzlich beseitigt wird: Nämlich" (folgen die einzelnen Nummern 1—6, nebst einer Schlußbemerkung.)

Art. 404. „Des einfachen Bankerotts soll ein Handelsmann, Wechsler oder Fabrikant, welcher in den Zustand der Zahlungsunfähigkeit gekommen ist, in folgenden Fällen für schuldig geachtet werden" — (folgen die einzelnen Nummern 1—5).

Nachdem dann Art. 405. die Strafen, sowohl für den betrüglichen wie für den einfachen Bankerott festgesetzt, werden durch Art. 406. die in den voraufgehenden Artikeln enthaltenen Bestimmungen ausgedehnt, auf Mäkler, Wechselagenten, Sensale und auf Frauenspersonen, welche ein Handelsgeschäft auf eigene Rechnung treiben.

Das Bayrische Strafgesetzbuch beginnt sein zwanzigstes Hauptstück — „Widerrechtliche Benachtheiligung der Gläubiger" mit einer dem Art. 402. des Hessischen Strafgesetzbuches entsprechenden Bestimmung:

Art. 327. „**Wer** außer den Fällen der Artikel 328. u. 329. seine Gläubiger dadurch benachtheiligt" — (eine mindestens auffallende Redaktion, welche zum Verständniß eines früheren Gesetzes die Kenntniß des späteren verlangt; umgekehrt wäre es richtig) — „daß er entweder Ueberschuldung vorspiegelt oder nach eingetretener Ueberschuldung widerrechtlich Vermögensvortheile verheimlicht oder den Gläubigern entzieht oder Schuldposten oder Rechtsgeschäfte, welche ganz oder theilweise erdichtet sind, aufstellt oder anerkennt, oder aus eigennütziger Absicht einzelne Gläubiger vor den anderen begünstigt, ist mit Gefängniß nicht unter einem Monat zu bestrafen. Zugleich kann gegen denselben auf die im Artikel 28. bezeichneten Straffolgen oder auf einzelne derselben erkannt werden.

Uebersteigt der Gesammtbetrag des Schadens tausend Gulden, so ist auf Zuchthaus bis zu acht Jahren zu erkennen.

Der Versuch des im Absatze 1. bezeichneten Vergehens ist strafbar."

Die Bestimmung dieses Artikels des Bayrischen Gesetzbuches ist vollständig mitgetheilt worden, um zu zeigen, daß mindestens die meisten der durch diesen Artikel begriffenen Fälle unter den Gesichtspunkt des Betruges zu subsumiren sein würden, welcher nach dem Bayrischen Strafgesetzbuch Art. 314. in folgender Weise definirt ist:

„Wer in der Absicht, sich oder einem Dritten einen rechtswidrigen Vortheil zu verschaffen, mittels Vorspiegelung falscher oder mittels Unterdrückung wahrer Thatsachen oder mittels Anwendung arglistiger Kunstgriffe eine Täuschung hervorruft oder unterhält und dadurch Jemand an seinem Vermögen benachtheiligt, macht sich des Betruges schuldig."

Das Bayrische Strafgesetzbuch geht allerdings, abweichend vom Hessischen Gesetzbuche, bei den Art. 327. aufgestellten Delikten über die für den Betrug festgesetzte Strafe hinaus, und in sofern würde sich die besondere Berücksichtigung der bei dem Bankerott von nicht handeltreibenden Personen vorkommenden Betrugsfälle rechtfertigen. Aber die legislatorische Frage bleibt dabei doch noch immer bestehen, ob eine genügende Veranlassung vorhanden ist, in dieser Weise den bei dieser Art des Bankerotts vorkommenden Betrug vor anderen Arten des Betruges auszuzeichnen, und ob Veranlassung vorhanden ist, bei dem Bankerotte von nicht handeltreibenden Personen dasjenige zu bestrafen, was wenn diese Personen nicht insolvent geworden wären, auch nicht zu einer Bestrafung Veranlassung gegeben hätte.

Ehe jedoch auf die Beantwortung dieser Frage näher eingegangen wird, ist noch auf die Art und Weise Rücksicht zu nehmen, in welcher das Lübische Strafgesetzbuch die Vorschriften über den Bankerott behandelt.

Dieses Gesetzbuch bestimmt Folgendes:

§. 223. „Wer nach den Bestimmungen der Concursordnung eines betrügerischen Bankeruttes schuldig ist, wird mit Zuchthaus von einem bis zu zehn Jahren bestraft."

(Mildernde Umstände.)

§. 224. bringt Bestimmungen, welche im Wesentlichen dem Preußischen §. 260. nachgebildet sind.

§. 225. „Wer in Gemäßheit der Concursordnung eines leichtsinnigen Bankeruttes schuldig ist, wird mit Gefängniß bis zu zwei Jahren bestraft."

Die Strafbestimmungen dieses Gesetzbuches beziehen sich somit auf die Vorschriften einer Konkursordnung, welche bestimmt, in welchen Fällen Jemand sich des betrügerischen und in welchen Fällen des leichtsinnigen Konkurses schuldig macht. Diese Methode, die Strafbestimmungen für den Bankerott festzustellen, ist für ein deutsches Strafgesetzbuch um deswillen nicht möglich, weil eine allgemeine deutsche Konkursordnung weder existirt, noch auch nach den Bestimmungen des Art. 4. der Verfassung des Norddeutschen Bundes als Gegenstand der Gesetzgebung des Norddeutschen Bundes in Aussicht genommen ist. Das Verhältniß zwischen strafbarem Bankerutt und Konkursverfahren wird sich demnach gerade umgekehrt gestalten als im Lübischen Recht. Nicht das allgemeine deutsche Strafgesetz kann auf die einzelnen Konkursordnungen Rücksicht nehmen, sondern die einzelnen Konkursordnungen werden sich, wo es nöthig ist, auf das allgemeine Strafgesetz zu beziehen haben; wie ja auch die Preußische Konkursordnung auf die Bestimmungen des Preußischen Strafgesetzbuches und nicht dieses auf jene rücksichtigt. Selbst wenn die allgemeine deutsche Civilproceßordnung auch eine allgemeine deutsche Konkursordnung mit umfassen sollte, so würde, wie dieses das eben berührte Verhältniß zwischen der Preußischen Konkursordnung und dem Preußischen Strafgesetzbuche zeigt, hieraus kein Hinderniß entstehen, die Bestimmungen des strafbaren Bankerutts in dem deutschen Strafgesetzbuche aufzustellen, mit der Erwartung, daß auch eine allgemeine deutsche Konkursordnung, so weit dies nöthig, auf dieselben Bezug nehmen werde.

In dem Entwurfe ist nun das specielle Delikt des strafbaren Bankerutts — der Ausdruck des Preußischen Gesetzbuches ist eben beibehalten — beschränkt auf Handelsleute, Schiffsrheder, Fabrikbesitzer; es ist ein rein kaufmännisches, ein handelsrechtliches, wenn man will, ein Standesdelikt. Selbst die im Preußischen Strafgesetzbuche (§. 262.) vorgenommene Erweiterung der möglichen Subjekte des strafbaren Bankeruttes auf Mäkler und Notarien hat der Entwurf aufgegeben.

Der Grund hierfür ist folgender:

Das Resultat einer Insolvenz des Gemeinschuldners ist allerdings, daß die Gläubiger in ihrem Vermögen geschädigt werden. Und dieses Resultat tritt ein, es mag der Gemeinschuldner zu den Handelsleuten, Schiffsrhedern und Fabrikbesitzern gehören, oder es mag dieses nicht der Fall sein.

Nun könnte man deduciren: Vermögensbeschädigungen der Gläubiger dürfen nicht stattfinden. Wenn sie in Folge des Konkurses eines Gemeinschuldners dennoch stattfinden, so ist letzterer zu strafen.

Hier entsteht denn aber die Frage: Folgt aus diesen Prämissen denn wirklich, daß die durch den Konkurs entstandene Vermögensbeschädigung gestraft werden muß? Hat denn das Strafrecht überhaupt die Aufgabe, durch die ihm zu Gebote stehenden Mittel alle und jede denkbaren Vermögensbeschädigungen zu verhüten? Kann nicht auch den Gläubigern gesagt werden: vigilantibus jura scripta, warum kreditirt ihr, wo ihr nicht die Sicherheit hattet, daß eure Forderungen würden realisirt werden?

Hierzu kommt noch Folgendes. Vermögensbeschädigungen werden mit Strafe bedroht. Unter diesen Verbrechen nimmt der Betrug nicht die letzte Stelle ein, und es versteht sich von selbst, daß, wenn der Gemeinschuldner die Gläubiger betrogen, er zu bestrafen ist, der Betrug mag durch den Konkurs oder durch welche Veranlassung sonst an den Tag kommen.

Die Frage ist also nur: Soll bei dem Konkurse noch mehr bestraft werden als die sonst schon mit Strafe bedrohten Vermögensverbrechen, namentlich der Betrug, und: bietet die Insolvenz des Gemeinschuldners Veranlassung, die sonst mit Strafe bedrohten Vermögensverbrechen härter zu bestrafen, als dies sonst der Fall wäre? —

Zu bejahen wäre diese Frage nur, wenn man die Behauptung aufstellen wollte, daß ungerechtfertigtes Kreditgewähren im Allgemeinen unter strafrechtlichen Schutz zu stellen sei. Denn das darf nicht übersehen werden, daß je weiter man die Koercitionsmittel gegen insolvente Schuldner ausdehnt, um so mehr auch das unsolide, wirthschaftlich ungesunde Gewähren von Kredit gefördert wird. Seine natürliche Grenze findet der Kredit in dem Vermögen dessen, der den Kredit beansprucht. Daß dem oder den Gläubigern das gesammte Vermögen des Schuldners zur Deckung der ihnen zustehenden Forderungen und zwar in der einfachsten und promptesten Weise zur Disposition gestellt werde, — diesen Anspruch darf Jeder, welcher Kredit gewährt, an die Gesetzgebung stellen, und die Gesetzgebung hat die Aufgabe, dieser Forderung gerecht zu werden; denn der Verkehr bedarf des Kredits, und auch der solideste Kredit wird beschränkt, wenn durch unzweckmäßige Gesetze die Befriedigung des Gläubigers aus dem Vermögen des Schuldners gehemmt wird. Wer Kredit geben will, mag im Uebrigen zusehen, daß das Vermögen seines Schuldners ausreicht, um die entstandenen Forderungen zu decken. Geht die Gesetzgebung aber noch weiter, stellt sie außer dem Vermögen auch noch die Person des Schuldners als ein Objekt hin, an welchem sich der Gläubiger für seine Forderung erholen kann, mag dies geschehen in der Form der Personalhaft oder in Form der Bestrafung des insolvent gewordenen Gemeinschuldners, so verrückt die Gesetzgebung selbst die Grenzen des natürlichen, gesunden Kredits, so bietet sie selbst die Veranlassung, daß das Kreditgeben ein unsolides wird, daß bei der Gewährung des Kredits die Erwartung, bezahlt zu werden, nicht allein auf das Vermögen des Schuldners, sondern auch darauf gestützt wird, es werde der Schuldner Furcht haben, der Personalhaft oder der Bestrafung zu verfallen.

Im Interesse gesunder Kreditverhältnisse wird man daher davon ausgehen, daß, da jeder Kreditgewährende gegen verbrecherische Vermögensbeschädigungen, namentlich gegen Betrug geschützt ist, es im Uebrigen Sache Dessen, der den Kredit gewährt, sein müsse, sich darüber zu vergewissern, ob das Vermögen des Schuldners ihm geeignete Deckung zu gewähren im Stande sei; daß das Insolventwerden eines Gemeinschuldners an sich noch keine Veranlassung darbiete, um mit Strafbestimmungen wegen Bankerotts vorzugehen.

Nur ausnahmsweise wird dies zulässig sein und zwar lediglich dann, wenn das Kreditbedürfniß ein solches ist, daß es den Anspruch erhebt, mit mehr als gewöhnlicher Bereitwilligkeit befriedigt zu werden, wenn die Verhältnisse, unter denen Kredit verlangt und gewährt wird, von der Beschaffenheit sind, daß sie die volle Klarlegung der Vermögensverhältnisse des Schuldners nicht wohl möglich machen.

Wenn die Gesetze derartige Verhältnisse in den Handelsverhältnissen anerkennen, so wird man ihnen beistimmen können. Die Insolvenz eines Kaufmannes ist etwas Anderes, als die Insolvenz eines Nichtkaufmanns. Letztere bleibt auf die individuellen Verhältnisse des Gemeinschuldners sehr viel mehr beschränkt, als dies bei der kaufmännischen Insolvenz der Fall ist. Der Bankerutt eines Kaufmannes gefährdet den dem Handel nothwendigen Kredit in sehr viel höherem Grade, als beispielsweise der von dem Grundbesitz zu beanspruchende Kredit durch den Bankerutt eines Grundbesitzers und selbst mehrerer Grundbesitzer gefährdet wird.

Das Angriffsobjekt des strafbaren Bankerutts ist somit nicht in dem Vermögen des einzelnen Gläubigers, sondern in der Sicherheit des Handels überhaupt zu finden, insoweit dessen Existenz auf Gewährung von Kredit beruht.

Aber nicht jeder Konkurs eines Kaufmannes kann schon als solcher den Thatbestand einer strafbaren Handlung darbieten. Diese erfordert wie überhaupt so auch bei dem Konkurse die Schuld des zu Bestrafenden.

Der legislatorischen Erwägung bleibt es nun anheim gegeben, diejenigen Handlungen zu präcisiren, welche eine strafbare Schuld des insolvent Gewordenen involviren.

Die Praxis des Preußischen Rechts hat gezeigt, daß diejenigen Handlungen oder Unterlassungen, von deren Vorhandensein das Preußische Strafgesetzbuch die Verurtheilung wegen strafbaren Bankerutts abhängig gemacht hat, ausreichend sind. Und so hatte denn auch der Entwurf keine Veranlassung, von den Vorschriften der §§. 259. 260. 261. im Wesentlichen irgendwie abzugehen.

Die Strafpositionen des Preußischen Strafgesetzbuches sind in dem Entwurf bedeutend herabgesetzt. Während das Preußische Strafgesetzbuch für die Fälle des §. 259. Zuchthaus bis zu funfzehn Jahren oder Gefängniß nicht unter drei Monaten, für die Fälle des §. 260. Zuchthaus bis zu zehn Jahren oder Gefängniß nicht unter drei Monaten androht, bestimmt der Entwurf in den entsprechenden §§. 202. und 203. Gefängniß nicht unter drei Monaten oder Zuchthaus bis zu fünf Jahren. Es war hierbei nicht die Ansicht maßgebend, daß der Bankerutt in Zukunft weniger strenge als bisher gestraft werden solle, sondern es erfolgte die Herabsetzung der Preußischen Strafpositionen im Hinblick auf die Art und Weise, wie wirklich in der Preußischen Praxis gestraft worden ist, und im Interesse einer korrekten Strafzumessung. Nach Ausweis der Schwurgerichtsstatistik wurden auf Grund der §§. 259. 260. in den Jahren 1860—1865 422 Fälle mit 418 Angeschuldigten zur Anklage gebracht. Von diesen 418 Angeschuldigten wurden 264 verurtheilt und zwar zu Geldbuße 1; zu Gefängniß unter Einem Jahre 127; zu Gefängniß von Einem Jahre und darüber 55; mithin blieb die Zuchthausstrafe überhaupt nur auf 81 beschränkt. Von diesen traf Zuchthaus von 2 Jahren: 35; Zuchthaus von 2—5 (excl.) Jahren: 33; Zuchthaus von 5—10 (excl.) Jahren: 13. Mithin sind zehn Jahre Zuchthaus oder noch mehr niemals erkannt. Unter den 13 Fällen aber, welche in der Kolonne 5—10 (excl.) verzeichnet sind, befinden sich auch diejenigen, in denen gerade auf fünf Jahre Zuchthaus erkannt wurde.

Hieraus ist zu ersehen, daß die Praxis bei Anwendung der Strafpositionen des Entwurfs ebenso strafen kann, wie sie bisher gestraft hat. Sie wird aber die gleichen Strafen bei Anwendung einer korrekteren Strafzumessung zu erkennen im Stande sein.

Die wichtigste Aenderung, welche der Entwurf gegenüber den Bestimmungen des Preußischen Strafgesetzbuches vorgenommen, besteht darin, daß §. 262. dieses Gesetzbuches in dem Entwurfe nicht Aufnahme gefunden hat.

Dieser Paragraph bestimmt:

„Wenn Mäkler und Notarien Handelsgeschäfte betreiben, so sollen dieselben, im Falle sie ihre Zahlungen einstellen und der in diesem Titel erwähnten Handlungen schuldig sind, denselben Strafen wie Handelsleute unterliegen.“

Die Erwägung, welche zu dieser erst in dem Entwurfe von 1850 auftretenden Bestimmung geführt hat, daß nämlich solche Personen durch ihre amtliche Stellung leicht Kredit in kaufmännischen Kreisen erhalten werden, daß daher ein Mißbrauch desselben im allgemeinen Interesse geahndet werden müsse, — dieser Grund schlägt nicht durch. Denn nicht die Gefährdung, welche der Seitens der Kaufleute an Nicht-Kaufleute gewährte Kredit erfährt, rechtfertigt die Bestimmungen über den strafbaren Bankerutt, sondern diese rechtfertigen sich gerade umgekehrt nur durch die Gefährdung desjenigen Kredits, welchen Kaufleute von Nicht-Kaufleuten beanspruchen. Nicht der Abfluß des Kapitals von den Unternehmungen des Handelns, sondern der Zufluß des Kapitals zu diesen Unternehmungen soll, soweit dies Strafvorschriften überhaupt vermögen, gefördert werden.

Die Strafvorschrift des Preußischen §. 262. hat überdem für zwei höchst ehrenvolle Berufsarten etwas überaus Verletzendes. Paraphrasirt man nämlich den §. 262. ohne irgendwie zurückhaltend zu sein, so ist der Inhalt desselben etwa folgender:

Zwar können außer den Kaufleuten, Schiffsrhedern und Fabrikbesitzern noch viele andere Personen Bankerutt machen und zwar auch recht schmutzigen Bankerutt. Aber am ehesten darf man sich dessen jedoch von Mäklern und Notarien versehen. Deshalb wollen wir uns diese aus allen anderen herausgreifen und auf sie gerade die Vorschriften der Bankeruttsgesetze in Anwendung bringen.

Die Schlußbestimmung des Preußischen Strafgesetzbuches §. 260.:

„Hat der Thäter im Einverständnisse mit dem Gemeinschuldner gehandelt, so kommen die allgemeinen Vorschriften über die Theilnahme an Verbrechen zur Anwendung.“ —

ist in dem Entwurfe beibehalten. Wenn durch diese Bestimmung des Preußischen Strafgesetzbuches nichts weiter festgesetzt wäre, als daß der Theilnehmer an einem betrüglichen Bankerutt als Theilnehmer eines betrüglichen Bankerutts zu bestrafen sei, so würde der Entwurf die angeführten Worte des Preußischen Strafgesetzbuches nicht wiederholt haben. Denn daß die Bestimmungen des allgemeinen Theils bei den einzelnen Verbrechen in Anwendung kommen, in soweit bei letzteren nicht specielle Ausnahmen in dieser Beziehung gemacht sind, das versteht sich von selbst. Nun kann es aber füglich bezweifelt werden, ob die in §. 260. des Preußischen Strafgesetzbuches bezeichneten Handlungen, wenn sie im Einverständnisse mit dem Gemeinschuldner begangen sind, den Thatbestand der Theilnahme am betrüglichen Bankerutt ausmachen würden. Demnach erscheint es zweckmäßig, diesen Fall in der

Form eines selbständigen Delikts zu behandeln und für dasselbe die Strafe der Theilnahme am betrüglichen Bankerutt vorzuschreiben.

In §. 204. behält der Entwurf die Worte des Preußischen Strafgesetzbuches §. 261. Nr. 1. bei:

„wenn sie u. s. w. übermäßige Summen verbraucht haben“ Es könnte zwar das Bedenken aufgeworfen werden, was unter „übermäßigen Summen“ zu verstehen sei. Hat doch der Entwurf an anderen Stellen derartige relative Begriffe zu vermeiden gesucht. Der Unterschied gegenüber jenen anderen Stellen ist aber ein doppelter:

1. Von dem Begriffe der „übermäßigen“ Summen hängt hier die Bestrafung überhaupt ab, nicht aber dient dieser Begriff dazu, ein so wie so schon strafbares Delikt zu qualificiren.

2. Es fehlt auch in dem vorliegenden Falle keineswegs an dem Maßstabe, welcher anzulegen ist, um das „übermäßige“ von dem „nicht übermäßigen“ zu unterscheiden. Denn dieser Maßstab wird durch das Vermögen des Gemeinschuldners gebildet.

Wegen des Zusammentreffens dieser beiden Momente war es zulässig, an dieser Stelle von „übermäßigem Verbrauch“ zu sprechen, während es unzulässig war, gelegentlich der Körperverletzungen von „länger andauernder Krankheit oder Arbeitsunfähigkeit“ oder von „erheblichen Nachtheilen für die Gesundheit“ u. s. w. zu sprechen.

Sechsundzwanzigster Titel.

Strafbarer Eigennutz.

§. 205.

Wer Waaren oder deren Verpackung fälschlich mit dem Namen oder der Firma und mit dem Wohn- oder Fabrikorte eines inländischen Fabrik-Unternehmers, Producenten oder Kaufmanns bezeichnet, oder wissentlich dergleichen fälschlich bezeichnete Waaren in den Verkehr bringt, soll mit Geldbuße bis zu Einhundert Thalern oder mit Gefängniß bis zu sechs Monaten bestraft werden.

Dieselbe Strafe tritt ein, wenn die Handlung gegen die Angehörigen eines fremden Staates gerichtet ist, in welchem nach publicirten Verträgen oder Gesetzen die Gegenseitigkeit verbürgt ist.

Die Strafe wird dadurch nicht ausgeschlossen, daß bei der Waarenbezeichnung der Name oder die Firma und der Wohn- oder Fabrikort mit geringen Abänderungen wiedergegeben werden, welche nur durch Anwendung besonderer Aufmerksamkeit wahrgenommen werden können.

§. 206.

Wer Andere vom Mitbieten oder Weiterbieten bei den von öffentlichen Behörden oder Beamten vorgenommenen Versteigerungen, dieselben mögen Verkäufe, Verpachtungen, Lieferungen, Unternehmungen oder Geschäfte irgend einer

Art betreffen, durch Gewalt oder durch Drohung, oder durch Zusicherung oder Gewährung eines Vortheils abhält, wird mit Geldbuße bis zu Einhundert Thalern oder mit Gefängniß bis zu sechs Monaten bestraft.

§. 207.

Wer seine eigene bewegliche Sache dem Nutznießer, Pfandgläubiger oder demjenigen, welchem an der Sache das Zurückbehaltungsrecht zusteht, wegnimmt, wird mit Gefängniß bis zu Einem Jahre bestraft.

Es kann zugleich auf Untersagnng der Ausübung der bürgerlichen Ehrenrechte erkannt werden.

Die Bestimmungen der §. 170. und 171. finden hier gleichfalls Anwendung.

§. 208.

Wer Sachen, welche durch die zuständigen Behörden oder Beamten gepfändet oder in Beschlag genommen worden sind, vorsätzlich bei Seite schafft, verbirgt oder zerstört oder in anderer Weise der Pfändung oder Beschlagnahme ganz oder theilweise entzieht, wird mit Gefängniß bis zu Einem Jahre bestraft.

§. 209.

Reisende oder Schiffsleute, welche ohne Vorwissen des Schiffers, ingleichen Schiffer, welche ohne Vorwissen des Rheders Gegenstände an Bord nehmen, welche das Schiff oder die Ladung gefährden, indem sie deren Konfiskation oder Beschlagnahme veranlassen können, werden mit Gefängniß bis zu zwei Jahren bestraft.

§. 210.

Ein Schiffsmann, der mit der empfangenen Heuer entläuft oder sich verborgen hält, in der Absicht, sich dem übernommenen Dienste zu entziehen, soll mit Gefängniß bis zu Einem Jahre bestraft werden.

Es macht hiebei keinen Unterschied, ob das Verbrechen im Inlande oder im Auslande begangen ist.

§. 211.

Wer geschlossene Briefe oder andere geschlossene Urkunden, die nicht zu seiner Kenntnißnahme bestimmt sind, vorsätzlich und unbefugter Weise eröffnet, soll mit Geldbuße bis zu funfzig Thalern oder mit Gefängniß bis zu drei Monaten bestraft werden.

In dem Preußischen Strafgesetzbuche umfaßt dieser Titel nicht weniger als achtzehn Paragraphen. In dem Entwurfe sind von diesen achtzehn nur sieben Paragraphen reproducirt. Es sind demnach zunächst die Fortlassungen zu motiviren, welche der Entwurf gegenüber dem Preußischen Strafgesetze für nothwendig erachtete.

1. Daß §. 263. des Preußischen Strafgesetzbuches, welcher die Strafbestimmungen für den Zinswucher enthält, fortgelassen ist, bedarf keiner Rechtfertigung.

2. Die §§. 264. und 265. treffen folgende Bestimmungen:

§. 264. „Wer ohne Erlaubniß der Behörde gewerbsmäßig auf Pfänder leiht, wird mit Gefängniß von Einer Woche bis zu zwei Monaten bestraft."

§. 265. „Oeffentliche Pfandleiher, welche die von ihnen in Pfand genommenen Gegenstände unbefugt in Gebrauch nehmen, werden mit Gefängniß von Einem Monate bis zu Einem Jahre und zugleich mit Geldbuße von zwanzig bis zu fünfhundert Thalern bestraft."

Der Entwurf konnte den §. 264. deshalb nicht aufnehmen, weil derselbe die Voraussetzung hat, daß ein Pfandleihe-Geschäft nur mit obrigkeitlicher Erlaubniß unternommen werden dürfe. Es mußte aber bedenklich erscheinen, ohne Weiteres anzunehmen, daß, selbst wenn eine neue Gewerbeordnung das Koncessionswesen aufrecht erhalten sollte, das Leihen auf Pfänder unter die koncessionspflichtigen Gewerbe werde gestellt werden. Sodann aber konnte auch die Erwägung nicht unterdrückt werden, daß es zweckmäßiger sein dürfte, diejenigen Strafbestimmungen, welche für Ueberschreitung der Koncessionsbestimmungen anzuordnen wären, in das Gewerbegesetz selbst aufzunehmen, als dieselben der allgemeinen strafrechtlichen Kodifikation einzuordnen. Wollte man endlich die Bestimmung des §. 264. mit der Erwägung in Zusammenhang bringen, daß Pfandleih-Institute leicht Veranlassung zur Hehlerei geben könnten, so würde auch dieser Gesichtspunkt, da der Entwurf Vorschriften rein polizeilicher Natur nicht aufgenommen, nur dahin führen, den §. 264. in dem Entwurfe nicht zu reproduciren.

Der §. 265. enthält einen Fall des furtum usus. Im Allgemeinen hat das Preußische Strafgesetzbuch das furtum usus nicht mit Strafe bedroht; auch nicht den Fall des furtum usus, wenn Pfandleiher, welche jedoch nicht öffentliche Pfandleiher sind, in Pfand genommene Gegenstände unbefugt in Gebrauch nehmen. Da nun der Entwurf den Begriff des öffentlichen Pfandleihers aus den so eben angegebenen Gründen strafrechtlich nicht anerkennen mag, so ergab sich daraus nur die Möglichkeit, entweder das furtum usus eines jeden Pfandleihers mit Strafe zu bedrohen, also die Strafbarkeit des furtum usus weit über die Grenzen des Preußischen Strafgesetzbuches hinaus auszudehnen, oder das furtum usus der Pfandleiher überhaupt nicht zu berühren und die in dieser Beziehung etwa nothwendig erscheinenden Strafvorschriften demjenigen Gesetze anheimzugeben, welches das Pfandleihwesen überhaupt zu regeln die Aufgabe haben wird. Der Entwurf hat sich für letzteres entschieden, da es zu bedenklich erschien, das furtum usus in einem allgemeinen deutschen Strafgesetzbuche in weiterem Umfange aufzunehmen, als dies im Preußischen Strafgesetzbuche geschehen ist.

3. Die §§. 266—268. des Preußischen Strafgesetzbuches beziehen sich auf die Hazardspiele und auf die Veranstaltungen von Lotterien. Den Grund, weshalb diese Bestimmungen in den Entwurf nicht aufgenommen sind, liefert das Lübische Gesetzbuch, welches die betreffenden Bestimmungen reproducirt, aber in Betreff der Hazardspiele in §. 228. folgende karakteristische Zusatzbestimmung trifft:

„Die Vorschriften der §§. 226 und 227. treffen jedoch nicht zu bei Spielen, welche ausnahmsweise obrigkeitlich erlaubt sind.“ Man könnte hinzufügen: wie z. B. die Homburger und Wiesbadener Spielbank, sowie verschiedene Arten von Lotterien.

So lange Institute, wie die eben genannten, theils vom Staate geduldet, theils selbst verwaltet und als Einnahmequelle benutzt werden, ist es der Erwägung der einzelnen Landesgesetzgebungen anheim zu geben, ob, und in welcher Weise das private Hazardiren und die privaten Lotterieen unter Strafe gestellt werden können.

4. Die §§. 273—277. des Preußischen Strafgesetzbuches enthalten die Bestimmungen über den Fisch- und Wilddiebstahl. Der Entwurf übergeht dieselben, nicht aus dem Grunde, weil diese Delikte sich zur Bestrafung nicht eigneten, sondern weil bei der Bestrafung derselben so sehr lokale Verhältnisse mit von Einfluß sind, daß die Strafvorschriften von einem allgemeinen deutschen Strafgesetzbuche nicht getroffen werden können. Lübeck und Oldenburg lassen diese Bestimmungen fort. Zu der Besorgniß, daß das Fortlassen der Fisch- und Wilddiebstähle aus dem Entwurfe dahin führen könnte, diese Delikte den eigentlichen Diebstählen gleich zu stellen, ist kein Grund vorhanden. Nicht nur die auch in dem Entwurfe aufgenommene Legaldefinition des Diebstahls hindert dies, sondern auch die allgemeine Rechtsansicht in Deutschland, nach welcher noch nicht occupirte Gegenstände nicht Objekte des Diebstahls sein können, tritt dem entgegen.

An den aus dem Preußischen Strafgesetzbuche in den Entwurf übernommenen Bestimmungen sind folgende Aenderungen vorgenommen:

1. §. 205. des Entwurfs läßt die von dem Preußischen Strafgesetzbuche aufgestellte Rückfallstrafe fort. Es ist dabei das Vorbild des Lübischen Strafgesetzbuches §. 230. maßgebend gewesen. Dieses droht freilich für die Firmenfälschung nur eine Geldbuße bis zu 300 Mark an, eine Strafe, die im Verhältniß zu dem Objekt, um welches es sich bei diesem Delikte handelt, nicht ausreichend erscheint; denn es ist ganz wohl möglich, daß ein Kaufmann durch geschickte Firmenfälschung weit mehr lukrirt als ihm durch die vom Lübischen Rechte angedrohte Geldbuße entzogen werden kann.

Der Entwurf hat daher auch keinen Anstand genommen, nach dem Vorbilde des Preußischen Strafgesetzbuches auch die Gefängnißstrafe für dieses Delikt anzudrohen. Während aber das Preußische Strafgesetzbuch die Gefängnißstrafe erst im Rückfalle, dann aber neben der Geldbuße eintreten lassen will, und bei der ersten Bestrafung nur die Geldbuße — allerdings bis zu tausend Thalern — glaubte der Entwurf das Delikt durchaus dazu angethan, um auch schon für den ersten Fall der Begehung mit Gefängnißstrafe geahndet werden zu können. Das Preußische Maximum der sechsmonatlichen Gefängnißstrafe ist in dem Entwurfe beibehalten und dieser Gefängnißstrafe entsprechend die Strafposition: Einhundert Thaler Geldbuße oder sechs Monate Gefängniß — gewählt worden.

2. §. 206. des Entwurfs (§. 270. des Preußischen Strafgesetzbuches) hat nur die Strafposition, entsprechend den allgemeinen Grundsätzen, in der Weise geändert, daß statt: dreihundert Thaler Geldbuße oder sechs Monate Gefängniß — gesetzt ist: Einhundert Thaler Geldbuße oder sechs Monate Gefängniß. Im Uebrigen ist der §. 270. unverändert in den Entwurf übergegangen, trotz einer Aenderung, welche das Oldenburgische Gesetzbuch an diesem Paragraphen gemacht hat. Während nämlich das Preußische Gesetzbuch bestimmt:

„Wer Andere vom Mitbieten oder Weiterbieten bei den von öffentlichen Behörden oder Beamten vorgenommenen Versteigerungen, dieselben mögen Verkäufe, Verpachtungen, Lieferungen, Unternehmungen oder Geschäfte irgend einer Art betreffen, durch Gewalt oder Drohung, oder durch Zusicherung oder Gewährung eines Vortheils abhält, wird . . . u. s. w. bestraft" —

läßt das Oldenburgische Gesetzbuch Art. 252. die hervorgehobenen Worte fort. Wenn man in diesem Delikte nur die widerrechtliche Beeinträchtigung Derer erblicken will, welche durch eigenes Bieten einen Vortheil hätten erlangen können, so wäre die Oldenburger Redaktion richtig. Denn wer durch Zusicherung oder Gewährung von Vortheilen sich veranlaßt sieht, vom eigenen Bieten abzustehen, glaubt eben dadurch, daß er jene privaten Anerbietungen annimmt, ein besseres oder mindestens ebenso gutes Geschäft zu machen, als wenn er bei dem Bieten verbleibt. Aber die von öffentlichen Behörden veranstalteten Auktionen oder Submissionen haben ein über das private Interesse hinausgehendes öffentliches Interesse, und deshalb erscheint es gerechtfertigt, auch das durch Gewähren oder Anerbieten von Vortheilen bewirkte Beseitigen eines Konkurrenten zu verhindern.

3. Erheblichere Aenderungen nimmt der Entwurf §. 207. gegenüber der Bestimmung des §. 271. des Preußischen Strafgesetzbuches vor. Letzteres bestimmt nämlich:

„Wer seine eigene bewegliche Sache dem Nutznießer, Pfandgläubiger oder demjenigen, welchem an der Sache das Zurückbehaltungsrecht zusteht, in rechtswidriger Absicht wegnimmt oder wegzunehmen versucht, wird mit Gefängniß von Einer Woche bis zu drei Jahren bestraft."

Der Entwurf läßt die hervorgehobenen Worte fort und wählt statt des Preußischen Strafmaßes nur Gefängnißstrafe bis zu Einem Jahre. Was nun zunächst das Strafmaß anbetrifft, so läßt es sich nicht leugnen, daß das Wegnehmen einer Sache, wenn dadurch fremdes Eigenthum verletzt und rechtswidrig Eigenthum an fremden Sachen erstrebt wird, etwas viel Strafbareres ist, als wenn lediglich das einem Fremden zustehende dingliche Recht verletzt wird und der Thäter nichts weiter erstrebt, als seine eigene Sache auch in den Besitz zu bekommen. Wenn nun der Entwurf für den einfachen Diebstahl Gefängniß bis zu zwei Jahren androht, so folgt daraus, daß für das hier mit Strafe bedrohte furtum possessionis die Strafe eine geringere sein mußte. Allerdings ist diese Straffestsetzung unter der Voraussicht erfolgt, daß dieselbe mit der Strafe des einfachen Diebstahls in Harmonie zu bringen sei, wie denn auch das Preußische Strafgesetzbuch seine Strafposition — eine Woche bis drei Jahre — offenbar nur in Rücksicht auf die Strafbestimmung des §. 215. 216. getroffen hat. Mit vollem Rechte macht Oppenhoff (zu §. 271. Note 11.) darauf aufmerksam, daß, auch wenn das furtum possessionis unter Umständen begangen würde, welche den Diebstahl unter die Reihe der schweren Diebstähle bringen müßten, doch nur die Strafe des §. 271. eintreten könne, und daß das Gleiche der Fall sei, wenn das furtum possessionis mittelst persönlicher Gewalt begangen wäre. Wenn freilich der Retentionsberechtigte durch Gewalt oder Drohungen zum Hergeben der von ihm retinirten Sache an den Eigenthümer genöthigt werde, so würde die Strafe der Erpressung eintreten. Das Alles ist richtig. Sollte nun der Entwurf diese Verhältnisse, die zu praktischen Mißständen führen können, in der Art berücksichtigen, daß man für die angedeuteten besonderen Fälle noch besondere Strafpositionen aufstellte? Es ist nicht geschehen! Denn, glaubte einerseits das Preußische Strafgesetzbuch, ohne diese Distinktionen auszukommen, hat andererseits die Preußische Praxis gezeigt, daß man ohne diese Distinktionen auskommen könne, so wird auch fernerhin die eine Strafposition, welche im richtigen Verhältnisse zu der für den einfachen Diebstahl angedrohten Strafe steht, den praktischen Anforderungen genügen. Wollte der Entwurf in dieser Beziehung mehr geben, als er gethan, so würde er, um doktrinärer Kasuistik zu genügen, nicht aber um einem praktischen Bedürfnisse nachzukommen, die Zahl der Strafpositionen vermehrt haben.

Was sodann die in dem Entwurfe fortgelassenen Worte:

„oder wegzunehmen versucht"

anbetrifft, so versteht sich diese Fortlassung aus der Art und Weise, wie die Lehre von dem strafbaren Versuche in dem Entwurfe behandelt ist, ganz von selbst.

Die weitere Fortlassung der Worte:

„in rechtswidriger Absicht"

könnte zu erheblicheren Bedenken Veranlassung geben, wenn auch nicht gegenüber dem vom Entwurfe überhaupt beobachteten Sprachgebrauche. Wer seine eigene Sache dem Nutznießer, Pfandgläubiger ꝛc. wegnimmt, hat dabei den Willen, das dingliche Recht des Pfandgläubigers, Nutznießers u. s. w. zu vernichten. Hierin besteht der dolus des Thäters. Um das auszudrücken, dazu genügen aber vollkommen die von dem Entwurfe beibehaltenen Worte. Lautet doch auch die Legal-Definition des Diebstahls nicht:

„Wer in rechtswidriger Absicht eine fremde bewegliche Sache einem Anderen wegnimmt" —

sondern nur

„Wer eine fremde bewegliche Sache einem Anderen wegnimmt" —

Weshalb also soll bei dem Diebstahl an der eigenen Sache noch eine nähere Qualificirung des Wegnehmens nothwendig sein, die bei dem Diebstahl an fremder Sache nicht für geboten erachtet wurde?

Man wird sagen: die Worte „in rechtswidriger Absicht" schließen es aus, daß das „wegnehmen", wo dasselbe nichts weiter als Ausübung widerrechtlicher Eigenmacht ist, nicht von der Strafe des furtum possessionis getroffen werde. Aber auch da, wo eine fremde Sache in Ausübung widerrechtlicher Eigenmacht fortgenommen wird, fällt der Begriff des Diebstahls fort, und doch begnügt man sich bei der Definition des Diebstahls mit dem alleinigen Worte „wegnimmt" und man sagt nicht: „in rechtswidriger Absicht wegnimmt".

Oder man wird sagen: Wenn der dinglich Berechtigte das Wegnehmen der Sache gestattet, dann könne von einem furtum possessionis nicht die Rede sein. Die Gesetzesformel habe die Aufgabe, solche Worte zu wählen, welche es verhindern, daß derjenige, welcher mit Einwilligung des Retentionsberechtigten die eigene Sache wegnehme, nicht unter die Strafbestimmung des furtum possessionis falle. Aber auch bei dem Wegnehmen einer fremden Sache wird der Begriff des Diebstahls, wenn der Berechtigte die Wegnahme gestattete, ausgeschlossen; und doch hat man keine Veranlassung gefunden, diesem allgemein anerkannten Grundsatze in der Legaldefinition des Diebstahls durch bestimmte Worte und speciell durch die Worte „in rechtswidriger Absicht" zu einem besonderen Ausdrucke zu verhelfen.

So bleibt denn nichts Anderes übrig, als die Annahme, daß die „rechtswidrige Absicht" in dem Preußischen §. 271. ihre Aufnahme deshalb gefunden habe, weil in der Legaldefinition des Diebstahls (§. 215.) die Worte sich finden: „in der Absicht wegnimmt, dieselbe sich rechtswidrig zuzueignen". Bei dem Diebstahl also findet das Wegnehmen in einer „Absicht" statt, warum also soll bei dem furtum possessionis das Wegnehmen nicht auch in einer „Absicht" stattfinden? Aber ein Unterschied zwischen hier und dort ist doch nicht zu verkennen. Bei dem Diebstahl heißt es: „in der Absicht, sich dieselbe rechtswidrig zuzueignen". Das würde man bei dem Wegnehmen der eigenen Sache natürlich nicht sagen können. Denn, wenn ich eine Sache wegnehme, die bereits vor dem Wegnehmen mein Eigenthum ist, so kann ich bei dem Wegnehmen derselben nicht die Absicht haben, mir dieselbe rechtswidrig zuzueignen. Wollte man also die bei dem Diebstahl vorkommende Absicht in analoger Weise auf das furtum possessionis übertragen, so müßte man sagen: der Thäter kann durch das Wegnehmen der Sache sich nur dasjenige zu verschaffen suchen, was er vor dem Wegnehmen noch nicht hatte. Da nun bei dem furtum possessionis der Thäter das Eigenthum an der von ihm weggenommenen Sache hat, derjenige aber, welchem die Sache weggenommen wird, nur in irgend einer Weise dinglich an der Sache berechtigt ist, so ist bei dem furtum possessionis dieses dingliche Recht an der Sache dasjenige, was das Analogon zu der bei dem Diebstahle weggenommenen Sache bildet. Wollte man daher die Worte „in der Absicht, sich dieselbe — nämlich die Sache — rechtswidrig zuzueignen" aus der Begriffsbestimmung des Diebstahls in die Begriffsbestimmung des furtum possessionis übertragen, so müßte an Stelle der Sache selbst, das an derselben entstandene dingliche Recht, oder das Retentionsrecht als Aneignungsobjekt bezeichnet werden. Es könnte dieses vielleicht durch folgende Formel geschehen:

Wer seine eigene bewegliche Sache dem Nutznießer, Pfandgläubiger oder demjenigen, welchem an der Sache das Zurückbehaltungsrecht zusteht, in der Absicht wegnimmt, das an derselben entstandene dingliche Recht oder Zurückbehaltungsrecht rechtswidrig zu beseitigen, wird rc. bestraft.

Schön ist diese Formel gerade nicht, aber sie zeigt, wo die rechtswidrige Absicht hingehört, wenn man dieselbe in analoger Weise von dem Diebstahl auf das furtum possessionis übertragen wollte. Ueberdem würde die praktische Anwendbarkeit dieser oder einer ähnlichen Formel auch zu etwas anderen Resultaten führen, als dieselben jetzt gegenüber dem Preußischen §. 271. zu konstatiren sind. Wer seine eigene bewegliche Sache dem Pfandgläubiger wegnimmt, um die Sache zu vernichten, würde durch den Preußischen §. 271. getroffen werden; ebenso auch durch den §. 207. des Entwurfes, nicht aber durch die so eben angenommene Gesetzesformel, denn nach dieser müßte auch festgestellt werden, daß der Wegnehmende die Absicht gehabt habe, sich das an der Sache bestehende dingliche Recht selbst zuzueignen. In dieser Weise hat die Preußische Praxis und Gesetzgebung das furtum possessionis nicht beschränken mögen*) und für den Entwurf war auch keine Veranlassung, den Thatbestand des furtum possessionis gegenüber demjenigen Umfange, den das Delikt jetzt hat, zu beschränken.

4. §. 209. des Entwurfs enthält gegenüber dem §. 278. des Preußischen Strafgesetzbuches nur die eine Abweichung, daß außer dem Schiffe auch die „Ladung des Schiffes" erwähnt ist. Diese durch das Lübische Recht veranlaßte Aenderung wird einer näheren Motivirung nicht bedürfen. Das Lübische Recht geht allerdings in seinen Aenderungen des Preußischen Strafgesetzbuches noch viel weiter. Die entsprechende Stelle (§. 233.) lautet nämlich im Lübischen Rechte folgendermaßen:

„Schiffsleute, mit Einschluß der Officiere, welche ohne besondere Erlaubniß des Capitains Handelsartikel mit sich führen, oder Handel treiben, sind, jedoch nur auf Anzeige des Capitains, der Rheder oder der Ladungsinteressenten, neben dem Verluste des verdienten Lohnes, mit einer Gefängnißstrafe bis zu zwei Jahren zu belegen.

Schiffskapitaine, welche ohne Erlaubniß des Rheders Gegenstände an Bord nehmen, welche das Schiff oder die Ladung gefährden, indem sie deren Confiskation oder Beschlagnahme veranlassen können, sind, jedoch nur auf Anzeige des Rheders oder der Ladungsinteressenten, mit Gefängnißstrafe bis zu zwei Jahren zu belegen.

Reisende, welche ohne Erlaubniß des Schiffers dergleichen Gegenstände an Bord nehmen, werden, jedoch nur auf Anzeige des Rheders oder der Ladungsinteressenten, mit Gefängniß bis zu zwei Jahren bestraft."

Der erste Theil dieses Paragraphen ist in dem Entwurfe gar nicht berücksichtigt. Ob es erlaubt oder verboten sein soll, wenn Schiffsleute u. s. w. Handelsartikel mit sich führen oder Handel treiben, dies durch ein Strafgesetz zu entscheiden, dazu liegt kein genügendes allgemeines

*) Vergl. Oppenhoff zu §. 271. N. 7. u. 8.

öffentliches Interesse vor. Die privaten Abmachungen, Konventionalstrafen, allenfalls polizeiliche Vorschriften werden ausreichend sein, um Nachtheilen der Interessenten vorzubeugen.

Der zweite und dritte Theil des Lübischen Gesetzes ist, wenn auch im engeren Anschluß an die Formulirung des Preußischen Strafgesetzbuches in den Entwurf aufgenommen, mit Ausnahme der in beiden Abschnitten vorkommenden Worte: „jedoch nur auf Anzeige des Rheders oder der Ladungsinteressenten." Durch diese Worte drückt das Lübische Recht dieses Delikt ausschließlich in das Gebiet privater Verletzungen herab, und das ist nicht richtig. Wir wollen nur an den einen Fall erinnern, daß diejenigen Waaren, welche die Konfiskation des Schiffes herbeiführen können, Kontrebande-Artikel sind. Man wird zugestehen, daß wenn auch die Rheder und Ladungs-Interessenten durch Kondemnirung des Schiffes zunächst geschädigt werden, auch für den Staat, unter dessen Flagge die Kontrebande führenden Schiffe fahren, völkerrechtliche Verwickelungen von zum Theil unangenehmer Art entstehen können, die allein es schon rechtfertigen würden, wenn bei vorkommenden Delikten dieser Art der Staat des Rechtes, ex officio einzuschreiten, sich nicht begeben mag. Daneben tritt dann auch der Gesichtspunkt, daß es für den Staat keineswegs gleichgültig ist, ob die Handelsmarine groß oder klein ist; es liegt auch im öffentlichen Interesse, zu verhindern, daß die Handelsmarine durch widerrechtliches Handeln einzelner Personen nicht geschädigt werde.

5. Der Entwurf hat den §. 279. des Preußischen Strafgesetzbuches (Entwurf §. 210.) beibehalten. Lübeck läßt die entsprechende Bestimmung fort. Käme die gleiche Handlung bei einem Dienstboten vor, so reichen die civilrechtlichen Zwangsmittel aus. Aber Vieles, was auf dem festen Lande angeht, ist auf einer Seereise nicht zulässig. Wenn mir mein Dienstbote fortläuft, so kann mir dies erhebliche Unbequemlichkeiten machen und kann ich möglicherweise den dem Dienstboten gezahlten Lohn verlieren. Aber meine Existenz wird dadurch nicht gefährdet, und weiterem indirekten Schaden kann ich dadurch vorbeugen, daß ich mir einen anderen Dienstboten besorge. Von dem Vorhandensein der Schiffsleute hängt aber die Existenz des Schiffes ab, und wird der Kapitän durch Entweichen der Schiffsleute genöthigt, sich einen Ersatz zu suchen, so würde, selbst wenn dies überall möglich wäre, doch durch Zeitverlust auch ein Geldverlust entstehen, den zu ersetzen selbst der ergriffene Schiffsmann nicht immer im Stande ist.

6. §. 211. des Entwurfs reproducirt den §. 280. des Preußischen Strafgesetzbuches mit einer einzigen kleinen Aenderung. Das Preußische Strafgesetzbuch sagt nämlich:

> „Wer versiegelte Briefe oder andere versiegelte Urkunden u. s. w."

Der Entwurf setzt an Stelle des Wortes „versiegelte" das Wort „geschlossene". Als das Preußische Strafgesetzbuch publicirt wurde, konnte man den Begriff eines geschlossenen Briefes mit dem eines versiegelten für identisch halten. Heute geschieht das Siegeln der Briefe nur noch selten. Daß an den Briefkouverts selbst die Vorrichtung zum Schließen der Briefe sich findet, ist eine Einrichtung neueren Datums, jetzt aber doch so häufig angewandt, daß das Briefgeheimniß zu wenig geschützt erscheint, wenn dasselbe nur bei versiegelten Briefen geschützt sein sollte.

Siebenundzwanzigster Titel.

Vermögensbeschädigung.

§. 212.

Wer vorsätzlich fremde Sachen beschädigt oder zerstört, wird mit Geldbuße bis zu zweihundert Thalern oder mit Gefängniß bis zu Einem Jahre bestraft.

§. 213.

Wer öffentliche Denkmäler, Gegenstände der Kunst, der Wissenschaft oder des Gewerbes, welche in öffentlichen Sammlungen aufbewahrt werden oder öffentlich aufgestellt sind, oder Gegenstände, welche zum öffentlichen Nutzen oder zur Verschönerung öffentlicher Wege oder Anlagen dienen, vorsätzlich beschädigt oder zerstört, ist mit Gefängniß bis zu zwei Jahren zu bestrafen.

Es kann zugleich auf Untersagung der Ausübung der bürgerlichen Ehrenrechte erkannt werden.

§. 214.

Wer vorsätzlich ein Gebäude, ein Schiff, eine Brücke, einen Damm, eine gebaute Straße, eine Eisenbahn oder ein sonstiges Bauwerk, welche fremdes Eigenthum sind, beschädigt oder zerstört, ist mit Gefängniß bis zu drei Jahren zu bestrafen.

§. 215.

Wenn sich mehrere Personen zusammenrotten und Sachen eines Anderen plündern, verwüsten oder zerstören, so werden dieselben mit Gefängniß nicht unter sechs Monaten oder mit Zuchthaus bis zu zehn Jahren bestraft.

§. 216.

Die Vermögensbeschädigung ist, insofern nicht einer der in §§. 213—215. vorgesehenen Fälle vorliegt, nur auf Antrag des Verletzten zu strafen.

Im Allgemeinen sind die Bestimmungen des Preußischen Strafgesetzbuches in dem Entwurfe reproducirt, trotz mannigfacher Erwägungen, welche durch die dankenswerthe Arbeit des Dr. Lüder: „Die Vermögensbeschädigung — Leipzig 1867“ — angeregt wurden. Es sind im Anschlusse an die genannte Arbeit namentlich folgende Punkte hervorzuheben.

1. Soll die Vermögensbeschädigung, wie dies im gegenwärtigen positiven Rechte fast durchweg der Fall ist, auf die Beschädigung von Sachen beschränkt bleiben, oder auch auf Beschädigung von Rechten ausgedehnt werden? Lüder bejaht diese Frage (S. 57 ff.). Es ist

nun zwar richtig, daß — wie Lüder sagt — das Vermögen aus Sachen und Rechten besteht, daß es mithin auch nicht blos in Sachen, sondern auch in Rechten angegriffen werden kann. Aber hieraus allein folgt noch nicht, daß nun auch jede widerrechtliche Beschädigung von Rechten gestraft werden müsse. Die Strafverfolgung einer Rechtswidrigkeit findet nämlich ihre natürliche Grenze in der Möglichkeit der Strafverfolgung, und diese ist so lange nicht vorhanden, als die Rechtsverletzung nicht eine derartige bestimmte Erscheinung angenommen hat, daß die wesentlichen Merkmale derselben bestimmt und als wesentliche Merkmale dieses Delikts — welches sich demgemäß auch von allen anderen Delikten genau unterscheidet — in eine Gesetzesformel aufgenommen werden können. Die Probe dafür, ob dies möglich, liefert die Gesetzesformel, welche dem behaupteten legislatorischen Bedürfuisse abhelfen soll. Lüder stellt selbst eine derartige Formel nicht auf; er begnügt sich vielmehr, dieses als eine „Aufgabe der Gesetzgebung" zu bezeichnen. Dabei kann denn wohl die Bemerkung gemacht werden, daß die kriminalistische Doktrin, und vielleicht die Doktrin überhaupt, sehr viel weniger doktrinär sein würde, wenn Diejenigen, die mit Vorschlägen zu gesetzlichen Reformen hervortreten, sich auch zugleich bemühen möchten, ihre Vorschläge in der Form von Gesetzen bestimmt zu präcisiren. Der legislatorische Gedanke ist eine Idee; aber erst durch die Gesetzesformel erlangt diese Idee den Körper, der es ihr ermöglicht, in dieser irdischen Welt nützlich zu werden.

Freilich führt Lüder die Gesetzesformel eines deutschen Strafgesetzbuches an und vindicirt dieser Gesetzesformel „die Ehre der einzigen, einen wesentlichen Fortschritt bekundenden Ausnahme" gegenüber den anderen deutschen Strafgesetzbüchern. Diese Gesetzesformel findet sich im Sächsischen Strafgesetzbuche Art. 338:

> „Wer durch geflissentliche Verbreitung unwahrer Gerüchte über die Vermögens- oder persönlichen Verhältnisse eines Anderen, oder dadurch, daß er solche Gerüchte als Thatsachen nacherzählt, denselben in Nachtheil bringt oder in seinem Fortkommen behindert, ist auf Antrag mit Gefängniß bis zu vier Monaten zu bestrafen. Uebersteigt die zu erkennende Strafe nicht die Dauer von zwei Monaten, so kann statt derselben auf Geldstrafe bis zu zweihundert Thalern erkannt werden."

Man wird Bedenken tragen müssen, dieses Sächsische Gesetz in ein allgemeines deutsches Strafgesetzbuch aufzunehmen, noch mehr aber, dasselbe als den Keim für weitere strafrechtliche Bildungen zu betrachten; denn, ginge man auf dem von dem Sächsischen Gesetze bezeichneten Wege weiter fort, so würde man endlich zu einem Gesetze gelangen, welches bestimmte, daß alle Klatschereien zu bestrafen seien.

Doch abgesehen hiervon! Selbst so, wie die Sächsische Formel dasteht, leistet sie nicht Dasjenige, was sie leisten soll. Fragen wir zunächst, was ist Objekt des Delikts, so erhält man die Antwort: der Nachtheil, also damnum emergens und lucrum cessans. Wie aber Etwas Objekt der Vermögensbeschädigung sein kann, was noch gar nicht zum Vermögen des Angegriffenen gehört, ist nicht einzusehen. Außer dem „Nachtheil" wird das Objekt noch bezeichnet durch die

Worte „oder denselben in seinem Fortkommen hindert". Hier handelt es sich also nicht einmal um ein lucrum cessans, sondern um Erwartungen, Hoffnungen, die von den Begriffen „Gewinn" oder „Schaden" wesentlich unterschieden sind. Aber selbst wenn es sich in dem Sächsischen Gesetze um nichts als um Vermögensbeschädigungen handelte, so wird doch, wenn die Vermögensbeschädigung gestraft werden soll, zunächst der Nachweis geführt werden müssen, daß der angeblich Verletzte in seinem Vermögen geschädigt sei — dies gehört doch zur Vollendung des Delikts — und sodann, daß die entstandene Vermögensbeschädigung ihre Ursache in dem schuldvollen Handeln eines kriminalistisch zurechnungsfähigen Subjektes habe. Soll der Sächsische Art. 338. in praktische Anwendung kommen, so liegt der Anklage der Beweis ob, daß die „geflissentliche Verbreitung" — eine andere als geflissentliche Verbreitung schadet nichts — unwahrer Gerüchte über Dies und Jenes Ursache der Vermögensbeschädigung gewesen sei.*) Dieser Beweis ist aber ohne Willkürlichkeiten gar nicht zu führen. Denn so ist kein Gerücht beschaffen, daß es für sich allein schädlich wäre, sondern es wird erst schädlich, wenn es geglaubt wird. Ob ein Gerücht werde geglaubt werden, hängt von Demjenigen, der es erfindet, nicht in jedem Falle ab. Die Erfahrung lehrt, daß die an sich glaubwürdigsten Gerüchte nicht geglaubt werden und daß man den unglaublichsten Erfindungen oft genug Glauben schenkt. Wenn nun ein Gerücht das Vermögen eines Anderen schädigen soll, so ist dies nur dann möglich, wenn es geglaubt wird, nicht aber, wenn es nicht geglaubt wird. Unter Strafe zu stellen wäre daher mit Bezug auf die Vermögensbeschädigung nicht die Verbreitung eines falschen Gerüchtes, sondern die Verbreitung eines falschen Gerüchtes, welches Glauben findet.

Richtiger würde demnach etwa folgende Gesetzesformel sein:

> „Wer unwahre Gerüchte über die Vermögens- oder persönlichen Verhältnisse eines Anderen verbreitet, wird, falls diese Gerüchte Glauben finden und falls hierdurch das Vermögen eines Anderen beschädigt wurde, u. s. w. bestraft."

Auch die von Lüder (S. 58. 59.) angeführten Beispiele beweisen nicht die Nothwendigkeit, für die Beschädigung von Rechten eine entsprechende Gesetzesformel für ein Strafgesetzbuch aufzustellen. Und selbst wenn dieses gelänge, könnte sich daraus für die Strafrechtspflege leicht ein nicht unerheblicher Uebelstand ergeben. Wer beschädigt ist oder beschädigt zu sein glaubt, mag zunächst seine Entschädigung durch Anstellung der Schädenklage zu erlangen suchen. Das wird freilich in vielen Fällen, unter andern auch in den von Lüder beispielsweise angeführten, seine sehr erheblichen Schwierigkeiten haben. Eine Strafbestimmung könnte dann allerdings den angeblich oder wirklich Beschädigten in die

*) Inwieweit das Verbreiten unwahrer Gerüchte an sich strafbar ist, kommt hier nicht in Betracht. Hier handelt es sich nur darum, ob das Verbreiten unwahrer Gerüchte von der Gesetzgebung als ein Mittel der Vermögensbeschädigung verwerthet werden darf.

Lage bringen, seinem Gegner zu erklären: „Zwar zur Entschädigung kann ich Dich nicht zwingen, aber ich kann Dich zur Strafe bringen." Und das wäre sehr von Uebel; denn das Strafgesetz darf dazu nicht dienen, Dasjenige, was im Wege des Civilprocesses nicht bewiesen werden kann, durch die Mittel des Strafprocesses beweisen zu helfen.

2. Gehört zur Vermögensbeschädigung die eigene körperliche Thätigkeit des Angeklagten, oder ist es auch als Vermögensbeschädigung zu strafen, wenn der Berechtigte durch Erregung eines Irrthums bewogen wird, seine Sache selbst zu zerstören oder zu beschädigen? Lüder entscheidet sich (S. 71. ff.) für Letzteres. „Diesen Fall unter die Vermögensbeschädigung zu stellen", so heißt es, „gestattet die Beschaffenheit der bisherigen deutschen Strafgesetzgebung und ihre Geschichte allerdings nicht. Daß er demnächst dahin gestellt werde, ist zu erwarten und zu wünschen: die konsequente Verfolgung und Ausbildung des Begriffes unseres Deliktes weist ihn ebensosehr dahin, wie der Vorgang analoger richtiger Behandlung anderer Delikte — während der Fall unter andere Verbrechen und namentlich unter den Betrug nur mit Unrecht gezogen werden könnte." Unter Verweisung auf dasjenige, was über diesen Punkt bereits bei Erörterung der Strafbestimmungen für den Betrug gesagt ist, kann hier die Bemerkung genügen, daß, wenn das Selbstzerstören in Folge eines erregten Irrthums überhaupt gestraft werden sollte, es lediglich unter dem Gesichtspunkte des Betruges geschehen könnte.*)

3. Den Thatbestand der Vermögensbeschädigung weiter auszudehnen, als dies im Preußischen Strafgesetzbuch durch die Worte: „beschädigt oder zerstört" geschehen, ist keine Veranlassung vorhanden. Sieht man, wie die Preußische Praxis diese Worte aufgefaßt hat, (Oppenhoff zu §. 281. Note 11. 12.) so wird man zugestehen dürfen, daß diese Worte für das praktische Bedürfniß weit genug reichen. Noch weiter den Thatbestand des Deliktes auszudehnen, würde aber bedenklich sein, namentlich deswegen, weil eine Inkongruenz gegenüber der Behandlung des furtum usus entstehen würde. Die Gesetzgebung hat sich dafür entschieden, dieses Delikt im Allgemeinen nicht zu strafen. Die einzige Bestimmung des Preußischen Strafgesetzbuches, welche ein furtum usus enthält (§. 265.), ist in den Entwurf nicht aufgenommen. Wollte man nun mit Lüder (S. 77. ff.) dem Gedanken in einer Gesetzesformel Rechnung tragen, daß strafbare Vermögensbeschädigung überall da vorliege, wo „in die Herrschaftssphäre" des Berechtigten über seine Sachen, auch ohne die Sachen selbst zu zerstören oder zu beschädigen, „störend, hindernd, die wohlberechtigte freie Herrschaft aufhebend"

---

*) Die von Lüder S. 72. N. 14. citirte Stelle aus Temme's Lehrbuch des Preußischen Strafrechts beweist nichts für ihn. Und wäre dies der Fall, so würde damit nicht viel gewonnen sein. Sagt doch auch Temme a. a. O. S. 977., daß auch nach dem A. L. R. zum Begriffe des Betruges gewinnsüchtige Absicht gehört habe — eine Bemerkung, deren Richtigkeit jeder nach der oben mitgetheilten Begriffsbestimmung des Betruges, wie dieselbe in dem A. L. R. aufgenommen war, selbst prüfen kann.

eingegriffen wird, so wäre auf einem Umwege das furtum usus ganz allgemein unter Strafe gestellt.

Ueberdem ist bei der Sachbeschädigung mehr wie bei einem anderen Delikt vor Allem daran zu denken, daß der Beschädigte die Civilklage gegen den Beschädiger behält. In manchen der von Lüder angeführten Beispielen, z. B. dem „Verstecken" von Sachen — wenn z. B. dem Immermann'schen Hofschulzen das Schwert Karls des Großen im eigenen Hause so versteckt wird, daß er es nicht finden kann — scheint es übersehen zu sein, daß, um zu strafen, zunächst der Thäter des Deliktes gefunden werden muß, und daß, wenn es nicht möglich ist, den Verklagten für die Civilklage zu finden, es auch nicht möglich sein wird, den Angeklagten für die Strafklage zu finden, daß dagegen, wenn für die Civilklage der Verklagte gefunden ist, die Nachtheile des Beschädigten auch ohne Strafe zu beseitigen sind. Allerdings kann der Berechtigte sehr geärgert, sehr gekränkt werden, und daß Jemand so etwas gewollt, ist gewiß nicht recht; es mag sehr schlecht, sehr abscheulich sein; aber strafbar braucht es deshalb nicht zu sein.

4. Soll außer der dolosen auch die kulpose Vermögensbeschädigung gestraft werden? Lüder (S. 109. ff.) bejaht diese Frage. Richtig ist es ja nun, daß einzelne deutsche Gesetzbücher kulpose Vermögensbeschädignngen mit Strafe bedrohen. Aber ist das haltbar? Lüder hat sehr recht, wenn er sagt, falls man die kulpose Vermögensbeschädigung strafen will, so muß die Strafe zur dolosen Vermögensbeschädigung in einem eben solchen Verhältnisse stehen, wie die Strafe der kulposen Tödtung zu der der dolosen, oder die Strafe der kulposen zu der der dolosen Körperverletzung. Dann wollen wir also die Gleichung ansetzen. Als Strafe der dolosen Tödtung wird man lebenslängliche Zuchthausstrafe setzen dürfen; die Strafe der kulposen Tödtung sei Gefängniß bis zu drei Jahren; Strafe der dolosen Vermögensbeschädigung ist in dem Preußischen Strafgesetzbuche — abgesehen von dem Falle der Plünderung (§. 284.), wo die Möglichkeit der culpa von selbst fortfällt, in den schwersten Fällen (§. 283.) Gefängniß von 2 Monaten bis zu 5 Jahren. Zur Gleichung nehmen wir für die Strafgröße das arithmetische Mittel der relativ bestimmten Strafen. Dann gewinnen wir: Wie sich verhält lebenslängliche Zuchthausstrafe zu $1^1/_2$ Jahr Gefängniß, so soll sich verhalten $2^1/_2$ Jahr Gefängniß zu x (der gesuchten Strafe für die kulpose Vermögensbeschädigung). Falls sich diese Gleichung überhaupt ausrechnen ließe, würde schon die Geringfügigkeit des Resultates erheblich gegen die Aufnahme der kulposen Vermögensbeschädigungen in ein neues Strafgesetzbuch streiten.

Nun will freilich Lüder nicht alle Fälle der kulposen Vermögensbeschädigung gestraft wissen. Er sagt S. 109. „In den geringeren Fällen fahrlässiger Vermögensbeschädigung wird allerdings eine Bestrafung von Niemandem gefordert werden. Die Civilentschädigung reicht hier vollständig aus, und eine darüber hinausgehend Bestrafung wird von dem Rechts- und Gerechtigkeits-Gefühl in keiner Weise verlangt, würde dieses vielmehr verletzen. Anders aber in den schwereren und grobfahrlässigen, namentlich in subjektiver Beziehung grob-fahrlässigen Fällen der Vermögensbeschädigung." Und an anderer Stelle: „Es ist kein rechter Grund einzusehen, warum bei diesem Delikt die ganz groben, luxuriösen, dicht an den Dolus streifenden Grade und Fälle der Culpa straflos sein sollen, durch welche dem Anderen widerrechtlicher, vielleicht sehr erheblicher und empfindlicher Vermögensnachtheil zugefügt wird."

Also nicht jede kulpose Vermögensbeschädigung soll gestraft werden, sondern nur die Fälle schwererer culpa. Nun ist aber doch die Lehre von den sog. Graden der culpa als eine überwundene, mindestens für die Gesetzgebung anzusehen, und, wenn immerhin Köstlin's luxuria einige Anhänger gefunden haben mag, so läßt sich doch auch dieser Begriff legislatorisch nicht verwerthen. Es kann unter gewissen Umständen Strafbarkeit oder Nicht-Strafbarkeit von gewissen quantitativen Unterscheidungen im objektiven Thatbestande abhängig gemacht werden; — vergl. z. B. was oben gelegentlich des einfachen Bankerotts über die Gesetzesformel: „wenn sie, nämlich Handelsleute u. s. w., durch Ausschweifungen u. s. w. übermäßige Summen verbraucht haben" gesagt ist — aber die Strafbarkeit oder Nicht-Strafbarkeit von bloßen quantitativen Unterscheidungen im Gebiete des subjektiven Thatbestandes abhängig zu machen, ist ganz unmöglich. Diese Behauptung wird wenigstens aufrecht zu erhalten sein so lange, bis die Lehre von den Graden der culpa wieder zur Geltung gelangt und brauchbare Gesetzesformeln zur Fixirung der verschiedenen Grade der culpa aufgestellt sein werden.

5. Soll die Vermögensbeschädigung immer ex officio gestraft werden, oder sind nicht Fälle anzuerkennen, in denen die Bestrafung nur auf Antrag des Verletzten erfolgen darf? Hinsichtlich dieser Frage ist Lüder beizustimmen, wenn derselbe (S. 179 ff.) im Vergleich mit anderen Delikten, deren Bestrafung den Antrag des Verletzten zu seiner Voraussetzung hat, die Ansicht ausspricht, daß, mindestens in zahlreichen Fällen, die Bestrafung der Vermögensbeschädigung nur auf Antrag des Verletzten erfolgen dürfe. Ja es wird sogar zugegeben werden können, daß überall da, wo durch die Vermögensbeschädigung lediglich das Vermögen einer Privatperson verletzt wird, keine Veranlassung vorliegt, um im öffentlichen Interesse von Amts wegen die Strafverfolgung eintreten zu lassen. Dieses Interesse wird vielmehr nur da vorhanden sein, wo das Objekt der Vermögensbeschädigung ein über private Interessen hinausgehendes ist. Der Entwurf hat gesucht, diesem Gedanken Rechnung zu tragen. Denn abgesehen von dem Falle des §. 215., in welchem selbstverständlich die Verfolgung ex officio eintreten muß, umfassen die §§. 213. 214. diejenigen Vermögensobjekte, deren Beschädigung über das private Interesse hinausgeht, während §. 212., indem er allgemein von „fremden Sachen" spricht, dieses doch nur unter Rücksichtnahme auf die in den beiden folgenden Paragraphen enthaltenen Ausnahmen thut. Es kann mithin gesagt werden, daß §. 212. nur solche Vermögensobjekte umfaßt, durch deren Verletzung lediglich private Interessen verletzt werden. Dem entsprechend ist die Formel des §. 216. so redigirt, daß durch dieselbe die Verfolgung der Vermögensbeschädigung —

insoweit dieselbe die Verletzung privater Interessen nicht überschreitet — von dem Antrage des Verletzten abhängig gemacht wird.

Im Einzelnen zeigt der Entwurf gegenüber dem Preußischen Strafgesetzbuche folgende Abweichungen:

1. Der Entwurf §. 213. läßt aus dem Preußischen Strafgesetzbuche die Worte „Gegenstände der Verehrung einer im Staate bestehenden Religionsgesellschaft oder Sachen, die dem Gottesdienste gewidmet sind" fort. Es ist dies deswegen geschehen, weil §. 102. des Entwurfes — entsprechend dem §. 135. des Preußischen Strafgesetzbuches — eine Strafbestimmung für den Fall festgesetzt hat, daß Jemand „Gegenstände, welche dem Gottesdienste gewidmet sind, zerstört oder beschädigt." Es ist dabei ganz gleichgültig, ob der Gottesdienst von einer Religionsgesellschaft mit Korporationsrechten ausgeübt wird, oder ob dieses nicht der Fall ist; es genügt, daß die Sachen zum Gottesdienste einer im Staate bestehenden Religionsgesellschaft bestimmt sind. Es ist nun aber nicht erforderlich, ein und dasselbe Delikt in ein und demselben Strafgesetzbuche unter verschiedenen Gesichtspunkten zu behandeln. Zum Thatbestande des §. 135. des Preußischen Strafgesetzbuches gehört nicht, daß die Beschädigung jener Gegenstände in der Absicht erfolgt sein müsse, um die Religion zu verletzen, und ebensowenig ist bei Anwendung des §. 282. desselben Gesetzbuches erforderlich, daß festgestellt sein müsse, es sei die Absicht, die Religion zu verletzen, nicht vorhanden gewesen. Es bliebe noch die Frage, ob es erforderlich ist, Gegenstände, welche dem Gottesdienste gewidmet sind, und Gegenstände der Verehrung einer im Staate bestehenden Religionsgesellschaft von einander zu unterscheiden. Im Allgemeinen ist diese Frage zu bejahen; denn es giebt viele „Gegenstände" religiöser Verehrung, welche nicht dem Gottesdienste gewidmet sind. Wenn man aber berücksichtigt, daß es sich bei der „Vermögensbeschädigung" nur um solche Gegenstände religiöser Verehrung handeln kann, welche einer Zerstörung oder Beschädigung ausgesetzt sind, derartige Gegenstände religiöser Verehrung aber auch Gegenstände sind, „welche dem Gottesdienste gewidmet sind", so war keine Veranlassung vorhanden, die „Gegenstände der religiösen Verehrung" in §. 213. des Entwurfs noch besonders zu erwähnen. Sollte in der Praxis einmal der Fall eintreten, daß eine Sache beschädigt oder zerstört würde, welche zwar Gegenstand religiöser Verehrung, aber nicht zum Gottesdienste bestimmt ist, so würde noch immer der Gesichtspunkt der Beschädigung einer fremden Sache übrig bleiben und die Strafverfolgung aus §. 212. des Entwurfes gesichert sein.

2. Der Entwurf (§. 213.) läßt auch aus dem Preußischen Strafgesetzbuche das Wort „Grabmäler" fort. Es ist dies geschehen, weil §. 104. des Entwurfes (entsprechend dem §. 137. des Preußischen Strafgesetzbuches) bereits die Zerstörung oder Beschädigung von „Grabmälern" mit Gefängniß bis zu zwei Jahren bedroht hat. Es war daher nicht nöthig, die gleiche Strafbestimmung unter einem anderen Titel zu wiederholen.

3. In §. 283. setzt das Preußische Strafgesetzbuch voraus, daß die in diesem Paragraphen genannten Sachen „ganz oder theilweise zerstört" seien. Da ein theilweises Zerstören identisch ist mit „Beschädigen" — da, wenn ein Unterschied zwischen „theilweisem Zerstören" und „Beschädigen" existiren möchte, es nicht gut sein würde, diesen Unterschied zum Zwecke der praktischen Benutzung in die Gesetzesformel aufzunehmen — da in den übrigen die Vermögensbeschädigung betreffenden Strafbestimmungen auch das Preußische Strafgesetzbuch als entscheidend die Ausdrücke „beschädigt oder zerstört" benutzt, so ist kein Grund abzusehen, weshalb hinsichtlich der in §. 283. des Preußischen Strafgesetzbuches aufgestellten Strafbestimmungen eine andere Ausdrucksweise gewählt ist. In dem Entwurf ist daher, um etwaige Kontroversen, welche aus der verschiedenen Wortfassung entstehen könnten, zu vermeiden, statt des preußischen „ganz oder theilweise zerstört" gesagt worden: „beschädigt oder zerstört".

4. §. 284. des Preußischen Strafgesetzbuches bestimmt:

„Wenn sich mehrere Personen zusammenrotten und *bewegliche oder unbewegliche* Sachen eines Andern plündern" u. s. w.

Der Entwurf läßt die hervorgehobenen Worte fort. Denn da Sachen entweder bewegliche oder unbewegliche Sachen sind, so ist eine Strafbestimmung, welche sich auf bewegliche und unbewegliche Sachen bezieht, gleichbedeutend mit einer Strafbestimmung, welche sich auf Sachen überhaupt bezieht. Die beregten Worte schaden nichts, aber sie sind überflüssig.

5. Die Strafpositionen für die §§. 212. 213. 214. des Entwurfs sind entsprechend den allgemeinen von dem Entwurfe befolgten Grundsätzen festgestellt worden. Die Strafposition des §. 215. des Entwurfes weicht von der des Preußischen Strafgesetzbuches ab, indem das Maximum der Zuchthausstrafe von 15 Jahren bis auf 10 Jahre herabgesetzt und außerdem noch die Gefängnißstrafe im Minimum von sechs Monaten zugelassen ist. Veranlassung gab hiezu die Erwägung, daß die Schwere des Delikts die 15jährige Zuchthausstrafe, im Vergleiche mit der Schwere anderer mit nur 10jähriger Zuchthausstrafe im Maximum bedrohten Verbrechen nicht rechtfertige, und ferner der Umstand, daß auch das *Lübische Recht* bei der Bestrafung dieses Deliktes mit einer 10jährigen *Freiheitsstrafe* sich begnügen zu können glaubt.

Achtundzwanzigster Titel.

Gemeingefährliche Verbrechen.

§. 217.

Wegen Brandstiftung wird mit Zuchthaus bis zu zwanzig Jahren, und wenn durch den Brand ein Mensch das Leben verloren hat, mit lebenslänglichem Zuchthause bestraft:

1) wer vorsätzlich ein Gebäude, ein Schiff oder eine Hütte, welche zur Wohnung von Menschen dienen, oder ein zum Gottesdienste bestimmtes Gebäude in Brand setzt;
2) wer vorsätzlich ein Gebäude, ein Schiff oder eine Hütte, welche zeitweise zum Aufenthalt von Menschen dienen, zu einer Zeit in Brand setzt, in welcher sich Menschen darin aufhalten;
3) wer vorsätzlich Eisenbahnwagen, Bergwerke oder andere zum Aufenthalte von Menschen zeitweise dienende Räumlichkeiten zu einer Zeit in Brand setzt, in welcher sich Menschen darin aufhalten.

In allen diesen Fällen macht es keinen Unterschied, ob die in Brand gesetzten Gegenstände Eigenthum des Thäters sind oder nicht.

§. 218.

Wer vorsätzlich Schiffe, Gebäude, Hütten, Bergwerke, Magazine, Vorräthe von landwirthschaftlichen Erzeugnissen, Bau- oder Brennmaterialien, Früchte auf dem Felde, Waldungen oder Torfmoore, welche fremdes Eigenthum sind, in Brand setzt, wird mit Zuchthaus bis zu zehn Jahren bestraft.

§. 219.

Wer vorsätzlich eigene oder fremde Sachen, welche vermöge ihrer Beschaffenheit und Lage geeignet sind, den in den §§. 217. 218. genannten Gegenständen das Feuer mitzutheilen, in Brand setzt, soll ebenso bestraft werden, wie derjenige, welcher jene Gegenstände selbst in Brand setzt.

§. 220.

Wer durch Fahrlässigkeit einen Brand der in den §§. 217—219. erwähnten Art verursacht, wird mit Gefängniß bis zu sechs Monaten, und wenn durch den Brand ein Mensch das Leben verloren hat, mit Gefängniß bis zu drei Jahren bestraft.

§. 221.

Die in den §§. 217—220. bestimmten Strafen kommen nach den dort aufgestellten Unterscheidungen auch gegen denjenigen zur Anwendung, welcher durch Gebrauch von Pulver oder anderen explodirenden Stoffen die in den §§. 217. und 218. genannten Gegenstände zerstört.

§. 222.

Wer vorsätzlich eine Ueberschwemmung verursacht, soll mit Zuchthaus bis zu zwanzig Jahren, und wenn durch die Ueberschwemmung ein Mensch das Leben verliert, mit lebenslänglichem Zuchthaus bestraft werden.

§. 223.

Gegen den, welcher eine Ueberschwemmung vorsätzlich, aber nur in der Absicht verursacht, sein Eigenthum vor Gefahr zu schützen, soll auf Gefängniß bis zu zwei Jahren erkannt werden.

§. 224.

Wer eine Ueberschwemmung durch Fahrlässigkeit verursacht, wird mit Gefängniß bis zu sechs Monaten, und wenn durch die Ueberschwemmung ein Mensch das Leben verloren hat, mit Gefängniß bis zu drei Jahren bestraft.

§. 225.

Wer vorsätzlich an Eisenbahn-Anlagen, deren Transportmitteln oder anderem Zubehör solche Beschädigungen verübt, oder auf der Fahrbahn durch Aufstellen, Hinlegen oder Hinwerfen von Gegenständen, oder durch Verrückung von Schienen oder auf andere Weise solche Hindernisse bereitet, daß dadurch der Transport auf der Bahn in Gefahr gesetzt wird, ist mit Zuchthaus bis zu zehn Jahren zu bestrafen.

Hat die Handlung die schwere Körperverletzung eines Menschen (§. 146.) zur Folge gehabt, so tritt Zuchthausstrafe bis zu zwanzig Jahren, und hat in Folge der Handlung ein Mensch das Leben verloren, lebenslängliche Zuchthausstrafe ein.

§. 226.

Wer fahrlässigerweise durch Handlungen der im §. 225. bezeichneten Art den Transport auf einer Eisenbahn in Gefahr setzt, wird mit Gefängniß bis zu sechs Monaten, und wenn dadurch ein Mensch das Leben verloren hat, mit Gefängniß bis zu drei Jahren bestraft.

Eine gleiche Strafe haben die zur Leitung der Eisenbahnfahrten und zur Aufsicht über die Bahn und den Transportbetrieb angestellten Personen (Eisenbahnbeamten) verwirkt, wenn sie durch Vernachlässigung der ihnen obliegenden Pflichten einen Transport in Gefahr setzen.

§. 227.

Wer gegen eine Telegraphen-Anstalt vorsätzlich eine Handlung verübt, welche die Benutzung dieser Anstalt zu ihren Zwecken verhindern oder stören, wird mit Gefängniß nicht unter sechs Monaten oder mit Zuchthaus bis zu zehn Jahren bestraft.

§. 228.

Wer fahrlässigerweise Handlungen der im §. 227. bezeichneten Art verübt, wird mit Gefängniß bis zu sechs Monaten bestraft.

Eine gleiche Strafe haben die zur Beaufsichtigung und Bedienung der Telegraphen-Anstalten und ihrer Zubehörungen angestellten Personen (Telegraphenbeamten) verwirkt, wenn sie durch Vernachlässigung der ihnen obliegenden Pflichten die Benutzung der Anstalt verhindern oder stören.

§. 229.

Eisenbahnbeamte und Telegraphenbeamte, welche wegen eines der in den §§. 225. — 228. bezeichneten Verbrechen verurtheilt werden, sollen zugleich zu einer Beschäftigung im Eisenbahn- und Telegraphendienste für unfähig erklärt werden.

§. 230.

Die Vorsteher einer Eisenbahngesellschaft, sowie die Vorsteher einer Telegraphen-Anstalt, welche die Entfernung des verurtheilten Beamten nach der Mittheilung des rechtskräftigen Erkenntnisses nicht sogleich bewirken, sollen mit Geldbuße bis zu Einhundert Thalern oder mit Gefängniß bis zu sechs Monaten bestraft werden.

Gleiche Strafe trifft den für unfähig erklärten Eisenbahn- oder Telegraphenbeamten, der sich bei einer Eisenbahn- oder Telegraphen-Anstalt wieder anstellen läßt, sowie diejenigen, welche ihn wieder angestellt haben, obwohl denselben die Unfähigkeitserklärung bekannt war.

§. 231.

Wer vorsätzlich Wasserleitungen, Schleusen, Wehre, Deiche, Dämme oder andere Wasserbauten, oder Brücken, Fähren, Wege oder Schutzwehre beschädigt oder zerstört, oder wer in schiffbaren Strömen, Flüssen oder Kanälen das Fahrwasser stört, und durch eine dieser Handlungen Gefahr für das Leben oder die Gesundheit Anderer herbeiführt, wird mit Gefängniß nicht unter drei Monaten oder mit Zuchthaus bis zu fünf Jahren bestraft.

Hat in Folge einer dieser Handlungen ein Mensch eine schwere Körperverletzung (§. 146.) erlitten, so tritt Zuchthaus bis zu funfzehn Jahren und hat in Folge einer dieser Handlungen ein Mensch das Leben verloren, lebenslängliches Zuchthaus ein.

Liegt einer solchen Handlung Fahrlässigkeit zum Grunde, und ist dadurch ein Schaden entstanden, so ist auf Gefängniß bis zu sechs Monaten, und wenn in Folge derselben ein Mensch das Leben verloren hat, auf Gefängniß bis zu drei Jahren zu erkennen.

§. 232.

Wer vorsätzlich die zur Sicherung der Schiffahrt bestimmten Feuerzeichen oder andere zu diesem Zwecke aufgestellte Zeichen zerstört, wegschafft oder unbrauchbar macht, oder dergleichen Feuerzeichen auslöscht, oder falsche Zeichen, welche geeignet sind, die Schiffahrt unsicher zu machen, aufstellt, insbesondere zur Nachtzeit auf der Strandhöhe Feuer anzündet, welches die Schiffahrt zu gefährden geeignet ist, wird mit Zuchthaus bis zu zehn Jahren bestraft.

Ist in Folge der Handlung ein Schiff gestrandet, so tritt Zuchthaus bis zu zwanzig Jahren, und hat dadurch ein Mensch das Leben verloren, lebenslängliches Zuchthaus ein.

Liegt der Handlung Fahrlässigkeit zum Grunde und ist dadurch ein Schaden entstanden, so ist auf Gefängniß bis zu sechs Monaten, und wenn in

Folge der Handlung ein Mensch das Leben verloren hat, auf Gefängniß bis zu drei Jahren zu erkennen.

§. 233.

Wer vorsätzlich die Strandung oder das Sinken eines Schiffes bewirkt und dadurch Gefahr für das Leben eines Anderen herbeiführt, wird mit Zuchthaus bis zu zwanzig Jahren, und wenn in Folge der Handlung ein Mensch das Leben verloren hat, mit lebenslänglichem Zuchthaus bestraft.

Liegt der Handlung Fahrlässigkeit zum Grunde, und ist dadurch ein Schaden entstanden, so ist auf Gefängniß bis zu sechs Monaten, und wenn in Folge der Handlung ein Mensch das Leben verloren hat, auf Gefängniß bis zu drei Jahren zu erkennen.

§. 234.

Wer vorsätzlich Brunnen oder Wasserbehälter, welche zum Gebrauche Anderer dienen, oder Waaren, welche zum öffentlichen Verkaufe oder Verbrauche bestimmt sind, vergiftet, oder denselben Stoffe beimischt, von denen ihm bekannt ist, daß sie die menschliche Gesundheit zu zerstören geeignet sind, ingleichen wer solche vergiftete oder mit gefährlichen Stoffen vermischte Sachen wissentlich und mit Verschweigung dieser Eigenschaft verkauft oder feilhält, wird mit Zuchthaus bis zu funfzehn Jahren bestraft.

Hat in Folge der Handlung ein Mensch das Leben verloren, so tritt lebenslängliche Zuchthausstrafe ein.

Liegt der Handlung Fahrlässigkeit zum Grunde und ist dadurch ein Schaden entstanden, so ist auf Gefängniß bis zu sechs Monaten, und wenn in Folge der Handlung ein Mensch das Leben verloren hat, auf Gefängniß bis zu drei Jahren zu erkennen.

§. 235.

Wer die Absperrungs- oder Aufsichtsmaßregeln oder Einfuhrverbote, welche von der hiezu kompetenten Behörde zur Verhütung des Einführens oder Verbreitens einer ansteckenden Krankheit angeordnet worden sind, übertritt, wird mit Gefängniß bis zu drei Jahren bestraft.

§. 236.

Wer die Absperrungs- oder Aufsichtsmaßregeln oder Einfuhrverbote, welche von der hiezu kompetenten Behörde zur Verhütung des Einführens oder Verbreitens von Viehseuchen angeordnet sind, übertritt, wird mit Geldbuße bis zu zweihundert Thalern oder mit Gefängniß bis zu Einem Jahre bestraft.

§. 237.

Wer die mit einer öffentlichen Behörde geschlossenen Lieferungsverträge über Bedürfnisse des Heeres zur Zeit eines Krieges, oder über die Zufuhr von Lebensmitteln zur Anwendung oder Beseitigung eines Nothstandes vorsätzlich entweder nicht zur bestimmten Zeit oder nicht in der vorbedungenen Weise erfüllt, soll mit Gefängniß bis zu drei Jahren bestraft werden. Es kann zugleich auf Untersagung der Ausübung der bürgerlichen Ehrenrechte erkannt werden.

Liegt der Nichterfüllung des Vertrages Fahrlässigkeit zum Grunde, und ist dadurch ein Schaden entstanden, so ist auf Gefängniß bis zu sechs Monaten zu erkennen.

Dieselben Strafen finden auch gegen die Unterlieferanten, Agenten und Bevollmächtigten des Lieferanten Anwendung, welche mit Kenntniß des Zwecks der Lieferung das Unterbleiben derselben vorsätzlich oder aus Fahrlässigkeit verursachen.

---

1. Brandstiftung.

Die Abweichungen, welche der Entwurf (§§. 217—221.) gegenüber den Bestimmungen der §§. 285—289. des Preußischen Strafgesetzbuches vornimmt, reduciren sich auf Folgendes:

1. In §. 285. des Preußischen Strafgesetzbuches ist unter Nr. 2. und Nr. 3. bestimmt:

„wer vorsätzlich ein Gebäude, ein Schiff oder eine Hütte, welche zeitweise zum Aufenthalt von Menschen dienen, zu einer Zeit in Brand setzt, *in welcher darin Menschen sich aufzuhalten pflegen;*"

„wer vorsätzlich Eisenbahnwagen, Bergwerke oder andere zum Aufenthalt von Menschen zeitweise dienende Räumlichkeiten zu einer Zeit in Brand setzt, *zu welcher sich Menschen darin aufzuhalten pflegen.*"

Der Entwurf (§. 217.) setzt statt der hervorgehobenen Worte an beiden Stellen die Worte: „*in welcher sich Menschen darin aufhalten*". Es ist dies deshalb geschehen, um zwar die Tendenz der Preußischen Strafbestimmung aufrecht zu erhalten, doch aber die durch das Preußische Strafgesetzbuch anerkannte Gefahr in abstracto in eine Gefahr in concreto zu verwandeln.

Die Schlußbestimmung des Preußischen §. 285.: „In allen diesen Fällen macht es keinen Unterschied, ob die in Brand gesetzten Gegenstände Eigenthum des Thäters sind oder nicht" — läßt darüber keinen Zweifel, daß die strengen Strafbestimmungen dieses Paragraphen lediglich durch die bei Brandstiftungen an den bezeichneten Gegenständen entstehende Gefahr für Menschenleben bedingt sind. Ist dieses aber der Fall, so ist es nicht zu verstehen, wie man dann, wenn diese Gefahr positiv *vorhanden* war, dieselbe als *nicht* vorhanden, und, wenn die Gefahr *nicht* existirte, dieselbe doch als *existent* fingiren kann. Daß aber eine solche Fiktion vorliegt, muß für alle Fälle behauptet werden, in denen beispielsweise ein Schiff, welches zeitweise zum Aufenthalt von Menschen dient, in Brand gesetzt wird, zwar zu einer Zeit, in der sich Menschen darin aufzuhalten pflegen, in der aber dessen ungeachtet keine Menschen sich darin aufhielten. Dasselbe tritt ein, wenn ein Schiff der gleichen Art *nicht* zu der Zeit in Brand gesetzt wird, in welcher sich Menschen darin aufzuhalten pflegen, wo aber doch zur Zeit der Brandstiftung sich Menschen darin aufgehalten haben. Der Entwurf giebt die Fiktion der Gefahr überall auf und verlangt durch seine Fassung die in concreto vorhandene Gefahr.

Zwei Bedenken sind hierbei zu beseitigen.

Zunächst entsteht die Frage, weshalb nicht auch die erste Nummer des §. 285. derartig abgeändert ist, daß die Anwendung derselben auf das Vorhandensein der konkreten Gefahr beschränkt blieb. Der Grund hierfür liegt in dem Unterschiede, welcher vorhanden ist zwischen solchen Gebäuden, welche zur Wohnung von Menschen dienen und solchen Gebäuden, welche zeitweise zum Aufenthalt von Menschen dienen. Bei ersteren ist die Vermuthung dafür vorhanden, daß Menschen sich in den Gebäuden befinden, bei letzteren streitet die Vermuthung dafür, daß dies nicht der Fall ist; bei dem Anzünden der ersteren ist demnach kein Bedürfniß vorhanden, thatsächlich festzustellen, daß Gefahr für Menschenleben durch die Brandstiftung entstanden, bei letzteren muß dagegen eine thatsächliche Feststellung in Betreff des Vorhandenseins der Gefahr erfolgen. Diese thatsächliche Feststellung ist dann aber zweckmäßiger auf das Vorhandensein der Gefahr in concreto als der in abstracto zu richten; denn es widerstreitet nicht minder der Gerechtigkeit, wegen Gefährdung von Menschenleben zu strafen, wo diese Gefahr nicht vorgelegen, als die Gefährdung von Menschenleben bei der Bestrafung zu übersehen, wo dieselbe vorhanden gewesen. Zwar können auch bei dem Anzünden von Gebäuden, welche zur Wohnung von Menschen dienen, Fälle vorkommen, in denen keine Gefahr für Menschenleben vorhanden war, weil in dem betreffenden Gebäude zur Zeit der Brandstiftung kein Mensch sich aufhielt. Man wird dies dem Thäter regelmäßig als Entschuldigung nicht zurechnen können; denn wer ein Wohngebäude anzündet, thut dies in dem Bewußtsein, auch Menschenleben in Gefahr zu setzen. Beispiele aber von Fällen, in denen der Thäter wußte, daß die Bewohner des Hauses nicht anwesend, und wo derselbe die Brandstiftung unterlassen hätte, wenn er nicht von der Abwesenheit der Bewohner überzeugt gewesen, möchten in der Praxis zu selten vorkommen, um von der Gesetzgebung berücksichtigt zu werden. Kämen derartige Fälle aber auch wirklich in der Praxis vor, so ist das von dem Entwurf aufgestellte Strafmaß zwei bis zwanzig Jahre Zuchthaus ausreichend, um auch derartige Fälle in geeigneter Weise bestrafen zu können.

Ferner entsteht das Bedenken, ob die Anwendung der von dem Entwurfe vorgeschlagenen Gesetzesformel nicht zu sehr den s. g. objektiven Thatbestand vorwalten lasse. Denn darüber kann kein Zweifel entstehen, daß gegenüber der Formel des Entwurfs es einer thatsächlichen Feststellung darüber, daß der Thäter die Anwesenheit von Menschen in den betreffenden Gegenständen gekannt habe, nicht bedarf. Soll nun auch gewiß nicht geleugnet werden, daß die Kenntniß des Thäters von der Anwesenheit von Menschen seine Handlung strafbarer erscheinen läßt, als wenn ihm diese Kenntniß fehlte, so ist doch zunächst schon das Bewußtsein der bloßen Möglichkeit der Gefahr für Menschenleben ein den Thäter so sehr gravirendes Moment, daß dieses allein die in dem Paragraphen angedrohte Strafe rechtfertigen würde.

2. §. 286. des Preußischen Strafgesetzbuches zählt diejenigen Gegenstände auf, deren Anzündung strafbar ist aus dem Gesichtspunkte der gemeingefährlichen Vermögensbeschädigung. Während sonst aber das Preußische Strafgesetzbuch den Thatbestand der Brandstiftung überall (§. 285. Nr. 1. 2. 3. §. 287.) an die Worte knüpft: „in Brand setzt" — wird ohne allen Grund für §. 286. der Ausdruck gewählt: „in Brand steckt". Berücksichtigt man, daß die Frage nach der Vollendung der Brandstiftung zu den kontroversen gehört, so ist es gewiß nicht gut, durch Inkonsequenz in der Ausdrucksweise wenn auch nur die Möglichkeit von Zweifeln zu provociren, welche bei konsequent festgehaltener Ausdrucksweise jedenfalls vermieden werden. Der Entwurf hat demnach in §. 218. das Preußische „steckt" in „setzt" verwandelt.

3. §. 287. des Preußischen Strafgesetzbuches bestimmt:

„Wer vorsätzlich eigene oder fremde Sachen, welche vermöge ihrer Beschaffenheit und Lage geeignet sind, den in §§. 285. und 286. genannten Gegenständen das Feuer mitzutheilen, in Brand setzt, soll eben so bestraft werden, wie derjenige, welcher jene Gegenstände unmittelbar in Brand setzt."

Der Entwurf wiederholt, abgesehen von der nothwendigen Aenderung in der Bezeichnung der Rückverweisungs-Paragraphen, diese Bestimmung des Preußischen Strafgesetzbuches mit der einen Aenderung, daß statt des Wortes „unmittelbar" das Wort „selbst" gesetzt wird. So wie nämlich der Wortlaut des Preußischen Strafgesetzbuches dasteht, kann nicht in Abrede gestellt werden, daß durch denselben der Gedanke angeregt wird, es habe hier die mittelbare Brandstiftung im Gegensatze zur unmittelbaren Brandstiftung mit Strafe bedroht werden sollen. Da es nun zum Begriffe der Brandstiftung gehört, daß nicht irgend eine, sondern gerade nur die im Gesetze genannten Sachen angesteckt werden, da ferner zum Begriffe der dolosen Brandstiftung es gehört, daß der Vorsatz des Thäters auf das Anzünden eines dieser Gegenstände gerichtet sein muß, so liegt die Annahme nahe, daß bei der mittelbaren Brandstiftung nicht weniger wie bei der unmittelbaren der Vorsatz des Thäters festgestellt werden müsse, eine derjenigen Sachen anzünden zu wollen, deren Anzünden zum Begriffe der Brandstiftung überhaupt erforderlich ist. Die Preußische Praxis hat diese Auffassung bekanntlich nicht adoptirt, und es ist hier nicht der Ort, zu untersuchen, in wie weit diese Auffassung de lege lata richtig oder unrichtig sein möchte. Hier handelt es sich nur um Untersuchungen de lege ferenda. Und von diesem Standpunkte aus muß zugegeben werden, daß eine Praxis, welche den §. 287. des Preußischen Strafgesetzbuches in Anwendung gebracht wissen will, sobald nur feststeht, daß die vom Thäter angezündeten Gegenstände ihrer Lage und Beschaffenheit nach geeignet waren, einem der Brandstiftungsobjekte das Feuer mitzutheilen, welche namentlich eine weitere Feststellung darüber, ob der Thäter das Brandstiftungsobjekt selbst habe anstecken wollen, nicht zulassen will, sehr Vieles für sich hat. Denn die für Brandstiftung getroffenen Strafbestimmungen fassen vor Allem die Gefahr — für Menschenleben oder für fremdes Eigenthum — in's Auge. Diese Gefahr ist vorhanden, die Gegenstände des §. 285. und §. 286. mögen direkt oder indirekt durch das Feuer gefährdet sein. Jedem Zweifel hierüber wird vorgebeugt, sobald der Preußische §. 287. so abgeändert wird, wie dieses durch den Entwurf geschehen ist.

Es läßt sich allerdings nicht verkennen, daß diese Aenderung des Preußischen §. 287. zu praktischen Resultaten führen kann, welche mit der gegenwärtigen Preußischen Praxis nicht übereinstimmen, sondern, wenn man so sagen will, noch weiter gehen, als es diese thut. Ueber die bestehende Preußische Praxis referirt Oppenhoff zu §. 287. Nr. 2. in folgender Weise:

„Der Entwurf von 1847 (§. 360.) hatte neben der Vorsätzlichkeit der Handlung auch noch die Kenntniß (das Bewußtsein) des Angeklagten davon, daß die betr. Sachen geeignet seien, den in den §§. 285. und 286. genannten Gegenständen das Feuer mitzutheilen, als ein wesentliches Merkmal des Thatbestandes hingestellt. Das ist im Strafgesetzbuch beseitigt worden, offenbar weil man annahm, dieses Merkmal sei im Begriffe der „Vorsätzlichkeit" mit enthalten. Ebendeshalb bedarf es in der Regel einer besonderen Feststellung desselben neben der Vorsätzlichkeit nicht." (Folgen Nachweisungen über die Rechtsprechung des Ober-Tribunals.) Dagegen ist es unerläßlich, auch dieses Moment in die Fragestellung mit aufzunehmen, sobald ein ausdrücklicher Antrag darauf gerichtet wird." (Folgt Entscheidung des Ober-Tribunals.) „Auch genügt es in einem solchen Falle nicht, die Frage dahin zu fassen: ob dem Angeklagten die Gefahr für die anderen Gegenstände „unbekannt" gewesen sei, da jenes Bewußtsein ein wirkliches (in der Vorsätzlichkeit mit enthaltenes) Begriffsmerkmal darstellt". (Folgen Entscheidungen des Ober-Tribunals).

Es kommt hier gar nicht darauf an, die Richtigkeit der nach Oppenhoff mitgetheilten Auffassung der Preußischen Praxis nach allen Seiten hin zu prüfen. Nur so viel muß angeführt werden: Entweder das Gesetz (§. 287.) fordert die Kenntniß des Thäters davon, daß die betreffenden Sachen geeignet gewesen, den in den §§. 285. und 286. genannten Gegenständen das Feuer mitzutheilen — und dann muß dieses Moment allemal thatsächlich festgestellt, d. h. in die den Geschwornen zu stellende Frage mit aufgenommen werden — oder das Gesetz fordert diese Kenntniß nicht — und dann darf dieser Umstand in die den Geschwornen vorzulegende Frage gar nicht aufgenommen werden. Denn die Strafbarkeit des Angeklagten hängt doch von dem Vorhandensein der im Gesetze bezeichneten Momente des Verbrechens ab, von keinem mehr und von keinem weniger. Nimmt man daher die „Kenntniß" in die Fragestellung auf, während das Gesetz dieselbe nicht fordern sollte, so macht man die Bestrafung des Thäters von einem Momente zu viel abhängig, wird mithin Fälle straflos lassen, deren Bestrafung das Gesetz wollte; läßt man dagegen die „Kenntniß" aus der Fragestellung fort, falls das Gesetz dieselbe als Voraussetzung der Strafbarkeit fordern sollte, so macht man letztere von einem Momente zu wenig abhängig und läßt Fälle strafbar werden, deren Straflosigkeit das Gesetz wollte. Was nun aber strafbar, was straflos sein soll, darüber entscheidet doch das Gesetz und nicht die Parteien, und deshalb ist es auch vollkommen unzulässig, die Aufnahme oder Nichtaufnahme der „Kenntniß“ in die Fragestellung von dem Antrage des Angeklagten abhängig zu machen.

Gegenüber dieser Praxis kann man vom legislatorischen Standpunkte nur sagen, daß, wenn die Strafbarkeit des Anzündens der im §. 287. genannten Sachen abhängig sein soll von der Kenntniß des Thäters, daß diese Sachen geeignet seien, den in §§. 285. und 286. bezeichneten Gegenständen das Feuer mitzutheilen, dieses auch in der Gesetzesformel selbst ausgedrückt sein muß.

Die Gesetzesformel würde alsdann lauten müssen:

„Wer vorsätzlich eigene oder fremde Sachen, wissend, daß dieselben geeignet sind, vermöge ihrer Beschaffenheit und Lage den in den §§. 285. und 286. bezeichneten Gegenständen das Feuer mitzutheilen u. s. w.“

Diese Fassung aber hat der Entwurf nicht gewählt. Wer Sachen vorsätzlich anzündet, ist sich jedenfalls bewußt, daß er mit Feuer umgeht, und daß man mit Feuer vorsichtig umgehen müsse, lernen die Kinder mindestens ebenso frühe, als sie es lernen, daß man nicht stehlen dürfe. Die durch das Anzünden von Gegenständen, welche geeignet sind, den Brandstiftungsobjekten das Feuer mitzutheilen, hervorgerufene Gefahr kann daher, ohne daß es der thatsächlichen Feststellung von der Kenntniß dieser Gefahr bedürfe, dem Thäter zur Last gelegt werden. Das bezieht sich auf die Frage: durch welche Behauptungen ist die Anklage zu begründen, welche Beweislast liegt dem Ankläger ob? Wenn aber der Angeklagte die Thatsache, daß die von ihm vorsätzlich angezündete Sache geeignet war, einem der Brandstiftungsobjekte das Feuer mitzutheilen, nicht kannte, so kann er der vollkommen begründeten Anklage durch die Behauptung seines Irrthums einen Strafausschließungsgrund entgegensetzen. Diese Praxis wird sich aus der im Entwurf vorgeschlagenen Gesetzesformel entwickeln und diese Praxis wird dann jedenfalls den Vorzug vor der gegenwärtig bestehenden haben, daß sie dasjenige Gesetz, auf welchem sie basirt, korrekter handhabt, als es die heutige Praxis mit dem ihr zu Grunde liegenden Gesetze thut.

4. §. 289. des Preußischen Strafgesetzbuches bestimmt:

„Die in den §§. 285. — 288. bestimmten Strafen kommen nach den dort aufgestellten Unterscheidungen auch gegen denjenigen zur Anwendung, welcher durch Gebrauch von Pulver oder anderen explodirenden Stoffen Gebäude, Hütten, Schiffe, Magazine oder andere Räumlichkeiten zerstört.“

Der Entwurf (§. 221.) setzt statt der hervorgehobenen, die Worte:

„Die in den §§. 217. und 218. genannten Gegenstände.“

Die Worte des Preußischen Strafgesetzbuches lassen nämlich einen doppelten Zweifel bestehen; zunächst den, ob unter den Worten: „oder andere Räumlichkeiten“ alle die in §§. 285. und 286. genannten Gegenstände, insofern dieselben nicht Hütten, Schiffe, Magazine sind, verstanden werden müssen, und sodann den, ob der beregte Ausdruck lediglich als clausula generalis in Bezug auf die §§. 285. und 286. oder als clausula generalis überhaupt — soweit selbstverständlich der Begriff der „Räumlichkeiten" reicht, zu verstehen ist. Da nun die in den §§. 285. und 286. des Preußischen Strafgesetzbuches speciell aufgezählten Brandstiftungsobjekte das unterscheidende Kriterium zwischen dem gemeingefährlichen Verbrechen der Brandstiftung und der nicht gemeingefährlichen Vermögensbeschädigung bilden, da ferner kein Grund vorhanden ist, die Zerstörung der Brandstiftungsobjekte durch explodirende Stoffe gegenüber dem Zerstören durch Feuer weder zu restringiren, noch zu extendiren, so ist es jedenfalls am Zweckmäßigsten, durch einfache Zurückverweisung auf diejenigen Paragraphen, in denen die Brandstiftungsobjekte aufgezählt werden, die Deklaration zu treffen, daß es gegenüber den Brandstiftungsobjekten gleichgültig sei, ob dieselben in Brand gesetzt, oder mittels explodirender Stoffe zerstört werden.

Für die bestehende Preußische Praxis mögen folgende beiden Bemerkungen Oppenhoff's zu §. 289. maßgebend sein:

a. „Unter „anderen Räumlichkeiten" sind die in §. 285. Nr. 3. genannten zu verstehen: K. B. II. S. 147." —

(Mag die Kommission der 2. Kammer das haben ausdrücken wollen, im Gesetze ist nur von „Räumlichkeiten" ohne irgend welche Unterscheidung die Rede, und es ist nicht wohl einzusehen, wie der Richter dem Gesetze gegenüber, welches von Räumlichkeiten überhaupt spricht, behaupten könnte, daß nur von speciellen Räumlichkeiten im Gegensatze von allen übrigen Räumlichkeiten gesprochen sei.)

b. „Auf die im §. 286. noch aufgezählten Vorräthe, Waldungen und Torfmoore ist §. 289. nicht zu beziehen."

(Wenn auch nicht anzunehmen ist, daß Vorräthe von landwirthschaftlichen Erzeugnissen durch ein explodirendes Mittel zerstört werden möchten — obgleich auch hier die Möglichkeit nicht in Abrede zu stellen ist — so muß doch gefragt werden, weshalb das Anzünden von Bau- und Brennmaterialien gemeingefährlich, das Zerstören von Bau- und Brennmaterialien durch explodirende Stoffe aber nicht gemeingefährlich sein soll.)

Dies die Gründe, weshalb der Entwurf (§. 221.) die angeführte Veränderung dem Preußischen Strafgesetzbuche gegenüber vorgenommen hat.

2. Verursachen einer Ueberschwemmung.

Das Preußische Strafgesetzbuch unterscheidet zwischen Verursachung einer Ueberschwemmung mit Gefahr für das Leben Anderer und ohne Gefahr für das Leben Anderer und stellt somit zwei Paragraphen (§§. 290. 291.) mit zwei verschiedenen Strafpositionen auf. Der Entwurf (§. 222.) macht diese Unterscheidung des Preußischen Strafgesetzbuches nicht, zieht demnach die beiden Preußischen Paragraphen in einen zusammen und arbitrirt demgemäß die Strafposition. Der Grund hierfür ist der, daß sich zwar sehr leicht Beispiele aufstellen lassen, wo die Verursachung von Ueberschwemmungen Menschenleben gefährdet, daß es aber sehr schwer ist, solche Fälle zu präcisiren, in denen die Verursachung einer Ueberschwemmung Gefahr für Menschenleben nicht herbeiführt. Bei der Brandstiftung kann diese Unterscheidung gemacht werden; denn bei diesem Verbrechen kann man sagen, das Anzünden dieses Gegenstandes bedingt Gefahr für Menschenleben und das Anzünden jenes Gegenstandes nicht. Bei dem Verursachen einer Ueberschwemmung würden nun an Stelle der Brandstiftungsobjekte nicht diejenigen Objekte treten, welche unter Wasser gesetzt werden, sondern es müßte das Wasser, welches überschwemmt, berücksichtigt werden. Und da wird man denn sagen dürfen, daß nicht blos ein die Deiche durchbrechendes Meer, sondern auch ein seine Dämme übertretender Bach unter Umständen Menschenleben gefährden kann. Der Entwurf glaubte demnach, die Frage, ob durch die Ueberschwemmung Menschenleben gefährdet wurden, der Strafzumessung überlassen zu dürfen.

Da aus den §§. 290. und 291. nur ein Paragraph des Entwurfes geworden ist, so mußte auch die Fassung des dem §. 292. des Preußischen Strafgesetzbuches entsprechenden §. 223. des Entwurfes insofern eine andere werden, als letzterer nicht mehr auf zwei, sondern nur auf einen Paragraphen sich zurückbeziehen konnte.

3. Beschädigung von Eisenbahnen.

Die wenigen Aenderungen, welche der Entwurf §§. 224. und 225. gegenüber den §§. 293. und 294. des Preußischen Strafgesetzbuches vorgenommen hat, bedürfen keiner weiteren Motivirung. Weshalb das Preußische Strafgesetzbuch bei der fahrlässigen Begehung dieses Verbrechens die Gefängnißstrafe bis drei Jahre ausgedehnt hat, während überall sonst das Maximum der Strafe für kulpose Tödtungen, d. h. die zweijährige Gefängnißstrafe festgehalten ist, kann nicht wohl eingesehen werden. Der Entwurf, welcher (§. 144.) für kulpose Tödtungen überhaupt Gefängniß bis zu drei Jahren androht, hat diese Strafe für alle Fälle beibehalten, in welchen ein Mensch in Folge eines kulpos begangenen gemeingefährlichen Verbrechens das Leben verloren hat.

4. Beschädigung von Telegraphenanstalten.

1. Die Beschädigungen von Telegraphenanstalten erklärt das Preußische Strafgesetzbuch nur dann für strafbar, wenn dieselben gegen Telegraphenanstalten des Staates oder einer Eisenbahngesellschaft gerichtet sind. So werden diese beiden Arten von Telegraphenanstalten speciell bezeichnet in den §§. 296. 298. 300. Zur Zeit der Emanation des Strafgesetzbuches mochte die Erwähnung dieser beiden Arten von Telegraphenanstalten gleichbedeutend sein mit der Erwähnung sämmtlicher Telegraphenanstalten. Heute trifft dies nicht mehr zu und ohne Prophetengabe darf man behaupten, daß dies in nicht langer Zeit noch weniger als jetzt zutreffen wird. Der transatlantische Kabel ist weder eine Telegraphenanstalt des Staates noch auch einer Eisenbahngesellschaft — und wenn diese Telegraphenanstalt auch außerhalb des Bereiches eines deutschen Strafgesetzbuches liegt, so läßt sich kein Grund absehen, weshalb nicht auch der deutsche Unternehmungsgeist ähnliche

Anstalten in's Leben rufen sollte. Doch selbst abgesehen von derartigen großen Unternehmungen! Die Telegraphenleitungen, welche in größeren Städten lediglich dem Dienste des Feuerlöschwesens gewidmet sind, würden, wenn man lediglich Staats- und Eisenbahntelegraphen unter den strafrechtlichen Schutz stellen wollte, vollkommen schutzlos dastehen, oder es würde die Zerstörung derselben lediglich als Vermögensbeschädigung zu bestrafen sein. Aus diesen Gründen hat der Entwurf die Specialisirung des Preußischen Strafgesetzbuches aufgegeben und spricht derselbe lediglich von „Telegraphen-Anstalten", wodurch erreicht wird, daß jede Telegraphen-Anstalt des strafrechtlichen Schutzes theilhaftig wird.

2. Das Preußische Strafgesetzbuch §. 296. al. 2. bestimmt:

„Handlungen dieser Art sind insbesondere: die Wegnahme, Zerstörung oder Beschädigung der Drahtleitung, der Apparate und sonstigen Zubehörungen der Telegraphenanlagen, die Verbindung fremdartiger Gegenstände mit der Drahtleitung, die Fälschung der durch den Telegraphen gegebenen Zeichen, die Verhinderung der Wiederherstellung einer zerstörten oder beschädigten Telegraphenanlage, die Verhinderung der bei der Telegraphenanlage angestellten Personen in ihrem Dienstberufe."

Der Entwurf läßt diese ganze Bestimmung fort. Hätte §. 296. al. 2. specialisirt, statt exemplificirt, so würde dies zwar fehlerhaft gewesen sein, da die denkbaren Arten der Beschädigung sich nicht erschöpfend specialisiren lassen, aber die Vorschrift hätte dann doch einen bestimmten Inhalt gehabt. Die Exemplifikation hat dagegen keinen anderen Sinn gehabt als den, im Allgemeinen die Gedanken darüber aufzuklären, was man sich unter Beschädigung von Telegraphenanstalten zu denken hat, und das ist nicht nöthig.

3. §. 297. des Preußischen Strafgesetzbuches bestimmt:

„Ist in Folge der vorsätzlich verhinderten oder gestörten Benutzung der Telegraphenanstalten ein Mensch am Körper oder an der Gesundheit beschädigt worden, so trifft den Schuldigen Zuchthaus bis zu zehn Jahren, und wenn ein Mensch das Leben verloren hat, Zuchthaus von zehn bis zu zwanzig Jahren."

Der Entwurf läßt diese Bestimmung fort. Es kann zwar nicht geleugnet werden, daß mittelbar auch durch die Beschädigung eines Telegraphen Menschen an ihrer Gesundheit und an ihrem Leben beschädigt werden können, aber dieses Resultat würde immer nur ein mittelbares sein. Dadurch unterscheidet sich aber dieser Fall von denjenigen Fällen, wo ein Menschenleben in Folge einer Brandstiftung, der Verursachung einer Ueberschwemmung, einer Eisenbahnbeschädigung zu Grunde geht. In diesen Fällen ist dasjenige, dessen normale Beschaffenheit durch eine verbrecherische Thätigkeit zerstört wurde, — das brennende Haus, der durchbrochene Damm, der zerstörte Eisenbahnkörper — auch die Todesursache oder die Ursache der Gesundheitsbeschädigung eines Menschen. Der zerrissene Telegraphendraht dagegen, oder die umgeworfene Telegraphenstange sind nicht als Todesursachen eines Menschen aufzufassen, sondern Todesursache wird dasjenige, was geschieht, resp. nicht geschieht, weil der Telegraph seine Schuldigkeit nicht thun kann. Weil der Telegraph nicht arbeitet, läuft ein Eisenbahnzug gegen einen anderen Eisenbahnzug — das geschieht mitunter aber auch da, wo die Telegraphen nicht zerstört worden sind — weil der Telegraph nicht arbeitet, kommt der zur Behandlung eines Kranken herbeitelegraphirte Arzt nicht, oder nicht zur richtigen Zeit. Ist in diesen Fällen der Tod eines Menschen in Folge der gestörten Telegraphenbenutzung eingetreten? Und wenn man diese Frage mit „Ja" beantworten will, wie weit soll das Strafgesetz gehen in der Bestrafung von Handlungen, welche sich als indirekte Todesursachen denkbarer Weise auffassen lassen? Man begiebt sich auf ein gefährliches Gebiet, wenn man Handlungen als indirekte Todesursachen auffaßt und von der Praxis verlangt, daß sie diese Qualifikation der Handlung als Strafschärfungsgrund in Anwendung bringt. Dies sind die Gründe, weshalb die oben angeführte Bestimmung des Preußischen Strafgesetzbuches in den Entwurf nicht aufgenommen ist. Es ergab sich hieraus von selbst, daß die Strafgrenzen für die Bestrafung der Beschädigung von Telegraphenanstalten erweitert werden mußten, und mit Rücksicht darauf, daß auch der größte in Folge dieses Deliktes entstehende Schaden immer nur ein indirekter Schade sein würde, schien das Strafmaximum von zehn Jahren Zuchthaus ausreichend zu sein und so wurde die Strafposition: Gefängniß nicht unter sechs Monaten oder Zuchthaus bis zu zehn Jahren gewählt.

4. Statt der Fassung des Preußischen Strafgesetzbuches §. 298.:

„Wer gegen eine Telegraphenanstalt des Staates oder einer Eisenbahn-Gesellschaft fahrlässigerweise Handlungen verübt, welche die Benutzung dieser Anstalt zu ihrem Zwecke verhindern oder stören"

wählt der Entwurf (§. 228.) die Fassung:

„Wer fahrlässigerweise Handlungen der im §. 227. bezeichneten Art verübt" —

Die fahrlässige Beschädigung der Eisenbahnen ist in dieser Form im Preußischen Strafgesetzbuche und unverändert auch in dem Entwurfe eingeführt. Für den Styl eines Gesetzes empfiehlt es sich aber keineswegs durch Ausnutzung des Sprachreichthums zu glänzen, sondern es kommt darauf an, durch möglichste Gleichheit des Ausdruckes für die gleichen Begriffe jeden Zweifel darüber zu beseitigen, daß an dieser Stelle des Gesetzes dasselbe gemeint sei, wie an jener.

Von den sonstigen Aenderungen, welche der Entwurf in diesem Titel gegenüber den Bestimmungen des Preußischen Strafgesetzbuches vorgenommen hat, bedürfen die meisten keiner Motivirung. Nur auf Folgendes ist noch aufmerksam zu machen.

§. 306. des Preußischen Strafgesetzbuches bestimmt:

„Wer die Absperrungs- oder Aufsichtsmaßregeln oder Einfuhrverbote, welche von der Regierung zur Verhütung des Einführens oder Verbreitens einer ansteckenden Krankheit angeordnet sind, übertritt, wird mit Gefängniß bis zu zwei Jahren bestraft.

Ist in Folge der Uebertretung ein Mensch von der ansteckenden Krankheit ergriffen worden, so tritt Gefängniß von zwei Monaten bis zu drei Jahren ein."

Da die Frage, wo der Grund für die Erkrankung eines Menschen zu finden, in sehr vielen Fällen schwer zu beantworten ist, so erschien es zweckmäßiger, unter Ausdehnung des Strafmaximums des Al. 1. von zwei bis auf drei Jahre Gefängnißstrafe, das zweite Alinea des §. 306. gänzlich fortzulassen. Ebenso ist auch gegenüber dem §. 307. des Preußischen Strafgesetzbuches — die Viehseuchen betreffend — verfahren worden.

Ob überall im Gebiete des Norddeutschen Bundes die „Regierungen" die zur Anordnung der betreffenden sanitätlichen Bestimmungen kompetenten Behörden sein werden, kann dahin gestellt bleiben. Nicht der Karakter der das Verbot erlassenden Behörde kommt hier in Betracht, sondern es ist lediglich die Uebertretung eines von der hierzu kompetenten Behörde erlassenen Verbotes in's Auge zu fassen, und es genügt vollkommen, wenn dieses im Gesetze ausgedrückt wird.

Die letzte Aenderung des Entwurfes ist dem §. 308. des Preußischen Strafgesetzbuches gegenüber vorgenommen. Der §. 308. bestraft die dolose und auch die kulpose Nichterfüllung von Lieferungsverträgen unter gewissen im Gesetz näher angegebenen Voraussetzungen. Von der fahrlässigen Begehung dieses Delikts sagt nun das Preußische Strafgesetzbuch:

„Liegt der Nichterfüllung des Vertrages Fahrlässigkeit zu Grunde und ist ein Schade dadurch wirklich entstanden, so" u. s. w.

Der Entwurf läßt das „wirklich" fort. Zur Motivirung dieser Auslassung genügt es vollkommen, darauf aufmerksam gemacht zu haben, daß sich das beregte Wort in dem Preußischen Strafgesetzbuche findet und daß der Entwurf dasselbe fortgelassen hat.

Neunundzwanzigster Titel.

Verbrechen im Amte.

§. 238.

Ein Beamter, welcher für eine in sein Amt einschlagende, nicht pflichtwidrige Handlung oder Unterlassung Geschenke oder andere Vortheile annimmt, fordert oder sich versprechen läßt, zu denen er gesetzlich nicht berechtigt ist, wird mit Geldbuße bis zu Einhundert Thalern oder mit Gefängniß bis zu sechs Monaten bestraft und zur Herausgabe des Empfangenen oder des Werths desselben an den Fiskus verurtheilt. Es kann zugleich auf zeitige Unfähigkeit zu öffentlichen Aemtern erkannt werden.

§. 239.

Ein Beamter, welcher für eine Handlung oder Unterlassung, die eine Verletzung einer amtlichen Pflicht enthält, Geschenke oder andere Vortheile annimmt, fordert oder sich versprechen läßt, wird mit Zuchthaus oder Einschließung bis zu fünf Jahren bestraft und zur Herausgabe des Empfangenen oder des Werths desselben an den Fiskus verurtheilt.

§. 240.

Wer durch Anbieten, Versprechen oder Gewähren von Geschenken oder anderen Vortheilen einen Beamten oder ein Mitglied der bewaffneten Macht oder einen Schiedsrichter zu einer Handlung oder Unterlassung, die eine Verletzung einer amtlichen Pflicht enthält, bestimmt, wird mit Gefängniß bis zu drei Jahren bestraft und zur Herausgabe der zum Zwecke der Bestechung gegegebenen Geschenke oder des Werths derselben an den Fiskus verurtheilt.

Es kann zugleich auf Untersagung der Ausübung der bürgerlichen Ehrenrechte erkannt werden.

§. 241.

Hat sich ein Richter in einem Strafverfahren zu Gunsten oder zum Nachtheil des Angeschuldigten bestechen lassen, so soll derselbe mit Zuchthaus oder Einschließung bis zu zwanzig Jahren bestraft werden.

Gleiche Strafe trifft denjenigen, welcher den Richter besticht.

Die zum Zwecke der Bestechung gegebenen Geschenke oder der Werth derselben sind dem Fiskus im Urtheil zuzusprechen.

§. 242.

Ein Geschworner, welcher in einer Sache, in welcher er Verrichtungen als Geschworner auszuüben hat, Geschenke annimmt, wird mit Zuchthaus oder Einschließung bis zu zwanzig Jahren bestraft. Gleiche Strafe trifft denjenigen, welcher den Geschwornen zu diesem Verbrechen verleitet.

Die gegebenen Geschenke oder der Werth derselben sind dem Fiskus im Urtheile zuzusprechen.

§. 243.

Ein Beamter, welcher bei der Leitung oder Entscheidung von Rechtssachen vorsätzlich, zur Begünstigung oder Benachtheiligung einer Partei, sich einer Ungerechtigkeit schuldig macht, wird mit Zuchthaus oder Einschließung bis zu fünf Jahren bestraft.

Zu gleicher Strafe ist ein Schiedsrichter zu verurtheilen, welcher bei der ihm übertragenen Leitung oder Entscheidung von Rechtsstreitigkeiten vorsätzlich, zur Begünstigung oder Benachtheiligung einer Partei, sich einer Ungerechtigkeit schuldig macht.

§. 244.

Wenn ein Beamter in einer strafgerichtlichen Untersuchung Zwangsmittel anwendet oder anwenden läßt, um Geständnisse oder Aussagen zu erpressen, so wird derselbe mit Zuchthaus oder Einschließung bis zu fünf Jahren bestraft.

§. 245.

Ein Beamter, welcher zum Nachtheil einer Person, deren Unschuld ihm bekannt ist, die Eröffnung oder Fortsetzung einer strafgerichtlichen Untersuchung beantragt oder beschließt, soll mit Zuchthaus oder Einschließung bis zu fünf Jahren bestraft werden.

Eine gleiche Strafe trifft den Beamten, welcher vorsätzlich eine Strafe vollstrecken läßt, die entweder gar nicht oder nicht in dem Maße, wie er sie vollstrecken läßt, rechtskräftig ausgesprochen ist.

Ist in letzterem Falle die Handlung aus Fahrlässigkeit begangen, so tritt Gefängniß oder Einschließung bis zu Einem Jahre ein. Es kann zugleich auf zeitige Unfähigkeit zu öffentlichen Aemtern erkannt werden.

§. 246.

Ein Beamter, welcher vermöge seines Amtes bei Ausübung der Strafgewalt oder bei Vollstreckung der Strafe mitzuwirken hat, wird mit Zuchthaus oder Einschließung bis zu fünf Jahren bestraft, wenn er in der Absicht, Jemanden der gesetzlichen Strafe rechtswidrig zu entziehen, die Verfolgung einer strafbaren Handlung unterläßt, eine Handlung oder Unterlassung begeht, welche geeignet ist, eine Freisprechung oder eine dem Gesetze nicht entsprechende Bestrafung zu bewirken, oder die Vollstreckung der ausgesprochenen Strafe nicht betreibt, oder eine gelindere als die erkannte Strafe zur Vollstreckung bringt.

§. 247.

Ein Beamter, welchem die Aufbewahrung, Begleitung oder Bewachung eines Gefangenen anvertraut ist, wird im Falle der Entweichung oder Befreiung des Gefangenen mit Zuchthaus oder Einschließung bis zu fünf Jahren bestraft, wenn er dieselbe vorsätzlich bewirkt oder befördert hat.

Ist die Entweichung durch Fahrlässigkeit befördert oder erleichtert worden, so tritt Gefängniß oder Einschließung bis zu Einem Jahre ein. Es kann zugleich auf zeitige Unfähigkeit zu öffentlichen Aemtern erkannt werden.

§. 248.

Ein Beamter, welcher Gebühren oder andere Vergütungen für amtliche Verrichtungen zu seinem Vortheil zu erheben hat, wird, wenn er Gebühren oder Vergütungen erhebt, von denen er weiß, daß die Zahlenden sie entweder gar nicht oder nur in geringerem Betrage verschulden, mit Geldbuße bis zu Zweihundert Thalern oder mit Gefängniß bis zu Einem Jahre bestraft. Es kann zugleich auf zeitige Unfähigkeit zu öffentlichen Aemtern erkannt werden.

§. 249.

Ein Postbeamter, welcher die der Post anvertrauten Briefe und Packete in anderer, als den im Gesetze vorgesehenen Fällen eröffnet oder unterdrückt, oder einem Anderen bei einer solchen Handlung wissentlich Hülfe leistet, wird mit Gefängniß oder Einschließung bis zu zwei Jahren bestraft. Es kann zugleich auf zeitige Unfähigkeit zu öffentlichen Aemtern erkannt werden.

Gleiche Strafe hat ein Telegraphen-Beamter verwirkt, welcher in anderen als den vom Gesetze vorgesehenen Fällen telegraphische Depeschen unterdrückt, oder den Inhalt derselben Andern mittheilt.

§. 250.

Ein gerichtlicher Anwalt oder ein anderer Rechtsbeistand, welcher bei den ihm vermöge seiner amtlichen Eigenschaft anvertrauten Angelegenheiten in derselben Rechtssache beiden Parteien durch Rath oder Beistand pflichtwidrig dient, wird mit Gefängniß oder Einschließung bis zu drei Jahren bestraft.

Handelt derselbe im Einverständniß mit der Gegenpartei zum Nachtheil seines Klienten, so tritt Zuchthaus oder Einschließung bis zu fünf Jahren ein.

§. 251.

Ein Amtsvorgesetzter, welcher seine Untergebenen zu einem Verbrechen im Amte verleitet, oder ein solches Verbrechen seiner Untergebenen wissentlich geschehen läßt, soll zu der auf dieses Verbrechen angedrohten Strafe verurtheilt werden. Zugleich ist auf zeitige Unfähigkeit zu öffentlichen Aemtern zu erkennen.

Das Preußische Strafgesetzbuch hat unter dem Titel Verbrechen und Vergehen im Amte strafbare Handlungen zusammengestellt, deren Subjekte — abgesehen von dem Falle der aktiven Bestechung — lediglich Beamte sind. Aber keineswegs ist es das entscheidende Prinzip der in diesem Titel zusammengestellten Verbrechen gewesen, daß die strafbare Handlung ihrem Begriffe nach einen Beamten als Subjekt fordert; vielmehr sind in diesen Titel mehrere Verbrechen aufgenommen, welche ebensogut von Nicht-Beamten als von Beamten begangen werden können, und denen gegenüber das Preußische Strafgesetzbuch von der Anschauung ausgeht, daß, wenn das betreffende Verbrechen von einem Beamten begangen werde, dieser Umstand als Qualifikationsgrund des Verbrechens aufzufassen sei.

Abgesehen hiervon sind die Strafbestimmungen für die Beamtenverbrechen im Allgemeinen recht hoch arbitrirt. Zuchthaus und Gefängniß sind die regelmäßigen Strafarten und die Dauer dieser Freiheitsstrafen ist keine geringe.

Dies sind die Punkte, welche bei Aufstellung des Entwurfes einer näheren Betrachtung zu unterziehen waren, und hinsichtlich deren eine erhebliche Abweichung zwischen dem Entwurfe und dem Preußischen Strafgesetzbuche existirt.

Es ist gewiß nicht zu bezweifeln, daß die in einem Strafgesetzbuche aufgestellten Vorschriften auf alle Staatsangehörigen in Anwendung zu bringen sind — die einzelnen Fälle von Exemtionen natürlich ausgenommen. Somit unterliegt es denn auch keinem Zweifel, daß die überhaupt strafbaren Handlungen auch alsdann strafbar sind, wenn dieselben von Beamten begangen werden. Der Mißbrauch des Amtes, die Verletzung der Amtspflicht, welche bei Begehung der einzelnen Verbrechen mit vorkommen, können das von dem Beamten begangene Verbrechen strafbarer erscheinen lassen, als dasselbe Verbrechen, wenn es von einem Nichtbeamten begangen ist. Es kann mithin der Umstand, daß eine auch sonst strafbare Handlung von einem Beamten begangen wird, die Gesetzgebung dazu führen, diesen Umstand als einen Qualifikationsgrund zu benutzen, und wegen der aus dem Qualifikationsgrunde folgenden höheren Strafe die sonst schon strafbare Handlung auch unter den Beamtenverbrechen zu erwähnen. Aber durch die Erwähnung an dieser Stelle wird die betreffende Handlung für den Beamten keinesweges erst zu einer strafbaren gemacht, — das würde sie vielmehr auch ohne dieses sein — sondern es geschieht nichts Anderes, als daß für den Beamten die Strafe erhöht wird.

In dieser Weise sind die von dem Preußischen Strafgesetzbuch aufgestellten §§. 315. 316. 317. 318. 323. 324. 325. 327. aufzufassen. Denn keine der in diesen Paragraphen bedrohten Handlungen würde straflos sein, wenn sie von einem Nichtbeamten begangen wäre, und für jede dieser Handlungen würde der Beamte in Strafe zu nehmen sein, auch wenn die genannten Paragraphen fehlten. Diese haben vielmehr lediglich den Zweck, die in Folge sonstiger Bestimmungen des Strafgesetzbuches schon verwirkte Strafe des Beamten aus dem Grunde zu schärfen, weil das Verbotene unter Verletzung der Amtspflicht begangen wurde.

Der Entwurf hat keine den genannten Paragraphen des Preußischen Strafgesetzbuches entsprechende Bestimmung aufgenommen. Die Folge davon ist selbstverständlich die, daß, wenn eine Unterschlagung, Urkundenfälschung, Körperverletzung, Freiheitsentziehung u. s. w. von einem Beamten begangen würde, der Umstand, daß ein Beamter der Thäter war, nur noch als Strafzumessungsgrund aufgefaßt werden könnte.

Der Grund für diese principielle Abweichung des Entwurfes von den Bestimmungen des Preußischen Strafgesetzbuches ist der gleiche, welcher auch zu einer anderen principiellen Abweichung von diesem Gesetzbuche geführt hat.

Der Entwurf hat nämlich bei denjenigen Amtsverbrechen, deren Begriff es bedingt, daß das Verbrechen nur von einem Beamten begangen werden kann, die Strafmaße gegenüber denen des Preußischen Strafgesetzbuches nicht nur erheblich herabgesetzt, sondern auch durchweg die Strafarten so gewählt, daß statt der Zuchthausstrafe immer auch auf Einschließung und statt der Gefängnißstrafe immer auch entweder auf Einschließung oder auf Geldbuße erkannt werden kann.

Bei der Behandlung der Beamtenverbrechen verfolgt das Preußische Strafgesetzbuch offenbar den an sich vollkommen richtigen legislatorischen Gedanken, daß, wer als Beamter ein Verbrechen begeht, nicht bloß die allgemeine staatsbürgerliche Pflicht, den Gesetzen zu gehorchen, verletzt; daß vielmehr die Stellung des Beamten besondere Pflichten bedinge, welche durch die Begehung von Verbrechen mit verletzt werden. Wenn diejenigen, so darf man sagen, welche als Wächter der Gesetze bestellt sind, welche also vor Allem die Gesetze heilig halten sollen, dennoch gegen dieselben handeln, so muß die Ahndung, welche eintritt, eine um so ernstere, eine um so strengere sein.

Aber die Sache hat auch ihre Kehrseite.

Es muß darauf hingewiesen werden, daß es im Interesse der Rechtsordnung liegt, daß, wenn Beamte ein Verbrechen begehen, dieses überhaupt bestraft werde. Jede Strafverfolgung gegen einen Beamten ist aber aus dem Grunde mißlicher, als eine andere, weil gegen den Beamten nur ein anderer Beamter einschreiten kann. Und um so mehr wird man geneigt sein, die Verfolgung von Beamten, so lange es irgend möglich, nicht eintreten zu lassen, je härter die vom Gesetze angedrohte Strafe den Beamten treffen würde. Die Strafherabsetzungen und namentlich die Einführung der Einschließung dürften daher keineswegs die Folge haben, daß, um es vulgär auszudrücken, die Beamten besser fortkommen, sondern es könnte sich leicht auch die andere Folge herausstellen, die nämlich, daß, wo man Anstand nahm, einen Beamten zu verfolgen, weil ihm im Falle der Verurtheilung ausschließlich die Zuchthausstrafe bevorstünde, man die Verfolgung nicht beanstanden wird, weil entsprechend den Umständen des einzelnen Falles auch auf die Strafe der Einschließung erkannt werden kann.

Außerdem aber darf auch Folgendes nicht unberücksichtigt bleiben.

Wird ein Nichtbeamter wegen irgend eines Verbrechens bestraft, so hat der Verurtheilte seine Strafe abzubüßen und, wenn anders nicht die Art des Strafvollzuges ihm dies unmöglich machen sollte, so ist er nach Verbüßung der Strafe in der Lage, von Neuem ein Leben anzufangen, welches im Allgemeinen auf denselben Voraussetzungen basiren kann, wie dasjenige, welches er vor der Strafverbüßung geführt. Für den Beamten jedoch hat die Verurtheilung wegen eines Verbrechens auch den Verlust des Amtes mit zur Folge. Und wenn auch nicht überall die dauernde oder zeitige Unfähigkeit zu öffentlichen Aemtern im Urtheile selbst ausgesprochen zu werden braucht, so darf man doch sagen, daß faktisch die Verhältnisse sich so gestalten werden, als wenn durch die Verurtheilung die dauernde Unmöglichkeit, fernerhin als Beamter zu existiren, geschaffen wäre. Hieran wird sich wenig oder nichts ändern lassen; aber dieser Umstand darf nicht unberücksichtigt bleiben, wenn man die Frage erörtert, wie groß und wie geartet gegen einen Beamten die Strafe — abgesehen von dieser Nebenfolge — noch sein dürfe.

Und endlich! Die Gerechtigkeit gebietet es, bei den Beamtenverbrechen noch mehr als bei anderen Verbrechen, die eine strafbare That des Angeklagten nicht isolirt für sich zu betrachten. Es kann vorkommen, und es kann vielleicht sogar nicht selten vorkommen, daß ein Beamter, welcher durch eine Handlung sich strafbar gemacht, viele Handlungen aufzuweisen im Stande ist, durch die er dem Staate nicht unerheblich genutzt hat — Handlungen, die auch dem verbrecherischen Beamten noch zu Gute gerechnet werden können, da dasjenige, was der Staat, wenigstens in vielen Fällen, seinen Beamten gewährt, nicht wohl als ein Aequivalent für die Arbeiten und Mühen und für den Nutzen angesehen werden kann, den der Beamte dem Gemeinwohl geleistet. Wenn es dem verdienstvollen Beamten wohl ansteht, zu erklären, er habe nichts weiter gethan als seine Pflicht und Schuldigkeit, so würde es in gleicher Weise der strafenden Gerechtigkeit nicht anstehen, zu behaupten, daß Alles, was der Beamte gethan, nichts weiter gewesen sei als seine Pflicht und Schuldigkeit, und daß man deswegen darüber wegsehen und den Beamten so behandeln müsse, als sei derselbe in keiner anderen Weise mit den öffentlichen Interessen in Berührung gekommen, als nur allein durch das von ihm begangene Verbrechen.

Dies die Gründe für die prinzipiellen Abweichungen des Entwurfes gegenüber den Bestimmungen des Preußischen Strafgesetzbuches.

Im Einzelnen sind, gegenüber dem Preußischen Strafgesetzbuche, folgende Abweichungen hervorzuheben:

1. Das Preußische Strafgesetzbuch bestimmt §. 331:

„Die Vorschriften dieses Titels finden Anwendung auf alle öffentliche Beamte, sie mögen in unmittelbarem oder mittelbarem Staatsdienste stehen, auf Lebenszeit oder nur zeitweise oder vorläufig angestellt sein, einen Diensteid geleistet haben oder nicht."

Diese Bestimmung, da dieselbe lediglich den Karakter einer authentischen Interpretation hat, läßt der Entwurf fort. Es konnte auch nicht übersehen werden, daß eine derartige Bestimmung gewisse Voraussetzungen in dem Verwaltungsrechte gerade des Preußischen Staates hat, und es darf heute mit Bestimmtheit auf Aenderungen in der Organisation der Verwaltung gerechnet werden. Die Frage, was unter dem Worte „Beamter" zu verstehen ist, kann nach der Lage der öffentlich-rechtlichen Verhältnisse und nach dem Inhalte der Strafbestimmungen für Beamtenverbrechen durch die Praxis entschieden werden. Sollte die Veranlassung zu einer authentischen Interpretation in einer späteren Zeit sich darbieten, so wird diese vorzunehmen sein auf Grund derjenigen Verhältnisse, welche dann in dem Beamten-Organismus existiren.

Uebrigens zeigt auch schon die jetzige Preußische Bestimmung des §. 331. ihren unzureichenden Karakter. Die „Geschwornen" sind in dem Titel über Beamtenverbrechen auch genannt, und doch würde selbst die weiteste Interpretation des so weit gefaßten §. 331. nicht ausreichend sein, um auch die Geschwornen unter den Gesichtspunkt der Beamten nach der Vorschrift des genannten Paragraphen zu bringen.

Der zweite Absatz des §. 331:

„Nehmen Personen, welche keine Beamte sind, an einem der in diesem Titel bezeichneten Verbrechen oder Vergehen Theil, so sollen, soweit keine Ausnahmen bestimmt sind, die allgemeinen Grundsätze über Theilnahme gelten. Auf den im §. 309. vorgesehenen Fall findet diese Bestimmung keine Anwendung" —

ergiebt sich aus einer richtigen Handhabung des Strafgesetzes von selbst. Dieses hat niemals anzuordnen, daß die Regel beobachtet werden solle. Zu einer besonderen Vorschrift wäre nur Veranlassung gewesen, wenn es sich um eine Abweichung von der Regel gehandelt hätte, was indessen hier nicht der Fall war.

2. Im Preußischen Strafgesetzbuche wird die Legaldefinition der Bestechung (§. 309.) durch die Worte eingeleitet:

„Ein Beamter, welcher für eine in sein Amt einschlagende, an sich nicht pflichtwidrige Handlung" u. s. w.

Die Handlung wird auch dadurch nicht pflichtwidrig, daß der Beamte für dieselbe unerlaubte Vortheile sich gewähren läßt, sondern die Pflichtwidrigkeit besteht nur in dem Annehmen u. s. w. der unerlaubten Vortheile. Der Entwurf läßt deshalb die hervorgehobenen Worte fort.

3. In §. 310. (passive Bestechung zum Zwecke einer pflichtwidrigen Handlung) und in §. 311. (aktive Bestechung) wird neben den „Beamten" auch der Schiedsrichter erwähnt.

Da das Preußische Strafgesetzbuch in §. 314. und mit demselben der Entwurf in §. 243. den Schiedsrichter und zwar in derjenigen Funktion erwähnt, in welcher derselbe mit amtlichem Karakter allein thätig werden kann — Leitung und Entscheidung von Rechtsstreitigkeiten — und da hier die wissentliche Ungerechtigkeit des Schiedsrichters mit Strafe bedroht wird, so kann es der Strafzumessung überlassen bleiben, ob der Schiedsrichter, bestochen oder nicht bestochen, sich der Ungerechtigkeit schuldig gemacht hat. Und aus diesem Grunde ist in §. 239. des Entwurfes die passive Bestechung auf die „Beamten" beschränkt und nicht auch auf den Schiedsrichter ausgedehnt. Dagegen konnte die aktive Bestechung eines Schiedsrichters nicht unberücksichtigt bleiben. Diese auf den Fall zu beschränken, wo der Bestechende einen Erfolg seiner Handlung in der Ungerechtigkeit des Schiedsrichters fand — in welchem Falle Anstiftung zu der begangenen Ungerechtigkeit anzunehmen wäre — ist unzulässig. Es muß vielmehr angenommen werden, daß Jeder, welcher einen Schiedsrichter, damit derselbe eine Ungerechtigkeit begehe, besticht, sich strafbar mache. Und aus diesem Grunde ist in §. 240. des Entwurfes, nach Vorgang des Preußischen Strafgesetzbuches §. 311., der Schiedsrichter neben den „Beamten" erwähnt worden.

4. Das Preußische Strafgesetzbuch bestimmt §. 312:

„Hat sich ein Richter in einem Strafverfahren, welches ein Verbrechen oder Vergehen betrifft" — daß die hervorgehobenen Worte im Entwurfe fehlen müssen, versteht sich von selbst, da derselbe die Dreitheilung des Preußischen Strafgesetzbuches überhaupt nicht aufgenommen hat — „zu Gunsten oder zum Nachtheil des Angeschuldigten bestechen lassen, so soll derselbe mit Zuchthaus bestraft werden."

„Die gleiche Strafe wie den Richter" — (so fährt das Preußische Strafgesetzbuch fort) — trifft Denjenigen, welcher den Richter besticht oder zu bestechen versucht."

Hierin liegt jedenfalls ein Fehler in der Ausdrucksweise. Denn nach dem Worte des Gesetzes müßte man zunächst die Strafe für den Richter abmessen, und wäre dieses geschehen, so wäre damit auch die Strafe für Denjenigen abgemessen, welcher den Richter bestochen hätte. Obwohl dieses das Preußische Strafgesetzbuch zweifellos nicht sagen will, so drücken doch die Worte desselben nichts Anderes als das hier Bezeichnete aus. Das Preußische Strafgesetzbuch wollte nichts Anderes sagen und konnte nichts Anderes sagen wollen, als daß dasselbe Strafgesetz, d. h. also Zuchthaus von unbestimmter Dauer sowohl gegen den Richter, wie auch gegen Denjenigen in Anwendung zu bringen sei, welcher den Richter bestochen habe, womit nicht ausgeschlossen sein sollte, daß nicht das Resultat der Strafzumessung ein anderes für den Richter und ein anderes für Denjenigen sein könne, der den Richter bestochen hat. Der Entwurf sagt aus diesen Gründen:

„Gleiche Strafe" — nämlich Zuchthaus oder Einschließung bis zu zwanzig Jahren — „trifft Denjenigen, welcher den Richter besticht."

5. §. 314. des Preußischen Strafgesetzbuches hebt ausdrücklich hervor, daß ein Beamter, welcher zur Begünstigung oder Benachtheiligung einer Partei sich einer Ungerechtigkeit schuldig mache, nur alsdann strafbar sei, wenn er dies „vorsätzlich" gethan habe. Das Gleiche ist in dem zweiten Absatze desselben Paragraphen in Betreff des Schiedsrichters wiederholt worden. Da die kulpose Begehung dieses Deliktes nicht mit Strafe bedroht ist, so wäre es, streng genommen, überflüssig, das „vorsätzlich" hier noch besonders aufzunehmen. Es ist aber andererseits durchaus nicht überflüssig, diejenigen Beamten, welche bei der Leitung und Entscheidung von Rechtssachen thätig werden, dagegen zu schützen, daß ihnen grundlos der Vorwurf gemacht werde, sie hätten eine der Parteien begünstigt oder benachtheiligt. Dies darf nur dann geschehen, wenn behauptet und bewiesen werden kann, der Richter habe bei der Proceßleitung oder Proceßentscheidung wider besseres Wissen diejenige proceßleitende oder proceßentscheidende Maßregel getroffen, welche zum Vortheil der einen resp. zum Nachtheil der anderen Partei ausgeschlagen sei. Das „vorsätzliche" ist hier identisch mit dem „wider besseres Wissen", und es kann dieses Wort wohl dazu dienen, die richterliche Unabhängigkeit gegen unberechtigte Angriffe der Rechtsuchenden zu schützen.

6. In anderer Weise verhält es sich mit dem „vorsätzlich" des §. 320. des Preußischen Strafgesetzbuches. Hier wird im ersten Abschnitte gesagt:

„Ein Beamter, welcher vorsätzlich zum Nachtheil einer Person, deren Unschuld ihm bekannt ist, die Eröffnung oder Fortsetzung einer strafgerichtlichen Untersuchung beantragt oder beschließt, soll u. s. w. bestraft werden."

Der Entwurf läßt an dieser Stelle in §. 245. das „vorsätzlich" fort. Denn dieses Wort hat, wie so eben unter 5. gezeigt wurde, nur den Sinn, auszudrücken, daß zu der thatsächlichen Feststellung des Delikts auch gehöre, daß dasjenige, was zum Nachtheile einer Person Seitens eines Beamten geschehen ist, wider besseres Wissen des Beamten geschehen sein müsse. Diesem Erfordernisse wird aber in der vorliegenden Stelle des Preußischen Strafgesetzbuches durch die Worte: „deren Unschuld ihm bekannt ist", vollständig entsprochen. Neben diesen Worten hat das Wort „vorsätzlich" keinen Platz mehr. Es wird durch dasselbe ein Pleonasmus hervorgerufen, der nur geeignet ist, zu sehr erheblichen praktischen Nachtheilen zu führen. Denn, da man bei der Interpretation eines Gesetzes davon ausgehen muß, daß kein Wort überflüssig dastehe, so wird man bei der praktischen Behandlung dieses Paragraphen auch dazu gelangen müssen, zwar erstens festzustellen, daß dem Angeklagten die Unschuld der von ihm verfolgten Person bekannt gewesen, und dann zweitens zu behaupten, daß dies allein noch nicht zur Verurtheilung des Beamten genüge, wenn nicht außerdem noch festgestellt worden, daß die von dem Angeklagten wider besseres Wissen beantragte oder beschlossene strafgerichtliche Untersuchung auch eine vorsätzliche gewesen sei. Die hieraus etwa entstehenden Mißstände werden beseitigt, wenn, wie dies im Entwurfe geschehen, das Wort „vorsätzlich“ fortgelassen wird.

Wenn dagegen in dem zweiten Absatze desselben Paragraphen des Preußischen Strafgesetzbuches eine Strafe demjenigen Beamten angedroht wird, welcher „vorsätzlich“ eine Strafe vollstrecken läßt, die „entweder gar nicht, oder nicht in dem Maße, wie er sie vollstrecken läßt, rechtskräftig ausgesprochen ist“ — so hat dies „vorsätzlich“ einmal die Bedeutung des „wider besseres Wissen“, und andererseits dient es dazu, den Gegensatz zu dem im dritten Abschnitte aufgestellten Delikte, dem fahrlässigen Vollstreckenlassen einer solchen Strafe auszudrücken. Aus diesem Grunde ist in §. 245. al. 2. des Entwurfs dieses „vorsätzlich“ beibehalten worden.

7. In ähnlicher Weise wie in §. 245. al. 1. mußte auch in §. 250. des Entwurfes ein „vorsätzlich“ fortgelassen werden, welches sich in dem zweiten Absatze des §. 329. des Preußischen Strafgesetzbuches findet.

Nachdem nämlich gesagt worden ist:

> „Ein gerichtlicher Anwalt, oder ein anderer Rechtsbeistand, welcher bei den ihm vermöge seiner amtlichen Eigenschaft anvertrauten Angelegenheiten in derselben Rechtssache beiden Parteien durch Rath oder Beistand pflichtwidrig dient, wird u. s. w. bestraft“ —

fährt das Gesetz fort:

> „Handelt derselbe vorsätzlich im Einverständniß mit der Gegenpartei zum Nachtheil seines Klienten, so — u. s. w.“

Dieses „vorsätzlich“, wenn es überhaupt etwas bedeuten soll — und wenn es nichts bedeuten soll, so ist dessen Fortfall gewiß unschädlich — kann nur bedeuten, daß ein gerichtlicher Anwalt, welcher in einer Rechtssache pflichtwidrig beiden Parteien dient, und dabei im Einverständniß mit der Gegenpartei zum Nachtheil seines Klienten handelt, dies Einverständniß mit der Gegenpartei entweder vorsätzlich oder nicht-vorsätzlich herbeiführen kann. Dieses „entweder — oder“ ist aber vollkommen sinnlos; denn ein gerichtlicher Anwalt, welcher im Einverständniß mit der Gegenpartei zum Nachtheil seines Klienten handelt, handelt immer vorsätzlich. Soweit also das dolose Moment überhaupt zur Geltung zu bringen ist, geschieht dies durch die Worte: „handelt derselbe im Einverständniß mit der Gegenpartei zum Nachtheil seines Klienten“. Verlangt man durch Hinzufügung des

Wortes „vorsätzlich" noch etwas Mehreres, so verlangt man entweder etwas Unmögliches oder etwas, um es milde auszudrücken, vollkommen unklar Gedachtes.

8. Auch bei der Reproduktion des §. 330. des Preußischen Strafgesetzbuches läßt §. 251. des Entwurfes das „vorsätzlich" fort. Das Preußische Strafgesetzbuch sagt nämlich:

> „Ein Amtsvorgesetzter, welcher seine Untergebenen zu einem Verbrechen oder Vergehen im Amte vorsätzlich verleitet oder zu verleiten versucht" u. s. w.

Der Entwurf sagt dagegen nur:

> „Ein Amtsvorgesetzter, welcher seine Untergebenen zu einem Verbrechen verleitet" —

Denn derjenige, welcher verleitet, handelt vorsätzlich. Und es wird das an dieser Stelle im Preußischen Strafgesetzbuche eingeschaltete „vorsätzlich" um so bedenklicher, da das „Verleiten" im Preußischen Strafgesetzbuche §. 34. als eine Art der Anstiftung aufgeführt ist, ohne daß dabei der Vorsätzlichkeit Erwähnung geschieht. Es ist nicht gerathen, den Gedanken zu provociren, daß zwar das Verleiten an und für sich die Strafbarkeit jeder Anstiftung begründe, daß dagegen, wenn ein Amtsvorgesetzter einen Untergebenen zur Begehung eines Amtsdeliktes verleitet, die Verleitung für sich allein noch nicht strafbar sei, sondern dies nur bei einer besonderen Art der Verleitung, nämlich der „vorsätzlichen Verleitung" eintrete, worunter man sich denn zwar sehr Verschiedenes, aber jedenfalls nichts Richtiges denken kann.

9. §. 249. des Entwurfs reproducirt den §. 328. des Preußischen Strafgesetzbuches und macht zu demselben noch einen Zusatz. Dieser besteht in den Worten:

> „Gleiche Strafe" — nämlich wie der Postbeamte — „hat ein Telegraphenbeamter verwirkt, welcher in anderen als den im Gesetze vorgeschriebenen Fällen telegraphische Depeschen unterdrückt, oder den Inhalt derselben Anderen mittheilt."

Erwägt man den Umfang, welchen der telegraphische Verkehr seit der Publikation des Strafgesetzbuches erhalten hat, so bedarf es keiner weiteren Begründung, daß das Publikum ebenso wie gegen Veruntreuungen der Postbeamten auch gegen Veruntreuungen der Telegraphenbeamten strafrechtlich zu schützen ist.

Anhang I.

Die Strafpositionen des Preußischen Strafgesetzbuches.

I. Todesstrafe.

§. 61. Hochverrath. §. 67. al. 2. Landesverrath — wenn in Folge der Verbindung mit einer auswärtigen Regierung der Krieg wirklich ausgebrochen ist. §. 68. Landesverrath — wenn ein Preuße bei einem gegen Preußen ausgebrochenen Kriege im feindlichen Heere Waffen trägt. §. 69. Landesverrath — wissentliches Begünstigen des Feindes bei einem gegen Preußen ausgebrochenen Kriege, in sechs besonders bezeichneten Specialfällen. §. 175. Mord. §. 178. Todtschlag bei Begehung von Verbrechen. §. 179. Todtschlag an Ascendenten. §. 285. Brandstiftung — wenn dabei ein Mensch das Leben verloren hat. §. 290. Erregen einer Ueberschwemmung — wenn dabei ein Mensch das Leben verloren hat. §. 294. Eisenbahnbeschädigung — wenn dabei ein Mensch das Leben verloren hat. §. 302. al. 2. Gefährdung der Schifffahrt — wenn dabei ein Mensch das Leben verloren hat. §. 303. Strandenmachen eines Schiffes — wenn dabei ein Mensch das Leben verloren hat. §. 304. al. 2. Vergiftung von Waaren — wenn dadurch ein Mensch das Leben verloren hat.

II. Todesstrafe oder Zuchthaus von zehn bis zwanzig Jahren, oder Einschließung von zehn bis zwanzig Jahren.

§. 82. Thätliche Majestätsbeleidigung.

III. Lebenslängliche Zuchthausstrafe.

§. 144. Nr. 3. Unzüchtige Handlungen mit Kindern unter vierzehn Jahren, wenn in Folge des Verbrechens der Tod derselben eintritt. §. 176. Todtschlag. §. 182. al. 2. Abort wider Willen der Schwangeren, wenn in Folge des Verbrechens der Tod der Schwangeren eintritt. §. 197. al. 3. Vergiftung mit tödtlichem Erfolge. §. 233. Raub — in drei qualificirten Fällen.

IV. Lebenslängliche oder zeitige Zuchthausstrafe.

(Das Maximum der zeitigen Zuchthausstrafe durchweg bis auf zwanzig Jahre ausgedehnt.)

1. Minimum der zeitigen Zuchthausstrafe: **zehn** Jahre.

§. 285. Brandstiftung an den in §. 285. (287.) genannten Gegenständen. §. 290. Erregen einer Ueberschwemmung mit Gefahr für das Leben von Menschen. §. 301. al. 1. Beschädigung von Wasserleitungen u. s. w., wenn dadurch ein Mensch das Leben verloren hat.

2. Minimum der zeitigen Zuchthausstrafe: **drei** Jahre.

§. 316. Vorsätzliche Mißhandlung oder schwere Körperverletzung von einem Beamten in Ausübung des Amtes begangen, ohne daß ein Milderungsgrund (§. 196.) vorliegt.

3. Minimum der zeitigen Zuchthausstrafe: **zwei** Jahre.

§. 312. Bestechung des Richters im Strafverfahren bei Verbrechen oder Vergehen zum Nachtheil des Angeschuldigten. §. 313. Bestechung des Geschwornen — unter gleichen Voraussetzungen.

V. Lebenslängliche Zuchthausstrafe oder zeitige Zuchthausstrafe oder Einschließung.

(Das Maximum der zeitigen Zuchthausstrafe beträgt zwanzig Jahre; das Minimum fünf Jahre. Das Maximum der Einschließung beträgt zwanzig Jahre; das Minimum fünf Jahre.)

§. 63. Hochverrätherisches Komplott. §. 64. Qualificirte Vorbereitungsfälle zum Hochverrath.

VI. Zeitige Zuchthausstrafe.

1. Maximum: **zwanzig** Jahre.

a. Minimum: **zehn** Jahre.

§. 67. Landesverrath. §. 82. Gewaltsames Unternehmen gegen eine der beiden Kammern. §. 126. al. 2. Qualificirter Meineid. §. 194. Körperverletzung mit tödtlichem Erfolge. §. 197. Vergiftung mit schwerer Körperverletzung. §. 232. Qualificirter Raub. §. 294. al. 1. Qualificirte Eisenbahnbeschädigung. §. 297. Beschädigung der Telegraphen, wenn ein Mensch dadurch das Leben verloren hat. §. 302. Gefährdung der Schifffahrt, qualificirt durch den eingetretenen Untergang des Schiffes. §. 303. Vorsätzliches Strandenmachen eines Schiffes.

b. Minimum: **fünf** Jahre.

§. 71. Handlungen, welche mit dem Landesverrath zusammenhängen. §. 180. Kindsmord. §. 182. Abort wider Willen der Schwangeren. §. 204. Menschenraub. §. 290. Verursachung einer Ueberschwemmung.

c. Minimum: **zwei** Jahre.

§. 144. Nothzucht. Unzucht mit Kindern unter vierzehn Jahren.

2. Maximum: **funfzehn** Jahre.

a. Minimum: **fünf** Jahre.

§. 121. 122. Münzfälschung. §. 231. Raub. §. 304. Vergiften von Brunnen, Waaren, u. s. w. Verkaufen vergifteter Waaren, u. s. w.

b. Minimum: **zwei** Jahre.

§. 193. Schwere Körperverletzung. §. 205. Entführung zu unsittlichen Zwecken. §. 210. Qualificirte Freiheitsentziehung. §. 239. Gewohnheitsmäßige Hehlerei. §. 284. Qualificirte Sachbeschädigung. §. 301. al. 1. Beschädigung von Wasserleitungen, wenn dabei ein Mensch eine schwere Körperverletzung erhalten hat. §. 317. Nr. 1. 2. Rechtswidrige Freiheitsentziehung durch einen Beamten.

3. Maximum: **zehn** Jahre.

a. Minimum: **drei** Jahre.

§. 325. Unterschlagung von einem Beamten begangen und Fälschung der Bücher zur Verdeckung des Delikts.

b. Minimum: **zwei** Jahre.

§. 69. Landesverrath begangen durch Begünstigung des Feindes bei ausgebrochenem Kriege, falls keiner der qualificirten Fälle vorliegt. §. 91. al. 2. Aufruhr mit Sachbeschädigung oder Gewalt an Personen. §. 96.

Meuterei mit Sachbeschädigung oder Gewalt an Personen. §. 125. 126. 127. Meineid. §. 138. Unterdrückung des Personenstandes. §. 183. Aussetzung mit tödtlichem Erfolge. §. 195. al. 2. Raufhandel mit eingetretenem tödtlichen Erfolge, welcher der Gesammtheit der Thäter zuzuschreiben ist. §. 197. Vergiftung. §. 207. Entführung einer Frauensperson wider deren Willen. §. 286. Brandstiftung. §. 294. Eisenbahnbeschädigung. §. 297. Telegraphenbeschädigung, wenn dadurch ein Mensch körperlich verletzt ist. §. 302. Gefährdung der Schifffahrt.

4. Maximum: **acht** Jahre.
   (Minimum zwei Jahre.)
   §. 83. Gewalt gegen ein Kammermitglied.
5. Maximum: **fünf** Jahre.
   §. 130. al. 1. Verleitung zum Meineide. §. 139. Bigamie. §. 141. Incest. (Strafe der Eltern). §. 142. Unzüchtige Handlungen mit Verletzung der Treuverhältnisse. §. 145. Betrügliches Verleiten zum Beischlafe. §. 148. Qualificirte Kuppelei. §. 181. Abort durch die Schwangere selbst, oder durch eine dritte Person mit Wissen der Schwangeren verübt. §. 235. al. 2. Erpressung qualificirt durch die Art der Drohung. §. 314. 315. Vorsätzliche Ungerechtigkeit eines Beamten oder eines Schiedsrichters. §. 319. Anwendung von Zwangsmitteln in strafrechtlichen Untersuchungen. §. 322. Vorsätzliches Entweichenlassen eines Gefangenen. §. 329. al. 2. Qualificirte tergiversatio.

VII. Zuchthaus und Geldstrafe.

(Zuchthaus: zwei bis zehn Jahre; Geldbuße 100 bis 2000 Thlr.)

§. 244. Qualificirter Betrug. §. 252. Qualificirte Urkundenfälschung. §. 323. Falsches Ausstellen öffentlicher Urkunden u. s. w. durch einen Beamten.

VIII. Zuchthaus und Geldstrafe; oder Gefängniß und Geldstrafe.

1. Zuchthaus zwei bis zehn Jahre und Geldbuße von 100 bis 2000 Thlr.; oder Gefängniß von sechs Monaten bis fünf Jahren und Geldbuße von 10 bis 2000 Thlr.
   §. 251. Qualificirte Urkundenfälschung.
2. Zuchthaus zwei bis fünf Jahre und Geldbuße von 50 bis 1000 Thlr.; oder Gefängniß von drei Monaten bis zu fünf Jahren und Geldbuße von 5 bis 1000 Thlr.
   §. 250. Urkundenfälschung.

IX. Zuchthaus oder Gefängniß.

1. Zuchthaus **fünf** bis **zwanzig** Jahre; oder Zuchthaus **zwei** bis **fünf** Jahre; oder Gefängniß von **Einem** bis **fünf** Jahre.
   §. 219. Nr. 2. Diebstahl im zweiten Rückfall, wenn der Diebstahl ein schwerer ist. §. 240. Nr. 2. Hehlerei im zweiten Rückfalle, wenn die Hehlerei eine schwere ist.
2. Zuchthaus **zwei** bis **funfzehn** Jahre; oder:
   a. Gefängniß **sechs Monate** bis **fünf Jahre.**
   §. 219. Nr. 1. Diebstahl im zweiten Rückfalle, wenn der Diebstahl ein einfacher ist. §. 240. Nr. 1. Hehlerei im zweiten Rückfalle, wenn die Hehlerei eine einfache ist.

b. Gefängniß **drei Monate** bis **fünf Jahre.**

§. 259. 262. Betrüglicher Bankerutt.

3. Zuchthaus **zwei** bis **zehn** Jahre; oder:

a. Gefängniß **sechs Monate** bis **fünf Jahre.**

§. 218. Qualificirter Diebstahl. §. 238. Schwere Hehlerei.

b. Gefängniß **drei Monate** bis **fünf Jahre.**

§. 260. 262. Betrügliches Unterstützen eines Bankeruttes.

4. Zuchthaus **zwei** bis **fünf** Jahre; oder Gefängniß bis **zzwei** Jahre.

§. 321. Nichtverfolgen eines Angeschuldigten.

X. Zuchthaus oder Einschließung.

1. Zuchthaus **zwei** bis **zwanzig** Jahre.

§. 76. Thätlichkeit gegen ein Mitglied des Königlichen Hauses. ((Die Zuchthausstrafe ist in zwei Theile zerlegt — 2 bis 10 und 5 bis 20 Jahre; die Einschließung beträgt 1 bis 10 Jahre.)

2. Zuchthaus **drei** bis **zehn** Jahre.

§. 68. Strafe eines Preußen, welcher beim Ausbruche eines Kriieges schon in auswärtigem Kriegsdienste stand, und nach demselben darin verbleibt. (Dauer der Einschließung 3 bis 10 Jahre.)

3. Zuchthaus **zwei** bis **zehn** Jahre; oder:

a. Einschließung **zwei** bis **zehn** Jahre.

§. 65. Oeffentliches Auffordern zu einem hochverrätherischen Unternehmen.

b. Einschließung **Ein** bis **zehn** Jahre.

§. 78. Feindliche Handlung gegen befreundete Staaten. — Analogon des Hochverraths. —

4. Zuchthaus **zwei** bis **fünf** Jahre.

§. 66. Vorbereitungshandlung eines hochverrätherischen Unternehmens. (Dauer der Einschließung: Ein bis fünf Jahre.)

XI. Gefängniß und Geldstrafe.

1. Gefängniß **drei Monate** bis **fünf Jahre** und Geldbuße 50 bis 1000 Thlr.

§. 243. Qualificirter Betrug. §. 246. Qualificirte Untreue.

2. Gefängniß **drei Monate** bis **zwei Jahre** und Geldbuße 100 bis 2000 Thlr.

§. 266. Gewerbsmäßiges Hazardiren.

3. Gefängniß **drei Monate** bis **Ein Jahr** und Geldbuße 50 bis 1000 Thlr.

§. 263. Wucher.

4. Gefängniß **Ein Monat** bis **Ein Jahr** und Geldbuße 20 bis 500 Thlr.

§. 265. furtum usus des Pfandleiher.

XII. Gefängnißstrafe und Geldstrafe; oder Gefängnißstrafe allein; oder Geldstrafe allein.

1. Gefängniß **Ein Monat** bis **fünf Jahre** und Geldbuße 50 bis 1000 Thlr.; oder Gefängniß **Eine Woche** bis **fünf Jahre;** oder Geldbuße 5 bis 1000 Thlr.

§. 242. Betrug.

2. Gefängniß **drei Monate** bis **fünf Jahre** und Geldbuße 50 bis 1000 Thlr.; oder Gefängniß **Eine Woche** bis **fünf Jahre**; oder Geldbuße 5 bis 1000 Thlr.

§. 243. Nr. 6. Täuschen des Exekutors durch einen Postschein.

XIII. Gefängnißstrafe allein.

1. Maximum **fünf** Jahre.

a. Minimum **zwei** Jahre.

§. 177. Tödtung im Affekt. §. 292. Verursachen einer Ueberschwemmung in der Absicht, sein Eigenthum gegen Gefahr zu schützen.

b. Minimum **Ein** Jahr.

§. 84. Zwang gegen das Wahlrecht des Einzelnen. §. 113. Selbstverstümmelung, um sich dem Militärdienste zu entziehen. §. 206. Entführung einer minderjährigen Person.

c. Minimum **sechs** Monate.

§. 91. Aufruhr. §. 96. Meuterei. §. 147. Gewohnheitsmäßige Kuppelei. §. 192. a. Erhebliche Körperverletzung. §. 195. al. 2. Erhebliche Körperverletzung als Gesammtresultat mehrerer Thäter. §. 196. Verwundung mit tödtlichem Erfolge und Tödtung im Raufhandel bei vorhandenem Affekt. §. 308. Nichterfüllung von Lieferungsverträgen. §. 324. Unterschlagung amtlich anvertrauter Gelder.

d. Minimum **drei** Monate.

§. 90. Zwang zur Vornahme oder Unterlassung einer Amtshandlung von einer Person ausgeübt. §. 106. Beiseiteschaffen der Akten u. s. w. §. 113. al. 3. Täuschung, um sich dem Militärdienste zu entziehen. §. 133. Falsche Anschuldigung. §. 183. Aussetzung. §. 191. Vorsätzliche gegen Ascendenten verübte Körperverletzung. §. 195. al. 1. Betheiligung beim Raufhandel. §. 196. Verstümmelung im Affekt u. s. w. begangen. §. 208. Entführung einer Frauensperson mit ihrem Willen. §. 210. Einsperren eines Menschen. §. 234. 235. al. 1. Einfache Erpressung. §. 246. Einfache Untreue. §. 253. Fälschung von Stempelpapier und Postfreimarken. §. 276. Qualificirte Jagdkontravention. §. 301. Beschädigung von Wasserleitungen u. s. w. §. 317. Rechtswidrige Freiheitsentziehung durch einen Beamten. §. 327. Rechtswidriges Erheben von Steuern und Abgaben. §. 328. Eröffnen oder Unterdrücken von Briefen und Packeten durch Postbeamte. §. 329. tergiversatio eines Rechtsanwalts.

e. Minimum **zwei** Monate.

§. 75. Verletzung der Ehrfurcht gegen den König. §. 283. Qualificirte Sachbeschädigung.

f. Minimum **Ein** Monat.

§. 315. Nöthigung — von einem Beamten begangen.

g. Minimum **vier Wochen.**

§. 196. Erhebliche Körperverletzungen im Affekt u. s. w. begangen.

h. Minimum **vierzehn Tage.**

§. 217. Einfacher Diebstahl unter erschwerenden Umständen. §. 282. Qualificirte Sachbeschädigung.

i. Minimum **Eine Woche.**

§. 216. Einfacher Diebstahl. §. 237. Einfache Hehlerei.

k. Ohne Minimum.

§. 39. Unterlassene Denunciation. §. 227. Unterschlagung. §. 311. Aktive Bestechung. §. 316. al. 1. 2. Ueberschreitung der Amtsbefugniß.

2. Maximum **vier Jahre.**

§. 143. Widernatürliche Unzucht. (Das Minimum beträgt sechs Monate.)

3. Maximum **drei Jahre.**

a. Minimum **Ein Jahr.**

§. 85. al. 1. Verfälschung der Wahl, wenn der Thäter mit dem Wahlgeschäft beauftragt war.

b. Minimum **drei Monate.**

§. 85. al. 2. Verfälschung der Wahl, wenn der Thäter mit dem Wahlgeschäft nicht beauftragt war. §. 111. Anwerben zum fremden Militärdienste und Verleitung zur Desertion. §. 150. Oeffentliches Aergerniß durch Verletzung der Schamhaftigkeit. §. 296. Beschädigung der Telegraphen.

c. Minimum **zwei Monate.**

§. 295. Qualificirte fahrlässige Beschädigung von Eisenbahnen. §. 306. Qualificirtes Uebertreten von Absperrungsverboten.

d. Minimum **Ein Monat.**

§. 77. Beleidigung eines Mitgliedes des Königlichen Hauses. §. 136. Störung des Gottesdienstes.

e. Minimum **vier Wochen.**

§. 192. Vorsätzliche Mißhandlung von Beamten u. s. w.

f. Minimum **vierzehn Tage.**

§. 94. Befreiung eines Gefangenen. §. 95. Entweichenlassen eines Gefangenen.

g. Minimum **Eine Woche.**

§. 271. furtum possessionis.

h. Ohne Minimum.

§. 135. Gotteslästerung u. s. w. §. 190. Prämeditirte Körperverletzung.

4. Maximum **zwei Jahre.**

a. Minimum **sechs Monate.**

§. 99. Theilnahme an verbotenen Verbindungen.

b. Minimum **drei Monate.**

§. 86. Kaufen und Verkaufen von Wahlstimmen. §. 115. Unerlaubtes Zurückkehren in's Inland. §. 141. Incest für Kinder über sechszehn Jahre. §. 141. al. 2. Unzucht bei Schwieger- und Stiefverwandtschaft. §. 174. Anreizung zum Zweikampfe.

c. Minimum **zwei Monate.**

§. 184. Fahrlässige Tödtung. §§. 288. 293. 298. 301. al. 3. 302. al. 3. 303. 304. al. 3. Fahrlässige Brandstiftung, Verursachung einer Ueberschwemmung, Beschädigung der Telegraphen, Wasserleitungen, Gefährdung der Schifffahrt, Strandenmachen eines Schiffes, Vergiften von Waaren, falls in Folge dieser fahrlässigen Delikte ein Mensch das Leben verloren hat.

d. Minimum **sechs Wochen.**

§. 88. Auffordern der Soldaten zum Ungehorsam.

e. Minimum **Ein Monat.**

§. 79. Beleidigung eines auswärtigen Regenten. §. 114. Gewerbsmäßige Verleitung zur Auswanderung. §. 137. Wegnehmen von Leichen und Zerstören von Gräbern. §. 307. Qualificirter Fall der Uebertretung der Absperrungs-Anordnungen.

f. Minimum **vierzehn Tage.**

§. 89. Widerstand gegen Beamte.

g. Ohne Minimum.

§. 97. al. 1. Bilden bewaffneter Haufen. §. 131. Brechen einer juratorischen Caution oder Manifestationseides. §. 186. al. 2. Beiseiteschaffen des Leichnams eines unehelichen Kindes durch die Mutter. §. 261. 262. Einfacher Bankerutt. §. 278. Handlungen, durch welche für Schiff oder Mannschaft Gefahr entsteht. §. 306. Handeln gegen die Absperrungs-Anordnungen. §. 308. al. 1. Fahrlässige Nichterfüllung von Lieferungsverträgen.

5. Maximum **achtzehn Monate.**

§. 257. Strafe der Aerzte, welche falsche Zeugnisse ausstellen. (Das Minimum ist drei Monate.)

6. Maximum **Ein Jahr.**

a. Minimum **drei Monate.**

§. 129. Falsche Versicherung an Eidesstatt. §. 149. Unzucht mit einem Mädchen von 14 bis 16 Jahren.

b. Minimum **zwei Monate.**

§. 213. Qualificirte Nöthigung.

c. Minimum **Ein Monat.**

§. 80. Beleidigung der Gesandten. §. 98. Theilnahme an verbotenen Verbindungen. §. 256. Ausstellen eines Zeugnisses unter dem Namen eines Arztes. §. 258. Gebrauchmachen von Zeugnissen (§. 256.), um Versicherungsgesellschaften zu betrügen.

d. Minimum **vierzehn Tage.**

§. 104. Unbefugte Ausübung eines Amtes, u. s. w.

e. Minimum **Eine Woche.**

§. 214. Qualificirter Hausfriedensbruch.

f. Ohne Minimum.

§. 36. Erfolglose Aufforderung zur Begehung eines Verbrechens. §. 97. al. 2. Theilnahme an bewaffneten Haufen. §. 112. Unterlassene Denunciation bei der Desertion. §. 130. al. 2. Verleitung zur falschen Versicherung an Eidesstatt. §. 132. Fahrlässiger Meineid. §. 212. Einfache Nöthigung. §. 272. Entziehung der Sachen vor Pfändung öffentlicher Behörden. §. 279. Entlaufen des geheuerten Schiffsmannes. §. 295. Fahrlässiges Beschädigen von Eisenbahnen. §. 307. Uebertreten der Absperrungsverbote mit Bezug auf Viehseuchen.

7. Maximum **sechs Monate.**

a. Minimum **vier Wochen.**

§. 140. Ehebruch.

b. Minimum **Eine Woche.**

§. 108. Ablösen oder Beschädigen öffentlicher Siegel. §. 116. Ueberschreiten der Beschränkungen der Polizei-Aufsicht.

c. Ohne Minimum.

§§. 288. 293. 298. 301. al. 3. 302. al. 3. 303. 304. al. 3. Fahrlässige Brandstiftung, Verursachung einer Ueberschwemmung, Beschädigen der Telegraphen, der Wasserleitungen, der Zeichen, welche zur Sicherung der Schifffahrt bestimmt sind, Strandenmachen eines Schiffes, Vergiften von Waaren u. s. w. §. 322. al. 2. Fahrlässiges Entweichenlassen eines Gefangenen durch einen Beamten.

8. Maximum **drei Monate.**

a. Minimum **Eine Woche.**

§. 117. Vagabondiren. §. 118. Qualificirte Bettelei. §. 119. Verschwendung, Arbeitsscheu u. s. w.

b. Ohne Minimum.

§. 92. Tumult.

9. Maximum **zwei Monate.**

a. Minimum **Eine Woche.**

§. 264. Gewerbsmäßiges Leihen auf Pfänder.

b. Ohne Minimum.

§. 109. Vorschützen falscher Entschuldigungsursachen von Geschwornen, Zeugen, Sachverständigen.

10. Maximum **acht Wochen.**

§. 146. Gewerbsmäßige Unzucht. (Ohne Minimum.)

XIV. **Gefängnißstrafe oder Geldstrafe.**

1. Gefängniß: Maximum **zwei Jahre**, Minimum **Ein Monat**; Geldbuße 20 bis 200 Thlr.

§. 100. Oeffentliche Anreizung zu Haß und Verachtung.

2. Gefängniß: Maximum **zwei Jahre**, Minimum **vier Wochen**; Geldbuße 1 bis 200 Thlr.

§. 93. Aufruhr durch Symbole. §. 87. Anreizen zum Ungehorsam gegen die Anordnungen der Obrigkeit.

3. Gefängniß: Maximum **zwei Jahre**, Minimum **Einen Tag**; oder

a. Geldbuße 1 bis 300 Thlr.

§. 187. Leichte Körperverletzung.

b. Geldbuße 1 bis 200 Thlr.

§. 101. Erregen von Haß und Verachtung gegen die Anordnungen der Obrigkeit.

c. Geldbuße 1 bis 50 Thlr.

§. 281. Einfache Sachbeschädigung.

4. Gefängniß: Maximum **achtzehn Monate**, Minimum **Eine Woche**; oder

a. Geldbuße 10 bis 300 Thlr.

§. 102. Oeffentliche Beleidigung der Kammern, Beamten u. s. w. (inkl. Verleumdung).

b. Geldbuße 5 bis 300 Thlr.

§. 156. Verleumdung.

5. Gefängniß: Maximum **Ein Jahr**, Minimum **Ein Monat**; Geldbuße 50 bis 1000 Thlr.

§. 110. Desertion.

6. Gefängniß: Maximum **Ein Jahr**, Minimum **Ein Tag**; oder

a. Geldbuße 1 bis 100 Thlr.

§. 326. Einfordern ungehöriger Gebühren.

b. Geldbuße 10 bis 100 Thlr.

§. 198. Fahrlässige Körperverletzung.

c. Geldbuße 1 bis 200 Thlr.

§. 37. Begünstigung.

7. Gefängniß: Maximum **sechs Monate**, Minimum **sechs Wochen**; Geldbuße 50 bis 300 Thlr.

§. 202. Strafe der Baumeister, welche gefährlich bauen.

8. Gefängniß: Maximum **sechs Monate**, Minimum **vierzehn Tage**; Geldbuße 10 bis 100 Thlr,

§. 151. Verbreitung unzüchtiger Schriften.

9. Gefängniß: Maximum **sechs Monate**, Minimum **Einen Tag**; oder

a. Geldbuße 1 bis 300 Thlr.

§. 152. Oeffentliche und schriftliche Beleidigung. §. 270. Verhindern am Mitbieten bei öffentlichen Versteigerungen.

b. Geldbuße 1 bis 200 Thlr.

§. 186. Beiseiteschaffen eines Leichnams.

c. Geldbuße 1 bis 100 Thlr.

§. 107. Abreißen von Bekanntmachungen öffentlicher Behörden. §. 254. Fälschung von Reisepässen u. s. w. §. 255. Intellektuelle Urkundenfälschung. §. 275. Qualificirte Jagdkontravention. §. 309. Passive Bestechung zu einer pflichtwidrigen Handlung.

d. Geldbuße 5 bis 50 Thlr.

§. 199. Medicinalpfuscherei.

e. Geldbuße 1 bis 50 Thlr.

§. 95. Fahrlässiges, außeramtliches Entweichenlassen eines Gefangenen.

10. Gefängniß: Maximum **drei Monate**, Minimum **Einen Tag**; oder

a. Geldbuße 1 bis 500 Thlr.

§. 155. Verletzung anvertrauter Geheimnisse.

b. Geldbuße 10 bis 100 Thlr.

§. 300. Beibehalten oder Wiederanstellen eines unfähig erklärten Eisenbahn- oder Telegraphen-Beamten.

c. Geldbuße 1 bis 100 Thlr.

§. 105. Führung eines falschen Namens. §. 123. Ausgeben des als falsch erkannten Geldes. §. 274. Einfache Jagdkontravention. §. 280. Erbrechen versiegelter Briefe.

d. Geldbuße 1 bis 50 Thlr.

§. 273. Beeinträchtigung der Fischereigerechtigkeit. §. 201. Versäumtes Herbeirufen eines Geburtshelfers.

11. Gefängniß: Maximum **zwei Monate**, Minimum **Ein Tag**; Geldbuße 1 bis 100 Thlr.

§. 318. Strafe des Beamten, welcher vorsätzlich rechtswidrig in eine Wohnung eindringt.

12.*) Gefängniß: Maximum **sechs Wochen**, Minimum **Ein Tag**; Geldbuße 1 bis 50 Thlr.

§. 343. Einfache Beleidigung. §. 346. Einfacher Hausfriedensbruch.

XV. **Einschließung allein.**

§§. 164. 165. 166. 168. 169. Strafbestimmungen, welche sich auf den Zweikampf beziehen. Strafpositionen: 3 bis 20 Jahre: 2 bis 12 Jahre; 3 Monate bis 5 Jahre; 2 Monate bis 2 Jahre; 1 Tag bis 6 Monate.

§. 78. Analogon des Hochverraths entsprechend dem §. 66. Strafe: 6 Monate bis 3 Jahre.

XVI. **Geldstrafe allein.**

1. 20 bis 500 Thlr.

§. 200. Grundlos verweigerte ärztliche Hülfe. §. 267. Dulden des Hazardspiels seitens der Wirthe.

2. 1 bis 500 Thlr.

§. 268. Veranstalten öffentlicher Lotterieen.

3. 50 bis 100 Thlr.

§. 269. Waarenfälschung.

Einhundert und sieben verschiedene Strafpositionen.

Anhang II.

Die Strafpositionen des Entwurfs.

I. **Lebenslängliche Zuchthausstrafe.**

§. 50. Hochverrätherischer Angriff gegen den Landesherrn. §. 136. Mord. §. 175. Raub mit Tod eines Menschen. §§. 217. 222. 225. 231. 232. 233. 234. Gemeingefährliche Verbrechen mit tödtlichem Erfolge.

II. **Zeitige Zuchthausstrafe.**

1. Maximum **zwanzig Jahre**; Minimum **zwei Jahre.**

§§. 53—55. Landesverrath. §. 94. al. 2. Falscher Zeugeneid zum Nachtheil eines Schuldigen. §. 109. al. 3. §. 110. al. 2. Nothzucht mit tödtlichem Erfolge. §. 137. Todtschlag. §. 148. Vorsätzliche Körperletzung mit tödtlichem Erfolge. §. 151. Vergiftung mit tödtlichem Erfolge. §. 158. al. 2. Widerrechtliche Einsperrung mit tödtlichem Erfolge. §. 174. Qualificirte Fälle des Raubes. §. 217. Brandstiftung.

*) Diese dem Gebiete der „Uebertretungen" angehörende Strafposition ist deshalb hier aufgenommen, weil die §§. 343. und 346. in dem Entwurfe entsprechende Bestimmungen finden.

§. 222. Verursachen einer Ueberschwemmung. §. 225. Beschädigen von Eisenbahnen, wenn in Folge der Handlung ein Mensch eine schwere Körperverletzung erlitten. §. 232. Strandung eines Schiffes in Folge der Beschädigung der zur Sicherung der Schifffahrt bestimmten Zeichen. §. 233. Sinkenmachen eines Schiffes.

2. Maximum **funfzehn Jahre**; Minimum **zwei Jahre.**

§. 109. Nothzucht. §. 140. Kindsmord. §. 147. Vorsätzliche Verstümmelung. §. 151. Vorsätzliche Beschädigung durch Gift. §. 154. Menschenraub. §. 158. al. 2. Widerrechtliche Einsperrung mit schwerer Körperverletzung. §. 231. Schwere Körperverletzung in Folge des Zerstörens der Wasserleitungen u. s. w. §. 234. Vergiften von Brunnen, Waaren u. s. w.

3. Maximum **zehn Jahre**; Minimum **zwei Jahre.**

§. 78. al. 2. Meuterei mit Gewalt gegen Personen. §. 88. Nr. 4. Aufruhr der Seeleute gegen den Schiffer. §§. 89. 90. Münzfälschung. §§. 93. 94. al. 1. 95. Meineid. §. 142. Abtreibung der Leibesfrucht wider Willen der Schwangeren. §. 186. Betrügerisches Strandenmachen eines versicherten Schiffes. §. 218. Brandstiftung an fremden Sachen. §. 225. Gefährdung von Eisenbahnen. §. 232. Zerstören der zur Sicherung der Schifffahrt bestimmten Zeichen.

III. Zuchthaus oder Gefängniß.

1. Zuchthaus bis **funfzehn Jahre** oder Gefängniß nicht unter **Einem Jahre.**

§. 165. Schwerer Diebstahl im zweiten Rückfalle. §. 173. al. 2. Raub mit Körperverletzuug. §. 180. Gewerbsmäßige Hehlerei. §. 181. Nr. 2. Schwere Hehlerei im zweiten Rückfalle.

2. Zuchthaus bis **zehn Jahre** oder Gefängniß nicht unter **sechs Monaten.**

§. 110. Unzüchtige Handlungen mit Kindern. §. 146. Vorsätzliche Körperverletzung mit verstümmelndem Erfolge. §. 150. Tödtung in Folge der Gesammtverletzung Mehrerer. §. 161. Qualificirter Hausfriedensbruch unter erschwerenden Umständen. §. 165. Einfacher Diebstahl im zweiten Rückfalle. §. 173. Raub. §. 181. Nr. 1. Einfache Hehlerei im zweiten Rückfalle. §. 191. 192. Qualificirte Urkundenfälschung. §. 215. Vermögensbeschädigung (Plündern). §. 227. Beschädigen der Telegraphen-Anstalten.

3. Zuchthaus bis **fünf Jahre** oder Gefängniß nicht unter **drei Monaten.**

§. 106. Bigamie. §. 107. Incest leiblicher Eltern. §. 108. Unzüchtige Handlungen von Vormündern, u. s. w. Beamten u. s. w. §. 111. Verleitung zum Beischlaf durch betrügerisches Vorspiegeln. §. 112. Kuppelei. §. 139. Tödtung mit Einwilligung des Getödteten. §. 141. Abtreibung der Leibesfrucht mit Willen der Schwangeren. §. 143. Aussetzung. §. 150. Verstümmelung in Folge der Gesammtverletzung Mehrerer. §. 155. al. 2. Qualificirter Fall der Entziehung des Mundiums. §. 156. Entführung. §. 158. Widerrechtliche Einsperrung. §. 160. Einfacher Hausfriedensbruch unter erschwerenden Umständen. §. 161. Qualificirter

Hausfriedensbruch. §. 164. Schwerer Diebstahl. §. 176. Erpressung. §. 179. Schwere Hehlerei. §. 185. Anzünden einer gegen Feuersgefahr versicherten Sache. §. 190. Urkundenfälschung. §. 202. 203. Betrügliche Bankerutt. §. 231. Zerstören von Wasserleitungen mit Gefahr für das Leben Anderer.

IV. Zuchthaus oder Einschließung.

(Die Einschließung ohne Minimum im gleichen Maximum mit der Zuchthausstrafe; die Zuchthausstrafe überall im Minimum von zwei Jahren.)

1. Bis zwanzig Jahre.

§. 51. Hochverrath. §. 58. Thätlichkeiten gegen den regierenden Landesherrn. §. 241. Passive Bestechung eines Richters im Strafverfahren. §. 242. Desgl. in Betreff des Geschwornen.

2. Bis funfzehn Jahre.

§. 66. Gewaltsame Angriffe gegen den Reichstag.

3. Bis zehn Jahre.

§. 57. Diplomatischer Landesverrath. §. 60. Thätlichkeiten gegen Mitglieder des landesherrlichen Hauses.

4. Bis fünf Jahre.

§. 62. Hochverrätherische Handlung gegen einen befreundeten Staat. §. 75. Aufruhr mit Gewalt gegen Personen. §. 105. Veränderung des Personenstandes. §. 239. Passive Bestechung zu pflichtwidrigen Handlungen. §§. 243—247. Beamtenverbrechen.

V. Gefängniß.

1. Bis drei Jahre.

§. 69. al. 1. Verfälschen der Wahl und Stimmzettel seitens des zur Vornahme der Wahl Beauftragten. §. 70. Kaufen und Verkaufen von Wahlstimmen. §. 78. al. 1. Einfache Meuterei. §. 85. Selbstverstümmelung oder Täuschung, um sich dem Militärdienste zu entziehen. §. 88. Nr. 3. Zwang seitens der Seeleute gegen den Schiffer ausgeübt. §. 138. Todtschlag im specialisirten Affekt. §. 144. Fahrlässige Tödtung. §. 163. Einfacher Diebstahl unter erschwerenden Umständen. §. 178. Einfache Hehlerei. §. 184. Ausgezeichnete Betrugsfälle. §. 187. Untreue. §. 195. 196. Fälschung von Stempelpapier. §. 214. Vermögensbeschädigung (qualificirt). §§. 220. 224. 226. 231. 232. 233. 234. Fahrlässige gemeingefährliche Verbrechen mit tödtlichem Erfolge. §. 235. Uebertretung der Absperrungsmaßregeln zur Verhinderung ansteckender Krankheiten. §. 237. Vorsätzliches Nichterfüllen von Lieferungsverträgen. §. 240. Aktive Bestechung zu pflichtwidrigen Handlungen.

2. Bis zwei Jahre.

§. 69. al. 2. Verfälschen von Wahl und Stimmzetteln durch Personen, welche mit der Wahl nicht beauftragt sind. §. 82. Beiseiteschaffen einer Urkunde. §. 88. Nr. 2. Thätliches Widersetzen der Seeleute. §. 99. Zuwiderhandeln gegen eidliche Caution und Manifestationseid. §. 100. Falsche Anschuldigung. §. 103. Hinderung gottesdienstlicher Handlungen. §. 104. Leichendiebstahl und Zerstören von Gräbern. §. 107. al. 2. Strafe des Incestes für Kinder und Schwiegereltern, Schwiegerkinder u. s. w.

§. 113. Verletzung der Schamhaftigkeit. §. 149. Im Affekt begangene Körperverletzung mit tödtlichem oder verstümmelndem Erfolge. §. 155. Entfernen einer minderjährigen Person aus dem Mundium. §. 162. Einfacher Diebstahl. §. 168. 169. Unterschlagung. §. 204. Einfacher Bankerutt. §. 209. Führen unerlaubter Gegenstände an Bord von Schiffen. §. 213. Qualificirte Vermögensbeschädigung. §. 223. Verursachung einer Ueberschwemmung in der Absicht, sein Eigenthum vor Gefahr zu schützen.

3. Bis Ein Jahr.

§. 98. Falsche Versicherung an Eidesstatt. §. 150. Betheiligung bei einer Schlägerei, bei welcher ein Mensch getödtet wurde. §§. 199—201. Ausstellung falscher Urkunden unter dem Namen eines Arztes u. s. w. §. 207. furtum possessionis. §. 208. Beiseiteschaffen von Sachen, welche mit Beschlag belegt sind. §. 210. Entlaufen des geheuerten Schiffsmannes. §. 236. Uebertretung der Absperrungsmaßregeln gegen Viehseuchen.

4. Bis sechs Monate.

§. 150. Betheiligung bei einer Schlägerei, bei welcher ein Mensch verstümmelt wurde. §§. 220. 224. 226. 228. 231. 232. 233. 234. 237. Gemeingefährliche Verbrechen aus Fahrlässigkeit begangen.

VI. Gefängniß oder Einschließung.

(Einschließung in gleicher Höhe wie Gefängniß.)

1. Bis drei Jahre.

§. 59. Majestätsbeleidigung. §. 61. Beleidigung der Mitglieder des landesherrlichen Hauses. §. 75. Aufruhr — unqualificirt. — §. 84. Unerlaubtes Auswandern, in der Absicht, sich dem Militärdienste zu entziehen. §. 250. Tergiversation.

2. Bis zwei Jahre.

§. 63. Beleidigung eines befreundeten Regenten. §. 67. Gewaltsames Verhindern der Reichstags- u. s. w. Mitglieder zu stimmen u. s. w. §. 68. Gewaltsames Verhindern der Staatsangehörigen, an der Wahl sich zu betheiligen. §. 74. Zwang oder Drohung eines Beamten zur Vornahme oder Unterlassung einer Amtshandlung. §. 77. Vorsätzliches Entweichenlassen eines Gefangenen durch eine Person, welche nicht Beamter ist. §. 79. al. 3. Thätliche Beleidigung eines Beamten u. s. w. §. 87. Desertion der Seeleute während der Reise. §. 102. Verspotten von Gegenständen religiöser Verehrung. §. 135. Anreizen zum Zweikampfe. §. 249. Unbefugtes Eröffnen von Briefen durch einen Postbeamten.

3. Bis Ein Jahr.

§. 64. Beleidigung eines Gesandten. §. 73. Widerstand gegen einen Exekutivbeamten. §. 86. Unbefugtes Führen der Norddeutschen Flagge. §. 88. Nr. 1. Verweigerung des Gehorsams seitens der Seeleute. §. 245. al. 1. Fahrlässiges Vollstrecken nicht erkannter Strafen. §. 247. Fahrlässiges Entweichenlassen eines Gefangenen.

VII. Gefängniß oder Geldbuße.

1. Gefängniß bis drei Jahre oder Geldbuße bis zu 300 Thlr.

§. 145. Einfache Körperverletzung.

2. Gefängniß bis zwei Jahre oder Geldbuße bis zu 300 Thlr.
§. 79. al. 2. Verleumdung eines Beamten. §. 182. Einfacher Betrug.

3. Gefängniß bis Ein Jahr oder Geldbuße bis zu 200 Thlr.
§. 30. Erfolglos gebliebene Aufforderung zur Begehung eines Verbrechens. §. 31. Begünstigung. §. 79. Beamten-Beleidigung. §. 81. Unbefugtes Ausüben eines öffentlichen Amtes. §. 120. al. 2. Oeffentliche Verleumdung. §. 152. Fahrlässige Körperverletzung. §. 159. Bedrohung. §. 212. Einfache Vermögensbeschädigung. §. 248. Ungerechtfertigtes Erheben von Gebühren.

4. Gefängniß bis sechs Monate oder Geldbuße bis zu 100 Thlr.
§. 71. Aufforderung zum Ungehorsam gegen die Gesetze. §. 72. Aufforderung der Soldaten zum Ungehorsam. §. 83. Unbefugtes Entfernen eines amtlichen Siegels. §. 114. Verkaufen u. s. w. von unzüchtigen Schriften und Abbildungen. §. 116. Oeffentliche oder thätliche Beleidigung. §. 120. Einfache Verleumdung. §. 160. Einfacher Hausfriedensbruch. §. 194. Privilegirter Fall von Urkundenfälschung. §§. 197. 198. Fälschung von Urkunden in der Absicht der Täuschung. §. 205. Firmenfälschung. §. 206. Hindern am Bieten bei öffentlich veranlaßten Versteigerungen u. s. w. §. 230. Anstellen für unfähig erklärter Eisenbahn- oder Telegraphen-Beamten u. s. w. §. 238. Bestechung zu nicht pflichtwidrigen Handlungen.

5. Gefängniß bis drei Monate oder Geldbuße bis zu 50 Thlr.
§. 76. Tumult. §. 77. al. 2. Fahrlässiges Entweichenlassen eines anvertrauten Gefangenen. §. 91. Ausgeben von unechtem Gelde, welches als echtes Geld empfangen wurde. §. 149. Einfache Körperverletzungen im Affekt begangen. §. 158. Freiheitsentziehung mit dem Karakter widerrechtlicher Eigenmacht. §. 211. Unbefugtes Erbrechen von Briefen.

6. Gefängniß bis sechs Wochen oder Geldbuße bis zu 20 Thlr.
§. 115. Einfache Injurien.

VIII. Einschließung.

§§. 127. 128. 130. 131. Strafbestimmungen für den Zweikampf. Die einzelnen Strafpositionen sind: 1) bis sechs Monate (§§. 127. 129.) 2) bis zwei Jahre (§. 128.) 3) bis fünf Jahre (§. 130.) 4) bis zehn Jahre (§. 130. al. 2.) 5) bis zwanzig Jahre (§. 131.)

Neun und zwanzig verschiedene Strafpositionen.

Berliner Associations-Buchdruckerei (Urbat & Gen.) Alexandrinenstr. 27.

FSC
www.fsc.org
MIX
Papier | Fördert gute Waldnutzung
FSC® C083411

Kolibri 360 GmbH
Ferdinand-Jühlke-Straße 7
99095 Erfurt, Deutschland
produktsicherheit@kolibri360.de